제 2 판

國 際 法

채 형 복 저

김 태 천 감수

법 영 사

제 2 판 머리말

1. 憤怒와 憎惡-相生과 平和

21세기 벽두에 터진 9·11테러는 인간의 인간에 대한, 집단의 집단에 대한 증오가 얼마나 극단적으로 표출될 수 있는가를 보여주는 하나의 전형적인 사례라고 할 수 있다. 증오는 분노와 더불어 증폭되어 또 다른 증오를 낳는다. 미국의 주도로 테러의 주범으로 간주되던 알 카에다의 지도자 오사마 빈 라덴을 응징하기 위해 그가 은신해 있던 아프가니스탄에서는 전쟁이 개시되었다. 단기간 내에 끝날 것만 같던 그 전쟁은 오늘날까지도 도무지 그 끝이 보이지 않는다.

지난 3월 26일, 우리 해군 1천 200t급 초계함인 천안함이 백령도 인근에서 정체불명의 원인으로 폭발하여 46명의 장병들이 산화했다. '북한에 의한 소행'이라는 정부의 확신에 찬 발표와는 달리, 사고 수습 과정에서 정부와 군당국이 보인 석연찮은 행보와 사고 원인에 대해서는 여전히 의문을 품고 있는 이들이 적지 않다. 내부폭발이 아닌 이상, 정부의 발표대로 북한의 소행이든, 아니면 다른 주체에 의한 소행이든 이 또한 어느 집단의 극단적인 증오로 인해 애꿎은 젊은 장병들과 무고한 시민들의 목숨이 희생되었다. 분노의 물결이 한반도를 흔들었고, 남북한 사이에는 극도의 군사적 긴장감이 조성되고 있다.

어디 이뿐이랴? 지금도 세계 곳곳에서는 국가와 국가, 민족과 민족, 종파와 종파간의 분쟁이 끊이지 않고 있다. 절대 빈곤에 시달리는 인구가 세계 인구의 10분의 1에 해당하는 6억명이라고 한다. 이 글을 쓰는 지금 이 순간에도 수많은 사람들이 가난과 질병, 그리고 전쟁으로 한없는 고통의 질곡 속에서 시달리다가 죽어가고 있는 것이다. 국가와 사회라는 강고한 '체제'에 갇혀 버린 그들의 얼굴에는 오욕과 회한으로 얼룩진 분노가 서려 있지나 않을까?

눈길을 조금만 옆으로 돌리면, 인간을 위해 사육되고 죽어가는 수많은 생명들의 분노도 느낄 수 있다. 지금 이 시간에도 실험실에서는 각종 벌레와 생쥐, 개구리, 개와 토끼 등 많은 동물들이 각종 실험의 대상이 되어 고통 속에서 죽어가고 있다. 인간의 질병 예방과 치료를 목적으로 죽어간 그 동물들 역시 고귀한 생명이 아니던가? 또한 월드컵의 열기 속에 수요가 급증한 '치킨'의 경우는 인간의 탐욕에 과도하게 희생된 전형적인 예라고 할 수 있다. 배터리식 케이지 속에서 닭들은 평생을 앉지도 못한 채 오직 인간들을 위해 계란을 생산하기 위한 수단으로만 존재한다. 스물 네 시간 내내 백열전구가 켜진 케이지에서 편히 쉴 수도 없다. 횃대가 없으니 잘 수도 없다, 서로 쪼아서 상처가 나지 않도록 부리를 자른다, 발톱도 자른다, 그리고 병원균에 대한 내성이 생기도록 항생제를 먹인다. 극도의 스트레스와 불안 속에서 사육된 닭들은 인간들에 대한 분노와 증오를 삼키며 죽어갈지도 모른다. 분노와 증오에 절은 닭고기를 인간이 먹고, 그 고기를 먹은 인간은 다른 인간과 집단, 혹은 다른 생명에 대한 분노와 증오를 발현시키는 것은 아닐까? 이처럼 분오와 증오는 재생산되고 확대된다.

석가모니는 貪嗔痴(탐진치), 즉 탐욕과 분노, 그리고 어리석음을 인간이 가진 '세 가지 독'(三毒)이라고 하였다. 이 세 가지 독을 없애는 것만으로도 인간 사회는 평화로울 수 있을 것이다. 얼마 전 동료학자와의 갈등으로 고민하는 어느 교수의 글에 화답하면서, "마음이 평화롭지 못한 이가 어떻게 평화로운 법질서를 지향하는 국제법을 가르칠 수 있겠습니까"라고 쓴 적이 있다. 이 말은 나 자신에 대한 질책인 동시에 국제법학을 가르치고 연구하는 同學들에 대한 경책이기도 했다. 국제법질서에 있어 분노와 증오를 해소하고, 극복하기 위해서는 어떻게 해야 할까? 무엇보다 국제법학자들 스스로 뭇 생명에 대해 서로 존중하고 상생해야겠다는 마음가짐을 가져야 한다. 그런 마음의 바탕 위에서야 비로소 '평화로운 국제법질서'가 창출될 수 있을 것이다.

2. 憤怒 없이 싸우는 法

옛날에 어떤 왕이 있었다. 그는 이웃나라 왕과 적이 되어 30년 동안이나 싸웠다. 적은 무척이나 강했기 때문에 전쟁은 쉽게 끝나지 않았고, 왕은 평생 동안 그 적과 싸워야 했다.

어느 날 드디어 결정적인 기회가 왔다. 전투 중에 적이 말에서 떨어진 것이다. 왕은 창을 들고 적을 덮쳤고, 창으로 적의 심장을 찌르려고 했다. 바야흐로 지긋지긋한 전쟁은 끝날 것이었다. 그런데 바로 그 순간, 적이 왕의 얼굴에 침을 뱉었다. 그러자 어인 일인지 왕은 적의 심장을 찌르려던 창을 거두고, 손으로 얼굴의 침을 닦은 다음 적에게 말했다.

"내일 다시 시작하자."

적은 당황해서 물었다.

"무슨 일인가? 난 30년 동안이나 이 순간을 기다려 왔다. 너도 30년 동안 이 순간을 기다려 왔다. 난 어느 날인가 내 창으로 너의 심장을 찌르게 될 날을 기다려 왔다. 그러면 우리의 전쟁이 끝날 것이다. 그러나 그런 기회는 내게 오지 않았다. 오히려 네가 그 기회를 잡았다. 넌 한순간이면 나를 죽일 수 있었다. 그런데 왜 중지하는가? 무엇이 문제인가?"

왕은 말했다.

"이것은 평범한 전쟁이 아니었다. 난 맹세를 했다. 분노를 갖지 않고 싸우겠노라고. 지난 30년 동안 난 분노 없이 싸워 왔다. 그런데 한순간 분노가 일어났다. 네가 내 얼굴에 침을 뱉는 그 순간 난 분노를 느꼈으며, 이 전쟁은 개인적인 것이 되어 버렸다. 난 너를 죽이고 싶어졌다. 에고가 들어선 것이다. 지금까지 30년 동안 그런 문제가 전혀 없었다. 우린 어떤 피치 못할 원인 때문에 전쟁을 하고 있었다. 넌 내 적이 아니었다. 어쨌든 이것은 개인적인 전쟁이 아니었다. 난 널 죽이는 일에 아무 관심이 없었다. 단지 승리하기만을 원했다. 그런데 바로 지금 한순간 난 그 사실을 생각했다. 넌 내 적이 되었으며, 난 널 죽이고 싶어졌다. 그렇기 때문에 난 널 죽일 수 없는 것이다. 그러니 내일 다시 시작하자."

아랍지역에서 있었던 역사상의 실제 일화인 이 아름다운 이야기는 이렇게 행복한 결말을 맺고 있다.

하지만 전쟁은 다시 시작되지 않았다. 적이 친구가 되었기 때문이다. 그 적은 말했다.

"이제 내게 가르침을 주시오. 내 스승이 되어 나를 당신의 제자로 삼아 주시오. 나도 분노 없이 싸우는 법을 배우고 싶소." (오쇼 지음, 류시화 옮김, 「장자, 도를 말하다」(청아출판사, 2009), 125-126쪽)

3. 日日新又日新 - 나날이 새롭게

책은 쓰기도 어렵지만 개정은 더욱 어렵다. 작년 초 출간한 「국제법」의 재고가 바닥나 개정할 필요가 있다는 말을 들은 것이 지난 5월이었다. 척박한 국내 상황 속에서 출간한 전문분야의 저서가 세 학기 만에 모두 소진되었다는 말을 듣는 것은 무척 기쁜 일이다. 하지만 숙명처럼 따라다니는 '개정 작업' 앞에서 그 기쁨은 지극히 짧은 한순간에 불과하였다.

6월 초 종강이 되자마자 작업을 시작하였다. 교정을 볼 때는 눈에 띄지 않던 오자와 탈자는 매번 등줄기에 서늘한 기운을 느끼게 한다. 어눌한 번역투의 문장과 어법에 맞지 않은 문장은 왜 그리 많은 지... 강의용 교재로 활용하면서 표시해 둔 부분을 중심으로 교정을 했다. 국가관할권과 주권면제에 관한 내용이 누락되었다는 의견을 받아들여 새로운 장(제7장)에 포함시켰다. 제21장의 유럽연합법은 작년 12월 1일자로 리스본조약이 발효했으므로 그에 부합하도록 대부분의 내용을 새롭게 기술하거나 수정하였다. 그 외의 내용에 대해서도 일부 오류를 바로잡고, 수정·보완하였으나 기본적 체제는 제1판과 크게 다르지 않다.

日日新又日新-'나날이 새롭게' 산다는 것은 참 어려운 일이다. 다만 그렇게 살도록 애를 쓰고 있다는 표현이 보다 솔직할 것이다. 매번 세상에 나 자신을 드러내면서 느끼는 감정은 '두려움과 부끄러움'이다. 능력이 부족하면서도 어설프게 책과 논문을 써서 발표하려니 어찌 두렵고 부끄럽지 아니하랴. 제 능력과 분수를 알면 뒤로 조용히 물러나 있으면 될 일을 이렇게 또 책을 쓴답시고 요란을 떨고 있으니... 선배와 동료학자들의 흉내만 내는 나는 아직도 어쭙잖은 書生이다. 日日新又日新-'나날이 새롭게' 살고자 하는 몸짓이라 여기고 부디 깊은 아량으로 대해주시면 고맙겠다.

4. 感謝

경북대학교 명예교수이신 김문달 교수님과 본 저서의 감수자이신 대구지방법원 김태천 부장판사님께 감사드리고 싶다. 이 책의 원저자인 두 분이 내게 베풀어 주신 學恩이 깊고도 깊다. 두 분의 명예에 누를 끼치지는 않을까란 생각은 가슴 한켠에 늘 부담으로 자리 잡고 있다.

이번에도 본인의 지도를 받고 있는 제자들의 도움이 컸다. 황해륙은 곧 박사학위를 받을 예정이고, 정호수는 박사과정을 수료하여 곧 학위논문을 쓸 예정이다. 김효곤은 박사과정에서 수업을 준비하랴, 교정을 보랴 한여름의 무더위를 잊은 채 방학을 보내고 있다. 그리고 국가인권위원회의 권혁일 사무관은 바쁜 업무 가운데 박사학위논문을 작성 중에 있다. 모두의 학문적 대성을 바란다.

마지막으로, 이번에도 법영사 고준영 사장님의 도움으로 제2판을 출간할 수 있게 되었다. 그 厚意에 감사드린다.

2010. 8.

著者 識

서 문

서문을 시작하기에 앞서 먼저 이 책의 '역사'에 대해 간략하게 언급하고자 한다. 이 책의 母胎는 경북대학교 김문달 명예교수님의 『國際法講義: 判例 및 資料』(법문사, 1982, 434p.)이다. 그 후 이 책은 몇 차례의 개정을 거쳐 당시 경북대학교 법과대학에 재직 중이던 김태천 교수의 작업으로 『국제법』(법문사, 1994, 727p.)으로 개편되었다. 하지만 2000년 김태천 교수는 법관으로 부임하게 되어 이 책은 사실상 절판된 상태에 있었다. 평소 이 점에 대해 안타깝게 생각하고 있던 차에 본 저자가 2006년부터 경북대학교 법과대학으로 옮겨 근무하게 된 것을 계기로 두 교수님의 동의를 얻어 위 저서를 개정·출판하게 되었다.

돌이켜 생각해보면, 두 교수님께 입은 學恩이 적지 않다. 김문달 교수님께는 학부 시절 국제법 강의를 수강하였고, 김태천 교수님은 본인의 '박사 후 연수(Post-Doc.)' 지도교수를 맡아주셨다. 아마 전생의 因緣이 깊어 현생에서는 學緣으로 이어지는 것이 아닐까? 이 學緣이 學脈으로 이어져 후학을 통하여 계승·발전되기를 빌어본다.

위에서 밝힌 연유로 본서는 『國際法講義』의 기조를 유지하면서 새롭게 대두된 분야를 추가하는 형태를 취하고 있다. 『國際法講義』는 단순한 記述 중심의 교과서에서 벗어나 다양한 국제사례들을 소개함으로써 실제 사안에 국제법이 어떻게 해석·적용되는가라는 측면에서 좋은 평가를 받은 책이다. 따라서 본서에서도 이 체제를 수용하여 ICJ 등 여러 국제재판기구에 의해 내려진 최근 판례를 반영하도록 노력하였다. 본서가 담고 있는 풍부한 사례는 국제법을 이해하는 데 도움을 줄 것이며, 나아가 법학전문대학원(로스쿨) 학생들의 교재로 사용되어도 좋을 것이다.

그리고 본서는 일부 내용을 개편 혹은 추가하였다. 조약법, 국제인권법 및 국제환경법은 그 중요성을 감안하여 대폭 개편하였고, 국제경제법은 WTO협정 중심으로 전면 수정하였으며, 국제형사재판소와 유럽연합법은 새로이 추가하였다. 하지만 그 이외의 내용에 대해서는 저자의 능력 부족으로 전면적으로 수정·보완하지는 못하였고 추후의 작업으로 남겨두었다. 앞으로 시간적 여유를 가지고 개정할 것을 약속드린다.

이 책을 출간하는 데 있어 많은 분들의 도움을 받았다. 김문달 명예교수님과 김태천 포항지원장님의 흔쾌한 동의가 없었다면 이 책의 출간은 어려웠을 것이다. 특히 김태천 지원장님은 감수자의 역할을 다해 주셨다. 경희대학교 최승환 교수님의 은혜도 잊을 수 없다. 출판사 섭외의 어려움을 겪고 있을 때 법영사를 추천해 주셨다. 모든 분들께 다시 한번 감사드린다.

그리고 본서의 일부 내용 가운데 국제형사법과 국제경제법, 그리고 국제인권법의 작성은 본인의 지도를 받고 있는 황해륙 석사와 정호수 석사, 그리고 권혁일 국가인권위원회 사무관의 도움을 받았다. 이들의 학문적 건승을 빈다.

끝으로 어려운 현실적 여건에도 불구하고 기꺼이 본서를 출간해 주신 고준영 법영사 사장님께도 감사드린다.

2009. 3. 1

3.1절의 숭고한 뜻을 되새기며

著者 識

◈ 일러두기 ◈

본서에 인용된 사례는 특히 아래 문헌들의 도움을 받았음을 밝혀둔다.

김정건 외 3인 편저, 『국제법 주요 판례집』(서울: 연세대학교 출판부, 2004), 466p.
장 신 편저, 『국제법판례 요약집』(광주: 전남대학교 출판부, 2004), 395p.
전순신 편저, 『판례연구 국제사법재판소(I)(1947-1963년)』(부산: 세종출판사, 1999), 499p.
법무부 법무실, 『국제인권규약 사례집』- 선택의정서에 따른 인권이사회 주요 결정 사례 제1권 - (법무자료 제123집)(서울: 문중인쇄, 1989), 507p.
법무부 법무실, 『국제인권규약 사례집』- 선택의정서에 따른 인권이사회 주요 결정 사례 제2권 - (법무자료 제153집)(서울: 동방문화사, 1991), 341p.

松井芳郎 外 5人 編著, 『判例 國際法』(第2版)(東京: 東信堂, 2008), 724p.
波多野里望·松田幹夫 編著, 『國際司法裁判所 判決と意見』第1卷(1948-63年)(東京: 國際書院1999), 486p.
波多野里望·尾崎重義 編著, 『國際司法裁判所 判決と意見』第2卷(1964-93年)(東京: 國際書院2007), 544p.
波多野里望·廣部和也 編著, 『國際司法裁判所 判決と意見』第3卷(1994-2004年)(東京: 國際書院2007), 620p.

D.J. Harris, Cases and Materials on International Law(6th Ed.)(London: Sweet & Maxwell, 2004), 1152p.

차 례

제 1 장 국제법의 성질과 역사

제 2 장 국제법의 연원

제3장 조 약 법

제 4 장 국제법과 국내법

제 5 장 국가 및 정부의 승인

제6장 국가의 유형과 기본적 권리·의무

제 7 장 국가관할권과 국가면제

제 8 장 국가영역과 특수지역

제 9 장 해 양 법

제 10 장 국제관계의 국가기관

제 11 장 국가의 국제책임

제 12 장 국제조직

제 13 장 개 인

제 14 장 국제인권법

제 15 장 국제경제법

제 16 장 국제환경법

제 18 장 안전보장

제 19 장 전쟁과 중립

제 20 장 국제형사재판소

제 21 장 유럽연합법

제 1 장 국제법의 성질과 역사

제 1 절 국제법의 성질

Ⅰ. 국제법의 정의

국제법이란 국제사회의 법으로서 원칙적으로 국가 간의 관계를 규율하는 법이라고 할 수 있다. 그러나 이 간결한 정의 속에는 우리가 음미해 보아야 하는 몇 가지 문제점이 있다. 첫째, 국제법이 국제사회에 타당한 법이라면 그 법의 성격을 규명하기 위한 국제사회의 특징은 무엇인가. 둘째, 국제사회에 타당한 그 규범이 과연 법적 성질을 가지는가. 셋째, 국제법의 규율대상(즉, 주체)은 국가에 한정되는가 아니면 개인과 국제조직에도 국제법 주체성이 인정되는가 등이 바로 그것이다.

Ⅱ. 국제사회의 특징

'사회 있는 곳에 법이 있다'(*Ubi societas ibi jus*)라는 법언은, 사회는 그 구성원 상호간의 관계를 규율하는 법체계 없이는 존재할 수 없다는 말이다. 그러므로 우리가 국제법이라고 말할 때에는 국제사회가 존재한다는 것을 전제로 한다. 따라서 국제법의 성격은 필연적으로 그것이 운영되고 있는 국제사회의 성격에 의하여 결정된다. 이 양자는 어느 쪽도 다른 한쪽이 없이는 이해될 수 없다.

국제사회는 그 구조에 있어서 국내사회와 구별되는 다른 특징을 가지고 있다.

첫째, 국제사회는 국내사회와 같은 통일적인 입법기관이 존재하지 않는다는 것이다. 후술하는 바와 같이, 국제법은 국제관습과 조약의 형태로 성립되는데, 그 중 명시적 법제정절차를 거쳐 형성되는 조약은 모든 수범자인 국가의 동의를 기초로 하여 정립되는 것이며, 국내법에 있어서의 수범자를 초월한 통일적인 입법기관에 의한 법의 정립절차는 인정되고 있지 않다. 최근에 이르러 다자조약과 관련하여 다수의 국가 및 UN이나 ILO, 기타 국제조직이 그 정립과정에 참여하는 등 어느 정도 통일적인 형식이 취해지는 예가 많아지고 있다. 그러나 이 경우에 있어서도 조약이 성립하기 위해서는 최종적으로는 조약의 구속을 받겠다는 국가의 동의가 필요하며, 동의하지 않는 국가에 대해서는 그 조약은 구속력을 갖지 않는다.

이와 같이 국제사회에는 통일적인 입법기관에 의한 법의 정립은 없다. 따라서 국내법에 비하여 여러 가지 불편이 발생한다. 하나는, 중요한 문제에 관하여 관계국 모두의 동의를 얻는 것이 곤란하기 때문에 보편조약의 성립이 용이하지 않다는 것이다. 따라서 제정법의 결여로 인하여 분쟁이 발생한 경우 무엇이 법인가가 불명확한 경우가 많다. 다른 하나는, 국제법을 현실에 맞게 변경하는 것이 곤란하므로 고정적·현상유지적인 성격을 띠게 되며, 때로는 현실과는 모순이 노출되는 경우가 있다.

둘째, 국제사회에는 국가가 자국이 관계한 국제분쟁을 국제재판에 부탁하여 해결하여야 할 법적 의무가 없다는 점이다. 즉, 국제재판소는 국내재판소와는 달리 당사자의 합의가 없으면 재판할 수가 없다는 것이다. 재판조약이나 재판조항에서 미리 합의하든가 또는 사건을 재판에 부탁할 때마다 합의하든가, 어느 것이나 당사국간에 합의가 없으면 재판소는 관할권을 갖지 않는다. 그 결과 국제법이 쟁점이 되어 있는 이른바 법률적 분쟁이 재판에 제소되지 않은 채 방치되는 예는 허다하다.

셋째, 국제사회에는 법의 집행기관이 결여되어 있다는 점이다. 국내사회에 있어서는 법에 대한 침해가 발생한 경우, 수범자를 초월한 국가권력에 의해 제재가 가해지거나 또는 구제가 실현된다. 그러나 국제사회의 경우에는 국가를 초월한 국제법단체 그 자체가 제재권자 또는 구제자로서의 역할을 한다는 체제는 아직 충분히 실현되어 있지 않다. 물론 최근에는 피해국가 자신의 이른바 자조(自助)를 대신하여 UN과 같은 국제조직에 의한 집단적 제재가 예정되어 있으나, 국내법에서의 국가의 제재에 비하면 현저한 제약이 있다.

집단적 제재와 관련하여 문제되는 것은, ① 그것을 규정대로 발동하는 것이 실제로 용이하지 않으며(예: 안전보장이사회의 상임이사국의 거부권), ② 설령 다수국가의 협력에 의하여 집단적 제재가 발동된다 할지라도, 국내사회의 경우와 같이 압도적으로 우월한 중앙권력을 배경으로 행해지는 것이 아니므로 위반자에 대한 법집행이 항상 실효성을 가진다고는 할 수 없다는 점이다. 국제사회에 있어서는 수범자인 각각의 국가가 무력을 보유하고 있으므로 다수국가의 협력에 의한 집단적 제재라 할지라도 경우에 따라서는 위반국의 강력한 저항을 예상하지 않으면 안 된다. 상대국이 대국이거나 또는 대국의 후원 하에 있는 경우에 그 저항을 배제하고 충분히 집단적 제재로서의 효과를 발휘할 수 있는가는 여전히 의문이다.

이상과 같이 국제사회는 개별국가의 입장이 강하게 영향을 미치는 분권적인 성격을 띠고 있다. 이러한 성격을 띤 사회에 타당한 국제법은 국내법에 비하여 미성숙한 법임을 인정하여야 할 것이다.

Ⅲ. 국제법의 법적 성질

국제법의 법적 성질에 관한 논쟁은 법이라고 하는 말에 어떠한 의미를 부여하는가의 문제로 귀착된다.

사회규범으로서의 법이 도덕이나 관습과 같은 다른 사회규범과 다른 점은 그것이 확실히 준수된다는 것, 즉 실효성을 갖는 것과 이를 확보하기 위한 타율적 강제를 갖추고 있다는 점이다. 이러한 관점에서 국제법을 과연 법이라고 할 수 있는가? 이를 부정하는 학자들도 있지만 이것은 국제법에 대한 올바른 인식이라고 할 수 없다.

첫째, 국제법에는 위반이 많으므로 실효성이 희박하다고 보통 생각되고 있다. 국제법이 잘 파괴되는 것 같이 보이는 인상은 국제법 침범의 사건이 정치적으로 중대한 영향을 가져오는 관계로 센세이셔널하게 전해지는 경향이 있고, 또한 국제법은 주로 관습법으로 이루어져 있어 그 내용이 불명확한 까닭에 실제로는 국제법위반으로 볼 수 없는 행위가 국제법 위반인 것처럼 주장되는 경향에 기인한다. 내용적으로 확정되고 일반적으로 승인된 국제법규는 그렇게 쉽사리 침범되지 않는다. 물론 국제법 중에 전시법규는 실효성이 상당히 희박하여, 전시의 특수한 분위기를 배경으로 침범되는 경우가 적지 않다. 그러나 실제에 있어서 국제법 상의 대부분의 규칙은 전쟁문제와는 거의 관계가 없는 것들이 많다.[1] 설사 국제법

---

1) J.G. Starke는 '국제법은 실효성이 없는 법이다'라고 하는 인상을 일반적으로 품고 있는 이유로 ① 국제법이 평화유지를 그 유일한 목적으로 하고 있다는 일반인이 품고 있는 생각과 ② 평화

이 실효성에 있어서 이러한 결함이 있다 할지라도, 완비된 국내법의 경우에도 거의 실효성을 갖지 않는 법이 포함되어 있으므로 이것은 정도의 문제이며, 이것을 이유로 국제법 일반의 실효성을 부정할 수는 없을 것이다.

둘째, 국제법이 중앙권력에 의한 강제력을 결여하고 있다는 것이다. 이것을 이유로 국제법의 법적 성질을 부정하는 사람들이 많다.[2] 그러나 이 생각도 반드시 옳다고는 할 수 없다.

국제법이 법인가 아닌가의 문제는 결국 법이란 무엇인가라는 개념정립에 따라 결정된다. 법의 본질을 강제라고 하는 견해가 다수설이다. 강제를 법의 본질로 보는 입장에서도 강제의 의미를 '사실상 강제되는 것'으로 보는 사실적 강제설과 '규범적으로 강제되어야 한다'고 보는 규범적 강제설로 대립된다. 규범적 강제설에 따르면, 법은 사실·존재의 세계가 아니라 가치·당위의 세계이므로 강제의 의미를 규범적 강제로 보게 된다.

사실적 강제설은 국제법에도 사실적 강제가 있다고 지적하면서, 보복(retorsion이라고 하는 것은 부당한 행위를 한 국가에게 손해를 줄 목적으로 하는 적법한 행위를 말한다(예: 경제원조의 중단))과 복구(reprisal이라고 하는 것은 보통의 경우에는 위법행위(예: 외국인재산의 무보상국유화)이지만 타국의 국제법위반행위(예: 자국민재산에 대한 무보상국유화)에 대한 대응조치로서 행하는 적법한 행위를 말한다)에 의하여 국제법이 사실상 실현된다고 한다. 즉, 국제법을 집행할 중앙권력이 없으므로 국가 자신이 이러한 자조방법을 이용하여 강제할 수밖에 없다고 주장하면서 국제법을 불완전한 법으로 이해한다.

조직적으로 통일된 강제를 특징으로 하는 근대국가의 국내법만을 법의 유일한 형태로서 생각한다면 국제법은 확실히 법이라고는 말할 수 없을 것이다. 그러나 국내법도 역사적인 발전과정에 있어서 다양한 형태를 취하여 왔으며, 사회적인 권력이 미분화한 원시적인 단계에 있던 법, 즉 법의 정립·적용·집행이 충분히 조직되지 않은 자조와 같은 수단이 인정되었던 단계의 법을 포함하는 것으로 법을 폭넓게 이해한다면, 국제법도 역시 법으로서의 성격을 가진다고 할 수 있다.

국내법의 경우 예컨대, 게르만고법(古法)에 있어서 법위반에 대한 제재로서 일

나 전쟁과 같은 고도의 정치문제를 처리하는 규칙과 다른(그렇게 일반인의 주의를 끌지 않는 매우 많은) 법규에 대하여 무지하다는 두 가지를 들고 있다(*An Introduction to International Law*, 1950, p.13).

2) 국제법 부정론자 가운데 J. Austin은 특히 유명하다. 그는 국제법은 단순한 실정국제도덕(positive international morality)에 불과하다고 주장하였으며, 그 이유로 실정법은 주권자의 명령이며 그 명령은 의무위반에 대한 제재를 예정하는 것이나 국제법에는 이러한 조건이 결여되어 있다는 것을 들고 있다.

반적으로 인정된 것은 사투(私鬪 Fehde)[3]의 형식에 의한 자력구제였다. 물론 인민 전체의 법익을 침해하는 경우 또는 파렴치죄 등의 경우에는 인민 전체의 반격을 의미하는 평화상실(Friedlosigkeit)[4]이 가해지나, 이러한 경우에도 그 집행은 중앙권력에 의한 반격이 아니라 인민 전체의 이름에 의한 인민 전체의 반격이란 형태(자조)로서 행해진다. 그 후 사쟁(私爭) 등 자력구제의 합법성의 범위가 점차 축소되었으나 중세 후기에 있어서도 극히 한정된 범위에서 그 흔적을 발견할 수 있다. 그러므로 국내법에 비유한다면 국제법이 아직은 원시적인 법체계를 가지고 있다고 할 수 있겠으나, 국제법에 있어서의 제재가 조직적인 중앙권력에 의한 것이 아니라는 것을 이유로 그 법적 성질을 부정하는 것은 분명한 잘못인 것이다.

사회의 진보와 더불어 법제도도 발전하여 온 것이 역사적 사실이다. 국제연맹으로부터 UN에 이르는 국제조직의 발전과정은 국제법의 집행과정에 있어서 서서히 사회적 조직화의 예를 단적으로 보여준다.

여하튼 오늘의 국제적 실천을 볼 때 각국의 관행이 항상 국제법의 제(諸)문제를 법률문제로 취급하고 있으며, 대부분의 입헌국가의 헌법은 국제법을 국내법으로 수용함과 동시에 양자가 동등한 효력을 가진다고 규정하고 있다. 또한 국제법적 사건은 국제법정이나 국내법정에서 법률문제로 취급되어 왔다. 이러한 사실들은 국제법의 법적 성질을 긍정하는 것을 전제로 하며, 국제법이 제국(諸國)으로 하여금 그들의 국제사회생활에 있어서 상호접촉을 질서 있게 하는 데 있어서 유용하고도 필연적인 기능을 수행하고 있다는 것을 의미한다.

Ⅳ. 국제법의 주체

국제법은 그 명칭(International Law, The Law of Nations, Völkerrecht, droit des gens)부터 국가 상호간의 관계를 규율하는 즉, 국가만을 권리·의무의 귀속체(국제법의 주체)로 하는 법인 것처럼 보인다. 실제로 20세기 초까지만 해도 국가 또는 국가에 준하는 단일체(예컨대 교전단체)만을 국제법주체로 보는 것이 국제법학의 통설이었다.

그러나 최근의 국제사회는 개인의 지위향상과 국제조직의 발달로 말미암아, 실

3) 어떤 혈족단체의 구성원이 침해를 받으면 피해자 자신뿐만 아니라 구성원 전부가 가해자나 그 혈족단체 전부에 대하여 적대행위(Fehde)를 취하는 것이 인정된다.

4) 침해자가 평화상실자로 되면 어느 누구도 그를 보호하거나 그에게 숙소나 식사를 제공할 수 없을 뿐만 아니라 누구든지 그를 살해해도 무방하다.

정국제법규에는 국가만이 아니라, 개인과 국제조직에 대해서도 국제법주체성이 인정되는 경우가 있다는 것을 부정할 수 없다. 그러므로 규율대상 측면에서, 국제법이 국가 간의 관계만을 규율하는 법이라는 종래의 통설은 수정되지 않으면 안 된다. 그렇다면 국가 이외의 개인이나 국제조직에 대하여 실정법상 어느 정도의 국제법주체성이 인정되고 있는가?

1. 개인의 국제법주체성

어떠한 경우에 개인의 국제법주체성이 인정되는가? 개인의 국제법주체성을 인정하는 견해에 의하더라도 이 점에 관해서는 의견이 일치하지 않는다. 그 가운데에는 국제법규가 개인의 권리에 관해서 규정하고 있다는 것만으로 개인의 국제법주체성을 인정하려는 견해도 있다.

그러나 이것만으로는 국제법규가 직접 개인의 국제법상의 권리를 인정한 것인지, 혹은 국제법상 개인에게 일정한 권리를 인정할 것을 국가에 대하여 요구하는 것에 불과한 것인지 명확하지 않다. 예컨대 통상조약에 의하여 체약국 국민의 거주·영업의 권리가 규정된 경우, 개인 자신이 그것을 주장할 수 있는 것은 국내법상의 관계에 있어서 뿐이다. 이 경우에는 국가가 국내법에서 개인에게 일정한 권리를 인정할 것을 국제법상 약속한 것에 불과하다고 보아야 할 것이다.

개인에 대하여 국제법상 주체로서 권리가 부여된다고 인정되기 위해서는 개인이 직접 그것을 국제적 절차에 의해서 주장하는 것이 필요하다. 의무의 경우에 있어서도 역시 개인의 의무에 관하여 국제법이 규정하고 있다는 것만으로는 불충분하며, 국제적 절차에 의하여 소추되는 관계에 있다는 조건이 필요하다.

이러한 의미에서 개인의 국제법주체성을 인정할 수 있는 경우의 예를 들면 다음과 같다.

(1) 개인의 국제재판소에 대한 출소권

실정국제법상 개인에게 국제재판소에의 출소권을 인정한 최초의 예는 1907년 「중미사법재판소설치조약」(中美司法裁判所設置條約 Costa Rica, Guatemala, Honduras, Nicaragua, El Salvador) 제2조로 동조는 중미 5개국의 어느 체약국 국민도 다른 체약국을 상대로 조약위반, 기타 국제법적 성질의 사건에 관하여 이 재판소에 직접 출소하는 권리를 부여하였다.

또 제1차 대전 후의 「베르사이유평화조약」(Treaty of Versaillles)[5] 제297조에 의하여 동맹 연합국 국민은 혼합중재재판소에의 출소권이 인정되었다. 제2차 대전 후에는 유럽 3공동체(1952년의 석탄철강공동체, 1958년의 경제공동체 및 원자력공동체)의 사법재판소에 개인의 출소권이 인정되었다.

(2) 개인의 국제조직에 대한 청원권 또는 신고권

예컨대 신탁통치지역의 주민은 UN헌장 제86(b)조에 의하여 신탁통치이사회에 대하여 직접 청원할 수 있는 권리가 인정되었으며, 또한 ILO헌장 제24조는 사용자 또는 근로자의 단체가 조약의 불이행에 관하여 사무국에 신고할 수 있는 권리가 인정되었다.

(3) 개인의 국제조직에서의 대표권

ILO에서는 회원국의 정부대표 2명 외에 사용자대표와 근로자대표 각 1명이 총회의 토의와 의결에 참가하는 것이 인정되고 있다(ILO헌장 제3조 1항). 또 이사회의 구성원 48명 중에는 사용자 및 근로자대표가 각각 12명씩 참가하도록 되어 있다(동 헌장 제7조 1항).

---

5) 「베르사이유(평화)조약」은 1919년 6월 28일 파리 평화회의의 결과로 31개 연합국과 독일이 맺은 강화조약으로 전체 440조로 이루어졌다. 프랑스 베르사이유궁전 '거울의 방'에서 조인된 것으로, 제1차 세계대전 후의 국제관계를 확정한 의의를 지닌 회의다. 중국도 참석하였으나, 산둥(山東)문제 처리에 반대하여 조인하지 않았다. 미국 상원은 조약의 비준을 거부하였다. 이 조약으로 독일은 해외식민지를 잃고, 알자스 로렌을 프랑스에 반환하였으며, 유럽 영토를 삭감당하였다(면적에 있어서 13%, 인구에 있어서 10%). 그리고 단찌히(Danzig)는 자유시가 되어 대외관계와 관세 등의 문제는 폴란드가 관할하고 대내 관계는 국제연맹이 관장하도록 하였다.
또한 전쟁도발의 책임을 물어 연합국 손해에 대한 배상금이 부과되었다. 배상금액은 연합국 배상위원회에 일임되어, 1921년 3월 1일까지 이 위원회에서 배상 총액을 1,320억 마르크(약 330억 달러)로 결정하였다.
군비에 대해서도 육군병력은 10만 이내, 장교는 5,000명 이내, 해군은 1만 5천명에 군함보유량은 10만t 이내로 제한되었으며, 참모본부·의무병역제도는 폐지되고, 공군·잠수함의 보유도 금지되었으며, 육해군의 무장에 대해서도 엄격한 제한과 감시를 받았다. 라인강(江) 좌안(左岸)은 비무장지대로서 15년간 연합국의 점령 하에 두고, 자르지방은 15년간 국제연맹의 관리하에 두며, 15년 후에 주민투표에 의해 그 귀속을 결정하기로 하였다. 그리하여 국제연맹규약은 베르사이유조약의 제1편이 되었다. 파리강화회의 운영이 일방적이고, 이 조약으로 말미암아 독일 국민에 대한 압박이 컸기 때문에, 독일에서는 이 조약을 '명령'이라 불렀다. 이를 교묘히 포착하여 이용한 것이 나치스이다. 출전: http://www.encyber.com 검색어: 베르사이유조약

(4) 집단살해죄의 방지 및 처벌에 관한 협약

제2차 대전 후 1948년에 UN총회에서 채택된 「집단살해죄의 방지 및 처벌에 관한 협약」은 집단살해(genocide)를 범한 자를 '국제법상의 범죄'로서 국제형사재판소에서 처벌할 것을 예정하고 있다(집단살해죄의 방지 및 처벌에 관한 협약 제6조).

이상에서 본 바와 같이, 개인이 국제법주체가 될 수 있다는 것은 명백하지만 완전한 주체인 국가에 비하여 어느 정도의 한계가 있다. 첫째, 개인이 주체가 되는 경우는 조약에 의해 정해진 범위 내에 그치고 그 외의 사항에는 미치지 않으며, 둘째, 개인의 국제법 주체성이 인정된다 할지라도 개인에게는 국제법의 정립에 참가할 능력은 없다. 따라서 개인의 국제법주체성은 제한적이며 수동적이다.

2. 국제조직의 국제법주체성

국제조직은 제국(諸國)의 합의에 기초를 둔 국가 간의 기능적 조직이다. 국제조직은 그 본연의 기능을 수행하기 위해서 자신의 구성원인 국가로부터 독립한 인격성을 가져야 한다. 이러한 인격성은 국제조직설립조약에 명시적으로 규정된 범위 내에서 인정 될 뿐만 아니라 설립조약의 목적·기능과 관련하여 국제조직의 임무수행에 필요한 한도 내에서 묵시적으로 인정된다 할 것이다. 이러한 묵시적 권능은 1949년의 ICJ의 권고적 의견(Bernadotte사건)에서도 인정되고 있는데, ICJ는 "UN이 헌장의 목적 및 원칙을 실현하기 위해서 이러한 인격성을 가지는 것은 불가결한 것이다"라고 설명하고 있다.

그러나 국제조직이 구체적으로 어떠한 종류의 주체적 권능이 인정되는가는 분명치 않으며, 각 기구의 설립조약 및 목적이나 기능에 비추어 판단할 수밖에 없다.

(1) 조약체결권

국제조직이 스스로 당사자가 되어 국가 또는 다른 국제기구와 조약을 체결하는 것은 오늘날 흔히 있는 현상이다. 국제조직이 어떤 내용의 조약을 체결하는가는 설립조약이 명시적으로 규정하고 있다(예컨대 UN헌장 제43조의 특별협정, 제63조의 전문기구와의 협정, 제12장의 신탁통치협정 등). 그러나 국제조직의 조약체결권은 반드시 명시적으로 규정된 경우에 한정되는 것이 아니며, 국제조직이 그 기능을 효과적으로 수행하기 위해 필요한 권능으로서 묵시적으로 인정된 경우도 있다고 해석된다. 현실적으로 UN은 명시적으로 규정된 사항 이외의 다른 사항에 관해서도 많은 협정을 체결하고 있다(예: 미국과의 사이에 「본부협정」, 스위스와의 사이에 「아리아나지역에 관한 협정」, 네덜란드와의 사이에 「헤이그평화궁(平和宮) 사용에 관한 협정」 등).

(2) 특권·면제의 향유

국제조직은 국가기관의 외교특권에 유사한 특권 및 면제를 향유한다. 예컨대 UN헌장 제105조는 "이 기구는 그 목적달성에 필요한 특권 및 면제를 회원국의 영역에서 향유한다"고 규정하고 있다. 이 규정을 구체화하기 위하여 1946년 UN총회는 「UN의 특권 및 면제에 관한 조약」을 채택하였고, 1947년에는 「UN전문기구의 특권·면제에 관한 조약」을 채택하였다. 또한 1947년에 「UN본부협정」에 의하여 UN본부는 외국의 대·공사관과 동등한 법적 지위를 향유한다.

(3) 시정권(施政權)

UN은 신탁통치지역의 시정권자가 될 수 있다(UN헌장 제81조). 시정권이란 신탁통치지역에 대하여 입법, 사법, 행정의 삼권을 행사하는 권한으로써 기타의 지역에 관해서도 UN은 일정 기간 동안 어떤 영토를 통치할 수 있다. 예컨대 1963년 西이리안에 대하여 이 지역에 대한 통치권이 네덜란드로부터 인도네시아로 이양되는 과도기간에 UN사무총장이 임명한 행정관이 잠정적으로 통치하였다.

(4) 국제청원권

UN은 회원국, 비회원국 또는 다른 국제조직을 상대로 조직 및 직원이 입은 손해에 대한 국제청구를 행할 수 있다(Bernadotte사건). 그러나 일반적으로 국제조직이 갖는 청구권의 성질 및 그 발동방식에 관해서는 명확하지 않다. 다만, 대부분의 경우에 청구권의 성질과 발동방식은 외교교섭에 의하여 해결될 수 있을 것이다. 또 UN 자체는 ICJ에 출소능력이 없으나, 권고적 의견을 요구할 수 있으므로 이 권한을 이용하여 권고적 의견을 구하는 한편, 여기에 구속력을 부여하는 협정을 체결함으로써 청구권문제를 해결하는 것도 가능할 것이다.

위와 같이 국제조직은 국제법의 정립에 참가할 수 있다는 점에서는 국가와 동일한 적극적 주체의 성격을 가진다. 그러나 국제조직의 주체성의 범위는 국가 간의 합의(주로 조약)에 규정된 한계 내라는 점에서 포괄적 주체인 국가와 다르다. 따라서 국가야말로 국제법의 원시적(기본적) 주체라고 말할 수 있다.

〔UN 복무 중에 입은 손해의 배상사건(Bernadotte사건)〕
(Reparation for Injuries suffered in the Service of the United Nations)
자문기관: UN 총회 국제사법재판소, 권고적 의견, 1949년 4월 11일, ICJ (1949) 174

[사 실]

1949년 9월 17일에 스웨덴인 Bernadotte백작이 Jerusalem市에서 개인적 테러분자에 의하여 살해되었다. 그 당시 Jerusalem市는 이스라엘에 속하고 있었다. Bernadotte백작은 동지역에 있어서 UN의 수석조정관이었다. 그의 죽음에 관하여 어떠한 조치를 취할 것인가를 결정하는 과정에서 UN총회는 ICJ에 대하여 다음과 같은 권고적 의견을 구하였다.

자문 1. UN직원이 직무수행 중에 손해를 입은 데 대하여 어떤 국가의 책임이 문제되는 경우에 UN은 그 국가를 상대로 (a) UN 자신이 입은 손해에 대하여, (b) 피해자 또는 그를 통하여 자격 있는 개인(유가족)이 입은 손해에 대하여, 국제기구로서 손해배상을 얻기 위하여 국제적 청구를 행할 권능을 가지는가?

자문 2. 만일 긍정적이라면, UN이 취하는 행동은 피해자 국적국의 외교적 보호권과는 어떻게 조정되어야 하는가?

[판결요지]

1. 자문 1에 답하는 전제로서 UN이 일반적으로 국제법인격을 가지는가가 문제된다.

헌장은 내부 기관을 설치하여 그 자신의 사명을 부여하였다. 헌장은 회원국에게 기구가 취하는 어떠한 행동에 관해서도 모든 원조를 부여하고(제2조 5항), 안전보장이사회의 결정을 수락하고 또한 이행할 것을 요구하고, 총회로 하여금 회원국에 대하여 권고할 권한을 부여하고, 각 회원국의 영역에서 UN기구에게 법률상의 능력, 특권 및 면제를 부여하고, 또한 기구와 그 회원국 사이에 체결된 협정을 예정함으로써 기구에 대한 회원국의 지위를 명백하게 규정하였다. UN은 정치적 기구로서 중요한 성격을 가진 그리고 광범한 영역, 즉 국제평화와 안전의 유지, 제(諸)국가의 우호관계의 발전, 경제적·사회적·문화적 및 인도적 제(諸)문제의 해결에 있어서의 국제협력의 달성을 망라하는 정치적 임무에 관한 책임을 진다(제1조). 1946년 「UN의 특권 및 면제에 관한 조약」은 각 체약국과 UN 사이의 권리·의무를 규정하고 있다. 그런데 이와 같은 조약은 국제적 측면에서, 또한 국제인격을 가지는 당사자 사이에 있어서가 아니면 어떻게 그 효과를 발휘할 수 있는가?

재판소의 견해에 의하면, UN은 광범위한 국제인격 및 국제적 측면에 있어서의 행위능력에 의해서만 설명되는 임무를 수행하고 또한 권리를 향유하는 것이 예정되어 있으며, 실제로도 수행하고 또한 향유하고 있다. UN은 현재에 있어서 최고형태의 국제기구이며, 만일 UN이 국제인격을 갖지 않는다면 창설자의 의사에 부응할 수 없을 것이다. 회원국은 UN에게 그에 부수하는 의무 및 책임과 함께 일정한 임무를 부여함으로써, 그것을 유효하게 수행하는 것을 가능하게 하기 위하여 필요한 권한을 부여한 것으로 인정하여야 한다.

따라서 재판소는 UN이 국제인격자라는 결론에 도달한다. 그러나 UN의 법인격 및 권리·의무가 국가의 그것과 동일한 것은 아니다. 하물며 UN은 초국가(super state)도 아니다. 요컨대 UN이 국제법의 주체이며 국제적 권리·의무를 가질 수 있다는 것이다.

2. 다음 자문은 UN이 가지는 국제법상의 제(諸)권리 가운데, 본 권고적 의견의 신청에 제시되고 있는 것과 같은 국제청구를 제출할 권리를 포함하고 있는가이다. 우선 자문 1 (a)는 임무수행 중에 UN직원에게 발생한 권리침해에 의하여 UN 자신이 입은 손해의 배상과 관계된다. 국제법에 의해서 승인된 국제적 권리·의무는 UN의 조직문서에 의하여 명시 또는 암시되고 있으며, 또한 관행에 의하여 발전된 기구의 목적과 임무에 의존해야 하는 것이다. UN의 임무는 국제적 측면에 있어서 제국의 협동행동이 이루어지지 않는다면 수행될 수 없는 성질의 임무이다. 따라서 재판소는 회원국이 UN에게 그의 임무수행에 필요한 국제청구를 제출할 자격을 부여하였다고 결론짓는다. 그러므로 국제의무의 불이행에 의하여 UN에 손해를 발생하게 한 회원국에 대하여 UN이 국제청구를 제출할 자격을 가진다는 것은 의심할 여지가 없다. 자문 1 (a)에서 말하는 손해는 배타적인 UN 자신의 이익, 그 활동의 수단, 기구가 관리하는 그 재산 및 이익에 대해 발생한 손해를 의미한다. 기구가 이러한 손해에 관해서 청구를 제출할 능력을 갖고 있는 것은 명백하다. 이 청구는 기구에 의해 책임을 지고 있는 회원국의 국제의무의 불이행에 기한 것이므로, 그 회원국은 그 의무가 국내법에 의하여 규율된다고 주장할 수 없으며, UN은 그 청구에 대하여 국제적 청구의 성질을 부여받는 것이 정당화된다.

자문 1 (b)의 경우, 즉 UN은 기구 스스로가 입은 손해가 아니라 피해자 본인 또는 본인을 통하여 권한을 취득한 개인이 입은 손해에 대하여 국제청구권을 행사할 수 있는가의 문제가 발생한다. 이 경우에 재외국민에 대한 국가의 외교적 보호의 행사라는 전통적 규칙의 존재는 UN에 의한 청구권의 행사를 부정하는 이유로는 되지 않는다. 그러나 UN에 의한 국제청구권의 정당성의 근거를 국가의 전통적 규칙으로부터 도출되는 유추에서 구하는 것은 정당하지 않다. 충성의무라는 개념의 과장된 사용에 의하여 헌장 제100조하에서 UN과 사무총장 및 사무국 직원과의 사이에 존재하는 법적 관련을 국가와 국민과의 사이에 존재하는 국적과의 관련과 동일시할 수는 없기 때문이다.

여기서 문제의 해결은 헌장의 제(諸)규정을 국제법상의 제(諸)원칙에 비추어 해석하는 방법에 의하는 수밖에 없다. 헌장은 UN에 대하여 그 배상청구 중에 피해자 또는 동인(同人)을 통하여 권리를 가진 자에게 발생한 손해를 포함시킬 자격을 명시적으로 부여하고 있지는 않다. 그러나 UN은 그의 임무 수행상 불가결한 권한을 헌장에 명확히 규정하고 있지는 않지만, 이는 일반국제법상 묵시적으로 부여되었다고 인정하여야 한다(묵시적 권능이론). 기술한 UN의 목적 및 임무를 고려하여, UN은 그 직원에게 세계의 분쟁지역에 있어서 수행될 중요한 사명을 위탁하는 것이 필요하다고 인정할 수 있으며 또 실제로 인정하여 왔다. 많은 사명들은 필연적으로 사람들이 일반적으로는 노출되지 않는 비상한 위험 상태에 직원을 두게 되는 것이다. 이와 같은 이유로서 그 상황에 있어서 직원이 입은 손해는 때로는 그 자의 본국이 외교적 보호에 기하여 배상청구를 제기하는 것이 정당화되지 않든가, 또는 적어도 제기할 의사를 갖지 않는 형태로 발생하는 수도 있을 것이다. 그 임무의 효과적·자주적인 수행을 확보하기 위해서도 또한 그 직원에게 효과적인 지지를 부여하기 위해서도 UN은 직원에게 적당한 보호를 제공해야 한다. 직원이 그 임무를 충분히 수행하기 위해서 직원은 그 보호가 UN에 의하여 보증되어 있고, UN에 의뢰할 수 있다고 느껴야 한다. 직원은 그 임무수행에 있어서 UN의 보호 이외의 보호에 의뢰할 필요가 없다는 것이 중요하다. 특히 직원이 본국의 보호에 의뢰할 필요가 있어서는 안 된다. 만일 그렇다면 직원의 독립성은 헌장 제100조의 원칙에 반하여 위험하게 될 것이다. 또한 중요한 것은 직원이 강대국 또는 약소국의 어디에 속하고 있는가를 불문하고, 또 그 임무수행에 동정적 또는 동정적이 아닌 국가의 어느 것에 속하고 있는가를 불문하고, 직원은 그 임무수행에 있어서 UN의 보호 하에 있다는 것을 확신하여야 한다.

UN의 직원에게 그 임무수행을 가능하도록 하기 위하여, 제국(諸國)이 약속한 의무는 직원을 위해서가 아니라 UN을 위해서 인정된 것이다. UN은 이러한 의무의 불이행을 이유로 하여 배상을 청구하는 경우에는 기구는 그 자신의 권리, 즉 기구에 대하여 진 의무가 존중되어야 하는 권리를 원용하는 것이다. 이 근거에 의하여 기구는 그가 입은 권리침해의 배상을 요구한다. 왜냐하면 PCIJ가 1927년 7월 26일 판결 (Chorzow공장사건)에서 판시한 바와 같이, 의무의 위반이 적당한 형식에 의한 손해배상 의무를 수반하는 것은 국제법의 원칙이기 때문이다. UN은 그 직원이 입은 권리침해를 이유로 하여 배상을 청구함에 있어서 그 직원을 대리하는 것은 아니다. UN은 그 자신의 권리, UN에 대해서 진 약속의 존중을 확보할 권리를 주장하는 것이다.

이상의 고려와 회원국이 기구의 유효한 활동을 위해 약속한 의무를 이행하도록 요구하는 UN의 부정할 수 없는 권리를 고려하여, 재판소는 이러한 의무불이행의 경우에, UN은 적당한 배상을 청구할 자격을 갖고 있으며 또한 그 배상액의 평가에서 피해자 또는 동인(同人)을 통하여 권리를 가진 자가 입는 손해를 포함하는 것이 인정된다.

3. 다음으로 피청구국이 UN의 비회원국인 경우에 UN은 이상의 국제청구를 제출할 자격이 있는가이다(피청구국 이스라엘은 당시 비회원국이었다). 이 점에 관하여 재판소의 의견으로는 국제사회의 대다수의 구성원을 대표하는 50개국(당시의 회원국)은 국제법에 따라 UN이라고 하는 객관적인 국제법인격을 가진, 오로지 이러한 회원국만에 의해서 인정된 법인격이 아닌 하나의 객관적 실체를 창설하는 권한을 가지며, 또한 그 실체는 국제청구를 제출할 자격도 함께 가지는 것으로 인정하였다고 생각한다. 따라서 재판소는 피청구국이 UN의 회원국이든 아니든 간에 자문 1 (a) 및 (b)에 대하여 긍정적으로 해답하여야 한다는 결론에 도달한다. 자문 1 (a)에 대해

서는 전원일치로, 1 (b)에 대해서는 11 대 4로 긍정적 의견이 채택되었다.

4. 자문 2에 관하여, 피해자인 직원이 무국적이 아니고, 자기의 국적을 가지고 있는 경우에는 그의 본국이 가지는 외교적 보호권과 UN이 가지는 기능적 보호권 사이에 경합관계가 발생한다. 이러한 경우에는 어느 일방을 우선시 하고, 본국과 UN 어느 것에 국제청구의 제출을 삼가도록 의무지우는가에 관한 법의 규칙은 존재하지 않는다. 그러나 UN과 회원국 사이의 관계에 관해서 재판소는 헌장 제2조 5항에 정해진 '모든 원조'를 부여할 회원국의 의무에 주의를 환기하고 있다.

이 두 가지 청구의 기초는 상이하지만, 그것은 피청구국이 손해배상을 두 번이나 지불하도록 강제되는 것을 의미하는 것은 아니다. 국제재판소는 둘 또는 셋 이상의 국적국이 관련된 청구가 제기되는 문제를 충분히 알고 있으며, 그리고 이와 같은 경우에 어떻게 피청구국을 보호할 것인가도 알고 있다. 그리고 이와 같은 경합관계의 위험은 일반조약 또는 각 특정조약을 체결함으로써 완화 내지 제거될 수 있을 것이다. 그리고 그 국민이 UN을 위해 진 임무의 수행 중 손해를 입은 제국(諸國)이 합리적으로 협력정신을 갖고 실제적 해결을 탐구할 의향을 이미 나타내 왔음을 상기해야 한다.

5. 피해자가 피청구국의 국민인 경우에는 어떻게 되는가? UN이 행사하는 손해배상청구권은 피해자의 국적이 아니고, UN의 직원이라고 하는 지위에 기하는 것이다. 따라서 피청구국이 그 자를 자국민으로 간주하는가 여부와는 관계없다. 왜냐하면 국적문제는 청구의 허용성과는 관련이 없기 때문이다. 그러므로 법률상 직원이 피청구국의 국적을 갖고 있다고 하는 사실은 그 직원에 의한 임무의 수행 중에 발생한 의무의 불이행을 이유로 하여 UN이 제출하는 청구를 방해하는 것은 아니다. 자문 2는 10 대 5로 의견이 채택되었다.

제 2 절 국제법의 역사

I. 근대 국제법의 성립

근대 국제법은 로마법왕과 신성로마황제의 보편적 권위를 정점으로 위계적으로 통일되어 있던 중세의 봉건사회가 붕괴된 후 형성된 주권적인 근대국가의 성립에 연유한다. 30년전쟁을 종결하기 위하여 개최된 1648년의 웨스트팔리아(Westphalia) 회의는 당시의 유럽의 대국(大國) 대부분이 참가하여, 로마법왕과 신성로마황제의 보편적 권위로부터 해방된 주권국가를 주축으로 하는 이른바 유럽국가체제(Western State System)의 형성을 조약상 확인한 것[6]으로서, 국제법의 역사에 있어서 매우 중요한 의의를 가진다.

이러한 상황에서 그로티우스(Hugo Grotius, 1583~1654)를 비롯한 근대 국제법학의 창시자라고 불리는 수많은 학자들이 배출되었고, 이러한 학자들이 제(諸)국가 간에 있어서의 국제법의 타당근거를 명백히 함과 동시에 그 필요성을 강조하였다. 그것이 현실적 제(諸)조건에 의해 지지되어 점차 사람들의 현실적인 법의식이 됨에 따라 국제법은 서서히 통일적인 법체계로서 굳어지게 되었다고 할 수 있다. 그로티우스는 자연법을 기초로 하여 국제법의 타당성을 주장하였으나, 그의 자연법은 후에 홉스(Thomas Hobbes, 1588~1679)나 푸펜도르프(Samuel Pufendorf, 1632~

6) 그 결과 체결된 조약을 「웨스트팔리아조약 혹은 베스트팔렌조약」(Peace of Westfalen)이라고 한다. 이는 독일 30년 전쟁을 끝마치기 위해 1648년에 체결된 평화조약으로 가톨릭 제국으로서의 신성로마제국을 사실상 붕괴시키고, 주권국가들의 공동체인 근대 유럽의 정치구조가 나타나는 계기가 되었다.

페르디난트 2세(Ferdinand II, 1578~1637)의 반종교개혁에 대한 보헤미아의 반란에서 시작된 독일 30년전쟁(Thirty Years' War, 1618~1648)은 독일을 무대로 전개되었지만 덴마크와 네덜란드, 스웨덴, 프랑스, 스페인 등 유럽의 여러 나라들이 참여한 국제전쟁이었다. 1637년 페르디난트 2세가 죽자, 새로 신성로마제국의 황제가 된 페르디난트 3세(Ferdinand III, 1608~1657)는 1641년 종전을 제의했다. 1644년 봄부터 황제를 비롯해 66개의 영방(領邦) 대표, 프랑스, 스웨덴, 스페인, 네덜란드 등이 참여한 강화회의가 시작되었다. 협상은 홍청망청한 분위기에서 뚜렷한 성과를 거두지 못했다. 그러던 것이 1648년 봄, 30년 전쟁의 진원지였던 프라하가 스웨덴에 점령되고 프랑스가 황제군과 스페인 군대에 승리를 거두면서 협상이 급진전되었다. 마침내 1648년 10월 24일에 베스트팔렌의 오스나브뤼크에서 조약이 체결되었다.

베스트팔렌조약의 주요 내용 및 결과는 다음과 같다. ① 프랑스가 알자스 대부분과 메스, 투르, 베르됭의 세 주교령을 얻어 라인강 유역까지 국경을 넓혔다. 스웨덴은 서(西)포메른, 마크데부르크대주교령, 덴주교령 등의 영유를 인정받고, 바이에른과 작센 등도 약간의 영토와 선제후위(選帝侯位)를 인정받으며, 새로운 열강으로 떠올랐다. ② 스위스와 네덜란드가 독립국 지위를 승인받았다. ③ 1555년 아우크스부르크 종교화의(宗敎和議)가 정식으로 승인되며, 칼뱅파에게도 루터파와 동등한 권리가 인정되었다. ④ 독일의 영방(領邦) 제후와 제국도시들에 '황제와 제국(帝國)을 적대하지 않는 한에서'라는 조건으로 상호 또는 외국과 동맹할 권리가 인정되었다. 제후들에게 영토에 대한 완전한 주권과 외교권, 조약 체결권이 인정된 것이다. ⑤ 그 밖에 교회령에 대해서는 1624년의 상태로 되돌리기로 결정했으며, 베스트팔렌조약에 대한 반대나 거부는 어느 누가 표명하든지 간에 모두 백지화, 무효화한다고 선언하여 독일 문제에 교황이 개입하지 못하도록 하였다.

이처럼 「베스트팔렌조약」은 유럽에서 로마 가톨릭교회와 신성로마제국의 지배적 역할을 실질적으로 무너뜨리고 새로운 질서를 가져왔다. 조약은 제후들에게 완전한 영토적 주권과 통치권을 인정하고, 가톨릭, 루터파, 칼뱅파에게 동등한 지위를 부여하였다. 이는 정신적으로는 교황이 주도하고 세속적으로는 황제가 주도하는 가톨릭 제국으로서의 신성로마제국이 실질적으로 붕괴된 것을 의미했다. 황제와 교황의 권력은 약화되었으며, 정치는 종교의 영향에서 벗어나 세속화하여 국가 간의 세력 균형으로 질서를 유지하는 새로운 체제를 가져왔다. 이는 유럽의 근대화와 절대주의 국가의 성립에 매우 커다란 영향을 끼쳤다.

한편, 「베스트팔렌조약」은 유럽의 세력균형에도 변화를 가져왔다. 합스부르크 왕가(Habsburg Haus)의 권력이 약화되고, 스페인은 네덜란드를 잃었을 뿐만 아니라 서유럽에서의 영향력을 상실했다. 대신 프랑스의 영향력이 강화되었으며, 제국 안에서도 브란덴부르크와 바이에른 등의 성장이 촉진되었다. 출전: http://www.encyber.com 검색어: 베스트팔렌조약

1694)와 같이 인간이성에 의한 합목적적인 판단의 소산인 이성법적인 성격을 가지는 것이 아니고, 오히려 인간에 대하여 객관적으로 과해진 규범이라는 초월적인 성격이 매우 강조되었다. 이러한 의미에서 그로티우스는 자신보다 앞선 시기의 비토리아(Francisco Vitoria, 1480～1546)나 수아레즈(Francisco Suarez, 1548～1617)와 마찬가지로 중세적인 보편주의사상의 영향을 받고 있었다. 그러나 그는 자연법을 신의 손으로부터 분리함으로써 세속화되고, 그러한 자연법의 기초 위에 국가로서 당연히 지키지 않으면 안 되는 국제법의 존재를 체계적으로 제시하였다는 의미에 있어서 '국제법의 아버지'라고 불리고 있다. 그의 명저 「전쟁과 평화의 법」(De Jure Belli ac Pacis, 1625)은 30년전쟁 중에 집필되었는데, 중세유럽의 통일적인 사회가 해체되는 과정에서 정치적으로 날카롭게 대립한 절대군주 사이에서 끊임없이 행해지는 투쟁, '야만인까지도 치욕으로 느껴야 할 전쟁'을 눈앞에 두고 그러한 군주간의 권력투쟁을 완화하고 조정하기 위하여 국제법의 필요를 사람들에게 호소하려는 것이 목적이었다. 따라서 「전쟁과 평화의 법」은 당시 국가 간에 현실적으로 타당하게 성립하고 있었던 실정적인 국제법규칙을 해설하는 것이라기보다 오히려 '있어야 할 법'(*lege ferenda*)에 관하여 설명하고 군주가 이것을 지키도록 호소하였던 것이다. 이와 같은 그로티우스와 기타 학자들의 호소가 그 후 서서히 국가관행으로 수용되어 실정법의 형성에 크게 기여하였던 것이다.

학자들의 이러한 호소가 받아들여지고 주권적인 근대국가를 규율하는 것으로서 국제법의 타당성이 인정되게 된 이유는 여러 가지 사정이 있겠으나, 우선 주목되는 것은 중세 말기에 있어서의 로마법의 부활과 교회법의 발달이었다. 근대 초기에 있어서 로마법의 지식은 유럽의 학자·정치가에게 공통적으로 보급되었다. 그것이 개인 상호의 사적 관계와 형태적으로 유사한 국가 상호간의 규율을 고려함에 있어서 중요한 기초를 제공한 것은 부정할 수 없다. 또 교회법도 도덕적·종교적인 입장에서 전쟁법에 관한 중요한 원칙을 포함하고 있으며, 그것이 전쟁법규형성의 기초를 이룬 것도 무시할 수 없는 것이다. 유럽은 정치권력구조에 있어서는 각각 주권국가로 다원적으로 분열하였으나, 당시는 아직 국경을 초월한 중세 이래의 정신적·문화적인 일체의식이 뿌리 깊게 남아 있었다. 이것이 그로티우스, 기타의 국제법학자들의 호소에 응할 수 있게 한 근거를 이루고 있었던 것도 인정해야 할 것이다.

다음으로 중요한 것은 주권적인 근대국가를 둘러싼 사회적·경제적인 사정으로 인하여 근대국가 자신이 그 성립과 함께 각각 고립된 행동을 할 수 없는 객관적인 상황 하에 놓이게 되었다는 것이다. 주지하는 바와 같이, 중세봉건 사회를 붕괴시키고 주권적인 근대국가의 성립을 촉진한 근본적인 원인은 동방제국으로부터의 재화의 유입 및 상인계급의 대두에 의한 봉건적 자연경제의 붕괴에 있었다. 즉, 유럽에서는 이미 중세 말기에 있어서 도시의 상업단체를 통하여 교역이 성행되어 각각의 정치적 구획을 초월한 보편적인 경제관계가 형성되어 가고 있었다. 따라서 주권적 근대국가는 탄생과 동시에 완전한 고립을 허용하지 않는 국제적 환경 하에 있었다고 할 수 있다. 더구나 근대국가는 일반적으로 그 정치권력을 확립하기 위하여 재정적 기초를 튼튼히 할 필요에서 무역에 뛰어들게 되었고, 국제무역은 차차 국가가 당면한 주요 관심사가 되지 않을 수 없었다. 그에 따라 근대국가 상호의 교섭에 관해서도 마치 시민 상호간의 거래에 있어서와 같이 '거래의 안전'과 '예측가능성'을 보장하는 획일적인 규범으로서, 점차 통일적 국제법규범이 요구되지 않을 수 없었다.

끝으로, 근대 초기 이후 유럽의 국제적인 안정을 보존하기 위한 기본방식으로서 이른바, 세력균형(balance of power)정책이 또한 근대국제법 형성을 위한 정치적 기반을 제공하였다고 할 수 있다. 세력균형정책은 중세의 보편적 권위에 의한 구속으로부터 해방된 유럽의 새로운 국제관계에 있어서 어느 국가 또는 국가군이 주도권을 장악하는 것을 방지하고, 그것에 의해서 각국의 독립과 안전을 확보하려고 하는 취지로서 인정되게 되었다. 이와 같은 균형을 충분히 확보하기 위해서는 국가의 국제적 실천을 상호 조정하는 것으로서 제(諸)국가에 공통적인 법원칙이 필요하게 된다. 이러한 의미에서 세력균형의 원칙이 유럽국가체제가 근대 국제법을 형성하는 데 있어서 중요한 조건이 된 것도 부정할 수 없을 것이다.

Ⅱ. 근대국제법의 전개

19세기, 특히 그 후반기에 들어서자 산업혁명에 의한 근대산업의 발달, 이에 수반하는 국제무역의 급격한 확대와 교통기술의 비약적인 진보에 의해서 유럽 이외의 국가와의 교통이 개설됨에 따라 제(諸)국가의 관계도 이전에 비하여 현저한 전개를 이루게 된다. 19세기에 있어서 국제법의 전개를 보여주는 현저한 현상으로서 첫째, 국제법이 그 타당범위를 확대하여 점차 보편적인 것으로 되었다는 것을 들 수 있다. 근대 국제법은 원래 '유럽공법'이라고 불리어진 데서도 알 수 있는 바와 같이 처음에는 그 타당범위가 유럽의 기독교국가로 한정되었다. 18세기 말에서 19세기 초에 걸쳐서 미주식민지가 점차 독립하고, 이에 수반하여 국제법의 타당범위도 넓혀졌다. 그러나 그 범위는 여전히 유럽문화를 가진 기독교국만으로 한정되었다. 그러던 것이 유럽지역에 있어서는 1856년의 파리조약이 비기독교국인 터키의 유럽공법(=국제법)에의 참여를 인정하였고, 유럽 이외의 지역에 있어서는 1842년의 남경조약에 의해서 중국이, 또 1854년의 신나천조약(神奈川條約)에 의하여 일본이 개국하여 국제법의 적용을 받게 되었다.

이와 같이 근대 국제법은 그 타당범위를 확대하였을 뿐만 아니라, 그 내용도 충실해져 갔다. 통신조약 외에 영사, 범죄인 인도 등에 관한 수많은 양자조약이 체결되었고, 나아가 우편·전신·전화·저작권·공업소유권과 같은 비정치적인 상업적·행정적·기술적인 분야에 있어서 다수국간 조약도 많이 체결되었다. 1899년 및 1907년 2회에 걸쳐 개최된 헤이그평화회담에서 분쟁의 평화적 해결 및 전쟁법에 관한 조약을 세계적인 규모로 채택하였다는 것은 특히 주목할 만하다. 이러한 많은 조약들은 체약국 외에 제3국의 가입을 인정한 개방조약으로서, 국제사회에 공통적인 규범을 형성함에 있어서 중요한 의미를 가지는 것이었다.

끝으로 19세기에 등장한 중요한 현상으로서 주목되는 것은 비록 행정적·기술적인 사항을 대상으로 한 것이지만 다수의 국제조직이 설립되었다는 것이다. 또 전세기(前世紀)에는 거의 행해지지 않았던 중재재판도 빈번하게 행해졌다. 국제조직으로서 먼저 등장한 것이 1865년의 국제전신연합(國際電信聯合)이며, 이어서 1874년에 일반우편연합(1878년에 만국우편연합으로 개정), 1883년에 공업소유권보호동맹이 설립되었다. 중재재판은 영·미간의 현안을 해결하기 위하여 1872년 「Jay조약」이 체결되었으며, 이 조약에 기하여 1900년 사이에 177개 사건이 재판에 부탁되었다. 이와 같이 분쟁처리의 방식으로서 중재재판제도가 차츰 채용되게 되었다.

이상과 같이 19세기, 특히 그 후반에 이르러 제(諸)국가의 관계는 매우 긴밀하게 되고, 이에 수반하여 공통문제를 통일적으로 처리하기 위하여 국제사회도 드디어 조직화의 방향으로 나아갔다. 그러나 이 단계에 있어서 국제사회의 조직화는 상당히 제한적인 것이었다. 예컨대 국제조직이라 할지라도 행정적·기술적인 사항을 대상으로 한 국제행정연합에 한정되어 있었으며, 재판이라고 해도 모두 중재재판(분쟁당사국이 사건마다 합의에 의하여 재판관을 선정하는 형태)이며, 상설적인 국제재판소에 의한 것은 아니다(유일한 예외는 1908년에 설립된 중미사법재판소). 제1회 헤이그평화회의에서 채택된 「국제분쟁의 평화적 처리조약」에 의해서 상설중재재판소가 설립되었으나, 이 재판소는 각국으로부터 선정된 재판관명부가 있을 뿐, 실제의 재판은 사건마다 당사국이 그 중에서 선정하는 재판관에 의해서 행해지는 데 불과하였다.

Ⅲ. 현대 국제법으로의 발전

제1차 세계대전은 역사상 최초의 세계적인 대규모 전쟁이었다. 이 전쟁경험으로부터 인류는 비약적으로 강화된 근대무기에 의한 전쟁이 얼마나 비참한가를 통감하였고, 또한 오늘날 국제관계가 보다 긴밀화됨에 따라 전쟁이 세계적인 규모로까지 쉽게 발전할 위험성이 있다는 사실을 깨달았다. 이와 같은 전쟁을 방지하기 위하여 등장한 국제연맹은 국제평화와 안전유지를 목적으로 하여 역사상 처음으로 설립된 일반적 국제평화기구였다. 그 특징은 지금까지의 안전보장방식으로 인정되어 온 세력균형방법을 대체하여 새로운 집단안전보장(collective security)의 방식을 제도화한 것이다. 즉, 세력균형이 대립하는 국가 또는 국가군 사이의 힘의 균형을 꾀함으로써 상대방의 무력공격으로부터 국가의 안전을 보장하고 국제평화를 유지하려는 데 대하여, 집단안전보장체제는 대립하는 국가를 포함하여 관계되는 모든 국가가 상호 무력사용을 제한함과 동시에 그 제한에 반하여 무력이 행사되는 것을 모든 국가가 힘을 합하여 방지 또는 진압하려는 것이다. 이와 같은 국제연맹의 집단안전보장체제는 제2차 대전 후 UN에 의해서 더욱 강화되었다. 그러나 완전할 것 같았던 집단안전보장체제도 역시나 한계를 노출하였고, 그로 인하여 충분히 효과적인 조치는 기대되지 않는다. 그럼에도 국제연맹이나 UN이라고 하는 국제조직에 의해서 국가 간의 무력행사를 방지·진압하기 위하여 집단조치를 취하는 체제가 만들어졌다는 것은 국제법의 집행 면에 있어서 지금까지는 없었던 새로운 요소를 가한 것이다.

제1차 대전 후 국제연맹의 등장과 함께 주목되는 것은 국제재판영역에서 상설국제사법재판소(PCIJ)가 설립되었다는 것과 노동조건의 개선을 목적으로 한 국제노동기구(ILO)가 탄생하였다는 것이다. PCIJ는 제2차 대전 후에는 UN의 주된 기관의 하나인 국제사법재판소(ICJ)로 계승되었다. 이러한 상설적인 국제재판소가 설립된 결과, 국제법에 능통한 재판관이 상시 재판에 종사할 수 있게 되어 지금까지의 중재재판과 같이 사건마다 재판관을 선정하는 불편은 없어지게 되었다.

뿐만 아니라, 국내재판에 유사한 심리절차가 행해지고, 국제법의 해석이나 적용도 지금까지와 비교할 수 없을 정도로 정밀한 것이 되고, 또한 선례가 집적됨으로써 국제법의 발달에 크게 기여하게 되었다. 또한 선택조항(optional clause)의 수락선언(受諾宣言, ICJ규정 제36조 2항)에 의하여 의무적 재판도 증대되어 가고 있다. 국제노동기구는 각국의 노동조건을 국제적으로 조정하면서 개선하는 것을 목적으로 설립된 국제협력기구인 바, 이와 같이 국제조직을 통하여 경제적·문화적·교육적·보건적 분야나 그 관련분야에서 국제적으로 넓은 활동을 행하고 있는 UN 외의 국제조직과 밀접한 관련을 갖고 있다. 한편으로 제2차 대전 후에 있어서의 국제법의 발전경향으로서 주목되는 것은 인권의 국제적 보호문제가 크게 대두되고 있다는 것이다.

Ⅳ. 현대 국제법의 구조변화

이상에서 본 바와 같이 제1차 대전 후 국제법은 전(前)시기에는 볼 수 없었던 중요한 발전을 가져왔다. 또 다른 관점에서 주목되는 것은 국제법의 타당기반이 된 국제사회의 구조 그 자체에도 중요한 변화가 이루어진 것이다. 앞에서 본 바와 같이, 근대 국제법은 16·17세기의 서구사회의 풍토위에 성립하고 자본주의의 발전과 함께 성장·확대되어 왔다. 이러한 이유로 제1차 대전까지 국제법의 적용을 받는 국가는 자본주의체제를 기조로 하는 유럽국가에 한정되었고, 그에 의한 동질성을 거의 유지하고 있었다. 그러던 것이 제1차 대전 후 소련의 등장을 필두로 제2차 대전 후 많은 사회주의국가가 탄생하였고, 종래 유럽의 식민지였고 또한 유럽제국과는 역사적·문화적인 환경을 달리하던 이른바 AA제국(아시아·아프리카 그룹)이 독립하여 국제사회의 구성원이 되고 있다. 따라서 제1차 대전 이전에 볼 수 있었던 국제사회 구성원의 동질성이 오늘날에는 사라지고, 국제사회는 정치·경제체제나 역사적·문화적인 환경을 달리하는 제국(諸國)으로 구성되는 이른바, 분열된 사회(a divided world)의 양상을 띠고 있다. 이와 같은 국제사회의 구조 변화하에서 종래의 국제법이 어느 정도 그 타당성이 인정될 수 있는가의 문제가 새로이 대두되고 있다. 즉, 국제법의 기본원칙 중에는 국제관계를 합리적으로 조정하기 위해 형성된 국제법규(예컨대, 소련의 국제관계에 있어서의 지도원칙이 되어 있는 국제법상의 중요한 원칙으로서 주권평등, 민족자결, 국내문제 불간섭, 영토보전, 그리고 사회체제와 관계없이 국가 간의 평화공존과 협력, 의무의 성실한 준수를 들 수 있다)를 제외하고 과거 유럽제국의 식민지 지배를 합리화하기 위해 형성되었다고 간주되는 국제법규(예컨대, 영역취득의 방식, 외국에 대한 사적 투자보호, 외교적 보호권 등)는 사회주의국가와 신생국가들에 의해 도전을 받기도 하였던 것이다. 하지만 이와 같은 문제점에도 불구하고, 사회주의국가나 신생국가들은 국제법 그 자체를 거부하지는 않고, 오히려 일반적으로는 긍정적 태도를 취하였다. 오히려 새로운 국제법 질서를 확립하기 위해서는 개발도상국들의 입장이 충분히 반영되어야 한다는 주장을 펼쳤다. 그리하여 민족자결권이라든지 '천연의 부와 자원에 대한 영구주권'이라는 새로운 개념이 창출되기도 하였다.[7)]

그리고 베를린장벽이 붕괴되고 동·서독이 통일된 1990년대를 전후하여 국제질서는 크나큰 전환기를 맞이하였다. 구소연방체제가 와해되어 러시아와 독립국가연합으로 재편되었으며, 동·서 양진영의 이념의 대립체제가 사실상 종식되고 국제관계는 경제적 실리위주로 급속하게 재편되었다. 한편으로는 이라크와 아프가니스탄전쟁, 그리고 9·11테러 등을 통하여 알 수 있는 바와 같이, 국제사회는 또 다른 분쟁과 긴장 가운데 있으며, 이러한 도전을 어떻게 슬기롭게 극복해갈 것인가가 국제법이 당면한 새로운 과제이다.

7) 이한기, 국제법강의, 박영사, 2006, p.76-77.

제 2 장 국제법의 연원

제 1 절 국제법의 연원의 의의

법의 연원(淵源 sources of law)이라는 말은 여러 가지 의미로 사용되고 있다. 국제법의 연원을 국제법이 어떻게 구속력을 갖는가의 문제를 취급하는 '국제법의 기초'로 파악하는 견해, 국제법이 어떠한 원인에 의하여 실정적 기초인 합의가 성립되는가의 문제를 취급하는 '국제법의 원인'으로 파악하는 견해, 또는 국제법을 인식할 수 있는 자료는 무엇인가를 취급하는 '국제법의 인식자료'로 파악하는 견해 등이 있다. 그러나 가장 간결하고 명확한 국제법의 연원에 관한 견해는 국제법의 성립형성, 즉 법창설의 방법 내지 절차로 보는 견해이다. 이러한 의미에서 종래의 통설은 법원을 국제관습과 조약의 두 형태로 구분한다.

한편 국제법의 성립형식에 관하여 명백하게 정의하고 있는 국제규범은 존재하지 않지만, 국제법의 연원을 처음으로 체계화하여 현실에 적용한 것은 1920년 PCIJ 규정 제38조이며, 이 조항은 ICJ규정 제38조로 계승되고 있다.

> 제38조 ① 재판소는 부탁되는 분쟁을 국제법에 의거하여 재판할 것을 임무로 하며 다음의 것을 적용한다.
> (a) 일반 또는 특별한 국제조약으로서 분쟁국이 명백히 인정한 규칙을 확립하고 있는 것.
> (b) 법으로서 인정된 일반관행의 증거로서의 국제관습.
> (c) 문명국에 의하여 인정된 법의 일반원칙.
> (d) 법칙결정의 보조수단으로서의 재판상의 판결 및 제국의 가장 우수한 국제법학자의 학설, 다만 제59조의 규정에 따를 것을 조건으로 한다.
> ② 본 규정은 당사국의 합의가 있는 경우에는 재판소는 형평과 선에 의하여 재판을 행할 권한을 해하지 않는다.

ICJ규정 제38조 1항 (a)~(c)호는 ICJ가 어떠한 주장된 국제법규칙을 적용하기 위해서는 그것이 조약, 관습 또는 법의 일반원칙의 3가지 법창설방법 중 하나 또는 그 이상의 것이라야 한다는 것을 분명히 하고 있다.

ICJ규정 제38조 1항은 자연법과 도덕규칙 또는 국제법이론과 같은 다른 가능성 있는 법창설방법을 배제하려는데 그 의의가 있다. 바꾸어 말하면, ICJ는 이러한 3개 법창설방법의 어느 것에 해당되는 규칙을 적용해야 한다. 제38조 1항에 대한 이러한 해석은 동조 2항에 의해 더욱 밑받침된다. 왜냐하면 2항은 국제법규칙이 아닌 형평과 선(*ex aequo et bono*)에 의하여, 즉 위의 3가지 법창설행위의 어느 것의 산물인 규칙을 무시하고, 형평과 선 그 자체를 법창설행위에 대체하여 사건을 결정하는 ICJ의 권한은 분쟁당사국의 합의가 있는 경우에 한한다고 규정하고 있기 때문이다. 환언하면, 그러한 권한은 3개의 통상적인 법창설방법 중의 하나－이 경우에서는 조약(ICJ규정)－에 의해서 설정된 국제법규칙에 의존하는 것이다.

다른 한편 ICJ규정 제38조 1항 (d)호는 이 법창설방법과는 대조적으로 사법기관의 결정과 가장 저명한 학자의 학설을 법칙결정의 보조수단으로 하고 있다.

ICJ규정 제38조 1항을 계기로 조약과 관습 외에 '법의 일반원칙'도 국제법의 법원이 아닌가, 그리고 오늘날 ICJ가 재판상의 판결을 부단히 사용하고 있는데, 이를 단순히 법칙결정의 보조수단으로 규정하고 있다고 하여 전적인 의미에 있어서 진실로 법원이라고 할 수 없는가, 또한 UN총회는 그 결의를 통해서 사실상 입법적 기능을 수행하고 있는 것을 적지 않게 볼 수 있는데, 이것 역시 어떤 의미에 있어서도 법원이라고 볼 수 없는가 등에 관하여 논란이 있다.

제2절 조 약

I. 의 의

조약이라는 개념은 일정한 국제법상의 효과, 즉 국제법상의 권리·의무의 발생·변경·소멸 등을 목적으로 하는 국제법주체간의 합의를 말한다. 조약은 보통 일정한 절차를 거쳐 체결되고, 문서의 형태로서 행해지는 것이 일반적이다. 그러나 구두로써 행해지는 것을 인정하지 않는 것은 아니다. 1969년의 「조약법에 관한 비엔나조약」은 제2조에서 "이 조약의 적용상 조약이란 국가 간에 있어서 서면형식으로 체결되고 또한 국제법에 따라 규율되는 국제적 합의를 말한다"고 규정하고, 제3조에서는 서면형식에 의하지 아니하는 국제적 합의의 법적 효력을 부정하는 취지가 아님을 명백히 하고 있다.

조약은 그 명칭에 있어서 조약(Treaty)이란 용어 외에 협약(Convention), 협정(Agreement), 규약(Covenant, Pact), 헌장(Charter), 규정(Statute), 협정(Arrangement), 결정서(Act), 의정서(Protocol), 선언(Declaration), 합의의사록(Agreed Minutes), 상호양해사항(Mutual Understandings), 교환공문(Exchange of Notes) 및 잠정협정(Modus Vivendi), 공동선언(Joint Declaration) 등 다양하다. 그러나 국가 간의 합의인 이상 그 효력에는 구별이 없다. 또한 국가 간의 합의에 대하여 어떠한 명칭을 부여하는가에 대하여 국제법상 정해진 원칙은 없으나, 합의내용의 중요성이나 당사국의 수 등에 의하여 어느 정도의 구별이 행해지고 있다. 특히 교환공문은 조약의 체결이 서신의 교환에 의해서 행해지는 것을 나타내는 명칭이다.

Ⅱ. 종 류

조약은 여러 가지 기준에 근거하여 다음과 같이 분류할 수 있다.

첫째, 그 내용에 따라 정치적 조약과 비정치적 조약으로 나누어진다. 전자의 예로는 동맹조약, 중립조약 또는 강화조약 등이 있고, 후자의 예로는 국제노동조약·UNESCO헌장 등이 있다.

둘째, 당사국의 수에 의하여 양자조약과 다자조약으로 구별된다. 2국 내지 소수국간의 조약을 특수조약이라고 하며, 세계의 대다수의 국가를 포함하는 조약을 일반조약이라고 한다.

셋째, 당사국 외의 제3국 가입의 인정 여부를 기준으로 하여 폐쇄조약(closed treaty)과 개방조약(open treaty)으로 나눈다. 개방조약은 또 제3국의 가입을 무조건으로 인정하는 것(예: 수에즈운하의 자유항행을 인정한 Constantinople조약)과 일정한 조건을 붙이는 것(예: UN헌장)으로 나누어진다.

넷째, 조약의 성질에 근거하여 계약적 조약(contract treaty)과 입법조약(law-making treaty)으로 분류할 수 있다. 전자는 각 당사자의 의사표시가 서로 대항하는, 즉 대가적 의미를 가지는 조약을 말한다. 예컨대 영토할양조약, 강화조약 등을 들 수 있다. 후자는 보통 다자조약의 형태로 나타나는 것으로서 각 당사자의 의사표시의 방향이 대향하는 것이 아니라 동일한 것을 말한다. 따라서 입법조약은 각 당사자에게 미치는 효과가 동일할 뿐만 아니라, 아울러 규범창설적 기능을 내포하고 있다. 예를 들면 UN헌장, 국제인권규약 등이 그것이다.

제3절 관 습

Ⅰ. 관습의 비중

오늘날 입법조약의 확산은 관습(custom)의 영향이 사라져가고 있다는 인상을 주기도 한다. 방대한 국제법규칙의 체계가 현재도 조약화되어 가고 있으며, 이러한 경향은 불가피할뿐 아니라 시간이 갈수록 촉진될 것이라는 것은 분명하다. 그러나 현재에 있어서도 조약이 관습법을 완전하게 대체할 수는 없다. 엄격히 말해서 오늘날 관습법을 제외하고, 국제사회의 모든 국가에게 구속력을 가지는 보편국제법의 규칙은 존재하지 않는다. 따라서 국제법원으로서의 관습의 지위는 여전히 중요시되어야 한다.

Ⅱ. 관습의 성립요건

1. 전통국제관습법

국제법의 연원으로서의 관습은 구체적으로 어떠한 과정을 겪어 성립하는가? 관습이 성립하기 위해서는 제(諸)국가의 계속된 관행과 법적 신념이라는 조건이 충족되어야 한다.

첫째, 국제관습의 특징은 국가의 실천을 통하여 법규가 점차적으로 형성된다는 점에 있으므로 관행의 존재가 관습성립의 1차적 요건이라는 데는 이론이 없다. 문제가 되는 것은 어떤 행위가 관습법규칙의 성립에 이바지하는 선례를 구성하는 것인가, 그리고 관습법을 창설하는 일반관행(general practice)을 증명하기 위하여 일정한 행위가 어느 정도의 기간 또는 범위로 반복되는 것이 필요한가이다.

우선, 국제관계의 행위에 책임 있는 국가기관(원수·외무부장관 등)의 행위, 즉 외교적 교환문서, 외교사절과 영사에 대한 훈령 등이 중요한 선례가 된다. 그러나 국가의 대내적 및 대외적 기관의 구별은 절대적인 것이 아니다. 국내의 입법기관이나 사법기관의 행위라 할지라도 그것이 국제적인 상황과 관련하여 일관된 태도를 취하고 있는 경우에는 좋은 선례가 될 수 있다(Scotia호사건). 또한 비단 국가의 행위에만 기인하는 것이 아니라 국제재판소가 유사한 사건에 관하여 공통된 행위(판결)를 취하는 경우, 관습의 성립이 인정되는 경우가 있다. 국제재판소는 원래 기존의 국제법을 적용하여 분쟁을 해결하는 것이 주요한 임무이지만, 실제에 있어서는 추상적인 기존의 국제법의 내용을 구체화하는 과정(해석)을 통하여 실천적인 기능을 한다. 따라서 판례 그 자체는 직접 후판결을 구속하는 선례구속효과는 인정되지 않지만(ICJ규정 제59조), 동일한 내용의 판결이 반복되는 경우에는 국제재판소의 판결을 통하여 국제관습이 형성되는 것을 인정해야 한다. 또한 국제조직의 기관의 행위(UN총회의 결의 등)에 의하여 국제조직의 운영에 관한 관습이 성립하는 경우도 있다.[1)]

다음으로 관습이 존재한다고 말할 수 있기까지 어느 정도의 기간이 경과해야 하는가를 간단히 말하는 것은 불가능하다. 모든 것은 사건의 상황과 관계규칙의 성격에 달려 있다. 오직 말할 수 있는 것은 문제의 관습이 특별한 사정에 속하는 단순한 잠정적 현상이 아니라, 오히려 계속적이고 또 잘 확립된 관행인 경우에 발생한다는 것이다. 예컨대 국제항공에 관한 관행의 성립은 항공기의 이용이 매우 단시일에 행해지고 있는 관계로 그다지 장기간을 요하지 않을 것이나, 다른 한편 국가의 행동을 위한 필요가 거의 일어나지 않거나 또는 오직 소수국가만이 이해관계를 갖고 있는 분야에서는 예컨대, 내륙국의 권리와 같이 관습이 존재하기까지는 상당한 시간이 소모될 경우도 있을 것이다.

또 일정한 관습이 성립되었다고 말하기 위해서는 적어도 제(諸)국가의 반복에 기하여 특정사항에 관해서 다수국가가 당연히 일정행위를 취할 것이라는 일반적인 기대가 성립하는 것이 필요하다. 국제사회의 모든 국가에 적용되는 일반관습은 역시 많은 국가가 추종하는 일반적 관습으로부터 발생한다. 그러나 모든 국가

---

1) 예컨대 UN헌장 제27조 3항은 절차상의 사항 이외의 사건에 관해서는 상임이사국을 포함한 9개 이사국의 찬성투표가 필요하다고 규정하고 있다. 이 규정의 해석으로서는 기권이나 결석 여하를 불문하고 5개 상임이사국의 찬성투표가 필요하다는 해석이 당초에는 지배적이었으나 그 후의 UN의 관행을 통하여 기권·결석으로 인한 상임이사국의 투표가 없어도 결의는 성립한다고 하는 것을 들 수 있다.

가 그 창설에 참가할 필요가 없다. 예컨대, 해안이나 선박을 갖지 않은 나라가 해양법의 발전에 공헌할 수는 없는 것이다. 오늘날에는 매우 극소의 국가만이 외기권(外氣圈)에 관한 관습법의 형성에 역할을 담당할 수 있을 뿐이다. 이와 같이 사물의 성격상 강대국이 관습법규칙을 창설하는 데 있어서 기타의 국가보다 더 큰 역할을 하는 것은 사실이다. 또한 국제관습은 국제사회 일반에 타당한 일반국제법의 역할을 하는 것이 사실이다. 국제관습은 일반국제법의 형태로 성립하는 것이 대부분이지만, 특정국가에만 관계되는 특별국제관습으로 성립하는 경우도 있다. 1960년 인도령 통행권사건(The Right of Passage Case)에서 ICJ는 2국간의 관계에 불과하더라도 지역적 관습(local custom)이 성립할 수 있다는 것을 인정하였다.

둘째, 국제관습이 성립하기 위해서는 단순한 관행이란 자연적 사실의 존재만으로는 불충분하며, 그에 더하여 다수국가가 그것을 법적인 의무로 인정하는 '법적 또는 필요 신념'(*opinio juris sive necessitatis*)이라는 심리적 요소가 필요하다. 이것은 학설·판례(North Sea Continental Shelf Case 및 Asylum Case)에서 인정되고 있을 뿐만 아니라, ICJ규정 제38조의 "법으로서 인정된 일반적 관행의 증거로서의 국제관습"이라는 표현 역시 위와 같은 생각을 토대로 한 것이다. 그런데 이 경우에 주의해야 할 점은 법적 신념의 일치를 이유로 해서 국제관습이 국가의 묵시적 합의에 의해서 성립한다고 보아야 하는가이다. 관습을 묵시적 합의로 보는 견해(묵시적 합의이론)는 이론상 관습법규칙은 그 적용을 받는 국가에 의해 동의되어야 한다는 것을 전제로 한다. 이 견해에 따르면, 신생국은 관습법의 이것 또는 저것을 거부할 권리를 갖게 된다. 그러나 실제에 있어서는 신생국이 국제사회에 가입함으로써 독립국가의 지위를 획득하며, 일반국제법에 의해 그 지위에 속하는 모든 권리와 의무를 가진다. 신생국은 탄생한 때에 이미 존재한 관습법규칙의 창설에 참가하지도 않았을 뿐 아니라 관습법규칙의 형성을 반대할 기회도 갖지 않았음에도 불구하고, 결과적으로 신생국은 기존의 독립국가들에 대하여 적용되는 모든 관습법규칙에 의해 구속되게 된다. 신생국은 명백히 관습법규칙의 포기를 동의한 국가에 관한 것을 제외하고는 어떠한 관습법규칙의 준수도 거절할 권리를 갖지 않는다는 것이 현재까지의 국가실천이었다.

관행의 계속성은 비교적 쉽게 확인될 수 있지만 문제의 심리적 요소 즉, 법적 신념의 결정은 매우 다루기 힘든 것이다. 보통 동일행위의 반복이라는 객관적 사실이 있으면 법적 신념이라는 주관적 요소의 존재를 추정할 수 있다. 그러므로 관습의 성립요건으로서 법적 신념은 이 관습법규의 확립을 증명하는 측에서 적극적으로 입증할 요건이라고 하기보다는 오히려 그 법규의 확립을 부정하는 측에서 그 부존재를 입증해야 하는 요건이라고 생각된다. 그러나 지방적 관습에 관해서는 관습의 존재를 채용하는 당사자에게 입증책임이 있다(Asylum Case). 구체적인 경우에 문제의 관행이 법적 의무사항으로 추정되고 있다는 확신이 존재하는가는 사실자료를 탐구하여, 재판소와 당사자가 상호 협력하여 발견하게 된다. 그러나 자료에 관한 최종판단은 법관의 평가와 그의 의견에 달려있는 문제이다.

2. 국제관습법의 재검토

관습법성립의 두 가지 요소는 공통적으로 기독교문명을 기반으로 하는 유럽 근대국제사회에서는 대체로 적합한 것이었다. 그러나 구조변동기의 현대국제사회에 있어서는 적합하지 않아 그 재검토가 논의되고 있다.

그 중에서 주목할 만한 것은 빈 쳉(Bin Cheng)의 인스턴트 관습법(instant custom) 이론이다. 종래와 같이 사실요소로서의 일반관행이 확립되기 위하여 장기의 시간적 요소가 필요하다면, 현대와 같은 국제사회의 변동기에는 일반관행의 형성은 매우 곤란해질 것이다. 인스턴트 관습법이론에 의하면, 관습법은 단일구성요소, 즉 국가의 법적 확신만을 필요로 하고, 관행은 관습법규칙의 내용 및 관계국의 법적 신념의 근거를 제공할 뿐이라고 한다. 이러한 발상은 국제관습법의 성립에 있어서 새로운 형태의 법적 신념의 존재와 내용을 지향한 것이다. 그것은 시간적 요소, 나아가서 관행을 관습법 성립요소로부터 삭제함으로써 현대국제사회에 있어서의 관습법의 형성이나 내용의 변경을 용이하게 하는 이점이 있다. 관행이 관습법성립의 증거에 불과하다면, 관습법성립의 요소는 오로지 법적 신념의 심리적 요소에 달려있다.

관습법형성의 요소인 법적 신념이란 무엇을 의미하는가에 관해서도 학설상 논쟁이 있다. 법적 신념이라고 하는 용어는 19세기의 역사학파의 학설로부터 차용한 것으로 그 의미에 관해서도 의사주의와 객관주의에 따라 상이하다. 의사주의는 법적 신념을 스스로 동의 내지 수락하는 규범에 구속된다고 하는 의식(감정)으로 본다. 따라서 법적 신념은 법적 의무(구속성)를 산출하는 직접적인 원인이다. 법규를 창설하는 것은 제국(諸國)의 행위에 의하여 표명된 의사의 합치이기 때문이다. PCIJ는 Lotus호 사건 판결(1927)에서 법적 신념을 묵시적 동의로 보는 견해를 취하였다. 의사주의의 논리에 의하면, 관습국제법은 국가 간의 의사의 일치가 있을 때 성립하고 또 동의한 국가 간에만 타당하다. 따라서 모든 국가에 타당한 일반(또는 보편적) 관습규칙의 형성은 거의 불가능하게 된다. 그러므로 다수국에 의한 관습법규칙의 일반적 수용은 모든 국가에 의한 보편적 수락으로 추정된다는 것을 인정한다(예컨대 국가의 기본적 권리 · 의무). 이 추정을 모든 관습법규칙에 확대·적용한다면 객관주의의 견해에 접근하게 될 것이다.

객관주의의 관점에서는 법적 신념이란 국제사회의 집단적 의식의 표현으로서 사회적 필요에 의거하여 과해진 규칙에 의해서 구속되는 의식으로 본다. 객관주의의 입장에서는 관습규칙이 존재하기 위해서는 보편적이 아니라 할지라도 일반적 법적 신념이 있으면 충분하다고 본다. 이 견해는 모든 국가에 타당한 일반관습법의 존재를 쉽게 인정하고 그 형성에 참가하지 않았던 신생국에도 관습법칙이 적용된다고 한다.

Ⅲ. 관습의 타당범위

조약이 제3국의 권리·의무를 창설하지 않으며, 체약국에 한해서만 적용되는 것과는 달리, 관습의 효력은 일반적으로 모든 국가(내지 국제사회 전체)에 미친다.

종래의 관습법이론은 반드시 국가의 개별적 수락을 요하지 않고 일반적 수용에 의한 관습법규칙의 형성을 허용하는 한편, 그 타당범위에 있어 반드시 모든 국가와 국제사회 전체에 미치지 아니하는 경우도 인정하고 있다.

이와 같이 관습법형성의 방식과 타당범위에 관한 문제는 특히 제2차 대전 후의 국제실천을 통하여 두 가지 문제로 부각되었다. 즉, 하나는 '완강(頑强)한 반대국'(persistent objector)이론이며, 다른 하나는 신생독립국에 대한 기존의 관습법의 타당성 문제이다.

1. 완강한 반대국이론

이 이론은 어떤 관행이 다수국에 의해 지지되고 있으며 설령 하나 또는 일부 국가가 이에 반대하더라도 관습법규칙으로서는 형성될 수 있으나, 그 관행의 형성 이전부터 지속적으로 명백하게 해당 관행에 대하여 반대를 표명하여 온 국가는 그 관습법규칙에 구속되지 않는다는 것이다. 이 이론은 의사주의의 귀결로 보이며, 자국이 동의하지 않는 것에 구속되지 않는다고 하는 국가주권에 기초하고 있다고 할 수 있다.

이 문제는 ICJ의 노르웨이 어업사건 판결(1951)에서 부수적 의견으로 진술된 완강한 반대국원칙을 계기로 논의되었다. 어업사건에서 노르웨이와 영국의 주장에서도 나타나 있는 바와 같이, 가령 이 원칙이 적용된다 하더라도 국제법의 기본원칙으로 보이는 관습법원칙에는 타당하지 않다는 것이며(따라서 관습법 중에서 기본원칙과 기술적 원칙의 구별이 요구됨), 또 이 규칙의 적용을 받는 경우의 완강한 반대국은 어떤(기술적) 관습법규칙의 형성과정에 있어서 그것이 관습법으로 형성되기 전부터 명백히 이에 대하여 반대하여 오지 않으면 안 된다. 따라서 이러한 주장에 근거할 경우 한편으로 반대가 존재함에도 불구하고 이러한 관습법규칙의 형성을 인정하게 되고, 다른 한편으로 반대국만이 그 관습법에 대항할 수 있다고 보게 된다.

2. 신생독립국에 대한 타당성문제

제2차 대전 후 특히 탈식민지화에 따라 탄생한 다수의 신생독립국들은 종래의 관습법에 당연히 구속되는가라는 논의가 전개되었다.

객관주의의 견지에서 보면 신국가도 기존의 관습법에 당연히 구속되는 것으로 되겠으나, 의사주의의 견지에서는 의문이 제기된다. 물론 의사주의로부터 출발하는 완강한 반대국이론에서도 일단 확립된 관습법규칙은 후발적으로 반대한 국가에도 적용되는 것이므로 관습법규칙의 형성 후에 탄생한 신생독립국도 당연히 그 규칙에 구속된다.

그러나 신생독립국이나 사회주의국가들은 이 점에 관해서 일정한 유보를 행하는 경우가 있다. 예컨대 툰킨(Tunkin)은 신국가에 대하여 기존의 법이 의무적 성격을 가지는 것은 국가의 주권평등의 원칙에 반한다고 하여 신국가는 일반국제법의 개개의 관습규범을 인정하지 않을 자격을 가진다고 본다. 물론 신국가가 아무런 유보도 행하지 않고 타국과 공적 관계에 들어가면 국제관계의 기초인 국제법의 원칙과 제(諸)규범을 수락한 것으로 추정된다.

또 신생국(특히 개발도상국)의 주장은 반드시 일관되지는 않으나 대체로 등장 초기단계에서는 기존의 국제법에 관해서 일치한 법적 신념의 존재를 요구하고 있었다고 할 수 있다(의사주의). 따라서 식민지주의를 허용하는 성격을 가지는 관습법규칙(예컨대, 선점이론)의 신국가에 대한 적용을 거부하였다. 그러나 신생국이 UN에서 다수파가 되면서 새로운 관습법의 형성은 일반적 법적 신념(그것은 UN결의로써 표명될 수 있다)으로써 충분하다고 하는 태도를 취하기 시작하였다. 다른 한편 유럽 제(諸)국가 측이 오히려 일반적으로 새로운 관습법의 형성에는 고전적인 의사주의에 기하여 일치한 법적신념의 필요를 주장하는 경향을 갖고 있는 것으로 보인다.

Ⅳ. 관습법의 법전화

당사자만을 구속하는 조약과 달리 국제관습은 본래 국제사회의 모든 구성원에 대하여 적용된다. 따라서 새로 국제사회의 일원이 된 국가도 당연히 종래의 국제관습에 구속되는 것으로 보아 왔다.

그런데 제1차 대전 이후 사정은 달라졌다. 혁명에 의해서 제정(帝政)러시아를 타도하고 정권을 장악한 소비에트정부가 외국인 재산을 무보상으로 몰수해서는 안 된다는 전통 국제법을 무시하고 많은 외국인 재산을 무보상으로 국유화하였기 때문이다. 기존의 국제관습에 대한 도전은 제2차 대전 후에는 급속도로 일반화되었다. 수적으로 많은 신생독립국들은 식민지 및 피보호국에 관한 관습법규를 비롯하여, 그들에게 불리한 관습법을 부인하려는 태도를 취하고 있다.

UN총회는 「국제법의 점진적 발달과 법전화」를 규정한 헌장 제13조에 의거하여 그 임무를 수행하기 위하여 1949년에 국제법위원회(ILC)를 설치하여 국제법법전화(國際法法典化)를 적극적으로 추진하고 있다. 그 결과 1961년의 「외교관계조약」, 1963년의 「영사관계조약」, 1969년의 「조약법조약」 및 1982년의 「해양법협약」 등이 체결되었다. 이와 같이 관습법상의 법원칙은 법전화됨으로써 더욱 명확하게 되고, 특히 신생독립국들은 자신이 그 성립에 참여하지 않았던 관습법보다는 그 성립과정에 관여한 조약을 더욱 중요시하게 된다.

〔스코티아호 사건〕
(The Scotia Case)
미국연방대법원, 1882년 3월 25일, 1 AILC 65.

[사 실]

1867년 4월 8일 깊은 밤, 영국 기선(汽船) 스코티아호(The Scotia)는 리버풀로부터 뉴욕으로 향하고, 한편 미국의 대형 범선(帆船) 버크셔호(the Berkshire)는 뉴올리언즈로부터 르아브르를 향하여 대서양의 공해상의 항로를 각각 항행하고 있었다. 버크셔호는 선수(船首) 부분의 갑판으로부터 약 4피트 높이에 있는 닻장(닻채 위에 닻줄을 매도록 가로 박은 나무나 쇠막대기 anchor stock)에 백색등만 달고 있었다.

스코티아호는 최초 백색등을 인지했을 때 그 선박을 기선이라 생각하고 백색등의 위치가 수면 가까이에 있었기 때문에 그 선박은 상당히 먼거리에 있다고 추정했다. 그러나 그 후 양 선박은 급속히 접근하였고, 충돌을 피하기 위한 긴급조치를 취하였으나 급기야 충돌하기에 이르렀고, 그 충돌로 인하여 버크셔호는 침몰했다.

이에 앞서 1863년 1월 9일, 영국은 칙령에 의해 「해상충돌예방규칙」을 새로이 제정하고, 등불(灯火)에 관한 규칙을 정하고 있었다. 우선 해양 선박에 대해서는 항행 중 백색등을 앞돛대(foremast)에 다는 것과 함께 녹색등, 적색등을 각각 우현(右舷), 좌현(左舷)에 다는 것으로 했다(제3조). 한편, 대형 범선에 대해서는 항행 중 돛대 앞에 백색등을 달아야 한다는 점 이외는 해양 선박과 마찬가지로 규정하고 있었다(제6조).

등불에 관한 규칙은 1863년 다른 주요한 해양국가 27개국에 의해 수용되었고, 미국도 1864년 4월 29일에 이 규칙과 거의 동일한 「해상에서의 충돌을 예방하는 약간의 규칙 및 규정을 정하는 법률」을 의회에서 제정했다. 그리고 1864년 말까지는 세계의 거의 모든 해양국가(33개국)가 동일한 규정을 원용하기에 이르렀다.

이와 같은 상황 하에서 충돌 사고는 일어났다. 버크셔호의 선주 및 하주는 이 사고가 스코티아호의 과실에 의한 것으로서 손해배상을 구하여 뉴욕지방재판소(제1심)에 소송을 제기했다. 동 재판소는 위의 영국칙령의 관습국제법화에 의해 버크셔호측에는 손해배상 청구권이 없다는 이유로 이 소송을 각하하는 판결을 내렸다. 제2심인 순회재판소도 이 판결을 지지하고, 본건은 연방대법원에 상고되었다.

[판결 요지]

1. 버크셔호가 스코티아호를 최초로 인지한 때의 항로를 유지하면서 선장의 부적절한 명령에 따르지 않았다면, 양 선박의 충돌은 일어나지 않았다. 한편, 스코티아호가 가능한 한 필요한 충돌예방조치를 취했는가 여부에 대하여 기선은 위험을 초래하는 방향으로 진행해가는 대형 범선과 만났을 때 범선의 항로로부터 피할 의무가 있다. 그러나 기선의 이 의무는 범선이 자기의 항로를 유지하는 것과 함께 오인해서는 안 되는 의무와 상관관계에 있다. 또 기선은 충돌의 명백한 위험이 존재하지 않는 경우에는 어떠한 예방조치를 취하는 것을 요구받지 않는다. 스코티아호는 충돌을 회피하기 위하여 최선의 행동을 취했다. 따라서 제정법규칙과는 무관하게 종래의 해사법(海事法)에 관한 사실에 주목한다면, 본 재판소는 스코티아호의 과실을 근거로 소송을 제기해서는 안 된다고 판단한다.

2. 버크셔호측의 주장에 의하면, 미국 의회의 법률은 단순한 국내규칙이고, 제정법으로서 미국 선박만을 구속하므로 영국의 기선인 스코티아호는 미국 선박을 비난 혹은 자기 자신의 행위를 정당화하기 위하여 그 법률을 원용할 수 없다.

그러나 재판소는 단순한 국내규칙으로 간주한 의회의 법률과는 무관하게 버크셔호는 우현(右舷)에는 녹색등, 좌현(左舷)에는 적색등을 다는 것과 함께 어떠한 백색등도 달아서도 안 된다는 의무가 있었다고 생각한다. 그리고 스코티아호는 버크셔호가 그 유색등(有色灯)을 달고 있지 않은 점, 또 부적절하게도 백색등을 달고 있지 않았다는 사실을 제기할 수 있다고 생각한다. 공해상에서 기국(旗國)이 다른 선박 사이에 충돌이 일어난 경우, 법정지법(法廷地法)을 적용하는 것은 불합리하다. 문제는 그 충돌이 일어난 장소 및 그 시점에서의 법을 선택하는 것이다. 결국 그 법은 미국법도 영국법도 아닌, 그리고 양국의 공통 규칙도 아닌 해양법이었다는 것을 인정할지라도 그것은 세계의 해양국가가 1863년 및 1864년의 규칙을 채용하기 이전에 존재하고 있던 기존의 해사법(海事法)인가, 혹은 새로운 규칙의 채용 후에 변경된 법인가하는 것이다.

3. 물론 국가의 단독의사만으로 해양법을 변경할 수는 없다. 모든 국제법과 마찬가지로 이 법도 문명제(諸)국가의 공통의 동의에 기한 것이다. 이 법이 효력을 가지는 것은 그것이 대국에 의해 제정된 것이어서가 아니라 행위규범으로서 일반적으로 수락된 것이기 때문이다. 그 법의 기원이 어떠한 것이든 결국 항행에 관한 관행 또는 해양 제(諸)국가의 법령 혹은 그 양자 모두에서 볼 수 있듯이 그 법은 상업세계를 구성하는 제(諸)국가의 일치한 승인에 의해서만 해양법으로 된 것이다. 현행법적 효력을 가지는 다수의 관행은 의심할 것도 없이 어느 1개 국가의 명확한 법규로부터 나온 것이다. 그들 법규는 한정적 효력을 갖는 것에 불과하지만, 이것이 일반적으로 수락된 때에는 보편적 구속력을 가지게 되고, 항해규칙의 변경이 행해지게 된다. 그와 같은 변경은 명시적 또는 묵시적으로 제(諸)국가의 일치한 동의에 의하지 않고서는 달성될 수 없다. 따라서 본 재판소는 1863년 1월 9일의 영국 칙령 및 1864년의 미국의 법률이 정하는 항행에 관한 규칙이 대서양상에서 해운에 종사하고 있는 거의 모든 국가를 포함하는 30개국 이상의 세계의 주요 상업국가에 의해 의무적 규칙으로서 수락되고 있다는 것을 인정할 때, 본 재판소는 충돌 시에 그들 규칙이 적어도 부분적으로, 그리고 이들 선박에 관한 한 해양법으로 성립하고 있었다고 판단한다. 이 점은 인류의 공통의 동의에 의해 이들 규칙이 일반적 의무를 가지는 것으로서 묵인되었다고 하는 역사적 사실을 인정한 것이다.

4. 유색등(有色灯)을 달지 않은 것은 말할 것도 없고, 백색등을 달지 않은 버크셔호의 해양법 위반에 의해 스코티아호는 버크셔호를 기선이라고 오인했다. 게다가 스코티아호의 행동은 전적으로 적절한 것이었고, 과실은 없었다.

〔로터스호 사건〕
(Affaire du Lotus)
덴마크 v. 터키, 상설국제사법재판소, 1927년 9월 7일, PCIJ Ser. A, No. 10.

[사 실]

1926년 8월 2일, 콘스탄티노플항으로 가고 있던 프랑스 선박 로터스(Lotus)호와 터키 선박 보스 쿠르트(Boz-Kourt)호가 공해상에서 충돌했다. 보스 쿠르트호는 침몰하고, 선내의 터키인 8명이 사망했다. 이 사고 다음날 로터스호는 콘스탄티노플항에 도착했지만 터키경찰은 이 선박에 승선하여 사고에 대한 조사를 하고, 로터스호의 당직사관인 프랑스인 더몬(Demons)과 보스 쿠르트호의 선장 핫산 베이(Hassan

Bey)를 체포했다. 사건은 스탬불(Stamboul)형사재판소에서 심리되었고, 9월 15일에 재판소는 더몬에게 80일간의 금고와 22본드의 벌금을, 핫산 베이에게는 이보다도 약간 가벼운 형벌을 과하는 판결을 내렸다. 프랑스는 더몬을 소추할 재판관할권이 터키에게는 없다고 항변했다. 그 결과, 본건은 1926년 10월 12일의 양국 간의 특별 합의서에 의해 PCIJ에 부탁되었다.

특별합의서는 다음 두 가지의 문제에 대하여 재판소의 결정을 구하고 있었다. 첫째, 로터스호의 입항 후 동 선박의 승무원 더몬을 터키법에 의하여 체포하고, 소추한 터키의 행위는 1923년 7월 24일의 거주, 영업 및 재판관할권에 관한 로잔조약 제15조에 위반되고, 국제법 원칙에 저촉하는 것인가? 둘째, 첫 번째의 점에 대하여 긍정적인 해답이 주어지고, 국제법 원칙에 따라 배상이 지불되어야 하는 경우, 어느 정도의 금전배상이 더몬에 대하여 지불되어야 하는가? 재판소는 다음 해인 1927년 9월 7일, 터키에게 국제법 위반 행위는 없었다는 판결을 내렸다. 재판관의 의견이 6대 6으로 가부동수(可否同數)로 나누어졌기 때문에 재판장의 결정투표에 의한 것이었다.

[판결 요지]

1. 1923년의 「로잔조약」 제15조는 터키와 다른 체약국간의 재판관할권에 관한 문제는 국제법 원칙에 따라 결정된다고 규정하고 있다. 여기에서 말하는 국제법 원칙이란 모든 국가에게 평등하게 적용되는 일반 국제법 원칙을 의미한다. 재판소가 심리해야만 하는 것은 터키에 의한 더몬의 소추가 국제법에 위반하는 것인가에 관한 것이지만 이 점에 관하여 프랑스는 터키재판소가 관할권을 가지기 위해서는 그 것을 인정하는 권원(權原)이 증명되어야 한다고 주장한다. 이에 대하여, 터키는 국가의 재판관할권의 행사가 국제법 원칙과 저촉하지 않는 한 이러한 재판권 행사는 허용된다고 주장한다. 특별합의서의 의도에 합치하고 있는 것은 후자의 터키의 주장이다. 특별합의서에 의하면, 문제되는 것은 형사소추를 터키에게 허용하는 원칙을 명확하게 하는 것은 아니고, 형사소추에 의해 위반된 원칙이 있는가 여부를 명확하게 하는 것이다.

이와 같은 문제는 국제법의 성질(nature) 및 그 현상에 대한 해석과 관련되어 있다. 국제법은 독립국가간의 관계를 규율한다. 국가를 구속하는 법규칙은 조약 혹은 관행에서 표시되는 국가의 의사에서 유래한다. 따라서 국가의 독립에 대한 제한을 추정할 수는 없다. 분명 재판권은 속지적인 것으로써 영역 외에서의 재판권 행사는 국제법에 의해서 특별히 허용된 경우에 한한다. 그러나 이 점으로부터 국외에서 행한 행위에 관하여 국가가 자신의 영역 내에서 재판권을 행사하는 것이 금지된다는 결론에 이르는 것은 아니다. 국제법은 국가에 대하여 영역 외의 사람이나 재판에 대하여 관할권을 행사하는 것을 일반적으로 금지하고 있는 것일까? 오히려 이 점에 관해서는 국제법은 넓은 재량권한을 부여하고 있다. 국가에게 요구되는 것은 국제법이 금지하고 있는 제한을 넘어 행동하지 않는 것이다. 그 제한을 넘지 않는 한 국가의 재판관할권은 주권에 의거하여 행사할 수 있다. 따라서 터키가 재판관할권을 자국 영역 내에서 행사하는 것에 대하여 이를 허용하는 국제법 규칙의 입증을 구하는 프랑스의 주장은 일반국제법에 합치하지 않는다. 본건에서 필요한 것은 터키에 의한 더몬의 소추를 금지하는 국제법 규칙이 존재하는가 여부를 확정하는 것이다.

2. 프랑스의 주장은 다음 세 가지로 요약할 수 있다.

첫째, 본건의 피해자는 터키국민이지만 범죄가 되는 행위는 프랑스 선상에서 행해진 것이므로 그와 같은 경우 국제법은 피해자의 본국에 대하여 단순히 피해자의 국적만을 이유로 하여 외국 선상에 있던 외국인 범인을 소추하는 것을 허용해서는 안된다고 주장한다. 그러나 이 주장을 심리할 필요는 없다. 본건은 공해에서 국적을 달리하는 2척의 선박이 충돌하고, 그 일방에는 범인이, 타방에는 피해자가 타고 있던 사건이다. 이러한 사건에서 프랑스와 같이 주장할 수 있는 것은 국제법이 외국인 범죄의 효과가 터키 선상에서 발생한 사실을 고려하는 것을 금지하고 있는 경우뿐이다. 그러나 국제법상 이러한 금지 규칙은 존재하지 않는다. 국가가 범행 시에 범인이 있던 장소만을 고려할 의무를 상호간에 인정하고 있다고 말할 수 있는 논거는 재판소에 대하여 제시되지 않았다. 오히려 다수의 국가에 있어서는 범인이 범행 시에는 타국의 영역에 있어서도 범죄의 효과가 자국 영역에서 발생한 경우에는 그 곳에서 죄가 있었다고 간주하는 형법을 적용하고 있다. 게다가 본건에서 범죄의 효과가 터키선상(船上)에서 발생한 것이 인정되는 이상, 범인이 프랑스선상(船上)에 있었다고 하는 사실만을 이유로 해서는 터키에 의한 더몬의 소추가 허용되지 않는다고 주장할 수는 없다.

둘째, 프랑스는 기국(旗國)은 공해상의 선박 내에서 발생하는 모든 문제에 대하여 배타적 관할권을 가지고 있다고 주장한다. 분명 공해상의 선박이 기국의 배타적 관할권에 복종하는 것은 문제의 소지가 없다. 어느 국가라도 공해자유의 원칙하에서는 공해상의 외국 선박에 대하여 관할권을 행사할 수는 없다. 그러나 이 점으로부터 공해상의 외국 선박 내에서 행한 행위에 관하여 국가는 자국의 영역 내에서 관할권을 행사하는 것도 허용되지 않는다는 결론으로 이어지지는 않는다. 공해자유의 원칙 하에서는 공해상의 선박은 기국의 영역과 동일한 지위를 가진다. 따라서 공해상의 선박 내에서 발생한 사건은 그것이 기국의 영역 내에서 발생한 것으로 간주된다. 게다가 공해상에서 행한 범죄행위가 그 결과를 타국의 선상 또는 타국의 영역 내에서 발생한 것으로 간주된다면, 범죄의 결과가 발생한 선박의 본국은 당해 범죄를 자국 영역 내에서 행한 것으로 보고, 범인을 소추하는 것을 금지해서는 안 된다고 해야 한다. 이 결론은 이러한 사건에서 범인이 소추되는 것은 기국만이라고 하는 관습국제법규칙의 존재를 입증함으로써 비로소 뒤집을 수 있는 것이지만, 이와 같은 규칙의 존재는 입증되지 않는다.

셋째, 프랑스는 선박 충돌 사건에서의 형사소추는 실제로는 기국의 재판소에서 행해지는 것이 일반적이고, 그 점에 대해서는 제(諸)국가 간에 묵시적인 합의가 있고, 따라서 형사소추는 기국에 의해서만 행해진다고 하는 국제법 규칙이 확립되어 있다고 주장한다. 그러나 기국 이외의 국가에서 형사소추가 행해지는 것이 극히 드물다고 하는 사실이 국가가 형사소추를 하는 것을 삼간다는 것을 넘어 삼가야 한다는 의무가 있다는 것을 인정하고 있는 것은 아니다. 삼가왔다는 것이 삼가야 한다는 의무에 대한 의식을 가져야 하는 것은 아니다. 그러나 주장된 사실에 의하면, 국가가 그와 같은 의무에 대한 의식을 가지고 있었다고 인정할 수는 없다. 본건에 관계하는 국제재판소의 판례는 없다. 한편, 국내재판소가 내린 몇몇 판례가 존재하지만 국내재판소의 판례는 대립하고 있기 때문에 그 가운데에서 프랑스가 주장하는 바와 같은 국제법의 제한적인 규칙의 존재를 이끌어 내는 것은 곤란하다. 오히려 관계국이 기국 이외의 국가의 재판소에서 충돌 사건의 형사 소추에 반대 혹은 항의한 적이 없다고 하는 사실이 중요하다. 이 사실에 주의를 기울인다면, 선박 충돌 사건에 관한 형사소추를 기국의 배타적 관할권에 기속되는 국제법 규칙은 존재하지 않는다는 결론에 이르게 된다. 더몬의 범죄는 로터스호에 기원을 두는 행위로써 그 효과가 보스 쿠르트호상에서 발생한 것이다. 이 두 가지의 요소는 법적으로는 불가분으로서 양자를 분리한다면, 범죄는 존재하지 않게 된다. 특정 국가에게만 배타적 관할권을 인정하고, 개개 국가의 관할권을 개개 선박에서 발생한 사건만으로 제한한다면, 정의의 요청 및 양국의 이익의 유효한 보호는 실현되지 않게 된다. 따라서 본건은 어떤 국가도 관할권을 행사할 수 있고, 관할권이 사건의 전체에 대하여 미치는 관할권 경합의 사건이다.

3. 이와 같이, 특별합의서에 의해 부탁된 첫 번째의 질문에 대해 부정적으로 답변했으므로 재판소로서는 두 번째의 질문을 검토할 필요는 없다. 이상의 이유에 의해, 재판소는 재판장의 결정투표에 의해 다음과 같이 판결을 내린다.

① 프랑스 선박 로터스호의 승무원 더몬을 체포하고, 소추한 터키의 행위는 1923년의 거주, 영업 및 재판관할권에 관한 로잔조약 제15조를 포함하는 국제법 원칙에 저촉하지 않는다.

② 이 결과, 더몬에게 지불되어야 할 금전배상의 문제에 대하여 판결을 내릴 필요는 없다.

〔북해대륙붕사건〕
(North Sea Continental Shelf Cases)
서독 v. 덴마크 · 네덜란드, 국제사법재판소, 1969년 2월 20일, ICJ (1969) 1.

[사 실]

서독은 1964년의 네덜란드와의 조약과 1965년의 덴마크와의 조약에 의해서 각각 국경으로부터 일정한 해양까지 부분적으로 경계선을 그었다. 그러나 그 후 이러한 경계선을 대양 쪽으로 더 연장하는 문제를 둘러싸고 3국의 견해가 대립하였다. 그래서 서독과 네덜란드, 서독과 덴마크 간에 각각 특별협정을 체결하여 이 문제를 ICJ에 제소하기로 하였다. 각 특별협정에서 ICJ에 제기된 문제는 '어떠한 국제법원칙과 규칙이 이미 결정된 부분적 경계를 초월한 지역과 관련하여 각 당사국에 귀속될 북해대륙붕지역의 경계획정에 적용될 것인가'이다. ICJ는 이 두 사건을 병합하였다. 덴마크와 네덜란드는 대륙붕조약 제6조 2항의 등거리·특별사정원칙이 적용되어야 한다고 주장하였다. 이에 대하여 서독은 '정당하고 형평한 분배의 원칙'

(the doctrine of just and equitable share)을 제안하였다. 서독이 등거리원칙에 반대한 이유는 자국이 오목한 해안선을 갖고 있어 이 원칙을 적용하면 보다 적은 대륙붕을 갖게 되어 불리하기 때문이다.

[판결 요지]

덴마크와 네덜란드는 서독이 대륙붕조약과의 관계에 있어서 어떤 지위에 있든 간에 '등거리·특별사정'을 기준으로 한 경계획정에 동의해야 한다고 주장한다. 왜냐하면 이 방법의 사용은 조약상 의무의 성격을 띠고 있을 뿐 아니라, 일반국제법 즉, 관습법의 일부를 이루고 있기 때문이라는 것이다.

이 문제를 고찰하기 위해서는 조약이 체결되었을 때 이 원칙이 차지하는 지위와 조약의 효과로부터 발생하고, 또한 조약체결 후의 국가실행의 과정에서 발생한 지위를 검토하는 것이 필요하다.

구두심리과정에서 덴마크와 네덜란드가 제출한 신청취지를 살펴보면, 첫 번째의 주장은 조약의 경계획정에 관한 조항(제6조)은 대륙붕조약이 단지 현존규칙을 선언한 데 불과하다는 의미에서 이미 수용된 관습법규칙을 구체화한 것이라는 것은 아니다. 그들의 주장은 오히려 회의 이전에는 대륙붕법은 형성단계에 있었음에 불과하고 국가실행은 일관성을 결하고 있었지만, 국제법위원회(ILC)의 작업 및 그 작업에 대한 제국(諸國)정부의 반응, 그리고 제네바회의의 진행을 통하여 출현 중인(emerging) 관습법의 명확화 및 고정화의 과정이 발생하고 있었으며, 또한 이 출현 중인 관습법은 회의에서 대륙붕조약을 채택함으로써 명확한 형태를 취하게 되었다고 하는 데 있다.

당 재판소는 이 주장을 인정할 수 없다. 제6조의 관련부분은 회의에 있어서 토의의 기초가 된 ILC의 초안으로부터 거의 변경을 가하지 않은 채 채용된 것이다. 따라서 조약에 있어서의 이 규칙의 지위는 주로 ILC로 하여금 그것을 제안토록 한 과정에 의존한다. 이러한 과정은 현 조약 제6조에 규정된 대로의 등거리원칙이 위원회에 의해 결코 해석론(*de lege lata*)으로서 내지 국제관습법의 출현하는 규칙으로서가 아니라 어느 정도 시험적으로 그리고 기껏 입법론(*de lege ferenda*)으로서 상당히 주저하면서 제안된 것임을 나타내고 있다. 이것은 명백히 제6조가 관습법규칙을 반영하고 또한 구체화하였다고 말할 수 있는 기초를 이루고 있지 않다.

위의 결론은 제6조가 조약의 유보규칙(제12조)에 의하여 서명, 비준 또는 가입할 때 어떠한 국가도 유보를 행할 수 있는 조문의 하나라는 사실로부터 확인될 수 있다. 성질상 본래 국제사회의 모든 구성국에 대하여 평등한 효력을 가져야 하고, 따라서 어느 구성국도 자기에게 편리하도록 마음대로 행사할 수 있는 권리의 대상으로는 될 수 없는 일반적 내지 관습법규칙의 경우에는 조약의 유보는 있을 수 없다. 제12조는 "제1조~제3조까지를 제외한" 조약의 모든 조항에 관해서 유보를 허용하고 있다. 이러한 3개 조항은 명백히 당시 대륙붕에 관한 국제관습의 수용된 또는 적어도 출현하는 규칙을 반영하고, 또는 구체화하는 것으로 고려된 것들이다. 즉, 대륙붕의 바다로의 한계문제, 연안국의 권원의 법적 특징, 행사할 수 있는 권리의 성질, 이 권리가 관계하는 천연자원의 종류, 대륙붕의 상부수역의 공해로서의 법적 지위의 완전한 유지 및 그 상공의 법적 지위에 관한 것들이다.

덴마크와 네덜란드가 제출한 제2의 주장은 제네바조약 채택일에 등거리 원칙을 지지하는 국제관습법규칙이 존재하지 않고, 또한 그러한 규칙이 제6조에 구체화되지 않았다 하더라도, 이 조약체결 이래 그러한 관습법규칙이 출현하기에 이르렀는데, 그것은 한편으로는 조약 자체의 영향에 의하여 또는 다른 한편에 있어서는 그 후의 국가실행에 기하였기 때문이라고 한다. 따라서 이 규칙은 지금은 서독을 포함하는 모든 국가를 구속하는 국제관습법규칙이므로 북해대륙붕의 경계획정에 적용되어야 한다는 것이다.

첫째, 조약 자체에서 구하는 주장은 조약 제6조가 명백히 그 기원에 있어서는 조약 내지 계약상의 것에 불과하나, 그 이후 국제법의 일반체계로 편입됨에 따라, 그리고 현재로서는 법적 신념에 의하여 그러한 것으로 수용되고, 그 결과 조약당사국이 아닌 국가에 대해서도 구속력을 가지게 되는 그러한 규칙의 기초를 구성하는 또한 그러한 규칙을 발생하게 한 규범창설규정(normcreating provision)으로서 취급하는 것을 의미한다. 이러한 과정은 확실히 가능하고 또한 실제에 있어서도 자주 발생한다는 것은 의심할 여지가 없다. 즉, 그것은 실로 국제관습법의 새로운 규칙이 형성될 수 있는 승인된 방법의 하나를 이루고 있다. 그러나 아주 가볍게 이러한 결과가 달성되었다고 보아서는 안 된다. 우선, 관계규정이 어느 것이든 간에 잠재적으로 법의 일반적 규칙의 기초를 이룬다고 볼 수 있는 규범창설적 성질을 갖는 것이 필요하다. 추상적으로 생각하면, 등거리원칙은 이 요건을 충족하고 있다고 말할 수 있을 것이다. 그렇지만 제네바조약 제6조에 구체화된 특수한 형태로 보아, 그리고 동 조항과 기타의 규정과의 관계를 고려하면 그것은 약간의 의심을 면치 못할 것이다. 첫째로, 제6조는 등거리방법을 사용할 의무를 제2위에 두는 것으로 형성되어 있으며, 합의에 의한 경계획정이 제1차적 의무로 되어 있다. 이러한 제1차적 의무는 이른바 법의 잠재적 일반규칙이 되는 발단이 될 수 있다. 둘째로, 제6조에 구체화된 것과 같은 등거리원칙에 관해서 특별사정이라고 하는 관념이 나타내는 역할, 그 관념의 정확한 의미 및 범위에 관하여 논란이 많다. 이것은 이 규칙의 규범창설적 성질에 관해서 더욱 의심을 제기하지 않을 수 없다. 끝으로, 제6조에 관해서 유보를 행할 수 있는 권리는 그것이 등거리원칙 그 자체가 일반법으로서 수용되는 것을 방해하지 않는다고도 생각되지만, 그 결과를 조약에 기하여 실현된(내지 실현이 잠재적으로 가능한) 것으로 보는 데는 상당한 어려움이 있다. 왜냐하면 이 권리가 존속하고 그리고 조약 제13조에 의한 개정의 대상으로 되지 않는 한, 이미 지적된 이유에 의하여, 예컨대 제1조 및 제2조가 갖고 있는 것과 같은 동일한 규범창설적 성질을 제6조의 규정에 대해서 부정하는 듯이 보이는 것은 조약 그 자체이기 때문이다. 조약규칙이 국제법의 일반규칙으로 되었다고 보기 전에 보통 필연적인 것으로 고려되는 다른 요소에 관해서는 상당한 기간이 경과하지 않아도 조약에 대한 대표적인 참가, 즉 일반이해관계국이 참가한다면 그것으로서 족하다는 것이다. 그러나 재판소는 본건에 있어서, 설사 제네바조약에 참가할 수 없거나 또는 예컨대 내륙국이므로 그 당사국으로 되는 것에 이해관계를 갖지 않는 일부 국가의 존재를 참작하여도 지금까지 확보된 비준 및 가입의 수는 상당한 것이지만 충분하다고 보지는 않는다.

시간의 요소에 관해서는 재판소는 조약을 서명한 지 10년이 경과되었으나 1964년 6월에 효력을 발생한 이래 현재까지 5년에도 미치지 못하는 점, 그리고 소송이 제기된 지 3년도 지나지 않았다는 점, 타방 서독과 다른 2당사국에 있어서의 완전한 경계획정을 위한 교섭이 등거리원칙의 적용문제에 관하여 실패했을 때부터 1년도 경과하지 않았다는 점을 주목한다. 매우 잠시 동안의 시간경과는 필연적으로 원래 순수한 조약상의 규칙이었던 것에 기하여 새로운 관습법의 규칙이 형성되는 것을 필연적으로 방해하는 것은 아니지만, 반드시 필요한 요건은 설령 짧은 기간이라 하더라도 당해 기간에 있어서 특별한 영향을 받는 이해관계를 가지는 제국의 관행을 포함한 국가관행이 광범위하게 획일적으로 행해져야 하며, 더 나아가서 그 관행이 법적 의무와 결부되어 있다는 일반적 승인을 나타내는 것과 같은 방법으로 발생되어야 할 것이다.

이제 재판소는 대륙붕의 경계획정에 관한 국가관행이 위 요건을 충족했는지의 여부를 심사해야 한다. 재판소는 15개 정도의 사례를 인용하였다. 그 대부분은 1958년의 제네바조약의 서명 이후에 발생한 것으로서 거기에는 대륙붕경계가 등거리 원칙에 따라 그어졌든가(다수의 사례에서는 합의에 의해서, 소수의 사례에서는 일방적으로), 그렇지 않으면 경계획정은 예시되었으나 아직 실시되지 않는 것이었다. 이 15개의 사례 중에는 4개의 북해에 있어서의 경계획정이 포함되어 있다. 그러나 이러한 사례들은 본건과 관련해서 선험적으로 선례로서의 중요성을 인정할 수 없는 몇 가지의 근거가 있다. 먼저 관계국의 반수 이상이 일방적으로 또는 공동으로 행동했든지 간에 불문하고, 제네바조약당사국이거나 또는 곧 그 당사국이 되었다. 따라서 위 제국(諸國)에 관한 한 실제적 또는 잠재적으로 아마 조약을 적용하여 행동한 것이다. 이러한 행동으로부터 등거리원칙을 지지하는 국제관습법규칙이 존재한다는 가정을 내리는 것은 정당하지 않다. 다른 한편 조약당사국이 아니었거나 아직 그 당사국으로 되어 있지 않은 제국(諸國)에 관해서는 이러한 행동의 기초는 오직 불확정하고, 또한 전적으로 추측의 범위를 벗어나지 못한다. 명백히 그러한 국가는 조약을 적용한 것은 아니다. 그러나 그것으로부터 어떤 국가가 스스로 국제관습법의 명령적 규칙을 적용하고 있다는 신념을 가졌다고 보는 것은 정당하지 않다.

둘째, 조약체결 후 국제실행에서 구하는 주장과 관련하여 강조할 필요가 있는 중요한 점은 관계행동이 정착한 관행(settled practice)이 되어야 할 뿐만 아니라 그 관행은 그것을 요구하는 법의 규칙의 존재에 의하여 구속적인 것으로 되어 있다고 하는 신념이 있어야 한다. 이와 같은 신념의 필요, 즉 주관적 요소의 존재는 '법적 또는 필요신념'의 관념 그 자체 속에 함축되어 있다. 그러므로 관계국은 법적 의무로 되어 있다는 것에 따르고 있다는 의식을 가져야 한다. 행동의 빈도 또는 습관성마저도 그 자체로서 충분한 것이 아니다. 예컨대 의식·의전의 영역에서는 거의 불변적으로 행해지면서 법적 의무의 의식이 아니라 단순히 의례·편의 또는 전통의 고려에 의하여 동기가 부여되는 데 불과한 많은 국제행사가 있다.

이 점에 관하여 재판소는 PCIJ의 Lotus Case에 대한 견해에 따른다. 다음 구절에서 기술한 바와 같이, 이 원칙은 유추에 의하여 거의 한 마디 한 마디 필요한 수정을 가하여 본건에 적용할 수가 있다. "설사 발견되는 희소한 판결이 채용된 사정을 충분히 증명한다 할지라도 그것은 단지 제국(諸國)이 사실상 형사소송을 제기하는 것을 가끔 자제하여 왔다는 것뿐이며, 그렇게 할 의무가 있다는 것을 인정하여 왔다고는 할 수 없다. 왜냐하면 만일 그러한 자제가 오직 억제할 의무를 의식한 것에 기인한다면 그것은 국제관습법이라고 말할 수 있기 때문이다. 주장된 사실은 제국(諸國)이 이와 같은 의무를 의식하여 왔다는 것을 추정하도록 하지 않는다. 오히려 이와는 반대의 사정이 있다."

이 부수적 의견(dictum)을 본건에 적용하는 입장은 어떤 경우에는 관계국이 단지 등거리원칙에 의하여 경계선을 긋는 데 합의하든지 또는 실제로 그은 데 불과하다. 이러한 국가들이 그렇게 하는 것을 의무화된 관습법규칙이라는 이유로 그와 같이 경계선을 긋는 것을 법적인 것으로 의식하고 있기 때문에 그렇게 행동하였다는 증거는 아무것도 없다.

또한 인용된 사례의 거의 전부에 있어서 경계획정은 인접 국가 간의 측면적 경계획정이 아니고 대안국가간의 중간선에 의한 경계획정이었던 것 같다. 기술한 이유에 의해서 재판소는 대안국가간의 중간선에 의한 경계획정의 경우는 측면적 경계획정과 여러 면에서 상이하므로 그 선례도 되지 않는다고 생각한다. 당사국이 논의한 단 하나의 상황에 있어서는 동일한 해안선에 있는 일부 국가들이 그 급한 만곡의 주위에 모여 있다는 의미에서 본건과 어느 정도 유사한 지리적 형상이 존재하고 있는 것 같다. 그렇지만 그 구역에 있어서의 완전한 경계획정은 아직 행해지고 있지 않다. 그러나 재판소는 이 사례 또는 인용된 다른 어떠한 사례에도 덴마크와 네덜란드의 주장을 지지하는 증거가치를 모두 부인한다는 것은 아니다. 재판소는 단지 이러한 사례가 등거리원칙에 의한 경계획정이 국제관습법의 명령적 규칙으로 되었다는 추정을 정당화할 만한 정착된 관행의 증거로서 당해 사례에 적용될 가치를 가지기에는 결정적이 아니며 그리고 불충분하다고 생각할 뿐이다.

따라서 재판소는 제네바조약이 그 발단에 있어서 인접국간의 대륙붕구역의 경계획정을 위해 등거리원칙의 이용을 요구하는 국제관습법의 명령적 규칙을 선언한 것이 아니며, 조약의 그 후의 효과도 그러한 규칙을 창설하고 있지 않으며 그리고 지금까지의 국가관행도 마찬가지로 이 점에서는 충분한 것이 아니었다고 결론지었다.

이리하여 재판소는 당사자들에 의해 주장된 접근방법의 어느 쪽도 국제법의 일부분이 아니라는 것을 발견하고 적용할 원칙과 규칙을 명백히 서술하기 시작했다. 재판소는 11대 6의 찬성으로 다음과 같은 결정을 도달하였다.

① 경계에 관하여 등거리방법을 사용하는 것은 당사국간에 있어서 의무적인 것이 아니다.

② 모든 경우에 그 사용이 의무화되는 단일의 획정방법은 없다.

③ 당사국간의 경계획정에 적용될 국제법의 원칙과 규칙은 (a) 경계는 형평의 원칙에 따라 또한 각 당사국이 그 육지영토의 해중으로 향한 자연연장을 구성하는 대륙붕의 모든 부분을 타국의 육지영토의 자연연장을 침식하지 않고 가능한 한 각 당사국에 할애될 수 있도록 모든 관련사정을 고려하여 합의에 의하여 결정되어야

한다. (b) 만일 이 원칙의 적용에 있어서 경계가 당사국간에 중복되는 경우에는 그 구역을 합의된 비율로 분할하든가 또는 합의되지 않는 경우에는 공동관할권, 공동사용 또는 공동개발제도가 설정되지 않는 한 평등하게 분할된다.

④ 합의에 있어서 고려해야 할 점은 (a) 연안의 일반적 형상 및 특수한 특징의 존재, (b) 대륙붕구역의 물리적, 지질학적 구조 및 천연자원, (c) 연안국에 속하는 대륙붕구역의 넓이와 일반적 방향에 따라서 측정된 해안선의 길이와의 균형성이다.

위 판결 후의 상황 : 위 판결 후 당사국들은 위 판결에 기초하여 북해대륙붕의 경계선을 획정하기 위하여 10여회에 걸쳐 협상을 진행하였고, 마침내 1971년 1월 28일 독일/덴마크, 독일/네덜란드 간에 2개의 협정이 서명되었다. 그 결과, 덴마크와 네덜란드는 각기 7,000평방킬로미터와 5,000평방킬로미터를 독일에게 양보하였고, 이에 독일은 영국과의 북해중간선에서 약 10킬로미터에 달하는 경계선을 가지고 접하게 되었다.

〔비호권사건〕

(Asylum Case; Affaire du droit d'asile)

콜롬비아 v. 페루, 국제사법재판소, 비호권사건(1950년 11월 20일), ICJ (1950) 266; 해석청구(1950년 11월 27일), ICJ (1950) 395

[사 실]

1948년 10월 3일, 페루에서 군사반란이 일어났으나 그 날로 진압되었고, 곧바로 조사가 개시되었다. 그 결과, 반란을 조직·지휘한 아메리카인민혁명동맹당은 비합법화되고, 그 지도자 아야 데 라 토레(Haya de la Torre)를 소환·체포하라는 명령이 하달되었다. 아야 데 라 토레는 국내에서 잠복 후 다음해 1월 3일, 수도 리마에 있는 콜롬비아대사관에 비호를 요청했다. 다음날, 콜롬비아대사는 1928년의 비호에 관한 하바나조약에 따라 비호의 사실을 페루정부에 통고하는 한편, 아야 데 라 토레가 안전하게 국외로 나갈 수 있도록 통행증의 발급을 요청했지만 페루정부는 이를 거부하고, 그의 인도를 요구했다. 양국은 1949년 8월 31일, 리마의정서를 체결하고, 그 분쟁을 ICJ에 부탁하는 것에 합의했다. 그리하여 같은 해 10월 15일, 콜롬비아는 ① 특히 양국 간에 유효한 조약 및 일반적인 아메리카국제법으로부터 생기는 의무의 범위 내에서 콜롬비아는 비호를 부여하는 국가(비호국)로서 비호를 위하여 범죄의 성질을 결정하는 권한을 가지는가 ② 영역국으로서의 페루는 비호를 구하는 자(망명자)가 안전하게 국외로 퇴거하기 위하여 필요한 보증을 부여할 의무를 지는가에 대하여 ICJ의 판결을 구했다. 이 사건에서 패소한 콜롬비아는 판결이 내려진 날, 그 판결을 아야 데 라 토레를 정치범죄인으로 간주하는 콜롬비아대사의 범죄의 성격에 대한 결정은 정당하고, 따라서 페루는 그의 인도를 요구할 권한이 없고, 또 콜롬비아는 인도의무가 없다고 하는 의미로 해석해도 좋은가에 대하여 ICJ의 견해를 구했다. 그러나 ICJ는 이 해석의무를 인정하지 않았다. 1950년 12월

13일, 콜롬비아는 새로운 소송을 제기하고, ICJ가 앞의 판결에 효과를 부여하기 위한 방법, 특히 콜롬비아가 아야 데 라 토레를 페루에 인도할 의무를 지는가에 대하여 판결을 구했다.

[판결 요지]

(비호권사건) 1. 콜롬비아는 비호국으로서 페루를 구속하는 일방적이고도 확정적인 결정에 의해 비호에 관한 범죄의 성질을 결정할 권한이 있다고 주장하고, 그 논거를 조약과 관습에서 구하고 있다. 그러나 우선, 1911년의 「볼리비아협정」 제18조는 국제법의 제(諸)원칙에 따라 비호제도를 승인한다고 규정하고 있으나, 국제법의 제(諸)원칙은 외교적 비호를 부여하는 나라가 일방적·확정적으로 범죄의 성격을 결정한다는 취지의 규칙을 인정하고 있지 않다. 또 콜롬비아는 형사범죄인의 인도에 대하여 규정한 동 협정 제4조를 원용하지만, 이는 영역적 비호(범죄인인도)와 외교적 비호를 혼동하는 것이다. 범죄인인도의 경우, 망명자는 비호한 타국의 영역 내에 있고, 그 자의 인도는 영역주권의 통상의 행사를 의미하는 데 지나지 않는다. 망명자가 범죄지국의 영역 외에 있는 경우, 그 자에게 비호를 부여하더라도 범죄지국의 주권을 침해하는 것은 아니다. 한편, 외교적 비호의 경우에 망명자는 범죄지국의 영역 내에 있고, 외교적 비호를 부여하는 것은 그 나라의 주권을 침해하고, 영역국의 국내관할사항에 대한 간섭이 된다. 그와 같은 영역주권의 침해는 각각의 경우에 그 법적 근거가 확립되지 않는 한 인정될 수 없다. 1928년의 비호에 관한 하바나조약도 비호국의 일방적·확정적인 인정권(認定權을) 규정하고 있지 않고, 또 그와 같은 권한은 외교적 비호제도에 고유한 것은 아니기 때문에 동 조약에서 묵시적으로 인정하고 있다고는 말할 수 없다. 1933년의 「정치적 비호에 관한 몬테비데오조약」은 비호국의 일방적 인정권을 규정하지만 페루는 동 조약을 비준하고 있지 않다.

게다가 콜롬비아는 아메리카국제법을 원용하고, 라틴 아메리카 제국(諸國)에 특유한 지역적 관습에 의거했다. 이러한 종류의 관습을 원용하는 당사자는 그것이 다른 당사자를 구속하도록 확립되어 있다는 것을 입증해야만 한다. 즉, 콜롬비아는 그 원용하는 규칙이 당해 제국(諸國)의 계속적이고도 통일적인 관행과 합치하고, 또 이 관행이 비호국의 권리와 영역국의 의무를 표명하는 것이라는 것을 입증해야만 한다. 그 증거로서 콜롬비아가 들고 있는 조약은 본건의 문제와는 관계가 없는 것(다수의 범죄인인도조약), 일방적·확정적인 성질 결정에 관한 규칙을 포함하고 있지 않는 것(1889년의 「몬테비데오조약」, 1911년의 「볼리비아협정」, 1928년의 「하바나조약」), 또는 페루가 비준하고 있지 않은 것(1933년과 1939년의 「몬테비데오조약」)이다. 콜롬비아는 특히 1933년의 「몬테비데오조약」은 라틴 아메리카의 관습에 의해 이미 승인된 제(諸)원칙을 단순히 법전화(法典化)한 것에 지나지 않고, 관습법의 증거로서 페루에 대해서도 적용된다고 주장했다. 그러나 동 조약은 겨우 11개 국가에 의해 비준되는 데 지나지 않고, 게다가 이 조약은 「하바나조약」을 수정한 것이라고 전문(前文)에 명기되어 있기 때문에 이 주장은 논거가 부족하다. 더욱이 콜롬비아는 실제로 외교적 비호가 부여되고 동시에 그 비호가 존중된 다수의 사례를 들고 있지만 그 사례들은 일방적·확정적인 성격결정의 규칙이 비호국의 권리 및 영역국의 의무로서 적용된 것을 나타내는 것은 아니다. 따라서 그와 같은 관습의 존재를 콜롬비아가 입증한 것이라고는 인정되지 않는다. 예컨대, 이와 같은 관습이 일부의 라틴 아메리카 제국 사이에서만 존재하고 있다고 해도 1933년 및 1939년의 「몬테비데오조약」은 비준되지 않고, 그 관습을 거부하고 있는 페루에 대해서는 원용될 수 없다. 이상의 이유로부터 당 재판소는 콜롬비아가 페루를 구속하는 일방적이고·확정적인 성질 결정을 할 권한을 가지지 않는다고 결론을 내린다(14 대 2).

2. 페루는 아야 데 라 토레가 안전하게 출국하기 위하여 필요한 보증을 부여할 의무를 지는가에 대해서는 「하바나조약」 제2조 3항이 규정하는 바에 따라 영역국은 망명자의 국외 퇴거를 요구할 수 있고, 이 요구가 있은 후에 비로소 비호국은 퇴거의 조건으로서 필요한 보증을 요구할 수 있다. 결국 이 규정은 영역국에 망명자의 출국을 요구하는 선택권을 부여하고 있고, 영역국은 그것을 행사한 경우에만 안전통행증을 발급할 의무를 진다. 본건에서 페루는 아야 데 라 토레의 국외 퇴거를 요구하고 있지 않고, 안전통행증의 발급을 거부하고 있다. 이와 같은 상황에서는 콜롬비아는 아야 데 라 토레의 안전한 출국을 위하여 필요한 보증을 페루에게 요구할 수는 없다(15 대 1).

3. 페루는 반소(反訴)에서 두 가지 이유로부터 아야 데 라 토레에 대한 비호가 「하바나조약」에 위반한다고 주장했다. 우선, 제1조 1항은 보통범죄인에게 비호를 부여하는 것은 허용되지 않는다고 규정하고 있지만 아야 데 라 토레는 정치범죄인이 아니라 보통범죄인이라고 주장했다. 그러나 그는 군사반란 등으로 고소되어 있고, 페루는 군사반란이 보통범죄라는 것을 입증하지 못했으므로 그 주장은 인정될 수 없다(15 대 1). 다음, 제2조 2항은 긴급의 경우를 제외하고 비호를 부여할 수 없다고 규정하고 있고, 콜롬비아에 의한 비호는 이 긴급성의 요건을 만족하고 있지 않다고 주장했다. 아야 데 라 토레가 콜롬비아대사관에 비호를 구했을 때 군사반란으로부터 3개월이 경과하였고, 그 사이 그는 국내에서 잠복하여 사법당국의 소환에 따르는 것을 거부하고, 또 다함께 고소된 다른 자와 같이 외국 대사관에 비호를 구하지도 않았다. 이와 같은 사정으로부터 일응(*prima facie*) 긴급성이 있었다고 인정하는 것은 곤란하다. 또 긴급의 경우란 정치범죄인을 무책임한 폭도에 의한 위해(危害)와 경찰이나 사법당국의 전적인 행위로부터 보호할 필요가 있는 경우를 의미하고, 정규의 사법절차를 면하려고 하는 경우에는 긴급성이 없다. 본건에서 긴급의 경우에 해당하는 위험은 존재하지 않았으므로 아야 데 라 토레의 비호는 「하바나조약」에 위반한다(10 대 6).

(해석청구) 재판소규정 제60조 하에서 판결의 해석의 청구가 허용되기 위해서는 ① 청구의 진정한 목적이 판결의 해석을 구할 수 있는 것이어야 하고, ② 판결의 의의 또는 범위에 대하여 다툼이 있을 필요가 있다. 비호권사건에 있어서 재판소가 판단을 구한 것은 콜롬비아대사에 의한 아야 데 라 토레의 범죄의 성격결정이 정당했는가 여부가 아니고, 범죄의 일방적·확정적인 성격결정의 권한이라고 하는

추상적·일반적인 주장에 대한 것이다. 또 인도 의무의 문제는 양당사자의 신청에 포함되어 있지 않았으므로 재판소가 판시하지 않은 것은 당연하고, 판결의 해석에 의해서는 결정될 수 없는 새로운 문제이다. 페루는 판결이 명확하다고 하고 있는 데 반해, 콜롬비아는 불명확하다고 하다고 주장하고 있는 사실만으로 당사자 간에 다툼이 있다고는 할 수 없다. 다툼은 명확한 논점에 관한 당사자 간의 견해의 차이를 필요로 한다. 따라서 콜롬비아의 청구는 인정되지 않는다(12 대 1).

제4절 법의 일반원칙

Ⅰ. 법의 일반원칙의 의미

ICJ규정 제38조 1항에서 '법의 일반원칙'(general principles of law)은 조약 및 관습과 대등한 수준으로 열거되어 있는데, 법의 일반원칙은 무엇을 의미하며, 또 그것은 국제법의 법원이 되는가에 관하여 논란이 있다.

페어드로스(Verdross)와 같은 학자는 법의 일반원칙을 자연법상의 원칙이라고 보고, ICJ규정 제38조 1항 c호는 자연법을 국제법에 도입한 것이며, 당해 사건에 적용될 실정국제법규칙이 존재하지 않을 때 적용된다고 주장한다.

이와 대립적 입장에 있는 구겐하임(Guggenheim)과 툰킨(Tunkin)과 같은 학자는 동 조항은 이미 조약이나 관습에 의해 망라되어 있는 바를 첨가하는 데 불과하다고 한다. 그 논거는 국내법의 일반원칙은 오직 그것이 국가에 의하여 조약으로 채택되거나, 또는 국가관행에서 인정됨으로써 (관습)국제법의 일부가 된다고 하는 데 있다.

대부분의 학자들은 위의 양극단론의 중간에 위치한다. 즉, 동 조항은 국내법에서 인정된 일반원칙이 국가 간의 관계가 상이한 상황에서 그 적용이 적당하다고 인정되는 경우에 국제재판관이 ICJ규정 제38조 1항 c호에 의하여 국제분쟁에 적용할 수 있는 제(諸)원칙의 '저장고'(reservoir)를 구성한다는 것이다. 그 근거는 다음과 같다. 첫째, 법의 일반원칙을 자연법으로 보는 전자의 견해는 ICJ규정 제38조 2항이 당사자의 합의가 있는 경우에 '형평과 선'(도덕적 정의나 윤리적 의미)에 의하여 재판할 수 있다고 규정한 점으로 보아 정당하지 않다. 둘째, 이에 반하는 후자의 견해는 동 조항의 제정과정을 참조하여 볼 때 역시 부적당하다. 즉, 동 조항에 관한 법률가위원회에서의 토론과정에서 이 조항의 기초자인 필리모어(Phillimore)는 ICJ규정 제38조 1항 c호에 언급된 일반원칙은 모든 국가에 의하여 국내재판상(*in foro domestico*) 수락된 원칙이라고 말했다. 같은 토론과정에서 동 위원회 의장인 데깡(Baron Descamps)은 동 조항은 재판불능(non-liquet)의 가능성에 대처하기 위하여 필요하다고 진술하였다. 법의 일반원칙이 국제재판에서 적용된 경우가 흔하지는 않다. Chorzow공장사건에서 PCIJ는 "당사자가 자기의 과실을 이용하여 이득을 볼 수 없다는 것은 국제중재재판 및 제국(諸國)의 국내재판소에 의하여 일반적으로 인정된 원칙이다"고 지적하고, 아울러 "약정(約定)의 모든 위반행위는 배상을 지급할 의무를 수반한다는 것이 법의 일반적 개념이다"고 지적하였다. 이러한 표현은 타국의 권리를 침해한 데 대한 법적 책임과 배상의 일반원칙과 관련한다. 또 사법절차에 관해 Corfu해협사건에서 ICJ는 상황증거(circumstantial evidence)에 대하여 언급하면서 "이러한 상황증거는 모든 법체계에서 채택되고 있고, 그 사용이 국제판결에서 인정되고 있다"고 판시하였다. 이러한 점으로 미루어 보아서 조약이나 관습법이 존재하지 않는 경우에 각국의 국내법에 있어서 공통적으로 인정된 일반원칙을 준칙으로서 적용할 것을 인정한 것이다. 따라서 법의 일반원칙이란 조약화도 관습법화도 되지 않고, 국내법상의 일반원칙으로서 그대로 남아 있는 것을 의미하는 것으로 생각된다.

Ⅱ. 법의 일반원칙의 국제법원성

PCIJ와 달리 ICJ규정은 새로이 "재판소는 부탁된 분쟁을 국제법에 따라 재판할 것을 임무로 하고 다음의 것을 적용한다"는 형식으로 규정되고 있다. 이 규정에 따르면 법의 일반원칙을 국제적으로 구속력이 없는 것으로 보기는 곤란하다.

그렇다면 본래 국내법상의 공통원칙인 법의 일반원칙이 국가를 구속하는 국제법으로서의 효력이 인정되는 것은 어떠한 이유에서인가? 이 점에 관해서 전술한 바와 같이, 국내법상의 공통원칙인 법의 일반원칙이 국제재판에 가끔 채용됨으로써 이미 전체로서 국제법으로 수용되고, ICJ규정은 이것을 단지 확인하는 데 불과하다는 견해가 있으나 이것은 정당하다고 할 수 없다. 국내법상의 공통원칙이 국제재판에 원용되어 온 것은 아니기 때문이다. 더욱이 국내법상의 원칙을 원용한다 하더라도 국내사회와 국제사회의 구조상의 차이를 무시할 수 없으므로 국내법상의 원칙의 전부가 원용가능하다고는 볼 수 없다. 이 점에서 보아도 법의 일반원칙이 관행에 의해서 이미 전체로서 국제관습법화되었다고는 볼 수 없다. ICJ 규정에 의해서 본래 국내법상의 공통원칙인 법의 일반원칙이 재판준칙으로서 국제법적 효력이 인정되고 있는 것은 재판소규정에 의해서 특히 그것이 인정된 것으로 보아야 한다. 즉, 재판소규정이라고 하는 조약에 의해서 국제법으로서 수용되었다고 밖에 볼 수 없을 것이다. 물론 이른바 법의 일반원칙, 즉 국내법의 공통원칙 중에는 국가의 관행에 의해서 이미 국제관습법화되었다고 할 수 있는 것도 있다(예컨대 기판력의 원칙이나 배상의 범위에 관한 규칙 등이 이에 속한다고 할 수 있을 것이다). 어쨌든 법의 일반원칙이 국제법으로서의 구속력이 인정되는 것은 조약이나 관습법에 의해서 국제법 속에 수용되었기 때문이고, 그 자체가 조약과 관습법을 떠나 독립된 국제법원으로 성립되었다고 볼 수는 없을 것이다.

ICJ규정 제38조 1항 c호는 '문명국에 의해 인정된 국내법상의 일반원칙'이라고 규정하고 있다. 그런데 '문명국'(civilized nations)이라는 용어는 이제 낡아빠진 구식의 표현이다. 문명국이라고 표현한 의도는 명백히 세계의 주요 법체계에서 인정된 일반원칙이 예컨대, 뒤쳐진 인민의 종족법이 빠졌다는 이유로 국제법에 있어서 그 적용이 불가능하지 않도록 원시적인 법체계를 배제하자는 것이었다. 따라서 '문명국에 의해 인정된 법의 일반원칙'을 오늘날에는 단순히 '독립국가에서 인정된 일반원칙'으로 해석할 수 있다. 그런데 역사적 사건으로 말미암아 유럽법체계는 어느 정도 토착법과 혼합하여 또는 토착법에 대체하여 지구상의 많은 영역으로 침투하여 왔다. 바로 이러한 연혁으로 인해 우리들은 국제법이 국내법을 쉽게 차용하여 왔음을 볼 수 있다. 결과적으로 오늘날 세계의 법체계의 기본개념에 있어서 같은 점이 매우 많다. 또한 국제재판소들은 대부분의 사건에서 법관 자신이 훈련된 법체계의 원칙을 고려하여 왔으며, 이러한 주요 법체계는 구체적으로는 로마법, 보통법(common law) 및 게르만법 체계이다.[2)]

기술한 바와 같이 법의 일반원칙은 국내법이 국제법을 위한 저장고로서 사용되고 있는 것은 명백하나, 이 조항의 적용에 있어서 규정 자체의 고유한 권한의 포괄성과 애매성 때문에 엄격한 제한이 있어야 한다. 지금까지 국제재판소가 적용한 몇 가지의 원칙을 분석·정리하면 첫째는, 예컨대 기판력의 원칙, 선결적 항변의 원칙 등과 같은 절차규칙과 둘째는, 예컨대 신의성실의 원칙, 권리남용의 금지

2) 구소련학자 Tunkin은 법의 일반원칙이라는 개념은 서구적인 법원칙으로서 사회주의제국과 AA제국의 의사에 반하여 사용되었고 또 사용되고 있다고 하여 반박하였다.

및 불법행위에 대한 배상책임과 같이 일반적인 성격을 띤 실체규칙에 관한 일반원칙이 포함된다.

〔Abu Dhabi 중재사건〕
아부·다비족장 v. 석유개발, 1951.

[사 실]

이 사건은 석유특허계약의 용어해석에 관한 분쟁이다. 계약에 따라 사건은 중재재판에 회부되었다. 계약 제17조에 의하면 당사자들은 그들의 계약상의 업무를 우의와 성실한 신뢰, 그리고 이성과 일치하는 방법으로 계약을 해석한다는 것에 기초를 두고 있다고 선언하였다.

[판결 요지]

Asquith중재관 이것은 Abu Dhabi에서 체결되어 그 나라에서 시행될 계약이다. 만약 어떤 국내법이 적용된다면 그것은 명백히 Abu Dhabi의 국내법일 것이다.

그러나 그러한 법이 합리적으로 존재하고 있다고 말할 수는 없다. 족장(The Sheikh)은 회교경전(Koran)을 이용하여 순전히 임의적인 재판을 하였다. 그리고 이처럼 매우 원시적인 지역에서 현대 상업적 계약의 해석에 적용할 수 있는 정착된 법률원리의 체계가 있다고 한다면 환상적인 말이 될 것이다. 또한 나는 영국의 국내법이 적용될 수 있다는 하등의 논거도 찾아볼 수 없다. 이와는 반대로 전술한 계약 제17조는 특정국가의 국내법이 타당할 수 있다는 관념을 배격하고 있다. 그 조항의 선의와 문명제국(文明諸國)에 보편화된 공통된 관행, 즉 일종의 현대 자연법에 근거를 둔 제(諸)원리의 적용을 유도 내지 지시하고 있다. 그러나 비록 영국의 국내법이 이와 같이 적용될 수 없다 할지라도 나의 견해로는 국내법 중 일부는 매우 확고히 이성에 근거를 두고 있어 광범위한 법률학체계, 즉 '현대 자연법'의 일부를 형성한다고 생각한다. 예컨대 이 경우에 계약체결을 위한 협상의 성격과 계약에 도달하기 전후의 서신의 성격으로부터 그 증거가 인정되어 왔지만 그 증거는 계약을 해석하는 자료로서 영국 국내법에 의거하여 널리 허용될 수 없는 것이며 그러한 한도에서 엄격한 영국법 규칙은 무시되어 왔다. 다른 한편으로 협상의 결과인 증서의 실제적인 문언에 큰 비중을 두고 있는 영국의 법규는 영국의 법률체계의 단순한 특징으로만 생각되지 않고 보편적 유효성의 원리라 생각된다. 혼란상태는 명백히 법규를 이탈하는 경우에 일어난다. 그리고 사용된 문구가 무엇을 의미하는지를 묻는 대신 당사자의 각자가 그 문구들이 무엇을 의미하려는 것인지, 또 어떻게 무슨 이유로 개개의 자구들을 삽입하게 되었는가에까지 확대하여 파고드는 경우에는 더욱 그러하다.

이와 같이 생각해 볼 때, 나에게는 "특정한 사항을 표시하는 것은 다른 사항을 배제한다는 것을 의미한다"(*expressio unius est exclusio alterius*)는 원리를 적용할 수 있는 것으로 생각된다. 그러나 그 문의(文意)에 적절히 국한하여 생각할 때 이 원리는 단순한 상식에 불과한 것이다.

나에게 심히 의심스러운 것은 이런 경우에 일방당사자 또는 타방당사자가 의뢰하는 어떤 다른 영국의 격언을 이 사건에 적용할 수 있는가이다. 예컨대 날인증서에 포함되어 있는 문언은 그 제출자에게 가장 불리하게 해석되어서는 안된다(*verba chartarum fortius accipiuntur contra proferentem*)라든가 또는 주권자가 발행한 증서는 그 수령인에게 불리하게 해석될 수 있다는 원칙과 같은 것이 그 예이다. 후자는 그 시원을 지금은 고대사가 되어버린 영국의 봉건적인 사회조직과 군주의 대권이 낳은 부산물의 탓으로 돌리고 있는 영국의 법규이다. 그리고 그와 같은 사실을 고려할 때 비록 매우 다르긴 하지만, 그러한 역사의 잔재는 페르시아만에 위치한 한 원시적인 질서를 가진 피보호국의 상황에는 하등 관련이 없는 것으로 생각된다.

〔The Russian Indemnity Case〕
PCA, 러시아 v. 터키, 1912.

[사 실]

이 사건은 1877~78년 러시아와 터키 사이에 일어난 전쟁의 결과 패배한 터키가 러시아에게 배상금 600만프랑을 지급할 것을 부담하였는 바, 터키는 연부로 1902년까지 겨우 완불하였는데 러시아는 돌연히 과거 20년간의 연체이자로 터키의 법정이율에 의하여 산출한 2000만프랑의 지급을 요구한 경우이다.

[재정요지]

PCA는 러시아·터키간의 외교문서를 보면 러시아정부는 1902년까지의 사이에 연체이자에 관하여 언급한 바가 없었고, 터키로부터 연부지급을 받을 때에 잔액에 대한 연체이자청구권을 유보한다는 언명을 행하지 않았을 뿐 아니라 수취한 연부금을 이자로 충당하지도 않았으므로 각국의 사법의 일반원칙에 따라 러시아정부는 연체이자청구권을 상실하였으며, 따라서 배상금의 변제를 다 받은 후에는 연체이자를 새로이 청구할 수 없다고 결정하였다.

〔Chorzow 공장사건〕
(Affaire relative à l'Usine de Charzow)
독일 v. 폴란드, 상설국제사법재판소,
관할권(1927년 7월 26일), PCIJ Ser. A, No.9;
본안(1928년 9월 13일), PCIJ Ser. A, No.17

[사 실]

1915년 독일은 Chorzow에 질소공장을 건설하여 경영하여 왔다. 즉, 독일정부는 바이에른 질소회사(Bayerische Sickstoffwerke)와 계약을 체결하여, 공장건설과 경영은 위 회사가 담당하고, 독일정부는 필요한 토지를 제공하고 위 공장의 소유자로서 등기하였다. 그러다가, 1919년 베를린에서 상부실레지아 질소회사(Oberschlessische Sickstoffwerke)가 설립되자, 독일정부는 Chorzow 질소공장을 상부실레지아 질소회사에 양도하였다. 다만, 공장경영은 계속하여 바이에른 질소회사가 맡았다.

제1차세계대전후 상부실레지아의 일부는 주민투표에 의하여 독일로부터 폴란드로 할양되었다. 1922년 양국은 「제네바조약」을 체결하여 할양에 따른 제반사항을 정하였다. 특히, 제6조는 '독일인 및 독일인이 경영하는 회사의 재산, 권리, 이익을 수용할 수 없다'고 규정하였다.

사건은 폴란드가 1920년 Chorzow에 있는 질소공장을 수용함으로써 발단이 되었다. 즉, 1920년 7월 14일 폴란드는 소위 징수법을 제정하여 그 지역 내의 독일 국유재산을 폴란드 국고로 귀속시킬 것을 규정하였다. 또한, 1922년 7월 1일 폴란드는 상기의 법에 기초하여 Chorzow 공장의 소유자로서 등기절차를 완료하였다.

이에 대하여, 독일정부는 Chorzow의 질소공장이 국가소유가 아니라, 개인인 위 2개의 회사의 소유라고 주장하면서, 폴란드의 위 질소공장의 수용은 위 「제네바조약」에 위반된다고 주장하였다.

위 「제네바조약」에 의하면, 위 조약 제6조 내지 제22조의 해석과 적용에 관한 의견의 차이는 PCIJ에 부탁하여야 한다고 규정하고 있다. 독일정부는 위 조약에 기초하여 1925년 5월 15일 PCIJ에 소를 제기하였다(폴란드령 상부실레지아에 있어서 독일의 권익에 관한 사건, German Interests in Polish Upper Silesia). 위 사건에서 폴란드는 분쟁이 「제네바조약」 제23조의 적용범위 외에 속한다고 주장하여 법원의 관할권을 다투었으나, 법원은 1925년의 관할권판결(판결번호 No.6)로써 본건에 관한 관할권을 가진다고 확인하였다. 나아가 법원은 1926년의 본안판결(판결번호 No.7)로써 폴란드의 Chorzow공장의 수용은 「제네바조약」에 위반한다고 선언하였다.

위 판결에 따라 양국 간에 손해배상에 관한 외교교섭이 행하여졌다. 그러나 합의가 이루어지지 아니하여, 독일은 또다시 1927년 2월 8일 손해배상의 방법과 금액에 관하여 PCIJ에 소를 제기하였다. 독일정부가 청구한 손해배상은 상부실레지아 회사의 손해에 관하여 5,840만 마르크와 1,656,000 마르크 및 1922년 7월 3일부터 판결 선고일까지 년 6%의 이자를 지급하고, 바이에른 회사의 손해에 관하여 20,179,000 마르크를 지급할 것을 내용으로 하였다. 폴란드는 법원의 관할권이 없다고 항변하였으나, 법원은 1929년 7월 26일 판결(판결번호 No.8)로써 관할권을 인정하였다.

1927년 9월 16일 폴란드정부는 Katowice지방법원에 상부실레지아 회사를 피고로 하여 소송을 제기하였다. 이러한 소송제기사실을 알게 된 독일정부는 판결번호 No.5, 7 및 8의 의미와 범위에 관하여 양국의 견해의 차이가 있다는 이유로 1927년 10월 18일 위 판결들의 의미에 관한 해석판결을 신청하였으나, 법원은 1927년 12월 16일 판결(판결번호 No.11)로서 이를 기각하였다. 그리고 독일이 가보전조치로써 3,000만 마르크의 지급을 청구하였으나, 법원은 1927년 11월 21일 명령으로써 이를 기각하였다.

이 사건 본안사건에 관하여 1928년 5월 7일 서면절차를 종료하고, 1928년 6월 21부터 28일까지 구두변론절차를 진행하였다. 그 후 1928년 9월 13일 본안판결(판결번호 No.13)이 선고되었다. 위 판결에 의하면, 폴란드는 상부실레지아 회사와 바이에른 회사가 입은 손해를 배상해야 하나, 그 금액은 전문가의 보고를 기초로 하여 결정하기 위하여 장래의 판결에 유보하였다. 실제로 법원의 명령에 의하여 전문가위원회가 설치되어 조사에 착수하였다. 그러나 양국은 1928년 11월 12일 분쟁해결에 관한 협정을 체결하고, 이에 관한 각서를 교환하여, 계류 중인 소송을 취하하기로 합의하였다. 법원은 1929년 5월 25일 명령으로써 이를 승인하고 소송사건의 종료를 선언하였다.

[판결요지]

1. 의무위반에 대한 배상책임
   "어떠한 약정위반도 배상의무를 수반하는 것은 국제법의 원칙이며, 법의 일반개념(general conception of law)이기도 하다"라고 판시하였다.
2. 신의성실의 원칙
   관할권에 대한 항변을 각하하는 이유로서 "자기(폴란드)의 불법행위에 의하여 상대방(독일)의 의무이행이 방해되었을 경우에는 그 불이행을 물을 수 없는 것이 일반적으로 승인된 원칙(generally recognized principle)이다"라고 하였다.

제5절 판결과 학설

ICJ규정 제38조 1항 d호는 재판소로 하여금 재판상의 판결과 가장 우수한 학자의 학설을 무엇이 법의 규칙인가를 결정하기 위한 보조수단(subsidiary means)으로서 사용할 것을 규정하였다. 이것은 재판상의 판결과 학자의 학설은 규칙이 아니라 적용법규를 발견하기 위한 보조수단에 불과하다는 것이다. 이것에 의하여 확정될 법의 규칙은 ICJ규정 제38조 1항 a호의 조약일 수도 있고, b호의 국제관습일 수도 있고, c호의 법의 일반원칙일 수도 있다.

Ⅰ. 판 결

재판상 판결(judicial decision)의 법적 가치는 학자의 학설과 매우 다르며 보다 더 중요하다. 판결은 국제재판에 있어서는 선례구속(*stare decisis*)의 원리가 적용되지는 않지만 그것은 설득적 권위를 가진다. 국제재판소의 관행을 음미해 보면 그의 판결에서 현저한 계속성을 발견할 수 있다. 국제재판소는 확실히 그의 선판결 및 권고적 의견을 곧잘 이용하고 있다. 물론 ICJ규정 제38조 1항 d호는 오직 국제재판소의 판결뿐만 아니라 국내재판소의 판결도 포함한다. PCIJ나 ICJ가 국내판결을 이용한 예는 극히 드물지만 국내판결도 역시 국가관행의 증거로서 인용될 수 있다.[3)]

Ⅱ. 학 설

국제법의 형성기에 있어서는 학자들의 학설이 매우 중요하였다. 그러나 근래에 와서는 방대한 국제재판의 성장으로 국제재판소에서의 학설의 인용은 드물게 되었다. 게다가 학자들의 견해차이 뿐만 아니라, 그들의 국가적 편견은 그들의 학설의 고유성을 더 감퇴시키고 있다. 그러나 외교적인 논쟁에 있어서 국가가 자국의 타당성을 입증하기 위해서 학자의 견해를 인용하는 경우는 흔히 있는 일이다. 학자들이 당면한 역할에 관하여 볼케(Wolfke)는 "오늘날 학자들의 역할은 사실과 의견을 분석하고 구속력 있는 관습법과 그 평가추세에 입각하여 결론을 도출하는 데 있다. 이러한 결론은 이러한 종류의 모든 보편화와 같이, 부족한 요소를 도입함으로써 충분한 보완을 하게 되므로 이것은 창설적 요소가 된다. 더 나아가서 국제관행에 주의를 기울이고 또한 그것을 평가함으로써 학자들은 간접적으로 관행의 장래 발전에 영향을 주게 되므로 관습법의 발전에 기여한다. 현재 국제법의 형성에 대한 학설의 영향은 일반적으로 말해서 오히려 전면에 나서지 않고 막후에 머물고 있다. 그러나 학설을 무시하는 것은 정당화되지 않을 것이다"라고 하였다.

학설의 시대는 지났지만 오늘날에 있어서도 국제법은 불명확한 점이 많으므로 학설은 그러한 분야에 대한 국제법규의 존재를 명확히 함으로써 국제법의 발전에 영향을 미친다는 측면에서 그 가치를 무시할 수 없는 것이다. 나아가 학자들로 구성되는 학회의 의견도 참조되어야 하겠지만 특히 ICJ 재판관의 개별적 의견 내지 반대의견 또는 ILC의 의견은 단순한 개별학설 이상의 권위가 있다.

---

3) 비호권사건에서 Azevedo판사의 다음과 같은 견해는 주목할 만하다. "구체적 사건에서의 판결은 특히 국제법분야에 있어서 깊은 영향을 가진다는 것을 기억해야 한다. 왜냐하면 그 판결에 의해서 확인된 견해는 비록 규정 제59조에 의한 당사자간 그리고 당해사건 이외에는 구속성이 없다는 법원칙에도 불구하고 준독립적 가치를 획득하기 때문이다."

제6절 UN총회의 결의

많은 UN 총회의 결의 가운데 어떤 것, 예컨대 UN조직의 내부작용과 관련한 결의는 회원국과 UN 제(諸)기관의 양자를 구속하는 완전한 법적 효과를 가진다. 그 이외의 대부분의 결의는 그 자체로서는 새로운 국제법규칙을 창설하는 행위는 아니며 권고에 불과하다. 그러나 총회의 권고결의라 하더라도 그것에 반대한 회원국에 대해서는, 오직 국제재판소에 의해 사용될 수 있는 법규칙의 결정을 위한 보조수단을 구성할 수 있는 의미에 있어서 법적 효과를 가진다. 이 결의는 그 자체가 법원은 아니다. 그것의 가치는 비록 그것이 법적결정의 수단이라 할지라도 그것이 채용된 상황을 둘러싸고 있는 객관성의 정도에 따라 다르다. 특히, 결의들이 부적당하거나 또는 조삼모사식의 다수의 정치적 견해의 표시라기보다 오히려 전체적으로 인류의 '법적 양심'(juridical conscience)의 표시로서 고려될 수 있는 경우에는 그 가치는 크다 할 것이다.

그런데 전원일치로 채택된 총회결의의 법적 효과는 어떠한가? 1963년 12월에 총회는 전원일치로 「외기권(外氣圈)에 있어서의 활동을 규제하는 법원칙을 선언하는 결의」를 채택하였다. 이 결의에 관하여 그것이 제(諸)국가를 위한 행동의 일반원칙을 형성하는 법원으로서의 의미를 가지는가에 대한 토론이 있었다. 외기권의 평화적 이용위원회 법률분과위원회(Legal Sub-Committee of the Committee on the Peaceful Uses of Outer Space)에서 미국대표는 "어떤 대표들은 오직 정부가 서명한 국제협정만이 법적으로 구속력을 가진다고 주장하였다. 그러나 국제협정만이 법의 유일한 원천은 아니다. ICJ규정 제38조에서 규정한 바와 같이 국제재판소의 결정과 국제관행의 증거로서의 관습의 성장도 역시 고려하여야 한다. 총회결의가 국제법의 원칙을 일반적으로 수락된 것으로서 법을 표현하는 것이다"라고 하였다. 소련대표는 "소련은 선언초안에 열거된 법원칙을 그것이 만장일치로 채택된다면 존중할 것을 약속한다"고 하였다. 그 외에 영국대표, 이탈리아대표 및 프랑스대표의 발언은 결론적으로 미국입장에 동조하는 듯하다. 따라서 이러한 종류의 결의는 법적 양심의 표현이며, 또한 국제관습법의 결정(結晶)에 대한 징표라고 볼

수 있으므로 실질적으로 입법적이라고 보아야 한다는 견해가 나오고 있다.4)

UN 총회의 결의 중 전원일치나 압도적 다수로써 채택된 규범적 성질을 가지는 총회결의(예: 식민지독립부여선언, 우호관계원칙선언, 천연자원에 대한 영구주권선언 및 심해저원칙선언 등)는 법적 구속력을 인정하여야 한다는 주장이 널리 제기되고 있다. 이러한 견해는 주로 UN 총회에서 다수를 차지하고 국제법의 변혁을 추구하는 제3세계국가에 의해 주장되고 있다. 이들의 견해에 의하면 이러한 종류의 총회결의는 국제법의 법원의 하나가 된다는 것이다. 최근의 국제판례를 보면 1978년 리비아석유회사사건에서 중재관 Dupuy는 1962년의 「천연자원에 대한 영구주권선언」의 어떤 조항은 구속력있는 국제법이라고 판시하였고, 1985년 리비아·몰타대륙붕사건의 판결에서 ICJ는 1982년에 압도적 다수로 채택된 UN 해양법협약은 그 당시에는 미발효 중이었지만 국제관습법적 성질을 가지는 것으로 원용하였다.

그러나 이러한 견해에 반대하는 입장에서는 UN 총회는 국제사회의 입법기관으로서 예정된 것이 아니며, 비록 전원일치의 결의라 할지라도 법적으로는 국가에 대한 권고에 불과하다는 전통적 사고방식에서 반론을 제기한다.

현 단계에 있어서 이러한 성질이 총회결의 자체가 국제법의 법원으로서 국제법규를 창조하는 것은 아니다. 그러나 UN 총회의 결의는 법이 창조되는 중요한 전단계이며, 관습법의 형성에 불가결한 법적 신념이 국제사회의 각국 간에 발생하고 있는 유력한 증거라고 보는 것이 옳을 것이다. 종래의 조약이나 관습법이 법적 구속력이 확실하다는 측면에서 경성법(hard law)이라고 하는 반면에, 이와 같이 '응고과정에 있는 법'을 연성법(soft law)이라 부른다. 이러한 연성법은 엄밀한 의미에서 국제입법과정의 산물은 아니지만 준입법과정(quasi-legislation process)에 속하는 것이라고 보는 것이 국제법질서의 현상에 대한 현실적 인식이라고 볼 수 있다.

4) 김찬규, "UN총회결의의 입법적 기능", 대한국제법학회논총, 제14권 제2호, 1969, pp.179~206.

제 7 절 법원 상호간의 효력관계

Ⅰ. 특별법우선의 원칙

국제법질서에서는 국제사회의 분권적 구조가 그대로 반영되어 국가에 조약체결의 자치가 광범위하게 인정되고 있다. 따라서 국가가 스스로의 의사로 체결한 조약은 설사 그것이 일반국제법과 내용적으로 모순되는 것일지라도 일반적으로 유효한 것으로 인정되는 것이다. 즉, 국제법은 일반적으로 임의법규의 성질을 가지고 있어 '특별법은 일반법을 폐한다'(*lex specilis derogat lege generail*)고 하는 원칙이 인정되고 있다. 일반적으로 관습은 일반법이고 조약은 특별법이므로 이 원칙은 조약이 관습에 우선한다고 말할 수 있다. ICJ규정 제38조가 재판의 준칙으로서 조약을 제1순위, 관습을 제2순위로 열거한 것은 이 원칙을 반영한 것이다.

이 원칙에서 주의할 점은 그 적용에 있어서 다음과 같은 한계가 있다는 것이다. 첫째, 특별법과 내용적으로 상이한 일반법이 후법인 경우에는 후법우선의 원칙(*lex posterior* principle)에 의하여 일반법이 반대로 특별법을 폐하는 경우가 있다는 것이다(예: 휴전 후 양국 간에 체결된 적국영토처분조약과 양교전국을 포함한 제3국이 참가한 일반조약으로서의 평화조약과의 관계). 둘째, 일반조약 가운데에는 그 조약규정과 상이한 내용의 특별법을 체결해서는 안 된다고 규정한 경우가 있다. 예컨대 UN헌장 제103조는 'UN회원국의 헌장상의 의무와 다른 국제협정상의 의무가 상충되는 경우에는 이 헌장상의 의무가 우선한다'고 규정하고 있는 것 등이 바로 그 현저한 예이다. 이러한 경우에는 물론 특별법에 의하여 일반법을 배제할 수는 없다.

Ⅱ. 강행규범우선의 원칙

국내법과 같이 국제법에 있어서도 강행규범(*jus congens*)의 성질을 가지는 법규, 즉 강행규범의 존재를 인정할 수 있는지에 관해 논의가 분분하였다. 만일 국제법상 강행규범이 성립한다면 당사자 상호간에 있어서 설사 합의한다 할지라도 강행규범에 저촉하는 경우에는 무효이다(조약법조약 제53조).

강행규범에 관한 문제가 대두된 것은 오늘날 국제사회에서 중소제국(中小諸國)의 발언권이 강화됨에 따라 국가나 국민이 타국에 예속하는 것과 같은 내용의 조약도 국가 간의 합의의 형태로 취해지는 한 유효하다는 전통적인 국제법태도에 대한 비판이 일게 되었다는 점, 그리고 인권존중 또는 무력사용의 제한이라고 하는, 말하자면 인류의 생존과 직결되는 기본원칙에 관해서 제(諸)국민 간에 공통의 규범의식이 차차 싹트게 된 데 그 원인이 있는 것으로 볼 수 있다.

그런데 어려운 문제는 강행규범의 확인에 관한 일이다. 첫째, 강행규범은 다자간 입법조약에 의해서만 형성되는 것인가 또는 관습법규칙의 경우와 같은 과정을 통하여도 형성되는 것인가이다. 이에 관하여 「조약법조약」은 다음과 같이 규정한다. 즉, 일반국제법의 새로운 강행규범이 출현하는 경우에는 동 규범에 저촉하는 현행조약은 무효로 되어 종료한다(조약법조약 제64조). 여기에서 '출현'(emerges)이란 용어는 강행규범이 관습국제법 규범이 될 수 있다는 것을 의도하는 것으로 보인다.

둘째, 무엇이 강행규범의 성질을 가지는 국제법규인가에 관해서는 의견이 일치하고 있지 않다는 것이다. 비엔나(vienna)조약법회의에서 주권평등의 원칙, 분쟁의 평화적 해결의 원칙 및 인권침해의 금지원칙 등이 거론되었으나 일반적 합의를 보지 못했으며, 다만 UN헌장 제2조 4항에 규정된 헌장에 반하는 무력에 의한 위협이나 무력행사를 금지하고 있는 국제법상의 원칙이 강행규범으로서의 성질을 가지는 것이라는 점에는 거의 의견이 일치하고 있는 것 같다.

실제로 강행규범에 관한 또 다른 문제는 강행규범에 저촉하는가에 관해 다툼이 있는 분쟁을 어떻게 처리하는가이다. 객관적 결정절차가 없는 경우에 강행규범은 그 자체로 남용될 가능성이 크다. 이 문제가 조약법회의에서 논의되었는데 결국 「조약법조약」은 제66조에서 '어느 당사국으로부터의 이의신청이 제출된 날로부터 12개월 내에 어떠한 해결도 행해지지 않는 경우는 분쟁당사국인 어느 국가도 ICJ에 제소할 수 있다'고 규정하고 있다.

제 3 장 조 약 법

제 1 절 조약법조약

조약의 체결·효력·종료·해석·개정 등에 관한 국제법규칙을 특히 조약법이라 한다. 이 조약법은 국제관습으로서 형성되고 발전하여 왔다. 그러나 불문법의 형태로 존재함에 따라 그 내용에 있어서 모호한 점이 많고 또한 국가에 따라 해석이 상이한 경우가 많았다. 이와 같은 상태를 그대로 방치한다면 국제법의 법원인 조약의 안정성을 매우 해치게 될 것이므로 종래의 국제관습을 정리·통합하고, 여기에 약간 보완하여 성문화한 것이 1969년의 「조약법에 관한 비엔나조약」이다.

이 「조약법조약」은 국가 간의 조약을 규율의 대상으로 하는 조약이며(조약법조약 제1조), 국가와 국제기관간의 조약 또는 국제기관과 국제기관간의 조약에는 적용되지 않는다. 또 국가 간의 조약이라 할지라도 조약법조약의 비당사국과 체결된 조약에는 조약법조약은 적용되지 않는다(동 조약 제3조 참조). 이와 같이 동 조약의 직접 적용범위는 상당히 제한되어 있으나, 하나의 모델 코드(model code)로서 상당한 중요성을 갖고 있다.[1] 이하에서 「조약법조약」에 준거하여 설명키로 한다.

---

1) 동 조약은 35번째의 비준서 또는 가입서가 기탁된 날부터 발효하기로 예정 되어 있고(제84조 1항) 1980년 1월 27일자로 발효하였다. 한국은 1977년 5월 11일 29번째로 UN에 비준서를 전달하였으며, 1980년 1월 27일자로 발효하였다(조약 제697호).

제2절 조약의 체결

Ⅰ. 조약당사자와 조약체결권자

1. 조약당사자

국제법상 조약체결의 능력을 가진 자, 즉 조약당사자는 원칙적으로 주권국가이다(조약법조약 제6조). 보호국이나 종속국과 같은 반주권국은 조약에 의하여 조약체결권이 박탈 또는 제한된다.

국제조직은 이를 설립하기 위하여 국가 간에 체결된 기본조약(설립조약)이 인정하는 범위 내에서 조약체결의 능력을 가진다. 즉, 국제조직은 국가의 경우처럼 일반적·포괄적 능력을 가지는 것이 아니라, 제한적인 조약체결능력을 가질 뿐이다. 개인은 국제법의 능동적 주체가 아니므로 조약체결능력이 없다.

2. 조약체결권자

국제법상 조약체결의 능력을 가진 조약당사자에 있어서 현실적으로 조약체결의 권한을 가진 기관, 즉 조약체결권자가 누구인가의 문제는 조약당사국의 국내법(국가의 경우 헌법, 국제조직의 경우 설립기본조약)에 의하여 결정된다.

국가의 경우에 조약체결권자를 누구로 할 것인가는 원칙적으로 국내법의 규정에 맡겨져 있다. 보통 국가원수가 조약체결권을 갖고 있으나, 입법기관에 부여되고 있는 국가(예: 스위스, 터키)도 있다. 따라서 국내법에 의해서 조약체결권이 부여된 자 또는 그 자로부터 조약체결권한이 수권된 자가 아니면, 그 국가의 이름으로 조약을 체결할 수는 없다. 물론 국내법에 의해서 조약체결권이 부여되고 있지 않는 자가 한 합의에 대해서도 국제법이 직접 조약으로서의 효력을 인정하는 경우도 전혀 없는 것은 아니다. 예컨대, 전시에 있어서 교전국의 군지휘관이 체결한 휴전협정 또는 포로교환협정과 같은 전시협정이 그것이다. 이러한 경우에 국가는 조약체결의 권한이 부여되어 있지 않다는 것을 이유로 그 구속을 면탈할 수는 없다.

국제조직의 경우, 조약체결권자는 국제조직의 기본조약에 의하여 결정된다. UN의 경우에 원칙적으로 총회가 조약체결권을 가지나 병력·편의의 제공 등에 관한 특별협정에 있어서는 안전보장이사회가 가진다(UN헌장 제43조). 또 경제사회이사회는 총회의 승인을 조건으로 전문기구와 협정을 체결할 수 있다(동 헌장 제63조).

Ⅱ. 조약의 체결절차

조약체결의 절차와 관련하여 국제법적으로 확립된 방식은 없다. 따라서 당사자가 합의만 한다면 어떠한 절차도 취할 수 있다. 교환공문과 같은 간략한 형식이 인정되고 있는 것도 이러한 이유에서이다. 그러나 조약의 체결은 국가로서는 중요한 문제이므로 다음과 같은 신중한 절차를 취하여 체결되는 것이 보통이다.

1. 전권대표의 선임

조약체결권자는 조약체결을 위한 교섭에 임할 전권대표(plenipotentiary)를 선정하여 그에게 전권위임장(full powers)을 부여하여야 한다. 양자조약의 경우에는 전권위임장을 상호 교환하며, 다자조약의 경우에는 특별히 위임장심사위원회를 설치하여 일괄적으로 심사하는 것이 관례로 되어 있다.

그러나 국가를 대표할 수 있는 권한을 갖고 있다는 것이 객관적으로 명백한 경우에는 전권위임장을 요하지 않는다. 「조약법조약」도 제7조 1항에서 관계국의 관행 또는 기타의 상황으로 보아, 관계국의 의도가 그 자를 국가를 대표하는 것으로 인정하고, 또한 전권위임장을 생략하기로 한 것이 명백한 경우에는 전권위임장 없이도 국가를 대표할 수 있다고 하고 있다. 나아가서 동조 2항에서 다음의 자의 경우 그 임무를 보아 전권위임장이 없이도 국가를 대표하는 것으로 하고 있다. 즉 (a) 국가원수·행정수반 및 외무부장관이 조약을 체결하는 경우, (b) 상주외교사절단의 장이 본국과 접수국간의 조약을 체결하는 경우, (c) 그리고 국제회의, 국제기구 또는 국제기구의 어느 한 기관에 파견된 국가의 대표자가 동 회의, 기구 또는 기관에서 채택되는 조약을 체결하는 경우 등이다. 이와 같이 오늘날에는 전권위임장제도는 퇴색되어 가고 있다.

2. 교 섭

양자조약의 경우에는 전권대표간에 교섭이 행해지고, 다자조약의 경우에는 국제회의나 국제조직의 기관(예컨대 UN총회)에서 조약내용에 관한 심의가 행해지는 것이 보통이다. 이 교섭과정을 통하여 조약의 본문(text)이 작성·채택된다. 최근에는 통신기술이 발달하였으므로 세부내용에 이르기까지 본국 정부에서 전권대표에게 지시를 하고 교섭을 지휘할 수 있다. 「조약법조약」은 "① 조약문의 채택은 원칙적으로 조약문작성에 참가한 모든 국가의 동의로써 이루어지며, ② 국제회의에서의 조약문의 채택은 회의참가국 3분의 2의 찬성에 의하여 다른 규칙을 적용하기로 결정하지 않는 한, 참가하여 투표하는 국가의 3분의 2의 찬성으로써 이루어진다"라고 규정하고 있다(조약법조약 제9조).

3. 서 명

조약의 내용이 확정되면 당사국의 대표에 의해서 서명(signature)이 행해진다. 정식서명은 두 가지의 의미를 포함하고 있다. 하나는 조약의 내용이 정식으로 확정되었다는 것을 인증(authentication)하는 것이며, 다른 하나는 확정된 조약의 내용에 대해서 국가대표가 동의의 의견을 표명하는 것이다. 정식서명 외에 '정부의 승인을 조건으로 하는 서명'(signature ad referendum)이나 이름의 머릿글자만을 기입하는 가서명(initialling)의 형식으로 행해지는 경우가 있으나, 이것은 일반적으로 인증의 의미만 가지고 있으며, 그 내용에 대한 동의의 효력을 가지지 않는다. 물론, 원수 또는 외무부장관의 가서명은 당사국에 의하여 정식서명과 같은 효력을 가지는 것으로 되는 경우도 있다. 이 관계에 대한 「조약법조약」의 내용은 다음과 같다. (a) 가서명은 교섭국이 이것을 서명으로 한다는 취지를 합의한 것이 증명되는 경우에는 서명으로 한다. (b) 대표자가 정부의 승인을 조건으로 행한 조약의 서명은 대표자의 본국에 의하여 확인될 경우에는 그 조약의 완전한 서명으로 된다(동 조약 제12조 2항).

조약에 따라서는 서명만으로는 성립하지 않고 비준이 필요한 경우도 있으나 때로는 서명만으로 조약이 성립하고 효력이 발생하는 경우도 있다. 그렇다면 어떠한 경우에 조약이 서명만으로 성립하는 것으로 인정되는가? 문제가 되는 것은 조약에 비준조항이 없고, 또한 비준을 필요로 하는 당사국의 의향도 명확하지 않는 경우, 당연히 서명만으로써 조약이 성립한다고 볼 수 있는가이다. 이 점에 관해서 학설은 나누어져 있는 바, 하나는 가능한 한 조약의 체결절차를 신중하게 한다는 견지에서 서명에 의하는 것이 명확하지 않는 한 모두 비준이 필요하다는 견해이고, 다른 하나는 비준이 필요하다는 의향이 명확하지 않는 한 서명만으로써 조약이 성립한다는 견해이다. 이 점에 관하여 「조약법조약」은 위 견해의 어느 측도 취하지 아니하고 다음과 같이 규정하였다. 즉, (a) 서명이 그러한 효과를 가지는 것으로 조약에 규정된 경우, (b) 서명이 그러한 효과를 가진다고 교섭국간에 합의하였음이 다른 방법으로 확정된 경우, (c) 서명에 그러한 효과를 부여하려는 국가의 의사가 대표자의 전권위임장에 밝혀져 있거나 또는 교섭 중에 표시된 경우에는 전권대표의 서명만으로 조약은 구속력을 갖게 된다(동 조약 제12조 1항).

서명은 2국 또는 소수국간의 조약인 경우에는 조약내용의 확정과 동시에 행해지는 것이 보통이나, 다수국가가 참가하는 국제회의 또는 국제조직의 기관에서 조약이 채택된 경우에는 일정기간을 설정하여 그 기간 내에 서명을 위해 개방되는 절차가 취해지고 있다.

4. 비 준

비준(ratification)은 전권대표가 서명한 조약을 조약체결권자가 확인하는 것이며, 그 국가의 조약체결의사를 최종적으로 확정하는 효과를 가진다.

비준제도의 존재이유는 첫째로, 조약의 내용을 작성하여 서명한 전권대표가 권한 내에서 행동했는가를 심사하고, 그 조약의 내용 전체를 검토할 기회를 갖는 데 있다. 둘째는, 조약체결의 과정에 의회가 참가할 기회를 갖는다는 데 있다. 교통·통신기관이 발달하여 전권대표와 본국과의 연락이 용이하게 된 오늘날에 있어서는 첫 번째 이유는 그다지 그 존립의 근거가 없으나, 두 번째 이유는 오늘날에 있어서도 점점 중요시되고 있다.

비준할 것인가 또는 하지 않을 것인가는 자유이지만 서명에 의해서 내용이 확정된 조약의 목적을 저해하는 것과 같은 행위를 해서는 안 된다는 신의칙이 일반적으로 인정되고 있다. 이 점에 관하여 「조약법조약」은 다음과 같이 규정하고 있다. 즉, 국가는 (a) 비준, 수락 또는 승인을 조건으로 하여 조약에 서명하고, 또는 조약의 의미를 가진 문서를 교환한 경우에는 그 조약의 당사자가 되지 않을 의도를 명백하게 할 때까지의 기간, (b) 조약에 의해서 구속되는 것에 대한 동의를 표명한 경우에는 그 조약의 효력 발생이 부당하게 지연되지 않는 한, 그 조약의 효력을 발생할 때까지의 기간에 조약의 목적을 저해하는 것과 같은 행위를 삼갈 의무를 가진다(동 조약 제18조).

조약의 구속력의 기초로서 비준을 반드시 필요로 하는 조약의 범위에 관하여 「조약법조약」은 다음과 같이 규정하였다. 즉, 조약에 의하여 구속되는 것에 대한 국가의 동의는 비준에 의해서 표명되어야 하는 경우는 (a) 국가의 동의가 비준에 의하여 표시된다고 조약에 규정되어 있는 경우(즉, 조약에 비준조항을 두고 있는 경우), (b) 비준을 요한다고 교섭국간에 합의하였음이 다른 방법으로 확인된 경우, (c) 대표자가 비준을 조건으로 조약에 서명하였을 경우, (d) 비준을 조건으로 조약에 서명하려는 국가의 의사가 대표의 전권위임장에 밝혀져 있거나 또는 교섭 중에 표시된 경우이다(동 조약 제14조).

비준을 요하는 조약도 그 내용은 서명에 의하여 확정적인 것으로 되므로 비준은 원래 조약내용 전부에 대하여 무조건으로 행해져야 한다. 따라서 비준의 취지로 말하자면 조약의 일부분에 대한 비준이나 조건부의 비준은 허용되지 않으며, 전부에 대하여 비준하든가 혹은 거부하든가 어느 것을 택해야 할 것이다. 그러나 실제로는 비준 시에 유보를 붙이는 경우가 적지 않다. 이론적으로 말하면 이것은 일종의 새로운 조약의 제안을 의미하는 것이므로 원칙적으로 타당사국의 동의 없이는 효력을 발생하지 않는다고 보아야 할 것이다(조약의 유보).

비준만으로 조약이 효력을 발생하는 것은 아니며, 조약이 효력을 발생하기 위해서는 양자조약의 경우에는 비준서의 교환, 다자조약의 경우에는 특정국의 정부에 기탁하는 절차가 행해진다. 당사국의 합의에 의하여 수 개국에 기탁하는 경우도 있다(예컨대 1963년의 부분적 핵실험금지조약은 영·미·소의 3개국을 기탁지로 지정하였다). 최근에는 UN이 중심이 되어 작성된 조약의 비준서는 이를 UN사무국에 기탁하는 경우가 많다. 물론 때로는 이와 같은 비준서의 교환 또는 기탁의 형식을 취하지 않고, 전자의 경우에는 다른 체약국에 대하여, 후자의 경우에는 피기탁자에 대하여 통고라고 하는 간략한 형식이 취해지는 경우도 있다. 또한 조약에 따라서는 특히 실시기간을 정하는 경우도 있다.

양자조약에 있어서는 당사국간의 비준서의 교환이 행해졌을 때 조약은 발효하나, 다자조약의 경우에는 서명국의 전부가 아닌 그 중 일정 수의 국가의 비준이 있으면 조약의 효력이 발생하는 예가 많다. 그러나 아직 비준하지 않는 국가에 대해서는 조약의 효력이 미치지 않는 것은 말할 나위도 없다. 그리고 최근에는 수락(acceptance) 또는 승인(또는 인준 approval)이란 용어가 비준에 유사한 행위로서 행해지고 있다. 「조약법조약」은 조약에 의하여 구속되는 것에 대한 국가의 동의는 비준에 적용되는 조건과 같은 조건으로서 수락 또는 승인에 의해서 표명된다고 규정하고 있다(동 조약 제14조 2항).

5. 가 입

조약에의 가입(accession)은 두 가지 경우가 있다. 하나는 조약 발효 후에 제3국이 조약의 당사자가 되기 위하여 행하는 의사표시이다. 다른 하나는 조약이 발효하기 전에 조약의 당사자가 되기 위해서 행하는 의사표시로서 비준과 달리 서명을 전제로 하지 않고 행해지는 경우인데 이것 역시 가입이라고 할 수 있다. 조약의 가입이라 함은 일반적으로 전자의 경우에 해당하는 것이 많았으나, 최근에는 다자조약에서 후자와 같은 형태의 가입을 인정하는 예가 많아졌다. 이 경우 가입자는 조약이 발효하기 위해 필요한 수(數)에 포함된다.

어떤 경우에 있어서도 가입이 행해지기 위해서는 조약에서 그것이 인정되고 있거나 또는 조약당사국이 그것을 인정하는 것이 필요하다. 이에 관한 「조약법조약」은 다음과 같다. 즉, (a) 당해국이 이와 같은 동의를 가입에 의해서 표명할 수 있는 것을 조약이 규정하고 있는 경우, (b) 당해국이 이와 같은 동의를 가입에 의해서 표명할 수 있는 것에 관하여 교섭국이 합의한 것이 다른 방법에 의해서 증명되는 경우, (c) 당해국이 이와 같은 동의를 가입에 의해서 표명할 수 있는 것을 그 후에 모든 당사국이 합의한 경우에는 조약에 의해 구속되는 것에 대한 국가의 동의는 가입에 의해서 표명될 수 있다(동 조약 제15조).

6. 등 록

조약의 등록(registration)제도는 국제평화달성을 위하여 국가 간에 공명정대한 관계를 유지하고 비밀외교를 방지할 목적으로 국제연맹은 물론 UN에서도 채택하였다. 국제연맹에서는 미등록의 조약은 '효력이 발생하지 않는다'고 규정되어 있었다(국제연맹규약 제18조). 그러나 UN은 조약의 효력발생을 등록에 결부시키지 않고, 단순히 미등록의 조약은 'UN의 어떠한 기관에 대하여도 원용할 수 없다'고 규정한 것에 불과하다(UN헌장 제102조).

7. 유 보

다자조약에 있어서는 자국에 대한 조약의 적용을 제한하기 위하여 가끔 유보

(reservation)를 붙이는 경우가 있다. 이와 같은 유보제도를 인정하는 것은 조약의 전체규정에 대해서 원칙적으로 찬성하고 있는 국가가 조약의 내용 중 일부에 관해서 견해를 달리하고 있기 때문에 조약에 참가할 수 없는 일이 없도록 하기 위하여 개별 국가의 특수한 사정을 충분히 고려하면서 가능한 한 다수국가를 조약에 참여하게 하려는 취지에 입각하고 있다.

유보는 많은 경우에 조약의 특정조항의 적용을 제한하기 위하여 행해지나, 때로는 조약의 적용지역을 제한하거나 일정조항의 해석의 특정화 등의 형태로 행해진다. 유보는 조약의 성립과정에서 행해지며, 서명 전 또는 서명 시에 행하는 것이 보통이나 비준, 가입 시에도 행할 수 있다. 어느 경우에 있어서나 유보가 유효하게 행해지기 위해서는 조약 중의 일정조항에 관하여 유보를 인정하는 규정이 있는 경우는 문제가 없으나, 그렇지 않은 경우에는 그에 관하여 타당사국의 동의(명시적 또는 묵시적)가 필요하다.

그런데 조약의 유보와 관련하여 특히 문제가 되는 것은 어떤 국가가 일정한 유보를 붙여 조약에 참가한 경우, 타당사국 중에서 이를 긍정하는 국가와 반대하는 국가로 나눠지는 경우에 유보의 효력은 어떻게 되는가이다. 종래의 원칙에 따르면, 모든 당사국의 동의가 없으면 다수국가 간 조약에 대한 유보는 유효하지 않다. 그러나 다수국간 조약의 수가 증대하여 가고 있고, 또한 다수국간 조약이 보통 일정 수의 국가의 비준 또는 수락으로써 성립·발효한다는 것을 고려한다면, 이러한 원칙을 엄격히 적용하는 것은 반드시 실제적인 것이 못되며 또한 조약의 보편성을 해칠 우려도 있다. 그렇다고 유보를 무제한으로 인정한다면 당사국간의 관계가 복잡하고 조약의 동질성 내지 입법적 효과가 매우 감퇴할 것이다. 이 점에 관하여 1951년 ICJ는 「Genocide 조약에 대한 유보사건」의 권고적 의견에서 전통적 학설과는 상이한 견해를 제시하였다. 「조약법조약」은 권고적 의견의 취지를 받아들였다.

비엔나조약은 첫째, 유보의 표명이 인정되는 경우와 시기에 관하여 (a) 당해조약에 의해서 유보가 금지되고 있는 경우, (b) 당해조약이 특정유보에 한해서 인정하고 있으나, 그 중에 당해유보가 인정되어 있지 않는 경우, (c) (a) 및 (b)에 해당되지 않는 경우에 있어서 당해유보가 그 조약의 목적과 양립하지 않는 경우를 제외하고는 국가는 서명 또는 비준, 수락, 승인 그리고 가입할 때에 유보를 형성할 수 있다고 하고 있다(조약법조약 제19조).

둘째, 유보에 대한 타체결국의 수락 및 거절에 따른 법적 관계에 관해서 다음과 같이 규정하고 있다. 즉, 통상의 조약에서는(조약이 국제조직의 구성문서이며, 또한 별도의 규정이 없는 한 유보는 당해조직의 권한 있는 기관의 수락이 필요한 특수한 경우(동 조약 제20조 3항) 제외) 교섭국의 수가 한정되어 있다는 것, 그 조약의 목적으로 보아 모든 행사국간에 조약의 전부를 적용하는 것이 조약에 의해 구속되는 것에 대한 각 당사국의 동의의 불가결한 조건인 것이 명백한 경우에는 유보에 대하여 모든 당사국에 의해 수락된 경우와 거절된 경우로 구별되고, 전자의 경우는 유보수락국가와의 관계에 있어서 유보국은 당연히 그 조약의 당사국이 되며(동 조약 제20조 4항 (a)), 후자의 경우는 유보국과의 관계에 있어서 조약의 효력이 발생하지 않는 것도 가능하나, 이와 같은 별도의 의도를 확정적으로 표명하지 않는 한, 그 국가와 유보국간에 있어서는 조약이 효력을 발생하는 것을 방해하지 않는다(동 조약 제20조 4항 (b))고 규정하고 있다. 물론 후자의 경우에 있어서는 유보와 관련한 규정은 양국 간에 있어서는 그 유보의 범위 내에서는 적용되지 않는다(동 조약 제21조 3항).

유보가 행해진 경우에는 유보국이 그것을 접수할 수 있음은 물론이거니와, 나아가 상호주의의 원칙에 의거하여 타당사국은 가령 유보를 하고 있지 않더라도 유보국과의 관계에 있어서는 상대국의 유보를 원용할 수 있음을 주의하여야 한다(Interhandel Case 참조).

〔Genocide 조약에 대한 유보사건〕

(Réserves à la Convention pour la prévention et la répression du crime de génécide)
자문기관: UN 총회, 국제사법재판소, 권고적 의견,
1951년 5월 28, ICJ (1951) 15

[사 실]

「집단살해죄의 방지 및 처벌에 관한 조약」(Genocide 조약)에는 유보조항을 두지 않았다. 그런데 많은 국가들이 유보를 붙였는데, 그 효과에 관하여 문제가 발생하였다. UN총회는 이에 관하여 ICJ에 대하여 다음과 같은 권고적 의견을 구하였다.

(1) Genocide조약을 유보부로 비준하고, 또는 이에 가입하려는 국가가 그 유보에 대하여 일부 타당사국이 반대한 경우, 유보국은 유보를 유지하면서 조약당사국으로 간주될 수 있는가?

(2) 만일 당사국으로 간주된다면 (a) 유보국과 유보 반대국간에, (b) 유보국과 유보 승낙국간에 있어서 그 유보의 법적 효력은 어떻게 되는가?

(3) 유보반대국가가 (a) 조약에 서명은 하였으나 비준은 하지 않는 국가, (b) 서명 또는 가입할 자격은 있으나 아직 하지 않는 국가인 경우, 그 법적 효과는 어떻게 되는가?

[의견 요지]

조약관계에 있어서 국가는 그 동의 없이는 구속될 수 없다. 따라서 어떠한 유보도 다른 국가의 동의 없이 그 국가에 효력을 발생할 수 없다. 다수국간 조약은 자유로운 동의에 의해서 성립되는 것이고, 어떠한 국가도 일방적인 결정이나 특별한 합의에 의하여 조약의 목적과 존재이유를 훼손할 수 없다는 것은 일반적으로 승인된 원칙이다. 이 원칙은 채택된 조약의 일체성이라는 관념과 결부되어 있다. 이 관념은 전통적으로 어떠한 유보도 모든 체약국의 수락이 없는 한 유효하지 않다는 명제를 포함하고 있다. 그것은 조약이 가지는 계약적 성질에 연유하는 것이며, 원칙적으로 다툴 수 없는 가치를 갖고 있다. 그러나 Genocide조약에 관해서는 이 원칙을 보다 더 융통성 있게 적용해야 할 여러 가지 사정이 존재한다.

이러한 사정에는 Genocide조약이 보편적 성질을 가지는 인도적인 조약인 점, 각국이 보다 더 일반적으로 유보를 행할 경향을 보이는 것, 일부 체약국이 유보에 반대하고 있음에도 불구하고 유보국이 조약에 참가하는 것을 허용하는 관행이 존재하고 있는 것, 유보에 대한 묵시적 합의가 대폭 인정된다는 것, 그리고 조약이 일련의 다수결에 의해서 채택되었다는 것 등이다. 이와 같은 사정 하에서 다수국간 조약 중에 유보에 관한 조항이 존재하지 않는 것은 그 조약에 대해서 어떤 유보를 행할 것을 금지하는 것으로 간주해서는 안 된다. 조약의 성질, 목적, 규정, 준비와 채택의 방법 등에 의하여 유보를 행할 것인가의 여부, 유보의 유효성, 그리고 효과를 결정하지 않으면 안 된다.

재판소는 본 조약에 대하여 유보를 붙일 수 있는 권능에 관해서 총회에서 양해가 있었다고 인정한다. 어떠한 유보 및 유보반대가 인정되는가? 이 문제의 해결은 Genocide조약의 특수성 가운데서 발견되어야 한다. 이 조약의 기원은 집단살해를 국제법상의 범죄로서 비난하고 처벌하려는 UN의 의도에 있다. 이 조약은 확실히 인도주의와 문명적 목적에 의해 채택되었다. 왜냐하면 이 조약의 목적은 도덕의 가장 기초적인 원리를 재확인하려는 것이기 때문이다. 이러한 조약에 있어서 당사국은 어떤 개별적 이해를 가지는 것이 아니고, 그들은 조약의 존재이유인 지상의 목적달성이라는 공통적인 이해를 가질 뿐이다. 그러므로 이와 같은 조약에 있어서는 어떤 개개국가의 이익, 불이익을 말할 수 없으며, 권리와 의무 사이의 완벽한 계약상 균형을 이야기할 수 없다. Genocide조약의 목적은 총회 및 이를 채택한 많은 국가의 의도가 가능한 한 다수의 국가를 참가하게 하는 데 있다는 것을 암시하고 있다. 조약으로부터 어느 일국 또는 수개의 국가를 완전 배제한다는 것은 그 적용범위를 축소시킬 뿐만 아니라 그 근저에 있는 도덕적·인도적 원칙의 권위를 손상시키는 것이 될 것이다. 사소한 유보에 대한 반대가 유보국을 조약으로부터 완전히 배척한다고 하는 결과를 가지는 것을 체약국이 생각하고 있었다고는 믿어지지 않는다. 그러나 가능한 한 많은 국가의 참가를 확보하겠다는 공허한 희망 때문에 체약국이 이 조약의 목적 그 자체까지 희생하려는 의도는 더구나 없을 것이다. 그러므로 조약의 목적은 유보를 붙일 자유와 유보를 반대하는 자유의 어느 것도 제한한다. 결국, 가입 시에 유보를 행하는 국가와 이에 반대하는 국가의 평가에 관하여 기준을 제공하는 것은 조약의 목적과 유보와의 양립성이다.

조약에 참가함에 있어서 국가는 주권작용으로서 그가 욕망하는 어떠한 유보도 붙일 수 있다고 하는 주장도, 또한 유보의 효력은 모든 체약국의 명시 또는 묵시적 동의가 있는 경우에만 발생한다고 하는 국제법규칙이 존재한다는 주장도 받아들일 수 없다. 제5차 총회의 제6위원회에서 있었던 다수국간 조약에 있어서 유보에 대한 논쟁 중 어떤 대표자는 조약의 절대적 일체성의 관념을 주장하고, 다른 자들은 될 수 있는 한 많은 참가국을 확보하기 위해 유동성 있는 적용을 주장하는 등 심한 견해차이가 있었음을 지적하여 두는 것도 무의미한 것은 아니다.

전술한 바로부터, 첫 번째 문제에 대해서는 그 추상적 성질 때문에 절대적인 답을 제공할 수 없다. 이에 대한 유보의 평가는 각각의 경우의 특이한 여건에 의해 결정된다.

두 번째 문제에 관하여, 어떠한 국가도 유보에 대한 동의 없이는 유보의 효과를 받지 아니하며, 또한 유보에 대한 동의 여부는 오로지 당해국가가 조약의 목적에 근거하여 자유로이 결정하며, 따라서 유보국을 당사국으로 취급할 것인가 여부도 자유로이 결정할 수 있다. 당연한 것으로서 그러한 결정은 유보국과 그 반대국 사이에만 효력이 미친다. 이러한 견해차이로부터 불편이 일어나는 것은 사실이다. 그것은 조약의 목적과 유보와의 양립성에 의하여 판단되어야 할 체약국의 공동의무에 의하여 완화될 수 있다.

유보의 허용성에 관한 당사국간의 견해 차이는 실제로 큰 문제가 아닐 수도 있다. 반면, 유보에 대해 다른 당사국이 취한 동의가 조약의 목적과 양립할 수 없는 것이라고 생각하는 어떤 당사국은 이 견해의 차이에 관하여 재판의 측면에서 확실한 입장을 취하고, 또한 조약의 제9조에 있는 절차에 의해서 또는 특별한 합의에 의해서 그 분쟁을 해결할 것을 결정할 수 있다.

끝으로 유보가 조약의 목적과 양립할 수 없다고는 주장하지 않으나 이를 거부할 수는 있을 것이다. 그러나 그 국가와 유보국가와의 양해는 유보에 의해 영향을 받는 조항을 제외하고는 조약은 그들 사이에 효력을 가질 수 있다.

세 번째 문제에 관하여, 국가는 설사 조약의 작성에 참가하였다 할지라도 조약당사자로 되기 위한 두 가지의 기능(즉 서명 또는 비준)의 어느 것을 취하기 전에 다른 국가의 조약참가를 배제할 수는 없다. 서명국의 경우는 이와 다르다. 서명국은 전자의 국가와는 달라서 당사국이 되는 권리행사에 필요한 일정한 조치를 취하여 왔다. 비준까지의 사이의 예방조치로서 유보반대를 신청할 권리를 가진다. 그러나 이러한 지위는 서명 후 비준이 이루어지지 않을 때는 없어지고 비준에 의하여 완전히 확정적인 효력이 발생한다.

이상과 같은 이유로 ICJ는 7대 5로써 다음과 같이 결정하였다.

- 첫 번째 문제에 관하여 : 어느 한 당사국이 붙인 유보가 일부 당사국에 의해서 반대를 받을지라도 다른 당사국에 의해서는 반대를 받지 않고, 또 그 유보가 조약의 목적과 양립할 수 있다면, 유보국은 당사국으로 간주되고, 그렇지 않은 경우에는 당사국으로 간주될 수 없다.
- 두 번째 문제에 관하여 : (a) 조약의 한 당사국이 조약의 목적과 양립할 수

없다는 이유로 유보를 반대한 경우, 그 국가는 유보국을 조약의 당사국이 아니라고 간주할 수 있다.
(b) 반면에 유보가 조약의 목적과 양립할 수 있다는 것으로 생각하여 유보를 수락한 국가는 유보국을 조약의 당사국으로 간주할 수 있다.
세 번째 문제에 관하여 : (a) 서명만 하고 비준하지 않은 국가가 유보에 대해서 한 반대는 비준을 전제로 해서만 법적 효력을 가질 수 있고, 그때까지는 다른 국가에 대해서 서명국의 최종태도에 대한 하나의 표시로 취급된다.
(b) 서명이나 가입할 자격은 있으나 아직 하지 아니한 국가가 한 유보에 대한 반대는 아무런 법적 효력이 없다.

제3절 조약의 해석

Ⅰ. 조약 해석의 의의

조약이 구체적으로 기능하기 위해서는 일반적·추상적으로 기술된 조약조항을 명확히 하여 적용하는 것이 필요하다. 이러한 필요에 의하여 조약의 제(諸)조항을 구체적으로 명확히 하는 행위를 조약의 해석이라고 한다. 조약해석에 관한 일반적 규칙은 확립되어 있지 않다.

이 문제에 관한 기본적인 입장은 대체로 다음의 세 가지 학설로 구분된다. '당사자 의사주의'(intentions of the parties school), '문언주의'(textual school), '목적주의'(teleological school)에 의한 각 해석방법이 그것이다. 이 세 가지 학설의 이념은 필연적으로 서로 배타적인 것이 아니며, 또 조약해석의 이론은 세 가지 모두를 혼합하여 해석될 수 있다. 그런데 각 학설은 비록 다른 학설은 배척하지 않는다 할지라도 조약해석의 한 특수한 면에 우위를 부여하는 경향이 있다.

당사자 의사주의에 의하면, 조약해석은 조약체결시의 당사자의 의사를 확인하고 그 의사에 따라 효과를 부여하는 것을 주요 목적으로 한다. 문언주의적 해석은 조약문이 그 용어의 통상적 의미에 따라 의미하는 바를 중시하는 것이다. 따라서 이 접근방법은 문언의 연구와 분석을 통하여 문언의 의미를 확인하는 것이다. 목적주의에 따르면, 입법자의 의사와는 독립적으로 조약 그 자체의 존립을 어느 정도 갖고 있거나, 갖게 될 것으로 고려하여 그 존재를 중요시하는 것이 조약해석의 일반적인 목적이라고 한다. 주요 목적은 일반목적을 설정하여 특수조항을 이에 비추어 해석하는 것이다. 그러므로 목적주의가 조약해석의 접근방법으로 지적하는 것은 조약의 일반적 방침 및 분위기, 조약이 작성된 사정, 조약이 국제생활에서 체결되게 된 위치·환경과 같은 문제이다. 세 가지의 모든 접근방법은 주어진 사건에서 실제로 같은 결과를 초래할 수도 있으나 또한 매우 상이한 결과로 이끌어갈 수도 있다.

결국 조약의 해석은 이러한 모든 주의를 종합하여, 우선 문언을 중시하고 문언 전체를 당사자합의와 조약의 목적과 관련하여 성실하게 해석하여야 할 것이다. ICJ(Admission of a State to Membership in the UN. Case, 1948, 1950)나 「조약법조약」도 이러한 취지에 따르고 있다.

Ⅱ. 「조약법조약」의 규정

「조약법조약」에서는 조약의 해석에 대한 기본적 인식을 조약 본문(text)은 조약 당사국의 의사의 유권적 표시라고 추정하고, 해석의 출발점을 그 본문의 의미의 명확화에 두었다.

1. 해석의 일반원칙

일반원칙으로서, 첫째, 조약은 그 문맥에 의하여, 또 그 조약의 대상과 목적에 비추어 문언에 부여되는 통상적 의미에 따라 성실하게 해석되어야 한다(조약법조약 제31조 1항). 둘째, 여기서 문맥이란 전문 및 부속문서를 포함한 본문 외에, (a) 조약의 체결에 관련하여, 모든 당사국이 행한 그 조약에 대한 합의와, (b) 조약의 체결에 관련하여 1 또는 2 이상의 당사국에 의해 작성되고 또한 조약에 관련된 문서로서 타당사국이 수락한 문서도 포함한다(동 조약 제31조 2항). 셋째, 문맥과 나란히 고려되어야 할 해석의 유기적인 추가적 요소로서, (a) 조약의 해석에 관한 당사국간의 조약체결 후의 합의, (b) 조약의 해석에 관하여 당사국의 합의를 확립하는 조약체결 후의 조약적용상의 관행, 당사국간의 관계에 적용되는 국제법의 관련규칙을 든다(동 조약 제31조 3항). 넷째, 당사국이 그 의도를 가지는 것이 증명되는 경우에는 문언에 대하여 특별한 의미가 부여되는 것으로 한다(동 조약 제31조 4항).

2. 해석의 보조적 수단

조약해석에 관한 이상과 같은 규칙에 기하여 행해진 해석을 확인하기 위하여, 또는 이러한 규칙을 사용하여도 아직도 의미가 애매하거나 불명확한 경우, 또는 그 결과가 이상하거나 불합리한 경우에는 조약의 준비작업 및 조약체결 당시의 제(諸)사정을 포함하는 보조적 수단을 사용하여 해석할 수 있다(동 조약 제32조).

3. 복수어조약의 해석규칙

기술적인 문제로서 조약이 둘 이상의 언어에 의해서 인증되어 있는 경우에는 그 본문들은 동일하게 정본으로 하고, 상이한 경우에는 특정의 본문이 우선한다는 취지의 합의가 있는 경우를 제외하고는 조약의 대상과 목적에 비추어 각 본문을 가장 잘 일치하게 할 수 있는 것과 같은 의미가 채용되어야 한다. 이 경우 그 전제로서 조약의 문언은 각각의 본문에 있어서 동일한 의미를 가지는 것으로 추정되어야 한다(동 조약 제33조).

Ⅲ. 조약의 해석권자

조약을 적용·실시하는 것은 조약당사자 또는 그 조약에 기한 국제조직이다. 따라서 조약의 1차적 해석권자는 이러한 국가 또는 국제조직이다. 그러나 이러한 자들 간에 해석에 관하여 다툼이 있을 때 교섭에 의하여 해결되지 않는 경우에는 다른 권위 있는 결정자에 의한 종국적인 해석이 필요하다. 최근에는 조약의 해석에 관하여 국제재판소를 이용하는 경우가 많아졌으며, 그 결정을 최종적인 것으로 하는 경향이 있다. 즉, 조약해석에 관하여 당사자 간에 분쟁이 발생하면 이것을 국제재판소에서 해결할 것을 조약 중의 규정, 부속서, 합의의사록 등에서 약정하는 경우가 많다(한·미 통상항해조약 제24조). 이러한 경우에는 해석권자는 국제재판소라고 할 수 있다. 그러나 현재에 있어서도 국내재판소에 비하여 국제재판의 기능은 매우 제한되어 있다는 것을 유의해야 한다.

UN헌장은 각 구성기관에 의해서 해석되지만, 그들은 헌장의 해석을 포함한 법적 문제에 관하여 ICJ에 권고적 의견을 제시하여 줄 것을 요청할 수 있다(UN헌장 제96조).

〔평화조약의 해석사건〕

(Interprétation des traités de paix conclus avec la Bulgarie, la Hongrie et la Roumanie)
자문기관: UN총회, 국제사법재판소, 권고적 의견, 1950년 3월 30일, ICJ (1950) 65; 1950년 7월 18일, ICJ (1950) 221

[사 실]

연합국을 1당사자로 하고, 불가리아, 헝가리 및 루마니아를 각각 타방당사자로 하는 1947년의 3개 평화조약은 조약의 해석과 적용에 관한 분쟁을 협상에 의해 해결하지 못하는 경우에 이를 심리할 위원회에 관하여 규정하였다. 위원회는 3인으로 구성하되 양 분쟁당사자가 각각 1명을 임명하고 그들이 합의하여 제3자 위원을 임명하고, 만일 그들이 합의하지 못하는 경우에는 UN사무총장이 제3자 위원을 임명하도록 되어 있다.

분쟁은 위 여러 조약에 있어서 인권보장에 관하여 일어났다. 미국과 영국은 그 분쟁은 외교교섭에 의하여 해결될 수 없다고 주장하였다. 불가리아, 헝가리 및 루마니아는 위원회의 위원을 임명하는 것을 거절하였다. UN총회는 ICJ에 대하여 1당사자가 그의 위원을 임명하지 못하는 경우 UN사무총장이 제3자 위원을 임명할 수 있는가, 그리고 만일 임명할 수 있다면 1당사자가 임명한 위원과 총장이 임명한 제3자 위원으로 구성되는 위원회가 분쟁을 심리할 수 있는가에 관한 권고적 의견을 구하였다.

재판소는 첫 번째 질문에 대하여 부정적으로 대답하였다. 그러므로 두 번째 문제는 일어나지 않는다. 재판소는 그의 의견을 전개해 나가는 과정에서 조약의 해석에 관하여 다음과 같은 의견을 제시하였다.

[권고적 의견]

불가리아, 헝가리, 루마니아 정부는 제(諸)조약이 예정한 위원회에 그들의 대표자를 임명할 의무를 지고 있으며, 그리고 조약의무의 이행거부가 국제책임을 수반하는 것은 명백하다. 그러나 이러한 거부는 제(諸)조약이 예정하고 있는 사무총장에게 부여된 임명권행사의 조건을 변경하는 것을 허용하는 것은 아니다. 이러한 조건은 본건에서는 구비되어 있지 않으며, 그 조건의 흠결은 그것이 조약의무의 불이행에 기인한다는 사실에 의하여 보완되는 것은 아니다. 제(諸)조약에 예정된 위원회를 구성하는 사실상의 불가능성을 원인으로 하는 분쟁해결절차의 비유효성과 국제책임과는 전혀 별개의 문제이다. 조약의무의 위반은 제조약이 의도하고 있던 것과는 별개의 위원회를 창설함으로써 구제될 수도 없다. 재판소의 의무는 조약을 해석하는 것이지 조약을 수정하는 것은 아니다. '사물은 그것을 무효로 하는 것보다는 오히려 유효하게 함으로써 가하다'(*Ut res magis valeat guam pereat*)라고 하는 법언에 표시되고 가끔 유효성의 원칙이라고 불리어지는 해석원칙은 재판소가 제(諸)평화조약에 삽입된 분쟁해결조항을 상술한 바와 같이 그 자구 및 정신에 반하는 의미로 해석하는 것을 정당화할 수 없다.

제4절 조약의 효력

Ⅰ. 당사국간의 효력

조약은 그 조약이 정한 바에 따라 또는 교섭국이 합의한 방식과 일시에 그 효력이 발생한다(조약법조약 제24조 1항). 그러나 비준(또는 수락·승인)을 필요로 하는 조약에 있어서 그 절차가 아직 끝나지 않고 효력이 발생하지 않은 경우에 조약의 일부 또는 전부가 잠정적으로 적용되는 일이 있으며, 이것을 '조약의 잠정적용'이라고 한다. 「조약법조약」은 이에 관하여, (a) 조약 자체가 그렇게 규정한 경우, (b) 교섭국이 다른 어떠한 방법으로 그러한 합의를 한 경우 조약은 그 효력이 발생하기 전에 잠정적으로 적용된다고 규정하고 있다(동 조약 제25조). 조약의 장소적 범위에 있어서는 체약국의 별단의 의사표시가 없는 한 그 영역 전체에 적용된다(동 조약 제29조). 식민지 기타 체약국이 그 국제관계에서 책임을 지는 지역도 포함된다(식민지적용조항). 그러나 민족자결의 원칙에 입각하여 그 주민의 동의가 없는 한 그러한 지역에서는 적용제외를 원칙으로 해야 한다는 주장도 있다.

조약의 시간적 적용범위에 있어서도 체약국이 자유로이 결정할 수 있으나, 별단의 합의가 없는 한 '조약불소급의 원칙'이 적용된다(동 조약 제28조). 즉, 조약은 그 효력발생 이전에 생긴 행위 또는 사실, 또는 그 날 이전에 소멸한 사태에 관해서는 당사국을 구속하지 않는다.

동일사항에 관한 조약규정의 내용이 서로 저촉되거나 충돌하는 경우가 있다. 「조약법조약」은 UN헌장 제103조(헌장의무의 우선), 또는 개개의 조약에서 특별규정을 두는 경우를 제외하고는 경합하는 양 조약을 원칙적으로 모두 유효한 것으로 하여 각각의 적용범위를 정함으로써 당사국의 합의를 존중하는 정리원칙을 제시하고 있다(동 조약 제30조).

Ⅱ. 제3국에 대한 효력

조약의 효력은 조약체결에 참가한 당사국 사이에만 미치며, 제3국에게는 미치지 않는 것이 원칙이다(동 조약 제34조). 그러나 이 원칙은 절대적인 것이 아니며, 제3국의 권리나 이익을 조약에서 인정하는 것은 이론적으로 가능하며 또 실제에 있어서도 어느 정도 행하여지고 있다.[2)]

1. 제3국에 권리를 부여하는 조약

조약에 의해서 제3국에 권리를 부여하는 것이 반드시 조약의 성질과 모순되는 것은 아니다. 문제는 조약이 스스로의 힘에 의하여 제3국에게 권리를 부여할 수 있는가, 아니면 제3국이 수락함으로써 비로소 권리를 갖는가이다. ILC에서 논쟁된 일설에 따르면, 제3국이 권리창설에 대해 명시적 또는 묵시적으로 동의함으로써만 제3국은 법적 의미에서 권리를 향유할 수 있다. 다른 견해에 따르면, 제3국을 위해서 규정된 권리는 제3국에 의한 수락이라는 특별한 행동을 그 조건으로 하는 것이 아니라, 권리부여국의 내재적 의사에 달려 있다는 것이다.[3)]

「조약법조약」은 위의 견해대립에 대하여 어떠한 결론을 내리지 아니하고 문제를 실제적으로 규정하고 있다. 즉, 조약당사국이 제3국 또는 그 국가가 속하는 국가군 또는 모든 국가에게 조약규정에 의하여 권리를 부여하는 것을 의도하고, 그리고 제3국이 그것에 동의하는 경우에는 그 조약규정으로부터 제3국에 관하여 권리가 발생한다. 제3국의 동의는 반대의 표시가 없는 한 존재하는 것으로 추정된다. 권리를 행사하는 제3국은 조약에 규정되어 있거나 또는 조약에 따라 확정되는 권리행사의 조건을 준수하여야 한다(동 조약 제36조).

2) 예컨대 수에즈운하에 관한 「Constantinople조약」이나 파나마운하에 관한 「Hay Pounceforte조약」은 체약국 이외의 국가의 자유항행을 인정하고 있다. 물론 이러한 경우에는 조약당사국의 합의에 의하여 자유로이 제3국의 자유항행을 금지할 수 있으므로 제3국에 부여된 이익은 권리로서가 아니라 단순한 반사적 이익으로 보아야 한다는 견해가 있는가 하면, 제3국의 자유항행은 이미 국제관습법화된 것으로 보아 제3국은 권리를 취득한 것이 되며, 체약국이 제3국의 선박의 통항을 거부한다면 기득권침해로 제3국으로부터 국제청구가 제기될 수 있다는 견해도 있다.

3) 1962년의 Free Zones of Upper Savoy and the District of Gex사건에서 PCIJ는 제3국을 위한 권리창설은 오로지 권리부여국의 의사의 문제라는 원칙을 인정하였다.

제3국에 의한 권리수락은 조약에 의해서 제공되고 있는 권리의 단순한 행사로서 표시될 수 있으며,[4] 또한 권리의 제공과 거부도 명시적으로 행해질 필요는 없고, 경우에 따라서는 그 불행사에 의하여 묵시적으로 표시될 수도 있다.

2. 제3국에 의무를 부과하는 조약

이에 반하여 조약에 의하여 직접 제3국에 의무를 부과할 수는 없다. 국가에는 주권이 인정되어 있으므로 그 승낙 없이는 구속을 과할 수 없기 때문이다. 물론 이 경우에도 제3국의 승낙이 있으면 의무를 부과할 수는 있으나, 제3국에 권리를 부여하는 경우와 달리 그 승인은 명시적으로 하여야 한다. 「조약법조약」은 이에 관하여 더 엄격하게 다음과 같이 규정하고 있다. 즉, 조약당사자가 그 조약규정에 의하여 제3국에 대한 의무를 설정하는 것을 의도하고, 또한 제3국이 그 의무를 서명에 의하여 명시적으로 수락하는 경우에는 그 조약규정으로부터 당해 제3국에 관하여 의무가 발생한다(동 조약 제38조).

제3국의 의무와 관련하여 UN헌장 제2조 6항(UN은 국제평화와 안전의 유지에 필요한 한 비회원국이 이러한 원칙에 따라 행동할 것을 확보하여야 한다)이 문제가 된다. 이 규정에 의하여 UN비회원국도 헌장의 원칙에 따라 행동하여야 할 법적 의무를 부담한다고 해석하는 견해도 있다(Kelsen). 그러나 UN헌장도 조약이므로 일방적으로 비회원국에게 의무를 과할 수는 없을 것이다. 이 조항은 오히려 UN 또는 UN회원국이 비회원국에 대하여도 회원국과 같이 헌장의 원칙에 따라 행동을 취하도록 노력할 것을 규정한 것이며, 비회원국이 이 규정 자체로부터 직접 제2조의 의무를 부담하는 것은 아니다.

이와 같이 조약에 의해서 직접 제3자에 의무를 과할 수는 없으나, 조약의 내용이 기존의 국제관습법을 그대로 표현한 경우 또는 조약체결 후에 관습법화된 경우는 조약당사국이 아닌 제3국에도 적용된다. 그러나 이것은 조약 그 자체의 효력이 제3국에 미친 것이 아니고 국제관습법상 구속을 받기 때문이다(동 조약 제38조).

---

4) 「대일평화조약」 제21조는 중국과 한국이 그 조약상의 일정이익을 받는다고 규정하고 있는데, 이것은 중국과 한국이 그러한 권리를 일본에 대하여 요구할 수 있다고 해석된다.

제5절 조약의 무효

전통 국제법 하에서는 조약의 무효원인은 좁게 한정되어 있었다. 즉, 대표자에 대한 강제나 국내적 절차위반이 이에 해당할 정도였으며, 강행규범의 존재는 명확하지 않았다. 대등한 당사국간의 자유로운 합의로써 널리 조약의 성립을 인정한 전통 국제법은 현실적으로는 경제력·군사력이 상이한 국가가 존재하고 조약체결에 힘관계가 반영되지 않을 수가 없으므로, 조약의 형식을 취한 국가의 식민지화, 노예화를 용인하는 기능을 하였다. 이러한 상황에 대하여 신생국을 중심으로 새로운 무효원인이 주장되게 되었다. 「조약법조약」에는 국가의 주권평등과 동의의 자유를 확보하기 위해 전통적 무효원인에 국가에 대한 강제와 강행규범위반 등을 첨가해서 8가지의 무효원인이 열거되어 있다.

I. 국내법규정의 명백한 위반

국내법(헌법)의 절차에 위반하여 체결된 조약의 효력에 관해서는 학설상 논의가 있으며, 국가의 관행도 일치하지 않고 있다. 유효설에 의하면, 헌법상의 절차는 단지 국내적 의미만 가지며, 이는 조약체결권자가 체결한 조약을 국내적인 절차에 따르지 않았다는 이유로 무효가 된다면 조약체결이 매우 불안하다는 것이 그 이유이다. 무효설에 의하면, 국제법이 국가에 위임하고 있는 것은 조약체결을 위한 당해국가의 국가의사를 어떻게 형성하는가 하는 것이므로 국내적 절차를 밟지 않고 체결된 조약은 당해 국가의 의사를 정식으로 반영할 수 없다는 것이 그 이유이다. 절충설에 의하면, 외국이 당연히 알 수 있는 공지(公知)의 헌법상의 절차를 밟지 않는 경우에는 그 조약은 무효로 보아야 하나, 그렇지 않은 경우에는 유효라고 하는 견해이다. 이 절충설의 견해도 엄밀히 말하자면 유효·무효의 그 어느 것을 원칙으로 하는가에 따라 두 가지 경우로 구별할 수 있다. 하나는 위헌절차에 의한 조약은 원칙적으로 무효이나, 그것이 공지의 헌법상의 절차에 관한 것이 아닐 경우에는 예외적으로 유효라고 하는 견해이며, 다른 하나는 위헌절차에 의한 조약도 원칙적으로 유효하나 공지의 헌법상의 절차에 위반한 경우에는 예외적으로 무효라고 하는 견해이다.

「조약법조약」은 절충설 중 후자의 견해에 따라, 이른바 위헌절차에 의한 조약도 원칙적으로 유효하다고 하여 다음과 같이 규정하고 있다. 국가는 조약체결권에 관한 국내법규정의 위반이 명백하고 또한 기본적인 중요성을 가지는 국내법의 규정에 관한 것이 아닌 한, 그 동의를 무효로 하기 위하여 자국의 동의가 그러한 국내법규정에 위반되어 표시되었다는 사실을 원용할 수 없다. 여기서 위반이 명백하다는 것은 문제에 관하여 통상의 관행에 따라, 또한 성실하게 행동하는 모든 국가에 의하여 그 위반이 객관적으로 명백한 경우를 말한다(조약법조약 제46조).

따라서 위헌절차에 의하여 조약의 무효를 주장하기 위해서는 이것을 주장하는 측이 이 사실을 입증하는 것이 필요하다.

Ⅱ. 국가동의의 표시권한에 대한 제한위반

어느 조약에 대한 국가의 기속적 동의를 표시하는 대표의 권한이 특정의 제한(예컨대 자국이 중요성을 부여하고 있는 특별한 조항이 조약 중에 삽입되지 않는 한 조약을 체결하지 말라는 본국의 훈령을 위반하여 체결한 조약)에 따를 것으로 하여 부여된 경우에 그 대표가 그 제한을 준수하지 아니한 것은 그러한 동의를 표시하기 전에 그 제한을 다른 교섭국에 통고하지 아니한 한, 그 대표가 표시한 동의를 부적법화하는 것으로 원용될 수 없다(동 조약 제47조).

Ⅲ. 착 오

국가는 조약에 있어서의 착오(error)가 조약체결 당시에 존재하는 것으로 생각되고, 또한 조약의 구속을 받게 되는 자국의 동의의 중요한 기초(예컨대 부정확한 지도사용에 의한 국경조약)를 구성하고 있는 것에 관련되는 경우에는 그 동의를 무효화하기 위하여 착오를 원용할 수 있다(동 조약 제48조 1항). 한편 당해국이 스스로의 행위에 의하여 착오의 발생에 기여하거나 또는 당해국가가 착오발생의 가능성에 관하여 사전에 알 수 있는 상황에 있었던 경우에는 적용되지 않는다(동 조약 제48조 2항). 조약본문의 문언만에 관한 착오는 그 조약의 유효성에 영향을 미치지 아니한다. 이 경우에는 본문정정의 절차에 따른다.

Ⅳ. 사 기

어느 당사국도 교섭상대국의 사기행위(fraud)에 의하여 조약을 체결하게 된 경우에는 조약의 구속을 받게 하는 자국의 동의를 무효화하기 위하여 그 사기행위를 원용할 수 있다(동 조약 제49조).

Ⅴ. 대표자의 매수

조약의 구속을 받게 하는 국가의 동의의 표시가 교섭상대국에 의하여 직접 또는 간접적으로 취해진 자국대표자의 매수를 통하여 이루어진 경우에는 동 국가는 자국의 동의를 무효화하기 위하여 그 부패를 원용할 수 있다(동 조약 제50조).

이상 Ⅰ～Ⅴ의 무효원인은 조약을 무효로 하는 것이 아니라, 당사자에게 이러한 원인을 원용하여 조약의 무효를 주장하는 권리를 부여하는 데 지나지 않는다. 따라서 당사자가 조약의 효력을 명시적으로 또는 묵시적으로 승인한 경우에는 그 권리는 소멸하고 조약은 유효하게 성립한 것이 된다(동 조약 제45조). 이에 반하여 이하 Ⅵ, Ⅶ, Ⅷ은 당연무효의 원인이 된다.

Ⅵ. 대표자에 대한 강제

조약의 구속을 받게 하는 국가의 동의의 표시가 그 대표자에게 가해진 행위 또는 위협을 통한 동 대표에 대한 강박에 의해 이루어진 경우에는 그 동의의 표명은 어떠한 법적 효과도 갖지 않는다(동 조약 제51조).

실제로 대표자 개인에 대한 강제와 국가 자체에 대한 강제를 명확히 구별하는 것은 곤란한 경우도 있을 것이다. 대체로 신체에 대한 위협, 사생활의 폭로 또는 가족에 대한 위해를 내용으로 하는 협박 등이 이에 포함될 것이다.

Ⅶ. 국가에 대한 강제

국가에 대한 강제는 국가대표에 대한 강제와 구별되어 종래에는 무효원인이 아니었다. 무차별 전쟁개념 하에서 힘의 논리가 지배한 제1차 대전 이전의 국제사회 하에서는 대국이 그 군사력을 배경으로 소국에 대하여 불리한 조건으로서 조약을 체결하게 하거나, 전승국이 패전국에 대하여 일방적으로 조건을 제시하여 평화조약을 체결한 것이 통례이며, 이러한 상황을 법적으로 용인할 필요가 있었다.

그러나 제1차 대전 후 국제연맹 하에서 전쟁이 위법화되고, 집단안보체제가 확립함에 따라 무력에 의한 강제된 조약은 위법이라는 관념이 등장하였다. 그리고 이것은 UN헌장에 있어서 더욱 강하게 확인된 것을 배경으로 하여 「조약법조약」에 명기되게 되었다. 즉, 조약은 그 체결이 UN헌장에 규정된 국제법의 제(諸)원칙에 위반하는 무력에 의한 위협 또는 무력행사에 의해서 행해진 경우에는 무효이다(동 조약 제52조). 다만, 이 규정이 침략국의 침략에 대한 UN헌장에 의거한 조치의 결과로서 그 침략국에 대하여 발생할 수 있는 조약상의 의무를 침해하는 것은 아니다(동 조약 제75조). 이러한 경우에는 강제에 의한 조약이라도 유효한 것으로 해석된다. 그리고 비엔나회의에서는 강제력 중에 무력뿐만 아니라 정치적·경제적 위력도 포함되어야 한다는 것이 신생국가를 중심으로 주장되었으나, 반대한 서구제국을 중심으로 한 제국(諸國)과의 타협에 의하여 본문에는 명기하지 않고 부속서의 선언 중에 포함되는 것에 그쳤다.

Ⅷ. 강행규범위반

국제법상 국가의 합의에 의해서도 그 일탈이 금지되는 강행규범의 존재에 관하여 종래 의논이 있었으나, 「조약법조약」은 그 존재를 전제로 하여 "조약은 그 체결의 시점에 있어서 일반국제법의 강행규범에 저촉하는 경우에는 무효가 된다. 이 조약의 목적상 일반국제법상의 강행규범이란 어떠한 일탈도 허용되지 않고, 또한 사후에 발생한 동일 성질의 일반국제법규범에 의해서만 변경될 수 있는 규범으로서 국제사회 전체에 의하여 수락되고 또한 승인된 규범을 말한다"고 규정하고 있다(동 조약 제53조). 강행규범은 불변의 것이 아니라 국제사회 전체가 수락하고 승인함으로써(아마도 다자조약에 의하여) 새로이 형성·발달하고 또한 변경되는 규범이라고 판단된다.

무엇이 강행규범(*jus cogens*)인가에 대해서 「조약법조약」은 일반적으로 정의하고 있을 뿐 구체적으로 제시되고 있지는 않다. 오늘날 집단살해의 금지, 해적행위의 금지, 노예무역의 금지, 무력행사의 금지에 관한 제(諸)규칙이 강행규범이라는 것은 확립되어 있으나, 그 이외에 관해서는 의논이 구구한 바, 무엇이 강행규범인가는 향후의 국가관행, 국제재판소의 판례, 학설 등을 통하여 명백히 확립되어야 할 것이다.

제 6 절 조약의 종료·운용정지

조약의 종료 또는 운용정지란 국제법상 인정된 방법에 의한 조약의 소멸을 말한다. 운용정지란 조약 그 자체는 소멸시키지 않고 조약의 효력을 정지시키는 것을 말한다. 「조약법조약」은 조약의 종료·운용정지원인을 열거하여 규정하고 있고, 여기에 열거된 원인 외의 원인의 원용을 인정하지 않는다. 조약의 종료원인은 당사국의 의사에 의하는 경우와 당사국의 의사에 의하지 않는 경우로 나누어진다.

Ⅰ. 당사국의 의사에 의한 종료·운용정지

1. 당사국의 합의에 의한 종료·운용정지

(가) 조약규정에 의한 경우 조약규정에 그 조약의 종료기간이나 종료조건이 명시되어 있는 경우에는 기한의 도래 또는 조건의 성취에 의하여 조약은 종료 또는 정지된다(조약법조약 제54조 (a), 제57조 (a)).

(나) 새로운 합의에 의한 경우 조약상 종료에 관한 규정을 두지 않은 경우에도 모든 당사국의 합의에 의하여 조약을 종료 또는 정지시킬 수 있다(동 조약 제54조 (b), 제57조 (b)). 또 조약당사국은 동일 사항에 관하여 내용적으로 양립하지 않는 새로운 조약을 체결함으로써 묵시적으로 조약을 종료하게 할 수 있다(동 조약 제59조

1항). 당사국이 조약의 운용정지만을 의도하고 있는 것이 후(後)의 조약 자체로부터 명백할 경우 또는 다른 방법에 의하여 확인되는 경우에는 조약은 운용을 정지할 뿐이다(동 조약 제59조 2항).

2. 당사국의 일방적 의사에 의한 종료·운용정지

조약당사국은 일방적 의사로써 조약을 종료(조약의 일방적 폐기)하게 할 근거로서 다음 사항을 원용할 수 있다.

(가) 중대한 조약위반 「조약법조약」은 '중대한 조약위반'(material breach)을 정의하고 그 위반을 조약의 종료 또는 운용정지의 근거로써 원용하는 것을 인정하고 있다. 여기서 중대한 위반은 (a) 본 조약에 의하여 허용되지 않는 조약의 이행거부, (b) 조약의 목적달성에 필수적인 규정의 위반이 이에 해당한다(동 조약 제60조 3항).

첫째, 양자조약의 1당사국에 중대한 위반이 있는 경우에 타방 당사국은 당해 위반을 조약의 종료 또는 운용정지의 근거로써 원용할 수 있다(동 조약 제60조 1항).

둘째, 다자조약의 1당사국에 중대한 위반이 있는 경우에는 타당사국의 집단적 대응과 개별적 대응으로 구별된다. (a) 타방 당사국은 전원일치의 합의에 의하여 타당사국과의 관계 및 모든 당사국간의 관계에 있어서도 조약의 운용을 정지시킬 수도 있고, 또한 조약을 종료하게 할 수 있다. (b) 위반에 의하여 특히 영향을 받는 국가는 자국과 위반국과의 관계에 있어서 조약의 운용정지 또는 종료의 근거로 원용할 수 있다. (c) 조약의 성질상 1당사국에 의한 중대위반이 조약에 기한 의무이행의 계속에 관한 모든 당사국의 입장을 근본적으로 변경하는 것일 경우에는 위반국 이외의 당사국은 당해위반을 자국에 관해 조약의 전부 또는 일부를 운용정지하는 근거로써 원용할 수 있다(동 조약 제60조 2항). (c)의 표현은 특히 군축조약을 염두에 두어 삽입된 것이다.

그러나 위 제60조 제1·2·3항의 규정은 인도적 성질의 조약에 규정된 신체의 보호에 관한 규정, 특히 그러한 조약에 의하여 보호를 받는 자에 대한 어떠한 형태의 복구를 금지하는 규정에는 적용되지 않는다(동 조약 제60조 5항).[5]

---

5) 예컨대 1949년의 「전쟁희생자 보호를 위한 제네바 4조약」과 같은 조약은 본질적으로 인도적 목적을 위한 것이기 때문에 실질적 위반이 있다 하더라도 조약의 폐기 또는 시행정지를 초래해서는 안 될 것이다.

〔Namibia 사건〕

(Legal Consequences for States of the Continued Presence of South Africa in Namibia(South West Africa) notwithstanding Security Council Resolution 276(1970))
자문기관: 안전보장이사회, 국제사법재판소, 권고적 의견,
1971년 6월 21일, ICJ (1971) 16

[사 실]

1969년 UN총회는 남아프리카공화국의 Namibia에 대한 위임통치령이 종료되었다는 결의를 채택하였다. 이 결의에도 불구하고 남아프리카공화국은 그 영토의 지배를 종료하지 않아 이 사태는 안전보장이사회에 회부되었다. 안전보장이사회는 총회결의를 재확인하고 남아프리카공화국의 계속적인 Namibia 지배가 불법이며, 따라서 위임통치령이 종료된 후 Namibia에 대한 남아프리카공화국이 취한 조치는 불법이며 무효라고 선언하였다. 남아프리카공화국은 자기 입장을 고수하고 1967년 UN총회가 설립하여 Namibia 주민에게 여권서류와 신분증을 교부하기 시작한 UN Namibia위원회에 대한 협조를 거부하였다. 이에 안전보장이사회는 그의 결의에도 불구하고 남아프리카공화국이 Namibia를 계속 지배하고 있는 것에 대한 법적 근거가 무엇인가에 대해 ICJ에 권고적 의견을 구하였다.

[의견 요지]

남아프리카공화국은 위임통치령이 효력을 상실하지 않았으며 위임통치자의 동의 없이 위임통치령이 종료될 수 없다고 주장하였다. UN총회는 1966년 결의에서 남아프리카공화국은 위임통치령상의 의무이행과 주민의 고유한 도덕적이고 실질적인 복지와 안전을 보장하지 못하였으므로 사실상 위임통치령은 종료하였다고 결론짓고 있다.

이러한 총회결의를 심사함에 있어서 재판소는 조약위반으로 인한 조약관계 종료를 규율하는 국제법의 일반원칙을 고려하여야 한다. 왜냐하면 위임통치령이 제도적인 성격을 가진 것으로 보이지만 이것은 그 제도를 만들고 그 적용을 규율하는 국제협정의 성격을 갖기 때문이다. 「조약법조약」의 조약위반으로 인한 조약관계종료에 관한 규정은 여러 가지 점에서 기존의 관습법을 법전화한 것으로 볼 수 있다. 이 규정에 의하면, 중대한 위반만이 종료사유로 인용될 수 있고, 그러한 중대한 위반으로서 ① 이 협약에 의해 용인되지 않는 조약의 이행거부, ② 조약의 대상과 목적의 달성에 필수적인 규정위반을 들 수 있다. 총회결의 2145(XXI)는 위 규정의 두 가지 중대한 위반이 이 사건에서 있었다고 결정하였고, 또한 남아프리카공화국은 사실상 위임통치령을 무시함으로써 조약의 이행을 거부하였고, 위임통치관계의 대상과 목적을 파괴하는 지속적이고 고의적인 의무위반이 있었다고 결의한 바를 인정할 수 있다.

다음으로, 남아프리카공화국은 국제연맹규약이 위임통치국의 잘못으로 인한 위임통치령종료권을 연맹이사회에 부여하지 않았으므로 UN이 그러한 권한을 행사할

수 없다고 주장하였다. 이에 대하여는 인도적 성격의 조약을 제외한 모든 조약에 중대위반으로 인한 조약종료권이 인정되고, 그러한 명시적 규정이 없다고 하여 조약종료권이 배제된다고 해석할 수 없다.

또한 연맹이사회가 극단적인 경우 위임통치령의 종료권을 갖고 있다고 하더라도 그것을 일방적으로 행사할 수 없고 위임통치국과 협조하여 행사되어야 한다고 주장하나, 조약종료는 위임통치국의 중대한 의무위반의 경우에 인용될 수 있는데 그러한 국가가 조약종료에 동의할 리가 없으므로 그러한 주장은 부당하다.

이상의 이유로써 ICJ는 ① 남아프리카공화국의 계속적인 Namibia지배는 불법이다. 그러므로 남아프리카공화국은 행정기구를 즉각 철수하고 영토점령을 종식할 의무가 있다. ② UN가입국은 남아프리카공화국의 불법성을 인정하고 남아프리카공화국의 적법성의 인정을 의미하는 행위 특히, 남아프리카공화국과의 어떠한 거래도 자제할 의무가 있다. ③ UN비회원국도 위 ②의 범위 내에서 UN이 취한 조치에 협조하여야 한다고 판결하였다.

(나) (후발적) 이행불능　　「조약법조약」에 의하면, ① 조약의 실시에 불가결한 목적물이 영구히 소멸하거나 또는 파괴된 결과 조약이 이행불능으로 된 경우에는 어떠한 당사국도 그 이행불능을 이유로 그 조약을 종료하게 하거나 또는 그것으로부터 탈퇴하기 위한 근거로써 원용할 수 있다. 그리고 조약의 이행불능이 일시적인 경우에는 조약의 운용을 정지하게 하기 위한 근거로써만 그것을 원용할 수 있다(동 조약 제61조 1항). ② 이행불능이 당사국에 의한 조약상의 의무위반 또는 다른 조약당사국에 대하여 부담하는 기타의 국제적 의무의 위반의 결과로써 발생한 경우에는 당해 당사국은 그 이행불능을 조약의 종료, 탈퇴 또는 운용정지를 위한 근거로써 원용할 수 없다(동 조약 제61조 2항).

조약의 실시에 불가결한 목적물의 소멸과 조약의 이행에 필요한 수단의 소멸은 구별하여야 한다. 후자의 경우에 조약은 반드시 소멸하는 것은 아니다. 제(諸)국가의 통합이나 분열의 경우(예컨대 소연방해체와 CIS의 성립)와 같이 당사국의 하나의 법적 조건이 변경된 경우, 조약이 소멸하는가 여부의 문제는 국가승계와 조약에 대한 그 효과의 문제와 관련이 있다.

(다) 사정변경　　조약체결 시에 존재하였던 사정의 근본적 변화는 조약을 종료 또는 운용을 정지하게 할 수 있는 원인이 되는가? 즉, 이른바 사정변경의 원칙(*rebus sic stantibus*)은 국제법학상 오랫동안 논란이 되어 왔다. 「조약법조약」은 이 원칙의 적용을 다음과 같이 규정하고 있다.

첫째, 사정의 근본적 변화가 조약체결 시에 존재한 사정에 관해서 발생하고 또한 당사국이 예견할 수 없었던 것은 (a) 이러한 사정의 존재가 그 조약에 의해 구속되는 것에 대한 당사국의 동의의 본질적 기초를 구성하는 것, (b) 변화의 효과가 당해 조약 하에서 아직도 이행이 요구되는 의무의 범위를 근본적으로 변경하는 것인 경우에 한하여 그 조약의 종료 또는 탈퇴를 위한 근거로써 원용할 수 있다(동 조약 제62조 1항).

둘째, 사정의 근본적 변화는 (a) 조약이 국경을 확정하고 있는 경우, (b) 사정의 근본적 변화가 이것을 원용하는 당사국에 의한 당해조약상의 의무위반 또는 다른 조약당사국에 대하여 부담하는 기타의 국제적 의무의 위반의 결과로써 발생하는 경우에는 조약의 종료 또는 탈퇴를 위한 근거로써 원용할 수 없다(동 조약 제62조 2항).

셋째, 당사국은 첫째 및 둘째의 규정에 의거하여 사정의 근본적 변화를 조약의 종료 또는 탈퇴의 근거로써 원용할 수 있는 경우에는 당해 변화를 조약의 운용정지의 근거로써도 원용할 수 있다(동 조약 제62조 3항). 이 조항은 사정변경의 효과는 조약의 종료 또는 탈퇴라고 하는 엄격한 결과를 가져오는 데 비추어 그 엄격성을 완화한 것으로 해석된다.

사정변경의 원칙에는 어느 정도의 합리성이 있음은 사실이다. 그러나 사정의 중대한 변경이란 무엇인가, 또한 어떠한 사정이 이 사정변경의 원칙을 원용할 수 있을 만큼 중대한 것인가를 판단할 수 있는 기관이 없는 국제사회에서는 남용의 위험이 크다. 이 난점을 극복하기 이하여 이 원칙의 적용과정에 국제기관을 관여하게 하려는 것, 즉 '평화적 변경'의 제도가 고려 될 수 있다.

UN헌장 제14조는 "총회는 원인 여하를 불문하고 국가 간의 일반적 복지 또는 우호관계를 해칠 우려가 있다고 생각되는 모든 사태의 평화적 조정조치를 권고할 수 있다"고 규정하고 있다. UN헌장의 규정은 연맹규약 제19조(적용불능으로 된 조약, 즉 사정변경에 의하여 그것의 적용이 부적당하다고 생각되는 조약의 재심의를 총회가 당사국에 권고할 수 있다)와는 달리 직접 조약의 변경에 관해서는 언급하고 있지 않으나, 현실과 조약내용의 상충이 '제(諸)국가 간의 우호관계를 해칠 우려가 있는' 경우도 당연히 포함되는 것으로 생각된다. 그러나 현재로는 이 기능이 충분히 발휘되지 못하고 있는 상황이다.

〔상부(上部) 실레지아사건〕

(Affaire relative à certains intérêts allemands en Haute-Silésie polonaise)
독일 v. 폴란드, 상설국제사법재판소, 관할권(1925년 8월 25일),
PCIJ Ser. A, No.6; 본안(1926년 5월 25일), PCIJ Ser. A, No.7.

[사 실]

1922년 5월 15일, 독일·폴란드 간에 상부 실레지아 할양에 관한 제네바조약이 체결되었다. 폴란드는 1920년에 「베르사이유조약」 제256조에 의해 자국 영역 내의 독일의 재산 및 소유물을 양도한다는 취지의 법률을 제정하였고, 이 법률을 상부 실레지아에도 적용함으로써 실제 1922년 7월 3일에 동 지역의 호르조(chorzow)지역에 있는 공장에 속하는 재산을 수용했다. 또한 폴란드는 1924년 12월 30일에 동지역에 있는 일정한 대농지소유자에 대하여 농지의 수용통고를 했다. 이러한 폴란드의 조치를 「제네바조약」에 위반한 것이라고 판단한 독일은 1925년 5월 15일에 동조약 제23조(재판관할조항으로 동 조약의 제6조 내지 제22조의 규정의 해석에 관한 분쟁에 대하여 PCIJ의 관할권을 인정하고 있다)에 의거하여 PCIJ에 소송을 제기하고, 폴란드에 의한 조약 위반의 확인과 동국(同國)이 일정 조치를 강구하도록 명령함과 더불어 농지수용이 「제네바조약」에 위반한 것이라고 점을 선언하도록 요구했다. 폴란드는 관할권과 수리가능성의 항변을 했지만 재판소는 폴란드의 주장을 인정하지 않고 본건을 수리했다. 그리고 1926년 5월 25일의 판결(본안)에 의해 폴란드의 조치가 「제네바조약」의 규정에 적합하지 않았다고 판단했다. 한편, 이 재판소는 양국의 국적재판관을 포함한 11인으로 구성되었다. 당 재판소는 폴란드의 국적재판관을 제외한 10명의 재판관의 지지를 얻어 성립했다.

[판결 요지]

(관할권 판결 요지) 폴란드는 ① 재판소에 대한 제소 전에는 독일과의 사이에서 분쟁은 존재하지 않았다, ② 양국의 의견의 차이에 관한 분쟁은 1920년의 폴란드법의 해석에 관한 것이고, 「제네바조약」이 규정하는 분쟁에 해당하지 않는다, ③ 계쟁 중의 재산은 「베르사이유조약」 제256조 하에서 승계국인 폴란드에 소속하고 있고, 「제네바조약」은 적용할 수 없으므로 이 사건은 재판소의 권한 외의 것이다, ④ 재판소는 본건과 관련하는 소송을 다루고 있는 독일·폴란드 혼합중재재판소(상부 실레지아회사 등이 파리에 있는 동 재판소에 소송을 제기하고 있었다)에서의 판결이 내려질 때까지 본 소송을 수리할 수 없다는 것 등을 이유로 재판소의 관할권을 다투었다.

①에 대해서는 「제네바조약」 제23조는 외교교섭이 제소의 전제조건이라고 규정하고 있지 않고, 제6조 내지 제22조의 해석 및 적용으로부터 생기는 의견의 차이가 존재한다고 당사국이 판단한다면 제소는 가능하다. ②에 대해서는 제23조의 「의견차이」는 제6조 내지 제22조의 적용범위에 관한 의견의 차이를 포함하고 있다. ③에 대해서는 「제네바조약」은 폴란드가 원용하는 「베르사이유조약」이나 기타 조약의 규정의 해석 없이 적용하기 어렵지만 이 점은 「제네바조약」 적용의 선결적 또는 부수적인 문제이고, 이러한 기타 국제적 합의를 해석하는 것이 재판소의 권한 내에 있다는 점은 명확하다. ④에 대해서는 두 가지의 소송은 그 내용이나 소송당사자에 대하여 동일하다고는 말할 수 없고, 오히려 두 개의 재판소는 동일한 성질을 가지는 것은 아니다. 이상의 이유에 의해, 재판소는 본건에 대한 관할권을 가진다.

(본안 판결 요지) 본안 심리 중에도 폴란드는 재판소의 관할권을 다투었다. 그 이유로서 ① 독일의 신청이 「제네바조약」 제6조 내지 제22조의 해석 및 적용에 대한 의견의 차이에 관계하지 않는다, ② 1920년의 폴란드법이 당해 조약의 규정에 합치하는가 하는 심리는 동 조약 제2조 2항(일정 사항에 대해서는 국제재판소에 의한 심리에 맡기지 않는다는 점을 규정)에 반한다, ③ 독일이 구하는 판결의 추상적 성격은 재판소규정 제59조와 양립하기 어렵다는 점을 들었다. 그러나 재판소는 이들 이유를 채용할 수 없다. ③에 관해서는 폴란드가 언급한 재판소규정 제59조는 순수하게 선언적인 판결을 배제하고 있지 않고, 이 조문의 목적은 단순히 재판소가 인정한 법원칙이 특정 사건에서 기타 국가 또는 기타 분쟁에 대하여 구속력을 가지는 것을 방해하는 데 지나지 않는다.

재판소에 의하면, 「제네바조약」의 수용에 관한 규정과 그 문맥으로부터 폴란드령 상부 실레지아의 독일인의 사적 재산·권리·권익에 대하여 부여되는 대우는 국제법의 일반원칙이 인정되어야 하고, 수용은 제7조 이하의 규정에서 정해진 조건 아래에서만 합법이고, 1920년의 폴란드법의 관련 조문의 적용은 조약 위반이라고 판단한다. '1920년법은 「베르사이유조약」, 1918년의 「휴전조약 및 스빠의정서」에 의해 폴란드가 획득한 권리에 의거하고 있고, 「제네바조약」에 의해 영향을 받지 않는다'라고 폴란드는 주장하지만 「휴전조약 및 스빠의정서」에 대해서는 폴란드는 당사국이 아니고, 따라서 이들 문서로부터 권리를 얻을 수는 없다. 「베르사이유조약」에 대해서는 동 조약은 '주권 변경 시에는 사권(私權)이 존중되어야 한다'라고 하는 원칙을 인정하고 있고, 1920년법을 정당화하는 근거로서 동 조약 제256조를 이용할 수는 없다. 또한 상부 실레지아에 대한 주권의 양도 전에 독일이 자기의 권리를 남용하여 호르조 공장의 소유권 등을 이전한 점에 대해서도 그와 같은 남용은 추정될 수 없다. 그리고 대농지의 수용에 관한 폴란드의 통고가 「제네바조약」 제6조 이하에 합치하는가 여부에 대하여 재판소는 동 조약이 규정하는 수용 가능한 농지의 요건을 확인하고, 통고를 수락한 개별 대농지를 그 요건에 비추어 심사했다. 그 결과, 수용 대상이 된 10건의 대농지 가운데 독일의 청구가 인정된 것 5건, 일부만 인정된 것 1건, 청구가 기각된 것 3건, 청구 목적을 상실한 것 1건이었다.

〔상부(上部) Savoy 및 Gex 자유지대사건〕
(Affaire des zones franche de la Haute-Savoie et du Pays de Gex)
프랑스 v. 스위스, 상설국제사법재판소, 명령(1929년 8월 19일, 1930년 12월 6일; 판결(1932년 6월 7일), PCIJ Ser. A, No.22, Ser. A, No.24, Ser. A/B, No.46

[사 실]

나폴레옹의 패배 후 1815년 비엔나회의에서 처리되어야 할 영토문제 중의 하나는 스위스의 특수문제였다. 1815년 3월 20일 스위스를 제외하고 프랑스를 포함한 동 회의에 참가한 열강들은 만일 스위스가 현 조약에 규정된 조항을 수락한다면, 열강들이 스위스의 새로운 국경선에 따라 그의 영구적 중립을 인정하고 보장할 것을 포함하는 의정서가 체결되어야 한다는 것을 진술하는 선언을 하였다.

이러한 조항 중의 하나가 프랑스와 스위스 사이에 제안된 국경의 프랑스 측에 있는 Gex지방에 있는 영토인데, 그 지방은 국경에서 바로 스위스 측인 제네바 근처에 있으며, 단일경제단위로서 제네바와 연결되어야 한다. 이것은 제네바가 식량 기타 공급을 위해 Gex지방에 의존하기 때문에 필요한 것으로 생각되었다. 이 목적을 위해 선언은 프랑스가 Gex지방에서 스위스로 수출되는 물품에 대해서 관세를 부과해서는 안 된다는 것을 천명하였다. 스위스가 동 선언을 수락하고 이에 따라 열강들은 1815년 11월 20일에 비엔나 제2의 선언을 하고 스위스의 영구중립을 확인 하였다.

변경된 사정의 결과로서 이 지역들에 대한 정당성은 1차 대전에 의하여 사라졌다. 1919년 「베르사이유평화조약」 제435조는 조약당사자(프랑스는 포함되어 있으나 스위스는 포함되어 있지 않음)는 1915년 조약의 규정이 현상에 합치하지 않는다는 것을 인정하고, 프랑스와 스위스 양국이 이 지대에 관하여 적당하다고 인정되는 조건에 따라 지위를 결정할 것을 승인하였다. 따라서 1921년 양국은 본건에 관한 조약에 서명하였다. 스위스는 비준에 관하여 의회의 동의는 얻었으나 국민투표에서 부결되었다. 1923년 3월 스위스는 이 뜻을 프랑스에 통고하였다. 한편 프랑스는 동년 2월 위의 자유지대를 폐지하는 법률을 채택하고, 동년 11월에 그 법을 실시한다고 스위스에 통고하였다. 스위스는 이에 항의함과 동시에 본건을 PCIJ에 부탁할 것을 제안하였다. 프랑스는 이에 관계없이 11월 10일 국경에 관세경계선을 설치하였다.

프랑스의 주장은 1849년에 스위스가 연방관세를 설정하였으므로 1815년에 존재하였던 이 지대에 대한 경제적 정당성을 박탈하였다는 것이다.

[판결 요지]

재판부가 판단하지 않을 수 없는 주요한 문제점은 「베르사이유조약」 제435조가 ① 자유지대에 관한 이전의 제(諸)규정을 폐지한 것인가, 그렇지 않으면, ② 폐지하는 것을 목적으로 한 (또는 폐지할 의무를 설정한) 것인가 여부였다. ①에 대해서 말하자면, 동조 2항은 자유지대에 관한 규정은 현상에 적합하지 않기 때문에 프랑스·스위스 간에 그 지위를 결정해야 하는 것이고, 이 현상 부적합의 귀결이 폐지라는 것은 언급하고 있지 않다. 또, 제435조 전체로부터 보아도 조약의 문언이 '폐지'를 당연히 발생시키는 이유는 아니다. 게다가 스위스는 「베르사이유조약」의 당사국이 아니므로 자신이 인정한 정도의 범위 내에서 조약은 구속한다. 그 정도의 판단은 스위스의 공문에 의한다. '자유지대에 관한 제(諸)규정이 현상에 적합하지 않다'고 하는 문언의 수락은 그 폐지에 동의했다고 결론내리는 것을 바라지 않는다고 공문은 기술하고 있고, 스위스가 자유지대의 폐지에 동의하고 있지 않다는 것은 분명하다. 따라서 첫 번째의 점에 대하여, 재판소는 「베르사이유조약」은 자유지대의 제도를 폐지하지 않았다고 판단한다.

②에 대하여, 폐지의 의무가 존재하기 위해서는 공문의 조건에 따라 제435조를 묵인하는 것이 스위스가 폐지 합의의 성립에 협력할 것을 약속했는가, 또 그 폐지

에 스위스의 동의를 필요로 하고 있지 않았는가 하는 점이 규명되어야 한다. 전자에 대해서는 제435조는 양국이 적당하다고 생각하는 조건으로 합의하도록 요구하고 있는 데 지나지 않고, 그 이전에도 그 합의의 내용에 대하여 어떤 결정도 내려지지 않았다. 따라서 양국이 합의한다면, 자유지대의 존폐가 가능하다. 이 규정의 문언을 폐지의 의무를 포함한 위임의 의미로 해석해도 스위스에 대한 위임은 강제되지 않는다. 스위스는 공문에 의해 명확하게 자유지대의 관세제도 변경에 반대하고 있기 때문이다. 후자에 대해 살펴보면, 제435조의 조문과 그 기초(起草) 상황을 볼 때 자유지대에 대한 스위스의 권리의 존재를 전제로 하고 있다고 생각된다. 그 이유로서는 ① 스위스의 동의가 필요하지 않다면, 「베르사이유조약」의 체약국이 자기의 권위에 의거하여 자유지대의 폐지를 선언하지 않았다고 하는 것은 이해하기 어렵다는 점, ② 동 체약국이 스위스의 공문을 조약 중에 삽입한 점, ③ 자유지대를 설립한 제(諸)문서의 전체 및 그 작성 상황으로부터 살펴보면, 관계국의 의도가 자유지대에 대한 권리를 스위스를 위하여 창설한 것이라는 것이 명백한 점 등을 들 수 있다. 따라서 제435조는 자유지대의 폐지를 목적으로는 하고 있지 않다.

재판소에 의해 자유지대를 유지하는 스위스의 권리는 승인되었지만 프랑스는 1932년에 스위스의 동의 없이 자국의 관세선(關稅線)을 설립하고 있고, 자유지대에 관한 제(諸)문서에 따라 관세선을 후퇴시켜야 한다. 자유지대제도는 당사자의 합의에 의해 변경되지 않았으므로 효력을 유지할 수 없다. 관세선의 후퇴는 정치적 국경에서의 기타 세금을 징수하는 프랑스의 권리에 영향을 미치지는 않는다. 자유지대가 유지되고 있었기 때문에 그 지대의 생산물이 스위스의 관세선을 자유롭게, 또는 저율의 관세로 통과하고, 스위스에 수입되기 위하여 규정이 마련되지 않으면 안 된다. 마지막으로 재판소는 프랑스의 관세선의 후퇴가 실현되는 기일을 1934년 1월 1일로 정한다.

〔어업관할권사건〕
(Fisheries Jurisdiction Case)
영국 v. 아이슬란드, 국제사법재판소,
가보전조치(1972년 8월 17일), ICJ (1972) 12;
관할권(1973년 2월 2일), ICJ (1973) 3;
본안(1974년 7월 25일), ICJ (1974) 3

[사 실]

1972년 영국은 아이슬란드가 실시하려 했던 12마일 배타적 어업수역의 50마일 확장조치가 불법임을 이유로 ICJ에 제소하였다. 영국은 ICJ의 이 사건에 대한 관할권의 근거로 ICJ규정 제36조 1항과 1961년 3월 양국 간에 교환된 교환공문을 제시하였는데, 동 교환공문은 다음과 같은 내용을 포함하고 있었다. 즉, 영국이 아이슬란드의 12마일 배타적 어업수역을 인정하는 대신 12마일을 초과하는 어업수역확장에 대한 분쟁을 어느 일방의 요청에 따라 ICJ에 부탁할 것을 아이슬란드가 동의한다는 것이었다.

1972년 5월 아이슬란드는 자국은 ICJ의 관할권을 인정하지 않을 것이며, 소송대리인도 지명하지 않겠다고 ICJ에 통고하였다. 이에 대하여, 영국은 본안을 다루기 위한 관할문제에 관한 심리를 구하면서 ICJ규정 제41조하의 가보전조치를 취하여 줄 것을 요청하였다.

[판결 요지]

ICJ는 이 사건을 다루면서 아이슬란드가 주장한 사정변경의 원칙에 대하여 다음과 같이 판시하였다.

1. 아이슬란드가 1961년의 교환공문을 체결한 것은 자국연안의 12마일 배타적 어업수역을 신속하게 인정받기 위한 것이었다. 이러한 이해관계가 12마일 배타적 어업수역을 주장하는 국가가 많아져 이제는 의미 없는 것이 되었다고도 할 수 있다. 따라서 아이슬란드는 1961년의 교환공문을 체결하였던 동기의 의미가 약화되거나 사라졌다고 생각할 수도 있다.

2. 그러나 이러한 이유로 아직도 동 교환공문의 대상과 목적이 현존하는 상황에서 그 폐기를 주장할 수는 없다. 왜냐하면 아이슬란드는 동 교환공문의 시행으로 영국으로부터 12마일 배타적 어업수역과 자국이 설정한 기선을 인정받았고, 전통적으로 그 수역에서 조업하여왔던 영국어선을 조업하지 못하도록 함으로써 많은 이익을 얻었기 때문이다.

3. 또한 국제법상 사정변경이 인정되고 있지만, 이것은 「조약법조약」 제62조에 따라야 한다. 「조약법조약」상 아이슬란드가 주장하는 사정변경은 인정될 수 없다. 왜냐하면 어업기술의 변화는 근본적인 사정변경이라고 볼 수 없으며, 이러한 사정의 변경으로 의무의 성격을 근본적으로 변경시키지 못하였기 때문이다. 따라서 1961년의 교환공문은 유효하며, 이에 대한 모든 분쟁은 ICJ에 제소되어야 한다.

4. 더구나 ICJ규정 제36조 6항에 의하면, 관할권에 관한 분쟁이 있을 경우 재판소의 결정에 의하여 해결되어야 한다.

〔Questech 회사사건〕
이란·미국청구재판소, 1985.

[사 실]

Questech회사는 미국회사로서 이란혁명 전 이란공군의 전자정보수집체계(IBEX)를 현대화하고 확장하기 위하여 이란과 계약체결을 한 수개 회사들 중의 하나이다. 원고회사의 임무는 다른 계약회사들에 의해 이루어진 IBEX계획과 그 진척상황을 평가하는 것이었다. 이란혁명이 발생하자 원고회사는 불가항력조항(contract's force majeure clause)을 들어 그 채무이행을 중단하였다.

한편, 이란(피고)은 1979년 하반기에 원고회사에게 이란혁명으로 인하여 IBEX계약체결 당시의 사정이 근본적으로 변경되었다는 이유로 위 계약을 해지한다고 통고하였다.

이에 원고회사는 피고를 상대로 하여 계약위반을 이유로 계약종료 이전의 이행이익(lost profits)과 기대이익의 손해배상을 청구하였다.

[판결 요지]

1. 주요 논점은 피고의 계약종료의 유효성 여부이다. 원고는 피고가 이란의 불가항력조건이 1979년 늦은 봄에 종식된 후에 채무이행을 재개하지 아니함으로써 계약을 위반하였다고 주장하는 반면에, 피고는 계약이 사정변경으로 종료되었다고 주장한다.

재판부는 불가항력으로 인하여 당사자는 일정 기간 동안에는 각자는 채무를 이행할 수 없는 것이나, 본건에 있어서 이란이 1979년 중반 이후에도 계속하여 불가항력조건이 존재하였다는 것을 증명하지 못하였음을 인정한다. 또 재판부는 이란정부가 1979년 여름 비밀군사정보활동에 관련된 미국과의 모든 계약을 종료한다는 정책결정을 하였다는 것을 인정하고 계약이 피고에게 계약종료의 권한을 명시적으로 부여하고 있지 않다는 것을 인정하면서 「조약법조약」 제62조에서 명시적으로 인정된 법의 일반원칙인 사정변경의 원칙(*clausula rebus sic stantibus*)을 적용하여 다음과 같이 판시하였다. "이란혁명의 결과로서 정치적 상황에 있어서 근본적인 변화가 있었고, 특히 미국회사들을 당사자로 하는 군사계약을 폐기하는 이란 신정부의 미국에 대한 새로운 외교정책 등으로 인하여 피고에게 계약해지권을 인정할 수 있는 사정변경이 있으므로 피고의 계약종료는 인정된다."

2. 피고는 계약해지일까지의 모든 지출내용과 해지와 직접적으로 관련된 모든 손실을 배상할 책임이 있다. 그러나 피고는 계약을 계속 유지할 의무가 없기 때문에 장래의 손실이익 즉, 기대이익에 대한 배상책임은 없다.

〔리비아·차드 영토분쟁사건〕
(Affaire du différend territorial Jamahiriya arab Libyenne/Tchad)
리비아 v. 차드, 국제사법재판소, 1994년 2월 3일, ICJ (1994) 6

[사 실]

리비아는 제2차 세계대전 전에는 이탈리아 식민지였지만 대전 종료 후 당해 지역은 연합국에 의해 통치되고 있었다. 동 지역은 1949년의 UN총회 결의 289(Ⅳ)에 의거하여 1951년 12월에 독립을 달성하고, 남부국경에 대하여 프랑스와의 사이에 1955년, 우호선린관계조약(이하, 1955년조약이라 한다)을 체결했다. 또 차드는 대전 전에는 프랑스의 식민지(프랑스령 적도 아프리카)의 일부였지만 1958년부터 프랑스 공동체 내의 자치공화국이 되었고, 1960년 8월에 차드로서 독립했다.

1973년에 리비아는 프랑스와 이탈리아 사이에 1935년에 체결된 의정서를 근거로 차드와의 국경부근에 위치하는 아우즈지대(Auzou Strip)를 점령했다. 이에 대해 차드는 1976년 리비아와의 국경을 폐쇄했기 때문에 양국 간에 영토 분쟁이 발생했다. 이 분쟁에 관하여, 양국은 1989년에 영역분쟁해결기본조약(이하, 1989년조약이라 한다)을 체결했다. 그 후 1990년 8월 31일, ICJ에 대하여 리비아가 차드를 일방적으로 제소하고, 차드도 9월 1일 리비아를 일방적으로 제소했다. 재판소는 양 당사국이 1989년조약을 근거로 하고 있기 때문에 동일한 분쟁을 합의 부탁한 것으로 본다는 명령을 내렸다(ICJ(1990) 149).

[판결 요지]

1. 리비아는 양국 간에 국경이 획정되어 있지 않고, 그 때문에 본건을 영토의 귀속에 관한 분쟁으로 간주하고 있다. 차드는 국경선은 존재하고 있고, 그 국경선을 명확하게 하는 분쟁이라고 이해했다. 차드는 1989년조약에 덧붙여 1955년조약도 관할권의 근거로서 들고 있지만 양당사국은 기본조약에 근거하여 재판소의 관할권을 인정하는 것에 다툼이 없기 때문에 동 조약에 의거한 관할권 문제는 심리할 필요가 없다.

2. 양당사국은 1955년조약의 유효성에 대해서는 다투지 않는다. 당해 조약이 당사국 영역간의 국경선을 획정하고 있는가 여부를 결정하기 위하여 조약 제3조와 동조 부속서를 검토한다. 「조약법에 관한 비엔나조약」에 반영되어 있는 국제관습법에 따라 '조약은 문맥에 의해, 그리고 그 취지 및 목적에 비추어 주어진 용어의 통상의 의미에 따라 성실하게 해석해야 한다'고 재판소는 간주한다. 해석은 조약의 문언에 기초를 두어야 한다. 보충적 수단으로서 조약의 준비작업이나 체결 시의 사정이 된 수단에 호소할 수 있다.

3. 1955년조약 제3조에 의하면, 당사국은 '국경은 일부 국제문서에서 유래하는 것이라는 점을 ...... 승인한다(reconnaissent)'. 조약 속에서 사용된 '승인한다'라고 하는 용어는 법적 의무를 인수한 것을 의미한다. 국경을 승인한다는 것은 본질적으로는 국경을 '받아들인다'는 것, 즉 그 존재로부터 법적 귀결을 도출하고, 그것을 존중하고, 장래에 걸쳐 이론(異論)을 제기할 권리를 방기(放棄)하는 것이다. 리비아는 1955년조약의 당사국은 국제문서에 앞서 획정되어 있던 국경만으로 승인할 것을 의도하고 있고, 국경이 존재하지 않는 경우는 조약은 국경을 만들어 내지 않는다고 주장하고 있다. 그러나 재판소는 당해 조약은 당사국이 부속서 I 에 열거된 모든 문서를 포함하여 읽은 결과로부터 도출되는 각국 영역간의 완전한 국경을 그것에 의해 승인하고 있다고 판단한다. 재판소는 1955년조약 제3조는 모든 국경문제의 해결을 목적으로 한 것이라고 생각한다. 당사국의 명백한 의사는 부속서 I 속에서 언급되어 있는 문서가 당사국의 모든 국경선을 결정하는 것이다. 이와 같은 해석은 1955년조약의 체결의 사정을 고려에 넣어 보강된다.

4. 재판소는 당사국이 1955년조약 제3조에 의해 공통의 국경을 획정하려고 생각하고 있었다고 결론을 내릴 수 있기 때문에 부속서 I 에 열거된 국제문서로부터 도출되는 리비아와 차드(1955년 당시의 리비아와 프랑스 적도 아프리카)의 국경선이 어떠한 것일까를 검토해야 한다. 국경선의 동쪽 최종점이 동경 24도에 있다는 점은 명백하지만 서쪽에 대해서는 재판소는 리비아, 니제르, 차드의 겹치는 세 지점을 결정하는 것을 요청받지는 않았다.

5. 국경선은 1955년조약으로부터 도출된다고 결론을 내리고, 어디에 국경선이 있을까를 확정한 후 재판소는 국경선의 문제에 대한 당사국의 이후의 태도를 고찰한

다. 이후의 합의는 프랑스와 리비아간 혹은 차드와 리비아간의 어느 국가도 1955년조약으로부터 도출된 국경선에 대하여 이론(異論)을 제기하지 않고 있다. 프랑스는 UN총회에 제출한 1955년의 보고서 속에서 차드영역을 1,284,000평방 킬로미터로 하고 있었지만 리비아는 이에 대해 다투지 않았다. 한편 차드는 자국 영역의 아우즈지대가 포함되어 있다고 하는 입장을 거듭 주장하고 있었다.

6. 또 1955년조약 제11조에 의해, 동 조약의 유효기한이 20년으로 되어있음에도 불구하고, 당해 조약은 항구적 국경선을 획정하고 있다고 간주되어야 한다고 재판소는 생각한다. 1955년조약 속에는 합의된 국경선이 잠정적이라는 시사는 존재하고 있지 않다. 이 국경의 확립은 당초부터 1955년조약의 운명과는 독립하여 독자적으로 법적 생명을 가지고 있었다. 한번 합의된다면 조약의 유효기한 후에도 국경선의 안정은 유지된다는 원칙은 프레아 비헤아 사원사건, 에게해 대륙붕사건(ICJ(1978) 3)에서 거듭 확인된 것이다. 조약에 의해 확립된 국경은 조약 자체에는 반드시 인정되지 않는 영속성을 획득한다.

7. 당해 조약은 합의된 국경선을 포함한다고 하는 결론에 의해, 선주민으로부터 계수한 권한에 의거하는 리비아에 의해 주장된 '분쟁지대'의 역사를 고려할 필요성은 없게 된다. 게다가 본건에서 영역상 또는 국경상 문제의 조약에 의한 해결을 다투는 것은 승계국이 아니라 원체약국인 리비아로서 1964년에 OAU가 채택한 카이로선언의 적용가능성을 심의할 필요성은 없다.

이상의 이유에 의해, 재판소는 아래와 같이 판결한다.

① 리비아와 차드의 국경선은 1955년조약에 의해 획정된다.

② 당해 국경선은 동경 24도와 북위 19도 30분의 교착점, 동경 16도와 북회귀선의 교착점, 동경 15도와 북위 23도의 교착점을 직선으로 연결한 선에 의해 형성된다(분쟁지역은 차드에 귀속한다).

〔가비치코보·나지마로슈 계획사건〕

(Case concerning Gabcikovo-Nagymaros Project)

헝가리 v. 슬로바키아, 국제사법재판소, 1997년 9월 25일, ICJ (1997) 7

[사 실]

체코슬로바키아와 헝가리는 1977년 9월 16일 다뉴브강의 가비치코보(Gabeikobo)(상류, 슬로바키아령)과 나지마로슈(Nagymaros)(하류, 헝가리령)에 전력 생산, 홍수대책, 항행의 개선을 목적으로 하는 댐을 건설·운용하는 조약에 서명했다(이하, 77년조약이라 한다). 그 후, 1989년 2월 6일 서명한 의정서에서 계획의 진행을 촉진하는 것에 합의했다. 그러나 헝가리는 환경에 대한 영향을 근거로 같은 해 5월 이후 작업을 중단하고, 동 계획의 폐기와 가비치코보에서의 작업의 일시 정지를 요청했다. 그런데 체코슬로바키아는 동 작업을 계속하고, 1991년, 부분적으로 계획을 수정하고, 후에 바리안트C라고 알려진 '잠정적 해결'을 취했다. 헝가리는 바리안트C의 건설과 운용에 이의를 제기함과 동시에 1992년 5월 19일, 77년조약의 종료를 통고했다. 다음해인 1993년 1월 1일 슬로바키아가 독립하고, 같은 해 4월 7일, 헝가리와 슬로바키아는 이 문제를 ICJ에 부탁하는 특별합의에 서명했다.

특별합의에서의 주된 청구 주제는 다음과 같다. ① 헝가리는 나지마로슈계획에서의 공사 및 77년조약이 동국(同國)에 책임을 귀속시키고 있는 가비치코보계획의 일부에서의 공사를 중단하고, 나중에 포기할 권리를 가지는가? ② 체코슬로바키아는 1991년 11월에 '잠정적 해결'을 진행하고, 92년 10월부터 이 시스템을 운용할 권리를 가지는가? ③ 헝가리에 의한 77년조약의 종료 통고의 법적 효과는 무엇인가(제2조 1항)? 그리고 본조 1항의 질문에 대한 그 판결로부터 생기는 양당사국의 권리 의무도 포함한 법적 효과는 무엇인가(동조 2항)?

[판결 요지]

1. 헝가리는 몇 번 공사를 중단 또는 포기했지만 77년조약 자체의 운용은 정지하고 있지 않았는데, 그 행동의 정당화 근거로 '생태계상의 긴급상황'에 의거했다. 게다가 동국(同國)은 자신의 행동은 조약법에만 비추어 평가되어야 할 것은 아니고, 「조약법조약」은 그 제4조에 의해 77년조약에는 적용되지 않는다고 주장했다. 한편, 슬로바키아는 조약 의무의 이행정지나 종료의 근거를 조약법 이외에서 구하는 것에 반대했다. 「조약법조약」은 77년조약에 적용되지 않지만, 그 다수의 규정은 기존의 관습법규칙을 반영하고 있고, 특히 이는 조약의 무효, 종료 및 운용 정지에 관한 제5부에 해당한다. 또 동국(同國)은 긴급상태는 조약법에서 인정한 조약 의무의 운용 정지 사유를 구성하지 않는다고 주장했다.

본건에서 양당사국은 긴급상태의 존재를 UN국제법위원회(ILC)의 국가책임조문초안 제33조에서 정한 기준에 비추어 평가하는 것에 일치하고 있다. 초안 제33조에서 기술된 제(諸)요건은 관습법을 반영하고 있다. 계획에서 영향을 받는 지역의 자연환경에 대한 헝가리의 우려는 초안 제33조의 의미에서의 당해국의 '불가결한 이익'에 해당한다. 그러나 그것만으로는 긴급상태의 구성요건인 '위험'이 있을 수 있다는 단순한 우려만으로는 불충분하고, 이러한 '위험'은 동시에 '중대'하고 '급박'한 것이어야 한다. 1989년에 '중대하고' '급박한' '위험'이 존재하고, 자신이 취한 조치가 그에 대응하는 유일한 것이었다는 것이 증명되지 않는 한 헝가리의 주장에는 설득력이 없다. 그러나 동국(同國)이 말하는 위험은 중대할지도 모르지만 89년의 시점에서 '급박한' 것은 아니다. 또 1989년에 77년조약의 실시에 수반하는 긴급상태가 존재한 것이 증명되고 있어도 헝가리는 자신이 야기한 작위 혹은 부작위에 의해 조약 의무의 비준수를 정당화하기 위하여 당해 긴급상태에 의거할 수는 없다. 재판소는 헝가리는 77년조약 및 관련 문서가 동국(同國)에 귀속되어 있는 나지마로슈계획 및 가비치코보계획의 일부에 대한 작업을 1989년에 중단하고, 그 후 포기할 권리를 가지지 않는다고 인정한다.

2. ① 슬로바키아는 바리안트C의 건설을 정당화하기 위하여 조약의 '유사적용의 원칙'(일방 당사자의 행위에 의해 문자대로 적용할 수 없는 법적 문서는 조약의 주요한 목적에 비추어 유사한 방법(근사치에 가까운 방법)으로 적용되어야 한다는 원칙)을 원용했다. 또 슬로바키아는 체코슬로바키아의 행위가 합법적이었다고 생각하

지만 그렇지 않다고 재판소가 판단해도 바리안트C의 실시는 대항조치로서 정당화된다고 주장했다. 한편, 헝가리는 바리안트C는 77년조약의 중대한 위반이고, 또 조약의 '유사적용의 원칙'은 국제법상 존재하지 않고, 게다가 바리안트C는 대항조치를 위한 국제법상의 요건, 바꾸어 말하면, 균형성의 요건을 만족하고 있지 않다고 주장했다. 슬로바키아는 남서아프리카위원회에 의한 청원인 청문의 허용성사건(ICJ(1950) 128; ICJ(1955) 67; ICJ(1956) 23)에서의 라우터팩트(Lauterpacht)재판관의 개별견해를 원용하여, '유사적용의 원칙'을 들어 이것이 국제법의 원칙이고, 동시에 법의 일반원칙이라고 주장했다. 그러나 이와 같은 원칙이 존재하고 있어도 그것은 문제가 되는 조약의 범위 내에서만 사용되고 있지 않기 때문에 국제법의 원칙 또는 법의 일반원칙일까의 여부를 판단할 필요는 없다. 바리안트C는 77년조약의 기본적인 조건에 합치하지 않는다. 동 조약의 특징은 단일한 동시에 불가분적인 운용 작업시스템을 구성하는 공동 투자로서의 수문(水門)시스템의 건설이고, 일방적 행위로는 실행할 수 없다. 바리안트C는 본래의 계획과의 외관상의 유사성에도 불구하고, 그 법적 성격은 전적으로 다른 것이다. 따라서 재판소는 체코슬로바키아가 바리안트C를 실시할 때 77년조약을 적용하고 있었던 것은 아니고, 반대로 그 규정에 위반하고 있었고, 국제위법행위를 행하고 있었다고 결론을 내린다.

② 바리안트C의 실시가 헝가리의 위법행위에 대한 대항조치로서 조각되기 위해서는 일정 조건에 합치해야 한다. 첫째, 선행하는 타국의 국제위법행위에 대항한 것이기 때문에 당해 국가에 대한 것이어야 한다. 바리안트C는 헝가리에 의한 공사의 중단과 포기에 대응한 것이었기 때문에 동국(同國)에 대한 것이라는 점은 명백하다. 또 헝가리의 행위도 국제위법행위라는 점은 명백하다. 둘째, 피해국은 위법행위를 행한 국가에 대하여, 당해 행위를 중지하든가, 또는 그에 대한 보상을 요구해야만 한다. 재판소의 견해로는 대항조치의 효과는 야기된 침해에 비례한 것이어야 한다. 1929년의 PCIJ의 오델로강 국제위원회사건 판결에서 기술한 바와 같이, '항행 가능한 하천에 대한 이익 공동체는 공통의 법적 권리의 기초가 되고, 그 본질적 특징은 당해 하천의 전항로의 이용에 있어 모든 연안국의 완전한 평등성과 어떤 연안국도 다른 연안국의 관계에 있어 특혜적인 특권을 갖지 않는다'. 국제법의 현대적인 전개는 국제수로의 비항행적 이용에 관한 1997년조약의 채택에서 볼 수 있는 바와 같이, 국제수로의 비항행적 이용에 관한 이러한 원칙을 강화해왔다. 체코슬로바키아는 헝가리에 대하여 몇 번이나 그 조약상의 의무의 이행을 개시하도록 요청했다. 그러나 체코슬로바키아는 일방적으로 자원을 관리함으로써 다뉴브강의 천연자원의 형평하고도 합리적인 분배를 얻을 권리를 헝가리로부터 박탈하고, 국제법이 요구하는 균형성을 존중하지 않았다. 체코슬로바키아에 의한 다뉴브강의 전류(轉流)(조류(潮流)가 흐르는 방향을 바꾸는 일. 하루에 네 번 정도 있으며, 방향이 바뀌는 데 걸리는 평균 시간은 약 6시간 12분이다)는 균형성을 잃은 것이고, 합법적인 대항조치라고는 말할 수 없다.

재판소는 체코슬로바키아가 1991년 11월에 동국(同國)에 의한 최종적인 결정에 예단을 부여하지 않는 공사를 행하는 것에 한정하는 한 바리안트C를 행할 권리를 가지고, 한편, 동국(同國)은 1992년부터 바리안트C를 운용할 권리를 가지지 않았다는 것을 인정한다.

3. 헝가리는 최종 통고의 합법성과 유효성을 지지함으로써 ① 긴급상태의 존재, ② 77년조약의 후발적 이행불능, ③ 사정의 근본적 변화의 발생, ④ 체코슬로바키아에 의한 77년조약의 중대한 위반, ⑤ 국제환경법의 새로운 규범의 반전이라는 다섯 가지의 근거를 제시했다. 슬로바키아는 각각의 근거에 대해 다투었다.

①에 대해, 재판소는 가령 긴급상태가 존재한다 하더라도 그것은 조약의 종료원인은 되지 않고, 단지 조약을 이행하지 않은 국가의 책임 면제를 위하여 원용되는 것에 지나지 않는다고 판단한다. ②에 대해, 헝가리는 「조약법조약」 제61조에 의거하여, 동조에서 말하는 '조약의 실시에 불가결한 대상'이란 물리적인 대상에 한하지 않고, 법적 제도도 포함한다고 주장했다. 그러나 재판소는 헝가리의 해석은 그 조문에도, 또 「조약법조약」 채택의 외교회의의 의도에도 합치하지 않는다고 생각한다. ③에 대해, 헝가리는 「조약법조약」 제62조에 의거하고 근본적인 변화로서 '사회주의통합'개념의 소멸, '작업의 단일하고도 불가분적인 운용 제도'의 일방적 계획의 대체, 공동 투자의 기초가 시장 경제의 도입으로 번복된 것, 환경법의 발전 등을 들었다. 재판소의 견해로는 77년조약 체결시의 지배적인 정치 상황은 인정하지만 그러한 상황은 양당사국의 동의의 불가결한 기초를 이루고 있고, 이행되는 의무의 범위를 변경할 만큼은 아니다. 환경에 관한 지식이나 환경법의 새로운 발전이 전적으로 예측불가능하였다고는 생각할 수 없다. 게다가 제15조, 제19조, 제20조에 의해 77년조약을 그러한 변화에 적응시키는 것도 가능했다. 헝가리가 주장한 사정의 변화는 개별적으로도, 또 집합적으로도 이러한 성질을 가지지 않고, 계획 수행을 위하여 계속 이행되어야 할 의무의 범위를 근본적으로 변경하는 효과를 가지지 않는다. ④에 대해, 헝가리는 「조약법조약」 제60조를 원용했다. 헝가리는 체코슬로바키아는 바리안트C의 건설과 운용에 의해, 또 교섭에 넣지 않음으로써 77년조약 제15조, 제19조 및 제20조에 위반했다고 주장했다. 재판소가 이미 인정한 바와 같이, 체코슬로바키아는 1992년 10월에 다뉴브강의 물을 우회운하(迂回運河)로 전류(轉流)하여 처음으로 77년조약에 위반하였고, 그 운용에 앞서 공사에 대해서는 위법한 행위는 없었다. 게다가 재판소의 견해로는 1992년 5월 19일의 헝가리에 의한 조약의 종료 통고는 시기 상조였다. 체코슬로바키아에 의한 조약의 위반은 아직 발생하지 않았고, 따라서 헝가리는 77년조약을 종료시키는 근거로서 조약의 위반을 원용할 권리는 갖지 않는다. ⑤에 대해, 헝가리는 환경보호에 관한 국제법의 새로운 요구에 의해 77년조약의 이행이 배제되었다고 주장한다. 한편, 슬로바키아는 환경법에서 발생한 여하한 발전도 77년조약을 무효로 하는 강행규범을 만들어 내지는 않는다고 주장한다. 양당사국과 77년조약 체결 이후에 환경법의 강행규범이 출현한 것은 주장하고 있지 않고, 「조약법조약」 제64조를 검토할 필요는 없다. 헝가리도 체코슬로바키아도 함께 77년조약상의 의무를 준수하지 않았지만, 이 상호적인 위법행위는 조약을 종료시키거나 그 종료를 정당화하는 것은 아니다. 이상의 결론에 비추어, 1992년 5월 19일의 헝가리에 의한 종료 통고는 77년조약 및 관련문서를 종료시키는 법적 효과를 가지지 않는다.

4. 특별합의 제2조 2항에 의해, 재판소는 1항의 질문에 대한 판결의 법적 효과를

결정해야 한다. 문제는 슬로바키아가 체코슬로바키아의 승계국으로서 77년조약의 당사국이 될 수 있는가 여부이다. 헝가리는 양자조약에서 일방의 당사국이 소멸한 경우에 자동승계(自動承繼)를 규정한 국제법규칙은 존재하지 않고, 동국(同國)은 1978년의 「조약의 국가승계조약」(이하, 78년조약이라 한다)에 서명도, 비준도 하지 않았고, 동 조약 제34조의 '자동승계의 개념'은 일반 국제법에서 공식적으로 인정되는 개념은 아니라고 주장했다. 게다가 77년조약은 78년조약 제11조의 의미에서의 '영역에 부착되어 있다고 간주될' 권리를 설정하는 것은 아니라고 주장했다. 본건과 관계되는 것은 77년조약의 특수한 성격이고, 78년조약 제34조가 관습법일까의 여부에 대하여 논의할 필요는 없다. 다만, 동 조약 제12조는 관습국제법을 반영한 것이고, 당사국도 이를 다투고 있지 않다. 77년조약의 내용으로부터 본다면, 동 조약은 78년조약 제12조의 의미에서의 영역적 제도를 설정한 것이라고 보아야 한다. 77년조약은 다뉴브강의 일부에 부착된 권리의무를 창설하고, 국가승계에 의해 영향을 받지 않고, 1993년 1월 1일에 슬로바키아를 구속하게 되었다.

또 환경에 미친 동 계획의 영향이 중요한 문제라는 점은 명백하다. 환경보호에서는 손해가 회복불가능한 것만으로 예방이 요구된다. 과거 20년간 다수의 문서에 새로운 규범이나 기준이 정해지고 발전해 왔다. 경제발전을 환경보호와 조화시킬 필요성이 지속가능한 발전이라고 하는 개념에 적절하게 표현되어 있다. 당사국은 가비치코보발전소의 가동이 환경에 미치는 영향을 개선한다고 생각해야 한다.

Ⅱ. 당사국의 의사에 의하지 않는 종료

1. 당사국의 소멸

조약당사자가 소멸한 경우에는 양자조약은 당연히 종료한다. 다만 그 당사자가 타국에 승계된 경우에는 비정치적 조약은 종료되지 않고 승계되는 경우가 많다. 다수국간 조약은 그 국가에 한해서 적용될 수 없게 될 뿐 조약 그 자체는 원칙적으로 종료되지 않는다.

2. 전 쟁

당사국간에 전쟁이 발발한 경우에는 양자조약은 원칙적으로 종료하고(전시법규는 제외), 다수국간 조약은 종료하지 않으나, 교전국간에는 그 효력이 정지된다. 최근에는 전쟁 전(前)의 조약을 실효하게 할 것인가, 부활시킬 것인가를 평화조약에서 결정하는 것이 일반화되어 가고 있다.

3. 신강행규범과의 저촉

(제2장 제7절 Ⅱ 참조)

Ⅲ. 조약의 무효 및 종료에 관한 분쟁의 해결절차

「조약법조약」은 조약의 무효와 종료(탈퇴 및 운용정지 포함)에 관한 제(諸)규정의 남용을 방지하고, 이에 관하여 당사국간의 분쟁이 발생한 경우 이를 평화적으로 해결하기 위한 절차를 마련하고 있다. 즉, 조약의 무효 또는 종료를 주장하는 국가는 타방당사국에 대하여 그 주장을 통고할 의무가 있으나(동 조약 제65조 1항), 이에 대하여 이의신청이 있는 경우에는 당사국은 UN헌장 제33조에 규정된 방법에 의하여 해결해야 한다(동 조약 제65조 3항). 이 절차에 의하여 12개월 이내에 해결에 도달하지 않은 경우에는 제53조의 강행규범에 관한 분쟁에 대해서는 어느 당사국에 의하여 ICJ에 부탁할 수 있다. 다만 합의한 경우에는 중재재판에 부탁할 수도 있다(동 조약 제66조 (a)). 기타 규정에 관한 분쟁에 대해서는 어느 당사국에 의한 UN사무총장에의 요청에 기하여 이 조약의 부속서에 정해진 조정위원회에 부탁한다. 조정위원회는 5인으로써 구성되며, 위원회를 구성한 날로부터 12개월 이내에 보고서를 사무총장에게 제출하고, 총장은 이를 분쟁당사국에게 송부한다. 보고서는 분쟁의 우호적 해결을 촉진하기 위한 권고적 성질을 가질 뿐이다.

제 4 장 국제법과 국내법

국제법은 각국의 국내법과 어떠한 관계에 있는가? 양자는 상호 무관계한 것이 아니라 다양한 접촉을 가지면서 관련하고 있음을 부정할 수 없다. 예컨대 국가가 정립한 국내법이 타당한 범위는 국제법이 규율하는 국가영역 내에 한정된다. 반대로 국제법, 특히 조약은 국내법이 정한 기관(조약체결권자)과 절차(의회의 동의)에 의해서 체결된다. 따라서 양법의 관계 내지 상호작용은 어떠한가에 대해 검토해 보아야 한다.

그런데 국제분야에 있어서는 언제나 국제법이 우선한다. 국가가 국내법의 규정을 이유로 하여 국제법상의 의무를 회피할 수 없다는 것은 국제법의 법적 구속력을 인정하는 한 당연한 것이며, 일반적으로 승인된 국제법의 기본원칙이라 할 수 있다. 이 점에 관해서는 학자 간에 이론이 없으며, 국제판례도 일치하고 있다. 이와 관련하여 「조약법조약」은 "어느 당사국도 조약의 불이행에 대한 정당화의 방법으로 그 국내법 규정을 원용해서는 아니 된다"라고 규정하고 있다(조약법조약 제27조).

따라서 국제법과 국내법과의 관계는 실제문제로서는 국제법의 국내법효력의 문제, 즉 하나는 국제법이 국내법질서에서 당연히 적용되는가(타당성문제)와 다른 하나는 양법이 저촉할 때 어느 법이 우선하는가(효력순위)의 문제로 귀착된다.

제1절 학 설

국제법과 국내법의 관계에 관한 논쟁은 양법이 서로 독립하여 존재하는 두 개의 분립된 법질서인가(이원론), 아니면 동일한 법질서인가(일원론) 그리고 또 동일한 법질서라면 어느 쪽이 그 질서 내에서 우월한가에 관한 것이다. 국내법우위론은 결국 국제법의 부정으로 이어지는 것으로서 오늘날에 있어서는 일반적으로 지지를 받고 있지 않다. 그러므로 이 논쟁은 이원론과 국제법우위론의 논쟁으로 귀착된다.

Ⅰ. 이원론

이원론의 대표적인 주장자인 트리펠(Triepel)이나 안칠로티(Anzilotti)의 핵심적 논거는 양법이 각각 타당근거를 달리하고 있다는 것을 이유로 한다. 즉, 트리펠은 국내법이 국가의 독립의사를 타당근거로 하고 있는 데 대하여, 국제법은 제(諸)국가의 공동의사(Gemeinwille)를 타당근거로 하고 있다는 것이다. 안칠로티는 순수법학의 영향을 받아 법의 타당근거를 근본규범에 기하여 설명하고, 국내법이 입법자의 명령에 복종하여야 한다는 내용의 근본규범을 타당근거로 하고 있는 데 대하여, 국제법은 '계약은 준수되어야 한다'(*pacta sunt servanda*)는 근본규범에 기하고 있다고 설명한다. 그러나 두 학자의 견해는 모두 양법이 각각 상이한 타당근거에 기하여 별개의 독립된 법질서를 구성하고 있다는 데는 동일하다.

이와 같이 이원론에 의하면 국제법과 국내법은 전연 별개의 법체계라고 생각되는 결과, 국제법이 그대로 국내법화 되는 것은 부정된다. 따라서 국제법이 국내법으로 타당하려면 반드시 국가가 국제법을 국내법으로 수용하기 위한 변형(transformation)절차를 거쳐야만 한다. 그렇지 않는 한 양법 사이에 법리적 견지에서 진정한 충돌은 있을 수 없다. 만일 양법이 사실상 충돌하는 경우에는 행정부나 법원은 모두 국내법을 적용하여야 한다는 것이다.

이원론에 대한 비판은 다음과 같다. 첫째, 양법의 분립성(分立性)을 강조하여 양법 사이에는 진정한 법적 충돌이 없다고 하나, 국제법위반에 대하여 국가책임이 발생하는 것은 양법 간에 밀접한 법적 관련이 있다는 것이 아닌가? 둘째, 국제법이 국내적으로 효력을 갖기 위해서는 국제법의 일부가 국내법으로 변형의 형태로 취한다는 것은 현실과 너무 유리된 것이다. 국제법 가운데에는 국내법으로 변형되지 않는 한 국내적으로 적용되지 않는 경우도 있으나, 국내법으로 변형되지 않고 그대로 적용되는 경우(예: 관습법)도 있기 때문이다.

Ⅱ. 국제법우위론

이 견해는 이원론에 대한 비판으로서 제1차 세계대전 후 국제연맹의 출현을 계기로 일어난 국제주의적인 동향을 배경으로 켈젠(H. Kelsen)을 비롯한 Wien학파에 의해 주장되었다. 켈젠의 논거는 다음과 같다. 국내법과 국제법이 저촉한다는 것은 양자가 동일한 법질서 안에 있다는 것을 전제로 하고 있다. 별개의 법질서 사이에는 법적 저촉이 발생할 수 없기 때문이다. 그렇다면 양법의 관계는 논리상 동위관계에 서든가, 아니면 하위관계에 있든가, 그 중 하나가 아니면 안 된다. 양법을 동위관계에 두는 제3의 법질서가 존재하지 않으므로 결국 양법은 하위관계인데, 국제법이 상위에 있거나 그렇지 않으면 국내법이 상위에 설 수밖에 없다. 그 어느 것이든 인식론적인 가설이며, 각각이 설정하는 근본규범의 여하에 따라 어느 견해도 이론적으로는 가능하다. 양법 중 어느 것을 선택하는가는 결국 각자의 세계관의 문제이다. 국내법우위론은 국가주의·제국주의의 세계관에 입각하고, 국제법우위론은 국제주의·평화주의의 세계관에 서는 것이다. 이와 같이 켈젠은 법률학의 입장에서 이론적으로는 어느 것을 선택하든지 가능하다고 하는 상대주의를 인정하였으나 그는 국제법우위론을 취하고 있다.

켈젠의 이론에 대해 같은 Wien학파에 속하면서도 현실의 법경험을 보다 더 중시하는 입장에서 국제법우위론을 강하게 주장한 자는 페어드로스(Verdross)와 쿤즈(Kunz)였다.

페어드로스는 근본규범을 인식론적 가설로서 국제법우위 또는 국내법우위의 어느 것을 인정하는가는 세계관의 문제라고 한 켈젠의 사고방식을 비판하고, 법률학적 가설의 성부(成否)는 경험적으로 부여된 모든 법규범을 모순 없이 파악할 수 있는가의 여부에 의하여 객관적으로 결정된다고 주장함과 동시에 문제를 결정하는 데 중요한 법경험으로서 혁명에 관한 국제법규정을 든다. 혁명에 의해서 구국가법질서가 전면적으로 부정됨에도 불구하고, 국제법이 여전히 타당성을 유지하고 구국가의 국제법상의 의무가 신국가에 계승되는 것으로 보아 국가에 의해서 정립되지 않은 국제법규의 존재가 전제되어야 한다. 이러한 의미에 있어서 국내법우위론으로는 실정법적 현상을 예외 없이 체계적으로 파악할 수 없다고 하여 국제법우위론을 취하였다.

요컨대 이 학설은 국제법에 대하여 각 국가의 국경을 확정하고, 각 국내법의 타당범위를 한정하는 것 등 국내법의 타당성에 관한 이른바 '위임의 우위'(deleationsprimat)이론에 기하여 국내법은 국제법에 의하여 위임된 부분질서에 불과하다는 것이다.

이 학설에 대한 비판은 다음과 같다. 첫째, 국내법이 국제법의 위임에 의하여 그 타당성을 갖는다고 하는 전제는 역사적으로 국내법이 국제법에 선행하여 존재하였다는 사실을 생각할 때, 경험적 사실에 반하고 또한 심리적으로도 국가의 법확신에 반한다. 둘째, 현실의 법경험에 의하면 국제법의 국내법 실시를 위한 국내법이 존재하지 않는 경우 국제법이 스스로의 힘으로 국내적으로 타당한 것은 아니며, 국제법과 국내법이 적극적으로 충돌하는 경우에도 국내법을 국제법 자신의 입장에서 무효화할 수는 없다.

따라서 국내법이 국제법의 위임에 기하여 타당하다든가 또는 국내법이 국제법으로부터 그 타당근거가 도출된다고 보는 것은 곤란하다.

〔UN본부협정사건〕

(Applicabilité de l'obligation d'arbitrage en vertu de la section 21 de l'accord du 26 juin 1947 relatif au siège de l'organisation des nations unies)

자문기관: UN 총회, 국제사법재판소, 권고적 의견,
1988년 4월 26일, ICJ (1988) 12

[사 실]

팔레스타인 민족해방기구(PLO)는 1974년 이래 UN에서 업저버(observer) 자격을 인정받고, 뉴욕에 업저버대표부를 설치·유지하고 있었다. 1985년에 지중해에서 일어난 아킬레 라우로사건[1])에서 미국인 승객 1명이 피살되었지만 그 사건에 PLO가

1) 국제테러범들이 공해상의 이탈리아 등록 선박인 아킬레 라우로호를 납치하여 동료들의 석방을 요구하는 과정에서 미국인 1명이 사망한 사건이다. 이 사건을 주도했던 팔레스타인 테러

관여하고 있었으므로 미국 의회는 1987년 PLO를 미국에서 축출하고자 「반테러리즘법」을 제정했다. 이 법은 '미국 내에서 PLO의 사무소와 기타 시설을 설치 또는 유지하는 것은 별도의 법률로 정하지 않으면 위법이다'라고 규정하였다. UN 사무총장 및 총회는 PLO의 업저버대표부가 폐쇄되는 것을 우려하여 미국정부와 협의를 개시하였다. UN은 반테러리즘법은 1947년에 UN이 미국과의 사이에서 체결한 「UN본부협정」, 다시 말해서 그 제11조, 제12조(대표부 직원의 자유) 및 제13조(입국 관리권의 제한)에 반한다고 주장하였고, 이에 대하여 미국의 UN 대표는 이 법이 실시되면 「UN 본부협정」에 반하게 된다는 것을 인정하고, 문제의 해결을 위하여 의회와 협의하겠다고 회답하였다.

그러나 법률의 발효가 목전에 임박했으므로 UN은 「본부협정」 제21조가 정하는 분쟁처리절차를 개시하기로 하였다. 동조는 '본 협정의 해석 또는 적용에 관한 UN과 미국 간의 분쟁은 교섭 또는 기타 합의된 해결방법으로 해결되지 않는 때에는 최종결정을 위하여 3인의 중재인으로 구성되는 재판소에 부탁되어야 한다'고 규정하고 있다. UN은 이 규정에 따라 중재인을 지명(히메네스 디 알레차가)했지만 미국으로부터 회답은 없었다. UN 총회는 1988년 3월 2일에 찬성 143, 반대·기권 0(미국은 투표 불참)으로 결의를 채택하고, 다음 문제에 대하여 ICJ의 권고적 의견을 구하였다. '미국은 「UN 본부협정」 제21조에 따라 중재절차에 참가할 의무를 지는가?' 「반테러리즘법」이 발효한 날의 다음날인 3월 22일에 미국 법무부장관은 PLO 대표사무소의 폐쇄를 구하며 뉴욕남부지구연방지방재판소에 소송을 제기하였다.

ICJ는 이례적으로 서둘러 심리를 행하고, 4월 26일에 아래와 같은 권고적 의견을 내렸다. 한편, 뉴욕남부지구연방지방재판소는 6월 29일에 법무부장관의 소송을 기각하기로 결정하였다.

[의견 요지]

1. 본건에서 UN은 PLO 업저버대표부에 관하여 미국이 취한 조치가 UN본부협정에 반하는가에 대해서가 아니라 「본부협정」 제21조 하에서 UN은 중재를 요구할 권리가 있고, 미국은 중재절차에 참가할 의무를 지는가에 대한 판단을 구하고 있다. 이 문제에 답하기 위하여 재판소는 ① UN과 미국 간에 '분쟁'이 존재하는가, ② 그 분쟁은 「본부협정」의 '해석 또는 적용에 관한' 것인가, ③ 그 분쟁은 '교섭 또는 기타 합의된 해결방법으로 해결되지 않는 것'인가에 대하여 검토해야 한다.

2. 미국은 당초 법률이 집행되고 있지 않는다는 이유로 분쟁의 존재를 부정하고, 후에는 국내에서 소송이 계속되고 있는 동안에는 중재를 행하는 것은 적당하지 않다고 주장하였다. 무엇이 '적당'한가에 대한 고려를 「본부협정」 제21조로부터 생기는 의무에 우선할 수는 없다. 또, 분쟁의 존재는 일방 당사자의 결정으로부터 청구가 발생하고 있는 것을 전제로 하지만 당해 결정이 이미 실시되고 있는 것까지도 요구하는 것은 아니다. 재판소로서는 UN과 미국 간의 대립하는 태도는 「본부협정」의 양당

리스트 아부 압바스는 2003년 4월 15일 이라크의 수도 바그다드에서 연합국에 의해 체포되었다. 압바스는 이 사건의 배후 조종 혐의로 이탈리아 법정에서 궐석재판으로 이미 다섯 차례나 종신형을 선고받았다.

사자의 사이에 분쟁이 존재한다는 것이 드러나 있다고 인정하지 않을 수 없다.

3. UN과 미국 간의 제1단계의 논의는 「본부협정」의 해석과 관련을 맺고 있고, 미국은 「본부협정」이 PLO대표부에 적용되는 것을 다투지 않았다. 그러나 제2단계에서 미국은 「본부협정」보다 「반테러리즘법」이 우선한다고 주장하고, 사무총장이 이 점을 다투었다. 이리하여 UN과 미국 간에는 「본부협정」 제21조의 적용에 관한 분쟁이 존재한다. 이와 관련하여, 미국의 소송이 종료하고, PLO대표부가 실제로 폐쇄되어 처음으로 법률이 적용되었다고 할 수 있는가의 여부에 관한 문제도 있지만, 그것은 「본부협정」 제21조에 관해서는 중요하지 않다. 제21조에 있어서의 문제는 협정의 해석 또는 적용으로서 미국 국내법의 적용이 아니기 때문이다.

4. UN과 미국 간의 협의에서 미국의 태도를 고려한다면, 사무총장은 교섭의 가능성을 다했다고 판단한다. 또, '기타 합의된 해결방법'은 아무 것도 없었다. 미국 법무부장관이 국내에서 제기한 소송은 「본부협정」 제21조에서 말하는 '합의된 해결방법'이라고는 할 수 없다.

5. 이리하여 당 재판소는 미국은 「본부협정」 제21조에 따라 UN과의 분쟁을 해결하기 위하여 중재절차에 참가할 의무를 진다고 결론을 내린다. 미국은 '본부협정 하에서 미국이 지는 의무의 여하에 상관없이' PLO대표부에 대하여 조치를 취했다고 말했다. 이 말이 「본부협정」의 실질규정(제11조, 제12조 및 제13조)만이 아니라 제21조가 정하는 중재부탁의무에 관해서도 행해져야 한다고 하더라도 당 재판소의 결론은 변하지 않는다. 국제법은 국내법에 우선한다고 하는 국제법의 기본원칙을 상기한다면 충분할 것이다.

제2절 국제법의 국내적 효력

국내법질서에 있어서의 국제법의 지위, 즉 국제법의 국내적 효력문제는 각국의 헌법에 따라 다르기 때문에 이하에서 주요 국가의 실제를 고찰해 볼 필요가 있다.

Ⅰ. 영 국

1. 국제관습

"국제법(국제관습법을 의미함)은 국내법의 일부이다"(International law is a part of the law of the land)라는 원칙이 확립되어 있으므로 영국법원은 국제관습을 직접 적용할 수 있다. 국제관습과 국내법이 충돌할 때에는 다음 규칙에 따른다.

첫째, 적용하고자 하는 특정 국제관습은 시간적 전후에 관계없이 영국의 제정법(statute) 및 이에 기한 명령에 저촉되어서는 안 된다(Mortensen v. Peters 원칙).

둘째, 국제관습의 범위가 영국법정에서 최종적으로 결정되면 그 후에 이것과 상이한 국제관습이 성립될지라도 모든 법원은 그 처음의 결정에 구속된다. 이와 같은 제한은 설사 국제법규를 무시하는 결과가 될지라도 재판소로서는 존중해야 한다. 국제법규에 대한 이러한 결과적 위반은 재판소의 알 바가 아니며 외국과의 관계에서 행정부의 관심사가 될 뿐이다.

영국법원에 의한 국제관습의 자동적 적용에는 위의 두 가지 제한 이외에, 또 다른 두 가지 중요한 예외가 있다. 첫째, 행정부에 의한 '국가행위'(acts of state), 예컨대 전쟁선언이나 영토병합과 같은 것은 그것이 설사 국제관습위반의 행위일지라도 법원은 그것을 문제 삼을 수 없다. 둘째, 영국법원은 왕의 대권에 속하는 문제, 예컨대 국가 및 정부의 법률상 또는 사실상의 승인, 또는 외교특권을 주장하는 사람의 외교적 지위 등에 관한 행정부측의 증명이나 공식명령을 그것이 설사 국제관습규칙과 부합되지 않는다 할지라도 결정적인 것으로 받아들여야 한다.

그러나 이와 같은 국제관습법의 수용원칙은 의회의 제정법이 국제법에 저촉되지 않도록 해석해야 한다는 해석규칙(a rule of construction)에 의하여 상당한 제한을 받는다. 이것은 의회가 국제법위반의 의사가 없다는 것을 전제로 하고 있는 것이나, 이 해석규칙도 제정법이 명백한 경우에는 적용할 수 없다.

국제관습법에 효력을 부여하는 문제와 관련하여 영국포획재판소(Prizecourt)는 위와 같은 보통법재판소나 형평재판소의 입장과 다르다. 포획재판소는 특별히 국제법을 적용하기 위하여 설치된다. 1910년 Zamora사건의 판결에 의하면, 법원은 의회제도법이 국제관습법에 저촉되는 것이라도 이에 따라야 하지만, 국제관습법에 저촉되는 칙령(Order in Council)의 구속은 받지 않는다.

〔Mortensen v. Peters사건〕

Court of Justiciary, Scotland, 1906.

[사 실]

스코틀랜드의 어업위원회는 육지의 최근지점으로부터 3해리가 넘는 Moray Firth 지역 일대에서 트롤어로행위는 '어떠한 자라도'(no person … shall) 범죄로 간주한다는 조례를 발표하였다. 1895년 해양어로규제법 제10조 4항은 그 조례에 위반하여 트롤망에 의한 어로행위를 한 자는 '어떠한 자'라도 벌금을 물리거나 구속된다고 규정하였다. 상소인은 덴마크인으로서 노르웨이선박의 선주였다. 그는 3해리의 영해를 넘은 수역에서 어로행위를 하였으나, 위 조례에 의하여 보호되는 지역에서 트롤망을 사용했다는 죄로 스코틀랜드법원에서 유죄선고를 받았다. 유죄판결에 대하여 그는 상소를 하였다.

[판결 요지]

만약 상소인이 영국선박에 속한 영국 국민이었다면 논란의 여지가 없다. 문제는 해석의 문제이며, 또한 해석만의 문제라고 본다. 당 법원에서 우리는 외국이 권리침해라고 간주할지도 모를 행동을 입법부가 취했는지 또는 않았는지의 여부에 관해서는 전혀 관계할 바 아니다. 더욱이 우리의 법정은 입법부의 법령이 일반적으로 승인된 국제법의 원칙에 어긋나는 권한일탈(*ultra vires*)인지 아닌지를 결정하기 위해 구성된 법정도 아니다. 우리들에게는 상하양원에서 정당하게 통과되고 국왕의 재가를 얻은 의회의 제정법(Act of Parliament)이 최고의 것이며, 우리는 그 조항에 실효성을 부여할 의무가 있다. 상소인의 변호인은 범죄를 구성하는 제정법은 오직 ① 영국민에게, ② 영국 영토 내에 있는 외국인에게 적용되는 것으로 추정된다는 전제를 개진하고, 덧붙여 명시적인 법규가 없는 경우에는 그 적용이 확대 되어서는 안 된다고 주장하였다. 상소인은 명백히 영국 국민은 아니므로 상기 ①은 배제되며, 나아가 그 범행 장소(*locus delicti*)가 3해리 범위 밖의 바다에 위치하여 영국 영토 내가 아니므로 결과적으로 상소인은 법령의 금지조항에 포함되지 않는다고 하였다. 일반적인 전제들로 비추어 보면, 상소인에 의하여 제출된 두 가지의 추정은 정당한 것으로 받아들여질 수도 있다. 그러나 이것은 사소하지만 문제가 제기될 수 있다. 왜냐하면 모든 추정과 같이 그 추정은 반증에 의하여 전복될 수도 있기 때문이다. 그리고 그러한 추정이 이 경우에 반증되어졌는가라는 의문이 남는다.

가장 먼저 주목되어야 할 것은 여기에서 범죄를 구성하는 위반행위로서 금지되어지는 것은 어떠한 행위를 절대적으로 금지하는 것이 아니고, 특정한 장소 내에서 그 행위를 금지한다는 것이다. 입법부가 보편적으로 인정된 용어들, 즉 '그것은 합법적이 아니다'라든가, '~하는 사람은 누구든지' 등을 사용하여 영토적 한계에 따른 범죄구성을 규정하고 있는 경우에는 그것은 특정의 목적을 위하여 모든 사람에 대하여 영토에 대한 입법권을 가정하고 있다는 아주 강력한 추정을 자아낸다고 생각된다. 이러한 추정은 금지에 의하여 달성되어져야만 하는 위해행위의 구제가 만약 모든 사람들이 누구라도 법령에 의하여 영향을 받지 않는다면 좌절되거나 또는 효력이 약화될 것이 명백해질 때 더욱 강하게 되는 것이다.

상소인이 주장한 것은 그 장소가 영토주권의 범위 밖에 있으며, 결과적으로 그와 같은 장소에서는 입법부가 영국 국민이 아닌 자들에게 영향을 끼치도록 시도할 수 없다는 것이 국제법상 엄격하게 견지되어 온 자세임을 참작해야만 한다는 것이다.

상소가 제기될 수도 있는 영국의 국내법과 관계없는 국제법의 기준과 같은 것은 있을 수 없다는 것은 진부한 견해이다. 본 법정이 관계하고 있는 한 국제법은 스코틀랜드법의 일부로 형성되고 채택된 국제적인 권리와 의무에 관한 원리의 총체인 것이다. 이제 여기 그 장소가 입법부가 어로방법을 규제할 목적으로 모든 사람들에게 입법에 의하여 영향을 미칠 권리를 주장할 수 있는 영향을 초월한 곳이라고 스코틀랜드법상 명백하게 말할 수 있을까?

우리는 이른바 3해리에 관해서는 언급할 필요성이 없다고 생각한다. 3해리 이내에서는 영토주권이 현재와 같은 어떠한 입법이라도 적용하기에 충분하다고 추정할 수 있다. 그것은 3해리 밖에서는 그와 같은 결과가 기대될 수 없다는 반론명제의 증거가 아님은 명백하다. 비록 3해리 밖이지만 그 장소는 Moray Firth만의 안쪽이고, Moray Firth는 육지의 구협부(*intra fauces terrae*)[2]내라고 피고는 말하고 있다. 우리는 육지의 구협부가 정확하게 무엇인지에 관한 어떤 정의가 있다고 말할 수는 없다. 그렇지만 적어도 이 장소가 그 안에 놓여 있다고 생각될 수 있음을 시사하는 다음과 같은 3가지의 점이 있다.

① 스코틀랜드학회의 회원의 부수적 의견(*dicta*)은 스코틀랜드법에 따르면, 그렇게 생각하는 것이 권리침해는 아니라고 시사하는 것 같다.

② 이와 같은 제정법(Herring Fishery Act, 1889)이 적어도 유사한 장소에 대해 권리를 제창하고 있다. 만약 제6조에 속한 부칙에 주의를 기울인다면, 숱한 장소들이 3해리 범위를 훨씬 넘어서 있는 것을 발견할 것이다. 예컨대 그 입구 근처에 있는 Firth of Clyde가 그 예이다. 우리는 이것이 어떤 의미에서는 동어반복(idem per idem)을 증명하는 것이라고 말할 수 있다는 것을 묵살하는 것은 아니다. 그러나 그럼에도 불구하고 우리는 그 사실이 무시될 수 있다고는 생각하지 않는다.

③ 비록 3해리 범위 밖이지만, 다소 육지로 폐쇄되거나(land-locked) 육지로 둘러싸인(land-embraced) 바다에 대하여 국가의 입법권이 인정되었던 예가 판례 속에서 많이 발견된다.

그러므로 우리는 Moray Firth가 모든 목적을 위하여 영토주권 내에 존재한다는 전제를 주장하지 않고서라도 적어도 상소인이 영국의회가 그와 같은 장소에서 누구든지 모든 자들에게 어로규제를 하기 위하여 법률을 제정할 것을 시도한다는 것은 생각조차 할 수 없는 것이라는 그의 전제를 입증할 수 없다는 것은 명백하다고 말할 수 있다. 그렇다면 우리들로 하여금 해석의 문제로서 그렇게 입법하였다고

---

2) *intra fauces terrae*는 라틴어로서 영문으로는 "in the jaws of the land"라고 표기된다. 아래 그림에서 보는 바와 같이, XY선을 중심으로 a와 b는 *intra fauces terrae*가 아니며, c가 이에 해당한다. Edward S. Stimson, *Conflict of Criminal Laws*, The Foundation Press, INC. 1936 (출전: http://www.constitution.org/cmt/stimson/con_crim.htm)

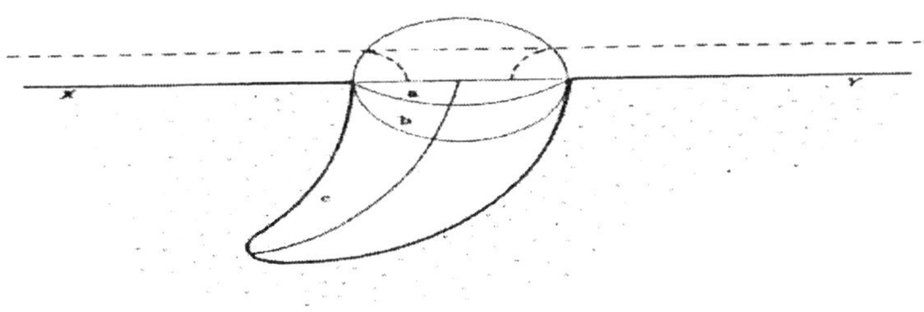

생각하게 한 이미 진술된 고찰로 되돌아가게 된다. 이러한 이유로써 12명의 재판관의 전원일치로서 본 상소를 기각한다.

〔Zamora호사건〕
영국추밀원사법위원회, 1916.

1915년에 스웨덴의 Zamora호 선박이 구리를 적재하여 뉴욕으로부터 스톡홀름으로 항해 중 영국순양함에 의해 나포되었다. 구리의 적재는 전시금제품으로서 이를 몰수하기 위한 검증청구영장이 발부되었으나, 검증이 내려지기 전에 해양포획심검소의 규칙에 관한 1914년의 Order in Council 제29호 제1조에 의거하여 이 구리를 국왕에게 인도하도록 중간명령이 신청되었다. 동 명령 제29호 제1조에 의하면 포획선박몰수의 검증이 내려지기 전에 국왕의 정당한 기관이 그 징발을 신청한 경우에 해양포획심검소는 이를 평가하여 평가액의 지급보장을 얻어서 "그 압류를 해제하고 국왕에게 인도하지 않으면 안 된다"고 규정되어 있었다. High Court of Justice(제1심법원)에서는 이 Order in Council이 국제법에 위반한다는 스웨덴의 관계회사 및 하수인의 항의가 인정되지 않았다. 추밀원사법위원회에서는 이 항의를 인정하여 제1심판결을 파기하였다.

2. 조 약

조약의 국내적 수용절차에 관해서 조약은 관습법과 달리 취급되는데, 그 근거는 주로 행정부(즉 국왕)와 의회 사이의 관계를 통제하는 헌법원리에 의존한다. 즉, 조약의 체결과 비준은 왕의 대권에 속하는 사항이다. 그런데 만일 왕이 체결한 조약이 자동적으로 국내적 효력을 갖게 된다면, 이것은 왕이 의회의 동의 없이 조약의 형식으로 실질적으로 국내법을 변경하거나 또는 입법권을 행사하는 결과를 낳고, 이는 결국 의회주권을 침해하는 결과에 이르게 된다. 이를 방지하기 위하여 조약은 다음과 같이 규제된다.

첫째, ① 사인의 권리에 영향을 주거나, ② 그 실시를 위해 보통법이나 제정법의 변경을 요하거나, ③ 왕에게 추가권력을 부여하거나, 또는 ④ 정부에 보다 많은 재정적 부담을 지우는 조약 등은 제정법의 형식으로 의회의 동의가 있어야 적용된다. 그 외에도 의회의 승인을 요한다는 것이 명시되어 있는 조약 또는 영토할양을 포함하는 조약도 이에 속한다.

둘째, 특정종류의 조약, 즉 해전시의 왕의 교전권을 수정하는 조약(이러한 조약은 의회의 입법권에 대하여 주요 침해를 포함하지 않기 때문인 것으로 생각된다)과 오직 서명만 요하고 비준을 요하지 않는 비공식적인 행정협정(단, 국내법의 변경을 포함하지 않는 경우) 등은 의회의 특별한 입법을 요하지 않는다.

조약의 국내적 효력순위는 대략 다음과 같다. 의회제정법이 전(前)조약과 명백히 저촉하는 경우에는 제정법이 우선한다. 의회제정법의 형식에 의한 동의를 받은 조약이 전(前)의회제정법과 저촉할 경우에는 조약이 우선한다. 의회제정법의 형식에 동의를 요하지 않는 조약과 의회제정법 사이에 저촉한 경우에는 시간적 전후에 관계없이 후자가 우선한다.

Ⅱ. 미 국

1. 국제관습

국제관습법에 관한 미국의 실제는 영국의 경우와 거의 같다. 1900년의 Paquete Habana호 사건에서 "국제법(관습법)은 미국법의 일부이며, 국제법에 의거한 권리문제를 결정하기 위하여 정식으로 제기되었을 때에는 정당한 관할권을 갖는 법원이 그것을 확인하고 적용하지 않으면 안 된다"고 하여 국제관습법은 당연히 국내법상의 효력을 갖게 되었다. 따라서 법원은 동(同) 어선의 몰수를 거부하였는데, 그 이유는 연안어선은 전리품으로서의 나포로부터 면제된다는 국제관습법을 적용하였기 때문이다. 의회의 제정법은 국제법에 저촉되지 않도록 해석하여야 하지만, 후의 제정법이 명백한 경우에는 의회의 제정법이 전의 국제관습법에 우선한다.

미국은 국제관습법의 국내적 적용에 있어서 입법적 해결을 시도한 일도 있다. 미국연방대법원은 외국의 자국 자산에 대한 국유화가 국제관습법 위반이라는 의견이 제기된 사건(Sabbatino 사건)에서 이 문제를 규율하는 조약, 기타의 명백한 합의가 없는 경우에는 재판소는 외국정부가 그 영역 내에 있는 재산에 대하여 행한 국유화에 관하여 그 효력을 심리할 의사가 없는 것이며, 본건에 있어서도 국가행위이론을 그대로 유지하는 것이 국가 간의 법의 지배를 확립하기 위한 국익에도 합치하는 것이라고 판시하여, 국가행위이론을 적용불능이라고 판시한 하급심(1·2심)의 판결을 파기하였다. 그런데 그 판결 후, 파기환송심의 계속 중에 연방의회는 대외원조법을 개정하여 당사자가 국유화에 관한 국제법의 제(諸)원칙(보복적이 아니고 공공목적을 가질 것, 차별적이 아닐 것, 정당한 보상을 할 것)에 위반한 국가행위에 의한 몰수 기타의 수용을 이유로 하여 재산권의 청구를 하는 경우에는, 미국의 재판소는 '위의 제(諸)원칙을 적용하여 본안에 관한 판단을 내려야 하며, 국가

행위이론에 의하여 이것을 회피해서는 안 된다'라고 결정하여 국제관습법의 국내적 적용에 관해서 입법상의 해결을 하였다(Sabbatino Amendment).

〔The Paquete Habana호사건〕
미국연방최고재판소, 1900, 175 US 677.

[사 실]

빠께드 하바나(The Paquete Habana)호와 롤라(Lola)호는 스페인선박의 범선식 소형어선으로서 쿠바에서 출생한 하바나주재의 스페인인이 소유하고, 하바나를 기지로 하여 쿠바 주변 해역에서 연안어업에 종사하고 있었다. 미국·스페인전쟁 중이던 1898년에 이 두 척의 배는 조업을 마치고 귀항하는 도중 쿠바 주변 해역에서 미국의 군함에 포획되었다. 이들 선박은 함대에 의해 정선(停船) 명령을 받았을 때까지는 전쟁이나 봉쇄의 존재를 알지 못했다. 무기와 탄약을 싣지 않았고, 도주를 시도하지도 또한 포획에 저항하지도 않았다. 포획 후, 두 선박은 키 웨스트항에 인치(引致)되었다. 재판소에 대하여 이 선박과 적하(積荷)의 몰수를 구하는 신청이 행해지고, 미국 플로리다남부지구 연방지법재판소는 법률상 명령이나 조약 또는 포고 없이 어선이 포획을 면할 수는 없다는 이유에서 동 선박 및 적하를 몰수하는 명령을 내렸다. 그 후, 두 척은 경매에 부쳐지고, 각각 490달러 및 800달러에 매각되었다. 본건은 그 상고사건이다.

[판결 요지]

몇 세기 전부터 시작된 문명제국의 관행에 의해, 해상어업에 종사하는 연안어선은 그 선체(船體)·적하와 함께 포획을 면한다고 인정되어 왔다. 이 관행은 서서히 국제법의 규칙으로 인정되고 있다. 연방정부가 동 규칙의 존재를 부정하고 있으므로 오랜 기록으로까지 소급하여 동 규칙의 역사를 살펴보기에 이르렀다. 가장 오래된 예는 1403년과 1406년에 영국왕 헨리4세가 해군제독에게 내린 '어민의 안전에 대하여'란 제목의 명령이다. 프랑스에서도 오래 전부터 연안어민을 전쟁으로부터 보호하고 있다. 연안어민은 선체·적하와 함께 해상 포획으로부터 면제된다는 사고는 독립전쟁 이래 미국에도 알려져 있었다. 1785년의 미국·러시아간의 조약은 양국 간에 전쟁이 일어났을 때에도 생업을 영위하는 자(어민을 포함한다)는 그 신체나 재산을 보호받는다고 규정하고 있었다. 1806년 및 1810년의 영국의 명령 이래, 영국과 다른 국가도 평화적으로 어업에 종사하는 사적인 연안어선이 포획을 면한다는 것을 부정한 적은 없다. 최근 일본도 청일전쟁이 개시된 1894년에 칙령에 의해 포획심검소(捕獲審檢所)를 설치하고, 연안어업에 종사하는 어선은 적선(敵船)이라고 할지라도 포획의 대상에 포함시키지 않았다.

'국제법은 우리나라 법의 일부이다. 국제법에 의거하여 권리의 문제가 그 판단을 구하여 적당한 관할권을 가지는 재판소에서 공식적으로 제기된 때에는 재판소는 항시 국제법을 확정하고, 적용해야 한다. 그 목적을 위하여, 조약 및 지배적인 행정 혹은 입법행위 혹은 사법결정이 없는 경우에는 문명국의 관습이나 관행에 의거해야 한다.' 그리고 그와 같은 관습이나 관행의 증거로서 학자의 저작에 의거해야 한다.

'재판소는 이어서 프랑스, 아르헨티나, 독일, 영국, 네덜란드, 오스트리아, 스페인, 포르투갈, 이탈리아의 국제법학자의 학설을 검토한다.'

'이와 같이 본문제에 관한 선례나 학설을 검토한 결과, 다음과 같은 점이 명백하다고 생각한다. 즉, 비무장의 상태에서 실제로 생선의 어업 및 운송에 평화적으로 종사하는 연안어선은 그 어구(漁具)·생활용품·적하·승무원과 함께 해상 포획을 면한다고 하는 국제법원칙이 오늘날 명문의 조약 또는 기타 공적 행위와는 독립적으로 세계의 문명국의 일반적 동의에 의거하여 확립하고 있다. 그것은 근면한 사람들에 대한 인도상의 고려와 교전국의 상호의 편의에 의거한 것이다.' 연안어민이나 전쟁 목적에서 고용되어 있는 때에는 물론 이와 같은 명제는 적용되지 않는다.

'이 국제법규칙은 그 문제에 관한 어떠한 조약 또는 자국 정부의 기타 공적 행위가 없는 경우에 국제법을 집행함에 있어 포획심검소가 사법상 확인하고, 실현해 가야 하는 것이다.'

본건에서 증명된 사실에 비추어보면, 본건 포획은 위법이고, 이유가 없는 것이었다고 선언하는 것이 미국의 최고의 포획심검소로서 본건을 심리하고, 국제법을 집행함에 있어 당 재판소의 의무이다. 당 재판소는 지방재판소의 명령을 번복하며, 선박 및 적하의 매각대금을 청구자에게 반환하고, 손해를 배상할 것을 명한다.

2. 조 약

조약에 관해서는 영국의 실제와 매우 다르다. 미국은 영국처럼 왕의 대권과 의회의 입법권 사이의 조정에 의존하고 있는 것이 아니라, '조약은 헌법 및 법률과 함께 미국의 최고법이며 각 주의 재판관은 주의 헌법이나 법률에 반대의 규정이 있는 경우에도 그것들에 의하여 구속된다'고 규정한 연방헌법조항(제6조 2항)과 법원이 확립한 자기집행적 조약(self executing treaty)과 비자기집행적 조약(non-self executing treaty)과의 구별에 의존한다. 자기집행적 조약은 법원의 견해에 의하여 또는 조약의 성질상 그것의 국내적 실시를 위한 따로 입법을 요하는 것이 아닌 조약을 말하며, 이것은 조약당사국의 의견과 주위의 사정을 고려하여 결정될 수 있는 것이다. 이러한 조약은 조약 그대로의 형태로 국내적 효력을 갖는다. 비자기집행적 조약은 국내적 실시를 위하여 따로 국내법의 제정을 요하는 조약이다. 따라서 이러한 조약은 필요한 입법을 완성할 때까지는 국내적 효력을 갖지 못한다.[3)]

3) 1952년에 Bricker 상원의원은 조약의 국내적 실시에 의회의 입법을 요하게 함으로써 사실상 모든 조약을 비자기집행적 조약으로 하려는 Bricker Amendment를 제안한 바 있다. 예컨대 중립조약, 방위조약 및 영토할양조약 등 이른바 정치조약과 인권조약이 이에 속한다.

조약이 연방헌법이나 법률에 저촉하는 경우에 어느 것이 우선하느냐에 관해서는 명문규정을 두고 있지 않다. 확립된 판례에 의하면 연방헌법은 조약의 상위에 있으며, 연방법률은 조약과 동위에 있으므로 후법우선의 원칙에 따라 최후에 공시된 것이 우선한다. 주의 헌법 또는 법률은 조약의 하위에 서는 것은 규정상(미연방헌법 제6조 2항) 명백하다.

〔Sei Fujii사건〕
Califonia주 대법원, 1952.

[사 실]

외국인(일본인)인 원고는 1948년에 매수한 특정 토지가 주에 복귀되었다고 선고한 판결에 항변하여 상소하였다. 미국과 일본 사이에는 원고에게 토지소유권을 부여하는 조약은 없다. 그리고 상소에서 제시된 유일한 문제점은 캘리포니아주 외국인토지법의 유효성에 관한 것이다.

그 주요 논지는 토지법이 UN회원국으로 하여금 인종차별 없이 인권과 기본적인 자유의 준수를 촉진시킬 것을 굳게 맹세하게 한 UN헌장의 서문과 제1조, 제55조 및 제56조의 규정에 의하여 무효라는 것이다.

[판결 요지]

이 헌장이 조약이라는 점에 대하여는 논란의 여지가 없으며, 미국연방헌법은 미국정부의 권한 하에 체결된 조약은 국내의 최고법의 일부를 이루며, 또한 모든 주의 법관은 그것에 구속된다고 규정하고 있다(제6조). 그런데 조약규정이 자기집행적인 것이 아니면 그것과 모순되는 국내법을 자동적으로 폐지할 수는 없는 것이다. Marshall대법관의 말을 빌리면, 조약은 “그것이 어떠한 입법조치도 필요 없이 스스로 효력을 발생하는 경우에는 언제든지 법원에서는 입법부에 의하여 제정된 법률과 동등한 것으로 간주된다. 그러나 조약규정의 용어가 계약의 뜻을 내포할 때, 즉 당사자의 어느 일방의 특별한 행위를 수행하기로 약속할 때에는 그 조약은 사법부가 아닌 정치부서로 제출되며 입법부는 그것이 법원에서 법규로 될 수 있기 전에 그 계약을 집행(입법)하여야만 하는 것이다.”

그 조약이 스스로 효력을 발생하는 것인가 아닌가를 결정함에 있어서 법원은 그 조약의 용어에 의해 명시된 서명당사국들의 의도를 주의 깊게 살펴보아야 하고, 만약 그 조약이 불확실한 경우에는 그 실시를 둘러싼 상황에 의존해야 할 것이다. 조약규정이 입법조치 없이 효력을 발생하고 강제력을 가지며, 또한 제정법의 효력을 갖기 위해서는 조약체결국들이 독자적으로 법원에서 집행될 수 있는 법규를 규정하려고 의도한 것이 명백해야 한다.

외국인토지법과 충돌한다고 주장되고 있는 헌장의 서문과 제1조 규정이 자기집행적 효력을 발생하는 것이 아님은 명백한 사실이다. 그것은 UN기구의 일반적인 목적을 기술한 것이지 개별적인 회원국에 법적 의무를 부과하거나 사인에게 권리를 창설해 주려는 취지는 아닌 것이다. 비록 UN회원국들이 인권의 존중과 준수를 촉진시킴에 있어서 국제기구와 협력하기 위하여 그들 스스로 의무를 부과하고 있다고 할지라도(제55조와 제56조의 규정), 그것은 장래 몇몇 국가의 입법활동이 조약에서 천명된 목적을 달성하게끔 요청하는 것은 명백하다. 또한 이러한 조항들이 헌장의 비준에 의하여 미국법원에서 적용되는 법규로 예정될 것을 시사하는 어떠한 것도 없는 것이다.

제55조와 제56조에서 사용된 용어는 자기집행적 효력을 발생하는 즉, 사인 간에 권리와 의무를 갖게 하는 조약으로 채택된 것은 아니다. 예컨대 타국에 소재한 부동산을 상속하기 위한 일국의 국민의 권리와 관련된 Allen v. Clark사건에 관련된 조약은 특별히 '이러한 국민은 어떠한 차별적인 과세처분을 받지 않고 그 재산을 매매하고 그 매매대금을 회수함에 있어 3년의 기간이 허용된다'고 규정하였다. 다른 예에 있어서도 조약규정이 개인의 권리와 의무를 관장하는 상세한 규정을 정하거나 혹은 특별히 일국의 시민은 타국에서도 그 나라의 시민이 향유하는 권리와 동일한 권리를 보유한다고 규정하는 경우에는 그러한 조약사항은 입법조치 없이도 집행되는 것이다. 헌장 입안자들이 국내적 입법조치 없이도 특별조항을 유효하게 할 의도를 가진 경우에는 명백하고 뚜렷한 용어를 사용하여 그 의도를 분명하게 하는 것에 주목해야 한다.

그런데 본 법정은 원고가 의거한 헌장규정은 현재의 국내법을 변경하고자 하는 의도는 없는 것으로 확신하는 바이며, 또 그 규정은 외국인토지법을 무효화하는 작용을 한다고는 볼 수 없다.

Ⅲ. 유럽연합: EU법의 회원국법에 대한 우위의 원칙

1963년 Van Gend en Loos사건 판결에서 ECJ(European Court of Justice)는, "공동체는 국제법의 새로운 법질서로서 회원국은 한정된 영역에 관한 것만 언급할 수 있으며, 공동체를 위해서 주권을 제한하므로 공동체의 대상은 회원국과 그 국민의 쌍방에 의해 성립한다(... The Community constitutes a new legal order of international law for the benefit of which the states have limited their sovereign rights, albeit within limited fields, and the subjects of which comprise not only Member States but also their nationals)"고 판시하여, EU법질서의 성격을 명확히 하였다.[4] 이 판결에서 "공동체는 국제법의 새로운 법질서이다(The Community constitutes a new legal order of international law)"라는 표현을 사용함으로써 ECJ가 EU법을 국제법의 일부인 것으로 이해하고 있다고 해석할 수 있다. 그러나 그 후의 판결에서는 이 '국제법의'라고 하는 부분은 언급되

4) Case 26/62 *van Gend en Loos v. Nederlandse Administratie der Belastingen* [1963] ECR 1, at 12.

지 않음으로써 EU 법제도의 독자성에 그 중점이 옮겨지게 되었다. 이를테면, 1964년에 내려진 Costa v. ENEL 사건 판결에서 ECJ는 '통상의 국제조약과 달리 EEC조약은 그 발효 때부터 회원국의 법체계를 통합하고, 회원국의 재판소에게 그 적용 의무를 부과하고 있는 독자적인 법질서를 창설하였다'고 판시하였다.[5] 이 판결 이후부터 ECJ는 EEC조약은 통상의 국제조약과는 달리 그 자신의 고유의 혹은 독자적인 법제도(its own legal system, its own system of law)를 창출한 것으로 본다는 입장을 견지하고 있다.[6]

EU법이 독립적인 법질서를 구축하고 있다고 가정하더라도 만일 EU법과 회원국의 국내법이 충돌할 때 과연 어느 법을 우선하여 적용할 것인가? EU법상 이 문제는 '우위의 원칙' 이론에 의거하여 해결하고 있다.

EU법의 우위의 원칙에 관한 이론은 주로 ECJ의 판례에 의해 확립되었고,[7] 제(諸)설립조약은 이에 대한 명확한 명문의 규정을 두고 있지 않다. 하지만 EU법의 우위(의 원칙)란 만일 EU법의 어떤 규정이 EU 시민에 대해 직접적 권리와 의무를 부여한다면 어떤 일이 일어날까, 즉, EU법의 어떤 규정이 회원국의 국내법 규칙과 충돌이 일어난다면 어떻게 할 것인가의 문제라고 할 수 있다.[8]

이와 같은 측면에서 우위의 원칙은 크게 두 가지 의미로 사용되고 있다. 첫째, 좁은 의미로는 우선적용원칙을 의미한다. EU법의 회원국 국내법에 대한 우위란 EU법이 발효한 시점에 존재하는 모순된 내용을 가진 회원국의 국내법의 적용을 자동적으로 배제할 뿐만 아니라, 그 후에 EU법과 모순되는 회원국의 국내법이 유효하게 제정되는 것도 불가능하게 하는 것을 의미한다.[9] 따라서 직접효과가 있는

---

5) Case 6/64 *Costa v. ENEL* [1964] ECR 585, at. 593.

6) 예를 들어, Case 14/68 *Wilhelm v. Bundeskartellant* [1969] ECR1, at 14

7) 이 때문에 ECJ는 1964년의 Costa v. ENEL사건 판결에서 조약의 정신과 목적에 비추어 해석함으로써 이 원칙을 도출했다. 동 판결이 조문상의 근거로서 지적한 것은 EC조약 제10조 및 제249조였다. 제10조는 회원국이 공동체의 목적달성을 위태롭게 하는 조치를 취하는 것을 금지하고 있다. EC는 후술하는 바와 같이, 공동시장의 설립을 그 중심에 두고 여러 가지 목적달성을 그 임무로 하고 있지만 이들의 목적달성은 EU법이 각 회원국에서 일률로 적용됨으로써 비로소 실현가능하게 된다. 만약 회원국이 사후에 제정하는 국내법에 따라 EU법을 뒤집어 버릴 수 있다면, 회원국마다 다른 사태가 발생하여 공동체의 목적달성은 불가능하게 되어 버리고 만다. 이 의미에서, 공동체의 목적달성에는 EU법의 우위가 인정되는 것이 불가결하다. 또한 제249조는 규칙이 그 전체에 있어서 구속력을 가지며, 전(全)회원국에 있어서 직접적으로 적용된다고 규정하지만, 회원국법이 EU법에 우선할 수 있다고 한다면 이 규정은 의미를 잃어버리고 말 것이다(Case 6/64 *Costa v. ENEL* [1964] ECR 585, at 594). 졸저, 유럽연합법 (파주: 한국학술정보, 2009), p.75.

8) *Ibid.*, p.100.

9) *Ibid.*, p.74.

EU법과 국내법이 저촉할 때 EU법이 우선하여 적용되게 되는 것이다. 둘째, 넓은 의미로는 우위의 원칙은 헌법적 의미를 가진다. EU법은 회원국의 국내법과 별개로 존재하는 법질서가 아니라 양자는 밀접한 관련을 맺고 있다. 하지만 EU법은 각 회원국의 국내법보다 상위의 법체계를 구성하고 있다. Costa v. ENEL사건 판결에 의하면, EU법은 "(EC)조약 발효시부터 회원국의 법제도의 불가결한 일부가 되며, 회원국 법원은 그것을 적용할 의무를 진다"라고 판시하여, EU법이 회원국법의 불가결한 일부를 구성하여 회원국의 국내법원에 의해 적용된다는 것을 명확히 하고 있다.[10] 비록 이 사건에서 "회원국 법원은 그것을 적용할 의무를 진다"라는 소극적 표현을 사용하고 있지만 EC조약을 포함한 EU법이 국내법에 대하여 헌법적 최고규범성을 가진다는 점을 인정하고 있다고 볼 수 있다.

그렇다면 EU법의 우위의 원칙은 전통국제법에서는 어떻게 취급되고 있을까? 전통국제법의 관점에서 본다면, 조약의 국내법상 수용과 그 이행은 당해 국가의 재량에 속하는 사항이다. 따라서 일반적으로 국가는 일원론(Monism) 혹은 이원론(Dualism)에 의거하여 이 문제를 해결하고 있다. 하지만 직접적용성 혹은 우위의 원칙을 채택하게 되면, EU법과 회원국 국내법의 관계는 이원론은 무시되고, 사실상 일원론의 입장에 서게 된다. 따라서 EU법이 회원국법 속으로 별도의 변형의 절차 없이 수용되게 된다.[11] 사실상 EU법상 이 문제는 전통 국제법에서는 사례를 거의 찾아볼 수 없는 파격적인 방식인 회원국들이 공동체 설립조약을 통하여 자발적으로 그들의 주권의 일부를 공동체로 '양도함(transferred)'으로써 해결하고 있다. ECJ는 상기 Costa v. ENEL 사건 판결에서 "동 조약(EEC조약)에 의거하여 회원국들이 국내법제도로부터 공동체법제도로 그 권리의무를 양도한 것은 회원국들의 주권적 권리의 영구적인 제한을 수반한다. 공동체의 개념에 합치하지 않는 사후적인 일방적 행위는 공동체법제도에 우위일 수 없다(The transfer by the states from their domestic legal system to the Community legal system of the rights and obligations arising under the Treaty carries with it a permanent limitation of their sovereign rights, against which a subsequent unilateral act incompatible with the concept of the Community cannot prevail)"[12]고 판시함으로써 국내법의 어떤 규정도 일단 양도한 주권을 무효화하기

---

10) *Costa v. ENEL,* at 8.

11) V. R. Kovar, "*L'intégrité de l'effet direct du droit communautaire selon la jurisprudence de la Cour de la Communauté*", in Der Europq des zweiten Generation, Mélanges Sasse(Baden-Baden: Nomos, 1981), p.151 s.

12) *Costa v. ENEL*, at 14.

위해 원용될 수 없다는 점을 강조하고 있다.[13)]

이 사건에서 우리가 눈여겨볼만한 것은 ECJ는 EU법의 우위를 주장하면서도 국제법 혹은 헌법론에 의거하지 않고 공동체라고 하는 특수한 성격에 근거하고 있다는 점이다. 이 점은 위에서 검토한 바와 같이, ECJ는 공동체를 '하나의 새로운 법질서(a new legal order)'로 간주하고 있고, 그 독자성의 바탕 위에서 우위성의 개념을 도출하고 있는 것이다. 따라서 EU법에서 우위의 개념이 결정적인 중요성을 가지고 있다는 것은 명확하다. 이를테면, EU 기관에 의해서 입법된 규칙이 그 후에 채택된 일 회원국의 입법에 의해 효과를 잃어버릴 가능성이 있다면, EU법이 회원국에서 통일적인 효과를 가진다는 것은 불가능하게 되어버리고 말 것이다. 만일 이런 사태가 발생하게 된다면, 유럽역내시장통합이라는 목적은 달성될 수가 없다. 더욱이 EU법의 통일적인 해석도 불가능하게 되어 각 회원국마다 상이한 해석과 적용으로 법적 안정성도 확보되지 못할 것이다. 이와 같은 이유에서 회원국법에 대한 EU법의 우위 관계를 명확히 하는 것은 EU법이 존재하기 위한 전제조건인 동시에 EU법으로서는 사활이 걸린 문제인 셈이다.

그렇다면 EU법의 우위의 원칙이 포함하는 국내법의 규범의 범위는 어디까지일까? 다시 말해서 회원국의 국내법률 뿐만 아니라 헌법까지지도 포함하는 것일까? 이 문제에 대해서는 Costa v. ENEL 판결 이후 다수의 사건에서 다투어졌다. 이 가운데 특히 Simmenthal 사건[14)]은 중요한 의미가 있다.

이 사건에서 ECJ는 헌법을 포함하는 모든 회원국법에 대해 제정의 전후를 불문하고 EU법이 절대적으로 우위에 있다는 것을 확인했다: "... 공동체설립조약 및 공동체기관의 직접적용 가능한 조치와 회원국의 국내법과의 관계에 있어서는 공동체법의 우위의 원칙에 의해 당해 조약 및 조치는 저촉하는 모든 현행 국내법을 자동적으로 적용하지 않는 것뿐만 아니라 이들과 저촉하는 국내입법조치를 새롭게 유효하게 채택하는 것까지－공동체법이 각 회원국의 영토 내에서 적용되는 법질서의 불가결한 일부가 되고, 동시에 그것에 우위하는 범위에서－배제한다."[15)] 이 판결에서 말하는 EU법은 EC설립조약만이 아니라 EU 기관이 제정한 규칙과 지침 등 2차입법도 포함한다.

그리고 회원국의 재판소가 직접효과가 있는 EU법에 반하는 국내법을 EU법이

---

13) 김대순, "유럽공동체법 우위의 원칙에 대한 회원국 재판소의 반응에 관한 소고－서독의 경우를 중심으로－", 법학연구(전남대학교 법학연구소, Vol. 12, 1985), p.59.

14) Case 106/77 *Amministrazione delle Finanze dello Stato v. Simmenthal* [1978] ECR 629.

15) *Simmenthal,* at 17.

적용되는 범위에서 적용하지 않을 의무가 있다는 것을 명확하게 선언하고 있기도 하다: "... 모든 국내재판소는 그 관할 내의 사건에서 공동체법을 완전하게 적용하고, 공동체법이 개인에게 부여하는 권리를 보호할 의무가 있다. 그 때문에 공동체법에 저촉할 수 있는 국내법의 모든 규정은 공동체법의 전후를 불문하고 부적용하지 않으면 안 된다."[16] 이 판시 내용도 상당히 중요한데, EU법은 회원국의 모든 법에 앞서서 최종적으로는 우선적으로 적용되어야 한다는 것을 의미한다. 각 회원국의 법질서에서 국제조약이 헌법보다 하위에 위치하고 있다고 하여도 EU법은 '하나의 새로운 법질서'로서 특별하고 독립적인 법질서이므로 각 회원국의 법의 위계와는 무관하게 EU법이 모든 회원국의 국내법에 우위하게 되는 것이다.

Simmenthal 판결에서의 이와 같은 ECJ의 판시 태도는 한마디로 "회원국의 '모든' 국내법에 대한 EU법 우위의 원칙은 절대적이다"고 요약할 수 있다. 하지만 '모든 국내법'이라고 하는 경우, 헌법에 대한 우위의 문제는 어떻게 취급되어야 하는가? 다시 말해서 위의 판결 제17단에서 적시하고 있는 바와 같이 EU법과 저촉하는 '모든 현행 국내법'은 자동적으로 '적용되지 아니 한다'고 하는 점이다. 판시의 내용을 문언 그대로 해석한다면, '모든 현행 국내법' 속에는 국내법률 만이 아니라 헌법도 포함하는 것으로 보아야 한다. 그렇게 해석한다면, EU법에 저촉하는 국내 최고규범인 헌법도 '저촉의 범위 내에서' 무효가 되어야 할 것이다. 또한 시간적으로 보아도 제정의 전후를 불문하고 EU법에 저촉하는 경우에는 결국 EU법이 우위에 있다는 결론이 도출된다. 이 사건에서 ECJ는 각 회원국 헌법보다도 상위법으로서 EU법의 위계를 설정하고자 의도하고 있는 것이다.

그렇다면 Simmenthal 판결 제18단에서 볼 수 있는 바와 같이, EU법 우위가 현실적으로 관철되기 위해서는 각 회원국의 재판소가 ECJ가 인정한 EU법의 우위를 받아들일 필요가 있다. EU법의 법리에 따르면, 회원국의 재판소는 ECJ의 판단에 따르지 않으면 안 된다. 그러나 국내재판소가 현실적으로 ECJ의 판단에 따르는가 여부는 그것과는 별개의 문제이다. 실제로 모든 국내재판소가 처음부터 EU법의 우위를 반드시 모두 받아들인 것은 아니었다. 하지만 1980년대 말에는 이들 국내법원에 있어서도 이 원칙은 기본적으로 승인되기에 이르렀고 현재에는 EU법의 우위는 EU전역에서 승인되고 있다고 할 수 있다.[17]

---

16) *Simmenthal,* at 21.

17) 채형복, 앞의 책, p.76. 국내법원이 EU법의 우위에 저항했던 주된 이유는 EU법이 기본적 인권의 보호에 충분한 체제를 갖추고 있지 않았던 점에 있다. 즉, EU는 유럽인권조약에 가입하고 있지 않고 있으며, 또한 EC조약도 회원국 헌법이 통상 갖추고 있는 것과 같은 포괄적

이처럼 EU 전역에서 일반적으로는 우위의 원칙이 인정되고 있다. 하지만 EU는 아직까지도 완전한 연방의 형태가 아닌 소위 '준연방주의(quasi-federalism)'의 상태에 머무르고 있으며, EU법 역시 연방법적 성격을 가질 뿐이므로 현실적으로 일정한 한계가 있음을 부인할 수 없다. 이것은 기본적으로는 EU라는 조직의 구조적 한계에서 유래하는 것이지만 EU법체계의 불완전성에서 기인하고 있기도 한데, 이것은 곧 아래와 같은 EU법 우위의 한계와 직결된다.

첫째, 비록 EU법이 회원국법에 비해 우위에 있다고는 하나 전자가 회원국 내에서 실행되기 위해서는 국내적 차원의 실시조치가 필요하다. 먼저, 규칙과 관련하여, 유럽연합의 운영에 관한 조약(TFEU) 제288조(구 EC조약 제249조)는 "규칙은 ... 모든 회원국에 직접 적용된다"고 규정하고 있다. 동조에 의하면, 규칙은 국내적 차원의 별도의 실시조치 없이 곧바로 국내법을 구속하게 된다. 하지만 비록 규칙이 법적 구속력을 가진다고는 하나 그 적용 과정에서 국내법과 충돌할 수 있다. 그리고 국내법과의 저촉 문제는 TFEU의 적지 않은 조문과 지침의 경우에 흔히 야기될 수 있다. 이들의 경우에는 회원국들에게 일정한 결과 달성을 위한 의무를 부과하기 때문이다. 결국 이 경우에도 국내적 차원의 실시조치를 통해서 회원국의 국내법 질서로 편입되지 않을 수 없으므로 EU법 우위의 원칙의 한계에 해당하는 것이다.[18]

둘째, 또 다른 EU법 우위의 한계는 회원국 의무 위반에 대한 소송과 그 결과에 대한 강제의 문제이다. TFEU 제258조[19] 및 제259조[20]에 의하여, EU법상의 의

인권목록을 갖추고 있지 않다. 이 때문에, 국내법원 중에는 회원국 헌법의 인권규정에 위반하는 EU법의 적용을 반드시 해야만 하는 것은 아니라는 생각에 기본적 인권분야에서의 EU법의 우위를 인정하지 않았다. 예를 들면, 독일연방헌법재판소는 1974년에 그러한 취지의 판결을 내리고 있다(Internationale Handelsgesellschaft mbH v. Einfuhr-Und Vorratsstelle Fur Getreide Und Futtermittel(Case 2 BvL 52/71)(Solange I) [1974] 2 CMLR 540 at 551-552). 그러나 연방헌법재판소는 1986년에 종래의 판례를 사실상 변경하여 ECJ가 기본권을 효과적으로 보호하는 한 EU법의 독일헌법에의 적합성에 대하여 판단하지 않는다고 판시했다(Re the Application of Wunsche Handelsgesellschaft(Case 2 BvR 197/83) (Solange II) [1987] 3 CMLR 225, at 265). *Ibid.*, pp.75-76.

18) *Ibid.*, p.77.

19) TFEU 제258조(구 EC조약 제226조) 위원회가 회원국이 제조약에 따른 의무를 이행하지 않았다고 판단하는 경우, 위원회는 당해 회원국에 의견을 제출할 수 있는 기회를 준 후 당해 사안에 관한 적절한 의견을 제시한다.
당해 회원국이 위원회가 정한 기간 이내 위원회의 의견을 이행하지 않는 경우, 위원회는 당해 사안을 유럽연합 사법재판소에 회부할 수 있다.

20) TFEU 제259조(구 EC조약 제227조) 다른 회원국이 제조약에 따른 의무를 이행하지 않았다고 판단하는 회원국은 당해 사안을 유럽연합 사법재판소에 회부할 수 있다.

무를 위반한 회원국에 대하여 위원회 내지 다른 회원국은 ECJ에 의무위반소송을 제기할 수 있다. 만일 의무위반이 인정된 경우, ECJ 판결에 따라 당해 회원국은 적절한 조치를 취해야 한다. 이 제도는 EU법 우위를 나타내는 대표적인 예에 해당한다. 문제는 ECJ의 판결에 의한 이행명령에도 불구하고 당해 회원국이 이에 불복하는 경우에는 어떻게 할 것인가? 이를 해결하기 위하여 TFEU 제260조는 판결에 따르지 않은 회원국에 대한 금전적 제재제도를 도입하고 있다.[21] 하지만 이 제도에도 여전히 불명확한 문제는 남아 있다. 만일 회원국이 의무위반에 대한 금전적 배상을 지연하거나 거부하는 경우에 이를 최종적으로 강제할만한 수단이 마련되어 있지 않은 것이다. 완전한 연방국가가 아닌 EU법체제의 한계를 여실히 드러내는 전형적인 예가 아닌가 생각된다.[22]

회원국은 다른 회원국을 상대로 제조약에 따른 의무를 침해한 혐의로 소송을 제기하기 전에 당해 사안을 위원회에 회부한다.

위원회는 각 해당 회원국에게 상대방 회원국의 주장에 대한 자신의 주장 및 의견을 구두 및 문서로 제출할 수 있는 기회를 준 후 적절한 의견을 제시한다.

위원회가 당해 사안이 회부된 때로부터 3개월 이내 의견을 제시하지 않는다면 당해 사안을 재판소에 회부할 수 있다.

21) 제260조(구 EC조약 제228조) 1. 유럽연합 사법재판소가 회원국이 제조약에 따른 의무를 이행하지 않고 있다고 결정하는 경우, 해당 회원국은 재판소의 판결을 이행하는 데 필요한 조치를 취한다.

2. 위원회는 당해 회원국이 재판소의 판결에 부합한 조치를 취하지 않았다고 간주할 때는 그 국가에게 의견을 진술할 수 있는 기회를 준 다음 재판소에 제소할 수 있다. 위원회는 당해 회원국에 의해 지불되어야 할 일시불 총액 또는 벌금으로서 위원회가 제반의 사정에 비추어 보아 적당하다고 생각되는 금액을 지정한다.

재판소는 해당 회원국이 판결을 이행하지 않았다고 결정하는 경우, 해당 회원국에게 일시불 총액 또는 벌금을 부과할 수 있다.

이 절차는 제259조를 침해하지 않는 범위 내에서 적용된다.

3. 위원회는 입법절차에 따라 제정된 지침을 실시하기 위한 조치를 통지할 의무를 회원국이 위반했다고 간주하고, 이 회원국을 제258조에 따라 재판소에 제소할 때 당해 회원국에 의해 지불되어야 할 일괄 총액 또는 벌금으로서 위원회가 제반의 사정에 비추어 보아 적당하다고 생각되는 금액을 지정하는 것이 목적에 부합한다고 판단하는 경우에는 이를 지정할 수 있다. 위반을 확인하는 결정을 하는 경우, 재판소는 일괄 총액 또는 벌금의 지불을 위원회가 언급한 금액에 이를 때까지 당해 회원국에게 부과할 수 있다. 지불 의무는 재판소가 그 판결에서 정한 날부터 발생한다.

22) 채형복, 앞의 책, pp.77-78.

〔Van Gend en Loos사건〕
(Case 26/62, Van Gend en Loos v. Nederlandse Administratie der Belastingen 〔1963〕 ECR 1)

[사 실]

네덜란드의 원고 반 헨드 엔 로스(Van Gend en Loos)는 1960년 9월에 서독으로부터 네덜란드로 요소(尿素 urea)를 수입했다. 피고 네덜란드 관세국(Tariefcommissie)은 동 제품에 대해 8%의 관세를 부과했다. 이는 1960년 3월부터 실시된 베네룩스 3국간의 신관세협정의 관세율표에 따라 처분한 것이었다. 원고는 이 과세처분에 대해 불복 신청을 하였다. 즉 1958년의 EC 설립 당시 요소에는 3%의 관세가 부과되고 있었다. EC조약[23] 제12조는 조약 발효 후 회원국 간의 수출입에 대한 관세의 인상은 금지하고 있었다. 그런 연유로 본건에 대한 과세처분은 EC조약 제12조에 위반하는 무효한 관세인상이었다는 주장이었다. 관세국은 신관세협정에서 부과대상품목의 분류가 변경되었으므로 본건의 제품은 품목분류가 변경되고 관세율이 변화했지만 각 분류의 관세는 이전과 마찬가지로 관세인상은 아니었다고 반론했다. 원고의 불복신청은 각하되었다. 이에 원고는 피고의 과세처분의 취소소송을 네덜란드 세무심판소(Nederlandse Administratie Der Belastingen; Netherlands Inland Revenue Administration)에 제기했다. 심판소는 EC조약 제177조에 의거하여 유럽사법재판소에 선결적 판단을 구했다.

[당사자의 주장]

부탁된 선결적 부탁의 첫 번째 질문은 EC조약 제12조가 회원국 내에 직접효력을 가지는가 여부였다. 즉, 회원국의 국민이 동조(同條)를 근거로 하여 국내재판소에서 권리를 주장할 수 있는가가 주된 쟁점이었다. 두 번째 질문은 본건의 과세처분(관세항목의 변경으로 인한 관세인상)은 EC조약 제12조에 위배되는가 여부였다. 만일 위배된다면, 예외적으로 관세의 인상이 허용될 여지는 없는가?

뿐만 아니라 유럽사법재판소에서의 선결적 부탁 심리에는 당사자 이외에 회원제국과 EC 기관도 참가할 수 있다(재판소 설치 규정 제20조·제37조(현 제23조·제40조)). 본건에서는 네덜란드, 벨기에, 독일의 제(諸)정부 및 유럽위원회도 참가했다.

첫 번째 질문을 둘러싸고 원고와 유럽위원회는 EC조약이 회원국을 상호 구속하는 통상의 국제조약을 넘어서고 있다고 주장했다. 즉, 독자적인 공동체제도와 독자적인 공동체법을 창설하고, 회원국과 그 기관만이 아니라 제(諸)국민도 구속하는 것을 의도한 조약이다. 게다가 공동체법의 국내법에 대한 효과는 공동체법에 의해 결정되어서는 안 된다. EC조약 제12조 위반은 공동체의 근본원칙을 부정하는 중대한 것이므로 개인도 그와 같은 위반으로부터는 법적으로 실효적으로 보호되어야 한다. EC조약 제12조가 회원국에 부과하는 의무는 명확하게 一義的이다. 더욱이

---

23) 1993년 10월 31일 이전의 EC조약은 EEC조약이다. 그러나 본서에서는 EEC와 EC를 엄밀하게 구별할 필요가 있는 경우를 제외하고 EEC조약도 EC조약으로 표기했다. 그리고 2009년 12월 1일자로 리스본조약이 발효함으로써 기존의 EC조약은 TFEU로 대체되었음은 주의를 요한다.

EC조약 제12조는 회원국의 국내재판소에서 직접적용 가능하고 개인에게(EC조약 위반의 정부 행위에 구속되지 않는다) 권리를 발생시킨다고 주장했다.

한편, 피고와 제국(諸國)정부는 일치하여 국내재판소에서 EC조약 제12조의 직접적용 가능성과 각국에서의 개인에 대한 권리 발생을 부정했다. 이를테면 네덜란드는 다음과 같이 주장했다. EC조약 규정의 직접적용 가능성의 판단에서는 EC조약과 통상의 국제조약과는 다르지 않다. 국제조약의 규정에 직접효과(direct effect)가 인정되기 위해서는 그 전제로서 당해 규정의 국내효과(internal effect)가 인정되어야만 한다. 국내효과가 인정되는가 여부는 회원국의 의사와 관련 규정의 문언이 검토되어야 한다. 그런데 EC조약 제12조의 문언은 회원국에게 의무를 부과하지만 의무의 이행방법은 특정하고 있지 않다. 이는 의무를 국내적으로 실시할 것인가 여부에 대한 재량이 회원국에게 있다는 뜻을 나타내고 있는 것이다. 의무에 재량이 남아 있으므로 내용이 불명확하고 EC조약 제12조에는 국내효과가 인정되지 않는다. 하물며 직접효과도 인정되지 않는다.

유럽사법재판소는 직접효과를 인정했다.

[판결 요지]

[8] 세무심판소가 부탁한 첫 번째 질문은 EC조약 제12조가 국내에서 직접효력을 가질 수 있는가라는 것이다. 즉, 회원국의 국민이 동조(同條)에 의거하여 권리를 주장하고, 국내재판소가 이를 보호해야만 하는가라는 문제이다.

[9] 국제조약의 제(諸)규정이 거기까지 미치는 효과를 발생시키는가의 문제를 판단하기 위해서는 당해 제(諸)규정의 정신, 전체의 구성 및 문언을 고려할 필요가 있다.

[10] EC조약의 목적은 공동시장을 설립하는 것이고, 공동시장이 기능하는 것은 공동체의 관계당사자의 이익에 직접적으로 관계한다. 더욱이 이 조약의 목적은 당해 조약이 회원국 상호간에만 의무를 발생시킨다는 합의를 넘어선다는 것을 시사하고 있다. 이 점은 이 조약의 前文이 정부만이 아니라 개인에 대해서도 언급하고 있다는 점으로부터 확인할 수 있다. 또한 주권적 권리를 부여받은 기관(institutions endowed with sovereign rights)을 설립하고, 그 권리 행사가 회원국만이 아니라 시민에게도 영향을 미치는 것이라는 데서 구체적으로 확인된다. 게다가 공동체 회원국의 국민이 유럽의회 및 경제사회이사회를 통하여 공동체의 운영에 협력할 것을 요청하고 있다는 것도 특기해야 한다.

[11] 이에 덧붙여, EC조약 제177조에 의해 유럽사법재판소에 부탁된 임무가 있다. 이것은 각 국내재판소 및 심판소에 의한 당해 조약의 해석의 통일성을 보장하는 것을 목적으로 하고 있지만 이 임무로부터도 국내 재판소 및 심판소에서 회원국의 국민이 행사할 수 있는 권한을 공동체법이 가진다는 것을 제(諸)회원국이 인정하고 있다는 것을 시사하고 있다.

[12] 이상으로부터 도출한 결론은 이 공동체는 국제법의 새로운 법질서를 구축하는 것이고(the Community constitutes a new legal order of international law), 회원국은 그 주권적 권리를 제한된 분야에서만 적용하지만 공동체와의 관계에서 제한한 것이고, 공동체의 통치는 회원국만이 아니라 그 국민에게도 미친다. 따라서 회원국의 입법과는 다른 독립적으로 공동체법은 개인에게도 의무만을 부과할 뿐만 아니

라 권리도 부여하므로 이 권리는 개인의 법적 유산(legal heritage)이다. 이와 같은 권리는 본 조약이 명문으로 부여한 경우만이 아니라 본조약이 회원국, 개인 및 공동체의 기관에게 명확하게 부여한 의무로부터도 발생한다.

[13] EC조약의 관세 및 동등한 효과를 가지는 과징금에 관한 제(諸)규정의 전체의 구성에 대해서는 동 조약 제9조가 공동체는 관세동맹을 기초로 한다고 규정하고 있고, 역내관세 및 과징금의 금지를 본질적인 내용으로 하고 있다는 것을 강조해야 한다. 이 제9조는 '공동체의 기초(Foundations of the Community)를 정의하는 EC조약의 제1편의 모두(冒頭)에 위치한다. 그 응용과 설명이 동 조약 제12조이다.

[14] 동 조약 제12조의 문언은 명확한 동시에 무조건의 금지를 내용으로 한다. 이는 적극적 의무가 아니라 소극적 의무이다. 그러나 제(諸)회원국은 국내법에 기초한 적극적인 입법조치를 취하는 것을 조건으로 하여 당해 의무를 이행해야 하지만 당해 의무를 한정하는 어떠한 유보도 붙여져 있지 않다. 이 금지의 성질 그 자체는 회원국과 국민과의 법적 관계에서 직접효과(direct effect)를 발생시키는 것이기 때문에 이상적으로 적시되어 있다.

[15] 동 조약 제12조의 실시는 제회원국의 입법적 개입을 필요로 하지 않는다. 동조에서 소극적 의무(negative obligation)에 따르는 것이 회원국이라는 사실은 회원국의 국민이 당해 의무로부터의 혜택을 입을 수 없다는 것을 의미하지는 않는다.

[16] 게다가 심리절차에서 서면으로 의견을 제출한 3개국 정부의 EC조약 제169조·제170조에 의거한 주장은 오해에 기인한 것이다. 양 조문에 의해 유럽위원회와 회원국이 의무 불이행 회원국을 유럽사법재판소에 소송을 제기할 수 있는 것은 개인이 필요한 경우 국내재판소에서 당해 의무를 주장할 수 없다는 것을 의미하는 것은 아니므로 EC조약이 그것에 따르는 제(諸)주체에 부과된 제(諸)의무를 확실하게 준수시킬 방법을 유럽위원회에 부여하고 있기 때문에 단지 국내재판소에서의 개인 간의 소송에서 개인이 당해 제(諸)의무의 위반을 주장할 가능성이 배제되어 있는 것은 아닌 것과 마찬가지이다.

[17] 무엇보다 회원국에 의한 EC조약 제12조 위반을 동 조약 제169조·제170조의 소송만으로 시정하려고 하기 때문에 회원국 국민의 개개 권리의 모든 직접적 법적 보호가 박탈되어서는 안 된다. EC조약의 규정에 반하는 각 국내에서의 결정이 우선 실시되고, 그 후에 양 조문의 소송에 호소해도 개인의 권리보호의 실효성이 결여될 위험이 있다.

[18] 자신의 권리를 수호하는데 이해를 가지는 개인의 감시는 유럽위원회 및 회원국이 EC조약 제169조·제170조에서 성실하게 행하는 감독에 부가하여 실효적인 감독이다.

[19] 이상의 고려에 의해, EC조약의 정신, 전체의 구성 및 문언으로부터 동 조약 제12조는 직접효과를 발생하고, 국내재판소가 보호해야 하는 개인의 권리를 창설한다고 해석하는 것이 타당하다.

[25-29] 두 번째 질문에 대해서는 유럽사법재판소는 EC조약 제12조에 위반하는 위법한 관세인상은 관세율표의 개정의 결과, 관련 제품이 보다 고율의 관세가 부과되는 품목으로 분류가 변경됨으로써 발생한 것이라고 이해하는 것이 타당하다. 따라서 이 해석에 의거하여 동 조약 제12조를 사안에 적용하는 것은 국내재판소이다.

〔Costa v. ENEL사건〕

Case 6/64, Costa v. ENEL 〔1964〕 ECR 585.

[사 실]

이탈리아는 1962년의 법률 등에서 전력사업을 국유화했다. 민간 전력회사의 자산은 국영전력공사(ENEL)에 양도되었다. 원고 Costa씨는 국유화된 민간 전력회사 Edison Volta사의 주주였다. 국유화를 위법하다고 생각한 원고는 피고 ENEL의 소액 전력요금(1925리라. 약 10,000원 정도)의 지불을 거부하고, 피고에 대한 채무부존재 확인소송을 소액재판의 전속관할권을 가지는 치안판사재판소(Giudice Conciliatore)에 제기했다.

[당사자의 주장]

원고의 주장에 의하면, 1962년의 전력국유화법은 EC조약 제102조, 제93조, 제53조, 제37조에 반하는 위법한 입법이고, 이탈리아헌법에도 반하며, ENEL의 존재가 무효이므로 전력요금채무도 존재하지 않는다. EC조약은 이를테면 제37조 제2항에서 제회원국의 국민 간에 상품의 조달이나 판매의 경쟁조건의 차별이 발생하지 않도록 하기 위하여 제회원국은 '상업적 성격의 어떠한 국가 독점'도 1958년 이후는 신규로 도입하지 않는다고 규정하고 있었다. 원고는 동 규정은 EC조약의 관련 제(諸)규정이 직접적으로 적용 가능하므로 국유화법은 이에 위반한다고 주장했다. 치안판사재판소는 국유화법이 앞에서 기술한 EC조약 제(諸)규정에 반하는가라는 문제를 들어 유럽사법재판소에 선결적 판단을 구했다.

피고 ENEL과 이탈리아정부(피고측으로 참가)는 다음과 같이 반론했다. 선결적 부탁절차는 본건에 관계하는 범위에서 말하자면 'EC조약의 해석'에 다툼이 있을 때 이용가능하다(EC조약 제177조). 그러므로 치안판사재판소는 국내법이 EC조약에 반하는가에 대해 질문했다. 이는 국내법의 효력에 대해 질문한 것으로써 부탁 청구로서 부적법하다. 가령 EC조약의 해석을 묻는 것만으로도 본건에 그 해석문제는 존재하지 않는다. 즉, 이탈리아헌법에서는 국제조약은 헌법의 하위에 있고 법률과 동등한 지위에 있어 현재 이탈리아에서는 EC조약의 비준을 통상의 법률(1957)로 행했다. 동등한 지위의 법의 저촉은 '신법은 구법에 우선한다(新法은 舊法을 깨트린다)'는 원칙에 의해 해결되기 때문에 만약 EC조약과 국유화법이 저촉한다면 신법인 1962년의 국유화법이 EC조약과 비준법에 우선한다. 따라서 이탈리아의 국내재판소는 국유화법만을 적용할 의무가 있고, 본건에 EC조약의 적용은 없으므로 그 해석문제도 생기지 않는다. 게다가 본건에 대하여 선결적 부탁 관할권은 생기지 않는다.

이리하여 본건에서는 선결적 부탁 관할의 존재가 직접적인 쟁점으로 되었다. 그러나 가장 근본적으로 중요한 쟁점은 다음과 같다.

① 피고의 반론의 전제가 정당한가? 즉 EC조약과 회원국법이 저촉할 때 회원국법에 의해 우선 관계를 판단해도 좋은가?

② 이 우선 관계는 어떻게 해석해야 하는가?

이 질문들에 대한 답변을 통해 EC법 문제의 존부가 결정되기 때문에 선결적 부탁 관할의 존부도 결정되게 된다. 다른 문제, 이를테면, 선결적 부탁 관할권이 인정되는 범위라든지 본건에서 주장된 EC조약 제(諸)규정의 직접효과의 유무는 부차적인 쟁점이다.

유럽사법재판소는 ① 우선관계(優先關係)는 EC법이 결정하는 것이고, ② EC법에 저촉되는 모든 회원국에 우위한다고 답변했다.

[판결 요지]

[7] 이탈리아정부는 국내재판소가 국내법을 적용하지 않을 수 없고, EC조약 제177조를 이용할 수 없는 이상 본건의 치안판사재판소의 선결적 부탁 청구는 '전적으로 수리불능(absolutely inadmissible)'이라고 주장했다.

[8] 통상의 국제조약과는 달리 EEC조약은 독자적인 법제도(its own legal system)를 창출했다. 동 조약의 발효와 동시에 이 법제도는 회원국의 법제도에 통합된(intégré; 영어본 become an integral part) 것이므로 회원국의 재판소는 이 법제도를 적용해야 한다.

[9] 무기한으로 존속하고, 독자의 기관, 법인격, 법적 능력, 국제면의 대표능력, 다시 말하여 주권의 제한(limitation of sovereignty) 혹은 회원국으로부터 공동체로 제(諸)권력의 이양(transfer of powers)으로부터 생긴 현실의 제(諸)권력(real powers)을 구비한 공동체를 창설하는 것에 의해 제(諸)회원국은 한정된 분야이지만 그 주권적 권리를 제한하고, 회원국의 국민 및 제(諸)회원국들을 구속하는 법체계를 창출했다.

[10] 공동체로부터 유래하는 규정이 각 회원국의 법에 통합되는 것, 보다 일반적으로는 EC조약의 문언과 정신으로부터 제(諸)회원국이 상호주의에 의거하여 수입된 법제도에 대하여 제(諸)회원국이 일방적인 사후적 조치를 우선시키지 않는 것이 당연히 도출된다. 그와 같은 조치는 당해 법제도와 양립할 수 없다. 공동체법의 집행력이 회원국마다 사후적인 국내법에 따라 달라진다는 것은 허용되지 않으므로 그와 같이 된다면 동 조약 제5조(현 제10조) 제2단에서 규정하고 있는 목적의 달성이 위험하게 되고, 동 조약 제7조(현 제12조)가 금지하는 차별을 발생시키게 될 것이다.

[11] 만약 공동체설립조약에서 인수한 의무를 서명국의 사후적 입법행위에 의해 재질문하는 것이 가능하지 않다면, 인수한 의무는 무조건부가 아니라 조건부에 지나지 않을 것이다. 동 조약은 회원국에게 일방적 행위권을 부여할 때는 이를 명확하게 규정하고 있다(이를테면 제15조, 제93조 제3항, 제223조, 제224조 및 제225조. 설립조약의 적용면제의 허가를 회원국이 신청할 때는 특별허가절차를 따르도록 하고 있다(이를테면 제8조 제4항, 제17조 제4항, 제25조, 제26조, 제73조, 제93조 제2항 3단 및 제226조). 만약 회원국이 그 의무를 국내의 통상의 법률에 의해 방기(放棄)할 수 있다면, 신청은 목적을 잃게 될 것이다.

[12] 공동체법의 우위성(불어: prééminence; 영어: precedence)은 동 조약 제189조(현 제249조)로부터도 확인된다. 동조는 공동체 규칙은 '구속력을 가지고' '모든 회원국에게 직접적으로 적용된다'고 정하고 있다. 이 규정은 어떤 유보도 붙어 있지

않으므로 만약 어느 회원국이 입법조치에 의해 당해 규칙의 효과를 일방적으로 무효화할 수 있고, 그 입법조치가 공동체법에 우위할 수 있게 된다면, 이 규정은 전적으로 무의미하게 될 것이다.

[13] 이 모든 것을 고려해 볼 때, 동 조약으로부터 유래하는 법은 독자의 법원(an independent source of law)이고, 그 특별한 동시에 독자적 성질의 바탕 위에서 어떠한 형태의 국내법 규정도(불어: un texte interne quel qu'il soit; 영어: domestic legal provisions, however framed) 이에 대항할 수 없다고 해석하는 것이 타당할 것이다. 그렇지 않다면 공동체법은 공동체법으로서의 성격을 잃고 공동체의 법적 기초가 의문시되게 될 것이다.

[14] 동 조약에 의거하여 제(諸)회원국이 국내법제도로부터 공동체 법제도로 그 권리와 의무를 양도(transfer)한 것은 제(諸)회원국의 주권적 권리의 항구적 제한(a permanent limitation; 불어: une limination définitive 종국적 제한)을 수반한다. 공동체의 개념에 합치하지 않는 사후적인 일방적 행위는 공동체 법제도에 우위(prevail)할 수 없다. 따라서 동 조약 제177조는 모든 국내법에 관계없이(불어: nonobstant toute loi nationale; 영어: regardless of any domestic law) 동 조약의 해석에 관한 문제가 생기는 때에는 언제나 적용된다고 해석하는 것이 타당하다.

[유럽사법재판소는 이어서 본건에서 문제가 된 EEC조약의 제(諸)규정에 대해서도 직접효과의 유무를 검토하고, 제102조·제93조에 대해서는 직접효과를 부정하는 한편, 제53조, 제37조 제2항에 대해서는 직접효과를 긍정했다.]

Ⅳ. 기타 각국의 실제

1. 오스트리아와 네덜란드

오스트리아와 네덜란드는 조약에 대해서 헌법과 동위 또는 상위의 국내적 효력을 인정한다. 오스트리아헌법은 법률규정 또는 헌법규정에 저촉되는 조약에 대해서 각각 법률 또는 헌법으로서의 효력을 인정한다(오스트리아헌법 제50조). 물론 조약체결에 있어서는 법률의 효력을 가지는 조약에는 법률의 형식에 의한, 헌법의 효력을 가지는 조약에는 헌법개정의 형식에 의한 국회승인을 요건으로 한다.

네덜란드헌법은 양원의 각 3분의 2의 다수결에 의한 승인을 조건으로 조약의 내용이 헌법의 약간의 규정에 상이한 규정을 할 수 있다는 것을 인정한다(네덜란드헌법 제63조). 그러나 조약은 그 체결 후에 채택된 헌법규정에 우선한다고는 생각하지 않는다.

2. 프랑스, 독일 및 일본

프랑스와 독일은 조약에 대해 법률보다 우위의 국내적 효력을 인정하고 있다. 프랑스헌법은 '헌법에 저촉되는 조항을 포함한 조약의 비준 또는 승인은 헌법의 개정 후가 아니면 안 된다'고 하고, 비준 또는 승인된 조약은 그 공포와 동시에 법률의 우위에 있다고 명시하고 있다(프랑스헌법 제54조·제55조).

독일기본법은 국제법의 일반원칙(국제관습법)은 연방법의 구성부분이며, 법률에 우선하고 연방영역의 주민에 대하여 직접 권리·의무가 발생한다고 규정하고 있다(독일기본법 제25조). 그러나 기본법은 후법에 대한 우위를 조약에 부여하고 있지는 않다.

일본헌법은 조약의 순위는 명기하고 있지 않으나, 법원의 태도나 학설에 따르면 조약과 확립된 국제법규(관습법)의 '성실한 준수'가 문제로 되는 것은 법률과의 관계에서 존재한다고 할 수 있으므로 이것들은 법률에 우선하는 효력이 인정된다고 할 수 있다(일본국헌법 제98조 참조). 그러나 국민주권주의의 입장에서 헌법상 국민의 권리·의무가 조약에 의해서 변경되는 것으로 되는 조약우위는 부정된다고 할 수 있다.

V. 한국헌법과 국제법

우리 헌법 해석상의 참고로서 이상에서 살펴본 바와 같이 영미를 포함한 각국의 실제를 요약해 보면, 첫째 국제법의 국내적 타당문제에 관해서는 국제관습법은 그대로 국내적으로 적용되고, 조약은 성질에 따라 그대로 적용되는 경우와 국회의 입법조치를 요하는 경우로 나누어진다. 둘째, 국내적 효력순위에 관해서는 헌법보다 하위에 있으나 법률과는 동위 또는 상위에 두는 경우가 많다. 그리고 국가행위이론, 법원의 조약심사권의 제한방법 또는 국제법과 국내법의 합치의 추정이라는 방법에 의하여 국제법에 저촉되지 않도록 국내법을 해석함으로써 실질적으로는 국내법률보다 국제법을 우위에 두는 것이 일반적 경향이다.

1. 수용절차

헌법은 제6조 1항에서 '이 헌법에 의하여 체결·공포된 조약과 일반적으로 승인된 국제법규는 국내법과 동일한 효력을 가진다'고 규정하는데, 이 규정은 국제법을 국내법의 일부로서 수용하고 이를 존중한다는 의사를 명백히 표명한 것으로 생각된다. 따라서 이 규정에 의하여 조약과 국제관습법규는 국내법으로서의 일반적 수용이 되었다고 볼 수 있다. 조약은 공포만으로써, 그리고 일반적으로 승인된 국제법규(국제관습법)는 아무런 절차도 필요 없이 당연히 국내적 효력을 가지며, 그 국내적 효력을 위해서 특별한 입법조치를 요하지 않는다고 해석된다.

2. 효력순위

헌법은 조약과 국제관습법의 국내법과의 효력순위에 대해서는 명확한 규정을 두지 않고 '국내법과 같은 효력을 가진다'고만 규정할 뿐, 구체적으로 국내법의 위계질서에서 어디에 위치하고 있는지 명확하지 않다. 그러므로 결국 해석상으로 결정지을 수밖에 없다.

첫째, 국제법(조약과 관습법)과 헌법과의 관계는 헌법이 상위에 있다고 보아야 한다. 왜냐하면 각국의 실제가 헌법의 상위 또는 동위에 두는 나라가 거의 없을 뿐만 아니라, 만일 조약을 헌법보다 우위에 둔다면 이는 실질적으로 조약에 의한 헌법수정을 의미하므로 헌법수정의 개정절차에 의하지 않는 이러한 헌법수정은 허용될 수 없기 때문이다.

둘째, 법률과 국제법(조약·관습법)과의 관계에는 기술한 바와 같이 대부분의 민주국가에서 국제법을 법률의 하위에 두는 예가 거의 없으며, 그렇다고 법률의 상위에 두는 적극적인 규정을 두는 나라도 흔치 않으므로 조약과 법률 사이의 효력관계를 미국의 실제에 따라 법률과 동등한 효력을 가진다고 해석하는 것이 온당할 것이다. 그러므로 양법이 상호 저촉할 때에는 특별법우선의 원칙 또는 후법우선의 원칙에 의하여 해결되어야 할 것이다. 물론 우리나라도 각국의 예에 따라 국제법과 국내법이 가급적 모순되지 않도록 국내법을 해석함으로써 실질적으로는 국제법을 우위에 두어 외교적 마찰을 피하고 있다.

1965년 2월 1일 미대사관은 대한민국 외무부에 대하여 「신문·통신 등의 등록에 관한 법률」(1962. 12. 12. 법률 제1486호) 제5조 및 제7조에 언급하고, 「대한민국과 미합중국간의 우호, 통상 및 항해조약」(1957. 11. 7. 효력발생, 조약 제40조) 제7조 및 제8조와의 저촉을 지적하면서 상기법률의 개정과 적절한 행정조치를 요청하여 왔다.

이에 외무부는 상기조약이 우리나라 헌법 제5조 1항에 의하여 국내법에 수용되어 국내법과 동일한 효력을 가진다는 자신의 해석을 피력하면서, 다음 사항에 관하여 회시(回示)하여 줄 것을 요청하였다.

① 상기 조약이 상기 법률에 대하여 특별법관계에 서 있다고 해석되지 아니하고

'후법우선의 원칙'에 지배되어 법률이 우선하는지 여부, 또는 ② 상기 조약이 상기 법률에 대하여 특별법관계에 있다고 해석하고, 따라서 특별법우선의 원칙이 지배되어 조약이 우선하는지 여부.

위의 질의에 대해서 법제처는 다음과 같이 답변하고 있다. 즉, 「한미우호·통상·항해조약」 제7조 및 제8조는 「신문·통신 등의 등록에 관한 법률」 제5조 및 제1조에 대하여 우선하는 효력을 가진다고 하면서 그 이유는 다음 3가지로 집약하고 있다.

① 헌법 제5조 1항은 체결·공포된 조약은 국내법과 동일한 효력을 갖는다고 규정하여 '국제법·국내법 동위설'을 취하고 있음에 비추어, 체결·공포된 조약과 국내법 간에 상충되는 내용이 있을 때에는 국내법 상호간의 충돌이 있는 경우의 효력을 결정하는 일반원칙에 따라 양자 간의 효력을 결정한다.

② 「한미우호·통상·항해조약」은 그 인적 법률대상이 체약국 국민에 국한되어 있는 것이나, 「신문·통신 등의 등록에 관한 법률」 제5조 및 제7조는 모든 외국인을 일반적으로 규율하고 있음에 비추어 전자는 후자에 대한 특별법관계에 있다.

③ 위와 같이 볼 때 「특별법우선의 원칙」에 따라 「한미우호·통상·항해조약」 제7조 및 제8조는 「신문·통신 등의 등록에 관한 법률」 제5조 및 제7조에 우선한다.

1965년 7월 24일 외무부는 법제처에 대하여 「외국보험업자의 등록에 관한 질의」를 제출하였다. 질의의 내용은 다음과 같다.

주한 미국대사관에 의하여 미국인 X는 1954년 7월 9일 재무부에 한국 내에서 영업을 위한 면허신청서를 제출한 이래 아직까지 면허를 취득하지 못하고 있는데, 한국정부는 한미통상조약이 체결된 후(1957년) 동건(同件)을 보류하면서도 1958년 9월에 제출한 범한화재해상보험주식회사의 신청에 대하여는 면허를 주었으므로 내국민대우를 규정한 한미통상조약 제7조를 위반하였다고 주장하고 있다.

재무부가 조약체결 이후 '범한'에 대하여 신규면허를 주면서 X에 대하여 보류하는 이유는 그 당시 외국보험회사의 국내영업면허를 위한 관계법규가 없었기 때문이라고 해명하고 있다. 재무부는 X의 건이 보류중인 동안에도 신규면허는 아니지만 기존 한국보험업자에 대하여 보험업종 추가를 위한 면허를 주어왔으며, 1963년 대한손해재보험공사(정부기업체)를 설립하고 재보험업무를 전담하게 하였는데 이에 대해서도 미국대사관은 항의하여 왔다. 재무부가 보험업자 특히 외국보험업자의 등록을 기피하고 있는 이유는 보험업계의 재정비 및 한국보험업자의 육성을 위한 것이며, 실제로 「보험업법」(1962년) 및 「외국보험업자에 관한 법률」(1962년)이 제정된 후에는 재보험공사를 제외하고는 민간업자에 대하여 신규면허를 주지는 않았다고 한다. 1962년 신법이 제정되기 전까지는 미군정청에 의하여 이용되어 온 구보험업법에 의하여 면허를 실시해 온 것이다.

위와 같은 경위의 외무부질의에 대해서 법제처는 1965년 8월 17일 다음과 같이 회신하고 있다.

① 「한미우호·통상·항해조약」 제7조는 양 체약국의 국민과 회사는 타방체약국에서의 영업상의 행위 등에 관하여 내국민대우를 받도록 규정하고 있으며, 동조에

서의 내국민대우란 외국인 또는 외국법인에 대하여 법령의 집행·적용에 있어서 자국민과 동등·무차별의 처우를 하는 것을 뜻한다.

② 문제의 미국법인 X의 한국 내에서의 보험면허신청은 관계법령인 「보험업」 및 「외국보험업자에 관한 법률」이 정하는 바에 따라 X의 경우와 유사한 여건 하에 있는 한국인 또는 한국법인의 면허신청과 동등하게 처리되어야 한다.

③ 동법 등의 집행에 있어서 주무부장관이 보험업 규제의 필요에 입각하여 일반적으로 신규면허를 줄 것인가의 여부를 결정하는 것은 당해부 장관의 재량에 속하는 사항이다.

제5장 국가 및 정부의 승인

제1절 국가의 승인(국가의 성립)

I. 국가승인의 의의

신생국가가 성립하는 경우 일반적으로 타국에 의한 승인이 행해진다. 이러한 국가승인(recognition of state)은 어떠한 법적 의의를 가지는가에 관해서는 학설상 논쟁이 많다. 그 중요한 논쟁의 하나는 창설적 효과설이며, 다른 하나는 선언적 효과설이다.

1. 창설적 효과설

창설적 효과설을 주장하는 대표적 학자인 라우터팩트(Lauterpacht)의 소론을 소개한다.

'어떤 정치적 공동체를 국가로 승인하는 것은 이 공동체가 국제법에서 요구되는 국가자격의 조건을 충족하고 있다는 것을 선언하는 것이다. 만일 이러한 조건이 충족되면 기존국가는 승인을 부여할 의무가 있다(Lauterpacht Doctrine). 완전한 국제인격체의 요건을 구비하고 있다는 것을 승인하고, 또한 공적으로 선언하는 권한 있는 국제기구가 존재하지 않은 경우에는 기존국가들이 국제법의 기관으로서 그들의 능력에 의하여 그 기능을 수행하게 된다. 이렇게 행위함으로써 제국(諸國)은 국제법을 처리·집행한다. 이 법적 규칙은 승인을 부여하거나 또는 보류함에 있어서 제국이 국제법의 제(諸)원칙에 관계없이 오로지 그들의 국가정책이나 편의라는 이익만을 위하여 사용될 수 없다는 것을 의미한다. 승인은 현존하는 사실에 관하여는 선언적이지만, 법적 의무의 엄격한 수행으로 이룩되는 이러한 선언은 승인국과 피승인국 사이에는 완전한 국가성격과 관련된 국제적 권리와 의무에 관해서는 창설적이다. 승인 이전에는 이러한 권리와 의무는 오직 국제사회의 기존 구성원(member)에 의하거나 또는 승인을 요구하는 국민에 의하여 인권과 정의(humanity and justice)의 강행규칙에 의거하여 그것들이 명시적으로 부여되거나 또는 합법적으로 주장될 수 있는 범위 내에서만 존재한다. 이러한 원칙들은 제(諸)국가의 우세한 관행에 의해서 인정되어 온 것으로 믿어진다. 이것은 또한 법의 한 체계로서 형성된 국제법의 기본적 요건과 가장 합치되는 행위규칙을 표현하는 것으로 생각된다. 그러나 이러한 원칙들은 실제로는 어느 정도 규칙적으로 추종되어 왔지만, 제(諸)정부에 대하여 획일적으로 행해져 왔거나 또는 제(諸)정부에 의해 명백히 인용되어 온 것으로 고려될 수는 없다. 또한 이러한 원칙들은 이 문제에 관하여 대다수 학자들의 동의를 확보하지도 못하였다.'[1)]

결국 창설적 효과설에 의하면, 신국가는 승인의 결과 탄생하고 국제법 주체로서의 자격이 부여되며, 승인 이전의 신국가는 단순히 사실상의 존재에 불과하게 된다. 환언하면, 미승인국의 경우에는 신국가는 국내적 측면에 있어서는 국가로서의 법인격을 가질 수 있으나, 국제적 측면에서는 법적 존재로 인정되지 않는 것으로 된다. 이 설은 국가의사의 합치 이외에 국제법은 존재하지 아니한다고 보는 법실증주의와 부합한다.

2. 선언적 효과설

선언적 효과설을 주장하는 대표적 학자로서 브라이어리(Brierly)의 소론을 소개한다.

'창설적 효과설에 따르면, 오직 승인을 통하여 국가는 국제인격 즉 국제법의 주체가 된다는 의미에서 국가승인은 창설적 효과를 가진다. 그러나 이 견해는 매우 곤란한 점이 있다. A국에 의해서는 승인되었으나 B국에 의해서는 승인되지 않은 어떤 국가의 지위는 외견상 같은 시기에 국제법 주체이기도 하고 또한 국제법주체가 아니기도 하기 때문에, 이러한 현상은 법적으로 매우 기이하다. 또 보다 본질적으로 곤란한 점은 이 설에 따르면 미승인국은 국제법상 권리·의무를 갖지 않는다고 말하지 않을 수 없다. 그렇게 되면 실제로 놀라운 결과를 가져오게 된다. 예컨대, 간섭이 다른 국가의 경우라면 불법이 되지만, 만주국(미승인국)에 대해서는 불법이 되지 않고, 또한 만주국이 전쟁에 휩쓸렸을 경우에 만주국은 중립의

1) Lauterpacht, *Recognition in int'l law*, 1947, p.6.

권리를 존중할 법적 의무가 없다고 말하지 않으면 안 될 것이다. 비승인은 확실히 권리·의무의 강제를 보다 더 곤란하게 할지도 모르나, 승인국의 관행은 그들이 승인되기 전에는 법적 존재를 갖지 않는다고 하는 견해를 지지하지 않는다. 따라서 보다 더 적합한 견해는 신국(新國)에 대한 승인의 부여는 창설적인 것이 아니라 선언적인 행위라는 것이다. 즉, 승인 전에는 법적으로 존재하지 않았던 국가가 승인을 통하여 법적 존재로 되는 것은 아니다. 국가는 승인되지 아니하여도 존재할 수 있다. 그리고 만일 실제로 존재한다면, 그때는 타국에 의해 정식으로 승인되든 않든 간에 그 국가는 국가로서 타국에 의해 대우받을 권리를 갖는다. 승인의 주요 기능은 실제로 지금까지 불명확했던 바의 것, 즉 국가임을 요구하는 실체의 독립을 확인하는 것이며, 또한 그 사실의 정상적인 결과를 수락하기 위한 승인국가의 동의, 즉 국제적 상황은 여러 국가들이 같은 사실의 상태에 대한 법의 적용에 관하여, 각기 다른 견해에 입각하여 행동할 수 있는 것을 가능하도록 하는 것은 사실이다. 이것은 그들의 상이한 해석이 모두 평등하게 정확하다는 것을 의미하는 것이 아니라, 오직 현재의 어느 것이 정확하고 어느 것이 부정확한지를 결정하기 위한 국제적 절차가 존재하지 않는다는 것을 의미한다. 창설적 효과설은 제도상 중앙집권적 기구가 없음을 이유로 그의 정당성을 구하려 한다. 그리고 이 설은 이 결핍을 현재까지의 법의 발전단계에 따른 사건(accident)으로서가 아니라 제도의 본질적 특색으로 본다. 실제로 비승인은 미승인국이 국가로서 존재할 수 있는지에 대한 의문을 제기하는 것은 아니다. 제국(諸國)은 승인의 부여 또는 보류가 국가정책을 수행하기 위해 이용될 수 있다는 것을 알게 되었다. 제(諸)국가들은 거의 모든 나라들이 만주국에 대해서 행한 것처럼, 그에 대한 불인정(disapproval)의 표지(標識)로서 승인을 거부하였다. 또 제국(諸國)은 1903년에 파나마가 콜롬비아로부터 반란을 일으킨 지 3일 만에 미국이 파나마를 승인했을 때, 또 1948년에 이스라엘이 독립선언을 하자마자 수 시간 내에 미국이 동국(同國)을 승인한 경우와 같이 바로 그 독립을 확립하기 위하여 승인을 부여하여 왔는데, 이때의 승인이란 단순히 그 독립에 대한 확인에 불과하다.'[2)]

결국 선언적 효과설은 국내사회에 있어서 자연인이 출생과 동시에 법인격을 가지는 것과 같이 국가가 사실상 존재하게 되면, 타국에 의한 승인여부와 관계없이 국제사회의 일원으로서 법인격을 가진다는 것이다. 따라서 국가는 승인을 받지 아니하여도 국제적으로 법률관계를 형성할 수 있는 고유의 권리를 가지는 것으로

---

2) Brierly, *The Law of Nations*, 6th ed., 1976, pp.138～140.

존재하고, 국가승인은 이러한 신국가의 존재를 확인하고 선언하는 데 불과하다는 것이다.

3. 결 론

이상에서 양설을 소개하였는데, 창설적 효과설이 승인 이전의 신국가의 지위에 관해서 그것이 국제법상 존재하지 않으므로 어떠한 권리·의무의 형성도 허용되지 않는다는 견해는 현실의 국가실천에 반한다.3)

또한, 신국가가 어떤 국가에 의해서는 승인되고 다른 국가에 의해서는 승인되지 않는 경우에 그 신국가는 같은 시대에 한편으로는 국제법주체이기도 하고, 다른 한편으로는 국제법주체가 아니기도 한 모순이 생긴다. 이러한 모순은 19세기에서 20세기 초까지는 일반적으로 사회경제체제상 동질의 신국가가 승인의 대상이 되었기 때문에, 그 국가의 수립과 기존국가 사이에는 비교적 빨리 그리고 용이하게 승인이 이루어져 왔으므로 그러한 모순이 심각하지는 않았다. 그러나 두 차례의 세계대전 이후에는 이질적인 사회경제체제를 가진 사회주의국가와 아시아, 아프리카의 제3세계의 국가가 국제사회에 등장함에 따라 이념의 갈등으로 국가정책상 장기간 불승인이 유지됨으로써 위와 같은 모순이 심각하게 되었다. 이러한 사정 아래 미승인국이 UN 기타 국제조직에 가입하여 현실적으로 국제법주체로서 행동하고 있다.

이러한 점에 비추어 창설적 효과설의 단점을 보완한 선언적 효과설이 20세기 후반부터 다수의 지지를 받고 있다.

Ⅱ. 국가승인의 요건

1. 국가의 실질확립

승인이 행해지기 위해서는 국가가 국가로서의 실질을 확립하는 것, 즉 일정한 지역에 있어서 그 지역의 인민을 통치하기 위한 실효적·자주적 및 영속적인 정치권력을 확립하는 것이 필요하다. 승인이 특히 문제가 되는 것은 신국가가 본국

---

3) 1949년 이스라엘 비행기가 이집트 상공에서 영국비행기를 격추했을 때 영국은 아직 이스라엘을 승인하지 않고 있었음에도 불구하고 이스라엘정부에 대하여 손해배상을 청구하였다.

으로부터 분리·독립하는 경우인데, 이 경우에는 실제상 언제 신국가가 본국으로부터 독립을 완료하고 국가로서의 실질을 구비하였는가를 판정하기 곤란한 때가 많다. 그러나 신국가가 형성되었다고 인정되기 위해서 본국이 먼저 승인해야 할 필요는 없다. 신국가, 즉 반란정부가 본국군을 완전히 타파한 경우, 또는 본국의 의도 여하에 불구하고 본국이 반도(叛徒)를 지배할 힘을 완전히 상실하였다고 간주되는 경우에는 본국으로부터 완전히 이탈하여 신국가로서의 실질(독립성)을 구비하였다고 볼 수 있을 것이다.

2. 국제법 준수의 의사와 능력

국가가 국제법에 대한 부정적 태도를 취하거나 또는 다른 국가와의 협약을 거부하는 경우 그 국가는 국제법을 준수할 의사가 없는 것으로 보아야 한다. 국제법을 준수할 의사가 있다 하더라도 국제법상의 권리를 행사하거나 또한 의무를 이행할 능력이 있어야 한다. 능력의 기준은 정부의 실효성 여부이다.

이상과 같은 승인요건을 결하는 경우에 이루어진 승인을 이른바 '상조(尙早)의 승인'(premature recognition)이라고 한다. 상조의 승인은 물론 법이론상으로는 승인의 효과가 발생하지 않는 것이 당연하다. 그러나 실제로는 그 요건의 충족을 확인하는 객관적 기준이 명확하지 않으며, 승인국가에게 그 판정이 위임되어 있는 결과, 국가의 자유재량의 여지가 매우 넓다. 따라서 일견 상조의 승인으로 보이는 경우에 있어서도 합법적인 국가승인으로서 주장되는 경우가 많다. 더구나 승인효과는 상대적이어서 승인국가와 피승인국가 사이에 한정되는 결과, 이러한 경우에 있어서도 당사국간에 있어서는 실제로 합법적인 국가승인이 행해진 것과 같이 취급되는 것이 보통이다(예: 1948년 미국의 이스라엘승인). 그러나 물론 승인의 대상이 국가로서의 성질을 갖지 않는 것은 말할 것도 없다. 또 본국으로부터의 분리·독립의 경우에는 상조의 승인이 본국에 대한 간섭행위가 되는 것은 부정할 수 없을 것이다.[4)]

승인요건과 관련하여 유의할 만한 것으로 비승인주의(doctrine of non-recognition)가 있다. 만주사변과 관련하여 1932년 미국의 국무장관 스팀슨은 일본과 중국에 통첩을 보내어 "부전조약(不戰條約)의 약속과 의무에 반하는 방법으로 야기된 어떠한 상태, 조약 또는 협정을 승인할 의도가 없다"는 것을 통고하였다. 또한 같은 해, 국

4) 예컨대, 1903년에 파나마가 독립하자마자 미국은 독립선언 후 3일 만에 승인하였다. 콜롬비아는 이것을 내정간섭으로서 항의하였고, 드디어 1922년에 이르러 미국이 콜롬비아에 5,000만 달러를 지불함으로써 해결하였다.

제연맹총회는 “연맹규약 또는 부전조약에 반하는 방법으로 야기된 어떠한 사태, 조약 또는 협정을 수락하지 않는다”는 것을 결의하였다. 이것은 실질적으로 같은 내용을 가진 것이며, 최초의 주장자의 이름을 따서 스팀슨주의(Stimson doctrine) 또는 비승인주의라고 부른다.

스팀슨주의의 목적은 일본이 「부전조약」에 위반한 침략적 방법으로 수립한 만주국과 같은 신국가 또는 정부에 대하여 승인요건을 결하는 것으로서 무효라는 이유로 이와 같은 사태를 인정하지 않는 근거로 제공되는 데 있다. 오늘날에 있어서도 UN헌장에 위반하는 방법(무력의 사용 또는 위협)으로 수립된 국가나 기타의 사태에 대해서는 일반적으로 비승인주의의 적용이 있다고 해석된다(우호관계원칙선언 참조).

〔1948년 미국의 이스라엘승인〕

UN안전보장이사회의 미국대표인 W.R. Austin은 다음과 같이 승인행위의 정치적 성격을 주장하였다. 즉, “나는 내가 지구상에 있는 어느 국가도 사실상의 국가의 지위에 관한 그 고도의 정치적 승인행위의 행사에 있어서 미국의 주권을 문제 삼는 것은 매우 부적당하다고 생각한다. 더구나 나는 암시적이거나 또는 직접적인 대답으로서 미국의 그 행위의 합법성 또는 유효성을 다룰 사법재판소나 또는 어떠한 종류의 것도 존재한다고는 인정하지 않는다.”

Ⅲ. 국가승인의 방식

1. 명시적 승인과 묵시적 승인

명시적 승인은 승인의사를 직접 표명하는 방법이다. 이 경우 의사표명은 반드시 상대국에게 전달될 필요는 없으며, 국내적으로 표명하는 것도 무방하다. 묵시적 승인은 승인국의 일정한 행위를 통하여 간접적으로 승인의사를 암시하는 경우이다. 이러한 행위 중에는 ① 신국가와의 정상적 외교관계의 개설(외교사절의 파견·접수), ② 조약의 체결, ③ 신국가의 영사에 대한 인가장(exequatur)의 수여, ④ 국기(國旗)의 승인 등이 포함된다.

이에 대하여 ① 정식의 인가장을 부여함이 없이 신국의 영사직무의 수행을 묵인하는 것, ② 외교특권을 부여함이 없이 통상대표부를 설치하는 것,[5] ③ 미승인

5) 미·중국 사이의 과거의 실천과 같이 외교특권을 상호 인정하면서 승인을 의미하지 않았던 예도 있다.

국이 참가하는 국제회의에 출석하는 것 등은 일반적으로 묵시적 승인에 해당되지 않는다. 나아가 미승인국이 참가하는 다수국 사이의 조약의 체약국이 되는 경우 즉, 1963년의 「부분적 핵실험금지조약」이나 1968년의 「핵확산금지조약」 등의 체약국이 되는 것이 묵시적 승인을 의미하는 것은 아니다.

2. 법률상의 승인과 사실상의 승인

국가의 일부가 본국정부와의 무력투쟁을 겪어 분리·독립하여 신국가를 수립하는 경우 등에 있어서, 본국정부는 좀처럼 이를 승인하지 않으려고 하는 데 대하여, 제3국은 신국가를 빨리 승인하여 국제관계를 맺으려고 하는 경우가 많다. 양자의 이해의 타당으로서 생긴 것이 사실상의 승인(*de facto* recognition)제도이다.

역사적으로 보면 19세기 초 라틴아메리카제국이 스페인과 포르투갈로부터 분리·독립하던 시절에 영·미와 기타 국가들이 스페인과 포르투갈과의 우호관계를 유지하면서 가급적 빨리 이들 신국가와 정치적·경제적 관계를 맺으려고 하여 본국의 주장과는 관계없이 단순히 사실상의 국가가 성립하였다는 것을 인정한다고 하는 취지로서, 정식의 승인 전에 사실상의 승인을 부여하는 방식을 사용하였다. 그 후 20세기에 이르러서도 신국가(또는 신정부)가 일응 승인요건은 구비하고 있으나 그 권력의 영속성에 불안이 있다든가, 국제법을 준수할 의사와 능력에 의문이 있다는 것을 이유로 하여 사실상의 승인이 행해진 경우가 많았다.

보통의 승인 즉, 정식의 승인을 법률상의 승인(*de jure* recognition)이라 하여 양자를 구별하게 되었다. 그러나 양자는 법적 효과에 있어서는 거의 같다.[6] 다만, 사실상의 승인은 승인의 조건이 불확실한 단계에서 행해지는 승인이므로 그 효과가 잠정적일 뿐 아니라, 법률상의 승인에 이르는 과도적인 성질을 가지며, 또 철회할 수 있다는 점에서 법률상의 승인과 구분된다.

3. UN에의 가입과 승인

승인은 일반적으로 각 국가가 개별적으로 행하는 것이지만 때로는 국제회의의 결의 등에서 집단적으로 행해지는 경우도 있다.[7] 그러나 이러한 집단적 승인은

---

6) 영국의 관행은 사실상의 승인이 부여된 국가에 대해서는 정식의 외교관계의 수립을 인정하지 않으며, 따라서 그 대표에 대하여 외교특권을 인정하지 않는다.

7) 1878년 베를린회의에서 불가리아·루마니아·세르비아·몬테네그로가 수개국의 공동행위로서

그 자체로서 하나의 독립행위가 아니라 개별국가의 승인이 우연히 집합된 것이며, 개별적 승인과 본질적으로 다른 것이 없다.

문제는 신국가의 UN가입이 모든 회원국에 의한 묵시적·집단적 승인으로 인정되는가이다. 첫째, UN에의 가입은 그 조직에 의한 집단적 승인을 의미하는가? UN에의 가입은 UN의 기관의 결정에 의한 집단적 행위이나 승인은 개개의 국가가 스스로 결정하는 개별행위이다. 따라서 양자는 성질상 별개의 행위이므로 그 대답은 부정적이다.[8)]

둘째, UN에 가입된 미승인국은 개개의 회원국에 의한 묵시적 승인으로 인정되는가? UN헌장 소정의 가입절차(UN헌장 제4조 2항, 제18조)에 의하여 미승인국의 가입을 적극적으로 찬성한 국가는 말할 것도 없고, 가입에 기권 내지 반대한 국가에 대해서도 이론상 UN에의 가입은 묵시적 승인으로 인정되는 것 같이 보인다. 왜냐하면 UN에의 가입은 국가에만 한정되고(동 헌장 제4조 1항), 회원국 상호간에는 일반국제법이 적용되기 때문이다(동 헌장 전문, 제1조 1항). 그러나 UN의 관행에 의하면, UN의 각 회원국, 특히 기권 또는 반대한 회원국은 신국의 가입에 있어서 국가승인만을 유보하여 이들에 대해서는 묵시적 승인의 효과가 발생하지 않는 것으로 되어 있다.[9)]

Ⅳ. 국가승인의 효과

1. 국가승인효과의 특성

국가승인은 그 효과에 있어서 다음과 같은 특징을 가진다. 첫째, 승인의 법적 효과는 일반적으로 상대성을 가진다. 즉, 승인의 효과는 승인국과 피승인국 사이에 있어서만 발생하고, 승인국 이외의 제3국에는 미치지 않는다. 이것은 승인이 본래 개별적인 성질을 가지는 데서 오는 당연한 결과이다.

둘째, 승인의 효과는 소급효를 가진다. 그러므로 승인 전에 발생한 당사국간의 관계는 유효한 것으로 인정된다. 소급효의 원칙은 미국연방대법원에서 인정되었

승인되고, 그 국민에게 종교의 자유를 보장할 것을 승인한 예가 있다. 이것을 조건부 승인이라고도 하나, 이 경우의 조건은 보통의 조건과는 달리, 그것을 이행하지 않았다고 하여 승인효과에 영향을 미치는 것이 아니고 단지 의무위반이 되는 데 불과하다고 해석된다.

8) 1950년 UN사무총장이 중국대표권문제에 관하여 안전보장이사회 의장에게 제출한 「UN에 있어서의 대표권문제의 법적 측면」 참조.

9) 1949년 UN총회에서 이스라엘공화국의 가맹이 승인되었는데, 이집트는 그 가입에 반대함과 동시에 국가승인을 하지 않는다는 것을 명백히 하였다.

고, 영국법원이 이를 원용한 바 있다(Lurther *v.* Sagor Case). 그러나 소급효의 원칙은 법적 안정성을 기하기 위해 실제상의 필요에서 인정된 것에 불과하다.

셋째, 승인은 철회불가능성을 가진다. 일단 부여된 법률상의 승인은 철회할 수 없는 것이 원칙이다. 그러나 사실상의 승인은 피승인국의 안정성에 관한 불확실성에 입각한 잠정적 성질의 승인이므로 철회가 가능하다. 또한 외교관계의 단절이 승인의 철회를 의미하는 것은 아니다.

2. 승인의 일반적 효과

전술한 바와 같이, 오늘날 국제관행과 현실에 비추어 많은 지지를 받고 있는 선언적 효과설에 따르면, 신국가는 승인 이전에도 사실상 국가로서 성립하여 국제법주체로 되고, 다만 승인으로 말미암아 피승인국이 승인국과의 사이에서 국가로서의 국제법주체성을 확인받게 된다. 따라서 승인에 의해 피승인국과 승인국 사이에는 일반 국제법상의 법률관계가 정상적으로 설정되고, 또한 보통 외교관계가 수립되고 나아가 조약이 체결됨으로써 특별국제법상의 권리·의무관계에 들어가는 등 국제사회의 구성원으로서의 지위가 향상된다.

그러나 외교관계의 수립은 승인의 직접적인 효과는 아니며, 그 목적을 위해서는 당사국간의 별도의 합의가 필요하다(외교관계조약 제2조). 또한 일단 수립된 외교관계가 단절되어도 승인의 효과에는 영향을 주지 않는다. 따라서 승인은 단순히 외교관계수립의 단서에 불과하다고 할 수 있다.

3. 승인과 국내재판

승인의 효과에 관해서 특히 문제가 되는 것은 승인과 국내재판과의 관계이다. 승인이란 국가가 외교관계를 처리하는 관점에서 행하는 것이고, 국내법상의 여러 재판은 섭외사건에 있어서 사인의 법률관계의 합리적인 조정이라는 관점에서 행하는 것이므로 필연적으로 관련되는 것은 아니다. 그러므로 국내법원은 승인과 관계없이 미승인국의 국내법을 준거법으로 지정하여 적용하는 경우가 있을 수 있다(예: 王京香 對 王金山 사건). 그러나 영미의 관행은 다음과 같다.

① 승인국의 법정에서 소송을 제기할 수 있는 권리를 획득한다(Merchant's Fire Assurance Co. Case).

② 승인국의 법정은 피승인국의 과거나 미래의 입법적·행정적 행위에 대하여 그 유효성을 인정한다(Luther *v.* Sagor Case).
③ 피승인국의 재산과 외교사절에 대한 소송면제를 청구할 수 있다(Mendi Case).
④ 전정부에 속한 재산으로서 승인국의 관할권내에 있는 재산에 대하여 청구·소유·처분의 권리가 발생한다(Merchant's Fire Assurance Co. Case).

그런데 영미법정에 있어서 국가 및 정부의 승인문제에 관한 규칙은 신국가 또는 신정부의 존재란 하나의 사실상의 문제에 지나지 않으나, 중요한 정치적 고려를 요하는 문제이므로 사법기관에 의해서가 아니라 정치적 기관에 의해서 우선적으로 결정되는 것이 원칙이다. 따라서 승인문제에 관한 한, 법원은 행정부와의 충돌을 회피하며, 국가이익을 확보하기 위하여 행정부는 '국가주권의사'(will of the national sovereignty)와 일치하여 행위한다는 원칙에 입각하여 행정부와 협의할 권한을 가진다. 또한 이렇게 하는 것이 증거의 문제를 고려해서라도 필요한 것이다.

〔티노코사건〕
(Aguilar-Amory and Royal Bank of Canada Claims(Tinoco Case))
영국 v. 코스타리카, 중재재판소(1923), I RIAA 369

[사 실]

1917년 1월, 코스타리카에서는 곤잘레스 대통령 정부가 티노코에 의해 전복되었다. 티노코는 정권을 잡은 후 선거를 실시하고, 1917년 6월, 신헌법을 제정했다. 1919년 8월, 티노코는 은퇴하여 국외로 망명했고, 그의 정부는 9월에 전복되었다. 이에 새로운 선거가 실시되었고, 1871년의 구헌법이 부활하였다. 1922년 8월 22일, 이 헌법에 기초를 둔 의회는 법률 제41호(무효법)에 의해 티노코정권기의 1917년 1월 27부터 1919년 9월 2일까지의 행정기관이 사인(私人)과 체결한 모든 계약을 무효로 하고, 또 티노코정부에 의한 1919년 6월 28일의 통화 발행을 위한 법령을 무효로 하였다.

이리하여 티노코정부에 의해 인수된 영국 국민에 대한 일정 의무가 신정부에 의해 무효로 된 문제에 관하여, 외교교섭의 결과, 영국 및 코스타리카는 1922년 조약을 체결하고, 중재재판에 의해 사건을 해결할 것, 미국 연방최고재판소 장관 태프트(William H. Taft)를 단독중재재판관으로 할 것을 합의하고, 1923년 3월 7일, 이 조약의 비준서가 교환되었다.

영국은 다음과 같이 주장했다. 첫째, 티노코정부는 2년 9개월 동안 코스타리카의 '사실상·법률상의(*de facto* and *de jure*)' 유일한 정부였다. 그 사이 다른 어떤 정부도 그 주권을 다투지 않았고, 그것은 인민의 동의를 얻어 전국을 평화적으로 통치하였다. 둘째, 후계(後繼) 정부가 법령에 의해 영국 국민에게 영향을 미치는 티노코정부의 행위에 대한 책임을 회피하는 것은 국제법에 위반되고, 그런 연유로 '무효법'은 그 자체로 무효이며, 티노코정부에 의해 유효하게 체결된 계약은 현코스타리카정부에 의해 이행되어야 하고, 무효로 된 제(諸)권리는 회복되어야 한다.

이에 대하여, 코스타리카는 다음과 같이 주장하였다. 첫째, 티노코정부는 국제법의 규칙에 따른 사실상의 정부도, 또 법률상의 정부도 아니다. 둘째, 티노코정부의 계약 및 의무는 그 정부 및 그 행위가 1871년 헌법에 위반하였으므로 무효이고, 법적 의무를 발생시키지 않는다. 셋째, 영국은 티노코정부의 승인을 거부해왔고, 금반언(禁反言 estoppel)의 원칙에 의해 티노코정부가 그 후계 정부를 구속하는 방식으로 권리를 부여했다고 주장할 수는 없다. 넷째, 영국 국민의 청구는 칼보조항을 삽입한 당해 이권계약(利權契約) 내지 코스타리카 국내법의 규정에 기하여 코스타리카의 재판소에 제출되어야 하고, 본국의 간섭을 구할 수는 없다.

[판결 요지]

1. 국가의 동일성 및 정부의 의무에 관하여, 국제법의 일반원칙에 따르면, 정부의 변경은 국가의 국제적 의무에 어떠한 영향도 미칠 수 없다.

2. Moore는 "정부의 기원 및 조직은 일반적으로 국내적 논의 및 결정의 문제이다"라고 말했다. 증거에 의해, 티노코정부는 실제의 주권정부였다고 판시하지 않을 수 없다. 그러나 다수의 지도적 제(諸)국가가 티노코정부의 승인을 거부한 점, 그리고 다른 국가에 의한 승인은 정부의 탄생, 존재 등의 주요한 증거라는 논의가 있다. 의심할 것도 없이, 다른 국가에 의한 승인은 국제사회에서의 정부의 존재를 입증하는 데 있어 중요한 증거이다. 티노코정부는 20개국에 의해 승인되었지만 그 외의 국가의 사정은 어떠했는가를 검토한다. 다른 국가에 의한 어느 정부의 미승인은 통상 그 정부가 그 자체로서 국제법에 의해 자격 있는 지배를 하고 있지 못하다는 적절한 증거이다. 그러나 영국, 프랑스, 이탈리아가 티노코정부를 승인하지 않은 것은 당시(제1차 세계대전 중) 이들 국가와 동맹관계에 있었던 미국이 주도권(leadership)을 행사하고 있었기 때문이고, 이러한 미승인은 국제법에 의해 설정된 기준에 따라 티노코정부의 사실상의 성질에 영향을 미치지 않는다.

3. 코스타리카는, 티노코정부는 코스타리카헌법에 따라 확립되고 유지되지 않았기 때문에 사실상의 정부라고 간주할 수 없다고 주장한다. 이전의 헌법에 따르지 않는다면, 또 사실상의 정부가 되지 않는다면, 국제법원칙에 있어서 기존의 정부의 기본법에 반하는 혁명은 새로운 정부를 확립할 수 없게 된다. 이는 사실이 아니다. '문제는 그것이 그 영향 내에 있는 모든 것에 의해 그 지배가 승인되고, 그것에 대신하는 정부라고 하는 반대세력이 없다고 하는 방법으로 실제로 스스로 확립된 정부였던가' 또는 '그것이 자신의 관할 내에서 존중되는 정부가 통상 행하는 그 권능을 다하고 있는가'이다.

4. 미승인의 효과, 바꾸어 말하면, 혁명의 결과로서의 사실상의 정부에 대한 미승인의 효과에 관하여, 다른 국가에 의한 미승인은 통상 어떤 정부가 국제법상 정부라고 간주될 수 없는 적절한 증거이지만, 기원의 위법성에 기한 미승인은 국제법의 공리(公理)는 아니고, 일반적으로 인정되어 온 것도 아니다. 1907년, 중미 5개국

은 쿠데타나 혁명에 의한 장래의 정부를 승인하지 않는다는 취지의 조약을 체결하고 있지만 그 대부분의 체약국이 티노코정부를 승인하고 있다.

5. 영국정부는 자신이 승인하고 있지 않은 티노코정부의 행위가 자국민에게 미치는 손해에 대하여 청구를 제기할 수 없다고 하는 주장에 관하여, 국제법은 그러한 종류의 금반언의 법리를 인정하고 있지 않다. 금반언의 법리는 자기의 언행에 의해 청구자에게 손해를 야기한 자에 대해서만 적용된다. 영국은 정말 티노코정부를 승인하지 않았다고 할 수 있고, 그 입장을 변경할 수 있다. 모국정부의 미승인을 알고 있던 영국 국민이 모국정부의 보호를 요청하는가 여부는 영국과 그 국민과의 문제이다.

6. '영국 국민은 이권계약 내지 코스타리카 국내법의 규정에 의해 이러한 종류의 청구에 대하여 모국정부의 개입을 요청할 수 없는가'라는 소위 '칼보조항'의 주장에 관하여, 이러한 의무는 당해 정부를 구속하지 않는다.

〔중화민국과 상인화재보험회사(商人火災保險會社)사건〕
(Merchant's Fire Assurance Co. Case)
미국 제9항소법원, 1929

[사 실]

중화민국은 뉴욕 상인화재보험회사가 「우창」시에 있는 중화민국의 한 행정부서인 전화공사가 점유하고 있는 건물을 보험에 넣고서 발행한 보험증권에 의거하여 화재손실에 대하여 복구를 청구하는 소송을 미국법원에 제기하였다. 보험증권이 발행되고 화재로 인한 손실이 발생한 후에 국민정부의 군부가 우창시를 점거하고 증권과 재산을 관장하게 되었다. 이 소송이 개시될 무렵 국민정부는 중국 18개주 중에서 15개주, 즉 중국 전 지역의 약 4분의 3을 이루는 지역을 지배하고 있었으나 아직 미국에 의하여 승인받지 못하고 있었다. 보험회사는 하급법원에 출두하여 원고는 중화민국(Republic of China)이 아니며, 중국국민정부(National Government of China)라고 알려진 혁명주체로서 미국정부에 의하여 승인을 받지 않았으므로, 소송을 제기할 법적 능력이 없다는 이유를 들어 소송각하항변을 제출하였다. 이 항변은 인정되었으며, 이 각하판결에 대하여 본 상소가 제기된 것이다.

[판결 요지]

미국의 법원은 혁명이나 쿠데타로부터 발생한 정부의 존재에 대하여 그것이 미국의 정치기관에 의하여 처음으로 승인될 때까지는 그 정부의 존재를 인정할 수 없다. 하급법원에서 재판할 당시 중국국민정부에 대한 그와 같은 승인이 없었던 까닭에 법적 기대에 있어서는 그 정부는 존재하지 않으며, 미국법정에서 소송을 제기할 법적 능력은 없다고 함이 당연한 것 같다. 그러나 하급법원의 재판 이래로 상황은 크게 변화하였다. 우리는 이 변화에 대해 법률적인 안목으로 주시해야 할 것이다.

1928년 7월 25일 미국대통령이 임명한 주(駐)중국 특명전권공사와 중국국민정부가 임명한 재무장관이 상사조약(商事條約)을 체결하였다. 이 조약이 아직 상원에서 비준되지는 않았지만, 이는 미국행정부에 의한 중국국민정부와 그 대표자에 대한 명백한 승인을 내포하는 것이다. 행정부에 의한 승인은 법의 요구를 충족시키는 것처럼 보인다. 그러나 이것이 미흡하다 할지라도 국무장관으로부터 중국국민정부의 특명전권공사가 미국정부에 의하여 공식적으로 접수된 것이 전문에 의하여 통고된 바 있으므로 이제 전자의 승인은 의문의 여지가 없다. '승인은 반드시 명시적으로 표명되는 것은 아니다. 그것은 한 정부가 새로운 정부와 협상을 개시하거나, 그 외교사절을 파견하거나, 공식적으로 그러한 사절을 접수하거나, 그 영사에게 인가장을 수여하거나, 그 정부와 정상적인 관계를 형성할 때와 같이 묵시적으로 표명될 수도 있는 것이다.'

그러므로 하급법원의 판결은 파기되지 않을 수 없는 것이다.

〔The Arantzazu Mendi호사건〕

British House of Lords, 1939

[사 실]

이 사건은 스페인내란에서 발생하였다. 1937년 6월 28일 프랑코의 국민정부가 Bilbao를 포함한 스페인의 Basque지방에 대한 통치권을 획득한 지 얼마 되지 않아서 스페인공화정부(합법정부)는 Bilbao에 등록된 모든 선박을 징발한다는 법령을 공포하였다. 이러한 공화정부의 법령이 공포될 당시 공해상에 있었던 피소 스페인회사 소유의 사유선박인 Arantzazu Mendi호도 징발대상에 포함되었다. 1938년 3월 The Cristina호사건(Bilbao에 등록된 선박인데 공화정부에 의해 징발되었음)에서 공화정부에 유리한 상원의 결정이 있은 지 얼마 되지 않아서 국민정부는 Bilbao에 등록된 선박을 징발한다는 법령을 공포하였다. 피고회사는 이 두 번째의 징발을 거역할 수가 없었다. 그러자 공화정부는 1937년의 법령에 의거하여 Arantzazu Mendi호(그 당시 런던에 있었음)의 점유를 위한 영장을 발급받았다. 국민정부는 주권국가를 소추하였다는 이유로 그 영장을 기각할 것을 요구하였다. 이 사건에서 공화정부는 그 영장은 주권국가를 소추한 것이라는 국민정부의 주장을 인정한 항소법원의 판결에 불복하고 상원에 상소를 제기하였다.

[판결 요지]

Atkin 대법관 스페인의 국민정부가 외국국가인가 아닌가에 대한 문제에 대하여 법관은 영국외무부장관에게 조회하였다.

외무부장관의 1938년 5월 28일자 회답에 따르면, "영국정부는 스페인을 외국주권국가로서 승인하며, 스페인공화정부를 스페인의 본토 또는 다른 여타 지역의 유일한 합법정부로서 승인한다"고 언명한 다음, 그 서한은 계속하여 "...... 영국정부는 국민정부를 스페인의 광범위한 지역에 대하여 사실상 행정적인 통제를 실시하는 정부로서 승인한다. 영국정부는 이제 국민정부가 스페인의 전 Baque주에 대하여 유효한 행정적인 통제를 실시하고 있다는 것을 승인한다 ...... 국민정부는 스페인에 있는 여타의 정부에 종속되는 정부는 아니다"라고 하였다.

이 서한에서 '사실상 행정적인 통제를 행한다' 또는 '유효한 행정적 통제를 행사한다'는 말은 본인은 동국(同國)이 질서를 유지하고 법원을 설치·운영하며, 지역의 주민 상호간 내지 정부와의 관계를 규제하는 법을 채택하거나 부과하는 데 있어서 주권국가의 모든 기능을 행사하는 것으로 이해된다. 그것은 필연적으로 군함이든 상선이든 간에 선박을 포함하여, 군사용이든 민간용이든 간에 재산의 소유와 통제를 의미하는 것이다. 이러한 상황 하에서 그 지역에 있어서 다른 정부에 종속되지 않고 국가로서의 모든 속성을 가지는 것으로서의 정부를 승인한 것은 그 정부를 주권국가, 특히 국제법상 외국주권국가로서 승인하는 것이라고 생각된다. 그 정부가 주권을 행사하는 지역이 때때로 확장되거나 축소되거나 하는 것은 중요하지 않은 것 같다.

본건에서 외무부 서한에 특별히 지시되고 있는 지역인 Basque주의 Bilbao에 등록된 상선에 효력을 미치는 제정법에 근거를 둔 청구를 다루어야 한다. 그 지역에 있어서 주권으로부터 법령이 발표되었음은 의심할 여지가 없다. 법률상의 국가승인과 사실상의 승인 사이에는 현 목적으로는 차이가 없다는 전제가 지배적 견해이다. 국내법으로 수용된 것으로서의 국제법의 기본원리인 주권면제이론은 충분한 이유가 있다. 즉, 주권국가는 상호간에 주권면제권의 필요성이 있으며, 만약 관할권이 강제적으로 행사된다면 서로 자존심의 손상을 느낄 것이며, 정부 자산이 압수된다거나 침해된다면 서로 적대행위를 할 위험성까지 존재하는 것이다. 두 개 정부, 즉 법률상의 정부와 사실상의 정부를 승인한 비교전국은 그들의 싸움이 자국의 국내재판소의 관할권내에까지 이양되는 것을 허용하지는 않을 것이다.

이러한 이유에 기인하여 스페인 국민정부는 영장 발급 시에 외국주권국가였다는 사실이 외무부서한에 의하여 확인되었으므로 소추될 수 없다고 생각하는 바이다.

〔Luther *v.* Sagor 사건〕
영국항소법원, 1921.

[사 실]

1920년 피고회사는 USSR의 정부로부터 다량의 목재를 구입하였다. 원고인 러시아회사는 1919년 Soviet정부의 법령에 의하여 국유화되기 이전에, 그 회사가 소유한 USSR에 있는 공장으로부터 이송되어 왔다는 이유로 그 목재에 대한 소유권을 주장하였다. 특히, 원고는 Soviet정부가 영국에 의하여 승인되지 않았기 때문에 그 법령은 영국법원에서 인정될 수 없다고 주장하였다.

[판결 요지]

본 법정에서 항소인이 증거로서 제출한 외무성의 두 서한은 다음과 같다.

첫 번째 서한은 항소인의 변호사가 외무차관에게 '항소원에 제출하기 위하여 Soviet사회주의 연방공화국이 영국정부에 의하여 러시아의 사실상 정부로서 승인되었다는 증명서'를 요청한 데 대한 답신이었다. 이 신청에 대한 1921년 4월 20일자 답신은 다음과 같다. "본인은 … 귀하에게 영국정부는 Soviet정부를 러시아의 사실상의 정부로 승인함을 통지하는 바이다." 4월 22일자의 서한은 영국정부가 러시아의 임시정부를 인정하였는지 여부 및 그 정부의 존립시기에 관한 것과 그 정부의 관할권의 범위에 대한 정보를 요청한 것에 대한 답신이었다. 그 답신은 특히 임시정부는 1917년 3월 14일부터 집권하였으며, 그 정부는 영국정부에 의하여 당시 존재하는 러시아의 정부로서 승인되었으며, 그리고 의회가 Soviet당국에 의하여 해산되었을 때인 1917년 10월 31일까지 개회되고 있었다는 진술을 내포하고 있다. 이것은 러시아의 사실상 정부로서 Soviet정부를 영국이 승인한 적당하고 충분한 증거로서 인정되었다.

이와 같은 상황 하에서 법원에서 재고해야 할 무시할 수 없는 매우 중요한 법의 문제, 즉 1921년 4월에 영국정부가 Soviet정부를 사실상의 러시아정부로서 승인하였는데, 그것은 동정부의 과거의 행위에 대하여 어떠한 효과를 미치는가? 그리고 일단 승인한다면, 그 승인은 어느 시기까지 소급하여 확대되는 것인가 하는 문제이다.

미국의 대법원에서 판결된 3개의 사건(Williams *v.* Bruffy, Underhill *v.* Hernandez, Oetjen *v.* Central Leather Co.)이 관심을 불러 일으켰다. 이 사건 중의 어느 사건에서도 사실상의 정부로서의 정부승인효과와 법률상 정부로서의 정부승인효과 사이의 논쟁에 있어서 구별이 시도되지 않았으며, 그 점에 관한 판결도 없고, 정부의 과거행위에 대한 정부의 승인효과에 대해서도 언급된 바가 없었다. 그에 대한 언급은 Underhill *v.* Hernandez사건에 대한 판결 중 두 구절에서 발견된다. 즉, 내란에 대하여 언급하면서, "만약 현존하는 정부를 축출하려는 일당이 성공하여 그가 설정한 정부의 독립이 승인된다면, 그런 정부의 행위는 그의 존립의 시초로부터 독립국가의 행위로 간주된다"는 것은 건전한 것으로 보인다.

피고는 주장하기를 사실상의 정부로서의 정부승인효과와 법률상의 정부로서의 정부승인효과 사이에는 구별이 존재하며, 후자는 승인날짜보다 빠른 날짜에까지 소급하나, 전자는 그렇지 못하다고 하였다. 어떤 목적으로는 주권국가에 의한 사실상 정부형태의 승인효과에 대한 구별을 할 수 있음은 의심할 수 없지만, 현 목적으로는 구별할 수 없다. 영국정부가 Soviet정부를 러시아에서 주권을 실제로 소유한 정부로 승인하였으므로 Soviet정부의 행위는 영국의 법원에 의해 적절하게 승인된 외국주권국가의 행위에 기인한 것과 같이 취급되어야 한다.

1921년 4월 28일 외무성의 서한에 의하면 Soviet당국은 1917년 12월 13일 의회를 해체했으며, 그로부터 Soviet당국은 주권정부의 지위를 가지며, 그러한 지위에서 행동한 것을 의미하는 것으로 이해되어야 한다.

〔王京香 對 王金山사건〕
일본동경지방재판소, 1956, 下民集7卷7号1784;
대판(大阪)고등재판소, 1962, 下民集13卷11号2232

[사 실]

원고 왕경향(일본인 女)은 피고 왕금산(중국인)과 결혼하여 중화민국 국적을 취득하고 일본 국적을 상실하였다. 그 후 남편의 학대행위를 이유로 원고는 피고를 상대로 이혼 및 위자료 청구소송을 제기하였다.

이 사건은 섭외사건으로서 섭외사법(法例 第16조)상 이혼원인의 발생 당시에 있어서 남편의 본국법이 적용되는데, 1심은 남편의 본적이 중국 길림성 장춘시라는 이유로 중화인민공화국의 법률을 본국법으로 적용하여 이혼을 인정하였다. 그러나 원고는 1심 판결이 중화인민공화국법을 준거법으로 하여 이혼을 인정한 결과, 원고의 중화민국 국적의 이탈이 허용되지 않음으로써 일본 국적의 취득이 불가능하다는 이유로 항소하였다. 2심의 대판고등재판소도 이혼은 인정했지만 1심과 달리 남편의 본국법으로서 중화민국정부의 법률을 적용했다.

[판결 요지]

1. 1심 판결 본건 이혼원인인 사실이 발생한 1952년 이전에 있어서 이미 피고의 본적지는 중화인민공화국 정부의 지배권내에 들어가 있었으므로 특별한 사정(예컨대 국적선택권이 부여된 피고가 중화민국 국적을 선택하는 것과 같이)이 인정되지 않는 사건에서는 피고는 현재 동 정부와 관련하여 있으므로 동 정부가 제정한 법률을 피고의 본국법으로 해석하여야 한다.

원래 섭외사법은 섭외적 사생활관계의 성질에 가장 적합한 법률을 발견함으로써 사법영역에 있어서의 섭외관계의 법질서의 유지를 목적으로 하는 것이며, 승인된 국가주권 상호간의 조정에 관한 것이 아니므로 섭외사법상 적용대상이 될 외국법은 승인된 국가 또는 정부의 법에 한정될 이유는 없다. 국가 또는 정부의 승인은 정치적·외교적 성질을 가지는 국제법상의 문제이며, 미승인이란 한 가지 이유만으로는 어떤 사회에 일정한 법이 행해지고 있는 것을 부정하는 근거로 삼을 수 없기 때문에 섭외사법상의 관계에서는 법원은 미승인국 또는 정부의 법령도 외국법으로서 적용하여야 한다.

2. 2심 판결 중국인인 처 피항소인이 중화인민공화국 정부가 분리·독립하는 전후를 통하여 일본국내에 거주하고, 중화민국의 법률에 따라 생활을 영위하고 중화인민공화국의 성립 후에도 중화민국의 법률의 적용을 원하고 있는 반면, 중화인민공화국에 의한 국적부여신청을 수락할 의사도 갖고 있지 않았다는 것이 피항소인 신문결과에 의하여 명백한 본건에 있어서는 피항소인이 중화인민공화국의 출현에 의해서 그 본적이 동 정부의 지배권내에 있다 할지라도 당연히 중화민국의 국적을 상실하는 것이 아니며, 여전히 중화민국의 국적을 보유한다고 해석하여야 한다. 따라서 본건에 있어서 중국인인 피항소인의 본국법은 중화민국의 법률임이 명백하다.

제 2 절 정부의 승인(국가의 계속)

Ⅰ. 정부승인의 의의

일국 내에서 정권의 교체가 합법적으로 행해진 경우에는 정부승인의 문제는 발생하지 않으나 어느 정부가 혁명이나 쿠데타에 의하여 집권한 경우 즉, 비합법적으로 교체된 경우에는 일반적으로 외국정부들이 그 정부를 그 국가를 대표하는 정부로서 인정하는 이른바, 정부승인(recognition of government)의 문제가 발생한다.

전통 국제법에 의하면, '정부의 형태가 변경되어도 국가는 변경되지 않는다(*forma regiminis mutata, non mutatur civitas ipsa*).' 이 원칙은 그로티우스 이래 학설상 일반적으로 인정되어 왔으며, 또한 국가의 관행에 있어서도 현재까지 승인되고 있다.

1923년 멕시코정부 v. Viamonte y Fernandez 사건에 관하여 미국 국무장관이 검찰총장에게 보낸 통고에서 당시 미국이 아직 그 정부를 승인하지 않았던 멕시코의 법적 지위에 관하여 다음과 같이 진술한 바 있다.

"미국정부는 멕시코에서 현재 통치를 행하고 있는 정부를 승인하고 있지 않으므로 현재 그 정부와의 사이에 공식적인 관계는 존재하지 않는다. 그러나 이 사실은 다년간 미국에 의하여 국제적 인격체로서 승인되어온 멕시코에 대한 승인에 영향을 미치는 것은 아니다. 현재의 사태는 양국 간에 공식교통이 없다는 것에 불과하다."

이와 같이 국가로서의 동일인식이 가능한 한, 정부의 변경에도 불구하고 국가의 국제법주체로서의 법적 지위에는 영향이 없다. 예컨대 그 정부를 승인하고 있지 않는 국가가 영토를 침범한 경우에는 역시 영토침범으로서 국제위법행위를 구성할 것이며, 또한 정부가 승인되지 않는 국가의 영역을 어느 국가에도 속하지 않는 무주(無主)의 토지로 볼 수 없다는 데는 이론의 여지가 없다.

따라서 정부승인은 그 국가의 대표자격자가 누구인가를 인정하는 것인 점에서 국가승인과는 다르다.[10)]

---

10) 구소련·중국의 사회주의 국제법이론에 의하면, 정부승인은 본질적으로 국가승인과 다른 것

Ⅱ. 정부승인의 요건

1. 일반적 요건

(1) 일반적 사실상의 정부

정부승인이 행해지기 위해서는 신정부의 권력이 당해국가의 영역일반에 대하여 실효적·자주적으로 확립되는 것, 즉 이른바 '일반적 사실상의 정부'(general *de facto* government)인 실질을 갖추는 것이 필요하다. 이것을 사실주의(*de factoism*)라 한다(영국관행). 일반적 사실상의 정부가 되기 위하여 반드시 영역 전부를 지배하는 것이 필요한 것은 아니다. 그러나 전(前)정부가 아직 중요한 지역을 지배하고 있다거나 또는 신정부의 권력이 아직 불안정한 경우에 승인하는 것은 상조의 승인으로서 당해국가에 대한 내정간섭을 구성한다.[11]

(2) 국가를 대표할 의사와 능력

정부승인의 요건으로서 이상의 요건만으로 충분하다는 이른바 사실주의 이외에 국가의 정부정책에 따라서는 신정부가 국가를 대표할 의사와 능력을 가질 것을 요한다. 국가를 대표할 의사와 능력을 가진다는 것은 그 국가가 신정부의 수립 이전부터 갖고 있던 국제법상의 권리·의무를 계승하여 이행하는 것이다. 특히, 의무의 이행이 중요하다(특히 미국의 승인정책).

2. 특수적 요건

1907년 중미 5국(Costa Rica, Guatemala, Honduras, Nicaragua, El Salvador)간에 체결된 조약에 따르면, 혁명이나 쿠데타의 결과로 성립한 정부는 인민으로부터 자유로이 선출된 대표자가 입헌적으로 그 국가를 재조직하지 않는 한 이를 승인하지 않는다는 것이다. 이것은 입헌주의적 정통성이라고도 말할 수 있는 원칙인데, 특히 에콰

이 없다고 한다.

11) 대표적인 예로는 1936년 스페인 내전 시 합법정부가 수도와 상업 중심지를 포함한 전국의 3분의 1을 지배하고 있었고, 성패의 예측이 어려울 때 나치 독일과 이탈리아가 프랑코정부를 승인한 것을 들 수 있다.

도르의 토바르 외무장관이 주장했다고 하여 이를 토바르주의(Tobarism)라고 한다.

이에 대하여, 1930년 멕시코의 에스트라다 외무장관은 각국은 타국의 혁명적 변화에 관계없이 가능한 한 이와 외교관계를 계속할 의무가 있다고 주장하였다. 이를 에스트라다주의(Estrada Doctrine)라 한다.

위와 같은 특수한 요건은 승인의 일반적 요건이 아니며, 각국의 특수한 승인정책에 관계되는 사항에 지나지 않는다.

〔정부승인에 관한 영국의 관행〕
1951년 영국 외무부장관 Mr. Morrison의 성명

국가 또는 정부의 승인문제는 전적으로 자유재량에 속하는 외교관계의 개설문제와는 구별되어야 한다. 정부가 법률상 또는 사실상 승인될 요건을 정의하는 것은 국제법이며, 그 요건을 충족하고 있는지의 여부는 각각의 구체적인 경우에 있어서 판단의 문제이다. 국가의 사실상의 정부로서의 새로운 레짐(régime)의 승인을 위한 국제법의 요건은 새로운 레짐이 실제에 있어서 국가영역의 대부분에 대해서 실효적 지배를 행하고, 또한 그 지배가 계속적인 것으로 인정되어야 한다. 국가의 법률상의 정부로서의 새로운 레짐의 승인을 위한 요건은 그 새로운 레짐이 단지 그 국가영토의 대부분에 대해서 실효적 지배를 하여야 할 뿐만 아니라, 실제로 확고하게 설정되어 있어야 한다. 국제법에 의하여 규정된 제(諸)요건이 실제로 충족되었을 때에 승인하고, 이러한 요건이 충족되지 않을 때에는 승인하지 않는 것이 영국의 태도이다. 법률상 또는 사실상의 정부의 승인은 그 레짐의 성격이 영국정부의 재량에 좌우되는 것과 같은 것에 의존해서는 안 된다.

〔미국과 중화인민공화국〕
1958년 국무성 대변인의 성명채록

미국정부는 중화인민공화국정권을 승인하지 않은 것에 대하여 비판을 받아왔다. 어떤 이들은 중화인민공화국정권은 6억의 인구뿐만 아니라 중국본토의 대부분을 지배하고 있으므로 미국은 승인을 부여하여야 한다는 견해를 갖는다. 국제법은 한 정부에게 타정부를 외교적으로 승인하도록 요구하지 않는다는 것이 미국정부의 견해이다. 외교적 승인문제는 전적으로 국가이익이 명령하는 바에 따라 결정될 문제이다. 이 경우에 있어서는 문제의 모든 면을 검토한 결과 승인을 부여하는 것이 국익에 반한다고 미국정부는 믿는다.

중화인민공화국을 승인하여야 할 것인지를 심사함에 있어서 미국은 일반적으로 중요하다고 생각되는 몇 가지 요소를 검토하였다. 이러한 요소들은 ① 문제의 정부가 어떤 영토를 지배하고 있는지, ② 동 정부가 실질적으로 국민의 의사를 반영하고 있는지, ③ 동 정부가 그의 국제적 의무를 준수할 자세가 갖추어져 있는지의 여부 등이다. 미국이 이러한 요소를 검토한 바, 미국은 이러한 요소가 승인할 만큼 만족스러운 것이라고는 보지 않는다.

중화인민공화국정권이 어떠한 방법이든 국민의 의사를 반영하는 것으로 고려될 수 있는지는 심히 의심스럽다. 그리고 악명 높은 과거의 조약위반, UN헌장위반 및 국제법위반에 비추어, 그리고 과거에 존재한 조약을 무시하겠다는 중화인민공화국정권의 성명에 비추어 중화인민공화국정권이 그의 국제적 의무를 준수할 태세가 되어 있지 않다는 것은 의문의 여지가 없다. 따라서 이러한 견해에 입각하여 중화인민공화국정부는 승인될 자격이 없다.

Ⅲ. 정부승인의 방식

정부승인의 방식은 국가승인의 방식과 같다.

Ⅳ. 정부승인의 효과

정부승인의 효과는 국가승인의 효과와 대체로 동일하다. 다만, 유의할 점은 정부승인이 행해짐으로써 신정부는 정식으로 그 국가를 대표할 자격을 가짐과 동시에, 정부의 비합법적인 변경으로 인하여 일시적으로 적용이 정지되었던 조약의 효력이 자동적으로 부활한다는 것이다. 따라서 신정부는 승인과 더불어 전정부가 체결한 조약을 당연히 계승하게 되므로 전(前)정부의 조약상의 의무이행을 거부할 수는 없다. 다만, 정부의 비합법적인 교체를 계기로 국가의 정치적·경제적·사회적 구조가 크게 변화하여, 전(前)조약이 체결된 당시와는 그 조약의 본질로 보아서 사정이 근본적으로 변경되었다고 보여 지는 경우에는 이른바 사정변경원칙의 적용이 문제될 수 있다(제3장 제6절 Ⅰ 참조).

제 3 절 교전단체의 승인

Ⅰ. 의의 및 제도적 취지

1. 의 의

내란이 진행 중인 어느 국가에서 반도(叛徒)가 일정한 지역을 점거하고 이른바 지방적 사실상의 정부(local *de facto* government)를 수립한 경우에 제3국이나 본국 정부가 이를 교전단체로 승인하는 경우가 있다. 이와 같이 제3국이나 본국정부로부터 교전단체의 승인(recognition of belligerency)을 받은 반도단체는 비록 잠정적이기는 하나 전시국제법규를 중심으로 제한된 범위 내에서 국제법상의 주체성이 인정된다.

2. 제도적 취지

이와 같은 제도가 국제법상 인정되게 된 것은 첫째로, 외국의 입장에서는 다음과 같은 사정에 기인한다. ① 반란군이 점거하고 있는 지역 내에 자국민이 거주하거나 또는 어떤 이권이 존재하는 경우에 외국으로서는 그 이익을 보호하기 위하여 반도와 직접 교섭할 필요가 있다. 왜냐하면 본국정부와 교섭해도 그의 권력이 실제로 미치지 않으므로 효과가 없을 것이기 때문이다. ② 본국정부와의 교전에 있어서 반도가 본국정부에 대한 외국으로부터의 보급을 차단하기 위해 해상포획을 행하는 경우, 외국으로서는 이것을 저지하기 위해 무력을 사용하는 것은 위험하므로 오히려 반도의 행동을 국제법에 따라 규제하는 것이 바람직하다는 생각이다.

둘째로, 본국의 입장에서는 다음과 같은 사정에 기인한다. ① 자기의 권력이 미치지 않는 반란군의 점거지역에 있는 외국의 권익보호에 대한 책임을 면할 필요가 있다. ② 내란은 잔학한 형태로 행해지는 것이 보통이므로 이를 완화하기 위해서는 내란을 국제법상의 전쟁에 준하여 규율할 필요가 있다는 인도적 고려에 기인한다.

Ⅱ. 승인의 요건

① 일국 내에서 일반적인 성질을 가지는 무력투쟁이 존재해야 한다. 그러므로 어떤 지방에만 한정된 산발적인 게릴라전이 행해지고 있는 데 불과한 경우에는 인정되지 않는다.

② 일정한 지역을 점거함과 동시에 그 지역에 있어서의 질서를 유지할 수 있는 조직을 가져야 한다. 즉, 지방적 사실상의 정부를 갖추어야 한다.

③ 전쟁법규에 따라 전투를 행할 의사와 능력을 가질 것, 즉 책임 있는 지휘자의 감독 하에 조직된 군사행동을 취하는 것이 필요하다.

④ 이 외에 외국이 승인하는 경우에는 반도가 점거하고 있는 지역 내에 보호해야 할 자국의 권익을 갖고 있어야 한다.

특히, 외국이 교전단체를 승인하는 경우에 승인요건을 갖추지 못한 것에 대한 상조의 승인은 본국에 대한 내정간섭으로서 국제법상 위법행위로 간주된다.

Ⅲ. 승인방식

승인방식은 일정한 규칙이 없으나, 첫째, 외국이 승인하는 경우 중립선언의 형식으로 하는 예가 많다. 둘째, 본국이 승인하는 경우는 체포된 병사를 포로로 대우하거나 포로교환을 하는 것과 같이 반란단체를 국제법상 교전국과 동등하게 대우함으로써 묵시적으로 승인하는 것이 보통이다.

Ⅳ. 승인의 효과

1. 외국에 의한 승인의 경우

① 승인국은 교전단체와 본국정부에 대하여 중립의 지위, 즉 전시중립국으로서의 권리·의무를 지게 된다. ② 교전단체의 점거지역 내에 있는 승인국의 권익에 대해서는 본국정부의 책임이 면제되고, 교전단체가 책임을 지게 된다.

2. 본국정부에 의한 승인의 경우

① 본국정부와 승인된 교전단체의 무력투쟁은 국제법상 전쟁으로 취급된다. 따라서 양자 사이에는 전쟁법규가 적용된다. 그 결과 체포된 장병은 내란죄의 적용을 받지 않고 포로대우를 받게 된다. ② 외국은 양자에 대하여 중립국으로서의 권리·의무를 갖게 된다. ③ 본국정부는 교전단체의 점거지역 내에 있는 외국의 권익이나 국민을 보호할 책임이 해제된다.

Ⅴ. 반란상태의 승인

교전단체의 승인과 구별되는 것으로서 반란상태의 승인(recognition of insurgency)이 있다. 반란상태의 승인이라는 제도는 반란단체가 아직 교전단체의 승인요건을 충족하고 있지 않는 경우에 잠정적이나마 그 반란군과의 관계를 정상적으로 유지할 필요성이 있는 데서 생긴 것이다. 그것은 교전단체의 승인과 같은 국제법상의 명확한 지위(한정된 국제법주체성)를 인정하는 것이 아니라 실제상의 필요에 의해 행해질 뿐이다. 예컨대, 반도가 자국민의 권익에 개입한 경우, 제3국은 해적 또는 범죄인으로 취급할 수 있으나 교섭을 통하여 교전단체보다 더 한정된 범위 내에서 일정한 전시법규를 적용하는 것이다.

1949년 「제네바 4협약」은 교전단체의 승인과 관계없이 내란의 경우에도 인도적 견지에서 일정조항(적대행위에 직접 참가하지 않는 자의 인도적 대우와 상병자(傷病者)의 수용·간호의 의무화 등)을 적용해야 한다는 취지를 규정하고 있다. 그러나 이 규정의 적용이 분쟁당사자의 법적 지위에 영향을 미치는 것은 아니라는 점을 유보하고 있다(제네바협약 공통 제3조). 또한 1977년의 「제네바협약 추가의정서」에서는 그 인도적 대우의 범위를 더 확장하여 상세하게 규정하였다. 이것은 내란의 경우에는 법률상의 정부가 반란단체를 교전단체로 승인하기를 기피하는 것이 보통이므로 승인과 관계없이 「제네바협약」을 적용함으로써 비인도적 참화를 감소시키자는 것이다.

제4절 국가의 승계

Ⅰ. 국가승계의 의의

일정한 영역에 대한 통치권이 하나의 국가, 즉 선행국(predecessor state)으로부터 다른 국가, 즉 승계국(successor state)에 인계되는 것을 국가승계(succession of states)라고 한다.

국가승계는 일반적으로 선행국의 국제법상의 권리와 의무(조약, 재산, 채무 등)가 승계국에 승계되는가, 또는 관계영역의 주민은 자동적으로 승계국의 국민이 되는가, 만일 승계된다면 어떠한 조건이나 정도로 승계되는가 등의 문제를 발생시킨다.

국가승계는 한 국가가 타국을 병합하는 경우, 자국의 영역의 일부를 타국에게 이전하는 경우, 국가의 영역의 일부가 독립하여 하나의 독립국을 형성하는 경우, 기존의 일국이 붕괴되어 여러 개의 국가로 독립하는 경우, 여러 개의 국가가 결합하여 하나의 국가로 되는 경우 등에서 문제가 된다. 과거 국가승계는 주로 평화조약의 체결이나 식민지 독립과 관련하여 다루어져 왔으나, 앞으로는 기존국가의 영역일부가 분리·독립하거나 기존국가가 붕괴되어 여러 개의 국가로 독립하는 경우 또는 여러 개의 국가가 결합하여 하나의 국가로 되는 경우 문제가 될 수 있다.

국제법상 국가승계의 문제에 관하여 학설·관행에도 대립이 있으며, 특히 사회주의국가의 출현과 제2차 대전 후의 식민지독립에 의하여 종래와는 다른 이질적 국가승계의 문제가 대두하게 되었다. ILC에서 이 문제를 새로이 검토하여 법전화가 진행되고 있는데, 1978년에 조약에 대한 국가승계와 관련하여 「조약에 대한 국가승계협약」(Convention on Succession of States in respect of Treaties)이 채택되었고, 1983년에 선행국의 국내법질서에 준거한 경제적 이익의 승계에 관하여 「재산, 문서, 채무에 관한 국가승계협약」(Convention on Succession of States in respect of Property, Archives and Debts)이 채택되었다.

Ⅱ. 조약의 승계

1. 일반원칙

(1) 할양의 경우

선행국의 영역 일부가 할양의 방법으로 승계국의 영역이 된 경우에는 선행국의 제(諸)조약은 그 영역에 관하여 승계일자부터 효력을 상실하고, 그 영역에 관해서는 원칙적으로 승계국의 제(諸)조약이 승계일자로부터 효력을 가진다(조약승계협약 제15조). 즉, 이 경우에 조약의 승계는 발생하지 않는다. 바꾸어 말하면, 할양에 의해 주권이 변경된 영역은 선행국의 조약제도로부터 승계국의 조약제도로 이행하는 것이다. 이것을 조약경계이동(條約境界移動)의 원칙(moving treaty frontiers rule)이라고 한다.

(2) 신생독립국 탄생의 경우

신생독립국은 승계국의 일종으로서 선행국이 그 영역에 대하여 국제관계에 책임을 지고 있던 선행국의 종속지역이었던 국가를 말한다(동 협약 제2조). 신생독립국은 종속관계의 이탈에 따르는 권리·의무의 창설이라는 특별한 필요성에 의거하여, 선행국의 조약을 원칙적으로 승계할 의무를 지지 않는다(동 협약 제16조). 요컨대, 신생독립국은 선행국의 조약에 당연히 구속되는 것은 아니다. 이와 같이 선행국의 조약이 승계국에 이행하지 않는 규칙을 백지출발(白紙出發)의 원칙(clean slate rule)이라고 한다.

(3) 선행국이 결합하여 승계국을 구성하는 경우

2 또는 3 이상의 선행국이 결합하여 1개의 승계국을 구성하는 경우에는, 이러한 선행국의 조약은 별도의 합의가 있는 경우, 또는 승계국에 관한 조약의 적용이 조약의 목적과 양립하지 않거나 혹은 조약의 적용에 있어 제(諸)조건을 심히 변경하는 것이 명백한 경우를 제외하고는 원칙적으로 승계국에 관하여 계속하여 효력을 가진다(동 협약 제3조). 이와 같이 국가 결합의 경우에는 백지출발의 원칙이 무조건적으로 채용된다기보다 오히려 정치적 고려로부터 승계에 의한 조약의 이행의 여지를 남겨두고 있다.[12)]

(4) 국가의 영역의 1 또는 2 이상의 부분이 1 또는 2 이상의 국가를 구성하기 위해 분리하는 경우

이러한 경우에는 (a) 국가승계일에 선행국의 전영역에 관해서 효력을 가지는 어떠한 조약도 그와 같이 구성된 각 승계국에 계속해서 효력을 가지며, (b) 국가승계일에 선행국의 영역의 일부로서 승계국이 된 영역에 관해서 효력을 가지는 어떠한 조약도 그 승계국만이 계속해서 효력을 가진다. 다만, 이 규정은 관계국이 별도의 합의를 행하는 경우, 또는 승계국에 관한 조약의 적용이 조약의 목적과 양립하지 않거나 또는 조약의 운용상 제(諸)조건을 심히 변경하는 것이 명백한 경우에는 적용되지 않는다(동 협약 제34조).[13]

2. 예 외

백지출발의 원칙의 예외로서 선행국이 체결한 특정조약을 승계국이 승계하여야 하는 경우가 있다. 이를 계속의 원칙(continuity rule)이라 하며, 이와 같이 승계되는 특정조약은 다음과 같다.

(1) 국경제도

조약에 의하여 확정된 경계 또는 이러한 경계에 관한 권리와 의무는 국가승계의 영향을 받지 아니한다(동 협약 제11조). 즉, 승계국은 선행국이 체결한 경계확정조

---

12) 최근 독일의 통일은 여기서 말하는 국가의 결합과는 약간 성격을 달리한다. 1990년 10월 독일의 통일 후에도 승계국인 독일연방공화국의 국제법 주체로서의 계속성과 동일성은 변하지 않고 있다. 따라서 독일의 통일은 신국가가 탄생한 것은 아니지만, 동국이 체결한 모든 조약 및 국제기관의 회원국으로서의 지위에는 영향을 받지 아니하고, 이에 기한 권리·의무는 종전의 동독(GDR)의 영역에도 미친다(독일통일조약 제11조, 동 조항에 의하면, 통일독일정부는 종전의 조약 등에 대하여 개개의 조정이 필요한 때에는 각 조약당사국과 협의하도록 하고 있다). 그리고 통일독일은 GDR이 체결한 조약에 관해서는 그 계속적 적용, 조정 또는 종료를 규제하고 또한 확인하기 위하여 관련 조약당사국과 협의하도록 하며, 개별조약당사국 및 EC와 협의하여 GDR의 조약의 채용에 관해서 그 입장을 결정하도록 하고 있다.

13) 소련의 해체와 CIS제국의 독립은 조약승계조약의 의미에서 '국가의 분리'로 볼 수 있다. 그리고 UN의 소련대표권을 러시아가 승계하도록 되었으므로 러시아만이 선행국으로 남고, 다른 CIS제국은 승계국으로 볼 수 있다. CIS에 참가하는 제국은 그들의 헌법상의 절차에 따라 종전의 소련이 체결한 조약 및 협정에 기하여 국제의무를 보장하도록 하고 있다. 또한 러시아, 우크라이나, 벨로루시, 키르기스, 카자흐스탄, 타지키스탄간에 체결된 「핵병기의 공동관리에 관한 협정」 제5조 1항에 의하면, 러시아 이외의 나머지 국가는 비핵병기국으로서 1968년의 NPT에 가입하고, 또한 이에 대응하는 보장협정을 IAEA와 체결하는 것을 약속하고 있다.

약을 승계하여야 한다. 이것은 영역문제에 대한 안정성의 고려에 입각한 것으로 생각된다.

(2) 기타의 영역제도

특정영토의 중립화, 비군사화와 같은 다수국가의 이익을 위한 대세적 제도 또는 통과, 항행, 항만시설사용권, 어업권 등과 같은 처분적 내지 속지적 조약은 승계국에 인계되어야 한다는 견해도 있다. 그러나 이러한 제도나 조약이 백지출발의 원칙의 예외로서 당연히 승계된다는 것을 나타내는 관행상의 증거는 충분하지 않다.

그러나 「조약승계협약」은 특정영역의 사용 또는 사용제한에 관한 의무로서 외국의 어느 영역의 이익을 위해 또는 일군의 국가 내지 모든 국가의 이익을 위해 조약에 의해 확립되고, 또한 그 영역에 부착되어 있는 의무와 권리에 대해 국가승계는 영향을 미치지 않는다(즉, 승계되어야 한다)고 규정하고 있다(동 협약 제12조 1, 2항). 다만, 국가승계가 관련하는 영역 상에 외국군사기지의 설치를 정한 선행국의 조약상의 의무에 대해서는 승계되지 아니한다고 규정하고 있다(동 협약 제12조 3항).

(3) 다자조약

다자조약 혹은 입법조약은 국가승계에 의하여 영향을 받지 아니하고 승계국에 승계된다는 견해가 있다. 그러나 현실의 국가관행은 승계국이 이러한 성질의 조약에 참가할 것인가 아닌가의 선택권을 가지는 것으로 묵인되어 왔다고 할 수 있다.

이 점에서 신생독립국에 대해서는 조약승계협약상 명문의 규정이 있다. 즉, 신생독립국은 승계통고에 의하여 국가승계일에 국가승계와 관련하는 영역에 대해 효력을 가지고 있는 다자조약의 당사자로서 스스로의 지위를 가질 수 있다(동 협약 제17조 1항). 다만, 신생독립국에 대한 조약적용이 조약의 목적과 양립하지 않거나 또는 조약의 운용에 관한 제(諸)조건을 심하게 변경하는 것이 조약으로부터 명백하거나 또는 기타의 방법으로 확인되는 경우에는 이 규정은 적용되지 아니한다(동 협약 제17조 2항). 나아가 조약의 문언에 기하여 또는 교섭국의 수가 한정되어 있다는 것 및 조약이 목적에 의하여 다른 어느 국가의 조약참가가 모든 당사국의 동의를 필요로 한다고 인정되는 경우에는 신생독립국은 이러한 동의에 의해서만 조약당사자로서의 지위를 가질 수 있다(동 협약 제17조 3항).

3. 신생독립국의 조약승계방식

제2차 대전 후 등장한 신생독립국의 선행국조약에 대한 승계방식은 다양하지만, 대부분의 경우 신생독립국은 편의와 실리적 입장에서 승계를 전면 거부하는 것보다는 제한적·선택적으로 인정하는 경향이 있다. 신생독립국의 조약승계방식은 크게 승계협정에 의한 방식과 일정한 유예기간을 두고 선택적으로 승계하는 방식이 있다.

(1) 승계협정에 의한 승계

이는 승계국이 적용가능한 조약을 일반적으로 승계할 것을 합의하는 승계협정에 의하여 조약을 승계하는 것이다.[14] 그러나 무엇이 적용가능한 조약인가는 여전히 문제로 남을 것이다.

(2) 선택적 승계

이는 승계국의 일방적 선언에 의하여 독립 후 잠정적으로 선행국의 조약의 적용을 인정하고 그 후에 어느 조약을 승계하느냐의 여부를 결정하는 방식이다. 선택적 승계방식으로는 니에레레 방식(Nyerere Doctrine)과 잠비아 방식(Zambia Formula)이 있다. ① 니에레레 방식은 독립 후 일정기간 내에 승계에 관해 합의에 도달하지 못한 조약은 원칙적으로 자동 소멸한다는 방식이다.[15] ② 잠비아 방식은 관습국제법을 기준으로 한 조약 승계여부의 심사결과 명시적인 소멸의 의사표시가 없는 한 일응 승계를 인정하는 방식이다.[16]

Ⅲ. 경제적 이익의 승계

1. 국가재산, 국가문서의 승계

국가재산이 승계국에 이전한다고 하는 원칙은 이미 오늘날에는 관습법화되고

14) 이 방식은 1932년 독립한 이라크와 위임통치국이었던 영국 간에 채택되었다.

15) 이 방식은 Tanganiyka가 1961년 영국으로부터 독립할 때 채택한 방식으로서 수상의 이름을 딴 것이다. Uganda, Kenya, Malawi, Botswana, Lesotho도 이 방식을 취했다.

16) 이 방식은 1965년 Zambia가 독립할 당시 처음으로 채택되었다.

있다고 할 수 있다. 「국가재산 등 승계협약」상 선행국의 국가재산이란 국가승계일에 선행국이 소유하고 있던 재산, 권리 및 권익을 말한다(재산승계협약 제8조). 협약은 국가재산 등의 승계에 관하여 국가승계의 특정의 유형, 즉 일부 영토이전의 경우(동 협약 제14조), 신생독립국의 경우(동 협약 제15조), 합병의 경우(동 협약 제16조), 분리·독립의 경우(동 협약 제17조), 분열의 경우(동 협약 제18조)로 나누어 상세하게 규정하고 있다.

(1) 일부 영역의 이전

별도의 합의에 의하여 결정된다. 합의가 없는 경우에는 선행국이 가지는 부동산 또는 동산으로서 승계국의 영역 내에 소재하고, 또한 그 영역에 관한 선행국의 활동과 관계되는 것은 승계국에 이전한다(동 협약 제14조).

(2) 신생독립국

선행국의 합의는 필요하지 않으며, 선행국의 부동산으로서 국가승계와 관련되는 영역 내에 소재하는 것, 선행국의 동산으로서 국가승계와 관련하는 영역에 대한 선행국과 관계되는 것은 승계국에 이전한다(동 협약 제15조 1항). 국가재산의 승계를 결정하는 선행국과 신독립국 사이의 협정(승계협정)은 천연의 부와 자원에 대한 모든 인민의 영구적 주권의 원칙을 침해해서는 안 된다(동 협약 제15조 5항).

(3) 합 병

2 또는 3 이상의 국가가 결합하여 1승계국을 구성하는 경우에는 선행국의 국가재산은 승계국에 이전한다(동 협약 제16조).[17]

(4) 분리·독립

국가영역의 1 또는 2 이상의 부분이 분리하여 1승계국을 구성하는 경우, 별도의 합의가 없는 한 국가승계가 관련하는 영역에 소재하는 부동산 또는 그 영역에 대한 선행국의 활동과 관계되는 동산은 승계국에 이전한다. 그 이외의 동산은 형평한 비율로 승계국에 이전한다(동 협약 제17조).

17) 독일통일 후 GDR의 모든 국가재산(채권, 공문서, 제3국이나 국제기관에 대한 청구권, 나아가 제3국에 소재하는 GDR의 대사관 등의 외교재산 포함)은 독일연방공화국에 이전되었다.

(5) 분 열

국가가 분열하여 선행국의 영역부분이 2 또는 3 이상이 승계국을 구성하는 경우, 당해 승계국이 별도의 합의를 하지 않는 한 부동산에 관해서는 그 소재하는 영역을 가지는 승계국에 이전하고, 선행국 밖에 소재하는 것은 형평한 비율로 승계국에 이전한다. 동산에 관해서는 국가승계가 관련하는 제(諸)영역에 대한 선행국의 활동에 관계되는 것은 당해 승계국에 이전하고, 그 이외의 재산은 형평한 비율로 승계국에 이전한다(동 협약 제18조).[18)]

제3국에 소재하는 선행국의 국가재산에 관해서는 위 협약에는 아무런 규정도 없다. 만약 국가재산이 부동산이라면 일반적으로 부동산은 국가영역의 종물(從物)로 인정되어 영역의 변동에 따라 당연히 승계국에 승계된다고 할 수 있다. 그러나 이러한 경우에도 선행국이 소멸하는 경우에는 승계국에 당연 승계된다고 할 수 있으나(완전승계), 선행국이 존속하는 경우에는 그 승계여부가 불명확하다. 다만, 선행국이 사실상 존속하는 경우에는 가령 선행국의 국가재산이 소재하는 제국이 선행국을 국가로 승인하지 아니함으로써 국가승인의 변경이 있다고 하더라도 선행국은 제3국에 소재하는 종전의 국가재산의 소유권(통치권 주체로서의 재산 제외)을 상실하지 않는다고 해석함이 타당할 것인지 논의의 여지가 있다(광화료(光華寮)사건). 또한, 그 국가재산이 동산이라면, 선행국이 소멸되는 경우를 제외하고는 일반적으로 선행국이 계속하여 그 권리를 보유하게 되고, 권리의 승계가 이루어지지 않는다고 해석함이 타당하다.

그리고 국가문서라 함은 선행국이 그 국가작용의 행사에 있어서 작성 또는 수령한 일체의 문서로서 국가승계일에 있어서 그 국내법에 따라 소유하며, 또한 직접 혹은 그 관리 하에 보유한 것을 말한다(동 협약 제20조). 국가문서에 관해서도 국가재산과 마찬가지의 승계원칙이 인정된다(동 협약 제21조~제23조).

---

18) 1991년 12월 4일 모스크바에서의 러시아, 우크라이나 및 카자흐스탄 등 6개공화국 수뇌회담에서 서명된 「소련의 대외채무·자산의 승계에 관한 조약」은 소련의 대외채무·자산을 공화국의 국민총생산(GNP)이나 인구비율로 러시아 61.34%, 우크라이나 16.37%, 카자흐스탄 3.68% 등으로 분배하는 것을 정한 바 있다.

〔광화료(光華寮)사건〕
동경지방재판소(1977) 判時890号131;
오사카(大阪)고등재판소(1982) 判時1053号115

[사 실]

제2차 세계대전 말기인 1945년 4월, 교토대학(京都大學)은 당시의 중국인 유학생의 집합교육(集合教育)을 위하여 그 숙사(宿舍)로서 민간 소유자로부터 부동산(토지 및 가옥)을 임차하고, 약 100명의 유학생을 거주시키고 있었다. 같은 해 8월, 종전과 함께 집합교육은 폐지되었고, 교토대학은 계속하여 임대료를 지불할 수 없게 되었지만 다른 숙소를 찾지 못했던 유학생들은 이 숙사를 광화료(光華寮)로 칭하며 계속 거주했다. 숙사의 소유자는 임대료를 받을 수 없었고, 자신이 사용도 할 수 없게 되었기 때문에 광화료를 매각하기 위한 교섭을 국세청 등과 행했지만 성공하지 못했다. 그러나 기숙생(寮生)들이 거주하고 있었기 때문에 중화민국 주일대표단(1952년의 「일본·중화민국 평화조약(日華平和條約)」 발효 후에는 중화민국 대사관)이 1950년과 52년에 민간소유자와의 사이에 체결한 계약에 의해 광화료를 구입하고, 61년에는 소유권 이전등기를 완료했다. 그런데 중화민국은 1965년경부터 주오사카영사관에 의한 광화료의 관리가 방해받고 있었으므로 가옥의 명도 없이는 차용계약(借用契約)의 체결을 기숙생에 대하여 요구하게 되고, 기숙생이 어떠한 응답도 하지 않았기 때문에 1967년에 광화료의 명도를 구하는 소송을 제기했다.

본건이 심리 중이던 1972년 9월, 일본정부는 일본·중국 공동성명(日中共同聲明)에 의해 중국정부를 승인했다. 이 때문에 본건은 한 순간에 국제법상의 쟁점을 다투는 사건으로 발전했다. 즉, 이 성명에 의해, 일본정부는 '중화인민공화국정부가 중국 유일의 합법정부라는 것을 승인'함과 더불어 '대만이 중국의 영토의 불가분의 일부이다'라고 하는 동국(同國) 정부의 입장을 '충분히 이해하고, 존중'한다는 입장을 명확하게 했다. 이에 수반하여, 일본정부는 그 때까지 중국을 대표하는 정부로 간주해온 중화민국정부와의 외교관계를 종료시키고, 「일본·중화민국 평화조약」은 종료했다는 견해를 표시했다. 이리하여 본건에 있어서는 다음과 같은 두 가지 사항이 주요한 쟁점이 되기에 이르렀다. 첫째, 원고인 중화민국은 정부승인의 변경 후에도 일본의 재판소에서 소송당사자능력을 가지는가? 둘째, 일본에 있는 중화민국 소유의 부동산의 소유권은 정부승인의 변경에 수반하여 중화인민공화국정부에게로 이전하는 것인가?

이제까지 본건에 대해서는 4개의 판결이 내려졌지만 첫 번째의 쟁점에 대해서는 어느 판결에서나 중화민국의 소송당사자능력을 인정했다. 두 번째 쟁점에 대해서는 교토지방재판소에서는 광화료의 소유권은 정부승인의 변경에 수반하여 중화인민공화국정부에게 이전한다고 판단했다. 그러나 이에 대하여 항소심판결은 정부승인의 변경의 효과는 광화료의 소유권에 영향을 미치지 않는다고 판결하고, 본건을 교토지방재판소로 파기 환송했다. 파기 환송 후에 내려진 두 개의 판결은 어느 것이나 항소심 판결의 판단 태도를 유지하고 있다. 현재 본건은 최고재판소에 계류 중이다.

[판결 요지]

(제1심(京都地裁) 판결 요지) 1. 일본정부가 중화인민공화국정부를 중국에서의 유일한 합법정부라고 승인한 이상 중화민국의 당사자능력을 문제로 삼을 수 있지만 중화민국이 현재 대만과 그 주변의 모든 섬을 지배하고, 사실상의 국가형태를 취하고 있다는 것을 부정할 수 없기 때문에 대외적인 사적 거래에 의해 생기는 분쟁의 해결을 일본의 재판소에 구하는 것은 막을 수 없고, 중화민국의 당사자능력까지 부정할 필요는 없다.

2. 광화료는 중국이 재일중국인 유학생을 위하여 취득한 공유재산이다. 어떤 국가에 혁명이 일어나고 새로운 국가가 성립했지만 구국가도 그 영토의 일부를 지배하여 사실상 병존하는 경우, 승인의 변경이 외국에 있는 공유재산에 대한 지배권에 어떠한 영향을 미치는가는 국제법상 어려운 문제이다. 그러나 일본정부는 중화인민공화국정부를 중국의 유일한 합법정부로 승인한 이상, 중국의 공유재산인 본건 건물에 대한 소유권은 동정부로 이전하고, 중화민국정부의 지배를 벗어난 것이라고 해석된다.

(제2심(大阪高裁) 판결 요지) 1. 본래 정부나 국가의 승인은 다분히 정치적인 행위로서 승인을 부여한 국가의 정부가 당해 정부나 국가와의 관계를 어떻게 처리해야 하는가라는 견지에서 본 것이다. 이에 대하여, 국내 재판소는 국내에서의 사적인 법률상의 분쟁을 어떻게 합리적으로 해결해야 하는가라는 전제하에서 판단을 내리는 것이고, 그 경우에는 행정부의 결정에 기반을 두는 승인의 유무를 그대로 판단의 기초로 하는 것은 반드시 적절한 것은 아니고, 승인 이외의 사실을 고려하여 미승인 내지 승인을 잃은 사실상의 정부에게도 당사자능력을 인정하여 분쟁의 합리적인 해결을 꾀하는 것이 필요한 경우가 있다. 중화민국에 관해서 언급한다면, 현재도 대만 및 그 주변의 섬들을 국가적 체제 아래 현실적으로 통치, 지배하고 있는 상황이 사실로 존재하고 있다. 우리나라가 일본·중국 공동성명을 경시하여 손해를 봐서는 안 된다는 것도 물론 있지만 그것은 우리나라 국민이 중화민국과의 사이에서 사적인 법률관계를 맺는 것까지 금지하는 것은 아니다. 현실적으로 우리나라에서 중화민국과의 사이에 민간 수준의 거래관계가 존재하고, 중화민국이 그 거래에 기하여 사적인 법률관계의 당사자로 되어 있는 것은 공지의 사실이다. 중화민국은 중국인 유학생의 숙사로서 사용되어 온 본건 건물의 소유자로 되어있었지만 그 관리를 둘러싸고 기숙생과의 사이에 대립이 있었기 때문에 본건이 중화민국을 당사자로 하는 사적인 법률상의 분쟁이라는 점은 분명하다. 게다가 중화민국은 그 분쟁의 해결에 대해 소송당사자로서 대우하는 것에는 합리적인 이유가 있고, 그와 같이 대우해도 사실상의 정부인 중화민국에 대하여 인정되는 국제법상의 지위나 그것에서 유래하는 권리나 의무를 인정한 것은 아니기 때문에 일본·중국 공동성명에 반한다고도 할 수 없다.

2. 일국 내에서 내전이나 혁명에 의해 정부가 완전하게 교체한 경우에는 전(前)정부가 소유한 공유재산은 포괄적으로 신정부에게 승계된다고 하는 것이 국제법상 확립된 원칙이지만, 전정부가 국지적으로 잔존하고, 사실상의 정부로서 그 지역에

서 실효적인 지배를 유지하고 있는 불완전승계의 경우에는 제3국의 영역 내에 있는 전(前) 정부 명의의 국유재산의 취급에 대해서는 법정지의 재판소의 판단에 관련되고, 반드시 일정하지는 않다. 그러나 이제까지의 선례로부터 추출될 수 있는 것은 소송개시의 시점에서는 사실상의 정부였지만 소송 계속 중에 법정지국에 의해 합법정부의 재산 가운데 신정부가 당시 사실상의 지배를 하고 있던 지역 내에 소재한 재산에 대해서만 지배력을 미치고, 당시 사실상의 지배를 하고 있지 않던 지역에 소재한 전(前) 정부 소유의 재산에 대해서는 지배력이 미치지 않고, 신정부는 합법정부로서의 승인을 받은 후에도 이러한 재산에 대해서는 당연히 그 승계의 권리를 원용할 수 없다는 기준이 있다. 이 기준에 따른다면, 현재 중화민국이 대만 및 그 주변의 섬들을 현실적으로 통치, 지배하고 있는 사실이 있기 때문에 본건의 정부 승계는 불완전한 승계와 적어도 동일시할 수 있다. 또, 중화민국이 본건 건물의 소유권을 취득한 것은 우리나라로부터 합법정부로서 승인되어 있던 시기이기 때문에 중화인민공화국정부의 승인의 소급효는 본건 건물에는 미치지 않는다. 단, 우리나라 정부는 일본·중국 공동성명에 의해 중화인민공화국정부를 중국의 유일한 합법정부로서 승인했기 때문에 우리나라에 있는 중화민국 명의의 부동산 가운데 그 용도, 성질상 중국을 대표해야 할 국가기능에 직접 관련이 있는 것에 대해서는 중화인민공화국정부의 요청이 있다면, 그 소유권의 동 정부에로의 승계를 인정하는 것이 합당하다. 그러나 본건 건물은 이러한 성질을 가진다고는 말할 수 없고, 중화민국이 본건 건물에 대한 소유권을 잃는 것은 아니다. 이와 같은 이유로 원판결을 취소하고, 본건을 교토지방법원으로 파기 환송한다.

〔구유고 제공화국에서의 국가승계〕

구유고 평화회의(平和會議) 중재위원회(1992, 1993), 92 ILR 203, 96 ILR 719, 723, 727, 729, 733.

[사 실]

구유고분쟁에 대처하기 위하여, EC와 그 회원국은 1991년 8월 2일에 선언을 발표하고, 평화회의를 개최하여 그 범주 내에서 중재절차를 개시할 것을 분명히 했다. 같은 해 9월 3일의 선언에서는 이 회의의 범주 내에서 의장이 중재에 부탁된 문제를 중재위원회에 송부하고, 위원회의 심의 결과는 의장을 통하여 회의에 반송하기로 되어 있었다. 9월 7일의 회의에서 구유고 6개 공화국의 대표는 이 결정을 수락했다. 중재위원회는 당초 EC가 지명하는 5개 회원국의 최고재판소 소장에 의해 구성되었지만 1993년 1월 27일의 개편에 의해 EC가 지명하는 3개 회원국의 최고재판소 소장과 ICJ소장 및 유럽인권재판소(ECHR) 소장이 지명하는 1명으로 구성하기로 했다. 중재위원회는 1991년 11월 29일부터 1993년 8월 13일까지 구유고의 붕괴로 발생한 법률문제에 대하여 합계 15개의 의견을 받았다.

국가승계에 관하여 평화회의 의장으로부터 중재위원회에 자문이 요청된 주된 사항은 다음과 같다. ① 무엇을 기초로 어떤 절차에 의해 구유고로부터 생긴 제(諸)국가 간에 발생하는 국가승계의 문제가 해결될 것인가? ② 어떤 재산·책임이 승계국

간에서 분할될 것인가? ③ 승계의 기일은 언제인가? ④ 관계국이 협력하지 않을 때, 구유고의 국가재산, 문서, 채무의 분할에 대하여 어떤 법원칙이 적용될 것인가? 특히 어떤 관계국의 영역 내에서도 소재하지 않는 재산 혹은 교섭 참가국의 영역 내의 재산에 대해서는 어떠한가? 또한 그 관할 하에서 구유고의 재산이 존재한 국가는 어떤 조건 하에서 그들의 자유로운 처분을 금지하고, 또 기타 보호조치를 취할 수 있을 것인가? ⑤ 전쟁 손해의 배상은 국가재산, 문서, 채무의 분배에 영향을 미치는가? ⑥ 유고슬라비아 국립은행(NBY)은 승계국 간에 분할되는 재산, 권리, 이익에 영향을 미치는 결정을 할 수 있는가? 또 구유고 붕괴로부터 생기는 제국(諸國)의 중앙은행은 NBY에 의해 체결된 국제협정으로부터 생기는 권리·의무를 승계하는가?

[의견 요지]

중재위원회로부터 제시된 의견을 위의 자문 사항의 순서대로 살펴보면 다음과 같다.

1. 국가승계는 1978년과 1993년의 국가승계에 관한 2개의 비엔나조약에 구현된 국제법원칙에 의해 규율된다. 구유고의 승계국은 형평한 해결을 달성하고자 하는 합의에 의해 문제를 해결해야 한다. 국제기구에 있어서 구유고의 회원국으로서의 지위는 그 설립문서에 의해 종료되어야 한다. 어떤 승계국도 구유고가 가지고 있던 회원국으로서의 지위를 단독으로 주장할 수는 없다(의견 9).

2. 국가승계의 제1원칙은 승계국 사이에서의 협의와 합의이다. 승계국의 영역 내에 존재하는 국가의 부동산은 그 재산 취득을 위한 자금 조달 여부를 불문하고, 그 국가로 이전한다. 구유고에 속한 기타 국가재산, 채무, 문서는 그 취득을 위한 자금 조달의 여부를 불문하고, 승계국 간에 분배된다. 구유고 1974년 헌법 하에서 그 구성공화국의 재산이었던 것은 여기에는 포함되지 않는다. 또 '사회적 소유'시스템 하에서 단일 공화국 내에서 활동하고 있던 '협동노동조직'에 속하는 것도 포함되지 않는다. 연방 수준 혹은 복수의 공화국에 있어서 공적 권한을 행사하고 있던 '협동노동조직'의 재산은 구유고의 재산의 일부로서 취급된다. 공적 권한을 행사하지 않는 조직은 사기업으로 취급되고, 국가승계의 규칙은 적용되지 않는다(의견 14).

3. 각 신생국가의 승계일은 모든 관련 상황에 비추어 판단되는 사실문제이다. 크로아티아 및 슬로베니아에 대해서는 그 독립선언이 발효한 1991년 10월 8일이 승계일이다. 마케도니아에 대해서는 신헌법이 채택된 1991년 11월 17일이 승계일이다. 보스니아·헤르체고비나에 대해서는 독립에 관한 주민투표의 결과가 발표된 1992년 3월 6일이 승계일이다. 유고슬라비아연방공화국(FRY)(세르비아 및 몬테네그로)에 대해서는 세르비아 및 몬테네그로가 신헌법을 채택하고, 관련 국제기구가 구유고의 붕괴 과정이 완료되었다고 인정한 1992년 4월 27일이 승계일이다(의견 11).

4. 구유고의 국가재산, 문서, 채무의 형평한 분배의 달성에 하나 또는 복수의 승계국이 협력을 거부한 것은 국제의무 위반이 되고, 당해국은 손해를 입은 다른 국가가 취하는 대항조치의 대상이 될 수 있다. 다른 관계국은 그들 사이에 이 원칙에 합치하는 협정을 체결할 수 있다. 이 협정은 협력을 거부하는 국가의 권리를 보전해야 한다. 그와 같은 협정은 그 협정의 비당사국에 대하여 구속력을 가지지 않는

다. 제3국은 이 협정들을 실시할 의무를 지지 않지만 그 주권의 행사로서 국가승계의 원칙에 따른 협정을 실시하고, 승계국의 이익을 보호하기 위한 잠정조치를 취할 수 있고, 또 당해 사항에 관하여 권한 있는 국제기구의 결정에 따른 의무를 지는 수도 있다(의견 12).

5. 국가승계와 국가책임에 적용되는 규칙은 국제법의 별개의 분야에 속한다. 특단의 합의 또는 국제기구의 결정이 없는 한 전쟁 손해배상의 문제는 구유고의 승계국 사이의 재산·책임의 분배에 직접 영향을 미치지 않는다. 그러나 국가승계의 규칙 하에서 이전되어야 할 재산·책임과 전쟁 손해배상을 상쇄시킬 가능성은 부정할 수 없다(의견 13).

6. NBY는 구유고의 국가권력의 일부를 행사하고 있었기 때문에 구유고의 붕괴에 의하여 NBY도 동시에 해체되었다. 따라서 NBY는 국가승계원칙에 따라 승계국간에 분할되는 재산, 권리, 이익에 영향을 미치는 결정을 할 자격은 없다. 구유고의 기관으로서 NBY에 의해 취해진 결정으로부터 생기는 권리·의무는 승계국으로 이전한다. 승계국의 중앙은행이 어떻게 이 권리들을 행사하고, 또 의무를 이행하는가는 당해 승계국이 결정한다. 은행으로서의 자격으로 행동한 NBY에 의해 체결된 통상의 합의는 당해 합의의 조건에 따라 해결되어야 하고, 분쟁화한 경우에는 적절한 재판소에 부탁되어야 한다(의견 15).

2. 국가채무의 승계

「재산승계협약」에 의하면, 국가채무란 선행국이 다른 국가, 국제조직, 기타의 국제법 주체에 대하여 국가승계의 시점에 국제법에 따라 부담하고 있는 선행국의 재무상(財務上)의 의무를 말한다(동 협약 제33조, 제35조). 따라서 국제법주체가 아닌 기업이나 개인에 대한 국가의 채무는 여기에 포함되지 않는다. 그리고 선행국의 대외채무로서는 국채(國債)와 공채(公債)가 있는데, 위 협약은 국채에 한정하고 있다. 그러나 공채의 경우에도 국채의 규정을 준용하여야 할 것이다.

선행국의 국가채무의 승계에 대하여는 학설·국제관행은 일치하고 있지 않으나, 선행국이 제3국을 위해 또는 승계국에 대한 적대적 목적을 가지고 부담한 채무(hostile debts)는 승계되지 않는다. 「재산승계협약」은 국가승계가 원칙적으로 승계국의 권리·의무에 영향을 주지 않는다고 선언하고(동 협약 제36조), 구체적으로 세분하여 규정하고 있다. 즉, 국가영역의 일부이전, 부분적 분리 및 국가분열의 경우 선행국의 국가채무는 선행국과 승계국이 별도로 합의하지 않는 한 형평원칙에 따라 승계국으로 이전한다(동 협약 제37조, 제40조, 제41조). 국가결합의 경우는 선행국의 국가채무는 승계국에 이전한다(동 협약 제39조). 그리고 신생독립국의 경우에는 선행국의 어떠한 국가채무도 신생독립국에 이전하지 않는다. 다만, 여러 가지 사정을 고려하여 양국

간에 별도의 합의를 통해 이전하는 것은 가능하다(동 협약 제38조).

국제불법행위로 인한 선행국의 책임이 승계국에 승계되는가에 대해서는 재산승계협약에 특별한 명문의 규정이 없다. 전통적 학설에 의하면, 기득권존중의 원칙, 부당이득의 법리, 혹은 형평의 원칙에 근거하여 계약에 기한 국가채무는 물론이고, 불법행위책임에 입각한 선행국의 대외채무는 당연히 승계국에 승계되는 것이라고 한다. 그러나 오늘날에는 일반적으로 승계국은 선행국의 국제불법행위에 대한 국제법상의 책임을 승계하지 않는다고 하는 것이 일반적인 견해이다. 즉, 국제불법행위가 판결 등에 의하여 금전채무로 확정된 경우 등을 제외하고는 국가의 불법행위에 대한 배상청구권과 같은 권리는 기득권으로 인정되지 아니하며, 따라서 승계국은 이를 승계할 의무가 없게 된다.

3. 양허(讓許)에 의한 부담의 승계

양허(concession)라 함은 국가와 양수인(concessionaire, 특허권소유자인 기업 혹은 자연인)간에 체결된 공법상의 국가계약이다. 그 내용은 국가가 위 국가계약에 규정된 공익사업(예: 석유, 기타 광물자원의 채굴권, 가스·수도, 전기의 공급 또는 운하나 철도의 운영 등)을 운영하기 위하여 양수인인 기업이나 자연인에게 부여된 특권 혹은 권리이다. 이와 같은 양허는 공법상의 계약이 성질(투자수입국 측의 입장)과 사법상 계약의 성질(투자자 혹은 그 본국 측의 입장)의 이중성을 가진다.

전통적인 학설, 판례 및 관행은 사법에 관한 기득권존중의 원칙을 그대로 양허에도 적용가능한 것으로 해석하여 양허에 의한 부담의 승계를 인정할 것을 주장하여 왔다. 이에 반하여 많은 신생독립국들은 국민경제에 대한 외국의 실질적 지배를 허용할 우려가 있다는 이유로 그 승계를 강력히 반대하고 있다.

Ⅳ. 국적의 승계

승계대상 지역의 주민은 원칙적으로 승계국의 국적을 취득한다. 그러나 선행국이 존재하는 경우에는 당해주민으로 하여금 국적을 선택하게 한 선례도 있으나 국제법적으로 확립된 것은 아니다(제8장 제2절 Ⅱ. 4. 참조).

제 6 장 국가의 유형과 기본적 권리·의무

제 1 절 국가의 유형

Ⅰ. 국제법상의 국가의 개념

일반적으로 국가의 구성요소로서 주민·영토·정부를 들고 있는데, 국제법상으로는 주권 내지 독립권이라는 요소를 추가함으로써 국가를 분류하는 기준으로 삼고 있다. 1933년에 체결된 「국가의 권리·의무에 관한 조약」 제1조는 국제법인격으로서의 국가는 다음 자격을 가져야 한다고 하고, ① 주민, ② 영토, ③ 정부 및 ④ 외교능력을 들고 있다. ④의 요건은 주권이다. 즉 타국의 권력으로부터 간섭을 받음이 없이 대내적으로 최고이며, 대외적으로는 독립적이라는 것이다. 전자를 대내주권, 후자를 대외주권 또는 독립권이라고 한다. 그러나 국제적으로 특히, 국가를 분류하는 기준으로서 중요한 것은 대외주권(외교능력)이다. 따라서 국가를 분류하는 기준은 외교능력의 유무 또는 향유의 정도이다. 완전한 외교능력을 갖춘 국가를 주권국이라 한다. 복수국가가 결합하는 경우에는 결합에 참가한 어떤 국가는 외교능력이 상실 또는 제한된다. 이와 같이 반주권국(反主權國)은 국가결합의 형태에서 오는 것이다.

국가결합은 대별하여 종속적 결합과 대등적 결합으로 분류된다. 전자는 국가가 종속적 관계에서 결합하는 형태로서 피보호국과 종속국이 있다. 후자는 대등한 자격으로서 결합하는 형태로서 다시 신상연합(身上聯合), 물상연합(物上聯合), 국가연합(國家聯合) 및 연방국가(聯邦國家)로 분류된다.

Ⅱ. 종속적 결합

1. 피보호국

2개국이 조약(보호조약)에 의하여 결합하고, 그 일방(보호국)이 타방(피보호국)의 외교권을 행사하는 경우에 보호관계가 성립한다. 피보호국(protected state)이 외교능력의 전부를 상실하는 경우에는 국제법의 주체로서는 소멸되고, 일정한 외교능력이 인정되는 경우에는 그 한도 내에서 불완전한 국제법의 주체가 된다.

피보호국의 예로서 인도의 피보호국인 Buthan과 Sikkim, 프랑스와 스페인의 공동피보호국인 Andora 및 이탈리아의 San Marino를 들 수 있다.

2. 종속국

한 국가가 대내적으로 분리하여 그 일부가 본국으로부터 어느 정도 독립하고, 제한적 외교능력이 인정되는 경우에 본국을 종주국(宗主國 suzerain), 분리국을 종속국(從屬國 vassal state) 또는 부용국(附庸國), 양자의 관계를 부용관계(附庸關係)라 한다.

종속국의 예로서는 제1차 대전 이전의 터키를 종주국으로 하는 이집트를 들 수 있다.

Ⅲ. 대등적 결합

1. 신상연합

신상연합(personal union)이란 복수의 국가가 동일군주 하에 명목적으로 결합한 것이다. 복수의 국가 그 자체가 결합하는 것이 아니라, 왕위계승법 등의 사정에 의하여 명목상으로 결합한 데 불과하다. 따라서 구성국 자체는 여전히 각각 별개의 국제인격자로서 외교능력을 가지고 신상연합 자신은 인격을 갖지 않는다.

신상연합의 예로서는 과거의 영국·하노버(1714~1837), 네덜란드·룩셈부르크(1815~1890), 벨기에·콩고(1885~1905) 등이 있었다.

2. 물상연합

물상연합(real union)이란 복수의 국가가 동일군주 하에 명목적이 아니라 조약에 의하여 실질적으로 결합한 것이다 그 결과 물상연합 자신이 외교능력을 가지고 독자적인 인격체로서 행동한다. 구성국이 외교능력의 일부를 갖는 경우에 반주권국이 생기게 된다.

물상연합의 예로서는 과거에는 스웨덴·노르웨이(1815~1905)와 오스트리아·헝가리(1867~1918) 등이 있었다.

3. 국가연합

국가연합(confederation of states)이란 복수국가가 조약에 의해서 일정한 기능을 공동으로 행사하기 위하여 결합한 것이다. 연합 자신은 개전(開戰)이나 강화조약(講和條約)의 체결 등 일정한 범위의 외교능력을 행사함에 불과하므로 불완전한 주체이다. 구성국은 연합에 위임한 사항을 제외하고 외교능력을 보유하므로 이것 또한 불완전한 주체이다.

사례로서는 미국(1778~1787), 독일(1815~1866), 스위스(1815~1848) 등이 있었으나, 이들은 모두 아래에서 설명하는 연방국가로 되었다.

4. 연방국가

연방국가(federal state)는 국가연합과는 달리 구성국이 조약 또는 헌법에 의하여 사실적으로 결합하는 것이다. 보통은 연방 자신이 완전한 외교능력을 가지며, 구성국은 이를 갖지 않는다. 실례로서는 미국, 스위스, 독일 및 구소련 등 그 수는 적지 않다. 예외적으로 지분국에 외교능력이 인정되는 경우가 있는데, 이때 반주권국이 생기게 된다. 미국헌법은 연방의회의 승인을 조건으로 주(州)가 외국과 협정(agreement) 또는 협약(convention)을 체결할 수 있다고 규정하고 있다. 그러나 체결된 실례는 없다. 구소련의 구성국은 비록 일부이지만(우크라이나와 백러시아공화국), 이미 UN에 가입하여 독립의 기능을 행사하고 있었으므로 구소련연방은 특수한 연방국가라고 할 수 있다. 1944년 스탈린 헌법개정으로 각 공화국에게 외국과의 조약체결 및 외교사절과 영사를 교환할 권리를 부여하였다. 덤바튼 오크스(Dumbarton Oaks)회의에서 구소련이 16개 공화국의 UN가입을 요구했을 때, 헌법개정의 표적이 주로 UN가입문제에 있었다고 생각된다. 이 요구는 그대로 실현되지는 못했으나, 얄타(Yalta)회의에서 우크라이나와 백러시아만이 원가입국이 되는 것이 허용되었다.

독립국가공동체(CIS) 구소련연방은 고르바초프의 페레스트로이카 정책의 추진 중에 해체의 과정을 겪게 되었다. 즉, 1991년에 리투아니아, 라트비아 및 에스토니아의 발트해 3국이 독립하고, 보수파 쿠데타의 실패를 계기로 연방해체가 급진전되었다. 1991년, 주권국가연방을 목표로 소련신연방조약의 체결을 기도하였으나 무산되고, 결국 같은 해 12월 8일 러시아, 우크라이나 및 백러시아의 3개 공화국은 국가수상에 의한 선언(민스크 선언)에 의하여 구소련으로부터의 제(諸)공화국의 사실상의 탈퇴과정과 독립제국의 형성이 현실적인 것임을 명백히 하였다. 동시에 새로운 독립국가공동체(CIS)의 설립협정을 체결함으로써 국제법주체로서의 구소련연방은 소멸하였다.

구소련연방 11개 공화국의 수뇌들은 같은 해 12월 21일 알마아타 수뇌회의에서 CIS의 설립과 거기에 평등한 창설자로서의 각 공화국의 참가 등에 합의하였다. 알마아타 선언은, CIS는 당사국간의 협력에 기하여 구성되고 당사국간의 합의에 의하여 결정되는 절차에 의하여 운용하는 조정기관을 통하여 평등원칙에 따라 운영하도록 하고 있다. 그런데 CIS는 국가도 아니고 초국가적 실체도 아닌 것으로 간주된다. 다만, 동 선언에 의하면, 국제적인 전략적 안정과 안전보장을 확보하기 위하여 전략군의 통합사령부의 설치 및 핵병기의 공동관리를 시행할 것을 확인하고 있다.

현재까지의 정황에 비추어 보아 각 공화국(제(諸) 외국으로부터 독립이 승인되고 있고, 러시아가 소련의 승계국으로 간주되고 있음)이 주권국가로서 국제법주체로 간주되고 있으며, CIS는 국제법주체성을 가지는 것으로는 인정되고 있지 않다.[1)]

Ⅳ. 컴먼웰즈

영국을 포함한 컴먼웰즈(commonwealth)의 구성국[2)]으로서 성립하는 국가집단으로

---

1) 1992년 7월 뮌헨에서 개최된 선진국수뇌회담은 CIS가 분열 상태에 있으므로 신독립국가군(NIS=New Independent States)으로 호칭할 것을 결정하였다.

2) 영국 외에 캐나다, 오스트리아, 뉴질랜드, 인도, 스리랑카, 사이프러스, 가나, 말레이시아, 나이지리아, 시에라리온, 탄자니아 등이다.

위의 국가결합 중 어느 유형도 아닌 특수한 국가결합의 형태이다.

컴먼웰즈에 관해서는 이른바 내부관계이론(*inter se* doctrine)이 오랫동안 지배하여 왔다. 즉 구성국은 대외적으로는 완전독립국이나 구성원 상호간의 관계에서는 국제법의 적용을 받지 않는 특수한 관계라는 이론이다. 그런데 이 이론도 역사적으로 점점 변화해 가고 있으며, 그 구성부분의 개별성이 점차 확대되어, 최근에는 그 내부관계도 차츰 국제관계로 변질되어 가고 있다. 그러나 아직도 보통의 독립국가간에는 볼 수 없는 다음과 같은 특수한 관계가 잔존하고 있다.

첫째, 구성국가에 파견·접수되는 사절을 고등판무관(high commissioner)이라고 하여 종래에는 외교특권이 인정되지 않았었다. 1952년에 영국이 외교면제법(Diplomatic Immunities Act)에서 이를 인정한 이래 타구성국도 이에 따르고 있다.

둘째, 조약을 체결할 경우에는 사전에 구성국에게 통고할 의무가 있다. 물론 타구성국은 거부권을 갖고 있는 것이 아니라, 의견을 제시할 수 있을 뿐이다.

셋째, 상호간의 분쟁은 보통의 국제분쟁과는 구별되며, 국제적인 재판기관에 부탁되지 않는 관행이 있었다. 그러나 제2차 대전 후에는 UN에 부탁된 예(예컨대, 인도와 파키스탄간의 Kashmir문제, 인도와 남아연방간의 후자에 있어서의 인도인 처우문제 등)도 있고, 또한 ICJ 규정 제36조 2항(임의조항)의 수락에 있어서 상호간의 법적 분쟁에 관해서는 유보하지 않는 국가의 예도 나오고 있다.

넷째, 통상·무역에 관한 조약에 있어서 가끔 볼 수 있는 연합조항(commonwealth clause)도 컴먼웰즈제국(諸國) 간의 특수한 결합관계를 나타내는 것이다. 이것은 컴먼웰즈제국(諸國)이 타국과 통상조약을 체결하여 최혜국대우를 약속할 때에 여기에서 컴먼웰즈제국(諸國) 간에 인정되는 특혜관계에 영향을 미치지 않는다는 유보를 붙이는 조항이다. 그러나 최근에는 이러한 특혜도 많이 감소하였으며, 특히 영국이 1972년에 EC에 가입함으로써 특혜관세도 그 조정이 불가피할 것이다.

다섯째, 컴먼웰즈제국(諸國)의 국민 전부에 이른바 '컴먼웰즈시민'으로서의 지위가 공통적으로 인정되고 있다. 컴먼웰즈제국(諸國)의 국민은 각각 자국의 국적을 취득하고 있으나, 다른 컴먼웰즈제국(諸國) 내에서 컴먼웰즈시민으로서의 지위를 향유하며 단순한 외국인과는 다른 특별한 대우를 받는다. 그것은 각 국내법의 규정에 의하나, 일반적으로 컴먼웰즈제국(諸國)의 국적을 취득하는 것이 보통이다. 물론 국민의 외교적 보호는 국적의 소속국이다.

1971년 싱가포르에서 개최된 컴먼웰즈수상회의에서 채택된 선언은 컴먼웰즈의 성격과 목적에 관해서 적절하게 진술하고 있다. 동 선언은 영연합을 "각 국가가 그 자신의 정치에 책임을 지고, 그들 인민의 공통적 이익과 국제적 이해와 세계평화의 향상을 위하여 협의하고 협력하는 독립주권국가의 자발적인 연합"이라고 정의하였고, 또한 "컴먼웰즈회원국은 비동맹국이 되거나 또는 어떤 다른 집단, 연합 또는 동맹에 속하거나 하는 것은 회원국정부의 자유"라는 것을 확인하였다. 동 선언은 협의 면에 강조점을 두고 있다. 즉, 컴먼웰즈는 "협의, 토론 및 협력에 기초를 두어야 하고, 또한 회원국 사이에 전문적·문화적·경제적·법률적 및 정치적 문제에 관한 지식과 견해의 계속적인 교환을 위한 많은 대화통로"를 마련하는 것이라고 선언하였다.

Ⅴ. 특수국가

1. 영구중립국

다른 국가 사이의 전쟁에 대해서는 중립을 지키고, 또 자발적으로 어떠한 국가에 대해서도 전쟁에 호소하지 않을 것을 조약에 의하여 의무를 지고 있는 국가를 영구중립국이라 한다. 영구중립조약의 타당사국은 영구중립국의 지위를 존중할 의무를 진다.

영구중립을 창설하는 목적은 그 국가의 독립과 국경의 현상을 유지하고, 타국의 지배하에 들어가는 것을 배제함으로서 강대국 사이의 세력균형을 유지하게 하여 전쟁의 발생을 회피하려는 데 있다.

(1) 스위스

스위스의 영구중립의 특색은 1815년 「빈(Wien, 비엔나)조약」에 의하여 관계국이 스위스의 영구중립을 승인하고, 스위스의 영토안전과 불가침을 약속하고, 나아가서 중립침범의 경우에는 병력에 의하여 이를 저지할 것을 보장하였다. 이에 스위스가 가입함으로써 영구중립국이 되었다.

스위스는 UN에 가입하지 않았다. 그 이유는 당시 중립의 지위와 UN회원국의 의무가 헌장규정상 양립되지 않는다고 해석되었기 때문이다(UN헌장 제2조 5항, 제4조 1항 및 제42조). 즉, 침략행위에 대한 군사적 조치에 참가할 회원국의 의무는 영구중립국의 지위에 반한다는 것이다.

(2) 오스트리아

오스트리아는 1955년에 제정된 「오스트리아의 중립에 관한 연방헌법규정」이라는 국내법에 의하여 영구중립을 선언하고 군사동맹에 참가하지 않으며, 외국에 군사기지를 부여하지 않는다는 취지를 규정하고 이의 승인을 각국에 구하였던 바, 4대국(미·영·프·소)을 포함한 다수국가가 이것을 승인함으로써 영구중립국이 되었다(오스트리아방식).

그런데 오스트리아는 스위스와는 달리 UN에 가입하였다. 영구중립은 UN헌장과 양립되지 않는다는 원래의 해석이 그 후에 변경되었고, 진영 간의 대립을 완화함에 있어서 영구중립국의 역할이 재인식된 까닭이라고 할 수 있다. 새로운 헌장의 해석에 의하면, 첫째, 회원국은 안전보장이사회의 결의에 의하여 군사조치에 참가할 의무가 있으나 그의 결의가 거부권관계로 곤란하다. 둘째, 설사 결의가 이루어진다 하더라도 군사행동에 협력할 의무는 특별협정의 체결을 필요로 하는데, 아직 특별협정이 체결된 적이 없다. 셋째, 특별협정은 회원국이 헌법상의 절차에 의하여 비준할 때까지는 효력이 발생하지 않는다. 따라서 UN이 오스트리아에 대해서 특별협정의 체결을 호소하지 않으면 되고, 또한 호소하더라도 영구중립을 이유로 이것을 승낙하지 않을 수도 있다. 이리하여 영구중립국의 UN가입은 그 중립의 지위와 모순되지 않는다는 해석이 가능하다.

2. Vatican市國(로마교황청)

교황청의 주권 하에 종교상의 기능을 중심으로 하여 국제관계를 유지하고 있는 특수한 국가이다. 1929년에 이탈리아와 교황청과 「라테란(Lateran) 조약」에 의하여 Vatican시를 중립·불가침의 국가로서 인정하고 타제국(他諸國)도 명시적 또는 묵시적으로 이것을 인정하였으므로 사실상 일종의 영구중립국이라고 볼 수 있다.

교황은 외교사절을 파견·접수하고, 종교상의 문제에 관한 조약(Concordat라고 함)을 체결하고 있다는 점에서 국제법상 국가로서의 성질을 가지고 있다.

Ⅵ. 유럽연합(EU)

EU의 법적 지위는 설립조약에 기하고 있으나, 이것은 통상의 국제기구라기보다는 회원국으로부터 독립한 고유의 입법, 사법, 행정의 주권적 권리를 가지는 정치적 실체이며, 어느 의미에서는 초국가성을 가지고 있다. EU법은 국제법에도 국내법에도 속하지 않는 고유의 법질서를 구성하고 구성국의 정부와 국민에 대하여 직접 권리와 의무를 부여하고 적용된다(TFEU 제288조). 반대로 EU 회원국으로부터 EU에 대한 제(諸)권한의 위임에 의하여 회원국의 주권이 제한된다. 그동안 EU의 법적 지위에 대해서는 적지 않은 논란이 제기되었으나 리스본조약은 EU에게 법인격을 부여함으로써(유럽연합조약(TEU) 제47조) 이제 EU는 국제법주체성을 가지게 되었다. 따라서 EU는 국가와 같이 외교회의에 참석하고, 타국에 대표부를 설치하며, 또한 조약을 체결할 수도 있다. 유고슬라비아의 해체와 각 공화국의 독립을 둘러싼 사태를 통해서 보듯이 EU는 국가승인까지 할 수 있다.

이처럼 EU은 '독립적 법질서'라고 간주되는데, 국제법상 그 의의는 무엇일까?

1963년 Van Gend en Loos사건 판결에서 ECJ는 "공동체는 국제법의 새로운 법질서로서 회원국은 한정된 영역에 관한 것만 언급할 수 있으며, 공동체를 위해서 주권을 제한하므로 공동체의 대상은 회원국과 그 국민의 쌍방에 의해 성립한다"고 판시하여, EU법질서의 성격을 명확히 하였다.[3] 이 판결에서 "공동체는 국제법의 새로운 법질서이다(The Community constitutes a new legal order of international law)"라는 표현을 사용함으로써 ECJ가 EU법을 국제법의 일부인 것으로 이해하고 있다는 해석을 할 수 있다. 그러나 그 후의 판결에서는 이 '국제법의'라고 하는 부분은 언급되지 않음으로써 EU 법제도의 독자성에 그 중점이 옮겨지게 되었다. 이를테면, 1964년에 내려진 Costa v. ENEL 사건 판결에서 ECJ는 "통상의 국제조약과 달리 EEC조약은 그 발효 때부터 회원국의 법체계를 통합하고, 회원국의 재판소에게 그 적용 의무를 부과하고 있는 독자적인 법질서를 창설하였다"고 판시하였다.[4] 이 판결 이후부터 ECJ는 EEC조약은 통상의 국제조약과는 달리 그 자신의 고유의 혹은 독자적인 법제도(its own legal system, its own system of law)를 창출한 것으로 본다는 입장을 견지하고 있다(제4장 참고).[5]

---

3) Case 26/62 *van Gend en Loos v. Nederlandse Administratie der Belastingen* [1963] ECR 1, at 12.

4) Case 6/64 *Costa v. ENEL* [1964] ECR 585, at. 593.

5) 예를 들어, Case 14/68 *Wilhelm v. Bundeskartellant* [1969] ECR1, at 14

제 2 절 국가의 기본적 권리 · 의무

Ⅰ. 기본적 권리·의무의 개념

국가는 국제법의 주체로서 조약상의 권리·의무를 갖는 동시에 국제관습법상의 권리·의무도 아울러 갖는다. 전자의 내용은 국가에 따라 특수적·개별적이다. 후자는 국가인 이상 당연히 그 존립에 필요한 것으로 인정되는 기본적인 권리·의무이며, 일반적·공통적인 것으로 간주된다. 물론 근래에 이것을 조약화하는 움직임이 있다. 1933년 아메리카제국(諸國) 간에 체결된 「국가의 권리·의무에 관한 조약」이 있으며, UN국제법위원회가 1949년 총회에 제출한 「국가의 권리·의무에 관한 선언초안」에는 다음과 같은 14가지, 즉 독립권, 관할권, 불간섭의 의무, 내분을 선동하지 않을 의무, 기본적 인권존중의 의무, 국제평화를 확보할 의무, 국제분쟁의 평화적 해결의무, 무력불사용의무, 침략국부지원(不支援)의 의무, 침략국에 의한 영역취득을 승인하지 않을 의무, 자위권, 국제법상 의무의 이행의무, 국제관계를 국제법에 따라 처리할 의무가 열거되어 있다. 이 중에서 가장 중요한 기본적 권리·의무로서 널리 인정되고 있는 것은 주권·독립권, 평등권, 자위권 및 국내문제불간섭의 의무 등이다.

Ⅱ. 주권·독립권

1. 의 무

주권이란 개념은 역사적 소산으로서 그 의미는 많은 변천을 겪어 왔으나, 보통 최고·절대의 국가권력이라고 해석되고 있다. 그것은 원래 봉건적인 내외의 제(諸) 권력에 대항하는 항의적 개념으로 대두된 것이므로, 대내적 측면과 대외적 측면을 가진다. 국가가 어느 측면에서도 타국으로부터의 간섭을 배제하고 독자적인 의사결정을 행하는 권리가 주권이며, 전자를 대내주권, 후자를 대외주권이라 한다.

대내주권은 이것을 공간적으로 보면 영토주권이 되며, 사항적으로는 국내관할권이 된다. 영토주권이란 원칙적으로 타국의 간섭 없이 국가가 자신의 영역과 영역내의 모든 사람과 물건에 대하여 행사하는 완전하고도 배타적인 권리를 말한다. 영역의 일부를 처분할 수 있는 권한을 가지며, 그 안에 있는 모든 사람과 물건에 대하여 완전한 지배권을 갖는다. 따라서 일국은 타국의 동의 없이 그 국가의 영역에 있어서 권력을 행사해서는 안 된다.

〔Eichmann 사건 (1961)〕

1960년 5월 23일 이스라엘의 벤 구리온 수상은 의회(Knesset)에 대하여 가장 악랄한 나치 전범 중의 하나인 아돌프 아이히만[6]을 체포했다고 발표했다. 이 발표는 즉각 이스라엘과 온 세계를 경악시켰다. 그 당시 아이히만은 '리챠드 클레멘츠'라는 가명을 쓰고 부에노스 아이레스 근교에서 가족들과 함께 살고 있었다. 그의 체포는 이스라엘의 자원자 요원들에 의해 이루어졌다고 이스라엘 정부가 주장하였으나 실제로는 정보기관에 의해 수행되었다고 보는 견해가 유력하다. 그는 1960년 5월 11일 납치되어 1주일간 억류되어 심문을 받고 자의에 의해 이송된다는 각서에 날인한 후 아르헨티나에서 이스라엘로 강제로 이송되었다. 아르헨티나는 이에 즉각 항의하여 외교 문제로 비화하였다.

1960년 UN안전보장이사회는 이스라엘이 Nazi전범자인 아이히만을 이스라엘 법정에서 심리하기 위해 아르헨티나로부터 이스라엘로 비밀리에 유괴해온 것은 아르헨티나에 대한 주권침해로 간주하고, 이스라엘에 대하여 적당한 배상을 지불할 것을 요청하였다.

재판은 1961년 4월 11일 시작되었다. 예루살렘의 지방법원에는 6대주로부터 몰려든 수백 명의 기자들로 북적거렸다. 재판이 진행된 4개월 동안 114회의 공판을

6) 아돌프 오토 아이히만(Adolf Otto Eichmann, 1906년 3월 19일~1962년 5월 31일)은 독일의 SS 중령(최종계급)으로서 유대인 문제에 대한 '최종 해결', 즉 유대인 박해의 실무 책임자였다. 원래 오스트리아 린츠에서 자란 아이히만은 독일로 이주하여 나치에 가담한 이후 비교적 일찍부터 유태인 문제 전문가로 자리잡았다. 1934년 베를린의 S·D에서 유태인 책임자로 임명된 이래 1937년 말에는 장교로 승진하였고 오스트리아의 병합과 함께 그 지역의 유태인 강제이주 책임을 맡았다. 1941년 게쉬타포의 유태인 문제 담당 부서인 I·V B4의 책임자로 임명되어 전쟁이 끝날 때까지 그 직위를 유지하였다. 제2차 세계 대전 직후 국제 전범으로 수배 중에 아르헨티나로 도피하여 이름을 바꾸고 15년 동안 살았다. 1960년 이스라엘 정보기관 모사드에 체포돼 이스라엘에서 공개 재판 후에 1962년 5월 31일에 처형되었다. 재판 당시 그는 자신이 유대인을 박해한 것은 상부에서 지시해서 어쩔 수 없었다고 변명했으나 받아들여지지 않았는데, 후에 예일대학교의 심리학자들은 실험을 통해 부당한 명령이라 하더라도 한번 받아들이면 무비판적으로 그 부당한 명령을 수행하게 된다는 연구 결과를 얻었다. 당시 아르헨티나 정부는 이 문제로 이스라엘과 심각한 외교적 갈등을 빚었다. 엄연히 모사드의 아이히만 납치는 국제법과 관례에 어긋나 아르헨티나 정부의 주권을 침해한 것이었기 때문이다. 출전: http://kr.wikipedia.org 검색어: 아이히만

열었고 1천5백건의 문서, 120명의 증인 신문이 있었다. 아이히만의 변호인들은 그가 단지 상사의 명령에 복종하면서 제한된 권력을 행사하였을 뿐이라고 항변하였다. 그가 어떠한 정치적 정책결정과는 무관하며 다른 유럽 여러 지역으로부터 강제수용소로 유태인들을 이송하는 책임을 진 2차적 기관에 불과한 I · V B4의 책임자였을 뿐이라는 것이었다. 그러나 이스라엘의 Jerusalem지방법원은 아이히만사건과 같이 '인도에 대한 죄'(crime against humanity)에 있어서는 아이히만에 대한 비정상적인 체포에도 불구하고 재판관할권을 갖는다고 하였다. 이 외에도 이 사건은 납치에 따른 국제법 위반, 공소시효 문제 등 수많은 법률적 쟁점이 떠올라 아이히만 재판은 '법률의 역사에서 가장 위대한 드라마의 하나'로 평가되기도 한다.

아이히만에게 적용된 죄명은 이스라엘의 '나치와 그 부역자 처벌법'(Nazis and Nazi Collaborators Punishment Law, 5710 of 1950) 위반이었다. 이 법은 중요한 범죄에 대해서는 공소시효를 배제하고 있을 뿐만 아니라 외국에 의해 처벌된 피고인에 대해서도 이스라엘 법원에 의해 처단될 수 있도록 규정하고 있었다. 아이히만 사건의 판결문을 읽는데 3일간이나 걸렸다. 당연히 예정된 대로 사형 판결이었다. 이스라엘 대법원에서 이루어진 항소심 판결도 같은 내용이었다. 사면 청원도 기각되었다. 1962년 5월 31일 한밤중 아이히만은 처형되었다. 그의 요구에 따라 화장된 그의 사체는 한 줌의 재로 변하여 지중해 연안에 뿌려졌다.

결국 이 사건은 이스라엘의 사과로 종결되었으나 명백한 주권 침해였다. 하지만 6백만명의 동족의 목숨을 잃은 이스라엘의 도덕적 위치를 국제사회가 인정하지 않을 도리가 없었다.

국내관할권이란 국가가 자국의 관할권내에 있는 사항을 타국의 간섭을 받음이 없이 자유로이 처리할 수 있는 권리이다. 따라서 타국은 어느 국가의 국내관할권에 속하는 사항, 즉 국내문제에 대해서는 간섭하지 않을 의무가 발생한다(국내문제불간섭의 의무).

대외주권이란 국가가 어떠한 타국 또는 국제적 지배권력에 복종하지 않고 자국의 통치형태의 선택을 비롯하여 외교사절의 교환 및 조약체결 등을 포함한 모든 법적 권력을 독자적으로 행사할 권리를 말한다. 이와 같이 대외관계에 있어서의 주권은 독립권을 의미한다. 국가의 주권적 의사가 다른 지배권력에 종속되거나 지배되는 경우에는 독립의 이양 또는 포기가 된다. 어느 국가가 무력을 행사하여 타국의 독립을 위협하는 경우에는 피침해국가는 자국의 독립을 수호하기 위하여 자위권을 행사할 수 있을 것이다. 왜냐하면 UN헌장은 위와 같은 정치적 독립을 보장하고 있기 때문이다.

〔독 · 오 관세동맹사건〕
(The Austro-German Customs Union)
자문기관: 국제연맹 이사회, 상설국제사법재판소, 권고적 의견, 1931년 9월 5일, PCIJ Rep. Series A/B, No.41

[사 실]

1931년의 의정서에 의하여 오스트리아와 독일은 양국 간의 자유무역을 설정하는 임시 관세동맹을 체결하였다. 이 관세동맹을 통하여 독일이 오스트리아에 대해 정치적으로 지배할지도 모른다는 우려가 팽배하였다. 그리하여 프랑스와 체코슬로바키아, 유고슬라비아, 루마니아(이 3국을 'Petite Ententes'라고 불렀다)는 이에 강력하게 반대하였으며, 저지하려고 했다. 이처럼 제안된 동맹은 유럽위기라고 해도 과언이 아닐 정도로 국제관계에 있어서의 혼란을 야기하였다.

1919년 「Saint-Germain조약」[7] 제88조는 다음과 같이 규정하였다. "오스트리아의 독립은 국제연맹이사회의 동의 없이는 양도할 수 없다. 따라서 오스트리아는 상기 이사회의 동의 없이, 직접적으로 또는 간접적으로, 또는 어떠한 수단에 의하든지 간에 그의 독립을 양보하는 어떠한 행위도 삼갈 의무를 지고 있다."

특히 오스트리아의 경제적 독립에 관한 1922년의 제네바의정서도 같은 효과를 갖고 있었다. 국제연맹이사회는 PCIJ에 대하여, 오스트리아가 만일 그가 제안된 동맹을 추진해 나간다면, 상기 조약 조항에 반하는 행위가 되는지의 여부에 관하여 의견을 요청하였다. PCIJ는 8대 7로 그 동맹은 1922년의 의정서와 양립할 수 없다고 권고하였다. 다수의견 중 7명의 판사는 또한 「Saint-Germain조약」 제88조에도 반한다고 생각하였다. 다음은 제국(諸國)에 적용될 독립의 성격에 관한 법원의 토의에 한정된 요약이다. 여기에서 토의된 바는 그 상황의 평가에서 법원은 관세동맹 자체에 대하여 중요시하였을 뿐만 아니라 제안된 관세동맹의 설정 이후에 전개될 별개의 단계로서 일어날 정치적 동맹의 가능성에 대하여 더 중요시 하였다.

[재판소의 다수의견]

법이론에 의하여 부여되거나 또는 국가관행의 특수한 예에서 인용되는 제(諸)국가의 독립에 관한 정의에 관계없이 오스트리아의 독립은 「Saint-Germain조약」 제88조에 따르면, 경제적·정치적 분야이거나 또는 기타 분야에서 어떤 침해가 있으면, 곧 그 독립이 침해되는 결과를 가져올 경제적·정치적·재정적 또는 기타 모든 사항에 있어서 유일한 결정권을 갖는 독립국가로서, 현 국경 내에서 동국(同國)이 계속적으로 존재하는 것을 의미하는 것으로 이해되어야 한다. 왜냐하면 독립에 관한 이러한 여러 가지 국면은 실제로 하나이며, 불가분의 것이기 때문이다.

---

7) 「Saint-Germain조약」의 공식 명칭은 「Treaty of Peace between the Allied and Associated Powers a nd Austria; Protocol, Declaration and Special Declaration」이고, Laya에서 1919년 9월 10일 채택되었다. 조약 원문은 다음 사이트에서 구할 수 있다. http://www.austlii.edu.au/au/other/dfat/treaties/ 1 920/3.html

제88조에 언급된 양도(alienation)란 그의 주권이 타국 또는 타국집단의 의사에 복종하게 되거나 또는 그러한 의사에 의해 대체된다는 점에서 오스트리아로 하여금 독립을 상실하게 하거나 또는 그의 독립을 수정하게 될 동국(同國)에 의한 어떠한 자발적 행위로 이해되어야 한다는 것이다.

관세동맹은 이로 인하여 오스트리아가 위와 같은 단독국가로서의 지위가 상실되는 것이 아니므로 그 독립이 당연히 상실되는 것은 아니다. 따라서 「Saint-Germain조약」에는 반하지 않으나, 반면 독일에 특수한 이익을 부여하고, 그 결과로서 오스트리아의 경제적 독립을 위태롭게 할 우려가 있으므로 1922년의 의정서에는 위반한다.

[소수의 반대의견]

'독립'은 모든 국제법학자들에 의해서 잘 이해되고 있는 용어이다. 물론 그들이 사용하는 정의는 나누어져 있지만, 국가가 만일 그가 다른 국가의 종속적 지위에 놓인다면, 만일 그가 그의 영역 내에서 최고권력 내지 주권의 행사를 스스로 종식한다면, 예컨대 만일 그가 그의 영토정부로서 누리는 결정을 함에 있어서 그 자신의 판단을 상실한다면, 법적 의미에 있어서 독립적이 아니다.

국가가 동의하는 그의 행위의 자유에 대한 제한은 만일 그 국가가 그로 인하여 스스로 그의 조직권(organic powers)이 박탈되지 않는다면, 그의 독립에 영향을 미치는 것은 아니다. 하물며 국제법에 의해 부과된 제한은 독립을 박탈하는 것은 아니다.

〔튀니지·모로코 국적법사건〕

(Les décrets de nationalité promulgués en Tunisie et au Maroc(zone française) le 8 novembre 1921)

자문기관: 국제연맹 이사회, 상설국제사법재판소, 1923년 2월 7일, PCIJ Ser. B, No.4

[사 실]

1921년 11월 8일, 프랑스에 의해 프랑스 보호국이 된 튀니지(현 튀니지)와 모로코 각각에 있어서 국적에 관한 법령이 공포되었다. 이 법령들은 튀니지 또는 모로코에서 태어난 자의 부모 중 일방이 이 지역에서 태어났다면, 프랑스국적의 부여와 더불어 병역의무도 부과하였다. 영국정부는 이 법령들이 영국 국민에게 적용되는 것에 반대하고, 이 문제를 중재재판에 부탁할 것을 제안했지만, 프랑스정부가 거부했으므로 국제연맹규약 제15조 1항에 대하여 연맹이사회에 사건을 부탁했다. 프랑스는 본건에서 규약 제15조 8항을 원용하여 국적의 문제는 '국적법상 전적으로 당사국의 관할에 전속하는 사항'에 해당한다고 주장하고, 이사회의 관할을 부정했기 때문에 이사회는 '1921년 11월 8일의 튀니지 및 모로코(프랑스지역)에 있어서 공포된 국적법령 및 이 법령들의 영국 국민에 대한 적용에 관한 프랑스 및 영국간의 분쟁은 국제법상 국내관할사항에 속하는가 여부(국제연맹규약 제15조 8항)'에 대하여 PCIJ의 권고적 의견을 구했다.

[의견 요지]

특히 주의해야 할 점은 '전적으로'라는 용어이다. 고찰되어야 할 문제는 분쟁의 당사국 중 하나가 법상 특정 행위를 하지 않거나, 또는 삼가할 권한을 가지는가 여부가 아니라 주장된 관할권이 '전적으로' 그 당사국에 속하는가 여부이다. 국가의 관할권은 국제법에 의해 정해진 범위 내에서 '전적으로'라는 논의도 성립할 수 있지만, 제15조 8항은 그 의미가 아니다. 제15조 8항에서 말하는 '전적으로 국내관할에 속하는 사항'이란 문언은 어느 정도 복수의 국가의 이익에 밀접하게 관계하지만 원칙적으로 국제법에 의해 규율되지 않는 일정 사항을 예측하고 있다고 생각한다. 이러한 사항에 관해서는 각각의 국가가 유일한 판정자이다. 어떤 사항이 전적으로 국가의 관할권에 속하는가 여부의 문제는 본래 상대적인 것이고, 국제관계의 발전에 의존한다. 예컨대, 국제법의 현 단계에 있어서 국적의 문제는 재판소의 의견으로는 원칙적으로 유보된 분야에 속한다고 생각된다.' 국적과 같이 원칙적으로 국제법에 의해 규율되지 않는 사항에 있어서 타국에 대한 의무에 의해 국가의 권리가 제한될 수 있다. 그와 같은 경우, 원칙적으로 국가에 속하는 관할권도 국제법의 제(諸)규칙에 의해 제한된다. 제15조 8항은 이러한 규칙을 원용하는 국가에 관하여 적용되지 않고, 어느 국가가 일정한 조치를 취할 권리를 가지는가 여부의 문제에 관한 분쟁은 이 경우 국제적 성질의 분쟁이 되고, 8항의 범위 밖에 놓이게 된다. 제15조는 제13조에 의한 중재재판에 부탁되지 않는 국교단절에 이를 우려가 있는 분쟁은 연맹이사회에 부탁되어야 한다는 기본원칙을 규정하는 것이지만, 연맹의 극히 광범위한 권한에 관하여 규약은 국가의 독립을 보호하는 명시적인 유보를 포함하고 있고, 그것이 제15조 8항이다.

본건에 있어서 당사자에 의해 주장된 주된 논점은 다음과 같다.

1. ① 프랑스의 법령은 프랑스 자신의 영역에서가 아니라 프랑스의 피보호국인 튀니지 및 모로코의 프랑스 지역영역에서 태어난 자와 관련한다. 국가영역 내에 있어서 그와 같은 법령을 제정할 국가의 권한이 있고, 문제는 동일한 권한이 피보호지역에 관하여 존재하는가 여부이다. 보호국이 피보호국의 영역 내에 있어서 가지는 권한의 범위는 첫째, 보호관계(protectorate)를 확립하는 양국 간의 조약에서 유래하고, 보호관계가 가지는 공통의 특징이 있지만, 그들이 설립된 특별의 사정 및 그 발전단계로부터 생기는 개별적인 법적 특징도 가진다. 보호국이 자국영역 내에서 국적문제에 관하여 가지는 배타적 권한이 피보호국의 영역에 미치는가 여부의 문제는 국제법의 시점으로부터의 모든 사정의 검토에 의존한다. 게다가 이 문제는 이미 앞에서 정의된 바와 같은 국내 관할 내의 문제는 아니다.

② 프랑스정부는 보호국이 피보호국의 국내주권(local sovereignty)과 공동하여 행사하는 공권력은 국제관계가 기초를 두는 주권 그 자체를 구성하고, 게다가 보호국과 피보호국은 양국 간의 협정에 의해 국제법이 그 국가영역 내에서 주권국가에 의해 향유된다고 인정하는 모든 권한을 피보호국 영역 내에서 행사하고, 그들 사이에서 배분될 수 있다고 주장한다. 이 주장은 영국정부에 의해 다투어지고 있다. 재

판소는 이러한 종류의 협정의 가치가 제3국에 관하여 어떠한가를 정하기 위해서는 국제법에 의거할 필요가 있고, 게다가 본건은 국내관할권에 속하는 문제는 아니라고 본다.

2. ① 영국은 일찍이 모로코 및 튀니지와의 조약에 의해 영국 국민은 치외법권을 향유하고, 타국의 국적을 강제하지 않는다고 주장하고, 프랑스는 이 조약들은 무기한으로 체결된 것이고, 프랑스의 입법·사법제도의 확립은 치외법권의 존재 의의를 잃게 하는 새로운 사정을 창설함과 더불어 사정변경의 원칙에 의해 효력을 잃었다고 주장한다. 이 점에서 조약의 존속기간에 관한 국제법의 원칙에 의거함이 없이 결론을 내릴 수는 없고, 따라서 본건은 국내관할권 내의 문제는 아니다.

② 튀니지에 관하여, 프랑스는 영국정부가 각서에 의해 영사재판권을 포기하고, 그 후 영국·프랑스 간 합의에 의해 튀니지에서의 영국·프랑스 간의 새로운 관계를 승인했다고 주장하지만, 이 문제들에 관한 견해의 차이의 평가는 국제적인 약정의 해석을 포함하는 것이고, 게다가 이 문제도 국내관할 내의 문제가 아니다. 이 점은 모로코에 대해서도 마찬가지다.

3. 영국은 튀니지에 관하여 프랑스와의 합의 등에서 최혜국조항에 의거하여 이탈리아·프랑스 영사조약이 있고, 이탈리아인의 국적유지의 규정이 최혜국조항의 대상이 된다고 주장하지만, 프랑스는 이 조항이 전적으로 경제상의 의의 밖에 없다는 이유로 반론을 제기한다. 이 문제는 국내관할 내의 문제가 아니다.

이와 같은 이유들에 의하여, 재판소는 1922년 10월 22일의 국제연맹이사회 결의에서 언급되고 있는 분쟁은 국제법상 전적으로 국내관할에 속하는 분쟁은 아니라고 생각한다.

〔윔블던호사건〕

(Affaire du vapeur 《Winbledon》)

영국, 프랑스, 이탈리아, 일본 v. 독일(소송참가 폴란드), 상설국제사법재판소, 1923년 8월 17일, PCIJ Ser. A, No.1

[사 실]

1921년 3월 21일, 프랑스의 해운회사가 용선(用船)한 영국 기선(汽船) 윔블던호가 탄약 및 무기를 적재하여 폴란드의 단치히 해군기지로 가기 위해 키일(Kiel)운하의 입구에 이르렀을 때 운하 통항관리자에 의해 통항을 거부당했다. 독일 주재 프랑스 대사가 독일정부에 대하여 「베르사이유조약」 제380조에 따라 윔블던호의 통항을 허가하도록 요청했지만, 독일정부는 전시금제품(戰時禁制品)의 수송을 금지하는 1920년의 독일중립령(獨逸中立令)이 적용된다는 점 및 「베르사이유조약」 제380조가 중립령의 키일운하에 대한 적용의 장애가 될 수 없다는 점을 이유로 이 선박의 통항을 거절했다. 그곳에서 윔블던호는 덴마크해협을 우회하여 4월 6일에 목적지에 도착했다. 그러나 정박 및 항로변경으로 인해 13일 지연하는 결과가 되어 금전적 손해를 입었다. 1923년 1월 16일, 영국, 프랑스, 이탈리아 및 일본(뒤에 폴란드가 소송에 참가)은 이 사건을 「베르사이유조약」 제386조의 분쟁해결절차에 따라 공동으로 PCIJ에 제소했다. 「베르사이유조약」 제380조를 근거로 아래와 같은 판결을 구한 것이다. ① 독일당국은 불법으로 윔블던호의 키일운하로의 자유로운 통항을 거절했다. ② 독일정부는 이 행위의 결과, 윔블던호가 입은 손해를 배상해야 한다.

[판결 요지]

1. 원고의 청구의 근거인 「베르사이유조약」 제380조의 문언은 명확하며, 의문을 발생시킬 여지는 없다. 키일운하는 1919년까지는 독일영역에 건설된 내수로(内水路)였지만, 「베르사이유조약」 하에서 모든 국가의 발트해로의 용이한 통항을 의도한 국제수로(國際水路)가 되었다. 이 새로운 제도 하에서 키일운하는 독일과 평화적 관계에 있는 국가에 속하는 것을 명시적인 유일한 조건으로 하여 군함과 상선의 구별 없이 모든 선박에 대하여 평등하게 개방되어야 한다. 조약은 위의 조건을 명시하는 것에 의해, 독일의 장래의 참전가능성을 예측하고, 적국선박의 운하통항을 거부할 권리를 유보하고 있다. 따라서 조약은 독일과 평화적 관계에 있는 제3국간의 분쟁에 있어 운하통항의 요건이 변경되어야 한다고 생각한다면 그것을 명시해야 하지만, 의도적으로 그것을 하지 않았다. 자유항행이 동맹국에 한정되어 있고, 다른 가항수로(可航水路)에 관한 제12부의 제(諸)규정의 문언과 비교한다면, 제380조의 기초자의 의도는 운하를 모든 시기에 모든 종류의 외국선박에게 개방하도록 한 것이 분명하다.

「베르사이유조약」의 문언에 의하면, 평시와 마찬가지로 전시에 있어서 모든 국가의 선박에 대하여 키일운하의 자유항행을 인정하는 것을 국제법상의 지역권(地役權) 또는 계약의무의 하나에 의해 독일정부가 의무를 지는 경우, 키일운하에 관하여 가지는 주권의 행사에 대한 중대한 제약이 된다는 점은 사실이다. 이 사실은 의문이 있는 경우, 그러한 제약을 발생시키는 조약을 제한적으로 해석하는 충분한 근거가 되지만, 제한적 해석을 하더라도 제380조의 명백한 문언에 반한다고 할 수는 없다. 만약 모든 국적의 선박에게 통항권을 일반적으로 부여한다면, 독일은 전시에 있어서 중립국으로서의 권리의 행사를 박탈당하고, 예기치 않은 주권의 일부를 포기하는 것을 의미하기 때문에 교전국의 하나에 대한 전시금제품의 운하통항을 인정할 의무를 지는 것은 아니라는 주장은 재판소를 납득시키지 못한다. 이러한 종류의 의무를 부과하는 조약은 의문의 여지없이 국가주권이 일정한 방법으로 행사되는 것을 요구한다고 하는 의미로 국가의 주권적 권리에 제약을 과하는 것이지만, 조약 체결권은 국가주권의 하나의 속성이다.

수에즈운하 및 파나마운하에 관한 규정 및 선례는 교전국의 군함에 의한 것이든, 또는 전시금제품을 운송하는 교전국이나 중립국의 상선에 의한 것이든, 그 여부를 묻지 않고 이 국제수로들의 사용이 연안국의 중립과 양립하지 않는다고는 보지 않는다는 것을 나타내고 있다. 게다가 두 개의 공해(公海)를 연결하는 인공적 수로가 영구적으로 전 세계의 이용에 이바지하는 경우, 교전국의 군함의 통항이 수로를 관할하는 주권국가의 중립을 해하는 것은 아니라는 의미에서 이러한 수로는 자연적 해협과 동일시된다고 하는 일반적 견해의 예증에 지나지 않는다.

윔블던호의 키일운하 통항을 거부하는 근거로서 중립국으로서의 권리와 의무 및 독일중립령의 규정을 원용할 수 있는가의 여부가 문제가 된다. 개별 국가에 의해 발효한 중립령은 평화조약의 제(諸)규정에 우선할 수 없다. 전시금제품을 수송하는 중립선박의 통항은 제380조에 의해 인정되고, 중립국으로서 의무불이행은 되지 않는다. 독일은 제380조에 기한 의무에 반하여 자국의 중립령을 주장할 수는 없었다. 키일운하는 평시에 있어서와 마찬가지로 전시에 있어서도 독일과 평화적 관계에 있는 모든 국가의 모든 선박에 대해서와 마찬가지로 윔블던호에 대하여 개방되어야 했다.

2. 독일이 윔블던호의 키일운하 통항을 거절한 것은 불법이다. 이 거절에 의해 발생한 손해에 대하여 독일은 책임을 지며, 프랑스정부에 대하여 손해배상을 지불해야 한다.

〔모로코에 있어서 미국 국민의 권리에 관한 사건〕

(Case concerning Rights of Nationals of the United States of America in Morocco)

프랑스 v. 미국, 국제사법재판소, 1952년 8월 27일, ICJ (1952) 176

[사 실]

1948년 12월 30일, 모로코의 프랑스 통감명령(統監命令)에 의해 모로코의 프랑스지대(地帶)로의 수입에서 공인된 통화할당을 수반하지 않는 것은 모두 허가를 받아야 한다고 정하고 있었다. 이리하여 1939년에 도입된 모로코로의 수입규제가 부활했다. 무엇보다 이 규제는 프랑스 또는 프랑스연합의 다른 지역으로부터 모로코의 프랑스지대로의 수입에는 적용되지 않았다. 미국정부는 위의 명령이 미국의 조약상 권리를 침해하고, 프랑스에 유리한 차별대우를 수반하는 것이라고 주장했다. 이에 대하여, 프랑스는 통감명령은 유효하다는 것 및 모로코에 있어서 미국 국민은 이 명령에 복종해야 한다는 것을 주장하고, ICJ에 제소했다.

[판결 요지]

1. 1948년 12월 30일의 통감명령에 관한 프랑스의 청구를 기각한다(전원일치). 1906년 4월 7일의 「Algeciras 일반의정서」에 의해, 모로코에 있어서 차별을 수반하지 않는 경제적 자유의 원칙이 인정되고, 이 원칙은 그 이전에 확립되어 있었다. 1921년 3월 30일, 프랑스는 모로코와의 보호관계를 조약에 의해 확립했지만 이 점에서 어떠한 변경도 하지 않고, 미국을 제외한 「Algeciras의정서」의 서명국은 그것에 앞서 모로코에 있어서 경제상의 평등대우원칙을 수락하고 있었다. 프랑스는 미국에 있어서도 1918년 11월 14일자 서한에서 이를 보증하고 있었다. 프랑스는 1912년의 조약에서 경제적 사항에서는 모로코에서의 어떤 특권적 지위도 부여하고 있지 않았고, 다른 제국(諸國)은 프랑스에 대해서도 그와 같은 평등을 향유할 권리를 가지고 있다. 1948년의 통감명령은 프랑스 및 프랑스연합의 다른 지역으로부터의 수입과 미국으로부터의 수입을 차별하는 것이고, 미국이 「Algeciras의정서」에 의해

취득한 권리를 침해한다.

2. (모로코의 프랑스지대에서의 미국의 영사재판권의 범위에 대하여) 미국은 1836년 9월 16일의 모로코와의 조약의 규정에 의해 모로코의 프랑스지대에서 미국시민 또는 피보호자간의 모든 민·형사분쟁에서 영사재판권을 행사할 수 있다(전원일치). 또 미국은 「Algeciras의정서」에 의해 영사재판권에 관한 동 의정서의 규정에 의해 필요로 하는 한 모로코의 프랑스지대에서 미국시민 또는 피보호자간의 모든 민·형사분쟁에서 영사재판권을 행사할 수 있다(10 대1). 위의 내용을 제외하고, 영사재판권에 관한 미국의 청구를 기각한다(6 대 5).

프랑스는 모로코에서의 미국 국민의 특권은 1836년의 조약 제20조 및 제21조에 한정되고, 제24조의 최혜국조항은 원용할 수 없다고 주장한다. 미국의 주장에 의하면, 1787년, 1836년의 조약에 의해 미국에 부여된 재판권은 미국 국민 사이에서 발생하는 모든 민·형사재판권이고(첫 번째 논점), 나아가 미국은 최혜국조항의 효과와 관습 및 관례에 의해 미국시민 또는 피보호자가 피고인 모든 사건에서 재판권을 가지며, 이 재판권은 1937년의 영국의 재판권 포기에 영향을 받지 않고, 미국에 의해 명시적 또는 묵시적으로도 포기되고 있지 않다(두 번째 논점).

첫 번째 논점에 대하여, 프랑스는 '분쟁(dispute)'이란 문언은 민사사건에 한한다고 하지만 모로코에 의해 이전에 체결된 제(諸)조약에 있어서 이 문언이 민·형사 쌍방의 분쟁을 포함한 것으로서 사용되고 있다는 점은 명확하고, 1787년, 1836년의 양조약이 체결된 당시, 모로코에서는 민·형사사건 사이에 명확한 구별은 없었으며, 민사분쟁과 형사분쟁의 양자를 가리키는 것이라고 해석되어야 한다.

두 번째 논점에 대하여, 미국에 의한 여섯 가지의 주장을 검토한다.

① 모로코와 같은 국가들과의 조약 중의 최혜국조항은 다른 국가들과의 사이에 체결된 조약의 동일한 조항에 부여되는 해석과 다르다고 하는 것은 제(諸)조약의 최혜국조항이 모든 국가의 평등대우를 목적으로 하고 있다는 점에서 이 주장은 평등원칙에 반한다.

② 영국의 영사재판권의 포기는 프랑스지대에 한정되고, 스페인지대에서는 유지되고 있기 때문에 모로코를 단일국으로 하여 취급해온 미국은 최혜국조항에 의해 프랑스지대에서의 재판권을 가진다고 하는 것은 미국이 프랑스지대에서 영국이 가지고 있지 않은 재판권을 가지는 것이 되고, 이는 평등원칙에 반한다.

③ 프랑스와 스페인은 1914년 3월, 11월의 공동선언에 의해 각각의 지대에 있어서 치외법권을 포기했지만, 모로코는 어떤 합의의 당사국도 아니고, 스페인의 권리는 법적으로 존재한다고 한다. 그러나 스페인은 1914년 이후 프랑스지대에서 영사재판권을 주장할 수 없게 되었으므로 이 주장은 인정되지 않는다.

④ 1880년의 마드리드조약에 의해 모로코에 있어서 광범위한 영사재판권이 확인되고, 그 결과, 미국은 그 조약당사국으로서 최혜국조항과는 무관계하게 영사재판권을 행사할 자주적 권리를 취득했지만 그와 같은 확인을 한 조약규정은 하나도 없다. 재판소는 그 범위를 넘은 '추론에 의한 해석'(construction by implication)을 채용할 수 없다.

⑤ 모로코에서의 영사재판권은 최혜국조항과는 무관하게 「Algeciras의정서」에 의

해 확인되고 있다고 한다. 본의정서에는 영사재판권의 행사를 필연적으로 수반하는 규정이 있을 뿐이고, 그 한도에서 미국은 재판권을 가질 뿐이다.

⑥ 모로코에서의 치외법권은 관습과 관례에 의거한다고 하고 있지만 1787년부터 1836년까지의 150년간 미국의 영사재판권은 조항에 기하고 있고, '비호사건'에서 기술한 바와 같이,[8] 입증의 면에서도 충분한 증거는 제출되고 있지 않다.

3. 미국은 모로코의 프랑스지대에 있어서 미국시민에 대한 모든 법령 및 규칙의 적용은 미국정부의 동의를 필요로 한다는 취지의 주장을 할 수는 없지만 미국의 영사재판권은 미국정부가 동의하고 있지 않은 법령 또는 규칙을 미국시민에게 적용하는 것을 거부할 수 있다(전원일치). 소위 '동의권'이란 영사재판제도의 결과에 지나지 않고, 따라서 미국은 프랑스지대에서의 미국 국민에 대한 모로코법령의 적용에는 모두 미국의 동의가 필요하다고 주장할 수는 없다.

4. 미국은 그 반소에 있어서 최혜국조항 등을 근거로 미국 국민에 대한 과세는 동국(同國)의 사전 동의를 요한다고 주장하지만 본의정서는 엄격한 과세규정을 정하는 데 지나지 않고, 과세가격은 세무당국에 의해 합리적으로 결정된다.

2. 국제조직과 국가주권의 제한

국가주권과 관련하여 특히 문제가 되는 것은 국제기구의 결의가 다수결에 의해 행해지는 경우, 더구나 그 결의에 회원국 전체를 구속하는 법적 효력이 인정되는 경우이다.

안전보장이사회의 일정한 결정(UN헌장 제7장 이하의 강제조치)은 회원국에 대하여 구속력을 가진다(UN헌장 제25조). 이 경우에 상임이사국은 거부권을 가지고 있으므로 국가주권은 관철된다고 볼 수 있으나, 기타의 회원국들은 그 결정이 자기의사에 반한다 할지라도 수락하고 이행할 의무만을 진다. 이와 같은 관계는 헌장의 개정의 경우에도 볼 수 있는데, 그 개정에는 반드시 상임이사국의 찬성을 조건으로 하고 있으나, 기타 국가는 설사 개정에 반대했더라도 이에 구속된다(동 헌장 제108조, 제109조).

국가가 이와 같은 넓은 재량권을 가지는 국제조직의 결정에 강제적으로 구속되는 경우는 주권의 제한으로 보아야 한다. 다만 위의 어느 경우에도 UN헌장에 명문규정은 없으나, 탈퇴의 자유에 관한 샌프란시스코회의의 양해에 따라 UN으로부터의 탈퇴가 가능하므로, 이 한도에서 주권의 제한도 반드시 절대적인 것은 아니라고 말할 수 있다.

국가주권의 제한이라 하더라도, 그것은 타국가로부터의 제한이라기보다 국제조

8) '비호사건'에서 ICJ는 관습 및 관례에 대하여 "이러한 종류의 관습을 원용하는 당사자는 이 관습이 다른 당사국을 구속하도록 확립되어 있다는 것을 입증해야 한다"고 판시했다.

직으로부터 오는 것이다. 그리고 UN의 전체기능으로부터 본다면 극히 한정된 국면에 관한 것에 불과하다. 기타의 국면에서는 일반적으로 주권이 유보되고, 또한 회원국 상호간에는 아직도 주권존중의 원칙이 관철되고 있다(동 헌장 제2조 1항).

3. 국제재판과 주권제한

국가가 국제재판의 판결에 복종하는 것은 주권을 제한하는 것인가? 국가가 국제재판의 판결에 복종하는 것은 첫째, 분쟁을 재판에 부탁하는 것은 분쟁당사국 사이의 합의에 의한 것이며, 국내재판과는 달리 강제관할권이 없고, 둘째, 국제재판은 새로운 국제법의 정립이 아니라 이미 국가 간에 합의된 기존의 국제법의 적용에 지나지 않으며, 셋째, 국제법원은 국가의 상위에 위치한 지배권력의 주체라고 볼 수 없기 때문에 주권의 제한은 아니다.

Ⅲ. 평등권

1. 평등권의 의의

1970년의 「UN헌장에 의거한 제국가간의 우호관계와 협력에 관한 국제법의 원칙에 관한 선언」(Declaration on Principles of International Law with the UN Charter)은 "모든 국가는 주권평등을 향유한다. 경제적·사회적·정치적 또는 기타의 면에서 차이가 있을지라도 평등한 권리와 의무를 가지며, 국제사회의 평등한 구성원이다"라고 하고 있다. UN헌장에서도 이 평등의 원칙이 UN조직의 활동의 기초가 된다고 하고 있다(UN헌장 제2조 1항). 평등의 원칙으로부터, 예컨대 외국인을 내국인보다 불리하게 차별대우하지 않을 의무가 발생하고, 이러한 의무는 특정 조약에 명시되는 경우도 있고 또한 외국인에 관한 국내법에서도 발견된다.

그런데 평등권은 실제로는 매우 다양하게 이해되고 있는데, 대략 다음 세 가지 의미로 사용되고 있다.

첫째, 국제법의 적용에 있어서의 평등, 즉 '법 앞에 있어서의 평등'(equality before law)을 의미한다. 어느 국가도 동등하게 국제법상의 권리를 주장하고 의무를 이행하는 것이 요구된다는 것이다. 이러한 의미의 평등은 국제법이 법으로서 타당하게 존재하는 한 당연히 인정되어야 할 규범적인 요청으로서 트리펠(Triepel)이 말한 바와 같이 자명의 이치라고 할 수 있다. 따라서 특별히 권리로서 주장할 필요가 없는 것처럼 보인다. 그러나 국제사회는 국내사회와 같은 법적용기관이 불충분하고 그 적용이 가끔 당사국의 권력관계에 좌우되는 경우가 있으므로 이를 주장할 필요성은 역시 있다고 보아야 한다.

둘째, 실질적 평등, 즉 '법 안에 있어서의 평등'(equality in law)을 의미한다. 이는 정립된 법의 내용에 있어서 권리·의무관계가 평등하다는 것이다. 이러한 입장에서는 강대국과 약소국 사이의 이른바 보호관계, 영사재판제도, 국제지역, 조차지(租借地) 등의 제도는 평등권에 반하는 것이라고 할 수 있다.

그러나 내용에 있어서 불평등한 법규가 형성되어도 그 효력이 부정되지 않았던 것이 현재까지의 국가관행이다. 이러한 불평등이 생기는 원인은 주로 이른바 '강제에 의한 조약'의 효력이 인정되고 있다는 데 있다. 실질적 평등을 일반적으로 달성하기 위해서는 강제에 의한 조약을 무효화시킬 수 있는 체제가 확립되어야 한다.

셋째, 국제법의 정립, 국제회의나 국제기구의 결정에 있어서의 평등한 참가를 의미한다. 즉, 국가가 자기를 구속하는 국제법의 정립에 평등한 자격으로 참가하는 것, 자기가 정립에 참가하지 않는 국제법규의 구속을 받지 않는다는 것이다. 이러한 의미의 평등권은 국가가 스스로 참가하지 않는 다른 어떠한 결정에도 구속되지 않는다는 것아 본래의 취지이므로 국가는 이러한 지위에 있어서 원칙적으로 평등하다고 볼 수 있다(동 헌장 제2조 제1항).

2. 국제조직과 평등권

평등원칙은 결코 정적(靜的)인 개념은 아니다. 평등권도 국제사회의 조직화와 함께 변용을 보게 되었다. 형식적 평등(대표의 평등, 투표의 평등−1국 1표로서 전원일치)을 단순하게 적용해서는 국제조직의 효과적인 운영과 활발한 기능이 기대되지 않으므로 부담금, 이해관계, 책임부담능력 등을 기준으로 하여 일정한 국가에게 가중적인 지위가 인정되는 경우가 있다.

UN총회에서는 대표권과 투표권의 양면에서 평등원칙이 관철되고 있으나, 안전보장이사회에서는 상임이사국제도가 있을 뿐만 아니라 상임이사국에게는 이른바 거부권이 인정됨으로써 평등원칙이 제한되고 있다. 이는 안전보장이사회의 가장 중요한 기능인 강제조치(특히 군사적)를 취하는 경우, 결국 병력의 제공은 대국의 부담에 의존하게 되므로 그 대국의 부담, 즉 책임에 대응하여 권리를 부여한다는 의미와 함께, 만약 대국의 반대를 물리치고 강제조치를 취한다면 대규모의 전쟁이 예견되므로, 이와 같은 사태를 회피하기 위해서는 대국의 이해가 조정되지 않으면 안 된다는 데 그 이유가 있다. 어느 것이나 그 조직의 기능적 요청에 따라 불평등관계가 나타난다. 또한 비정치적 국제조직(경제적·기술적)에 있어서는 일찍부터 불평등한 대표권과 투표권이 인정되어 왔다. 현재의 UN전문기구 중에서도 예컨대 국제통화기금(IMF)은 할당자금에 따라, WTO는 선진국과 개발도상국의 구별에 따라 그 기능적 요청 상 불평등관계가 나타나 있다.[9)]

Ⅳ. 자위권

1. 전통 국제법상의 자위권

전통 국제법상의 자위권을 설명함에 있어서 대부분의 학자들은 국내법상의 자위권 개념을 그대로 도입하여, '정당방위'(협의의 자위권 또는 본래의 자위권)와 '긴급피난'으로 나누어 설명하면서, 전자는 '불법'한 급박한 침해에 대하여 국가 또는 국민을 방위하기 위하여 부득이 필요한 한도 내에서 실력행사를 할 수 있는 국가의 긴급권이고, 후자는 불법한 침해임을 요하지 않는 것이라 하고 있다. 그 효과에 있어서도 전자는 불법한 침해에 대한 것이기 때문에 손해배상을 요하지 않으나, 후자는 그렇지 않은 것이기 때문에 손해배상을 요한다고 설명하고, 전자의 예로서는 Caroline호사건을, 후자의 예로서는 덴마크함대 인도요구사건을 인용하는 것이 보통이다.

〔Caroline호사건〕
미국 v. 영국, 1837.

[사 실]

이 사건은 1837년의 영국식민지였던 캐나다에서 본국으로부터의 독립을 위한 반란 중에 일어났다. 미국당국이 반란군에게 원조가 제공되는 것을 방지하기 위한 모든 조치를 취하였음에도 불구하고, 반란지도자들은 1837년 12월 13일에 미국 Buffalo에서 많은 미국인의 지원을 얻었다. 반도들은 캐나다의 Navy섬에 진을 치

---

9) 예컨대 IMF의 경우 각 회원국은 250표 외에 자국의 할당액 10만달러마다 각 1표씩 더 가진다(제12조 5항).

고 그곳으로부터 캐나다해안을 포격하고 지나가는 영국선을 공격하였다. 반도들은 Caroline호에 의하여 미국연안으로부터 보급을 받았다. 12월 29일~30일 밤에 영국군이 그 당시 미국의 Schlosser항에 있는 Caroline호를 나포하여 불을 질러 Niagara 폭포로 던졌다. 이 때, 2명의 미국인이 살해되었다. 영국은 본 사건에서 살인과 방화죄로 미국이 체포한 영국인 Mcleod의 석방을 요청하는 외교문서에서 자위권을 주장하였다.

[영국 외무부장관 Fox에게 보낸 Webster 미국 국무장관의 서한](1841.8.24.)

영국정부는 '자위의 필요가 급박하고 압도적인 것으로, 다른 수단을 선택할 여지도 없고, 숙고할 여유도 없는 것'(a necessity of self-defence, instant, overwhelming, leaving no choice of means, and no moment for deliberation)을 설명해야 한다. 또한 영국정부는 캐나다의 지방당국이 비록 그들에게 미국영토에 들어갈 것이 인정될 급박한 필요성을 가정한다 할지라도 불합리하거나 또는 과잉행위는 하지 않았다는 것을 증명해야 한다. 왜냐하면 자위의 필요에 의하여 정당화되는 수단은 '그 필요성에 의해 한정되고, 그리고 명백히 그 한계 내에서 그쳐야 하기 때문이다'(must be limited by necessity, and kept clearly within it). Caroline호에 승선하고 있던 인원에 대한 훈계(admonition) 또는 충고(remonstrance)가 비실제적이거나 또는 무익하다는 것을 증명해야 한다. 또한 주간에 행할 수 없었던 것, 피해자와 범죄자 사이의 구별을 하려는 기도를 할 수 없었던 것, 그 선박을 충분히 나포하여 억류할 수 없었다는 것을 증명해야 한다. 그러나 해안에 정박되어 있고, 또 비무장한 인원들이 선내에서 잠자고 있음에도 불구하고 야음에 공격하여 약간 명을 살해·부상시키고 또한 선체를 하중에 끌어내어 방화하고 그리고 범죄자와 함께 무죄자가 그 안에 있는지 없는지 또는 사자(死者)와 함께 산 사람은 없는지 불문하고 공포의 도가니로 몰아넣는 운명으로 전락하게 할 필요하고 급박하며, 불가피한 것이었는지를 증명해야 한다. 미국정부는 이 모든 필요가 존재한다고는 믿을 수 없다.

[Webster장관에게 보낸 영국대사 Ashburton경의 회신](1842.7.28.)

우리들은 이 불행한 사건에 적용될 국제법의 일반원칙에 대해 완전히 합의한다. 독립국가의 영토의 불가침적 성격을 위한 존중은 문명의 가장 필수적 기반이다.

Ashburton경은 Webster가 제시한 국제법의 기준에 의거하여 영국의 행위의 정당성을 개진하였다. 미국에 의한 불법한 침해가 있었다고 주장한 일은 없다. 오히려 미국영토를 침범한 데 대한 유감을 표명함으로써 양국 간의 분쟁해결의 실마리는 풀리게 되었다.

〔덴마크함대 인도요구사건〕
영국 v. 덴마크, 1807.

[사 실]

나폴레옹은 유럽에 있어서의 패권을 확립하기 위해서는 영국을 정복할 필요가 있다고 생각하여, 그 전제로서 영국의 강력한 해군력을 격멸할 것을 획책하였다. 그러나 1805년 11월의 해전에서 프랑스·스페인 연합함대는 영국군에게 크게 패배하였으므로 나폴레옹의 기도는 좌절되었다. 당시 중립정책을 취하고 있던 덴마크의 해군력은 영국에 다음가는 세계 제2위였다. 영국은 덴마크가 나폴레옹의 압력에 굴복하여 그 진영에 참가하여 덴마크함대가 나폴레옹의 영국침략의 수단으로 이용되는 것을 우려하여, 1806년 덴마크에 대하여 영국과 동맹관계를 맺을 것을 제안하였다. 그러나 덴마크는 이를 거절하였다. 그래서 영국은 1807년 7월 5일 특사를 덴마크에 파견함과 동시에 영국함대를 코펜하겐(Copenhagen)연안에 집결시키고, 그 압력 하에 영국과 동맹을 맺든가 아니면 함대를 영국에 인도하든가 양자택일을 강요하였다. 덴마크는 이에 대하여 태도를 명백히 하지 않았기 때문에 영국은 시간의 경과와 함께 사태가 자국에게 불리하게 되는 것을 우려하여 무력에 의한 덴마크함대의 접수를 결심하였다. 영국함대는 8월 16일부터 코펜하겐시내에 대하여 포격을 개시하고, 덴마크는 이에 항전하였으나, 드디어 9월 7일에 항복하고 말았다. 영국해군은 즉시 덴마크함대를 접수하고 10월 21일 76척의 선박을 인솔하여 코펜하겐에서 퇴거시켰다. 이 사건을 계기로 덴마크는 영국과 전쟁상태에 돌입하고 이후 나폴레옹 측에 가담하여 싸우게 되었다.

[법적 문제]

영국정부는 나폴레옹이 덴마크함대를 수중에 넣어 영국 공격에 사용할 의도를 가졌고, 또 당시 프랑스군은 덴마크에 인접하는 독일영역 내에 주재하고 있어 언제든지 덴마크를 제압할 수 있는 태세에 있었다는 것을 들어 '위험은 확실하고 절박하며, 극도의 것이었으므로 긴급·중대한 필요성이 있는 사태를 형성하고 있으며, 달리 취할 수단을 선택할 여지가 없었다'고 주장하여, 그 행위를 정당화하려고 하였다. 영국 학자들은 덴마크 측에 불법책임은 없으나, 위의 상황으로 미루어 보아 영국은 절박한 중대한 위험을 피하기 위하여 취한 부득이한 조치이므로, 국내법상의 긴급피난에 유사한 것이라고 하여 영국의 행위를 지지하였다. 그러나 대륙제국의 학자들은 이를 부정하였다.

이상에서 보는 바와 같이, 종래 '정당방위'의 대표적 선례로 인용되는 Caroline호 사건에서도 영국정부가 미국에 의한 불법침해가 있었다고 주장한 일은 없었으며, 또한 '긴급피난'의 선례로서 인용되는 덴마크함대사건에서도 영국이 덴마크에게 아무런 배상도 한 일이 없었다는 정확한 역사적 사실로부터 보아, 국내법상 자위권개념이 실정국제법(實定國際法) 속에서 진실에 부합된 바는 없었다는 것을 특히 주의할 필요가 있다.

원래 자위권은 국내사회에서 보는 바와 같이 자력구제가 금지되고서야 비로소 법적 의미를 가진다. 전쟁·복구, 기타 자력구제가 일반적으로 인정되었던 국제사회에 있어서는 자위권이라고 할지라도 그것은 국내사회의 그것과는 성격을 달리

하며, 오히려 긴급피난의 성격을 갖고 있었다.

그러나 1928년 「부전조약」에서는 전쟁일반이, UN헌장에서는 무력에 의한 위협 및 무력의 사용이 금지되어(UN헌장 제2조 4항), 자위권은 무력행사에 대한 위법성조각 사유로서 새로운 법적 의미를 가지게 되었다.

2. UN헌장과 자위권

UN헌장은 제51조에서 "이 헌장의 어떠한 규정도 UN회원국에 대하여 무력공격이 발생한 경우에 안전보장이사회가 국제평화와 안전의 유지에 필요한 조치를 취할 때까지 개별적 또는 집단적 자위의 고유의 권리를 침해하지 않는다. 자위권을 행사함에 있어서 회원국이 취한 조치는 즉시 안전보장이사회에 보고된다. 또한 이 조치는 안전보장이사회가 국제평화 및 안전의 유지 또는 회복을 위하여 필요하다고 인정하는 조치를 언제든지 취한다는, 이 헌장에 의거한 안전보장이사회의 권한과 책임에 어떠한 영향도 미치지 아니한다"고 규정하고 있다.

이 규정은 종래의 전통적인 자위권과 비교하여 몇 가지의 새로운 문제를 내포한다. 첫째, 국제관습법상의 자위권에 대한 UN헌장 제51조의 효과에 관한 문제이다. 헌장의 규정상으로는 불명확하다. Kelsen(소수의견)에 의하면, UN회원국에게는 자위권은 UN헌장 제51조가 규정한 것 이외의 내용을 갖지 않으며 관습법은 완전히 배제된다는 의미로 해석한다.[10)]

그러나 Bowett는 회원국은 오직 헌장이 그들에게 부여한 그러한 권리만을 가진다는 것이 아니라 반대로 회원국은 헌장에 의하여 규제되는 것을 제외하고는 일반국제법(관습법)상의 권리를 가진다고 하였다. 이것은 영국정부의 헌장에 관한 다음과 같은 공식주석에 의해 더욱 뒷받침된다. "덤바튼오크스회의에서 자위권을 제한함에 있어서, 그것은 고유의 권리이므로 헌장에 명시할 필요가 없다고 고려되었다. 그러나 자위는 1개국 이상에 의해서 동시에 취해질 수 있다. 그리고 지역적 기구의 존재는 이 권리를 어떤 국가들에게는 특히 중요한 것으로 생각하였으며, 특별한 방위조약을 위해 제국(諸國)은 이 권리의 명시적 승인을 중요한 것으로 생각하였다. 따라서 이 권리는 안전보장이사회가 필요한 조치를 취할 때까지 개별국가 또는 국가군에게 행동할 권리가 부여된다."[11)]

---

10) Kelsen, *The Law of Nations,* 1950, p.915.

11) Bowett, *Self-Defence in International Law,* 1958, p.630.

둘째, 균형성(proportionality)의 요건과 선제적 자위권(right of anticipatory self-defence)에 관한 것이다. 이것 역시 UN헌장 제51조의 문언상으로는 불명확하다. 전자에 관해서는 전술한 Caroline호사건과 1927년 국제연맹에 제출된 "합법적 자위는 공격의 중대성에 비례하는 조치를 취하여야 하며, 또한 그 위험의 심각성에 의하여 정당화된다"고 한 보고서에 주목할 필요가 있다. 후자에 관해서는 1946년 UN원자력위원회의 첫 보고서에서 "핵무기를 제조하는 것을 제한하는 조약 또는 협정 조항의 위반문제를 고려함에 있어서 위반이 너무나 중대한 성격의 것이므로 UN헌장 제51조에서 인정된 고유의 자위권을 낳게 할 수도 있다는 것을 마음에 간직해야 한다"고 논의한 바를 주목해야 한다. 브리어리(Brierly)는 UN헌장 제51조에 '무력공격이 발생한 경우'라는 어구가 삽입되어 있지만, 이는 무력공격에 이르지 않는 불법적 무력행동에 대하여 자위권을 행사하는 것을 배제하려는 의도는 아니었다고 지적한다.[12)]

셋째, 안전보장이사회의 역할에 관한 것이다. UN헌장 제51조의 자위권의 통제로서 핵심적인 것은 자위권은 안전보장이사회가 조치를 취할 때까지만 인정된다고 하여 자위권이 객관적으로 통제된다는 것이다.[13)] 안전보장이사회가 강대국의 거부권으로 인하여 문제의 필요한 조치를 취하지 못하는 경우에는, 1950년의 「평화를 위한 단합결의」(Uniting for peace Resolution)에 의하여 총회의 권고에 의한 조치로서도 이를 담당할 수 있을 것이다. 이 모든 것이 실패할 경우에는 개별국가 또는 국가군이 적당하다고 생각되는 조치를 취함에 있어서 이를 정당화하는 것으로서 자위권이 행사될 수 있을 것이다.

넷째는, 고유의 권리로서 개별적 자위권과 함께 집단적 자위권을 창출하였다는 것이다. 집단적 자위권은 밀접한 관계에 있는 피침략국과 공동방위를 약속한 국가가 피침략국에 대한 침해를 배제하기 위하여 방위행위를 행하는 권리로서 제2차 대전 후의 많은 상호방위조약의 기초를 이루고 있다(제18장 참조).

이상과 같이 UN헌장은 제51조에서 자위권을 '고유의 권리'로 용인하고 있을 뿐만 아니라 개별적 자위와 함께 집단적 자위권을 규정함으로써 자위개념을 확대하고 있다.

---

12) Brierly, *The Law of Nations*, 6th ed., 1976,, p.418.

13) 제2차 대전 후의 Nüremberg재판에서 자위권의 요건을 행사국만이 제정해야 한다는 변호인측의 주장에 대하여, 판결은 자위의 주장 아래 취해진 행동이 사실상 침략적인가 또는 방위적인가 하는 것은 적어도 국제법이 여전히 강제되어야 한다면, 객관적 심사와 판정에 복종하지 않으면 안 된다고 하였다.

Ⅴ. 국내문제불간섭의 의무

1. 의 의

대내주권을 사항적 측면에서 보면, 국가는 자국의 관할권내에 있는 사항을 배타적으로 처리할 수 있는 권리를 가진다. 이것을 국내관할권이라고 하며, 이에 대응하여 타국의 관할권내에 있는 사항 즉, 타국의 국내문제에 대해서는 간섭해서는 아니 될 의무가 부과된다. 국내문제라고 하는 것은 타국의 간섭을 받지 않고 단순·임의로 처리할 수 있는 사항이다. 국내문제는 국가의 대내문제(internal affairs)에 국한되는가 아니면 대외문제(external affairs)까지 포함하는가에 대해서는 논란이 있으나 다수설은 대외문제까지도 포함하는 것으로 보고 있다.[14] 예컨대 관계국 사이의 정당한 합의로써 어떤 대외문제(통상조약의 체결 등)를 처리할 때, 이것을 불만스럽게 생각하는 제3국이 부당하게 어떤 위협을 가하는 경우를 들 수 있다. 일반적으로 국내문제란 헌법상의 문제(국가의 정치조직이나 경제체제의 문제)·관세·이민·국적 등에 관한 문제가 이에 속한다. 그러나 국내문제는 유동적·상대적인 것이며, 고정적·절대적인 것은 아니다. 어떤 상황이 특정의 시점에서는 국내문제였지만, 그것이 국가 사이의 합의에 의해서 규제되게 되면 이것은 이미 국내문제가 아니다. 국제사회가 긴밀화되고 국제적 규율의 대상이 확대됨에 따라, 국내문제의 분야는 좁아지고 국제문제화 되는 경향이 있다. 따라서 전술한 국내문제도 예컨대 관세에 관해서는 WTO, 이민에 관해서는 이민조약, 국적에 관해서는 「국적법의 저촉에 관한 각종의 문제에 관한 조약」 등이 체결되어 있으므로 그 한도 내에서는 더이상 당사자 간의 국내문제는 아닌 것이다.

간섭(Intervention)이란 일국의 의사를 타국에 강제하는 것, 즉 다른 국가에게 그 의사에 반하여 특정사항을 유지 또는 변경하게 하는 것이다. 구체적으로 어느 정도의 개입행위가 간섭을 구성하는가를 확정하는 것은 쉬운 일은 아니다. 보통 무력에 의한 위협 또는 무력행사를 수반하는 경우는 명백한 간섭행위가 된다.

또 무력행사 이외에 경제적·정치적 기타의 형태로서 타국에 개입하여 강제하는 조치의 사용도 간섭으로 보아야 할 것이다. 그러나 일국의 자유의사를 강제하

---

14) Declaration in the Domestic Affairs of States and the Protection of their Independence and Sovereignty, 1965, 제1조 참조.

는 정도에 이르지 아니하는 단순한 권고나 주선 · 중개는 간섭이 되지 않는다.

최근에는 금지되는 간섭활동의 범위를 직접적으로 타국을 강제하는 것과 같은 행위뿐만 아니라 타국의 정권정복이나 테러활동에 원조를 부여하는 것과 같은 간접적인 행위까지 확대하고 있다. 이것을 '전복적 간섭'(顚覆的 干涉 subversive intervention)이라고 한다. 1970년의 제국(諸國) 사이의 「우호관계에 관한 국제법원칙의 선언」은 이러한 간섭을 금지하였다.[15)]

적법한 간섭으로 인정되고 있는 주요한 예외의 경우로서는, ① UN헌장에 의거한 집단적 간섭(제7장의 강제조치), ② 해외 자국민의 권익과 안정을 위한 간섭(외교적 보호권), ③ 자위권에 의한 간섭(집단적 자위권 포함), ④ 국제법규의 중대한 위반에 대한 간섭(예컨대, 어떤 국가가 공해자유의 원칙을 침해한 경우 침해당한 국가 이외의 제3국이 항의로써 행하는 간섭) 등이다.

근래에 들어 특정 국가가 인종이나 종교상의 이유로 국민의 기본적 인권을 무시하고 국민을 박해하는 경우에 타국이 인도상의 이유로 그 박해행위를 중지시키기 위한 간섭이 허용되는가에 관하여 논쟁이 있다. 인도상의 이유로 간섭의 필요성이 인정된다고 할지라도 무엇이 인도에 반하는 것인지의 판단이 개별국가에 의해 행해지는 경우에는 남용의 위험성이 있으므로 UN과 같은 국제기구에 의한 집단적 조치로 행해지는 것이 바람직할 것이다.

2. UN헌장과 국내문제불간섭의 원칙

국내문제불간섭의 의무에 관하여, UN헌장은 제2조 7항에서 "이 헌장의 어떠한 규정도 본질상 어느 국가의 국내관할권내에 있는 사항에 간섭할 권한을 UN에게 부여하지 아니하며, 또는 그러한 사항을 이 헌장에 의거한 해결에 부탁하도록 회원국에게 요구하지 아니한다. 그러나 이 원칙은 헌장 제7장에 의거한 강제조치의 적용을 해하지 아니한다"고 규정하고 있다.

국제연맹규약은 제15조 8항에서, "분쟁당사국의 일방이 국제법상 전적으로 당사국의 관할권에 속하는 사항으로부터 발생한 것임을 주장하고 연맹이사회가 이를 시인하였을 때에는 이사회는 그 뜻을 보고하고, 또한 그 해결에 관하여 어떠한 권고도 하지 않는다"고 규정하고 있는 점에서 UN헌장의 규정과는 대조된다.

---

15) No State shall organize, assist, foment, finance, incite or tolerate subversive, terrorist or armed activities directed towards the violent overthrow of the régime of another State, or interfere in civil strife in another State.

첫째, 기능면에서 보면 연맹은 분쟁의 평화적 해결에 관해서만 이 원칙이 유보되고 있는 것에 대하여, UN은 단순히 분쟁의 해결에 관해서 뿐만 아니라 경제적·사회적·문화적 협력의 분야 등 UN의 기능일반을 제약하는 원칙이 되고 있다. 또한 회원국도 본질적으로 국내관할권에 속하는 문제의 해결을 위하여 UN에 제소할 의무가 없다. 다만 하나의 예외는 제7장에 기한 강제조치의 적용을 방해하지 아니한다는 단서가 인정되고 있다는 것이다.

둘째, 사항적으로는 유보영역이 보다 확대되고 있다는 것이다. 연맹규약에서는 '국제법상 전적으로(solely) 당해국의 관할에 속하는 사항'이라고 엄격하게 규정되어 있음에 대하여, 헌장에서는 '본질상(essentially) 어느 국가의 국내관할권 내에 있는 사항'이라고 느슨하게 규정되어 있다. 어떤 사항이 국제법에 의하여 규율될지라도 여전히 본질상으로는 국내문제라고 하여, UN의 간섭을 배제할 가능성을 남기고 있다. 또 '국제법상'(by international law)이라는 기준이 사라진 것도 당해문제가 국제법의 측면뿐만 아니라, 다른 요소를 고려하는 것을 가능하도록 한다.

셋째, 국내문제인가 아닌가의 인정과 관련하여 국제연맹규약은 1차적으로 당사자에 의해, 최종적으로는 연맹이사회에 의해 행해지도록 규정하고 있었으나, UN헌장은 이 점에 관해서 특별히 규정하고 있지 않다. 당사국과 UN기관이 다 같이 스스로 해석할 수 있다고 생각된다.

이와 같이 헌장규정의 해석에 관한 인정권이 당사국에 있고 유보영역이 보다 확대되게 되면, UN기능은 중대한 지장을 초래하게 된다. 그러나 UN의 관행은 여러 가지의 완화책을 취하고 있다. 첫째는 인정권에 관한 것이다. 국내문제인가 아닌가의 인정권문제가 일어나는 경우에는 모두 의제로 채택하고 토의과정에서 국내문제로 인정되면 의제로부터 제외하기도 하였으나, 실제로는 국제관계사항(국제적 관심사 matters of international concern)이라는 새로운 개념을 도입하여 의제로부터 제외하지 않고 권고까지 행함으로써 암묵적으로 UN의 권한을 인정해 버리는 것이 많다. 또 국내문제가 아니라고 하기 위해서 당해 문제가 특정조약과 관계하고 있다고 하는 방식 외에 예컨대, 기본적 인권이 침해되고 있다든가, 민족자결이 부정되고 있다든가 또는 국제평화와 안전이 위태롭게 되고 있다는 방식 등을 포함하여 UN헌장에 기초한 여러 가지 주장을 전개하여 왔다. 둘째는 간섭의 의미에 관한 것이다. 어떤 문제를 단순히 의제로 상정한다거나 또는 토의하는 것만으로는 간섭에 해당되지 않는 것으로 처리되고 있다. 토의를 넘어서 취해진 조치, 예컨대 조사위원회를 설치한다든가 또는 당사자에게 권고한다든가 하는 것이 간섭을 구성하는가에 관한 증거는 명백하지 않으나, UN의 관행은 기관에게 적극적인 역할을 부여하는 자유해석이 정당시되는 충분한 조치권을 요구하여 왔다. 이 조치 중에는 권고가 포함되는 것으로 생각되며, 권고에 머무는 한 국가주권과의 관계에서는 문제가 없는 것으로 생각된다.

끝으로 UN헌장 제2조 7항의 불간섭원칙은 단서에서 "이 원칙은 제7장에 기한 강제조치의 적용을 해하지 아니한다"라고 하여 그 예외를 규정하고 있다. 국내문제라 하더라도 그 국가에 대한 UN의 군사적·비군사적 강제조치(동 헌장 제41조, 제42조)의 적용은 가능하다. 이 예외는 UN헌장 제7장에 기한 강제조치라고 하는 표현으로 보아 평화에 대한 위협, 평화의 파괴 또는 침략행위(동 헌장 제39조)를 구성하는 모든 사태를 대상으로 한다. 이러한 사태에 이르지 않는 잠재적 사태의 경우는 포함되지 않는다. 따라서 UN헌장 제6장에 의한 안전보장이사회의 활동, 나아가 UN헌장 제7장에 의한 것이라도 UN헌장 제39조의 권고나 제40조의 잠정조치가 이 예외에는 해당하지 않는다. 즉, 자국의 국내문제라는 이유로 국가는 그 사항에 관한 안전보장이사회(또는 총회)의 조사, 권고 및 조치 등에 대해서는 항변할 수 있다고 해석된다.

〔남아프리카공화국의 인종차별문제, Apartheid〕
인도 v. 남아프리카공화국 (1977)

[사 실]

남아프리카공화국의 인종정책인 Apartheid(인종차별)란 각각의 인종을 지리적으로 분리하여 인구의 5분의 1에도 미치지 않는 백인이 지배권을 장악하려는 제도이다. 제2차 세계대전 이전에 있어서도 인종차별정책이 취하여져 왔으나 그것이 본격적으로 강행된 것은 전후(戰後) 국민당이 정권을 장악한 후의 일이다(1948).

1950년에 정부는 「집단별거법」(Group Area Act)을 제정하고 강제이주를 실시하였다. 1959년의 「Bantu 자치촉진법」(Promotion of Bantu Self-Government Act)은 「원주민대표법」(Representation of Native Act)에 정해진 원주민의 의회대표제를 폐지하고, 언어, 문화에 의하여 원주민지정지를 8지구로 나누고 장차 각 지역 내에서 자치를 인정하는 것을 규정하였다. 나아가 원주민지역의 지정에 그치지 않고, 차별은 공공시설, 학교, 영화관 등의 사용에도 파급되었다. 이것은 일반적으로 Petty Apartheid로 불리고 있다. 이와 같은 Apartheid 정책에 대하여 원주민의 저항이 일어났다. 당초 원주민의 저항은 비폭력의 형태를 취하였으나, 남아공정부는 탄압으로 맞섰다. 그 후 여러 곳에서 폭동이 일어났다.

[UN의 활동]

남아공정부의 인종정책은 1946년 6월 남아공정부가 인도계 시민에 대하여 정치적·시민적 제(諸)권리에 관한 차별적 입법조치를 행하였다고 하여, 인도가 UN에 제소함으로써 문제가 되었다. 인도는 남아공의 입법조치는 양국 간의 「Cape Town 협정」 및 인권과 기본적 자유의 존중을 규정한 UN헌장에 위반한다고 주장하였다. 한편 남아공은 UN헌장은 회원국에게 직접 인권존중의무를 과하고 있지 않으며, 차별적 입법조치를 받는 것은 남아공국민인 인도계 주민에 관한 것으로서 이 문제는 국내문제이며, 총회는 이 문제에 관여할 권한이 없다고 주장하였다.

1946년 12월, 총회는 남아공에 있어서 인도인의 대우는 양국 간에 체결된 협정 및 UN헌장의 관계조항의 국제의무와 일치하여야 한다는 의견을 표명하였다. 1950년 12월, 제5회 총회는 Apartheid는 인종차별주의에 해당한다고 인정하고 제(諸)결의로써 당사국 간의 직접교섭에 의한 해결을 요청하고, 그것을 돕기 위하여 3인으로 구성되는 위원회를 설치하는 등의 조치를 취하였으나, 남아공정부의 강경한 태도로 사태는 개선되지 않았다.

1952년 '인도계 주민의 대우문제'와 함께 '남아공에 있어서의 인종분쟁문제'가 총회의 의제로 상정되었다. 총회는 일련의 결의로써 남아공의 태도에 대하여 유감을 표시함과 동시에, 정책변경을 요구하고 조사위원회를 설치하여 인종차별의 상황을 조사하게 하였다.

1960년 3월, 남아공의 샤프빌에서 폭동이 발생하여 다수의 사망자를 낸 사건이 발생하였다. 같은 해 AA 20개국은 이 사태를 안전보장이사회에 상정하였다. 같은 해 4월 1일의 결의로써 이사회는 "남아공에 있어서의 사태는 국제적 마찰을 야기한 것이며, 계속한다면 국제평화와 안전을 위태롭게 하는 것이다"라고 인정하였다.

1962년, 제17회 총회는 48개국이 '남아공의 Apartheid정책문제'를 공동 제기하고, 여태까지의 두 가지의 의제는 하나로 병합되었다. 총회에서는 외교관계의 단절, 남아공선박에 대한 항구의 폐쇄, 각국 선박의 남아공에서의 입항을 금지하는 입법의 제정, 남아공상품의 보이코트, 무기탄약을 포함한 상품의 남아공에서의 수출을 삼갈 것 등을 회원국에게 요구하는 결의를 채택하였다. 나아가 동 결의는 안전보장이사회에 대하여 적당한 제재조치를 취할 것을 요구하고, 필요한 경우에는 UN으로부터 제명하도록 요구하였다. 그 후 안전보장이사회는 무기, 탄약 및 그 원료의 수출을 금지하도록 요구했으나, 제7장에 기한 강제조치가 아니므로 구속력이 없고, 그 실제적 효과는 회원국의 협력에 기대할 수밖에 없었다. 그러나 남아공과 경제적으로 깊은 관계를 맺고 있는 제국의 협력미진으로 실효를 거두지 못했다.

1966년의 제21회 총회는 '남아공정부의 Apartheid정책은 인도에 대한 범죄(a crime against humanity)이다'라고 비난함과 동시에, 식민지독립부여선언특별위원회와의 협력을 유지·확대할 것을 결정하고, 또 1973년의 제28회 총회는 「Apartheid죄의 진압과 처벌에 관한 국제조약」을 채택하는 등 여러 가지 강력한 조치를 취하였다.

1977년 11월 4일 안전보장이사회는 드디어 남아공에 대한 무기공여 등을 금지하는 헌장 제7장하의 강제조치를 취할 것을 결의하였다.

제 7 장 국가관할권과 국가면제

제 1 절 국가관할권의 의의

국가관할권(state jurisdiction)이란 국제법의 주체인 국가가 사람, 사건, 사물 혹은 자원 등에 대하여 행사하는 법적 권한을 의미한다. 국가관할권은 국가주권에 기초를 두고 있으며, 다음의 세 가지 유형으로 나뉜다. ① 사람, 재산, 행위에 대해 법을 적용하기 위하여 국내법령을 제정하는 입법관할권(legislative or prescriptive jurisdiction), ② 행정기관이 체포, 수사 등 물리적 조치에 의해 국내법을 집행하는 집행관할권(executive or enforcement jurisdiction), 그리고 ③ 사법기관이 국내법령을 적용하여 재판을 하고 판결을 내리는 사법관할권(재판관할권 adjudicative or judicial jurisdiction)이 있다.

문제는 국가의 관할권은 원칙적으로 주권에 기초하고 있어 다른 국가는 물론 국제기구의 간섭을 받지 않는다는 사실이다. 즉, 국제법상 국내문제 혹은 일 국가의 전속관할로 간주되고 있다. 그러나 이와 같은 관념은 전근대적인 사고방식의 산물로서 현대국제법에서 어느 국가에 의한 관할권 행사가 오로지 국내문제로만 간주될 수는 없다. 국가관할권에 있어 국가의 권한은 상대적인 것으로서 국제법의 발전에 따라 그 범위와 내용은 언제든지 변경될 수 있다고 보아야 한다.

제 2 절 관할권의 이론적 기초

관할권은 그 행사 방식에 따라 그 이론적 기초로서 속지주의를 기본으로 하여 다음과 같은 원칙이 주장되고 있다.

Ⅰ. 속지주의(territorial principle)

속지주의는 한 국가의 영역(영토, 영해, 영공) 내에서 야기된 범죄에 대해서는 그 행위자의 국적을 불문하고 당해국의 형사관할권을 행사할 수 있다는 원칙을 말한다. 이는 한 국가의 영역(국가영역)과의 결합을 근거로 하여 행사되는 관할권이다. 따라서 국가는 국제법상 특별한 제한이 없는 한 그 영역 내의 사람과 재산은 물론, 그 행위자가 내국인 혹은 외국인인가를 묻지 않고 배타적인 동시에 포괄적으로 관할권을 행사할 수 있다. 이처럼 속지주의는 한 국가 영역 내에서 문제의 범죄행위가 발생했다는 사실에 의거하여 관할권을 행사할 수 있다. 그러므로 만일 범죄행위가 발생했다면, 행위자인 범인이 소재하지 않는 타국에서 그 행위가 완성되는 경우에도 적용될 수 있다. 이에 대해서는 다시 두 가지 세부원칙으로 나뉘어 있다.

첫째, 주관적 속지주의(subjective territorial principle)로서 가령 어떤 범죄행위가 자국 영역에서 개시되어 그 결과(효과)가 타국의 영역 내에서 발생한 경우라 할지라도 전자가 당해 범죄행위 전체에 대하여 형사관할권을 행사해야 한다는 원칙을 말한다.

둘째, 객관적 속지주의(objective territorial principle)인데, 가령 어떤 범죄행위가 타국에서 개시되었더라도 그 결과(효과)가 자국의 영역 내에서 발생한 경우에는 후자가 당해 범죄행위 전체에 대하여 형사관할권을 행사해야 한다는 원칙을 말한다.[1)]

---

1) 최근에는 객관적 속지주의를 확장하여 국내에 미치는 효과를 근거로 하여 국가관할권의 적용을 인정하는 이론도 주장되고 있다. 그 일례로 '효과이론(effect doctrine)'을 들 수 있다. 이 이론은 주로 미국과 EU 등 일부 국가에서 경쟁법의 역외 적용의 차원에서 채용되고 있다.

위 두 가지 원칙에 따르면, 어떤 범죄행위에 대하여 자국과 타국 모두 형사관할권을 가지게 되며, 결국 양국의 합의로서 관할권이 결정된다.

그리고 속지주의를 적용하게 되면, 국가는 영역 외에 있는 자국 선박 및 항공기 내의 범죄 행위에 대해서도 자국 영역 내의 행위로 간주하여 관할권을 행사할 수 있다.

Ⅱ. 속인주의(nationality(or personality) principle)

속인주의란 국적을 근거로 하여 국가에 의한 관할권 행사를 인정하는 원칙이다. 따라서 국가는 자국의 국적을 가진 개인의 타국에서의 범죄행위에 대해서도 형사관할권을 행사할 수 있다. 속인주의는 아래와 같이 두 가지의 세부원칙으로 나뉘어 있다.

첫째, 적극적 속인주의(active nationality principle)로서 범죄행위자가 자국민인 경우, 그 자가 타국에서 행한 범죄행위에 대해 형사관할권을 행사할 수 있다는 원칙을 말한다.

둘째, 수동적 속인주의(passive nationality principle)인데, 자국민이 타국에서 범죄행위의 피해자가 된 경우, 국가는 타국에서의 외국인의 행위를 범죄로 규정하고, 그에 대해 형사관할권을 행사할 수 있다는 원칙을 말한다.

일반적으로 속인주의라고 하면, 첫째의 경우(적극적 속인주의)를 지칭하고, 국적주의라고도 한다.

그리고 속인주의는 선박 및 항공기 내의 범죄에도 적용된다. 즉, 외국인이 행한 범죄행위라고 할지라도 자국의 국적을 가진 선박 및 항공기 내의 범죄에 대해서는 당해 국가가 관할권을 행사하게 되는 것이다.

〔특수공무집행방해치상, 폭력행위 등 처벌에 관한 법률 위반, 국가보안법 위반(소위 "미국 문화원 사건")〕

대법원 1986.6.24. 선고 86도403 판결

이 이론에 의하면, 카르텔과 같이 외국에서 행해진 경쟁제한행위의 효과가 자국 내에서 발생하고, 동시에 당사자가 이를 의도하고 있다면, 당해 행위자에 대하여 자국 경쟁법의 관할권을 행사할 수 있다. 그러나 효과이론에 대해서는 국가관할권의 적용가능성의 판단이 지나치게 주관적이고, 그 적용 대상이 된 행위가 행해진 국가의 속지적 관할권을 침해할 수 있다는 이유로 반대 의견도 강하게 제기되고 있다.

재판권의 장소적 효력에 관하여 형법 제2조는 "본법은 대한민국의 영역내에서 죄를 범한 내국인과 외국인에게 적용한다"고 규정하여 속지주의를 채택하는 한편 같은 법 제3조에 "본법은 대한민국의 영역 외에서 죄를 범한 내국인에게 적용한다"고 규정함으로써 속인주의도 아울러 채택하고 있다.

따라서 설사 논지가 주장하는 바와 같이 국제협정이나 관행에 의하여 서울에 있는 미국문화원이 치외법권지역이고 그곳을 미국영토의 연장으로 본다 하더라도 그곳에서 죄를 범한 피고인들에 대하여 우리 법원에 먼저 공소가 제기되고 미국이 자국의 재판권을 지금까지도 주장하지 않고 있는 바에야 속인주의를 함께 채택하고 있는 우리나라의 재판권은 피고인들에게도 당연히 미친다 할 것이다. 또 미국문화원측이 피고인들에 대한 처벌을 바라지 않았다고 하여 그 재판권이 배제되는 것도 아니다. 논지는 이유 없다.

〔외국환관리법 위반 · 상습도박〕
대법원 2004.4.23. 선고 2002도2518 판결

1. 피고인의 상고이유에 대한 판단

가. 외국환관리법 위반의 부분에 관하여

(1) 원심은, 그 채용 증거들을 종합하여 피고인이 재정경제원장관의 허가를 받지 아니하고, 미국에서 최○○로부터 1997.3.15.경과 1997.3.19. 각 2만 달러씩 합계 4만 달러를 차용함으로써 거주자와 비거주자 사이의 금전의 대차계약에 따른 채권의 발생에 관한 거래의 당사자가 되었다고 판단하여 이 부분 공소사실을 유죄로 인정하였는바, 기록에 비추어 살펴보면, 원심의 증거의 취사선택과 사실인정은 정당하고, 거기에 심리를 다하지 아니하거나 증거의 취사선택을 잘못하여 사실을 오인한 위법이 있다고 할 수 없다.

(2) 기록에 의하면, 외국환관리법위반의 공소사실 중 피고인이 공소 외 최○○로부터 1997.3.14.경 8만 4천 달러를 빌렸다는 범죄사실과 원심에서 그 중 1997.3.15.경과 1997.3.19.경 각 2만 달러씩을 빌렸다고 인정한 범죄사실은 일시만 약간 달리할 뿐 기본적 사실관계가 동일하고, 그 심리과정에 비추어 피고인의 방어권 행사에 실질적 불이익을 초래할 염려가 없어 공소장변경 없이도 이를 유죄로 인정할 수 있다 할 것이므로, 원심이 공소장변경 없이 이를 유죄로 인정한 것은 옳고, 거기에 상고이유로 든 주장과 같은 잘못은 없다.

나. 카지노에서의 도박에 대한 위법성에 관하여

형법 제3조는 "본법은 대한민국 영역 외에서 죄를 범한 내국인에게 적용한다." 고 하여 형법의 적용 범위에 관한 속인주의를 규정하고 있고, 또한 국가 정책적 견지에서 도박죄의 보호법익보다 좀 더 높은 국가이익을 위하여 예외적으로 내국인의 출입을 허용하는 폐광지역개발지원에관한특별법 등에 따라 카지노에 출입하는 것은 법령에 의한 행위로 위법성이 조각된다고 할 것이나, 도박죄를 처벌하지 않는 외국 카지노에서의 도박이라는 사정만으로 그 위법성이 조각된다고 할 수 없

> 으므로, 원심이, 피고인이 상습으로 1996.9.19.부터 1997.8.25.경까지 사이에 판시와 같이 미국의 네바다주에 있는 미라지호텔 카지노에서 도박하였다는 공소사실에 대하여 유죄를 인정한 것도 정당하고, 거기에 상고이유로 주장하는 바와 같이 도박죄의 위법성조각에 관한 법리오해 등의 위법이 있다고 할 수 없다.

Ⅲ. 보호주의(protective principle)

보호주의란 국가의 중요한(혹은 본질적) 이익이 침해당한 경우에는 행위자의 국적이나 행위발생지를 묻지 않고 자국의 형사관할권을 행사하는 원칙을 말한다. 처벌의 대상이 되는 범죄는 국가안보를 위협하는 행위(예: 내란죄 등)와 국가의 경제적·사회적 이익을 위협하는 행위(예: 통화위조죄, 유가증권위조죄, 공문서위조죄 등)를 들 수 있다.

보호주의는 위에서 검토한 객관적 속지주의의 특별한 형태로 간주하는 입장도 있다. 그러나 오늘날 대다수의 국가가 이 원칙을 채택하고 있고, 독자적인 관할권 행사의 주요 근거로 인정하고 있다.

Ⅳ. 보편주의(universality principle)

보편주의란 범죄행위자의 국적이나 행위지를 묻지 않고, 모든 국가의 형사관할권을 인정하는 원칙을 말하는데, 세계주의라고도 한다. 이는 해적행위, 전쟁범죄, 인도에 반하는 죄 및 테러행위 등과 같이 국제사회 전체의 법익을 해하는 특정 범죄행위에 대해 적용된다는 점에서 특정국가의 본질적 이익에 대해 적용되는 보호주의와 구별된다.

제3절 국가면제

Ⅰ. 국가면제의 의의

'모든 국가는 평등하다'는 주권평등의 원칙은 국제법의 주요 원칙의 하나이다. '대등한 자는 대등한 자에 대하여 지배권을 가지지 않는다(*par in parem non habet imperium*)'라든가 '주권자는 그의 동의 없이 다른 국가의 법원에 설 수 없다(*a sovereign cannot, without his consent, be made repondent in the courts of another sovereign*)'는 법언은 이 원칙의 내용을 적절하게 드러내고 있다. 이와 같은 원칙에 따라 일국의 재판소는 국가 자신이 동의하지 않는 한 외국 또는 외국재산에 대해 관할권을 행사할 수 없게 된다. 이것을 국가면제(state immunity)라 하는데, 주권면제(sovereign immunity) 또는 관할권면제(jurisdictional immunity)라 부르기도 한다. 물론 외국정부가 면제를 포기하거나 또는 원고의 자격으로 법정에 출석한 경우에는 별론으로 한다. 결국 국가면제란 국가는 그 의사에 반하여 외국법정의 피고석에 서지 않을 권리를 인정하는 원칙을 말하는 것이다.

국가면제는 국가의 영역에 있어서의 배타적 관할권의 예외로서 19세기 이래 각국의 국내판결에 의하여 인정되어 온 것이다. 그 선례의 전형적인 예로 1918년 미국연방대법원에 의한 The Schooner Exchange호 사건판결을 들 수 있다.

〔The Schooner Exchange v. McFaddon and Others〕
미국연방대법원, 1812년 2월 24일, 11 US (7 Cranch) 116; 6 AJIL 463

[사 실]

1812년 7월, 프랑스 군함이 필라델피아항에 입항하자 미국민인 맥파든과 그 동료들(이하 '맥파든')은 동 선박이 자신들의 소유하는 스쿠너선(돛대가 두 개 달린 범선)인 익스체인지호라고 주장했다. 위 선박은 1810년 프랑스황제의 명령에 의해 프랑스 군대에 의해 공해상에서 나포되어 포획재판소의 심판을 거치지 아니하고 프랑스 해군의 군함으로 편입되었다. 맥파든은 위 선박의 반환을 구하는 소송을 펜실베니아연방지방재판소에 제기했다. 통상의 피고소환영장이 발부·송달되었지만 피고는 법정에 출석하지 않고, 미국연방정부의 명령에 의해 출석한 지방연방검사는 청구의 기각을 요청했다. 지방재판소는 원고의 청구를 기각했지만, 항소심에서 순회재판소는 원판결을 파기하고, 위 선박을 원소유자에게 반환하도록 명령했다. 이에 대해 사법부장관은 연방대법원에 상고했다.

[판결 요지]

1. 재판소의 관할권은 국가의 주권적 권력의 일부이다. 국가가 영역 내에서 가지는 관할권은 배타적인 동시에 절대적이고, 자신이 부과하지 않은 어떠한 제한에도 복종하지 않는다. 외부로부터의 제한은 어떠한 것이든 영역국 주권의 축소를 의미하고, 그 범위 내에서 제한을 과한 권력에게 주권을 부여한 것이 된다. 따라서 국가가 그 영역 내에서 가지는 완전한 권력에 대한 예외는 그 국가 자신이 동의에 의거한 것이어야 한다. 이 동의는 명시적 혹은 묵시적 방식으로 할 수 있고, 묵시의 동의도 동일한 의무를 발생시킨다.

2. 세계는 평등하게 독립한 주권자에 의해 구성되고, 그들의 공통의 이익은 상호간 교류에 의해 촉진된다. 따라서 모든 주권자는 특정 상황 하에서는 각자의 영역 내에서 절대적이고도 완전한 관할권을 완화하는 것에 동의해 왔다. 문명세계의 관행과 의무에 일치하지 않은 방식으로 갑작스럽게 또한 예고 없이 그 영역권을 행사하는 국가는 신의에 반한다고 보아야 할 것이다. 이 완전하고도 절대적인 영역관할권은 주권자의 속성이고, 영역외적인 권력을 가질 수는 없으므로 외국주권자와 그 주권적 권리를 대상으로 한다고는 생각할 수 없다. 주권자는 어떠한 점에서도 다른 주권자에게 복종할 의무는 없고, 자기 또는 그 주권적 권리를 타국의 관할권 내에 둠으로써 자국의 존엄을 손상시킬 수 없다는 최고의 의무에 구속된다. 따라서 면제가 명시적으로 인정되고 있든가 혹은 묵시적으로 유보되어 있다고 믿고 있지 않다면, 외국영역에는 복종하지 않는다.

3. 주권자의 이와 같은 완전하고도 절대적인 독립 및 그들의 상호 교류를 촉진하는 공통의 이익이 소위 주권자가 그 완전하고도 배타적인 영역관할권의 일부를 행사하는 것을 포기했다고 이해되는 일련의 사례를 발생시키고 있다. 첫 번째는 외국영역 내에서 주권자의 신체를 체포 또는 억류하는 것을 제외하는 것이다. 두 번째는 모든 문명국이 외국의 사절에게 인정하고 있는 면제이다. 이와 같은 면제가 인정되지 않는다면, 주권자는 사절을 외국에 파견함으로써 그 자신의 존엄을 위기에 빠트리게 될 것이다. 그리고 세 번째는 주권자가 외국군주의 군대의 자국영역 통과를 인정한 경우에는 그는 그 영역관할권의 일부를 허용했다고 인정된다. 이 경우에는 관할권을 행사함으로써 자유로운 통행을 인정한 목적이 손상되고, 외국군대는 그 국가의 목적과 의무를 수행할 수 없다. 따라서 자유로운 통행의 허가는 통행 중의 군대에 대해 모든 관할권의 포기를 의미하는 것이다. 이와 같은 통행의 허가는 개별적인 것만이 아니고, 일반적으로 행해질 수 있다. 그러나 허가 자체는 추정할 수는 없다. 외국군대의 통과는 통과되는 영토의 주권자를 종종 현저한 위험에 빠트리기 때문이다.

4. 육군에게 적용되는 규제는 우호국의 항구에 입항하는 군함에게도 대등하게

적용된다고는 생각할 수 없다. 사람이 거주하는 지역을 통한 군대의 행진에 수반되는 위험은 특별한 허가 없이 우호국의 항구에 군함의 입항을 인정함으로써 당연히 생기는 것은 아니기 때문이다. 국가적 이유에 의해 국가의 항구가 군함에 대하여 폐쇄되는 경우에는 통상 그와 같은 결정은 통고된다. 금지되지 않았다면, 우호국의 항구는 평시관계에 있는 모든 국가의 공선(公船)에게 개방되어 있다고 보아야 한다. 이와 같은 공선은 영역국 정부의 보호 아래 입항했다고 추정된다. 거의 모든 경우에 문명국가간의 조약은 긴급사태에 의해 입항하는 선박을 위하여 이러한 취지의 규정을 두고 있다. 이 경우에는 주권자는 협정에 의해 외국선박의 입항을 인정할 의무를 진다.

사인(私人)이 사적인 용도로 외국에서 행위하고, 혹은 상선(商船)이 무역을 위하여 입항하는 경우, 만약 이와 같은 사인 혹은 상선이 당해국의 관할권에 복종하지 않는다면, 이는 사회에서 법을 위반하는 위기를 초래하고, 외국의 주권자는 그와 같은 예외를 인정하는 동기를 가지지 않는다. 그러나 무장한 공선(公船)의 경우에는 모든 점에서 상황이 다르다. 그것은 본국의 군사력의 일부이고, 주권자의 직접적인 지휘 아래에서 행동하고, 주권자에 의해 국가적 목적을 위하여 사용된다. 주권자는 이와 같은 목적이 외국의 간섭에 의해 침해되는 것을 방지하고, 다수의 강력한 동기를 가진다. 관행상으로도 개방된 항구에 입항한 외국주권자의 무장한 공선에 대하여 국가가 관할권을 주장할 수는 없다. 따라서 우호국의 항구에 입항한 군함이 그 국가의 동의에 의해 관할권으로부터 면제되어 있다고 간주하는 것은 공법의 원칙이라고 생각한다.

5. 익스체인지호는 미국정부가 평시관계에 있는 외국주권자를 위해 사용되고 있는 공선이고, 군함이 일반적으로 우호국의 항구에 입항하는 것이 인정되는 조건 아래 미국의 항구에 입항한 것이므로 불가피한 상황 하에서 입항하고 있는 동안 우호적으로 대우해야 하고, 국가의 관할권으로부터 면제되어 있다는 묵시적 약속의 바탕 위에서 미국 영역에 들어온 것이라고 보아야 한다. 따라서 순회재판소의 판결을 파기하고, 신청을 기각한 지방재판소의 판결을 확인한다.

위 판결은 국가면제를 국가의 영역 내의 배타적인 관할권의 예외로 파악하고 있으며, 그 국가에 의해 묵시적으로 인정된 것이라고 보고 있다. 위 판결에서 드러난 바와 같이, 이와 같은 사고는 19세기를 통하여 각국의 국내재판소의 판례에 의해, 또는 상대국과의 우호관계를 유지하고자 하는 실제적 이유에 의해 인정되어 왔다.

Ⅱ. 국가면제이론

국가의 모든 행위와 그 재산에 대해 면제를 인정할 것인지 아니면 선별적으로 면제를 인정할 것인지에 대해 절대적 면제이론과 상대적 면제이론이 있다.

1. 절대적 면제이론(doctrine of absolute immunity)

이 이론은 국가면제이론이 형성되었던 19세기의 절대주권주의가 팽배하던 시기에 주창되었다. 따라서 원칙적으로 국가의 모든 행위, 재산은 타국의 재판권으로부터 면제된다고 간주되었다.

이 시기에 절대적 면제이론이 주장된 주된 이유는 절대주권의 개념이 만연되어 있어 국가와 주권자가 동일시되고 있었기 때문이다. 즉, 주권자의 행위가 곧 국가의 공적 행위로 생각되었기 때문에 주권자의 모든 행위는 다른 주권자의 관할권에서 면제되었던 것이다(The Schooner Exchange호 사건).

그러나 그 후 국가가 공적 행위만이 아니라 대외적 경제활동에 종사하게 되어 그 활동의 범위가 확대되게 되어 위와 같은 사고방식은 수정이 불가피하였다. 하지만 여전히 정부선박이 통상활동에 사용되는 경우에도 면제가 부여되었다(The Ice King, A.D., Vol. 1 (1919-1922), p.150; Berizzi Brothers Co. v. Steamship Pesaro, 1926, 271 U.S. 562("Zafiro호사건")). 절대적 면제이론은 20세기 초반까지는 비교적 유력한 지위를 차지하고 있었다.

〔소장각하명령에 대한 재항고〕
대법원 1975.5.23. 자 74마281 결정

본래 국가는 국제관례상 외국의 재판권에 복종하지 않게 되어 있으므로 특히 조약에 의하여 예외로 된 경우나 스스로 외교상의 특권을 포기하는 경우를 제외하고는 외국국가를 피고로 하여 우리나라가 재판권을 행사할 수는 없는 것이라 할 것이다.

그렇다면 재항고인이 원고로서 이건 제1심 법원에 제기한 법률적용확인 청구사건의 소장에 기재된 피고의 표시를 주한 일본국대사 개인이 아닌 일본국을 피고로 하여 제기한 소로 보고, 일본국과의 사이에는 위 국제관례상의 예외를 인정한 조약이 없을 뿐만 아니라 기록상 일본국이 스스로 외교상의 특권을 포기하고 있는 것으로 볼 만한 근거가 없어 본건은 소장을 송달할 수 없는 경우에 해당한다 하여 이 사건 제1심재판장이 명령으로 소장을 각하한 조처를 옳은 것이라 하여 재항고인의 항고를 배척한 원결정은 정당하며, 거기에는 논지가 지적하고 있는 섭외사법 제13조, 민법 제103조, 제104조, 민사소송법 제139조, 제188조, 제288조의 법리오해나 그 밖의 소론 법리오해의 위법이 있다 할 수 없다.

2. 상대적 면제이론(doctrine of relative immunity)

두 번에 걸친 세계대전 이후 국제사회가 발전함으로써 국가 자신이 통상활동에 개입하는 경우가 급격히 증가하면서 국가면제에 대한 국제사회의 태도가 바뀌게 되었다. 특히 제1차 세계대전 이후 생산수단의 사적 소유를 폐지한 사회주의국가들이 등장하고, 자본주의국가들도 국민경제에 적극적으로 개입하게 되었으며, 제2차 세계대전 이후에는 개발도상국에 있어서도 국가에 의한 경제활동이 일반화되기에 이르게 되었다. 국가면제에 관한 종래의 절대면제주의는 이러한 사회주의국가 혹은 개발도상국과 같은 국가와 거래를 한 사인의 입장을 매우 불리하게 만들었다. 이를테면, 외국정부와 타국의 사인이 특정 물품의 매매에 관한 계약을 체결한 경우, 전자가 계약을 위반해도 후자는 전자를 본국의 법정에 세울 수가 없었다. 반면, 동일한 경우, 전자는 후자를 자국의 법정에 세울 수 있게 되어 공정한 거래관계가 형성될 수 없었다. 이에 국가면제의 대상을 일정한 국가 활동 내지 그를 위한 국유재산에 한정시키는 상대적 면제이론(혹은 제한적 면제이론 doctrine of restrictive immunity)이 유력하게 주장되었다.

이와 같은 국제사회의 변천에 따라 각국의 법원은 국가면제의 범위를 제한하기 시작하였고, 이어서 국내법 혹은 조약으로 이러한 제한을 명문화 하였다. 대륙법계 국가들은 판례를 통하여 영미법계 국가들 보다 비교적 일찍 상대적 면제주의로 이행하였다.

상대적 면제이론을 최초로 채택한 조약은 1926년 4월 10일자로 채택된 「국유선박의 면제에 관한 약간의 규칙의 통일에 관한 브뤼셀 협약」이다. 이 협약은 국가가 통상목적을 위하여 소유하거나 운영하는 선박을 일반 상선과 같이 다루어서 국가면제의 혜택을 부여하지 않는 것이 그 주요 내용이다.

그 후 이 분야의 조약은 거의 나타나지 않다가 1970년대 이후 갑자기 활성화되었다. 즉, 1972년 유럽평의회(Council of Europe)에 의해 「국가면제에 관한 유럽협약과 그 추가의정서」가 체결되었다. 이 유럽협약은 1976년 5월 16일자로, 그리고 그 추가의정서는 1985년 5월 22일자로 발효하였다.

그리고 국제법위원회(ILC)는 1978년부터 국가면제에 관한 조약 체결 준비에 착수하여, 1986년 「국가 및 그 재산의 관할권면제에 관한 협약 초안」을 작성하여 UN 총회에 제출하였다. 그리하여 UN은 2004년 총회 결의로 이 협약 초안을 「국가와 그 재산의 관할권 면제에 관한 UN협약」(이하 'UN 면제협약')으로 채택하였다. 아래에서는 이 협약을 중심으로 국가면제의 대상과 범위에 대해 검토한다.

〔해고무효확인〕
대법원 1998.12.17. 선고 97다39216 전원합의체 판결

1. 원심판결 이유에 의하면, 원심은 원고가 미합중국 산하의 비세출자금기관인 '육군 및 공군 교역처'(The United States Army and Air Force Exchange Service)에 고용되어 미군 2사단 소재 캠프 케이시(Camp Cacey)에서 근무하다가 1992.11.8. 정당한 이유 없이 해고되었다고 주장하면서 미합중국을 피고로 하여 위 해고의 무효확인과 위 해고된 날로부터 원고를 복직시킬 때까지의 임금의 지급을 구함에 대하여, 원래 국가는 국제법과 국제관례상 다른 국가의 재판권에 복종하지 않게 되어 있으므로 특히 조약에 의하여 예외로 된 경우나 스스로 외교상 특권을 포기하는 경우를 제외하고는 외국을 피고로 하여 우리나라의 법원이 재판권을 행사할 수는 없다고 할 것인데, 미합중국이 우리나라 법원의 재판권에 복종하기로 하는 내용의 조약이 있다거나 미합중국이 위와 같은 외교상의 특권을 포기하였다고 인정할 만한 아무런 증거가 없으므로, 이 사건 소는 우리나라의 법원에 재판권이 없어 부적법하다고 판단하였다.

2. 국제관습법에 의하면 국가의 주권적 행위는 다른 국가의 재판권으로부터 면제되는 것이 원칙이라 할 것이나, 국가의 사법적 행위까지 다른 국가의 재판권으로부터 면제된다는 것이 오늘날의 국제법이나 국제관례라고 할 수 없다. 따라서 우리나라의 영토 내에서 행하여진 외국의 사법적 행위가 주권적 활동에 속하는 것이거나 이와 밀접한 관련이 있어서 이에 대한 재판권의 행사가 외국의 주권적 활동에 대한 부당한 간섭이 될 우려가 있다는 등의 특별한 사정이 없는 한, 외국의 사법적 행위에 대하여는 당해 국가를 피고로 하여 우리나라의 법원이 재판권을 행사할 수 있다고 할 것이다. 이와 견해를 달리한 대법원 1975.5.23.자 74마281 결정은 이를 변경하기로 한다.

따라서 원심으로서는 원고가 근무한 미합중국 산하 기관인 '육군 및 공군 교역처'의 임무 및 활동 내용, 원고의 지위 및 담당업무의 내용, 미합중국의 주권적 활동과 원고의 업무의 관련성 정도 등 제반 사정을 종합적으로 고려하여 이 사건 고용계약 및 해고행위의 법적 성질 및 주권적 활동과의 관련성 등을 살펴 본 다음에 이를 바탕으로 이 사건 고용계약 및 해고행위에 대하여 우리나라의 법원이 재판권을 행사할 수 있는지 여부를 판단하였어야 할 것이다. 그럼에도 불구하고 이 사건 고용계약 및 해고행위의 법적 성질 등을 제대로 살펴보지 아니한 채 그 판시와 같은 이유만으로 재판권이 없다고 단정하여 이 사건 소가 부적법하다고 판단한 원심판결에는 외국에 대한 재판권의 행사에 관한 법리를 오해하고 심리를 다하지 아니한 위법이 있다고 할 것이다. 상고이유 중 이 점을 지적하는 부분은 이유 있다.

Ⅲ. 면제의 향유 주체

국가면제의 향유 주체는 '국가'이다. 이에 대해 UN 면제협약 제2조 제1항 (b)호는 '국가'에 대해 다음과 같이 정의하고 있다. 즉, 본 협약의 목적상 '국가'란 ① 국가 및 국가의 다양한 정부기관, ② 주권적 권한을 행사하는 활동을 수행할 권한이 있고, 그러한 자격으로 활동하는 연방국가의 구성단위 또는 국가의 정치적 하부기관, ③ 국가의 주권적 권한을 행사하는 활동을 수행할 자격이 있고, 실제로 수행하고 있는 범위 내에서 국가의 기관·기구 또는 그 밖의 실체, 그리고 ④ 그러한 자격으로 활동하는 국가의 대표를 의미한다. 따라서 동 협약 동조 동항에 따르면, 국가란 국가 자체와 중앙정부만이 아니라 주권적 권한을 행사하고 있다면, 정치하부조직(예: 지방정부)과 국가의 대리기관(예: 공법인)은 물론 연방국가의 구성단위로서의 주 또는 구성공화국도 면제의 목적상 국가에 해당한다. 그리고 국가대표의 자격으로 행동하는 자도 주권면제의 목적상 국가에 해당한다.

이와 더불어 UN 면제협약 제6조 (2)에 의하면, 다음의 경우, 즉 외국이 (a) 소송의 당사자로 지명된 경우, 또는 (b) 소송의 당사자로 지명되지는 않았으나 사실상 소송이 그 외국의 재산, 권리, 이익 또는 활동에 영향을 주려고 하는 경우에는 외국을 당사자로 하여 제기된 소송으로 간주되게 된다. 따라서 외국에 대한 일국의 국내재판소의 관할권 행사의 범위는 상당한 제한을 받고 있는 것이다.

Ⅳ. 국가면제의 적용 기준

상대적 면제이론을 적용함에 있어 가장 문제가 되는 것은 국가의 행위를 주권적 행위(*acta jure imperit*)와 상업적 행위(*acta jure gestionis*)를 구분하는 기준이다. 만일 국가의 행위가 후자로 인정되면, 당해 국가에 대해서는 재판권이 면제되는 것이다. 이 점에 대해서는, 국가가 행하는 당해 행위의 목적(purpose) 내지 동기(motive)를 기준으로 하는 행위목적기준설과 국가가 행하는 당해 행위의 활동 내지 그 결과 발생하는 법률관계의 객관적 성질을 기준으로 하는 행위성질기준설이 주장되고 있다. 전자에 대해서는 국가가 행하는 행동은 대부분 공공목적을 띠고 있고, 또 공공목적의 인정이 주관적이 될 수 있다는 비판이 제기되고 있다. 따라서 오늘날에는

후자의 행위성질기준설이 다수설이다.[2)]

위에서 언급한 UN 면제협약은 기본적으로 행위성질기준설에 입각하고 있다. 그렇다면 어떠한 행위를 상업적 행위라고 할 수 있는가? UN협약은, ① 국가가 외국의 자연인 혹은 법인과의 사이에 행하는 상업적 거래(commercial transactions)(제10조), ② 외국법인과의 고용계약(제11조), ③ 인적·물적 손해를 야기하는 불법행위(제12조), ④ 법정지국에서 보유하는 부동산과 기타 자산(제13조), ⑤ 국가가 보유하는 지적재산권(제14조), ⑥ 법정지국의 회사와 기타 국가의 자본참가(제15조), ⑦ 상업적 목적으로 국가가 보유·사용하는 선박(제16조)에 관한 민사상의 분쟁에 관하여 원칙적으로 법정지국의 재판권에 따른다고 규정하고 있다.[3)]

그런데 최근에는 위의 두 가지 기준 이외에 주권적·비주권적(혹은 상업적) 행위의 구별은 행위의 성질과 함께 그 목적도 포함하여 종합적으로 그 실체를 판단해야 한다는 행위실체평가설이 주장이 설득력을 얻고 있다.[4)] 이 점은 UN 면제협약에서도 반영되어 있다. 즉, 대상행위가 상업적 거래에 해당하는가 여부를 판단하기 위해서는 당해 거래의 성질과 함께 그 목적에 대해서도 일정한 고려를 해야 하는 것이다(제2조 2항). 물론 동조 동항은 거래의 성격에 대해 우선적으로 참고해야 하고, 그 목적이 거래의 비상업적 성격을 결정하는 데 관련이 있는 경우에 한하여 그 목적을 고려해야 한다고 정하고 행위성질기준설에 대해 행위목적기준설을 보충적으로 적용할 것을 규정하고 있다.

이처럼 상대적 면제이론의 최대의 난점은 행위의 구분 기준이다. 오늘날에도 면제를 부여하기 위한 통일적인 기준은 확립되어 있지 않은 실정이다. 일부에서는 면제를 인정하기 위한 기준의 불확정성을 이유로 면제제도 자체를 폐지하자는 주장도 제기되고 있다. 그러나 그 기준을 확정하기 어렵다는 것이 면제제도 자체를 폐지하는 이유가 될 수는 없다.[5)] 오히려 현대국제관계에 있어 국가의 비주권적 행위가 확대되고 있고, 그 성격이 복잡·다기하게 전개되고 있어 행위의 '성질'과 '목적'을 명확하게 구분하기 힘든 경우가 적지 않다. 따라서 사안에 따라서는 그 행위의 성질과 목적을 종합적으로 고려하여 판단하는 것이 더 합당할 것이다.

2) 杉原高嶺, 國際法學講義, 有斐閣, 2008年5月30日, pp.259-262; 奥脇直也·小寺 彰, 國際法 キ-ワ-ド(第2版), 有斐閣, 2006年12月31日, pp.85-86.

3) 奥脇直也·小寺 彰, 上揭書, p.86.

4) 杉原高嶺, 前揭書, pp.260-261.

5) 上揭書, p.261.

제 8 장 국가영역과 특수지역

제 1 절 영역권의 본질

국가구성요소의 하나로서의 영역은 영토·영해·영공으로 구성된다. 국가는 국제법상 특히 제한되지 않는 한, 그 영역에 대하여 배타적 지배권을 행사할 수 있다. 이러한 권능을 영역권 또는 영토주권이라 한다.

영역권의 본질에 관해서는 종래 객관설(또는 국제법적 소유권설)과 공간설(또는 권한설)의 대립이 있다. 객관설은 영역을 지배권의 객체로 보고, 국가와 영역과의 관계는 배타적으로 사용·처분할 수 있는 마치 소유권관계와 같은 것으로 보는 견해이다. 공간설은 영역을 국가권력이 행사되는 장소적 범위라고 본다. 즉 영역을 지배권의 객체로 보는 것이 아니라 지배권이 행사되는 무대에 불과하다는 것이다.

그러나 이상의 양설은 모두 영역권의 본질의 일면만을 설명하고 있음에 불과하다. 즉 객관설은 영역내의 사람에 대한 통치권을 설명하지 못하며, 공간설은 국가가 영역을 사용·처분할 수 있는 권한을 갖는다는 것을 설명하지 못한다. 그러므로 영역권은 페어드로스(Verdross)가 말한 바와 같이 양자를 함께 포함하는 일종의 복합개념(Mischbegriff)이라 할 것이다. 따라서 영역은 일면에 있어서 국가가 영유의 객체로서 그 사용·처분의 대상이 되는 성질을 가짐과 동시에 타면에 있어서 국가의 통치가 배타적으로 자유로이 행하여지는 장소적 범위라는 성질을 아울러 가지고 있다.[1)]

---

1) 1951년 샌프란시스코평화조약(대일평화조약)의 조인석상에서 미국대표 Dulles는 琉球(유구)·小笠原諸島(소립원제도)에 대하여 일본은 여전히 잔존주권(residual sovereignty)을 가진다고 하였는데, 이 말은 미국이 통치권을 전면적으로 장악하더라도 영역권에서 통치권을 제외한 부분, 즉 영역 자체에 대한 처분권은 일본에 있다는 것을 의미하며, 영토주권이 분할될 수 있음을 뜻한다.
참고로 琉球·小笠原諸島에 대해 소개하면 다음과 같다.
류큐왕국(琉球王國)은 일본 오키나와현에 있었던 왕국의 이름으로, 류큐는 현재 오키나와[沖

영역(領域)은 영토(領土)와 이에 부속되는 영수(領水) 및 영토와 영수의 상공인 영공(領空)으로 구성된다.

제 2 절 영 토

Ⅰ. 국경선

영토란 육지로 구성되는 국가의 영역으로 내수(內水)(호소(湖沼)·하천·운하)를 포함하는 개념으로 사용된다. 영토를 기준으로 하여 영해가 결정되고, 영토와 영해를 기준으로 하여 영공이 결정된다. 이러한 의미에서 영토는 영역의 기준이 되고, 영토적 한계가 국경선(land boundaries)이다.

국경선의 대부분은 당사국 사이의 합의, 예컨대 평화조약 등에 의하여 결정되

繩]의 옛 지명이다. 12세기부터 몇 개의 집단이 세력을 다투다가 1429년 등장한 통일왕국으로 오키나와 중심지인 나하[那覇]의 동부에 있는 슈리[首里]를 도읍으로 삼았다. 동북아시아와 동남아시아를 잇는 해상로에 위치하여 무역이 발전하였고, 중국은 물론 일본과 우리나라의 영향을 받아 독특한 문화를 이루었다. 그러나 약소국으로 오랫동안 중국에 조공을 바쳐야 했으며, 1609년에 일본 시마즈씨[島津氏]의 침입을 받은 후에는 그 지배 아래 놓였다. 이후 1879년에 다시 일본의 침략을 받아 450년간의 왕조를 끝내고 오키나와현이 되었다. 도읍지였던 슈리에는 많은 유적들이 남아 있다. 특히 슈리성 정전[首里城正殿]은 국왕이 업무를 보던 곳으로 중국과 일본의 양식이 함께 공존하는 특이한 유적이며, 슈리성의 정문인 슈레이문[守禮門]은 중국의 영향을 받긴 했으나 류큐왕국의 독창적인 기법을 엿볼 수 있는 대표적인 유적으로 손꼽힌다. 이러한 유적들은 홍길동이 찾아나섰던 율도국이라는 설이 전해지는 구수쿠의 유적과 함께 2000년에 국제연합교육과학문화기구(UNESCO)에 의하여 '구수쿠 유적 및 류큐왕국 유적'의 명칭으로 세계문화유산으로 지정되었다. 출전: http://100.naver.com/100.nhn?docid=793834

오가사와라제도(小笠原諸島)는 일본 본토에서 남으로 약 1,000km 떨어진 서태평양 상에 있는 제도로서 보닌제도(Bonin Is.)라고도 한다. 면적 106㎢. 무코지마섬[聟島]·지치지마섬[父島]·하하지마섬[母島]의 3열도와 지치지마섬 서쪽 30km 해상에 있는 하나레지마섬[離島]·니시노섬[西之島] 등 30여 개 섬으로 이루어진다. 이들 섬 중에서 니시노섬 외에는 제3기 해저화산이 융기한 것으로 그 후 침강되어 해안선은 리아스식 해안을 이룬다. 근해는 투명도가 30m에 이르며 연안에는 산호가 생육한다. 아열대에 속하며, 연평균기온 22.6℃, 연교차 6.2℃, 연강수량은 1,613mm, 강수일수는 190일이다. 아열대 식물이 무성하고 벵골보리수·판다누스 등의 원시림이 곳곳에 있다. 1861년 오가사와라가 일본영토임을 영국·미국이 승인하였고 1876년 일본에 귀속되었다. 제2차 세계대전 후 미국 통치하에 있다가 1968년 6월 일본으로 귀속, 도쿄도[東京都]에 편입되었다. 출전: http://100.naver.com/100.nhn?docid=114723

었다.[2] 이러한 합의가 없는 경우에는 국가 사이의 관행 또는 자연적 국경선 등에 의하여 결정될 수밖에 없다.

국가가 산맥을 두고 인접하고 있는 경우에는 분수령을 국경선으로 하는 것이 일반적이다. 하천의 경우 불가항수로(不可航水路)인 때에는 중앙선을, 가항수로(可航水路)인 때에는 최심류(最深流)의 중앙선(Thalweg 원칙)을 국경으로 한다. Thalweg이 하천의 침식 또는 첨부(添附)에 의하여 점진적으로 이동하게 되면 국경선도 문제의 수로를 따라 이동하게 된다. 그러나 Thalweg의 이동이 급작스럽고 또한 광범위하게 이루어지면, 국경선은 이전의 위치로부터 변경되지 않는다는 것이 일반적인 견해이며, 국제관습도 이에 따르고 있다(1911년의 미·멕시코간의 Chamizal하천의 영토분쟁에 대한 중재사건). 교량의 경우에는 중앙선이 두 국가 간의 국경을 구성한다. 그러나 Thalweg 원칙이 적용되는 하천에서는 교량의 중앙선경계는 기이한 현상이 일어난다. 그리하여 미국과 멕시코 등 몇몇 국가는 교량의 경계선에도 Thalweg 원칙을 적용하고 있다. 호소(湖沼)의 경우에는 달리 합의하지 않는 한 호소의 중심점과 국경의 호소와의 접촉점을 연결하는 선에 의한다.

Ⅱ. 영역(영토)의 취득

1. 선 점

선점(occupation)이란 무주지역(無主地域 *terra nullius*)을 타국에 앞서 국가가 영유의사(領有意思)를 갖고 실효적으로 지배함으로써 성립하는 영역취득(acquisition of territory)의 방법이다. 그러므로 유효한 선점은 첫째, 선점의 실체가 무주지역이어야 한다. 무주지역이란 주민이 전혀 살고 있지 않는 토지라는 뜻이 아니라 어느 국가에도 속하지 않는 지역을 뜻한다. 종래의 유럽적 무주지개념에 의하면, 비록 그 지역에 원주민이 살고 있다고 하더라도 그 문명 정도가 그 당시의 유럽의 문명기준에 비추어 보아 열등한 경우에는 무주지역으로 간주하였다. 그러나 이러한 사고는 자결의 원칙에 비추어 더 이상 통용될 수 없을 것이다. 국제관행상 정치적·사회적 제(諸)제도를 갖춘 종족이나 인민이 거주하는 지역은 무주지역으로 간주할 수 없다(Western Sahara사건). 또 일단 어느 국가의 영유에 속한 역사가 있을

2) 예컨대 1648년의 「Westphalia조약」, 1815년의 Wien회의, 그리고 제1·2차 대전 후에 체결된 평화조약 등은 세계지도의 대규모의 재편성을 초래하였다.

지라도 그 국가가 포기한 것은 역시 무주지역으로서 선점의 대상이 된다. 그러나 국가정책상 영역을 일시적으로 사실상 포기하였을지라도(빈번한 외국의 침공으로 인하여 공도정책(空島政策)을 실시한 독도 및 울릉도의 경우) 포기의 의사가 없었다는 사실이 증명된 경우에는 이것을 무주지로 보아서는 안 된다.

둘째, 선점을 행하는 국가가 그 토지를 자기의 영유로 하겠다는 의사를 어떤 형태로써 표시하는 것이 필요하다. 따라서 사인(私人)이 국가와 무관하게 영유의사를 표명하는 것만으로는 선점의 효과는 발생하지 않는다. 이 경우 국가의 추인(追認)을 얻어야만 국제법상의 선점이 된다.

셋째, 국가가 그 토지를 실효적·배타적으로 지배하는 것이 필요하다. 실효적 지배란 원칙적으로 그 지역에 국가권력을 사실상 시행하는 것을 말한다(Palmas島사건). 또한 실효적 지배가 애매한 경우에는 상대적 증거의 비교에 의해 결정될 수 있다(Minquiers & Ecrehos島사건). 지역의 상황에 따라 예컨대 정주(定住)가 곤란한 토지의 경우에는 정기적 순항 등 상징적 지배의 관념도 가능하다 할 것이다(Clipperton島사건).

오늘날 지구상에는 어느 국가에도 속하지 않는 토지란 거의 존재하지 않으므로 이 선점이론은 과거의 선점에 대하여 국경분쟁이나 또는 섬의 귀속에 관한 분쟁이 발생한 경우 그 영역권의 역사적 정당성을 확인하는 수단으로써 이용된다.

〔서부사하라사건〕

(Sahara Occidental)

자문기관: UN 총회, 국제사법재판소, 권고적 의견,

1975년 10월 16일, ICJ(1975) 12

[사 실]

스페인은 19세기 후반부터 서부사하라를 식민지로 하였는데 스페인이 그 지역을 독립시키려 하자 Morocco와 Mauritania는 이의를 제기하여 서부사하라를 자국에 귀속시키려고 하였다. 즉, Morocco는 자국이 스페인의 서부사하라 식민지화 이전에 그 지역에 대한 주권을 행사하였으며, Mauritania는 스페인이 식민지화할 당시 그 지역은 후에 Mauritania가 되는 Mauritania 실체의 일부라는 것이었다. 결국 이 문제는 UN총회에 의하여 ICJ에 부탁되었다.

이 사건에서 쟁점이 된 것은 스페인이 식민지화할 당시 서부사하라는 무주지역이었는가 하는 것과 만일 당시 서부사하라가 무주지역이 아니었다면, 서부사하라와 Morocco 및 Mauritania 실체와는 어떠한 법적 관계를 가지고 있었는가 하는 것이었다.

[권고적 의견 요지]

권고적 의견에서 ICJ는 스페인의 식민지화 당시 서부사하라에는 정치적·사회적으로 조직화되어 있었으며, 인민을 대표하는 족장이 있는 유목민족이 거주하고 있었다는 점을 지적하여 무주지역이 아니었다고 판시하였다.

또한 당시 서부사하라가 Morocco, Mauritania 실체와 일정한 법적 관계를 가지고 있었다는 점을 인정하면서도 Morocco는 영토주권을 주장할 수 있을 만큼 충분한 권한행사를 하였다는 사실을 증명하지 못하였다고 하고, Mauritania에 대해서는 서부사하라와 Mauritania 실체에 거주하는 인민 간에는 인종적·언어적·문화적·법적·경제적으로 상당히 뚜렷한 관계가 있었으나, Mauritania 실체가 서부사하라에 대하여 영토주권을 행사한 것은 아니라고 하였다.

결국 ICJ는 서부사하라와 Mauritania 실체, Morocco와의 법적 문제가 무엇이든 간에 그것이 UN총회결의에 의하여 서부사하라를 독립시키는 데 영향을 주거나 서부사하라 인민의 자결권을 제한할 정도는 아니라고 하였다.

〔Palmas島사건〕
(Island of Palmas Case)
네덜란드 v. 미국, 상설중재재판소, 1928년 4월 4일, 2 RIAA 829

[사 실]

1898년의 미국·스페인전쟁의 결과로서 스페인은 같은 해 「파리(Paris)조약」에 의하여 필리핀을 미국에 양도하였다. 1906년에 미국관리가 Palmas도를 방문했는데, 이 섬을 미국영토로 믿었는데 놀랍게도 거기에는 네덜란드국기가 게양되어 있는 것을 발견하였다. Palmas도는 Mindanao도의 San Augustin 해안으로부터 동남부로 약 50해리의 위치에 있으며; 크기는 길이 2해리와 폭 1해리 미만의 섬이다. 1928년에 인구 1,000명 이하이며, 경제적·군사적 또는 기타 중요성이 없는 섬이었다. 그럼에도 불구하고 네덜란드와 미국은 Palmas도에 대한 주권문제를 중재에 제소하였다.

[중재판결 요지]

미국이 주장하는 그 직접적 기초가 되는 권원은 「파리조약」에 의한 할양인데, 이 조약은 Palmas도에 관하여 스페인이 갖고 있던 모든 주권을 미국에 양도하는 내용의 조약이다. 스페인이 자국의 소유 이상의 권리를 양도할 수 있었던 것은 명백하므로, 기본적인 문제점은 파리조약의 체결과 발효 시에 Palmas도가 스페인령의 일부였는가 또는 네덜란드 영토였는가이다. 그런데 미국은 스페인의 승계자로서 그의 청구를 첫 번째 발견(스페인에 의한)에 기초하고 있다.

발견으로부터 발생하는 원시적 권원은 스페인에 속하는 것으로 인정할 수 있다. 그런데 미국에게 가장 유리한 견해, 즉 발견 자체가 법률상 당연히 영역주권을 초래한다는 규칙을 문제의 시기에 있어서 실정법으로 생각한다 할지라도 결정적 시점(critical date), 즉 파리조약의 체결과 발효 시에 주권이 이미 존재하였는가 아닌가의 문제가 일어난다. 계속적인 시기에 행해지고 있던 상이한 법제도 중에 어느 것이 어느 특정사건에 적용될 것인가의 문제에 관해서는(이른바 시제법(時際法)), 권리의 창설과 존속 사이에 구별이 있어야 한다. 19세기의 국제법은 선점이 영토주권에 대한 청구가 되기 위해서는 실효적이어야 한다는 원칙을 설정하였다. 이러한 이유로써 발견만으로는 어떠한 후속적 행위도 없는 경우에는 오늘날에 있어서 Palmas도에 대한 주권을 증명하는 데 충분하지 않다.

다른 한편, 발견은 주권의 종국적 권원을 창설하는 것이 아니고, 단지 '미성숙'(inchoate)의 권원을 창설하는 데 불과하다는 견해를 취하면, 이러한 권원은 외부적 발현(external manifestation) 없이도 존재한다는 것은 사실이다. 그러나 19세기 이후의 우세한 견해에 의하면, 발견의 미성숙권원은 발견되었다고 주장되는 지방의 실효적 선점에 의하여 상당기간 내에 보완되지 않으면 안 된다. 이 원칙은 본건에 있어서도 전술한 이른바 시제법(intertemporal law)의 규칙에 의하여 이 원칙이 적용되어야 한다. 스페인에 의한 Palmas도에 대한 행위 또는 어떤 주권행사도 주장되지 않는다. 그러나 스페인의 권원이 설사 1898년에 미성숙한 것으로서 아직 존재하고 있고, 또한 파리조약 제3조 하의 할양에 포함되는 것으로 고려된다는 것을 인정한다 할지라도 미성숙의 권원은 타국에 의한 계속적·평화적인 권력발현에는 우선할 수 없다. 왜냐하면 이러한 권력발현은 심지어 타국에 의해 주장되는 이전의 종국적 권원에도 우선하기 때문이다.

다음으로 미국은 근접성(contiguity)의 이론에 의하여 권원을 주장한다. 자국해안에 비교적 근접한 섬에 관해서 그 지리적 위치에 의해서 그것이 자국에 속한다고 주장한 국가는 있으나, 영해 밖에 위치한 섬에 관하여 어느 국가의 영역이 그 섬의 가장 가까운 대륙 또는 상당규모의 섬(*terra firma*)이라고 하는 사실만으로 그 섬이 그 국가에 귀속해야 한다는 효과를 부여하는 실정국제법의 규칙의 존재를 증명하는 것은 불가능하다. 이와 같은 국제법의 규칙을 확립하는 데 자주 인용되고 또 충분히 명확한 선례가 없다고 생각될 뿐만 아니라, 주장되는 원칙 그 자체가 본질적으로 불확실하고 논쟁적이어서 동일한 국가의 정부까지도 그 정당성에 관해서 상호 모순되는 견해를 여러 기회에 주장하고 있다.

이 근접성의 원칙은 영토주권의 제(諸)문제를 결정하는 법적 방법으로서는 허용될 수 없다. 왜냐하면 이 원칙은 명확성을 결하며, 또한 이것을 적용한다면 자의적인 결과를 낳게 될 것이기 때문이다. 영토주권에 관한 분쟁에 대한 국제중재판례는 영역의 근접성보다도 주권의 발현행위에 대하여 더 큰 비중을 부여하는 것 같다.

네덜란드의 주장의 근거는 그의 권원을 Palmas도에 대한 평화적, 그리고 계속적 주권행사에 두고 있다. 이 권원은 국제법상 현실적인 국가권위의 행사가 뒤따르지 않는 주권의 취득권원에 우선하기 때문에 제일 먼저 네덜란드의 주장이 증거에 의하여 충분히 확립되는 것인지, 그리고 만일 그렇다면 어느 기간 동안인지를 확정하는 것이 필요하다.

첫째, 문제의 원주민국가는 종주계약에 의하여 1677년 이래로 동인도회사(즉, 네덜란드)와 관계를 맺어 왔으며, 그 계약은 종주국 네덜란드에게 그 종속국을 네덜란드영토의 일부분으로 고려하는 것을 정당화하는 것과 같은 권한을 부여하였다.

둘째, 종속국 또는 종주국에 의하여 명확히 Palmas도에 관하여 국가권력의 특징 있는 행위가 1898~1906년 사이의 기간뿐만 아니라, 1700~1898년 사이의 상이한 시대(epochs)에 행사된 것이 입증되었다.

위의 제(諸)사실에 비추어 1700년 이후 오랜 기간 동안에 국가권력의 계속적·평화적 행사에 의하여 획득된 네덜란드의 주권적 권원을 인정하지 않으면 안 된다.

이상의 이유로써 중재자는 1925년 1월 23일의 특별합의서 제1조에 의하여 Palmas도는 그 전체에 있어서 네덜란드의 영토 일부를 구성한다고 결정한다.

〔Minquier 및 Ecrehos島사건〕
(The Minquiers and Ecrehos Case)
프랑스 v. 영국, 국제사법재판소, 1953년 11월 17일, ICJ (1953) 47

[사 실]

Minquiers와 Ecrehos는 영국령 Channel 군도의 하나인 Jersey섬과 프랑스령 Chausey섬 사이에 위치한 작은 군도로서 19세기말 이후 영국과 프랑스 간에 그 귀속에 관한 다툼이 있었다. 양국은 1950년 12월 특별합의를 통해 이 문제를 재판으로 해결하기로 하고, 1951년 12월 5일 ICJ에 제소하였다.

1950년 12월 29일에 서명한 특별합의서 제1조에 의하여, 재판소는 'Minquier 및 Ecrehos제도(諸島)에 대한 주권이 각각 영국에 속하는지 또는 프랑스에 속하는지를 결정할 것'을 요청받았다.

이와 같이 문제의 군도가 프랑스와 영국의 어느 국가에 귀속되는가를 결정하도록 요청받았으므로, 재판소는 어느 당사국이 이러한 군도의 어느 하나 또는 양자에 대한 권원에 대해 보다 더 확실한 증거를 제출했는가를 결정해야 한다. 양 당사자는 각각 Ecrehos 및 Minquier에 대하여 고래적(古來的) 또는 원시적(原始的)인 권원을 갖고 있고, 그들의 권원은 항상 유지되어 왔으며 상실된 적은 없다고 주장한다. 따라서 본건은 무주지의 주권취득에 관한 분쟁의 특징을 나타낸 것은 아니다.

[판결 요지]

영국은 그가 원용한 고래로부터의 권원을 Normandy公 William에 의한 1066년의 영국정복에 두고 있다. 이 정복에 의하여, 영국은 Channel제도를 포함한 Normandy공령(公領)과 결합되게 되었고, 그리고 그 결합은 프랑스왕 Philip Augustue가 영국·Normandy세력을 대륙 Normandy로부터 구축한 1204년까지 계속되었다. 그러나 해협제도까지도 점령하려던 그의 기도는 동(同) 군도의 몇 개가 프랑스군에 의해 점령된 단기간을 제외하고는 성공하지 못했다. 이러한 이유에 기하여 영국은 Ecrehos 및 Minquiers를 포함한 Channel제도의 전부가 전과 같이 영국과 결합된 채 계속되고, 그리고 그 사실상의 상태는 영국왕과 프랑스왕 사이에 체결된 그 후의 조약에 의하여 법적 기초 위에 놓이게 되었다는 견해를 제출하였다.

프랑스정부는 그가 원용하는 권원을 Normandy제공(諸公)이 프랑스왕의 영신(領臣)이란 것, 그리고 1066년 이후 영국왕이 Normandy公의 자격으로 公領을 프랑스왕이 수여하는 봉주로서 영유하여 왔다는 것에 두고 있다.

재판소는 그의 견해로서, 가령 프랑스왕이 Channel제도에 관해서는 원시적인 봉건적 권원(original feudal title)을 갖고 있었다 하더라도 그 권원은 1204년 및 그 후의 사건의 결과 소멸되었다고 생각한다. Channel제도에 관하여 프랑스가 주장하는 원시적인 봉건적 권원은 그것이 당시의 법에 따라서 다른 유효한 권원에 의하여 대체되고 있지 않는 한 오늘날 어떠한 법적 효과도 발생하지 않을 것이다. 재판소의 의견으로서 결정적으로 중요한 것은 중세에 있어서의 사건으로부터 연역되는 간접적인 추정이 아니라, Ecrehos 및 Minquiers제도의 소유와 직접적으로 관련되는 증거이다.

당사자는 나아가 본건에 있어서의 증거허용을 위한 '결정적 기일'의 선정문제를 논의하였다. 영국은 당사자가 두 개의 군도에 대한 주권에 관하여 오랫동안 합의하지 않았지만, 분쟁이 1950년 12월 29일의 특별합의의 체결 전에는 구체화되고 있지 않았으며, 따라서 그 일자를 결정적인 날짜로 해야 한다는 것이다. 그 결과 그 일자 이전의 일체의 행위가 재판소에 의해서 고려되어야 한다고 제의하였다. 한편, 프랑스는 1839년 조약의 일자가 결정적인 일자로 선정되어야 하며, 그 후의 일체의 행위는 고려되어서는 안 된다고 주장한다.

1839년의 「어업조약」의 일자에 Ecrehos 및 Minquiers의 주권에 관한 분쟁은 아직 아무것도 발생하지 않았다. 당사자는 상당한 기간 굴어업의 배타적 주권문제와 결부시키지 않았다. 이러한 사정으로 보아 당해 조약의 체결이 주권에 관한 증거를 허용하고, 또한 제외하는 문제에 영향을 주는 이유는 되지 않는다. 이러한 군도의 주권에 관한 분쟁은 프랑스가 처음으로 Ecrehos 및 Minquiers의 각각에 대한 주권을 주장한 1886년과 1888년 이전에는 발생하지 않았다. 그러나 본건의 특수한 사정을 감안하여 그 후의 행위도 당해 조치가 문제 당사국의 법적 지위를 개선하기 위하여 취해진 것이 아닌 한 재판소에 의하여 고려되어야 하는 것이다.

여러 가지 점에서 이러한 제도에 대한 활동은 주권에 관한 분쟁이 발생하기 오래 전부터 점차 전개되어 왔으며, 그 후 중단됨이 없이, 또한 같은 양상으로 계속되고 있다. 이러한 사정으로서 이 계속적 전개기간 동안에 1886년과 1888년 후에 각각 발생한 일체의 사건을 제외시킬 정당한 이유는 없다.

재판소는 각 당사자가 제출한 Ecrehos의 주권에 관한 증거를 조사하였다. 영국이 제출한 19세기에 관련된 증거를 고려하는 과정에서, 재판소는 그것이 "특히 재판관할권과 지방행정권의 행사와 관련하고, 또 입법과 관련하는 행위에 대하여 증거가치를 부여한다고"고 진술하였다. 재판소는 다음과 같이 만장일치로 결정하였다.

이제 재판소는 위에서 고찰한 제(諸)사실에 비추어 Ecrehos의 주권에 대해 대립하는 주장에 관하여 그 상대적인 힘을 평가하도록 요청받았다. Ecrehos는 13세기 초 영국왕이 보유하고 있던 Channel제도의 봉토의 구성부분으로 간주되고 또한 그렇게 취급되어 왔으며, 그리고 이 소도군(小島群)은 14세기 초 관할권을 행사하고 있던 영국왕의 보유 하에 존속된 것으로 인정한다. 나아가 재판소는 19세기의 대부분 그리고 20세기에 있어서 영국당국이 이 小島群에 관하여 국가권능을 수행하여 왔음을 인정한다. 한편 프랑스는 그것이 이 小島群에 대하여 유효한 권원을 가지는 것을 나타내는 증거를 제출하지 않았다. 이러한 사정이므로 Ecrehos에 대한 주권은 영국에 귀속한다고 결론짓지 않을 수 없다.

재판소는 또 Minquiers군도에 관한 증거를 조사하고 같은 결론에 도달하였다. 이러한 이유로써 재판소는 전원일치에 의하여 Ecrehos 및 Minquiers도에 대한 주권은 이러한 섬들이 취득대상이 되는 한 영국에 귀속하는 것으로 인정한다.

〔Clipperton島사건〕
(Clipperton Island Case)
프랑스 v. 멕시코, 1931, 중재자: Victor Emmanuel III, King of Italy, 26 AJIL 390

[중재자의 판정요지]

1858년 11월 17일 프랑스해군의 대위인 Victor Le Coat de Kerwéguen이 Clipperton 도로부터 약 반마일 떨어진 곳을 항행하고 있던 중 그에게 부여된 정부의 명령을 수행하기 위한 행위로서 이 섬의 주권이 그 일자로부터 시작하여 Napoleon Ⅲ세 황제와 그의 상속인 및 후계자에게 영구히 귀속하는 것이라고 선언하였다는 것을 인정한다. 항해 중에 정교하고 섬세한 지리적인 비망록(note)이 작성되었다. 그리고 11월 20일 저녁에 해안에 도착하려는 두 번째의 시도는 실패하고 주권에 관한 어떠한 흔적도 남겨 두지 않고 섬을 떠났다. de Kerwéguen은 그의 사명의 완수를 공식적으로 Honolulu의 프랑스영사에게 통지하였다. 프랑스영사는 하와이정부에 대하여 같은 통보를 전달하였다. 더욱이 프랑스영사는 12월 8일자 Honolulu의 「The Polynesian」지에 Clipperton도에 대한 프랑스의 주권은 이미 선언되었다는 것을 영문으로 출판하였다.

그 후 1887년 말까지 프랑스나 또는 다른 어떤 국가들에 의해서도 적극적이며 명백한 주권행사는 없었다. 그 섬은 인구는 없고, 적어도 영속성은 있으나 조직된 행정은 없었다. 그 섬에 존재하는 guano bed(인조 질소비료층)에 대한 개발허가는 Lockart라는 사람의 신청에 의하여 1858년 4월 8일 프랑스 황제가 승인하였고, 이것이 de Kerwéguen의 탐험을 유발하였으나, 그 허가업무는 수행되지 않았으며, 또한 다른 어떤 프랑스인에 의해서도 개발은 착수되지 않았다. 1879년 말경에 프랑스는 세 사람이 이 섬에서 guano를 수집하는 것을 발견하였다. 그리고 그들은 프랑스선박이 출현하자 미국기를 올렸다. 미국 측에 대하여 이 사람들에 대한 해명을 요구하였는데, 미국은 전술한 일행에 대해 어떠한 허가도 주지 않았고, Clipperton 도에 대한 어떠한 주권을 요청하지 않을 작정이라는 대답을 받았다.

그 후 멕시코는 프랑스가 주장한 선점을 무시하고 Clipperton도는 오랫동안 자국의 영토라고 생각하고, 1897년 12월 13일에 장교와 해병으로 구성된 멕시코의 파견대가 전함 La Democrata호로부터 상륙하였다. 그 때에 프랑스선박이 출현했던 당시 섬에 거주하고 있었던 세 사람을 다시 발견했다. 파견대는 그들에게 미국기를 내리게 하고, 장소에 멕시코기를 게양한 것이다. 세 사람 중 두 사람은 섬을 떠날 것에 동의했으나, 나머지 한 사람은 자기의 희망은 섬에 남는 것이라 하고, 그 후 상당한 기간(일자 미상)까지 그곳에 실제로 남았다. 그 후 Democrata호는 12월 15일 떠났다.

1월 8일 프랑스는 멕시코의 파견을 알고 멕시코에 대하여 Clipperton도에 대한 그의 권리를 상기시켰다. 멕시코가 주장하기를 이 섬은 스페인 해군에 의해 발견되었고, Alexander Ⅶ세의 칙서에 의해서 확립된 유효한 법에 의해서 스페인에 속했다가 후에 1836년부터 스페인의 계승국으로서 멕시코에 귀속된 섬이라는 것이다. 그러나 우리가 아는 현실적인 상태에 따르면, 이 섬이 실제적으로 스페인의 항해사들에 의해 발견되었다는 것은 증명되지 않았다. 그런데 이 섬이 스페인국민에 의해 발견된 것이라 할지라도 스페인은 그의 주장을 확립하기 위해서는 국가로서 그 섬을 자국의 소유로 편입시키기 위한 권리를 가질 뿐만 아니라 실효적으로 그 권리를 행사하여 왔다는 것을 증명하는 것이 필요할 것이다. 그러나 그것은 전혀 증명되지 않았다.

결과적으로 1858년 11월 프랑스가 Clipperton도에 대한 주권을 선언했을 때에는 그 섬이 무주지의 법적 상황 하에 있었고, 따라서 선점이 가능하다는 데에는 이유가 있다. 프랑스가 효과적인 점유를 계속했는지, 즉 국제법상 요구되는 이러한 종류의 영토취득의 유효성의 조건을 만족하고 있는지의 문제가 남는다. 멕시코는 프랑스의 지배는 유효하지 않고, 따라서 결과적으로 1897년 무주지로 아직도 고려되어 있는 그 섬을 멕시코는 선점할 권리를 가진다고 주장한다.

이 문제와 관련된 것이 무엇이든 간에 가장 중요한 것은 프랑스가 1858년에 명백하고 간명한 태도로 알리게 한 행위의 규칙성이 그 섬을 자국의 영토로 간주하려는 프랑스의 의도는 다툴 수 없는 것이라고 보아야 할 것이다.

다른 한편, 프랑스가 섬의 효과적인 점유를 했다는 것은 논쟁의 여지가 있다. 그리고 실효적 성격(effective *occupandi)*을 가진 점유의 취득이 없는 선점은 무효로 간주되어져야 한다고 주장되어 왔다. 태고로부터 유효한 관습(usage)에 의하면, 선점의사(*animus occupandi*) 외에 명목적인 것이 아니라 실제적인 점유의 취득이 선점의 필요요건이라는 것은 의심할 여지가 없다. 이 점유취득은 선점국가가 문제의 영역을 그의 점유에 복종시키고, 그리고 거기에 배타적 권한을 행사하는 조치를 강구하는 국가의 일련의 행위를 요한다. 엄격히 말해서 보통의 경우에 있어서 그것은 국가가 영토 자체에 있어서 그의 법을 준수하게 할 수 있는 조직을 세울 때만 오직 이루어지는 것이다. 그러나 이 조치는 적절히 말해서 점유취득의 절차에 불과하므로 후자(실효적 지배)와 일치해야 되는 것은 아니다. 이러한 방법에 의하는 것이 불필요한 경우도 있을 것이다. 만약 영토가 무인도라는 사실 때문에 선점국가가 거기에 출현한 당초부터 그 국가의 절대적이고 명백한 처분에 놓이게 된다면 그 순간부터 점유취득이 완성된 것으로 간주되고, 또한 이로써 선점은 완성되는 것이다.

프랑스선점의 정당성이 또한 문제된 점은 타국에게 그 사실을 통지하지 않았다는 것이다. 그러나 그러한 통지를 해야 할 명백한 임무는 「Berlin의정서」 제34조에 규정되어 있는데, 그것은 본건에서는 적용할 수 없다고 보아야 한다. 행위에 대한 공개가 그 수단이야 무엇이든 간에 그 당시에는 충분하였으며, 프랑스가 위에서 지적한 방법으로 전술한 행위를 공간(公刊)함으로써 그 공개를 전도하였다고 생각하기에 충분하다.

이러한 전제로부터 Clipperton도가 1858년 11월 17일 프랑스에 의해 합법적으로 획득되었다고 인정된다. 프랑스는 그 섬을 포기할 의사를 갖지 않았기 때문에 포기(dereliction)에 의하여 그의 권리를 계속적으로 상실하였다고 생각할 아무런 이유가 없다. 그리고 프랑스가 그 섬에 대해 적극적 방법으로 그의 권한을 행사하지 않았다는 것은 이미 명백히 완료된 영토취득의 실권을 의미하지 않는다.

이러한 이유로써 본 중재자는 Clipperton도에 대한 주권은 1858년 11월 17일 이래로 프랑스에 속한다고 판시한다.

〔동부 그린랜드사건〕
(Legal Status of Eastern Greenland)
덴마크 v. 노르웨이, 상설국제사법재판소, 1933년 4월 5일, PCIJ Ser. A/B, No.53

[사 실]

그린랜드섬은 900년경 발견되었다. 약 1세기 후에는 식민활동이 개시되었고, 서해안의 남단에 만들어진 두 개의 식민지는 13세기에는 노르웨이국왕에게 속해 있었다. 1380년, 노르웨이는 덴마크와 동군연합(同君聯合) 하에 결합했지만 1814년의 「키일(Kiel)조약」에 의해 노르웨이·덴마크왕은 그린랜드 등을 제외한 노르웨이를 스웨덴에 할양했다. 그 후, 덴마크는 그린랜드를 그 주권 하에 두기로 했지만 식민활동은 동 해안에까지 미치고 있지 않았다. 제1차 세계대전 중과 그 직후, 덴마크는 그린랜드에 대한 주권의 승인을 노르웨이(1905년에 스웨덴으로부터 독립)를 포함한 제(諸)외국에 요청했다. 다른 국가들은 긍정적인 회답을 주었지만 노르웨이는 1919년 소위 이렌선언에 의해 '이 문제의 처리에 장애를 야기하지 않는다'는 취지를 밝혔고, 1921년에는 동 해안에서의 자국민의 어업과 수렵의 자유를 주장하며 위의 승인을 거부했기 때문에 이후 양국 간의 교섭이 행해졌다. 1931년 7월 10일, 노르웨이는 동부 그린랜드를 선점하고, 이 지역이 자국의 주권 하에 있다는 것을 선언했다. 2일 후, 덴마크는 PCIJ규정 제36조 2항의 선택조항에 의거하여 동 재판소에 제소하고, 노르웨이의 선언은 현존의 법률상황에 위반하며, 위법한 동시에 무효라는 판결을 구했다. 덴마크의 주장은 ① 덴마크가 현재 그린랜드에 대하여 가지는 주권은 장기에 걸쳐 존재하고, 계속적인 동시에 평온하게 행사되며, 이 분쟁 전에 타국에 의해 다투어진 적이 없다, ② 노르웨이 자신이 조약 기타에 의해 그린랜드 전체에 대한 덴마크의 주권을 승인하고 있고, 지금 이것을 다툴 수 없다는 두 가지 사항에 있었다. 한편, 노르웨이는 그린랜드에서의 덴마크의 주권은 식민지에 한하며, 노르웨이가 선점한 지역은 그 외에 있는 무주지(*terra nullius*)라고 주장했다. 재판소는 덴마크의 청구를 인정하는 판결을 내렸다(12 대 2).

[판결 요지]

1. 덴마크의 첫 번째 주장은 특정의 선점행위에 기한 것은 아니고, 상설중재재판소의 팔마스島 판결에서 말하는 '그 섬에 대한 국가기능의 평온하고도 계속적인 발현에 기한' 권원(權原)의 신청이다. 할양조약과 같은 특정 행위 또는 권원이 아니

라 단순히 권능의 계속적인 발현에 기한 주권의 주장은 주권자로서 행동할 의도 및 의사, 그 권능의 어느 정도의 현실적인 행사 또는 발현이라고 하는 두 가지의 요소를 포함해야 한다. 또, 타국의 주권 주장의 정도도 고려할 필요가 있고, 특히 인구가 희소하여 사람이 정주하고 있지 않는 지역에 대해서는 타국이 우월적 주장을 입증하지 않는 한 주권적 권리의 행사는 극히 사소한 것이라고 해도 좋다.

2. 10세기에 식민지가 설치되었을 때 근대적인 영역주권의 개념은 성립하고 있지 않았지만, 13, 14세기에 있어서 노르웨이·덴마크왕의 권리는 주권에 상당하고, 그것은 식민지의 소멸 후도 그대로 유지되었다고 해석된다. 1721년에 식민지가 재건된 후는 그린랜드의 일부에서 주권적 권리의 발현과 행사가 있다. 그리고 타국의 주권주장이 없고, 식민지가 아니었던 지역의 경우 북극과 가까워 접근이 어려운 성질에 유의한다면, 1814년까지의 시기에 식민지역에 한하지 않고 그린랜드 전체에 대하여 주권을 유효하게 주장하는데 충분한 권능의 발현이 있었다고 인정된다. 뿐만 아니라, 지도에서 관습적으로 사용되는 지명은 반증이 없는 한 통상의 의미로 해석되어야 하기 때문에 18세기의 제(諸)문서에서 '그린랜드'라고 하는 용어가 서해안의 식민지만을 지칭하여 사용되었다고 하는 노르웨이의 주장은 인정되지 않는다. 1814년의 「키일조약」에 의해 노르웨이는 스웨덴에게 할양되었지만, 그린랜드는 덴마크왕의 지배하에 놓여 있었다. 그 후 덴마크가 체결한 다수의 조약에서 그린랜드에 대한 부적용을 정한 규정이 있었던 점이나 그린랜드 전역에서 적용되는 법령의 제정, 동해안에서의 각종 이권의 부여 등의 사실로부터 볼 때, 1915년까지의 시기에 식민지 이외의 부분에 대해서도 주권을 확립하기 위하여 충분한 권능의 발현이 있었다고 인정된다. 1915년부터 1921년에 걸쳐서 덴마크가 제(諸)외국에 대하여 행한 요구에 대해서는 덴마크가 그린랜드 전체에 미치는 현존하는 주권의 승인을 구했던 것일까, 또는 아직 자국에 속하지 않는 지역에 대한 '주권의 확장'의 승인을 구했던 것인가가 문제되지만 제(諸)외국과의 왕복 서한을 개개의 표현에 구애받지 않고 전체로서 판단한다면, 전자의 목적이었다는 결론에 이르게 된다.

3. 덴마크의 두 번째 주장에 대하여, 재판소는 세 가지의 경우에 노르웨이가 그린랜드 전체에 대한 덴마크의 주장을 승인했다고 생각한다. 첫째, 1814년에 양국간의 결합이 종료했을 때, 노르웨이는 그린랜드에 대한 덴마크의 주권을 다투지 않을 것을 약속하고 있다. 둘째, 노르웨이와 덴마크간의 2국간 조약 및 양국이 당사국인 여러 다수국간 조약에서 그린랜드는 덴마크의 일부 또는 그 식민지로서 취급되고 있다. 셋째, 1919년 7월 22일의 노르웨이 외무장관 이렌의 덴마크공사에 대한 구두의 회답은 그린랜드에 대한 덴마크의 주권을 확정적으로 승인한 것이라고는 말할 수 없지만, 이렌선언에 의한 약속의 결과로서 노르웨이는 그린랜드 전체에 대한 덴마크의 주권을 다투지 않고, 더욱이 그 일부의 선점을 하지 않을 의무를 지고 있었다. 이상의 이유로부터 노르웨이의 선점의 선언과 이에 관하여 취하고 있던 어떤 조치도 현존의 법률상태에 위반하고, 따라서 위법인 동시에 무효이다.

독도의 영유권문제에 있어서 일본은 1905년 2월 22일에 「島根(시마네)縣告示」로써 독도를 그 현에 편입하여 선점을 완료하였고, 그 후 한국의 항의가 없었다고 주장한다. 그러나 첫째, 독도는 역사적으로 한국의 영토이고 무주지가 아니었으므로 선점의 대상이 될 수 없다는 점(Clipperton도사건에서 보는 바와 같이 암초로 구성된 무인도에 대해서는 그 당시의 사정으로 보아서는 실효적 지배라는 요건은 상당히 완화될 수 있다), 둘째, 1905년 당시 일본은 한일조약에 의하여 실질적으로 한국의 외교권을 박탈하였으므로 일본의 독도침탈에 대하여 한국으로부터 정식의 항의가 없었음을 채용할 입장에 있지 않았다는 것, 셋째, 그 후 제2차 대전 중 카이로선언으로부터 대일평화조약에 이르는 일련의 조치를 겪어 오늘날까지 한국이 계속적·평화적으로 주권을 행사하고 있다는 것 등으로 미루어 보아 한국의 영토임에 틀림이 없다.[3)]

2. 시 효

시효(prescription)에 의한 영역취득이란 원래 다른 국가에 속하는 영역을 어떤 국가가 장기간 계속적으로 점유함으로써 영역취득의 권원이 부여되는 것을 말한다.

시효제도를 인정한다면 가장 큰 문제는 시효가 완성되는 기간을 확정짓는 일인데, 이에 관한 일반적 기준은 전혀 존재하지 않는다. Palmas島사건에서는 스페인의 시원적 권원에도 불구하고, 네덜란드가 200년 이상 동안 평화적으로, 그리고 계속적으로 권리를 행사하여 왔다는 데 영토취득의 기간을 50년으로 정하였다. 학자에 따라서는 30년으로 하는 견해가 있는가 하면, 또 어떤 학자들은 각 경우에 따라 결정해야 한다는 견해를 가진다. 다만 명백한 것은 항의는 시효에 의한 권원취득을 방해한다는 것이다.

3. 정 복

정복(conquest)은 국가가 무력에 의하여 타국의 영역을 취득하는 경우이다. 정복의 요건은 첫째, 피정복국가영역의 일부 또는 전부를 실효적 및 영속적으로 점령해야 하며, 둘째, 정복지를 자국의 영역으로 하겠다는 병합의 의사를 가지고 있어야 한다. 병합의사가 없는 사실상의 지배는 정복이 아니다(예: 1945년의 독일에 대한 연합국의 점령). 그런데 정복에 의한 영토취득은 과거의 영토분쟁을 해결하는데 참고하는 이외에는 아무런 가치가 없다. 1928년의 「부전조약」, 「UN헌장 제2조 4항」, 그

3) 이한기, 한국의 영토, 서울대출판부, 1969; 박관숙, 독도의 법적 지위에 관한 연구, 연세대학원, 1965; 이한기, "Critical Date의 연구", 대한국제법학회논총, 제11권 1호, 1966; 이한기, "The Minquiers & Ecrehos Case의 연구", 법학, 서울대출판부, 1967; 김정균, "독도문제에 관한 국제법적 고찰", 대한국제법학회논총, 제25권, 1980 참조.

리고 1970년 12월 3일의 「국가 간의 우호관계와 협력에 관한 선언」 등 일련의 국제법 문헌에서 명시하는 바와 같이, 무력행사의 금지는 현행 국제법상 강행규범으로 해석되므로 이를 위반한 어떤 영토취득도 법적 효력이 없다고 보아야 할 것이다.

4. 할 양

할양(cession)이란 한 국가로부터 타국가로의 영역주권의 이전을 말한다. 영역의 일부가 이양되는 경우도 있으나 영역의 전부가 이양되는 경우도 있다. 영역의 전부가 이양되는 것을 특히 병합이라 한다. 그런데 국가영역의 어떤 부분, 예컨대 하천과 수대(水帶 maritime belt) 같은 것은 토지와 불가분의 종물이기 때문에 일정한 토지와 결부됨이 없이는 이전되지 않는다.

할양이 실효화 될 수 있는 유일한 형식은 양도국(讓渡國)과 양수국(讓受國) 사이의 조약에 규정된 합의에 의한다. 이러한 합의는 전쟁의 결과 평화조약에 의하는 경우가 많으나, 평시에 있어서도 매매·교환에 의하는 경우도 있다.[4)]

할양의 대상은 할양지에 대한 주권이므로 할양지에 거주하는 개인은 할양에 의하여 사실상(*ipso facto*) 양수국의 국민이 된다.[5)] 그런데 프랑스혁명 이래의 민권사상 및 19세기 중엽의 민족주의의 발전에 의하여 영토의 이전에는 주민의 의사를 물어야 한다는 주장이 일어났다. 프랑스 및 이탈리아에서 실시된 바 있는 이러한 인민투표(plebiscite)가 일반적으로 영토 이전에 필수적인 요건이라고 말하기는 어렵다.

5. 첨 부

첨부(accretion)란 새로운 토지의 형성에 의해서 영토가 확대되는 경우를 말한다. 제방의 구축이나 매립 등의 인위적인 것과 하구나 해안의 토사의 축적 등의 자연적인 것이 있다. 첨부에 의한 영토취득은 자동적으로 행해지는 것이며, 국가의 특별한 행위를 필요로 하지 않는다.

---

4) 예컨대, 미국은 1803년 프랑스로부터 Louisiana를, 1867년 러시아로부터 Alaska를 구입하였다.

5) 따라서 할양의 결과 주민의 국적은 할양조약에 특별규정이 없는 한 양수국의 국적을 취득하게 된다. 그러나 본인의 선택에 의하여 국적을 보유하는 경우도 있는데, 이것이 국적 선택의 제도이다. 1차 대전 후의 「Versailles조약」, 2차 대전 후의 「대이탈리아평화조약」 등에서 인정된 바 있다.

〔Anna호사건〕
영국 v. 미국, 영국해사고등재판소, 1805.

1805년 영국·스페인 전쟁 당시 스페인선인 Anna호가 미국의 Mississippi강의 하구 근처에서 영국 선박에 의하여 나포되었다. 미국은 나포행위가 자국의 영해 내에서 행해졌다고 주장하고 반환을 요구하였다. 문제점은 하구에는 하류에 의하여 퇴적된 토사와 수목으로 인하여 小島(사람은 거주하지 않는)가 형성되어 있어서 이를 기점으로 한다면, Anna호는 3해리의 미국 영해 내에 있게 된다. 동 법원은 미국의 주장을 인정하여 이 선박의 반환을 결정하였다.

〔프레아 비헤아寺院사건〕
(Case concerning the Temple of Preah Vihear)
캄보디아 v. 태국, 국제사법재판소,
관할권(1961년 5월 26일), ICJ (1961) 17;
본안(1962년 6월 15일), ICJ (1962) 6

[사 실]

프레아 비헤아 사원은 태국과 캄보디아의 국경을 이루는 Dangrek산맥의 동부에 위치하는 옛 성지의 사원으로(북쪽에는 태국, 남쪽에는 캄보디아) 본건 판결 당시에는 일부 폐허가 되어 있었지만 당시의 미술적·고고학적 관심이 높았고, 순례지이기도 했다. 본건은 이 사원과 그 주변 지역 프레아 비헤아의 귀속이 다투어진 것이다.

사원 주변 지역의 국경에 대해서는 프랑스(당시 캄보디아를 포함한 인도차이나의 보호국)와 샴(태국의 옛 국명)과의 사이에서 체결된 1904년의 국경조약이 있고, 당해 지역의 국경은 분수령을 따르도록 할 것(제1조) 및 프랑스·샴혼합위원회가 양국의 국경의 획정을 행할 것(제3조)을 정하고 있었다. 이 규정에 따라 설치된 혼합위원회는 그 작업을 완료하였지만 지도의 제작은 그 후 샴정부의 요청으로 프랑스당국에 의해 행해졌고, 1908년에 샴정부에게 교부되었다. 이 지도에 의하면, 프레아 비헤아는 캄보디아령에 포함되어 있었지만 1934년~35년에 샴이 독자적으로 행한 측량에 의해 지도의 선과 분수령과는 일치하지 않았고, 동지역은 샴 측에 포함될 예정이었다는 것이 판명되었다. 그러나 샴은 그 후에도 아무런 문제 제기를 하지 않았을 뿐만 아니라, 프레아 비헤아를 캄보디아 측에 포함되는 지도를 공식적으로 이용해 왔다. 제2차 세계대전 후, 프랑스 및 캄보디아(1953년에 독립)에 의한 조회·항의에도 불구하고, 태국은 사원에 감시원과 군대(경찰대)를 주재시켰다. 1958년, 태국과 캄보디아와의 사이에 비로소 프레아 비헤아를 포함한 영토 문제가 토의되었지만 태국측이 법적 측면의 토의를 거부했기 때문에 1959년 10월 6일, 캄보디아가 태국을 상대로 ICJ에 일방적으로 제소하였다.

캄보디아는 ① 프레아 비헤아사원에 대한 영역주권이 자국에 귀속한다는 선언,

② 사원에 주재하는 태국 군대의 철수, ③ 태국이 사원에서 가져간 고미술품 등의 캄보디아로의 반환(이 점은 소송 중에 추가)을 요구했다. 이에 대하여 태국은 선결적 항변을 제출했지만, 재판소는 1961년 5월 26일의 판결에서 자기의 관할권을 확인하고, 본안에 대해서는 1962년 6월 15일자 판결에서 캄보디아의 청구를 인정했다.

[판결 요지]

(관할권) 1. 캄보디아는 그 청구의 기초를 주로 재판소 규정 제36조, 태국에 의한 선택조항 수락선언(1950년 5월 20일), 캄보디아에 의한 선택조항 수락선언(1957년 9월 9일)에서 구했다. 이에 대하여 태국은 자국의 선언은 무효로서 다음과 같이 항변했다. 1950년의 태국의 수락선언(재판소규정 제36조 4항에 따라 1929년의 선언과 동일한 조건과 유보 하에 1929년·40년의 선언을 1950년 5월 3일부터 10년간 갱신한다는 취지를 정하고 있다)은 1929년의 선언(1940년 5월 3일에 10년의 기한으로 갱신)을 재갱신할 의도로 행했지만 1955년의 항공기피격사건의 판결(규정 제36조 5항은 UN헌장·재판소 규정의 원서명국에게만 적용된다)에 따르면, 1929년·40년의 선언은 태국이 UN의 원회원국은 아니기(1946년 12월 16일에 가입) 때문에 1946년 4월 19일 PCIJ의 소멸에 의해 이미 실효하고 있고, 갱신되지 않았다.

2. 재판소에 의하면, 규정 제36조 5항은 규정 당사국이 되는 이외에 어떤 선언국에 의한 새로운, 또는 특정의 행위를 필요로 하지 않고, 당연히 PCIJ에서의 수락선언을 현재판소에서의 수락선언으로 본다는 규정이지만, 태국의 경우에는 1950년에 위에서 말한 선언을 행하고 있고(이 점에서 태국은 항공기피격사건에 있어서의 불가리아와 다르다), 이 선언에서 제36조 5항의 적용과는 다른 가능성을 고려해야 한다. 게다가 태국이 1950년 5월 20일에 선언을 행한 시점에서 1940년에 갱신한 수락선언은 실효하고 있기 때문에(1950년 5월 6일에 기한 만료) 1950년의 선언은 새로운 독립의 문서이다. 이 선언의 진정한 의미와 효과를 결정하기 위해서는 통상의 해석규칙을 적용하고, 문언을 그 문맥으로부터 자연스럽고도 통상의 의미로 해석해야 한다. 1950년의 선언은 그것이 UN 사무총장에게 보내졌고(이것이 규정에서 유일하게 요구하는 요식(要式)이다), 또 규정 제36조 4항에서 언급하고 있기 때문에 규정 제36조 2항에 따른 ICJ의 강제적 관할권의 수락 이외의 의미를 가지지 않고, 이것이 그 시점에서 태국이 규정 제36조에 따라 행한 유일한 행위이다. 선언 중에 있어서 1929년·40년의 선언에 대한 언급은 강제적 관할권 수락의 조건을 시사하는 간편한 방법이었다고 생각된다. 이상의 결론에서 관할권의 확인에 충분한 것으로써 이 이상의 검토는 필요 없고, 태국의 위에서 언급한 선결적 항변을 각하한다(전원일치).

(본안) 1. 캄보디아의 청구가 주로 전술한 지도에 의거한 것에 대하여, 태국은 다음의 세 가지 점에 있어서 지도에 기한 주장에 이의를 제기했다. 첫째, 이 지도는 혼합위원회의 작업에 의한 것이 아니므로 구속력이 없다. 둘째, 혼합위원회가 승인한 국경획정이 없다고 한다면, 국경선은 1904년 조약 제1조에 의해 분수령에 따르게 되고, 지도상의 국경선과 분수령의 불일치는 혼합위원회의 재량을 넘은 중대한 오류이다. 셋째, 태국은 프레아 비헤아에 관한 한 지도도, 또 그곳에 표시된 국경선도 구속력이 있다고는 결코 받아들일 수 없고, 가령 지도를 받아들인다고 한

다면, 그것은 지도상의 선이 분수령에 대응하도록 정확하게 그어졌다고 잘못 믿은 데 기인한다.

2. 재판소는 다음과 같이 생각한다. (태국의 첫 번째 주장에 대하여) 지도는 혼합위원회에 의해 정식으로 승인된 것이 아니고, 그 작업 시에는 어떤 구속력을 가지고 있지 않았다. (태국의 두 번째 주장에 대하여) 이를테면, 지도상의 국경선이 직선의 분수령부터 벗어나 있다(일탈)고 해도 지도는 혼합위원회의 제작에 의한 것이 아니기 때문에 그와 같은 일탈이 혼합위원회의 재량의 범위 내의 문제인가 여부를 논의하는 것은 무의미하다. 한편, 정부 자신은 명확하게 그와 같은 일탈을 받아들일 권한을 가지고 있었기 때문에 문제는 양당사자가 지도 및 그에 표시된 국경선을 프레아 비헤아 지역의 국경 획정 작업의 결과를 나타내는 것으로서 받아들이고, 그것에 의해 지도에 구속력을 부여하는가 여부이다. 이 점에 대하여, 태국은 이론을 제기하지 않았다는 이유로 1904년 조약이 정하는 분수령부터의 일탈에 동의한 것은 아니라고 주장하지만, 교부된 지도는 샴정부 관계자·전문가를 포함하여 광범위하게 배포된 것이고, '만약 지도에 반하는 것을 희망하고, 또는 지도에 대하여 제기해야 할 중대한 문제가 있다고 한다면, 합리적 기간 내에 샴당국측으로부터의 어떤 반응을 필요로 하는 것과 같은 상황이 있었던 것은 명백하다. 샴당국은 그 때에도, 또 그 후에도 여러 해에 걸쳐서 그렇게 하지 않았기 때문에 묵인한(acquiesced) 것으로 보아야 한다.' 실제, 이 지도에는 샴당국이 지도는 국경 획정 작업의 결과를 나타내고 있지 않다고 생각하는 경우에는 반응을 필요로 한다는 취지의 표시가 있었다.

3. (태국의 세 번째의 주장에 대하여) '당사자가 자신들의 행위를 통하여 당해 착오의 발생에 기여한 경우, 또는 당해 착오를 회피할 수 있었을 것이라고 생각되는 경우나 당사자가 어떤 착오의 발생 가능성을 예견할 수 있는 상황에 두어져 있었던 경우에는 동의를 무효로 만드는 요소로서의 착오의 항변은 인정되지 않는다고 하는 것이 확립된 법규칙'이지만, 지도에 접한 샴당국자(혼합위원회의 위원도 포함된다)의 입장과 자격만으로 보아도 태국에 의한 착오의 항변은 받아들이기 어렵다.

4. 샴은 그 후 1958년에 이르기까지 이 지도에 대하여 문제를 제기한 적이 없고, 1934년~35년에 독자적인 측량을 한 후에야 프레아 비헤아를 캄보디아 측에 두는 지도를 공식적으로 계속 사용했다. 샴에는 1925년과 1937년에 체결한 프랑스와의 우호통상항해조약을 위한 교섭이나 바꾸어 말하면, 국경처리문제를 부탁사항으로 포함하는 1947년의 프랑스·샴조정위원회 등 문제를 제기할 기회는 몇 번이나 있었다. 그럼에도 불구하고, 문제를 제기하지 않은 점에 대하여, 태국은 자국이 모든 중요한 시기에 프레아 비헤아를 점유하고 있었기 때문에 태국의 관리가 현지에서 행한 행정적인 행위를 들고 있지만, 지도에 표시된 국경선에 대한 중앙정부의 일관한 태도가 그와 같은 지방행정상의 행위에 의해 부인된다고 생각하는 것은 곤란하다. 이 관련에서 가장 중요한 것은 1930년에 샴의 Darmong왕이 사원의 준공식에 방문했을 때 프랑스 국기를 내리고 캄보디아주재 총독대리의 공식 접견을 받으면서 이러한 명백한 주권의 주장에 대하여 어떠한 반응도 보이지 않았던 점이 있고, 이에 의하여 샴은 프레아 비헤아에 대한 캄보디아(프랑스)의 주권을 묵시적으로 승인한 것이다.

5. 이상의 사실로부터 결론으로서 재판소는 이를테면, (프랑스당국으로부터 지도를 수취한) 1908년의 단계에서 샴이 지도와 그에 표시된 국경선을 받아들인 점에 대해 어떤 이의가 있었다고 해도 그 후의 일련의 사실에 비추어 본다면, '태국이 지도를 받아들이지 않았다고 주장하는 것은 자신들의 행위에 의해 배제된다(precluded)'고 생각한다. 태국은 안정된 국경이라고 하는 이익만이 아니라 1904년 조약의 이익을 50년간에 걸쳐 향수해오고 있고, 프랑스와 캄보디아는 태국에 의한 지도의 수락을 신뢰한 이상, 태국이 국경처리에 항상 동의해왔다는 것을 부정할 수 없다.

6. 재판소는 양당사국에 의한 지도의 수락에 의해, 이 지도는 조약상의 처리에 이용되고, 그 불가분의 일부를 구성하기에 이르렀다고 생각한다. 1904년 조약은 국경을 분수령으로 한다는 일반적 지시에 덧붙여 국경의 획정을 구하고 있지만, 이것은 분수령의 지시만으로는 국경의 확정성과 종국성이란 점에서 불충분하다고 생각하고, 그 때문에 국경의 획정과 지도에 의지한 것이다.

7. 이상의 이유에 의해, 재판소는 프레아 비헤아사원이 캄보디아의 주권 하에 있는 영역에 위치하는 것을 인정하고(9 대 3), 따라서 태국은 사원과 그 주변의 캄보디아영역으로부터 군대·경찰대 등을 철수시키며(9 대3), 1954년의 사원 점거 이래 사원과 사원구역으로부터 가져간 고미술품 등을 캄보디아에게 반환할 의무가 있다(7 대 5).

〔부르키나파소·말리 국경분쟁사건〕

(Affaire du différend frontalier)

부르키나파소 v. 말리, 국제사법재판소(특별재판부), 가보전조치명령(1986년 1월 10일), ICJ (1986) 3; 판결(1986년 12월 22일), ICJ (1986) 554

[사 실]

서아프리카에 위치하는 부르키나파소(분쟁 부탁시의 국명은 Upper Volta)와 말리공화국은 공히 프랑스의 식민지였지만 1960년에 각각 독립했다. 양국의 국경선은 약 1,300 킬로미터에 걸쳐있었지만 식민지 시대에 행정구획이 종종 변경되었기 때문에 불명확한 부분이 있었다. 이 국경선 획정 문제는 1974년의 무력충돌을 계기로 아프리카통일기구(OAU)의 중재위원회에서 심의되었지만, 해결에 이르지 못했다. 그리하여 1983년 9월 16일에 국경 획정에 관한 분쟁을 ICJ 특별재판부에 부탁하기로 합의하는 특별합의가 양국 간에 체결되었다. 동 합의에 의해, 재판부는 재판소규정 제31조 및 규칙 제35조에 기하여 양당사국에서 각 1명씩 선출된 특별임명재판관을 더하여 모두 5명에 의한 특별재판부를 설치했다(1985년 4월 3일 명령: ICJ(1985) 6).

그런데 1985년 12월에 양국 국경 부근에서 무력충돌이 발생했기 때문에 양 당사국은 잇달아 재판소에 사태의 악화방지를 지시하는 가보전조치를 요청했다. 재판부는 다음 해 1월 10일에 분쟁악화를 방지하는 취지의 가보전조치를 지시했다. 양당사국은 이에 수반하여 분쟁지역에서 군대를 철수시키는 것에 합의했다. 재판부는 12월 22일에 판결을 내리고, 다음 해 4월 9일에 국경 획정 작업을 지원하는 3

인의 전문가를 지명하는 명령을 내렸다(ICJ(1987) 7).

[명령·판결 요지]

(가보전조치 명령) 1. 본건에서 문제가 되고 있는 권리는 영역에 대한 당사국의 주권적 권리이다. 따라서 이를테면, 분쟁을 악화시키기도, 또 확대하기도 할 우려가 있는 사태가 발발해도 동부 그린랜드의 법적 지위에 관한 사건(PCIJ, Ser. A/B No.48)에서도 밝힌 바와 같이, 장래의 본안 판결 속에서 재판부에 의해 정당하게 인정된다면, 각 당사국이 주장하는 주권적 권리의 존재 혹은 가치에 영향을 미치지 않는다.

2. 각 당사국에 의해 부탁된 가보전조치 요청과는 달리, 재판소 및 재판부는 규정 제41조에 의해 상황이 필요하다고 인정될 때는 어디까지나 분쟁의 악화 또는 확대를 방지하기 위하여 가보전조치를 지시할 권한이 있다. 특히 UN헌장 제2조 3항 및 제33조에 기하여 특별재판부에 부탁된 사태는 단순히 분쟁의 악화 또는 확대만이 아니고, 국제분쟁의 평화적 해결원칙과 양립하지 않는 무력행사를 포함하고 있기 때문에 필요하다면 가보전조치를 지시하는 권한과 의무가 재판부에 있다는 것은 의심할 여지가 없다. 또 군사활동의 결과, 재판부의 최종 판결에 필요한 증거가 파괴될 우려가 있다. 분쟁지역이 사람 및 재산, 나아가 양국의 이익이 회복할 수 없는 손해의 심각한 위기가 초래되고 있는 상황에 의해 재판부가 규정 제41조에 따라 가보전조치를 지시하는 것이 필요하다.

3. 말리는 부르키나파소가 주장하는 가보전조치가 군대 철수의 문제는 장래의 정상회의 때까지 연기하는 양국 정상에 의한 정전선언과 양립하지 않는다고 주장하지만, 동 선언은 군대철수를 거부한 것은 아니고, 단순히 철수의 방식의 문제를 연기한데 불과하다. 따라서 각 당사국의 권리를 보전하기 위한 가보전조치를 취할 필요가 있다.

4. 재판부는 전원일치로 양 정부에 대하여 아래와 같이 지시한다. ① 분쟁의 악화 또는 확대 혹은 판결에 따르는 다른 당사국의 권리를 침해하는 행동을 취하지 말 것, ② 증거 수집을 저해하는 행위를 삼갈 것, ③ 양 정부 간의 합의에 의한 정전을 준수할 것, ④ 본 명령으로부터 20일 이내에 양 정부 간의 합의에 의해 결정된 지점까지 자국 군대를 철수시킬 것, ⑤ 분쟁 지대의 통합에 대하여, 가보전조치 요청의 원인이 된 군사행동 이전에 존재하고 있던 상황을 수정하지 말 것.

(판결) 1. 특별합의 제1조에 의하면, 분쟁 주제는 말리령 Koro 및 Upper Volta령 Djibo(지보)부터 Beli지역에 이르는 일대까지 분쟁지역에서의 Upper Volta와 말리와의 사이의 국경선이다.

2. 양 당사국과도 지리적으로 일체를 이루고 있지 않은 부분의 획정 작업을 의미하는 국경분쟁(또는 국경획정분쟁)과 지리적 일체성을 가지는 지역 전체에 대한 주권의 귀속을 목적으로 하는 영토 귀속에 관한 분쟁을 구별하여, 본건을 전자에 속하는 것으로 보고 있다. 그러나 실제는 본건을 포함하여 대부분의 경우, 위의 구별은 성질을 달리하기 보다는 오히려 정도의 차이는 있고, 어떠한 획정도 국경선의 양측의 토지를 배분하는 효과를 가진다.

3. 본건의 국경획정에 관한 법적 상황의 특징은 양 당사국이 과거 30년간에 아프리카에 넓게 퍼져있던 비식민지화의 과정에서 독립을 달성한 것에 있다. 특별합의 전문(前文)은 재판부에 의한 분쟁의 해결이 '특히 식민지 시대부터 계속 되어온 국경선의 불가변성이라는 원칙의 존중에 기하여' 행해져야 한다고 규정한다. 이 점은 독립 달성 시에 존재하고 있던 국경의 존중을 엄숙하게 서약한다고 선언한 아프리카제국 정상회의 의결(1964)에서 명문화되어 있는 원칙을 상기시킨다. 결국 적용하는 법 및 국경 획정에 도입되는 법적 논거의 출발점에 대하여, 양 당사국의 합의가 있다는 것은 명백하다. 따라서 재판부는 *uti possidetis juris*[6])를 무시할 수 없다. 동 원칙은 스페인령 아메리카에 있어서 최초로 적용되었지만, 이는 국제법의 특정 체계에 관한 특별규칙이 아니고, 일반적 원칙이며, 어느 곳에서 행해진다고 할지라도 독립 달성의 현상과 논리적으로 관계가 있다. 그 목적은 식민본국 철수 후에 국경선을 둘러싼 분쟁에 의하여 신국가의 독립과 안정성이 위험에 처하는 것을 방지하는 데 있다. 신흥 아프리카제국이 식민지국가에 의해 확립된 행정구역 및 경계선을 존중해왔다는 사실은 단순히 관습국제법원칙의 발생에 기여하는 실행만이 아니고, 일반적 범위의 규칙의 아프리카에서의 적용이라고 보아야 한다.

4. 앞에서 살펴본 원칙은 인민의 자결권과 모순되지만, 아프리카에서의 영역의 현상 유지는 독립 투쟁에 의하여 달성된 것을 유지하고, 다수의 희생에 의해 획득한 것을 대륙으로부터 박탈해버리는 혼란을 방지하는 데에는 최선의 방법이라고 판단된다. 따라서 앞에서 살펴 본 모순에도 불구하고, *uti possidetis*원칙은 가장 중요한 법적 원칙의 하나로서 자리매김을 해왔다.

5. 양 당사국은 규정 제38조에 의한 형평과 선에 기하여 재판을 하는 재판부의 권한에는 합의하고 있지 않다. 또 국경선 획정의 분야에서 해역(海域) 획정 시에 종종 언급되는 '형평원칙'의 개념과 동등한 관념은 존재하지 않는다. 게다가 양 당사국이 합의하지 않았던 연유로 '법에 반한(*contra legem*) 형평'에 호소할 가능성도 부정되지 않는다. 또 재판부는 '법을 초월한(*praeter legem*) 형평'도 적용하지 않는다. 한편, 재판부는 '법 아래의(*infra legem*) 형평', 즉 유효한 법의 해석방법을 구성하고, 동시에 그 법의 속성의 하나인 형평의 형태를 검토한다. 재판소가 아이슬란드 어업관할권사건에서 말한 바와 같이 "그것은 단순히 형평한 해결을 할 수 있는 방법은 아니고, 적용가능한 법으로부터 도출되는 형평한 해결이다." 양국 간의 국경 획정은 명확하게 국제법의 문제이지만, 양 당사국 공히 그 문제가 프랑스 해외영토법(droit d'outre-mer)이라고 하는 프랑스 식민지법에 비추어 평가하지 않으면 안 된다는 점을 인식하고 있다. 양 당사국의 영역은 프랑스령 서아프리카의 일부였

6) *Uti possidetis juris*는 '모든 회원국은 독립을 달성할 당시의 국경선을 존중할 것을 약속한다'(all member states pledge themselves to respect the borders existing on their achievement of national independence)는 규칙이다. 이는 우리말로 현상 유지 원칙이라 칭하는데, 이 원칙은 원래 19세기 초반 남미에서 스페인의 식민지들이 독립할 때 식민통치 당시의 행정경계선을 국경선으로 채택함으로써 적용되었던 것이다. 이에 대한 상세한 내용은, 박희권, "*Uti Possidetis*원칙의 연구: 부르키나파소·말리간 국경분쟁에 관한 ICJ 판결을 중심으로, 국제법학회논총 67(1990. 6), pp.185-201; 노석태, "신국가의 국경과 *Uti Possidetis*원칙", 성균관법학 제17권 제1호(2005), pp.487-511.

기 때문에 이전의 경계선은 양 당사국이 독립을 달성한 순간에 국경선으로 되었다.

6. 양 당사국의 역사에 비추어 본다면, 재판부에 부여된 과제는 프랑스의 통치로부터 유지되어 온 경계선, 즉 독립 시점에 존재하고 있던 경계선을 획정하는 것이다. 정확한 시점에 관하여 양국 간에 서로 견해의 차이가 있지만, 독립 시점에 일정한 경계선이 존재한 점 및 1959년 1월 이후 국경선은 변경되어 있지 않았다는 점에 대하여 의견은 일치하고 있다.

7. 말리의 대통령은 1975년의 OAU 중개위원회의 법률소위원회에 의한 판단에 따른다는 취지를 표명했지만, 중개위원회는 법적 구속력 있는 결정은 할 수 없다는 점, 소위원회는 작업을 종료하고 있지 않다는 점에 대해서는 다툼이 없고, 대통령의 선언은 일방적 행위에 지나지 않는다. 오스트레일리아·뉴질랜드 v. 프랑스간 핵실험 사건에서 드러난 바와 같이, 일방적 행위가 법적 의무를 창설하는 경우가 있지만, 그것은 당해국의 의사에 의한 것이고, 본건의 경우는 사정이 근본적으로 다르다.

8. 양국 국경의 동단(東端)과 니제르 국경선에 의한 3중지역(三中地域 tripoint)을 확정할 권한에 대하여, 경계선의 종료지점이 제3국의 국경선에 관한 것이라 할지라도 재판부의 관할권은 제한되지 않는다. 재판부는 본건의 국경선 획정에 있어 그 종료 지점을 명확하게 하지만, 그것은 니제르에 영향을 미치는 3중지점을 결정하는 것은 아니다. 제3국의 권리는 규정 제59조에 의해 보호되고 있고, 본 판결은 니제르에 대항할 수 없다.

9. 국경 분쟁에 있어서는 지도는 단순한 사정에 지나지 않고, '영역 확정에 있어 국제법상 고유의 법적 효력을 부여하는 자료로는 되지 않는다.' 지도의 증거 가치는 보조적·확인적인 것으로써 증거책임을 전환시킬 만큼의 충분한 법적 추정은 주어지지 않는다.

10. 양 당사국은 식민지통치의 실효성을 원용했지만, 실효적 통치와 *uti possidetis*를 기초로 삼는 원칙, 즉 행위와 법과의 사이에 존재하는 관계에 대해서는 다음과 같이 말할 수 있다. ① 행위가 법과 일치하는 경우, 실효성의 역할은 법적 권원(權原)으로부터 도출되는 권리의 행사를 확인하는 데 지나지 않는다. ② 행위와 법이 일치하지 않는 경우, 법적 권원을 가지는 국가에게 우위성이 부여된다. ③ 실효성이 법적 권원을 수반하지 않는 경우, 실효성은 늘 고려되어야 한다. ④ 법적 권원이 관련하는 영역의 범위를 정확하게 나타낼 수 없는 경우, 실효성은 법적 권원이 실제와 같이 해석되는가 여부를 나타내는 본질적인 역할을 담당한다.

11. 양 당사국은 가능한 증거를 제출했음에도 불구하고, 소송기록은 일관하고 있지 않든가, 또는 부족하기도 하여, 재판부는 사실을 충분하게 인정한 후에 결정하는 확신을 가지고 있지 못하다. 이와 같은 상황에서 증거에 관한 ICJ 규정상의 권한(제48조~제50조)을 행사하여 문제를 해결하는 것은 불가능하고, 또 증거책임에 관한 규칙의 체계적 적용에 의한 해결도 기대할 수 없다. 따라서 어떤 부락의 귀속에 대하여 양 당사국은 함께 거증책임을 지고 있으며, 어떤 특정 주장이 증거불충분하다는 이유가 있다고 하여 그것과 반대의 주장이 인정되는 것은 아니다.

12. 재판소는 입법·행정의 제(諸)문서에 대하여 연대순으로 그 가치를 검토하는 것이 적당하다고 생각하고, 지형학적 요소를 확정한 후 계쟁지역의 각 지점을 현재

의 지명에 비추어 지도상에 위치를 표시한 결과, 국경선의 획정을 하여 본판결에 첨부한다.

재판부는 전원일치로

① A부터 M까지의 지리좌표점을 잇는 선을 양국의 국경선으로 결정한다.

② 판결 후의 경계선 획정 작업을 보좌하는 3명의 전문가를 지정할 용의가 있지만, 이에 대해서는 당사국의 견해를 확인 후 추가적인 명령의 형태로 지시한다.

제3절 영 공

Ⅰ. 영공주권과 그 범위

국가가 그 영토와 영수의 상공에 대하여 주권을 가진다는 데는 이론이 없었다. 20세기 초에 항공기의 발달에 따라 해양자유의 추론에 의한 자유공(自由空)의 관념이 없었던 것은 아니다. 그러나 제1차 대전시에 각국이 자국상공을 폐쇄하였던 경험으로부터 자유공(自由空)의 개념은 지지를 받지 못하게 되었다. 오히려 영공에 대한 절대주권은 1919년의 「파리국제항공조약」에서 확인되었고, 이 조약의 후신인 1944년의 「시카고국제민간항공조약」도 "각국은 그 영역상의 공간에 있어서 완전하고도 배타적인 주권을 가진다"(시카고조약 제1조)고 하여 이를 재확인하였다. 영공은 특별한 조약 없이는 영해와는 달리 무해통항권이 인정되지 않는다.

그러면 영공의 범위는 어디까지인가? 종래에는 영공의 한계는 무한이라고 보았다. 그러나 인공위성이 날고 우주개발의 가능성이 진행됨에 따라 이 문제는 새로이 논의되지 않으면 안 되게 되었다. 그러나 현재로서는 그 한계를 숫자로 명시할 수는 없으며, 앞으로 입법론적으로 결정되어야 할 문제이다.

「시카고조약」 제1조에서 말하는 영역상의 '공간'이란 공기가 존재하는 공간, 즉 대기권(air space)으로 해석되고 있다. 물론 명확하게 공기의 유무를 한계지울 수는 없으나, 대개 대기의 부양력에 의하여 비행할 수 있는 곳까지라고 해석하는 것이 가장 실제적인 것으로 보는 견해가 현재로서는 지배적이다. 그 이원(以遠)은 이른바 우주공간, 즉 외기권(outer space)으로서 국가의 주권이 미치지 않는 곳이다.

Ⅱ. 항공제도

영공에 대한 국가주권은 영토주권과 거의 같으며, 영해와는 달리 무해통항권을 인정하지 않는 것이 원칙이다. 그러나 오늘날 항공기에 의한 국제교통이 현저하게 발달되고 있는 현상에 비추어 이 원칙을 그대로 인정하는 것은 실제로 불편하게 되었다. 따라서 조약에 의해서 상호간 영공의 무해통항권을 인정하는 것이 일반적으로 되고 있다. 그런데, 각국의 이해관계가 상반되는 관계로 부정기항공(不定期航空)과 정기항공(定期航空 상업항공)을 달리 취급하고 있다.

1. 부정기항공

「시카고조약」은 국제민간항공에 관한 일반원칙 및 국제민간항공기구(ICAO)의 조직과 임무를 규정하고 있다. 「시카고조약」에 의하면, 첫째, 이 조약의 적용을 받는 것은 민간항공기에 한하며, 군, 경찰, 세관업무에 종사하는 국가항공기에는 적용되지 않는다(시카고조약 제3조). 또한 무인항공기에도 적용되지 않는다(동 조약 제8조).

둘째, 체약국의 항공기로서 정기국제항공 이외에 부정기항공에 대하여 당사국 상호간에는 영공의 자유를 인정하였다. 즉, 당사국은 사전허가 없이 또한 항공기가 상공을 비행하는 국가의 착륙요구권에 따를 것을 조건으로 그 국가의 영역내의 비행, 무착륙횡단비행 및 운송 이외의 목적으로 착륙할 권리를 가진다. 그 항공기는 정기항공업무가 아닌 유상 또는 임차로 행하는 여객, 화물 또는 우편물의 운송에 종사하는 경우에는 영역국의 규제에 복종하는 것을 조건으로 싣고 내리는 권리를 가진다(동 조약 제5조). 물론 체약국은 군사상의 필요 또는 공공의 안전을 위해 타국의 항공기가 자국영역 내의 일정한 구역의 상공을 비행하는 것을 일률적으로 제한하거나 금지할 수 있다(동 조약 제9조).

2. 정기항공

정기항공업무에 관해서는 체약국의 특별한 허가를 받고, 또한 그 허가 조건에 복종하는 경우를 제외하고는 그 체약국의 영역의 상공을 통과하거나 착륙하여 싣고 내리는 권리는 없다(동 조약 제6조).[7]

---

7) 그러나 이러한 경우에도 경고, 강제착륙 또는 강제추방이 관례이고 발포·격추는 위법이다. 1983

정기항공업무에 관해서는 시카고조약과는 별도로 「국제항공업무통과협정」(International Air Service Transit Agreement)과 「국제항공운송협정」(International Air Transport Agreement)이 채택되었다. 전자는 '두 개의 자유'(Two Freedoms), 즉 ① 체약국의 영역을 무착륙으로 횡단하는 자유와 ② 운수 이외의 목적으로 착륙하는 자유(이른바 기술착륙(technical landing))[8]을 규정하고 있다. 이 협정은 1945년 1월에 발효하여 2007년 현재 129개국이 참여하고 있다.

후자는 위의 2개의 자유에 첨가하여 ③ 자국 내에서 적재한 승객·우편물·화물을 자국에서 내리는 자유, ④ 체약국에서 적재한 승객·우편물·화물을 자국에서 내리는 자유, ⑤ 제3국 사이의 여객·화물의 운수를 행할 자유(이것을 보통 이달권(以達權)이라고 부른다)를 합하여 '5개의 자유'(Five Freedoms)를 규정하였다. 이 협정은 현재 비준국가가 거의 없어 발효되지 않고 있다. 따라서 아직까지 정기적인 국제상업항공의 자유는 일반적인 형태로서는 인정되지 않고 있으며, 개별적인 국가간 조약에 맡겨져 있다.

Ⅲ. 항공범죄의 억제와 처벌

국제항공의 안전을 크게 위협하는 것은 항공기 불법납치행위(hijacking)이다. 이러한 항공범죄는 1960년대 이래 다발적으로 일어나고 있다. 이의 억제를 위해서는 범죄인의 엄중한 실효적 처벌이 필요하겠으나, 이를 위한 형사관할권을 어느 국가가 가지는가(항공기의 등록국이냐 착륙국이냐 또는 영토국이냐)를 둘러싼 복잡한 문제가 발생한다. 이러한 문제에 대응하여 다음에서 설명하는 3가지 조약이 체결되었다. 그러나 이러한 조약에서도 형사관할권이 통일되어 있지 않고 또한 항공범죄가 자주 일어나는 지역의 여러 국가들이 가입하지 않고 있어 이 조약들의 실효성에 의문이 있다.

1. 동경조약

1963년 「항공기내에서 행해진 범죄 및 기타 특정행위에 관한 조약」(동경조약)은

년 구소련전투기의 사전경고 없는 미사일공격으로 격추당하고 269명 전원이 사망한 KAL 007기 사건을 계기로 ICAO총회는 1984년 규약을 개정하여 민간항공기의 무력격추를 금지하였다.

8) 기술착륙 또는 기착이란 착륙의 목적이 승객이나 화물의 하기가 아닌, 승무원의 교체, 급유, 기내식의 보충을 위해 일시적으로 착륙하는 것을 말한다.

항공기내의 범죄의 억제를 목적으로 하고, 비행 중[9] 및 공해 또는 무주지에 있는 항공기 내에서 행해진 기내의 사람 또는 물건에 대한 범죄와 안전위해행위에 대해서 등록국의 재판권을 인정하고 있다(동경조약 제3조). 이러한 행위는 하이재킹은 포함하지만 지상에 있는 항공기에 대해서는 적용되지 않는다.

등록국 이외의 국가는 ① 자국의 영역에 영향을 주거나, ② 범죄인 또는 피해자가 자국민인 경우를 제외하고는 재판권 행사를 위해 비행중인 항공기에 간섭해서는 아니 된다(동 조약 제4조). 또한, 기장은 비행중인 항공기 내에서 승객이 범죄 또는 안전위해행위를 할 때에는 그 승객을 구속 또는 기타 적절한 조치를 취하며, 그 승객을 강제로 내리게 하거나 착륙국 당국에 인도할 수 있는 권한을 가진다(동 조약 제6조).

2. 헤이그조약

1970년의 「항공기의 불법납치억제를 위한 조약」(Hague조약)은 하이재킹의 방지를 목적으로 한 것이며, 비행 중의 항공기 내에서의 폭력, 협박 등에 의해 불법적으로 항공기를 납치 또는 관리하는 행위 및 그 미수와 공범을 범죄행위로 규정하였다(Hague조약 제1조). 체약국은 그러한 행위를 한 자들에게 중한 형벌을 부과할 것을 약속하였다(동 조약 제2조). 여기서 비행중이란 동경조약과는 달리, 탑승 후 외부의 문이 닫힌 순간부터 내리기 위해 문이 열리는 순간까지를 말하며, 강제착륙의 경우에는 관계당국이 항공기와 기내인원 및 재산에 대한 책임을 인수할 때까지를 비행 중에 포함된다고 규정하고 있다(동 조약 제3조 1항).

범죄행위에 대하여 항공기의 등록국, 착륙국, 임대된 경우에는 그 운항국은 재판권을 행사하기 위한 필요한 조치를 취하여야 하며, 혐의자를 인도하지 않는 경우에는 소재국도 같은 조치를 취해야 한다(동 조약 제4조). 또한, 혐의자가 영역 내에서 발견된 경우 체약국은 그 혐의자를 인도하지 않는 경우에는 그 범죄행위가 자국영역 내에서 행해졌든 않든 간에 추인을 위하여 자국의 권한 있는 당국에 사건을 부탁하여야 한다(동 조약 제7조). 또한 그 범죄행위는 체약국간의 범죄인 인도조약상의 인도대상범죄에 포함되는 것으로 하며, 그리고 이러한 범죄인 인도조약이 체결되어 있지 않은 경우에는 자의(自意)로 헤이그조약을 범죄인 인도를 위한 법적 근거로 간주할 수 있다(동 조약 제8조).

---

9) 이륙목적을 위해 태동된 순간부터 착륙활주가 끝난 순간까지를 비행 중(in flight)인 것으로 본다(제1조 3항).

이와 같이 헤이그조약은 범죄구성요건과 형사재판권 등 획기적인 의무를 규정하고 있다.

3. 몬트리올조약

1971년의 「민간항공에 대한 불법행위억제를 위한 조약」(Montreal조약)은 항공범죄가 헤이그조약 후에도 그 규제범위를 넘어서 확대됨에 따라 그 단점을 보완한 조약이다. 몬트리올조약은 그 규제대상을 다음과 같이 광범위하게 확대하였다. ① 비행 중의 항공기 내의 사람에 대한 폭력행위, ② 업무 중의 항공기를 파괴 또는 손상하는 행위로서 비행불가능 또는 비행안전에 위해를 줄 가능성이 있는 경우, ③ 업무 중인 항공기를 파괴 또는 비행을 불능하게 하거나 비행안전에 위해를 줄 가능성이 있는 손상을 입힐 장치나 물질을 항공기 내에 설치하거나 설치토록 하는 행위(예: 1987년 KAL 858기 폭파사건), ④ 항공시설을 파괴 또는 손상하거나 그 운영을 방해하는 행위(비행 중인 항공기의 안전을 손상할 우려가 있는 경우), ⑤ 허위의 정보를 통보하여 비행중의 항공기의 안전을 손상하는 행위이다(Montreal조약 제3조). 각 체약국은 이러한 범죄행위에 대하여 중형으로 처벌할 것을 약속하고 있다(동 조약 제1조).

여기서 말하는 '비행 중'의 의미는 헤이그조약에서와 같다. '업무 중'(in service)이란 특정비행을 위하여 지상업무원(地上業務員) 또는 승무원(乘務員)에 의한 항공기의 비행 전 준비가 개시된 때로부터 착륙 후 24시간이 경과할 때까지를 말한다(동 조약 제2조).

재판관할권 및 범죄인 인도에 관해서는 헤이그조약과 거의 같다. 다만, 여기에서는 범죄행위가 그 영역 내에서 행해진 체약국도 재판권을 행사하기 위한 필요한 조치를 취할 의무를 첨가하고 있다.

그러나 「동경조약」, 「헤이그조약」 및 「몬트리올조약」하의 항공기범죄에 관한 법은 제(諸)국가의 충분한 협력 없이는 효과적으로 수행될 수 없다는 것은 명백하다. 1978년 7월 17일 서방 7개국 정부수반들은 납치범인도를 거절하거나 범인추적 또는 납치된 항공기의 반환을 거절하는 국가들과는 모든 항공관계를 단절하기로 약속하였다. 서방 7개국이 국제항공분야에서 차지하는 비중은 매우 크기 때문에 이러한 조치가 실효성을 갖게 된다면 상당한 효과가 있을 것이다.

Ⅳ. 우주공간

1. 우주법의 형성

국가주권은 우주공간에는 미치지 않는다. 과학기술의 발달로 이제 우주공간의 이용은 실천화되어 가고 있다. 그러나 그 역사가 일천하므로 우주공간의 법률문제는 오히려 입법론적 입장에서 논해지는 것이 보통이다.

1963년에 UN총회는 「우주공간의 탐사와 이용에 있어서의 국가활동을 규제하는 법원칙의 선언」을 채택하였다. UN총회의 하부기구로서 설치된 우주평화이용위원회가 동법원칙선언의 조약화에 노력한 결과, 1966년에 「달과 기타의 천체를 포함하는 우주공간의 탐사 및 이용에 있어서의 국가 활동을 규율하는 원칙에 관한 조약」(Treaty on Principles Governing the Activities of States in the Exploration and Use of Outer Space, including the Moon and Other Celestial Bodies), 이른바 「우주조약」이 체결되었다(1967년 발효).

그리고 1979년 UN총회는 「달과 다른 천체에 관한 국가활동을 규제하는 협정」(agreement governing the activities of states on the moon and other celestial bodies), 이른바 「달조약」(Moon Agreement)을 결의 34/68로 채택하였다(1984년 발효).

2. 「우주조약」 및 「달조약」의 주요 내용

(1) 기본원칙

■ 탐사·이용의 자유　　달 기타의 천체를 포함한 우주공간의 탐사 및 이용은 모든 국가의 이익을 위하여 전 인류에게 인정되는 활동이다. 따라서 모든 국가는 어떠한 종류의 차별도 없이 평등의 기초 위에 자유롭게 우주공간을 탐사하고 이용할 수 있으며, 천체의 모든 지역에의 출입은 자유이다(우주조약 제1조).

■ 영유의 금지　　우주공간은 어떠한 수단에 의해서도 모든 국가의 영유의 대상이 될 수 없다(동 조약 제2조). 우주공간에서의 활동은 UN헌장을 포함한 국제법에 따라 행해져야 한다(동 조약 제3조). 「달조약」은 달의 영유를 금지할 뿐만 아니라 달 기타의 천연자원은 인류의 공동유산이며, 달의 천연자원의 개발이 실현가능하게 될 때에는 개발이익의 형평한 배분 등을 포함한 달의 천연자원의 개발을 규제

하는 국제제도(international regime)를 설립할 것을 약속하고 있다(달조약 제11조).

(2) 군사이용의 규제

「우주조약」은 군사이용의 규제에 관하여 달, 기타의 천체와 우주공간을 구별하고 있다.

■ 우주공간　　우주공간에 관해서는 핵 기타의 대량파괴병기를 운반하는 물체를 지구궤도에 올리거나 이러한 병기를 우주공간에 배치하는 것을 금지하고 있다(우주조약 제4조). 그 이외에는 위의 기본원칙에 반하지 않는 한 일반적으로 군사이용을 금지하는 명시적 규정은 없다. '지구궤도에 올린다'고 하는 것은 완전하게 궤도를 도는 물체에 대해서만 해당된다. 따라서 한정된 궤도를 도는데 불과한 것(부분탄도탄미사일, FOBS)은 포함되지 않으며, 또한 대량파괴병기를 운반하는 물체(대륙간탄도미사일, ICBM)를 우주공간에 배치하는 것이 아니라 통과하게 하는 것은 금지되지 않는다고 해석될 여지가 있다. 따라서 재래식무기를 대기권에 갖다 놓는 것은 금지되지 않는다는 것이 강대국들의 해석이다. 뿐만 아니라 지구궤도를 도는 군사위성을 통하여 정찰비행을 하는 것도 금지되지 않는다고 해석될 수 있다.

「달조약」은 이 물체를 달의 궤도, 달 또는 달의 궤도에 도달하는 기타의 비행경로에 올리는 것을 금지하고 있다(달조약 제3조).

■ 달 기타 천체　　달 기타 천체에 관해서는 우주공간과 마찬가지로 핵병기 기타 대량파괴병기를 천체에 설치하는 것을 금지할 뿐만 아니라, 천체는 평화적 목적에만 이용되며, 천체 상에 군사기지의 설치, 병기의 실험, 군사연습의 실시를 금지하고 있다(우주조약 제4조).

여기서 말하는 '평화적 이용'의 의미에 관하여 「우주조약」에서는 명확한 의미를 부여하지 않고 있다. 「달조약」은 평화적 목적의 이용을 달 표면 또는 달 내부에 한정하지 아니하고, 또한 달(또는 기타 천체)에 있어서의 어떠한 무력의 위협, 무력의 행사 기타 어떠한 적대행위도 금지하고 있다(달조약 제3조).

(3) 국제협력

「우주조약」의 당사국은 달 기타의 천체를 포함한 우주공간의 탐사·이용에 있어서 협력과 상호원조의 원칙에 따르고, 또한 다른 모든 당사국의 상응하는 이익에 대하여 타당한 고려를 하여 모든 활동을 하여야 한다(우주조약 제9조). 이를 좀 더 구체적으로 열거하면 다음과 같다.

■ 우주비행사의 구조　우주비행사는 우주에 대한 인류의 사절로 보고, 사고·조난 또는 당사국의 영역이나 공해에 긴급착륙한 경우에는 가능한 최대의 원조를 제공하고, 당해 비행사를 우주선 등록국에 안전·신속하게 반환하여야 한다(동 조약 제5조). 또한 우주물체 또는 그 구성부분이 등록국의 영역 외에서 발견된 경우에는 당해 등록국에 반환해야 한다(동 조약 제8조). 이에 대한 세부적인 사항을 위해 1968년에 「우주구제반환협정」[10]이 체결되었다.

■ 우주오염의 금지　체약국은 우주의 오염과 지구 외 물질의 도입으로부터 발생하는 지구환경의 악화를 회피하도록 우주공간의 연구와 탐사를 실시하여야 하며, 필요한 경우에는 적당한 조치를 취하여야 한다(동 조약 제9조).

■ 관측의 기회　체약국은 국제협력을 촉진하기 위해 다른 당사국에게 발사된 우주물체의 비행을 관측하는 기회를 제공할 것을 평등의 원칙에 입각하여 고려해야 한다(동 조약 제10조). 또한 그 활동의 성질, 실시상황, 장소 및 결과에 관한 정보를 UN사무총장, 국제과학계 및 일반에게 제공하여야 한다(동 조약 제11조). 달 기타의 천체상의 모든 기지, 시설, 장비 및 우주비행기는 상호주의에 기하여 다른 당사국의 대표자에게 개방되어야 한다(동 조약 제12조).

(4) 우주활동에 관한 책임

체약국은 천체를 포함한 우주공간에 있어서의 자국의 활동에 관하여, 그것이 국가기관에 의해서 행해지든 민간에 의해 행해지든 간에 국제책임을 진다(동 조약 제6조). 따라서 체약국은 우주공간에 물체를 발사하거나 발사하게 한 경우, 또는 그 영역이나 시설로부터 물체가 발사된 경우에는 그 물체 또는 그 구성부분이 지구상, 대기공간 또는 달 기타의 천체를 포함한 우주공간에서 다른 당사국 또는 그 자연인 혹은 법인에게 끼친 손해에 관하여 국제적으로 책임이 발생한다(동 조약 제7조). 이에 관해서는 1972년의 「우주물체에 의하여 야기된 손해에 대한 국제책임에 관한 협정」(우주손해배상협정)에서 상세히 규정하였다.

3. 우주법의 전개

1967년의 「우주조약」은 우주에 대한 몇 가지 이용원칙을 제시하였고, 그 후 원

---

10) 협정은 우주선의 승무원이 사고로 조난한 사실 또는 자국영역, 공해 또는 무주지에 긴급 착륙한 사실의 정보를 입수하거나 또는 이러한 사실을 알았을 경우에는 체약국은 이를 발사국 또는 UN사무총장에게 통보하도록 하고, 구호조치, 승무원의 인도 등에 관해 규정하고 있다.

칙조약의 시행규칙적 성격을 띤 조약이 몇 가지 제정되었을 뿐이다. 따라서 급격히 발전해 나가는 과학기술과 이에 따른 우주활동의 확대를 규율하기 위하여 조약들이 각 분야별로 증가할 것으로 보이나, 현재의 당면과제는 우주에 있어서의 인류의 활동이 새로운 통신수단의 출현에 따라 직접 TV방송이나 지구의 자원탐사를 위하여 인공위성을 이용하는 데까지 미치고 있다.

■ 직접방송위성 이것은 타국에로의 직접 TV방송을 가능하게 하므로, 한편에서는 전달의 자유, 정보의 자유측면에서 이를 정하자는 견해(선진국)와 다른 한편에서는 정보교환의 남북격차의 관점에서 이를 규제하고자 하는 견해(저개발국)의 대립이 있어, 수신국의 동의나 국제책임 등의 문제를 둘러싸고 유네스코(UNESCO)와 UN총회에서 검토 중에 있다.

■ 지구자원탐사위성 이에 관해서는 원격탐사를 촉진하려고 하고 또한 그것이 필요하다고 보는 국가(선진국)와 원격탐사에 의하여 자국의 천연자원에 관한 정보나 자료가 공표되는 것을 두려워하는 국가(개발도상국)의 주장이 대립되고 있어 이를 조정하기 위하여 UN에서 피탐사국의 이익보호와 탐사국의 국제책임 등의 문제가 검토되고 있다.

■ 우주통신 이에 관해서는 국제전기통신연합(ITU)이 1989년 새로운 「국제전기통신연합조약」을 체결하였다. 또한 「국제전기통신위성기구(INTELSAT)에 관한 협정」이 발효하였고, 국제해사위성기구(INMARSA)도 설립되어 우주공간의 통신실용화를 위한 법적 정비가 진행되고 있다.

제 4 절 국가영역의 제한

국가의 영역권은 본질적으로 배타성을 갖고 있으나 절대적인 것이 아니라, 필요에 따라 조약에 의하여 자국영역의 일부에 대한 타국의 관할권행사를 인정하는 경우가 있다. 이와 같이 영역권이 제한되는 영역을 국가영역의 제한 또는 특수국가영역이라고 한다.

I. 국제지역

국제지역(國際地役 international servitude)이란 대체로 어떤 국가의 영역의 일부가 다른 국가의 특정이익을 위해 제공되는 것을 말한다. 타국을 위해 지역을 설정하고 특정한 의무를 부담하는 국가를 승역국(承役國)이라 하고, 지역이 설정된 영역의 일부를 승역지(承役地)라 하며, 그 상대국을 요역국(要役國)이라 한다.

국제지역은 보통은 조약에 의하여 성립하나, 때로는 지역적 관습(local custom)에서 유래할 수도 있다(인도령 통행권사건). 따라서 특정조약 또는 특별관습에 기하지 않는 일반국제관습법상의 제한(예: 영해의 무해통항권)은 국제지역이라 할 수 없다.

요역국이 적극적으로 승역지를 이용할 수 있는 경우를 적극적 지역이라 한다. 예컨대, 영역의 일부에 외국인의 통과나 외국에게 어업권을 인정하는 경우로서 이것이 본래의 국제지역이다. 이에 반하여 승역국이 영역 내의 일부에서 일정한 부작위의무를 부담하는 경우 이것을 소극적 지역이라 한다. 또한 국제지역은 일국을 위해서 뿐만 아니라(특수적 지역), 때로는 많은 국가(일반적 지역)의 이익을 위해서 설정되는 수도 있다(Aaland Islands Case).

국제지역의 효력은 채권적인가 물권적인가, 즉 승역지가 제3국으로 이전된 경우 요역국은 제3국에 대해서 그 권리를 주장할 수 있는가? 이를 긍정하여 국제지역에 물권성을 인정하는 견해에 의하면 국제지역에 의한 부담은 승역지에 속지적으로 부착하고, 승역국과의 관계에서 특히 폐지의 합의가 없는 한 어떠한 제3국이 그 승역지를 취득해도 물적으로 변화가 발생하지 않는다고 한다. 이에 반하여, 국제지역의 물권성(物權性)을 부정하는 견해에 따르면, 승역지를 취득한 제3국이 승역국으로서의 의무를 인수하는 것은 그 제3국이 명시적으로 또는 묵시적으로 이를 인정하는 경우에 한한다는 것이다.

국제판례(예: Free Zones of Upper Savoy and District of Gex Case, 1932) 중에는 국제지역의 물권적 성질을 인정하고 있으나, 이 원칙은 국제법상에 있어서 일반적으로 확립된 것이라고는 할 수 없다. 따라서 이것은 구체적인 경우에 있어서 국제지역의 설정 당시의 조약을 기초로 하여 판정하는 것이 가장 적당할 것이다.

〔인도령 통행권사건〕

(Case concerning Right of Passage over Indian Territory)

포르투갈 v. 인도, 국제사법재판소, 관할권(1957년 11월 26일), ICJ (1957) 125; 본안(1960년 4월 12일), ICJ (1960) 6

[사 실]

인도의 서부 연안에 위치한 Daman 및 그에 근접한 내륙 고립영토(enclave) Dadra와 Nagar-Aveli는 1947년의 동국(同國)의 독립 후에도 포르투갈령 식민지로 남아 있었다. 1950년, 인도는 이들 영토의 통합을 요구했으나 교섭을 거부하는 포르투갈과 대립이 격화되고 있었고, 1953년 이후에는 Daman과 두 개의 고립영토 간의 통행에 서서히 제한을 과하였다. 1954년 7월 22일에 Dadra가 친인도집단에 의해 점령당했으므로 인도는 모든 포르투갈 정부관계자의 고립영토에서의 통행을 금지하고, 같은 달 말에는 Nagar-Aveli도 점거당하여 양 지역에는 임시행정부가 설립되었다.

인도는 1940년 2월 28일에 선택조항을 선언하고 있었다. 포르투갈은 1955년 12월 19일에 수락선언을 UN 사무총장에게 기탁하고, 같은 달 22일에 사건을 재판소에 부탁하면서 ① 포르투갈은 두 개의 고립영토 상호간 및 그 영토와 Daman과의 사이에 통행권을 가진다, ② 인도는 이 통행권으로부터 생기는 의무를 이행하지 않았다, ③ 인도는 이 위법한 상태를 시정할 의무를 진다는 내용에 대한 판결을 구했다. 이에 대해 인도는 다음과 같은 선결적 항변을 제출했다. ① 포르투갈의 선언은 어떤 종류의 분쟁을 수락선언으로부터 언제나 제외할 권리를 유보하지만 이 조건은 재판소규정과 양립하지 않는다. ② 포르투갈의 제소는 수락선언 부탁 후 사무총장이 규정 제36조 4항에 따라 그 등본을 다른 당사국에게 송부하기 이전에 행한 것이므로 국가의 평등과 상호주의를 무시한 것이다. ③ 포르투갈은 제소 전에 외교교섭에 최선을 다하지 않았다. ④ 포르투갈의 제소는 인도가 상호주의에 의해 동국(同國)의 유보를 원용할 기회를 박탈하고, 선택조항의 남용이다. ⑤ 본건 분쟁은 국제법상 인도의 관할권에 속하는 문제에 관한 것이다. ⑥ 인도는 1930년 2월 5일 이후의 사태 또는 사실에 관하여 이 날 이후에 발생한 분쟁에 대하여 관할권을 수락하고 있지만 포르투갈의 청구는 이 조건을 만족하고 있지 않다.

포르투갈은 지역적 관습(local custom)에 근거하여 그의 통행권을 요구한 데 대하여, 인도는 단지 두 국가 사이에서만 성립될 수 있는 지역적 관습의 제도는 없다고 하여 반대하였다.

[판결 요지]

재판소는 두 국가 사이에 그들의 관계를 규율하는 것으로 승인된 오랫동안 계속된 관행이 그들 사이에 상호 권리와 의무의 기초를 형성해서는 안 된다는 이유를 인정할 수 없다.

일반적으로 민간인과 일반공무원, 그리고 화물에 관해서는 자유로운 통행을 허용한 계속적이고 획일적인 관행이 존재하였다. 이 관행은 1세기와 4반세기 이상

인도가 독립한 후에도 아무런 영향을 받지 않고 계속되어 왔다. 재판소는 사건의 모든 상황에 비추어 이 관행은 당사국들 사이에 법으로서 승인되고 또한 권리 및 그의 대응하는 의무를 발생시킨 것으로 확신한다.

무장한 군대, 무장한 경찰, 그리고 무기와 군수품에 관해서는 사정이 다르다. 재판소는 무장한 군대, 무장한 경찰, 그리고 무기와 군수품에 관해서 포르투갈 측에 통행권이 있으며, 인도 측에 이에 상응한 의무가 있다고는 보지 않는다. 이러한 종류의 통행에 관해 포르투갈과 영국당국 사이에 진행된 협상과정에서 이러한 권리의 존재를 배제하고 있다. 확립된 관행은 이러한 종류에 관해서는 통행은 단지 영국당국의 허가에 의해서만 시행할 수 있다는 것을 나타내고 있다.

포르투갈은 또한 그가 제출한 통행권의 요청을 보강하기 위하여 일반국제관습 뿐만 아니라 문명국에서 인정된 법의 일반원칙까지도 원용하였다. 한편에 있어서 영국 및 인도당국과, 다른 한편에 있어서 포르투갈과의 협상과정은 양 당사자 사이에 잘 양해된 관행을 확립시켰다. 그 관행에 의하여 포르투갈이 일반적으로 민간인과 일반공무원 및 화물에 관한 통행권을 획득하였다는 결론에 도달하였다. 따라서 재판소는 일반국제관습이나 문명국에서 인정된 법의 일반원칙이 같은 결론을 도출시킬 것인지 아닌지 검토해 볼 필요를 느끼지 않는다. 무장군대와 무장한 경찰, 그리고 무기와 군수품에 관해서 당사자 사이에 설정된 관행이 이러한 종류의 통행을 위해서는 영국이나 인도당국의 허가를 필요로 한다는 재판소의 확인은 재판소로 하여금 현실적으로 통용되는 관행이 없는 경우에 포르투갈이 이러한 종류에 관한 통행권에 대한 그의 청구를 지지하기 위하여 일반 국제관습과 문명국에 의해서 인정된 법의 일반원칙에 의뢰할 수 있는지 없는지를 결정할 필요성을 느끼지 않는다.

역사적으로 본 사건은 인접국가 사이의 관계가 명확하게 형성된 규칙에 의해 규율되는 것이 아니고, 주로 관행에 의해서 규율되던 시기로 거슬러 올라가고, 또한 그러한 지방에 관련하는 것이다. 재판소가 당사자 사이에 그들 사이의 관행을 발견한 경우에는 재판소는 그들의 특수한 권리와 의무를 결정할 목적으로 그 관행에 대하여 결정적인 효과를 부여하여야 한다. 이러한 특별한 관행은 어떠한 일반규칙보다도 우월하다.

1954년 포르투갈이 일반적으로 민간인, 일반공무원, 그리고 화물에 대해 고립 영토들 사이의 문제의 인도영토에 대해 통행권을 가졌다는 것을 인도가 확인하였으므로 재판소는 이러한 권리에 상응하는 의무에 반하여 행동을 하였는지 아닌지에 대해 심사한다.

1954년 7월 21일~22일 사이에 고립 영토에서 일어난 사건은 그 고립 영토에서의 포르투갈의 권위를 상실하게 하였다. 이것은 포르투갈영토를 둘러싸고 있는 인도영토에서 긴장을 야기하였다. 그 후로 모든 행동은 인도에 의해서 중지되었다.

문제의 인도영토에서 일어나고 있는 긴장이란 관점에서 재판소는 특파된 대표에 대한 인도의 통행거부와 유럽 태생의 포르투갈국민과 포르투갈정부가 고용한 토착 인도계 포르투갈 국민에 대한 사증의 거부는 포르투갈의 통행권에 상응하는 인도의 의무에 반하는 행동이라고 보지 않는다. 포르투갈의 통행권의 요구는 문제의 영토에 대한 인도의 주권에 대한 완전한 승인과 행사에 복종되며, 또한 포르투갈에 유리한 어떠한 면제도 없는 것이다. 재판소는 이 사건에 있어서 인도의 통행거부는 이러한 상황에 있어서 포르투갈의 통행권의 통제와 규제권에 관한 권력에 의해서 보호되었다고 본다.

이런 이유에서 재판소는 11대 4로 포르투갈은 그들 고립 영토 사이의 문제의 인도영토에 대해 통행권을 가졌으며, 그 권리는 그 독립 영토에 대한 포르투갈주권의 행사에 필요한 범위에 그치며, 또한 일반적으로 민간인, 일반공무원, 그리고 화물에 한하여 인도의 규제에 복종하여야 한다고 확인한다.

8대 7로 포르투갈은 무장한 군대와 무장한 경찰, 그리고 무기와 군수품에 관해서는 그러한 통행권을 갖지 않는다고 확인한다.

9대 6으로 인도는 일반적으로 민간인, 일반공무원, 그리고 화물에 관한 포르투갈의 통행권에 상응한 그의 의무에 반하여 행동하지 않았다는 것을 확인한다.

〔Aaland제도(諸島)사건〕

(The Legal Aspects of the Aaland Islands Question)

자문기관: 국제연맹 이사회, 보고기관: 국제연맹 법률가위원회, 1920년 9월 5일, League of Nations, Official Journal Sp.Supp. No.3 (1920) 3

[사 실]

올란드제도(Aaland Islands)는 핀란드와 스웨덴 사이에 있는 보스니아만 입구의 북발트해에 위치하는 전략상 중요한 약 6,500개의 섬과 암초로 이루어진 제도(諸島)이다. 동(同) 제도는 1809년까지 핀란드와 함께 스웨덴의 주권 하에 있었지만, 시정상(施政上)의 관계로부터 핀란드에 편입되어 있었다. 1808년에 동(同) 제도는 러시아에 점령당하여 다음해인 1809년의 「Fredriksham평화조약」에 의해 핀란드와 함께 러시아에 이양되었다. 러시아는 동(同) 제도에 견고한 요새를 구축했지만, 1854년에 발발한 크리미아전쟁에서 영국과 프랑스의 육해군에 의해 파괴되었다. 1856년의 파리평화조약에 부속한 것으로써 같은 해 영국, 프랑스, 러시아간에 올란드제도 비무장화조약이 체결되어 동(同) 제도에 요새를 구축하지 않을 것과 군대를 주둔시키지 않을 의무를 러시아에게 부과했다. 동(同) 조약을 준수하고 있던 러시아가 러일전쟁에 즈음하여 동(同) 제도에 군대를 파견했으므로 1908년, 덴마크, 독일, 러시아, 스웨덴은 동(同) 제도를 포함한 발틱해의 현상유지를 목적으로 하는 선언에 서명하게 되었다. 또 제1차 세계대전 중에 독일이 동(同) 제도를 점령할지도 모른다는 우려가 있었으므로 1915년에 러시아는 상당한 규모의 군대를 동(同) 제도에 파견하고, 또 요새화 공사를 시작했다. 1918년 3월 3일의 Brest-Litovsk평화조약에 의해, 러시아는 핀란드(및 올란드제도)로부터의 철퇴와 동(同) 제도의 요새의 파괴에 동의했다.

소위 올란드제도분쟁은 제1차 세계대전 말의 혼란 중에 주로 인민의 자결권에 관한 윌슨의 이론과 관련하여 야기되었다. 1917년의 러시아 3월혁명에 의한 짜르정부의 붕괴에 수반하여 핀란드人은 러시아로부터의 독립을, 또 올란드제도의 주민의 다수는 스웨덴계였기 때문에 핀란드로부터 분리하여 스웨덴으로의 통합을 요구하는 운동을 개시했다. 스웨덴도 동(同) 제도를 자국으로 편입시키기를 원했다. 1917년 12월, 핀란드는 러시아로부터의 독립을 선언하고, 동(同) 제도도 핀란드에 포함되게 되었다. 동(同) 제도의 분리운동에 의해 동(同) 제도를 잃을 것을 우려한 핀란드의회는 1920년 5월, 올란드자치법을 제정하고, 입법, 행정, 경제활동 등의 광범위한 자치를 인정하고, 분리운동의 진정을 꾀하였다. 하지만 동(同) 제도의 주민과 스웨덴 양측 어느 누구도 이것을 수용하지 않았고, 긴장이 고조되었다. 파리평화회의는 올란드문제에 대해 어떠한 결정도 내리지 않았기 때문에 영국은 1920년 6월, 동(同) 문제를 국제연맹규약 제15조에 기하여 연맹이사회에 부탁했다. 뿐만 아니라, 핀란드 및 스웨덴 양국은 연맹의 결정을 수용하기로 합의했다.

연맹 이사회는 양국의 분쟁을 처리하기 위하여 2개의 위원회를 설치했다. 하나는 동(同) 분쟁의 법률문제를 명확하게 하기 위한 3명의 법률가로 구성되는 법률가위원회이고, 다른 하나는 이사회의 해결에 관한 원칙을 나타내는 보고자위원회였다. 법률가위원회에는 ① 올란드제도의 귀속문제는 규약 제15조 8항에서 규정하는 국내관할사항인가 아닌가, ② 올란드제도의 비무장화에 관한 국제의무에 대하여 현재의 지위는 어떠한 상태에 있는가에 관한 두 가지 자문사항이 부탁되었다.

[보고 요지]

1. (1) 자문사항 ①에 대해서는 체약국이 분쟁을 이사회에 부탁했다는 사실만으로 당해 분쟁이 국제적 성격을 부여받아 연맹의 관할권 하에 있다고는 생각되지 않는다. 분쟁이 국제적 성격을 가지는가, 그것도 국가의 국내관할권에 놓이는가의 문제는 그 본질적이고도 특별한 성질에 관련되는 것이고, 위와 같은 사고방식은 규약 제15조 8항이 당해 분쟁이 국제법상 국가의 관할권 하에 있는가 아닌가를 결정하는 권한을 명문으로 이사회에 부여하고 있는 것과 논리적으로 양립하지 않는다. 따라서 핀란드와 스웨덴 사이의 분쟁이 제기하는 문제가 연맹 이사회의 관할 하에 있는가 아닌가를 결정하기 위해서는 우선 당해 분쟁의 본질적이고도 특별한 성격을 검토해야 한다.

(2) 스웨덴의 주장에 의하여, 올란드제도의 주민은 자결권을 근거로 스웨덴에 통합될 것을 요구할 수 있는 것일까, 또 스웨덴은 동제도의 주민에게 스웨덴과의 통합을 원하는지, 또 핀란드에 의한 통치를 계속 원하는지에 대한 의견을 표명할 기회를 주기위하여 인민투표를 할 것을 요구할 수 있을 것인가? 현대의 정치사항에 있어, 특히 대전 이후, 인민의 자결원칙은 중요한 역할을 하고 있지만, 국제연맹규약 속에는 그것에 대해 언급되어 있지 않다. 또 일부 국제조약에서 이 원칙을 인정하고 있지만, 국제법의 실정적 규칙으로서 자리매김하기에는 충분하지 않다. 반대로, 국제조약상의 명확한 규정이 없는 경우, 국가영역을 처분할 권리는 본질상 국가주권의 속성이다. 실정국제법은 국가로부터 분리하는 민족집단의 권리를 인정하고 있지 않다. 일반적으로 주민의 일부에 그 정치적 운명을 인민투표나 다른 방법으로 결정할 권리의 부여 또는 거부는 국가주권의 속성이다. 게다가 이와 같은 문제에 관한 2국간의 분쟁은 통상 관계국의 하나의 국내관할에 남는 문제이다.

(3) 그러나 이상과 같이 일반적으로 국가주권의 속성에 대하여 논하는 것은 명

확히 주권국가로서 구축되어 있는 국가에게만 해당한다. 혁명이나 전쟁의 결과로서의 국가의 형성, 변형 또는 해체는 통상의 실정법규의 적용이 기대될 수 없는 상태를 야기한다. 국가가 아직 충분하게 형성되고 있지 않기 때문에, 또는 국가가 변형 또는 와해될 수도 있기 때문에 영역 주권이 결여되어 있다면, 그 상태는 법적 관점에서는 애매한 동시에 불확정적이고, 발전의 기대가 완성되고, 또 명확한 새로운 상태가 확립될 때까지 분명하게 되지 않는 것이다. 사실상의 상태로부터 통상의 법률상의 상태로의 이행은 전적으로 국내관할권 내에 한정되는 상태로서 생각할 수는 없다. 그것은 국제사회의 구성원 사이에서의 재조정과 그 영토적·법적 지위의 변경으로 이어지게 된다. 그 결과, 이 이행은 정치적·법적 관점으로부터 깊숙이 국제사회와 관계하는 것이다.

이와 같은 사정 하에서는 인민의 자결원칙은 활용될 수 있다. 오랜 전통 또는 공통의 언어와 문화에 기한 국민의 일정 부분의 새로운 요구가 고려되지 않으면 안 되는 효과를 발생시키는 것이다. 그러나 자기의 정치적 운명을 결정하는 인민의 권리를 승인하는 이 원칙은 소수자의 보호원칙과 일치되어야 한다. 즉, 이 두 가지의 원칙은 어느 민족적 집단에게 사회적, 민족적 또는 종교적 특징의 유지와 자유로운 발전을 보장한다고 하는 공통의 목적을 가지고 있다. 민족이 자결권을 가지지 않으면 안 된다고 하는 원칙은 고려되어야 할 유일한 것은 아니라는 점이 망각되어서는 안 된다. 그것이 국가형성을 규율하는 원칙의 가장 중요한 것이라고 간주되어도 지리적, 경제적 또는 기타의 동일한 고려가 그 완전한 승인에 의해 장애가 될지도 모른다. 이와 같은 사정에서 소수자에게 광범위한 자유의 부여에 기한 타협적 성질의 해결이 국제법 개념에 따라 필요하다고 생각되고, 또 평화를 위해서도 요구되는 것이다.

(4) 위와 같은 점에 비추어, 영역주권의 관점으로부터 핀란드에서의 올란드제도의 상태가 명확하고도 통상의 성질의 것일까, 혹은 일시적 또는 충분하게 발전하고 있지 않은 상태에 있는 것일까에 관한 문제가 결정되어야 한다. 이 문제에 답하기 위해서는 핀란드와 동(同) 제도의 정치적·법적 지위의 발전을 나타내는 주요한 역사적 사실이 조사되어야 한다. 1917년 11월 15일의 러시아인이 아닌 모든 인민의 자결권을 선언한 볼세비키선언은 러시아와 핀란드의 관계에 중요한 변경을 가져왔다. 1917년 12월에 핀란드는 독립을 선언했다. 다음 해 1월에는 소비에트, 스웨덴, 프랑스, 덴마크, 노르웨이가 핀란드를 승인하고, 2월에는 스위스가 승인했으며, 그 후 다른 제국(諸國)의 승인이 이어졌다. 그러나 이와 같은 사실 자체, 핀란드가 그 이후 주권국가가 되었다는 것을 입증하기 위해서는 충분하지 않다고 생각한다. 전시에서의 신국가의 승인, 특히 교전국에 의해 행해진 승인에 대해 통상의 때와 동일한 가치를 부여할 수는 없다. 게다가 그와 같은 승인은 통상의 때와 동일한 목적으로 행해진 것이 아니다. 많은 경우, 그것은 인민 또는 민족의 승인에 지나지 않고, 때로는 정부승인이었다. 이들 제국(諸國)의 영토적 지위의 명확한 결정은 통상 평화조약의 체결에 수반한 유럽의 외교 분야에 남겨지게 되었다.

더욱이 핀란드의 국내상황도 또한 정상적이 아니었다. 상당한 기간, 주권국가의 형성에 필요한 조건이 존재하지 않는 상황이 계속되었던 것이다. 혁명과 무정부상태가 계속되는 가운데, 국가의 존재에 필요한 일정한 요소가 상당한 기간에 걸쳐 결여되어 있었다. 내전이 종결되고, 외국군대가 철수를 시작한 것은 1918년 5월이고, 그 때부터 서서히 질서와 통상의 정치적·사회적 생활을 재건하는 것이 가능하게 되었다고 생각한다.

(5) 이상과 같이, 스웨덴·핀란드 간의 분쟁은 영역주권에 의존하는 확정적인 사항에 관련되는 것이 아니고, 올란드제도의 정치적 변동에 기인하는 사실상의 상황에서 발생한 것이기 때문에 국제법상 핀란드의 국내관할권에 속하는 것은 아니고, 규약 제15조 4항 하에서 연맹 이사회가 권고를 행할 권한을 가진다.

2. 자문사항 ②에 관하여, 위원회는 올란드제도의 비무장화에 관한 1856년조약의 규정은 여전히 유효하다고 생각한다. 스웨덴은 동(同) 조약이 올란드제도의 영역에 부탁하는 '물적 지역'(物的 地役 real servitude)을 창설했다고 주장하지만, 국제지역(國際地役)의 존재는 일반적으로는 인정되고 있지 않다. 그러나 올란드제도의 전략적 중요성으로부터 1856년의 조약규정은 유럽적 성격을 가지고 있다. 이 문제는 유럽의 이익에 관한 명확한 결정(a define settlement of European interest)의 문제이고, 단순한 개별적·주관적인 정치적 의무의 문제는 아니다. 핀란드는 독립선언과 타국으로부터의 승인을 근거로 하여 부과된 의무를 피할 수는 없다. 어떠한 국가의 승인도 승인된 국가가 일반국제법 또는 그 영역에 관한 명확한 국제적 결정에 의해 부과된 의무를 존중한다고 하는 유보에 결국 따르지 않으면 안 된다. 1856년의 조약규정은 올란드제도에 대하여, 군사적 고려에 관한 특별한 국제적 지위를 구성하고 있다. 그 점으로부터 이들 규정이 정당하게 다른 것으로 대체될 때까지는 모든 관계국은 그것을 준수할 것을 요구할 권리를 가지고 있다. 또, 동(同) 제도를 보유하는 국가는 어느 국가라도 이들 규정에 의해 설정된 비무장화의 제도로부터 발생하는 의무에 구속된다.

Ⅱ. 조차지

어떤 국가(조차국 租借國)가 외국영역 내의 일정지역을 차용하고 거기에 대하여 배타적인, 그리고 자유로운 통치를 행하는 권리를 가지며, 반면에 상대국(조대국 租貸國)의 통치작용을 일반적으로 배제하는 경우에 그 일정한 지역을 조차지(租借地 leased territories)라 한다. 이러한 조차지는 무기한적·영구적인 것도 있으나(예: 미국이 1903년에 조차한 파나마운하지대), 보통은 조차기간이 붙고(예: 영국이 1898년에 조차한 홍콩과 구룡반도(九龍半島는) 99년), 동시에 조대국의 영유권이 유보되어 있다.

조차지는 이에 대한 조대국의 통치작용이 포괄적으로 배제된다는 점에서 특정의 통치작용이 제한 또는 배제되는 국제지역과 구별된다.

사실에 있어서 조차란 청일전쟁의 결과 약체화된 청국에 대한 선진열강의 식민지세력확장의 방책으로 행하여진 강력한 통치권의 예를 볼 때, 정치적으로는 영역의 위장적 할양과 다를 바 없다. 그러나 법적으로는 할양과는 구분된다. 조차국은 조차지를 통치할 수는 있으나 처분하지는 못하며, 만기가 되면 이것을 반환하여야 한다. 조차국의 멸망 또는 조차권 포기의 경우, 조차지가 무주물로서 선점의 대상이 되지 않는다. 조차지의 주민은 여전히 조대국의 국적을 보유한다.

최근에는 군사지대의 설정을 조차의 형식으로 하는 경우도 있다. 예를 들면, 미국은 1941년 50척의 구축함과 교환으로 영국의 카리브해 제도를 99년의 기간 동안 조차한 것이 그것이다. 이 지역에 있어서 미국은 해·공군지대를 건설하고, 이를 방위하고, 기지의 통제에 필요한 일체의 권리가 부여되었다.

Ⅲ. 국제하천

국제하천이란 수 개국을 관류하고 있거나 또는 그 국경을 형성하는 하천으로서 국제교통의 요로가 되어 있는 경우에 조약에 의하여 각 국가의 영역권을 제한하고, 그 이용·관리에 관하여 국제적 규제를 행하는 것을 말한다.

1815년의 빈회의의 최종결의서는 국제하천의 자유항행의 원칙을 채택하였다. 이에 따라 다뉴브(Danube)강은 1856년의 파리조약에 의하여, 라인(Rhein)강은 1831년 및 1868년의 조약에 의하여 각각 개별적으로 국제화가 실현되었다.

1921년의 「국제관계를 가지는 가항수로(可航水路)의 제도에 관한 규정」(이른바 Barcelona조약)은 체약국 사이에 있어서 해양과의 사이에 자연항행이 가능하고, 또한 수개국의 경계를 형성하거나 또는 수 개국을 관류하는 수로를 일반적으로 국제화할 것을 시도한 것이다. 즉, 각 체약국은 자기의 관할 하에 있는 이러한 국제하천에 있어서의 체약국선박의 자유항행을 인정하고 있다. 이 「Barcelona조약」의 주요 내용은 다음과 같다.

① 항행의 자유 : 항행할 수 있는 하천의 부분은 연안무역선과 군대 및 공선을 제외하고는 일체 당사국의 선박에 개방된다(Barcelona조약 제3조).

② 균등의 대우 : 체약국은 자유항행에 있어서 평등의 대우가 보장된다(동 조약 제4조).

③ 연안국의 권리 : 연안국은 하천행정에 관하여 관세·경찰·위생을 위한 규칙을 제정할 수 있다(동 조약 제6조).

④ 항행세 및 통과관세의 불부과(동 조약 제8조)

이와 같이 국제하천은 최근에는 자유항행의 편의상 국제화되었으나 20세기에 들어오면서 하천도 운송에만 사용되는 것이 아니라 농업용수, 수력발전 또는 공업용수로 그 사용이 증대해 가고 있다. 따라서 여러 국가와 관계되는 하천의 공동이용을 제도화하려는 관계국들의 조약이 체결되고 있다. 예컨대, 스페인과 포르투갈간의 1926년의 Duero강, 1956년의 프랑스·서독·룩셈부르크간의 Moselle강, 1960년의 인도·파키스탄간의 Indus강 및 이집트·수단 간의 Nile강의 공동이용에 관한 조약들을 들 수 있다.

Ⅳ. 국제운하

국제운하란 조약에 의하여 국제화된, 즉 외국선박의 통항이 개방된 인공의 수로를 말한다. 오늘날 국제운하로서는 수에즈운하와 파나마운하가 있는데, 그 국제화의 내용은 각각 다르다.

1. 수에즈운하

수에즈운하는 1869년 당시 터키의 영역이었던 수에즈지협(地峽)에 프랑스인에 의하여 개척되었다. 그 국제화와 중립화는 1888년의 「콘스탄티노플조약」에 의해서 실현되었다. 이 조약은 유럽제국 및 터키의 9개국에 의하여 체결되었으나, 이른바 개방조약으로서 타국의 가입이 허용되었다. 동 조약의 주요 내용은 다음과 같다.

① 운하의 자유항행 : 모든 국가의 선박은 평시·전시를 막론하고 또 상선이든 군함이든 간에 국기(國旗)의 차별 없이 자유로이 통할할 수 있다. 체약국은 평시·전시의 어느 때나 운하사용을 방해해서는 안 되며, 운하는 전시법상의 봉쇄권행사로부터도 제외된다(콘스탄티노플조약 제1조).

② 운하의 중립화 : 전시에 있어서도 자유항로로서 교전국군함에 대하여 여전히 개방된다. 체약국은 설사 영토국(이집트)이 교전국의 하나가 되는 경우에도 운하 및 그 출입항과 출입항으로부터 3해리 이내에서 어떠한 교전권도 어떠한 적대행위도, 또한 운하의 자유항행을 방해하는 어떠한 행위도 행해서는 안 된다(동 조약 제4조).

〔수에즈의 위기〕

수에즈운하는 1850년 터키와 수에즈운하회사 사이에 체결된 특허협정에 의거하여 동(同) 회사에 의해 건설되었다. 이 협정의 조건에 따라 동(同) 회사는 개통시(1896년)로부터 99년간 운영하도록 하였다. 이 기간의 만료시에는 이집트정부가 동(同) 회사를 인수하여 운하의 완전소유권을 가지도록 되어 있었다. 1956년 7월에 이집트(낫세르 대통령 당시)는 수에즈운하회사를 국유화하고, 동(同) 운하의 통제를 인수하였다.

1956년 8월에 22개 관계국가의 회의가 런던에서 개최되어 18개국의 찬성으로 채택된 제의는 '1888년의 협정원칙에 입각하여 자유롭고 개방적이며, 안전한 국제수로로서의 운하의 효과적이며 믿음직한 운영, 유지 및 발전'을 요청하였다.

이집트는 1957년 4월의 성명에서 「콘스탄티노플조약」의 조항과 정신, 그리고 그로부터 발생하는 권리와 의무를 존중할 것을 약속하였다.[11)]

1958년 7월에 이집트를 승계한 아랍연합의 국립은행총재와 구수에즈운하회사총재 사이에 보상협정이 성립되고, 아랍연합은 5년 연부로서 보상을 지급하게 되어 수에즈운하 국유화는 완전히 시인되었다.

1967년 중동전쟁의 결과 아랍연합은 수에즈운하를 봉쇄하고, 수에즈운하의 운항기능은 완전히 정지됨에 이르렀다. 동년 11월 안전보장이사회의 결의는 수에즈운하의 항행자유의 보장을 확인하였으나 사태가 오랫동안 개선되지 않았던 때가 있었다.

1979년 3월에 「워싱턴조약」에 의하여 이스라엘에 대해서도 운하통항의 자유를 인정하였다. 이집트는 1979년 7월 선언을 통하여 1888년 「콘스탄티노플조약」 및 1979년 선언에서 발생하는 모든 분쟁에 관하여 ICJ의 강제관할권을 수락하였다.

2. 파나마운하

파나마운하는 1914년에 개통되었으나 그 이전 1901년 영·미간에 체결된 이른바 「헤이·폰스포트조약(봉쇄조약)」에 의하여 파나마운하의 오늘날의 지위가 결정되었다. 이 조약에 의하여 파나마운하에 관한 규칙의 제정, 그 관리에 관한 배타적인 권리가 미국에 부여되었다.

수에즈운하의 예에 따라 파나마운하도 첫째, 평시·전시를 불문하고 모든 국가의 상선과 군함에게 자유항행이 인정된다. 둘째, 전시에 있어서 중립화에 관해서는 수에즈운하의 경우와 달라서 파나마운하의 중립화는 보장되지 않는다.

그런데 제2차 대전 후 미국의 파나마운하지대의 영구조차에 대하여 파나마국민

11) 동 조약 제14조는 수에즈운하회사의 특별기간이 만료되더라도 조약상의 구속은 계속적으로 존속한다고 규정하고 있다.

으로부터 강한 저항이 일어나자, 1977년 미국과 파나마 사이에 「파나마운하조약」과 「파나마운하의 영구중립과 운영에 관한 조약」이 체결되어 1979년에 발효하였다. 전자는 1903년의 파나마운하지대의 영구조차를 폐지하여 파나마의 영토권을 확인하고 1999년에 그 관리권을 파나마에 이양한다는 것이며, 후자는 자유항행과 중립화 선언을 하고 미·파나마 외의 타국의 가입을 허용한다는 것이다. 이렇게 되면 파나마운하의 지위는 수에즈의 그것과 같아진다.

제 5 절 특수지역

I. 신탁통치지역

제1차 대전 후 패전국 식민지의 처분에 대한 주요 연합국의 이해관계는 경제적 이익과 국방상의 이유로 인하여 대부분 일치하지 않은 것이 사실이다. 즉, 적국영토의 할양을 원하는 현실론(영·프·일·이·벨기에 등)과 이의 독립을 촉구하는 이상론(미국)이 대립하였다. 결국, 양론의 타협에 의하여 성립된 것이 국제연맹의 위임통치제도이다. 즉, 실질적으로는 위임통치국이 자유영역에 대한 것과 거의 동일한 통치를 행하면서 형식적으로는 연맹의 감독을 받게 함으로써 통상의 영역과 다른 성질을 부여하려고 했던 것이다. 이 위임통치지역은 주민의 정치의식과 문화수준에 따라 3종으로 구분되고, A식은 중동(구 터키령), B식은 아프리카, C식은 가장 낙후된 지역이었다. A식지역은 UN의 성립을 전후해서 이미 독립을 달성하였다. A식을 제외한 위임통치지역을 어떻게 처리하는가가 1945년 2월의 얄타회담에 있어서의 하나의 의제였다. 미·영·소의 3정상의 합의에 의하여 위임통치는 UN의 신탁통치로서 승계되게 되었다(UN헌장 제12장).

시정국(施政國)은 신탁통치지역의 주권을 보유함이 없이 UN의 위임을 받아 그 통제 하에 자유영역의 일부분인 것처럼 시정을 행한다. 헌장하의 신탁통치지역은 모두 11개 지역(아프리카 7개, 대양주 4개)이었으나 차례로 모두가 독립을 달성하였고, 미국의 신탁통치하에 있던 대양주 4개 지역, 즉 마셜 제도·북마리아나 연방·미크로네시아 연방·벨라우(일명 팔라우) 제도 등도 미국과 협정으로 독립함으로써 현재 남아 있는 신탁통치지역은 없다.[12)]

Ⅱ. 비자치지역

비자치지역(non-self governing territories)이란 원주민이 완전한 자치를 획득하지 못한 지역, 즉 식민지 또는 속령(dependencies)이라고 불리는 지역을 말한다. UN은 원주민의 복지와 평화유지의 견지에서 비자치지역에 대한 통치의 기본적 원칙을 선언하였다(UN헌장 제11장).

비자치지역의 통치의 원칙은 신탁통치의 그것과 흡사하다. 특히 그 통치가 주민의 복지증진을 목적으로 해야 하며, 통치국의 이익을 위해서 행해져서는 안 된다는 근본원칙은 같다. 그러나 다른 점은 신탁통치가 UN의 조직적 감독을 의무적으로 받는 반면에, 비자치지역은 통치권이 통치에 관한 정보를—통치국의 안전보장과 헌법상의 고려에서 필요한 제한에 따를 것을 조건으로—UN에 제출할 뿐이다(동 헌장 제73조).

제2차 대전 후 식민지해방운동은 획기적인 진전을 보였는데, 특히 1955년 AA제국의 대표들이 반둥(Bandung)회의를 통하여 민족자결원칙의 지지와 인종차별정책·식민지주의에 반대를 확인한 것은 매우 주목할 만하다. 그 후 AA제국은 대거 UN에 가입하여 발언권이 강화되었다. 1960년에 이들의 영향 하에 UN총회는 모두 식민지주의를 조속히 그리고 무조건으로 종결시킬 필요성을 선언한 이른바, 「식민지독립부여선언」(Declaration on the Granting of Independence)을 채택하였다.

비자치지역에 관한 정보를 심리하고 또한 권고를 행하기 위하여 UN에 비자치지역정보위원회가 설립되어 있었다. 그러나 한편 「식민지독립부여선언」의 이행상태를 조사하기 위하여 UN에 설립되어 있는 식민지 24개국위원회는 1963년 이후로는 비자치지역정보위원회의 임무까지도 담당하게 되었다. 오늘날 대부분의 비자치지역이 독립을 성취하였다.

Ⅲ. 극 지

극지(Polar regions)는 종래 그 지리적·기상적 악조건으로 인하여 사람의 접근이나 거주가 불가능하였으므로 영역취득의 권원, 특히 선점요건은 적용될 수 없다

12) 한국은 모스크바 3상회의의 결의로 8·15광복 직후 5년 동안의 신탁통치가 결정되었지만 한국인의 반탁운동으로 이루어지지 않았다.

고 보았다. 그런데 이미 20세기 초에는 사람이 거주할 수 있는 지구상의 거의 대부분의 지역은 선점되고 무주지는 극지뿐이었으므로 그 영유를 위한 여러 가지 이론, 특히 선형이론(扇形理論 sector doctrine)이 주장되게 이르렀다. 선형이론이란 국제법상 극지의 영역에 관한 이론으로, 극지방에 인접한 국가의 동서(東西) 양끝을 극점(極點)과 연결하여 생기는 삼각형 속에 들게 되는 모든 육지는 타국이 이미 확립된 권원을 갖고 있지 않는 한 당해 국가의 영토가 되어야 한다는 주장을 말하는데, 극지에 대해서는 일반의 선점이론을 인정하지 않는다.[13)]

1. 북 극

북극지역은 남극과 같은 대륙이 아니라 육지가 없이 결빙된 해수만이 있는 해역으로 되어 있다. 이 지역에 대해서는 일찍이 캐나다(1903년)와 소련(1926년)이 선형이론을 주장하였다.

이 이론에 의하면 북극해에 연접한 연안을 갖고 있는 모든 국가는 이 연안의 양쪽과 북극(the arctic)을 잇는 두 개의 경도로 구성되는 부채꼴에 들어오는 모든 섬과 육지를 지리적 연속성에 입각하여 자동적으로 취득한다는 것이다. 그리고 그 섬에 관하여는 현재 발견된 섬과 발견되지 않는 섬을 모두 포함한다고 한다. 그러나 이 이론은 아직 국제법원칙으로 인정되지 않고 있다. 오늘날에는 선형이론을 버리고 실효적 점유를 행하여 영유권을 확립하려고 시도하고 있다.[14)]

2. 남 극

남극(the antarctica)은 북극과는 달라서 바다가 아니라 얼음으로 덮여 있는 육지이다. 육지를 덮은 얼음 이원(以遠)의 상당한 지역은 바다이며, 계절에 따라서는 얼음이 녹아 선박의 항행이 가능하다. 남극의 영유에 관해서 이른바, 선형이론을 제창한 나라들은 영국·프랑스·노르웨이·칠레 및 아르헨티나 등이다. 미국은 위와 같은 타국의 영유권의 주장을 인정하지 않고 전 지역의 국제화를 제안하여 왔다. 제2차 대전 후 남극에 대해 특별한 관심을 표명하여 온 미국의 주관 하에 1959년 「남극조약」이 체결되었다.

---

13) 김대순, 국제법론(서울: 삼영사), 제14판, 2009, p.885.

14) 1960년에 미국원자력잠수함이 북극해를 통항하였고, 1969년에 미국원유수송선이 북극권의 해상을 항행하였고, 1970년에 캐나다는 자국법에 의하여 자국영역에 인접한 북극권의 오염방지를 위한 조치를 취하였다.

「남극조약」(Antarctic Treaty, 1959)은 남위 60도 이남의 남극에 있어서의 영역권 주장을 동결하고(남극조약 제4조, 제6조) 남극의 평화적 이용에 관한 국제협력을 규정한 조약이다. 이 조약에 의하여 남극의 국제적 지위는 거의 확립되었다고 볼 수 있다.

「남극조약」은 그 주요 내용으로 ① 남극지역의 군사이용의 금지(동 조약 제1조), ② 과학적 조사의 자유 및 국제협력(동 조약 제2조, 제3조), ③ 핵폭발·방사성 폐기물의 처분금지(동 조약 제5조), ④ 조약의 준수를 확보하기 위한 조항 등을 규정하고 있다.

「남극조약」은 남극에 대한 영유권 동결과 군사적 이용금지에 대해서는 일응 성공하였다. 그러나 최근에 알려지고 있는 남극해저의 석유, 천연가스 기타 매장자원개발을 국제적으로 어떻게 조정하고 규제할 것인가가 크게 문제될 것이다. 1988년에 「남극광물자원활동규제조약(Convention on the Regulation of Antarctic Mineral Resource Activities: CRAMRA)」[15]을 채택하였으나 아직 발효되지 않고 있다. 1991년에는 체약국협의회의(ATCP)의 특별회의에서 채택된 「환경보호에 관한 남극조약의 정서(Protocol on Environmental Protection to the Antarctic Treaty)」[16]는 세계환경보호를 위해 남극지역에 있어서의 광물자원의 개발에 관련되는 활동을 향후 50년간 전면적으로 금지하였다.

15) 이 협약은 남극에서 상업적 개발이 시작되기 전에 광물제도를 확립하기 위해 채택된 것으로, 남극 광물탐사 및 개발을 규제하는 것을 그 내용으로 하고 있다. 이 협약은 남극조약체제에 속하는 협약 중에서 가장 광범위한 남극환경 보호규정을 두고 있다. 「광물협약」은 남극광물자원 개발활동이 남극환경과 관련생태계에 악영향을 미치지 않도록 상세하고 까다로운 일련의 환경조건을 명시하고 있다. 광물활동의 여부는 그것이 남극환경에 미치게 될 영향을 판단하기에 적절하고 충분한 정보에 기초하여 결정하도록 되어 있다. 광물활동이 남극환경과 생태계에 중대한 역효과 내지는 변화를 야기시키는 것으로 평가되는 경우에는 광물활동을 금지한다. 광물활동 운영자(operator)는 안전한 작업을 할 수 있는 기술과 절차를 이용해야 하며, 환경사고에 효율적으로 대처할 수 있는 능력이 없는 한 채광을 할 수 없다. 또한 광물활동 운영자는 광물활동에서 야기되는 남극환경 및 관련생태계에 대한 피해에 엄격한 책임을 지도록 되어 있다. 집행기구로서 설치되는 남극광물자원위원회(위원회) 및 남극 광물자원규제위원회(규제위원회)는 협약에 의해 부여된 권한에 따라 환경조건의 이행을 강제하도록 되어 있다. 광물협약은 강제적인 분쟁해결절차를 포함하고 있다. 광물협약의 해석 또는 적용과 관련된 분쟁 등은 국제사법법원 또는 중재법원에 의하여 해결하도록 되어 있다. 이때 국제사법법원 또는 중재법원에서 내린 결정은 최종적이며, 분쟁당사자 및 소송에 개입한 제3자를 구속하는 법적 구속력을 가지고 있다. 특히 환경보호와 관련된 협약규정 또는 조치에 대한 분쟁해결은 강제적이며, 이에 대한 예외를 인정하지 않고 있다. 광물협약은 남극 환경뿐만 아니라 관련생태계의 보호까지 포함하는 엄격한 환경관련 규정을 두고 있음에도 불구하고 남극 광물개발과 환경보호가 일치하지 않는다는 국제여론에 따라 광물협약의 승인이 장기간 보류되고 있다. 출전: 자연환경과 국제법(산하온환경연구소; http://www.sanhaon.or.kr) 검색: '국제환경법' ⇒ '물에 관한 법'

16) 이 의정서는 국제적으로 높은 가치를 지니고 있는 남극지역의 환경과 생태계 보호를 도모하기 위하여 1991년에 채택되었으며, 1998년 1월에 발효되었다. 남극지역에서 활동할 때 환경영향평가의 실시, 광물자원활동의 금지, 동식물의 포획·반출입 규제, 폐기물의 남극지역으로부터의 제거와 적정처분의 의무화, 보호구역에의 출입규제 등을 규정하고 있다.

제9장 해 양 법

제1절 해양법의 법전화

해양법은 오랜 세월 동안 축적된 관행에 기초를 둔 불문의 관습법에 머물러 있었다. 이것을 성문화하여 법전화하려는 시도로서 1930년의 국제연맹법전편찬회의는 처음으로 영해제도의 문제를 취급하였으나, 결국 실패로 끝났다.

1958년 UN은 제네바에서 제1차 해양법회의를 개최하여, ILC가 준비한 초안을 기초로 심의한 끝에 해양법 4조약의 채택에 성공하였다. 즉, 「영해 및 접속수역조약」, 「공해조약」, 「어업 및 공해의 생물자원보호조약」, 「대륙붕조약」이 그것이다. 이들 4조약은 오늘날 모두 효력을 발생하고 있다. 특히 「공해조약」은 전문에서 이 규정은 '국제법의 확립된 법원칙을 일반적으로 선언한 것'이라고 인정하여, 관습법의 성문화로서의 색채가 강하였다.

1960년 UN은 1958년의 해양법회의에서 의견의 일치를 보지 못한 영해의 폭 등을 결정하기 위하여 제2차 해양법회의를 개최하였으나 하등의 결론을 얻지 못하였다.

1970년 UN총회는 결의 2750 (XXV)에서 제3차 UN해양법회의를 1973년에 개최할 것을 결의하였다. 이 결의에 따라 1973년 12월 뉴욕에서 조직회의로부터 시작하여, 1974년 6월~8월에 실질적인 제1회의가 카라카스(Caracas)에서 개최된 이래, 1981년 제10회기를 마쳤다. 새로운 해양법의 수립을 위한 다년간의 노력 끝에 해양법 전반에 걸친 통합된 해양법초안이 성안되었으며, 1982년 4월 30일에 「UN해양법협약」(UN Convention on the Law of the Sea: UNCLOS)이 채택되었다. 협약은 1958년의 4개조약을 전면적으로 재편성하고 새로 심해저제도 등을 포함하여 해양법 전반을 포괄적으로 입법화하였다. 동 협약은 제3차 UN 해양법회의(UNCLOS Ⅲ)에서 관련 주제에 따라 여러 형태로 이해관계를 달리하는 제(諸)국가(선진국, 개도국, 해운국, 내륙국, 군도국 및 해협연안국 등) 사이의 대립의 타협적 산물로 성립하였다.

제 2 절 영 해

Ⅰ. 영해의 범위

영토주변의 일정한 범위의 수역을 영해(territorial sea)라고 한다. 영해와 관련하여 가장 중요한 문제는 영해의 폭을 설정하는 문제이다. 영해에 대한 각국의 정치적·경제적·군사적 이해관계는 결코 동일하지 않다. 그러므로 연안국의 주권이 미치는 영해를 어디까지 할 것인가, 즉 영해의 폭에 관한 각국의 주장은 다양한 모습으로 나타났다.

이와 같이 다양한 영해의 폭과 관련한 주장을 통일시키기 위하여 1930년에 국제연맹법전편찬회의가 개최되었다. 이 회의는 영해의 폭에 관해서 3해리[1]를 주장하는 국가와 이를 지지하지 않고 더 넓은 영해를 주장하는 국가가 수적으로 비슷하여 통일적인 결론을 내리지 못하였다. 그 후 1958년 제1차 UN해양법회의에서 「영해조약」이 채택되었으나 영해의 폭은 여전히 타협을 보지 못하였다.

1960년 제2차 UN해양법회의에서는 영해와 어업수역을 결부시킴으로써 제국(諸國)의 이익을 조정하려는 타협안이 제출되었다. 예컨대 미국·캐나다 공동제안은 첫째, 국가는 그 기선으로부터 최대한 6해리까지 영해의 폭을 정할 수 있으며, 둘째, 국가는 기선으로부터 12해리까지의 배타적 어업수역(exclusive fisheries zone)을 그 영해에 접속하여 설정할 수 있으며, 셋째, 외측의 6해리의 어업수역에 있어서 어업실적을 가지는 국가는 향후 10년간 어업을 계속할 수 있다는 것이다. 이 제안은 근소한 표차로 채택에 필요한 3분의 2의 찬성을 획득하지 못하여 부결되었다. 그러나 그 이후 연안어업에 관한 분쟁을 안고 있던 일부 국가들은 영해의 폭과 관련한 문제를 해결하지 못한 채, 12해리의 어업전관수역을 관계국 사이의 조약에서 인정하고 있다(예: 1965년 한·일어업협정 제1조).

---

1) 3해리는 Bynkershoek의 착탄거리설(cannon-rule)에서 유래한다.

1973년부터 시작되어 근 10년간 계속되어 온 제3차 UN해양법회의 제9회기(1980년)에서 배포된 비공식협약초안(Informal Text of Draft Convention on the Law of the Sea)[2)]에 의하면, 영해의 범위를 기선으로부터 12해리를 초과하지 않는 한도까지로 규정하였다(비공식협약초안 제3조). 영해가 12해리로 확장되면 기존의 많은 국제해협(예컨대, Dover, Gibraltar, Malacca, 대한해협 등)이 영해화되는데, 이 경우 지금까지 누리던 공해항행과 상공비행의 자유는 어떻게 할 것이며, 또 선박 특히 군함 또는 잠수함의 무해통항을 인정할 것인가가 문제되었다.

결국 신협약은 국제해협에서의 기존의 통과권을 인정하는 것을 조건으로 영해의 폭을 12해리로 확정하였다.

Ⅱ. 영해의 획정

1. 영해측정의 기선

영해의 획정이란 영해의 내측선 및 외측의 한계를 정하는 것을 말한다. 영해의 내측선이란 영해의 육지측의 선 즉, 육지 또는 내수와 영해의 분계선을 말하며, 이것이 바로 영해측정의 기선이다. 영해측정의 기선에 관해서는 두 가지 방법이 있다. 하나는 비교적 돌출이 적은 해안의 경우에 적용되는 통상기선(通常基線 normal baseline)방식으로, 이에 의하는 경우 영해기선은 해안의 저조선이다(해양법협약 제5조). 다른 하나는 해안에 굴곡이 심하거나 또는 일련의 섬들이 있는 특별한 사정이 있는 경우에 적용되는 것으로 직선기선(直線基線 straight baseline)방식이 다. 이 방식은 종래의 국제법에서는 그다지 문제가 되지 않았으나, ICJ가 1951년의 노르웨이 어업사건의 판결에서 이를 인정한 후로는 일반화되었다. 직선기선의 방식은 경우에 따라서는 광대한 해역을 영수로 할 가능성이 있기 때문에 신협약은 직선기선에 관하여 보다 상세히 규정하였다.

첫째, 해안선의 굴곡이 심한 경우 또는 해안선에 따라 가까운 거리에 섬이 있는 경우에는 영해의 폭을 측정하기 위한 기선을 그음에 있어서 적당한 지점을 연결하는 직선기선의 방법을 사용할 수 있다(동 협약 제7조 1항).

둘째, 직선기선은 해안의 일반적 방향으로부터 심하게 떨어져 그어서는 안 되

2) 제3회기(1975) 때까지 「비공식단일교섭안」(SNT), 제4회기(1976) 때 「비공식단일교섭수정안」(RSNT), 제6회기(1977) 때 「비공식통합교섭초안」(ICNT), 제8회기(1979) 때 (ICNT/Rev. 1)이 작성되었고, 제9회기(1980) 때 상기 초안으로 발전하였다.

며, 또 그 내측의 수역은 내수로서의 규제를 받을 만큼 육지와 충분히 밀접한 관계를 가져야 한다(동 협약 제7조 3항).

셋째, 직선기선은 간출지(刊出地)와의 사이에 그어서는 안 된다. 다만 항구적으로 해면상에 있는 등대 기타 이와 유사한 시설이 간출지상에 건설되어 있는 경우에는 예외이다(동 협약 제7조 4항). 그러나 간출지가 본토 또는 섬의 영해 내에 있을 때에는 그 저조선을 영해폭을 측정하는 기선으로 사용할 수 있으며, 그 밖의 섬은 그 자체의 영해를 가질 수 없다(동 협약 제13조).

넷째, 직선기선의 방법이 해양법협약 제7조 1항의 규정에 의하여 적용되는 경우에는 특정의 기선을 결정함에 있어서, 그 지역에 특유한 경제적 이익의 현실성 및 중요성이 장기간의 관행에 의해서 명확히 증명되고 있는 것을 고려에 넣어야 한다(동 협약 제7조 5항).

〔노르웨이 어업사건〕
(Affaire des pêcheries)
영국 v. 노르웨이, 국제사법재판소, 1951년 12월 18일, ICJ (1951) 116

[사 실]

노르웨이는 1935년 칙령에 의하여 북위 69도 28.8분 이북의 노르웨이 연안을 따라 자국어민에 유보되는 어업수역(영해)을 획정하였다. 이 수역은 노르웨이 연안의 본토 및 섬과 암초(skjaergaard) 등 48개의 기점을 선정하여 그 기점을 연결하는 직선을 기선으로 하여 4해리의 폭을 가진 것이었다. 이미 1906년 특히, 1922년 이래 영국어선이 노르웨이 영해를 침범하는 사건이 종종 발생하고 있었으나, 본 칙령을 제정함으로써 어업상의 이익을 배경으로 하는 양국의 대립이 한층 격화 되었다. 이리하여 노르웨이의 수역획정을 둘러싼 분쟁은 양국 간의 현안문제로 되어 왔는데, 제2차 대전 후 노르웨이가 수역의 감시를 개시함과 동시에 이 문제가 재연되었다. 1949년 9월 28일 양국은 분쟁을 ICJ에 부탁하여, 1935년 칙령이 수역획정을 위하여 기선을 그음에 있어 사용한 방법 및 그 구체적 적용이 국제법에 위반하는지에 관하여 ICJ의 판결을 구하였다.

[판결 요지]

ICJ는 당면문제에 관련성이 있는 저조선이 본토 또는 Skjaergaard로부터인지를 결정해야 한다. 본토는 그것과 일체를 구성하는 Skjaergaard에 의하여 서부지역에 경계를 이루고 있으므로, 전통적으로 사용되어 온 저조선은 본토의 해안선에 한정할 것이 아니라 Skjaergaard의 외측선으로서 족하다. 이러한 특수한 지형을 가지는 곳에서는 Skjaergarrd의 저조선상의 적당한 제(諸)점을 연결하는 직선을 기선으로 할 수 있다. 이 방법은 일반적으로 인정되고 있으며, 모든 만입에 관해서도 적용할 수가 있다. 또 기선을 그음에 있어서는 어떠한 기하학적인 거리기준도 존재하지 않는다. 영국이 주장하는 만구 10해리 규칙을 일반국제법의 원칙이라고 인정할 수 없다.

다음으로 ICJ는 영해획정의 국제적 효력은 연안국의 의사만에 의하는 것이 아니고 국제법에 의하여야 한다는 것을 명확히 하고, 직선기선이 국제적 효력을 가지는가 여부를 판정하는 기준으로서 세 가지를 들고 있다. 이러한 기준은 영해의 성질을 고려함으로써 이끌어지는 것으로서 다양한 사실에 적용할 수 있는 판정의 기초가 되는 것이다. 즉, 첫째, 육상과 영해 사이에 밀접한 의존성이 있어야 하며, 이를 위해서는 기선은 해안의 일반적 방향으로부터 현저하게 벗어나서는 안 된다. 둘째, 기선 내부에 있어서의 수역이 내수가 될 정도로 육지와 충분하게 밀접한 관련을 가져야 한다. 셋째, 순수한 지리적 고려 외에 장기간의 관행에 의하여 증명되는 그 지역에 특유한 경제적 이익을 고려할 수 있다. 이러한 기준에 비추어, 노르웨이의 획정방법은 국제법의 일반규칙에 합치하고 있다. 왜냐하면 첫째, 노르웨이 연안은 돌출부가 많은 특수한 지형을 가지며, 해안선이 불규칙적이고 또한 내륙에 깊숙이 들어가 있으며, 또 대소의 도서, 소도, 암초가 산재하여 Skjaergarrd를 형성하고 있다. 둘째, 무수한 만입, 해협, 해로는 지방주민의 교통의 수단이 되고 있다. 셋째, 해안에 따른 얕은 바다는 풍부한 어장이며, 지역주민은 어업에 의하여 생계를 유지하고 있기 때문이다. ICJ는 이와 같은 이유로 '노르웨이는 예외적 제도를 주장하고 있다. 다만 역사적 권원이 있는 경우에 인정한다'고 하는 영국의 주장을 거부하였다.

끝으로, 노르웨이의 획정방법이 구체적으로 기선을 그음에 있어서 이상의 국제법의 원칙에 합치하는가 여부가 문제이다. 이에 관하여 영국이 특히 다툰 것은 10마일 이상의 입구를 가진 양 만입에 관해서이며, 이러한 수역에 그어진 기선은 해안의 일반적 방향으로부터 벗어난 극단적인 예라고 하는 점이다. ICJ는 이 점에 관하여 동(同) 수역에 있어서의 기선은 해안의 일반적 방향으로부터의 합리적인 한계 내에 있으며, 나아가 이 수역에 있어서의 어업은 주민의 사활적 필요에 입각하고 있다는 것은 고래로부터의 평온한 관행에 의하여 증명되고 있으며, 노르웨이의 동(同) 수역에 대한 역사적 권원을 인정할 수 있다고 판정하였다.

일국의 해안에 만(灣)이 있는 경우에는 영해의 내측선은 만내의 해안선에 따르지 않고 입구에 폐쇄선을 그어 그것을 기선으로 할 수 있다. 이러한 국제법상의 만이 되기 위해서는 다음과 같은 요건을 구비하여야 한다.

첫째, 만구(灣口)의 거리가 24해리를 초과하지 않아야 하며, 만입이 만구의 폭과의 대비에서 충분히 깊기 때문에 육지에 둘러싸인 수역을 포함하며, 또한 단순한 해안의 만곡 이상의 것을 구성하는 명백한 만입을 말한다. 다만 만입은 그 면적이 만구의 거리를 직경으로 하는 반원의 면적 이상이어야 한다(동 협약 제10조 2항).

만입의 면적은 그 해안의 저조선과 만입의 양측의 저조선상의 점을 연결하는 선에 의하여 둘러싸인 수역의 면적으로 한다. 섬이 존재하여 만입이 둘 이상의 만구를 가지는 경우에는 각각의 만구에 그은 선의 길이의 합에 상당하는 길이의 선상에 반원을 긋는 것으로 한다. 만입 내에 있는 섬은 만입의 수역의 일부로 간주한다(동 협약 제10조 3항 및 4항).

둘째, 만입의 거리가 24해리를 초과하는 경우에는 24해리의 직선기선을 그 길이의 선으로써 둘러쌀 수 있는 최대의 수역을 둘러싸는 방법으로 만내에 긋는 것으로 한다(동 협약 제10조 5항).

셋째, 위의 요건은 이른바 역사적 만(historical bays)에는 적용되지 않는다(동 협약 제10조 6항). 역사적 만이란 그 형상이나 만구의 거리에 관계없이 해안국이 예로부터 내수로서 취급하여 온 만을 의미한다. 그러나 이 개념은 애매하기 때문에 분쟁의 소지가 있다.[3]

하천이 직접 바다로 유입하는 경우에는 하천양안의 저조선상의 지점에서 하구를 연결하는 직선을 기선으로 한다(동 협약 제9조).

항만의 항구적 시설, 예컨대 방파제 등은 영해의 획정에 있어서 해안의 일부를 구성하는 것으로 간주한다(동 협약 제11조).

영해기선의 육지 측에 있는 해역을 내수(internal waters)라고 한다. 내수에는 만, 항구 및 내해 등이 있다. 내수의 법적 지위는 영토와 유사하며, 연안국은 완전한 영토주권을 가진다. 그러므로 영해와 같은 무해통항권은 인정되지 않는다(동 협약 제19조).

한편 필리핀, 인도네시아 등의 군도국가(群島國家)는 군도 전체의 외단(外端)을 직선기선으로 연결하여, 거기서부터 영해를 측정하려는 이른바 군도이론(the theory of archipelagos)을 주장하였다. 해양법협약은 이를 인정하여 다음과 같이 규정하였다.

군도기선을 그을 수 있는 요건은 첫째, 군도국가는 군도최외단(群島最外端)의 섬과 사주(砂洲)의 최외단을 연결하는 직선군도기선(straight archipelagic baseline)을 그을 수 있다. 다만 군도내의 수면과 육지의 비율은 1대1과 9대1 사이에 있어야 한다(동 협약 제47조 1항).

둘째, 직선군도기선의 길이는 100해리를 초과하지 못한다. 그러나 기선총수(基線總數)의 3% 이내에서는 최대한 125해리까지 그을 수 있다(동 협약 제47조 2항).

셋째, 이 군도기선은 군도의 일반적 구성형태로부터 상당한 범위를 벗어나지 못한다(동 협약 제47조 3항).

그러나 군도기선 내측의 해역을 군도수역이라고 하는데, 이 해역에서는 모든

---

3) 캐나다의 Hudson만, 미국의 Santa Maria만(만구 29해리), 특히 러시아의 Peters대제만(大帝灣)(만구 102해리)에 관해서는 역사적 만의 요건을 충족하지 않으며, 공해자유의 원칙에 위반되는 것이라 하여 타국의 항의를 받고 있다.

외국의 선박은 무해통항권을 가지며(동 협약 제52조), 군도국가는 군도수역내의 항만 등에 내수경계선을 설정할 수 있다(동 협약 제50조). 군도국가는 자국의 군도수역 또는 그 상공을 통과하는 외국선박 및 항공기의 통항에 적합한 해로(海路 sea lane)와 항공로(航空路 air lane)를 지정할 수 있으며(동 협약 제53조 1항), 모든 선박과 항공기는 이러한 해로와 항공로에서 '군도해로통항권'(right of archipelago sea lanes passage)을 향유한다(동 협약 제53조 2항). 그리고 군도해로통항이란 공해나 경제수역의 일부와 다른 공해나 경제수역의 부분간의 계속적이고, 신속하며, 방해받지 않는 통과만을 목적으로 통상적 방법에 의하여 항행 및 비행의 권리를 행사함을 말한다(동 협약 제53조 3항). 이 제도는 기존항행의 이익을 보호하기 위한 것이다.

2. 영해의 외측경계

영해의 외측경계란 영해와 공해의 경계선을 말한다. 영해의 외측한계는 기선상의 가장 가까운 점으로부터의 거리가 영해의 폭과 같은 선으로 한다(동 협약 제4조).

영해의 외측경계의 실제의 측정방법에 관해서는 협약에는 아무런 규정이 없으나, 평행식 방법(平行式方法 method of trace parallel)과 원호식 방법(圓弧式方法 arcs of circles method)의 두 가지가 있다. 전자는 기선의 곡절(曲折)과 일치되게 평행적으로 경계선을 긋는 방법이며, 후자는 기선상의 각 점으로부터 영해의 폭을 반경으로 하는 원을 그려 그 원호의 연속이 형성하는 일련의 선을 경계선으로 하는 방법이다. 후자의 방법에 의한 영해의 외측경계는 기선과 반드시 평행하는 것은 아니지만, 선박의 항해에 있어서는 편리한 것으로서 많이 사용되고 있다.

Ⅲ. 영해에 대한 국권제한

국제법상 연안국의 영해에 대한 국권제한(國權制限)으로는 무해통항권과 재판관할권이 있다.

1. 무해통항

(1) 무해통항의 의미

영해는 연안국의 영역의 일부를 구성하므로 연안국은 영해에 대하여 주권을 갖고 있다. 그러나 국제법은 해상교통의 자유라는 견지에서 영해에 있어서의 외국 선박의 무해통항권(無害通航權)을 인정하고 있다.

통항(passage)이란 계속적이고 신속하게 영해를 통과하는 경우 외에 내수로 들어가기 위해 영해를 통과하든가, 내수로부터 공해로 나가기 위해 영해를 통과하는 경우도 포함된다. 그리고 정선과 정박은 항해에 보통 부수되는 것인 경우(예: 도선사 대기) 또는 불가항력·조난(예컨대, 식수난·태풍 등)에 의하여 필요한 경우 또는 위험이나 조난상태에 있는 사람, 선박 또는 항공기의 구조를 위해 필요한 경우에 한해서 운항에 포함된다(동 협약 제18조).

외국선박의 통항이 무해한(innocent) 통항인가 여부는 그 통항이 연안국의 평화·질서 또는 안전을 해하는가 아닌가를 기준으로 하여, 제1차적으로는 연안국에 의하여 판단된다. 이 연안국의 판단은 외국선박의 통항의 목적·성질 및 통항의 자세 등을 고려하여 행해진다. 예컨대 연안국의 주권, 영토적 안전 또는 정치적 독립에 대한 힘의 위협 또는 행사라든가, 연안국의 법령에 위반하는 행위를 의도하는 경우, 어선의 경우에는 특히 연안국의 어업규칙을 위반한다든가 또는 의도적인 심한 오염행위를 하는 경우에는 무해한 통항이라고 할 수 없다(동 협약 제19조). 잠수함과 그 밖의 잠수항행기기는 해면 위로 국기를 게양하고 항행한다(동 협약 제20조).

최근의 동향은 원자력선이나 핵물질 또는 기타 위험하거나 유해한 물질을 운반하는 선박 등의 출현으로 무해통항의 개념적 검토가 요구되고 있다. 왜냐하면 핵물질과 같은 위험한 물질을 적재한 선박은 그 통과 자체만으로도 연안국에 불안감을 주게 되며, 또한 유조선과 같이 해양오염을 수반하지 않고는 항행이 불가능한 선박의 영해통과를 무해하다고 볼 수는 없기 때문이다. 개발도상국의 이와 같은 주장은 협약에서는 다음과 같이 규정하고 있다. 즉, 핵추진선 또는 위험물질운반선이 영해의 무해통항권을 행사하는 경우에는 이러한 선박을 위해 국제협정에서 설정한 특별한 예방조치를 준수하여야 한다(동 협약 제23조).

(2) 연안국의 권리·의무

■ 의 무 첫째, 연안국은 외국선박의 무해통항권을 방해해서는 안 된다. 특히 연안국은 이 해양법협약 또는 이 협약에 따라 제정되는 법령을 적용함에 있어서, (a) 외국선박에 대하여 무해통항권을 부정하거나 또는 해치는 실제적인 효과를 가지는 요구를 하거나, (b) 특정국의 선박 또는 특정 국가를 위하여 화물을 운반하는 선박에 대해서 법률상 또는 사실상의 차별을 행하여서는 아니 된다(동 협약 제24조 1항).

둘째, 연안국은 그 영해 내에서의 항행상의 위험을 알고 있는 경우에는 이를 공표해야 한다(동 협약 제24조 2항). 항행상의 위험이란 예컨대, 암초의 위치 또는 기뢰의 존재 등을 의미한다. 이러한 의미에서 연안국은 영해의 관리의무가 있다고 할 수 있다(Corfu해협사건).

셋째, 외국선박에 대해서 영해의 통항만을 이유로 하는 어떠한 수수료도 부과해서는 안 된다(동 협약 제26조).

■ 권 리 첫째, ① 연안국은 외국선박의 무해가 아닌 통항을 방지하기 위하여 필요한 조치를 취할 수 있다.

② 연안국은 선박이 내수로 향하여 항행하고 있는 경우에는 그 선박이 내수에 들어오기 위해 따라야 할 조건에 위반하는 것을 방지하기 위한 필요한 조치를 취할 수 있다.

③ 연안국은 자국의 안전상 필요한 경우에는 영해내의 특정수역에 있어서 외국선박의 무해통항을 일시적으로 정지시킬 수 있다. 다만 외국선 간의 차별을 두어서는 안 되며, 그러한 정지는 적당하게 공시된 후에만 효력을 갖는다(동 협약 제25조).

둘째, 연안국은 항행의 안전을 위하여 필요한 경우, 해로(sea lanes)와 항행분리제도(traffic separation schemes)를 정할 수 있고, 특히 유조선, 핵추진선 및 기타 위험하고 유해한 물질을 운반하는 선박은 지정된 해로만을 통항하도록 요구할 수 있다(동 협약 제22조).

(3) 해협의 통과통항권

군함에 대해서는 무해통항권을 관례상 인정하는 국가도 있으나, 국제법상 권리로 확립되어 있지는 않다. 1956년 ILC에 의하여 마련된 '군함의 무해통항은 연안국의 사전 동의를 요한다'는 초안은 1958년 제1차 해양법회의에서는 삽입되지 못하였다. 1958년 채택된 「영해조약」에서 군함의 통항권에 관한 규정이 생략되어, 두 가지의 해석이 가능하게 되었다. 하나는, 동 조약 제3장 A절이 '모든 선박에 적용될 규칙'으로서 무해통항권을 인정하고 있으므로 D절 '군함에 적용될 규칙' 중에 특별규정이 없는 한 군함은 영해 내에서 무해통항권을 갖는다는 해석이다. 다른 하나는, D절에서 군함은 연안국의 영해통항에 관한 규칙을 준수하여야만 하므로 그 규칙 중에 사전의 허가를 포함하여 이것에 복종하지 않는 군함을 퇴거시킬 수 있다는 해석이다. 이 점을 명확히 하기 위하여 소련을 위시한 다수국가는 동 조약에 유보를 붙여 군함의 운항을 부인하고 있다.

신협약은 1958년 협약의 관련규정을 그대로 규정함으로써 군함의 무해통항권은 애매한 채 남게 되었다. 그러나 관습법상 군함의 무해통항권이 확립되어 있지 않을 뿐만 아니라 외국선박의 무해통항권이 국제무역의 필요성에 의하여 인정되어 온 점을 고려할 때 군함의 무해통항권은 인정되지 않는 것으로 보아야 할 것이다.

영해의 범위가 12해리로 인정됨에 따라 많은 국제해협이 연안국의 영해 내에 포함되게 되므로 제3차 해양법회의에서는 국제해협의 항행문제가 주요 논점의 하나로 되었다. 개발도상국은 국제해협에 대해서도 일반의 영해의 경우와 동일하게 일반선박의 무해통항권만을 인정하려는 입장임에 비하여, 선진국은 군함과 군용기를 포함하여 모든 선박과 항공기의 통과의 자유를 요구하였다. 이에 대하여 영해 12마일을 주장한 개발도상국의 주장을 승인하는 대가로 「해양법협약」은 국제해협에서의 통과통항권을 인정하였다.

통과통항권(right of transit passage)이란 공해(또는 EEZ)와 공해(또는 EEZ)간을 연결하는 국제항행에 사용되는 해협에 있어서 모든 선박 및 항공기가 계속적 그리고 신속한 통과의 목적만을 위해 행사하는 항행 및 상공비행의 자유를 말한다. 다만, 해협이 연안국의 섬과 본토에 의하여 형성되어 있고, 항행 또는 수로상의 특성에 있어 이와 같은 편리한 공해 또는 EEZ의 항로가 그 섬의 바다 쪽에 존재하는 경우에는 그러하지 아니한다(동 협약 제38조).

통과통항이 무해통항과 다른 점은, (a) 통항이 무해인가의 여부가 요건으로 되어 있지 않는 점, (b) 모든 선박, 항공기, 즉 모든 국가의 군함, 군용기 등도 포함된다는 점, (c) 상공비행의 자유가 인정된다는 점, 그리고 (d) 잠수함의 잠수통항이 인정된다는 점(여기에 대해서는 이론이 있다)이다. 이와 같이 통과통항은 무해통항에 비하여 연안국의 규제권이 약화되고 있어 결국 선진해양국에게 비교적 유리한 제도라고 하겠다.

〔Corfu 해협사건〕
(Corfu Channel Case)

영국 v. 알바니아, 국제사법재판소, 관할권(1948년 3월 25일), ICJ (1947-1948) 15; 본안(1949년 4월 9일), ICJ(1949) 4

[사 실]

Corfu해협은 알바니아 본토와 Corfu섬 사이에 있으며, 알바니아의 영해에 속한다. 2차 대전 직후 이 해협은 소해(掃海)[4]되어 항행이 안전하다고 믿어져 왔다. 1946년 10월 2일, 동 해협에서 영국함대가 항행 중 구축함 Saumarez호가 원인불명의 폭발로 인하여 치명적 손해를 받았으며, 이에 동(同)함을 구조하기 위해, 구조 예항 중이던 구축함 Volge호 또한 같은 폭발로 대파되었다. 이로 인하여 25명의 승무원이 사망하고 4명이 부상하였다. 이 폭발사건 바로 전, 같은 해 5월에 동 수역에 있어서 2척의 순양함이 알바니아의 연안포대로부터 포격 당한 사건이 발생하여 영·알바니아 사이에 해협에서의 무해통항권을 둘러싸고 외교교섭이 진행 중이었다. 전기 사건은 해협에 있어서의 군함의 무해통항권을 확인하기 위한 시위목적으로 Corfu해협을 항행하던 중에 발생한 것이다. 사건이 발생하자 영국은 알바니아가 5월 이후 계획적으로 기뢰를 부설하였다는 의심을 품고 알바니아의 동의를 얻지 않은 채, 영국해군은 11월 12일∼13일에 걸쳐 정부훈령에 따라 동 수역의 소해를 강행하였다. 그 결과 22개의 기뢰를 발견하였는데 모두 독일제였다.

영국정부는 사건을 UN안전보장이사회에 제소하였다. 동 이사회는 당시 비회원국이었던 알바니아에 대하여 동국(同國)이 본 사건에 관하여 회원국이 부담하는 일체의 의무를 수락하는 것을 조건으로 심의에 참가하도록 초청하였다. 1947년 4월 알바니아는 이 초청을 수락하였으므로 이사회는 '양국 정부가 재판소 규정의 조항에 따라 분쟁을 즉시 ICJ에 부탁할 것을 권고한다'는 결의를 채택하였다. 동 결의에 기하여 영국은 ICJ의 의무적 관할권이 인정되는 분쟁(규정 제36조 1항)이라는 것을 이유로 사건을 일방적으로 ICJ에 제소하였다. 알바니아는 영국의 제소는 ICJ 규정 제40조에 의한다는 것을 이유로 항변하였다.

ICJ는 1948년 3월 알바니아가 이미 ICJ에 문서의 형태로 사건을 부탁하는 것에 동의하였으므로 당사자가 사전의 부탁합의를 작성할 필요가 없다는 이유에서 자신에게 관할권이 있다고 판시하였다.

본안심리의 쟁점은 첫째, 1946년 10월 22일의 폭발에 관하여 알바니아는 책임이 있는가, 둘째, 동 수역에 있어서의 같은 해 10월 22일, 즉 폭발시의 영국함대의 통항 및 11월 12일∼13일의 소해행위에 관해서 영국은 알바니아의 주권을 침해한 것인가의 두 가지 점이다.

[판결 요지]

① 폭발에 관한 알바니아의 책임 국가는 그 영역 내에서 배타적 지배를 행하며, 이러한 성질의 지배 때문에 그 영역 내에서 국제법위반의 희생이 된 타국은 책임을 발생하게 한 사실에 관하여 직접 증거를 제공하는 것은 불가능하다. 따라서 타국은 사실상의 추정이나 정황증거에 의거하는 것이 허용된다. 본건에 있어서는 상호보완할 수 있는 두 가지의 사실, 즉 폭발 전후에 있어서의 알바니아의 태도와 그리고 알바니아 연안으로부터 기뢰부설을 감시할 수 있는 가능성에 관하여 고려하여 볼 때, 알바니아가 알지 않고서는 기뢰부설이 행해질 수 없다고 인정된다. 따라서 알바니아는 영해 내에 위험이 존재한다는 것을 통고하고, 또 절박한 위험을 경고해야 할 연안국의 의무에 반하고 있다.

② 수역 내에 있어서의 영국의 행동에 관하여 첫째, 폭발 당시에 있어서의

4) 소해란 안전한 항해를 위하여 바다에 부설한 기뢰 따위의 위험물을 제거하는 일을 말한다.

영국군함의 무해통항권에 관하여, Corfu해협이 공해의 두 부분을 연결하는 지리적 위치에 있고, 그것이 국제항행에 이용되어 왔다는 사실로 보아서 국제해상교통의 유용한 항로이며, 단순히 에게해와 아드리아해와의 사이에 있는 선택적 항로라는 것은 결정적인 성질은 아니다. 따라서 타국이 그 군함을 연안국의 사전동의 없이 통항할 권리를 가지는 해협이며, 연안국은 조약상 별단의 규정이 없는 한 이러한 통항을 금지할 수는 없다. 사건 당시 알바니아는 해협을 접하고 있는 그리스와 정상적인 관계를 유지하고 있지 않았기 때문에 그리스의 침범의 위험을 원용하여 이 수역에서 어떤 종류의 경계조치를 취할 필요가 있다고 간주한 것은 사실이다. 알바니아는 군함의 해협항행에 관하여 규칙을 설정하는 것은 정당화될 수 있으나 그렇다고 해서 통항을 금지한다든가 또는 특별허가를 조건으로 하는 것은 정당화될 수 없다.

폭발 시 영국군함의 통항목적은 단순한 항행을 위한 것만이 아니라 통항에 관한 알바니아의 태도를 시험하기 위한 것은 명백하다. 그러나 이러한 사명은 부당하게 부인된 권리를 확인하기 위한 것이며, 영국은 통항권의 행사를 삼갈 의무는 없다. 더욱이 1946년 5월의 포격사건을 고려하여 4척의 영국군함은 승무원을 전투배치하고, 발포를 받는 경우에는 신속하게 보복할 준비를 갖추고 통항하였다. 이것은 동수역에 있어서의 긴박상태 하에서 알바니아 측의 발포를 억제시킬 힘을 과시하는 데 있었음은 확실하다. 그러나 이 점에 관해서는 5월의 포격사건 당시의 영국해군의 훈령 및 폭발 후 하등의 보복행위도 취하지 않았다는 사실 등을 고려하여 불합리한 것은 아니었으며, 따라서 원칙적으로는 무해통항의 요건에 적합하고 있으므로 알바니아의 주권을 침범하였다고는 볼 수 없다.

둘째, 소해행동은 연안국의 의사에 반해서 행해진 것이며, 또 무해통항권의 행사로서 정당화되지 않는 것은 명백하다. 영국정부는 이것은 극도의 긴급성에 기한 것이며, 증거물건이 기뢰부설자 또는 알바니아 당국에 의해서 형적을 남기지 않기 위해서 제거되지 않도록 신속히 물건을 보전하기 위한 것이라고 변명하였다. 그러나 이러한 행동은 과거에 남용되었던 간섭의 권리에 불과한 것이며, 힘의 정책의 발현이라고 간주된다. 또 증거보전이라고 하는 특정형식의 간섭은 더욱이 시인될 수 없다. 만일 시인된다면 그것은 최강국에만 유보될 수 있기 때문이다. 나아가 영국정부는 자위 내지 자력구제의 방법으로서 변명하였으나, 영역주권의 존중은 국제관계에 있어서 불가분의 기초이며, 국제법의 존중을 확보하기 위하여 영국의 행동은 알바니아의 주권을 침해한 것이다.

ICJ는 이상의 이유에서 폭발사고에 관해서는 영국의 손해에 대한 알바니아 측의 배상의무가 있다고 인정하고, 전문가의 평가액을 기초로 하여 Saumarez호의 대체건조비, Volge의 손실보상과 인명의 손실보상 및 의료비 합계 843,974파운드로 결정하였다. 그리고 영국군함에 의한 소해행위는 알바니아의 주권을 침해하였다고 인정하고, 영국은 알바니아에 대하여 진사(陳謝)해야 한다고 판정했다.

2. 영해를 항행하는 외국선박에 대한 재판관할권

일반국제법상 외국선박에 대하여 영해내의 무해통항권이 인정됨에 따라, 영해를 항행하는 이들 외국선박에 대하여 연안국이 어느 정도로 민·형사의 재판권을 행사할 수 있는가라는 문제가 발생한다. 항행·관세·위생 등에 관한 연안국의 제(諸)규칙에 위반하는 선박외부사건에 대하여 연안국이 재판권을 가진다는 것은 국제관습법상 일반적으로 확립되어 있다.

그러나 선박내부사건에 관해서는 종래 원칙적으로 연안국의 재판권을 인정하려는 영국주의와 재판권을 특정의 경우에 한정하여 인정하려는 프랑스주의(또는 대륙주의)가 대립되어 왔다. 「해양법협약」은 대체로 양 주의를 조정하여 다음과 같이 규정하였다. 다만 어떤 경우에도 군함 또는 비상업용 정부선박에 대해서는 연안국은 관할권을 갖지 않는다(동 협약 제30조~제32조).

(1) 형사재판권

첫째, 영해를 항행중인 외국선박 내에서 발생한 범죄에 대하여, 연안국은 원칙적으로 (a) 범죄의 결과가 연안국에 미칠 경우(예: 밀수·불법입국에 관한 범죄), (b) 범죄가 연안국의 평화 또는 해양의 질서를 해치는 성질의 경우, (c) 선장 또는 그 선박의 기국의 외교기관 또는 영사로부터 연안국의 당국에 원조요청이 있는 경우 및 (d) 마약의 불법거래를 억제하기 위하여 필요한 경우를 제외하고는 체포 또는 수색을 위한 형사재판관할권을 행사할 수 없다(동 협약 제27조 1항).

둘째, 위의 규정은 연안국이 내수로부터 나와서 영해를 항행중인 외국선박 내에 있어서 체포 또는 수색을 위하여 필요한 조치를 취할 권리에 영향을 미치지 않는다(동 협약 제27조 2항). 이것은 단순히 영해를 통과하는 선박에 비하여 내수를 떠나 영해를 통과하는 외국선박에 대한 연안국의 권리를 더 한층 강화시켜 주고 있는데, 그 이유는 내수를 떠나는 영해통과는 단순한 영해통과보다 연안국의 이익에 더욱 직접적으로 영향을 미칠 수 있기 때문이다.

셋째, 연안국은 선장의 요청이 있는 경우에는 조치를 취하기 전에 당해 선장의 기국의 외교관이나 영사에 통고하고, 또한 그 당국과 당해 선박의 승무원간에 연락을 용이하게 한다. 긴급한 경우에는 그 통고는 조치를 취할 동안에 행할 수 있다(동 협약 제27조 3항).

넷째, 연안국 당국은 영해를 항행 중에 있는 선박에 있는 범죄인을 체포할 것인가 또는 어떠한 방법으로 체포할 것인가를 생각함에 있어서는 항행의 이익에 대하여 타당한 고려를 하여야 한다(동 협약 제27조 4항).[5)]

연안국은 제12장(연안국의 EEZ에 대한 환경보호권)과 제5장(연안국의 대륙붕에 관한 규제권)에 따라 제정된 법령위반에 관련된 경우를 제외하고는 그 선박이 영해에 들어오기 전에 선박 내에서 행해진 범죄와 관련된 자를 체포·수색하는 어떠한 조치도 취해서는 안 된다(동 협약 제27조 5항).

(2) 민사재판권

연안국은 영해를 항행중인 외국선박내의 사람에 대하여, 민사재판권을 행사하기 위하여 그 선박을 정박하게 하거나 또한 항로를 변경하게 할 수 없다. 또한 연안국은 선박 자체가 영수를 통과 중에 부담한 채무 또는 책임에 관한 경우를 제외하고, 민사절차를 목적으로 그 선박에 대하여 강제집행이나 압류할 수 없다(동 협약 제28조 1항 및 2항).

그러나 이는 연안국이 영해 내에 정박하거나 또는 내수에서 나와서 영해를 항행 중인 외국선박에 대하여, 자국법령에 따라 강제집행이나 압류를 행할 권리를 해치는 것은 아니다(동 협약 제28조 3항).

Ⅳ. 접속수역

접속수역(contiguous zone)이란 영해에 접속하는 공해의 수역으로서 연안국이 영토 또는 영해 내에서의 관세·재정·출입국 관리·위생상의 규칙 위반을 방지하고 처벌하기 위하여 필요한 규제를 행할 수 있는 수역을 말하며, 그 범위는 영해의 기선으로부터 12해리를 한도로 하였다.

이 제도는 미국이 1920년의 금주법(禁酒法)[6)]시대에 공해로부터 접근해 오는 밀수

---

5) 예컨대, 육지에서 경미한 범죄를 행한 자를 체포하기 위하여 외양정기선박(外洋定期船舶)을 정박하게 하는 경우는 부당하다 할 것이다.

6) 금주법(禁酒法, the prohibition law)은 1919년 1월 16일 미국 의회에서 미국 헌법 18차 수정안을 비준하여 제정한 법이다. 주류의 양조·판매·운반·수출입하지 못하게 하는 것을 주요 내용으로 하였다. 이 법은 알코올 중독이나 범죄를 줄이기 위한다는 것이 법의 제정 명분 및 목적이었으나, 실제로는 양조업에 종사하는 독일 이민에 대한 견제를 위한 것이었다. 이는 독일 잠수함의 미국 여객선 침몰 사건인 루시타니아호 사건과 제1차 세계대전 참전으로 미

를 방지하기 위하여 다수국가 사이에 각각 양자조약인 알코올조약(Liquor Treaties)을 체결한 사례에서 비롯한다. 오늘날에는 개별 조약을 떠나서 일반적 제도로 성숙되었다고 보아도 무방하다. 접속수역에 대한 연안국의 권능은 상기한 바와 같은 특정 목적을 위해 부여된 것이므로 영해에 대한 일반적 관할권의 행사와는 구별된다.

「영해조약」에 의하면, 접속수역의 범위는 위의 국제관행을 이어받아 연안으로부터 12해리를 넘지 못한다고 규정하였다(영해조약 제24조). 그러므로 영해의 범위를 12해리로 하는 국가는 접속수역의 존재이유를 상실하게 된다. 그러나 이에 반하여 「해양법협약」은 접속수역의 범위를 24해리로 규정하였다(해양법협약 제33조).

제 3 절 공 해

Ⅰ. 공해자유의 원칙

1. 연 혁

어떤 국가도 공해(公海)를 영유화할 수 없으며(귀속으로부터의 자유), 또한 공해는 모든 국가의 자유로운 사용을 위해 개방된다(공해사용의 자유). 이 양자를 합하여 공해자유의 원칙이라고 한다.

공해자유의 원칙이 성립하게 된 것은 19세기에 들어와서이다. 16세기에서 17세기에 걸쳐 포르투갈은 인도양과 대서양에 대하여, 스페인은 태평양에 대하여 주권을 요구하고 외국선박의 항행을 간섭하였다. 이에 대하여 당시의 신흥국이었던 영국과 네덜란드가 이 간섭을 무시하여 항행을 강행함으로써 오늘날 국제법상 확립된 원칙으로 되었다. 학설로서는 국제법상 바다가 영유화될 수 있는가 없는가

국의 독일에 대한 감정이 좋지 않았기 때문에 금주법을 통해 독일 이민이 양조업을 함으로써 부를 쌓는 일을 견제하려고 한 데에서 비롯한다. 또한 1920년대 미국의 자유로운 사회 분위기를 퇴폐적인 것으로 생각한 기독교 근본주의자들의 영향력 행사도 금주법 제정의 한 배경이다. 금주령이 흉년에 식량 부족에 따른 폐해를 줄이고자 시행된 예는 있다. 금주법은 알카포네가 대표적인 조직폭력배의 주류 밀거래, 무허가 술집 개업, 주류 사업 이익을 노린 폭력조직 간의 살인사건 등의 부작용을 낳았다. 결국 1933년 미국 서민의 환영 속에 금주법은 수정헌법 21조로 폐지되었다. 출전: http://ko.wikipedia.org 검색어: "금주법"

를 둘러싸고 네덜란드의 그로티우스와 영국의 셀덴(John Selden)이 각각 「해양자유론」(*Mare Liberium*, 1609년)[7]과 「해양폐쇄론」(*Mare Clausum*, 1935)[8]을 출간하면서 유명한 해양논쟁이 전개되었다. 그러나 그 후 학설의 발전과 국가관행이 확립됨에 따라 해양은 영해와 공해로 구분되었고, 공해의 자유는 제도화되었다.

2. 공해사용의 자유

공해사용의 자유에 관한 「해양법협약」 제87조 1항은 공해는 연안국, 내륙국에 관계없이 모든 국가에 개방된다고 규정하면서, 특히 다음의 내용을 열거하고 있다.

(a) 항행의 자유(타국의 경제수역이나 대륙붕 상부수역 포함)
(b) 상공비행의 자유(타국의 경제수역, 대륙붕 상부수역의 상공도 포함)
(c) 해저전선, 관선부설의 자유(다만, 대륙붕탐사, 자원개발을 위한 연안국의 적절한 조치에 따라야 한다)
(d) 인공섬 및 기타 시설 건설의 자유(다만, 타국의 대륙붕상에 건설할 때는 당해 연안국가의 허가를 얻어야 한다)
(e) 어로의 자유(공해생물자원의 보존과 관리에 관한 규정에 따라야 한다)
(f) 과학조사의 자유(대륙붕규정에 따를 것을 조건으로 한다)

모든 국가는 위와 같은 공해자유의 원칙을 행사함에 있어서 타국의 이익과 심해저 활동에 관한 협약상의 권리를 고려하여야 한다(해양법협약 제87조 2항).

공해사용의 자유와 관련하여 특히 문제가 되는 것은 공해에서의 핵실험과 군사훈련일 것이다. 우선, 핵실험은 매우 넓은 공해해역을 위험수역으로 설정하여 항행·어업 등을 일시적으로 제한하기 때문에 공해의 자유에 포함되는 사용인지 아닌지가 문제될 수 있으나, 1963년에 「부분적 핵실험금지조약」이 체결되어 공해에 있어서의 핵실험은 이 조약의 당사국간에는 행해질 수 없게 되었다. 다음, 공해에서의 군사훈련은 타국의 공해사용의 자유에 합리적인 고려를 다하여 사용해야 할 것이다. 예컨대 훈련구역, 위험구역을 지정하고, 또 훈련기간을 공표하는 등 적절한 조치가 있어야 할 것이다.

---

7) 해양은 너무나 광대하기 때문에 점유의 대상이 될 수 없으며, 해양의 자원이 무진장하기 때문에 타국에 손해를 끼치지 않으며, 바다는 해양교통의 요로이기 때문에 자유여야 한다고 주장한다.

8) 해양은 영유가 가능하며, 영국 국왕은 영국을 둘러싼 해양의 영유자라고 주장한다.

Ⅱ. 공해에 대한 관할권

공해자유의 원칙에 의해 모든 선박은 기국의 관할을 받게 된다. 그러나 공해의 법질서를 유지하기 위하여 예외적으로 외국선박에 대한 관할권 행사가 필요한 경우가 있다.

1. 자국선박에 대한 관할권

모든 국가는 공해에서 자국기를 게양한 선박을 항행시킬 권리를 갖는다(동 협약 제90조). 자국기를 게양한 선박에 대해서는 기국이 배타적 관할권을 행사한다. 이것을 기국주의(旗國主義 flag state jurisdiction)라고 한다.

각국은 선박에 대하여 국적의 부여, 등록 및 선박의 권리에 관한 조건을 정할 수 있다. 그러나 일부 국가들(예: 파나마, 라이베리아)은 외국인 또는 외국 회사가 소유하고 운영하는 외국 선박에 대해서 용이하게 등록을 부여하는 정책을 채용하여 왔다. 이것을 이른바 편의치적(便宜置籍 flag of convenience)이라 한다. 편의치적은 실력적 통제력도 없음에도 불구하고 국적을 부여하는 것으로 이로 인해 많은 문제들이 발생하고 있으므로 「해양법협약」에서는 다음과 같이 엄격하게 규정하였다.

첫째, 각국은 선박에 대한 국적의 부여, 자국의 영역 내에 있어서의 선박의 등록 및 자국기를 게양하는 권리에 관한 조건을 정한다. 선박은 그 기를 게양하는 권리를 가지는 국가의 국적을 가진다. 그 국가와 선박 간에는 진정한 관계(genuine link)가 존재해야 한다(동 협약 제91조 1항).

둘째, 선박은 일국만의 국기를 게양하여 항행하여야 하며, 국제조약 또는 이 협약에 명문의 규정이 있는 특별한 경우를 제외하고, 공해에 있어서 그 국가의 배타적 관할권에 복종한다. 둘 이상의 국가의 국기를 사용하여 항행하는 선박은 그 어느 국가의 국적도 제3국에 대하여 주장할 수 없으며, 또한 이와 같은 선박은 무국적의 선박으로 간주될 수 있다(동 협약 제92조).

셋째, 모든 국가는 자국을 기국으로 하는 선박에 대하여 행정상, 기술상 그리고 사회상의 사항에 관한 유효한 관할권을 행사하고 유효하게 규제하여야 한다. 이를 위해, 기국은 특히 그 선박의 등록원부를 비치하도록 하고, 그 선박과 선장, 직원 및 승무원에 대하여 당해 선박에 관한 행정상, 기술상 및 사회상의 사항에 관한 국내법에 기한 관할권을 행사하여야 한다. 기국은 또 그 선박에 관하여, 특히 (a) 선박의 구조, 설비 및 감항성(堪航性), (b) 승무원의 배치, 노동조건 및 훈련, (c) 신호의 사용, 통신의 유지 및 충돌의 방지에 관하여 필요한 조치를 취하여야 하며, 조치를 취함에 있어서는 일반적으로 수락된 국제법기준에 따라야 한다(동 협약 제94조).

2. 외국선박에 관한 관할권

앞서 말한 바와 같이, 공해상의 선박은 원칙적으로 기국의 관할권 하에 있으나 공해상의 법질서를 효과적으로 유지하기 위하여 다음과 같은 경우에는 기국 이외의 국가에 일정한 관할권이 부여된다.

(1) 선박의 충돌

공해상에서 외국선박끼리 충돌한 경우에 이에 대한 형사관할권은 어느 국가가 갖는가? 1926년의 Lotus호 사건에서 PCIJ는 가해선박과 피해선박 소속국 쌍방에게 관할권을 인정하였다. 그 후 이 PCIJ의 판결을 반대하는 여론의 영향으로 「해양법협약」은 피해선박 소속국의 형사관할권을 부정하면서 다음과 같이 규정하였다. 즉,

① 공해상의 선박에 관하여 충돌 및 기타의 항행상의 사고가 발생한 경우에 선장 기타 승무원의 형사상 또는 징계상의 책임은 그 선박의 기국 또는 승무원이 소속하는 국가의 절차에 따라 그 국가의 권한 있는 기관에 의해서 소추된다(동 협약 제97조 1항).

② 징계상의 문제에 관해서는 선장면장(船長免狀) 기타의 자격 또는 면허의 증명서를 교부한 국가만이 그 증명서를 교부받은 자가 그 국가의 국민이 아닌 경우에도 법률상의 정당한 절차를 밟아 면허를 취소할 권한을 가진다(동 협약 제97조 2항).

③ 선박의 나포 또는 억류는 조사의 수단이라 할지라도 기국의 당국이외의 당국이 명령해서는 안 된다(동 협약 제97조 3항).

기국뿐만 아니라 선장과 기타 승무원의 소속국에도 관할권을 부여하고 있는 것은 최근 숙련선원들이 외국선박에 고용되는 일이 많아지자 이들의 소속국들이 이들에 대한 재판관할권을 강력히 주장하였기 때문이다.

(2) 해난구조

첫째, 모든 국가는 자국국기를 게양한 선박의 선장에 대하여 그 선박, 승무원

및 여객에 중대한 위험이 없는 한 다음 사항을 행하도록 요구한다.

(a) 해상에 있어서 생명의 위험에 처해 있는 자를 발견했을 때, 그 자에게 원조를 제공하는 것

(b) 원조를 필요로 한다는 통보를 받았을 경우에는 당해 선장에게 합리적으로 기대되는 한도 내에서 가능한 최고속력으로 항행하여 조난자의 구조에 임할 것

(c) 충돌한 경우에는 상대방의 선박 및 그 승무원과 여객에 원조를 부여하고, 또 가능한 경우에는 자기 선박의 명칭, 선적항 및 기항하려고 하는 가장 가까운 항을 상대선박에게 알릴 것

둘째, 모든 연안국도 해상에 있어서의 안전에 관한 적절하고도 실효적인 수색 및 구조기관의 설치와 유지를 촉진하고, 또한 상황에 따라 필요한 경우에는 이를 위하여 상호간의 지역적 협정에 의하여 인접국과 협력하여야 한다(동 협약 제98조).

(3) 노예수송의 금지

모든 국가는 자국기를 게양하는 선박의 노예수송을 방지·처벌하는 동시에 노예수송을 위하여 자국의 국기가 불법으로 사용되지 않도록 유효한 조치를 취하여야 하며, 노예가 다른 선박으로 피난한 경우 그 노예는 자유를 회복한다(동 협약 제99조).

「해양법협약」 제110조에서는 충분한 근거가 있는 경우에는 어느 국가의 군함도 노예거래의 혐의가 있는 선박을 임검할 수 있다고 규정함으로써 노예매매의 금지는 이제는 국제관습법화 되었다고 할 수 있다.

(4) 해적행위

관습법상 해적(piracy)은 인류일반의 적으로 취급되어, 어느 국가의 군함이든지 해적선을 나포하여 자국법정에서 처벌할 권리가 인정되었다. 「공해조약」과 「해양법협약」에서는 대체로 관습법의 내용을 성문화하였으나, 「해양법협약」은 세부적으로는 약간의 차이점을 가진 다음과 같은 규정을 두었다.

■ 해적행위의 정의 　해적행위란 첫째, 사유(私有)의 선박 또는 항공기의 승무원 또는 승객이 사적 목적을 위하여, (a) 공해상에 있어서의 타선박 또는 항공기 또는 그 안에 있는 사람 또는 재산, (b) 어느 국가의 관할권에도 복종하지 않는 장소에 있는 선박·항공기·사람 또는 재산에 대하여 행해지는 불법적 폭력행위·압류 또는 약탈행위를 말한다(동 협약 제101조 1항).

둘째, 당해 선박 또는 항공기를 해적선 또는 해적항공기로 하려는 사실을 알면서도 그 선박 또는 항공기의 운항에 자발적으로 참가하는 일체의 행위를 말한다(동 협약 제101조 2항).

셋째, 위에 규정하는 행위를 선동하고 또는 고의적으로 조장하는 모든 행위를 말한다(동 협약 제101조 3항).

따라서 군함·정부선박 또는 정부항공기에 의한 약탈 및 기타 불법행위는 해적행위를 구성하지 않는다. 다만 그 소속국의 국제책임이 발생할 따름이다. 그러나 제101조에 정의된 해적행위로서 승무원이 반란을 일으켜 지배하고 있는 군함 또는 정부선박 또는 항공기가 행하는 경우는 사선(私船)이 행하는 행위로 간주된다(동 협약 제102조).

■ 나포와 사후조치 어느 국가도 해적선박·해적항공기 및 해적행위에 의해서 탈취되어 해적의 관리 하에 있는 선박을 나포하고, 또한 선내 및 기내에 있는 사람(해적) 또는 재산을 체포 또는 압수할 수 있다. 나포한 국가의 법원은 자국의 국내법에 비추어 해적에게 과해질 형벌을 결정할 수 있으며, 그리고 해적선박·항공기 또는 재산에 관해서 취할 조치를 결정할 수 있다. 다만 선의의 제3자의 권리를 존중할 것을 조건으로 한다(동 협약 제105조).

■ 충분한 근거 없이 행해진 나포 해적행위의 혐의에 기한 선박 또는 항공기의 나포가 충분한 근거 없이 행해진 경우에는 나포를 행한 국가는 그 선박 또는 항공기의 기국에 대하여 그 나포로 인하여 발생한 어떠한 손실 또는 손해에 대해서도 책임을 져야 한다(동 협약 제106조).

■ 나포권자 해적선·해적항공기의 나포는 군함·군용항공기 또는 나포의 권한을 부여받은 공선(公船)·공항공기(公航空機)만이 행할 수 있다(동 협약 제107조).[9]

이와 같은 권한을 갖지 않는 선박이 해적에 저항하여 반대로 해적선을 나포한 경우에는 자위행위로서 시인될 것이나, 권한 있는 선박·항공기 또는 가장 가까운 연안국에 인도하여야 할 것이다.

(5) 마약 또는 향정신성물질의 불법거래

모든 국가는 국제협약에 반하여 공해상 선박에 의하여 행해지는 마약 및 향정

9) 관습법상으로는 사선(私船)도 해적행위의 현행 중에는 이를 나포할 수 있는데, 이 경우 가장 가까운 항구 또는 최초로 만난 군함에게 인도하도록 되어 있다.

신성물질(narcotic drugs or psychotropic substance)의 불법거래의 진압을 위하여 협조하여야 한다. 또한 자국의 국기를 게양한 선박이 마약 또는 향정신성물질의 불법거래에 종사하고 있다고 믿을 만한 합리적인 근거를 가지고 있는 국가는 다른 국가에 대하여 이러한 거래의 진압에 협조를 요청할 수 있다(동 협약 제108조).

(6) 무허가방송

모든 국가는 공해상에서 허가를 받지 않은 방송의 방지에 협력하여야 한다. 여기서 '허가받지 않은 방송'이란 국제규칙에 반하여 공해상의 선박 또는 시설로부터 행해지는 음향방송 또는 TV방송의 송신으로서 일반 공중에 의한 수신을 의도하고 있는 것을 말한다. 무허가방송에 종사하는 자는 (a) 선박의 기국, (b) 시설의 등록국, (c) 종사자의 국적국, (d) 수신국, (e) 허가된 무선통신이 방해받는 국가의 법원에 기소될 수 있다. 이러한 관할권을 가지는 국가는 그를 체포하고 또한 선박을 나포할 수 있으며 나아가 방송기기를 몰수할 수 있다(동 협약 제109조).

(7) 임검권

공해의 질서유지를 위해서 공해상에서 특정의 위법행위를 행하는 선박에 대한 기국 이외의 국가의 단속행위(임검 臨檢)가 인정되는 경우가 있다. 그러나 이것은 기국주의에 대한 예외이므로 엄격한 조건에 따라 행해져야 한다.

첫째, 임검의 대상이 되는 선박은 군함 및 비상업용 정부선박 이외의 선박(상업용 정부선박도 포함), 즉 상선에 한한다. 이러한 선박이라도 (a) 해적행위, (b) 노예무역의 종사, (c) 무허가방송, (d) 무국적선박, (e) 그 선박이 외국국기를 게양하고 있거나 또는 국기를 제시함을 거절하지만 실제로는 그 임검군함과 동일한 국적을 가지는 것 등의 하나 하나에 관하여 의심할 만한 충분한 근거가 있을 때 임검할 수 있다(동 협약 제110조 1항).

둘째, 이러한 경우에 있어서 임검군함은 당해 선박이 그 국기를 게양할 권리가 있는지의 여부를 확인할 수 있다. 이를 위해 군함은 혐의가 있는 선박에 대하여 사관(士官)의 지휘 하에 보트를 파견하여 서류를 검열할 수 있다. 검열한 후에도 혐의가 남아 있는 경우에는 선박 내에 있어서 더 검사를 행할 수 있으나 검사는 가능한 한 신중히 행하여야 한다(동 협약 제110조 2항).

셋째, 혐의에 근거가 없다는 것이 증명되고, 또한 임검을 받은 선박이 혐의를 정당화할 어떠한 행위도 하지 않았을 경우에는 그 선박은 입은 손해 또는 손실에 대한 보상을 받을 수 있다(동 협약 제110조 3항).

(8) 계속추적권

외국선박이 연안국에게 해를 끼치고 공해로 도주한 경우에 연안국당국은 그 선박을 공해까지 추적하여 나포할 수 있다. 이러한 연안국의 권리를 계속추적권(繼續追跡權 right of hot pursuit)이라 한다. 추적권은 공해에 있어서의 선박의 기국주의에 대하여 연안국의 권능이 외국선박에 미치는 예외이다.

따라서 연안국이 추적권을 행사함에 있어서는 엄격한 조건이 과해지고 있다.

첫째, 추적은 외국선이 연안국의 법령에 위반하였다고 믿을 만한 충분한 이유가 있고, 선박 또는 그에 종속한 보트가 추적국의 내수, 군도수역, 영해 또는 접속수역에 있을 때에 개시하여야 하며, 중단 없이 계속하여야 한다(동 협약 제111조 1항). 접속수역에서의 추적은 외국선박이 접속수역에서 보호되는 권리를 침해한 경우에만 인정된다.

둘째, 또한 추적은 배타적 경제수역 및 대륙붕에 있을 때에도 준용된다(동 협약 제111조 2항).

셋째, 추적권은 피추적선이 기국 또는 제3국의 영해에 도달함과 동시에 정지된다(동 협약 제111조 3항).

넷째, 추적권은 군함, 군용항공기 또는 특히 추적의 권한이 부여된 정부선박이나 항공기만이 행사할 수 있다(동 협약 제111조 5항). 일정한 선박에게만 추적권을 부여하는 것은 추적권의 남용을 방지하기 위한 제한이다.

다섯째, 추적권의 행사가 정당화될 수 없는 사정 하에서 선박이 공해에서 정지 또는 나포된 경우 그 선박이 입은 손실 또는 손해에 대해서는 보상하여야 한다(동 협약 제111조 8항).

(9) 해저전선·관선의 보호

공해의 해저전선보호를 위하여 1884년 파리에서 「해저전선보호조약」이 체결되었다. 이에 따르면, 공해에서 고의 또는 과실로 해저전선을 절단 또는 파손하여 통신을 방해하거나 불통시킨 경우에는 모든 체약국의 군함은 이를 단속할 수 있다. 그러나 자기의 생명 기타 선체의 안전을 보호하기 위한 부득이한 경우에는 처벌하지 않는다. 그리고 재판관할권은 위반선의 기국에 있다(해저전선보호조약 제2조, 제8조). 「해양법협약」은 해저전선(통신용)뿐만 아니라 해저관선 및 해저고압전선까지 포함하여 그 보호를 규정하고 있다(해양법협약 제113조-제115조).

〔I'm Alone호사건〕
(S.S. "I'm Alone")
캐나다(영국) v. 미국, 영미합동위원회, 중간 결정(1933년 6월 30일); 최종결정(1935년 1월 5일), 3 RIAA 1609

[사 실]

1929년 3월 20일, 캐나다선박 I'm Alone호는 미국 연안에서 3해리 밖에 있었으나 이 지점은 연안에서 1시간 항행의 범위 내에 위치한 해역이었다. I'm Alone호는 미국 연안 경비정에 의해 정선(停船)·임검(臨檢) 명령을 받았으나 도주했다. 미경비정은 동선을 계속 추적하면서 다른 경비정의 협력을 요청했고, 3월 22일 추적에 합세한 다른 경비정은 정선을 거부하는 동선을 연안에서 200해리 떨어진 해역에서 격침시켰다. I'm Alone호와 그 적하물은 모두 소실되었지만, 승조원은 사망한 1명을 제외하고 모두 구조되었다.

영국과 미국간에는 1924년에 「영미주류밀수단속조약(英美酒類密輸團束條約)」(이하 「영미조약」이라 약칭한다)이 체결되어 있었고, 「영미조약」 제2조는 피의선박의 속도로 미국 연안에서 1시간 항해의 범위 내에 있는 영국선박에 대하여 미국이 주류의 밀수를 단속하기 위하여 임검, 수색을 할 수 있다고 규정하고 있었다. 캐나다는 위의 격침행위는 국제법 위반이라고 하면서 미국에 대하여 손해배상을 청구했지만, 미국은 「영미조약」에 의해 인정된 합법적인 행위라고 주장했다.

「영미조약」 제4조에는 미국의 밀수단속권한의 남용에 의해 피해를 입은 영국선박에 의한 손해배상청구는 양국에 의해 1명씩 임명되는 2명의 위원에 의해 구성되는 합동위원회에 부탁되고, 그 보고서는 존중되어야 한다고 규정되어 있으며, 본 분쟁은 캐나다의 청구에 의해 동조에 따라 합동위원회에 부탁되었다. 캐나다는 I'm Alone호가 미경비정으로부터 임검을 요청받은 지점은 「영미조약」에서 정해진 1시간 항해 범위 밖에 있었다는 점, 이를테면, 1시간 항해 범위 내에 있었다고 해도 계속추적권를 행사하기 위해서는 추적이 영해 내에서 개시되어야 한다는 점, 추적은 계속 되어야 하고, 도중에 경비정이 교대한 경우에는 계속추적권의 행사로 볼 수 없다는 점, 추적권은 피의선박의 임검, 수색, 나포까지의 권한을 인정하는 것이지 격침까지 허용한 것은 아니라는 점을 주장했다. 이에 대하여, 미국은 동 선박에 임검을 요청한 지점이 「영미조약」에 정해진 1시간 항해 범위 내라는 점, 영미조약은 계속추적권이 1시간 항해 범위 내에서 개시될 것을 금지하고 있지 않다는 점, 최초로 추적을 개시한 경비정이 계속하여 추적을 하고 있었기 때문에 다른 경비정의 협력을 얻어도 계속추적권의 행사가 된다는 점, 격침의 원인은 동 선박의 정선의 거부에 있었고, 최후의 수단으로서 격침하는 것은 「영미조약」에서 인정하고 있다는 점, 게다가 동 선박은 캐나다법인이 소유하고, 캐나다에 등록되어 있지만, 그 실질적인 소유·관리자는 미국인이라는 점을 주장했다.

[결정 요지]

(중간 결정) 1933년 6월 30일에 합동위원회는 이 사건의 선결적 문제에 관한 합동중간보고서를 제시했다.

1. 위원회는 I'm Alone호 및 동 선박을 소유한 법인의 지주(持株)의 실질적 혹은 최종적 소유권, 나아가 동 선박의 관리, 운용 및 그 종사한 업무의 실태조사가 위원회의 권고를 고려할 때의 기초가 된다고 생각한다.

2. 미국 연안에서 1시간 항해 범위 내에 있는 위반선에 대한 미국에 의한 계속추적권의 행사는 「영미조약」상 허용되는가 여부에 대해 위원회는 아직 최종적인 합의에 이르지 못했다.

3. 미국이 이러한 상황 하에서 계속추적권을 가지고, 또 「영미조약」 제2조에 기한 권리를 행사할 수 있다고 가정하더라도 그것이 미국에 의한 동 선박의 격침까지 허용하는가 여부에 대해서는 미국은 「영미조약」에 기하여 피의선박의 수사에 수반하는 필요하고도 합리적인 힘은 행사할 수 있고, 그 결과로서 우발적으로 침몰하기에 이르렀다고 해도 비난받을 것은 아니지만, 위원회는 피의선박의 의도적인 격침은 「영미조약」의 어떤 규정에 의해서도 정당화되지는 않는다고 생각한다.

(최종 결정) 1935년 1월 5일에 합동위원회는 아래 권고를 포함하는 합동 최종 보고서를 제시했다.

1. 위원회는 그 합동중간보고서에서 I'm Alone호의 격침은 「영미조약」의 어떤 규정에 의해서도 정당화되지 않는다고 판단했다. 나아가 위원회는 동 선박의 격침은 국제법의 어떤 원칙에 의해서도 정당화되지 않는다는 것을 여기에 부언한다.

2. 위원회는, 동 선박은 캐나다에 등록된 영국선박이지만, 건조 이래 이제까지 미국에 대한 주류의 밀수에 사용되어 왔다는 점, 게다가 1928년 9월부터 격침될 때까지 동 선박은 미국인 집단에 의해 사실상은 소유·관리되고 있었고, 특히 사건 당시에는 그들에 의해 운항되었고, 적하물의 취급 및 처분까지 그 지시를 받고 있었다는 사실을 인정한다. 따라서 위원회는 이상의 사실로부터 선박 및 적하물의 손해에 관해서는 배상되어야 한다고는 생각하지 않는다.

3. 그러나 미국 연안경비정에 의한 동 선박의 격침 행위는 이미 기술한 바와 같이 위법한 것으로써 위원회는 미국이 공식적으로 그 위법을 인정하고, 캐나다정부에 대하여 사죄해야 하며, 게다가 이 위법행위에 대한 금전적 배상으로써 미국은 캐나다정부에 대해 25,000달러를 지불할 것을 권고한다.

4. 위원회는 동 선박의 선장 및 승조원은 미국에 대한 주류의 밀수 및 판매의 위법한 모의에 참가하지 않았기 때문에 그들의 이익을 위하여 미국은 캐나다정부에 대하여 총액 25,000달러 50센트의 배상을 지불할 것을 권고한다.

〔마그다 마리아호사건〕
(Compania Naviera Panlieve S.A v. Public Prosecutor(The Magda Maria))
네덜란드 최고재판소(1984년 1월 24일), 101 ILR 409; 16 NYIL 514, 헤이그 항소법원(1986년 5월 29일), 101 ILR 415; 20 NYIL 349.

[사 실]

1958년 이래 유럽에서는 북해와 발트해를 중심으로 연안에 인접하는 공해상의 선박이나 대륙붕의 해상(海床)에 설치된 정규의 면허를 받지 않은 방송국으로부터 연안국 국민을 대상으로 라디오와 TV방송(해적방송)행위가 다수 발생하여 제국(諸國)은 그 규제에 대하여 고심해 왔다.

1981년 네덜란드는 공해상에 있는 선박으로부터 자국민에 의한 무면허 방송을 금지하는 1904년 전신전화법 제3조의 규정에 1명 혹은 복수의 네덜란드 국민이 위반했다는 혐의에 의해, 공해상에 있는 마그다 마리아호를 임검·나포함과 동시에 동 선박에 있는 방송설비를 압수했다. 그에 대하여 원고는 네덜란드법상 설비의 압수는 그것이 국제법에 위반하지 않는다는 것을 조건으로 하여 인정되는 것이고, 마그다 마리아호는 나포의 시점에는 파나마국기를 게양하고 있었기 때문에 네덜란드의 행위는 공해상에 있는 선박에 대하여 기국에 배타적 관할권을 부여하는 1958년 「공해조약」 제6조 1항의 규정에 위반한다고 주장하며, 선박과 방송설비의 반환을 요청하면서 헤이그지방법원에 소송을 제기했다.

헤이그지방법원은 네덜란드는 관습국제법에 기하여 피의자인 자국민을 체포하기 위하여 공해상에서 마그다 마리아호를 임검하고, 자국항으로 인치(引致)한 1962년의 덴마크의 선례와 공해상에 있는 선박에서의 무허가방송에 종사는 자에 대하여, 그 자의 국적국 이외의 국가가 공해상에서 당해 선박을 임검·나포하고, 설비를 압수하는 권한을 인정하는 조약초안이 제3차 해양법회의에 참가하는 대다수의 해양국에 의해 지지되었다고 하는 사실을 들어 원고의 주장을 인정하지 않았다.

원고는 최고재판소에 상소하고, 최고재판소는 원판결을 파기하고, 본건을 헤이그항소법원으로 환송했다. 헤이그 항소법원은 최고재판소 판결을 지지하고, 원고 승소 판결을 내렸다.

[판결 요지]

(최고재판소 판결) 1. 해양법협약 초안의 규정 및 공해상에 있는 무허가방송에 종사하는 선박에 대한 덴마크에 의한 나포의 선례가 네덜란드에 의한 방송 설비의 압수가 관습국제법상의 근거가 된다고 하는 지법의 판단은 오류이다. 전자는 무허가방송에 종사하는 선박에 대한 관할권을 기국 이외의 관계국에게 부여하는 것임에 비하여, 후자는 무국적선박에 대한 관할권 행사의 선례이므로 각각을 동일하게 논할 수는 없다.

2. 이를테면 관습국제법상 방송 설비의 압수가 허용된다고 해도 네덜란드의 행위는 공해상에 있는 선박에 대한 관할권을 기국에게 배타적으로 부여하고 있는 「공해

조약」 제6조 1항에 위반한다. 동조는 국제조약 혹은 「공해조약」에 명문의 규정이 있는 경우를 예외로 하지만 네덜란드의 행위는 이 예외의 어디에도 해당하지 않는다.

3. 따라서 마그다 마리아호가 임검을 받은 때에 파나마국기를 게양한 것이 확인된다면, 네덜란드는 동 선박에 대하여 어떠한 관할권도 가지고 있지 않고, 지법의 판단은 본건에서 이러한 측면의 고려를 결여하고 있다.

(항소재판소 판결) 1. 임검·나포의 시점에 마그다 마리아호는 파나마에 등록되어 파나마국기를 게양하고 있었다.

2. 네덜란드정부는 마그다 마리아호에 대하여 자국 국기를 게양할 권리를 부여하는 파나마의 결정을 평가할 자유를 가지지 않는다.

3. 선박은 국기의 게양과 선박의 등록에 관한 조건을 결정할 권리를 기국에게 부여하고 있는 「공해조약」에 반하지 않는 한, 선적을 잃지는 않는다. 이 점은 그러한 권리를 종료시킬 권한을 기국이 가진다는 것을 의미한다.

4. 마그다 마리아호의 임검·나포의 시점에 동 선박에 부여된 권리를 취소 또는 정지하는 어떠한 행위도 파나마에 의해 취해지지 않았다.

5. '진정한 관계'의 개념은 파나마에 대하여 기국으로서 그 관할권을 유효하게 행사하는 것에 대해서만 의무를 부과하고 있고, 파나마에 의해 부여된 자국 국기를 게양할 권리의 승인 등을 행할 권한을 네덜란드정부에게 부여한 것은 아니다. 따라서 마그다 마리아호는 합법적으로 파나마국기를 게양하고 있었기 때문에 네덜란드는 공해상에서 동 선박을 임검하고 방송 설비를 압수할 권한을 국제법상 가지지 않는다.

Ⅲ. 공해생물자원의 관리와 보존

공해에서의 어업은 원칙적으로 자유였다. 그러나 어획기술의 발달, 저장·냉동가공기술의 진보와 더불어 공해에서의 어업의 자유방임상태를 방치한다면, 무차별적 남획으로 인하여 어업자원이 고갈될 것이라는 우려가 증대하였다. 1945년에 미국은 이른바 '트루먼(Truman)선언'에 의하여 미국의 연안에 인접한 공해의 일정수역에 대하여 보존수역(conservation zone)을 설정하였다. 이 선언은 요컨대, 어업자원을 보호하기 위하여 미국 국민만이 조업하는 공해수역에서는 미국이 단독으로 어업규제를 행하고(단독보존수역), 2개국 이상이 출어조업하는 공해수역에서는 관계국간의 협정에 의하여 어업규제를 행할 것을 제창하였다(공동보존수역). 그러나 연안어업자원의 보존에 관한 트루먼선언은 중남미제국에게 예상외의 영향을 주었다. 그들은 어업자원의 보존이란 이름하에 연안 200해리까지 어업독점수역의 설정을 선언하기에 이르렀다.

이와 같이 어업자원에 관하여 각국은 어업자원의 고갈을 방지하려는 인류의 공동목표를 추구하였고, 다른 한편으로, 자원의 배분을 둘러싼 연안국과 어업국 사이에 서로 다른 이해관계를 주장하기에 이르러, 공해어업문제에 관한 문제는 더욱 복잡하고 심각하게 되었다. 이러한 선진국과 개발도상국, 어업국과 연안국 및 어업국 상호간의 이해관계의 대립으로 인하여 야기되는 혼란을 방지하고 어업자원의 보존을 확보하기 위하여 제1차 해양법회의에서 「어업 및 공해생물자원의 보존에 관한 조약」을 채택하였다. 이 조약은 결과적으로 선진국에 의한 공해어업의 자유와 연안국의 특수이익과의 타협·조정의 산물로서 자원보존에 관한 기본원칙을 규정한 것이다. 그 주요 내용은 다음과 같이 요약될 수 있다.

첫째, 자원보존이라는 목적을 달성하기 위하여 모든 국가는 공해에 있어서 조약규정에 따라 어업에 종사할 권리를 가지고 있으나, 그 권리는 국제적인 자원보존에 관해서 타국과 협력할 의무를 수반한다(어업 및 공해생물자원의 보존에 관한 조약 제1조). 둘째, 해양생물자원의 보존을 정의하며, 해양생물자원의 보존이라 함은 식량 및 기타 해산물의 최대한의 공급을 확보하게끔 그 자원의 적정한 지속적 생산을 가능하게 하는 조치의 총체를 말한다(동 조약 제2조). 셋째, 보존조치는 일국만이 어업에 종사하여 온 경우에는 그 국가가 단독으로 취할 수 있으며, 2개국 이상이 어업에 종사하여 온 경우에는 합의에 의하여 공동으로 보존조치를 취한다(동 조약 제3조, 제4조). 넷째, 보호조치가 이미 취하여지고 있는 수역에 있어서 보존대상이 되어 있는 어종에 관하여 새로이 출어하는 국가는 7개월 이내에 기존의 보호조치에 복종해야 한다(동 조약 제5조). 다섯째, 연안국은 자국의 영해와 인접한 공해의 어느 수역에 있어서도 생물자원의 생산성의 유지에 특별한 이해관계를 가지는 것으로 인정되고, 연안국은 설사 위 수역에서 자국민이 어업에 종사하는 경우에도 보호조치에 관하여 어업국과 평등한 참가권을 가진다(동 조약 제6조). 여섯째, 연안국은 어업국과의 사이에 6개월 이내에 보존조치에 관한 합의가 성립되지 않을 경우에는 그 긴급필요성, 과학적 증거 및 어업국에 대한 평등대우 등을 조건으로 일방적 보존조치를 취할 수 있다(동 조약 제7조). 일곱째, 보존조치에 관하여 12개월 이내에 합의가 이루어지지 않을 경우에는 관계국은 전문가로 구성되는 특별위원회에 제소하여, 주로 과학적 조사에 기한 결정을 구할 수 있으며, 위원회의 결정 관계국에 대하여 구속력을 가진다(동 조약 제9조~제11조).

이처럼 「어업 및 공해생물자원의 보존에 관한 조약」은 주로 자원의 과학적 조사를 기초로 하여 자원보존에 관한 기술적 조정을 시도한 것이었다. 그러나 오늘날 자원의 보존문제는 단지 보존의 자원과학성의 측면보다도 현실적으로는 자원분배라는 경제적인 문제와 관련되어 있다. 그러므로 국제어업의 핵심문제는 그대로 남게 되었으며, 그 후 이것이 배타적 경계수역으로 전개되었다.

배타적 경제수역 밖의 공해의 생물자원의 보존과 관리에 관하여 규정한 「해양법협약」의 내용은 다음과 같이 요약된다.

첫째, 모든 국가는 자국민의 공해에서의 어업권을 가지나 공해어업조약상의 의무와 경제수역과 공해에 걸쳐 관련하고 있는 특종어족(特種魚族)(예: 고도회귀성어족(高度回歸性魚族)[10], 포유성어족(哺乳性魚族)[11], 소하성어족(遡河性魚族)[12] 및 강하성어족(降下性魚族)[13])에 대한 연안국의 이익과 권리·의무를 준수하여야 한다(제116조). 둘째, 모든 국가는 공해생물자원의 관리·보존에 있어서 상호 협력하여야 하며, 필요한 경우에는 적당한 국제어업기구를 설정하는데 협력하고, 이 기구를 통하여 생물자원의 보존에 관한 필요한 수단을 채용하기 위하여 협상하여야 한다(해양법협약 제117조~제118조).

셋째, 모든 국가는 허용어획량을 결정하고, 또 기타 공해생물자원의 보존조치를 설정함에 있어서, 가능한 최상의 과학적 증거에 입각하여 최대한 지속적인 생산성을 유지 내지 회복하기 위하여 계획된 조치를 취하여야 한다. 관계국가들의 보존조치와 그 실시는 어느 국가의 어민에 대해서도 차별해서는 안 된다(동 협약 제119조).

---

10) 고도회귀성어족이란 태어난 곳에서 다른 곳으로 이동하여 성장한 뒤, 산란(産卵)을 위하여 태어난 곳으로 다시 되돌아오는 습성을 가진 물고기를 말한다. 예로서 은연어(銀鰱魚)를 들 수 있다.

11) 포유성어족은 해양포유동물을 말하는 데, 어미가 젖을 먹여 새끼를 기르는 어족을 말한다. 예로서 고래를 들 수 있다.

12) 소하성어족이란 생애의 대부분을 바다에서 생활하고 번식기가 되면 알을 낳기 위하여 본디 태어났던 하천으로 돌아오는 물고기를 말한다. 예로서 연어, 송어 따위가 있다.

13) 강하성어족이란 강이나 못 같은 민물에 살다가 알을 낳기 위하여 바다로 가는 물고기를 말한다. 예로서 뱀장어, 숭어 따위가 있다.

제 4 절 경제수역

Ⅰ. 경제수역의 연혁

기술한 바와 같이, 경제수역은 영해에 인접한 공해의 어족보존을 위한 1945년의 「트루먼선언」 이래, 라틴아메리카제국의 인접해양에 대한 주권선언에서 그 맹아적 요소를 찾아볼 수 있다. 그러나 이 관념이 제3차 해양법회의의 주요 문제의 하나로 제기되고 또한 국제법상 제도화된 직접적인 계기는 해양자원의 배타적 보존과 개발에 대한 다수의 개발도상국들의 강력한 요구를 배경으로 행하여진 라틴아메리카제국의 이른바 「Santo Domingo선언」과 아프리카제국에 의한 경제수역 주장이라 하겠다.

라틴아메리카제국들은 「트루먼선언」 이래, 줄곧 영해의 확장을 주장하여 왔고, 1972년 6월 카리브해 연안국들은 Santo Domingo에서 개최된 해양문제전문가회의(Specialized Conference on the Problem of the Sea)에서 「Santo Domingo선언」을 채택하였다. 동 선언에서 카리브해 연안국들은 최대 200해리를 초과하지 않는 범위내의 모든 천연자원에 대하여 주권적 권리를 갖는다고 주장하면서, 이 수역을 세습수역(世襲水域 patrimonial sea)이라고 불렀다.

한편, 1971년 케냐(Kenya)는 UN에 제출한 제안에서 영해측정기선으로부터 200해리를 초과하지 않는 범위 내에서 탐사와 개발을 목적으로 천연자원에 대한 주권적 권리를 행사하기 위하여 경제수역을 설정할 수 있는 권리를 가진다고 주장하였다. 이 안은 그 후 1972년 6월 아프리카 17개국이 모인 「Yaundé선언」에서, 1973년 아프리카통합기구(OAU) 외무부장관회의에서의 「Addis Ababa선언」, 같은 해 알제리에서 개최된 제4차 비회원국회의, 1974년 소말리아에서 개최된 아프리카제국 외무부장관회의 등에서 거듭 확인되었다.

이리하여 점차 상당수의 개발도상국가와 일부 선진국들도 경제수역개념을 수락하게 되었고, 제3차 UN해양법회의에서 경제수역은 광범위한 지지를 받게 되었다. 개발도상국의 주장과 미·소 등 선진국의 주장과의 차이는, 전자가 경제수역 내에서의 연안국의 권리를 주권적 권리로 보는 데 반해, 후자는 권리의 배타성은 인정하되 경제수역이 본질적으로는 공해에 속한다고 보고 연안국의 권리에 대해 국제적 제한을 가하려고 하는 데 있다. 「해양법협약」 제5장에 규정된 배타적 경제수역의 주요 내용은 다음과 같다.

Ⅱ. 경제수역의 의의와 범위

배타적 경제수역(exclusive economic zone: EEZ)이란 영해와 인접한 수역으로서 본 협약에서 규정된 특수한 법제도에 복종되는 수역을 말한다. 본 협약에서는 이 수역에 대한 연안국의 권리 및 관할과 타국의 권리·자유는 본 협약의 관계규정에 의해서 규율된다(해양법협약 제55조). 따라서 배타적 경제수역은 종래의 개념상 영해도 공해도 아닌 특수수역이라고 할 수 있다.

경제수역의 범위는 영해측정기선으로부터 200해리를 초과해서는 안 된다(동 협약 제57조). 동일한 경제수역에 접하고 있는 서로 인접하고 있거나 또는 서로 마주보고 있는 경우, 그 경계획정은 다음에서 설명될 대륙붕의 경계획정과 같다(동 협약 제74조).

Ⅲ. 경제수역의 법적 지위

경제수역에 있어서의 연안국의 권리와 의무 및 기타 국가의 권리와 의무는 다음에서 보는 바와 같이 균형을 꾀하고 있다.

■ 연안국의 권리 연안국은 EEZ에 있어서 다음과 같은 권리, 관할권 및 의무를 가진다(동 협약 제56조). 즉 연안국은, 한편으로는 (a) EEZ의 해상, 지하 및 상부수역의 천연자원(생물 또는 비생물을 불문하고)의 탐사, 개발, 보존 및 관리를 위한 주권적 권리와 해수, 조류, 풍력에 의한 에너지 생산 등의 경제적 탐사 및 개발을 위한 주권적 권리, (b) 인공섬, 시설 및 구조물의 설치와 이용, 해양과학조사, 해양환경의 보호 및 보존을 위한 관할권을 가진다(동 협약 제56조 1항).

■ 연안국의 의무 연안국은 EEZ에 있어서 권리의 행사와 의무의 이행에 있어서 타국의 권리와 의무에 대하여 정당한 고려를 해야 한다(동 협약 제56조 2항). 따라서 모든 국가는 EEZ의 규정에 모순되지 않는 한 경제수역에서 항행·상공비행·

전선 및 관선의 부설, 그리고 기타 교통과 통신에 관한 합법적인 해양사용의 자유를 가진다(동 협약 제98조).

〔사이가호사건〕
(The M/V "Saiga")
세인트 빈센트 v. 기니, 국제해양법재판소, 1997년 12월 4일, 37 ILM 360

[사 실]

1997년 10월 27일, 세인트 빈센트를 기국(旗國)으로 하는 사이가호는 기니의 배타적 경제수역에서 3척의 어선에 연료유(燃料油)를 공급했다. 다음날인 28일, 동 선박은 기니의 경제수역의 경계선 남쪽 지점에서 기니세관의 순시정에 의해 나포되어 동 선박과 그 승조원은 억류되었으며, 적하물은 양륙되었다. 세인트 빈센트는 기니당국이 이와 같은 조치를 취할 관할권이 없고, 억류의 이유도 기국에 통보되지 않았으며, 「UN해양법협약」 제73조 2항에 위반한다고 주장했다. 11월 13일, 세인트 빈센트는 기니를 상대로 「해양법협약」 제292조에 기하여 동 선박과 그 승조원의 신속한 석방을 구하며 국제해양법재판소에 제소했다.

원고는 재판소에 대하여, 당해 선박, 적하물, 승조원이 어떠한 보증금의 지불도 요건으로 하지 않고, 곧바로 석방하는 것을 확정해야 한다고 신청하고, 또 「해양법협약」 제56조에 기하여 연안국은 경제수역에서 한정적으로 특정 권리를 행사할 수 있지만, 피고는 합리적인 보증금 기타 보증의 제공에 의한 선박과 승조원의 신속한 석방을 위한 관련 규정에 따르지 않고, 조약의 허용범위를 넘어 경제수역에서 관할권을 불법으로 행사했다고 주장했다. 한편, 피고는 어떠한 위법행위도, 절차위반도 범하지 않았으며, 자국의 권리보호를 위한 억류조치로서 원고의 제소를 각하해야 한다고 주장했다. 게다가 피고는 원고 대리인 자격과 선주(船主)의 동일성에 대하여 이의를 표명하고, 또 원고에 의해 합리적인 보증금 등의 보증은 전혀 제공되고 있지 않고, 당해 선박의 나포는 「해양법협약」 제111조에 기하여 추적권의 행사에 의한 것으로서 「해양법협약」 제73조 위반은 없고, 제292조는 적용되지 않는다고 주장했다.

본건에 대하여, 재판소는 원고의 청구에서는 간이절차재판부에 부탁할 것을 요구하고 있지만, 피고의 동의를 얻지 못하여 전원재판정에서 다루기로 하고, 같은 해 11월 27일과 28일 양일간에 당사자의 의견을 청취하고, 12월 4일에 판결을 내렸다.

[판결 요지]

1. 원고와 피고 모두 「해양법협약」의 당사국이고, 석방 문제를 다른 재판소에 부탁하는 양당사자의 합의는 없었다. 원고 대리인 자격은 정당하고, 선주의 문제는 논의 사항은 아니다. 선박과 그 승조원의 석방 청구는 선박의 기국 또는 이를 대신하여 제기될 수 있는 것으로써 피고는 원고가 당해 선박의 기국이라는 것을 다투고 있지 않고, 제292조에 기한 청구에 대하여 관할권을 가진다.

2. 해결해야 할 주요한 쟁점은 청구는 수리가능한가 여부, 즉 청구가 제292조에 정하는 다른 요건의 범위 내에 있는가 여부이다. 선박과 승조원의 석방 절차는 지체 없이 국내 및 다른 국제적인 절차와의 관계를 조정하고, 석방 청구는 다른 절차에 우선한다. 본 재판소는 석방 문제만을 다루고, 국내재판소의 본안 절차를 해할 수는 없다. 석방 절차는 본안의 부수 절차와 달리, 분리·독립한 절차이다. 석방 문제의 결정시에 본안의 국면을 고려하는 것은 방해하지 않지만, 그것을 행하는 데 있어서는 자제(自制)할 필요가 있다. 본안에 대한 부탁 가능성, 석방 절차의 촉진이 당사자가 주장하는 '평가기준'과 관계없는 것은 아니다. 본건의 적용상 당사자의 주장이 '충분하게 논의될 수 있을 만큼의 성질의 것인가'라는 평가에 기한 절차가 적당하다.

3. 원고는 제292조의 비한정적 해석의 입장을 취하고, 협약상의 명문 규정 외에 국제법에 위반하는 선박의 나포에도 동조가 적용된다고 주장했다. 검토해야 할 문제는 경제수역에서의 어선에 대한 연료 보급이 연안국의 동 수역에서의 생물자원의 탐사·개발 등을 위한 주권적 권리 행사의 범위 내에 있는 규제활동으로서 간주될 수 있는가이다. 만약 그렇다고 한다면, 연료 보급에 관한 연안국 규제의 위반은 동 수역에서의 어업 기타 활동의 규제를 위한 법률·규제에 위반하는 것이 된다. 그와 같은 위반으로서 주장된 선박·승조원의 나포는 제73조 1항의 범위 내에 있고, 선박·승조원의 석방은 제73조 2항에 기한 연안국의 의무가 된다. 석방이 연안국에 의해 실시되지 않는 경우에 제292조가 원용될 수 있다. 당해 선박의 석방 청구의 수리가능성을 위해서는 제73조 2항의 비준수(非遵守)의 주장이 충분하게 논의될 수 있다고 생각한다. 한편, 피고는 당해 선박의 나포는 국제법에 적합하고, 그 석방은 제292조에 기하여 청구할 수 없다고 주장했다. 그 이유로서 연료 보급은 관세법 위반이라고 간주되고, 그것은 접속수역에서 행해졌으며, 나포는 「해양법협약」 제111조에 기한 추적권의 행사에 의해 실행되었으므로 정당하다고 주장했다. 그러나 본건 절차를 위해서는 피고의 행동은 제73조의 범위 내에 있다고 생각되고, 동조에 기한 원고의 주장은 충분히 근거가 있다.

4. 보증금 기타 금전상의 보증의 제공은 제292조 적용의 근거가 되는 관련 규정상의 요건이지만 동조의 절차를 가능하게 하기 위한 요건은 아니다. 연안국이 제73조의 규정을 준수하지 않았다는 이유로 나포된 선박의 기국이 제292조를 원용하기 위해서는 보증금 등이 제공되는 것을 필요로 하지 않는다. 본건에서 피고가 억류를 통보하지 않고, 보증금 문제의 협의를 거부하고 있는 상황 하에서 보증금의 미제공에 대해 원고에게 책임이 있다고는 할 수 없다.

5. 이상의 이유로 다음과 같이 판결한다. ① 「해양법협약」 제292조에 기하여 원고에 의해 부탁된 청구를 취급할 관할권이 있다(전원일치). ② 청구는 수리가능하다(12 대 9). ③ 피고는 사이가호의 승조원을 억류에서 신속하게 석방해야 한다(12 대 9). ④ 석방은 합리적인 보증금 기타 보증의 제공 후에 실시되어야 한다(12 대 9). ⑤ 보증은 사이가호에서 양륙된 연료유의 금액, 신용장 또는 은행 보증의 방식으로, 혹은 당사자가 합의한다면, 기타의 방식으로 제공된다(12 대 9).

Ⅳ. 생물자원의 보존·권리

경제수역에 있어서 해상 및 지하에 있는 자원에 관한 연안국의 권리는 대륙붕 규정에 따라 행사된다(동 협약 제56조 3항)고 규정하고 있으므로 경제수역 내의 천연자원 중 비생산자원 및 정착성어족을 제외한 자원 특히, 생물자원의 개발이 주된 내용이라 할 수 있다. 협약의 주요 내용은 다음과 같다.

■ 생물자원의 보존　　연안국은 경제수역에서 생물자원의 보존을 위하여 어획허용량을 결정하여야 한다. 이 경우에 입수가능한 최적의 과학적 증거를 고려하여 생물자원의 최대지속생산량을 유지할 수 있도록 적당한 보존·관리의 조치를 취하여야 한다. 필요한 경우에는 이에 관하여 관계국제기관과 협력하여야 한다(동 협약 제61조).

■ 생물자원의 이용　　연안국은 생물자원의 가장 적절한 이용을 촉진하여야 하며, 위의 규정에 따라 결정한 어획허용량 전부를 자국에서 어획하지 못할 경우, 연안국은 제3국과의 합의를 통하여 어획허용량의 잔여부분을 제3국에게 어획토록 하여야 한다. 다만, 이 경우에 있어서 연안국은 제3국의 조업조건(예: 어획기(漁獲期), 어획구(漁獲區,), 어구(漁具), 어종(魚種), 어선당 어획량의 한도)과 특허조건(특허료 및 기타 수수료)에 관한 규칙을 제정할 수 있고, 제3국은 연안국이 정한 규칙과 보존조치를 준수하여야 한다(동 협약 제62조).

■ 특수어종의 보존　　경제수역 내에 있는 어족자원 중 공해와 깊은 관련을 맺고 있는 특수어족(고도회귀성어족, 포유성어족, 소하성어족 및 강하성어족)에 관해서는 특별한 보호규정이 마련되어 있다. 즉, 관계국들은 직접적으로 국제조직을 통하여 이러한 어족의 보존 및 개발을 조정하고 보장하기 위하여 필요한 조치를 취하는 데 합의하도록 노력해야 한다(동 협약 제64조∼제67조).

■ 내륙국과 지리적 불리국(不利國)[14]의 권리　　내륙국 등은 관계국의 경제적·지리적 사정을 참작한 공정한 기초에 입각하여 인접연안국의 경제수역에서 연안국과 합의해서 생물자원의 개발에 참가할 권리를 가지되, 선진내륙국은 인접

14) 지리적 불리국이란 내륙에 위치한 나라 또는 해안선이 짧거나 해양 이용이 불리한 지리적 조건을 가진 나라를 말한다.

의 선진연안국의 경제수역 내에서만 참가할 권리를 가진다(동 협약 제67조, 제70조).

■ 연안국의 법령집행 연안국은 경제수역에서 생물자원 탐사·개발·보존 및 관리에 대한 주권적 권리를 행사함에 있어서 협약에 따라 제정된 자국법령을 집행하기 위하여 위반선에 대한 임검·나포 및 소송절차 등의 조치를 취할 수 있다.

그러나 나포된 선박과 승무원은 합리적인 보석금 또는 보증이 제공되면 즉시 석방되어야 하며, 또한 형벌은 보통 벌금 등의 재산형에 그치고 관련국가의 쌍방의 합의가 없는 한 구금 기타 어떠한 체형(體刑)도 과해서는 안 된다. 연안국은 외국선박을 나포 또는 억류하였을 경우에는 처벌조치의 경위와 내용을 기국에게 조속히 통보해야 한다(동 협약 제73조).

이상에서 본 바와 같이, EEZ의 형성배경은 원래 연안국의 배타적 어업관할권의 확대를 목표로 한 것이다. 그러나 해양법협약은 연안국의 배타적 어업관할권의 행사에 관하여 여러 가지 제한 또는 조건을 붙여서 타국의 어업권익과의 균형을 유지하도록 하였다.

제5절 대륙붕

Ⅰ. 대륙붕과 그 범위

대륙붕(continental shelf)이란 원래 지질학상의 용어이다. 해저의 형상은 보통 해안으로부터 완만한 경사를 이루면서 점차로 깊이 들어가 대개 수심 200미터의 지점에서 급경사로 떨어지는데, 이 급경사까지의 해저의 완만한 경사면의 해저 및 지하를 대륙붕이라 한다. 대륙붕이 육지의 퇴적물로 이루어져 있고, 그 안에는 석유·천연가스 등이 매장되어 있는 것으로 알려지면서 천연자원의 보고로서 주목받게 된 것은 제2차 대전 이후의 일이다. 1945년 미국이 「트루먼선언」에 의하여 자국근해의 대륙붕에 관한 관할권을 주장한 이래, 많은 국가들이 여러 가지 형태로 대륙붕의 자원독점을 주장하게 되었다. 이리하여 1958년 제1차 UN해양법회의에서는 각국의 대륙붕에 관한 다양한 주장을 통일하기 위하여 「대륙붕조약」을 채택하였다.

먼저, 문제가 되는 것은 대륙붕의 범위인데, 「대륙붕조약」은 다음과 같이 규정하였다. 즉, 대륙붕이란 (a) 해안에 인접하고 있으나 영해 밖에 있는 해저구역(海底區域)의 해상(海床) 및 지하(地下)로서 그 상부(上部)가 수심 200미터까지의 것 또는 그 한도를 초월하는 경우에는 상부수심이 위의 해저구역의 천연자원의 개발을 가능하게 하는 한도까지의 것, (b) 섬이 해안에 접속하고 있는 경우, 그와 같은 해저구역의 해상 및 지하를 말한다(대륙붕조약 제1조).

지질학상 대륙붕의 외연(外緣)은 장소에 따라 수심을 달리하고 있으나, 「대륙붕조약」에서는 그러한 지질학상의 개념을 떠나서 일률적으로 수심 200미터까지를 우선 그 범위로 하고, 그 개발이 가능한 경우에는 그보다 깊은 것도 그 연안국의 대륙붕으로 한다는 취지이다. 그러나 개발가능성의 기준은 과학기술의 발달과 더불어 대륙붕의 범위를 불확정적으로 확대할 우려가 있으며, 또한 이로 인하여 대륙붕과 대륙붕의 범위를 초월하는 심해저(深海底)와의 분계(分界)가 문제된다.

1969년의 북해대륙붕사건의 판결에서 ICJ는 대륙붕을 해중(海中)에 뻗은 '육지영토의 자연적 연장'(natural prolongation of land territory)이라고 하였다. 육지영토의 자연적 연장이라고 하는 것은 광물자원의 개발을 목적으로 하는 대륙붕제도의 취지로 보아, 대륙괴(大陸塊)가 해중을 향하여 자연적으로 연장된 부분인 대륙단(大陸壇 continental terrace), 즉 지질학상의 대륙붕 이외에 대륙사면(大陸斜面)을 포함한 해저구역을 의미하는 것으로 해석하고 있다.

「해양법협약」은 위의 1969년의 북해대륙붕사건 판결의 영향을 받아 다음과 같이 이원적(二元的)으로 규정하였다. 즉, 첫째, 연안국의 대륙붕은 영토의 자연적 연장이 끝나는 대륙단의 바깥 가장자리(outer edge of continental margin)까지의 영해 밖의 해저구역의 해상 및 지하로 구성되며, 둘째, 대륙붕의 외연이 200해리 이내의 지점에서 끝날 경우에는 영해측정기선으로부터 200해리까지의 해저구역으로 구성된다(해양법협약 제76조 1항).

위 둘째의 기준은 거리방식을 적용한 것인데, 이것은 연안국의 해저의 지형 여하를 불문하고 연안으로부터 적어도 200해리까지의 해저구역(그 상부수역은 EEZ 수역이 된다)은 대륙붕에 포함된다. 첫째의 기준은 대륙연변이 200해리를 넘어 연장된다면 그 연장부분은 그 상부수역(공해)과는 별도로 해저지형에 따라 대륙붕으로 된다.

그런데 여기에서는 대륙붕과 심해저의 경계가 문제된다. 협약은 다음과 같이 규정하고 있다. 즉, 첫째, 연안국은 대륙연변(大陸緣邊)이 200해리를 초월하는 경우에는 (i) 퇴적암의 두께(the thickness of sedimentary rocks)가 대륙사면의 각부(脚部 the food of the continental slope)로부터 최단거리의 최소한 1%가 되는 외해측(外海側)의 고정점(固定點 fixed points)을 연결한 선에 의하거나, 또는 (ii) 대륙사면의 각부로부터 60해리를 넘지 않는 거리에 있는 고정점을 연결하는 선에 의하여 대륙연변의 외연을 설정하여야 한다(동 협약 제76조 4항).

둘째, 대륙붕의 외적 한계선을 구성하는 고정점은 영해측정기선으로부터 350해리를 초과해서는 안 되며, 또는 2,500미터 등심선(等深線 2,500미터 수심을 연결하는 선을 말한다)으로부터 100해리를 초과해서는 안 된다(동 협약 제76조 5항).

Ⅱ. 대륙붕의 경계획정

동일한 대륙붕에 접하고 있는 국가가 서로 마주보고 있거나 또는 서로 인접하고 있는 경우에 그 대륙붕의 경계는 어떻게 획정되는가? 「대륙붕조약」은 다음과 같이 규정하였다. 즉, 경계는 합의에 의하여 결정되며, 합의가 없는 경우에는 특별한 사정이 없는 한, 대안국(對岸國)의 경우에는 중간선(中間線), 인접국(隣接國)의 경우에는 등거리선(等距離線)에 의하여 결정된다(대륙붕조약 제6조).

그러나 여기에서 '특별사정'(special circumstance)이란 무엇인지 명확하지 않다. 또한 그 중간에 섬이 있는 경우에는 그것이 경계선에 어떠한 영향을 미치는가의 문제가 있다. 뿐만 아니라, 위의 등거리방식은 해안선의 형태에 따라서는 부당한 결과를 초래할 수도 있다.

1969년의 북해대륙붕사건에서 덴마크와 네덜란드는 각각 서독과 등거리선에 의하여 대륙붕의 경계를 정하려 하였으나, 양국 중간에 위치한 서독으로서는 등거리선에 의할 경우 자국에게 공평한 몫이 배분되지 못한다고 반대하였다. ICJ는 경계획정의 원칙에 관하여 다른 국가의 영토의 자연적 연장을 침해함이 없이 각 국가의 해저영토의 자연적 연장을 구성하는 대륙붕의 가능한 모든 부분이 각 당사국에 돌아갈 수 있도록 '형평의 원칙'(equitable principle)에 따라 합의에 의하여 결정하여야 한다고 판결하였다. 요컨대 ICJ의 견해에 의하면, 대륙붕은 영토의 자연적 연장이므로 형식적인 등거리원칙의 적용은 형평성(equity)을 결하게 된다는 것이다.

「해양법협약」은 이와 같은 판례의 영향을 받아 다음과 같이 규정하고 있다. 즉, ① 인접국 또는 대향국(對向國)간의 대륙붕경계획정은 형평한 해결(equitable solution)

에 도달하기 위하여 ICJ규정 제38조에 언급된 국제법을 기초로 합의에 의하여 성립되어야 한다(해양법협약 제83조 1항). ② 합리적 기간 내에 합의에 도달할 수 없는 경우, 관계국은 제15장(해양분쟁의 해결절차)에 규정된 절차에 부탁하여야 한다(동 협약 제83조 2항). ③ 제1항에 규정된 합의에 이르는 동안 관계국은 이해 및 상호협약의 정신으로 과도기 동안 최종적 합의도달을 위태롭게 하거나 방해하지 않고, 실용적 성격의 잠정약정을 체결하도록 모든 노력을 다하여야 한다. 이러한 약정은 최종적 경계획정을 침해하지 않는다(동 협약 제83조 3항). ④ 관계국간에 유효한 협정이 있는 경우, 대륙붕의 경계획정과 관련된 문제는 동 협정의 규정에 따라 결정된다(동 협약 제83조 4항).

그동안 몇 개의 대륙붕경계획정에 관한 판결이 있었으나, 판례의 동향은 형평한 결과와 관련사정을 각각의 사례에 입각하여 판단하였으므로 여기서 일정한 원칙을 도출하는 것은 곤란하다. 그러나 일반적으로 말할 수 있는 것은 우선 중간선·등거리선을 이용하여 잠정적으로 경계를 확정하고, 중요한 관련 사항, 예컨대 해상형상(海床形狀)·결정적 특징(자연연장)·해안선의 길이와 구역의 비례·부존자원의 분포 등을 고려하여 잠정적 경계를 수정하는 태도를 취하고 있다는 점이다.

〔북해대륙붕사건〕

☞ 본서 제2장 국제법의 연원 해당 사례 참조

〔영 · 프 대륙붕사건〕

영국 v. 프랑스, 중재재판소, 1978, 18 RIAA, p. 1.

[사 실]

영·프 간의 대륙붕경계획정에 관한 교섭은 1964~1965년에 비공식접촉이 있었으며, 1974년 초반까지 계속되었으나, 결국 이 분쟁을 중재재판에 부탁할 것을 결정하고, 1975년 7월 10일에 중재조약이 체결되었다. 적용될 법 및 경계획정에 관한 영·프 쌍방의 주장은 다음과 같다.

1. 적용법규에 관하여 프랑스는 자신이 「대륙붕조약」에 가입할 때에 제6조에 대하여 유보를 붙였는데, 그 유보에 대하여 영국이 이의를 제출한 것 등으로 보아 「대륙붕조약」은 양국 간에 유효한 현행조약이 아니며, 따라서 양국 간에 적용될 법은 북해대륙붕사건에 있어서 ICJ가 정형화하고 또 국가의 후일의 관행과 제3차 UN해양법회의의 작업에 의하여 확인된 관습법규범이라고 주장한다. 즉, 구체적으로는 영토의 자연연장의 원칙과 형평의 원칙에 의하여 경계획정이 행해져야 한다는 것이다. 일보 양보하여 「대륙붕조약」이 양국 간에 유효한 것이라 할지라도 제6조는 양국 간에는 적

용되지 않는다. 더 양보하여 설사 제6조가 양국 간에 적용된다 할지라도 Channel제도에는 등거리 방식에 의하는 것을 방해하는 '특별사정'이 있으며, 또 대서양구역은 제6조가 규정하는 대안국도 또한 인접국도 아니므로 이 구역에는 적용될 수 없으며, 적용된다 해도 이 구역에는 '특별사정'이 있다고 주장한다.

영국은 「대륙붕조약」이 양국 간의 현행조약이며, 제6조는 양국 간에 적용된다고 주장한다. 구체적으로는 전 구역이 동일한 대륙붕의 부분을 구성하고 또 전역에 걸쳐 양국 연안은 대안국관계에 있으며, 따라서 특별사정이 없는 한 전 구역에 있어서의 분할선은 등거리중간선이다. 그런데 프랑스는 특별사정의 존재를 원용할 능력을 가지나, 프랑스는 그 입증책임을 다하지 못하였다.

2. 경계획정에 관하여 프랑스의 주장은 다음과 같다. 먼저 해협구역에 대해서는 양국이 대안하고 있으므로 기선으로부터 중간선을 긋되 Channel제도 구역을 제쳐놓고 프랑스 본토와 영국 본토와의 사이에 그어지는 선이 형평한 선이 된다. 또 Channel제도에 대해서는 형평원칙에 입각하여 동(同) 제도와 프랑스 연안 사이에는 프랑스의 직선기선과 각 섬 등의 저조선과의 사이에 그은 중간선, 그리고 동(同) 제도로부터의 대양, 즉 영·프 해협 중앙의 중간선과 동(同) 제도와의 사이에는 동(同) 제도의 섬의 저조선을 기점으로 하여 그은 반경 6해리의 원호의 선분으로 한다. 즉 영·프 해협 중앙의 중간선과 Channel제도의 위 요지를 주장한다.

대서양구역에 대해서는 양국의 연안이 대안적이 아니기 때문에 양국 영토의 자연연장은 영·프 해협에 있어서의 양국 연안의 일반적 방향을 구체화하는 선을 연장함으로써 결정하여야 하며, 이러한 두 개의 선을 형성하는 이등분선과 영·프 해협의 중간선을 연결하여 경계를 획정하는 것이 형평원칙에 맞다고 주장한다.

영국은 이에 대하여 모든 요소를 고려한 등거리중간선을 주장하고, 관습법에 의해서도 중간선이라고 주장한다. 구체적으로는 영·프 해협, 특히 Channel제도 구역에서는 영·프 해협 중앙의 중간선으로부터 프랑스의 Cod antan반도에 따라 남하하고 Sanmaro연안 부근부터 완만하게 북서로 향하고 다시 영·프 해협 중앙의 중간선에 맺어지는 선으로 하고, 대서양구역에서는 Scilly제도와 Ushant島를 충분히 고려에 넣은 중간선을 주장한다.

[판결요지]

1. 적용될 법규에 관하여 프랑스의 유보에 대한 영국의 이의는 양국 간의 조약관계의 발생을 방해할 의도는 없으며, 또 그 후의 국가관행에 의하여 「대륙붕조약」이 실효한 것도 아니다. 따라서 「대륙붕조약」은 양국 간의 현행조약이다. 동 조약 제6조에 대한 프랑스의 유보와 영국의 이에 대한 반대의 효과는 프랑스의 주장과 같이 제6조를 전체로서 적용할 수 없게 하는 것도 아니고, 영국의 주장과 같이 제6조를 전체로서 적용해야 하는 것도 아니다. 유보가 규정하는 그 한도 내에서는 양국에 제6조를 적용할 수 없게 된다. 제6조의 등거리원칙의 적용이 프랑스의 유보의 하나에 의해서 배제된다면 관습법규칙이 적용되게 된다. 그리고 제6조는 등거리 원칙과 '특별사정'을 두 개의 별개의 규칙으로서 정형화하고 있는 것이 아니고, 유일한 법칙으로서 '등거리=특별사정'규칙을 기술하고 있으며, 엄밀한 의미에서

법적 관점으로부터 '특별사정'의 존재의 입증책임은 의심스럽다. 이것은 재판소가 자발적으로 심리하지 않으면 안 되는 것이다.

따라서 재판소는 관습법규칙에 관하여 북해대륙붕사건에 대한 ICJ의 판결을 검토하고, 자연연장원칙과 형평원칙에 관하여 말하고, 등거리원칙의 역할에 관하여 언급하고, 특히 대안국가간의 경계획정과 인접국가간의 경계획정의 차이, 그 중에서도 인접국가간의 등거리의 측면의 경계의 경우 특수한 지리적 특성에 의한 수정효과가 대양으로 향하여 뻗을수록 증대하는 것을 지적하고 있다.

2. 경계획정에 관하여 첫째, 영·프 해협에 있어서는 Channel제도를 제외하고, 경계가 원칙적으로 중간선이어야 한다는 것에는 양 국가 간에 동의하고 있고, 또한 이것은 재판소의 견해이기도 하다.

둘째, 해협제도에 대하여 재판소는 우선 이 구역을 영·프 해협구역 일반의 일부로서 취급하고, 일반적으로 양국 영역의 해안선은 영·프 해협을 통하여 상대적 평등의 관계에서 대안하고 있는 사실을 인정한다. 그리고 Channel제도 구역에 적용될 법제도로서는 일방이 타방의 연안 가까이 섬을 가지는 대안하는 2국에 관한 것이라고 판시한다. 그래서 근본문제는 Channel제도가 프랑스 해안 가까이에 존재하는 것은 영·프 해협의 중앙을 통하는 중간선에 의해서 행해지는 경계획정을 변경하게 되는가, 또 그렇다면 어느 정도인가이다. 이 점에 관하여 재판소의 견해에 따르면, 문제는 엄밀히 말하자면, 영국과 프랑스 사이의 중간선을 긋는 데 미치는 이 구역에 있어서의 그 효과의 문제가 아니라, 오히려 영국과는 구별되는 섬으로서 대륙붕을 갖는 그 자체의 권원의 정도의 문제이다. 법적으로는 Channel제도, 프랑스, 영국 영역의 대륙붕이 육지영토의 해중으로의 자연연장으로서 각각에 속하는 것을 재판소는 인정한다. 그러나 제6조의 특별사정의 삽입 및 관습법에 있어서의 형평원칙에 부여되는 중요성으로 보아 영역의 자연연장이라고 하는 근본원칙이 절대적 가치를 가지는 것이 아니라, 특수한 사정에 있어서는 제약의 대상이 된다는 것은 명백하다. 영역의 자연연장원칙은 일국에 속하는 섬이 그것이 없으면, 타방국가의 영역의 자연연장을 구성할 것인 대륙붕상에 위치하고 있는 경우에는 무시될 수도 없고, 또한 절대적 원칙이라고 생각되어서도 안 된다고 하는 것이 사실이다. 이러한 경우에 있어서 연안국의 육지영토의 자연연장의 원칙에 부여될 효과는 항상 특수한 지리적 및 기타 사정뿐만 아니라 형평의 원칙에 의하여 평가되어야 한다.

결론적으로 말하자면, 오직 자연연장개념은 주요한 지질학상의 단절이 인접국의 육지경계의 연안경계표 근처로부터 바다쪽으로 놓여 있거나 또는 그 단절이 대안국가의 연안 간에 놓여 있는 상황인 경우를 제외하고는 인접 또는 대안국가 사이의 대륙붕의 경계획정에는 상응하지 않는다고 재판소는 고려하였다. 따라서 재판소는 Channel제도가 프랑스 해안 가까이 존재하는 것은 불형평을 창출하는 사정이며, 이 Channel제도구역의 특수한 사정이 양 당사국의 각각의 주장과 이익 간에 적절한 또한 보다 형평한 균형을 창출하는 '중간적 해결'을 요구하고 있다고 판시한다. 그리하여 재판소는 2단계 경계획정(two step delimitation)을 채택하였는데 첫째로, 중부해협은 프랑스 연안과 영국 본토 연안 사이의 중간선에 의해 획정하며, 둘째로, 영·프 해협 중앙의 중간선의 남쪽구역에 있어서 Channel제도에 대하여 프랑스의 대륙붕의 남쪽경계를 정한다. 다만 프랑스의 대륙붕은 후에 영국이 영해를 12해리로 확장한다는 전제에 입각하여, 12해리 위요지(圍繞地 영토의 일부 또는 전부가 완전히 다른 나라의 영토 안에 있는 것)를 잠식하지 않도록 그어져야 한다고 결정하였다.

셋째, 대서양구역에 있어서, 재판소는 「대륙붕조약」 제6조가 적용되어야 한다고 하였다. 대서양지역의 지리적 특성은 대륙붕이 대서양 공간에 양국의 연안이 대양으로 향하여 뻗어 있으며, 경계를 획정해야 할 대륙붕에 접하는 양국의 실제의 해안선이 비교적으로 짧고, 이러한 해안이 약 100해리의 해역에 의하여 떨어져 있다고는 하지만 대안적이라기보다는 오히려 측면의 해안의 관계인 상호적·지리적 관계에 있다는 것이다. 그런데 Scilly제도는 Ushant島가 프랑스 본토보다 영국 본토로부터 약 2배나 멀리 떨어져 있다는 것을 지적하여, Scilly제도를 영국의 해안선의 일부로 고려하기는 하지만, 등거리선 방법을 적용하는 데 있어서, 그것에 대하여 완전한 효과(full effect)를 부여하지 않고 국가관행 중에도 예가 있는 절반의 효과(half effect)만을 인정하기로 하였다. 즉, Scilly제도를 기점으로 하는 등거리선과 영국 본토를 기점으로 하는 등거리선간의 중간선으로 결정하였다.

〔튀니지·리비아대륙붕사건〕

(Case concerning the Continental Shelf(Tunisia/Libyan Arab Jamahiriya))
(Application for Revision and Interpretation of the Judgment of 24 February 1982 in the Case concerning the Continental Shelf(Tunisia/Libyan Arab Jamahiriya))
튀니지 v. 리비아, 국제사법재판소, 본안(1982년 2월 24일), ICJ (1982) 18;
재심·해석청구(1985년 12월 10일), ICJ (1985) 192

[사 실]

튀니지와 리비아의 대륙붕 경계는 획정되어 있지 않았지만, 리비아는 1955년에 「해저석유에 관한 법률」을 제정하고, 1968년에 대륙붕 석유개발 컨세션(concession)을 인가했다. 튀니지도 1964년에 마찬가지로 컨세션을 인가했다. 1974년, 양국은 각각 상이한 경계선을 상정하고, 국경지역의 대륙붕에 대하여 컨세션을 인가했으므로 중복 구역에 대한 청구의 경합이 발생했다. 양국은 특별협정을 체결하고, 분쟁을 ICJ에 부탁했다. 부탁사항은 ① 대륙붕 구역의 경계획정에 적용가능한 국제법의 원칙 및 규칙은 무엇인가? ② 양국의 전문가가 어려움 없이 경계획정을 행할 수 있도록 위의 원칙 및 규칙의 적용을 위한 실제적 방법을 명시하는 것이었다. 또한, 그 규칙 및 원칙에 대하여 판결할 때 형평원칙, 관련사정, 해양법 회의에서의 최근의 경향을 고려에 넣을 것을 요청했다. 양국에는 국적재판관이 없었으므로 리비아는 히네메스디 알레차가(우루과이)를, 튀니지는 에헨센(노르웨이)을 특임재판관으로 지명했다.

1981년 1월, 몰타가 소송 참가 신청을 제출했다. 재판소 규정 제62조는 재판에 의해 영향을 받을 수 있는 '법률적 성격의 이해관계'를 가진다고 인정하는 국가는 소송참가를 신청할 수 있다는 취지를 규정하고 있다. 게다가 재판소 규정 제81조 2항은 '참가의 명확한 목적' 및 참가요청국과 사건 당사자 간의 '관할권의 근거'를 참가 신청에 기재하도록 규정한다. 튀니지와 리비아는 본건 관할권의 근거인 특별 협정에서는 양국 이외의 대륙붕구역의 경계획정에 대하여 재판하는 것을 인정하고 있지 않다고 주장했다. 재판소는 몰타의 신청이 관할권의 근거를 가지지 않고, 참가의 목적이 일방에게 유리한 변론을 하게 하는 것이고, 사건 당사자의 입장을 불안정하게 한다는 이유로 신청을 기각했다. 경계획정의 경우, 근린국(近隣國)이 소송 참가를 요청하는 수가 많지만 재판소는 '이해관계', '목적'의 요건을 엄밀하게 해석하는 경향이 있다.

경계에 대하여, 튀니지는 육지영토의 자연 연장은 타국의 자연 연장을 침해하지 않는다고 주장했다. 리비아는 이 지역의 대륙붕이 아프리카대륙의 연장인 점, 자연 연장의 방향은 대륙붕과 육괴(陸塊)[15]의 지질학적 및 지리학적 관계에 의해 결정되는 것이고, 해안의 일부의 우발적 방향에 의해 결정되는 것은 아니라는 것을 주장했다.

본안 판결 후인 1984년, 튀니지는 판결에 대한 재심청구, 해석·정정(訂正)의 청구를 제출했다. 튀니지의 주장은 다음과 같다. ① 재심청구: 1968년 3월의 리비아 각료평의회 결의가 컨세션 137호의 북서경계선을 정하고 있었다고 하는 결정적 사실이 판결 후에 발견되었다(재판소 규정 제61조 1항). ② 해석청구와 정정 청구: (2차적 청구로서) 판결 주문에서 제1구역의 경계선은 북위 33도 55분, 동경 12도를 통과하고 있었지만, 튀니지가 허가구역에 침입함으로써 북위 33도 50분, 동경 12도 59분으로 정정해야 한다. ③ 판결에서 제1구역과 제2구역을 구분하는 선은 가베스만의 최서단을 통과하는 위선이고, (주문 이외에서) 그 선은 북위 34도 10분 30초라고 판시되었지만, 34도 5분 20초가 정확하다.

이에 대하여, 리비아는 청구된 사실을 튀니지가 알지 못했다는 것은 튀니지의 과실에 의한 것이고(재판소 규정 제61조 단서), 그 사실은 제61조 1항에서 말하는 '결정적 요소가 되는 성질을 가진다'는 것을 적시하지 않았다는 이유로 이 청구의 수리가능성을 거부했다.

[판결 요지]

(본안) 1. 북해대륙붕사건에서 육지 영토의 자연 연장이라고 하는 개념은 연안국의 권리의 물리적 대상을 명확하게 하지만, 동일 대륙붕에 인접한 국가와의 사이에서는 권리의 정확한 범위를 결정하는 데에는 적절하지 않다. 자연 연장이 법적 권한의 근거라고 하는 원칙은 인접국경획정을 위한 기준을 제공하지 않는다. 경계획정은 모든 관련사정을 고려에 넣고, 형평한 원칙에 따라 행해져야 한다. 형평한 결과를

15) 육괴(陸塊, massif)란 주변의 암석보다 견고한 암석으로 구성된 암석의 큰 덩어리나 구조적 단위로서 조산대에 들어 있는 암체를 말한다. 지체구조구 중에서 육괴는 주로 선캄브리아대에 이루어진 지역으로, 고생대 이후에 육지로 노출되었으며 산맥이 많이 분포하고 있다. 우리나라의 육괴로는 평북(낭림) 육괴, 함경(관모봉) 육괴, 경기 육괴, 영남 육괴 등이 있다. 주로 변성 퇴적암류와 화강 편마암으로 이루어져 우리나라의 기반암을 형성하고 있다. 육괴는 보다 고기의 조산 운동에 의해 고결된 기반암이 노출된 것이거나 보다 신기의 심성암(深成岩)이다. 출전: http://100.naver.com//100.nhn?docid=844600 (검색일: 2008.9.18)

도출하기 위해 고려해야 할 관련사정이란 양국의 해안선의 관계(일반적 방향, 관련 부분의 길이), 케르케나제도(諸島)의 존재, 양국의 국경과 분쟁 발생 이전의 행위이다. 라스 아지르(Ras Ajdr)부터 해안선으로 거의 수직이고, 경선(經線)부터 북동 약 26도의 선은 양국이 석유개발을 위하여 컨세션을 인가한 구역의 경계로서 사실상의 경계선은 없다.

2. 본건에서는 가스베만에서 튀니지의 해안선의 일반적 방향이 급격하게 변하는 특징이 있다. 이 특별사정을 고려한다면, 연안구역과 앞바다 부근 구역을 별개로 취급하는 것이 요구된다. 그래서 일반적 방향의 변화를 정하는 점으로서 가스베만의 최서단지점의 경도를 기준으로 하여 두 가지의 구역으로 나뉜다. 제1구역에서는 라스 아지르의 국경지점으로부터 동북으로 26도의 각도를 이루는 선이 영해의 외연과 교착점으로 시작되고, 가스베만 최서단의 점의 위선과 교착하는 지점까지를 경계선으로 한다. 제2구역에서는 가스베만 최서단의 점부터 라스 카웨디아에 이르는 선과 케르케나제도의 바다 쪽의 해안에 이르는 선에 의해 만들어진 각도의 2등분으로 평행한 선(북동 52도)을 따라 제3국과 합의된 점까지로 한다.

(재심·해석청구) 1. 평의회 결의는 리비아의 관보 등에 공표된 것이고, 튀니지가 컨세션 137호의 정확한 좌표를 알았다고 한다면 입수가능하였다. 따라서 규정 제61조의 '과실에 의하지 않은 경우에 한한다'는 조건이 결여되어 있다.

2. 특별협정에 기하여 해석청구를 수리하는 것은 가능하다. 제1구역에서의 문제의 지점은 라스 아지르로부터 26도의 선을 나타내기 때문에 편의적으로 선택한 것이므로 튀니지의 청구는 목적을 가지지 못하고, 판결을 내릴 필요가 없다.

3. 구역을 나누는 가스베만 최서단의 점의 위도로서 재판소가 34도 10분 30초에서 언급한 것은 실제적 수단에 지나지 않고, 당사자를 구속하지는 않는다. 위도의 결정은 당사자의 전문가에게 맡겨져 있다. 당사자의 합의에 의한 부탁이 없었으므로 재판소가 전문가에 의해 결정하는 것에는 이유가 없다.

〔리비아·몰타대륙붕사건〕

(Case concerning the Continental Shelf(Libyan Arab Jumahiriya/Malta))

리비아 v. 몰타, 국제사법재판소, 1985년 6월 3일, ICJ (1985).13

[사 실]

몰타는 몰타섬 등 주민이 살고 있는 주된 섬 4개와 거주자가 살고 있지 않는 필플라(Filfla)암초로 이루어진 섬나라이다. 동국(同國)의 북쪽 약 43해리에 이탈리아의 시칠리아섬, 남쪽 약 183해리에 리비아가 각각 위치하고 있다. 1965년, 몰타는 리비아에 대하여 중간선에 기하여 대륙붕의 경계를 획정할 것을 제안했지만, 1973년 리비아는 중간선에 의한 경계획정을 인정하지 않는다는 견해를 명확하게 표명하였다. 그리하여 양국은 1976년에 양국 간의 대륙붕의 경계획정에 관한 분쟁을 ICJ에 부탁할 것을 정한 부탁합의에 서명하고, 1982년 7월 19일자 통고에 의해 부탁합의를 재판소에 통지했다.

재판소의 판단을 요하는 사항은 양국에 속하는 대륙붕구역의 경계획정에 대하여 국제법의 어떠한 원칙 및 규칙이 적용되는가 및 양국이 협정에 의해 어렵지 않게 당해 구역의 경계획정을 행하기 위해서는 이 원칙 및 규칙이 실제에는 어떻게 적용되는가라고 하는 문제였다. 양국은 부탁합의 속에서 재판소의 판결 후에 판결에 따르는 각각의 대륙붕구역을 정하는 협정을 체결하기 위한 교섭을 행하기로 합의했다. 리비아는 그 신청에서 대륙붕의 경계획정은 형평한 결과를 달성하기 위하여 형평원칙에 따르고, 동시에 모든 관련 사정을 고려하여 합의에 의해 행해야 할 것이고, 본건의 대륙붕구역에는 기본적 단절구역(lift zone)이 존재하고 있으므로 경계획정기준은 자연 연장 원칙에서 도출될 수 있다고 주장했다. 또한 리비아는 등거리방법의 적용은 의무적인 것이 아니고, 형평원칙을 적용함에 있어서는 양당사국의 해안선의 길이의 현저한 차이를 고려할 필요가 있고, 양당사국의 대륙붕 범위와 해안의 관련 부분의 길이와의 사이에 있어서 합리적인 정도의 균형성이라는 요소가 반영되어야 한다고도 주장했다. 한편, 몰타는 본건에 적용가능한 국제법의 원칙 및 규칙은 대륙붕의 경계획정이 형평한 해결을 달성하도록 국제법에 기하여 행해져야 하고, 이 원칙 및 규칙은 실제에는 양국의 기선상의 가장 가까운 점에서부터 등거리에 있는 중간선이라는 방법에 의해 적용된다고 주장했다. 그런데 본건에서는 1983년 10월 23일에 이탈리아가 소송참가 허가 요청을 했다. 이탈리아는 본건에서 다투고 있는 대륙붕구역 가운데는 명확하게 자국이 권리를 가지는 구역이 있기 때문에 자국은 재판소 규정 제62조에서 말하는 '법률적 성질의 이해관계'를 가진다고 주장했다. 그러나 리비아와 몰타는 이탈리아에 의한 참가 요청에 이의를 제기했다. 그래서 재판소는 1984년 3월 21일, 우선 이 건에 관하여, 이탈리아의 참가를 인정한다면, 몰타의 동의 없이 원당사국과 이탈리아와의 사이의 법적 관계에 대해서도 판결을 내리지 않을 수 없고, 이는 새로운 분쟁의 도입을 초래하므로 이탈리아의 참가 요청은 인정되지 않는다고 판단했다. 단, 재판소는 이탈리아 및 지중해지역의 다른 제국가의 법적 이익의 문제를 완전히 무시할 수 없기 때문에 이탈리아가 주장하는 권리는 재판소 규정 제59에 의해 보호되어야 하고, 또 장래의 본안판결에 있어서는 당해 구역에서 권리를 주장하고 있는 다른 국가의 존재를 고려해야 한다고 판단했다(11 대 5. ICJ(1984) 3).

[판결 요지]

1. 재판소는 부탁합의의 내용으로부터 볼 때, 하나의 경계획정선을 지시하는 것을 방해하지 않는다. 한편, 이탈리아 및 지중해지역의 다른 제(諸)국가의 법적 이익을 고려하여야 하므로 본건 판결의 대상 구역을 제3국의 청구에 관계하지 않는 구역(동경 13도 50분과 15도 10분 사이)에 한정한다. 본건이 관습국제법에서 규율되는 점, 또한「UN 해양법협약」(이하 「신조약」이라 한다)의 규정 속에는 관습국제법을 표명한 것이 있는 점에 대하여 당사국의 견해는 일치하고 있다. 대륙붕에 대한 권원(權原) 및 그 정의(제76조)의 문제와 그 경계획정(제83조)의 문제는 별개의 것이기도 하지만 상호보완적이기도 하다. 신조약은 경계획정에 관한 기준을 특정하고 있지는 않지만, 달성되어야 할 목표에 대해서는 그것이 형평한 해결이어야 한다고 정하고

있다. 1982년의 튀니지·리비아대륙붕사건 판결에서도 언급하고 있는 바와 같이, 결과의 형평을 확보하기 위해서는 경계획정은 형평의 원칙에 의해야 한다.

2. 신조약은 대륙붕과 배타적 경제수역(이하 「EEZ」라 한다) 제도는 상호 연관되어 있다는 것을 나타내고 있다. 대륙붕에 대한 권리는 EEZ를 선언한다면, EEZ의 해저(海底)에 대해서도 있게 된다. 게다가 대륙붕의 경계획정에 관하여 고려해야 할 관련 사정의 하나는 그 국가에 속하는 EEZ의 법적으로 허용되는 범위이다. 이 점은 대륙붕의 개념이 EEZ의 개념에 흡수되어 버리고 마는 것을 의미하는 것은 아니고, 양 개념에 공통하는 연혁으로부터의 거리의 요소에 의해 큰 중요성이 부여되어야 한다는 것을 의미한다. 게다가 거리를 권원의 기초로 하는 EEZ제도는 국가실행에 의해 관습법의 일부가 되었다. 법적 및 실제적인 이유로부터 거리기준이 대륙붕에 대해서도 적용되어야 한다. 다만, 이는 자연 연장 개념이 거리 개념에 의해 대체된다는 것을 의미하는 것은 아니다. 자연 연장과 거리의 개념은 대립하는 것이 아니라 상호 보완적이며, 양자는 대륙붕의 법적 개념에 있어 본질적 요소이다.

3. 대륙붕의 경계획정은 형평원칙에 따라 모든 관련하는 사정을 고려하여 형평한 결과를 달성하도록 행해져야 한다. 북해대륙붕사건 판결은 형평원칙에 따라 행해지는 경계획정은 대륙붕의 범위와 그 해안선의 길이와의 사이에 있어 합리적인 정도의 균형성이 있어야 한다고 기술하고 있다. 균형성은 고려되어야 할 요인의 하나이지만 경계획정에 적용되는 국제법의 원칙 및 규칙은 아니다. 경계획정을 도출하기 위한 예비적이고도 잠정적인 단계에 있어서도 등거리방법의 사용이 의무적이라고 할 수는 없다. 그러나 재판소는 등거리방법은 마주보고 있는 해안을 가지는 국가 간에 경계획정을 하는 경우에는 형평한 성격을 가질 수 있는 가능성이 아주 높다는 점에 주목한다. 그런 점에서 본다면, 우선 리비아와 몰타의 마주보는 해안 사이에 잠정적으로 중간선을 긋는 것이 최종적으로 형평한 결과를 달성하는 가장 사려 깊은 방법이다. 또한 등거리중간선의 형평성의 정도는 일부 소도(小島), 암초 및 연안의 소돌기(小突起)에 의해 생기는 불균형한 효과를 제거할 수 있는가 여부가 되고 있다. 재판소로서는 이 점을 고려하여 필플라소도(小島)는 고려하지 않는 것이 형평하다고 생각한다.

4. 다음, 양당사국의 관련 해암(海巖)을 비교하면, 그 길이에 있어 상당한 불균형이 있고, 그 정도는 경계선을 긋는 데 있어 고려해야 할 관련 사정을 구성한다. 리비아의 관련하는 해암(라스 아쥬디르부터 라스 자르크 부근까지)은 192해리이고, 몰타의 해암은 24해리이다. 이 차이를 고려한다면, 중간선은 리비아 측에 보다 넓은 대륙붕구역을 귀속시키게 될 것이므로 수정되어야 한다. 또한 본건의 전반적인 지리적 상황이 고려되어야 한다. 본건은 중부 지중해의 남안구역(南岸區域)과 북안구역(北岸區域) 사이의 경계획정이고, 몰타는 이 북안구역의 남방에 위치하고, 한정된 해암구역을 가지고 있다. 몰타의 이 지리적 위치는 고려되어야 할 관련 사정을 유발시킨다. 이러한 상황에 비추어 본다면, 경계획정선은 형평한 해결을 달성하기 위하여, 몰타의 해암에 근접하도록 조정할 필요가 있다. 그 경우, 우선 최초로 그와 같은 이동의 최대한도를 정할 필요가 있다. 그래서 몰타제도를 이탈리아 영토의 일부라고 가정함으로써 리비아와 시칠리아 사이에 있어 몰타제도(諸島)를 평가한다

면, 리비아와 몰타간의 형평한 경계선은 리비아와 시칠리아와의 사이의 관념적인 중간선보다 남쪽이어야 하기 때문에 몰타와 리비아의 중간선을 북쪽으로 위도를 24분 이동한 선을 북쪽으로 조정한 최대한도로 하는 것이 적당하다.

경계획정의 다음 단계는 경계선의 북쪽으로의 이동 범위의 결정이다. 그 때 두 가지의 중요한 기준이 있다. 하나는 북쪽으로의 이동의 최대한도가 약 24분이라는 점, 다른 하나는 양국의 해암 사이의 거리가 상당히 떨어져 있다는 점(위도로 약 195분)이다. 재판소는 이 점들을 고려하여 두 가지의 외적 기준(중간선과 그 북쪽 24분이 선)의 거리의 4분의 3을 북쪽으로 이동한 경계선이 모든 사정 아래에서 형평한 결과를 달성한다고 결론을 내린다. 게다가 재판소는 형평한 경계선은 중간선을 북쪽으로 위도 18분 이동시킨 선이라고 결정한다. 마지막으로 균형성의 검토가 남지만, 양 당사국에서 각각 귀속하는 대륙붕구역에 있어서 형평의 일측면으로서의 균형성의 기준의 요건이 충족되고 있지 않다고 말해지는 만큼 아무런 명백한 불균형도 존재하고 있지 않다.

5. 이상의 이유에 의해, 재판소는 이 판결에서 정해진 한계 내에서 양당사국의 대륙붕구역에 관하여 다음과 같이 결정한다(14 대 3).

① 본 판결을 실시하는 데 있어 합의에 의해 행해지는 리비아와 몰타의 대륙붕구역이 경계획정에 적용되는 국제법의 원칙과 규칙은 아래와 같다. ① 경계획정은 형평원칙에 따라, 동시에 모든 관련 사정을 고려하여, 형평한 결과를 달성하도록 행해져야 한다. ② 각 당사국에 속한다고 생각되는 대륙붕구역은 그 해암에서 200해리를 넘어서지 않으므로 경계획정에 관한 어떠한 기준도 물리적 의미에서의 자연 연장의 원칙에서 도출될 수는 없다.

② 본건에서 형평한 경계획정을 달성하는 데 있어 고려되어야 할 사정 및 요인은 다음과 같다. i) 양 당사국의 해암의 일반적 형상(形狀), 그 해암의 대향성(對向性) 및 전반적인 지리적 상황에 있어서의 양국의 관계 ii) 양 당사국의 관련 해암의 길이의 불균형 및 양 해암간의 거리 iii) 연안에 속하는 대륙붕의 범위와 해안의 관련 부분의 길이와의 사이의 고도의 불균형을 피할 필요성

③ 이리하여 경계획정의 제1단계로서 몰타의 관련 해안(필플라암초를 제외한다)의 저조선(低潮線) 및 리비아의 관련 해안의 저조선보다 그 어떤 점을 연결해도 등거리에 있는 중간선을 긋고, 다음에 이 선을 위의 사정 및 요인에 비추어 조정함으로서 형평한 결과를 달성할 수 있다. 중간선의 조정은 그 선을 위도 18분 북쪽으로 이동함으로써 행해진다.

Ⅲ. 대륙붕의 법적 지위

연안국은 대륙붕을 탐사하고 그 천연자원을 개발하기 위하여 주권적 권리를 행사한다. 여기서 말하는 주권적 권리는 연안국이 그 대륙붕을 탐사하지 않거나 또는 그 천연자원을 개발하지 않고 있는 경우에도 다른 어떠한 국가도 그 연안국의

명시적 동의 없이는 이러한 활동을 행할 수 없다는 의미에서 배타적이다(동 협약 제77조 1항 및 2항). 요컨대 이 주권적 권리의 실체는 대륙붕을 탐사하고, 그 천연자원을 개발하는 권리와 이러한 권리를 자국에 유보하는 권리이다.

연안국이 그 개발을 독점할 수 있는 대륙붕자원은 원래에는 대륙붕의 광물자원, 특히 석유자원을 의미하는 것이었다. 그러나 1958년 해양법회의에서 대륙붕의 상부수역까지 연안국의 관할권을 확대하려는 주장과의 정치적 타협의 산물로서 광물자원 이외에 기타 비생물자원(예: 조개껍데기(패각 貝殼) 같은 유기물의 유해)과 정착성어족(定着性魚族 sendentary species)에 속하는 생물이 추가되었다. 정착성어족이란 수획기(收獲期)에 해저의 표면 또는 하부에서 정지하거나 또는 해저 또는 하부에 항상 접촉하지 아니하고는 움직일 수 없는 생물을 말한다(동 협약 제77조 4항).

대륙붕에 대한 연안국의 권리는 그 상부수역의 법적 지위 또는 그 상공의 법적 지위에 영향을 미칠 수 없다. 따라서 연안국의 권리행사로 말미암아 타국의 항행과 기타 권리와 자유를 방해하거나, 또는 어떠한 부당한 간섭을 초래하여서는 안 된다(동 협약 제78조). 또 연안국은 대륙붕 내에 타국의 해저전선 또는 송유관을 부설하거나 유지하는 것을 방해해서도 안 된다(동 협약 제79조).

그러나 대륙붕의 자원개발을 위해서는 상부수역에 시설물 등을 설치하여야 하므로 불가피하게 공해사용의 자유를 방해하기 쉽다. 따라서 「해양법협약」은 이 양자를 조정하기 위한 규칙을 두고 있다. 연안국은 대륙붕의 개발을 위한 시설을 설치하며, 그 주위 500미터 이내의 거리에 안전수역을 설치하여 시설의 보호를 위한 필요한 조치를 취할 수 있다. 이러한 시설은 연안국의 관할권에 복종하지만, 섬으로서의 법적 지위를 갖는 것은 아니다. 즉, 인공섬은 그 자체 영해를 가질 수 없다. 또 시설 및 그 주위의 안전수역은 국제항행에 필수적인 것으로 인정되는 항로의 사용이 방해가 되는 것과 같은 곳에 설치해서는 안 된다(동 협약 제80조).

해양법협약에서는 대륙붕조약에는 없는 새로운 규정으로서 200해리를 초월하는 대륙붕개발에 관한 특별규정이 있다. 즉, 연안국이 해양측정기선으로부터 200해리를 넘어서 소재하는 대륙붕의 비생물자원을 개발할 경우, 연안국은 매년 일정한 소정액의 현금 또는 현물을 국제기구에 납부하여야 하고, 국제기구는 이것을 개발도상국, 특히 최저개발국, 그 중에서도 내륙국의 이익과 수요를 참작해서 공정한 분배기준에 따라서 분배하기로 한다(동 협약 제82조).

제 6 절 심해저제도

Ⅰ. 심해저제도의 형성

심해저(深海底 deep seabed)란 국가관할권의 한계(대륙붕 또는 EEZ)를 넘은 해저구역을 말한다. 심해저 문제는 1967년 제22차 UN총회에서의 몰타(Malta)제안에서 발단하였다. 동(同)제안은 대륙붕 이원(以遠)의 심해저는 이른바 공해자유의 원칙이 적용되는 장소로서, 이것을 현상태로 방치하면 심해저가 기술의 진보에 따라 선진국의 독점물이 되며, 거기에 부존하는 자원은 완전히 분할되고 만다는 것, 더욱이 심해저가 군사화할 우려가 있다는 것 등을 주장하고 다음과 같은 내용을 포함하였다. ① 국가관할권 이원의 심해저는 어느 국가의 영유로도 하지 않을 것, ② 심해저의 탐사는 UN헌장의 목적과 원칙에 따라서 행할 것, ③ 심해저의 이용은 제1차적으로는 빈곤한 국가의 발전을 위하여 사용할 것, ④ 심해저는 영구히 평화적 목적에만 사용할 것.

위와 같은 몰타제안에 입각하여 1967년 UN총회는 현재의 국가관할의 한계를 넘는 공해 하의 해저 및 해상, 그리고 그 지하의 전적으로 평화적인 목적을 위한 유보 및 그 자원의 인류를 위한 이용에 관한 문제에 관한 하나의 결의를 채택하였고, 이 결과 심해저의 평화이용에 관한 특별위원회가 설립되었다. 1968년의 UN총회에서 새로이 상설적인 심해저평화이용위원회가 설치되고, 1970년에는 이른바 「심해저원칙선언」(Declaration of Principles Governing the Seabed and Ocean Floor and the Subsoil thereof, beyond the Limits of National Jurisdiction)이 채택되었다. 그 중요한 내용은 다음과 같다.

① 심해저와 그 자원은 모든 인류의 공동유산이다.
② 심해저는 국가의 영유대상이 아니며, 어느 국가도 그 어느 부분에 대해서도 주권 내지 주권적 권리를 행사 또는 청구할 수 없다.
③ 심해저는 오직 평화적 이용을 위하여 개방된다.
④ 심해저의 탐사 및 개발은 장래 설치될 국제기구에 의하여 규제되어야 한다.

⑤ 자원의 탐사 및 개발은 전체로서 인류의 이익을 위해 수행하되, 특히 개발도상국의 이익과 수요를 고려하여야 한다.

이 법원칙을 실현하기 위하여 「해양법협약」은 제11장에서 심해저제도를 상세하게 규정하고 있다. 과거 제3차 UN해양법회의의 수차의 회기에서 주요 쟁점은 앞으로 설립될 국제해저기구(International Seabed Authority)의 구성과 해저개발방식이었다. 특히, 심해저개발방식에는 국제기구에 의한 직접개발방식을 주장하는 개발도상국과 인가(license)방식을 주장하는 선진국 간의 의견의 차이가 있었다.

이러한 복잡한 이유로 심해저문제는 제3차 해양법회의(UNCLOS Ⅲ)에서의 「해양법협약」 채택과정에서 가장 어려운 문제였고, 미국을 위시한 몇몇 선진국의 가입거부의 원인이 되었다.

Ⅱ. 해양법협약의 주요 내용

「해양법협약」은 심해저(deep seabed)를 '지역'(Area)이라고 표현하고, 이것은 국가관할권 이원(以遠)의 대양저(ocean floor) 및 그 지하를 말한다고 규정하였는데, 그 자원은 다금속단괴(多金屬團塊 polymetallic nodules)를 포함하여 이 지역에 있는 모든 고체성, 액체성 또는 기체성 광물자원을 말한다(해양법협약 제133조). 지역의 상부수역 및 상공의 법적 지위(공해자유)에는 아무런 영향이 없다(동 협약 제135조). 「해양법협약」의 심해저제도에 관한 주요 내용은 다음과 같다.

1. 심해저제도의 기본원칙과 활동정책

지역을 규율하는 기본원칙으로서 심해저와 그 자원은 ① 인류의 공동유산(the common heritage of mankind)으로서(동 협약 제136조) 어떠한 국가도 심해저나 그 자원에 대해 주권을 행사할 수 없으며(동 협약 제137조), ② 완전한 독립 또는 자치적 지위를 달성하지 못한 인민의 이익과 필요를 특별히 고려하여 전체인류의 이익을 위해 개발되어야 하며, 개발이익 가운데 이 기구에 공납될 몫은 개발도상국을 비롯한 국가 간에 공평하게 배분되어야 한다(동 협약 제140조). ③ 평화적 목적을 위해 사용되어야 한다(동 협약 제141조).

그리고 심해저개발에 관한 활동정책은 세계경제의 건전한 발전과 국제무역의 성장을 촉진하고, 모든 국가, 특히 개발도상국의 전반적인 발전을 위한 국제협력을 증진시키는 방법으로 수행되어야 한다(동 협약 제150조).

2. 심해저자원의 개발방식

심해저자원의 탐사 및 개발은 심해저기구(개발청)에 의하여 직접 행해지기도 하고, 관련 제(諸)규정에 따라서 조약당사국이나 그 사기업체(私企業體)에 의하여 또는 그 그룹(Consortium)에 의하여 이 기구와 제휴하여 행해질 수도 있다(동 협약 제153조 2항). 이른바 병행개발체제를 인정하고 있다. 제3부속서에서 심해저의 탐사와 개발을 행할 국가, 사기업체 및 합작기업 등의 신청자격과 신청절차를 규정하고 있으며, 또한 연간조광료(年間租鑛料), 생산부과금 및 순수배당 등에 관한 제반사정을 정하고 있다(동 협약 부속서 Ⅲ, 제1~22조).

3. 국제해저기구

국제해저기구(International Seabed Authority)에는 주요 기관으로서 총회(Assembly), 이사회(Council) 및 사무국(Secretariat) 외에 기구가 직접 개발할 수 있는 개발청(Enterprise)을 둔다(동 협약 제158조 1항 및 2항).

■ 총 회 국제해저기구의 모든 회원국으로서 구성되고, 각국은 1국1표를 가지며, 실질문제(questions of substance)는 출석하고 투표한 국가의 3분의 2 이상의 찬성으로 결정한다. 총회의 권한과 기능은 기구의 권한 내에 있는 모든 문제(question)와 사항(matter)에 관해서 일반정책을 수립하는 데 있다.

■ 이사회 총회에서 선출된 36개국으로서 구성되고, 각 이사회는 1국1표를 가지며, 실질문제는 3분의 2 이상의 찬성으로써 결정한다(동 협약 제161조). 36개 이사국은 자본국 4(동구 1국 포함), 최대소비국 내지 수입국 4(동구 1국 포함), 심해저 준비투자국 4(그 중 적어도 2개 개발국 포함), 개발도상국 내지 내륙국 또는 불리국(不利國) 6 및 지역분배 선출국 18로서 구성된다. 이러한 이사회의 구성은 77 Group의 이사회에 대한 정책통제를 제지할 수 있게 한다.

이사회는 기구의 집행기관인 동시에, 제반 해저활동 및 계약사항의 승인·감독 및 통제 등을 행할 권한을 가진다(동 협약 제162조). 이사회 아래 필요한 자문을 얻기 위하여 법률 및 기술위원회(Legal and Technical Commission)와 경제계획위원회(Economic

Planning Commission)를 둔다. 각 위원회는 회원국이 지명한 자 가운데 이사회가 선출하는 15인으로 구성된다.

- 개발청 심해저자원을 직접 탐사·개발하는 기구의 기관이다.[16)]

4. 선행투자보호

「해양법협약」이 정식으로 발효하여 심해저광물자원의 상업적 생산에 들어가기 전에 국제심해저기구의 기능개시가 부당하게 지연되는 일이 없도록 필요한 준비를 하기 위하여 이 협약의 발효에 앞서 준비위원회가 발족되었다. 그리고 그 탐사 등의 선행활동이 신속히 개시되기 위하여 선행투자보호(先行投資保護 Pioneer Investment Protection: PIP)제도가 1982년 4월 30일 UN해양법회의 결의 Ⅱ로써 설정되었다.

이 결의는 1983년 1월 1일까지 일정수준 이상의 활동을 하여 온 8개 기업체를 선행투자자로 지정하였다. 이들은 프랑스·일본, 인도 및 소련의 4개 기업체와 벨기에, 캐나다, 영국 및 미국의 기업으로 구성되는 4개 합작기업(consortium)이다. 이러한 8개 기업체는 준비위원회에 등록함으로써 「해양법협약」의 효력이 발생하기 이전에도 특정광구에서 탐사활동에 종사할 수 있는 배타적 권리를 가지며 또한 협약발효 후에도 심해저기구로부터 개발허가를 받음에 있어서 우선권을 갖게 된다.[17)]

---

16) 이에 대한 상세한 내용은 「해양법협약 제4부속서」에 규정되어 있다.

17) 선행투자보호(先行投資保護 Pioneer Investment Protection: PIP)제도에 대해 약술하면 다음과 같다. UN해양법협약이 정식으로 발효하여 심해저 광물자원의 상업적 생산에 들어가기 전에 국제심해저기구 등의 기능의 개시가 부당하게 지연되는 일이 없도록 필요한 준비를 하기 위하여 이 협약의 발효에 앞서 준비위원회가 발족되었으며, 그 탐사 등의 선행활동이 신속히 개시되기 위하여 투자의 보호, 즉 선행투자보호제도가 설정되었다(1982.4.30 UN해양법회의 결의 Ⅱ). 선행투자보호제도에 의하면 선행투자자로서 승인된 사업주체는 협약의 발효까지의 기간 동안 그 등록일로부터 할당된 광구(鑛區)에서 탐사활동을 행할 수 있는 배타적 권리가 부여되며, 협약의 발효 후에는 국제심해저기구가 발급하는 생산인가에 있어서도 기업(Enterprise)을 제외한 다른 신청자와의 관계에서 우선순위가 부여된다(同決議 ⑥·⑨). 이러한 선행투자자로서의 자격을 갖는 자는 1983.1.1.까지 소정액을 지출한 자로서, 4國에 속한 각 1개의 사업주체(여기서 4국은 프랑스·인도·일본·舊소련을 말한다), 또는 4개 국제컨소시엄, 개발도상국에 속한 사업주체이다. 또한 선행투자자는 본국이 동 협약에 서명하고 증명국이 된 경우에 한하여 탐사·개발활동에 종사할 수 있으며, 그 활동에 있어서도 협약에 어긋나는 방법으로 행하여서는 안 된다. 이와 같이 선행투자보호제도는 동 협약 발효 전의 조치로서 선구적 조직인 준비위원회에 의한 국제적 승인에 입각하여 할당광구에 관한 탐사권의 배타성을 서명국 상호간에 서로 보장하는 것이다.
출전: https://www.lawtimes.co.kr/LawInfo/InfoDics/InfoDictionary.aspx?m=idcs&serial=45928

제 7 절 해양환경의 보호와 보존

제2차 대전 후 해운 및 석유산업의 급격한 발달에 따라 거대한 유조선 및 각종 위험물자의 운송, 각종 폐기물의 처리, 해양자원의 개발에 따른 공해문제는 심각한 국제문제가 되었다. 그러나 1970년대 이전까지 해양오염의 문제에 관한 국제적 대응은 심각한 공해사고가 발생하거나 또는 법규의 공백이 문제가 되는 경우에 비로소 개별적으로 조약(예: 1957년의 「런던협정」, 1957년의 「로마조약」, 1958년 및 1969년의 「해수유독방지조약」 등)을 체결하는 정도에 머물고 있었다. 이 문제를 총괄적으로 다룬 것은 1972년 스톡홀름선언과 제3차 UN해양법회의에 이르러서이다.

1982년 「해양법협약」은 제12장(제192조~제237조)에서 해양환경의 보호와 보존이라는 제목 하에 해양오염문제를 총괄적으로 다루고 있다.

협약은 7개 부분으로 세분하여 일반규정, 세계적 및 지역적 협력, 개발도상국에 대한 기술원조, 감시 및 환경평가제도, 해양오염의 예방·감소·통제를 위한 국제규칙과 국내입법, 강제조치(enforcement), 권익보호(safeguards), 얼음에 덮여 있는 지역(ice-covered area), 해양공해의 국제책임 등을 규정하고 있다. 그 주요 내용을 요약하면 다음과 같다.

Ⅰ. 일반규정

협약은 모든 국가에게 해양환경을 보호하고 보존하는 의무를 부과하고(해양법협약 제192조), 모든 국가는 해양환경의 오염을 예방·감소·통제하기 위한 필요한 모든 조치를 취하여야 하며(동 협약 제194조), 국가들은 이를 위하여 세계적·지역적으로 관계 국제기구를 통하여 또는 관계국가간의 접촉을 통하여 협력하여야 한다(동 협약 제197조). 또한 기술적·재정적으로 해양환경보호의 능력이 없는 개발도상국들에 대해서는 과학적 지식 및 기술원조를 제공하고, 환경보호기금 배정 시 우선적으로 고려하도록 한다(동 협약 제202조, 제263조). 그리고 국가들은 그들의 활동이 해양환경을 오염시킬 가능성이 있는지의 여부를 결정하기 위하여 오염의 위험 및 효과를 감시하고, 보고서를 발표하며, 또한 환경영향평가를 실시한다(동 협약 제204조~제206조).

이상과 같이, 종전의 법제도가 제(諸)국가로 하여금 해양오염을 통제하고 규율할 것인가의 여부와 또 어느 정도로 할 것인가를 자유롭게 결정할 수 있는 상당한 재량권이 부여된 데 반하여, 「해양법협약」은 일반원칙으로서 주로 방지의무를 과하고 있다는 점에서 「해양법협약」의 구조는 권한으로부터 의무로의 기본적 전환을 반영하고 있다.

Ⅱ. 해양오염의 예방·감소·통제를 위한 국제규칙 및 국내입법

해양환경의 각종 오염원에 대하여 국가들은 우선 개별적으로 국제규칙 및 기준에 맞추어 오염의 예방·감소·통제에 필요한 입법조치를 하도록 요구한다. 나아가 관계 국제기구를 통하거나 또는 직접 국가들 사이의 교섭을 통하여 환경보호에 관한 통일적 국제규칙·기준을 확립해 나가도록 촉구한다. 입법조치는 오염원의 종류에 따라 약간 상이하다.

1. 육지원오염[18]과 대기원오염[19]의 규제

이에 관해서는 국가들은 국제적 규칙·기준 및 권고된 관행과 절차를 고려하여 해양환경오염의 예방·감소·통제를 위한 국내법령을 제정하고 또한 필요한 다른 조치를 취하여야 한다.

나아가 국가들은 국제기구나 외교회의를 통하여 해양환경오염을 규제하기 위한 세계적 또는 지역적 규제·기준을 제정하도록 '노력하여야 한다.'

이와 같이 육지원오염과 대기원오염의 규제에 관해서는 국가는 그 자신의 법령을 제정할 수 있는 넓은 재량의 여지를 가지고 있으며, 실제로 국제규칙·기준에 따르는 것은 권고적이다(동 협약 제207조, 제212조).

2. 해저활동에 의한 오염규제

해저자원의 탐사·개발 등도 중요한 오염의 근원이 된다. 이러한 해저활동은 국

18) 협약 제207조. 하천, 하구, 관선 및 기타 배출시설물로부터 나오는 오염을 가리킨다.

19) 협약 제212조. 아직 그 개념이 명백하지는 않으나 영공과 등록항공기로부터 나오는 오염으로 생각된다.

가관할권에 속하는 연안의 해저활동(영해저(領海底) 및 대륙붕)과 국가관할권 밖에 있는 심해저활동으로 구분된다.

국가관할권에 속하는 해저활동이나 인공섬 기타 설치물로부터 발생하는 해양오염을 예방·감소·통제하기 위한 법령을 제정해야 하며, 동시에 필요한 다른 조치를 취해야 한다. 이러한 법령이나 조치는 국제규칙·기준과 권고된 관행 및 절차보다 '덜 효과적이어서는 안 된다'(동 협약 제206조).

심해저활동에서 생기는 해양오염을 예방·감소·통제하기 위하여 협약은 2중으로 법령제정을 규정하고 있다. 하나는 이 수역에서 활동하는 선박이나 구조물의 국적 또는 등록국의 국내법령의 제정이며, 다른 하나는 국제심해저기구를 통한 국제규칙의 제정이다. 이 때 그 국내법령의 요건은 국제규칙보다 덜 효과적이어서는 안 된다(동 협약 제209조).

3. 폐기물투하로 인한 해양오염의 규제

폐기물투하(dumping)란 폐기물을 선박 및 항공기 등에서 고의로 바다에 버리는 것이며, 선박이나 항공기를 정상적으로 운영하는 과정에서 유출되는 폐기물은 이에 포함되지 않는다. 국가들은 폐기물투하로 인한 해양오염을 예방·감소·통제하기 위한 국내법령을 제정하여야 하며, 기타 필요한 조치를 취하여야 한다. 이 때 그 국내법령 및 조치 중에는 투기가 권한 있는 당국의 허가를 받도록 할 것을 포함시켜야 한다. 특히, 영해 및 EEZ 또는 대륙붕에 대한 투기는 그들의 지리적 상황에 따라 불리한 영향을 받는 다른 국가들과 협의한 다음에 허가해야 하며, 또한 그 국내법령 및 조치는 국제규칙 및 기준보다 덜 효과적이어서는 안 된다(동 협약 제210조).

4. 선박에 의한 오염규제

선박에 의한 해양오염은 세계의 관심을 가장 먼저 일으킨 것이기는 하지만, 그 동안 전통적으로 기국의 배타적 관할권 하에 지배되어 온 관계로 효과적인 규제가 이루어지지 못했다. 「해양법협약」은 이러한 문제점을 해결하기 위하여 기국 이외에 연안국과 항구국에도 상이한 규제권을 부여하였다.

첫째, 국가들은 관계국제기구나 일반외교회의를 통하여 선박에 의한 해양 오염의 예방·감소·통제를 위한 국제규칙과 기준을 제정하여야 한다(동 협약 제211조).

둘째, 기국은 자국선에 의한 해양오염의 예방·감소·통제를 위한 국내법령을 제정하여야 하며, 이러한 법령은 적어도 권한 있는 국제기구나 일반외교회의를 통해서 제정된 국제규칙 및 기준과 동일한 효력을 가져야 한다(동 협약 제211조 2항).

셋째, 국가들은 해양오염의 예방·감소·통제를 위하여 외국선박의 자국항과 내수로의 진입, 또는 연안정박시설의 방문에 대한 특별요건을 제정할 수 있다. 다만 이러한 경우에는 정당하게 공시하여야 하며, 권한 있는 국제기구에 통보하여야 한다(동 협약 제211조 3항).

넷째, 연안국은 자국해양 내에서 외국선박에 의한 해양오염을 규제하기 위한 국내법령을 제정할 수 있다. 다만 이러한 법령은 외국선박의 무해통항권을 방해해서는 안 된다(동 협약 제211조 4항). 그리고 연안국은 자국의 EEZ에서 선박에 의한 오염을 규제하기 위하여 권한 있는 국제기구, 또는 일반외교회의를 통하여 제정된 일반적으로 수락된 국제규칙과 기준에 따르고 이를 시행하는 법령을 제정할 수 있다(동 협약 제211조 5항).

5. 빙하지역에 대한 해양오염규제

빙하지역은 특히, 심한 기후조건과 연중 대부분 얼음에 덮여 있는 관계로 항해에 대한 장애나 특별한 위험이 되고, 오염이 이 수역의 생태적 균형에 중요한 피해나 돌이킬 수 없는 혼란을 초래할 수 있다고 인정되는 경우에는 연안국은 EEZ의 한계 내에서 빙하지역을 통항하는 선박에 의한 해양오염을 예방·감소·통제하기 위하여 무차별적인 국내법령을 제정하고 집행할 권리를 가진다(동 협약 제234조).

Ⅲ. 강제조치

국제규칙을 위반하여 해양오염을 발생하는 선박에 대하여 규제 및 통제권을 행사하는 관할권을 기국뿐만 아니라(동 협약 제217조), 연안국(동 협약 제220조) 또는 입항국(동 협약 제218조)에게 부여함으로써 효과적인 오염방지를 꾀하고 있다. 연안국주의란 오염방지에 관한 국내법위반행위가 선박에 의해서 영해 및 EEZ내에서 행해진 경우, 연안국은 그 선박을 임검하고, 충분한 증거가 있는 경우에는 억류 및 기타의 법적 절차를 개시할 수 있다는 것이다. 다만 EEZ내에서의 위반행위에 있어서는 연안국에 중대한 손해(major danger)를 부여하거나 또는 부여할 가능성이 있는 경우에 한하여 억류할 수 있으며, 심각한 오염에 의한 손해(significant pollution)를 주거나 또는 줄 가능성이 있는 경우에는 단지 임검할 수 있을 뿐이다.

입항국주의란 오염방지에 관한 국제규칙 및 기준에 위반한 선박이 입항한 경우에는 그 위반행위가 입항국의 내수, 영해 또는 EEZ 외에서 행해진 경우에 있어서도 입항국은 관할권을 가진다는 것이다. 다만 타국의 내수, 영해 또는 EEZ에 있어서의 오염에 관한 위반행위에 관해서는 그 연안국, 기국 또는 그 위반행위에 의해서 오염되거나 또는 오염의 위협에 처해진 국가로부터 요청이 있는 경우에 한해서 당해 선박에 대하여 관할권을 가진다.

Ⅳ. 국제책임

해양오염방지법규에 위반하여 손해를 발생시킨 경우, 관계국가는 국제책임을 진다. 그 국제책임의 성립, 배상절차 등에 관하여는 스스로 규율하지 않고 일반국제법이나 특별조약에 의하도록 하고 있다. 또한 국가들로 하여금 국내구제절차를 설정하고, 이 분야의 조약을 보완하도록 촉구하고 있다(동 협약 제235조).

제 8 절 해양의 과학적 조사

Ⅰ. 과학적 조사의 권리

「해양법협약」은 지리적 위치에 관계없이 모든 국가 및 권한 있는 국제기구는 이 협약에 규정하는 타국의 권리와 의무를 따를 것을 조건으로 하여 해양의 과학적 조사를 실시할 권리를 가진다고 규정한다(해양법협약 제238조). 그리고 주권 및 관할권존중의 원칙에 따라, 또한 상호 이익의 기초 위에 평화적 목적을 위하여 과학적 조사에 있어서의 협력의 촉구를 구하고 있다(동 협약 제242조).

Ⅱ. 과학적 조사의 규제

■ 영 해 모든 연안국은 자국의 영해에 있어서의 해양의 과학적 조사를 규제하고 허가하고 또한 실시하는 배타적 권리를 가진다. 그 이외의 국가는 영해에 있어서의 해양의 과학적 조사를 함에 있어서 연안국의 명시적인 동의를 얻어야 하고, 또한 연안국이 정하는 조건에 따라 실시할 수 있다(동 협약 제245조).

■ EEZ 및 대륙붕 연안국은 자국의 EEZ 또는 대륙붕에서 타국 또는 권한 있는 국제기관이 전적으로 평화목적으로, 또한 모든 인류의 이익을 위해 해양환경에 관한 과학적 지식을 증진할 목적으로, 이 협약에 따라 실시하는 해양의 과학적 조사계획에 대해서는 통상적으로 동의를 부여하여야 한다(동 협약 제246조 3항). 그러나 연안국은 이 과학적 조사계획의 실시에 관해서 다음의 경우에는 자국의 재량에 의하여 동의를 부여하지 않을 수 있다. 즉, (a) 천연자원의 탐사·개발에 직접 영향을 미치는 경우, (b) 대륙붕의 굴착, 폭발물의 사용 또는 해양환경에 유해한 물질을 도입하는 경우, (c) 인공섬, 설비 및 구조물의 건설·조작 또는 이용을 수반하는 경우, (d) 계획의 성질 및 목적에 관하여 전달된 정보가 부정확한 경우, 그리고 조사단 또는 국제기관이 과거에 실시한 조사계획에 관해서 연안국에 대한 의무를 이행하고 있지 않는 경우이다(동 협약 제246조 5항).

제9절 해양분쟁의 해결

「해양법협약」은 제15장에서 협약의 해석과 적용에 관하여 일어나는 분쟁해결에 관하여 상세히 규정하고 있다. 또한 이러한 법규정을 구체적으로 시행하기 위하여 분쟁해결방법별로 조정절차(해양법협약 부속서 5), 국제해양법재판소규약(동 협약 부속서 6), 중재절차(동 협약 부속서 7) 및 특별중재절차(동 협약 부속서 8)를 별도로 두고 있다. 협약상 분쟁해결절차는 크게 나누어 조정절차와 강제절차로 구분되고 있으며, 당사자들은 자유로이 그 방법을 선택할 수 있다(동 협약 제280조).

Ⅰ. 조정절차

한 분쟁당사자가 조정절차에 따른 분쟁해결을 요청하고 타방 당사자가 이를 수락하는 경우에는 부속서 5에 의거하여 설치된 조정위원회에 분쟁을 부탁할 수 있다(동 협약 제284조).

조정위원회는 5인의 위원으로 구성되며, 위원회가 마련한 보고서는 UN사무총장을 통하여 분쟁당사국에 제출된다. 보고서의 법적 구속력은 없다.

Ⅱ. 강제절차

당사자들은 협약의 서명, 비준, 가입시 또는 그 후 언제든지 해양법협약의 해석이나 적용에 관한 분쟁을 해결하기 위하여 다음 네 가지 강제절차기관 중 하나 또는 그 이상을 서면으로 선택·선언할 수 있다. 그 기관은 ① 국제해양법재판소, ② ICJ, ③ 중재재판소, ④ 특별중재재판소이다(동 협약 제287조).

1. 국제해양법재판소

이 재판소는 21인의 독립적 법관으로 구성한다(동 협약 제6부속서 제2조). 각국은 2인 이하의 후보자를 추천하고 UN사무총장은 알파벳순으로 목록을 작성한다. 법관의 첫 선거는 사무총장의 주재로 후보자명단 중에서 당사국들의 비밀투표로 행한다. 두 번째 이후의 선거는 당사국들이 정하는 절차에 따라 진행한다. 법관선출을 위한 당사국회의의 의결정족수는 당사국의 3분의 2의 찬성으로 한다(동 부속서 제4조).

국제해양법재판소는 특히 심해저분쟁 해결을 위해 심해저분쟁부(Sea-Bed Disputes Chamber)를 두고 있다. 이 재판부는 당 재판소 재판관 중에서 15인의 법관으로 구성되며, 국제해양법재판소 법관들의 과반수 이상의 찬성으로 선출한다.

이 부는 ① 이 부 및 이에 관련된 부속서의 해석 또는 적용에 관한 분쟁, ② 기구와 당사국 사이의 분쟁, ③ 기구와 당사국 국민간의 분쟁에 관한 관할권을 가지며(동 협약 제187조), 또한 이 부는 총회와 이사회의 활동범위 내에서 발생하는 법률문제에 관하여 총회 또는 이사회가 요청하는 경우에 권고적 의견을 부여한다(동 협약 제191조).

2. 특별중재재판소

이 재판소는 전문적 지식과 경험을 필요로 하는 특별한 분야의 분쟁을 합리적이고 공평하게 처리하기 위하여 설치되어 있다. 특별분야는 어업, 항해, 해양환경보호, 해양과학조사의 네 가지로 특정하고 있다(동 협약 제8부속서 제1조).

분쟁이 발생하면, 당사국은 각각 2인의 전문가를 각 전문가목록에서 선정하며, 그 중 1인은 분쟁당사국의 국민으로 한다. 당사국들은 제3국의 전문가 1인을 전문가목록에서 선정하여 재판장으로 한다. 재판장의 선정에 있어서 당사국이 합의하지 못하는 경우에는 UN사무총장이 당사국들과 합의하여 선임한다(동 부속서 제3조).

분야별로 따로 작성하는 각 전문가목록은 어업분야는 FAO, 해양환경은 UNEP, 해양과학조사 분야는 정부간해양과학위원회(Int'l Oceanographic Commission), 항해분야는 IMO에 의하여 각각 작성된다. 모든 당사국들은 각각 전문가 2인을 선정하여 담당 국제기구에 제출한다(동 부속서 제2조).

Ⅲ. 관할권의 특징

「해양법협약」상 분쟁해결제도의 특징은 대부분의 분쟁에 있어서 분쟁당사국의 일방적 요청에 의하여 강제적 절차에 부탁된다는 것이다. 각국은 이러한 강제절차 중에서 어느 것을 적용함에 동의할 것인가를 선택할 수 있다. 분쟁당사자 양자가 동일한 절차를 선택한 경우에는 이 절차만이 당해분쟁에 적용된다. 강제절차가 없는 경우에는 중재법원에 부탁하여 구속력 있는 결정을 보게 된다(동 협약 제287조 제1~5항).

이와 같이 협약은 모든 분쟁에 관하여 강제적 재판관할권을 설정하고 있으나, 다음의 두 가지 중요한 예외를 인정하고 있다.

■ 강제적 절차의 적용제한 강제적 절차의 적용이 제한되는 대상이 되는 특정분쟁에 관한 것이다. 즉, ① 해양의 과학적 조사에 있어서 EEZ나 대륙붕에서의 조사를 허용하지 않음으로 인하여 발생하는 분쟁, ② EEZ에 있어서의 어업에 관한 주권적 권리에 관한 분쟁에 대해서는 연안국은 제287조에 규정된 재판절차를 수락할 의무가 없다(동 협약 제297조 2(a), 3(a)).

■ 선택적 예외 선언의 대상이 되는 특정분쟁에 관한 것이다. 즉, ① 해양경계획정에서 발생하는 분쟁, ② 군사적 활동에 관한 분쟁, ③ UN 안전보장이사회에서 다루고 있는 분쟁에 대해서는 협약의 서명, 비준 또는 가입 시에 위에 예시한 재판절차를 따르지 않겠다는 선언을 할 수 있다(동 협약 第298조).

그리고 위의 강제적 재판관할권에서 제외되는 분쟁 중 ① 해양의 과학적 조사에 관한 분쟁과 ② EEZ에서의 어업에 관하여 연안국이 생물자원의 적절한 보존·관리의무를 명백히 위반하였거나, 이해관계국의 요청이 있음에도 불구하고 이해관계를 가지는 어족의 어획허용량과 그 능력의 결정을 자의적으로 거부하였거나 또는 잉여분의 배분을 자의적으로 거부하였다는 주장이 제기된 분쟁(동 협약 제297조 3(b))은 강제적으로 조정절차에 부탁하여 해결하여야 한다.

제 10 장 국제관계의 국가기관

국제관계에 있어서의 국가기관은, 광의로는 국가원수, 정부수반, 외무부장관, 외교사절 및 영사를, 그리고 협의로는 외교사절과 영사를 말한다. 국가원수 등은 외국에 있을 때에는 법적으로 외교사절과 같으나, 다만 예우를 더 받는 데 불과하다. 따라서 본장에서는 외교사절과 영사에 관해 설명하기로 한다. 그 밖에 외국에 주재하는 군대, 군함 및 군용기도 일정한 한도 내에서 외교사절에 준하는 취급을 받으므로 여기에서 기술하기로 한다.

제 1 절 외교사절

Ⅰ. 외교관계 및 외교관계조약

국가가 타 국가와 외교교섭을 행하며 국제관계를 유지하기 위해서는 국가를 대표하여 행동하는 국가기관이 필요하다. 실제로 특정문제의 처리를 위하여 그때그때 사절을 교환하는 것은 고대시대에도 찾아볼 수 있다. 반면에 외국에 상주하는 외교사절의 교환은 17세기 후반부터(1648년의「Westphalia조약」이후) 유럽에서 일반화되었다. 이러한 사절에 대해서는 특별한 보호와 특권이 부여되었다.

외교사절에 관한 국제법규칙은 거의 국제관습법으로서 성립하고 있으나, 1961년 「외교관계에 관한 비엔나협약」(Vienna Convention on Diplomatic Relations)[1]은 이러한 관습법의 규칙을 법전화하고－관습이 불확실하거나 또는 모순되는 경우에는

1) 채택일: 1961.4.18, 발효일: 1954.4.24, 체약국 수: 183개국, 한국 발효일: 1971.1.27(조약 제365호)

명백히 또는 수정하여-또한 시대에 맞는 규칙을 만들었다.

이 협약의 규정에 명시적으로 규정되어 있지 않는 문제는 국제관습법의 규칙이 계속해서 규율하는 것으로 되어 있다(외교관계협약 前文). 이 협약은 우리나라를 포함한 대부분의 국가가 가입하고 있는 일반조약이므로 이 조약에 따라 외교사절의 지위를 고찰하기로 한다.

■ 용어의 정의 「외교관계협약」 제1조에 의하면, 이 협약의 적용상 (a) '사절단의 장'이란 그 자격에 있어서 행동하는 임무가 파견국에 의하여 부여된 자를 말한다.

(b) '사절단의 구성원'이란 사절단의 장 및 사절단의 직원을 말한다.

(c) '사절단의 직원'이란 사절단의 외교직원, 사무·기술직원 및 역무직원을 말한다.

(d) '외교직원'이란 사절단의 직원으로서 외교관의 신분을 가진 자를 말한다.

(e) '외교관'이란 사절단의 장과 사절단의 외교직원을 말한다.

(f) '사무 및 기술직원'이란 사절단의 직원으로서 사절단의 사무적 업무 또는 기술적 업무를 위하여 고용된 자를 말한다.

(g) '역무직원'이란 사절단의 직원으로서 사절단의 역무에 종사하는 자를 말한다.

(h) '개인사용인'이란 사절단의 구성원의 가사에 종사하는 자로서 파견국이 고용한 자가 아닌 자를 말한다.

(i) '사절단의 공관'이란 소유자 여하를 불문하고 사절단을 위하여 사용되고 있는 건물, 또는 그 일부 및 이에 부속하는 토지(사절단의 장의 주거도 이에 포함된다)를 말한다.

Ⅱ. 외교사절의 종류·계급·석차

1. 종 류

외교사절에는 상주사절과 어떤 특정임무를 띠고 임시로 파견되는 특별사절이 있다. 이 중에 중요한 것은 국가를 일반적으로 대표하는 자격을 가지고 외국에 상주하는 상주외교사절이다. 외교사절에 관한 국제법 규칙도 주로 상주외교사절을 중심으로 형성된 것이다.

외교사절단(diplomatic mission)은 사절단의 장을 포함한 여러 인원으로 구성되는

데, 접수국은 사절단의 정원을 합리적·정상적인 범위로 제한하도록 요구하고 있다(외교관계협약 제11조).

2. 계 급

「외교관계협약」은 그 계급을 다음과 같이 규정하고 있다. 즉, (a) 국가원수에게 파견되는 대사 또는 로마교황청 사자(nuncios) 및 이들과 동등한 자격을 가지는 기타 사절단의 장(동 협약 제14조 1(a)항), (b) 국가원수에게 파견되는 공사 및 로마교황청 공사(internuncio)(동 협약 제1조 (b)항), (c) 외무부장관에게 파견되는 대리공사(chargé d'affaires)(동 협약 제1조 (c)항).

제1항 (a)호의 '동등한 지위를 갖는 기타 사절단의 장'이란 예컨대, 현존하는 것으로서 영연방의 고등판무관(high commissioner) 또는 프랑스공동체의 고등대표(haut représentant)를 말한다. 앞으로 이와 유사한 계급이 발생할 경우에는 그것도 이에 포함된다. (c)호의 대리공사는 사절단이 유고시에 임시로 그 장의 임무를 보는 자, 즉 임시사절대리(공사대리)와 혼동하여서는 안 된다.

외교사절은 석차 및 예의에 관한 경우를 제외하고는 계급을 이유로 차별되지 않는다(동 협약 제14조 2항). 그리고 사절단의 장에게 부여되는 계급은 당국 간의 합의에 의하여 정하여진다(동 협약 제15조).

1815년의 비엔나회의에서는 대사·공사 및 대리공사의 3계급이, 그 후 1818년의 Aix-la-Chapell회의에서는 공사 다음에 변리공사(辨理公使)가 추가되어 선석권(先席權)을 둘러싼 각국의 분쟁을 조정하였다. 그러나 외교관계협약은 변리공사를 폐기하고 위의 3계급만을 두었다. 현재는 대사교환이 일반화되어 있다.

3. 석 차

사절의 석차(席次)와 관련하여 ① 사절단의 장의 석차는 동일한 계급에 있어서 제13조의 규정에 의한 직무개시의 일시순서에 따라 결정된다(동 협약 제16조 1항).

② 사절단의 장은 신임장의 변경으로서 계급의 변경을 수반하지 않는 경우에는 그 사절단의 장의 석차에 영향을 미치는 것은 아니다(동 협약 제16조 2항). 예컨대, 파견국이나 접수국의 원수가 변경되었을 경우 새로운 임명장이 부여되므로 신임장에 변경이 발생하지만 장의 석차는 그대로이다. 그러나 예외로서 장의 계급이 변경되었을 경우에는 새로운 신임장을 제출하여야 하며, 그때의 석차는 신임장제출

의 일시에 따라 정해진다.

③ 본조의 규정은 로마교황의 대표자의 석차에 관한 관행으로서 접수국이 용인하는 것에 영향을 미치는 것은 아니다(동 협약 제16조 3항). 가톨릭국가에서는 로마교황청 사절이 선석외교사절(先席外交使節)이 되는 것이 일반적인 관례이다.

일국에 주재하는 각국의 외교사절과 그 수행원의 일단을 외교단(diplomatic corps)이라고 하며, 그 장을 외교단장(doyen)이라고 한다. 사절 중에서 최상계급의 최선임자가 외교단장이 된다.

가톨릭국가에서는 로마교황청 사절이 외교단장이 되는 것이 일반적인 관례이다(동 협약 제16조 3항).

외교단은 법적 조직은 아니지만 외교적 관행에 따르면, 예의상의 문제에 공동행동을 취하며 사절의 특권과 명예가 침해되지 않도록 감시하는 역할을 수행한다.

Ⅲ. 외교사절의 파견·접수

국제법상 국가는 외교사절을 파견할 권리, 즉 사절권(a right of legation)을 가지는가에 대해서는 종래 학자들 간에 논쟁이 있었으나, 외교관계협약은 "국가 간의 외교관계의 수립 및 상주사절단의 설치는 상호 합의에 의하여 행해진다"고 명확하게 규정하였다(동 협약 제2조).

1885년에 미국은 Keiley를 이탈리아주재 공사로 임명하였다. 이탈리아는 이를 거절하였다. 그 이유는 이탈리아가 로마법왕청을 합병했을 때 '신성한 조약과 법왕의 독립에 대한 범죄'라고 하는 가톨릭의 결의를 지지하는 연설을 행한 바 있기 때문이다. 이것은 접수국에 적의를 표시한 것으로 볼 수 있으므로, 미국도 이탈리아의 반대를 비난함이 없이 Keiley의 임명을 취소하였다. 그 후 미국은 같은 해에 Keiley를 오스트리아공사로 임명하였다. 오스트리아는 Keiley의 처가 유태인으로서 Keiley와의 결혼이 종교상의 결혼이 아니고, 민사상 결혼이라는 이유를 들어 접수를 거부하였다. 미국은 이를 맹렬히 비난하고, 그러한 이유로써 접수를 거절하는 것은 종교와 양심의 자유를 파괴하고, 공정에 반한다고 항의하였다. 그래도 오스트리아가 접수를 거부하였으므로 1887년까지 사절을 임명하지 않았다.

이와 같이, 파견국이 이미 임명한 후에 접수국이 이의를 제기하여 접수를 거부한다면 파견국은 이미 임명한 것을 취소하여야 되고, 따라서 국가의 위신도 손상되게 된다. 또한 이로 인하여 국제적 물의가 일어날 수도 있다. 이러한 물의를 피하기 위하여 아그레망(agrément)제도[2]와 기타 규칙들이 존재한다.

■ 사절단의 장의 임명 ① 파견국은 자국이 사절단의 장으로서 접수국에 파견하려고 하는 자에 관하여, 접수국에 의한 아그레망의 부여를 확인해야 한다. ② 접수국은 아그레망의 거부에 관하여 파견국에 대하여 그 이유를 밝힐 필요가 없다(동 협약 제4조).

아그레망 거부이유에 관해서 과거에 분쟁이 많았으므로 이를 피하기 위하여 그 이유를 밝힐 필요가 없다고 하고 있다. 그러나 정당한 이유 없이 아그레망의 부여를 거부하는 것은 국제예양에 반하는 것이므로 파견국은 상당한 기간 외교사절을 파견하지 않음으로써 불만을 표시할 수 있을 것이다.

■ 사절단직원의 임명 외교사절 이외의 사절단의 직원에 대해서는 파견국은 자유로이 임명할 수 있다(아그레망 불필요). 그러나 육·해·공군의 주재무관(駐在武官 attaché)에 대해서는 접수국은 승인을 목적으로 사전에 그 명단의 제출을 요구할 수 있다(동 협약 제7조).

사절단의 외교직원은 원칙적으로 파견국의 국적을 가지는 자라야 한다. 접수국의 국적을 가진 자 또는 제3국의 국민을 임명해서는 안 된다. 다만 접수국이 동의를 할 경우에는 그러하지 아니하나, 접수국은 언제든지 그 동의를 철회할 수 있다(동 협약 제8조).

■ persona non grata ① 접수국은 언제든지 이유를 달지 아니하고 파견국에 대하여 사절단의 장 또는 사절단의 외교직원인 자가 '기피인물(혹은 비우호적 인물)'(persona non grata)이라는 것을 통고할 수 있다. 그 통고를 받은 경우에 파견국은 상황에 따라 그 자를 소환하거나, 또는 사절단에 있어서의 그 자의 임무를 종료시켜야 한다. 접수국은 위의 어떤 자가 그 영역에 도착하기 전에도 그 자가 '기피인물' 또는 '받아들일 수 없는 인물'임을 명백히 할 수 있다(동 협약 제9조 1항).

② 파견국이 1항에 규정한 자에 관한 그 의무를 이행하는 것을 거절하거나 또는 상당한 기간 내에 이를 이행하지 않는 경우에는 접수국은 그 자를 사절단의 구성원으로 인정하는 것을 거부할 수 있다(동 협약 제9조 2항).

위 제1항의 '언제든지'(at any time)라는 것은 외교사절의 장이나 직원이 직무를

2) 외교사절을 파견하는 데에는 상대국의 사전 동의가 필요하며, 이 상대국의 동의를 아그레망이라고 한다. 사절의 임명 그 자체는 파견국의 권한에 속하나 외교사절을 받아들이는 접수국은 외교사절의 개인적 이유를 내세워 기피할 수 있다.

개시하기 전후를 막론한다는 뜻이다. 직무 개시 전이라 함은 접수국에 도착하여 아직 직무를 개시하지 않는 경우와, 도착하기 전의 경우를 포함한다. 도착 전의 경우에는 접수국은 파견국에 통고하여 접수를 거부할 수 있다. 따라서 제1항 마지막 문단의 "도착하기 전에도……할 수 있다"는 것과는 중복된다. 또 "임무를 종료시켜야 한다"에 해당되는 경우로서는 '기피인물' 또는 '받아들일 수 없는 인물'이 접수국 국민인 경우, 또는 파견국 국민이나 제3국민으로서 접수국에 체류하게 된 자에 대하여 행하여진다.

위 제2항에서 사절단의 구성원으로 인정되지 않으면, 그 자는 보통의 외국인으로 취급되며, 국제법의 일반원칙에 의하여 강제 출국된다.

Ⅳ. 외교사절의 직무

1. 직무의 개시

외교사절의 직무는 접수국에 있어서 일률적으로 적용될 일반적인 관례에 따라 자기의 신임장을 제출했을 때(원수에게), 또는 자기의 도착을 외무부에 통고하고 또한 자기의 신임장의 적정한 사본을 외무부에 제출했을 때에 개시한 것으로 간주된다. 임명장 또는 그 진정한 사본을 제출하는 순서는 사절단의 장의 도착일시에 따라 결정된다(동 협약 제13조).

2. 직무의 내용

외교사절의 직무는 광범위한 것이며, 외교관계협약 제3조에 상세하게 열거되어 있으나 여기에 한정되는 것은 아니다.

그 주요한 직무는, 첫째, 접수국에 있어서 파견국을 대표한다(동 협약 제3조 1(a)항). 이것은 사절의 모든 활동을 총괄하는 직무라고 할 수 있는 데, 이것을 외교사절의 외교성(外交性)이라고 한다. 접수국 정부와의 통신 또는 토의에 있어서도 파견국을 대표하는 것이며, 그의 대변자이다. 영사는 이러한 외교성을 갖지 않는다. 그 구체적 활동으로서는 외교사절이 파견국의 이름으로 조약의 체결, 통고, 항의 및 국제회의에의 참가 등의 행위를 할 수 있다.

둘째, 접수국의 정부와 교섭한다(동 협약 제3조 1(c)항). 조약체결의 준비교섭이나 양국의 현안문제의 토의 등에 관해 공식적 또는 비공식적으로 교섭한다.

셋째, 접수국에 있어서의 제(諸)사정과 발전을 모든 적법한 수단을 통하여 확인하고, 파견국 정부에 보고한다(동 협약 제3조 1(d)항). 여기서 제(諸)사정이란 특히 파견국의 이해와 관계가 있는 정치, 경제, 사회, 문화 및 당사국의 모든 정보와 동향을 포함한다. 정보 수집은 적법한 수단에 의하여 행하여야 한다. 예컨대, 접수국의 공무원을 매수한다든가 또는 비밀방법에 의한 부정한 수집은 간첩활동으로 간주될 것이다. 이러한 행위를 하는 자 또는 교사하는 자는 persona non grata로 통고될 수 있다.

넷째, 접수국과 파견국과의 우호관계를 촉진하며, 또한 양국 간의 경제적·문화적·과학적 관계를 발전시킨다(동 협약 제3조 1(e)항).

다섯째, 접수국에 있어서 '국제법이 인정하는 범위 내에서' 파견국 및 그 국민의 이익을 보호하는 것이다(동 협약 제3조 1(b)항). 이것은 주로 자국민의 권리가 침해되었을 때의 외교적 보호권의 행사를 뜻한다. '국제법이 인정하는 범위 내에서'라는 문구는 자국민의 이익을 보호하기 위하여 무력을 사용하여 접수국의 국내문제에 개입하는 것을 방지하고자 하는 의도에서 추가되었다.

마지막으로, 사절단은 접수국에 자국의 영사가 파견되어 있지 않을 때는 영사 임무도 수행할 수 있다(동 협약 제3조 2항). 이 규정은 명확하지는 않으나, 원칙적으로 외교사절이 영사사무를 행할 수 있다는 것, 다만 접수국이 반대하는 경우에는 그렇지 아니하다는 의미로 해석하는 것이 「외교관계협약」의 성립 경과로 보아 타당할 것이다.

접수국은 이상과 같은 사절단의 임무수행을 위하여 충분한 편의를 제공하여야 한다(동 협약 제25조). 이에 대응하여 외교사절은 접수국의 법령을 존중하고 접수국의 국내문제에 개입하지 않을 의무를 진다(동 협약 제41조 1항).

3. 직무의 종료

사절의 직무종료의 원인으로서 통상적인 경우는 본국으로부터의 소환에 의한 경우이다. 이 경우에는 사절은 소환장을 접수국 원수에게 제출하고 이와 교환으로 신임답장(信任答狀)을 받아 귀환하게 되는데, 사절의 임무는 신임답장의 수령과 동시에 종료한다.

그러나 소환이 접수국의 요구(부당한 행위를 이유로)에 의한 경우에는 위와 같은 절차가 필요 없으며, 다만 안도권(安導券 safe-conduct)의 발급을 요구할 수 있을 뿐이다.

그 밖의 종료사유로는 접수국으로부터의 퇴거요구, 파견국 또는 접수국 원수의 퇴위 또는 사망(이 경우에는 새로운 신임장이 필요하나 석차에는 영향이 없다), 파견국 또는 접수국의 정부의 변경 또는 소멸 및 외교사절 자신의 사망 등이다.

Ⅴ. 외교사절의 특권·면제(외교특권)

1. 외교특권의 의의와 근거

외교사절은 보통의 외국인과는 달리 상당히 두터운 보호를 받는 여러 가지의 특권이나 면제가 인정된다. 이것을 일괄하여 외교특권이라고 한다. 이것은 외교사절뿐만 아니라 사절단의 기타 구성원, 공관이나 문서에도 미친다.

그 근거에 관해서는 종래에 여러 가지 설(영토외적 성질설 또는 국가대표적 자격설)의 대립이 있었으나, 현재에는 사절은 중요한 직무에 종사하므로 그 임무를 능률적으로 수행하기 위하여 특권 및 면제가 필요하다는 기능설(functional necessity theory)이 지지를 받고 있다.

「외교관계협약」에서는 "이와 같은 특권 및 면제의 목적이 개인에게 이익을 주기 위한 것이 아니고 국가를 대표하는 외교사절단의 직무의 능률적인 수행을 확보하는데 있다"(외교관계협약 前文)고 하고 있다. 외교사절의 장이나 직원이 국가를 대표하여 능률적으로 임무를 수행할 수 있도록 접수국의 관할권으로부터 면제된다는 점에서 특권·면제라는 용어가 사용되고 있다.

2. 외교사절의 특권과 면제

사절단의 특권과 면제의 중심은 공관 및 문서, 통신의 불가침이다.

(1) 공관의 불가침

첫째, 사절단의 공관은 불가침이다. 따라서 접수국의 관리는 사절단의 장의 동의 없이는 공관에 들어갈 수 없다(동 협약 제22조 제1항).

여기서 '공관'이란 건물 또는 그 부분(예: 빌딩의 일부)과 건물을 둘러싼 토지와 부속물(예: 차고)을 포함한다. 그 소유 여하는 불가침과는 관계가 없다. 사절단의 장의 동의 없이는 접수국관리는 공관에 들어갈 수 없다는 불가침원칙은 절대적인 것인가 아니면 긴급한 경우 예외를 인정할 것인가에 대해서는 논란이 많았다. 그러나 예외규정을 적극적으로 두는 것은 남용의 위험이 있으므로 명시적으로 규정하는 것은 부결되었으나 예외가 있을 수 있다는 것도 부정하지 않았다. 따라서 예외의 경우로서 인명, 공중위생 및 재산에 대한 중대하고 긴박한 위험(예: 공관으로부터 통행인을 사격한다든지, 공관의 화재 및 전염병발생 등)이 발생했을 때는 접수국의 관리가 들어갈 수 있다는 것에 대해서는 아무도 반대하지 않았다.

둘째, 접수국은 침입 또는 손괴로부터 공관을 보호하고, 그리고 공관의 안녕이 방해되거나 위험을 방지하기 위하여 적당한 조치를 취할 특별의무를 진다(동 협약 제22조 2항).

여기서 '특별한 의무'란 일반질서유지의 의무 이상의 특별한 조치를 취할 경우이다. 보통의 국민이나 외국인의 보호를 위한 조치 이상의 조치를 말한다. 위해가 가해질 우려가 있는 경우에는 특별히 엄중한 경계를 행하여야 할 것이며, 위해가 가해진 경우에는 엄중히 처리해야 한다.

셋째, 사절단의 공관, 공관 내에 있는 용구류, 기타의 재산 및 사절단의 운수기관은 수색·징발·압류 또는 강제집행을 받지 않는다(동 협약 제22조 3항).

이것은 접수국의 사법상의 명령에 의한다 하더라도 공관, 공관 내에 있는 용구류, 기타 재산 및 사절단의 수송기관(공관 내외를 막론하고)에 대해서는 수색·징발·압류 또는 강제처분을 행할 수 없다는 것을 명시하고 있다는 점에서 특별한 의미가 있다.

끝으로, 공관의 불가침과 관련하여 공관부지의 수용문제와 공관의 외교적 비호권문제가 있다.

■ 공관부지의 수용　　공관부지의 수용문제에 대해서 「외교관계협약」은 특별히 언급하고 있지 않다. 그러나 접수국의 공공사업으로 인하여 수용이 필요한 경우에는 불가침권의 성질상 파견국은 접수국의 결정에 따를 법적 의무는 없으나, 토지가 접수국의 법 아래에 있다는 것을 고려하여, 파견국은 이에 협력할 도의적 의무가 있다.

예컨대, 도시계획상 공관부지의 이전이 불가피한 경우, 현재와 동등 이상의 부지나 이전비용을 접수국이 부담하고 직무수행에 지장을 초래하지 않는 기간을 정하여 이전을 요청하는 것은 가능하다고 본다. 협약에 명시하지 않은 것은 역시 접수국의 수용남용의 위험을 방지하려는데 있다 할 것이다.

〔주 모스크바미국대사관 앞 시위사건〕

1965년 3월 4일 모스크바주재 미국대사는 소련 외무부장관에게 모스크바 및 루뭄바(Lumumba)대학생들에 의한 반미시위가 그날 오후에 계획되어 있다는 것을 확인하였다는 것과, 또 미대사관은 소련정부가 국제법과 관습에 의해 요구되는 보호를 대사관과 그 인원에 대하여 마련해 줄 책임을 다할 것을 기대한다는 것을 통고하였다.

같은 날 오후 3~4시 사이에 미국의 월남정책에 반대하여 시위하는 약 1,500명의 군중이 미대사관 앞에 모였다. 대사관 앞에는 약 100피트 거리로 소련당국의 바리케이드가 쳐져 있었다. 약 300명의 시위군중들은 소련경찰과 민병대가 수비하고 있던 바리케이드를 넘어 통과하였다. 군중들은 주먹과 돌, 투석기(새총) 그리고 잉크병으로 대항하였다. 소련민병대에 의해 네 사람이 체포되자, 그들은 민병대에 대항하였으며 소련군대가 투입되었다. 광란적인 시위의 결과, 약 310개의 미대사관 유리창이 파괴되어 교체하여야 했고, 수백개 잉크병의 잉크가 튀겨 건물을 크게 더럽혔다.

같은 날 저녁에 미국대사는 미대사관에 대한 소련정부의 미흡한 보호에 대하여 Gromyko외상에게 구두와 서면으로 항의하고, 미국정부는 즉시 소련정부에게 대사관재산에 대해서 필요한 수리를 행할 것을 요청하고, 또한 국제법과 관행에 의거하여 장래에 대사관과 인원에 대한 적당한 보호를 제공할 것을 주장하였다. 소련외무부장관은 미국대사에게 유감성명을 낭독함으로써 답하였다. 대사관 앞 학생들의 시위 중에 야기된 손해에 대해 유감을 표시함과 더불어, 성명은 그날 대사관의 안전을 위해 보다 엄격한 조치가 취해졌다는 것과 또 장래에 대사관의 안전을 보호하기 위한 더 보강된 조치가 취해질 것이라고 진술하였다. 또한 성명은 피해재산의 복구에 필요한 비용을 부담하겠다고 하였다.

■ 외교적 비호권　　관습법상 공관은 원칙적으로 외교적 비호권이 없다(Haya de la Torre 비호권 사건). 또한 이와 마찬가지 논리에 의하여, 파견국은 본국의 범죄인을 공관 내에 감금할 수 없다. 그러나 정치정세가 불안한 중남미제국에 있어서 공관의 비호권은 아직도 일반적 관행이 되고 있다. 그런데 1950년의 Torre사건에 대한 ICJ의 판결에 불만을 품은 중남미제국은 1954년에 「외교적 비호에 관한 미주제국간(美洲諸國間)의 협정」(Inter-American Convention on Diplomatic Asylum)을 새로이 채택하였다. ILC는 「비엔나협약」의 초안작성과정에서 외교적 비호의 문제를 고려하였으나, 결국 이 성가신 문제를 취급하지 않기로 결정하였다.

그 결과 「외교관계협약」에는 공관의 정치범비호에 관해서는 아무런 규정이 없으며, 다만 「외교관계협약」은 사절단의 공관의 사용에 관하여 파견국과 접수국간에 특별협정(special agreement)을 체결할 수 있음을 암시함으로써, 양자조약에 의하여 공관의 정치범비호권을 인정할 수 있는 여지를 남겨 놓고 있을 따름이다(동 협약 제41조 3항 참조).

〔Haya de la Torre사건〕
(Affaire Haya de la Torre)
콜롬비아 v. 페루(소송참가 쿠바), 국제사법재판소, 1951년 6월 13일, ICJ (1950) 71

[사 실]

1948년 Peru에서 혁명을 일으켜 실패한 주모자 Haya de la Torre가 Lima에 있는 Columbia대사관에 비호를 구하였다. Columbia대사는 Torre를 비호하고 그를 국외로 퇴거시키기 위하여 Peru정부에 안도권을 청구하였으나 Peru정부는 이를 거절하고 Torre의 인도를 요구하였다. 양국은 1949년 특별협정을 체결하여 이 사건을 ICJ에 제소하였다.

[판결요지]

ICJ는 라틴아메리카제국(諸國) 간에 정치범의 비호권에 관한 국제관습법이 존재한다는 Columbia의 주장을 부정하고, 1928년의 조약은 '정치범인의 신체에 급박한 위험이 있는 경우에 한해서 비호권행사를 인정하고 있다'고 하면서, Torre의 경우에는 이와 같은 위험이 존재하지 않았으므로 Columbia대사가 부여한 비호는 「Havana조약」에 위반하는 것이라고 판시하였다.

그 후 Columbia정부는 Torre를 Peru정부에 인도할 의무를 부담하는가에 대하여 ICJ에 그 판단을 구하였다. ICJ는 Columbia는 위법한 비호를 종료시킬 의무를 부담하고 있으나, Torre를 인도할 의무는 없다고 판시하였다.

Torre는 그 후 5년간 Columbia대사관에 비호되었으며, 양국 간의 교섭의 결과 국외로 퇴거되었다.

〔손일선(孫逸仙)사건〕

1896년 청·일전쟁 후 손일선은 광동에서 혁명운동을 일으켜 런던에 망명하였다. 여기서 묘하게 청국공사관에 유인되어 본국으로 송환할 목적으로 공사관의 밀실에 감금되었다. 이것이 알려지게 되자 손일선의 영국 친구는 재판소에 인신보호영장의 발급을 신청하였다. 재판소는 외국공사관이 관계하고 있는 경우에는 그 방법이 적당하지 않고 외교절차에 의하는 것이 적당하다고 하여 영장발급을 거절하였다. 영장발급이 거부되자 영국 외무성은 청국공사에 대하여 손일선의 석방을 요구하였다. 청국공사는 공사관이 청국의 영토이므로 영국이 간섭할 권리가 없다고 주장하였으나, 영국은 이를 인정하지 않고 더욱 강력히 석방을 요구하였다. 수일 후에 손일선은 석방되었다.

(2) 공관의 과세면제

사절단의 공관(소유 혹은 임차 여부를 불문한다)은 국가 또는 지방공공단체의 모든 부과금 및 조세로부터 면제된다. 다만 이러한 부과금 및 조세로서 제공된 특정역무에 대한 급부로서의 성질을 가지는 것, 예컨대, 수도요금과 전기요금 및 가스요금 등은 면제되지 않는다(동 협약 제123조 1항). 물론 국가에 따라서는 관행상 면제하는 경우도 있다. 그러나 부과금 또는 조세의 면제는 파견국 또는 사절단의 장과 계약한 자가 접수국의 법령에 따라 지급해야 할 부과금 또는 조세에 관해서는 적용되지 않는다(동 협약 제123조 2항).

〔한국 주재 프랑스 대사관 종부세 납부 사건〕

프랑스 정부는 서울 한남동 고급주택가에 위치한 주한 프랑스 대사관 직원용 사택을 비롯해 자국 대사관 직원용 사택 13채를 소유하고 있다. 1997년부터 사들인 사택의 공시지가 합계는 수십억 원으로 추정된다. 한국은 2005년부터 프랑스 대사관에 1억 6000만원의 종합부동산세를 부과하였다. 한국이 종합부동산세를 부과한 근거는 「외교관계협약」이다. 동 협약에 따르면, 대사관과 대사관저를 제외한 직원용 사택은 과세의 대상이 되어 조세가 면제되지 않는다.

한편, 프랑스 정부는 파리에 있는 한국 대사관 직원 사택 2채에 대해 매년 250만원 가량의 토지세를 부과하고 있고, 한국 정부는 이를 납부하고 있다. 한국 정부는 현행 세법상 '상호주의' 원칙을 적용해, 상대국이 자국의 한국 공관 소유 사택 등 부동산에 세금을 부과하면, 한국도 해당 국가 공관 소유 부동산에 세금을 부과하고 있다. 하지만 프랑스는 자국에는 종합부동산세라는 세금이 없기 때문에 재산세 외의 세금은 납부할 수 없다고 하면서 종합부동산세 납부를 거부하였다. 이에 한국 정부는 종합부동산세가 프랑스의 토지세와 동일한 개념의 세금이기 때문에 세금을 면제해 주거나 감액할 이유가 없다는 최종 입장을 프랑스 측에 전달했다. 그러나 프랑스는 종합부동산세 납부시한이 지난 후에도 결국 세금을 납부하지 않았다.

(3) 공문서의 불가침

사절단의 공문서 및 서류는 어느 때나 또는 어느 장소에서도 불가침이 된다(동 협약 제24조).

문서란 낡은 서류로서 보존을 제일주의로 하며 보통 서고에 보존된다. 서류란 문서를 제외한 기타 서류로서 현재 사용하고 있는 것을 의미한다. 그러나 양자는 명확하게 구별되는 것은 아니다. 이러한 문서와 서류는 외교사절의 임무 개시 전 또는 외교관계가 단절된 경우, 그리고 공관 내에 있거나 또는 밖에 있거나를 불문하고 불가침이다.

(4) 여행의 자유

사절단의 모든 구성원은 국가의 안전을 이유로 하는 접수국의 법령에 의한 금지 내지 제한된 지역을 제외하고는 이동 및 여행의 자유를 갖는다(동 협약 제26조).

실제의 관행은 외교관의 이동에 제한을 가하는 경향이 있으며, 제한이 가해진 외교관의 본국은 이에 대하여 상대국의 외교관에게 같은 제한을 가하고 있다(동 협약 제47조 참조). 1941년부터 구소련은 모스크바로부터 40km 이원의 지역에는 허가를 받도록 하여 여행의 자유를 제한하였고, 이에 대응하여 소련외교관에 대하여 미국은 워싱턴으로부터 25마일, 영국은 런던으로부터 35마일, 일본은 동경으로부터 40km까지만 자유여행을 인정한 것을 그 예로 들 수 있다.

(5) 통신의 자유

통신의 자유는 외교사절의 직무수행에 불가결한 것이다.

■ 통신의 불가침　　접수국은 모든 공적 목적을 위하여 행하는 사절단의 자유로운 통신을 허가하고, 또한 보호해야 한다. 사절단은 자국정부와 어떠한 장소에 있는가를 불문하고 자국의 다른 사절단 및 영사관과 통신함에 있어서 외교전서사(外交傳書使 diplomatic courier), 암호(cipher) 및 부호(code)에 의한 통신문을 포함한 모든 적당한 수단을 사용할 수 있다. 이와 같이 사절단의 공용통신은 불가침이다(동 협약 제27조 1항 및 2항).

이 통신의 자유 중에 무선송신기의 설치와 사용이 당연히 포함되는가에 관해서 비엔나회의에서 논쟁이 많았으나 결국 약소국들의 의견이 받아들여졌다. 무선송신기의 설치 및 사용에는 접수국의 동의가 필요하다. 왜냐하면 무선송신을 위해서는 강력한 송신기나 중계국까지 필요한 경우가 있으며, 또한 사용할 수 있는 주파수도 제한적이기 때문이다.

외교사절단의 통신의 자유 중에는 파견국 국민과의 통신도 포함된다. 예컨대, 파견국 국민의 보호를 위하는 것과 같이 공적 목적을 위한 것이라면, 접수국은 그 자유를 허가하고 보호해야 한다. 그러나 특히 보호되는 것은 사절단으로부터 국민에게 송부된 통신이다. 국민으로부터 사절단에 송부된 통신에 관해서는 이미 사절단의 수중에 들어간 것은 사절단의 문서로서 특별한 보호를 받지만, 아직 수중에 들어가지 않은 것은 특별한 보호를 받지 않는다.

■ 외교공낭과 외교전서사　　통신을 위해 외교공낭(外交公囊 diplomatic bag)과 이것을 운반하는 외교전서사가 이용된다. 외교공낭은 개봉 또는 유치되어서는 안 되며, 외교공낭에는 그것을 외부로부터 식별할 수 있는 기호를 붙여야 하고, 또 외교상의 서류 또는 공적 사용을 위한 물품만을 넣을 수 있다(동 협약 제27조 3항 및 4항).

외교공낭의 불가침은 절대적인가 또는 남용의 중대한 의심이 있는 경우에 예외적으로 개봉 내지 유치할 수 있는가에 대하여 심의과정에서 논란이 많았으나, 결국 예외규정을 적극적으로 두지 않기로 하였다. 따라서 외교공낭의 불가침은 매우 강하게 인정되고 있다. 외교공낭의 내용은 외교상의 문서에 한정되지 않고 공용의 물품도 포함된다.

외교전서사는 자기의 신분과 외교공낭의 수를 나타내는 공문서를 휴대한 자로서 그 직무수행에 있어서 접수국에 의하여 보호된다. 외교전서사는 신체의 불가침을 향유하며 또한 어떠한 방법에 의해서도 체포, 구금되지 않는다(동 협약 제27조 5항). 또 파견국 또는 사절단은 임시외교전서사를 지명할 수 있으나, 이 경우에는 자기의 관리 하에 있는 외교공낭을 수취인에게 교부할 때까지 외교전서사와 같이 취급된다(동 협약 제27조 6항).

3. 외교관의 개인적 특권·면제

(1) 불가침권

■ 신체의 불가침　　외교관은 공무에의 종사 여부를 떠나 그 신분 자체로부터 보통의 외국인과는 다른 특권·면제가 인정된다.

외교관의 신체는 불가침이다. 어떠한 방법으로도 외교관을 체포 또는 구금할 수 없다. 접수국은 상응하는 경의로서 외교관을 대우하며, 또한 외교관의 신체·자유·존엄에 대한 어떠한 침해도 방지하기 위한 적당한 조치를 취하여야 한다(동 협약 제29조).

우리나라 형법 제108조에 의하면, 대한민국에 파견된 외교사절에 대하여 폭행 또는 협박을 가한 자는 5년 이하의 징역 또는 금고라는 무거운 형을 과함으로써 외교사절의 신체의 불가침을 특히 보호하고 있다.

접수국의 관리는 접수국의 안녕과 질서를 위해 불가피한 경우, 외교관의 신체의 자유를 일시적으로 제한할 수는 있으나, 절박한 상황이 해소되는 경우 그러한 제한은 회복되어야 한다. 그리고 정당방위 또는 긴급피난은 방위 또는 피난의 대상이 외교관이라는 사실에 의하여 제한받지 않는다.

외교관의 신변은 접수국의 침해로부터만 보호되는 것이 아니라 국제테러행위의 위협으로부터도 보호되어야 한다. 이러한 국제테러행위로부터 외교관을 보호하려는 국제협력의 일환으로 1973년에 「외교관을 포함하여 국제적으로 보호되는 사람들에 대한 범죄예방 및 처벌에 관한 협약」(Convention on the Prevention and Punishment of Crimes against Internationally Protected Persons, including Diplomatic Agents)이 체결되었다.

이 협약은 전문에서 외교관 기타 국제적으로 보호되는 사람들을 대상으로 하는 범죄는 이들의 안전을 위협함으로써 국가간 협력에 필요한 정상적 국제관계 유지를 심각하게 위협한다고 선언하고 있다. '국제적으로 보호되는 사람'이란 외교기능을 수행하는 모든 사람을 의미하는 것으로서 외교관·국가원수·정부수반·외무부장관·기타 국가대표·국제기구종사원 등을 모두 포함한다.

협약의 주요 내용은 ① 당사국은 이러한 범죄예방을 위하여 필요한 모든 조치를 취하고, 이러한 범죄에 대한 정보교환, 행정조치의 상호조정 등 국제협력을 도모하고(제14조), ② 혐의자가 거주하는 당사국은 이런 범죄에 대한 형사관할권의 설정에 관한 조건을 갖추어 이들을 처벌하도록 하고(제3조), ③ 이러한 범인을 직접 처벌하지 않을 경우 범죄혐의자를 관계국에 인도하도록 규정하고 있다(제6조, 제7조).

■ 주거 · 서류 및 재산의 불가침　　외교관의 개인적 주거(일반적으로 체재하는 호텔의 방도 포함)는 사절단의 공관과 같은 불가침 및 보호를 향유한다(외교관계협약 제30조 1항). 외교관의 개인적 서류, 통신 및 재산도 똑같이 불가침권을 향유한다. 다만, 접수국의 민사재판권으로부터 면제되지 않는 재산에 관해서는 인정되지 않는다. 따라서 개인적 서류와 통신 중 이에 관련되는 것은 불가침권을 갖지 않는다(동 협약 제30조 2항).

(2) 재판권의 면제

■ 형사재판권의 면제　　형사재판권으로부터의 면제는 절대적이므로 외교관의 형법위반의 행위에 대해서도 이것을 소추하여 처벌할 수는 없다. 그러나 형법위반의 사실이 중대한 경우에는 접수국은 당해 외교관을 '기피인물'로서 본국에 소환을 요구하거나 직접 외교관에게 퇴거를 명할 수 있다(예: Mendoza사건).[3] 또 긴급한 경우에는 일시적으로 그 신체를 구속할 수도 있다.

---

3) 1548년 주스페인대사 Mendoza는 Elizabeth여왕을 퇴위시키는 음모에 가담하였다. 이것이 탄로나면서 그는 퇴거를 요구받게 되었다.

■ 민사 · 행정재판권의 면제　　외교관은 민사재판권 및 행정재판권으로부터 면제를 향유한다. 다만, 일정한 소송의 경우는 제외된다. 즉, (a) 접수국의 영역 내에 있는 개인의 부동산에 관한 소송, (b) 외교관이 파견국의 대표로서가 아니라 개인으로서 유언집행자, 유산관리인 또는 상속인으로서 관계하고 있는 상속에 대한 소송, (c) 외교관이 접수국에서 자기의 공적 임무의 범위 밖에서 행하는 직업활동 또는 상업활동에 대한 소송이 이에 해당한다(동 협약 제31조 1항).

■ 증언면제　　외교관은 증인으로서 증언할 의무가 면제된다(동 협약 제31조 2항).

'증인으로서'의 증언문제는 절대적이며, 예외가 없다(예: Duboirs사건).4) 그러나 접수국의 재판관할권이 인정되는 예외적인 경우로서, 외교관은 당사자본인으로서의 신문은 면제되지 않는다. 또한 임의로 증언하는 경우도 예외이다.

■ 재판권면제의 포기　　파견국은 외교관 및 제37조의 규정에 의거하여 면제를 향유하는 자(외교관 이외의 직원 및 가족의 특권)에 대한 재판권의 면제를 포기할 수 있다(동 협약 제32조 1항).

특권·면제의 포기권자는 국가이지만, 일반적으로 하급관리의 경우에는 사절단의 장이 본국정부의 의사를 대표하는 것으로 간주되므로 포기권을 가지며, 사절단의 장 자신의 경우에는 파견국정부의 동의를 요하는 것으로 생각된다.

면제의 포기는 명시적으로 하여야 하므로(동 협약 제32조 2항) 면제포기의 추정은 원칙적으로 허용되지 않는 것으로 생각된다. 예컨대 외교관이 면제를 주장하지 않고 피고로서 법정에 출석한 경우는 면제를 포기했다고 생각해서는 안 된다.

외교관 기타 면제를 향유하는 자가 소송을 제기한 경우에 본소(本訴)와 직접 관련되는 반소(反訴)에 대해서는 재판권의 면제를 원용할 수 없다(동 협약 제32조 3항). 이와 관련하여 소송이 심급만을 달리하는 경우에도 마찬가지의 논리로서 새로운 면제를 주장할 수 없다. 소송은 불가분의 일체로 인정되기 때문이다.

민사소송 또는 행정소송에 대한 재판권의 면제의 포기는 그 판결의 집행에 관한 면제의 포기를 의미하는 것은 아니다. 판결의 집행으로부터의 면제를 포기하

---

4) 1856년 주미 네덜란드공사가 있는 곳에서 살인사건이 발생하였다. 재판상 그의 증언이 필요하여 미국무장관은 Duboirs에게 증언의무가 없다는 것을 인정하면서 법원에 출두하여 증언해 줄 것을 요청하였다. Duboirs는 주미외교관들과 상의한 결과, 각국 사절들의 일치된 권고에 의하여 증언을 거절하였다. 미국은 네덜란드정부와 교섭하였던 바 네덜란드정부는 국무장관실에서 증언할 것을 허가하였다. 그러나 미국헌법상 피고인은 증인과 대질할 권리가 있으므로 법원에서 행해지지 않으면 효력이 없다. 그래서 미국은 Duboirs의 증언을 포기하고 네덜란드에 그의 소환을 청구했다.

기 위해서는 별개의 포기를 필요로 한다(동 협약 제32조 4항). 이와 관련하여 형사재판권으로부터의 면제의 포기에 관해서도 신체나 재산의 불가침을 규정한 「외교관계협약」 제29조 및 제30조에 비추어 보아 민사 및 행정재판권의 경우와 같이 취급되어야 하며, 당연히 판결의 집행까지도 포함하는 것으로 보아서는 안 된다. 재판관할권으로부터의 면제의 포기는 판결집행으로부터의 면제의 포기를 자동적으로 포함한다는 주장이 있었으나 비엔나회의에서 부결되었는데, 그 이유는 판결에 의하여 사실을 확정하는 것만으로도 의미가 있으며, 반드시 집행을 필요로 하지 않는다고 생각했기 때문인 것 같다.

이와 같이 협약은 재판권면제를 강하게 규정하고 있다. 그러나 비엔나외교관계회의에서는 면제의 목적이 개인에게 이익을 주려는 것이 아니라, 사절단의 임무의 능률적인 수행을 확보하는데 있으므로 파견국은 임무수행에 지장이 없는 한 민사청구에 관해서는 면제를 포기하거나 또는 청구권의 정당한 해결을 가져올 수 있도록 최선의 노력을 다할 것을 결의한 바 있다.

(3) 행정권의 면제

■ 사회보장의 면제　　외교관은 파견국을 위하여 제공된 역무에 관하여 접수국의 사회보장규정으로부터 면제된다. 그러나 외교관이 접수국의 국민을 고용하고 있는 경우에는 접수국의 사회보장규정에 따라 사용자로서의 의무를 준수하여야 한다. 그리고 외교관은 접수국의 허가를 얻어 접수국의 사회보장제도에 자발적으로 참가할 수 있다(동 협약 제33조).

사회보장규정이란 구체적으로 양로연금, 산업재해보험, 의료보험, 실업보험 등에 관한 법령의 규정을 말한다. 보통 보험의 형식을 취하나 반드시 거기에 한정되는 것은 아니다. 그리고 접수국의 법령에 의하여 외교관에 대해서 사회보장제도에 자발적으로 참가하는 것이 허용되는 경우는 의료보험이나 재해보험에 관해서 특히 적용된다. 국가에 따라서 의료보험에 참가하고 있지 않으면 의사의 치료를 받을 수 없기 때문에 이러한 경우에는 자발적 참가가 필요할 것이다.

■ 과세의 면제　　외교관은 다음의 경우를 제외하고는 동산 또는 부동산에 관하여 국가 또는 지방공공단체의 세금으로부터 면제된다.

(a) 상품 또는 역무의 가격에 통상 포함되는 간접세

(b) 접수국의 영역 내에 있는 개인의 부동산에 대한 부과금 및 조세

(c) 접수국에 의하여 부과되는 재산세 및 상속세(단, 제39조 4항의 경우는 예외이다)

(d) 접수국내에 원천이 있는 개인적 소득에 대한 부과금, 조세 그리고 접수국내의 상업상의 기업에 대한 투자에 부과되는 자본세

(e) 급부된 특별역무에 대한 요금

(f) 부동산에 관한 등록세, 법원수수료 또는 기록수당료, 담보세 및 인지세(동 협약 제34조)

외교관소유의 부동산에 대해서는 조세가 면제되지 않으나, 외교관의 주거에 관해서는 그것이 파견국의 소유 또는 임차인 경우는 물론이고, 외교관이 개인적으로 소유 또는 임차한 경우 또는 상주하고 있지 않는 경우(예: 별장)라도 조세가 면제된다.

■ **관세 및 검사의 면제** 접수국은 자국이 제정하는 법령에 따라, 다음 물품의 수입을 허용하고, 또한 그것에 관해서 모든 관세, 조세 및 관계있는 과징금을 면제한다. 다만 보관료, 운반비 및 이와 유사한 역무에 대한 과징금은 면제되지 않는다.

(a) 사절단의 공적 사용을 위한 물품

(b) 외교관 또는 그 가족의 구성원으로서 그 세대에 속하는 자의 개인적인 사용을 위한 물품(외교관의 거주를 위한 물품 포함)(동 협약 제36조 1항)

관세 및 검사의 면제는 '법령에 따라' 집행되어야 하므로 세관공무원에 따라 개별적으로 결정되는 것은 허용되지 않는다. 이러한 결정은 자의적으로 흐르기 쉬우며, 차별대우가 행해질 가능성이 있기 때문이다. '법령에 따라' 정해질 내용은 주로 관세면제로서 수입될 물품의 수량, 외교관의 거주를 위한 물품이 수입되는 기간, 면세로서 수입된 물품의 전매를 허용하지 않는 기간을 정하는 것 등이다.

외교관의 수하물은 검사가 면제된다. 다만 수하물 중에 1항에 규정된 면제의 적용을 받지 않는 물품 또는 수입품이 접수국의 '법령에 의하여' 금지되고 있으며, 또한 그 검역규칙에 의해서 규제되고 있는 물품이 포함되고 있다고 추정되는 중요한 이유가 있는 경우에는 그러하지 아니하다. 이 경우에 검사는 당해 외교관 또는 당해 외교관이 위임한 자의 입회하에서만 행해질 수 있다(동 협약 제36조 1항). 여기서 '법령에 의하여' 수출입이 금지된 물품이란, 예컨대 주류, 미술품, 고고학물품, 마약, 금, 화기(火器) 및 식물 등이다. 미술품이나 고고학물품은 접수국으로부터의 수출이 금지되는 경우가 많다. 주류나 마약은 어느 한도 내에서 외교관이 개인적 사용을 위하여 소지하는 경우에는 포함되지 않는다.

〔Josef Dahan사건(1964)〕

1964년 11월 17일 로마주재 아랍연합대사관으로부터 아랍연합외무부로 발송된 외교관용 화물이 로마교외의 공항에서 비행기에 적재되려고 할 때, 세관공무원이 그 화물 속에서 사람의 신음소리가 나는 것을 발견하였다. 외교관과 경찰관의 입회하에 그 화물을 열어본 결과, 그 속에는 Josef Dahan이라는 25세의 남자가 입이 틀어 막히고 수족이 묶여 있었다. 이탈리아정부는 아랍연합대사에 대하여 외교특권의 남용을 엄중히 항의하는 동시에, 관계외교관 2명에 대해서는 기피인물(persons non grata)로서 국외로 퇴거할 것을 요구하였다.

■ 역무의 면제　　외교관은 모든 인적 역무, 모든 징발, 군사상의 기부 및 숙사 제공 명령에 관한 업무와 같은 군사상의 의무로부터 면제된다(동 협약 제35조). 인적 역무라고 하는 것은 일반적인 시민의무의 일부로서 요구되고, 또는 비상사태의 경우에 일정한 사람에게 요구되는 역무를 말한다. 예컨대 병역의무, 배심원이 될 의무, 도로 또는 공공재해에 관하여 지방관리에 의해 명령되는 인적 역무를 말한다.

Ⅵ. 외교관의 특권향유의 인적·시간적·장소적 범위

1. 인적 범위

이상에서 살펴본 바와 같이, 외교관으로서의 특권은 그 이외의 직원, 예컨대 사무직 또는 기술직 직원(통신·문서·회계·속기·타자 등의 사무를 보는 자)이나, 역무직원 또는 사절단 구성원의 개인적 사용인에게도 특권이 인정되는가, 인정된다면 어느 정도까지 인정되는가이다. 그리고 이러한 것은 외교관의 가족에 관해서도 문제가 된다.

■ 사무직·기술직 직원　　비엔나외교관회의의 심의에 있어서 특히 논란된 것은 사무직·기술직 직원의 특권문제였다. 사무·기술직원의 특권은 종래 국가에 따라 매우 상이하였고, 일반적으로 인정된 관행이나 규칙이 없었기 때문이다. 「외교관계협약」에서 어느 정도 확장된 새로운 입법을 하였는데, 결국 두 가지 점을 제외하고는 외교관과 거의 같게 되었다. 두 가지 점이란, ① 민사 및 행정재판권의 면제는 공적 행위에 한정한다는 것, ② 관세의 면제는 부임 때에 수입하는 물품에 한정한다는 것이다(동 협약 제37조 2항).

■ 역무직원 역무직원에 관해서는 외교관에 비하여 특권이 인정되는 범위는 매우 한정되어 있으며, 공무수행 중의 행위에 관한 재판관할권으로부터의 면제, 고용에 따른 보수에 대한 조세의 면제, 사회보장규정으로부터의 면제가 인정된다(동 협약 제37조 3항). 공무집행 중의 행위에 관해서는 ILC에서 다음과 같은 설명이 있었다. "가령 공관의 운전사가 직무상 운전을 하면서 보행자를 치어 사망하게 한 경우 이러한 행위는 공무집행 중의 행위이며, 형사관할권으로부터 면제된다. 이에 반하여 밀수입, 암시장의 행위 등은 공무수행 중의 행위는 아니다. 이는 사절단의 장을 위하여 행하였더라도 마찬가지다."

■ 개인적 사용인 사절단의 구성원의 개인적 사용인에 대해서는 고용에 따른 보수에 대한 조세의 면제가 인정될 뿐이며, 그 이외에는 접수국의 임의에 의한다. 물론 접수국은 그 자에 대하여 재판권을 행사하기 위해서는 사절단의 임무수행에 대한 부당한 방해가 되지 않는 방법으로 행해야 한다(동 협약 제37조 4항). 예컨대 외교관이 중요한 연회를 개최하고 있을 때, 그 바로 직전에 요리사를 체포한다면 임무수행을 부당하게 방해한다고 보아야 할 것이다. 도주 또는 증거인멸의 우려가 있어 즉시 체포할 필요가 있을 경우 외에는 연회 종료 후에 체포해야 할 것이다.

■ 가 족 외교관의 가족의 구성원으로서 그 세대에 속하는 가족은 접수국의 국민이 아닌 한 외교관과 같은 특권이 인정된다(동 협약 제37조 1항). 또 사무·기술직원의 가족의 구성원으로 그 세대에 속하는 자의 경우에도 접수국의 국민이 아니거나 또는 접수국에 통상 거주하지 않는 경우에는 사무·기술직원과 동일한 특권이 인정된다(동 협약 제37조 2항).

'세대에 속하는 가족'이란 공동생활을 하고 있는 가족을 의미한다. 공동생활이란 같은 장소에 살면서 생계를 공동으로 하고 있는 것으로 보아야 한다. 이러한 가족은 처자와 기타 친척을 포함한다.

■ 접수국 국민 이상에서 살펴본 외교관 기타의 구성원의 특권은 접수국의 국민이 아닌 경우에 관한 것이며, 접수국의 국민인 경우에는 어느 정도 제한된다. 외교관이 접수국의 국민인 경우 또는 접수국에 통상 거주하고 있는 경우에는 그 직무수행 중에 행한 행위에 관해서만 재판권으로부터의 면제와 불가침권이 인정된다. 사절단의 기타 구성원 및 구성원의 개인적 사용인에 대해서는 모두 접수국의 임의에 맡겨져 있으며, 접수국이 인정하는 범위 내에서만 특권·면제를 향유한다(동 협약 제38조).

2. 시간적 범위

외교관의 특권향유의 시간적 범위는 직무의 개시 및 종료의 시간과 반드시 일치하는 것은 아니다. 특권의 향유는 외교관이 접수국의 영역에 들어왔을 때 또는 이미 접수국의 영역 내에 있는 경우에는 자기의 임명이 외무부에 통고된 때부터 개시된다. 또 직무가 종료한 후에도 그 자의 특권 및 면제는 통상 그 자가 접수국을 떠날 때 또는 접수국을 떠나는데 필요한 상당한 기간 내에는 특권의 향유가 인정된다(동 협약 제39조). 그리고 외교관의 직무 외의 행위와 달리, 그가 사절단의 구성원으로서 직무수행에 있어서 행한 행위에 관한 재판권의 면제는 그 자의 특권·면제의 소멸 후에도 계속해서 존속된다.

여기서 '임무의 종료사유'로서는 국가원수의 변경, 소환(recall), 추방(deportation) 외교관계의 단절 및 전쟁발발 등을 들 수 있다. 그리고 접수국을 떠나기 위한 '상당한 기간'이란 퇴거의 준비나 인사(人事)를 위해 통상 필요로 하는 합리적인 기간으로서, 사절단의 장의 경우는 비교적 길고, 기타의 외교관이나 사무·기술직원의 경우에는 비교적 짧을 것이다.

3. 장소적 범위

외교관이 특권을 향유할 수 있는 장소적 범위는 접수국의 배타적 통치가 행해지는 범위이다. 따라서 접수국의 영역뿐만 아니라, 조차지나 신탁통치지역 또는 더 나아가 공해에 있어서의 접수국의 선박이나 항공기내에 있어서도 미친다고 보아야 한다.

외교관이 제3국을 여행하는 경우, 사적 목적을 위하여 또는 미행(private visit)하여 여행하는 경우에는 물론 특권을 인정할 필요는 없으나, 공적 목적을 위하여 공연히 여행하는 경우에도 제3국으로서는 국제법상 당연한 의무로서 외교관으로서의 특권을 인정해야 하는 것은 아니고, 국제예양상 인정되어 온 것이 일반적 관행이었다. 비엔나협약은 이 점에 관하여 다음과 같이 규정하였다.

■ 외교관과 그 가족 　　외교관이 부임, 귀임 또는 귀국의 도중에 있어서 여행사증(visa)이 필요한 경우에 그 비자를 부여한 제3국의 영역을 통과하는 경우, 그 영역 내에 있는 경우에는 그 제3국은 그 외교관에게 불가침권 및 그 통과 또는 귀환을 확실하게 하는데 필요한 기타 면제를 부여하여야 한다. 이 규정은 특

권·면제를 향유하는 외교관의 가족으로서 외교관과 동행하거나 외교관과 합류 또는 귀국하기 위하여 개별적으로 여행 중에 있는 사람의 경우에도 적용된다(동 협약 제40조 1항).

■ 기타 사절단의 구성원과 그 가족　　위와 유사한 경우에 있어서, 제3국은 사절단의 사무·기술직원 또는 역무직원과 그들의 가족이 자국영역을 통과하는 것을 방해해서는 안 된다(동 협약 제40조 2항).

■ 외교전서사(外交傳書使)　　제3국은 암호 또는 부호에 의한 통신문을 포함하여, 통과 중의 모든 공용통신에 대하여 접수국이 부여하는 것과 동일한 자유 및 보호를 부여하여야 한다. 제3국은 비자가 필요한 경우에는 그 비자가 부여된 통과중의 외교전서사 및 외교공낭에 대해서 접수국이 부여하는 것과 동일한 불가침 및 보호를 부여하여야 한다(동 협약 제40조 3항).

위에서 각각 언급된 사람 및 공적 통신과 외교공낭이 불가항력으로 제3국의 영역 내에 들어간 경우에 입국사증이 필요한 경우 이를 받지 아니하여도 제3국은 자국영역을 통과하는 것을 방해해서는 안 된다(동 협약 제40조 4항).

여기에서 '통과 또는 귀국에 필요한 기타 면제' 중에는 특히 형사재판관할권으로부터의 면제가 포함되는 반면에, 민사재판권의 면제는 원칙적으로 포함되지 않는다. 실제로는 민사재판권이 가끔 면제되는 경우도 있으나 그것은 예양의 문제이다. 그러나 채권을 위하여 채무자를 유치하는 것이 허용되는 국가에서는, 이러한 유치는 외교관의 통과 또는 귀국을 방해하는 것이 되므로 허용되어서는 안 된다. 따라서 이 범위에 한해서만 민사재판권도 면제된다.

Ⅶ. 특별사절

특별사절(special missions)의 임무는 상호합의에 의하여 특정화된다. 오늘날 정부차원의 상담을 위한 무역사절단의 왕래가 일상적인 국가업무가 되었다.

1969년에 UN총회에서 「특별사절에 관한 협정」이 채택되었다. 이에 의하면, 그 임무의 능률적 수행을 확보하기 위하여 외교사절에 준하는 특권·면제가 인정되나, 외교관계협약과의 주요 차이점은 다음과 같다.

첫째, 특별사절단의 구성원은 당해 개인의 공적 임무 이외의 자동차 사용에 의하여 발생한 사고로부터 제기되는 손해배상청구로부터 면제되지 않는다(특별사절에 관한 협정 제31조 1항 d호).

둘째, 접수국은 그들에 대한 관세로부터의 면제를 제한하는 법률을 제정할 수 있다(동 협정 제35조 1항).

〔주 테헤란 미국대사관 인질사건〕
(Case concerning United States Diplomatic and Consular Staff in Tehran)
미국 v. 이란, 국제사법재판소, 가보전조치명령(1979년 12월 15일), ICJ (1979) 7; 판결(1980년 5월 24일), ICJ (1980) 3

[사 실]

1979년 1월 16일, 이란국왕 팔레비는 급격히 고조된 반체제운동에 위험을 느끼고 국외로 퇴거하였다. 이에 대체하여 국외에서 반팔레비운동을 지도하고 있던 회교 최고지도자 호메이니가 망명처인 파리로부터 귀국하여 이란에 있어서의 종교와 정치의 실권을 장악하였다.

호메이니는 자신이 지도하는 회교혁명평의회, 혁명경비대 및 혁명재판소를 통하여 회교적 전통으로의 복귀와 팔레비체제의 일소에 매진하는 한편, 전(前)국왕을 지지하여 온 미국에 대한 비판을 강화하였다. 1979년 10월 22일, 멕시코에 망명중인 전 국왕은 질병치료차 미국에 입국이 허용되었으나, 이란은 이것을 미국에 의한 망명수용이라고 판단하고 미국을 격렬히 비난함과 동시에 전 국왕의 신병인도를 요구하였다. 미국은 인도상의 이유로 이를 거절하였다. 그 직후 11월 4일, 호메이니를 지지하는 학생들이 미국대사관을 습격하여 이를 점거함과 동시에 대사관직원 등 60여명을 구속했다. 다음날 미국영사관도 검거하였으나 직원은 부재중이었다. 공무 차 이란외무성에 있었던 임시대리대사를 포함한 3명의 외교관은 이란정부에 의해 보호되어 외부와의 교통이 차단되었다. 대사관을 점거한 급진적 학생은 팔레비 전 국왕과 그 가족의 인도, 전 국왕이 국외로 가져간 재산의 반환 및 이란에 대한 내정간섭에 대한 미국의 사과를 요구하고, 그것이 관철될 때까지 인질로 구속한 미국외교관을 석방시키지 않겠다는 견해를 명백히 했다(그 후 인질 중 흑인과 여성 13명은 석방하였음).

미국은 11월 29일 인질의 석방과 대사관의 점거중지를 구하여 ICJ에 제소하고, 본안심리에 앞서 ICJ가 이란에 대하여 인질의 즉시 석방 등을 지시하는 가보전조치 명령을 행할 것을 요청하였다. 12월 15일 ICJ는 전원일치로 이란에 대하여 이러한 조치를 취할 것을 명하였다. 한편 안전보장이사회도 12월 4일에 인질의 즉시 석방을 구하는 결의안을 전원일치로 채택하였다. 하지만 그 어떠한 조치도 이란에 의해 무시되었다. 또 12월 31일, 재차 인질의 석방을 요구하고, 이것이 실현되지 않는 경우에는 이란에 대한 경제제재를 검토한다는 취지의 결의안을 안전보장이사회에 제출하여 채택되었다(소련 등 4개국 기권). 1980년 1월 13일 미국은 동 이사회에 대하여 대 이란 경제제재결의안을 제출하였으나 소련의 거부권행사로 부결되었다. 그러나 미국은 4월 7일 대 이란관계단절과 수출금지 등의 제재를 발동하고,

EC 및 일본에 동조를 요청하였다. 이에 응하여, EC 및 일본은 각각 주 이란대사의 소환, 대사관직원의 감축(제1차 제재), 대이란 금수조치(제2차 제재)를 결정하였다. 4월 24일 미국은 인질구출작전을 강행하였으나 사고로 인하여 실패하였고,5) 한편 Waltheim UN사무총장이 테헤란에 가서 사실조사를 위한 국제위원회를 파견하는 등 사태타개를 위해 노력하였으나 성공을 거두지 못하였다.

이와 같은 상황 하에서 ICJ는 본안심리를 진행시키고, 1980년 5월 24일의 판결에 의하여 미국의 청구를 인정하였다.

이란외무부장관은 ICJ에 서한을 발송하여 이란의 의견을 진술하였으나, 심리에는 참가하지 않았으므로 궐석재판으로 행하여졌다.

[판결요지]

1. ICJ는 본 사건에 관하여 「비엔나 외교관계협약」 및 동 영사조약 부속의 선택의정서 각 1조에 기하여 관할권을 가진다. 또 1955년의 「미·이란 우호조약」은 아직 유효하며, 그 제21조 1항이 예정하고 있는 외교교섭이 이란의 거부로 행해지지 않는 이상, 동조가 정한 사법적 해결을 위하여 미국이 당 재판소에 제소할 수 있다.

2. 미국대사관의 점거, 직원의 인질로서의 억류 및 미국대사관의 재산과 공문서의 몰수는 이란 국민 중의 과격파에 의하여 행해졌다 할지라도 이러한 행위에 대한 이란정부의 대응은 「비엔나 외교관계협약」 등에 정해진 의무에 따르고 있지 않으며, 특히 그 후 장기간에 걸친 이러한 위법행위를 이란정부가 중지하도록 하는 조치를 취하지 않고 오히려 이를 용인 또는 격려하여 온 것에 대하여, 동 정부가 국제책임을 져야 하는 것은 명백하다. 「비엔나협약」 제22조 2항은 "접수국은 침입 또는 파괴에 대하여, 사절단의 공관을 보호하고 또 공관의 안녕의 방해 또는 공관의 위엄의 침해를 방지하기 위한 적당한 모든 조치를 취할 특별한 의무를 가진다"

---

5) 미국 정부의 주 테헤란 미국대사관 인질 구출 작전은 일명 '독수리 발톱'(Operation Eagle Claw)으로 명명되었는데, 미국의 육, 해, 공, 해병대가 모두 참가하는 대규모 군사작전이었다. 하지만 실제 작전에 돌입한 첫날부터 차질이 생기기 시작했다. 특공대를 싣고 이집트에서 날아온 C-130 수송기들은 무사히 첫 번째 목적지에 도달했지만, 항공모함에서 출발한 헬리콥터들에 문제가 생긴 것이다. 총 8대의 CH-53 헬리콥터 중에서 한 대는 모래폭풍 속에 길을 잃고 헤메다 항공모함으로 귀환해 버리고, 다른 한 대는 기계고장으로 사막에 불시착해버린 것이다. 기체는 포기하고 승무원들만 다른 헬리콥터가 구조해서 집결지에 도착하니 목적지에 도착한 헬리콥터는 6대, 그런데 그나마 또 한 대가 가동불능 상태에 빠져버렸다. 인질 53명과 특공대원 90명을 태우고 나오려면 최소한 6대의 헬리콥터가 필요한데, 5대만 남게 된 것이다. 설상가상으로 이란 민간인들을 가득 태운 버스 한 대가 현장을 지나다 미군들을 발견하니, 특공대원들은 이들을 억류하고 감시하느라 정신이 없었다. 작전 수행이 도저히 불가능하다고 판단한 미국 정부는 철수 명령을 내렸다. 그런데 철수를 준비하던 그 순간에 참극이 발생했다. 헬리콥터 한 대가 재급유를 받기위해 C-130 수송기로 접근하던 중에 갑자기 휘청거리며 비틀거리다 그 큰 회전날개로 수송기를 두 동강 내고 만 것이다. 충돌한 두 항공기에서 새어나온 기름에 불이 붙고 잔뜩 싣고 있던 폭탄과 탄약이 폭발하자 순식간에 현장은 아수라장이 되고 말았다. 이 사고로 8명이 현장에서 사망하고, 다른 네 명이 부상을 입었다. 작전의 실패와 함께 재선을 꿈꾸던 카터 대통령의 희망도 물거품이 되어 버리고 말았다. 결국 인질들이 풀려난 것은 사건 발생 444일 만인 1981년 1월 20일, 레이건 대통령 취임 직후의 일이었다.

고 정하고 있으며, 제29조는 "외교관의 신체는 불가침이다. 외교관은 어떠한 방법에 의해서도 억류 또는 구금할 수 없다. 접수국은 상응한 경의로써 외교관을 대우하고, 외교관의 신체, 자유 또는 존엄에 대한 어떠한 침해도 방지하기 위한 모든 적당한 조치를 취하여야 한다"고 정하고 있다. 재판소에 제출된 사실에 관한 자료에 의하면, 이란정부는 미국외교사절의 공관직원 및 공문서를 과격파의 공격으로부터 보호하기 위하여 어떠한 적당한 조치도 취하지 않고 또 공격을 방지 또는 중지하도록 하는 조치도 취하지 않고 있다. 미국대사관의 여러 차례에 걸친 긴급요청에 대해서도 이란정부는 전혀 행동을 취하지 않았으며, 이와 유사한 다른 대사관 등의 침입사건의 경우에 동 정부가 취한 행동과 현격한 대조를 이루고 있다.

3. 이상의 상황에 비추어 보아, 재판소는 (1) 이란당국이 제(諸) 조약에 기하여 미국공관 및 그 직원 등의 보호를 위한 적당한 조치를 취할 의무를 가지는 것을 충분히 알고 있었다. (2) 대사관으로부터의 원조 요청에 의하여 적당한 조치를 취할 긴급한 필요가 있었다는 것을 충분히 알고 있었다. (3) 의무이행을 위한 수단을 갖고 있었다. (4) 이러한 의무를 전혀 이행하지 않았다고 인정하지 않을 수 없다고 하였으며, 또한 미국영사관에 관해서도 동일한 사정임을 인정하였다.

4. 이상과 같이 이란에 의한 두 가지 「비엔나협약」 및 1955년 조약에 기한 의무위반과 이러한 위반이 아직 계속하고 있는 것은 명백하다. 이러한 것이 특별사정에 의해서 정당화되는가 여부가 문제이다. 이란 외무부장관의 서한에 따르면, 이 사건은 25년 이상에 걸친 미국의 이란내정간섭, 착취, 이란 국민에 대한 범죄적 행위를 포함한 전반적 문제에 있어서 주변적·부차적 측면을 점하는 것에 불과하다고 하나, 이 주장은 이란이 본 법정에 나와서 충분히 증명해야 한다. 그러나 이란은 재판에 참가하지 않고 그 증명은 행해지지 않았다. 또 가령 재판에 있어서 그가 주장하는 미국의 범죄행위를 증명하였다 할지라도 그것으로써 즉시 이란의 행위가 정당화된다고는 할 수 없다. 왜냐하면 외교관 및 영사의 위법한 활동에 대한 대응수단과 제재는 두 개의 비엔나협약 자체에 규정되어 있으며, 이와 같은 경우에 접수국은 그러한 행위를 행한 외교관 등을 '기피인물'(persons non grata)이라는 취지로 통고하여 그 소환 또는 국외퇴거를 구하는 것으로 되어 있기 때문이다. 외교관과 공관 등의 불가침원칙은 장기간에 걸쳐 확립된 제도의 하나이며, 이란의 전통도 이 제도의 발전에 실질적 공헌을 했다. 이러한 것은 무력분쟁이나 외교관계단절의 경우에 있어서도 존중될 원칙으로 규정되어 있다.

5. 본건 심리 중에 1980년 4월 24일부터 25일에 걸쳐 미국이 이란 영내에 군사요원을 투입시킨 것은 가령 그것이 인질구출이라는 목적을 위해 행해졌다 할지라도 적절한 것이 되지 못한다. 또 그 동기 여하를 불문하고 국제관계에 있어서의 사법과정의 존중을 해하는 성질의 것이라고 생각된다. 그러나 이 작전이 재판소가 도달한 결론에는 영향을 미치지 않는다.

6. 이상의 이유에 의하여, 재판소는 다음과 같이 판결한다. (1) 이란은 미국과의 사이에 유효한 제(諸) 조약에 기한 의무 및 장기간 확립된 일반국제법상의 의무에 위반하였다(13대 1). (2) 이러한 의무위반은 미국에 대한 이란의 국제법상의 책임을 발생시킨다(13대 1). (3) 이란은 사태회복을 위한 모든 조치를 즉시 취하여야 하며,

이 목적을 위하여 억류중인 미국인을 즉시 석방하고, 그들이 이란을 퇴거하기 위하여 필요한 수단을 보증하고, 미국대사관 및 영사관의 공관, 재산, 공문서 및 서류를 즉시 미국의 이익보호국에 이관해야 한다(전원일치). (4) 미국외교직원 및 영사직원을 어떠한 형태의 사법절차에도 제소함이 없이 또는 증인으로서 이에 참가하게 하기 위하여 이란 국내에 억류할 수는 없다(전원일치). (5) 이란은 미국에 대하여 손해배상의 의무를 진다(12대 3). (6) 배상의 형태 및 액수에 관하여 양국이 합의에 도달하지 않는 경우에는 본 재판소가 이를 결정한다(14대 1).

제2절 영 사

Ⅰ. 영사제도의 연혁

영사제도는 외교사절보다 그 역사가 매우 오래된 제도이다. 원래 영사제도는 국제통상을 수행하는 과정에서 생겨났다. 십자군원정 후 상인들이 외국에서 상업활동을 하면서 (자국의) 상인 간에 분쟁이 발생한 경우 법규칙과 상관습이 다른 외국법관의 재판을 받는 것보다는 자신들이 스스로 재판관을 선출하여 자신들의 법규칙에 따라 분쟁을 해결하려고 하였다.

12세기에 들어오면서 이탈리아 상업도시가 번창하면서 이 제도는 더욱 확립되어 갔으며, 그때부터 영사(consul)라는 명칭이 사용되었다. 그 당시의 영사는 자국 상인의 이익을 보호할 뿐만 아니라 상인들 간의 분쟁을 자국법률에 의해 재판하는 권한(영사재판권)이 인정되었다. 또 경우에 따라서는 상대국 정부와의 외교교섭권도 부여되고 있었다.

그러나 17세기 근대국가 형성과 더불어 국가권력이 강화되어 이러한 영사의 권능이 영토주권과 양립할 수 없게 되자 영사의 기능은 위축되었다. 즉, 영사재판권이 배제되었고 또한 외교사절제도가 등장함에 따라 영사의 외교권능도 배제되었다. 다만, 국제통상과 항해분야의 기능만이 남게 되었다.

그런데 19세기에 접어들자 국제무역과 해운의 급속한 발달에 수반하여 자국 및 자국민의 상업 활동의 보호기능은 그 중요성을 되찾게 되었다. 그리고 오늘날에 있어서는 상업적 활동과 외교적 활동의 구별은 더 이상 용이하지 않게 되었다. 많은 공식적인 외교교섭은 사실상 무역증진에 관한 것이며, 또한 많은 무역증진이 외교교섭으로 이루어지기도 한다. 이 기능의 융합은 불가피하게 외교적 업무와 영사업무의 융합을 가져왔다. 따라서 직업외교관은 대사관에 배치되었다가 다음에는 무역대표부로, 또 다음에는 영사관으로 전보되었다. 어떤 대사관은 심지어 외교업무와 영사업무를 구별하려고 하지 않았다. 동일한 건물 내에 두었으며, 그리고 일정 범위에서는 동일한 사람으로 하여금 영사업무를 담당하게 하였다.

전통적으로 영사는 상업적인 것에만 관여하였으나 최근 들어 조약의 실시를 감시하는 기능과 더불어 일정한 영역의 정치활동을 담당하게 되었고, 이러한 기능의 확대는 외교사절의 기능과의 구별을 곤란하게 하고 있다.

역사적으로 영사관계는 외교사절과는 달리 2국간의 통상조약 또는 영사조약에 의하여 발전되어 왔다. 통상조약이나 영사조약을 통한 국가 간 영사관계가 보편화됨과 더불어 영사제도에 관한 국가 간의 관행이 점차 성숙되었고, 이러한 관행을 고려하여 1963년에 일반조약으로서 「영사관계에 관한 비엔나협약」(Vienna Convention on Consular Relations)[6]이 성립되었다. 이 협약은 영사의 지위를 외교관의 그것에 매우 접근시켰는데, 기술한 바와 같이 영사와 외교관의 기능적 융합현상을 말해 주는 것이다.

영사관계의 수립은 상호간의 합의에 의한다. 외교관계의 수립에 관하여 합의하면 다른 의사표시가 없는 한 영사관계의 수립에 합의한 것으로 간주된다. 하지만 외교관계의 단절이 당연히 영사관계의 단절을 가져오는 것은 아니다(영사관계협약 제2조).

Ⅱ. 영사의 종류 · 계급 · 석차

1. 영사의 종류

영사에는 전무영사(專務領事)와 명예영사(名譽領事)가 있다(동 협약 제1조 2항). 전자는 본국정부로부터 파견되고 전적으로 영사직무에 종사한다. 후자는 접수국에 거주하는 사람으로 선출되고 위탁된 영사직무에 종사한다.

2. 영사의 계급

영사기관의 장은 (a) 총영사(consul-general), (b) 영사(consul), (c) 부영사(vice-consul),

6) 채택일: 1963.4.24, 발효일: 1967.3.19, 한국 발효일: 1977.4.6(조약 제594호)

(d) 영사대리(consular agent)의 4계급으로 나누어진다(동 협약 제9조 1항).

오늘날 일반적으로 영사기관의 장으로서는 총영사와 영사만을 임명하고 있다. 또 그 계급으로서 영사대리제를 두는 국가는 거의 없다. 그리고 장 이외의 영사관의 명칭도 영사와 부영사만이 일반화되어 있다. 총영사는 영사관보다 중요하고 광범위한 지역을 관할하는 영사를 말한다. 영사는 독립된 영사관의 장 또는 총영사관에서 총영사를 보좌하는 영사를 말한다. 부영사는 영사관으로서 총영사 또는 영사를 보좌하거나 분관의 장이 되는 영사를 말한다.

총영사관은 일반적으로 파견국과 접수국의 경제적·문화적 교류가 밀접한 지역 또는 파견국의 국민이 다수 거주하는 지역의 주요 도시에 설치된다. 영사관 및 기타 분관에 관해서는 그 지역의 중요성 등에 따라 적당히 설치된다. 영사기관의 소재지와 종류 그리고 영사관할구역은 파견국이 결정할 수 있으나 그 후의 변경을 포함하여 접수국의 승인을 받아야 한다(동 협약 제4조 2, 3항).

3. 영사기관의 장의 석차

영사기관의 장은 동일계급에 있어서는 인가장(認可狀 exequatur)의 교부일시에 따라 석차가 결정된다. 다만, 인가장을 받기 전에 잠정적으로 그 임무의 수행을 승인받은 경우에는 그 잠정적 승인일자에 따른다. 영사기관의 장의 대리(acting head of post)는 모든 영사기관의 장의 다음 석차를 갖는다. 영사기관의 장인 명예영사관은 동일한 계급에 있어서는 전문영사관인 장의 다음 석차를 갖는다(동 협약 제16조).

Ⅲ. 영사의 파견·접수

영사의 파견과 접수는 당사국의 합의에 의하여 행해진다(통상조약이나 영사조약). 파견국은 영사를 임의로 임명하며, 접수국의 아그레망을 구할 필요는 없다. 영사는 합의에 의해 정해진 접수국의 일정지역을 관할구역으로 한다.

접수국은 영사로서 파견된 자를 당연히 접수할 의무는 없다. 외교사절의 경우와 같이 접수국은 언제든지 파견국에 대하여, 영사관(領事官)인 자를 '기피인물' 또는 기타 영사기관의 직원인 자를 '받아들일 수 없는 인물'임을 통고하여 접수를 거절할 수 있다(동 협약 제23조). 이 경우 그 이유를 제시할 필요는 없다.

접수국에 도착한 영사는 보통 자국의 외교사절을 통하여 위임장을 제출하고(동 협약 제11조), 접수국의 인가장을 받아 그 임무를 개시한다(동 협약 제12조).

Ⅳ. 영사의 직무

영사의 직무는 다음과 같다(영사직무는 영사에 의해서 행해지는 것이 보통이나 때로는 외교사절에 의해서도 행해지는 경우가 있다).

(a) 자국의 이익보호 : 접수국에 있어서 국제법이 인정하는 범위 내에서 자국과 자국민의 이익을 보호한다.

(b) 통상·우호관계의 증진 : 접수국과 자국간의 상업·경제·문화·과학 관계를 발전시키며, 또한 우호관계를 촉진한다.

(c) 정보수집 : 적법한 수단에 의하여 접수국의 상업·문화·경제·과학의 실상과 발전상황을 조사하여 그것을 본국정부에 보고함과 동시에 이해관계자에게 정보를 제공한다.

(d) 여권·사증의 발급 : 자국민에 대하여 여권이나 기타 여행에 필요한 서류를 발행하며, 파견국으로의 여행을 희망하는 자에 대하여 사증이나 필요서류를 발행한다.

(e) 자국민원조 : 접수국에 있는 자국민, 자국법인에게 원조를 부여한다.

(f) 공증·호적사무 : 자국민의 서명의 증명, 인증, 유언의 공증 등의 공증사무나 혼인신고, 입양신고, 출생·사망신고의 수리·등록·증명의 가족관계사무를 취급한다.

(g) 상속권보호 : 접수국에서 사망한 자의 유산에 관한 국민의 권리를 보호한다.

(h) 후견적 보호 : 접수국에 있는 자국민의 미성년자, 무능력자를 보호한다.

(i) 조정 : 접수국의 법령에 따를 것을 조건으로 하여 자국민간의 분쟁을 조정한다.

(j) 사법보조 : 국제협정 및 접수국의 법령에 따라 자국의 사법기관을 위하여 사법서류의 송달이나 증인조사를 한다.

(k) 선박·항공기의 보호 : 자국선박·항공기 및 그 승무원에 관하여 자국법령에 의한 감독·시찰을 행하며, 이들에게 원조를 부여하고, 선박서류의 검사·인증을 행하며, 항행중인 사건에 관하여 조사하고, 선장·선원·공무원·승객 사이의 분쟁을 처리한다(동 협약 제5조).

이와 같이 영사는 자국민의 보호와 감독이 주요한 임무로 되어 있으며, 그 임무 수행에 있어서는 정해진 관할구역에 있는 권한 있는 지방당국과 통신할 수 있다.

접수국의 중앙당국과 통신할 수 있는 경우는 접수국의 법령 및 관습 또는 관계있는 국제협정에 의하여 허용된 경우에 그 범위 내에서만 행할 수 있다(동 협약 제38조). 따라서 원칙적으로 중앙당국과의 교섭은 자국의 외교기관을 통하여 할 것이다.

그러나 예외적으로 첫째, 접수국에 자국의 외교사절이 없거나 또는 제3국의 외교사절에 의하여 대표되지 않은 경우에는 영사관은 접수국의 동의를 얻어 또한 그 영사관으로서의 지위를 해함이 없이 외교활동을 수행할 수 있다. 다만 그로 인하여 외교상의 특권·면제를 요구할 수는 없다(동 협약 제17조 1항).

둘째, 영사관은 접수국에 통고한 후 정부 간 기관에 있어서 파견국의 대표로서 행동할 수 있다. 영사관이 이와 같이 활동하는 경우에는 국제관습법이나 국제협정에 의해 그러한 대표에게 부여되는 특권·면제를 향유한다. 다만 영사임무의 수행에 관해서는 영사관은 이 협약에 기해서 향유하는 재판권으로부터의 면제보다 넓은 면제를 향유할 수 없다(동 협약 제17조 2항).

V. 영사의 특권·면제

일반적으로 영사의 특권·면제는 그 직무의 성질상 외교관에 비하여 약간 제한적이라고 할 수 있다. 그러나 「영사관계협약」은 AA제국의 주장을 배경으로 외교관에 가까운 특권을 인정하고 있다. 그러므로 이하에서는 「외교관계협약」과의 차이점만을 살펴보기로 한다.

1. 영사기관의 특권·면제

(1) 공관의 불가침

첫째, 공관의 불가침에 관하여 「외교관계협약」(제22조)은 예외의 경우를 규정하고 있지 않으나 「영사관계협약」은 "화재 기타 신속한 보호조치를 필요로 하는 재해가 발생한 경우에 영사관장의 동의가 있는 것으로 간주한다"고 하여 불가침에 대한 예외를 명시하고 있다(영사관계협약 제31조 1·2항)(예: Kasenkina여사사건(1948년)).[7)]

---

7) 뉴욕 경찰국은 소련으로 귀환하기를 거부한 소련시민인 Kasenkina여사가 뉴욕의 소련총영사관 3층으로부터 뛰어내린 사건에서 이 사건을 조사하고 여사를 치료할 목적으로 동의 없이 관내에

둘째, 외교관계협약은 수용문제에 관하여 언급이 없으나 영사관계협약은 "영사임무의 수행에 방해가 되는 것을 피하며, 또한 신속·적절하고 효과적인 보상을 지불할 것을 조건으로 하여 영사기관의 공관이나 용구류·재산 및 운송수단을 접수국이 국방 또는 공익목적을 위해 수용할 수 있다"고 규정하였다(동 협약 제31조 4항).

(2) 여행·통신의 자유

영사기관의 구성원에 대한 여행의 자유(동 협약 제34조)와 통신의 자유(동 협약 제35조)도 외교사절의 경우와 거의 같다. 다만 영사공낭에 공문서 이외의 것이 포함되어 있다고 추정할 만한 중대한 이유가 있는 경우에는 접수국은 파견국의 위탁을 받은 대표에 대하여 당국의 입회하에 개봉할 것을 요구할 수 있으며, 이것이 거부되었을 때에는 그 공낭을 발송지로 반송할 수 있다(동 협약 제35조 3항 단서).

2. 영사관의 특권·면제

첫째, 영사는 중대한 범죄를 범하고 또한 권위 있는 사법당국의 결정이 있는 경우에는 체포 또는 구금될 수 있다(동 협약 제41조). 또한 영사의 주거와 개인적 서류에 대해서도 불가침권이 인정되지 않는다(동 협약 제33조, 제35조).

둘째, 영사관 및 영사관직원은 '영사임무의 수행에 있어서 행한 행위'에 한하여 접수국의 사법당국 또는 행정당국의 관할권으로부터 면제된다. 그러나 다음 사항에 관련되는 민사소송, 즉 ① 영사관 또는 영사관직원이 파견국을 위하여 계약한다는 뜻을 명시적 또는 묵시적으로 표시하지 않고 체결한 계약에 관한 민사소송, ② 접수국에 있어서 차량, 선박 또는 항공기에 의하여 생긴 사고에 기인하는 손해에 대하여 제3자가 제기한 민사소송에 대해서는 인정되지 않는다(동 협약 제43조).

셋째, 영사기관의 구성원은 자기의 임무수행에 관련되는 사항에 관해서는 증언을 행하거나, 또는 그 사항에 관한 공적 서신 및 서류를 제출할 의무를 지지 않는다. 또 파견국의 법령에 관한 감정인으로서 증언을 행하는 것을 거부할 권리를 가진다(동 협약 제44조).

들어갔다. 이 사건으로 인하여 미·소간의 영사관계는 1964년 6월 1일 재개될 때까지 중단되었다.

3. 영사관의 특권향유의 인적 범위

영사의 가족, 영사관직원, 역무직원 그리고 개인적 사용인 등에게 부여되는 특권면제는 외교관계에서 그에 대응하는 자들에게 인정되는 것보다 그 범위가 훨씬 좁다.

첫째, 한정된 범위이지만 신체의 불가침은 영사관에게만 인정된다(동 협약 제41조).

둘째, 공적 행위에 대한 재판관 및 증언의 면제는 영사관직원에게도 인정된다(동 협약 제43조, 제44조).

셋째, 과세의 면제는 영사관, 영사관직원 그리고 그들의 가족에게 똑같이 적용된다. 역무직원은 자기의 역무에 대하여 받은 임금에 대한 조세만 면제되고 그들의 가족은 어떠한 특권·면제도 누리지 못한다(동 협약 제49조).

넷째, 영사관 또는 그 가족의 개인적 사용을 위한 물품은 관세가 면제되나, 영사관직원에게 부여되는 관세의 면제는 처음 부임 때에 들어오는 물품에 대해서만 적용된다. 그리고 관세검사로부터의 일반적 면제는 단지 영사관 및 그들의 가족만이 향유한다(동 협약 제50조).

4. 명예영사의 특권·면제

명예영사는 전무영사와 동등한 재판권의 면제와 증언의 면제를 향유한다(동 협약 제58조 2항). 이 밖에 임무수행에 관하여 파견국으로부터 지급되는 보수나 급료에는 과세되지 않으며(동 협약 제66조), 인적 역무나 금전적 부담도 부과되지 않는다(동 협약 제67조). 명예영사의 가족과 그 영사직원들의 가족은 원칙적으로 특권·면제를 향유하지 않는다(동 협약 제58조 3항).

제 3 절 군대·군함·군용기

Ⅰ. 외국군대의 지위

군대는 국가의 군사력을 구성하는 국가기관이다. 군대가 외국의 승인을 얻어 외국영역에 들어갔을 때 군대로서의 조직적 행동을 확보하기 위해서 일정한 범위 내에서 영역국의 국권행사(國權行事)가 면제된다. 군대의 주둔기지는 일반적으로 불가침이다. 기지제공국의 관리(官吏)는 사령관의 동의 없이는 기지 내에 들어갈 수 없다. 기지 외에서 범죄를 행한 군대구성원이 기지 내에 귀환하면 기지 내에 들어가서 범인을 체포할 수 없다. 그러나 종래의 관행에 의하면 접수국의 요구가 있으면 사령관은 범죄인인도를 거절할 수 없다. 외국군대의 지위에 관하여 특히 문제가 되는 것은 그 구성원이 접수국내에서 범죄를 행한 경우이다. 국제관습법상으로는 공무와 관계없이 행동한 경우에는 접수국의 재판권으로부터 면제되지 않는다. 제2차 대전 후 상호 안전보장을 위하여 군대를 주둔시키는 예가 많아졌으며, 특히 외국군대에 관한 형사관할권을 둘러싼 문제가 증대하였다.

한·미간에도 1950년의 이른바 「대전협정(大田協定)」[8]의 불공평성을 제거하고 이상적인 형태라고 일컬어지는 1951년의 「NATO협정」(정식명칭은 「군대의 지위에 관한 북대서양조약의 당사국간의 협정」)으로 접근하기 위하여, 1966년에 「한미주둔군지위협정(혹은 주한미군지위협정)」(정식명칭은 「대한민국과 아메리카 합중국간의 상호 방위조약 제4조에 의한 시설과 구역 및 대한민국에서의 합중국 군대의 지위에 관한 협정」(Agreement under Article 4 of the Mutual Defence Treaty between the Republic of Korea and the United States of America, Regarding Facilities and Areas and the Status of United States Armed Forces in the Republic of Korea: SOFA))이 체결되었다. 그리고 1991년에 대한민국외무장관과 주한미국대사간의 교환서한으로서 종전의 1966년의 합의의사록과 교환서한을 폐기하고 SOFA의 시행을 위한 새로운 양해사항을 채택하게 되었다.[9]

---

8) 정식명칭은 「주한미국군대의 재판권에 관한 한·미협정」으로서 한국전쟁 중인 1950년 7월 12일 대전에서 한국정부와 주한미국대사관 사이에 서한교환에 의하여 성립하였다.

하지만 본 협정문과 합의의사록에 규정되어 있는 문제점은 계속 비판의 대상이 되어왔다. 이에 한미 양국 정부는 2001년 1월 18일 다시금 협정개정안에 공식 서명하였으며, 개정안은 한국국회의 비준 동의를 거쳐 같은 해 4월 2일 발효하였다.[10] 아래에서는 「주한미군지위협정」에 대하여 살펴보기로 한다.

1. 체류국가의 법령준수의무

미국군대의 구성원, 군속과 그의 가족은 대한민국의 법령을 존중하여야 하고 또한 본 협정의 정신에 위배되는 어떠한 활동, 특히 정치적 활동을 하지 않을 의무를 진다(주한미군지위협정 제7조).

2. 출입국

대한민국정부는 양국정부 간에 협의된 절차에 따라 입국자와 출국자의 수 및 종별을 정기적으로 통고받는다(동 협정 제6조).

3. 형사관할권

■ 일반규정 (a) 합중국 군당국은 합중국 군대의 구성원, 군속 및 그들의 가족에 대하여, 합중국법령이 부여한 모든 형사재판권 및 징계권을 대한민국 안에서 행사할 권리를 갖는다.

(b) 대한민국 당국은 합중국 군대의 구성원, 군속 및 그들의 가족에 대하여 대한민국 영역 안에서 범한 범죄로서 대한민국 법령에 의하여 처벌할 수 있는 범죄에 관하여 재판권을 갖는다(동 협정 제22조 1항).

■ 전속관할권 (a) 합중국 군당국은 합중국 군대의 구성원, 군속 및 그들의 가족에 대하여 미국 법령에 의해서는 처벌할 수 있으나, 대한민국 법령에 의

9) 개정의 핵심사항은 형사재판관할권의 행사에 관한 것인데, 동 양해사항에 의하면, 종래의 관할권행사 대상범죄의 범위제한을 철폐하고 일괄적 관할권 행사의 사전포기절차를 개선하였다. 이로써 한국정부의 1차적 수사권행사를 위한 피의자신병확보가 가능해졌다.

10) 2001년의 개정 대상에는 본 협정문과 합의의사록이 포함되었을 뿐만 아니라 「한국인 고용원 우선 고용 및 가족구성원의 취업에 관한 양해각서」와 「환경보호에 관한 특별양해각서」, 그리고 「민사재판절차에 관한 합동위원회 합의사항」도 새롭게 마련되었다. 이 밖에도 협정 적용대상으로서의 가족의 범위, 노동쟁의시 냉각기간의 단축, 기소시 구금인도절차, 대물교통사고처리에 관한 합동위원회 합의 사항이 승인되었다.

해서는 처벌할 수 없는 범죄(합중국의 안정에 관한 범죄를 포함한다)에 관하여 전속적 재판권을 행사할 권리를 갖는다.

(b) 대한민국 당국은 합중국군대의 구성원, 군속 및 그들의 가족에 대하여 대한민국 법령에 의해서는 처벌할 수 있으나, 합중국 법령에 의해서는 처벌할 수 없는 범죄(대한민국의 안전에 관한 범죄를 포함한다)에 관해서 전속적 재판권을 갖는다.

(c) 본조 제2항 및 제3항의 적용상 국가안전에 관한 범죄란 다음의 것을 포함한다.

(i) 당해국에 대한 반역

(ii) 방해행위(sabotage), 간첩행위 또는 당해국의 공무상 또는 국방상의 비밀에 관한 법령의 위반(동 협정 제22조 2항).

■ 경합적 관할권 재판권을 행사할 권리가 경합하는 경우에는 다음의 규정이 적용된다.

(a) 합중국당국은 다음의 범죄에 관하여는 미국군대의 구성원이나 군속 및 그들의 가족에 대하여 재판권을 행사할 제1차적 권리를 가진다.

(i) 오로지 합중국의 재산이나 안전에 관한 범죄 또는 오로지 미국군대의 타 구성원이나 군속 또는 그들의 가족의 신체나 재산에 관한 범죄

(ii) 공무집행중의 작위 또는 부작위에 관한 범죄

(b) 기타의 범죄에 관하여는 대한민국 당국이 재판권을 행사할 제1차적 권리를 갖는다.

(c) 제1차적 권리를 가지는 국가가 재판권을 행사하지 않기로 결정한 때에는 가능한 한 신속히 타방국가 당국에 그 뜻을 통지하여야 한다. 제1차적 권리를 가지는 국가의 당국은 타방국가가 이러한 권리포기를 특히 중요하다고 인정하는 경우에 있어서 그 타방국가의 당국으로부터 그 권리 포기의 요청이 있으면, 그 요청에 호의적으로 고려를 하여야 한다(동 협정 제22조 3항).

그런데 형사관할권에 관한 위의 규정은 이상적인 NATO형을 그대로 따르고 있으나 세 가지 부속문서 즉, 합의의사록, 상호양해사항 및 교환서한에 의하여 제한이 가해지고 있다.

첫째, 대한민국이 계엄령을 선포한 경우에는 계엄령 하에 있는 대한민국의 지역에 있어서는 합중국 당국은 계엄령이 해제될 때까지 이러한 지역에서 합중국군대의 구성원, 군속 및 그들의 가족에 대하여 전속적 재판권을 행사할 권리를 가진다(SOFA 22조 1(b)항에 대한 합의의사록 1(b)항).

둘째, 합중국 군대의 구성원 또는 군속이 어느 범죄로 입건된 경우에 있어서 그 범죄가 그 자에 의하여 범하여진 것이라면, 그 범죄가 공무집행중의 작위나 부작위에 의한 것이라는 뜻을 기재한 증명서로서 합중국의 주무 군당국이 발행한 것은 1차적 재판권을 결정하기 위한 사실의 충분한 증거가 된다. '공무'라 함은 합중국군대의 구성원 및 군속이 공무집행기간 중에 행한 모든 행위를 포함하는 것을 말하는 것이 아니고, 그 자가 집행하고 있는 공무의 기능으로서 행하여질 것이 요구되는 행위에만 적용되는 것을 말한다. 대한민국의 검찰총장이 공무집행 증명서에 대한 반증이 있다고 인정하는 예외적인 경우에 있어서는 그 반증이 대한민국 관계관과 주한합중국 외교사절간의 토의를 통한 재검토의 대상이 된다(동 합의의사록 3(a)항). 그러나 합의가 이루어지지 않는 경우에는 미군당국이 발행한 증명서가 결정적이다(상호양해사항 3(a)항).

셋째, 대한민국 당국은 합중국군법에 복종하는 자에 관하여 질서와 규율을 유지함이 합중국군당국의 주된 책임임을 인정하여 합중국군당국의 요청이 있으면 대한민국 당국이 재판권을 행사함이 '특히 중요하다'고 결정하는 경우를 제외하고는 재판권을 행사할 그의 제1차적 권리를 포기한다(동 합의의사록 3항 b호). '특히 중요하다'는 용어는 개개의 특정사건을 신중히 조사한 후, 대한민국이 재판권을 행사함이 긴요하다고 생각되는 사건에 관련되며, 또한 이 용어는 일반적으로 다음과 같은 종류의 범죄에 관련되나 그와 같은 종류의 범죄에만 한정되는 것이 아니라고 양해한다. (i) 대한민국의 안전에 관한 죄, (ii) 살인, 강도 및 강간죄. 다만 그 범죄가 합중국 군대의 구성원, 군대 또는 가족에 대하여 행해진 경우에는 그러하지 아니하다. (iii) 전기 각 범죄의 미수 및 공범(상호양해사항 3항 b호).

끝으로 교환서한(Letter of Exchange)에 의하면 대한민국정부가 특정사건에 있어서 대한민국 당국이 재판권을 행사함이 특히 중요하다고 결정하지 않는 한 합중국 군당국은 재판권을 갖는다. 사법행정의 신속화를 위하여 대한민국 정부에 의한 그와 같은 결정은 대한민국이 그의 제1차적 재판권에 속하는 범죄발생을 통고받거나, 또는 알게 된 후 15일내에 또는 상호합의 될 수 있는 그보다 단기간 내에 법무장관이 서면으로 합중국의 관계당국에 통고해야 한다. 합중국 군당국은 15일 또는 달리 합의된 기간이 만료되기 전에는 재판권을 행사해서는 안 된다.

4. 민사청구권

첫째, 민사상의 손해가 군대구성원의 공무수행 중 발생하였거나, 군작전중인 차량·선박·항공기로 인하여 발생한 경우에는 체류국가를 포함한 피해당사국은 손해배상청구를 포기한다.

둘째, 미국군대의 공무집행행위로 대한민국 안에서 대한민국정부 이외의 제3자에게 손해를 가한 경우로서, ① 미군만이 책임이 있을 때는 한국이 25%, 미국이 75%의 비율로 배상을 부담하며, ② 한국과 미국이 다 같이 책임이 있을 때는 반반의 비율로 부담한다(주한미군지위협정 제8조).

Ⅱ. 군함의 지위

1. 군함 자체의 지위

군함이 합법적으로 외국의 영수(領水)에 들어 간 경우에는 불가침권과 재판권의 면제를 향유한다. 군함은 불가침권을 가지므로 연안국의 관리는 함장의 동의 없이 함내에 들어갈 수 없다. 범죄인이 도주해 들어간 경우라도 함장에게 임의의 인도를 부탁하거나 또는 외교사절을 통해서 인도를 요구하여야 한다. 그렇다면 군함은 범죄인의 비호권을 가지는가? 보통범죄에 관해서는 부정되나, 정치범에 대해서는 긍정하는 것이 다수설이다. 다만 군함은 정치범이나 정쟁(政爭)의 근거지가 되지 않도록 방지할 의무가 있다. 군함은 연안국의 재판관할권으로부터 면제된다. 따라서 연안국의 법령위반에 대하여 군함을 처벌할 수는 없고, 퇴거를 요구할 수 있을 뿐이다. 이러한 재판권의 면제는 군함 자체에 대해서 뿐만 아니라 함내의 모든 인원에 대해서도 미친다.

2. 군함승무원의 지위

군함승무원이 연안국의 동의를 얻어 상륙한 경우에는 육상군대의 지위와 마찬가지로 공무수행 중의 행위는 연안국의 재판권으로부터 면제된다. 다만 다른 점은 범인이 체포되지 않고 귀함한 경우에는 함장은 연안국의 인도요구에 응할 의무가 없다는 것이다. 그러나 연안국은 범인의 소추 및 그 결과에 대하여 통고를 받을 권리가 있다.

3. 공선의 지위

공선(公船)이라 함은 국가의 관리 하에서 운영되는 선박으로서 오직 정부의 비상업적 역무에만 종사하는 선박을 말한다(공해조약 제9조). 주요한 공선으로서는 세관용과 경찰용선박 및 기상관측선·과학조사선 등을 들 수 있다. 공선은 군함과 같은 불가침권은 인정되지 않으며, 연안국의 재판권으로부터 면제될 따름이다. 또한 공선의 승무원이 상륙한 경우에도 군함의 승무원의 경우와 같은 특권은 인정되지 않는다.

Ⅲ. 군용기의 지위

군용기가 영토국의 허가를 얻어 비행 또는 착륙한 경우에는 외국군함에게 관례상 인정된 것과 같은 특권을 가진다. 불시착 또는 강제착륙을 당한 군용기는 이 특권을 갖지 못한다. 공항공기(公航空機)가 허가를 얻어 외국영역에 있는 경우의 지위는 공선의 경우와 같다.

제 11 장 국가의 국제책임

제 1 절 국제책임의 성질

국제책임이란 국제법주체의 국제위법행위에 대한 국제법상의 책임을 말한다. 국제위법행위능력을 가지는 자는 국가, 국제조직 및 개인이다. 그러나 국제조직이나 개인에 대한 국제법주체성은 예외적으로 인정되는 것에 불과하므로 국제위법행위에 의하여 책임을 지는 자는 원칙적으로 국가이다. 그리하여 국제책임을 '국가의 국제책임' 또는 '국가책임'이라고도 한다. 국제위법행위는 행위주체의 의사와는 관계없이 일정한 책임이 과해진다는 점에서 행위주체의 의사에 따라 국제법상의 효과가 발생하는 법률행위(예: 조약의 체결)와 구별된다.

국제법사회는 기술한 바와 같이(제1장) 국내법사회에 비하여 미발달한 단계에 있으므로 책임면에 있어서도 국내법과 다른 점이 적지 않다.

국내법상의 위법행위는 사법상의 불법행위(또는 채무불이행)와 형법상의 범죄로 분류된다. 사법상의 불법행위는 사인간의 법익침해를 그 내용으로 하고 피해자에 대한 원상회복 또는 손해배상이 요구된다. 이에 비하여, 범죄의 경우에는 국가의 법익(법질서)침해를 내용으로 하고 국가권력에 의한 제재로서 형벌이 과해진다. 즉, 형법상 범죄의 경우에 직접적으로 문제 되는 것은 가해자와 피해자와의 관계라기보다는 가해자와 법질서의 담당자인 국가와의 관계이며, 그 법적 효과로서의 형벌의 목적은 가해자에게 법의 권위를 알려 장래에 있어서의 법질서의 침해를 방지·억압하는 데 있다.

전통적으로 국가의 관행에 의하면, 국제위법행위는 일반적으로 국내법상의 불법행위와 유사한 것으로 취급되어 왔다. 그 이유는, 첫째, 국제사회가 국내사회와 같이 조직화되지 않고 국제사회 전체의 법익이라고 하는 관념이 충분히 성숙되어 있지 않다는 점, 둘째, 국제사회는 평등한 주권 국가의 공존을 전제로 하여 성립된 구조를 가지고 있으므로 국제법은 국내사법(國內私法)과 유사한 기능을 갖고 있다는 점에 기인하고 있기 때문이다.

그런데 최근 국제사회가 조직화됨에 따라 국가의 일정행위를 국제범죄로 취급하려는 관념이 대두되기 시작하였다. 특히 제2차 대전 후 UN헌장 하의 집단안보조치와 집단살해죄의 처벌이 그 현저한 예이다. UN헌장은 회원국에 대한 침략행위를 다른 모든 회원국에 대한 적대행위로 보고 침략국에 대한 제재로서 집단조치를 취하도록 하고 있다. 이것은 현상적으로는 어느 정도 국내법상 범죄관념과 유사하다고 할 수 있다(1919년의 「국제연맹규약」, 1928년의 「부전조약(不戰條約)」, 1945년의 UN헌장 및 1948년의 「Genocide조약」 참조). 그러나 이것도 위법에 대한 제재로서의 형벌이라기보다는 오히려 전쟁을 방지, 억압한다고 하는 경찰적인 성격을 띠고 있으며, 비록 제재적인 요소가 있다 할지라도 제국(諸國)의 힘을 결집하여 대처해야 하는 본질로 인해 그 실현이 불확실하다. 더구나 강대국에 대해서는 거의 실효성이 없는 것도 사실이다.

국제법상 일정한 행위를 국제범죄로 인정하는 경향은 앞으로 더욱 확대될 여지가 있으나, 국제사회의 현 단계에서는 위법행위의 하나의 범주로서 국제범죄관념을 인정하기에는 불충분할 뿐만 아니라, 설사 인정한다 해도 그 범위는 침략전쟁 등에 극히 한정되어 있다. 따라서 현재로서는 역시 국제위법행위는 원칙적으로 국내사법상의 불법행위 내지 채무불이행과 유사한 것으로 취급하여 피해국의 상실된 법익을 회복하는 것을 내용으로 하는 민사책임의 원칙에 입각하고 있다고 할 것이다.

제 2 절 국제책임의 성립

국제책임은 원칙적으로 국가의 고의 또는 과실에 기한 행위에 의하여 다른 국가의 국제법익이 침해된 경우에 성립한다. 즉 ① 국제법익의 침해가 있을 것, ② 그 침해가 국가행위의 결과일 것, ③ 그 침해행위가 고의 또는 과실에 기할 것이 요구된다.

Ⅰ. 국제법익의 침해

국제법익이란 국제법에 의하여 보호되는 이익일반을 말한다. 재산과 같이 유체물(有體物)은 물론이고, 명예와 같은 무체이익(無體利益)도 포함된다. 국제법익을 향유하는 자는 원칙적으로 국가이지만, 국제기관 및 개인도 국제법익의 향유자가 될 수 있다.

침해란 비교적 넓은 개념으로서 구체적인 손해사실을 수반하지 않는 경우도 포함한다. 예컨대, 국기에 대한 모독이나 외국영공의 침범 등도 침해에 포함된다. 그러나 법익침해는 특정화·개별화되어야 한다. 따라서 국제사회의 일반이익의 침해에 있어서는 직접적으로 손해를 입지 않은 국가에게는 법익이 침해되었다고 할 수 없다.[1)]

Ⅱ. 국가의 행위

1. 국가기관의 행위

국가란 관념적인 존재이므로 국가 그 자체가 스스로 행동할 수는 없다. 국가는 그 기관을 통하여 행동할 수밖에 없으며, 이러한 국가기관은 그 기관의 지위에 있는 자연인(공무원)을 통하여 행동한다. 이와 같이 국가기관의 지위에 있는 자연인의 권한 내의 행위가 여기서 말하는 국가의 행위에 해당하는 것이다. 국가기관이라고 하는 것은 통치주체로서의 국가기관을 의미하는 것이며, 기업주체로서의 국가기관을 의미하는 것은 아니다. 예컨대 국유철도의 업무상 행위로 외국인이 손해를 입은 경우에는 국가가 당연히 책임을 지는 것이 아니라, 후술하는 바와 같이 사인의 행위와 같이 취급된다.

국내법상의 권한배분 여하에 따라 국제법상의 국제책임의 범위가 좌우되는 것은 아니다. 따라서 입법기관이든, 지방자치기관이든, 연방이든, 지방이든 관계없이

---

1) The S.S. Wimbleden Case(1923)에서 PCIJ는 키일운하의 자유항행을 승인한 「베르사이유평화조약」의 당사국인 영국, 이탈리아, 일본 3국이 직접 피해자인 프랑스와 합동하여 프랑스선박인 윔블던호의 항행거부를 이유로 한 독일에 대한 소송에의 참가를 허용하였으나, 선박의 손해에 대하여는 프랑스정부만이 배상금을 취득할 수 있다고 판시하였다.

이들의 행위에 대해서는 대외적으로 중앙정부가 책임을 지게 된다. 하급공무원이라 할지라도 그 권한 내에서 이루어진 행위는 국가기관의 행위로서 대외적 책임은 국가에 귀속된다.

〔Zafiro호 사건〕
(Earnshaw and others(Zafiro Case))
영국 v. 미국, 중재재판소(1925), 6 RIAA 160.

[사 실]

자피로호는 영국 상선이었지만 미국·스페인전쟁이 시작된 1898년 4월, 상하이에 대기하고 있던 미국 해군 아시아함대의 듀이 사령관에 의해 구입되어 해군의 물자 수송선, 특히 연료용 석탄 등의 보급선으로 사용되었다. 이 선박에는 미국 해군의 피어슨 사관(士官)이 승선하여 듀이 사령관의 명령의 전달과 집행을 감시했다. 다만 승무원은 거의 전원이 영국 상선 당시의 인원을 인계받아 선장, 항해사 등의 간부선원은 영국인, 수부들은 중국인이었으며, 수부들의 지휘·감독은 간부선원에게 맡겨져 있었다. 이와 같은 인원 구성은 듀이 사령관의 작전에 필요한 범위에서 영국, 일본 및 중국 등 중립국의 항만에 출입하는 것을 가능하게 하기 위함이었다.

그런데 미국함대가 마닐라항의 해전에서 스페인함대에 대승한 1898년 5월 1일, 카비티항에 소재한 마닐라선박회사의 가옥에 거주하고 있던 종업원 앤쇼 외 2명은 가족과 함께 전화(戰火)를 피하기 위하여 당 회사의 필리핀인 경비원과 중국인 종업원에게 뒷일을 부탁하고 가옥을 떠났다. 한편, 5월 4일, 카비티항에서 석탄을 실으라는 명령을 받은 자피로호는 마닐라 선박회사의 선착장에 머물렀다. 그리고 피어슨 사관과 선장은 스페인측 포대의 시찰을 위하여 자피로호를 떠났는데, 승무원의 감독을 맡고 있던 1등항해사는 비번인 수부 절반에 대하여 감독자를 붙이지 않고 상륙 허가를 했다. 그리하여 상륙한 수부들은 앤쇼 등이 머물고 있던 가옥에 침입하여 가재를 약탈·손괴했다. 게다가 뒷일의 처리를 부탁받고 있던 마닐라선박회사의 필리핀인 경비원이나 중국인 종업원 등도 이 약탈·파손행위에 가담하였다.

[판결 요지]

1. 자피로호는 미국 상선으로 등록되어 있었지만, 그 사실은 이 선박의 행위에 대하여 미국이 책임을 지는 것을 방해하지 않는다. 미국 측은 자피로호가 공선(公船)으로 간주되지 않는 증거로서 다수의 선례를 인용했지만, 그것은 공선의 주권면제에 관한 것으로써 자피로호의 사건과는 직접적인 관련이 없다. 그러나 그 가운데에는 선박에 면제를 부여하는가 아닌가를 결정해야 할 기준은 당해 선박을 누가 소유하는가 여부가 아니고, 당해 선박이 종사하고 있는 임무의 성격 및 당해 선박이 사용되고 있는 목적이라고 하는 선례가 포함되어 있다. 재판소에 있어서 중요한 것은 사건 당시 자피로호는 듀이 사령관의 함대의 일부로서 마닐라항에서 보급선으로 사용되고 있었고, 동시에 승무원들은 미국 해군사관 및 수부를 감독하는 간부 선원을 통

하여 동 사령관의 지휘 아래 있었다는 점이다. 결국 미국 해군 사관이 자피로호의 행동을 지휘·명령할 권한을 행사하고, 선장은 승무원을 감독하여 그 명령을 집행하는 기관으로 되어 있었다. 이와 같은 사실에서 자피로호가 단순한 상선이므로 그 행위에 대해 미국이 책임을 지지 않는다고 하는 주장은 서로 인정될 수 없다.

미국이 주장하는 바와 같이, 자피로호는 1907년의 「헤이그 제7조약」에서 들고 있는 '개장상선'(改裝商船 converted merchantman)의 모든 요건을 만족하고 있지 않다. 그러나 동 조약은 사략선(私掠船 또는 사나포선(私拿捕船) privateer)[2])과 개장상선을 구별하여, 후자에게 군함의 지위를 부여하는 것을 목적으로 한 것이므로 자피로호사건에는 적용되지 않는다.

2. 사건 당시의 정황에 비추어, 감독자를 붙이지 않고 수부들을 상륙시킨 간부선원의 행위에는 '중대한 과실'(highly culpable)이 있고, 그 결과가 발생한 가옥 및 가재의 약탈·손괴에 대하여 미국은 책임을 진다. 자피로호가 마닐라선박회사의 선착장에 머무는 동안 해군사관과 선장은 스페인측 포대를 시찰하기 위하여 선박을 떠났고, 그 사이 승무원에 대한 감독을 1등항해사에게 위임하였다. 그 때 필리핀인들이 육상에서 약탈·파괴행위를 했다고 하는 것은 당해 사관 및 간부 선원들은 이미 알고 있었다. 그러한 정황 하에서 회사의 가옥이 있는 장소에 감독자를 붙이지 않고 수부들을 상륙시킨 행위에는 중대한 과실이 있다.

게다가 비번인 상태에서 상륙한 수부들의 행위에 대하여 정부는 책임을 지지 않는다는 주장도 제기되었다. 하지만 경찰 등의 정부기관에 의해 통상의 질서가 유지되고 있는 항만에서 수부들을 상륙시킨 행위와 이 사건이 발생한 장소에서 감독자 없이 수부들을 상륙시킨 행위를 동일하게 논할 수는 없다. 당시 스페인인들은 이미 카비티항에서 퇴거하였고, 경찰이나 군에 의한 육상의 치안체제는 기능하고 있지 않았으며, 미국 해군 이외에 승무원의 행동을 감독할 수 있는 기관은 존재하지 않았다. 나아가 중국인수부들의 성격이나 무방비상태로 놓여진 재산의 소재를 검토해 보면, 수부들의 감독책임자에게는 특별한 '주의'(diligence)가 필요하였다. 그 때문에 통상의 정황에서는 적절하였을지도 모를 행위가 과실이 된 것이다.

3. 약탈·파괴의 결과로서 생긴 손해에 대해 앤쇼 외 2명의 청구에 대하여, 총액 6,000달러의 배상금을 지급한다. 자피로호의 수부들에 의한 손해액을 엄밀하게 산정하여 마닐라 선박회사의 필리핀인 경비원과 중국인 종업원 등에 의한 손해액을 총액에서 공제해야 할 거증책임을 영국 측이 지는가가 문제된다. 손해의 대부분이 자피로호의 수부들에 의해 야기되었고, 타자(他者)에 의해 야기된 손해는 특정하기 어려우므로 총액을 미국의 책임으로 돌리지 않을 수 없다. 다만, 그 점을 고려하여 총액에 이자를 붙이는 청구는 인정할 수 없다.

---

2) 사략선 또는 사나포선이란 교전국의 선박을 공격할 수 있는 권한을 정부로부터 받은 민간 소유의 무장 선박을 말한다.

〔Massey 사건〕
미국 v. 멕시코, 일반청구위원회, 1927.

[사 실]

1924년 10월 4일경 미국인 Massey가 Plao Blanco에서 멕시코인 Saenz에 의해서 살해되었다. Saenz는 달아났다가 체포되어 교도소에 수감 중 1924년 12월 26일에 탈출하였고, 그는 다시는 체포되지 않았다. 미국의 청구이유는 공무원이 불법으로 범인을 탈출하게 함으로써 Massey의 살해범을 처벌하는 적절한 조치를 취하지 못하였으므로 재판의 거부에 해당한다는 것이다.

이에 대하여 멕시코의 주장은 사인이 법과 그의 의무에 위반한 정부의 하급공무원에 의해서 탈출이 허용되었을 때에는 국가는 재판의 거부에 대한 책임이 없다는 것이다. 또 보조간수가 불법으로 범인을 탈출하게 허용하였으므로 그는 체포되어 엄한 처벌이 취하여졌다. 그러므로 멕시코 정부는 보조간수의 불법행위에 대하여 아무런 책임이 부과되지 않는다고 주장하였다.

[판결요지]

하급관리에 대한 국가책임의 문제를 다루는 국제재판소의 판례를 조사해보면 상반된 견해가 있으나, 하급공무원과 다른 공무원을 구분한다는 것은 때로는 애매하고 실제적으로 어려움이 수반된다. 공무원의 행위에 대한 책임과 관련하여 반드시 고려해야할 사항은 사람이나 재산에 대하여 손해를 가져오게 한 행동의 특징, 또는 문제가 야기된 경우에는 언제나 공무원의 적절한 의무에 대해 수행된 기능의 성질이다. 국제책임은 어느 정부를 위하여 행동하는 공무원 또는 기타 사람들의 행위로부터 발생하고, 그리고 불공정을 초래하는 손실과 손해를 발생하였는가를 판단하여야 한다.

국가가 공무원의 불법행위에 대하여 책임을 져야 한다는 것은 의심할 바 없다. 또한 국내법상의 지위는 관계가 없다. 다음으로 위원회는 멕시코당국은 탈옥한 범인을 적극적으로 체포하려고 하지 아니하였으므로 결과적으로는 Massey의 살해자를 처벌하는 적절한 조치를 취하는 데 실패했다는 이유로 재판의 거부가 있다는 미국의 주장을 인정하였다. 위원회는 위에서 설시한 이유로, 멕시코는 Massey를 위하여 미국정부에게 1만5천달러를 지불하여야 한다고 결정한다.

(1) 입법기관

입법기관이 국제법위반의 법률을 제정하거나(작위) 또는 국제법상의 의무이행에 필요한 법률을 제정하지 않음으로써(부작위) 국가책임이 발생할 수 있다. 그러나 배상책임의 청구는 이러한 국가의 작위 또는 부작위로 인하여 외국 또는 외국인의 법익이 침해되었을 경우에 행해진다.

(2) 행정기관

행정기관을 구성하는 관리가 직무상 권한 내에서 국제위법행위를 행한 경우, 국가책임이 발생한다는 것에는 이론이 없다. 예컨대, 외국 또는 외국인에 대한 공채지급의 거절, 외국인에 대한 불법체포·구금·살해행위, 외국인에 대한 부당한 차별대우, 외국인에 대한 부당한 국외추방, 조약의 불이행 등 그 예는 대단히 많다.

그런데 여기서 문제가 되는 것은 행정기관의 권한 외의 행위(*ultra vires* act)로서 외견상으로는 권한 내의 행위로 인식되는 국제위반행위가 발생한 경우, 국가는 이에 대하여 책임을 지는가이다.

이러한 경우, 이론상으로는 국가행위가 아니며 사인의 행위에 지나지 않는다. 그러나 실제에 있어서는 (a) 국가기관의 권한을 초월하고는 있으나 직무의 수행과 밀접한 관계가 있는 행위에 의한 경우, 또는 (b) 국가기관의 내용이 제3자에게는 식별하기 곤란한 경우에는 국가의 국제책임을 인정하는 것이 학설·판례의 일반적 태도이다. 왜냐하면 이러한 경우는 외견상 국가행위로 인식되기 쉽고 또한 국가가 자국내부의 행정조직으로부터 발생하는 위험의 부담을 외국인에게 전가하는 것은 부당하기 때문이다.

〔Jessie호 사건〕
영국 v. 미국, 영·미청구위원회, 1921.

[사 실]

이 사건은 영국 어선 Jessie호, Bayard호 및 Pescawha호가 공해상에서 물개어업을 하던 중 발생한 미국 감시선의 간섭에 대하여 영국정부에 의해 제기된 청구사건이다. 이 어선들은 1909년 6월경에 북태평양상에서 물개어업에 종사 중이었다. 때마침 Cherikof섬의 북쪽 끝 부근의 공해상에서 미국의 연안감시선 Bear호의 한 관리가 그들 배에 승선하여 물개가죽을 찾았으나 찾지 못하고, 배안에서 봉해진 화기를 발견해 내고 즉시 배의 계기를 살펴본 다음 북위 35° 북단, 서경 180° 동쪽에 위치하고 있는 동안에는 봉해진 화기를 개봉하여 어로행위를 해서는 안 된다는 명령을 내렸다.

미국정부는 영국정부의 항의각서에 대한 답변에서 다음과 같이 주장하였다. 1909년에 미국은 그 관리에게 영국의 물개사냥용 배에서 위와 같은 행위를 하는 것을 특별히 허가한 적이 없었다. 그리고 Jessie호, Bayard호, Pescawha호의 무기를 밀폐하게 한 Bear호 선장의 행동 등은 미국정부에 의해 승인된 행위는 아니다.

미국정부는 이 사건에 대해 첫째, 그 승선관리는 그렇게 행동할 권한을 가지고 있다는 진실한 믿음 위에서 행동했다는 것과 둘째, 관련자의 진술 이외에는 청구에 관한 증거가 없다는 것, 그리고 이러한 청구는 과장되고 사기적인 성격을 띠고 있다는 이유를 들어 이에 대해 어떠한 책임도 질 수가 없다고 주장하였다.

[판결요지]

공해상에서 합법적 보호를 받고 있는 외국선이 순시함에 의해 방해를 받는 것은 특별협정 또는 전시를 제외하고는 불법이며, 기국의 주권침해를 구성하는 행위라는 것은 국제해양법의 근본원리이다.

미국 해군 당국에 의한 방해의 일시와 장소에서 미국정부는 해군 당국에게 영국 선박에 대하여 그와 같은 방해를 하도록 허용한 바 없다. 그러므로 미국의 법적 책임은 지금 문책되고 있는 그 관리들의 행동으로 야기되었다는 사실에 대해서는 이의가 제기되지 않았다.

미국 해군 당국이 진실성 있게 행동했다는 것은 의심할 여지가 없다. 그러나 그들의 진실성이 미국정부에 대하여 자기들의 행위를 변명하기 위하여 호소될 수 있지만, 그 결과는 단지 관리의 행위가 판단의 착오를 구성한다는 것을 나타낼 뿐이다. 그리고 어떠한 정부도 타국에 대하여 그들의 의무범위 내에서 행위하고, 또한 국가요구를 수행할 권한이 부여된 관리들의 판단 착오에 대해서는 책임이 있다.

주장된 그 손해에 대한 증거불충분, 청구의 과장성이나 사기성 등은 책임 그 자체의 문제에 영향을 주지 못한다. 이러한 것들은 오직 그 결과, 즉 손해 및 보상금액의 결정에 참고가 될 뿐이다.

미국 당국의 불법행위로 인하여 입은 손해에 대한 증거를 조사한 후 위원회는 다음과 같이 결정하였다. 이러한 사정에 있어서 재판소는 공해자유의 위반으로 말미암아 선박이 합법적인, 그리고 유익한 어업을 수행하는 것은 방해될 수 없다는 원칙 그 자체의 사실을 오직 고려할 수 있을 뿐이다. 따라서 당 재판소는 Jessie호에 대해서는 배의 특수비용에 대해 544달러, 불법방해로서 야기된 고충에 대해 1,000달러, Bayard호에 대해서는 특수비용에 대해 750달러, 그 고충에 대해 1,000달러, Pescawha호에 대해서는 특수비용에 대해 500달러, 불법방해의 고충에 대해 1,000달러를 미국정부가 지급할 것을 결정한다.

(3) 사법기관

사법기관이 외국인에 대하여 사법상의 적절한 보호를 거부할 경우에 국가의 국제책임이 성립한다. 이와 같은 사법상 적절한 보호의 거부를 통상 '재판의 거부'(denial of justice)라고 한다. 재판의 거부에는 외국인의 소송을 수리하지 않는 경우(협의의 재판거부) 이외에, (a) 재판절차가 불공정한 경우 즉, 심리 또는 재판의 부당한 지연, 외국인의 차별대우에 입각한 재판상의 보호절차의 거부(예컨대 변호인 채택의 거부, 증거제출 또는 변론기회의 불인정 등), (b) 명백히 부당한 재판을 내리는 경우, (c) 판결의 이행을 거절하는 경우 등이 포함된다.

〔Chattin 청구사건〕
미국 v. 멕시코, 일반청구위원회, 1927.

[사 실]

미국인 Chattin은 1908년부터 멕시코의 남태평양철도회사의 고용인으로 있었다. 승객안내원인 그는 1910년 7월에 Sinaloa주에서 일하고 있을 때 횡령혐의로 Sinaloa의 Mazatlan에서 체포되어 1911년 1월에 재판에 회부되고, 같은 해 2월 6일에 징역 2년을 선고받았다. 그러나 Madero혁명에 의하여 야기된 혼란을 틈타 민간인에 의해 동년 5월 내지 6월경에 Mazatlan 감옥에서 풀려나서 미국으로 돌아왔다. 미국은 그의 체포·재판·선고가 불법이었으며, 감옥에서의 처우도 비인도적이었으므로 멕시코의 행위는 국제법상 재판거부에 해당하고, 따라서 Chattin에게 500만달러를 손해배상하여야 한다고 주장했다.

[판결요지]

1. 절차상 부당한 지연에 대해서는 여러 면에서 믿을 만한 증거가 있다. 형식적인 절차는 1910년 7월 9일에 시작되었다. 그 후 100일 이상이 경과될 때까지 Chattin에게 불리한 주된 증거가 1910년 8월 31일에 법원에 제출되었으나, Chattin은 1910년 10월 28일까지 그것들에 대하여 소명하는 것이 허가되지 않았다.

2. 적당한 조사가 행해지지 않았다. 재판에 필요한 중요한 증거를 수집하려고 노력한 흔적이 없다. 1910년 7월 21일의 조사에서 보면, Chattin과 함께 다루어져야 할 Manuel Virgen을 찾으려고 노력한 흔적이 없고, 또 승차권과 통행증을 위조했다는 이유때문에 혐의를 받고 있다고 반복하여 언급되고 있는 관련 철도회사의 해고된 서기인 Carr 또는 Carrol Collins를 조사한 흔적도 없다.

멕시코 제동수들 중의 한 사람인 Batiz가 1910년 8월 8일에 법정에서 "미국인 안내원들은 은밀히 그러한 방법으로 회사를 속일 계획을 가지고 있는 것은 사실이나, 증인은 확실히 그것을 알지 못한다"고 진술하였다. 그러나 다시 이 진술을 입증하려는 조치도 없었다.

3. 수사진행과정과 공개법정에서의 심리 중에 중요한 구두신문이나 대질신문 같은 것이 시도되지 않았다. 피고인에게 공개법정에서의 심리 동안 자유롭게 진술할 기회가 주어진 것 같지는 않다.

4. 피고인에게 그가 혐의 있는 모든 사실을 알 기회를 주지 않았다.

5. 공개법정에서의 심리를 단순히 형식화한 데 불과하다.

6. 법원 측은 일관하여 성실성이 결여되어 있었다.

이상의 모든 사실에 비추어 재판절차가 불공정하였다는 것은 명백하다. 그리고 처벌의 의도적 엄격성도 법관의 불공평한 마음에서 그 설명이 발견될 수 있다는 것을 표시하지 않고서도 증명된다. 그 외에 미국이 주장한 Chattin에 대한 불법체포는 증명되지 않는다. 또한 감옥에서의 부당한 대우도 증명되지 않는다. 한편 이것은 정부의 직접책임에 관한 사건이고, 다른 한편에서는 그의 탈출로 인하여 2년이 아니라 7개월 동안을 감옥에서 보냈다는 것을 고려할 때에 청구자를 위하여 5,000 달러의 손해배상을 허가하는 것이 적당하다.

2. 사인의 행위

사인이 외국이나 외국인의 법익을 침해한 경우 그것만으로 국가의 국제책임이 곧바로 성립하지는 않는다. 국가는 자국관할 내에 있는 사인이 외국 또는 외국인의 법익을 침해하는 것을 사전에 '상당한 주의'(due diligence)로써 방지하지 않았거나 또는 사후에 피해자에 대한 적정한 구제를 부여하지 않는 경우에는 국제책임을 져야 한다.

다만 이것은 어디까지나 사인의 행위와 관련하여 발생한 국가 자신의 부작위에 대한 책임일 뿐, 사인의 행위 그 자체에 대한 책임이 아니며 사인을 대신하여 책임을 지는 이른바 대위책임(代位責任)도 아니다.

'상당한 주의'의 표준에 관해서는 국제표준주의(international minimum standard)와 국내표준주의(national standard)가 전통적으로 대립하고 있다. 전자는 외국인에게 부여되는 보호의 정도가 국가에 따라 상이하다면 안심하고 외국에 진출할 수 없게 될 것이며, 결국은 국가 간의 경제적·문화적 교류를 방해하는 것이 되므로 보호의 최저기준이 국제적으로 정해져야 한다는 견해이다. 후자는 내·외국인평등의 원칙하에 각국에서 통상적으로 기대되는 정도로서 족하다는 것이다.

국제표준주의는 선진국에 의해서 지지되고, 국내표준주의는 개발도상국에 의해서 지지되고 있다. 1980년의 국제법전편찬위원회에서는 이 문제를 토의하였으나, 선진국과 개발도상국 사이에 의견의 일치를 보지 못하였다. 남미제국(諸國)을 위시하여 구식민지였던 아시아·아프리카의 신생독립국, 그리고 예외적으로 선진국에 속하던 구소련 및 기타 구선진공산국가들이 국제표준주의를 반대하였다. 따라서 숫자상으로는 국내표준주의가 우세한 지위에 있다.

따라서 낙후지역을 여행하는 외국인은 자기의 위험을 자기 스스로 부담하지 않으면 안 된다. 다만, 외교사절과 같은 특별보호가 인정되는 사람에 대해서는 국내표준주의가 적용되지 않는다. 동시에 국내표준주의라 할지라도 외국인을 내국인과 똑같이 대우하면 국제책임이 발생하지 않는 것도 아니다. 예컨대, 폭동으로 인하여 외국인에 대한 공격이 예견되는 상황 하에서 외국인을 보호하기 위해서는 보통 이상의 주의의무가 요구된다 할 것이다. 거증책임에 있어서도 통상의 경우와는 달리 폭동이 발생한 국가 측에 부담시킬 필요가 있을 것이다.

McNair는 폭동·반란으로 인한 국가의 책임에 관하여 다음과 같이 진술하고 있다.

> "(1) 그 영역 내에서 반란이 야기된 국가는 그 국가의 정부가 반란의 방지 또는 진압을 위해 배치가능한 군대를 이용함에 있어서 태만했거나 또는 이용하지 않았다는 것이 입증되지 않는 한, 외국인이 입은 손해에 대하여 책임을 지지 않는다.
>
> (2) 이러한 국가는 국제적인 전쟁에 있어서의 교전국의 지위와 실질적으로 동일한 것으로 보이는 경우에는 합법적인 지위 하에 있는 군사행동으로부터 야기된 손해가 무절제하거나 또는 불필요한 것이 아닌 한, 이에 대하여 책임을 지지 않는다.
>
> (3) 이러한 국가는 외국인의 소속국이 반도들의 교전상태를 승인한 경우에는 반도들이 당해 외국인들에 가한 손해에 대하여 책임을 지지 않는다.
>
> (4) 이러한 국가는 보통 자국에 거주하는 외국인이 입은 손해에 관한 청구에 있어서 그 외국인이 보호 또는 보상을 자국민과 똑같이 받았다는 것을 입증함으로써 청구를 기각할 수 있다."

「국가책임에 관한 협약초안」(1996) 제14조 1항은 "한 국가의 영토 또는 그 통치하의 기타 영토에서 이루어진 반란단체의 행위는 국제법상 그 국가의 행위로 간주되지 않는다"고 규정하고, 제15조 1항은 "한 국가의 신정부가 된 반란단체의 행위는 그 국가의 행위로 간주 된다"고 규정하면서, 제2항에서 "기존국가의 영토 또는 그 통치하의 영토의 일부에서 새로운 국가를 형성한 반란단체의 행위는 신국가의 행위로 간주한다"고 규정하고 있다.

그러나 위 조항들은 「국제위법행위에 대한 국가책임 초안」(2001)에서는 그 내용이 다소 변경되었다. 즉, 동 초안 제10조 1항은 "한 국가의 신정부를 구성하게 되는 반도단체의 행위는 국제법상 그 국가의 행위로 간주된다"고 규정하고, 동조 2항은 "반도단체이든 기타의 집단이든, 기존 국가의 영토 또는 그 국가의 관할 하의 영토에서 신국가를 창설하는 데 성공한 집단의 행위는 국제법상 그 신국가의 행위로 간주한다"고 규정하고 있다.

반도단체의 행위와 관련하여 1996년 초안과 2001년 초안의 내용이 크게 다른 점은 '반도단체의 행위가 국제법상 국가의 행위인가' 여부이다. 이에 대해 전자는, 폭동이나 반란의 경우, 한 국가가 그 진압에 상당한 주의를 한 경우에는 국가책임이 인정되지 않음을 밝히고, 반도가 반란에 성공하여 합법정부로 되는 경우에는 구정부의 의무를 승계 받고 반란시의 행위에 대한 책임도 부담하게 된다는 취지를 규정하고 있다. 하지만 이에 반해 후자는, 반도단체들의 행위는 사인들의 행위와는 달리 영토국의 전면적 통제 하에서 이루어지는 것이 아닌 만큼 영토국의 입장에서 이들의 행위로 인하여 제3국의 법익이 침해된 경우 이를 처벌하는 것이 현실적으로 어려운 점이 있으나 반대로 전혀 불가능한 것은 아니라는 점을 인정하고 있다. 따라서 상황에 따라 영토국은 제한적이나마 이들의 행위를 방지, 처벌하거나 또는 기타 적절한 방법으로 대처할 수 있으며, 그러한 가능한 범위 내에서 영토국은 방지·처벌 등의 의무를 부담하며, 그러한 의무를 태만히 하는 경우 책임을 인정하고 있는 것이다.[3]

Ⅲ. 고의 또는 과실

국가의 국제책임이 성립하기 위해서 국가기관의 국제위법행위(객관적 요건)에 부가해서 고의·과실(주관적 요건)을 요하는가에 관하여 학설 및 관행은 일치하지 않는다.[4] 그러나 과실책임이론이 그로티우스 이래의 전통적인 다수의 견해인 것 같다(Noyes Claim).

그러나 입법기관의 행위에 의하여 국제위법행위가 행하여진 경우에는 사정이 다르다. 실제로 국제법에 위반되는 국내법이 제정되고, 이로 인하여 손해를 입은 국가가 그 국가의 국제법위반행위를 문제 삼아 책임을 추궁하는 경우, 과실의 존재를 증명하는 것은 요구되지 않는다. 그 이유는 입법행위는 일반적으로 의회에 의한 의결의 형태로 행해지는데, 의결이 행해질 때까지의 과정에 있어서 과실이 존재하였는가를 증명하는 것은 사실상 불가능하기 때문이다. 따라서 합의체에 의한 입법행위의 경우에는 책임성립에 과실의 존재는 필요치 않다고 할 수 있다.

최근 국내법에 있어서 근대적인 공업화와 더불어 점차 무과실책임이 인정되는 현상이 국제법 분야에서도 증가하고 있다. 예컨대 1952년의 「외국항공기가 지표상의 제3자에게 끼친 손해에 관한 로마조약」(Convention on Damage Caused by Foreign Aircraft to Third Parties on the Ground), 1960년의 「원자력분야에 있어서의 제3자 책임에 관한 파리조약」(Convention on Third Party Liability in the Field of Nuclear Energy), 그리고 1962년의 「원자력선의 운행관리자의 책임에 관한 브뤼셀조약」(Convention of the Liability of Operations of Nuclear Ship)에서는 피해자의 손해발생사실만 입증되면 배상청구를 할 수 있으며, 가해자 측에 과실이 있었다는 것을 입증할 필요는 없다

3) 김석현, 국제법상 국가책임, 삼영사, 2007, p.163.

4) 무과실책임을 주장하는 견해(Anzilotti), 절충설로서 작위에는 결과책임을 부작위에는 과실책임을 주장하는 견해(Strupp), 또 사인의 행위에는 과실책임을 기타 행위에는 결과책임을 인정하는 견해(Shön) 등이 있다.

고 규정하고 있다(1952년의 「로마조약」 제1조, 1960년의 「파리조약」 제3조, 1962년의 「브뤼셀조약」 제2조).

만일 국제책임을 무과실주의로 본다면 위와 같은 특별조약에서 무과실조항을 삽입할 필요가 없을 것이다. 따라서 국제책임의 성립요건으로서는 객관적 요건 외에 고의·과실이라고 하는 주관적 요건(심리적 요소)을 필요로 한다고 보여 진다.

〔Noyes 청구사건〕
미국 v. 파나마, 일반청구중재위원회, 1933.

[사 실]

1927년 6월 19일, 파나마시에서 멀리 떨어지지 않은 Juan Diaz마을과 그 마을 부근에서 발생한 사고로 말미암아 미국인 Noyes가 받은 신체상해 및 재산손실에 대한 배상금액으로서 총 1,683달러를 청구하였다. 이 청구는 원고에게 적절한 경찰보호를 부여하지 않았으며, 질서유지에 상당한 주의를 게을리 하였고, 가해자를 체포하고 처벌하기 위한 적절한 조치를 취하지 않았다는 것에 근거하였다.

[판결요지]

Juan Diaz는 원래 소규모의 인구를 가진 마을이었으나, 1927년 6월 19일 사건당일에는 수백 명의 사람들이 정부의 통제 하에 모임을 위해 이곳이 몰려들기 시작했다. 그러나 이곳에 경찰이 증원되지는 않았다. 그날 시간이 경과함에 따라 파나마 당국은 이곳의 군중들이 술에 취해 무분별하게 되었다는 사실을 깨닫고, 경찰국장 Pretelt가 증원군과 함께 그곳으로 달려왔다.

양 당국이 제시한 증거를 면밀히 심사한 후 위원회는 Noyes가 그날 피해를 입게 된 사실에 관해서는 의심을 품지 않았다. 이러한 사실은 명백하게 다음과 같이 진술되고 있다.

오후 3시경 Noyes가 자기 자동차로 Tapia강의 다리를 구경하고, 파나마시를 향하여 돌아오던 중 그 마을을 지나게 되었다. 마을 중심부에 들어섰을 때 군중들이 도로를 막자 Noyes는 차를 멈추고 경적을 울렸다. 차가 지나갈 통로를 군중들이 만들어 주었고, 그가 그곳을 천천히 통과하고 있을 때, Noyes의 자동차 쪽으로 어떤 군중이 비틀거리면서 다가와 자동차 발판 위로 넘어 떨어졌다. 그가 즉시 자동차를 세우자 수많은 군중들이 차의 유리를 박살내고, Noyes는 깨어진 유리조각에 손목자상을 입는 등의 침해를 받았다.

그때 한 경찰관이 다가와 피해자를 보호하면서 될 수 있는 대로 빨리 피하라고 말했다. Noyes가 그 군중들로부터 빠져나갈 때까지 그 경찰관은 Noyes와 함께 있었다. Juan Diaz 마을로부터 조금 떨어진 곳에서 Noyes가 또 몇몇 군중들로부터 침해를 받았다. 즉 그 군중들은 버스로 Noyes를 추적해 그의 자동차를 강제로 도로에서 도랑으로 몰게 하였다. 그때 그는 반대쪽에서 오고 있던 Pretelt국장에 의해서 구조되었으며, 국장은 Noyes를 보호하기 위하여 마을광장을 통과, 되돌아오던 길이었다.

이러한 사실은 양 경우에 있어서 경찰은 가해자로부터 피해자를 적극적으로 보호했으며, 경찰당국이 Juan Diaz마을의 상황이 경찰의 도움이 없으면 안 될 급박한 사정이라는 것을 알고 파나마시에서 증원군을 보냈다는 사실로 보아 그 보호는 적절한 것임을 나타낸다.

그런데 미국이 주장하는 바는 파나마 관리들이 회합이 그 장소에서 있다는 것을 미리 알면서도 경찰관 증원 등의 선제조치를 취하지 않았기 때문에 파나마정부는 국제법상 책임을 져야 한다는 것이었다.

어떤 외국인이 그 사고지점에 충분한 경찰이 있었다면 방지될 수 있는 침해를 개인으로부터 받았다는 단순한 사실만으로는 그 정부로 하여금 국제법상 그 손해에 대한 책임을 지게 할 수는 없다. 당국의 책임이 발생하는 특수한 상황이 증명되어야 한다. 즉 특수한 상황이란 사건발생과 관련된 당국의 행동이거나, 또는 일반적 질서유지, 범죄예방, 범죄자기소 및 처벌을 위한 그의 임무를 수행하지 않는 것 등이다. 이 사건에서는 어떤 특수한 상황이 없으며, 따라서 보호를 소홀히 했다고는 볼 수 없다.

청구는 또 파나마 당국이 피해를 입힌 가해자를 기소하지 않았다는 점에 기초를 두고 있다. 기소되지 않았다는 것은 사실이다. 그러나 이 사건의 상황을 고려해 볼 때, 본 위원회는 이에 관하여 파나마정부에 책임이 있다고는 결정할 수 없으므로 청구를 기각한다.

제 3 절 국제청구

국가가 국제위법행위를 행한 경우 그 국제책임을 청구하기 위한 국제청구가 피해자 측에 의해 제출되는데 이때의 청구주체는 원칙적으로 국가이다.

그런데 국가 자신이 직접 손해를 입은 것이 아니라 자국민이 입은 손해를 통하여 간접적으로 손해를 입은 경우에는 국제청구를 하기 위하여 단순히 상대국이 국제위법행위를 했다는 사실만으로는 불충분하다. 이러한 간접적인 손해의 경우 피해자인 자국민이 상대국의 국내적 구제절차를 거치는 것이 필요하다. 또한 피해자 자신이 손해를 받은 때로부터 국제청구가 제출될 때까지 계속적으로 그 국가의 국적을 유지하지 않으면 외교적 보호에 기한 국제청구는 인정되지 않는다.

Ⅰ. 국내구제완료의 원칙

외국인에게 손해가 발생한 경우, 국가가 피해외국인에게 국내적 구제를 다하지 않을 때 비로소 국제책임이 성립한다. 따라서 피해를 입은 개인은 그의 본국이 국제적인 차원에서 외교적 보호권을 행사하기 전에 가해국의 국내적 구제절차를 완료하여야 한다. 이 국내구제완료의 원칙(exhaustion of local remedy)은 국가 간의 우호관계가 사소한 개인의 문제로 인하여 균열되는 것을 방지하기 위한 실제적·정치적 고려에 기초한 것이다. 그러므로 군함·군용기 또는 외교관에 대한 침해와 같이 직접 국가 자체에 대하여 가하여진 경우, 국내구제완료의 원칙은 적용되지 않는다. 즉, 이때에는 국가는 즉시 국제책임을 추구할 수 있다.

이 국내구제완료의 원칙에는 다음 몇 가지 한계가 있다. 첫째, 자기의 의사에 반하여 강제적으로 외국영토에 들어가 손해를 입은 경우 또는 불가항력으로 우연히 외국영역에 들어가 손해를 입은 경우, 또는 공해(公海)나 공공(公空)과 같은 어느 국가의 관할에도 속하지 않는 장소에서 불법행위로 인하여 사인에게 손해가 발생한 경우에는 국내구제완료의 원칙이 적용되지 않는다는 것이 다수설이다.

둘째, 완료를 요하는 구제의 수단이 ① 이용가능(available)한 것이라야 하며, ② 실현가능하며(attainable) 유효한(effective) 것이어야 한다. 따라서 이와 같은 요건이 전혀 없다는 것이 객관적으로 명백한 경우에는 이 원칙은 적용되지 않는다.[5)]

그러나 국내구제완료의 원칙도 국가 간의 합의(조약)에 따라 배제될 수는 있다.

〔마브로마티스 사건〕

제1사건(Affaire des concessions Mavrommatis en Palestine)
그리스 v. 영국, 상설국제사법재판소, 1924년 8월 30일, PCIJ Ser. A, No.2
제2사건(Affaire des concessions Mavrommatis en Jérusalem)
그리스 v. 영국, 1925년 3월 26일, PCIJ Ser. A, No.5

〔마브로마티스 특허개정사건〕

(Affaire des concessions Mavrommatis à Jérusalem(Réadaptation)
그리스 v. 영국, 관할권(1927년 10월 10일), PCIJ Ser. A, No.11

---

5) 예컨대 피해외국인이 국내적 구제를 청구하려고 해도 이에 대한 관할권을 가진 구제기관이 없거나 또는 구제기관이 있다고 하더라도 제도상 또는 기타 이유로서 구제가능성이 전혀 없는 경우이다.

[사 실]

(마브로마티스 사건) 그리스인 마브로마티스는 제1차 세계대전이 개시된 1914년 10월 29일 이전부터 예루살렘에서 철도, 전력 및 수도 사업에 대한 컨세션을 터키정부로부터 취득하고 얏파에서도 동일한 컨세션을 1916년 1월 28일에 정식으로 허가받고 있었다. 제1차 대전 후, 팔레스타인은 영국의 위임통치를 받았으므로 미발효한 「쉘부르조약」을 대신하여 「로카르노조약 제12의정서」에 의해 동 지역에서의 戰前의 컨세션이 유지되게 되었다. 마브로마티스는 상기 컨세션의 유지와 그 실시를 영국정부에 요청했지만 팔레스타인행정청 및 영국정부는 유대인 Rutenberg에 대해서도 팔레스타인에서의 컨세션을 부여하였고, 그 일부가 마브로마티스의 권리와 경합하는 것이 판명되었다. 이 때문에 그리스는 1924년 5월 13일, 팔레스타인 위임장 제26조에 기하여 위임통치 수임국인 영국을 상대로 팔레스타인행정청 및 영국정부가 마브로마티스의 컨세션을 승인하지 않았다고 하는 동 제11조 위반의 판단과 그에 의해 발생한 23만 파운드의 손해에 대하여 배상을 구하는 소송을 PCIJ에 제기했다. 이에 대하여, 영국은 선결적 항변을 제출하고, 재판소에 의한 관할권 행사에는 수임국과 기타 연맹 회원국과의 사이의 분쟁이라는 점, 교섭에 의해 해결될 수 없는 분쟁이라는 점, 위임장의 조항의 해석 또는 적용에 관한 분쟁이라는 점이 필요하다고 하는 위임장 제26조의 요건이 충족되고 있지 않기 때문에 본건에서는 재판소에는 관할권이 없다고 주장했다. 재판소는 같은 해 8월 30일 판결(제1판결)에서 얏파의 컨세션에 대해서는 영국의 선결적 항변을 지지했지만, 예루살렘의 컨세션에 관해서는 관할권을 인정하여 본안 심리로 이행하고, 계속하여 1925년 3월 26일 판결(제2판결)에서 당해 컨세션의 유효성, 영국의 의무 위반과 그에 기초한 손해배상, 나아가 제12의정서 제4조에 기초한 컨세션의 재적합(새로운 경제상태에 이제까지의 컨세션계약의 내용을 합치시켜 개정하는 것)의 가능성에 대하여 판단했다.

(마브로마티스 특허개정사건) 그 후, 마브로마티스와 영국 식민지 재무담당관과의 사이에서 계약 개정(改訂) 교섭이 행해지고, 1926년 2월 25일에 새로운 컨세션계약이 체결되었다. 이에 기하여 마브로마티스는 팔레스타인행정청에 사업 계획을 제출했지만, 동 행정청이 정한 기한까지 이를 승인하지 않았다. 이러한 사업의 방해가 위임장 제11조 위반이라고 하여 그리스가 손해배상을 구하는 소송을 PCIJ에 제기한 것에 대하여, 영국은 선결적 항변을 제출했다.

[판결 요지]

(마브로마티스 제1사건 판결) 1. 분쟁이란 일반적으로 '법 혹은 사실에 관한 불일치이고, 두 가지의 인격 사이에서의 법적 견해 혹은 이익의 충돌'이고, 본건 소송도 이러한 특징을 가지고 있다. 당초 마브로마티스와 영국이라는 개인과 국가 사이의 분쟁이었지만, 그리스가 이 분쟁을 취급함으로써 그리스 대 영국이라고 하는 국가간 분쟁으로 되었다. '자국민이 타국의 국제위법행위에 의해 침해를 입고, 통상의 수단으로는 만족을 얻을 수 없는 경우에 그 본국이 자국민을 보호할 권리를 가진다

고 하는 것은 국제법의 기본원칙이다.' 외교상의 활동이나 국제재판에서 자국민을 대신하여 사건을 취급할 때, 현실적으로 국가는 자신의 권리를 행사하고, 국가 자신이 신청인이 된다. 따라서 본건은 그리스와 영국간의 분쟁이고, 위임장 제26조에서의 수임국과 연맹 회원국 간의 분쟁이다.

2. 외교교섭이 성공하는가 여부는 상대적인 것이다. 교섭에 있어서 반드시 일정량의 통첩이나 전보가 필요한 것은 아니고, 대화가 개시되고 있다면 그것으로 충분하다. 일방 당사자가 명확하게 양보를 거부하는 경우에 외교교섭에 의해 분쟁이 해결될 수 없다는 것은 명백하다.

3. 그리스가 원용한 위임장 제11조에서 본건과 관련되는 부분은 제1항 전단이고, 그에 의하면, 팔레스타인행정청은 수임국이 수락한 국제의무에 반하지 않는 한, 국가의 천연자원, 공공사업의 '공적 소유 혹은 관리를 설정하는 완전한 권한'을 가진다. 프랑스어 원문에서는 동 행정청에게 부여된 권한은 모든 형식의 관리에 관한 결정을 포함하는 것이 되고, 컨세션을 부여하는 것도, 또 무효로 할 권리도 이에 해당하지만, 영문에서의 '공적 관리'는 공적 기관이 공적으로 소유하고 있지 않는 기업을 인계하고, 그 정책을 명한다고 하는 의미를 가지는 경우, 이들의 조화를 꾀하고, 당사국의 공통의 의사와 합치하도록 제한적인 해석을 원용해야 한다. 본건에서 팔레스타인행정청이 Rutenberg에게 부여한 컨세션은 천연자원의 개발, 공공사업의 운영을 목적으로 하고 있고, '공적 관리'시스템을 적용한 것이므로 제11조의 범위 내에 있다. 동조는 수임국에게 국제약속과 양립한 권한 행사를 요구하고 있고, 여기에는 「로잔느조약 제12의정서」로부터 생기는 국제의무가 포함된다. 동 의정서의 기본원칙은 1914년 10월 29일 이전에 체결된 컨세션계약의 유지이므로 마브로마티스에 관해서는 그 조건을 만족하는 예루살렘의 컨세션의 유지가 영국의 국제의무가 되고, 이를 둘러싼 분쟁은 재판소의 관할권의 범위 내에 있다.

4. 그리스는 본건 신청 시에 「로잔느조약」의 비준서를 기탁하고 있지 않았지만 동 조약 제12의정서는 의무위반 발생시점에 관계없이 그것이 규정하는 권리의 보호를 목적으로 하기 때문에 발효 전의 위반에 그 효과가 미치지 않는다면 실효성은 존재하지 않는다. 또 재판소의 관할권은 국제적인 것이고, 양식에 관한 쟁점은 국내법의 경우와 같은 정도로 중요시 할 필요는 없다. 이상에 의해, 재판소는 예루살렘에서의 마브로마티스의 컨세션을 둘러싼 분쟁에 대해서만 관할권을 가진다(7대 5).

(마브로마티스 제2사건 판결) 1. 영국의 주장에 의하면, 마브로마티스는 터키정부와의 계약 체결 시에 터키인으로 오인되어 당해 계약은 착오에 의해 무효이고, 또 「로잔느조약 제12의정서」 제9조에서 말하는 기타 체약국 국민에 해당하지 않으며, 동조는 터키로부터 분리한 지역을 취득한 국가는 터키인의 권리·의무를 기타 체약국 국민에 대하여 계승한다고 규정하고 있고, 본건에서는 본조의 적용은 받지 않는다고 한다. 그러나 컨세션권자가 본건에서 지는 의무는 회사의 설립이고, 국적보다도 기술적·금전적 능력이 중시되고 있으므로 터키국적은 이 계약의 필수조건은 아니다. 또 동조는 수익자의 진정한 국적을 의도하고 있고, 마브로마티스가 '기타 체약국' 그리스의 국적을 가지고 있는 이상, 계약에의 오기(誤記)를 이유로 이익을 인정하지 않는 것은 그 정신에 반한다. 따라서 계약은 유효하고, 제9조가 적용된다.

2. Rutenberg에게는 영국 식민관과의 컨세션계약 제29조에 의해 자기의 권리와 저촉하는 기존의 컨세션을 무효로 하여 적정한 보상을 지불하도록 영국고등판무관에게 요청할 권리가 있지만, 그는 이 권리를 방기하는 취지의 서한을 영국식민성에 송부하고, 영국정부도 이를 인정했으므로 마브로마티스의 권리를 존중할 의무가 남아 있었다. 또 컨세션유지를 확보하는 제12의정서의 제(諸)조항은 동 의정서 제9조의 결과로서 적용되어 이 제9조는 터키로부터 분리된 영역을 승계한 국가에 대하여 터키의 권리의무를 1918년 10월 30일까지 소급하여 승계시키는 규정이기 때문에 미발효한 「쉘부르조약」이나 비준 전의 「제12의정서」의 효력을 검토할 필요는 없고, 영국에는 동 의정서가 대상으로 하는 컨세션을 유지할 의무가 상기 계약 체결시에 이미 존재하고 있었다고 판단된다. 그리고 Rutenberg에게 수용요청권을 부여한 점에서 그의 컨세션이 유효한 한도에서는 어디까지나 기타 컨세션이 무효가 될 가능성이 발생한다. 이는 기존의 컨세션권자의 권리를 침해하는 것으로 되기 때문에 실제로는 수용요청권의 부여로는 마브로마티스에게 손실은 생기지 않았다. 따라서 그리스의 손해배상청구는 기각되어야 한다.

3. 제12의정서 조인일(1923년 7월 23일) 이전에 컨세션의 적용이 개시되어 있지 않았다면, 동 의정서 제4조에 의해 계약은 새로운 경제상태에 재부합시킬 수 있지만, 그렇지 않은 경우에는 제6조에 의해 수익자는 계약의 해소와 조사비용의 보상을 청구할 수 있다. 문언상 초안에서는 '실행 개시'였던 것이 최종적으로는 그것보다 넓은 의미의 '적용 개시'로 된 점, 사업이나 컨세션의 적용 개시가 아닌 계약의 적용 개시로 되어 있는 점으로부터 당해 계약조항상의 어떤 행위가 행해지고 있다면 적용 개시로 볼 수 없고, 마브로마티스도 현재 그러한 행위를 행하고 있었다. 또 계약의 유지라고 하는 기본원칙을 규정한 제1조와 엄밀하게 관련하는 점으로부터 제4조가 일반적 규칙이라는 것에 대해 제6조는 그 예외에 지나지 않는다. 기득권의 보호라고 하는 본 의정서의 시스템과 조화시키기 위해서는 제6조를 제한적으로 해석하는 것이 유일한 방법이다. 따라서 마브로마티스의 컨세션에는 제4조가 적용되고, 계약은 새로운 경제상태에 재부합된다(11 대 1).

(마브로마티스 특허개정사건 판결) 1. 영국은 재판소는 위의 제2판결이 준수되었는가 여부를 결정할 관할권이 없다고 주장한다. 이 문제는 본건의 관할권을 규율하는 조항에 대하여 제1, 제2판결이 인정한 사실에 관련되지만, 그 점으로부터 당해 두 가지의 판결과 본건이 일련의 관계가 있다고 해도 본건에서 관할권이 부여되고 있는 것으로는 되지 않는다.

2. 상기 두 가지의 판결에서 확립한 해석에 의하면, 공적 관리를 설정하는 완전한 권한 행사의 결과로서 제12의정서 위반이 생긴 경우에만 재판소는 위임장 제26조에 기하여 관할권을 가진다. 따라서 본건 사실이 그러한 완전한 권한의 행사를 구성하는가의 문제가 있다. 1926년의 계약에서 팔레스타인행정청에 유보된 권한은 공공사업을 위임한 사기업에 관한 행정권한의 범위 내에 있고, 공적 관리를 설정하는 완전한 권한의 행사라고 하는 성격을 당해 계약에 부여하기에는 불충분하다. 그런 연유로 위의 제2판결이 시사하는 기준에 비추어 본다면, 이 계약에 의한 마브로마티스의 새로운 컨세션의 부여나 재부합을 위한 그 외 조치는 완전한 권한의 행

사는 아니다. 일정 기간 내에 계획이 승인되지 않았다는 점도 그러한 권한의 행사는 아니고, 또 Rutenberg에 부여된 컨세션이 당해 승인의 법적 장애로 작용했다는 것을 그리스는 주장하지 않았다. 한편, 그리스는 마브로마티스의 물 이용에 대한 이의를 Rutenberg가 스스로 방기할 때까지 후자의 컨세션허가를 연기하지 않은 영국의 소극적 행위를 적대행위로 보고, 위임장 제11조에 위반한다고 한다. 그러나 동조는 컨세션권자와의 교섭을 이용하고, 이에 압력을 가하여 제12의정서에 의해 보호되고 있다고 주장하는 다른 컨세션권자에게 이익을 줄 의무를 수임국에게 지우는 것은 아니다. 따라서 본건은 위임장 제11조와 관계가 없으므로 재판소의 관할권에 속하지 않는다(7 대 4).

〔세르비아 공채사건〕
(Affaire concemant le paiement de divers emprunts serbes émis en France)
프랑스 v. 세르비아, 상설국제사법재판소,
1929년 7월 12일, PCIJ Ser. A 20/21

[사 실]

제1차 세계대전 이전에 Serb, Croats and Slovenes(이하 세르비아라고 한다)가 프랑스 국내에서 공채(公債)를 발행했는데, 이를 소지한 프랑스인(이하 채권자라고 한다)은 戰後 프랑의 가치가 하락했기 때문에 金프랑의 지불을 요구했지만, 세르비아는 지폐프랑에 의한 지불을 주장했다. 프랑스는 권리가 침해되었다고 주장하는 채권자의 신청에 기하여 세르비아와 외교교섭을 했지만, 세르비아는 지불을 지폐프랑에 의해 행함으로써 공채의 의무는 충족된다고 주장하고, 양국의 의견은 일치에 이르지 못했다. 그래서 1928년 양국은 PCIJ에 아래의 문제에 대하여 판결을 구하는 특별합의서를 부탁했다. ① 세르비아는 5종의 공채(1895년 4%, 1902년 5%, 1906년 4.5%, 1909년 4.5%, 1913년 5%)를 지폐프랑으로 상환하는 것이 가능한가? ② 반대로, 세르비아는 지정된 장소에서 공채 및 그 이자를 금 또는 외국통화로 지불할 의무가 있는가?

[판결 요지]

1. 재판소 규정 제34조, 국제연맹규약 제14조에 비추어 볼 때, 재판소가 관할하는 사건은 국제적 성질을 가진 부탁 당사자 간의 분쟁이어야 한다. 합의서를 엄밀하게 검토해보면, 본건은 세르비아와 채권자와의 분쟁이다. 국가의 권리라고 주장하여 그 국민의 권리를 재판소에 부탁한 마브로마티스사건 등의 사건은 국제적 합의의 위반에 기한 것이었다. 그에 비하여, 본건은 채무자의 의무라고 하는 국내법상의 문제이다. 그러나 세르비아는 프랑스에 의한 외교교섭을 거절하지 않고 반론을 전개했다. 그에 의하여, 세르비아와 자국민을 보호할 권리를 행사하는 프랑스와의 사이에 의견의 상위가 발생하고, 국제연맹규약 제14조, 재판소 규정 제34조에 규정된 국가 간의 분쟁이 발생했다.

재판소의 본래의 기능은 국제법에 따라 분쟁을 해결하는 것이고(재판소 규정 제38조), 사실과 국내법의 문제인 본건은 이 점에서 문제가 된다. 그러나 재판소 규정 제36조 2항은 제국가가 인정하는 경우, '인정된다면 국제의무의 위반을 구성하는 모든 사실의 존재'에 관한 분쟁이라도 명백하게 되어야 할 사실이 국제적 의무위반을 구성하는 것에 당사국이 동의하기 때문이다. 게다가 2국이 동의하고 있는 경우에는 분쟁이 사실의 문제라기보다는 국내법의 문제에 관계하고 있어도 그것에 의해 재판소의 관할권은 영향을 받지 않는다. 제36조 1항이 특별 합의에 의한 부탁이라고 폭넓게 규정하고 있는 점은 이를 지지하는 것이다.

2. 공채의 특정부분에만 금에 의한 지불이 명기되고, 다른 부분에는 금으로 특정함이 없이 프랑으로 되어 있다. 그러나 특별 문언은 일반적 표현을 지배하는 것이므로 금프랑이라고 하는 특별 규정의 효력을 감소시키는 것은 아니다.

금프랑은 존재하지 않아도 계약상의 문언을 수용하지 않아야 하는 것은 아니다. '금프랑'의 사용의 의도는 공채의 신용성의 확보에 있고, 그 때문에 외국통화에 의한 지불을 약속할 필요가 있었다. 금의 표준가치가 아니고, 단순히 지불의 양식을 나타내는 것으로서 금조항(金條項)을 취급하는 것은 금조항을 해하지 않는다. 또 채권의 문언으로부터도 그러한 해석은 불가능하다. 어디까지나 '금프랑'은 파리(Paris) 등의 도시에서 사용되고 있고, 「라틴동맹조약」에서도 규정되어 있다. 적절하게 안정된 지불을 위하여 금프랑은 공채계약에 언급되어 있고, 잘 알려진 표준가치로서 존재하고 있었다. 금프랑은 프랑스, 벨기에, 스위스, 「라틴동맹조약」에서 채용되었지만 프랑스법에 의하면, 1000분의 900의 순도로 6.4516g의 금의 20분의 1이다.

3. 공채의 지불은 프랑스통화가 비교적 안정되어 있던 대전 이전 및 대전 중뿐만 아니라, 프랑스통화가 하락한 전쟁 후에도 프랑스지폐로 행해지고 있었다. 세르비아는 애매한 합의에 대해서는 계약이행의 방법이 당사자의 의도를 결정함에 있어 지배하고 있고, 상기 지폐프랑에 의한 지불의 사실로부터 공채계약은 금프랑의 지불을 의도하고 있지 않았다고 주장한다. 그러나 공채계약은 이 점에서 애매하지 않다. 금프랑이 지불되고 있지 않았다는 사실은 금프랑이 약속되고 있지 않다는 것을 나타내는 것은 아니다. 세르비아는 전쟁 이전부터 전후에 걸쳐 지폐프랑에 의한 지불이 행해져 온 점으로부터 금반언(禁反言 estoppel)원칙에 의해 지폐프랑에 의한 지불의 법적 효과를 다툴 수 없다고 주장하고 있다. 그러나 금프랑을 요구하는 행동의 지연은 다수의 채권자에 의한 외교교섭을 요구하는 공동행동이나 양국에 의한 외교교섭에 시간이 필요했기 때문에 권리의 부정(否定)을 이끌어 내지는 않는다. 따라서 채권국의 지위에 변경은 없고, 세르비아의 채무는 처음 그대로 남아있고, 그것은 공채계약 속에 명확하게 되어 있으므로 본건에서는 금반언의 원칙을 적용할 충분한 근거는 없다.

4. 전쟁은 중대한 경제적 결과를 초래하지만, 그렇다고 하여 공채의 법적 의무에 영향을 미치지는 않는다. 세르비아는 1914년법에 따라 행해진 프랑스의 통화제도에 의해 금프랑의 지불이 가능하지는 않았다. 즉, 전쟁이라고 하는 불가항력에 의해 채무이행을 실질적으로 불가능하게 하는 사태가 발생했다고 주장하지만, 공채계약은 금프랑의 표준가치를 나타내고 있고, 그것에 따른다면, 동등한 액수의 프랑의

지불은 가능하다.

5. 세르비아는, 공채의 의무는 프랑스법에 따른 것으로써, 그에 의하면, 금조항은 무효라고 한다. 그러나 국제법의 주체로서의 국가 간의 계약이 아닌 계약의 준거법은 국내법이고, 공채가 발행된 상황으로 미루어 짐작하건대, 준거법은 세르비아법이다.

준거법이 세르비아법이라고 하는 사실은 프랑스에서 지불되는 통화가 프랑스법하에 있다고 하는 것을 방해하지 않는다. 국가는 일반적으로 자국 통화를 규제하는 권한을 부여받고 있다. 프랑스는 국내의 계약에 관해서는 금조항은 무효이지만, 국제적인 계약의 경우에는 그에 한하지 않는다고 주장하고 있다. 따라서 금조항에 따라 의무가 이행되는 것을 프랑스법은 방해하지 않는다. 프랑스법의 해석에 대해서는 이견은 있지만, 프랑스에 의해 주장되는 바대로 확립되어 있고, 채권자가 금조항에 따라 금의 표준가치를 청구하는 것을 방해하지 않는다.

이상에 의해, 재판소는 채권자는 금프랑에 의한 지불을 받을 권리가 있고, 그 지불에 대해서는 금프랑의 가치를 1000분의 900의 순도로 6.45161g의 20분의 1에 상당하는 것으로써 양국 간에 결정되어야 한다.

〔Ambatielos 중재사건〕
그리스 v. 영국, 중재재판소, 1956.

[사 실]

1919년 그리스인인 Ambatielos는 영국으로부터 여러 척의 선박을 구매하기로 계약을 체결하였다. 영국 측에서는 계약체결이 Laing소령에 의해서 수행되었다. 그리스는 Ambatielos를 위해서 동 계약에서 발생하는 청구를 중재재판에 제소하였다. 본 청구는 중재재판소에 의하여 특히, 국내적 구제의 불완료에 근거하여 거부되었다.

[판결요지]

사인에 의하여 행해진 침해에 대하여 국제소송이 제기된 피청구국은 만일 침해되었다고 주장하는 외국인이 그 국가의 국내법상 외국인에게 가능한 모든 국내적 구제수단을 다하지 않았을 경우에는 그러한 소송을 거부할 권리를 갖는다. 국제소송절차가 허용될 수 없다는 것을 성공적으로 주장하기 위해서는 피청구국가는 국내법제도에 있어서 밟지 않았던 구제수단의 존재를 증명해야 한다. 학자들에 의해 그리고 사법판례에 있어서 표명된 견해는 명백히 비효과적인 국내구제수단의 존재는 이 규칙의 적용을 정당화하지 않는다고 하는 것에 의견이 일치하고 있다. 소송을 수행할 수 없는 구제수단은 국제적 소송을 배제할 목적으로 피청구국가에 의하여 원용될 수 없다.

그리스정부는 본 사건에 있어서 영국법이 Ambatielos에게 제공한 구제수단은 비효과적이며, 따라서 이 규칙은 적용될 수 없다고 주장한다. 국내적구제의 비효율성은 명백히 국내법 자체로부터의 결과인 것이다. 예컨대 항소심법원이 실제로 원심법원이 사실문제에 관하여 부여한 판결을 재심할 권한을 갖지 않을 때, 그리고 이러한 재심사를 하지 못하여 구제가 얻어질 수 없을 때가 바로 그러한 경우이다.

더욱이 이용될 수 있는 구제의 비효율성은 확실한 것은 아니지만, 이러한 구제수단을 이용할 희망을 허용하지 않은 사정으로부터도 일어날 수 있다고 일반적으로 고려되고 있다. 그러나 이러한 경우에 있어서는 그러한 구제수단이 만일 호소되었더라면 명백히 소용없는 것이라는 증명이 필요하다. 그렇다면 국내적 구제완료의 규칙의 적용가능성을 결정할 목적으로 국제재판소가 의거할 기준은 무엇인가? 본 위원회의 견해에 따르면, 유일한 가능한 기준은 청구국가가 그의 청구의 기초가 된 사실의 진실성을 파악하는 것이다.

Ambatielos사건에 있어서 영국정부가 의거한 것은 어떠한 상소수단도 이용하지 않았다는 것이다. 또한 Ambatielos가 Hill법관 앞에서 그의 청구를 확증시키기 위해 중요했던 증거를 제시하지 못하였다는 데 의거하였다. 국내구제완료는 손해를 입었다고 주장한 사람이 제기하는 상황을 구제하기 위하여 필수적인 절차수단의 이용을 요구하는 것은 당연하다.

국제법규칙은 국내적 구제가 국제소송이 제기되기 전에 완료되어야 함을 요한다. 이러한 국내적 구제는 법원에 대한 제소뿐 아니라, 국내법이 원고로 하여금 법원에서 이용할 수 있는 절차적 수단을 포함한다. 국민의 보호자로서 국가가 국제적 측면에서 청구를 집행할 수 있기 전에 기준으로 삼아야 하는 것은 국내법에 의해 규정된 법적 보호의 전체계이다.

본건 중 계약위반에 대한 보상에 관한 청구에 대하여 국내적 구제의 불완료에 관한 문제는 다음과 같다.

1. 1922년 소송절차에서 Ambatielos는 그의 사건을 확정하는 데 필수적이었던 증인을 소환할 수 있었음에도 불구하고 소환하지 못했다. 당 위원회로서는 제출된 증거에 입각하여, 만약 증인으로서 Laing소령이 심문을 받았더라면 그 사건은 Ambatielos에게 유리하게 판정되었을 것인지 아닌지의 문제를 결정할 수는 없다. 위원회는 Hill법관에게 소환될 증인을 심문하지 않았고, 또 위원회에 제출된 서면증거에만 입각하여 Laing소령의 증언이 Hill법관에 의해 Ambatielos의 청구를 확정시키는 데 유용했을 것인지 아닌지 하는 의견을 확정할 수는 없다. 위원회는 이에 관하여 스스로 Hill법관의 입장에서 볼 수는 없다. 그러므로 Laing소령의 증언이 필수적인지 아닌지 하는 문제에 관한 기준은 이 점에 관하여 청구국정부가 주장한 것, 즉 다시 말해서 Laing소령의 증언이 Hill법관에게 Ambatielos가 제기한 청구를 확정시키는 효과를 가졌을 것이라는 점이다. 영국법에 의하면, Ambatielos가 증인으로서 Laing소령을 소환하는 것을 배제하지 않았다. 그러므로 본 청구에 관한 한, Ambatielos가 Hill법관에게 Laing소령을 증인으로 소환하지 않았다는 것은 소송절차에 있어서 그에게 가능한 국내적구제의 불완료에 해당하는 것으로 주장될 수 있다. Laing소령을 증인으로 소환하지 않기로 한 Ambatielos의 판단은(그가 국내적 구제를 다하지 않았다는 결과가 되었지만) Hill법관 앞에 그의 사건을 빨리 제기하려는 이유(그 이유 자체는 충분히 이해되는) 때문에 취했을지도 모른다. 위원회는 그가 한 행동이 정당한지 부당한지의 문제와는 관계가 없다. 그는 그의 결정을 자기 책임 하에 행하였다.

2. 영국정부가 거론한 불완료의 두 번째의 문제는 Ambatielos가 그의 상소권을 이용 내지 다하지 못했다는 것이다. Ambatielos는 항소법원에 항소절차를 제기했으나 그 법원이 그에게 증거를 위해 소령소환을 허용하지 않은 후, 그는 항소절차를 계속하지 않았다. 그는 이 문제에 관한 항소법원의 판단에 대해 상소하지 않았다. 항소법원이 Laing소령의 증거를 인용하는 허가를 거절하는 것 그 자체는 물론 일반적 항소가 앞으로 진행되는 것을 방지하려는 것은 아니다. 그리스정부는 Laing소령의 증거가 법원이 Ambatielos에게 유리한 판결을 함에 있어 필수적이기 때문에 Laing소령의 증언을 허용하지 않는 항소법원의 결정이 일단 부여된 이상, 상소절차를 취하는 것은 소용없게 된다는 설명방법으로 주장된다.

Ambatielos가 Laing소령을 항소법원에 소환하는 것을 허용 받지 못한 이유는 법관 Scrutton경의 말을 빌리면, "법원이 채택하고 있는 중요한 규칙 중의 하나는 소송의 심리과정에서 합리적인 주의로써 인용되었어야 할 증거를 또 다시 인용하는 것을 법원은 허용하지 않는다는 것"이다. 따라서 Ambatielos가 Laing을 증인으로 소환하는데 실패함으로써 Hill법관 앞에서 국내적 구제를 다하지 못한 것이 그에게는 상소를 하여도 소용없다는 이유이다.

1심법원에서 그의 기회를 모두 이용하지 못함으로써 그의 상소를 무용하게 한 당사자는 국내구제완료의 규칙을 면하기 위해 이러한 사실에 의존하는 것은 허용될 수 없다. 또 첨언해 둘 것은, Ambatielos가 항소법원에 대하여 그의 반대당사자에 의한 불법적이고 부당한 술책이 그의 Laing소령 소환 또는 어떠한 증거서류의 제출을 방해하였다는 것을 암시하는 어떤 주장이나 또는 그것을 나타내기 위한 어떤 증거도 제출하지 않았다는 것이다.

상원에 의한 상소에 관한 한, 물론 당 법원이 Laing소령을 증인으로 소환되게 하는 것을 거절한 항소법원의 결정과 다를 것 같지는 않다. 만약 이러한 상소가 명백히 소용없는 것이 아니라면, Ambatielos가 상원에 상소하지 않은 것은 국내적 구제를 완료하지 못한 것으로 간주되어야 한다. 반면에 만약 상원에 대한 상소가 명백히 소용이 없다면, Ambatielos는 Laing소령을 소환하지 못한 것을 이유로 성공적인 상소는 어려웠을 것이라고 주장하여야 한다.

중재관 Alfaro와 Spinopoulos는 국내적 구제문제에 관한 위원회의 기준 설정에 대하여 반대하였다.

〔Interhandel 사건〕
(Affaire de l'Interhandel)
스위스 v. 미국, 국제사법재판소, 1959년 3월 21(선결적 항변), ICJ (1959) 6

[사 실]

1942년 미국은 「대적통상법」(對敵通商法)에 의거하여 자국에 설립된 GAF회사(General Aniline and Film Corporation)의 주식의 약 90%를 다음의 이유로 접수하였다. GAF는 제2차 대전 중 미국의 중요한 군수품 공장이었다. 미국의 주장은 그 주식은 적국회사인 독일의 I.G. Farben회사가 스위스의 I.G. Chemie회사를 통하여 보유하면서 GAF를 지배하고 있었다는 것이다. 이에 대하여 스위스 정부는 위 스위스회사는 1940년에 독일회사와의 관계를 끊고, Interhandel로 개칭하였다고 주장하였다. 미국정부가 접수한 것은 이 Interhandel의 주식이었다. 1945년에 스위스·미국·프랑스·영국 4개국간의 잠정협정에 의하여 독일에 사는 독일인에 속하는 스위스 내의 재산이 봉쇄되었다. 스위스 보상국이 이와 같은 재산을 조사하였으나, 그때 Interhandel의 성격이 문제가 되었다. 보상국은 동사(同社)가 독일회사와의 관계를 끊고 있다고 판단하였으나, 미국정부는 이를 의심하였으므로 스위스정부는 보상국에게 Interhandel의 자산의 가봉쇄를 명하였다. 1946년 6월 3일 연합국과 스위스사이에 체결된 「워싱턴협정」에 의하여 스위스 내의 독일재산의 조사와 청산을 속행할 것이 결정되어 보상국은 4국정부의 대표로서 구성되는 공동위원회의 협력을 받아 임무를 수행하게 되었다. 보상국과 공동위원회의 의견이 일치하지 않는 경우에는 스위스의 재심청에 문제를 부탁할 수 있으나, 그 결정을 최종적인 것으로 한다고 정하였다. 그 외에 미국은 재미 스위스 자산의 봉쇄를 해제할 것(제4조), 동 협정의 적용 또는 해석에 관해서 의견이 상이하여 기타 수단으로 해결되지 않는 경우에는 중재재판에 부탁할 것(제6조)이 정해졌다. 위 협정 성립 후 보상국과 공동위원회 사이에 Interhandel의 적성에 관하여 토의가 계속되었으나 결론에 도달하지 못했다. 그래서 스위스의 재심청은 Interhandel의 신청에 의거하여 스위스 내 동사(同社) 자산의 봉쇄의 취소를 결정하였다. 1948년 5월 스위스정부는 이 결정과 「워싱턴협정」을 원용하고, 미국에서 접수된 Interhandel의 자산의 반환을 미국정부에 요구하였다. 미국은 같은 해 7월, 재심청의 결정은 미국 내에서 접수된 자산에 대해서는 영향을 미칠 수 없다고 주장하여 이를 거부하였다. Interhandel은 대적통상법에 의거하여 미국연방법원에 제소하였으나 이 소송은 본안에 관하여 거의 진척을 보지 못하였다. 1956년 스위스는 미국에 대하여 1931년의 양국 간 조약에 의한 중재재판 또는 조정 또는 「워싱턴협정」에 의한 중재재판의 어느 것에 의하여 분쟁을 해결할 것을 제안하였으나, 1957년 1월 미국은 이를 거부하였다. 그때 Interhandel이 미국법원에서 최종적으로 패소하였다고 전해졌다. 그래서 스위스는 같은 해 10월 2일 선택조항수락선언에 의하여 본건을 ICJ에 부탁하였다. 스위스청구의 주된 취지로서 미국은 Interhandel의 자산을 반환할 의무를 진다는 것 및 미국은 분쟁을 중재재판 또는 조정에 부탁할 의무를 진다는 것이었다. 이에 대하여 미국은 4가지의 선결적 항변을 제출하여 법원에 관할권이 없다고 주장하였다.

[판결 요지]

첫 번째 선결적 항변은 1946년 8월 26일의 미국의 선택조항수락선언이 '동일 이후에 발생하는 분쟁에 관해서만 법원의 의무적 관할권을 인정'하고 있는데, 본 분쟁은 그 이전에 발생하였다고 하는 이유에 근거한다. 그러나 스위스가 Interhandel의 재미자산의 반환요구를 처음으로 제출한 것은 1948년 5월이며, 같은 해 7월 미국이 이를 거절하였을 때 분쟁이 발생하였다. 그러므로 첫 번째 항변은 기각한다.

두 번째 선결적 항변은 분쟁이 스위스의 선택조항선언이 발효한 1948년 7월 28일 이전에 발생하였다는 이유에 근거한다. 스위스의 선언에는 미국과 같이 '동일 이후에 발생하는 분쟁'이란 조항이 없으나, 상호주의의 원칙에 의하여 미국·스위스 간에는 법원의 의무적 관할권은 위의 일자이후에 발생한 분쟁에 한정된다는 것이다. 상호주의란 자국의 선언 없는 유보라도 상대국의 선언에 의한 유보는 이를 원용할 수 있게 하는 것이다. 그러나 이것은 법원의 관할을 보다 넓게 수락한 국가에게 상대국의 선언에 부여된 유보의 원용을 인정하나 그 이상의 효과는 없다. 미국은 스위스의 선언에는 없는 제한을 원용할 수 없으므로 두 번째 항변도 기각한다.

세 번째 선결적 항변은 Interhandel이 미국법원에서 이용가능한 모든 국내적 구제수단을 다하지 않았다는 것이다. 스위스는 Interhandel이 미국법원에서 최종적으로 패소하였다고 생각하여 ICJ에 제소하였다. 그러나 미국 최고법원은 그 후에 Interhandel에 소송의 재개를 인정하고, 또 나아가서 1958년 7월의 판결에서 사건을 지방법원에 환송하였다. 그래서 Interhandel은 재차 「대적통상법」에 의거하여 구제수단을 이용할 수 있게 되었고, 현재 그 소송은 계류 중에 있다. 스위스는 국내구제완료의 원칙이 국제법상 확립되고 있다는 것은 다투지 아니하였으나, 본건은 원칙에 대한 예외의 경우에 해당된다고 주장하였다. 그 이유는 첫째, Interhandel에 대해 취해진 조치가 하급기관이 아니라 미국정부에 의한 것이라는 것이다. 그러나 미국의 국내법이 정부에 대항하여 권리를 수호하기 위해 충분한 구제수단을 부여하고 있는 사실에 결정적인 중요성을 인정해야 한다. 둘째, 스위스는 대적통상법에 기한 소송에 있어서 미국법원은 국제법규에 따라 재판할 지위에 서 있지 않다고 주장한다. 그러나 미국의 제(諸)판결은 법원이 필요에 따라 국제법을 적용할 권한이 있음을 증명하고 있다. 끝으로 스위스에 의하면, 주된 신청은 국제사법판결로 간주되는 스위스 재심청의 결정의 실시에 관한 신청이며, 그 불실시에 의해서 직접 스위스의 권리가 침해된 것이므로 국내적 구제수단을 밟을 필요가 없다고 주장한다. 그러나 재심청의 결정은 Interhandel의 스위스 내 자산의 봉쇄해제에 관한 것인 데 대하여, 스위스의 청구는 동사(同社)의 재미자산의 반환을 확보할 목적을 가지는 것이다. 본 분쟁은 스위스가 그 국민이 가지는 소인(訴因 cause)을 들어 제기한 것과 다름없으므로 바로 국내적 구제원칙이 적용되는 경우이다.

네 번째 선결적 항변은 접수된 주의 차압(差押)과 유치(留置)는 국제법상 미국의 관할권에 속하는 사항이라는 데 근거한다. 스위스는 「워싱턴협정」 제4조를 원용하나 미국은 동 협정이 본 분쟁과는 관계가 없다고 반론한다. 제4조의 '봉쇄해제', '스위스자산'의 용어의 의미에 관해서 양국의 의견이 일치하지 않으나, 법원으로서는 동조가 본 분쟁의 해결과 관계가 있으며, 그 해석은 국제법과 관련하고 있음을 유의하는 것만으로 충분하다. 미국은 전시에 있어서의 적산(敵産)의 차압과 유치는 국제법상 국내관할사항이라고 주장하였다. 그러나 문제는 Interhandel의 자산이 적산인가 중립재산인가 하는 것이며, 이것은 국제법의 원칙에 비추어 결정될 사항이다. 따라서 네 번째의 항변도 기각한다. 결론적으로, 법원은 1959년 3월 21일 미국의 세 번째 항변(국내적 구제의 불완료)을 인정하여 스위스의 청구는 받아들일 수 없다고 판결하였다.

Ⅱ. 국적계속의 원칙

침해를 당한 개인은 침해시부터 본국에 의한 국제적 청구가 제기되어 최종적인 해결을 얻을 때까지 국적을 변경하여서는 아니 된다. 이를 국적계속의 원칙(principle of continuous nationality)이라고 하는데, 이 원칙이 인정되는 이유는 개인이 좀 더 강력한 외교적 보호를 구하기 위하여 의도적으로 국적을 변경하는 것을 방지하기 위한 것이다. 또한 외국인과 그의 국적소속국 사이에 진정한 관련이 존재하지 않는 경우에는 그 외국인과 보다 밀접한 결합관계를 가지는 국가가 외교적 보호권을 행사할 수 있다.

그리고 이 원칙의 취지에 입각하여 다음과 같은 경우에는 예외가 인정되어야 한다는 것이 다수설이다. 첫째, 국적의 변경이 국가승계와 같이 개인의 의사에 관계없이 초래된 경우에는 외교적 보호를 할 수 있어야 한다. 둘째, 피해를 입은 자국민이 사망하고 그 상속인이 다른 국적을 가진 경우에도 외교적 보호를 할 수 있어야 한다. 셋째, 자국선박이 피해를 입은 결과 여기에 승선하고 있던 외국 국적의 선원이 피해를 본 경우에도 외교적 보호를 할 수 있어야 한다.

〔Nottebohm 사건〕
(Affaire Nottebohm)
리히텐슈타인 v. 과테말라, 국제사법재판소, 관할권(1953년 11월 18일), ICJ (1953) 111; 제2단계(1955년 4월 6일), ICJ (1955) 4

[사 실]

Nottebohm은 1905년 독일국적을 가진 채 과테말라(Guatemala)에 건너가 거기에서 생활근거를 두고 상업·금융업·농원경영 등의 사업에 종사하여 왔다. 처음에는 그의 2인의 형제가 설립한 Nottebohm상회의 피용자였으나 1937년에는 동(同) 상회의 사장이 되었다. Nottebohm은 또 다른 형제가 친척 및 친구들을 독일 국내에 두고, 또 독일에서 경제적 거래관계를 유지하고 있어 과테말라 이주 후에도 종종 독일을 왕래하였다. 또 형제의 한 사람은 1931년 이후 리히텐슈타인에 살고 있었기 때문에 몇 번 동국(同國)을 방문한 적이 있었다.

1939년 Nottebohm은 과테말라에서의 사업과 재산관리를 타인에게 위탁하고, 같은 해 3월 말부터 4월 초경에 독일로 떠났다. 그 후 Nottebohm은 2~3회 리히텐슈타인을 방문했는데, 때마침 제2차 대전이 발발하여 1개월 남짓 후에 1939년 10월 9일에 리히텐슈타인정부에 귀화신청을 하였다.

리히텐슈타인 국적법은 귀화의 요건의 하나로 신청인이 적어도 3년간 동국(同國)에 거주함이 필요하다고 규정하고 있다. 동시에 특별한 경우에는 이 요건은 면제된다는 특례를 두고 있었다. Nottebohm은 이 특례에 근거하여 자진하여 귀화세 및 공동체가입금을 납입하였고, 같은 해 10월 13일에 귀화가 허가되었다.

그는 리히텐슈타인 국적을 취득한 후 1940년 초에 과테말라에 되돌아와서 동국(同國)정부에 국적변경을 신청한 후 다시 Nottebohm상회의 경영을 담당하였다. 그 후 1941년 말에 과테말라는 연합국 측에 서서 참전하고 독일과 교전관계에 돌입하였다. 1943년 10월 19일 과테말라당국은 Nottebohm을 여전히 독일국적을 가지는 적국민으로 간주하여 체포하고, 그 신병을 미국군당국에 인도함과 동시에 그 재산을 몰수하는 절차를 개시하였다. Nottebohm은 미국에 이송되어 수용소에서 2년 3개월간 억류된 후 1946년에 석방되었다. 그는 과테말라에 돌아갈 것을 희망하였으나, 입국이 거절되었기 때문에 리히텐슈타인으로 향하였다. 1949년 과테말라는 전쟁에 의해서 발생한 사항의 청산에 관한 법률을 제정하여 Nottebohm의 재산을 몰수하고 말았다. 그래서 리히텐슈타인은 1951년 12월 17일 과테말라정부의 조치에 대해서 Nottebohm이 입은 손해에 관하여 구제를 얻기 위하여 과테말라를 상대로 Nottebohm의 재산의 반환과 그가 과테말라정부의 조치에 의해 입은 손해배상을 구하여 ICJ에 제소하였다.

[판결 요지]

양당사국의 주된 쟁점은 다음과 같다. 리히텐슈타인은 과테말라정부가 Nottebohm을 체포·구금·국외추방·재입국거부 그리고 무보상으로 그의 재산을 몰수한 것은 국제법위반이며, 또한 Nottebohm의 귀화는 국제법에 위반하지 않으므로 리히텐슈타인은 자국민인 Nottebohm을 위해 외교적 보호권을 청구할 수 있다고 주장한다.

과테말라는 Nottebohm의 귀화는 리히텐슈타인법상 정당한 것이 아니며, 국적에 관하여 일반적으로 승인된 원칙에도 합치하지 않으며, Nottebohm은 사기적 방법으로 즉, 그가 과테말라에 돌아오기 전에 중립국민의 지위를 얻겠다는 유일한 목적을 위하여 리히텐슈타인과는 영속적 관련도 없이 그 국적을 취득하려고 한 것이라는 것이다.

이에 대해서 법원이 내린 판결 및 그 이유는 다음과 같다. '1939년 12월 1일 Jurich주재의 과테말라 총영사가 Nottebohm에게 입국사증을 부여한 것 등에 의하여 과테말라는 Nottebohm의 귀화를 인정하고 있으며, 후에 가서 그 귀화를 부정할 수는 없다'고 리히텐슈타인은 주장하고 있으나, 이 과테말라 관리의 행위는 과테말라국 거주의 외국인관리에 관한 것이며, 귀화 및 그 효과로서의 리히텐슈타인의 외교적인 보호권을 승인한 것이라고는 볼 수 없다. 중요한 사실은 과테말라가 '1944년 1월 20일부로 독일국적을 가지는 과테말라거주자인 Nottebohm이 거주를 변경하지도 않고 리히텐슈타인의 국적을 취득한 것을 승인할 수 없다'고 주장한 점이다.

국적부여행위는 국가의 국내관할사항이다. 그러나 본건에 있어서 리히텐슈타인의 외교적 보호권의 유무를 결정하는 것은 동국(同國)의 국내법이나 결정이 아니고 국제법이다. 법원은 이 리히텐슈타인 국적법에 의해서 행해진 귀화의 정당성에 관해서는 고려하지 않고, 그 행위가 본건에 있어서 국제적 효과를 가지는가 여부를 취급한다. 종래 중재재판에 있어서 외교적 보호에 관하여 분쟁이 발생한 경우에 법관은 진실하고도 실효적인 국적, 즉 사실과 합치하고 당해 개인과 국가 간의 보다 확고한 결합관계를 나타내는 중요한 요소로서 본인의 주소지, 이해관계의 중심지, 가족관계, 공적 생활에의 참가, 특정국가에 대한 그 자신 및 그가 그의 자녀에 대하여 가르친 소속의식 등이 존재하는 것을 들고 있다.

Nottebohm은 34년간에 걸쳐 과테말라에 거주하였고, 사업을 행하여 왔다. 거기는 그의 이해관계의 주된 장소였다. 그는 귀화 후 곧 과테말라로 돌아왔고, 동국(同國)은 계속해서 그의 이해문제와 사업 활동의 중심지였다. 그는 1943년에 전시조치의 결과로서 이송될 때까지 동국(同國)에 머물고 있었다. 후에 그가 과테말라에 돌아오려고 하여 입국이 거절된 것에 대하여 고정(苦情)을 신청한 바 있다. 이에 반하여 그의 리히텐슈타인과의 현실적 결합은 매우 희박하다. 귀화신청 당시 그는 동국(同國) 내에 거주하지 않았고, 장기체재도 하지 않았다. 귀화 후에도 거기에 정주할 의도는 드러나지 않았을 뿐만 아니라 그는 귀화 직후에 과테말라에 돌아와 거기서 머물려는 의도를 나타내고 있다. 1946년에 리히텐슈타인에 간 것은 그의 입국을 거부하였기 때문임에 불과하다. 리히텐슈타인에 있어서 그의 경제적 활동이 행해졌거나 행해질 의도였다고 하는 진술은 없다. 리히텐슈타인과 Nottebohm 사이에 나타나는 유일한 근거는 상기한 단기체재와 형제의 1인이 동국(同國)에 거주하고 있다는 사실뿐이다. 이러한 사실은 일방에 있어서 그와 과테말라간에는 장기에 걸친 밀접한 결합관계가 존재하고 있었다는 것이다. 이것은 그의 리히텐슈타인 귀화에 의하여 조금도 약화된 것이 아님을 나타낸다. 이러한 점에 비추어, 그의 귀화는 그와 같은 중대한 행위에 필요한 진정도가 결여되고 있다. 그것은 국제관계에 있어서 채용되고 있는 국적관념을 고려함이 없이 부여되었다. 과테말라는 이러한 사정 하에 부여된 국적을 승인할 의무는 없다. 따라서 리히텐슈타인은 과테말라에 대하여 Nottebohm을 보호할 자격을 갖지 않으므로 그 청구는 인정될 수 없다(11 대 3).

〔바르셀로나 트랙션사건(바르셀로나 전력회사사건)〕

(관할권: Case concerning the Barcelona Traction, Light and Power Company, Limited)
(제2단계: Affaire de la Barcelona Traction, Light and Power Company, Limited)
벨기에 v. 스페인, 국제사법재판소, 관할권(1964년 7월 24일),
ICJ (1964) 6; 제2단계(1970년 2월 5일), ICJ (1970) 3

[사 실]

바르셀로나 트랙션사(1911년 캐나다법에 준거하여 설립되어 토론토에 본사를 둔 주식회사. 이하 BT社라 한다)는 카탈로니아에서의 발전과 배전망을 개발하기 위하여 스페인에 다수의 자회사를 설립하고, 그 가운데 3社(에프로사, 카탈로니아 랜드사 등)는 설립준거법국을 캐나다로 하고, 등기사무소도 캐나다에 두고 있었지만, 다른 회사(바르셀로네자사 등)는 설립준거법국과 등기사무소 소재국을 스페인으로 했다. 벨기에 정부에 의하면, 제1차 대전 종료 후 BT社의 주식 자본의 대부분은 벨기에 국민(자연인 또는 법인)의 소유로 되어 있었다. 동(同)그룹은 스페인 내전 발발시에는 카탈로니아의 전력 수요의 주요 부분을 공급하고 있었다.

BT社는 캐나다의 트랙션 트러스트(이하 NT社라 한다)를 수탁회사로 하여 사채(社債 일부 벨기에債이고, 대부분은 파운드債)를 발행하고, 파운드채의 이자 지불은 스페인에서 영업하는 자회사로부터 BT社로 송금되고 있었다. 이자 지불은 스페인 내전 때문에 1936년에 중단되었다. 1940년 스페인 외환관리국의 허가로 페세타債의 이자 지불은 재개되었지만, 파운드채(債)의 이자 지불은 스페인에 도입된 외화의 지불에 해당한다고 하는 증명이 없다는 이유로 외환관리국이 외화송금을 허가하지 않았기 때문에 재개될 수 없었다.

1948년 2월 9일, 파운드채(債)를 취득한 3인의 스페인人이 이자 미지급을 이유로 BT사의 파산선고를 레우스재판소에 신청하고, 동 재판소는 2월 12일에 동사의 파산을 선고하고, 관리인(commissioner)과 잠정관재인(暫定管財人 provisional receiver)을 임명하였으며, BT社, 에프로社, 바르셀로네자사의 자산의 차압을 명했다. 에프로사의 모든 주식과 바르셀로네자사의 일반주의 전부가 스페인 밖에서 보유되고 있었기 때문에 이들의 주식의 점유는 물리적 점유를 수반하지 않는 형식적 점유로 간주되었다. 관리인은 직접 2社의 주요 임원을 해임하고, 잠정관재인은 스페인人 관리자를 임명하여 2社를 정상화하겠다고 선언했다. 이 후 신청인은 점유 기타의 조치를 기타 자회사에게도 확대했다. 한편, BT社, NT社, 자회사 등이 불복 신청을 하고, 스페인재판소의 관할권을 다툼으로써 스페인에서의 절차의 진행은 일단 중단되었다. 1949년 6월 바르셀로나 항소재판소는 채권보유회사의 청구에 기하여, 관할권이 다르다는 항변의 소송 정지효를 해제하여, 파산관재인(trustees)을 선임하는 채권자 집회의 개최를 인정하는 판결을 내렸다. 선임된 파산관재인은 자회사의 신주권(新株券)의 발행과 스페인 밖에 있는 주권의 실효, 에프로社와 카탈로니아 랜드社의 본점을 바르셀로나로 하는 결정을 내렸다. 1951년 8월, 파산관재인은 자회사의 주식 전부(새로 발행한 주권)를 그에 부수하는 권리와 함께 매각하는 허가를 재판소로부터 얻어 1952년 1월의 경매에서 신설한 벡크社가 이를 구입하고, 동사가 스페인에 있는 BT 전기업의 완전한 지배권을 취득했다. BT社, NT社, BT社의 최대 주주였던 벨기에의 시드로社 등이 스페인에서 다수의 소송을 제기했지만, 어느 것도 성공하지 못했다.

파산선고 이후, 영국, 캐나다, 미국, 벨기에가 스페인에 대하여 외교적 항변을 했다. 캐나다는 1952년까지 일련의 각서에서 항의를 하고(54, 55년은 비공식 차원에서의 접촉), 당초에는 BT社, NT社, 에프로社에 대한 재판 거부를, 그 뒤에는 에프로社에 대하여 2국간 협정의 위반을 주장했지만, 그 후 사적 당사자 간의 합의 해결을 원했다. 1950년, 스페인, 캐나다, 영국 간에 위원회가 설치되고, 3국 정부는 1951년에 외화송금을 허가하지 않은 스페인 정부의 조치를 정당하다고 하는 공동성명을 발표했다. 벨기에는 이 성명에 불만을 표시하고, 중재재판 등에 의한 분쟁 해결을 제안했지만, 스페인이 거부했으므로 1958년 9월, 스페인의 국제위법행위에 의해 생긴 BT사의 손해배상을 구하여 ICJ에 일방적으로 제소했다. 그 후, 양국의 사적 당사자 간의 교섭이 행해졌으므로 벨기에는 일단 소송을 취하하고, 1961년에 사건은 명부에서 삭제되었다. 그러나 위의 교섭이 결렬된 후 벨기에는 1962년 9월에 이번에는 BT社의 벨기에人 주주가 입은 손해의 배상을 구하여 다시 ICJ에 제소했다.

[판결 요지]

(관할권 판결) 1. ICJ의 1961년의 소송 중지 명령에 의해 벨기에는 소송을 제기할 수 없다고 스페인은 주장하지만, 소송취하는 별도의 의사가 명확하게 표명되지 않는 한 새로운 소송의 제기를 방해하지 않는다. 스페인의 취하 통고는 당초의 신청에 한정되어 있고, 스페인은 이 취하 통고가 그 이상의 효과를 가진다는 것을 반증하지 않았다는 것 등에 의해 이 항변은 각하한다(12 대 4).

2. 스페인은 1927년「재판조정조약」제17조 4와 ICJ 규정 제37조를 본건에 대한 ICJ의 관할권의 근거로 한다. 한편 스페인은 PCIJ의 해산에 수반하는 1927년조약 제17조 4의 PCIJ에 대한 분쟁 부탁 의무는 실효했기 때문에 해산 후에 ICJ규정 당사국이었던 동국(同國)에게는 ICJ규정 제37조를 적용할 수 없다고 한다. ICJ규정 제36조 5와 달리, 제37조의 목적은 예상된 PCIJ의 해산에 의해 기존의 다수의 재판조항이 기능 불능에 빠지는 것을 방지하기 위하여 ICJ규정 당사국간에는 조약 중의 PCIJ에 대한 언급을 자동적으로 ICJ로 대체하는 것으로 했다. 제37조는 ICJ규정 당사국간에 유효한 조약이 존재하고, 동 조약 중에 분쟁의 PCIJ에의 부탁이 정해져 있는 경우에는 ICJ규정 당사국간에 생긴 분쟁이 있다면 적용된다. 따라서 PCIJ의 해산으로 1927년조약의 재판조항이 실효한다고는 할 수 없다.

부차적으로 스페인은 1927년조약 제17조 4의 의무는 규정 제37조에 의해 수정되었을 뿐이므로 동국의 UN 가입 이후의 분쟁에만 적용된다고 주장하지만, 의무적 재판에 대한 분쟁 부탁 의무는 일시적으로 실시수단을 결여하고 있었다는 이유만으로 의무는 존속하고 있었으므로 1927년조약의 효력 발생 이후에 생긴 모든 분쟁에 적용된다. 스페인의 제2의 항변을 각하한다(9대 7, 10 대 6).

3. 원고 적격 및 국내적 구제완료에 관한 항변은 본안에 병합한다(10 대 6).

(제2단계 판결) 벨기에 정부의 청구를 기각한다(15 대 1, 12명이 아래의 이유에 의한다).

1. 국가는 영역 내에 외국 투자를 수입하는 경우, 법적 보호를 제공해야 하고, 제공해야 할 대우에 대한 의무를 지지만, 이 의무는 절대적인 것은 아니다. 국제사회 전체에 대한 의무와 외교적 보호의 분야에서 다른 1국에 대하여 생기는 의무의 사이에는 본질적 구별을 해야 한다. 전자는 관련하는 권리의 중요성에 비추어 모든 국가가 그 보호에 법적 이익을 가지는 것으로써 국제사회 전체에 대한 의무(*obligation erga omnes*)이다. 의무의 이행이 외교적 보호의 대상이 되는 의무는 이와 동일한 것은 아니다. 이 의무의 위반에 대하여 청구를 제기하기 위해서는 국가는 우선 자국이 청구를 제출할 권리를 가진다는 것을 증명해야 한다. 본건에서는 스페인人 주주의 권리의 침해에 의해 스페인국의 권리가 침해되었는가 여부가 문제가 된다. 이 문제는 외교적 보호에 관한 일반원칙에 의해 결정해야 한다.

2. 국제법은 국내법 영역에서 생긴 제도인 법인이란 실체를 인정해야 한다. 회사 및 주주의 취급에 관한 국가의 권리에 대하여 국제법은 고유의 규칙을 확립하고

있지 않지만, 이 권리에 대하여 법적 문제가 생기는 경우, 국제법은 항상 국내법의 관련 규칙을 참고해야 한다. 즉, 법인이란 구조의 기본적 특질은 법인의 성질을 가지는 사항에 대해서는 회사의 이름으로 행동하는 직원을 통하여 회사만이 행위 할 수 있다는 점이다. 법인이 야기한 위법행위에 의해 주주에게도 종종 피해가 생기지만, 이 사실만으로는 회사와 주주에게 공히 배상청구권이 발생하지는 않는다. 전적으로 회사의 권리만을 침해하는 행위는 이를테면, 주주의 이익에 영향을 미쳐도 주주에 대한 책임이 문제가 되는 것은 아니다. 다만, 위법행위가 주주의 직접적인 권리에 영향을 미치는 경우는 별도이다. 배당청구권, 총회에서의 의결권, 해산 후의 잔여 자산 분배청구권 등 국내법은 회사의 권리와는 구별되는 주주의 권리를 정하고 있고, 이 주주의 권리가 침해되는 경우, 주주는 소송을 제기하는 고유의 권리가 있다. 그러나 본건에서 벨기에는 자국의 청구의 근거를 주주의 직접적 권리에 두지 않았기 때문에 벨기에의 청구를 넘어 이 문제를 심리할 수는 없다.

3. 벨기에는 회사에 대한 타국의 위법행위에 관련하여 주주 본국의 외교적 보호권을 부인하는 국제법 규칙은 존재하지 않는다고 한다. 그러나 주주 본국의 외교적 보호권을 명시적으로 인정한 국제법규도 존재하지 않는다. 국제법의 침묵을 주주에게 유리하도록 해석할 수는 없다.

벨기에는 일정한 사정이 있는 경우 '법인의 가치를 박탈하는' 것이 정당화된다고 주장한다. 국내법에서는 법인의 특권의 남용을 방지하기도 하고, 제3자를 보호하기 위하여, 또 예외적으로 주주를 보호하기 위하여 법인의 가치를 박탈하는 수가 있다. 이 절차는 국내법상 예외적인 것이지만 동일한 목적을 위하여 국내법에서도 인정될 수 있다. 그래서 본건의 경우에 일반원칙을 배제하는 특별한 사정, 즉 ① 회사가 존재하지 않았다든가, ② 회사의 본국이 회사를 위하여 행위 하는 능력을 결여했다는 사정이 인정될까 여부를 검토한다.

①에 대해서는 BT社는 스페인에서의 전(全)자산을 상실하고, 캐나다에서도 재산보전조치를 받았으며, 잠정관재인과 관리인(manager)이 임명되어 경제적으로는 완전히 마비상태가 되었다. 그러나 법인으로서의 행위능력을 잃지는 않았고, 회사의 권리 및 주주의 이익을 옹호하는 것이 법적으로 불가능한 것은 아니었다. BT社는 잠정재산관리 하에서 활동함에 제약이 있었고, 회사로서의 법적 능력을 유지하고, 그것을 행사할 권한이 캐나다재판소가 임명한 관리인에게 부여되고 있다는 점은 의심할 바 없다. 따라서 ①의 사정은 존재하지 않는다.

②에 대해서는 우선 캐나다가 법상 BT社의 본국인가 아닌가를 검토한다. 법인의 외교적 보호권을 국가에게 할당할 때, 국제법은 개인의 국적을 규율하는 규칙의 유추에 한정적으로만 의거한다. 전통적 규칙은 법인의 외교적 보호권을 법인의 설립준거법국 및 등기사무소 소재국에 귀속시킨다. 이 두 가지의 기준은 장기에 걸쳐 실행되었고, 다수의 국제문서에 의해 확인되어 오고 있다. 일부 국가는 자국법에 기하여 설립된 법인이 본점, 경영 또는 지배의 중추를 영역 내에 두든가, 또는 주식의 다수를 자국민이 소유하고 있는 경우에만 외교적 보호권을 행사하는 실행을 채용하고 있고, 이러한 경우에만 법인과 국가 간에는 진정한 관련이 있다고 하는 주장도 있다. 그러나 법인의 외교적 보호라고 하는 특정의 영역에서는 진정한 관련이라고 하는 절대적 기준은 일반적인 지지를 얻고 있지 않다. 본건에서 BT社의 설

립자는 캐나다법에 준거하여 법인 설립을 원한 것만이 아니라 50년 이상이나 캐나다법 하에서 회사를 계속 유지해왔다. 동사(同社)는 캐나다에서 등기사무소, 대차계정 및 주주 명부를 유지했다. 임원회의는 다년간에 걸쳐 개최되었으며, 회사는 캐나다 세무당국의 기록부에 등록되어 있다. 따라서 긴밀하게 영속적인 관련이 확립되어 반세기 이상에 걸쳐 유지되고 있다. BT社의 캐나다와의 관련은 다양하고, 캐나다국적 유무는 일반적 승인을 얻고 있다. 1948년 이래 캐나다정부는 스페인정부에 의하여 수차례에 걸쳐 항의를 받고 있고, 이는 BT社에 대한 외교적 보호권의 행사에 관련된 것이므로 본건은 외교적 보호권이 거부된 사례에 해당하지 않는다. 어느 시점에서 캐나다는 사건이 사인 간의 교섭으로 해결되어야 한다고 하여 BT社를 위하여 행동하는 것을 그만두었지만 캐나다는 외교적 보호권을 행사할 자격을 가지고 있다. 외교적 보호는 국가의 권리이고, 외교적 보호를 행사하는가 여부를 어떤 수단으로 어느 정도 행사하는가의 유일한 판단자는 국가이고, 국가는 완전한 행동의 자유를 가진다. 따라서 재판소에 대한 벨기에정부의 소송 제기가 BT社와 주주를 구제하는 유일 가능한 방법이라고 하는 주장에는 근거가 없다.

4. 외교적 보호에 관한 규칙은 그것을 행사하는 국가와 행사되는 국가의 동의에 기한다. 법의 현 단계에서는 주주의 보호는 조약 규정 또는 사적 투자가와 투자수입국의 특별합의에 호소할 필요가 있다. 본건에서는 이러한 협정은 존재하지 않는다. 형평을 고려해도 소수주 주주(小數株 株主)와 다수주 주주(多數株 株主)를 보호 측면에서 차별할 수 없으므로 주주의 외교적 보호를 인정한다면, 다수의 경합하는 외교적 청구를 위한 길을 열고, 국제경제의 안정성을 해한다. 외국에서 회사를 설립할 때 설립자는 수입국의 세제 기타 이익을 고려하기 때문에 이 이익은 회사와 주주의 보호가 주주의 국적국 이외의 국가에 위임됨으로써 생기는 위험과 균형(balance)을 유지해도 형평을 결여하고 있다고는 할 수 없다. 형평을 근거로 벨기에의 원고적격을 인정할 수 없다.

5. 당사자 적격을 부인하고 있으므로 사건의 기타 측면에 대해 판결하지는 않는다.

Ⅲ. 칼보조항

국가는 외국인과 체결한 계약에서 ① 외국인은 계약에 관한 모든 사항에서 재류국(在留國)의 국민으로 간주되며, ② 여하한 경우에도 본국정부의 외교적 보호를 요구하지 않는다고 하는 조항을 삽입하는 경우가 있다. 이 칼보조항(Calvo Clause)은 아르헨티나의 국제법학자 Calvo가 라틴아메리카제국이 외국사인(外國私人)과 체결한 계약에 관한 분쟁에 대하여 유럽열강이 빈번히 무력적으로 개입한 경험에 비추어 그것을 배제할 목적으로 제창한 것이다. 근래에 와서는 개발도상국과 선진국의 사기업 간의 양허계약(concession contract)에도 Calvo조항이 삽입되는 경우가 많아지고 있다.

문제는 Calvo조항의 국제법상 효력에 관해서이다. 이론적으로는 외교적 보호권이란 국가의 권리이지 개인의 권리는 아니므로 사인이 계약을 통해서 국가의 외교적 보호권을 임의로 제한 내지 포기한다는 것은 모순이며, 이것은 본국에 대하여 아무런 구속력을 미치지 않는다는 것이 다수의 학설 및 판례의 태도인 것 같다. 그러나 실제로는 특별조약의 해석상 한정적인 범위 내에서 Calvo조항에 대하여 어느 정도 법적 효력을 인정하는 경우도 있다.

〔Texas북미준설회사 사건〕
미국 v. 멕시코, 일반청구위원회, 1926.

[사 실]

미국의 한 사기업인 Texas북미준설회사는 1912년 멕시코 정부와 계약을 체결하고, 항만의 준설공사를 도급받았다. 계약 제18조에는 "당해 계약의 이행에 관하여 계약자는 멕시코 국내에 있어서의 모든 사항에 대하여 멕시코인으로 간주된다. 당해 계약과 관계되는 이익과 작업에 관하여 계약자는 멕시코 국내법이 정하는 이익의 권리 및 권리의 강제수단을 청구 또는 향유할 수 없다. 또 계약자는 멕시코인에게 부여되는 이외의 권리를 향유할 수 없다. 따라서 계약자는 당해 계약과 관계하는 모든 사항에 관하여 외국인으로서의 모든 권리가 박탈되고, 어떠한 조건하에서도 본국의 외교기관의 개입은 인정되지 않는다"라고 하는, 이른바 Calvo조항이 삽입되어 있었다.

미국·멕시코 양국은 쌍방의 국민이 상대방 정부에 대하여 제출한 여러 가지 청구를 처리하기 위하여 1923년에 조약을 체결하여 3명으로 구성되는 일반청구위원회를 설치하였다.

Taxas회사는 멕시코정부가 계약에 위반하였다고 하여 위반으로부터 발생한 손해배상청구를 일반청구위원회에 제출하였으나, 멕시코측은 Calvo조항을 원용하여 위원회의 관할권을 부인하였다. 1923년의 조약은 위원회의 관할권이 "1923년 9월 8일 이전에 어느 체약국의 국민이 상대방에 대하여 자국정부의 개입을 구한 청구 및 같은 날 이후에 어느 정부가 위원회에 제출한 청구에 미친다(제1조). 그리고 위원회는 어떠한 청구에 대해서도 국내적인 구제의 완료를 요구하는 국제법의 일반원칙을 적용함으로써 그것을 기각해서는 안 된다"(제5조)는 것을 규정하고 있다.

[판결 요지]

주된 쟁점은 Calvo조항 및 1923년 조약의 제(諸)규정을 근거로 하는 관할권의 유무에 있다.

우선 위원회는 이른바 Calvo조항을 전체적으로 또는 부분적으로 지지하거나, 또는 거절하거나 또는 해석하는 법적 규정이 가지는 중요성을 충분히 인식하고 있다. 위원회는 Calvo조항에 관하여 찬성과 반대 어느 것을 불문하고 극단적인 논의에는 관여하지 않는다. 현 단계에 있어서 국제법이 국제법정에 부과하고 있는 중요한 책무는 제(諸) 국가의 영역주권과 자국민보호의 권리 사이에 적절한 균형을 구하는 데 있다. 그러므로 위원회는 계약 제18조가 외국인의 본국정부의 보호권을 무효로 한다든가 국제법은 국가 간의 관계에만 적용되고 개인에게는 하등의 권한도 인정하지 않는다고는 생각하지 않는다. 본 위원회의 책무는 현행 국제법상 Calvo조항을 포함한 계약은 금지되고 있는가를 확인하는 것이다.

그렇다면 계약 제18조의 의미·내용을 확실히 해 두지 않으면 안 된다. 여기에서 '당해 계약에 관계되는 모든 사항'이라는 표현에 주목할 필요가 있다. 위원회의 해석에 따르면, 계약 제18조에 의하여 ① 당해 계약의 이행, 해석, 강제에 관하여 회사는 국제적인 구제수단에 호소하는 권리를 포기하였다. ② 당해 계약의 이행, 해석, 강제 이외의 사항에 관하여 회사는 미국인으로서 가지는 권리를 포기하지 않는다. ③ 당해 계약 또는 그 이외의 사항에서 유래하는 국제법위반(예컨대, 재판거부)이 발생한 경우 회사는 이에 대하여 본국정부의 보호를 구하는 권리를 포기하지 않는다. ④ 회사는 국제법위반에 대해서 자신을 보호하여 줄 본국정부의 일반적 권리를 침해하고 있지 않으며 침해할 수도 없다. 즉, 회사는 멕시코정부와 계약을 체결함에 당하여 당해 계약의 이행, 해석 등에 관하여 본국정부의 구제를 구할 필요도 의도도 없다는 것을 확약한 것이었으며, 이 행위가 미국정부의 외교적 보호권을 침범한다고는 생각되지 않는다.

그런데 상기 확약에도 불구하고 회사는 제18조에서 인정된 어떠한 국내적 구제수단도 시도하지 않았다. 위원회에 제출된 기록에 의하면 회사는 제18조의 규정을 준수할 의도는 전혀 없었다고 하는 의심이 강하다. 이러한 의미에서 본건은 외교적 보호권의 남용에 대한 제(諸) 국가의 경계가 얼마나 정당한가를 증명하는 전형적인 사례이다.

그런데 1923년 조약의 제1조는 '어느 체약국의 국민이 상대국 국가에 대하여 자국정부의 개입을 구한 청구'에 대해서 위원회의 관할권을 인정하고 있으나, 여기에서 말하는 청구는 '자국정부의 개입을 정당하게 구한' 것이 아니면 안 된다. 본건의 청구는 회사가 멕시코 정부와 체결한 계약위반에 관계되는 것이며, 또한 당회사가 자국정부의 개입을 구하지 않겠다는 취지를 확약한 청구이다. 따라서 회사는 본건의 청구에 있어서 자국정부의 개입을 정당하게 구할 수가 없으며, 이러한 종류의 청구에 대하여 위원회는 관할권을 갖지 않는다. 또 동 조약의 제5조는 위원회가 취급할 청구에 관하여 국내구제완료를 구하지 않을 것을 규정하고 있으나, 이것은 제1조에서 관할권이 인정된 청구에 한하여 적용되는 규정이며, 본건의 청구에는 적용되지 않는다.

제4절 국제책임의 해제방법

책임해제의 방법은 보통 원상회복(原狀回復)·금전배상(金錢賠償)·진사(陳謝)의 세 가지로 구별된다. 구체적인 경우에 이들 중 어떤 방법을 사용할 것인가는 일반적으로 손해의 성질과 당사국의 의사에 따라 결정될 문제이다. 두 가지 또는 세 가지 방법을 병용하는 것도 가능하며, 또 실제로 병용된 예도 많다.

Ⅰ. 원상회복

원상회복이란 국가책임을 성립하게 하는 국제위법행위가 행해지기 이전의 상태로 재현하는 방법이다. 재현의 방법은 위법행위의 내용에 따라 달라진다. 즉, 채무불이행의 경우는 채무를 새로 이행하는 것이 필요하다. 예컨대 원유를 수입하였음에도 대금을 지불하지 않았다면 대금을 지불하는 것, 우라늄 수출을 약속하였으나 국내법에 의해서 수출을 금지했다면 그 금지를 해제하여 수출하는 것 등이다. 불법행위의 경우에는 그 원인을 제거하는 것, 예컨대 불법으로 국경을 침범한 군대의 철퇴, 몰수재산의 반환 등이 원상회복에 해당된다.

원상회복이 가능한 경우에는 기타 방법에 의한 구제에 대하여 피해자가 동의하지 않는 한, 가해자는 원칙적으로 원상회복을 하여야 한다. 이러한 의미에서 원상회복은 국제책임을 해제하기 위한 가장 기본적인 방법이라고 할 수 있다.

따라서 가해국은 국내법을 이유로 원상회복의 불능을 주장할 수 없다. 반면에 피해국도 무리한 원상회복을 요구하는 것은 권리남용이 될 것이다. 원상회복이 실질적으로 불가능한 때는 손해배상으로 만족해야 한다.

〔Chorzow 공장사건〕
(Affaire relative à l'Usine de Charzow)
독일 v. 폴란드, 상설국제사법재판소, 관할권(1927년 7월 26일),
PCIJ Ser. A, No.9; 본안(1928년 9월 13일), PCIJ Ser. A, No.17

[사 실]

☞ 사실관계는 제2장 국제법의 연원의 해당 사건 참조

[판결요지]

1. 질소회사가 입은 손해에 기초한 배상의 청구는 직접적으로 회사의 손해의 보상을 위한 것인가, 「제네바조약」의 위반에 기초한 독일의 손해의 배상을 위한 것인가?

독일은 처음에는 전자를 주장하였다가, 이후 후자를 주장하면서 청구의 목적을 변경하였다. 그러나 독일의 청구의 목적은 「제네바조약」의 당사국으로서 입은 손해의 배상을 구하는데 있다. 불법행위의 결과로서 피해국의 국민이 입은 손해에 대하여 상당한 보상을 청구할 수 있다는 것은 국제법의 원칙이다. 이것은 배상의 가장 통상적인 형식이라고 할 수 있다. 일국이 타국에 대하여 지급해야 할 배상은 그것이 사인이 입은 손해를 계산의 수단으로 하는 보상의 형식을 취한다는 사실에 의하여 성질을 변경하는 것은 아니다. 배상을 규율하는 법규는 당해 국가 간에 효력을 가지는 국제법규이고, 불법행위를 행한 국가와 손해를 입은 개인 간의 관계를 규율하는 법이 아니다. 침해에 의하여 손해를 입은 개인의 권리 또는 이익은 동일한 행위로 침해당한 국가의 권리와는 확실히 다른 측면이 있다. 따라서 사인이 입은 손해는 국가가 입은 손해와는 성질에 있어서 동일하지 아니하고, 전자는 국가에게 지급해야할 배상의 금액 산정을 위한 편의적 척도를 제공하는데 지나지 아니한다. 법원은 원고가 소송목적을 변경한 것이라고 생각되지 아니한다.

2. 손해배상의 의무의 근거에 관하여

계약(engagement)의 위반은 손해배상의 의무를 발생시킨다는 것은 국제법의 원칙이고, 법의 일반개념(a general concept of law)이다. 이 사건에 있어서, 폴란드가 「제네바조약」을 위반하였다는 점에 관하여는 이미 No.7 판결에서 확정되었기 때문에 배상의무가 존재함은 명백하다.

3 손해배상액의 산정을 위한 기초에 관하여

폴란드의 Chorzow 공장에 대한 행위는 보상을 하더라도 수용할 수 없는 재산이나 권리의 불법적인 몰수이다. 따라서 배상액의 결정에 대하여 다음의 원칙이 도출된다. 독일에게 지급되어야 할 배상은 반드시 몰수 당시의 공장의 가격에 지급일까지의 이자를 더한 것만으로 한정되는 것은 아니다. 이와 같이 한정되는 것은 폴란드가 수용의 권리를 가지고, 수용물건의 정당한 가격을 보상하지 아니한 것만으로 불법이라고 하는 경우에만 해당한다. 이 사건에서 이와 같이 한정한다면, 폴란드가 「제네바조약」을 존중한 것보다도 불리한 지위에 독일을 세우는 것이 된다. 이와 같은 결과는 그것 자체가 부당할 뿐만 아니라, 「제네바조약」의 목적과도 양립할 수 없다. 불법행위의 개념에 포함된 기본원칙(이 원칙은 국제관행, 특히 중재재판판례에 의하여 확립되어 있다고 생각되지만)에 의하면, 배상은 될 수 있는 한 불법행위의 모든 결과를 해소하고, 만약 그 행위가 행하여지지 아니하였더라면 존재하였을 상태를 회복하는 것이다. 원상회복, 그것이 불가능하다면 원상회복이 가지는 가치에 상당하는 금액의 지급 및 필요하다면 그것에 의하여 배상할 수 없는 손해에 대한 배상을 인정하는 것 – 그것이 국제법에 위반하는 행위에 대한 배상의 금액을 결정하기 위한 원칙이다.

4. 배상액의 구체적인 결정에 관하여

배상액의 구체적인 결정은 전문가의 보고에 맡겨 결정된다. 따라서 그 지불방법에 대하여도 현재로서는 결정할 수 없다.

5. 상계(相計)에 관한 주장이 '조약의 해석과 적용으로부터 발생하는 의견의 차이'에 해당하는지 여부에 관하여

독일은 폴란드가 이 사건 청구를 상부실레지아에 있어서 사회보험에 관한 청구 등으로 상계할 수 없다는 것을 신청하였으나, 법원은 이에 관하여 결정할 수가 없다. 일반적으로 국제법이 상계를 허용하는가 여부를 결정하는 것은 「제네바조약」의 중재조항에 의하여 법원에 부여된 권한에 속하지 아니한다.

Ⅱ. 금전배상

원상회복이 불가능한 경우 또는 원상회복을 해도 여전히 손해가 남는 경우에는 가해자는 금전배상에 의하여 국제책임을 해제하여야 한다.

원상회복이 불가능한 경우란, ① 원상회복이 물리적으로 불가능한 경우(예: 인명의 상실, 고대미술품의 훼손), ② 물리적으로는 가능하나, 사회통념에 비추어 부당하게 큰 부담을 가해자에게 과하는 경우(예: 침몰된 선박의 인양에 필요한 경비가 침몰선 그 자체의 시가의 수배에 달하는 경우) 등을 포함한다.

금전배상의 대상이 되는 것은 물질적 손해이나 정신적 손해에 대해서도 금전배상을 하는 경우가 적지 않다.[6)]

금전배상의 범위는 불법행위로부터 직접 발생하는 손해뿐만 아니라 불법행위와 상당인과 관계에 있는 간접손해도 포함한다(Alabama호 사건).

금전배상은 위법행위와의 상당인과관계가 증명되는 범위에서 인정되기 때문에 손해발생에 관하여 피해자 측에 과실이 있는 경우에는 과실상계의 원칙이 적용된다. 또한 위법행위에 의하여 손해와 함께 이익도 발생한 경우에는 손익상계의 원칙이 적용된다.

---

6) 1896년에 프랑스상인이 베네수엘라관리의 불법행위에 의해서 물질적 손해뿐만 아니라 신용실추라고 하는 비물질적 손해를 입은 사건에 대하여 중재재판관인 스위스 대통령은 정신적 손해에 대하여 배상청구액의 1/7을 인정하였다.

또 금전배상에서 이자(배상이자와 연체이자)를 청구할 수 있는가의 문제에 대해서는 확립된 원칙이 없으나 인정된 판례들이 있다. 그러나 연체이자 산정의 정확한 기준은 불가능하고 세계(世界)의 재정 상태 및 당시의 공채(公債) 사정 등을 고려한 이자율을 통상적인 책정의 지표로 삼는다.7)

〔시실리전자공업회사 사건〕
(Case concerning Electronica Sicula S.p.A.(ELSI))
미국 v. 이탈리아, 국제사법재판소(특별재판부), 1989년 7월 20일, ICJ (1989) 15

[사 실]

시실리전자공업회사(ELSI)는 이탈리아에서 설립된 회사로서 전자부품을 생산하고 있었다. 미국의 레이슨사와 그 자회사인 마클렛트사(이하 美 兩社)는 ELSI의 주식을 사건 직후인 1967년에는 100% 소유하고 있었다. 경영상황이 악화된 ELSI를 개선시키기 위하여 美 兩社는 일부 노동자를 해고하였는데, 이 때문에 파업·공장점거가 발생했다. 1968년 3월의 단계에서 ELSI는 '정당한 청산'을 하는 것이 이탈리아법상 가능하다고 했지만, 이탈리아정부는 파산신청의무가 있다고 했다. 같은 달, 재정 위기를 인식한 ELSI 간부회의는 동사(同社)의 활동정지를 결정하고, 노동자들에게 해고통지를 했다. 이와 같은 상황 하에서 4월에 팔레르모시장은 ELSI의 공장과 관련 시설에 대해 6개월의 징용명령을 내렸다. 이에 대하여 ELSI는 징용명령에 의해 공장의 관리권을 잃었으며, 부채의 지불불능에 빠져 파산신청을 하고, 5월에 파산결정이 내려져 경매에서 이탈리아정부 산하의 전기통신회사(IRI)에 의해 염가로 구입되었다. 파산의 처리절차는 1985년 11월에 종료했지만, 그 자산은 ELSI의 견적보다 상당히 적었고, 그 대부분은 은행, 노동자 등의 채권자에게 지불되어 주주인 美 兩社에게는 어떠한 지불도 행해지지 않았다. 한편, ELSI는 팔레르모시장의 징용명령에 대하여 1968년 6월에 행정심사청구를 하고, 다음해 8월에 팔레르모지사(知事)는 징용명령을 무효로 하고, 이 판단은 대통령에 의해 지지되었다. 1970년 4월에 파산관재인은 이탈리아 내무부장관과 팔레르모시장에 대하여 징용으로부터 발생한 손해배상을 구하는 소송을 제기하고, 항소심에서는 일실이익의 일부가 인정되어 1975년에 최종심에서도 이 판결이 지지되었다.

1987년에 미국은 「미국·이탈리아 우호통상항해조약」(이하 「조약」이라고 한다) 제26조의 재판조항을 근거로 이탈리아에서의 ELSI의 공장과 자산에 의해 발생한 분쟁의 소장(訴狀)을 ICJ에 제출하고, 특별재판부에서의 심리를 요청하고, 이탈리아가 동의했다.

7) The Russian Indemnity Case에서는 연체이자가 인정되었고, The Wimbledon Case에서는 판결일로부터 연 6분의 이자가 부과되었다.

[판결 요지]

1. 이탈리아는 美 兩社가 국내구제를 다하지 않았다는 이유로 본건은 수리될 수 없다고 주장했다. 이에 대하여 미국은 조약의 재판조항이 국내구제완료의 원칙에 대해 언급하고 있지 않기 때문에 본건에는 이 규칙은 적용될 수 없다고 주장했다. 하지만 재판부는 관습국제법의 중요한 규칙이 그것을 배제하는 의사를 명시하는 문언이 없는 때에 암묵 속에서 배제되었다고 볼 수는 없다고 본다. 게다가 본건은 미국 자신의 조약상의 권리 침해의 선언판결을 구하는 것에서 국내구제완료의 원칙의 적용은 아니라고 미국은 주장했지만, 재판부는 본건에서 주장된 조약 위반의 분쟁이 美 兩社에 대하여 주장된 것과는 다른 독립적인 분쟁이라고 볼 수는 없다. 또한 미국은 이탈리아가 외교교섭 중에 국내구제완료에 관한 항변을 하지 않았다는 것은 금반언(estoppel)의 원칙을 구성한다고 주장하지만, 의례적으로 한 외교상의 의견 교환에서 특정의 문제에 대해 언급하지 않았으므로 금반언을 인용하는 것은 곤란하다. 이상으로부터 본건에는 국내구제완료의 원칙이 적용된다. 본건에서 美 兩社가 입은 손해는 ELSI의 자산의 징용명령으로 발생했다. 국내구제는 ELSI만이 행할 수 있는 것이고, 동사(同社)는 팔레르모지사에게 징용명령의 부당성을 호소했다. 동사(同社)의 파산 후에는 국내구제의 추구는 파산관재인의 임무가 되어 팔레르모시장 등을 소추하여 항소심, 최종심에서 일부가 인정되었다. 이탈리아의 재판소에 제기된 청구의 실체는 본질적으로 미국이 본 재판부에 제기한 청구 그 자체이다. 따라서 국내구제가 완료되지 않았다고 한다면, 이탈리아가 입증해야만 한다. 이제까지의 소송에서는 조약은 언급되지 않았지만, 그것은 美 兩社에 의해서는 아니고 파산관재인에 의해 다투어졌기 때문이다. 국내구제완료의 원칙은 국내재판과는 다른 당사자 간에 다른 규칙을 적용하는 국제재판에 적합한 형식과 논의에 의해 국내재판소에서 청구가 행해질 것을 요구하지는 않는다. 청구의 본질 부분이 권한 있는 재판소에 제출되고, 국내법과 국내절차가 인정하는 한 추구되며, 그리고 청구가 인정된다면 충분하다. 이탈리아는 미국 회사가 국내재판소에서 소송을 제기할 수 있었다고 하지만, 그것을 입증하는 것은 이탈리아의 책임이고, 이탈리아는 그것을 다하지 않았다고 생각한다.

2. 미국은 위법한 징용에 의해 자산을 정상적인 형태로 청산할 주주의 고유한 권리가 침해되고, 조약 제3조 2항의 각 체약국의 국민·회사는 다른 체약국의 회사를 조직하고, 지배하며, 경영하는 것이 인정되지 않으면 안 된다고 하는 취지의 규정에 위반한다고 주장했다. 징용조치는 회사를 지배하고, 경영하는 권리의 가장 중요한 부분의 행사를 방해받은 것이다. 국내법령에 따르는 취지의 규정이 존재해도 국내법에 합치한 행위가 조약 위반으로 될 가능성을 배제할 수는 없고, 조약상의 권리가 침해되었는가 여부는 조약의 의미와 목적에 비추어 구체적으로 검토할 필요가 있다. 그러나 사실 인정에 의하면, 美 兩社가 징용에 의해 박탈당했다고 하는 정상적인 청산 처리의 가능성은 추론에 지나지 않고, 재판부는 이탈리아에 의한 조약 제3조 2항의 위반에 상당하는 것을 보여주는 것에 지나지 않는다.

3. 조약의 제5조 1·3항은 체약국의 국민은 상대국에서 신체, 재산에 대하여 부

단한 보호와 안전을 받고, 국제법에 의해 요구되는 완전한 보호와 안전을 받으며, 그것은 내국민대우와 최혜국대우를 포함한다고 규정하고 있었다. 미국에 의하면, 이탈리아는 ELSI의 노동자에 의한 공장의 점거를 묵인함으로써 자산의 저하와 청산 작업을 방해하고, 이들 규정에 위반했다. 제5조 1항의 '재산'은 주주의 경우, 주식 그 자체를 넘어 회사나 그 자산에 미치는가 여부에 대하여 의문이 있을 수 있지만, 재판부는 본조의 규정에 의해 보호되는 '재산'은 징용의 대상이 된 공장과 시설만이 아니라 ELSI의 실체 그 자체라고 하는 미국의 주장의 기초에 서는 문제를 검토한다. 증거에 의하면, 점거가 ELSI의 이익을 현저하게 해하였다고 인정된다면, 당국이 부여한 보호가 국제법, 최혜국대우, 내국민대우보다 낮은 수준이었다는 것은 증명되지 않았다고 판단한다.

4. 조약 제5조 2항은 체약국의 국민, 회사의 재산은 상대국에서 정당한 법의 절차와 정당하게 실효적인 보상의 신속한 지불 없이 수용되지 않는다고 규정하고 있었다. 미국은 이탈리아의 징용과 그 후의 행위가 위장된 수용이라고 주장했다. 조약의 수용이 위장된 수용을 포함한다고 해도 엄밀하게 말한다면, 美 兩社가 그 주식을 보유하는 것만의 이탈리아 회사의 수용을 포함하는가 여부가 문제가 되지만, 본 조약에 첨부된 의정서가 조약 제5조 2항의 규정은 국민, 회사가 직·간접적으로 가지는 이익에도 포함되는 것으로 하고 있다. 그러나 가장 중요한 요소인 ELSI의 재정 상황과 공장의 폐쇄 등에 대한 주주의 그 후의 결정을 무시하여, 최종적인 결말이 이탈리아 당국의 작위와 부작위의 결과였다고는 간단하게 말할 수 없다.

5. 추가의정서 제1조는 체약국의 국민, 회사는 다른 체약국에서, 특히 ① 그곳에서의 설립 또는 획득이 인정된 기업의 실효적 지배 및 경영을 방해하는가, 또는 ② 이와 같은 기업이나 투자에 의해 합법적으로 취득한 권리나 이익을 해하는 것으로 되는 자의적 또는 차별적 조치에 따르지 않고 있고, 미국은 이탈리아의 징용 조치는 ①②에 반한다고 주장한다. 추가협정 제1조는 '특히'라고 기술하고 있기 때문에 징용 그 자체가 자의적 혹은 차별적 행위인가 여부를 검토해야 한다. 재판부는 시장의 징용명령을 무효라고 한 지사(知事)의 결정이나 그것을 검토한 팔레르모재판소나 항소재판소의 판단은 시장의 행위가 자의적인 것은 아니라고 판단한다.

6. 조약 제6조는 체약국의 국민, 회사는 상대국에서 부동산 또는 그것에 관련하는 이익을 취득·소유·처분하는 것이 허용된다고 규정하고, 미국은 이탈리아의 행위는 이것에 위반한다고 주장한다. '부동산 또는 그에 관련하는 이익'은 미국의 회사가 이탈리아의 계열회사를 통하여 가지는 간접적인 소유도 포함하는가의 문제이지만, 재판부는 포함한 것으로 하는 미국의 주장이 조약의 일반적인 목적에 의해 적합하기 때문에 공감할 수 있다. 그러나 美 兩社가 가지는 ELSI의 재산의 처분권을 박탈한 것은 징용이 아닌 불안정한 ELSI의 재정 상태였다.

이상과 같이 재판부는 이탈리아가 제기한 수리가능성의 항변을 각하한다. 또 이탈리아는 미국에 의해 주장된 조약과 추가협정의 모든 위반도 범하지 않았다고 판단한다. 따라서 미국의 이탈리아에 대한 손해배상청구를 기각한다.

Ⅲ. 진 사

진사(陳謝 formal apology)는 공식적으로 사과의 뜻을 표명하는 것이다. 대체로 감정, 명예에 대한 정신적 손해의 구제방법으로 이용된다. 진사의 방법으로는 통상 외교문서를 통하여 사과의 뜻을 표명하거나 진사사절을 파견하는 경우도 있다. 그 외에 피해국의 국기에 대한 경례, 책임자의 처벌 및 장래에 대한 보장 등도 광의의 진사에 포함된다.

제 12 장 국제조직

제 1 절 국제사회의 조직화

I. 국제조직의 의의

국제조직은 다수의 국가가 공통의 목적을 달성하기 위하여 합의를 기초로 하여 형성되는 국제단체로서, 국제법상 그 조직법이 규정하는 범위 내에서 국제법주체로서의 지위 및 능력을 가진다.

국제조직은 국제관계에 있어서 조직고유의 기관을 통하여 단체의사를 형성하고, 기능적인 협력을 통하여 본래의 임무를 수행한다. 기관의 구성과 권한은 조직의 유기적 구성도(構成度)에 따라 가변적이다. 복합구성의 경우에는 모든 구성원으로부터 성립하는 일반적·포괄적인 권한을 가진 총회와 특정의 기준·조건에 의해 선출되는 일부의 구성국을 회원으로 하는 특수·전문적인 권한을 가지는 이사회, 그리고 사무국이 설치된다. 총회와 이사회는 통상 의결기관으로서 구성국에 대하여 권고를 하고, 또한 조직적 협력의 추진을 수행하며 집행기관으로서의 역할을 수행하는 경우도 있다.

국제조직은 조직법이 규정하는 바에 따라 법률상의 능력을 가진다. 통상 설립의 목적을 달성하는데 타당하다고 인정되는 범위 내에서 권리능력·행위능력 및 불법행위능력을 가진다. 또한 국제조직은 구성국과의 관계에 있어서 그 임무를 수행하는데 필요한 한도 내에서 특권 및 면제(재판권, 경찰권 및 과세권의 면제)를 향유하는 경우도 있다.

국제조직은 국제법상 능동적 주체성이 인정되는 경우가 있다. 조직법의 기초와 범위 내에 있어서, 국제조직은 조약체결권을 가짐으로써 국제법의 형성에 참가한다.

국제조직은 국제조직 상호 간 또는 국가와의 관계에 있어서 협정을 체결한다. 이른바 입법조약의 성립과 관련하여, 국제조직은 법안의 준비 작업에 그치지 아니하고, 한 걸음 더 나아가서 조약안의 채택을 결의하고 관계국의 서명 또는 비준을 구하는 경우도 있다. 입법조약의 성립에는 관계국의 비준을 요하나, 이와 같이 국제조직이 중요한 조약의 체결과정(조약 내용의 확정)에 참가하는 것은 주목할 만하다.

Ⅱ. 국제조직의 성립과 발전

1. 국제행정연합

국제조직은 19세기 후반에 이르러 국제관계가 긴밀화하고, 단독의 국가만으로는 충분히 처리할 수 없는 사항이 차차 증대함에 따라 출현하였다. 처음으로 국제조직이 등장한 것은 다수국간의 교통·전신·우편·도량형·공업소유권·저작권 등의 분야였다. 회원제국(諸國)은 가입조항을 통하여 조약의 일반화·보편화를 지향함과 동시에, 입법조약의 합리적 운용을 확보하기 위하여 정기적인 총회를 개최하고, 국제적인 사무국을 상설하였다. 만국전신연합(1865년), 만국우편연합(1874년), 만국도량형국(1875년), 만국공업소유권보호연합(1883년), 만국저작권연합(1886년), 만국철도운송연합(1890년), 만국관세표간행연합(1890년) 등은 일반적으로 국제행정연합으로 통칭된다. 이러한 국제조직들은 행정적·기술적·전문적인 각 분야에 있어서 구성국의 공통의 목적을 조직적인 협력을 통하여 달성하려는 것이었다. 물론 이들에 대하여 독립한 조직체로서의 존재와 활동을 기대할 수는 없었으나, 적어도 거기에서 국제조직의 맹아가 싹트기 시작한 단계가 도래하였다고 할 수 있다.

2. 국제연맹

위와 같은 단순한 행정적·기술적인 사항뿐만 아니라, 그것을 초월한 중요한 정치문제 즉, 국제평화와 안전유지라고 하는 중요한 정치문제에 관한 국제협력을 목적으로 역사상 최초로 보편적·일반적 국제조직으로서 성립한 것이 국제연맹이다.

국제연맹의 구성원은 원회원국과 가입연맹국이다. 후자는 연맹총회의 3분의 2

의 다수의 찬성으로써 가입이 승인된 국가이며, 가입조건으로서는 ① 완전한 가치를 가질 것, ② 국제의무를 성실히 준수할 것, ③ 연맹의 군비규칙에 따를 것 등이 규정되었다. 연맹국은 2년의 예고로써 탈퇴할 수 있었다.

연맹의 주요 기관으로서 총회·이사회·사무국과 이에 부속하는 각종의 보조기관이 있었다. 또한 그 외에 자치기관으로서의 지위를 가진 국제노동기구(ILO)와 상설국제사법재판소(PCIJ)가 있었다.

연맹총회는 모든 연맹국의 대표자로서 조직되며, '연맹의 행동범위에 속하고 또한 세계평화에 영향을 미치는 일체의 사항을 처리하는' 권한을 가진다. 표결방법은 절차사항이 과반수로써 결정되는 것에 비하여, 기타 사항은 특별한 명문규정이 없는 한 모두 전원일치로써 결정된다. 결의의 효력은 특별한 명문규정이 없는 한 원칙적으로 권고적 성질을 가지며 법적 구속력은 가지지 않는다.

연맹이사회는 상임이사국과 비상임이사국의 대표자로 구성된다. 상임이사국은 처음에는 영국·프랑스·일본·이탈리아의 4개국이었으나, 후에 독일이 추가되어 5개국으로 되었다. 비상임이사국의 임기는 3년이며 총회에서 선출되었다. 처음에 4개국이었으나, 후에 점점 추가되어 9개국으로 되었다. 이사회의 권한은 총회의 권한과 동일하며, 양자는 경합적 권한에 속하는 사항에 관해서는 각각 단독으로 결의하고, 그것을 연맹의 의사로 하였다. 이사회의 표결방법 및 결의의 효력은 총회의 경우와 같다.

국제연맹은 1920년 성립 후 10년간은 활발하게 활동하였으나, 1930년대에 들어선 후 유럽의 분열에 기인한 국제정세의 혼란으로 말미암아 그 활동이 대단히 약화되었다. 국제연맹성립에 주도적 역할을 한 미국은 끝내 가입하지 않았으며, 1933년에는 만주사변의 처리에 불만을 품은 일본과 베르사이유체제의 타파를 희망하는 독일이 탈퇴하고, 1937년에는 이디오피아침공에 대한 제재에 불만을 품고 이탈리아가 탈퇴하였고, 1934년에 가입한 소련은 1939년 대핀란드전쟁과 관련하여 제명되었다. 열강의 불참과 계속되는 탈퇴와 제명에 의하여 평화기구로서의 연맹의 권위는 실추되었고, 결국 제2차 대전의 발발을 보게 되었다.

3. 국제연합의 성립

제2차 대전 중 국제연맹을 대신하는 국제평화구조의 재건을 둘러싼 연구가 주요 연합국에 의하여 개시되었다. 1943년 10월에 미·영·소는 모스크바회의를 개최하여 중국을 포함하여 「일반적 안전보장문제에 관한 4개국선언」을 채택하였다.

모스크바선언은 '모든 평화애호국의 주권평등의 원칙에 기한 세계적 국제기구'를 설치할 필요성을 확인한 것이었다. 1944년 3월~10월에 덤바튼 오크스에서 4개국 회의가 개최되어, 「일반국제기구의 설립을 위한 제안」이 채택되었다.

이 덤바튼 오크스안은 안전보장이사회의 표결방법 등 몇 가지를 제외하고는 4개국이 기본적으로 합의하였다. 1945년 2월에 미·영·소는 얄타(Yalta)회의를 개최하여 문제점을 조정하고, 동년 4월에 샌프란시스코회의를 개최하였다. 샌프란시스코회의는 참가한 50개국에 의하여 2개월간의 심의를 거쳐 UN헌장을 채택하였다. UN헌장이 효력을 발생한 것은 1945년 10월 24일이다.

제 2 절 국제연합

Ⅰ. 목적과 원칙

1. 목 적

UN의 목적에 관하여 UN헌장 제1조에서는 다음과 같이 열거하고 있다(UN헌장 제1조).

① 국제평화와 안전을 유지하는 것. 이를 위하여 집단적 안전보장을 확립하고, 분쟁의 평화적 해결을 실현하는 것.

② 인민의 자결의 원칙에 기초를 둔 제국(諸國) 간의 우호관계를 발전시키고, 또한 세계평화를 강화하기 위한 기타 적당한 조치를 취할 것.

③ 경제적·사회적·문화적·인도적인 성질을 가지는 국제문제의 해결과 인종·성·언어 또는 종교의 차별 없이 모든 자를 위하여, 인권과 기본적 자유를 존중할 수 있도록 국제협력을 달성하는 것.

④ 이러한 공통의 목적을 달성하는 데 있어서 제국(諸國)의 행동을 조화하기 위한 중심이 되는 것.

위 네 가지 항목 중에 제4항은 UN의 목적으로서 독립적인 의미를 갖고 있지 않다. 목적으로서 의미를 가지는 것은 ①~③항까지이다.

첫 번째의 목적을 달성하기 위해 평화의 파괴를 진압할 유효한 집단안전보장을 위한 구체적인 절차나 조치는 헌장 제7장에서 규정하고 있다. 안전보장이사회를 중심으로 국제연맹보다 더 효과적인 강제조치를 취하는 체제를 예정하고 있다. 또한 평화를 파괴할 우려가 있는 국제분쟁의 평화적 해결에 관해서는 제6장에서 구체적인 조치를 규정하고 있다.

두 번째의 목적으로서 국제평화를 강화하기 위한 적극적인 조치로서의 인민의 자결원칙을 규정한 것은 국제연맹규약에는 없었던 것으로서 주목할 만하다. 전후 아시아, 아프리카의 식민지독립운동이 확산되어 식민지로부터 분리·독립한 국가들이 연이어 UN에 가입함에 따라 인민의 자결원칙 또는 민족자결을 식민지 인민에 적용한다는 점이 점차 강조됨에 따라 UN에서 이러한 취지를 내용으로 한 결의가 가끔 채택되어 왔다(예: 1970년의 UN총회결의 「우호관계원칙선언」). 또한 자결의 원칙이 인권과 깊은 연관을 맺고 있다는 인식이 높아져, 1966년에 채택된 2개의 「국제인권규약」의 각 제1조에서 자결의 원칙을 선언하고 있다.

세 번째의 목적으로서 경제적·사회적인 제(諸) 분야에 있어서의 국제협력을 촉진할 것을 규정하고 있다. 특히, 인권과 기본적 자유의 존중을 위한 국제협력이 강조되고 있는 점을 주목할 필요가 있다. 후술하는 바와 같이, 헌장에서는 제1조 3항외에 전문이나 총회의 임무에 관해 규정한 제13조 1항, 국제협력의 구체적 목표를 나타내고 있는 제55조, 경제사회이사회의 권한을 규정한 제62조 2항, 신탁통치제도의 목적을 나타낸 제76조 등 여러 곳에서 인권과 기본적 자유의 존중이 거듭 규정되고 있으며, 또한 제68조에서는 경제사회이사회의 보조기관으로서 특히, 인권신장을 위한 인권위원회의 설치를 규정하고 있다. 이와 같이 인권문제를 위한 국제협력의 촉진이 UN의 목적으로서 크게 부각되어 있다는 것은 국제연맹 때는 볼 수 없었던 UN의 특징이라고 할 수 있다.

2. 원 칙

UN 및 회원국이 상기의 목적을 달성함에 있어서는 다음의 행동원칙에 따라야 한다(동 헌장 제2조).

① 모든 국가의 주권평등의 원칙에 기초를 둔다.

② 모든 회원국은 회원국의 지위로부터 발생하는 권리와 이익을 회원국 모두에게 보장하기 위하여, 이 헌장에 따라 지고 있는 의무를 성실히 이행해야 한다.

③ 국제분쟁을 평화적 수단에 의하여 국제평화 및 안전 그리고 정의를 위태롭게 하지 않도록 해결해야 한다.

④ 무력에 의한 위협 또는 행사를 어떠한 국가의 영토안전이나 정치적 독립에 대하여, 또한 UN의 목적과 양립하지 않는 어떠한 다른 방법에 의하는 것도 삼가야 한다.

⑤ 모든 회원국은 UN이 이 헌장에 따라 취하는 어떠한 조치에 있어서도 모든 원조를 다하며, UN이 방지조치 또는 강제조치를 취하는 대상이 되는 어떠한 국가에 대하여도 원조를 삼간다.

⑥ UN비회원국이 국제평화와 안전의 유지에 필요한 한 이러한 원칙에 따라 행동할 것을 확보하여야 한다.

⑦ 이 헌장의 어떠한 규정도 본질상 어느 국가의 국내관할권내에 있는 사항에 간섭할 권한을 UN에 부여하는 것은 아니며, 또 그 사항을 이 헌장에 기한 해결에 부탁할 것을 회원국에게 요구하는 것도 아니다. 다만 이 원칙은 제7장에 기한 강제조치의 적용을 방해하는 것은 아니다.

이상의 기본원칙 중에서 회원국으로서의 일반적 의무의 내용을 나타내고 있는 중요한 것은 제3~5항의 원칙이다. 제3의 원칙은 국제분쟁의 평화적 해결, 제4의 원칙은 무력행사의 금지에 관한 것으로 후에 설명될 것이지만(제17장과 제18장), 연맹규약이 국제분쟁해결을 위한 전쟁 그 자체를 일반적으로 금지하지 않고 분쟁처리를 위해 무력에 호소할 여지를 어느 정도 남겨둔 것에 비해 진일보한 것이라 할 수 있다. 제5의 원칙은 회원국의 UN에 대한 협력의무에 관한 규정이다. 회원국의 협력의무란 일반원칙을 말하는 것이며, 회원국의 협력의무의 구체적 내용에 관해서는 헌장의 다른 규정과 관련하여 파악되어야 한다. 여기에서 말하는 UN의 행동이란 강제행동을 의미하여, UN이 헌장에 따라 취하는 강제행동에 대하여 회원국은 모든 원조를 부여하여야 한다는 것이다. 따라서 UN이 취하는 조치라고 하더라도 강제행동 이외의 모든 면에 관하여 당연히 협력해야 할 법적 의무가 있는 것은 아니다. 또 강제행동에 있어서도 모든 경우에 당연히 협력해야 한다는 관계에 있다고도 할 수 없다. 제5항에서 모든 원조를 부여하여야 한다고 되어 있으나 헌장 제41조에 의한 비군사적 강제조치의 경우는 논외로 하더라도, 제42조에 의한 군사조치에 대한 협력의 경우는 제43조와의 관계를 무시할 수 없기 때문에(제18장 제3절 Ⅲ 참조), 제5항은 UN에 대한 협력에 관한 일반원칙을 규정한 것이다. 구체적으로는 제41조의 비군사적 강제조치에 대한 협력의무 이외에는 당연히 협력해야 할 회원국의 법적 의무는 없다고 본다. 제7의 원칙은 제51조의 자위권에 관한 규정과 함께 UN의 활동의 범위를 제한하는 것이라 할 수 있다.

Ⅱ. 회원국

1. 원회원국

원회원국은 실질상 제2차 대전 시 추축국(樞軸國)과의 전쟁에 참가한 51개의 연합국을 말한다(동 헌장 제3조).

2. 가 입

국제연합에 대한 가입요건은 헌장에 포함된 의무를 수락하고, 또한 이러한 의무를 이행할 능력과 의사가 있다고 기구가 판단하는 평화애호국이며(동 헌장 제4조 1항), 그 가입절차는 안전보장이사회의 권고에 의하여 총회의 결정에 의한다. 제4조 1항의 가입의 조건은 망라적으로 열거한 것이며, 필요하고도 충분한 조건이다. 따라서 정치적 고려에서 새로운 조건을 부과하는 것은 허용되지 아니한다. 또한 제2항의 가입절차에 있어서 가입승인은 이사회와 총회의 공동권한에 속하는 사항이므로, 총회의 결정에는 이사회의 가입지지의 적극적인 권고가 전제조건이 된다(1950년 3월의 ICJ의 권고적 의견). 이 때 상임이사국의 거부권이 인정되므로 5개국 중 1국이라도 반대하면 가입은 불가능하게 된다.

〔UN 가입 승인 사건〕[1)]

1. UN 가입승인의 조건(헌장 제4조) 사건(Conditions de l'admission d'un Etat comme membre des Nations Unies(Article 4 de la Charte))

2. UN 가입승인을 위한 총회의 권한 사건(Compétence de l'Assemblée générale pour l'admission d'un Etat aux Nations Unies)

자문기관: UN 총회, 국제사법재판소, 권고적 의견, 1. 가입조건사건(1948년 5월 28일), ICJ (1947-1948); 2. 총회의 권한사건(1950년 3월 3일), ICJ (1950) 4

[사 실]

동서대립의 결과, 양측 모두 타방진영에 속하는 신청국의 가입자격을 정치적으

---

1) 이 사건은 관련 있는 두 개의 권고적 의견으로 구성된다. 하나는 'UN 가입 승인의 조건'에 관한 1948년 5월 28일자 권고적 의견이고, 다른 하나는 'UN 가입 승인을 위한 총회의 권한'에 관한 1950년 3월 3일자 권고적 의견이다.

로 판단하였고, 특히 1상임이사국(소련)은 일정한 국가의 동시가입을 타국의 가입에 대한 동의의 조건으로 삼았기 때문에 UN에서의 가입이 어렵게 되었다. 이 난관을 타개하기 위하여 모든 신청국을 일괄하여 가입시키는 것도 제안되었으나 결국 각국이 개별적으로 심사한 바 신청국의 일부는 다수결의 지지를 얻지 못하였고, 또 다른 일부는 거부권이 행사되었다. 안전보장이사회의 이러한 사태에 대하여, 총회에서 가입조건을 규정한 제4조 1항의 해석상 의문이 표명되었기 때문에 1947년 헌장 제96조에 의하여 다음 사항에 대하여 권고적 의견을 구하게 되었다. 즉, UN 회원국은 제4조 1항에 명문으로 규정되어 있지 않는 조건을 붙여 1국의 가입에 동의할 수 있는 법률상의 권한이 있는가? 또한 특히 위 조항에 정한 조건을 당해국가가 충족하고 있다는 것을 승인하면서 그 찬성투표를 이 국가와 함께 타국을 가입하게 하려는 추가조건에 따르게 할 수 있는가?

1948년 ICJ는 이 양자에 대하여 부정적인 의견을 제시하고, 총회도 이 의견에 따라 행동하도록 하는 권고결의를 채택하였으나, 그 후에도 안전보장이사회에 있어서 가입문제의 처리에 진전을 보지 못했고, 총회에서는 가입절차를 규정한 제4조 2항에 대하여 종래와는 상이한 해석을 부여하여야 한다는 주장이 있어 다시금 1949년에 다음 사항에 관해 ICJ에 권고적 의견을 구하였다. 즉, 필요한 다수표의 결여 또는 1상임이사국의 거부권으로 인하여 안전보장이사회가 어느 국가의 가입 승인을 권고하지 않는 경우에 제4조 2항에서 총회의 결정에 의하여 그 국가에 UN 회원국의 지위를 인정할 수 있는가?

[권고적 의견요지]

1. 가입조건 제4조 1항은 UN에 대한 가입승인의 조건으로서 신청자가 ① 국가일 것, ② 평화애호국일 것, ③ 헌장의 의무를 수락할 것, ④ 이러한 의무를 이행할 능력이 있을 것, ⑤ 그러한 의사가 있을 것 등의 다섯 가지로 정하고 있다. 문제는 이러한 조건이 열거된 것인가 아니면 예시된 것인가에 귀착하나, 제4조 1항의 문언을 자연적 의미로 이해한다면 위 조건은 열거된 것이며, 단순한 지침 또는 예시로서 규정된 것이 아니라고 보아야 한다. 또 이러한 것은 필요조건일 뿐만 아니라 충분조건이기도 하기 때문에 소정의 조건과 관련이 없는 조건은 요구되지 않는다. 제4조 1항에 열거된 조건이 불가결의 최소한도의 것이므로 이에 정치적 고려를 결부시킬 수도 있다는 해석은 회원국에게 불명확하고 무제한적인 재량에 의해서 새로운 조건을 부과하는 것을 인정하는 것이 되어 가입문제를 법적으로 규제하고 있는 동 조항의 성질과 양립될 수 없다. 물론 제4조 1항의 망라적 성격으로부터 동조 소정의 조건과 합리적으로 또한 성실하게 관련될 수 있는 어떠한 요소를 고려하는 것도 금지되는 것은 아니다. 이것은 규정된 조건이 매우 넓고 탄력적인 성질을 갖고 있는 것에서 나타난다. 즉, 열거된 가입승인의 조건에 관련되는 것이라면 어떤 정치적 요소도 배제되는 것은 아니다.

다음으로 1신청국의 가입에 대한 동의를 다른 신청국의 동시가입에 결부시키려는 요소는 제4조가 정하는 조건과는 전혀 관계도 없고 다른 범주의 새로운 조건을 구성한다. 제4조의 규정은 필연적으로 각 가입신청국이 개별적으로 그 자신의 실체에 기하여 심사되어야 하는 것을 의미하는 데 대하여, 위 요구는 회원국이 소정의 조건의 범위 내에서 각 경우에 완전한 자유를 갖고 판단하는 것을 방해한다. 따라서 그러한 요구는 제4조의 문언 및 정신의 어느 것과도 양립할 수 없다.

이상의 이유로서 ICJ는 자문된 사항의 양자에 부정적인 의견을 제시하였다(9대 6).

2. 가입절차 안전보장이사회가 어떠한 권고도 행하지 않는 경우에 총회가 가입승인의 결정을 할 수 있는가에 관하여 제4조 2항의 문언은 의문의 여지가 없다. 즉, 가입승인을 행하기 위해서는 안전보장이사회의 '권고'와 총회의 '결정'의 두 가지가 요구되고 있다. 이 양자는 기구의 판단을 형성하는 데 불가결의 것이다. 또 권고는 결정의 기반을 이루고 있으므로 총회는 안전보장이사회의 권고에 기해서만 가입승인의 결정을 행할 수 있다. 바꾸어 말하면, 안전보장이사회의 권고는 가입승인을 행하기 위한 결정에 선행하는 조건이다. 이것은 헌장의 구조상 충분히 확인된다. 총회와 안전보장이사회가 다 같이 UN의 주요 기관으로 되어 있으며, 후자가 종속적 지위에 있는 것은 아니다. 총회는 안전보장이사회의 권고가 없어도 가입승인을 행할 수 있는 권한을 가진다고 생각하는 것은 이사회로부터 헌장상의 중요한 권한을 박탈하는 것이 된다.

다음으로 안전보장이사회의 권고가 없는 것을 가지고 비우호적인 권고(unfavorable recommendation)가 있는 것과 동등한 것으로 취급하고, 이에 기하여 총회가 가입승인을 결정할 수 있다고 하는 생각은 인정되지 않는다. 제4조 2항은 우호적 권고(favorable recommendation)만을 규정하고 있다. 또 총회는 안전보장이사회의 표결의 의미를 변경하고 전복시킬 권한이 부여되고 있지 않다. 따라서 안전보장이사회 자신이 권고가 행해지지 않았다고 생각할 때는 총회는 이사회의 표결에 대하여 권고의 성격을 부여하는 것은 인정되지 않는다.

이상의 이유에서 ICJ는 자문에 대하여 부정적인 의견을 제시하였다.

3. 권리정지와 제명

UN의 방지행동 또는 강제행동의 대상이 된 회원국에 관해서는 총회가 안전보장이사회의 권고에 기하여 회원국으로서의 권리·특권을 정지시킬 수 있다. 이러한 권리 및 특권의 행사는 안전보장이사회가 회복시킬 수 있다(동 헌장 제5조). 출석권·표결권·피선거권 등이 이에 포함되나, 회원국으로서의 의무는 면제되지 않는다. 헌장의 원칙을 지속적으로 위반한 회원국은 총회가 안전보장이사회의 권고에 기하여 제명할 수 있다(동 헌장 제6조).

4. 탈 퇴

헌장에는 탈퇴에 관한 규정은 없다. 그러나 헌장을 채택한 샌프란시스코회의에서는 '예외적 사정'이 있는 경우에는 탈퇴를 인정하기로 양해가 되었다. 실제로 1964년 인도네시아가 탈퇴하였다가 다음 해에 복귀하였다.2)

예외적인 사정이란 UN에 평화유지의 능력이 없는 것, 또는 법과 정의를 희생으로 하여야만 평화를 유지할 수 있다고 판명되었을 경우, 회원국이 수락하는 것을 불가능하다고 인정하는 헌장의 개정이 행해졌을 경우, 총회 또는 전체회의에 있어서 채택된 헌장개정이 소요수(所要數)의 비준을 얻지 못했을 경우 등을 말한다.

Ⅲ. 국제연합대표권

회원국의 정부가 혁명이나 쿠데타에 의하여 비합법적으로 변경된 경우에도 국가로서의 동일성이 인정되는 한 신가입의 문제는 생기지 않는다. 그러나 이러한 경우에 신정부는 실효적 지배의 확립이라고 하는 객관적 사실에 기하여, 당연히 국가를 대표하여 UN에 참가할 자격을 가지는가 또는 신정부가 UN 대표권을 주장하기 위해서는 UN의 심사와 승인이 필요한가? 만일 필요하다면 어느 기관이 어떠한 절차에 따라 대표권을 결정하는가? 헌장에는 대표권에 관한 규정이 전혀 없다.

1950년 제5차 UN총회는 1회원국의 대표권을 둘러싸고 복수의 정권이 다투는 경우, 이 문제는 헌장의 목적·원칙·개별적 사정에 입각하여 심의할 것, 또 총회가 먼저 심의하고 총회가 취한 태도는 UN의 다른 기관 및 전문기구도 고려해야 한다는 권고를 하였다. 이 권고결의는 헌장 제10조에 규정된 바, 총회의 조정기능을 통하여 대표권문제를 통일적으로 처리하려는 것이다. 그러나 총회결의는 승인의 절차 및 기준에 관하여 대단히 막연한 것이었다.

UN(총회)에 있어서 대표권의 승인은 종래 '신임장의 심사'라는 형식으로 절차적으로 처리되어 왔다. 총회의 절차원칙에 따르면, 각 회기에 있어서 신임장위원회는 대표단이 제시하는 신임장을 심사하고, 총회는 위원회의 권고에 관하여 심의하여 결정한다(총회절차규칙 제27조, 제28조, 제29조). 보통의 경우에는 신임장의 발급주체

2) 1960년대 초 말레이시아와 인도네시아는 영토분쟁으로 갈등을 겪고 있었는데, 1963년 말레이시아가 영국 식민지였던 사라왁, 사바, 싱가포르를 포함하는 말레이시아연방을 창설하면서 인도네시아 대통령 수카르노를 극도로 자극했다. 인도네시아는 하루 뒤 말레이시아와 외교관계를 단절했으며, 말레이시아는 인도네시아 영공과 영해를 수십차례에 걸쳐 침범하기 시작했다. 이에 수카르노 대통령은 1963년 5월3일 대말레이시아 전쟁을 선언했고, 국제사회에 대한 불만의 표시로 1964년 1월7일 유엔을 탈퇴했다. 하지만 그 다음 해 다시 유엔에 복귀했다. 말레이시아와 인도네시아의 영토 분쟁에 대한 내용은, http://www.hani.co.kr/section-021069000/2005/06/021069000200506160564078.html

의 정당성이 당연히 전제가 되어 있으므로 신임장의 심사도 형식적·절차적으로 행해져 왔다. 그러나 발급주체의 정당성에 의문이 있는 경우에는 단순한 형식적 심사로 처리할 수 없게 된다.

총회의 실행을 보면, 헝가리의 가다르정권의 경우에는 정권의 자주·자립성이 문제가 되어 1955년부터 1962년까지 승인이 보류되었다. 중국대표권의 사례에서는 정권의 평화애호성이 문제가 되어, 1951년부터 1960년까지는 심의가 유보되었다가 1961년 이래 계속적으로 채택되어 온 중요사항 지정결의에 의하여, UN헌장 제18조에 따라 중국대표를 변경하고자 하는 어떠한 제안도 중요문제로 결정되어 총회에서 3분의 2이상의 찬성표를 얻지 못하여 가입이 허용되지 않았다. 1971년 10월 드디어 북경정부는 총회에서 소정의 다수찬성표를 얻어 중국대표로 승인되고, 북경정부는 UN에서 국민정부와 교체되었다.

이와 같이 대표권문제는 반드시 신임장의 문제, 특히 신임장의 형식적 심사의 문제만으로서 처리될 수 있는 것은 아닌 것으로 생각된다. 그렇다면 대표권의 승인은 신임장의 실질심사의 문제로서 또는 UN회원국에 준한 중대한 자격심사의 과제로서 처리되게 된다. 그리고 대표권의 승인의 기준에 관해서는 총회의 관행을 보더라도 정권의 영속성·자립성이라고 하는 객관적 기준에 의할 것인가, 그렇지 않으면 주관적 기준도 포함하는 헌장 제4조를 준용할 것인가, 이 점도 반드시 명확하지는 않다.

Ⅳ. UN의 기관

UN의 주요기관으로서 총회·안전보장이사회·경제사회이사회·신탁통치이사회·국제사법재판소 및 사무국이 있다(UN헌장 제7조). 이 중 국제사법재판소는 UN의 독립된 사법기관으로서 ICJ규정에 의하여 운용된다(동 헌장 제14조). 주요기관 외에 필요에 따라 보조기관을 설치할 수 있다(동 헌장 제7조, 제22조, 제29조, 제68조). 또한 국제협력의 분야에서는 UN과 밀접한 관계를 맺는 각종의 전문기구가 있다(동 헌장 제57조).

1. 총 회

(1) 구 성

총회(General Assembly)는 모든 회원국으로서 구성되며, 각 회원국은 5인 이하의 대표자를 가진다(동 헌장 제9조). 총회는 연차정기총회와 특별총회로서 개최된다. 특별총회는 안전보장이사회의 요청 또는 회원국의 과반수의 요청이 있을 때에 사무총장이 소집한다(동 헌장 제20조). 정기총회는 매년 9월 넷째 화요일에 개최된다(총회절차규칙 제1조).

(2) 임무와 권한

■ 일반적 권한　　총회는 이 헌장의 범위 안에 있거나 또는 이 헌장에 규정된 어떠한 기관의 권한 및 임무에 관한 어떠한 문제 또는 어떠한 사항도 토의할 수 있으며, 그리고 제12조에 규정된 경우를 제외하고는, 그러한 문제 또는 사항에 관하여 UN회원국 또는 안전보장이사회 또는 이 양자에 대하여 권고할 수 있다(UN헌장 제10조).

제12조는 안전보장이사회가 어떠한 분쟁 또는 사태에 관하여 임무를 수행하고 있는 동안은 총회는 특히 안전보장이사회의 요청이 없는 한 이에 관하여 권고해서는 안 된다는 것이다. 따라서 국제분쟁이나 사태에 관한 문제를 안전보장이사회가 취급하고 있는 동안, 총회는 이에 관하여 토의할 수는 있으나 한 걸음 더 나아가 권고할 수는 없다. 총회의 권한은 이 점에서는 제한을 받으나 이외에는 일반적으로 UN의 행동범위에 속하는 일체의 문제를 토의하고 권고할 수 있다. 이것은 총회가 전체 회원국의 참가로써 구성되는 기관으로서 UN에서 가장 중요한 기관임을 의미한다.

총회는 일반적 권한 외에 다음과 같은 구체적 권한을 갖고 있다.

■ 평화와 안전유지에 관한 권한　　총회는 국제평화와 안전유지에 대한 협력에 관한 일반원칙 및 구체적 사건에 관하여 심의·권고하는 기능을 갖는다. 즉, 군비축소 및 군비규제를 포함한 평화를 위한 협력방안을 심의하고, 이것을 회원국 및 안전보장이사회에 권고할 수 있다(동 헌장 제11조 1항). 총회에 부탁되는 일체의 문제를 토의하고, 관계국 및 이사회에 권고할 수 있다. 다만 '행동을 필요로 하는' 문제에 관해서는 토의 전 또는 후에 이사회에 부탁하여야 한다(동 헌장 제11조 2항). 이때의 행동은 강제조치를 의미한다. 총회는 또 평화적 조정의 기능을 가진다. 즉, 일반적 복지 또는 제국(諸國) 간의 우호관계를 해칠 우려가 있다고 인정되는 사태에 관하여 평화적으로 조정하기 위한 조치를 권고할 수 있다(동 헌장 제14조).

■ 국제협력에 관한 권한　　총회는 국제협력에 관하여 연구와 권고를 행한다. 국제협력분야는 정치·법·경제·사회·문화·교육·보건 및 인권과 기본적 자유 등 광범위하다(동 헌장 제13조).

■ 신탁통치에 관한 권한 총회는 신탁통치협정의 승인을 포함하여 헌장에 정해진 임무를 수행한다(동 헌장 제16조).

■ 재정에 관한 권한 총회는 UN의 예산을 심의하고 승인한다. 기구의 경비는 총회가 할당하는 바에 따라 회원국이 부담한다(동 헌장 제17조).

■ 기타 권한 그 밖에 가입, 대표권, 서명, 회원국의 권리정지, 각 이사회 이사국의 선거(동 헌장 제23조, 제61조, 제86조), ICJ재판관의 선거, 사무총장의 임명(동 헌장 제97조), 헌장의 개정(동 헌장 제108조, 제109조) 등 총회의 임무와 권한은 매우 광범위하다.

〔서남아프리카의 국제적 지위와 UN의 권한 사건〕
1. 국제적 지위 사건(International Status of South-West Africa)
2. 보고와 청문에 관한 표결절차 사건(Voting Procedure on Questions relating to Reports and Petitions concerning the Territory of South-West Africa)
3. 청원인 청문의 허용성 사건(Admissibility of Hearings of Petitioners by the Committee on South-West Africa)

자문기관: UN 총회, 국제사법재판소, 권고적 의견, 1. 지위사건(1950년 7월 11일), ICJ (1950) 128; 2. 표결절차사건(1055년 6월 7일), ICJ (1955) 67; 3. 허용성사건(1956년 6월 1일), ICJ (1956) 23

[사 실]

1968년 6월, UN 총회가 지역인민의 여망에 따라, 이후 나미비아라 불리게 될 때까지 동 지역은 일반적으로 서남아프리카라고 불리고 있었다. 동 지역은 1884년~85년에 개최된 아프리카의 식민지 분할을 위한 베를린회의에서 독일의 보호령이 되었다. 제1차 세계대전의 결과, 「베르사이유조약」 제119조에 의해, 독일로부터 주된 동맹 및 연합국을 위하여 분리된 동 지역은 「국제연맹규약」 제22조에 따라 남아프리카연방(1961년 이후는 남아프리카공화국. 이하 「남아공」이라 한다)을 수임국으로 하는 C式 위임통치지역이 되었다. 제2차 세계대전 후, 국제연맹 차원에서 신탁통치제도가 설치되고, 구위임통치지역은 독립을 달성한 지역과 팔레스타인을 제외하고 모두 신제도의 적용을 받았지만, 남아공은 동 지역을 신제도로 전환하지 않았다. UN 총회는 1946년을 기점으로 하여 동 지역을 신탁통치제도 하에 두기 위하여 계속 권고했지만, 남아공은 위임통치제도에 기한 의무는 국제연맹의 해산에 의해 소멸했으므로 동지역에 관한 권고의 제출도 중지하라고 통고했다. 한편, 다수의 UN 회원국은 위임통치지역의 국제적 지위를 위임국의 일방적 의사로 변경할 수는 없다고 생각했다. 그러나 남아공은 1949년에는 「서남아프리카문제 수정법(South-West Africa Affairs Amendment Act)」을 제정하여 동 지역을 남아공의 다섯 번째 주(州)로 하여 병합하려고 하는 조치를 취하기에 이르렀다.

이러한 배경 하에 UN 총회는 아래의 질문에 관하여 ICJ의 권고적 의견을 구했다. 서남아프리카의 국제적 지위, 또 그에 기한 남아공의 국제적 의무는 무엇인가? 특히 ① 남아공은 서남아프리카에 관하여 위임장 하의 국제적 의무를 계속하여 부담하는가? ② 헌장 제12장의 규정은 서남아프리카에 적용되는가? ③ 남아공은 서남아프리카의 국제적 지위를 변경할 권한을 가지는가? ICJ는 1950년 7월, 서남아프리카는 남아공이 수임하는 위임통치지역이고, 연맹규약 제22조 및 위임장에 정해진 국제적 의무를 여전히 지고, 위임통치에 관한 연맹의 감독기능은 UN에 의해 수행되어야 한다고 하는 의견(이하, 50년 의견)을 제시했다.

총회는 1953년 11월의 결의에 의해, 위임통치로서의 감독기능을 수행하기 위하여 서남아프리카위원회를 설치하고, 동 위원회에 대하여 가능한 한 위임통치제도의 절차에 따라 권고와 청원 심사를 위한 절차를 준비하도록 요청했다. 동 위원회는 이를 위한 규칙을 작성했지만, 그 규칙의 마지막 부분인 규칙 F가 이 문제의 표결절차에 관하여 3분의 2의 다수결원칙을 채용하고 있었다. 이 규칙은 1954년 10월의 총회에 의해 채택되었지만, 남아공은 이에 대해 강하게 반대했다. 즉, 연맹 시대의 전원일치 원칙이 아니기 때문에 동국(同國)을 연맹시대 이상의 엄격한 감독을 받게 한다는 것이 그 이유였다. 그 때문에 총회는 이하의 질문에 관하여 제2차의 의견을 요청하게 되었다. ① 서남아프리카와 관련한 권고와 청원에 대한 총회의 결의는 헌장 제18조 2항의 의미에서의 중요문제로서 취급한다는 규칙 F는 1950년 의견의 올바른 해석인가? ② 그렇다고 한다면, 총회는 어떤 표결절차를 따라야 하는가?

총회는 재판소의 1950년 의견을 존중하여 위임통치로서의 감독기능을 수행하도록 했지만, 남아공은 UN에 협력하지 않고, 바꾸어 말하면, 남서아프리카지역 주민의 청원을 UN에 송부하지 않았기 때문에 청원자에게 구두청문(oral hearings)의 기회를 주어 직접적으로 그 설명을 청문할 필요가 있었다. 뿐만 아니라, 청원에 대해서는 연맹규약과 위임장에 있어서도 예정되어 있지 않았지만 연맹 이사회는 위임통치지역의 주민으로부터의 청원을 인정했다. 그러나 그것은 수임국을 통하지 않으면 안 되는 서면청원이라고 하는 제한적인 것이고, 구두에 의한 청원에 대해서는 연맹 시대에는 인정되지 않았다. 그 때문에 다시금 구두청원을 하는 것은 1950년 의견과 양립하는가라는 동일한 문제가 발생하고, 이하의 질문에 대하여 총회는 제3차의 의견을 구했다. 총회에 의해 설립된 서남아프리카위원회가 서남아프리카에 관한 사항에 대하여 청원자에게 구두청문을 허용하는 것은 1950년 의견으로서 양립하는가?

1955년과 1956년의 두 가지의 권고적 의견에서 재판소는 이 조치들은 위임통치의 감독의 정도를 넘는 것은 아니고, 1950년 의견과 모순하지 않는다는 의견을 표명했다.

[의견 요지]

(국제적 지위 사건) 질문의 일반적 문제는 세 가지의 개별적 문제를 심사하는 것만으로 충분한 회답이 되기 때문에 전자를 분리하여 고찰할 필요는 없다.

1. 남아공은 연맹이 해산했으므로 위임장은 소멸했다고 주장하지만, 규약 제22조

와 위임장에 의해 초래된 법적 상태를 오해하고 있다. 연맹은 국내법상의 '위임자'가 아니라 감독과 관리의 국제적 기능을 취득한 것에 지나지 않는다. 위임장은 지역 주민과 인도(人道) 일반을 위하여 한 가지의 국제적 목적을 가지는 국제제도로서 창설된 것이다. 남아공이 주장하는 바와 같이, 위임장이 소멸했다고 한다면, 그 권한도 또한 소멸한다. 위임장으로부터 생기는 권리를 보유하면서 그 의무를 부인하는 것은 정당화될 수 없다. 그 의무는 두 종류이다. 하나는 지역의 시정(施政)에 직접 관계하고, 규약 제22조에서 말하는 '문명의 신성한 신탁'에 상당하는 것이고, 다른 하나는 이행기관에 관계하는데, 규약 제22조에서 말하는 '사명 수행의 보장'에 상당하는 것이다. 전자의 의무는 문명의 신성한 신탁의 본질을 구현하고, 그 존재 이유는 연맹의 해산에 관계없이 존재한다. 이 견해는 헌장 제80조 1항의 규정, 연맹 해산 결의가 위임장의 종료에 대하여 기술하고 있지 않은 점 및 의무의 존속을 인정하는 남아공 자신의 표명에 의해 확인된다. 다음으로, 후자의 의무에 대하여, 신탁통치 하에 있지 않은 위임통치지역에 관한 감독기능은 명시적 이관이 없어도 UN에 인계된다. 감독의 필요성이 위임통치 하의 감독기관이 없어도 존속하기 때문이다. 구체적으로는 헌장 제80조 1항이 의도하는 인민의 권리의 보호는 국제적 감독과 보고의무가 없다면 실효적이지 않다는 점, 연맹 해산 결의가 연맹의 감독기능의 종료를 인정하고, 헌장 제11, 12 및 13장과 규약 제22조의 상응성에 유의하고 있는 점은 연맹의 감독기능의 UN으로의 승계를 전제로 하고 있는 점에 의해 확인된다. 이상의 점으로부터 서남아프리카는 1920년에 창설된 위임통치지역이다. 게다가 총회에 의해 행사되는 감독 정도는 위임통치제도의 바탕 위에서 적용된 정도를 넘어서는 안 되고, 또 이 점에서 국제연맹이사회가 준거한 절차에 가능한 한 따라야 한다. 이 견해는 특히 연보(年報)와 청원에 적용된다.

2. 위임통치지역은 헌장 상 자동적으로 신탁통치제도의 적용 아래 두어지지는 않는다. 헌장 제75조 및 제77조에 기하여 신탁통치협정에 의해 그 아래 두어져 있는 지역에 적용된다. 서남아프리카는 위임통치지역으로서 헌장 제12장에 따라 신탁통치제도 아래 둘 수 있다. 이 의미에서 제12장은 서남아프리카에게 적용된다. 그러나 헌장 제75조 및 제77조는 '이 제도 아래 두어진다(as may be thereunder)'는 것은 임의적이고, 헌장은 신탁통치협정에 의해 서남아프리카를 신탁통치제도 아래 둘 의무를 과하지는 않는다.

3. 서남아프리카의 국제적 지위는 규약 제22조 및 위임장에 구현되어 있고, 위임장 제7조에 의해 남아공이 이 지위 또는 규칙을 일방적으로 변경할 권한을 가지고 있지 않다는 것은 명백하다. 위임장 제7조가 조항의 변경에 연맹이사회의 동의를 필요로 한다고 한 것은 감독기관을 이 목적을 위해서도 활동시키기 위함이다. 이 감독기능은 질문 (a)의 회답에 의해 총회에 속한다. 따라서 서남아프리카의 국제적 지위를 결정하고 변경할 권한은 UN의 동의를 얻어 행동하는 남아공에 있다.

(보고와 청문에 관한 표결 절차 사건) 문제는 규칙 F가 1950년 의견에 있어서의 '총회에 의해 행사되는 감독 정도는 위임통치제도 하에서 적용된 정도를 넘어서는 안 되고, 또 이 점에서 국제연맹이사회가 준거한 절차에 가능한 한 따라야 한다'고

하는 문언의 올바른 해석 여부이다. 이 문장의 전반부가 총회의 표결제도를 포함하는 것으로서 해석할 수 있을까? '감독의 정도'라는 문언은 실질적 감독의 정도에 관한 것이고, 총회의 집합적 의사가 표명되는 방법, 즉 절차적 사항으로 해석해서는 안 된다. 총회가 그 감독기능을 행사할 권한은 헌장에 기하고 있다고 인정함으로써 재판소는 이와 같은 기능의 행사에 관한 결의는 헌장의 관련 규정에, 즉 제18조의 규정에 따라 행해져야 한다는 것을 묵시적으로 인정한 것이다. 다음으로, 규칙 F는 인용문의 후반부에 저촉되는 것은 아닐까? 후반부는 감독이 행사되는 방법, 즉 성질상 절차적인 사항에 관계한다. 그러나 재판소가 '절차'라는 문언을 사용한 때에는 총회의 표결제도는 고려되고 있지 않았다. 표결제도는 기관의 구성과 기능에 관한 것이고, 기관의 구성의 특징을 이루는 것이다. 전원일치규칙이 연맹이사회의 특징의 하나인 것에 대하여, 3분의 2 또는 단순 다수결제도에 의한 결정은 총회의 특징의 하나이다. 이 두 가지 제도는 다른 기관에게 고유한 것이고, 하나의 제도는 조직상의 변경 없이 다른 제도로 대체될 수 없다. 따라서 투표제도는 감독기능을 행사할 때에 준거하는 절차에 포함되는 것이라고 생각해서는 안 된다. 또 '가능한 한'이란 표현은 사물의 성질상 총회는 연맹이사회와 다른 제도 하에서 활동하는 것이므로 법적 또는 실제적 고려에 의해 필요한 정비와 수정을 허용할 의도를 가지고 있다.

따라서 규칙 F는 1950년 의견의 바른 해석이다. 질문 (a)가 긍정적이므로 질문 (b)를 심사할 필요는 없다.

(청원인 청문의 허용성 사건) 질문이 의미하는 바는 총회가 위원회에 대하여 청원자에 대한 구두청문을 부여하는 권한을 인정하는 것이 합법적인가 여부이다. 1950년 의견에 의하면, 총회에는 위임통치지역의 시정(施政)을 효과적이고 적절하게 감독해야 할 법적 권한이 부여되어 있다. 이 의견의 일반적인 취지와 의미는 효과적인 국제감독의 유지를 통하여 문명의 신성한 신탁을 옹호하는 것을 최고의 목적으로 한 것이다. 따라서 이 의견의 특정 문장을 해석함에 있어 의견의 최고의 목적 또는 본문과 양립하지 않는 의미를 붙이는 것은 허용되지 않는다.

그런데 연맹의 제도에서는 상설위임통치위원회가 청원자에게 구두청문을 허용한 적은 없었다. 하지만 1923년에 연맹이사회는 그 감독기능을 보다 효과적으로 하기 위하여 청원권을 도입했다. 그 점으로부터 적당하다고 인정한다면, 이사회는 상설위임통치위원회에 대하여 청원자에게 구두청문을 허용할 권한을 가지고 있다고 하는 것이 재판소의 의견이다. 뿐만 아니라, 구두청문의 허용은 기회에 의해 행사되는 감독의 정도를 넘은 것이므로 1950년 의견에 반한다는 의견이 있다. 그러나 구두청문의 허용의 결과로서, 위원회는 청원의 사항을 판단함으로써 보다 유리한 입장에 놓이므로 위임국의 부담을 증대시키는 것은 아니다. 또 수임국이 1950년 의견의 실시에 협력하지 않는 사태로부터 본건의 문제가 발생한 것이다. 1950년 의견 가운데 '가능한 한'이란 문언은 이러한 종류의 사태에 대비하여 예정된 것이다.

따라서 총회가 청원자에게 서남아프리카위원회가 구두청문을 허용하도록 수권하는 것은 1950년 의견과 모순되지 않는다.

〔국제연합의 어떤 종류의 경비사건〕

☞ 제18장 안전보장 해당 사례 참고

(3) 표결절차

총회의 각 구성국은 각각 1개의 투표권을 가진다. 중요문제(important questions)에 관한 총회의 결정은 출석하고 투표하는 구성국의 3분의 2의 다수에 의하여 행해진다. 중요 문제에는 국제평화와 안전유지에 관한 권고, 안전보장이사회의 비상임이사국의 선거, 경제사회이사회의 이사국 및 신탁통치이사회의 이사국의 선거, 가입승인, 회원국의 권리·특권의 정지, 회원국의 제명, 신탁통치제도의 운용에 관한 문제 그리고 예산문제가 포함된다.

기타 문제에 관한 결정은 중요문제의 새로운 부류의 결정을 포함하여, 모두 출석하고 투표하는 구성국의 과반수에 의하여 행해진다(동 헌장 제18조).

(4) 결의의 효력

총회 결의의 효력에 관해서는 헌장은 특별한 규정을 두고 있지 않다. 총회뿐만 아니라 일반적으로 국제연합의 기관 내부의 조직·운영·절차에 관한 결정일 경우에는 법적 구속력을 가진다. 예컨대 가입승인, 제명, 이사국의 선출, 사무총장의 임명, 절차규칙의 채택, 보조기관의 설치 및 예산승인과 경비의 할당 등을 들 수 있다.

이에 대하여 총회의 결의가 직접 회원국에 대하여 행해진 경우에는 일반적으로 권고적 효력만을 가지며, 특별한 규정이 없는 한 회원국을 법적으로 구속할 수 없다. 따라서 결의 내용의 실현은 회원국의 수락의사와 실제행동에 의존한다. 그러나 이 때 총회 결의는 회원국에게는 신뢰할 수 있는 판단소재가 되고, 회원국의 행동에 관한 한 그것은 단순히 도의적인 권위, 정치적인 힘은 될 수 있다.

2. 안전보장이사회

(1) 구 성

안전보장이사회(Security Council)는 15개 UN회원국으로 구성된다. 중국·프랑스·

러시아·영국·미국은 상임이사국이 된다. 총회는 UN에 대한 공헌도와 공평한 지리적 배분을 고려하여, 10개 비상임이사국을 선출한다. 비상임이사국의 임기는 2년이며, 퇴임된 비상임이사국은 계속해서 재선될 자격은 없다(동 헌장 제23조 2항).

안전보장이사회는 정기회의와 임시회의로 개최된다(동 헌장 제28조). 이사회의 내규에 의하면 정기회의는 매년 2회 개최되며, 임시회의는 (a) 이사회의 어느 1국이라도 회의개최를 요구하는 경우, (b) 헌장 제35조에 의하여 회원국이나 비회원국이 국제평화와 안전을 위태롭게 할 우려가 있는 분쟁을 이사회에 제소한 경우, (c) 제11조에 의하여 총회로부터 권고 또는 부탁이 있을 경우, (d) 제99조에 의하여 UN사무총장이 이사회에 부탁하는 경우에 개최된다.

(2) 임무와 권한

이사회는 국제평화와 안전의 유지에 관하여 주요한 책임을 지며, UN의 신속하고도 유효한 행동을 확보하기 위하여 회원국은 국제평화와 안전유지에 관한 주요한 책임을 안전보장이사회에 부과하고, 안전보장이사회가 그 책임에 기한 의무를 수행함에 있어서 회원국을 대신하여 행동하는 것에 동의한다(동 헌장 제24조).

이사회의 권한으로서 특히 중요한 것은, 헌장 제6장의 '분쟁의 평화적 해결'(후술 제17장), 제7장의 '평화에 대한 위협, 평화의 파괴, 침략행위에 대한 행동'과 제8장의 '지역적 협정에 관련된 사항'(후술 제18장) 등이다.

(3) 표결절차

이사국은 각 1개의 투표권을 가진다(동 헌장 제27조 1항). 결정의 성립에 필요한 정족수는 사항의 종류에 따라 다음과 같이 구별된다.

■ 절차사항 절차상의 문제에 관한 이사회의 결정은 9개 이사국의 찬성투표로써 성립한다(동 헌장 제27조 2항). 절차상의 문제라고 하는 것은 주로 헌장 제28조 이하에 규정되고 있는 제(諸) 문제를 말한다. 예컨대, 정기회의의 기일, 임시회의의 소집, UN 소재지 외에서의 회의를 개최하는 절차, 의장의 선임, 회의의 공개 또는 비공개 및 보조기관의 설치 등이다.

■ 기타 사항(실질사항) 절차사항 이외의 일체의 사항에 관한 결정은 상임이사국의 동의투표를 포함한 9개 이사국의 찬성투표로써 성립한다. 다만, 제6장 및 제52조 3항에 기한 결정에 있어서는 분쟁당사국은 투표를 기권해야 한다(동 헌장 제27조 3항).

상임이사국은 반대투표에 의해서 비절차적 사항에 관한 결정의 성립을 방지할 수 있다. 이것을 대국(大國)의 거부권(veto power)이라고 한다. 또 특정사항이 절차사항인지 아닌지에 관한 이른바 선결문제의 결정에 있어서도 거부권이 적용된다. 이와 같이 상임이사국의 지위는 이중적으로 보호되는데, 이것을 이른바 이중거부권(double veto power)이라고 한다.

상임이사국의 동의투표란 5개 상임이사국 전부의 찬성투표를 의미하는가, 그렇지 않으면 출석하고 투표하는 상임이사국의 반대투표가 없는 것을 말하는가? UN의 관행은 결석이나 기권이 거부권행사를 의미하지 않는 것으로 처리되어 왔다.

제27조 3항 단서의 기권은 분쟁의 평화적 처리의 경우에 한하며, 기타의 경우 예컨대 제7장의 집단보장조항에 입각한 결정에 관해서는 분쟁당사국도 투표권을 상실하지 않는다. 또한 기권하여야 하는 것은 분쟁당사국이며, 사태의 당사국은 아니다. 분쟁(dispute)과 사태(situation)의 구별은 곤란한 문제이나, 사건의 일방당사국이 명확한 청구를 제시하고 타방이 반대의 청구를 제출하여 다투는 경우에는 기술적 의미의 분쟁이 존재한다고 본다.

(4) 결의의 효력

이 문제는 이사회의 권한과의 관련에 있어서, 개별적·구체적으로 해결할 수밖에 없다.

첫째, 내부적인 조직·운영에 관한 경우는 구속력을 갖는다고 보아야 한다(동 헌장 제8조~32조 및 43조).

둘째, '권고'의 형식을 취하고 있다면, 그 결의는 구속력을 가지지 않는다. 헌장 제6장의 분쟁의 평화적 해결에 관한 결의는 원칙적으로 권고적이다.

셋째, 제7장의 강제조치에 관한 규정은 전회원국을 구속한다(동 헌장 제24조 1항, 제25조). 그러나 이 경우 결의가 결정형식이 아니라 권고의 형식을 취할 경우에는 그 결의는 구속력을 갖지 않는다. 다만 이사회의 결의가 명령의 의사를 갖고 있는 경우에도 회원국의 주권존중의 입장에서 요청이라는 형식을 취하는 것이 보통이다. 그러나 요청은 일반적으로 구속성을 구체적으로 표시하는 형식은 아니므로, 결국 기관의사의 구속성은 구체적인 사정(예컨대, 요청된 구체적 조치의 목적·내용·성질 등)으로부터 합리적으로 추정되어야 한다.

3. 경제사회이사회

(1) 구 성

경제사회이사회(Economic and Social Council)는 총회에 의해서 선출되는 54개 회원국으로 구성된다. 임기는 3년, 매년 18개국씩 선출되며, 퇴임된 이사국은 연이어 재선될 자격이 있다(동 헌장 제61조 2항).

(2) 임무와 권한

(가) 일반적 권한 이사회는 첫째, 경제·사회·문화·교육·보건 등의 국제관계사항에 관한 연구와 보고를 행하고 발의하며, 이러한 사항에 관하여 총회, 회원국, 전문기구에 권고할 수 있다.

둘째, 모든 자를 위한 인권과 기본적 자유의 존중 및 준수를 촉진하기 위하여 권고할 수 있다.

셋째, 그 권한에 속하는 사항에 관하여 조약안을 작성하여 총회에 제출할 수 있다.

넷째, 그 권한에 속하는 사항에 관하여 국제회의를 소집할 수도 있다(동 헌장 제62조).

(나) 전문기구와의 협정 이사회는 첫째, 제57조에 규정된 어떠한 기구와도 동 기구가 UN과의 제휴관계를 설정하는 조건을 규정하는 협정을 체결할 수 있다. 이 경우에는 총회의 승인을 얻어야 한다.

둘째, 전문기구와의 협의 및 전문기구에 대한 권고와 총회 및 UN 회원국에 대한 권고에 의하여 전문기구의 정책과 활동을 조정한다(동 헌장 제63조).

(3) 표결절차

이사국은 1개의 투표권을 가지며, 결정은 출석하고 투표하는 이사국의 과반수의 찬성에 의하여 성립한다(동 헌장 제67조).

(4) 결의의 효력

국제협력분야에서의 UN의 활동은 연구·보고·심의·권고·조정기능을 통하여 전개된다. 따라서 이사회의 결의는 총회·회원국·전문기구 등에 대한 권고를 내용으로 성립한다. 그러나 절차적 사항(동 헌장 제68조, 제72조)과 전문기구와의 협정체결(동 헌장 제63조)에 관한 결정은 법적 구속력을 갖는다.

4. 신탁통치이사회[3)]

(1) 구 성

신탁통치이사회(Trusteeship Council)는 시정국(施政國), 안전보장이사회의 상임이사국으로서 시정국이 아닌 국가 및 3년의 임기로 총회에서 선출되는 회원국으로 구성된다. 총회에서 선출되는 회원국의 수는 이사국의 총수를 시정국과 그 이외의 국가 간에 균분(均分)을 유지하는 데 필요한 수로 되어야 한다.

(2) 임무와 권한

이사회는 총회의 권위 하에 그 감독적 기능을 분담한다. 즉, 신탁통치협정에 따라 정기적으로 현지시찰을 행하고, 신탁통치주민의 청원을 수리하고, 시정국과 협의하여 이를 심사한다. 또 이사회는 질문서에 대한 시정국의 보고서를 심의한다(동 헌장 제87조, 제88조). 본래 과도적 성격을 가진 이 이사회는 식민지독립운동이 진전됨에 따라 그 기능이 축소되었고, 마지막 신탁통치지역인 팔라우(Palau)가 1994년 10월 1일 독립함으로써 그 해 11월 1일 업무를 정지하였다.

(3) 표결절차

경제사회이사회와 같다.

(4) 결의의 효력

이사회의 결의는 원칙적으로 권고의 효력을 가지며(동 헌장 제87조), 절차사항(동 헌장 제90조, 제91조) 및 질문서의 작성(동 헌장 제88조) 등에 관한 결정은 법적 구속력을 갖는다.

---

3) 오늘날 신탁통치이사회에 관한 규정은 현실적으로 의의를 상실하였다. 즉, 마지막으로 남아 있던 신탁통치지역인 팔라우(Palau)가 1994년 10월 1일자로 독립함으로써 신탁통치이사회도 그 해 11월 1일부로 업무를 정지하였다.

5. 국제사법재판소

후술 제17장

6. 사무국

(1) 구 성

사무국(Secretariat)은 1인의 사무총장과 그 기구가 필요로 하는 직원으로서 구성된다. 사무총장은 안전보장이사회의 권고에 의하여 총회가 임명하며, UN의 행정직원의 수반이다(동 헌장 제97조). 직원은 총회가 정하는 규칙에 따라 사무총장이 임명하며, 직원의 고용과 근로조건의 결정은 최고의 능률·능력·성실을 확보하게끔 고려해야 하며, 지리적으로 타당한 고려를 하여야 한다(동 헌장 제101조).

(2) 사무총장과 직원의 지위와 임무

(가) 직원의 국제성　　사무총장과 직원은 임무를 수행함에 있어서 어떠한 정부로부터도 또는 이 기구 외의 어떠한 당국으로부터도 지시를 구하거나 받아서는 아니 된다. 사무총장과 직원은 이 기구에 대해서만 책임을 지는 국제적 직원으로서의 지위를 손상할 우려가 있는 어떠한 행동도 삼가야 한다. 회원국도 국제공무원이 지는 책임의 국제성을 존중하고, 그들의 직무수행에 영향을 미쳐서는 안 된다(동 헌장 제100조). 직원의 고용계약에 관한 분쟁은 UN행정재판소에 제소하여 해결한다.

〔UN 복무 중에 입은 손해의 배상사건(Bernadotte사건)〕

☞ 제1장 국제법의 성질과 역사 해당 사례 참조

〔UN행정재판소가 내린 보상판결의 효과〕
(Effect of Awards of Compensation made by the UN Administrative Tribunal)
자문기관: UN 총회, 국제사법재판소, 권고적 의견,
1954년 7월 13일, ICJ (1954) 47

[사 실]

제2차 대전 후 미·소의 대립이 심각해짐에 따라 미국 내에서는 사회주의국가에 대한 강경정책이 취해졌으며 급기야 자국출신의 UN사무국 직원에 대해서도 국내정책상의 통제가 가해지게 되었다. 즉, 1952년 미국법원은 자국출신의 사무직원을 간첩혐의로 소환하고, 미국상원도 조사를 개시하였다. 소환된 직원 가운데 몇몇은 미국수정헌법 제5조를 근거로 의회에서의 증언을 거절하였다.

이 사태에 대하여 UN사무총장은 직원에게 누차 출신국에게 협력을 권유하는 한편, 법률가위원회(영·미·벨기에 3명의 법률가로 구성)를 임명하여 자문을 구하고, 이에 기하여 직원은 출신국에 충실해야 한다는 태도를 굳히고, 미국에 불충실한 직원을 해임하였다.

해임된 직원은 UN행정재판소에 대하여 해임이 불법이라는 소를 제기하였다. 행정재판소는 원고에게 유리한 재결을 하였다. 즉, 해고는 부당하며 복직되지 않는 경우에는 179,420달러의 보상금을 지급할 것을 명하였다. 사무총장은 복직을 허용하지 않기로 하였기 때문에 보상금을 지불하지 않을 수 없게 되었다. 총회가 보상금지급에 반대하여 ICJ에 대하여 다음과 같이 권고적 의견을 구하였다. 즉, ① UN행정재판소규정 및 기타의 관계 문서와 관계기록에 비추어 총회가 어떠한 이유로써 고용계약을 동의 없이 종료하도록 한 UN사무직원에 대해서 유리하게 내려진 행정재판소의 보상재결의 실시를 거절한 권리가 있는가? ② 만일 질문 ①에 대한 재판소의 답변이 긍정적이라면, 총회가 이와 같은 권리를 합법적으로 행사할 수 있는 주요한 근거는 무엇인가?

[의견 요지]

「행정재판소규정」 제2조 1항에서 '행정재판소는 UN사무국 직원의 고용계약 또는 임명조건의 불이행을 제소한 신청에 관하여 심리·판결할 권한을 가진다'고 규정되어 있으므로 문제의 재결은 이 조항에서 한정된 행정재판소의 권한에 속하는 것은 명백하다. 질문이 문제로 하고 있는 것은 일반적·추상적으로 총회가 특정의 재결을 거부하는 법적인 권리가 있는가이다. 이에 대한 답변은 총회가 1949년에 채택한 「행정재판소규정」과 1953년에 발효한 직원규칙과 동 시행세칙(Staff Regulations and Rules)에 달려 있다. 행정재판소가 사법기관으로 설립되고 있는가, 총회의 권고기관 또는 단순한 보조기관으로 설립된 것인가를 고찰하여야 한다.

행정재판소규정 제1조 1항, 3항과 제10조 2항, 3항에는 보통 사법기관에 관해서 사용되는 '재판소'(tribunal), '판결'(judgement), 또는 '신청에 기하여 판결하는' 권한과 같은 용어가 사용되고 있으나 권고적 성격을 나타내는 규정은 없다. 즉, 규정을 검토해 보면, 행정재판소가 권고적 기관 또는 총회의 단순한 보조기관으로서 설립되어 있는 것이 아니라, 일정한 기능과 분야에서 상소 없는 최종판결을 선언하는 독립된 진정한 사법기관으로서 설립되고 있다는 것을 알 수 있다. 사법기관이라면 그 판결에 구속되는 당사자는 누구인가를 검토하여야만 한다. 종료된 계약은 관계직원과 UN사무총장 사이에 체결되고 있으며, 이 때 사무총장은 법인인 UN의 책임을 수행하고 있다. 만일 그가 직원의 동의 없이 고용계약을 종료하도록 한 것으로부터 분쟁이 발생하고 그것이 행정재판소에 부탁된다면, 그 분쟁의 당사자는 일방은 관계직원이며, 다른 일방은 사무총장에 의해 대표되는 UN기구이다. 이 양당사자는 행정재판소규정 제10조에 의하여 종심으로서 상소가 없는 판결에 복종해야 한다. UN은 이 판결에 구속되고 그것을 실시함에 있어서 재결된 보상을 지급할 법적 의무가 있다. 이것으로부터 총회가 UN의 하나의 기관으로서 판결에 구속되는 결과가 발생한다.

총회는 질문 중에 '어떠한 이유로써' 재결의 실시를 거부할 수 있는가를 포함시키고 있다. 행정재판소가 정당하게 구성되고 그 규정상의 권한 내에서 행동하고 있다는 것을 전제로 논의를 진전시키고 있는데, '어떠한 이유로써'라고 하는 용어의 삽입이 행정재판의 권한남용을 지칭한다면 일반적 고찰을 요한다. 사법기관의 재결이 자신 이외의 기관의 재심에 붙여지기 위해서는 재판소규정 또는 기타 문서 등에서 그 취지가 명백히 규정되어 있어야 한다. 총회는 「행정재판소규정」 제11조에 의하여 이 규정을 수정할 권한을 갖고 있으므로 타기관에 의한 구제방법을 마련할 수 있으나 현재로서는 그것을 하지 않고 있으므로 총회가 재결을 심사할 법적 근거는 없다. 만일 장래의 분쟁에 대비하여 총회가 재결의 재심을 할 수 있다고 규정한다 할지라도 이 때 총회는 사법기관으로서 기능할 수는 없을 것이다. 더구나 분쟁의 일방당사자가 UN인 경우와 같은 때에는 더욱 사법기관이 될 수 없다.

당 재판소는 총회가 행정재판소의 재결실시거부를 정당화할 수 있다는 입장을 취하는 제국(諸國) 정부의 논의를 검토하기로 한다. 우선 어떤 정부는 UN을 구속하는 판결을 내릴 수 있는 재판소를 설치한 총회의 법적 능력을 문제시하고 있는데 이 점을 검토하여야 한다. 이 점에 관해서는 명시적 규정은 없으나 1949년에 제출된 직원의 상해보상에 관한 ICJ의 의견에서는 UN은 국제법상 의무수행에 필수적인 것으로서 '필요적 추론'(necessary implication)에 의하여 부여되는 권한을 가진다고 보아야 한다고 말하고 있다. 따라서 직원과 UN의 관계를 정하는 헌장규정이 고용계약으로부터 발생하는 분쟁을 재결하는 사법기관을 설치하는 능력을 필요한 것으로 포함할 수 있는가를 검토해야 한다. 직원은 총회가 제정한 규칙에 의하여 사무총장이 임명하고 직원에게는 헌장에 의하여 능률, 능력, 성실이 요구된다(헌장 제101조 3항). 직원과 UN과의 계약은 직원규칙의 조건에 따라 체결된다. 사무국에서는 사무규칙과 직원과의 관계는 총회가 정하는 직원규칙과 이를 실시하기 위하여 사무총장이 제정하는 직원규칙시행세칙에 의하여 규율되게 된다. 양자 간의 분쟁을 재결하는 권한을 UN의 주요 기관에 부여한다고는 규정은 헌장 상에는 없으나, 양자의 분쟁을 해결하기 위한 사법상 또는 중재의 수단이 마련되어 있지 않다면 헌장이 목적하는 개인의 자유와 정의의 실현과 일치하지 않게 된다.

이와 같은 사정 하에서 당 재판소는 행정재판소를 설치하는 권한이 UN과 직원 간의 관계를 정당화하고 직원의 능률·능력·성실을 유지하는데 불가결하며, 이 권한은 헌장에 필요한 것으로 포함되어 있다는 것을 알 수 있다. 이 권한을 행사하는 기관은 헌장 제7조 2항, 제22조, 제101조 1항에 의해서 명백히 총회이다. 어떤 정부는 총회가 종심의 행정재판소를 설치하는 권한을 인정하면서 헌장에 포함된 권한으로서 총회자신을 구속하는 결정을 할 수 있는 재판소를 설립하는 것을 할 수 없다고 주장한다. 첫째, 포함된 권한은 매우 기본적인 한도에 그쳐야 한다고 주장하나 사실 총회는 토의결과 다름 아닌 '종심으로서 상소가 없는'재결을 내리는 재판소를 설립하고 있다. 행정재판소의 성격이나 절차를 정할 수 있는 것은 총회뿐이다.

둘째, 행정재판소를 설립하는 권한이 헌장에 포함되는 것을 인정하면서 헌장 상 명시된 권한을 제한하게 하는 것은 불법이라고 주장한다. 즉, 이와 같은 행정재판소를 설립하는 것은 헌장 17조 1항에서 부여된 예산을 심의·승인하는 총회의 권한을 상실하게 된다고 한다. 제17조는 헌장 중 총회의 임무와 권한 중에 예산에 관해서 규정한 것이며, 총회가 지출의 승인·불승인의 절대권을 가지고 있는 것을 의미하는 것은 아니다. 어떤 경우에는 지출은 UN의 의무이며 지출할 수밖에 없다. 여기에서의 문제는 이 의무 중에 직원에게 유리하게 내려진 행정재판소의 재정의 실시가 포함되는가 여부이다. 당 재판소는 이미 내려진 재결의 권위와 재결의 구속력으로부터 이것이 포함된다고 생각한다. 따라서 총회의 예산권에는 행정재판소의 재결로부터 발생하는 의무실시를 거부할 권한까지는 포함되지 않는다고 생각한다.

셋째, 행정재판소는 보조적·부차적·2차적 기관에 불과하므로 내려진 재결은 자기를 설립한 총회를 구속할 수 없다고 한다. 이 주장은 총회가 자기의 기능수행에 필요한 기관으로서 행정재판소를 설립한다는 전제에서 행해지고 있으나 당 재판소는 이 전제를 받아들일 수 없다. 헌장은 총회가 아니라 사무총장에게 직원과 UN간의 분쟁에 관한 사법적 기능을 부여하고 있다. 행정재판소가 설립되어 있지 않다면 사무총장은 제97조, 제101조에 의하여 분쟁을 해결하게 되며, 현실적으로 행정재판소 설치 이전에는 사무총장이 재결하고 있었다. 행정재판소의 설치에 의하여 총회는 자기의 기능을 타인에게 위탁한 것이 아니며, 직원관계를 규율하는 헌장상의 권한을 행사한 것에 불과하다. 사무국에 관해서 총회는 규칙은 제정할 수 있으나 특수한 사건을 처리하고 재결하는 권한까지 부여되고 있는 것은 아니다. 문제는 총회와 행정재판소와의 관계(일방이 타방의 보조기관 등)에서 결정되는 것이 아니고 설치하는 총회 측의 의도나 규정에 의한 기능의 성질에 달려있는 것이며, 규정의 문언은 총회가 사법적 기관을 설치할 의도를 나타내고 있다.

이상의 이유로써 당 재판소는 질문(1)을 9대 3으로 부정한다는 결론에 도달한다. 따라서 질문(2)는 검토할 필요가 없다.

(나) 사무총장의 임무　　사무총장은 총회 및 각 이사회의 모든 회의에 있어서 총장의 자격으로 행동하고, 이들 기관으로부터 위임된 기타 임무를 수행한다. 또한 총장은 UN의 사업에 관하여 총회에 연차보고를 행한다(동 헌장 제98조). 사무총장은 국제평화와 안전유지를 위협한다고 인정되는 사항에 관해서 안전보장이사회의 주의를 환기할 수 있다(동 헌장 제99조).

7. 회원국대표와 국제공무원의 특권과 면제

UN회원국의 대표와 이 기구의 직원은 UN에 관련된 자기의 임무를 독립적으로 수행하기 위하여 필요한 특권과 면제를 향유한다(동 헌장 제105조). 이러한 특권·면제에 관한 헌장 제105조의 규정을 구체화하기 위하여 1947년 「UN의 특권·면제에 관한 일반조약」이 체결되었다.

(1) 회원국의 대표

UN의 의사결정기관은 원칙적으로 회원국의 정부대표로서 구성된다. 그들은 본국 정부대표의 자격으로서 UN의 기관구성원의 지위를 향유한다. 회원국대표는 기관구성원으로서의 임무를 수행하는데 필요한 특권 및 면제를 향유한다. 즉, (a) 그들은 신체의 구속, 소지품(수하물)의 압수로부터 면제되며, 그가 대표의 자격으로서 취한 행동 및 표명한 의견에 관하여 모든 종류의 재판절차에서 면제된다. 이러한 행동 및 의견 때문에 그의 임무가 종료한 후에도 소추될 수 없다. (b) 그 밖에 그들은 사적 행위에 관해서도 외교사절과 같은 특권을 가지나 회원국은 면제가 부여된 목적을 해함이 없이 가능한 한 특권을 포기할 의무를 진다(UN의 특권·면제에 관한 일반조약 제4조).

(2) 국제공무원

사무총장은 사무국의 수석행정관으로서의 지위 및 수행해야 할 임무의 중요성에 의하여 외교사절의 특권·면제에 상당하는 것을 향유한다. 직원은 국제공무원으로서의 지위 및 수행해야 할 임무의 독립성에 의하여 특정범위의 특권·면제를 향유한다(동 조약 제5조). 즉, (a) 공적 자격에서 행한 일체의 행위에 관한 조약회원국의 재판관할권면제, (b) UN으로부터 받은 봉급에 대한 과세면제, (c) 국가역무로부터의 면제, (d) 출입국 제한 또는 외국인등록에 관한 법의 적용면제, (e) 부임에 있어서의 동산에 대한 관세면제 등이다.

전문기구의 사무책임자 및 일반직원도 1948년의 「전문기구의 특권 및 면제에 관한 일반조약」에 의하여 위의 UN직원의 그것과 대체로 동일한 특권·면제를 향유한다.

V. UN의 기능

UN은 평화유지와 국제협력이라는 주요 목적을 달성하기 위하여 여러 가지 기능을 수행한다.

1. 평화유지기능

(이에 관해서는 제18장 참조)

2. 국제협력

UN은 경제적, 사회적, 문화적 또는 인도적인 성질을 가지는 국제문제의 해결과 인종, 성, 언어 또는 종교상의 차별 없이 모든 자를 위하여 인권과 기본적 자유를 존중할 수 있도록 조장·협력하는 기능을 가진다(UN헌장 제1조 3항). 구체적으로 이러한 기능은 총회와 경제사회이사회에 의해 행해진다.

UN의 국제협력의 촉진이라는 기능을 수행하기 위하여 총회나 경제사회이사회에서 문제를 토의하고 필요에 따라서는 결의를 채택하고 권고하기도 하나, 총회는 연1회의 정기회의에 있어서 정치문제를 포함한 UN활동 전반에 관해서 토의하는 기관이다. 경제사회이사회는 단순한 심의기관이며 고유의 직무수행기관이 아니다. 따라서 광범위한 국제협력의 모든 문제를 처리한다는 것은 이 두 기관만으로는 불가능하다. 그래서 여러 가지 방법을 이용하여 다른 국제회의 또는 기관과 제휴하여 기능을 수행한다.

그 방법은, ① 보조기관 내지 위원회를 설치하고(동 헌장 제7조 제2항, 제22조, 제68조), 이들을 통하여 개개의 구체적인 분야의 국제협력을 촉진하는 것이다(예: 인권이사회, UNDP 등). ② 각종의 국제회의를 개최하여 문제에 관한 토의와 권고 등을 통하여 국제협력의 증진에 기여한다. ③ 전문기구와 협력하거나 또는 전문기구와의 조약체결에 의한 제휴에 입각하여 전문기구의 활동을 조정하는 것 등을 통하여 국제협력을 촉진하는 기능을 수행한다. UN, 특히 총회와 경제사회이사회는 전문기구로부터의 보고를 수리·심의하고, 필요한 경우에는 권고를 하거나 또는 일정한 재정원조를 제공함으로써 전문기구의 활동에 직접·간접으로 영향을 미친다.

현재 전문기구(specialized agencies)에는 다음과 같은 것이 있다.

■ 국제노동기구(ILO) 1919년 설립. 1946년 전문기구가 됨. 1991년 한국 가입. 목적은 국제노동조건의 개선, 노동자의 이익보호와 생활수준의 향상에 있다. 소재지는 제네바.

■ 국제연합 교육과학문화기구(UNESCO) 1946년 설립. 같은 해 전문기구가

됨. 1949년 한국 가입. 목적은 무상초등교육의 확대, 기초교육의 촉진, 인종적·사회적 국제긴장의 완화, 국제문화교류, 생활조건개선을 위한 학술연구의 원조, 도서·예술작품·역사·과학기념물의 보존과 보호에 있다. 소재지는 파리.

■ 세계보건기구(WHO) 1948년 설립. 같은 해 전문기구가 됨. 1949년 한국 가입. 목적은 국제보건사업의 지도조성과 국제위생조약의 제안, 의약품의 국제표준화, 인구문제의 연구, 전염병예방 등에 있다. 소재지는 제네바.

■ 국제연합 식량농업기구(UNFAO) 1945년 설립. 1946년 전문기구가 됨. 1949년 한국 가입. 목적은 각국 농산물의 생산과 분배의 개선, 영양수준의 향상, 농민의 생활향상 등에 있다. 소재지는 로마.

■ 세계부흥개발은행(IBRD) 1945년 설립. 1947년 전문기구가 됨. 1955년 한국 가입. 목적은 국가경제의 부흥, 개발을 위한 장기자금의 공급을 통하여 국제투자를 촉진하는 것에 있다. 소재지는 워싱턴.

■ 국제금융공사(IFC) 1956년 설립. 1957년 전문기구가 됨. 1965년 한국 가입. 목적은 IBRD의 활동을 보조하여 경제개발을 촉진하는 것에 있다. 소재지는 워싱턴.

■ 국제통화기금(IMF) 1945년 설립. 1947년 전문기구가 됨. 1955년 한국 가입. 목적은 환율의 유지와 국제수지의 불균형을 조정하는 것에 있다. 소재지는 워싱턴.

■ 국제개발협회(IDA) 1960년 설립. 1961년 전문기구가 됨. 1961년 한국 가입. 목적은 저소득과 상환능력의 부족으로 세계은행(IBRD)의 융자혜택을 받지 못하는 저개발국의 경제발전을 위하여 관대한 조건으로 융자하는 것에 있다. 소재지는 워싱턴.

■ 국제민간항공기구(ICAO) 1947년 설립. 같은 해 전문기구가 됨. 1952년 한국 가입. 목적은 세계적인 국제민간항공의 안전과 발달을 도모하고 평화적 목적을 위하여 항공기의 설계, 운항의 기술을 장려함에 있다. 소재지는 몬트리올.

■ 국제해사기구(IMO) 1958년 설립. 1959년 전문기구가 됨. 1962년 한국 가입. 목적은 해상안전, 무선통신 등의 해운에 관한 문제, 해운에 관한 조약의 기초, 국제회의의 개최, 정보교환을 통하여 해운에 관한 국제협력을 촉진하는 것에 있다. 소재지는 런던.

■ 만국우편연합(UPU) 1874년 일반우편연합의 후신으로서 1947년 설립.

1948년 전문기구가 됨. 1949년 한국 가입. 목적은 우편업무의 효과적 운영에 의하여 제(諸)국민간의 통신을 증진하고 문화, 사회, 경제 분야에서의 국제협력을 도모함에 있다. 소재지는 베른.

■ 국제전기통신연합(ITU) 1865년의 국제전신연합의 후신으로 발족, 1950년 개칭 설립. 같은 해 전문기구가 됨. 1950년 한국 가입. 목적은 전기통신의 기술개선과 주파수의 할당 등의 활동에 있다. 소재지는 제네바.

■ 세계기상기구(WMO) 1878년의 국제기상기구의 후신으로 1950년 설립. 1951년 전문기구가 됨. 1956년 한국 가입. 목적은 기상관측의 정보교환 및 기상관측의 표준화, 관측결과의 공표 등 기상에 관한 전문기술적인 국제협력의 촉진에 있다. 소재지는 제네바.

■ 세계지적재산기구(WIPO) 1970년 설립. 1974년 전문기구가 됨. 1979년 한국 가입. 목적은 문학, 산업, 과학, 예술에 관한 지적소유권을 보호함에 있다. 소재지는 제네바.

■ 국제연합공업개발기구(UNIDO) 1967년 설립. 1986년 전문기구가 됨. 1980년 한국 가입. 목적은 공업발전을 증진하고 개발도상국의 공업화의 촉진을 돕는 것에 있다. 소재지는 비엔나.

그리고 UN의 전문기구는 아니지만, UN과 밀접한 관계를 맺고 있는 기관으로 다음과 같은 것이 있다.

■ 국제원자력기구(IAEA) 1957년 안전보장이사회의 보조기관으로 설립. 1957년 한국 가입. 목적은 원자력의 평화적 이용을 확보하고 또한 세계평화, 인류의 건강과 번영을 위하여 원자력의 평화적 이용을 촉진함에 있다. 소재지는 비엔나.

■ 국제연합개발계획(UNDP) 1965년 총회의 보조기관으로 설립. 1978년 한국 협정체결. 목적은 개발도상국의 경제적, 사회적 개발촉진을 위한 기술원조의 제공에 있다. 소재지는 뉴욕.

■ 관세 및 무역에 관한 일반협정(GATT) 1947년 잠정적 기구로서 성립. 1995년 세계무역기구(WTO)가 발족함으로써 폐지됨(WTO에 대한 상세한 내용은 후술하는 제15장 참고).

〔UN대학사건〕
동경지방재판소, 1977(昭和52)년 9월 21일, 判時88号77

[사 실]

채권자 X녀는 채무자(UN대학)에 1976년(昭和 51)년 10월 4일부터 비서로 채용되었다. 고용계약에 의하면, 고용기간은 3개월이고, 특단의 사정이 없는 한 기간 만료와 함께 1년간 갱신되는 것으로 하고 있었다. 그런데 채무자는 같은 해 12월 21일 X녀에 대하여 위 고용계약을 1977년부터 갱신하지 않는다는 취지의 의사표시를 했다. X녀는 위 갱신거절은 실질적 해고이고, 정당사유에 기한 것이 아니므로 해고권의 남용 내지 갱신거절권의 남용으로써 무효이므로 1977(昭和 52)년 1월 이후에도 당연히 채무자의 직원으로서의 권리를 가진다고 주장했다. 그리하여 채무자에 대하여 그러한 취지의 확인소송을 제기할 예정인 데, 그 판결 확정에 이르기까지 채무자의 직원으로서 취급되지 않는 것은 현저한 손해를 야기하는 것이기 때문에 이에 앞서 본건 지위보전처분의 신청을 제출했다.

[결정 요지] 신청을 각하한다.

1. 먼저, UN대학이 UN과는 독립한 법인격(당사자능력)을 가지는가에 대해 검토한다. UN대학은 昭和 48년 12월 6일 제28회 UN 총회에서 채택된 UN대학헌장에 기하여 설립된 것이지만, 이 설립은 UN헌장 제7조 2항, 제22조에 기한 것이고, 따라서 UN대학은 UN의 보조기관이다. 그러나 UN이 「UN의 특권 및 면제에 관한 조약」에 의해 당사자능력을 가지는 것은 인정되고 있지만, UN대학에 대해서는 이러한 조약상의 규정은 존재하지 않기 때문에 UN대학은 단순히 UN의 하나의 기관일 뿐이고, 법인격(당사자능력)은 UN에게만 귀속한다고 해석될 여지가 없지는 않다. 그러나 내부적으로 보면, UN대학헌장에 의해 UN대학은 UN 조직 가운데 자치를 향유하고, 독립하여 국제적 활동을 하는 조직으로서 정립되어 있다는 점이 인정되며, 또 일본과의 관계에서 보아도 UN대학 본부에 관한 UN과 일본과의 사이의 협정(昭和 51년 6월 22일 조약 7호)은 UN대학이 일본에서 권리와 의무의 주체로서 활동하는 것을 당연한 전제로서 체결한 것이라고 생각된다. 이와 같은 사정에 의하면, UN대학은 일본의 국내법상 독립한 법인격으로서 소송상의 권리능력을 가지는 것으로 취급하는 것이 타당하고, 채권자가 본건 신청의 상대방을 UN대학으로 한 점은 적법하다.

2. 다음으로, UN대학이 소송절차의 면제를 향유하는가와 관련하여, UN헌장 제105조, UN의 특권 및 면제에 관한 조약 제2조 2항은 UN이 소송절차의 면제를 향유한다는 취지를 정하고 있을 뿐이므로, 이 조약들은 UN대학에 대하여 특권 및 면제를 직접적으로 정한 조약은 아니다. 그러나 UN에게 그러한 특권과 면제를 인정한 취지는 UN이라고 하는 국제기구가 그 목적 달성을 위하여 국제사회에서 활동하고 있고, UN대학은 UN의 목적을 달성하기 위하여 그 기관으로서 설립된 것이므로 이 UN 특권면제조약의 취지는 UN 자체만이 아니라 이러한 UN의 기관에 대해

서도(그 기관이 독립적인 법인격을 가진다고 인정될 때에도) 특권과 면제를 향유한다는 의미로 해석하는 것이 타당하다. 따라서 UN대학은 일본 국내법상 면제를 명시적으로 포기한 특정한 경우를 제외하고, 소송절차로부터의 면제를 향유한다고 해석된다.

UN대학은 소송절차로부터 면제되므로 신청은 각하한다. 뿐만 아니라, 본건에 관한 X녀의 구제는 UN 조직 내의 이의신청절차 혹은 행정재판소의 절차, 또는 UN대학이 정해야 할 분쟁해결절차에 의하는 수밖에 없다.

Ⅵ. 헌장의 개정

1. 통상의 개정

헌장의 통상적인 개정은 총회 구성원의 3분의 2의 다수로 채택되고, 안전보장이사회의 모든 상임이사국을 포함한 회원국의 3분의 2에 의하여, 각자의 헌법상의 절차에 따라 비준되어야 한다. 이러한 요건이 충족되면 개정은 모든 UN회원국에 대하여 효력을 발생한다(동 헌장 제108조).

2. 전체회의

이 헌장을 재심의하기 위한 전체회의는 총회 구성원의 3분의 2의 다수 및 안전보장이사회의 9개 이사국의 찬성투표에 의하여 결정되는 일시와 장소에서 개최할 수 있다. 회원국은 이 회의에서 1개의 투표권을 가진다.

전체회의는 3분의 2의 다수에 의하여 헌장의 변경을 권고한다. 헌장의 변경은 안전보장이사회의 모든 상임이사국을 포함한 국제연합회원국의 3분의 2에 의하여, 각자의 헌법상의 절차에 따라 비준되어야 한다. 이러한 요건이 충족되면, 변경은 모든 UN회원국에 대하여 효력을 발생한다(동 헌장 제109조).

제 13 장 개 인

제 1 절 국 민

Ⅰ. 국적의 의의

개인은 국적을 기준으로 하여 국민과 외국인으로 나누어진다. 국적이란 개인과 국가를 연결하는 법률적 유대를 말한다. 개인은 국적에 의하여 특정국가에 속하게 되며, 그 국가의 국민이 된다. 국적은 국제적인 차원에서 국민과 그의 본국을 연결시키는 기능을 담당하므로, 개인이 어느 국가의 외교적 보호 하에 있는가를 결정하는 기준이 된다.

어느 국가의 국적을 가진 자가 외국에 있을 때에는 국가주권이론에 의하여 외국의 통치에 복종하는 것이 원칙이다. 따라서 외국에서 불법한 대우를 받은 경우에는 우선 그 외국의 구제절차를 다하여야 한다(국내구제완료의 원칙). 그럼에도 불구하고 구제가 부여되지 않은 경우에는 본국이 외교적 보호권을 청구하게 된다. 무국적자는 자신의 피해에 대하여 외교적 보호를 부여받지 못한다.

국가는 자국국적을 가진 자에 대하여 외국에 있어서도 자국법령을 준수할 것을 요구할 수 있다. 그러나 국가는 외국에 거주하는 자국민에 대하여 직접 국권을 행사할 수는 없다(Eichmann 사건).

Ⅱ. 국적의 취득·상실

어떠한 개인에게 자국의 국적을 부여하는가는 원칙적으로 각국의 자유에 맡겨져 있다. 즉, 국적의 결정은 각 국가의 국내문제이다. 그러나 국제법상 국가가 국적을 부여할 수 있는 권한에는 한계가 있으며, 각국의 국적법은 국제조약, 국제관습 및 법의 일반원칙에 일치된 한도 내에서만 유효한 것이다(국적법의 저촉에 관한 헤이그 조약 제1조). 따라서 국가가 영역 내에 거주하는 모든 개인에게 강제적으로 자국적을 부여함으로써 그 개인에 대한 외국의 외교적 보호를 박탈하려는 경우(예: Tunis-Morocco 국적법사건)나 국가와 관련 개인 사이에 진정한 관련(genuine link)이 없음에도 불구하고, 단순히 교전국의 국민의 지위를 이탈하여 중립국 국민의 지위를 얻고자 귀화를 원하는 개인에게 국적을 부여하는 것(예: Nottebohm사건)은 불법이다.

〔튀니지 · 모로코 국적법사건〕

☞ 제6장 국가의 유형과 기본적 권리·의무 해당 사례 참고

Ⅲ. 무국적과 이중국적

국적은 출생·귀화·복적에 의해 취득되고, 이탈·박탈에 의하여 상실된다. 그런데 위에서 설명한 바와 같이, 국적결정의 문제가 국가의 국내관할권에 속하는 이상, 이에 관한 각 국가의 국내법은 통일성이 결여될 수밖에 없다. 그 결과 이중국적 또는 무국적이라는 문제가 발생한다.

예컨대, 혈통에 의하여 국적을 부여하는 혈통주의를 취하는 국가의 국민인 자가 출생한 토지에 속하는 국가의 국적을 부여하는 출생지주의의 국가에서 출생한 경우에, 그 자는 혈통주의의 결과로써 부모의 국적을 취득하고, 출생지주의의 결과로써 출생지의 국적도 취득한다. 출생지주의의 국가의 국민인 자가 혈통주의의 국가에서 출생한 경우에는 어느 국가의 국적도 취득할 수 없게 된다. 전자의 경우가 이중국적이며, 후자의 경우가 무국적이다.

국적이 저촉하는 경우에는 여러 가지 어려운 문제가 발생한다. 이중국적자는 어느 국가에 충성을 맹세할 것인가(특히 병역의무), 또 어느 국가의 외교적 보호를 받을 것인가의 문제에 관하여 때때로 국제분쟁이 발생할 수 있으며, 또한 무국적자는 외교적 보호를 받을 수 없다. 이와 같은 곤란을 제거하기 위해서는 단일국적부여를 위한 국제적 합의가 요청되고, 이와 관련한 다양한 국제적 노력이 행해지고 있으나, 현 단계로서는 여전히 미흡한 실정이다.

이중국적자의 지위와 관련하여 1930년의 「국적법의 저촉의 어떤 종류의 문제에

관한 조약」에 의하면, 2국 이상의 국적을 가지는 개인은 국적소속국이 각각 자국의 국민으로 인정할 수 있다(동 조약 제3조). 국가는 자국민이 동일하게 국민으로서 소속되고 있는 타국에 대항하여 그 자국민을 위하여 외교적 보호를 행할 수 없다(동 조약 제4조). 제3국에서는 2국 이상의 국적을 가진 개인을 1개의 국적만을 가지는 것으로 대우한다. 이 경우, 제3국은 이 개인이 갖는 국적 중 상주적으로 주요한 거소를 가지는 국가의 국적 또는 사정에 비추어, 이 개인이 사실상 가장 관계가 깊다고 인정되는 국적만을 인정할 수 있다(동 조약 제5조).

무국적의 가능성을 감소 또는 제거하기 위한 1961년의 「무국적의 감소에 관한 조약」에 의하면, 체약국의 영역에서 출생한 무국적자는 그 국가의 국적을 취득한다(동 조약 제1조). 그리고 이것은 출생 시 부모 중 일방이 체약국의 국적을 갖고 있는 경우, 그 체약국의 영역에서 태어나지 않은 무국적자에게도 적용된다(동 조약 제4조). 체약국의 법이 혼인 또는 혼인해소의 결과로써 국적의 상실을 요구하는 경우, 그와 같은 국적상실은 다른 국적의 보유 또는 취득을 조건으로 하지 않으면 안된다(동 조약 제5조). 또한 배우자 일방의 국적상실 또는 박탈의 결과로써 타방의 국적상실을 규정하고 있는 경우에도 후자의 국적상실은 다른 국적의 보유 또는 취득을 조건으로 하지 않으면 안 된다(동 조약 제6조). 인종·종교 또는 정치적 이유로 국적을 박탈하는 것은 금지된다(동 조약 제8조, 제9조).

Ⅳ. 법인의 국적

회사 및 그 밖의 법인은 자연인에 대해 적용되는 의미에 있어서의 국적을 보유할 수 없다. 왜냐하면 법인은 소속국가와 개인적인 충성관계에 있는 것이 아니기 때문이다. 예를 들면 법인의 귀화 또는 국적이탈이란 인정되지 않는다. 상사회사들, 특히 이른바 다국적기업의 해외활동의 번창과 더불어, 법인의 특정국가에의 소속의 필요성은 더욱 높아져 가고 있다. 국내에서 활동하고 있는 기업의 경우, 그것이 그 국가의 국내기업으로서 국내법질서에 복종하는가, 아니면 외국기업으로서 외국인의 권리에 관한 국제법상의 제(諸)원칙의 적용을 받는가, 특히 우호통상조약에 규정되어 있는 특혜조항을 요구할 수 있는가의 문제가 제기된다. 실제에 있어서도 회사의 외교적 보호가 특별한 중요성을 가진다. 왜냐하면 회사는 국제법의 주체성을 가지지 않으므로 국제적인 차원에서 스스로는 어떠한 권리도 관철할 수 없기 때문이다. 특히, 외국인재산의 국유화의 경우에는 어떤 국가가 그의 본국으로서 외교적 보호권을 행사할 수 있는가를 분명히 하지 않으면 안 된다.

다른 국가에 대한 대항요건으로서의 법인의 국적결정기준에 관한 국제법상 통일된 규칙은 존재하지 않는다. 가장 많이 채용되고 있는 기준은 설립지(즉, 등록지)주의이며, 그 밖에 본점소재지주의 또는 실제 지배권을 행사하고 있는 자, 즉 소유자·주주 또는 이사의 국적을 기준으로 하는 경영지배자주의 등을 들 수 있다.

유럽대륙에서 널리 채택되고 있는 본점소재지주의에 따르면, 회사의 국적은 실제상의 영업본점지에 의하여 결정된다. 영국에서 발전된 설립지주의에 따르면, 회사는 설립지국가의 국적을 취득하게 된다. 이러한 경우 기업은 자신에게 유리한 외국의 설립법을 이용할 수 있고, 또 국적소속국과의 사실상의 밀접한 관계여부를 불문하고 어느 국가가 외교적 보호권을 행사할 수 있는가는 설립행위를 기준으로 쉽게 결정할 수 있는 장점이 있다. 이에 반하여, 경영지배자주의는 자유경제주의의 파생물인 설립지주의로부터 좀 더 강력한 국가적 통제로의 방향전환을 의미하는 것이다. 다시 말해서, 이 주의는 기업의 명목상의 본점소재지 또는 설립지에 관계없이 다수자본가, 즉 주주의 국적을 기준으로 함으로써 법인의 위장된 가면을 제거할 수 있다. 따라서 전시(戰時)에는 기업의 적성(敵性) 여부를 확인하기 위해 이 주의를 적용하는 경향이 강하게 나타난다. 그러나 경영지배자주의는 개별주주의 이익옹호에 주안을 두고 있기 때문에 지금까지 일반적인 승인을 얻지 못하고 있으며, 1970년의 Barcelona Traction 사건에서도 ICJ에 의하여 원칙적으로 거부되었다.

〔바르셀로나 트랙션사건(바르셀로나 전력회사사건)〕

☞ 제11장 국가의 국제책임 해당 사례 참고

Ⅴ. 국민에 대한 외교적 보호권

국가는 외국에 재류(在留)하는 국민이 재류국에서 부당한 대우를 받거나 또는 불법적으로 권리침해를 받는 경우에 그 외국에 대하여 적절한 구제를 청구할 수 있는 권리가 있다(그 청구절차에 관해서는 제11장 제3절 참조).

제 2 절 외국인

Ⅰ. 외국인의 출입국

1. 입 국

국가는 외국인의 입국을 허가해야 할 일반국제법상의 의무가 없다. 보통은 통상항해조약에 의해서 상호 입국을 허가하는 경우가 많다. 이와 같은 조약상의 의무가 없을지라도 사실상의 관행으로서 국가는 입국을 허가하고 있다. 그러나 입국의 허가, 또는 거절 및 입국의 조건 등에 관한 규율은 국가가 자유로이 할 수 있는 국내문제이다. 따라서 빈곤자·병자·범죄자의 입국을 거절할 수도 있음은 물론, 국가가 특정국가의 국민을 차별대우하는 경우도 있으나, 이것은 일반국제법상 위법은 아니다. 다만 비우호적인 행위로서 비난될 수 있으며, 경우에 따라서는 권리의 남용이 된다. 보통 다른 국가에 입국하기를 바라는 외국인은 그의 소속국 당국이 발급한 여권(passport)을 통하여 입국자의 신분을 확인하며, 또한 여권은 외교적 보호국이 누구인가를 결정하는 수단이 될 수 있다. 외국인은 또한 미리 재류국의 입국허가를 얻어야 한다. 이러한 허가는 보통 입국사증(visa)의 형태로 부여되는데, 우호국간에는 이러한 절차가 조약에 의해서 상호 면제되는 경우가 있다.

[대한민국 출입국관리법 제11조(입국의 금지 등)]

① 법무부장관은 다음 각호의 1에 해당하는 외국인에 대하여는 입국을 금지할 수 있다.
1. 전염병환자·마약류중독자 기타 공중위생상 위해를 미칠 염려가 있다고 인정되는 자
2. 총포·도검·화약류등 단속법에서 정하는 총포·도검·화약류 등을 위법하게 가지고 입국하려는 자
3. 대한민국의 이익이나 공공의 안전을 해하는 행동을 할 염려가 있다고 인정할만한 상당한 이유가 있는 자
4. 경제질서 또는 사회질서를 해하거나 선량한 풍속을 해하는 행동을 할 염려가 있다고 인정할 만한 상당한 이유가 있는 자

5. 사리분별 능력이 없고 국내에서 체류활동을 보조할 자가 없는 정신장애인, 국내 체류비용을 부담할 능력이 없는 자 그 밖에 구호를 요하는 자
6. 강제퇴거명령을 받고 출국한 후 5년이 경과되지 아니한 자
7. 1910년 8월 29일부터 1945년 8월 15일까지 일본정부, 일본정부와 동맹관계에 있던 정부, 일본정부의 우월한 힘이 미치던 정부의 지시 또는 연계 하에 인종, 민족, 종교, 국적, 정치적 견해 등을 이유로 사람을 학살·학대하는 일에 관여한 자
8. 기타 제1호 내지 제7호의1에 준하는 자로서 법무부장관이 그 입국이 부적당하다고 인정하는 자

② 법무부장관은 입국하고자 하는 외국인의 본국이 제1항 각호외의 사유로 국민의 입국을 거부할 때에는 그와 동일한 사유로 그 외국인의 입국을 거부할 수 있다.

2. 출 국

외국인의 출국에는 자발적 출국과 강제적 출국의 두 가지 경우가 있고, 후자는 다시 추방과 범죄인 인도로 구별된다.

국가는 외국인의 자발적 출국을 금지할 수 없다. 그러나 외국인이 재류중의 의무(예: 납세, 채무)를 이행하지 않는 경우 또는 기타 외국인에게 귀책사유가 있는 경우(형의 집행, 심문, 구금 등)에는 출국을 허가하지 않을 수도 있다.

추방(expulsion)은 국가가 그 국가의 공공질서를 문란하게 하거나, 국가안전을 위협하는 것 등의 이유에 의하여 강제적으로 영역으로부터 퇴거하게 하는 행정행위이다. 어떠한 경우에 추방할 수 있는가에 관해서는 일반국제법상의 원칙은 없다. 그러나 어떠한 이유도 없이, 또한 비인도적으로 추방하는 것은 비우호적 행위로 간주되며, 권리의 남용이 된다(대한민국 출입국관리법 제11조 참조).

추방의 경우 보통은 외국인의 본국으로 추방하는 경우가 많으나, 정치적 피난민인 경우에는 제3국으로 추방하는 것이 요망된다(1951년의 「피난민의 지위에 관한 조약」 제33조).

〔Moustaquim사건〕

Moustaquim v. 벨기에, 유럽인권재판소, 1991년 2월 18일, ECHR Ser. A. No. 193.

[사 실]

Moustaquim(이하 신청인이라 한다)은 모로코 국민이지만 2세가 되기 전에 아버지가 살고 있는 벨기에로 어머니와 함께 이주했다. 이후 거주허가를 얻어 계속하여 벨기에에 살고 있었다. 그는 18세 때 147건의 절도 및 강도와 관련되었다고 하여 소년재판소의 처분에 맡겨졌고, 동 재판소는 그 가운데 26건에 대하여 일반재

판소의 관할에 위임했다. 결국 이 가운데 22건에 대하여 유죄가 인정되어 총 2년 3개월의 실형 판결을 받고 1년 6개월형에 처해졌다. 이 사이에 법무부장관의 부탁을 받은 외국인문제자문위원회는 신청인의 추방에 대해 법적으로는 정당화될 수 있으나 부적당하다는 의견을 제출했지만, 출소 후 그를 10년간 추방한다는 왕의 명령이 내려졌다. 신청인의 아버지는 국무원에 집행정지와 취소를 구하여 호소했지만, 결국 신청인은 벨기에를 떠나지 않을 수 없었다. 그러나 신청인은 모로코로 가지 않고 스페인, 스웨덴 등에 거주했다. 이 사이 추방 후 시행된 신국적법의 규정에 기하여 벨기에 국적의 취득선언을 했지만, 추방 후 거주하고 있지 않다는 이유로 이 선언은 수리되지 못했다. 추방 후 약 5년을 경과하여 정신상태의 불안을 호소하는 그에게 치료의 기회를 주는 등의 이유로 추방령을 정지하는 왕의 명령이 내려졌고, 그 후 신청인은 벨기에로 돌아와 거주허가를 얻었다. 신청인은 추방 중에 이 처분이 「유럽인권협약」(이하 협약이라고 한다) 제8조(가족생활·사생활의 존중), 동조와 관련을 맺고 있는 제14조(협약상의 권리에 대한 차별의 금지), 제3조(비인도적 또는 체면을 손상하는 대우의 금지), 제6조(공정한 재판의 보장) 및 제7조(소급처벌의 금지)에 위반하여 행해졌다고 하여 인권위원회에 청원했다. 동 위원회는 적용가능하지 않다고 판단한 제6조에 기한 불복을 제외한 모든 사유를 수리가능하다고 한 후 제8조만의 위반을 인정하는 보고서를 채택하고, 사건을 인권재판소에 부탁했다.

[판결 요지]

1. 신청인의 가출 및 수감에 있어서도 양친·형제와의 가족 관계를 단절했다고는 인정되지 않기 때문에 가족생활에 대한 개입이 있고, 제8조 2항에 의해 이것이 정당화될 것인가가 판단되어야 한다. 본건 추방은 '법률에 따른' 것이고, 제2항에 열거된 목적을 추구하는 것이라고 인정된다. '민주사회에서 필요'하다는 요건에 대해서는 벨기에정부(이하 '피고'라 한다)는 신청인이 범한 범죄의 수가 많고, 복역한 형이 중하며, 또한 소년재판소의 감호 하에서도 범죄를 반복했다는 점 등을 원용하여 특히 재범의 위험을 강조한다. 확실히 체약국은 충분하게 확립한 국제법의 원칙에 기하여 조약상의 의무를 해함이 없이 외국인의 입국, 체제 및 추방을 관리할 권리를 행사하여 공서를 유지하는 것에 관심을 가지고, 이는 결코 경시되지 않는다. 그러나 제8조 1항에서 규정하는 권리에 대한 개입이 문제가 되고 있는 때에는 절박한 사회적 필요, 특히 추구하는 목적과의 균형성을 가지지 않으면 안 된다. 신청인이 범한 범죄는 모두 미성년인 동안에 범한 것이다. 또, 이 가운데 형사처분을 위하여 심리된 26건은 약 11개월이라고 하는 비교적 단기간 동안에 범해졌고, 마지막 피의사건과 추방령과의 사이에는 3년여라고 하는 비교적 장기간이 경과하고 있고, 이 사이 신청인이 구금되어 있지 않은 기간도 꽤 있다. 한편, 신청인의 근친자는 모두 벨기에에 장기간에 걸쳐 거주하고 있고, 형제 가운데 1인은 벨기에 국적을 취득하고 있고, 3인은 벨기에에서 출생했다. 신청인 자신도 2세가 되기 전에 벨기에로 와서 가족과 함께 약 20년간 그곳에서 거주하고 있다. 모로코에는 휴가여행으로 2번 되돌아 간 적이 있을 뿐이다. 학교교육은 모두 프랑스어로 받았다. 이와 같은 사정을 고려하면, 가족생활의 존중에 대하여 본건 처분이 균형을 잃고 있다는

점은 명백하고, 이 점에서 제8조의 위반이 있다(7 대 2). 또한 이 처분이 신청인의 사생활을 존중할 권리를 침해했는가 여부에 대해서는 판단할 필요가 없다.

2. 제8조와 관련된 제14조에 대하여 말하면, 신청인의 벨기에 국민과의 관계에서 차별 주장에 대해서는 협약 제4의정서 제3조에 확립되어 있는 바와 같이, 국민에게는 추방되지 않을 권리가 있는 것이고, 그것과 비교가능성은 없다. 또 유럽공동체(EC) 국민과의 관계에서의 차별 주장에 대해서는 동 공동체는 특별한 법질서이므로 이 구별에는 객관적으로 합리적인 근거가 있다(전원일치).

3. 제3조 및 제7조에 대해서는 신청인은 이 규정들의 위반의 주장을 반복하지 않았기 때문에 인권재판소는 이들에 대하여 판단할 필요는 없다(전원일치).

4. 신청인에 의한 추방의 결과, 취업할 수 없었으므로 제50조에 기한 금전적 손해의 보상의 청구에 대해서는 그 인과관계는 인정되지 않으므로 각하한다. 정신적 손해의 보상 및 소송절차를 위한 비용의 반환을 인정한다(7 대 2).

Ⅱ. 외국인의 법적 지위

1. 권 리

외국인의 권리에 관한 일반국제법상의 원칙은 없으며, 국가가 임의로 국내법에서 정할 수 있으나 2국간의 통상항해조약 또는 국제협력에 관한 일반조약에 의하여 경제적·사회적 권리를 상호 인정하는 경우가 많아지고 있다. 특히, 일상생활에 필요한 사권(私權)은 내외국인 모두에 평등하게 인정된다. 공법상의 권리(예: 참정권, 공무담임권)는 인정되지 않으며, 사법상의 권리라 할지라도 국가의 안전, 국민의 중요한 이익에 관련되는 선박·항공기·부동산 등의 소유에 대하여는 제한을 가하는 것이 보통이지만, 상호주의의 조건하에 허가될 수도 있다(한미우호통상항해조약 제9조 참조).

선박건조·천연자원의 개발 등의 공익사업에 대해서는 국가의 강력한 통제가 요구된다. 그러나 충분한 자본과 선진과학기술을 갖추지 못한 개발도상국들은 외국기업과의 컨세션계약(concessionary agreement)에 의하여 이들의 공익사업참가를 허용하고 있다.

오늘날 외국인의 권리를 자세히 규정하고 있는 통상항해조약은 특히 내국민대우조항(national treatment clause)을 통하여 외국인과 내국인의 권리가 상호 동화되는 경향(공법상의 권리 제외)을 보이며, 또한 최혜국대우조항(most-favoured-nation clause)을 통하여 일국 내에서의 외국인의 지위를 평준화시키는 작용을 하고 있다.

[한·미 우호통상항해조약 제22조]

1. '내국민대우'라 함은 일체약국의 영역 내에서 부여되는 대우로서, 당해 체약국의 국민·회사·생산품·선박 또는 기타의 대상에게 그 사정에 따라 같은 상황 하에서 그 영역 내에서 부여되는 대우보다 불리하지 않은 대우를 말한다.
2. '최혜국민대우'라 함은 일체약국의 영역 내에서 부여되는 대우로서, 어느 제3국의 국민·회사·생산품·선박 또는 기타 대상에게 그 사정에 따라 같은 상황 하에서 그 영역 내에서 부여되는 대우보다 불리하지 않은 대우를 말한다.
3. 본 조약에서 '회사'라 함은 유한책임의 것인가를 불문하고, 사단법인·조합·회사 및 기타의 단체를 말한다. 일방 체약국의 영역 내에서 관계법령에 기하여 성립한 회사는 당해 체약국의 회사로 인정되고, 또한 타방 체약국의 영역 내에서 그의 법률상의 지위가 인정된다.
4. 본 조약의 규정에 기하여 대한민국의 회사에 부여되는 내국민대우는 미합중국의 어느 주(州), 준주(準州) 또는 속지(屬地)에서도 당해지역에서 미합중국의 다른 주, 준주 또는 속지에서 창설 또는 조직된 회사에 부여되는 대우로 한다.

외국인의 신체와 명예·재산 등에 관한 권리는 내국민의 그것과 마찬가지로 충분히 보호되어야 한다. 재류국 당국은 이러한 외국인의 권리에 대하여 상당한 주의를 하여야 하며, 그 보호를 위한 사전·사후의 구제조치를 다하지 않으면 국가책임이 발생할 수도 있다.

2. 의 무

외국인은 재류국의 영역권에 복종하며, 원칙적으로 그 국가의 국민과 거의 동일한 의무를 진다. 즉, 경찰·납세 및 재판관할권에 복종하여야 한다. 그러나 국가와의 특수한 유대를 전제로 한 신분상·공법상의 의무(병역·교육)는 제외된다.[1] 반면에 외국인등록과 같이 국민에게는 없는 특별한 의무가 부과되는 경우도 있다(대한민국 출입국관리법 제31조).

3. 외국인재산의 보호

외국인의 보호, 특히 그 사적 재산의 보호에 관해서 현실적으로 중요한 문제로 다루어지는 것은 국유화의 경우에 있어서의 보호이다. 제2차 대전 전에도 사유재

---

1) 미국에서는 전시 미국 내의 중립국 국민이 「선발징병법」(Selective Service Act)에 불응한 경우에는 그 후 미국의 시민권을 얻을 자격을 상실하게 된다.

산이 국유화된 경우가 있었으며(예: 구소련의 국유화), 제2차 대전 이후에는 혁명이나 식민지의 독립에 즈음하여 경제적·사회적 개혁을 목적으로 하는 국유화가 빈번히 행해지게 되었다. 외국인재산도 국유화할 수 있는가, 만일 그것이 가능하다면 어떠한 조건하에서 행해질 수 있는가가 문제된다.

외국인의 재산을 국유화의 대상으로 하는 것 자체는 국제법상 금지되어 있지 않다는 것이 일반적으로 인정되어 있다. 그러나 국가의 사회적·경제적 필요에 의해서 외국인재산을 국유화하는 경우에는 보상을 부여하여야 한다. 문제는 어느 정도의 보상을 부여하여야 하는가이다.

많은 해외투자를 하고 있는 구미선진국은 보상은 '충분하고(adequate), 효과적이며(effective), 신속한(prompt)' 것이 아니면 안 된다고 주장한다. 이에 대하여 국유화를 행하는 국가, 즉 식민지 독립국가와 사회주의국가에서는 대규모의 일반적 성격의 국유화의 경우의 보상은 ① 국가의 부담능력을 초월하는 것이며, ② 경제적 자립을 위해 행하는 국유화가 불가능하게 된다는 것, 또한 ③ 충분한 이익취득의 기회를 노린 해외투자는 어느 정도의 위험을 당연히 예상하는 것임을 이유로 특정국가에 속하는 외국인재산에 대한 보상과 기타의 국가의 외국인재산에 대한 보상을 차별하지 않는 한 보상은 국유화를 행하는 국가가 자유로이 결정할 수 있다고 주장한다.

이와 같이 보상의 정도에 관해서는 의견이 나누어져 있으나, 적어도 무보상으로 외국인재산을 국유화할 수 없다는 것이 국제법의 원칙이라고 할 수 있다. 1962년 12월 UN총회의 「천연의 부와 자원에 대한 영구적 주권에 관한 선언」(Declaration on Permanent Sovereignty over Natural Resources)은 국유화에 있어서는 국제법과 국내법에 따라 '정당한'(just) 보상을 지불해야 하며, 보상문제에 관한 분쟁의 해결은 당사자간의 합의에 의해서 중재재판 또는 국제재판을 통하여 이루어져야 한다고 규정하였다. 즉, 이 선언에는 한편으로 보상액을 수용국이 독자적으로 결정해야 한다고 하는 개발도상국의 주장을 배척하는 반면에, 수용에 있어서 보상 3원칙을 요한다는 선진국의 주장도 배척하여 양자의 타협을 꾀하였다.

한편 이러한 상황은 1970년대에 접어들면서 많이 달라졌다. 1973년 12월 UN총회에서 새로이 채택된 「천연자원에 대한 영구적 주권 결의」에는 이른바 자원주권의 발동형태로서 국유화에 따른 보상액과 그 지불방법의 결정권은 국유화국이 갖는다고 선언하였다(동 결의 제3항). 이러한 내용은 1974년 5월 제6차 UN특별총회에서의 「신국제경제질서수립에 관한 선언」 및 동년 12월 UN 총회에서 채택된 「제(諸)국가의 경제적 권리·의무헌장」 등에 반영되었는데, 동 헌장 제2조 2항 c호는 다음과 같이 선언하였다. "... 국유화의 경우 국가는 자국의 국내법 및 자국이 타당하다고 인정하는 모든 사정을 고려하여 적절한(appropriate) 보상을 지불해야 한다." 물론 수적으로 우세한 개발도상국의 위와 같은 기본자세에 대하여 선진국측은 강력한 불만을 표명했으나, 어쨌든 이것이 외국인재산의 일반적 수용에 있어서의 보상에 관한 앞으로의 전개방향을 가리키는 것이라고 하겠다. 다만 수용국이 자기 판단에 의하여 보상국과 지불방법을 결정한다고 할지라도 그 결정이 합리적인 기초에 입각하여 행해져야 함은 재언을 요하지 않는다.

〔영국·이란 석유국유화 사건〕
(Angle-Iranian Oil Co. Case)

1. 영국 v. 이란, 영국·이란 석유회사사건, 가보전조치명령(1951년 7월 5일), ICJ (1951) 89; 관할권(1952년 7월 22일), ICJ (1952) 93
2. 아덴최고재판소, 1953.
3. 영국·이란 석유회사 v. 出光興産事件, 東京地裁, 1953(昭和28)年5月27日, 下民集4卷5号755; 東京高裁, 1953年9月11日, 下民集4卷9号1269.

[사 실]

제2차 대전 후 이란에서는 민족주의적 혁신정당의 세력이 신장하여 1951년에 「석유사업국유화법」이 제정되었다. 그 결과 동국(同國)의 석유자원을 대부분 그 지배하에 두고 있었던 영국계 영·이란 석유회사(Anglo-Iranian Oil Co.)의 자산은 수용되고, 신설된 이란국영석유회사로 이관되었다. 영국은 영·이란회사가 이란정부와 체결한 「석유개발협정」이 1993년까지 유효하였음에도 불구하고, 국유화법은 이 기한 전에 일방적으로 협정을 폐기하였다는 것과 외국인재산의 수용에는 충분하고, 효과적이며 그리고 신속한 보상이 필요함에도 국유화법은 무보상으로 행하여졌다는 등의 이유를 들어 이란정부의 조치에 반대하였다.

영국정부는 이 사건을 UN안전보장이사회와 ICJ에 제소하였으나 결정이 내려지지 못하였고, 동 회사는 각국의 국내법정에서 여러 가지 기회를 포착하여 자기의 권리를 주장하였다. 이하는 ICJ 및 대표적 두 개의 국내재판소의 판결이다.

[판결요지]

1. ICJ 1951년 5월, 영국정부는 이 사건에 관하여 ICJ에 제소함과 동시에 심리에 앞서 재판소규정 제41조 및 재판소규정 제61조에 기한 가보전조치를 취할 것을 요청하였다. 재판소는 이를 받아들여, 동년 7월 이란·영국 양 정부에 대하여 재판소가 내릴 판결이행을 확보하기 위하여, 당사자의 권리를 침해하는 것과 같은, 그리고 부탁한 분쟁을 곤란하게 하는 것과 같은 조치를 일체 취하지 않고, 영·이란 석유회사의 영업활동을 방해하는 것과 같은 수단에 호소하지 않을 것을 명령하였다. 그러나 이란은 ICJ가 본건에 관하여 관할권을 갖지 않는다고 주장하였다. 재판소는 영국의 가보전조치청구에 대하여 이란에게 반론의 기회를 부여하기 위하여

회합을 준비하였으나, 이란은 여기에 출석하지 않고, 또 가보전조치의 지시에도 복종하지 않았다.

영국의 제소는 영국과 이란이 재판소규정 제37조에 기하여 행한 관할권 수락선언을 근거로 하고 있었으므로, 재판소는 본안심리에 들어가기 전에 우선 당해사건에 대한 재판관할권의 유무를 심리하게 되었다. 심리의 핵심은 영국의 선언보다도 제한적인 이란의 선언이 어떻게 해석되는가에 있었다. 이란의 선언은 "페르시아제국 정부는 이 선언의 비준 후에 발생하는 분쟁으로서 페르시아에 의해 수락되고, 또한 그 선언의 비준 후의 제(諸)조약 또는 제(諸)협정의 적용에 관하여 직접·간접으로 관계를 가지는 사태 또는 사실에 관한 일체의 분쟁에 관해서 ..."라고 표현되어 있다.

첫째, 재판소는 '1932년의 이란의 선언의 효과는 이란의 선언비준 후에 발생하는 사태나 사실에 관해서 ICJ의 관할권이 미친다'고 하는 영국의 주장을 배척하는 동선언의 문서 및 선언이 행해지게 된 사정을 검토한 후에 그 효과는 1932년 9월 '동선언의 비준 후에 이란이 체결한 조약에만 미친다'고 판단한다.

둘째, 재판소는 '1934년의 이란·덴마크조약은 이란이 국제법의 제(諸)원칙에 따라 상대방국가의 국민을 대우한다고 규정하고 있으나, 이 규정은 1857년의 이란·영국조약에서 정해진 최혜국조약의 효력에 의하여 영국국민에게도 미친다. 그러므로 이란의 수락선언의 효과는 국제법에 반하는 이란정부의 국유화조치나 협정폐기에도 미쳐야 한다'는 영국의 주장도 배척한다. 즉, 영국이 이란과 제3국과의 조약의 이익을 최혜국조항에 의하여 향수하기 위해서는 영국이 그 최혜국조항을 포함한 영국·이란 간 조약을 원용할 권리를 가져야 하는데, 영·이란 사이의 조약은 이란의 선언전의 것으로서 선언에 의해서 배제되고 있으므로 영국에게는 재판소의 관할권을 확정할 목적으로 이러한 조약을 원용할 자격이 없다.

셋째, 재판소는 '1933년의 「석유개발협정」은 그 성립사정으로 보아 이란정부와 회사 간 이권계약의 성격과 이란·영국 양국 간의 국제협정인 성격을 함께 가지므로 이란의 선언에서 말하는 조약에 해당된다'고 하는 영국의 주장도 인정하지 않는다. 1933년 협정은 그 전년 이란(당시 페르시아)이 회사와 구협정을 폐기한 것으로부터 발생한 분쟁을 영국이 국제연맹이사회에 부탁하고, 그 주선에 의하여 성립한 것이다. 그러나 이 경우 영국은 자국민을 위한 외교적 보호권을 행사한 것뿐이며, 협정은 영국·이란간의 어떠한 권리·의무관계도 발생시키지 않고 있으며, 연맹이사회의 주선도 이 사실을 변경시킬 수 없다. 더욱이 재판소도 또한 ICJ는 확대관할권(forum prorogatum)에 기한 재판관할권도 부인하였다. 이상의 여러 가지 이유에 의하여, 본조에 관하여 ICJ는 관할권을 갖지 않으므로 본안심리에는 들어가지 않았다.

2. 아덴최고재판소 1952년 스위스의 석유회사는 이탈리아 석유회사를 통하여 이란 국유석유회사로부터 원유를 매입하여 이것을 Rose Marie호(파나마 등록)에 적재하였다. 그런데 항해 도중 Marie호의 선장이 선주의 명을 받아 아덴에 입항하였다. 이에 대해 영·이란석유회사는 선장·선주 및 용선자(스위스석유회사)를 상대로 당해 원유의 소유권이 자기에게 있다는 것을 아덴재판소에 소구하였다.

재판소는 우선 피고 측의 '동 선박은 강제에 의하여 아덴에 입항하였으므로 아덴재판소는 관할권이 없다'는 주장을 배척하고 선장은 선주의 명령에 따랐을 뿐이라고 판단하였다. 이어서 원고 측의 '① 이란의 석유국유화는 보상을 수반하지 않았으므로 국제법에 위반된다. ② 당 재판소는 국제법을 적용하지 않으면 안 되므로 국제법위반의 행위에 효과를 인정해서는 안 된다'는 주장을 검토한다.

확실히 이란의 「석유국유화법」은 국유화되는 석유의 원소유자에 대한 보상에 관하여 약간의 규정을 두고 있다. 그러나 국가와 회사 쌍방의 대표로서 구성되는 합동 위원회의 설치규정, 국가가 석유수익의 25%를 회사 측의 청구에 대비하여 적립하는 규정, 나아가 합동위원회의 감시 하에 정부가 보상안을 의회에 제출하게끔 의무지우는 규정도 회사가 보상을 받을 보장에는 부족하다. 국제법에 있어서의 외국인재산수용의 보상에 관해서는 그것이 충분하고, 유효하며 또한 신속한 것이어야 한다고 한다. 외국에 있어서의 국유화 조치의 영역 외적 효과를 취급함에 있어서 보상이 충분한가 여부를 타국의 법정이 결정하는 것은 곤란하다. 그러나 이 사건에 관한 한, 국유화가 하등의 보상도 수반하지 않고 행해진 사실은 부정할 수 없으며 그것은 몰수에 불과하다. 이러한 행위에 대해서 국가가 자국의 정책이나 도덕원리에 반하는 외국법에 대하여, 자국영역 내에서 효과를 인정해야 할 것인가 또는 국제법 내지 국제예양에 위반하는 외국법은 존중되어야 할 것인가가 문제가 된다. 이에 관하여 당 재판소는 제(諸)국가에서 수용된 공통의 법원칙이 존재하는 것을 인정한다. 어떤 사건에 적용될 법의 원칙을 찾는 경우, 재판소는 이러한 공통의 법원칙도 조사하고, 그 중 자국의 제정법이나 재판선례와 모순되지 않는 것은 자국법에 수용된 것으로 취급한다. 재판소에 의하면 보상을 수반하지 않는 외국인재산의 수용은 국제법에 위반한다고 하는 법원칙은 이러한 공통의 법원칙의 하나이며, 이 법원칙은 아덴국내법 중에 수용되고 있다고 생각되므로, 당 영역 내에 있는 원고의 재산에 관하여 이란의 국유화법은 그 효력이 부정된다. 따라서 문제의 원유는 아직도 원고의 소유권 하에 있다.

3. 동경고등재판소 1953년 4월 *出光興産會社*는 이란국영석유회사로부터 원유를 구입하여 아바단항에서 그 인도를 받아 일본으로 운반하여 *川崎市* 소재의 석유탱크에 보관하고 있었다. 그런데 그 석유는 이란국유화법에 의하여 이란국영석유회사의 수중으로 들어간 것이므로 영·이란석유회사는 동법의 국제법위반을 이유로 석유의 소유권은 여전히 자기에게 있다고 주장하여, 그 반환청구소송을 동경지법에 제소하였으나 패소하고 동경고법에 항소하였다.

고등재판소는 먼저, 그 석유는 국유화법의 시행 이전에 채굴되었으므로 동법의 적용을 받지 않는다고 하는 회사의 주장을 배척하였다. 이란정부가 그 당시 이미 채굴된 석유도 수용한 것이라고 해석하여, 그와 같이 취급하고 있었으므로 제3국인 당 재판소로서는 일응 이란정부의 해석을 존중하는 것이 독립주권국 상호간의 주권존중, 우호유지의 필요상 그리고 또 국제예양의 입장에서 타당한 태도라고 판정했기 때문이다.

다음으로, 영·이란 석유회사와 이란정부간의 이권협약의 성질에 관하여 재판소는 당사자의 일방이 일국의 정부가 아니라 영국에 본점을 가지는 외국회사인 이상, 그것을 국제조약 또는 이와 동일한 성질을 가지는 국가 간의 협정으로 인정할 수 없으며, 오히려 일국정부와 외국회사 사이에 체결된 석유채굴에 관한 사법상의 계약으로 인정해야 하며, 상기 협약에 관해서도 이란국내법이 규율된다고 해석한다. 물론 동 협약에는 이란국은 일방적으로 당해 협약을 파기하고 공소인의 협약상의 권리를 수용할 수 없다는 취지를 규정하고 있기 때문에 석유국유화법에 의해서 공소인의 권리를 수용한 행위는 일응 이 규정에 반하는 행위로 인정된다. 다만 석유국유화법의 성질로부터 생각해도 이란은 공소인에 대하여 손해배상의 책임을 져야 하나, 그렇다고 해서 석유국유화법 그 자체가 무효가 된다고는 도저히 해석하기 어렵다. 배상을 받을 때까지는 석유국유화법에 의하여 수용된 것에 대한 권리는 일응 수용되어 그 소유권을 상실하였다고 해석해야 한다.

나아가 보상문제에 관해서는 석유국유화법이 순전한 외국인의 권익을 침해하는 법이 아니고 보상을 지불하고 수용하는 것이므로 재판소로서는 그 보상이 충분하고 유효하며, 또한 즉시의 보상인지 아닌지를 심리하여, 그 법규의 유효·무효를 심리할 수 없다고 판단한다. 이것 역시 국제예양상 요구되는 바이다.

결국 석유국유화법은 간단히 외국인의 권리를 침해한 법이라고 판정하기 어렵고, 또 당해 재판소에서 보상에 관한 확립된 국제법의 원칙이 인정되지 않으므로 동법의 유효·무효를 판정할 수 없다. 따라서 반사적으로 석유국유화법의 효과를 인정하고, 영·이란석유회사의 소유권을 부정하는 결과가 되었으나, 재판소는 이것 자체가 일본국의 공적 질서 또는 선량한 풍속에 반하는 것이라고는 도저히 인정할 수 없으므로 공소인의 주장을 채용할 수 없다.

〔사바티노(Sabbatino)사건〕
(Banco National de Cuba v. Sabbatino et al.)
1964, 376 U.S 398

[사 실]

쿠바혁명정부는 그 성립 이래 외국인자산의 국유화를 포함한 사회·경제개혁을 행하여 왔으나, 1960년 8월, 그 직전에 행해진 미국의 쿠바 설탕수입할당삭감에 대항하는 의미로서 26개 미국계기업을 국유화하였다. 그 대상이 된 설탕회사와 설탕의 매입계약을 체결하고 있었던 미국의 한 상사는 국유화령이 발동되었을 때, 쿠바항구에서 선적 중이던 설탕의 대금을 쿠바 측에 지급하지 않고, 국유화된 설탕회사를 위하여 뉴욕주법에 의하여 법원이 임명한 관재인인 Sabbatino에게 지급하였다. 그래서 쿠바정부의 재무상의 대리인인 쿠바국립은행은 설탕대금의 인도를 구하여, 상사와 Sabbatino를 상대로 뉴욕주 연방지방법원에 제소하였다. 연방지방법원과 항소법원은 원고의 소를 배척했으나, 연방대법원은 국가행위이론을 적용하여 사건을 연방지방법원에 환송하였다. 연방지방법원의 환송심판결이 내려지기 전에 의회는 국제법위반의 외국의 국유화에 의한 권리쟁송사건에 있어서는, 법원은 국가행위이론을 이유로 하여 당해 국유화를 국제법에 비추어 심리하는 것을 거부해서는 안 된다고 하는 수정대외원조법(Sabbatino Amendment)을 가결하였다. 환송심판결은 제1심, 제2심 모두 이 수정법을 적용하여 원고의 주장을 배척하였고, 연방대법원도 이송영장(write of certiorari)의 발급을 거부하였으므로 사건은 원고의 패소로 종료하였다. 환송심에서는 국제법상의 문제는 논해지고 있지 않기 때문에, 이하에서는 원고판결의 요지만을 소개한다.

[판결요지]

1. 연방지방법원판결 미국의 법원은 쿠바의 국유화령이 쿠바법상의 요건을 구비하고 있지 않거나 법정지의 공서에 반한다는 이유로 그 적용을 거부할 수는 없다. 외국의 국가행위가 그 영역 내에서 효과를 가지도록 의도되고 있는 한, 미국법원은 그 유효성을 심리하지 않는다고 하는 이른바 국가행위이론은 미국 국내법원에 대해서도 인정되는 국제법원칙이다. 따라서 당해 국가행위가 국제법위반인 경우에는 적용되지 않는다. 쿠바의 국유화령은 미국의 쿠바 설탕수입할당삭감에 대한 보복으로서 공적인 목적을 가지지 않고, 미국국민만을 차별적으로 취급하고 있으며, 또한 충분한 보상을 규정하고 있지 않으므로 명백한 국제법위반이며, 미국의 법원으로서는 이를 적용할 수 없다.

2. 항소법원판결 국가행위이론은 미국의 법원이 적용하는 국제사법규칙의 하나이며, 주로 법원의 판결이 행정부의 대외관계의 행동을 방해해서는 안 된다고 하는 고려에 입각하고 있다. 본건의 경우 국무성관리의 서한에 의하여 행정부는 법원이 판결을 내리는 것에 반대하지 않는다는 의도를 명백하게 하고 있으므로 국가행위이론은 적용되지 않는다. 국유화에 즈음하여, 지급해야 할 보상에 관한 국제법규칙에 관해서는 학설이나 국제관행은 반드시 일치하고 있지 않으나, 쿠바국유화령은 충분한 보상을 규정하고 있지 않을 뿐만 아니라 보복적 목적을 갖고 미국국민에 대하여 차별을 행하고 있었으므로 국제법위반이라고 판단된다.

3. 연방대법원판결 국가행위이론은 국제법 규칙도 아니고, 헌법의 명문규정에 의해서 요청되는 것도 아니다. 그것은 삼권분립제도에 있어서의 국가의 제(諸)기관 사이의 기본적인 관계로부터 발생하는 것이며, '헌법적 지주'를 갖고 있다. 국내법원이 외국의 국가행위를 국제법에 비추어 심리할 수 있는가 없는가는 당해 국제법 규칙에 관한 제(諸)국가의 합의의 정도, 즉 문제가 어느 정도 국가적 이익에 걸려 있는가 하는 '관련 있는 제(諸)고려의 균형'에 달려 있다. 국유화에 관한 전통적인 국제법 규칙은 현재 공산주의제국(諸國)이나 신생제국(諸國)에 의해서 의문이 제기되어 있다. 이러한 문제에 관해서 미국의 법원이 판단을 내린다는 것은 곤란하다. 국민이 외국의 국유화조치에 의하여 손해를 입을 경우, 국내법원의 판결에 의하기보다는 외교교섭에 의하는 편이 일반적이며 유리한 구제를 받을 수 있을 것이다. 행정부가 당해 국유화에 대하여 어떠한 태도를 취하고 있는가에 관계없이 법원의 판결은 행정부의 외교교섭을 방해할 가능성이 있다. 항소법원이 원용한 국무관리의 서한은 행정부 자신의 발언에 의해서 사건에 관한 논평을 거부하는 이상의 의미를 갖지 않는 것이 명백하다. 따라서 본건의 경우 국가행위이론을 적용함으로써 국가적 이익과 국제적인 법의 지배는 보다 더 조장된다.

제3절 범죄인 인도

I. 의 의

범죄인 인도란 외국에서 죄를 범하고 도망해 들어온 자를 소추 또는 처벌하기 위하여 외교적 절차(Savarkar 사건)에 의해 그 외국에 인도하는 것을 말한다. 강제 출국의 특수한 경우이다.

국제법상 일반적으로 국가는 범죄인을 인도할 의무는 없다. 그러나 많은 국가들은 양자 또는 다자조약(예: 1960년 UN범죄인 인도조약)을 통하여 특정의 범죄인을 상호간 인도할 것을 약속하고 있다. 조약상 인도의무가 없는 경우에도 범죄인 인도에 관한 국내법을 제정하거나, 국제예양상 범죄인을 인도하는 경우도 있다. 범죄의 구성요건은 각국의 형법상 유사하고, 또한 이러한 범죄는 어느 국가에 있어서나 처벌되어야 하므로 상호 인도하여 처벌하는 것이 제국(諸國)의 공통의 이익이라고 생각되기 때문이다.

〔Savarkar 사건〕
영국 v. 프랑스, 상설중재재판소, 1911.

[사 실]

인도인 Savarkar는 살인교사 혐의로 재판을 받기 위해 영국으로부터 인도로 이송 도중, 상선 Morea호가 기항한 Marcailles에서 1910년 7월 동 선박으로부터 바다로 뛰어들어 도망하였다. 즉시 인도경찰관이 추적하였으나 해안에 있었던 프랑스 경찰관이 이를 체포하여 Morea호에 인계하였다. 다음날 동 선박은 그 도망범죄인을 싣고 출항하였다. 후일 프랑스는 선상에서 영국관헌에게 행한 이 도망범죄인의 인도는 국제법 규칙에 위반한다는 이유로 동인(同人)의 반환을 요구하였다. 영국이 이를 거절하였으므로 1910년 10월 제소합의에 의하여 5인의 재판관으로 구성되는 상설중재재판소에 제소되었다.

[판결요지]

본건에서의 범죄인인도는 외국영토로 도망한 자를 점유하기 위한 사기 또는 강박에 의한 것이 아니며, 또한 Savarkar의 체포·인도 및 인도로의 호송의 과정 중에는 프랑스의 주권침해의 성질을 가지는 것은 아무것도 없었고, 또한 이 문제에 관련된 자가 모두 선의로 행동하고, 불법을 행한다고 하는 생각을 조금도 가지지 않았다. Savarkar를 체포하여 인도한 프랑스의 경찰관의 행동이 Morea호 출항 전에는 상관에 의하여 부인되지 않았으며, 그가 훈령에 따라 행동하였거나 또는 그의 행동이 승인되고 있었다고 영국관헌이 믿고 있었음은 당연하다.

Savarkar의 체포·인도가 정규적 절차를 결한 행동이라는 것은 인정되나 현실적으로 수감하고 있는 국가에 대하여 인도를 행한 외국관리의 과오를 이유로 원상회복의 반환의무를 과하는 국제법 규칙은 없다. 따라서 재판소는 영국이 Savarkar를 반환할 필요는 없다고 판결하였다.

〔윤수길(尹秀吉)사건〕

東京地裁, 1969(**昭和**44)**年**1**月**25**日**, **行集**20**卷**1**号**28
東京高裁, 1972(**昭和**47)**年**4**月**19**日**, **判時**664**号**3
最高裁第2**小法廷**, 1976(**昭和**51)**年**1**月**26**日**, **判タ**334**号**105

[사 실]

원고 윤수길(대한민국 국적)은 한국정부의 일본유학생 모집에 응모·합격하여 유학허가를 기다리던 중 한국전쟁이 발발하여 유학에 어려움을 겪고 있었다. 그러나 유학하고자 하는 희망을 버리지 못하고 한국을 몰래 출국하여 일본에 밀입국했다. 원고는 1960년 9월경부터 재일본 대한민국 거류민단(이하 민단이라 한다) 栃木県 본부 사무국장이 되었다. 그 재직 중 원고는 한국 사회대중당(社會大衆黨)의 당원인 소외(訴外) A를 동 본부단장으로 추천하고, 나아가 선거운동을 지도했으며, 동인(同人)을 단장에 당선시켰다. 또 동 당원인 민족일보사(民族日報社)의 사장으로서 남북한의 평화통일을 주장하고 있던 소외 B가 특수범죄처벌특별법상의 반국가적 행위를 했다고 하여 박정희 정권에 의해 체포, 기소되었으며, B의 구명운동을 전개했다. 또 원고는 韓國栃木新報(한국회목신보)의 편집장으로서 동 신보 지상에 박정희정권 반대, B의 사형반대의 주장을 반복하여 게재했다. 그 밖에 원고는 일본 사회당 栃木県 지부로부터의 친선 요청을 수락하고, 일본 사회당 주최의 노동자 위안 잔치에 민단으로써 2만엔을 기부했다. 1961년 8월경, 원고는 밀입국 의혹으로 동경 입국관리사무소에 수용되었으며, 외국인 등록령 제16조 1항 1호에 해당하여 퇴거강제의 대상이 되는 자로 인정되었다. 그에 대해 원고는 구두심리를 청구했지만, 특별심리관에 의해 인정에 오류가 없다는 판정을 받았다. 나아가 원고는 법무부장관에 대해 이의신청을 했지만 기각되었으며, 1963년 6월 22일자로 송환선을 한국으로 한 퇴거강제명령서의 발부처분을 받았다. 원고는 이하와 같이 주장하며 동경 입국관리사무소 주임심사관을 상대로 하여 처분의 취소를 구하며 제소했다.

① 원고는 정치범죄인이고, 정치범죄인은 본국으로 인도해서는 안 된다는 것은 확립된 국제관습법이므로 본건 처분은 국제관습법과 더불어 확립된 국제법규를 성

실하게 준수해야 한다는 것을 규정하는 헌법 제98조 2항에 위반되며, 또한 정치범죄인의 불인도를 규정하는 도망범죄인인도법 제2조에 위반된다. 즉 원고는 사회단체의 중요한 직위에 있는 자로서 국가보안법 지정의 반국가단체(한국 사회대중당, 민족일보사, 일본사회당이 해당한다고 원고는 주장한다)에 동조하여 활동함으로써 특수범죄처벌특별법 제6조(사형, 무기 또는 10년 이상의 징역), 반공법 제4조 및 집회임시조치법 제1조에 각각 위반하고 있다. 원고는 본국 정부에 의해 기소되거나 또는 유죄판결을 받지 않는다면 인도를 청구하지 않겠지만, 송환 후에 처벌될 개연성이 인정되는 이상, 원고는 정치범죄인으로 처우되어야 한다. 원고는 퇴거강제처분을 받고 있고, 인도가 행해진 것은 아니지만, 퇴거강제처분은 원고로서 본국으로의 송환을 의미하고(출입국관리령 제53조), 실제 원고의 송환선은 한국으로 되어 있다. 바꾸어 말하면, 퇴거강제와 본국으로의 인도는 실질적으로 다르지 않으므로 퇴거강제에 대해서도 정치범죄인 불인도의 원칙은 적용되어야 한다.

② 원고는 정치난민이고, 정치난민을 박해할 수 있는 국가로 송환해서는 안 된다고 하는 것은 확립된 관습국제법으로써 그 의미에서도 본건 처분은 관습국제법, 나아가서는 헌법 제98조 제2항에 위반한다. 앞에서 언급한 형벌법규의 존재와 원고의 언동에 의해, 원고가 정치적 이유로 본국에서 박해를 받을 충분한 근거가 있다고 말할 수 있다.

③ 법무부장관의 본건 재결은 특별재류허가에 대한 재량권의 일탈 내지 남용이다. 법무부장관은 출입국관리령 제50조 1항 3호에 의해 '허가해야 할 사정이 있다고 인정되는 때'에는 특별히 재류를 인정할 수 있다. 원고는 본건 처분까지 10년간 일본에서 평온하게 생활하고, 일본의 공안이나 이익을 해한 적이 없다. 역대 법무부장관은 정치범죄인이나 정치 난민을 박해할 수 있는 국가로 송환하지 않는다는 취지의 언명을 하고 있고, 본건 처분까지의 수년간 매년 2천 수백 명에게 특별재류가 허가되어 왔음에도 불구하고 신청을 기각한 재결은 재량권의 일탈 내지 남용이고, 위법이다.

본건은 최고재판소에 상고되었지만, 최고재판소는 항소심인 동경 고등재판소를 지지하여 상고를 기각했으므로 아래에서는 동경 지방재판소 판결과 동경 고등재판소 판결만을 언급한다.

[판결 요지]

(동경 지방재판소) 원고에 대한 퇴거강제명령서 발부 처분을 취소한다.

1. 정치범죄인 불인도는 과거 1세기 이래 국제관습법이 되고 있다고 인정된다. 국제법상 국가는 외국인의 출입국을 자유롭게 규율할 수 있지만, 그 가운데 특히 정치범죄인에 대하여 다수의 학설이 '불인도원칙'을 들고 있고, 다수의 조약, 국내법령이 '인도할 수 없다' 등 의무적·명령적으로 규정하고, 실제로도 인도가 거절되고 있는 것은 정치범죄인은 인도해서는 안 된다는 규범이 역사적·사회적으로 정착하고 있다. 정치범죄인의 인도에는 정치적 이해가 관련되어 있는 수가 많지만, 보통 범죄를 수반하지 않는 순수한 정치범죄에 대해서는 그 처벌을 위하여 인도해서는 안 된다는 인식이 자리 잡고 있다고 할 수 있다. 바꾸어 말하면, 제2차 세계대

전 후에 「UN헌장」, 「세계인권선언」, 「국제인권규약」 등을 통하여 국제법이 인권의 존중에 중점을 둠에 따라 정치적 편의의 고려를 하여 불인도가 '원칙'으로서 법적인 의미를 가지게 되었다고 생각한다. 그것은 정치범죄가 본국에서 행하여졌는가 또는 외국에서 행하여졌는가를 묻지 않는다. 정치범죄의 개념은 확실히 다의적이고 불확정적이지만, 엄밀하게 순수한 정치범죄에 해당하기 때문에 절차적 요건으로서 본국으로부터 정치범죄 처벌을 위한 인도청구가 있는가 혹은 정치범죄에 대해 유죄판결을 받았는가, 기소되었는가, 체포영장이 발부되었는가, 적어도 피청구국에서 객관적으로 이들과 동일시해야 할 정도로 처벌의 확실성이 있다고 인정되는 사정이 있는 등 본국에서의 처벌이 객관적으로 확실한 경우라면, 실체적, 절차적인 확정 작업은 곤란하지 않다. 따라서 원고는 순수한 정치범죄인이라고 인정될 수 있지 않을까?

2. 원고가 일본국내에서 행한 한국인 사형수의 구조운동은 단순한 인도적 견지를 넘어 한국의 정권을 비난하는 운동이고, 간접적으로 남북평화통일을 주장하며, 북한의 평화 공세에 동조 혹은 이를 도운 것이라고 해석되므로 특수범죄처벌특별법 제6조의 처벌의 대상이 된다고 인정된다. 또 동법은 한국 영역 외에서의 행위에 대한 침해행위이기 때문에 순수한 정치범죄이다. 게다가 원고가 유죄판결을 받았다든지, 기소되고 있다든지, 원고에게 체포영장이 발부되었다든가 하는 사실은 없어도 박정희정권 성립 이후의 다수의 국민이 사상범으로 처벌받고 있는 등의 한국의 정세에 비추어 본다면, 원고는 한국에서 상당한 처벌을 받을 객관적 확실성이 있다는 것을 부정할 수 없다.

3. 퇴거강제선을 원고의 본국인 한국으로 한 본건 처분은 형식상 한국으로의 인도 그것만은 아니지만, 퇴거강제명령서의 집행은 송환선으로의 송환을 하게 되어 있으므로 그 실질은 인도와 전혀 다른 것이 아니기 때문에 정치범죄인 불인도의 원칙은 본건 처분과 같은 퇴거강제에도 적용된다고 해석된다. 게다가 본건 처분은 국제관습법과 확립된 국제법규의 준수를 규정하는 헌법 제98조 2항에 위반되고, 위법이다.

(동경 고등재판소) 원판결을 취소한다.

1. 원심의 大平善梧 감정에 의하면, 정치범죄인 불인도의 원칙은 자유와 인도에 기한 국제관행이지만, 아직 확립된 국제관습법이라고는 인정할 수 없다. 국제법상 정치범죄인을 인도하지 않는 것은 국가의 권능일 뿐 의무는 아니다. 또 일본의 도망범죄인인도법(1964년의 개정 전의 규정. 개정 전에는 상호주의의 보장의 바탕위에 조약의 유무에 관계없이 인도를 행한다는 취지의 규정은 없었다)은 조약의 유무를 묻지 않고 정치범죄인의 불인도를 규정한 것이라고는 인정되지 않는다. 또 정치난민을 그 의사에 반하여 박해를 받을 수 있는 국가로 인도해서는 안 된다는 것은 국제관습법으로 확립되어 있지 않다는 점에 대해서는 원심의 大平, 高野雄一 및 小田滋各 감정인의 견해가 일치하고 있다. 따라서 피항소인이 정치범죄인 또는 그에 준하는 자 혹은 정치난민이라고 보아도 본건 처분이 국제관습법에, 나아가 헌법 제98조 2항에 위반한다고 하는 주장은 수용될 수 없다. 또 정치범죄인 불인도의 원칙이 관습국제법으로써 확립하고 있다고 한 高野 감정인도 정치범죄인 불인도의 원칙이 적용되기 위해서는 도망자가 당해 정치범죄를 범하여 유죄판결을 받았거나

또는 기소되고 있는 사실 혹은 인도가 적어도 사실상 당해 정치범죄의 처벌을 위하여 청구되고 있다는 증명(당해 범죄에 대하여 체포 영장이 발부되어 있다는 사실의 증명 등)이 필요하다. 객관적으로 볼 때 단순히 장래에 본국에서 처벌을 받을 우려가 있다든가, 범죄인으로서 인도 청구를 받고 체포 영장이 발부될 우려가 있다는 것만으로는 불충분하다. 이 점으로부터 보아도 피항소인이 정치범죄인 불인도원칙의 적용을 받는 정치범죄인이 아니라는 점은 사실관계로부터 명백하다. 다만, 피항소인의 한국으로의 송환이 인도상 허용되는가의 여부는 검토할 여지가 있고, 이를 위하여 송환된 경우 처벌되는 것이 객관적으로 사실인가 여부를 검토할 필요가 있지만, A의 한국 사회대중당 소속은 일시적인 것이고, 또 동당이 없어진 이상 민단이 한국정부로부터 적성단체로 간주되고 있는 단체가 아니라는 것에 비추어보면, 피항소인이 A를 추천했다고 하여 한국에서 처벌될 것이 확실하다고 말할 수는 없다. 또 B가 사형판결을 받은 것은 단순히 남북평화통일을 주장했기 때문만은 아니고, 북한으로부터 자금을 받은 것이 문제가 되고 있기 때문이므로 피항소인은 B가 북한의 이익을 도모하는 자가 아니라고 믿고 인도적 입장에서 구명운동을 한 것이라고 인정된다. 일본사회당이 한국정부로부터 적성단체로 간주되고 있지 않다는 증거는 법률상으로나 판례상으로도 존재하지 않는다. 한국에서 어느 누구를 정치범죄인으로 하는가는 동국(同國)이 결정해야 할 문제이고, 타국이 한국인을 동국(同國)의 정치범죄인으로 판정하는 것은 그 가능성이 의심받을 여지없이 현저한 경우를 제외하고는 인정되지 않는다고 생각한다.

(최고재판소 제2소법정) 상고를 기각한다.

Ⅱ. 인도범죄와 인도의 상대국

인도범죄인은 각각의 인도조약에서 규정하는데, 인도범죄를 열거하거나(예: 1971년의 미·스페인조약 제2조) 또는 인도범죄를 형의 경중에 의해 한정하는 방식을 취하고 있다(예: 유럽범죄인인도조약 제2조). 인도가 행해지는 범죄는 보통 청구국과 피청구국의 쌍방의 형사법규에 의하여 범죄가 되는 행위에 한정된다. 이것을 '쌍방가벌성(double criminality)의 원칙'이라고 한다. 그 외에 인도된 범죄인은 인도청구의 이유가 된 인도범죄에 한해서 처벌되고, 그 이외의 범죄에 관해서는 처벌되지 않는다. 이것을 '범죄특정의 원칙'(principle of speciality)이라고 한다.

범죄인의 인도를 청구하는 외국은 주로 범죄지국이지만, 때로는 가해자의 소속국 또는 피해자의 소속국인 경우도 있다. 동일 범죄인에 대하여 2개국 이상의 국가로부터 인도청구가 있는 경우에는, 첫째, 동일 범죄인 경우에는 범죄지국, 둘째, 상이한 범죄의 경우에는 중죄에 관해서 청구하는 국가, 셋째, 조건이 같은 경우에는 인도청구의 일자순서에 따라 결정하는 것이 일반적이다.

〔Soering 사건〕

Soering v. 영국, 유럽인권재판소, 1989년 7월 7일, ECHR Ser. A, No. 161.

[사 실]

Soering은 독일연방공화국(이하 서독이라고 한다) 국민이고, 미국 버지니아주에서 살인을 범하고 영국으로 도망 중 체포되었다. 미국은 영국과의 「도망범죄인인도조약」(이하 영미조약이라고 한다)에 기하여 그의 인도를 영국에 요청했다. 그 후 서독도 영국과의 「도망범죄인인도조약」에 기하여 인도를 요청했다. 이 사건에 대해서는 영국은 형사재판관할권을 가지고 있지 않고, 미국은 속지주의, 서독은 속인주의에 기하여 형사재판관할권을 가지고 있다. 또 영국과 서독에서는 원칙적으로 사형은 폐지되어 있지만, 버지니아주에서는 그렇지 않으므로 Soering은 사형의 적용이 되는 죄로 기소되어 있었다. 영국은 인도청구의 순서에 따라, 또 사건의 상황 전체를 고려하여, 미국의 청구에 대하여 심리를 계속했다. 영미조약에 의하면, 피청구국에서는 사형이 적용되지 않는 범죄에 대해서 청구국이 사형을 집행하지 않는다는 보증을 주지 않는 경우에는 인도를 거부할 수 있다. 미국은 영국의 사형을 적용하지 않겠다는 희망 의사를 재판관에게 전달하겠다는 버지니아주검사의 증명서를 영국에 통지했다. 영국의 치안판사재판소는 내무부장관의 청구에 따라 인도까지의 구금을 명했다. Soering은 이에 대하여 인신보호영장 및 사법심사 신청 허가의 청구를 고등법원합의법정에 제기했지만, 이 결정에 대한 상소 허가의 청구도 귀족원에 의해 거부되었다. 이를 받아들여 내무부장관은 Soering의 미국으로의 인도명령에 서명했다. 그러나 유럽인권위원회(이하 인권위원회라고 한다)와 유럽인권재판소(이하 인권재판소라고 한다)의 가보전조치의 지시에 따라 실제로는 이 판정은 집행되지 않았다. Soering은 자신의 미국으로의 인도에 의해, 바꾸어 말하면, '죽음의 순번 대기'(death row)현상의 희생이 되는 것이 예견되므로 그것은 「유럽인권협약」(이하 협약이라고 한다)에 위반한다고 주장하며 인권위원회에 청원을 제출했다. 인권위원회는 영국 국내에서의 절차가 협약 위반이라는 주장에 대한 실효적 구제(협약 제13조)를 부여한 것은 아니라는 점에 대해서만 협약 위반이라고 인정하는 보고서를 작성하고, 사건을 인권재판소에 부탁했다. 영국, 이어서 서독도 사건을 인권재판소에 부탁했다.

[판결 요지]

1. 인도되지 않을 권리 그 자체는 조약에 의해 보장되고 있지 않지만, 인도의 결과로서 협약상의 권리가 침해된다면, 체약국의 협약상의 의무는 면제되지 않는다. 잠재적 위반에 대하여 판단을 내리는 것은 이례적이지만, 야기될 지도 모르는 침해가 중대하고도 회복불능의 것이기 때문에 협약 규정의 실효적 보장을 위하여 필요하다. 제3조가 협약의 기본정신을 낳은 것이라는 것을 고려한다면, '도망범죄인이 인도된다면, 청구국에서 고문 또는 비인도적 혹은 체면을 손상시키는 대우 혹은 형

벌을 당할 진정한 위험에 직면한다는 것을 믿을 수 있는 충분한 근거가 드러난다면, 도망범죄인을 인도한다고 하는 체약국의 결정은 제3조의 문제를 야기할 수 있고, 그리하여 협약에 기한 국가의 책임을 발생시킨다.' 본건에 대해서는 우선, 미국에 의한 '보증'에도 불구하고, 버지니아주 검사가 사형을 구형할 방침이므로 일반적으로는 사형을 금지하는 것이라고 해석할 수는 없다. 마지막으로, 본건에서 예상되는 '죽음의 순번 대기'에 대해서는 사형선고부터 집행까지 평균하여 6년에서 8년간 엄격한 구금조건 하에서 죽음의 공포를 감내하지 않을 수 없다는 점(자발적인 상소에 의한 절차의 장기화에 대해서도 피고인에게 책임을 지우는 것은 가혹하다), Soering이 범행 당시 18세의 젊은 나이이고, 정신적으로도 불안정하였다는 점, 형벌을 확보한다고 하는 범죄인인도의 목적은 서독으로의 인도에 의해 달성된다는 점을 고려하여, 본건 인도 결정은 집행된다면, 제3조에 위반한다고 인정한다.

2. 버지니아주에서의 사형 판결에 대한 상소 절차의 대부분에 있어서 법률구조가 행해지지 않으므로 제6조 3항 (c)의 보장이 확보되지 않는다는 주장에 대해서는 청구국에 있어서 재판 거부를 야기할 위험이 있는 경우, 예외적으로 인도 결정이 제6조의 문제를 일으키는 것은 배제되지 않지만, 본건에서 그와 같은 위험은 인정되지 않고, 이 점에서 제6조 3항 (c)의 문제는 생기지 않는다.

인도절차에 있어서 정신의학상의 증거가 고려되지 않은 것에 대한 불복은 인권위원회 절차에서는 제출되지 않았으므로 인권재판소는 이 문제를 취급할 권한이 없다.

3. 인권재판소는 제13조 위반은 아니라는 것을 이유로 영국에 의한 제13조의 부적용 신청에 대하여 판단을 회피한다. 결국 영국의 재판소는 제3조의 문맥에서 기술된 것과 같은 불복을 심사할 권한을 가지고 있지 않다는 주장에 대해서는 영국 정부는 인도사건에서의 판례법상의 '비합리성의 기준'은 비인도적 대우의 심각한 위험이 있다는 것이 증명되는 국가로의 인도 결정을 재판소가 파기하는 것이 가능하다고 말하고 있고, 인권재판소는 그에 만족한다. 또 재판소가 집행정지를 명할 권한을 가지고 있지 않다는 점도 실제로 도망범죄인이 고등법원합의법정에 대한 제소 및 그 결정에 대한 상소의 결정 이전에 인도되고 있다는 것은 나타나 있지 않고, 실효성을 해치는 것은 아니다. 따라서 제13조 위반은 아니다.

4. Soering은 판결의 집행을 위하여 체약국에게 구체적인 지시를 하도록 요청하고 있지만, 인권재판소는 협약 상 이와 같은 추가적 지시를 부여할 권능은 없다. 영국에 의해 다투어 지지 않으므로 영국에는 Soering이 부담한 소송비용을 전액 지불할 의무가 있다(이상 모든 판단의 결론에 대해서도 전원일치).

〔Kindler 사건〕

Joseph Kindler v. 캐나다, B규약 인권위원회, 1993년 7월 30일, RHRC (1993) 138; ORHRC(1992/93-Ⅱ) 559.

[사 실]

Kindler는 미국 국민으로서 펜실베니아주에서 살인을 범하고 배심에 의해 사형의 권고를 받았다(이 권고는 재판소를 구속한다). 그러나 형의 선고를 받기 전에 도망하여 캐나다로 불법입국했다. 캐나다는 사형을 일부의 군사관련 범죄를 제외하고는 폐지하고 있다. 또 이 사건에 대해서는 형사관할권을 가지고 있지 않다. 미국은 캐나다와의 「도망범죄인인도조약」에 기하여 인도를 청구했다. 동 조약도 위의 Soering사건에서의 영미조약과 마찬가지로 '보증'에 대한 규정을 두고 있다. 그렇지만 캐나다 법무부장관은 본건에 대하여 미국에 대하여 보증을 요청하지 않을 것을 결정했다. 이에 불복하여 Kindler는 최종적으로는 캐나다 최고재판소에 상고했지만, 동 재판소는 그의 인도는 캐나다인권헌장에 위반하지 않는다고 판단했다. Kindler의 B규약 선택의정서에 기한 통보는 판결이 내려진 날 등록되었다. B규약 인권위원회(이하 인권위원회라고 한다)의 특별보고자는 캐나다에게 가보전조치를 요청했지만 그는 미국으로 인도되었다.

[견해 요지]

1. 캐나다에 의하면, 본건은 체약국의 관할 외에서 야기된 위반을 주장하는 것이므로 장소적으로 수리불능이라고 주장하지만, 체약국이 관할 하에서 취한 조치의 필연적이고도 예견가능한 결과로서 다른 나라의 관할 하에서 규약의 위반이 발생된다면, 체약국 자신의 B규약 위반이 문제가 될 수 있다. 또 캐나다에 의하면, 인도는 의도적으로 규약의 적용 범위 밖에서 행해졌으므로 사항적으로 수리불능이라고 주장하지만, 규약의 각 규정의 위반은 문제가 될 수 있기 때문에 각 조문별로 검토한다. B규약 제13조(외국인의 추방에 대한 절차적 보장)에 대해서는 인도에 대해서도 일반적으로는 적용가능하지만, 이 규정의 위반을 근거로 삼는 논의는 없었다. B규약 제6조(생명권) 및 제7조(비인도적 대우·형벌의 금지)에 대해서는 구체적 사실과의 관계에서 문제가 될 수 있으므로 이 양 조문에 관한 한 통보를 수리할 수 있다.

2. ① 우선, 제6조에 대해서는 그 제1항은 가장 중대한 범죄에 대하여 사형을 과하는 것을 금지하고 있지 않은 제2항과 결부시켜 읽을 필요가 있다. 따라서 Kindler가 미국에서 제6조 2항의 위반의 위험에 처해있는가가 문제되지만, 그가 범한 범죄는 계획적 살인(모살(謀殺) premeditated murder)으로서 가장 중대한 범죄이고, 그는 범행 당시 18세를 넘고 있었다. 또 캐나다의 재판소에 있어서 상세한 심리가 행해지고 있었고, 그의 유죄판결에 관한 모든 증거가 심사되었다. 이 상황에 비추어 본다면, 제6조 1항에서는 미국으로의 인도를 거부할 의무는 생기지 않는다. 다음으로, 일반적으로 사형을 폐지하고 있는 사실에 의해 캐나다는 인도를 거부한다. 혹은 보증을 요구할 의무가 발생하는가 여부에 대해서는 만약 인도 결정이 보증 없이 자의적으로, 또는 약식으로 행해진다면, B규약 제6조에 위반할 것이다. 그러나 법무부장관은 보증을 요구하는 논의를 심사한 후 결정한 것이고, 나아가 캐나다가 보증을 요구하지 않은 이유, 즉, 살인범의 '천국'이 되어버리는 것을 피했다고 하는 점을 고려한다면, 이 점으로부터 위반은 인정되지 않는다.

② '죽음의 순번 대기'현상이 제7조에 위반되는가 여부에 대해서 인권위원회는 Kindler의 개인적 사정, 사형수의 구금의 구체적 조건, 사형 집행의 방법을 고려하고, 이 문맥에서 인권재판소의 상기 Soering사건에 대한 판결을 주의깊게 고려한다. 이 사건과 본건과는 인도되는 자의 연령과 정신상태의 점에서 다르고, 또 Kindler측

은 펜실베니아주에서의 집행까지 요구하는 시간이나 구금의 조건, 나아가서는 집행의 방법에 대하여 구체적인 주장을 하지 않았다. 게다가 인권위원회는 사형폐지국으로부터의 다른 인도청구는 본건에서는 없었다는 점도 유의한다. 따라서 제7조의 위반은 인정되지 않는다.

③ 마지막으로, 캐나다가 특별보고자의 가보전조치의 요청에 따르지 않은 점은 유감이다.

Ⅲ. 정치범불인도의 원칙

정치범죄인이란 개념은 프랑스혁명을 계기로 생겨났다. 즉, 정치범불인도가 인정되게 된 근본원인은 프랑스혁명 이후 개인의 정치적 신념을 존중하는 풍조가 일반적으로 확산되었으며, 또한 프랑스혁명의 영향을 받아 많은 국가들의 정정(政情)이 불안정하게 되자 타국의 현정권에 협력하기 위하여 정치범을 인도하더라도 그 정권이 타도된 경우에는 자국에 불리한 위험이 있으므로 타국의 국내정치투쟁에 관여하지 않는 것이 현명하다고 생각했기 때문이다. 정치범죄란 특정국가의 정치질서를 침해하는 범죄라고 정의할 수 있다. 즉, 특정국가의 정치형태의 변경 또는 일부지역의 분리 독립을 목적으로 하는 범죄이다. 정치범죄는 특정국가의 정치적 질서의 침해를 목적으로 하는 범죄이므로 모든 국가의 정치형태를 부정하는 무정부주의 등의 반사회적 범죄는 이에 해당되지 않는다.

정치범죄를 목적으로 하면서 동시에 보통범죄를 범한 이른바 상대적 정치범죄에 관해서 불인도의 원칙이 적용되는가? 이에 관해 일치된 관행은 없으나 많은 국가들은 원수나 그의 가족에 대한 가해를 정치범죄로 보지 않는다는 조항(벨기에조항 Belgium Clause)[2]을 조약이나 국내법에 규정하고 있다. 또 집단살해죄는 범죄인 인도에 관해서는 정치범죄로 인정되지 않는다(Genocide 조약 제7조). 항공기납치범(hijacker)도 그것이 설사 정치적 목적으로 행해진다 할지라도 정치범으로 인정하지 않는다(Hague 조약 제8조). 이러한 경우는 인도상의 고려를 중시한 것이라 할 수 있다.

정치범불인도와 관련하여 최근 특히 문제가 되는 것은 이른바 정치망명자(political

2) 1854년 나폴레옹 3세의 살해를 기도한 범인이 벨기에로 도망하여 프랑스정부가 그 인도를 요구하였다. 범인은 벨기에의 1833년의 범죄인인도법에 정치범불인도가 규정되어 있음을 방패삼아 벨기에재판소는 불인도의 권리를 주장하였다. 결국 프랑스가 도중에 인도요구를 철회하여 무사하게 되었으나, 한 때 벨기에는 궁지에 빠지게 되었던 것이다. 이 경험에 비추어 벨기에는 범죄인인도법을 개정하여 '외국수반 및 그 가족에 위해를 가하는 행위'는 정치범죄로 보지 않는다는 조항을 첨가하였다. 이것이 바로 '벨기에조항'이다.

refugee)의 인도 문제이다. 위에서 정의한 순수한 정치범이 아닌 경우에도 인도 청구국에 있어서 정치적 박해를 받을 위험성이 있는 경우에는 정치범에 준하여 취급하는 범죄인 인도조약의 예가 주목된다. 예컨대 1957년의 「유럽범죄인 인도조약」(European Convention on Extradition)은 정치범의 불인도를 규정함에 있어서 보통범죄의 인도청구가 범죄인을 그 인종·종교·국적 또는 정치적 의견의 차이를 이유로 하여 소추 또는 처벌할 목적으로 행해진 것이라고 피청구국이 믿을 만한 충분한 근거가 있는 경우에는 이 불인도의 원칙이 적용되어야 한다고 하여 정치적 망명자의 불인도를 규정하고 있다(유럽범죄인인도조약 제3조).

Ⅳ. 자국민불인도의 원칙

인도되는 범죄인은 원칙적으로 외국인에 한하며, 범죄인이 자국민인 경우에는 인도되지 않는다. 이것을 자국민불인도의 원칙이라고 한다. 형사관할권에 있어서 원칙적으로 속인주의를 채택하고 있는 대륙법계의 많은 국가들이 이 원칙을 취하고 있으나, 속지주의를 채택하고 있는 영국과 미국에서는 자국민도 인도한다.

범죄인인도조약의 근본취지가 국제사회의 사법적 협력을 통하여 형사재판의 적정한 집행을 확보한다고 하는 관점에서 본다면, 자국민불인도의 원칙은 그 이론적 기반을 상실하고 있다. 왜냐하면 증거조사 등을 생각해 볼 때 범죄인의 재판관할권은 범죄지국가에서 행해지는 것이 가장 합리적이기 때문이다. 1957년의 「유럽범죄인 인도조약」에 의하면, 각 체약국은 자국민의 인도여부에 관한 결정권을 가지지만, 자국민을 인도하지 않는 경우에도 청구의 원인이 된 범죄가 일정한 조건을 충족시키게 되면, 그를 소추할 의무를 지도록 되어 있다.

제 14 장 국제인권법

제 1 절 인권의 보호와 국제법

전제군주국가시대와 절대주의국가시대에는 국가가 국민 위에 군림하였으며, 또한 이 시기는 개인의 인권이 가장 보장되지 못했던 시기이기도 하였다.

그러나 1776년의 미국 독립선언이나 1789년의 프랑스 인권선언 등에 의하여 '인민의, 인민에 의한, 인민을 위한' 정부가 출현함으로써 인민은 스스로 정부와 국가기구를 조직하고 인권을 확보할 가능성을 가지게 되었다. 이처럼 개인은 국가권력으로부터 인권을 수호할 길을 열었지만, 최근에 이르기까지 인권은 국내에서 보장되는데 지나지 않았으며, 그것은 헌법과 법률에 기초한 것으로 본질적으로 '국내사항'에 속하는 것으로 간주될 뿐이었다. 그리하여 국가는 자국민뿐만 아니라 자국 영역 내에 있는 외국인에 대해서도 속지적 관할권을 행사하고 국내법에 의해 인권을 보장해왔다.

국제법상 인권과 관련하여 이전부터 문제가 된 것은 국가가 자국 내에 있는 외국인에 대하여 어느 정도의 보호와 대우를 할 의무가 있는가라는 표준과 한도를 설정하는 것이었다. 이 점에 관해서는 국내표준주의와 국제표준주의가 대립하고 있으며, 현재까지 일반 국제법상 선진국 수준의 국제표준주의가 확립된 원칙이라고는 할 수 없으나, 적어도 내국인 평등의 원칙은 확립되게 되었다.

또 다른 국제법적 관심사는 소수민족(national minorities)과 소수자(minorities) 보호의 문제였다. 소수민족이란 한 국가 내에서 지배적인 다수민족과는 다른 민족에 속한 소수자를 말하는 데, 그들에 대한 압박은 종종 타국에 의한 '인도적 간섭'(humanitarian intervention)의 원인이 되어 국제적 긴장을 초래하였다. 소수자의 보호도 초기에는 종교상의 소수자에 대한 종교의 자유에 중점을 두고 있었지만 19세기에 들어와서는 인종상의 소수자 보호문제가 대두되었다. 특히 제1차 세계대전 이전의 조약에 의거한 소수민족의 인권보장은 각 국가에 위임되어 있었기 때문에 그 내용이 불충분하고, 정책적으로 왜곡되었다. 따라서 인권문제를 국제법상의 일반적 과제로 등장시키는 데 결정적으로 공헌한 것은 제2차 세계대전이라고 할 수 있다. 1941년에 채택된 「대서양헌장」은 "적국에 대한 완전한 승리만이 다른 국가들뿐만 아니라 연합국 자신의 국내에 있어서 생명·자유·독립과 종교적 자유를 방위하고, 또한 인권과 정의를 보전하는 데 필요 불가결한 것이다"라고 규정하였으며, 1942년의 연합국선언에서 연합국 26개국은 동헌장의 제목적과 원리에 동의하여, 기본적 인권의 국제적 승인이 국제법의 이념에 합치하고 세계평화의 조건이라는 것을 인정하였다.

이와 같은 배경 하에 인권의 실현과 보호가 UN의 목적 중의 하나가 된 것은 당연하다고 볼 수 있다. UN헌장은 1948년 「세계인권선언」을 채택하는 계기가 되었으며, 또한 UN을 통하여 다수의 다자조약(예: 국제인권규약)이 체결되었다.[1] 지역 차원에서도 「유럽인권협약」과 「미주인권협약」, 및 「아프리카인권헌장」이 채택되었다.

제 2 절 UN헌장에 근거한 인권보장제도

Ⅰ. UN헌장의 인권규정

UN은 헌장의 전문 및 본문에서 여러 차례에 걸쳐 인간의 기본권, 인간의 가치와 존엄성을 강조하고 있다. 인류에 있어 가장 큰 비극인 전쟁의 원인이 인간의 기본권을 경시한 데서 유래한다고 보았기 때문에 국제평화와 안전을 그 목적으로 하는 UN으로서는 이와 같은 규정은 당연한 것이라고 할 수 있다.

헌장은 그 전문에서 "기본적 인권, 인간의 존엄 및 가치, 남녀 및 대소 각국의 평등권에 대한 신념을 재확인"하고 있다. 또 제1조 3항은 "경제적·사회적·문화적 또는 인도적 성격의 국제문제를 해결하고, 또한 인종·성별·언어 또는 종교에 따

1) 「세계인권선언」과 「국제인권규약」을 일컬어 국제인권장전(International Bill of Human Rights)이라고 한다.

른 차별 없이 모든 사람의 인권 및 기본적 자유에 대한 존중을 촉진하고 장려함에 있어 국제적 협력을 달성한다"고 함으로써 UN의 기본적 인권의 보편적 존중에 대해 규정하고 있다. 게다가 제9장에서 '경제적 및 사회적 국제협력'에 관한 장을 두고 있으며, 그 가운데 제55조는 "사람의 평등권 및 자결원칙의 존중에 기초한 국가 간의 평화롭고 우호적인 관계에 필요한 안정과 복지의 조건을 창조하기 위하여" UN은 아래의 내용을 촉진해야 한다고 구체적으로 규정하고 있다.

- 보다 높은 생활수준, 완전고용 그리고 경제적 및 사회적 진보와 발전의 조건
- 경제, 사회, 보건 및 관련 국제문제의 해결 그리고 문화 및 교육상의 국제협력
- 인종, 성별, 언어 또는 종교에 관한 차별 없이 모든 사람을 위한 인권 및 기본적 자유의 보편적 존중과 준수

뿐만 아니라 제56조에서 "모든 회원국은 제55조에 규정된 목적의 달성을 위하여 기구와 협력하여 공동의 조치 및 개별적 조치를 취할 것을 약속(pledge)"하고 있다.

그리고 제62조는 경제사회이사회의 권한의 하나로써 "(경제사회)이사회는 모든 사람을 위한 인권 및 기본적 자유의 존중과 준수를 촉진하기 위하여 권고할 수 있다"고 규정하고 있다.

또 제68조는 "경제사회이사회는 경제적 및 사회적 분야의 위원회, 인권의 신장을 위한 위원회 및 이사회의 임무 수행에 필요한 다른 위원회를 설치한다"고 규정하고 있다.

그 밖에 제76조는 "인종, 성별, 언어 또는 종교에 관한 차별 없이 모든 사람을 위한 인권과 기본적 자유에 대한 존중을 장려하고, 전 세계 사람들의 상호의존의 인식을 장려하는 것"을 신탁통치이사회의 기본목적의 하나로 설정하고 있다.

UN헌장의 이러한 규정들은 UN 혹은 회원국의 기본적 인권 분야에서의 활동목표를 제시하고 있지만, 회원국이 이 규정들로부터 구체적인 인권존중의 국제적 의무를 지는가에 대해서는 의견이 대립하고 있다.

첫째, UN의 이러한 규정들은 일반원칙을 선언한 것이며, 인간의 기본권을 구체적으로 보장하기 위한 방법도 정해져 있지 않다는 입장이다. 이 입장에 의하면, UN헌장 제56조의 '약속한다'(pledge)란 용어는 법적 의무를 함축하는 것 같으나, 현재의 상황은 미래에 인권의 실현을 향하여 협력할 것을 약속한 것에 지나지 않으며, 회원국에게 인권존중의 법적 의무를 과한 것이라고 볼 수는 없다(Sei Fujii v. California사건 및 Apartheid사건).

둘째, 회원국들은 UN헌장의 인권보장규정이 정하는 국제적 의무를 진다고 하는

입장이다. 이 점에서 UN헌장 제56조의 '약속한다'는 것은 의무를 의미하고, '모든 회원국은 ... 공동의 조치 및 개별적 조치를 취함'으로써 '인종, 성별, 언어 또는 종교에 관한 차별 없이 모든 사람을 위한 인권과 기본적 자유에 대한 존중'을 '달성하기' 위하여 행동해야 할 구체적 법적 의무를 져야 한다.2)

위 두 가지 견해 가운데 첫 번째 입장이 타당하다고 본다. 왜냐하면 UN헌장의 인권규정은 UN 및 그 회원국이 달성해야 할 목표를 제시하고, 그를 위한 국제협력을 규정하는데 지나지 않고, 일반적으로 회원국에게 구체적 법적 의무를 부과할 수는 없다고 보아야 하기 때문이다. 즉, UN헌장은 존중해야 할 인권 내용에 대한 구체성을 결여하고 있으므로 헌장이 회원국에게 직접적으로, 그리고 즉시에 인권 존중의 의무를 부과하고 있다고는 볼 수 없다.3)

Ⅱ. UN 인권이사회

UN헌장 제68조는 경제사회이사회(Economic and Social Council: ECOSOC)에 경제, 사회 분야 및 인권증진을 위한 위원회를 설치할 권한을 부여하고 있다. 이에 의거하여 경제사회이사회는 1964년에 인권위원회(Commission on Human Rights)를 만들었다. 하지만 이 인권위원회는 그 운영과정에서 쿠바 등 비동맹측으로부터는 국가별 결의안 제도 운용의 선별성, 정치화 경향, 비효율성 문제로, 미국 등으로부터는 소위 인권불량국가의 위원국 진출에 대해 강한 비판에 직면하게 되었다. 이에 코피 아난(Koffi Annan) UN 사무총장은 UN 개혁의 일환으로 2005년도부터 인권이사회 설립을 위해 UN 회원국간 적극적 교섭을 진행하였다. 그리하여 2006년 3월 15일, 총회 본회의에서 인권이사회(Human Rights Council: HRC) 설립 관련 결의(A/60/L.48)가 통과되었고, 이 결의를 근거로 인권이사회가 설립되었다.

인권이사회의 설립은 '안보, 개발, 인권'이라는 UN 설립의 3대 핵심축의 하나

---

2) 이한기 교수는 "헌장의 규정만으로는 회원국이 그 국내에서 구체적인 인권을 적극적으로 보장할 의무를 지고 있다고는 말할 수 없다"고 하면서도 "인권과 기본적 존중이 UN의 목적이며 이 목적을 달성하기 위한 UN의 노력에 협력하며, 개별의 행동을 취할 것을 서약하고 있으므로 UN 회원국은 그 국내에서 UN의 목적에 반하는 인권침해행위를 삼가야 할 소극적 의무와 UN이 그 목적 달성을 위하여 행하는 활동에 협력해야 하는 도덕 이상의 의무를 지고 있다고 할 수 있다"고 하여 두 번째 입장을 취하고 있다. 이한기, 국제법강의(신정판, 박영사, 2006), pp.438-439.

3) 畑 博行·水上天之 編, 國際人權法概論(第4版, 有信堂, 2006), p.25.

인 인권의 중요성이 제도적인 측면에서 확립되었다는 의미와 동시에 UN 개혁이 한 단계 진전되는 계기가 되었다는 의미를 가진다.

인권이사회는 총 47개 UN 회원국으로 구성되며, UN 총회에서 회원국 절대 과반수로 선출되게 된다. 인권이사회 이사국의 지역그룹별 의석수는 아시아 및 아프리카 각각 13석, 동구 6석, 중남미 8석 및 서구 7석이다(인권이사회 결의 60/251 제7호).

인권이사회는 공정하고 평등한 방법으로 어떠한 차별 없이 모든 사람의 인권과 기본적 자유의 보호에 대한 보편적인 존중을 증진시킬 임무가 있다. 또한 인권이사회는 중대하고 조직적인 인권침해를 포함한 인권침해 상황을 다루어야 하며, 그에 대한 권고를 행한다. 그리고 인권이사회는 UN 체제 내에서 인권을 효율적으로 조정하고 주류화해야 한다. 이를 바탕으로 인권이사회는 특히, 다음의 역할을 수행해야 한다(동 결의 60/251 제5호).

(a) 회원국의 동의와 협의로 인권교육과 학습, 권고서비스, 기술지원, 역량구축 증진
(b) 모든 인권의 주제별 이슈에 대하여 대화의 장 역할
(c) 인권분야에서 더 나은 국제법의 발전을 위하여 총회에 권고
(d) 국가들이 이행하여야 할 인권 의무에 대한 완전한 이행 및 UN회의와 정상회의에서 나오는 인권의 증진 및 보호와 관련된 목표와 책무에 대한 후속조치
(e) 국가별 인권상황의 정기검토(Universal Periodic Review)
(f) 대화와 협력을 통한 인권침해 방지 공헌·인권관련 비상사태에 신속하게 대응
(g) 1993년 12월 20일 일반총회 결의 48/141이 명시하는 바와 같이, UN 인권최고대표[4)]의 업무와 관련하여 인권위원회의 역할과 책임 수락
(h) 각국 정부, 지역 단체, 국가인권기구 및 시민사회와 인권분야에서의 협력
(i) 인권 증진 및 보호와 관련한 권고
(j) 연례보고서의 UN 총회 제출

---

4) UN 인권최고대표사무소(Office of the United Nations High Commissioner for Human Rights: OHCHR)는 UN 난민최고대표사무소(Office of the United Nations High Commissioner for Refugees: UNHCR)와 마찬가지로 국제사면위원회와 같은 주요 NGO들과 일부 정부의 계속되는 요청에 힘입어 설립되었다. 세계인권회의(비엔나, 1993년)에 참가한 171개국 대표들은 인권최고대표사무소의 설립에 합의하였고, 1993년 12월 20일에 UN 총회는 결의 48/141을 채택하여 'UN 인권활동의 최고 책임을 지닌 UN 관료'로서 사무차장에 해당하는 인권최고대표직을 신설하였다.

과거의 인권위원회는 경제사회이사회의 보조기관으로서의 성격을 가지고 있었으나 현행 인권이사회는 총회 보조기관으로서의 법적 성격을 가지고 있다. 다만 UN 총회는 인권이사회 발족 5년 이내 동 이사회의 법적 지위를 재검토하게 된다(동 결의 60/251 제2호).

인권이사회의 이사국의 임기는 3년이고, 3선 연임은 불가능하다. 이사국이 되고자 하는 UN 회원국은 인권보호·증진 기여에 대한 자발적 공약(voluntary pledges)을 제출하여야 하며, 만일 중대한 인권침해시 총회 2/3 다수결로 그 자격을 정지시킬 수 있다.

인권이사회는 1년에 정기적으로 최소 총 10주 동안의 회의 기간과 주요 회의를 포함한 연간 3회 이상의 회의를 가진다. 필요한 경우, 이사회 회원의 요청과 이에 따른 인권이사회 이사국 3분의 1의 지지로 특별회기를 개최할 수 있다(동 결의 60/251 제10호).

제 3 절 세계인권선언

UN헌장은 기본적 인권의 존중을 일반적으로 규정하였으나, 보호해야 할 인권을 구체적으로 규정하지 않고 있다. 인권에 관한 UN헌장의 규정을 구체화할 목적으로, UN 총회는 1948년 12월 10일에 「세계인권선언」(Universal Declaration of Human Rights)을 채택하였다. 정치, 경제, 사회, 문화 등의 인권을 담고 있는 이 선언은 보편적인 국제기구에 의해서 주창된 최초의 포괄적인 인권문서이다.

「세계인권선언」은 전문과 본문 30개조로 구성되어 있다. 전문에서 "인류 가족 모든 구성원의 고유한 존엄성과 평등하고 양도할 수 없는 권리를 인정하는 것이 세계의 자유, 정의, 평화의 기초가 됨을 인정"하고, 본문에서는 구체적으로 개별 권리에 관한 상세한 규정을 두고 있다.

「세계인권선언」은 인권의 기본적 내용은 시민적 및 정치적 권리와 경제적, 사회적 및 문화적 권리의 두 가지로 나누고 있다.

첫째, 시민적 및 정치적 권리에 대해서는 제1조~제22에서 규정하고 있다. 제1조는 "모든 사람은 태어날 때부터 자유롭고, 존엄성과 권리에 있어서 평등하다. ..."고 하여 자유평등에 대해 규정한다. 제2조는 "모든 사람은 인종, 피부색, 성, 언어,

종교, 정치적 또는 그 밖의 견해, 민족적 또는 사회적 출신, 재산, 출생, 기타의 지위 등에 따른 어떠한 종류의 구별도 없이, 이 선언에 제시된 모든 권리와 자유를 누릴 자격이 있다"고 하면서, "개인이 속한 나라나 영역이 독립국이든 신탁통치지역이든, 비자치지역이든 또는 그 밖의 다른 주권상의 제한을 받고 있는 지역이든, 그 나라나 영역의 정치적, 사법적, 국제적 지위를 근거로 차별이 행하여져서는 아니된다"고 규정하고 있다. 이 외에도 생명·자유·신체의 안전에 대한 권리(세계인권선언 제3조), 노예·강제노동의 금지(동 선언 제4조), 고문 및 잔혹한 대우·형벌의 금지(동 선언 제5조), 법 앞에 인간으로서 인정받을 권리(동 선언 제6조), 법 앞의 평등(동 선언 제7조), 기본적 권리의 침해 행위에 대하여 국내법원에 의한 구제를 받을 권리(동 선언 제8조), 자의적인 체포, 구금 또는 추방을 당하지 않을 권리(동 선언 제9조), 독립적이고 편견 없는 법정에서 공정하고도 공개적인 심문을 전적으로 평등하게 받을 권리(동 선언 제10조), 유죄로 입증될 때까지 무죄로 추정받을 권리 및 사후법(事後法)에 의해 처벌받지 않을 권리(동 선언 제11조), 사생활, 가정, 주거 또는 통신에 대하여 자의적인 간섭을 받지 않으며, 자신의 명예와 신용에 대하여 공격을 받지 않을 권리(동 선언 제12조), 거주와 이전의 자유에 관한 권리 및 어떤 나라로부터도 출국할 권리·자국으로 돌아올 권리(동 선언 제13조), 박해를 피하여 타국에서 피난처를 구하고 비호를 향유할 권리(동 선언 제14조), 국적을 가질 권리(동 선언 제15조), 혼인하여 가정을 이룰 권리(동 선언 제16조), 재산을 소유할 권리(동 선언 제17조), 사상, 양심 및 종교의 자유에 대한 권리(동 선언 제18조), 의견과 표현의 자유에 관한 권리(동 선언 제19조), 집회와 결사의 자유에 관한 권리(동 선언 제20조), 자국의 정치에 참여할 권리 및 공무에 취임할 권리(동 선언 제21조) 및 사회보장을 받을 권리 및 경제적, 사회적 및 문화적 권리를 실현할 권리(동 선언 제22조) 등이 이에 해당한다.

둘째, 경제적, 사회적 및 문화적 권리에 대해서는 제23조~제27조에서 규정한다. 제23조의 노동의 권리, 동등한 보수를 받을 권리 및 노동조합을 조직하고 참가할 권리, 제24조의 노동시간의 제한과 휴식 및 여가를 가질 권리, 제25조는 건강, 복지에서 충분한 생활수준을 유지할 권리, 제26조의 교육을 받을 권리 및 제27조의 문화생활에 참가할 권리가 이에 해당한다.

그리고 제28조~제30조는 일반규정에 해당한다. 제28조는 이 선언에 제시된 권리와 자유가 완전히 실현될 수 있는 사회적 및 국제적 질서에 대한 권리를, 제29조는 모든 사람은 그 안에서만 자신의 인격을 자유롭고 완전하게 발전시킬 수 있는 공동체에 대하여 의무를 부담할 것, 자신의 권리와 자유를 행사함에 있어서 타인의 권리와 자유에 대한 적절한 인정과 존중을 보장할 것 및 민주사회에서의 도덕심, 공공질서, 일반의 복지를 위하여 정당한 필요를 충족시키기 위한 목적에서만 법률에 규정된 제한을 받을 것을, 그리고 제30조는 이 선언의 그 어떠한 조항도 특정 국가, 집단 또는 개인이 이 선언에 규정된 어떠한 권리와 자유를 파괴할 목적의 활동에 종사하거나, 또는 그와 같은 행위를 행할 어떠한 권리도 가지는 것으로 해석되지 아니한다는 것에 대해 규정한다.

위에서 보는 바와 같이, 「세계인권선언」은 그 내용에 있어 사회권적 권리보다도 자유권적 권리를 중시하고 있다. 이 점에서 「세계인권선언」은 유럽적 가치와 사고에 기반을 두고 있다고 평가된다. 또한 이 선언은 민족자결권에 대해서는 언급하고 있지 않으며, 식민지주민에 대한 고려는 단순히 형식적 혹은 추상적으로 규정하고 있다.[5)]

마지막으로, 「세계인권선언」의 법적 효력에 관한 문제이다. 이에 대한 가장 일반적 견해는 「세계인권선언」은 UN 총회에 의해서 법적인 구속력이 없는 '결의문'으로 채택되었으며, 조약이 아니므로 법적인 구속력을 가지지 못한다는 것이다. 이 견해에 의하면, 선언의 전문에 나타나 있듯이, 이 선언을 채택하는 목적은 UN 헌장에 명시된 인권과 기본적 자유에 대한 '공통의 이해'(common understanding)를 제공하는 동시에, 모든 민족과 국가들이 성취해야 할 공통된 기준을 제시하려는 것에 지나지 않는다.[6)] 하지만 이와는 달리, 「세계인권선언」의 법적인 효력을 인정하는 견해도 있다. 즉, 이 견해는 「세계인권선언」의 내용이 여러 국내·국제 판결 또는 국내헌법에서 채택되는 등 규범적 효력을 인정받고 있고, 또한 다수의 조약에서도 채용되어 국제사회에 지대한 영향을 미치고 있다는 것을 그 근거로 들고 있다. 따라서 「세계인권선언」이 UN 회원국들에게 선언의 내용을 지켜나갈

---

5) 카렐 바삭은 「세계인권선언」이 다음과 같은 문제점을 내포하고 있다고 지적하고 있다.

① 선언에 있어서는 인권과 시민권의 상이함이 애매하고, 이러한 모든 권리가 인권이라고 하는 범주 안에 같이 존재한다.

② 선언은 현재, 보다 정확하게는 근접된 과거와 충분하게 연관되어 있지 못하다. 그것은 모든 사람의 분개를 초래한 현상에 대해 언급하지 않고, 인권의 유린을 충분히 단죄하지 않고 있다. 또 인권이 갖는 본질적으로 민주적인 목적에 반하는 방법으로 인권이 이용되는 길을 차단하지 않고 있다.

③ 이는 결국 선언이 분명한 정치적 성격을 갖지 않는다는 것을 뜻하고 있다.

④ 이 선언에 있어서 경제적·사회적 및 문화적 권리에 대한 설명은 단지 언급된 것에 불과하고, 다른 여러 권리에 필적될 만한 방법으로 음미되지는 않는다. 이러한 탓으로 이 선언은 균형을 잃고 있다.

⑤ 제29조 제1항의 짧은 규정을 제외하면 이 선언에는 인간의 권리에 대응하는 것, 곧 인간의 의무에 대한 언급이 없다. 카렐바삭, 박홍규 옮김, 인권론(실천문학사, 1986), pp.49-51.

6) 토마스 버겐탈, 양건·김재원 옮김, 국제인권법(증보판, 교육과학사, 2001), p.32.

법적인 의무를 부여하고 있다는 것은 당연하며, 보다 본질적인 문제는 이 선언이 전체적으로 법적인 효력이 있는가, 없는가에 초점을 두는 것이 아니라, 구체적으로 선언에 나타나는 권리들이 모두 선포된 내용 그대로 법적인 구속력을 가지는가하는 점이라고 주장하고 있다.[7] 이 두 가지 입장을 검토해 보건대, 「세계인권선언」은 그 자체로 UN 회원국을 법적으로 구속하는 것은 아니며, 모든 인민과 국가가 달성해야 할 공통의 기준으로서 채택된 것이다. 그것은 도덕적으로 충분한 가치를 갖고 있으나, 회원국이 이 선언에 규정된 기본적 인권을 국내적으로 실현할 법적 의무는 없다. 그러나 선언의 채택 이후 국가관행에 적지 않은 영향을 미치고 있고, 인권조약에서도 채용되는 등 국제관습법으로서의 지위를 가지고 있다고 볼 수 있으므로 그 법적 효력을 인정하는 것이 타당할 것이다.

제 4 절 국제인권규약

세계인권선언의 선언적 원칙들을 구속력 있는 일반조약으로 만들기 위하여 인권위원회, 경제사회이사회, 총회에서 18년간의 심의를 거친 후 1966년 12월 16일 UN 총회에서 두 개의 인권규약, 즉 「경제적·사회적·문화적 권리에 대한 국제규약」(A규약 혹은 사회권규약)과 「시민적·정치적 권리에 관한 국제규약」(B규약 혹은 자유권규약) 및 「자유권규약에 대한 선택의정서」의 3개 조약이 채택되었다. 동 규약의 발효에는 35개국의 비준이 필요하고, 1976년에 발효하였다. 그리고 1989년 12월 15일 「사형폐지를 위한 시민적 및 정치적 권리에 관한 국제규약 제2선택의정서」가 채택되어 1991년 7월 11일 발효함으로써 자유권규약은 2개의 부속의정서를 갖게 되었다. 국제인권규약은 법적 구속력과 보편성을 가지는 일반규약이라는 점에서 획기적이라 할 수 있다.

7) *Ibid.* 이 외에도 버겐탈은 「세계인권선언」의 법적 효력에 관하여 학자들 간에 불일치를 보이고 있는 점으로 ① 어떤 상황 하에 그 법적 효력에 변화가 있는가, ② 선언이 법적인 구속력이 있다면, 그러한 구속력을 주는 근거는 「세계인권선언」이 국제관습법의 일부이기 때문인가, 혹은 그것이 UN 헌장 속의 인권규정을 상세히 유권해석한 것이기 때문인가 등을 들고 있다.

여기에서는 그 주요한 내용을 전문, 총칙, 실체규정, 그리고 실시조치 및 잡칙, 최종규정으로 나누어 개설하기로 한다.

Ⅰ. 전 문

전문은 양 규약 공통으로 되어 있다. 그 핵심적인 내용은 UN헌장상의 제(諸)원칙에 따라 인류사회의 모든 구성원 고유의 존엄과 평등하고 양도할 수 없는 권리를 승인하는 것은 세계에 있어서의 자유·평등 및 평화의 기초이며, 이러한 제(諸)권리는 인간고유의 존엄에서 유래한다고 밝히고 있다. 그리고 「세계인권선언」에 따라 공포와 결핍으로부터의 자유를 향유하는 자유로운 인간의 이상은 개개인의 경제적·사회적 및 문화적 제(諸)권리와 시민적·정치적 제(諸)권리를 향유할 수 있는 조건이 갖추어질 때에만 달성된다는 취지가 선언되어 있다.

Ⅱ. 총 칙

양 규약의 제1부와 제2부는 모두 총칙적 규정으로 되어 있다. 양 규약 모두 제1부는 인민의 자결권으로서 단독 1조로서 1부를 이룬다. 즉 모든 사람은 자결권을 가지며, 이 권리에 기초하여 모든 사람은 그들의 정치적 지위를 자유로이 결정하고, 또한 그들의 경제적, 사회적 및 문화적 발전을 자유로이 추구한다(국제인권규약 공통 제1조 1항). 또한 호혜의 원칙에 입각한 국제경제협력으로부터 발생하는 의무 및 국제법상의 의무에 위반하지 아니하는 한, 그들 자신의 목적을 위하여 그들의 천연의 부와 자원을 자유로이 처분할 수 있으며, 어떠한 경우에도 그들의 생존수단을 박탈당하지 않는다(동조 2항)고 규정하고 있다. 제2부는 일반적 규정으로서 양 규약 모두 4개조로 구성되어 있다. 즉, 규약당사국은 입법을 포함한 적절한 조치에 의해 규약상의 인권실현을 위해 노력할 것, 규약상의 제(諸)권리가 인종, 피부색, 성, 언어, 종교, 정치적 기타의 의견, 국민적·사회적 출신, 재산, 출생 그 외의 지위 등에 의해 차별 없이 행사되도록 보장할 것, 남녀의 평등, 법률에 의한 공공복지를 위한 권리제한, 시민적·정치적 권리에 대해서는 비상사태시의 제한, 권리남용의 금지 등을 규정하고, 체약국에 의해 인정되고 있는 기본적 인권에 대해서는 규약에 그러한 권리를 인정하지 않거나 또는 그 인정의 범위가 보다 협소하다는 것을 구실로 이 권리를 제한하거나 또는 훼손해서는 안 된다는 점을 명백히 하고 있다.

Ⅲ. 실체적 권리규정

제3부는 실체적 권리규정으로서 사회권규약은 제6조부터 제15조까지, 자유권규약은 제6조부터 제27조까지 규정하고 있다.

먼저, 사회권규약의 실체규정에 대해 살펴보면, 사회권은 자유권규약의 제(諸)권리와는 달리 사회주의국가의 이념에 기하여 국가기관의 적극적 개입에 의해 확보되는 것이다. 따라서 그 조문의 형식도 "이 규약의 체약국은, ... 모든 인간이 ○○의 권리를 가지는 것을 인정한다"라는 형식을 취하고, 또 국내사정 등에 의해 점진적으로 달성할 것을 예정하고 있다. 즉 사회권규약은 제6조 노동권, 제7조 노동조건, 제8조 노동조합결성, 제9조 사회보장, 제10조 가정보호, 제11조 의식주 등 생활권, 제12조 건강의 권리, 제13조 교육의 권리, 제14조 무상초등교육, 제15조 문화·저작권 등에 대하여 실체적인 권리규정을 두고 있다.

다음은 자유권규약의 실체적 권리규정에 관한 것이다. 이 권리들은 종래 자유권 내지 자유권적 기본권이라 불리는 제(諸)권리가 대부분이며, 이는 18세기 이래 여러 국가의 인권선언이나 헌법에 공통적으로 열거된 것이다. 이 권리들은 국가권력으로부터의 해방, 간섭의 배제에 의해 개인의 자유, 인권이 보장된다는 사고에 근거하고 있다. 따라서 그 조문도 "모든 자는 ○○의 권리가 있다, 또는 ○○되어야 한다"는 형식을 취하고, 규약의 체약국에 대하여 당연히, 그리고 즉시 이들 제(諸)권리를 보장할 것을 요구하고 있다. 즉 제6조 생명권의 보호, 제7조 고문의 금지, 제8조 노예제도의 금지, 제9조 신체의 자유, 제10조 인간의 존엄성, 제11조 계약불이행과 구금, 제12조 거주의 자유, 제13조 외국인의 추방, 제14조 재판상의 평등, 일사부재리, 제15조 행위시의 법적용, 제16조 법 앞에 인간으로서 인정, 제17조 간섭의 배제, 명예에 대한 비난, 제18조 사상·종교의 자유, 제19조 표현의 자유, 제20조 전쟁을 위한 선전금지, 제21조 평화적 집회의 보장, 제22조 결사의 자유, 제23조 가정과 혼인의 보호, 제24조 어린이의 보호, 제25조 참정권, 제26조 법 앞의 평등, 제27조 언어사용의 자유 등의 실체적 권리규정을 내용으로 하고 있다.

Ⅳ. 실시조치

사회권규약 및 자유권규약의 제4부는 인권보장의 실시조치(measures of implementation)에 대해 규정하고 있으며, 여기에서는 국가보고제도와 국가통보제도, 그리고 개인통보제도로 나누어 살펴보기로 한다.

첫째, 국가보고제도로서 사회권규약 제16조 이하와 자유권규약 제40조 이하에서 규정하고 있다.

먼저, 사회권규약에서 인정하고 있는 국가보고제도부터 살펴본다.

체약국은 사회권규약에서 인정된 권리의 실현을 위하여 취한 조치 및 성취된 진전사항에 관한 보고서를 UN 사무총장에게 제출해야 하며(사회권규약 제16조 1항), 체약국은 그 보고서에서 사회권규약에 기한 의무의 이행정도에 영향을 미치는 요인 및 장애를 지적할 수 있다(동 규약 제17조 2항). UN 사무총장은 규약의 규정에 따라 경제사회이사회가 심의할 수 있도록 보고서 사본을 동 이사회에 송부한다(동 규약 제16조 2항 (a)).

그리고 경제사회이사회는 인권과 기본적 자유 분야에서의 UN 헌장상의 책임에 따라, 전문기구가 동 기구의 활동영역에 속하는 본 규약 규정의 준수를 달성하기 위하여 성취된 진전사항을 경제사회이사회에 보고하는 것과 관련하여, 당해 전문기구와 협정을 체결할 수 있다(동 규약 제18조 전단). 경제사회이사회는 제16조 및 제17조, 그리고 제18조에 따라 각 체약국 및 관련전문기구가 제출하는 인권에 관한 보고서 중 UN 인권이사회의 검토, 일반적 권고, 또는 진정을 위하여 적당한 보고서를 동 인권이사회에 송부할 수 있다(동 규약 제19조). 그리고 체약국과 전문기구는 제19조에 의한 일반적 권고에 관한 의견을 경제사회이사회에 제출할 수 있으며(동 규약 제20조), 경제사회이사회는 일반적 성격의 권고(recommendation of general nature)와 체약국 및 전문기구로부터 입수한 정보의 개요를 수시로 UN 총회에 제출할 수 있다(동 규약 제21조). 또한 경제사회이사회는 체약국 및 전문기구에 대하여 그 권한 내에서 이 규약의 효과적, 점진적 실시에 기여할 수 있는 구체적 조치의 타당성을 결정하는 데 도움이 될 수 있는 문제에 대하여 그들의 주의를 환기시킬 수 있다(동 규약 제22조).

사회권규약 제16조 제2항 (a)에서는 경제사회이사회가 국가보고서를 심의한다고 규정하고 있다. 그러나 현재 국가보고서는 1985년 경제사회이사회 결의에 의해 설치된 「사회권규약위원회」(원래의 명칭은 「경제적·사회적 및 문화적 권리에 관한 위원회」(Committee on Economic, Social and Cultural Rights)에 의해 심의되고 있다. 동

위원회는 인권분야에서 능력을 인정받고, 개인자격으로 직무를 수행하는 18인의 전문가로 구성되며(동 인권위원회에 관한 결의 (b) 전단), 위원의 배분은 지역적으로 형평하게, 그리고 다른 문명형태 및 주요한 법체계가 대표되도록 고려한다(동 결의 (b) 중단). 사무총장은 동 위원회에 회의의 요약기록을 제공하며, 그 요약기록은 동 위원회의 보고와 동시에 경제사회이사회가 이용할 수 있도록 한다. 그리고 동 위원회의 작업을 적절하게 공지시킬 필요를 고려해야 하며, 그 임무를 효과적으로 수행하는데 필요한 직무 및 편익을 동 위원회에 제공하여야 한다(동 결의 (g)). 동 위원회는 경제사회이사회에 그 활동에 관한 보고서를 제출해야 하며, 특히 동 이사회가 사회권규약 제21조 및 제22조에 기한 책임을 완수하도록 원조하기 위하여 체약국의 보고 및 전문기구가 제출하는 보고의 검토에 기한 제안 및 일반적인 성격을 가지는 권고를 하여야 한다(동 결의 (f)).

다음으로, 사회권규약과는 별도로 자유권규약에서도 국가보고제도(자유권규약 제40조)를 규정하고 있다. 자유권규약 체약국은 동 규약 발효 후 1년 이내, 그리고 그 이후에는 「자유권규약위원회」(Human Rights Committee)[8]가 요청하는 때에 동 규약에서 인정된 권리를 실현하기 위하여 취한 조치와 그러한 권리를 향유함에 있어서 성취된 진전사항에 관한 보고서를 UN 사무총장에게 제출해야 한다. 사무총장은 이를 자유권규약위원회에 심의를 위하여 송부하며, 또한 자유권규약위원회에 협의 후 당해 전문기구에도 그 전문기구의 권한의 분야에 속하는 보고서 관련 부문의 사본을 송부한다. 자유권규약위원회는 제출된 보고서를 검토한 후 적당하다고 간주되는 일반적 의견을 체약국에게 송부하며, 동 보고서 사본과 함께 이 일반적 의견을 경제사회이사회에 제출할 수 있다. 그리고 체약국은 위 의견에 대한 견해를 자유권규약위원회에 제출할 수 있다.

둘째, 국가통보제도로서, 이 제도는 자유권규약 체약국간 직접교섭단계, 자유권규약위원회에 의한 중개단계, 그리고 특별조정위원회에 의한 조정단계로 나누어 볼 수 있다.

먼저 자유권규약 체약국간 직접교섭단계로서, 자유권규약의 체약국은 다른 체약국이 자유권규약의 규정을 이행하고 있지 않다고 생각할 경우에는 서면통보에 의하여 이 문제에 관하여 그 체약국의 주의를 환기시킬 수 있다. 통보를 접수한 국가는 통보를 접수한 후 3개월 이내에 당해 문제를 해명하는 설명서 또는 기타

8) 자유권규약 제28조에 의해 설립된 Human Rights Committee는 직역하면 인권위원회 혹은 인권이사회가 되는데, 이는 UN 인권이사회(Human Rights Council)와 혼동될 여지가 있다. 따라서 자유권규약위원회로 사용하고자 한다.

진술을 서면으로 통보한 국가에게 송부한다(동 규약 제41조 1항 (a)).

그러나 통보를 접수한 국가가 최초의 통보를 접수한 후 6개월 이내에 당해 문제가 관계체약국 쌍방에게 만족스럽게 조정되지 아니할 경우에는, 양 체약국 중 일방에 의한 자유권규약위원회와 타당사국에 대한 통고로 당해 문제를 자유권규약위원회에 회부함으로써(동 규약 제41조 1항 (b)) 자유권규약위원회에 의한 중개단계로 나아간다. 자유권규약위원회의 심의는 비공개로 행해지며, 자유권규약위원회는 관계 체약국에 대하여 관련정보를 요청할 수 있다(동 규약 제41조 1항 (f)). 또 관련 문제의 심의 시 자유권규약위원회는 자국의 대표를 출석시키고, 구두 또는 서면으로 의견을 제출할 권리를 가진다(동 규약 제41조 1항 (g)). 자유권규약위원회는 통보의 접수일로부터 12개월 이내에 보고서를 제출해야 하며, 동 보고서는 관계 체약국에게 통보된다(동 규약 제41조 1항 (h)).

만약 위의 절차에 따라 자유권규약위원회에 회부된 문제가 관계 체약국들에게 만족스럽게 타결되지 못한 경우에는 자유권규약위원회가 관계 체약국의 사전 동의를 얻어 임명하는 특별조정위원회(*ad hoc* Conciliation Commission 이하 조정위원회라 한다)에 의한 특별조정단계가 시작된다. 이 조정위원회의 임무는 자유권규약에서 인정된 인권과 기본적 자유에 대한 존중의 기초 위에서 문제를 우호적으로 해결하기 위하여 관계 체약국에게 주선을 제공하는 것이다(동 규약 제41조 1항 (e)). 조정위원회는 관계 당사국에게 모두 수락될 수 있는 5인의 위원으로 구성되며, 만약 관계 당사국이 조정위원회의 구성에 합의하지 못하는 경우에는 자유권규약위원회의 위원 중에서 동 위원회 위원 3분의 2의 다수결투표로 선출된다(동 규약 제42조 1항 (b)). 또한 조정위원회는 자체의 의장을 선출하고 자체의 절차규칙을 채택한다(동 규약 제42조 2항). 상기 위원회가 접수하여 정리한 정보는 조정위원회가 이용할 수 있으며, 조정위원회는 관계 당사국에게 기타 관련 자료의 제출을 요구할 수 있다(동 규약 제42조 6항). 조정위원회는 위와 같은 절차와 심의를 거쳐 문제를 충분히 검토한 후, 또는 당해 문제를 접수한 후, 어떠한 경우에도 12개월 이내에 관계 당사국에 통보하기 위하여 상기 위원회의 위원장에게 보고서를 제출해야 하며, 위원장은 이를 관계 당사국에게 송부한다(동 규약 제42조 7항). 조정위원회는 12개월 이내에 당해 문제의 심의를 완료할 수 없는 경우에는, 보고서에 심의현황을 요약·기재한다(동 규약 제42조 7항 (a)). 만일 당해 문제가 우호적으로 해결된 경우에는, 조정위원회는 보고서에 사실 및 해결결과를 요약·기재한다(동 규약 제42조 7항 (b)). 그러나 만일 당해 문제가 우호적으로 해결되지 않은 경우에는, 조정위원회는 보고서에 사실에 대한 조사 결과와 그 해결 가능성에 관한 의견을 기재하며(동 규약 제42조 7항 (c)), 관련 당사국은 조정위원회의 보고서를 접수한 후 3개월 이내에 자유권규약위원회 위원장에게 조정위원회 보고서의 내용에 대한 수락여부를 통보해야 한다(동 규약 제42조 7항 (d)).

마지막으로 개인통보제도이다. 이 제도는 자유권규약 선택의정서에 의거하여 동 의정서의 체약국이 된 규약 체약국의 관할권에 속하는 자로서 동국에 의한 규약에 규정된 권리에 대한 침해의 피해자임을 주장하는 개인이 자유권규약위원회에 대하여 통보를 제출함으로써(동 규약 선택의정서 제1조), 권리의 침해 및 위반에 대한 자유권규약위원회의 판단에 따른 견해를 구하는 것이다.

위에서 살펴본 바와 같이, 규약 체약국은 의무적으로 보고서를 제출해야 하며, 국가간 분쟁의 우호적 해결을 위하여 국가간 직접 교섭 및 중개, 조정단계, 그리고 국가 및 개인 간의 분쟁해결을 위하여 개인에게 통보권을 인정하고 있다. 그러나 무엇보다도 자유권규약에 규정되어 있는 권리를 침해당했다고 주장하는 개인에게 자유권규약위원회에 통보할 권리를 인정했다는 점은 국제인권법상 매우 큰 의의를 가지고 있다. 이는 국가만이 국제법주체로서 국제기관에 제소할 수 있다는 기존의 관념에서 탈피, 개인을 당당히 국제법상의 주체로 인정하여 개인에게 인권침해 사실에 대한 독자적 통보제출권을 인정한 것이다.

V. 잡칙, 최종규정

그 외 사회권규약은 제5부에서 최종규정을, 그리고 자유권규약은 제5부 잡칙, 제6부 최종규정으로 구성되어 있다.

〔David Alerto Campora Schweizer v. 우루과이 사건〕(통보 No. 66/1980)

통보자 : Olga Machando de Campora
통보일 : 1980년 3월 15일
통보상의 피해자 : David Alerto Campora Schweizer
당사국 : 우루과이
심사기관: 자유권규약위원회
견해 채택일 : 1982년 10월 12일(제17회기)

[사 실]

본 통보(1980년 3월 15일자 최초서한)의 최초 제출자는 우루과이 시민이며, 통보 제출 당시 독일연방공화국에 살고 있는 Olga Machado de Campora였다. 그녀는 그녀의 남편 David Alberto Campora Schweizer를 대리하여 통보를 제출하였으며, 그녀의 남편이 우루과이에서 자의적으로 투옥되어 「시민적 및 정치적 권리에 관한 국제규약」상의 권리를 우루과이 정부에 의해 침해당했다고 주장하였다.

통보자는 관련 사실을 다음과 같이 서술했다.

① 우루과이 시민인 David Alberto Campora Schweizer(통보제출당시 45세)는 1971년 3월 '범죄공모'(형법 제150조)를 이유로 체포되었다. 1971년 9월 그는 다른 정치구금자와 함께 교도소를 탈옥했지만 1972년 4월 다시 체포되어 몇 주일간 밀실감금되었다. 1972년 6월 15일 그는 군당국에 의해서 Batallon de aianfanteria No 1로 이송되어 심한 고문을 받았다고 한다.

② 또한 통보자는 판사가 1974년 5월 그녀의 남편을 석방하도록 명령했고, 출국요청이 1974년 11월에 정식으로 승인되었다고 주장했다. 그러나 그는 1977년 8월까지 행정당국에 의해 임의대로 기소 없이 계속 투옥되었다. 그녀는 이 기간 동안 그녀의 남편에게 이용가능했던 구제조치가 없었다고 강조했다. 그녀는 1975년 3월부터 1977년 8월까지 피해자가 Trinidad 군막사에서 학대를 받았다고 부언하였다.

③ 1977년 8월, 「1975년 12월 법률 제14493호」가 모든 정치범죄(군형법 제6장)를 소급하여 군사법원관할 하에 두게 된 이후에 민간인에 대한 소송을 포함한 재판(procesamiento)이 군사법원에서 속개되었다. 1971년에서 1974년 사이에 조사받은 범죄로 기소된 것 외에 최근의 새로운 재판과정에서 그녀의 남편은 일반 판사가 주도한 재판에서는 포함되지 않았던 허위문서행사죄(형법 제237조)로도 기소되었다. 그의 새로운 구금장소는 Libertad교도소였다.

1980년 7월 21일자 결정에서, 자유권규약위원회의 실무위원회는 통보제출자가 통보상의 피해자를 대리하여 활동하는 것은 정당하다고 결정하였다.

1981년 1월 12일자 추가서한에서, 통보자는 그녀의 남편이 1980년 12월 14일 독일 연방공화국의 Cologne에 도착했다고 자유권규약위원회에 알려왔다. 그녀는 12월 12일 오후 5시에 그녀의 남편이 Libertad교도소에서 풀려나 몬테비데오 경찰서장에게 불려가서 그곳에서 우루과이주재 독일연방공화국 대사 Marre가 그에게 독일연방공화국 체류허가증(fremdenpass, travel document)을 발부해주었으며 체류허가증을 가지고 그녀의 남편이 1980년 12월 13일 독일연방공화국으로 여행하였다고 진술했다. 통보자는 피해자가 독일에 도착하자마자 악화된 건강상태 때문에 2주일간 요양소에 있었다고 부언했다.

[결정 요지]

1. 1981년 7월 20일 자유권규약위원회는 다음과 같이 결정했다.

(a) 1976년 3월 24일(우루과이에서 규약 및 동 규약의 선택의정서가 발효된 날)이나 당해일 이후에 발생하였다고 주장하는 사건에 관한 한 통보를 허용한다.

(b) 선택의정서 제4조 2항에 따라, 본 결정이 송부된 날로부터 6개월 이내에 그 문제 및 당사국이 취한 구제조치가 있는 경우 이를 명확히 하는 서면의 설명서 및 진술서를 자유권규약위원회에 제출하도록 당사국에게 요청한다.

(c) 선택의정서 제4조 2항에 따라 당사국이 제출한 설명서 및 진술서는 주로 심

리 중인 문제의 본질과 관련된 것이어야 함을 당사국에게 통지한다. 자유권규약위원회는 책임을 완수하기 위해 통보자의 주장에 대한 명확한 회답 및 당사국이 취한 행동에 대한 당사국의 설명서를 필요로 한다는 것을 강조했다. 이 점과 관련하여 심리 중인 사안과 관련된 법원명령이나 판결의 사본을 첨부하도록 당사국에게 요청했다.

2. 1982년 2월 18일, 선택의정서 제4조 2항에 의한 당사국의 소견제출시한이 만료되었다. 그러나 자유권규약위원회는 본 통보의 허용성 여부를 결정하기 전에 접수받은 서면 외에 당사국으로부터 어떠한 서면도 접수받지 못했다. 자유권규약위원회는 당사국이 자유권규약위원회의 요청에 답변하지 않고 관련 법원명령 및 판결의 사본을 자유권규약위원회에 제출하지 않았다고 지적했다.

3. 자유권규약위원회는 선택의정서 제5조 1항에서 규정하고 있는 것과 같이 양 당사자들로부터 입수된 모든 정보를 참고로 하여 본 통보를 심리하였다.

4. 자유권규약위원회는 당사국이 특별한 정보나 설명서 없이 개괄적으로 부인하는 이상의 반론이나 이의를 제기하지 않은 다음의 사실을 근거로 하여 자유권규약위원회의 견해를 결정하였다.

5.1. 규약이 발효되기 전의 사건 : David Alberto Campora Schweizer는 1971년 3월 범죄공모를 이유로 우루과이에서 체포되었다. 1971년 9월 그는 탈옥했으나 1972년 다시 체포되었다.

5.2. 1974년 5월 판사는 David Campora의 조건부 석방을 명령했으며, 1974년 11월 출국요청이 승인되었다. 그러나 동시에 긴급보안조치법에 따라 그에 대하여 구금명령이 내려져 그는 기소 없이 계속 구금되었다. 구금연장에 이의를 제기하기 위해 그에게 이용가능한 구제조치가 없었다. Trinidad군막사에 구금되어 있는 동안 (1974년 11월 이후) 그는 학대를 받았다.

6.1. 규약이 발효된 이후의 사건: 긴급보안조치에 의한 구금이 「1975년 12월 법률 제14493호」에 따라 군사법원에서 재판이 속개된 1977년까지 지속되었다. David Alberto Campora Schweizer는 Trinidad군막사에서 Libertad교도소로 이송되었다.

6.2. David Campora는 1971～1974년 동안 이미 일반 판사에 의해서 심리 받은 것과 동일한 행위를 이유로 군사법원에서 다시 유죄가 확정되었다. 그러나 이전의 재판에서는 포함되지 않았던 허위문서행사죄(형법 제137조)가 포함되었다. 1980년 3월 David Campora에 대한 정식 기소에는 다음의 피의사실이 포함되었다: 범죄공모(asociacion para delinquir), 예비행위에 이은 공모단계의 국헌전복의 공모(atenado a la Constitucion en el grado de conspiracion seguida de actos preparatorios), 공문서 위조(falsificacion de documentos publicos) 및 교도소 탈출죄(autoevasion) 등이다.

6.3. 1980년 9월 10일 제1심 군사법원은 9년의 징역형과 2년의 예방적 구금을 선고하였다. 1980년 11월 13일 최고군사법원은 그의 형기가 만료된 것을 고려해서 예방적 구금 없이 David Alberto Campora Schweizer의 석방을 명령하였다.

6.4. 1980년 12월 12일 그는 Libertad교도소에서 풀려나 몬테비데오 경찰서장 앞으로 불려갔다. 1980년 12월 13일 그는 그의 가족이 함께 있는 독일 연방공화국으로 여행을 떠났다.

6.5. 최초 통보가 제출된 후, David Alberto Campora Schweizer 자신이 확인한 정보를 근거로 할 때, 우루과이에 대하여 규약이 발효된 날인 1976년 3월 23일 혹은 당일 이후에도 통보상의 학대가 계속되었는지 여부를 확정할 수 없다. 규약이 발효된 이후의 사건에 관한 한 두 통보자는 구체적인 사건을 언급하지 않고 일반적인 용어로 학대를 언급하고 있다. 1977년 9월 13일자 증언에서 Julio Ceasar Modernell(1976년까지 2년 동안 David Campora와 함께 수감되었음)은 교도관에 의한 구타가 1976년 2월이나 그 이후에 발생하였다고 서술한다. 이 사건이 1976년 3월 23일 혹은 그 전후에 발생하였는지 여부는 알 수가 없다. 이러한 상황에서 자유권규약위원회는 학대에 관한 주장에 대한 기록들을 근거로 할 수 없다. 그러나 자유권규약위원회는 David Campora를 구금한 Libertad교도소 구금상황이 비인도적이라고 결론내린다.

7.1. 본 건의 사실을 근거로 할 때, 자유권규약위원회는 우루과이 법률에 의한 긴급보안조치가 규약과 일반적으로 양립한다고 생각하지 않는다. 규약 제9조 1항에 의하면, 어느 누구도 자의적으로 체포되거나 구금당하지 않는다고 한다. 관련자가 사회를 명백하고 중대하게 위협하고 다른 방법으로는 이를 제어할 수 없는 상황에서는 행정구금에 이의가 있을 수 없다고는 할지라도, 자유권규약위원회는 제9조의 각 항에서 규정하고 있는 보장은 그러한 경우에도 전적으로 적용된다고 강조한다. 이러한 점에서 자유권규약위원회는 긴급보안조치가 명령되고 유지되며 발효된 양상이 제9조의 요건에 따르지 아니하였다고 판단한다.

7.2. 당사국이 규약 제14조 7항을 위반하였다는 주장과 관련하여, 자유권규약위원회는 통보자의 서면을 기초로 할 때, 1971년 David Campora에 대한 제1심의 형사재판이 1980년 9월 10일 군사법원이 판결을 선고할 때까지 종결되지 않았다는 견해를 갖는다. 그러나 제14조 7항은 이미 유죄판결을 받았거나 재판이 중지된 범죄로 다시 재판을 받은 경우에 위반되었다고 볼 수 있다. 본건은 그 경우에 해당하지 않는 것 같다. 그럼에도 불구하고 우루과이 당국이 제1심판결이 선고되기까지 10년이나 끌었다는 사실은 규약 제14조 3항(c)에 저촉되는 중대한 사법제도의 부조리를 의미한다.

8. 「시민적 및 정치적 권리에 관한 국제규약에 대한 선택의정서」 제5조 4항에 따라 활동하고 있는 자유권규약위원회는 1976년 3월 23일(우루과이에서 규약 및 선택의정서가 발효된 날)이후에 발생한 사건에 관한 한, 자유권규약위원회가 심리한 사실이 시민적 및 정치적 권리에 관한 국제규약을 다음과 같이 위반하고 있다는 견해를 갖는다.

① 제9조 3항: 왜냐하면 긴급보안조치에 따라 구금되어있는 동안 David Campora가 판사에게 인도되지 않았으며, 그의 체포 및 구금에 이의를 제기할 수 있는 절차를 취할 수 없었기 때문이다.

② 제10조 1항: 왜냐하면 그가 비인도적인 교도소환경에서 구금되었기 때문이다.

③ 제14조 3항 (c): 왜냐하면 그가 부당하게 지체됨이 없이 재판을 받지 못했기 때문이다.

9. 따라서 자유권규약위원회는 당사국이 피해자에게 가한 권리침해에 대한 보상

을 포함하여 피해자에게 효과적인 구제조치를 제공할 의무가 있다는 견해를 피력하였다. (법무부, 국제인권규약사례집(Ⅱ)－선택의정서에 따른 인권이사회 주요 결정 사례 제2권－, 법무자료 제153집, 1991, p.168)

〔Remaon B. Martinez Portorreal v. 도미니카 공화국 사건〕
(통보 No. 188/1984)

통보자 : Remaon B. Martinez Portorreal
통보일 : 1984년 10월 10일
통보상의 피해자 : 통보자
당사국 : 도미니카 공화국
심사기관: 자유권규약위원회
견해 채택일 : 1987년 11월 5일(제31회기)

[사 실]

통보(1984년 10월 10일자 최초서한 및 1985년 9월 30일자 추가서한)의 제출자는 1943년 도미니카 공화국에서 출생하여 현재 변호사 개업을 하고 있는 법률가이며, 도미니카 인권협회 사무총장인 Ramon B. Martinez Portorreal였다. 그는 도미니카 공화국 정부에 의해서「시민적 및 정치적 권리에 관한 국제규약」제9조 1항~5항 및 제10조 1항·2항 (a)를 침해당했다고 주장하였다.

1984년 6월 14일 새벽 6시에 국가보위대 요원 6명이 Santo Domingo에 있는 통보자의 집으로 와서 검찰보조원과 함께 그를 체포하라고 명령을 받았다고 말했다. 그는 국가보위대 본부로 끌려가서 그곳에서 역시 아침 일찍 체포되어 온 몇 명의 야당당수들을 보았다. 그들은 첩보국 보위대사령부(Casa de Guardia)로 끌려가서 감방('운전자 감방'으로 알려진)에 보내졌고 그 감방에는 약 50명이 구금되어 있었다. 그들은 정부가 그날 경찰에게 좌익야당의 구성원으로 판단되는 모든 당수나 명사들을 체포하도록 명령하였음을 알았다.

얼마 후, 통보자는 다른 야당지도자들과 분리되어 20m × 5m크기의 다른 감방('베트남 감방'으로 알려진)으로 이감되었는데 그곳에는 약 125명의 일반범법자들이 구금되어 있었다. 감방은 비좁았으며, 참을 수 없을 정도로 더웠고, 아주 더러웠으며, 다른 구금 장소가 없다는 이유로 몇몇의 피구금자들은 배설물 위에 앉아야만 했다는 점에서 감방의 상황은 비인도적이라고 하였다. 또 한 통보자는 다음 날까지 음식과 물을 받지 못했다고 주장하였다.

2.3. 1984년 6월 16일 체포된 지 약 50시간 만에 통보자와 기타인들은 석방되었다. 통보자는 구금기간 중에 그의 체포이유에 대해서 듣지 못했다고 지적하였다. 그는 그의 구금이 다음과 같은 의도, 즉 ① 도미니카 인권협회(CDH)가 1984년 4월 시위를 탄압한 정부를 국제적으로 비난하였기 때문에 이를 위협하기 위하여 ② CDH의 사무총장이 경찰이 좌익지도자로 판단된 사람 모두를 체포한 것을 비난하지 못하도록 하기 위하여 ③ CDH의 명예를 손상하기 위한 의도(일부 매스컴은 CDH

의 사무총장이 동일좌파의 반정부자로서 체포되었다는 사실을 CDH가 반정부, 반체제 기구였음을 확인시키기 위해 이용하였다)를 겨냥한 것이라고 주장하였다.

국내적 구제조치의 완료와 관련하여, 통보자는 도미니카 공화국 형법이 개인의 정치적 자유나 권리를 침해하는 행위를 명령하거나 범한 공무원, 정부기관이나 요원들은 민간인으로 강등하는 형을 선고받는다고 규정하고 있으나, 그가 고소를 제기하거나 구제조치를 청구하기 위하여 이용할 수 있는 청구권이 도미니카 공화국 형법에 없었다고 주장하였다. 통보자는 동일한 문제가 다른 국제적 조사절차나 해결절차에 제출되지 않았다고 주장하였다.

1985년 7월 5일자 결정에서, 자유권규약위원회의 실무위원회는 동위원회의 잠정절차규칙 제91조에 따라 통보를 당사국에게 송부하여 통보의 허용성 여부에 관한 정보 및 소견을 요청했다. 또한 실무위원회는 도미니카 형법에 의거하여 고소를 제기하고 구제조치를 청구하기 위하여 이용할 수 있는 청구권이 없었다고 주장하는 근거에 관하여 보다 상세한 정보를 자유권규약위원회에 제출하도록 통보자에게도 요청했다.

1985년 9월 30일자 서한에서 통보자는 도미니카 공화국 형법 제2장 제2조가 자유의 침해에 관해 규정하고 있으며, 제114조에서 제122조까지 도미니카 시민의 자유와 정치적인 권리를 침해하는 행위를 명령하거나 범한 공무원, 정부기관이나 대리인의 처벌을 규정하고 있다고 지적하였다. 문제의 조항에 의하면, 형벌은 민간인으로 강등(degradacion civica)하는 것이다. 그러나 통보자는 도미니카 공화국이 존속된 141년 동안 어떤 공무원도 동조를 위반했다는 이유로 재판에 회부된 적이 없기 때문에 문제의 조항은 도미니카 공화국에서는 사문화되었다고 주장하였다. 또한 그는 도미니카 공화국 형사소송법이 상기의 형법조항의 집행에 관한 규정을 두고 있지 않다고 주장하였다. 이러한 종류의 청원을 다룬 법원도 없다. 따라서 통보자는 형사소송법이 규정하고 있는 이 절차를 이용하여 승소한다는 것이 정말로 상상도 할 수 없는 일이라고 주장하였다.

[결정 요지]

1.1. 자유권규약위원회는 선택의정서 제5조 1항에서 규정하고 있는 바와 같이, 입수한 모든 정보를 참고하여, 본 통보를 심리한 후 반론이 제기되지 아니한 다음의 사실에 근거하여 견해를 결정하였다.

1.2. Ramon B. Martinez Portorreal는 도미니카 공화국 시민이며, 변호사이고 도미니카 인권협회 사무총장이다. 1984년 6월 14일 새벽 6시에 그는 그의 집에서 체포되었으며, 통보자에 의하면, 그가 인권협회장으로서 활동했기 때문에 체포되어 첩보국 보위대사령부 교도소 감방으로 보내졌고, 그곳에서 다시 20m × 5m 크기의 다른 감방으로 이감되었다. 그 감방은 약 125명의 일반 피고인들이 구금되어 있었고, 그곳에서 피구금자 중 몇 명은 장소가 좁다는 이유로 배설물 위에 앉아야만 했다. 그는 다음날까지 음식이나 물을 받지 못했다. 1984년 6월 16일 구금된 지 약 50시간 후에 그는 석방되었다. 구금 기간 중 그는 그의 체포이유에 대해 듣지 못했다.

2.1. 또한 자유권규약위원회는 당사국이 정보나 설명서를 제출하지 않았다는 점

도 고려하였다. 선택의정서 제4조 2항으로부터 당사국은 당사국과 동 당국에 불리한 규약위반의 주장을 선의로써 조사하고 입수한 정보를 자유권규약위원회에 제출할 의무가 있다. 자유권규약위원회는 동 위원회의 반복된 요청과 독촉장 및 선택의정서 제4조 2항에 따라야 할 당사국의 의무에도 불구하고 본건의 사안을 명확히 하는 설명서나 진술서를 당사국으로부터 접수받지 못했다고 지적하였다. 이러한 상황에서 통보자의 주장에 비중을 두지 아니할 수 없다.

2.2. 자유권규약위원회는 제출된 정보가 규약 제9조 3항·4항, 제10조 2항의 위반사실을 나타내지 않고 있다고 판단하였다.

3. 「시민적 및 정치적 권리에 관한 국제규약」에 대한 선택의정서 제5조 4항에 따라 활동하고 있는 자유권규약위원회는 본건의 사실이 다음과 같은 규약위반을 나타내고 있다고 판단하였다.

① 제7조와 제10조 1항: 왜냐하면 Ramon B. Martinez Portorreal이 비인도적이고 모욕적인 처우를 받았으며 구금기간 동안 인간으로서의 고유한 존엄성을 존중받지 못했기 때문이다.

② 제9조 1항: 왜냐하면 그가 자의적으로 체포되었기 때문이다.

③ 제9조 2항: 왜냐하면 그가 체포이유를 듣지 못했기 때문이다.

4. 따라서 자유권규약위원회는 당사국이 규약 제2조 규정에 따라 Martinez Portorreal가 받은 침해에 대하여 규약 제9조 5항에 의한 보상을 포함하여 효과적인 구제조치를 그에게 제공하고 유사한 상황이 장래에 재발하지 않도록 보장하는 조치를 취할 의무가 있다는 견해를 피력하였다. (법무부, 국제인권규약사례집(Ⅱ)－선택의정서에 따른 인권이사회 주요 결정 사례 제2권－, 법무자료 제153집, 1991, p.259)

〔손종규 v. 대한민국 사건〕(통보 No. 518/1992)

통보자: 손종규 (변호사가 대리임)
통보일: 1992년 7월 7일
통보상의 피해자: 통보자
당사국: 대한민국
심사기관: 자유권규약위원회
견해 채택일: 1994년 3월 18일(제53회기)

[사 실]

통보의 제출자인 손종규는 대한민국 시민으로서 광주에 거주하고 있었다. 그는 대한민국의 「시민적 및 정치적 권리에 관한 국제규약」 제19조 2항 위반에 의한 인권침해 피해자라고 주장하면서 통보를 제출하였으며, 변호사가 그를 대리하였다.

제출자는 1990년 9월 27일 이래로 주식회사 금호 노동조합 위원장이며, 대기업연대회의의 창립회원이다. 1991년 2월 8일, 경상남도 거제시에 있는 대우조선에서 노동쟁의가 일어났을 때 정부는 경찰병력을 동원하여 쟁의를 진압하겠다고 공표하였고, 제출자는 쟁의지점에서 400킬로미터 떨어진 서울에서 다른 연대회의 회원들과 1991년 2월 9일 모임을 가졌다. 모임 끝에 그들은 노동쟁의를 지지하고 정부의 병력투입 위협을 비난하는 성명을 채택하였고, 그 성명은 대우조선 노동자들에게 팩스로 전송되었다. 대우조선 쟁의는 1991년 2월 13일 평화롭게 종결되었다.

1991년 2월 10일, 연대회의 모임을 마치고 나오던 중 제출자는 연대회의의 60여 명의 회원들과 함께 경찰에 체포되었다. 1991년 2월 12일, 그와 다른 6명은 노동쟁의에 제3자 개입을 금지하는 「노동쟁의조정법」 13의 2(법률 제1327호, 1963.4.13; 개정법률 제3967호, 1987.11.28)를 위반한 혐의로 기소되었다. 또한 그는 「집회와 시위에 관한 법률」(법률 제4095호, 1989.3.29)을 위반한 혐의로 함께 기소되었으나, 자유권규약위원회에 대한 통보는 「노동쟁의조정법」 위반 부분에 국한되었다. 제출자에 따르면, 그와 함께 기소되었던 사람들 중 하나는 의심스러운 정황 속에서 수감 중 사망하였다.

1991년 8월 9일, 제출자는 서울형사지방법원 소속 단독 판사에 의해 기소된 대로 유죄판결을 받고, 징역 1년 6개월과 3년의 집행유예형을 선고받았다. 제출자의 항소는 동 법원 항소부에 의해 1991년 12월 20일 기각되었고, 대법원은 1992년 4월 14일 그의 상고를 기각하였다. 제출자는 헌법재판소가 1990년 1월 15일 이미 「노동쟁의조정법」 13조의 2가 합헌임을 선언한 바 있기 때문에 더 이상 국내에서 권리를 구제받을 방법이 없다고 밝혔다.

제출자는 「노동쟁의조정법」 제13조의 2가 노동운동 동조자를 처벌하고 노동자를 격리시키는데 이용된다고 주장하며 이 법조항이 경영자 측에 동조한 사람을 처벌한 일은 없다고 주장하였다. 아울러 그는 쟁의 당사자에게 영향을 주는 어떠한 행동도 금한다는 이 법조항 자체의 불명료성이 죄형법정주의의 기본원칙을 위반하는 것이라 주장하였다.

제출자는 나아가 이 법조항이 노동자나 노동조합의 후원자가 갖는 표현의 자유를 억압하는 법체제의 한 부분으로 포함되어 있다고 주장하였다. 그는 제3자가 노동조합의 설립을 지원하지 못하도록 금지하는 노동조합법의 예를 들고 있다. 그에 의하면, 노동자나 조합에 대한 지지는 그것이 어떠한 형태이건 쟁의 당시에는 「노동쟁의조정법」에 의해, 다른 시기에는 노동조합법에 의해 처벌받을 수 있다.

제출자는 그에 대한 처벌은 자유권규약 제19조 2항에 위반하였다고 주장하며, 그가 행사한 표현의 자유가 다른 사람의 권리나 명예를 침해한 것이 아니었으며 국가안보나 공공질서 및 공중보건이나 도덕을 위협한 것 또한 아니었음을 강조하였다.

[결정 요지]

1.1 자유권규약위원회는 선택의정서 제5조 1항에 의거, 이 사안과 관련하여 양측에서 제출한 모든 자료를 검토하였다.

1.2 자유권규약위원회는 당사국이 주장한대로 제출자가 1990년 11월 폭력 시위에 가담하였고, 이에 집회 및 시위에 관한 법률에 의해 유죄판결 받은 사실을 주시하였다. 자유권규약위원회는 아울러 제출자의 제소내용이 이 특정사안과 관련된 것이 아닌, 1991년 2월 연대회의의 성명서 발행과 관련하여 유죄판결을 받은 것에 국한된 것임을 주목하였다. 자유권규약위원회는 이 두 처벌이 두 가지의 서로 무관한 사안에 관한 것이라고 간주하였다. 따라서 자유권규약위원회의 심리대상이 되는 사

안은 대우조선 쟁의 지지성명을 발행하는 데 가담한 것과 정부의 쟁의 무력진압 위협에 대해 비판한 것으로 노동쟁의조정법 제13조의 2에 의해 유죄판결을 받은 제출자에 대한 처벌이 자유권규약 제19조 2항에 위배하는가에 국한된다.

1.3 자유권규약 제19조 2항은 "구두, 서면 또는 인쇄, 예술의 형태 또는 스스로 선택하는 기타의 방법을 통하여 국경에 관계없이 모든 종류의 정보와 사상을 추구하고 접수하며 전달하는 자유"를 포함한 표현의 자유권을 보장한다. 자유권규약위원회는 제출자의 쟁의지지와 정부비판에 관한 성명발행에 참여한 것은 자유권규약 제19조 2항의 범주 안에서 그의 정보와 사상을 전달할 권리를 행사한 것이었다고 판단하였다.

1.4 자유권규약위원회는 규약 제19조 3항에 의거한 표현의 자유권에 대한 제한은 반드시 복합적으로 다음과 같은 조건을 충족하여야 함을 견지하고 있다. 즉, 그것은 반드시 법에 의한 것이어야 하며, 제19조 3항 (a), (b)에 언급된 사항을 그 목적으로 한 것이어야 함과 동시에 그 정당한 목적을 위해 필요한 것이어야 한다. 비록 당사국은 그러한 제한이 국가안보와 공공질서를 보호하기 위해 정당한 것이며, 「노동쟁의조정법」 제13조의 2에 의거한 것이었다고 주장하고 있으나, 자유권규약위원회는 더 나아가 제출자에게 가해진 행위가 위의 목적을 위해 필요한 것이었는가를 판단해야 한다. 자유권규약위원회는 노동운동의 일반적인 성향과 제출자가 타인과 함께 발행한 성명이 국가적 총파업을 위장해서 선동하는 것이었다는 혐의로 당사국이 국가안보와 공공질서를 언급하고 있음을 주목하였다. 당사국은 제출자의 표현의 자유 행사가 초래하였다고 주장하는 위협이 구체적으로 어떤 성격의 것이었는가에 대하여 규명하지 못했다고 판단되며, 당사국이 주장한 내용 중 어떠한 것도 제19조 3항에 기술된 표현의 자유권에 대한 제한의 충분조건이 되지 않음을 발견하였다.

2. 자유권규약위원회는 「시민적 및 정치적 권리에 관한 국제규약 선택의정서」 제5조 4항에 의거, 이 사안이 「자유권규약」 제19조 2항에 위반한 것임을 보여준다고 판단하였다.

3. 자유권규약위원회는 「자유권규약」 제2조 3 (a)항에 의거, 손종규가 그의 표현의 자유를 행사한 것을 이유로 처벌받은 것에 대하여 적절한 금전배상을 포함한 실질적인 보상을 받을 권리가 있다고 인정하였다. 자유권규약위원회는 나아가 당사국이 「노동쟁의조정법」 제13조의 2를 재검토할 것을 권고하였다. 당사국은 이와 유사한 위반이 앞으로 다시는 일어나지 않도록 보장할 의무가 있다.

4. 선택의정서의 회원국이 됨으로써, 당사국은 자유권규약위원회가 「자유권규약」의 위반에 대한 공정한 판단을 할 권한이 있음을 인정하였으며, 자유권규약 제2조에 의거, 당사국은 그의 영토와 관할권 내의 모든 개인에 대해 규약이 인정한 권리를 보장하고 위반이 있을 경우 실질적이고 효과 있는 구제조치를 할 것을 서약한 사실을 상기하여, 자유권규약위원회는 당사국이 앞으로 90일 내에 자유권규약위원회의 견해를 이행하는 조치를 취하여 이를 알려 줄 것을 기대한다. (법무부 공식 번역본 요약·재인용)

제 5 절 지역적 인권보장체제: 「유럽인권협약」

UN을 중심으로 한 인권의 국제적 보장 노력은 세계의 각 지역에도 영향을 미쳐 유럽, 미주 및 아프리카지역 차원의 개별적인 인권보장제도가 성립하게 되었다. 1948년에는 「인간의 권리와 의무에 관한 미주선언」(American Declaration of the Rights and Duties of Man)이 채택되었고, 1953년에는 「유럽인권협약」이 발효되어 유럽인권제도가 발족하였다. 또한 1969년 「미주인권협약」(American Convention on Human Rights: ACHR)이 채택됨으로써 미주인권제도가 실현되었으며, 1986년에는 「개인 및 민중의 권리에 관한 아프리카 헌장」(African Charter on Human and Peoples' Rights)이 발효하였다. 유럽과 미주인권제도는 주로 제1세대 인권에 중점을 두고 그 실시조치로서 사법제도 중심으로 운영한 반면, 아프리카인권제도는 헌장의 명칭에서도 알 수 있는 바와 같이, 제3세대 인권, 즉 시민적, 정치적, 경제적, 사회적, 문화적 권리 외에도 평등, 자결, 자국의 부와 천연자원에 대한 재량권, 발전, 국내 및 국제 평화와 안보, '일반적으로 만족할 만한 수준의 환경' 등에 대한 국민의 집단적 권리에도 주목하고 있으며, 준사법제도에 의지하고 있다.[9] 하지만 이 가운데 가장 발전적이고 선진적인 지역적 인권보장제도는 유럽인권협약이라고 할 수 있으므로 그 대표적 사례로서 이에 대해 개관하기로 한다.

유럽평의회(유럽심의회 Council of Europe)의 규정 및 권고에 의하여 동 평의회의 회원국은 1950년 11월에 「인권 및 기본적 자유의 보호를 위한 유럽협약」(European Convention for the Protection of Human Rights and Fundamental Freedoms)(이른바 「유럽인권협

---

9) 위 세 지역 외 아랍 및 아시아·태평양지역에서의 인권보장제도에 관한 논의는 그동안 그다지 활발하게 진행되지 않고 있었다. 하지만 1990년대 이후 아랍지역에서는 상당한 진전을 보이고 있다. 즉, 1994년 9월 15일 아랍연맹(Arab League) 회원국들은 「아랍인권헌장」(Arab Charter on Human Rights)을 채택하였지만, 회원국 22개국 중에서 이 헌장에 서명한 국가는 하나도 없었다. 2003년 3월 아랍연맹이사회(Arab League Council)는 국제인권법 및 기준에 맞추어 헌장을 재작성하기로 결정하였고, 전문가들이 제안한 초안은 2004년 5월에 아랍국가연맹 정상회의에서 최종 논의를 거쳐 채택되었다. 현재 이 헌장의 비준 작업이 진행 중에 있다. 이에 반해, 아시아·태평양 지역에서는 독자적인 인권보장제도 창출을 위한 논의는 초보적인 단계에 머무르고 있다. 만프레드 노박, 국가인권위원회 국제인권팀 옮김, 국회의원을 위한 인권 핸드북(한학문화, 2008.12), pp.64-65.

약」 European Convention on Human Rights: ECHR)을 채택하였으며, 이는 1953년 9월에 발효하였다. 지금은 유럽평의회의 전회원국이 협약당사국이 되었으며, 또한 그 후 많은 의정서, 즉 보충협약이 추가되었다.

ECHR에 의하여 보장되는 권리는 고전적인 시민적·정치적 권리였으나, 그 후의 추가의정서에 의하여 사유재산권, 교육의 권리 및 자유선거의 권리 등이 추가되었다. 그리고 동 협약의 준수와 이행을 확보하기 위하여, ECHR에 의거하여 1954년 유럽인권위원회(European Commission of Human Rights)와 1959년 유럽인권재판소(European Court of Human Rights)가 설치되었다. 하지만 두 기관의 이중적 구조와 비효율성을 해소하기 위하여 1998년 11월 1일 제11의정서가 발효되면서 단일의 새로운 유럽인권재판소가 출범하였다.

ECHR은 전문, 총칙, 실체적 권리규정, 권리구제장치와 일반규정으로 구성되어 있다. 여기에서는 그 주요한 내용에 대해 개설하기로 한다.

Ⅰ. 전 문

ECHR은 그 체결 목적으로서 전문에서 이 조약이 「세계인권선언」에서 유래하며, 유럽통합의 달성방법의 하나가 인권 및 기본적 자유의 유지·실현이라는 것을 확인하고, 이어서 「세계인권선언」에 규정된 제(諸)권리를 집단적으로 집행하기 위한 최초의 수단을 취할 것을 결의하여, 이 협약을 체결한 것이라고 선언하고 있다.

Ⅱ. 총 칙

ECHR은 제1조에서 '인권 존중의 의무'의 일반원칙에 대해 규정하고 있다. 이에 의거하여 ECHR의 체약국은 '자신의 관할에 속하는 모든 자에 대하여' 이 협약 '권리와 자유'에 관한 제2조~제18조의 실체적 권리를 보장해야 할 의무를 지고 있다. 따라서 체약국의 국적을 가진 자만이 아니라 제3국 국적을 가진 자도 보호된다. 그리고 ECHR을 위반한 체약국은 국제책임을 지게 되는데, 일반적으로 그 책임은 권리침해를 받은 개인에 대한 금전적 배상의 형태를 띠게 된다.

Ⅲ. 실체적 권리규정

ECHR이 처음 채택될 당시에는 주로 다음과 같은 시민적·정치적 권리의 보호에 중점을 두고 있었다. 즉, 생명권(유럽인권협약 제2조), 고문의 금지(동 협약 제3조), 노예 및 강제노동의 금지(동 협약 제4조), 신체의 자유와 안전에 대한 권리(동 협약 제5조), 공정한 재판을 받을 권리(동 협약 제6조), 죄형법정주의(동 협약 제7조), 사생활 및 가족생활을 존중받을 권리(동 협약 제8조), 사상·양심·종교의 자유(동 협약 제9조), 표현의 자유(동 협약 제10조), 집회 및 결사의 자유(동 협약 제11조), 혼인의 권리(동 협약 제12조), 실효적 구제를 받을 권리(동 협약 제13조), 차별의 금지(동 협약 제14조)에 관한 규정이 이에 해당한다. 그리고 ECHR은 비상시의 의무 예외(동 협약 제15조), 외국인의 정치활동의 제한(동 협약 제16조), 권리남용의 금지(동 협약 제17조), 권리제한의 한계(동 협약 제18조)에 대한 규정도 두고 있다.

그러나 ECHR에 의해 보장되는 권리 목록들은 후속 의정서들에 의해 꾸준히 보완되어 왔다. 즉, 제1의정서는 재산권과 교육을 받을 권리, 그리고 자유선거의 권리, 제4의정서는 계약의무불이행을 이유로 하는 인신구속의 금지와 거주이전의 자유, 제6의정서는 사형제도의 폐지, 제7의정서는 오심의 경우 보상의 권리, 일사부재리의 원칙, 배우자 사이의 권리와 책임의 동등성, 제12의정서는 ECHR 제4조의 제한적 차별금지를 개정한 일반적 차별금지, 제13의정서는 전시를 포함한 모든 경우의 사형의 금지에 관한 내용이 추가되었다. 그리고 유럽인권재판소의 심리절차의 효율성을 개선하기 위한 제14의정서가 채택되었으나 현재까지 미발효인 상태이다.

Ⅳ. 권리구제장치: 유럽인권재판소

ECHR은 제2절에서 '협약 및 의정서의 체약국이 행한 약속의 준수를 확보하기 위하여' '상설적인' 유럽인권재판소(동 협약 제19조)에 대한 상세한 규정을 두고 있는데, 제19조~제51조가 이에 해당한다.

유럽인권재판소는 체약국의 수와 동수의 판사로 구성되며(동 협약 제20조), 판사는 각 체약국별로 체약국이 지명한 3명의 후보 명부로부터 총회에서 다수결로 선출된다(동 협약 제22조).

판사 전원회의체인 전원재판소는 3년 임기의 유럽인권재판소 소장과 한 명 또는 두 명의 유럽인권재판소 부소장을 선출한다. 소장과 부소장은 연임할 수 있다. 또한 유럽인권재판소 소재판부의 재판장을 선출하고, 동 재판소 규칙을 채택한다(동 협약 제26조).

유럽인권재판소는 위원회, 소재판부 및 대재판부로 구성된다. 즉, 제소된 사건을 심리하기 위하여 유럽인권재판소는 3명의 판사로 구성된 위원회, 7명의 판사로 구성된 소재판부 및 17명의 판사로 구성된 대재판부를 두고 있다(동 협약 제27조 1항). 소재판부와 대재판부에는 사건 당사국 출신 판사가 당연직으로 참여하며, 만약 해당 판사가 없거나 참여가 불가능하면 사건 당사국이 선택하는 자가 판사로 참여하게 된다(동 협약 제27조 2항).

유럽인권재판소는 협약 및 의정서의 해석과 적용에 관한 모든 문제에 대하여 관할권을 가진다(동 협약 제32조 1항). 만일 재판소가 관할권을 가지는지의 여부에 관하여 분쟁이 있을 경우에는 재판소가 결정한다(동 협약 제32조 2항).

유럽인권재판소에 대한 제소는 국가 간 제소와 개별적 제소로 나눌 수 있다. 전자의 경우, ECHR의 모든 체약국은 다른 체약국의 협약 및 의정서의 규정에 대한 어떠한 위반에 대하여도 재판소에 제소할 수 있다(동 협약 제33조). 그리고 후자의 경우, 협약 또는 의정서에 규정된 권리를 체약국의 위반에 의하여 침해당하였다고 주장하는 모든 사람, 비정부조직, 개인집단은 유럽인권재판소에 제소할 수 있다. 체약국은 어떠한 경우에도 이 권리의 실효적인 행사를 방해할 수 없다(동 협약 제34조). 제11의정서가 발효하기 이전에는 해당 당사국의 수락을 전제로 하여 비정부조직을 비롯한 개인의 제소를 수락하였으나(임의관할권), 이제 유럽인권재판소의 개인에 의한 제소는 자동적으로 수락되게 되었다(강제관할권). 이 제도는 인권의 국제적 보장에 있어 상당히 획기적인 것으로써 ECHR에 고유한 제도이다.

V. 일반규정

ECHR은 제52조~제59조에서 유럽평의회 사무총장의 질의 시 체약국의 답변 의무(동 협약 제52조), 기존인권의 보장(동 협약 제53조), 각료위원회의 권한(동 협약 제54조), 다른 분쟁해결 수단의 배제(동 협약 제55조), 적용 영역(동 협약 제56조), 유보(동 협약 제57조), 폐기(동 협약 제58조) 및 서명·비준(동 협약 제59조)에 대해 규정하고 있다.

〔Lawless 사건〕
유럽인권위원회 v. 아일랜드, 유럽인권재판소, 1960.

[사 실]

Lawless는 아일랜드에 거주하는 아일랜드국민으로 건축업에 종사하는 노동자이다. 그는 1957년 7월 11일 1939년의 「반국가범죄법」에 의하여 체포·구금되었고, 1940년의 「개정 반국가범죄법」 제4절에 기한 법무부장관의 12일자 명령에 의하여 비합법군사조직 IRA(Irish Republican Army)의 당원 혐의자로서 정치범수용소에 억류되었다. 동년 9월 Lawless는 1940년법에 정하는 정치범억류위원회의 심리를 청구하고, 이어 인신보호(habeas corpus)절차를 구하는 아일랜드 국내법뿐만 아니라, 「유럽인권협약」을 원용하여 최고재판소까지 상소하였으나 인정되지 않았다. 그래서 동년 11월 유럽인권위원회에 대하여, 공판에 회부하지 않고 체포·구금하는 것은 특히 「유럽인권협약」 제5조, 제6조의 위반을 구성한다고 주장하고 즉시 석방과 피해보상을 청구하였다. Lawless는 12월 정치범억류위원회에서 행한 1939년법과 1940년법에서 말하는 비합법적 활동을 하지 않겠다는 구두약속을 하고 석방되었으므로 청구는 보상에 한정하였다. 1959년 12월 위원회는 협약위반이 없다는 보고서를 채택(8 대 6), 유럽평의회 각료위원회와 아일랜드정부에 동 보고서를 송부하였다. 그러나 협약 제15조, 제17조 등의 문제가 있어 본건의 협약적용을 위하여 기본적인 중요한 문제를 제기하고 있었다. 특히, 제15조에 의하면 정부는 긴급사태의 경우에는 협약상의 개인의 권리나 자유의 향유를 일시 정지할 권한이 있다고 규정하고 있는데, 그 한계의 정당한 해석은 매우 중요하다고 생각한 위원회는 아일랜드정부가 유럽인권재판소의 관할을 정한 선택조항인 협약 제46조의 수락선언을 하고 있었으므로 재판소에의 제소를 결정하고, 제48조(본조에 의하여 재판소에 사건을 부탁할 수 있는 자는 위원회, 신청인의 본국인 체약국, 위원회에서의 원고국 및 피고국인 체약국이다)에 기하여 1960년 4월 재판소에 제소하였다.

[판결 요지]

"IRA는 협약에 규정된 권리와 자유의 파괴를 목적으로 하는 활동을 이유로 금지된 것이며, Lawless는 체포 당시 그 IRA의 활동에 종사하고 있었으므로 협약규정을 원용할 권리를 갖지 않는다"고 아일랜드정부는 주장한다. 확실히 제17조에 의하여, 어떠한 자라도 협약이 정하는 권리와 자유의 파괴를 목적으로 하는 행위에 종사하기 위하여, 협약규정을 이용하는 것은 허용되지 않는다. 그러나 제17조의 규정은 부정적인 효력을 가진다고 하지만, 제5조와 제6조에서 보호되는 기본적인 개인의 제(諸)권리를 자연인으로부터 박탈하는 것이라고 반대해석 할 수는 없다. 더구나 Lawless는 협약에서 인정된 권리와 자유에 반하는 행위를 정당화한다든가 또는 그것을 달성하기 위하여 협약을 이용하고 있는 것이 아니고, 제5조와 제6조에 의해서 부여되고 있는 보호가 박탈되었다는 것을 호소하고 있는 것이다.

제5조 1항 c호에 관해서, 아일랜드는 이 규정은 체포·구금할 수 있는 경우로서

두 가지 부류를 규정하고 있고, 하나는 합리적인 범죄용의자로서 사법당국에게 인도할 목적인 경우이며, 다른 하나는 범죄의 예방 또는 도주의 방지를 위하여 필요한 경우라고 주장한다. 제5조 1항 c호는 "범죄를 범하였다고 의심할 상당한 이유가 있을 때, 또는 범죄의 수행 또는 범죄수행 후의 도주를 방지하는 데 필요가 절박하다고 믿을 만한 합리적인 이유가 있을 때, 권한 있는 사법당국에 인도할 목적으로 사람을 체포 또는 구금하는 경우"라고 규정하고 있다.

아일랜드의 주장은, '권한 있는 사법당국에 인도할 목적으로'라고 하는 어구는 '… 상당한 이유가 있을 때'와 '또는' 사이에 들어가야 할 것이며, 동조 3항에 의하여 재판을 받을 권리를 가지는 것은 전자뿐이고, 범죄예방을 위하여 체포·구금된 Lawless는 여기에 해당되지 않는다고 하는 것이다. 이 해석의 근거로서 아일랜드는 동조의 영문 정본과 기초과정의 준비문서를 제시하였다. 그러나 1항 c호의 '권한 있는 사법당국에 인도할 목적으로'라는 어구는 모든 부류의 체포·구금과 관계를 가지는 것은 명백하다. 1항 c호는 3항과 일체를 이루고 있으므로, 이와 관련하여 읽는다면 체포·구금한 모든 자를 재판관 앞에 출두하게 하는 의무가 명백하게 발생한다고 보는 것이 자연스럽다. 또 이와 같이 문법적인 분석에 의하여 도출된 의미는 협약목적과 완전히 조화를 이루고 있으므로, 국제조약의 해석에 관하여 일반적으로 승인된 원칙에 비추어 준비문서에 의할 수는 없는 것이다. 따라서 1940년 법 제4절에 의한 Lawless의 구금은 협약 제5조에 반한다. 제6조는 Lawless가 형사소추의 대상이 아니므로 본 절차와는 관계가 없다.

그렇다면 제15조의 비상사태권한에 의하여 구금이 정당화되는가. 제15조 1항은 그 요건으로 (1) 국가의 생존을 위협하는 공공의 긴급사태가 발생한 경우, (2) 사태의 긴급성이 엄밀히 요구되는 경우, (3) 기타 국제법상 의무와 양립하는 경우라는 세 가지 요건을 정하고 있다. 첫 번째 요건은 통상의 관용적 의미에서 충족되고 있는 것이 명백하다. 1957년 7월에 비밀군사조직 IRA가 존재하고 그 군대가 국경 외에서 활동하고, 인접국가와 관계악화의 위험이 있고, 테러활동이 증대하고 있었다는 사실이 있었으므로 여기에 해당된다. 두 번째 요건도 충족되고 있다. 통상의 법률의 적용으로서는 증대하는 위험을 억지할 수 없고, 통상의 형사재판소—또는 특별형사재판소, 군사재판소까지도—로는 평화와 질서를 회복하는 데 충분하지는 않았으며, 또 IRA의 활동이 국경을 넘어서 발생하고 있었기 때문에 증거수집이 곤란한 상태였으므로, 테러를 가할 의사를 가진 혐의가 있는 개인을 구금하는 조치는 두 번째의 요건을 충족한다. 그리고 세 번째의 요건도 충족되고 있다. 다음, 제15조 3항의 '충분한 통고' 의무를 다했는가에 관해서는, 7월 20일자 서한에 의하여 아일랜드정부는 이를 다하였다. 따라서 Lawless의 구금은 제5조에는 반하나, 제15조에 의하여 정당화되고 아일랜드정부의 협약위반은 없었으므로, 보상문제는 발생하지 않는다.

〔Lithgow 사건〕 유럽인권위원회 v. 영국, 유럽인권재판소, 1986.

[사 실]

영국정부는 1977년 항공조선산업법에 따른 적절한 보상조치를 하지 아니하고, 영국인 Lithgow의 소유인 9개의 영국국적 회사의 재산을 국유화하였다. 이에 Lithgow 등은 영국정부를 상대로 위와 같은 국유화 조치는 인권과 기본적 자유의 보호를 위한 「유럽인권협약」에 위반한 것이라고 주장하면서 유럽인권위원회에 청원하였다.

Lithgow 등은 재산을 국유화할 정부의 권한 존부에 관하여는 다투지 아니하고, 다만 그들이 받은 보상이 국제법상 국유화 조치에 따른 보상원칙인 '신속하고 적절하며 효과적인 보상'원칙에 위반되고, 그 보상액이 부적절하고 차별적이므로 「유럽인권협약」에 위반되는 것이라고 주장하였다.

유럽인권위원회는 Lithgow 등의 청원을 수리하여 협약위반여부에 관하여 심사한 결과 협약위반이 아니라고 결론지었다. Lithgow 등은 적법절차에 따라 유럽인권재판소에 제소하였다.

[판결 요지]

재판소는 우선 국제법의 일반원칙이 본건에 적용된다는 주장을 배척하였다. 「유럽인권협약」에 의하면, "모든 자연인과 법인은 소유물을 평온하게 사용·수익할 권한이 있다. 아무도 공공이익을 위한 경우와 법과 국제법의 일반원칙에 의한 제한의 경우를 제외하고는 그의 소유물을 박탈당하지 아니한다"라고 규정하고 있다(제1의정서 제1조 1항), 원고는 국제법에 호소함으로써 그들이 국유화 조치에 대한 '신속하고 적절하며 효과적인 보상'을 받을 권리가 있다고 주장한다. 재판소는 국제법상의 보상기준에 관하여는 언급하지 않고, 위 인권협약규정이나 국제법의 일반원칙은 자국민의 재산에 대한 국가의 수용에는 적용되지 아니하고, 비국민(non-nationals) 소유의 재산에 대한 수용의 경우에만 적용되는 것이므로, 본건에 있어서 Lithgow 등은 영국의 자국민이기 때문에 영국은 「유럽인권협약」상의 재산권규정을 위반한 것이 아니라고 하였다.

재판소는, 「유럽인권협약」상의 재산권규정은 첫째, 비국민으로 하여금 협약의 제도적 장치에 직접 의지할 수 있게 하여 국제법의 일반원칙에 따라 그들의 권리를 보호받을 수 있게 하고, 둘째, 이러한 규정을 인권협약규정에 포함시킴으로써 특정국가가 비국민의 재산권을 침해하지 못하도록 미리 예방한다는 의의를 가지는 것이라고 판시하였다.

또한 재판소는 국가가 사유재산권을 수용함에 있어 그 보상에 관하여 자국민과 비국민간의 차별을 인정하기 충분한 이유가 있는 것이라고 하였다. 첫째, 비국민은 자국민에 비해 국내입법에 의해 보다 더 재산권을 침해당하기 쉬운 입장에 있다. 즉, 그들은 일반적으로 공직자에 대한 선거나 지명에 있어서 아무런 권리가 없을 뿐만 아니라, 입법과정에 있어서도 전혀 의견제시를 하거나 관여할 수가 없는 것이고, 둘째, 재산권의 수용의 경우에는 항상 공공복리를 위하여 부담을 강요당하게 되는 것이고, 자국민은 공공의 이익을 위하여 비국민보다 더 큰 부담을 강요당할 만한 합리적 이유가 있는 것이라고 하였다.

「유럽인권협약」의 관련규정에 관하여, 재판소는 제1조가 묵시적으로 보상지급을 요한다는 것을 인정하였다. 첫째, 재판소는 동조 1항 2단이 재산의 수용을 허용함에 있어서 재산의 평화적 향유권을 규정한 동항 1단에 비추어 해석되어야 한다고 판시하였다. 이리하여 향유될 수단과 실현되어야 할 목적 사이의 합리적 비례관계가 있어야 한다. 환언하면 공동체의 일반이익과 개인의 기본권 보호의 요구 사이에 공평한 균형이 이루어져야 한다. 따라서 그 가치에 합리적으로 상당하는 액수의 지급 없이 재산을 수용하는 것은 제1조 위반으로서 정당하지 않다. 그러나 재판소는 경제적·사회적 개혁조치와 같은 공공이익의 합리적인 목표는 완전한 시장가격 이하의 보상을 요구한다는 것에 주목하였다. 더구나 재판소는 당해 정부에 대하여 넓은 범위의 재량권이 부여되어야 한다고 인정하였다. 왜냐하면 정부는 당해 사회의 수요와 자원에 관해 지식을 갖고 있으므로 어떤 조치가 적당한가를 결정함에 있어서는 국제재판관보다도 더 알맞은 지위에 있기 때문이다.

국유화 입법을 제정하기 위한 결정은 보통 민주사회 내에서 여러 가지 의견들이 합리적으로 광범위하게 엇갈리는 여러 가지 문제를 고려해야 할 것이다. 국가는 사회와 그 수요 및 자원에 관하여 직접적으로 잘 알고 있기 때문에 원칙적으로 이 분야에서 어떤 조치가 적당한지를 평가함에 있어서는 국제재판관보다 나은 입장에서 있다. 따라서 넓은 재량권이 부여되는 것이다. 재판소의 견해로서는 이 점에 관하여 보상조건에 관한 결정을 국유화하기 위한 현실적인 결정으로부터 분리하는 것은 자연스럽지 못하다고 본다. 왜냐하면 후자에 영향을 미치는 요소들은 역시 필연적으로 전자에게도 영향을 미치게 되기 때문이다. 따라서 본건에 있어서의 재판소의 심사권은 보상에 관한 결정이 영국의 광범위한 평가의 한계를 넘어서는지 아닌지를 확인함에 그쳐야 한다. 즉, 재판소는 이와 관련하여 입법부의 판단이 명백하게 합리적인 기반을 벗어나지 않는 한 그 판단을 존중하여야 한다.

본건의 사실에 대한 이러한 심사기준을 적용하여 재판소는 영국의 국유화법의 보상체계가 「유럽인권협약」 제1조를 위반하지 않았다고 결론짓는다.

제 15 장 국제경제법

제 1 절 국제경제법의 의의

Ⅰ. 국제경제법의 형성 및 발전

국제경제법(international economic law)은 중세시대의 '상인법'(*lex mercatoria*)에서 태동되었다고 볼 수 있다. 그 당시 여러 국가의 시장이나 항구 등을 왕래하며 활발한 교역을 행하였던 상인들 간에 형성되어 있던 상관습은 오늘날의 국제경제법에도 많은 영향을 끼쳤다. 하지만 국제경제법 형성의 직접적 계기는 제2차 세계대전 후 '브레튼 우즈 체제'(Bretton Woods System)의 성립, 즉 IMF와 IBRD, 그리고 GATT의 통화·금융·무역이라는 삼두체제의 성립이라고 할 수 있다. 브레튼 우즈 체제의 중심적인 목표는 자유·무차별·다자주의, 즉 개방적이고 다자적인 국제경제조직의 확립과 유지였다고 할 수 있다.

하지만 1970년대에 들어서면서 브레튼 우즈 체제는 국제통상질서의 변화로 인하여 와해되지 않을 수 없었다. 즉, 유럽 및 일본은 급속한 발전을 이루었으며, 더욱이 유럽경제공동체(EEC)의 결속에 따른 미국의 위기감이 팽배하였다. 현실적으로도 미국의 상대적 경쟁력은 서서히 상실되어 갔으며, 자국의 통상이익을 보호하기 위하여 미국은 신보호무역주의를 채택하였다. 또한 EEC의 출범으로 인하여 촉발된 지역주의가 확대되었으며, 77그룹은 남북문제를 제기함으로써 '신국제경제질서'(New International Economic Order: NIEO)로의 개편을 강하게 요구하였다. 이처럼 국제경제관계는 자유무역주의와 보호주의체제가 공존·양립하고 있었지만, 세계무역의 꾸준한 확대로 인한 통화의 유동성에 대한 수요는 급격하게 증대하였다. 하지만 금-달러 본위체제하에서 유동성의 공급국인 미국의 적자확대로 기축통화로서의 달러화의 불안이 야기되었으며, 결국 미국이 1971년 달러화의 금태환정지를 선언함으로써 금-달러본위제와 고정환율제는 붕괴하고 변동환율제가 도입되었다.

1980년대에 접어들면서, 국제경제질서는 새로운 국면에 직면하게 되었다. 지역주의가 보다 광범위한 지역에 걸쳐 확산되었으며, 남북관계는 기존의 대결 및 대립구도에서 협력과 연계구도로 전환되었다. 또한 경제주체들의 경제활동의 세계화가 진전됨으로써 GATT 차원의 새로운 무역협상의 필요성이 대두되게 되었다. 그리하여 1986년 9월 우루과이의 푼타 델 에스테市에서 다자간 협상을 위한 각료선언을 채택함으로써 제8차 다자간협상인 우루과이 라운드(UR)가 개시되었다. UR은 7년 3개월여에 걸친 지리한 협상 끝에 1993년 12월 15일자로 타결되었다. 그 이듬해인 1994년 4월 12~15일, 모로코의 마라케쉬에서 개최된 GATT 각료회의에서 각국 대표가 UR 최종의정서에 서명함으로써 1995년 1월 1일자로 WTO체제가 출범하였다.

Ⅱ. 국제경제법의 개념

국제경제법은 '국제경제관계를 규율하는 법'으로서 '국제법주체의 권리·의무를 규율하는 법'를 말한다.[1] 국제경제법의 규율 대상은 주로 '국가' 또는 '국제경제기구'이므로 공법적 영역에 속한다. 이 점에서 국제물품매매, 신용장 및 기술이전 등과 같은 '국제상거래에 공통적으로 적용되는 사법적 법규의 총체'[2]인 국제거래법(the law of international business transaction)과는 명백히 구별된다. 또한 국제경제법은 국제무역법 혹은 국제통상법(international trade law)과도 상이한 개념이다. 즉, 국제무역법은 상품무역 중심의 전통적 무역거래를 규율하는 법체계이며, 또한 국제통상법은 상품무역만이 아니라 무역관련 서비스 및 지적재산권 등을 포함하는 보다 광의의 개념이다. 이에 반하여, 국제경제법은 국제무역 혹은 국제통상뿐만 아니라 국제금융, 해외투자 및 국제개발 등을 규율하기 위한 법체계이므로 국제무역법 및 국제통상법을 포괄하는 법개념이라고 할 수 있다. 이 가운데 국제통상법은 국제경제법의 가장 핵심적은 분야에 해당한다. 따라서 본장에서는 WTO에 의거한 국제통상법을 중심으로 검토하고자 한다.

---

1) 최승환, 국제경제법(제2판, 법영사, 2003), p.5.

2) 최준선, 국제거래법(제2판, 삼영사, 1997), pp.36-49.

Ⅲ. 국제경제법의 법원(法源)

국제경제법의 법원은 크게 국제법원과 국내법원으로 나눌 수 있다. 전자는 조약, 국제관습법, 법의 일반원칙, 국제경제연성법규(international economic soft law), 행위준칙(Code of Conduct), 상인법(*lex mercatoria*) 등을 들 수 있으며, 후자는 우리나라의 주요 대외경제관계법령인 ① 세계무역기구협정의 이행에 관한 특별법 ② 대외무역법 ③ 관세법 ④ 외국환거래법 ⑤ 독점규제 및 공정거래에 관한 법률 및 국제사법 등의 국내법이 이에 해당한다.

특히 국제경제연성법규는 국제경제법의 법적 특성을 잘 드러내고 있다. 국제법에 있어서 경성법(硬性法)인 조약과 국제관습법만으로는 국제경제관계를 충분히 규율하는 데는 한계가 있다. 그 결과 연성규정과 연성법의 형식을 빌어 국제경제관계의 일부를 규율하고 있다. 국제경제관계를 규율하는 연성법규인 국제경제연성법규는 그 존재형식과 내용이 다양하다. 조약상의 연성의무(soft obligations)를 규정한 조항도 여기에 포함되기는 하나, 그 대부분은 국제기구 및 지역기구의 결의와 UN 다국적 기업위원회, 국제노동기구(ILO), 경제협력개발기구(OECD), UN 무역개발회의(UNCTAD) 등에서 제정하는 행위준칙의 형식을 취하고 있다.

그렇다면 국제경제연성법규는 과연 법적 구속력을 가지는가? 이것은 연성 합의문서인 권고와 결의, 국제회의의 선언이나 최종의정서, 그리고 경우에 따라서는 전문가들이 작성한 제안에도 많은 중요한 국제경제연성법규들이 제시되어 있는데, 이들이 과연 법적 구속력을 가질 수 있는가의 문제이다.

먼저, 그 형식적인 측면에서 볼 때, UN 총회의 결의는 단지 UN 내부의 조직과 운영에 관련된 '대내적' 결의를 제외하고는 권고적 효력만을 갖는다고 단정할 수 없다. UN의 결의들은 국제관습법의 생성을 촉진하고 국제관습법과 조약 간의 교량역할을 한다고 볼 수 있는 것이다.

다음, 그 내용적 측면에서, 연성법의 범주에 속하는 결의에는 선언적이며 강령적인 것이 대부분이지만 향후 보충적인 입법과정을 거쳐 국제관습법이나 조약에 편입되기도 한다. 연성법규는 그 임의적 성격 때문에 사법적 분쟁의 해결에는 미흡하지만 사법외적 분쟁해결이나 이해관계당사자들의 자율적 규제에 적합하다. 또한 국제경제법규의 미래지향적 성격에 비추어 보아 연성법규의 의존도 및 활용도가 높아질 것이다.[3)] 결국 국제경제연성법규는 국제경제법규의 창설 효과를 가지며, 특히 국제합의가 없는 새로운 법영역에서 관련 경제규제조치의 정당성을 국제적으로 인정받을 수 있는 중요한 정책수단이라고 할 수 있다.4)

제 2 절 WTO의 구조

Ⅰ. 조 직

WTO의 조직을 살펴보면, 최고의사결정기구인 각료회의를 정점으로 하여, 일반이사회, 무역정책검토기구 및 분쟁해결기구를 두고 있으며, 일반이사회는 그 분야별로 각각 상품무역이사회, 서비스무역이사회 및 무역관련 지적재산권이사회를 두고 있다. 또한 각료회의는 네 개의 특별위원회를 두고 있으며, 필요에 따라 민간항공위원회, 정부조달위원회, 국제낙농위원회 및 국제육류위원회를 설치할 수 있다. 그리고 사무국은 사무총장을 보좌하면서 WTO의 제반 행정업무를 처리한다.

1. 각료회의(Ministerial Conference)

각료회의는 전체 WTO 회원국 대표로 구성되며 WTO의 모든 협정에서 발생하는 문제에 대한 결정권한을 가지는 최고의사결정기관인 동시에 집행기관이다(WTO 설립협정 제4.1조). 각료회의는 2년에 1회 개최되는 비상설기관이다. 따라서 실제 WTO의 중심적 역할은 일반이사회에 있다.

2. 일반이사회(General Council)

일반이사회는 전체 WTO 회원국 대표로 구성되며 필요에 따라 개최된다. 일반이사회는 각료회의의 비회기 중에 각료회의의 기능을 수행하며, WTO협정의 관계규정에 따라 맡겨지는 업무를 수행한다(WTO설립협정 제4.2조). 일반이사회는 정규 업무 외에 분쟁해결절차의 운용을 감독하기 위한 분쟁해결기구로서, 그리고 각 회원국

---

3) 장효상, 신고 국제경제법(법영사, 1996), pp.55-57.

4) 최승환, *op. cit.*, p.27.

의 무역정책에 대한 정기적인 검증을 위한 무역정책검토기구로서의 기능도 수행한다(WTO설립협정 제4.3조 및 제4.4조).

3. 특별이사회

일반이사회의 일반적인 지도에 따라 운영되는 상품무역이사회, 서비스무역이사회 및 무역관련 지적재산권이사회가 설치된다(WTO설립협정 제4.5조).

4. 기타 위원회

각료회의 산하에는 무역개발위원회, 국제수지위원회, 예산재정행정위원회가 있다. 또한 1995년 1월 WTO체제가 출범되면서 무역환경위원회도 정식 발족되었다.

5. 사무국

사무국은 각료회의에서 선출되는 사무총장을 정점으로 하는 사무국직원으로 구성되는 WTO의 사무집행기구이다. 제네바에 위치하며, 약 450여명의 직원과 사무총장 및 4명의 사무차장에 의해 운영된다.

Ⅱ. 의사결정

1. 의사결정방식

WTO에서는 GATT와 마찬가지로 의사결정은 투표가 아닌 컨센서스(consensus 총의) 방식에 의한다. 컨센서스가 불가능할 경우, 투표에 의한 의사결정은 단순다수결에 의하며, '1국 1표의 원칙'이 적용된다. 단, WTO의 다자간협정에 대한 해석과 각료회의에 의한 웨이버(waiver) 부여에는 전체 회원국 3/4의 가중다수결이 요구되며, 신규회원국의 가입승인과 WTO협정의 개정에는 2/3의 찬성이 요구된다(WTO설립협정 제9조).

2. WTO협정의 개정

WTO설립협정과 동협정의 부속서 1에 속하는 다자간협정에 대한 개정은 각 회원국이 개정안을 각료회의에 제출함으로써 발의할 수 있다. 각료회의는 발의된 개정안을 90일 이내에 컨센서스에 의해 결정하고, 만일 이러한 합의가 이루어지지 않을 경우에는 회원국의 2/3 다수결로 결정한다(WTO설립협정 제10.1조). 다만, WTO 설립협정 제9조(의사결정), 1994년 GATT 제1조(최혜국대우원칙) 및 제2조(관세양허), GATS 제2조 제1항(최혜국대우원칙), TRIPs 제4조(최혜국대우원칙)의 개정은 모든 회원국의 수락이 있어야 발효된다(WTO설립협정 제10.2조).

제 3 절 WTO법의 기본원칙

Ⅰ. 최혜국대우원칙

최혜국대우(Most-Favoured-Nation Treatment: MFN Treatment)란 통상조약(通商條約) 등에 의거하여 일국이 다른 제3국에 대하여 부여하고 있는, 또는 장래에 부여할 수 있는 가장 유리한 대우를 상대국에게 부여하는 것을 말한다. 이 최혜국대우를 규정하는 조항을 '최혜국대우조항'이라고 하며, 최혜국대우를 무차별대우라고 부르기도 한다. 최혜국대우조항은 GATT/WTO 원칙의 핵심사항 중의 하나이다. 하지만 일정한 조건을 충족하는 경우, 일반 혹은 특정회원국에 대한 일정한 예외가 인정된다.

Ⅱ. 내국민대우원칙

내국민대우(National Treatment)원칙이란 수입품에 대하여 적용되는 내국세나 국내규칙에 관하여 동종의 국내 상품에 대하여 부여하는 대우보다 불리하지 않은 대우를 해주어야 한다는 원칙이다. 즉, 수입품과 국내 상품을 차별함이 없이 무차별적(無差別的)으로 취급해야 한다는 원칙으로서 수입국내에서 국내 상품과 수입상품간의 균등한 경쟁조건을 보장함으로써 무역장애를 제거하고자 하는 데 그 근본적인 목적을 두고 있다.

Ⅲ. 수량제한금지의 원칙

최혜국대우와 내국민대우라는 두 개의 원칙을 전제로 세계무역의 교역량을 확대하기 위한 구체적 무역정책으로서 인정되고 있는 것이 바로 수량제한금지(Elimination of Quantitative Restrictions)의 원칙이다.

1994년 GATT 제11조는 "체약국은 다른 체약국 영역 상품의 수입, 다른 체약국 영역에 대한 상품의 수출 또는 수출을 위한 판매와 관련하여 할당제나 수입허가 또는 기타 조치에 의거하거나를 불문하고 관세, 조세 또는 기타 과징금을 제외한 금지 또는 제한을 설정하거나 유지하여서는 아니 된다(1994년 GATT 제11조 1항)"고 규정하고 있다. 또한 '특정조치의 금지 및 철폐'에 관한 WTO 세이프가드협정 제11조는 "회원국은 어떠한 수출자유규제, 시장질서유지협정 또는 수출 또는 수입 측면에서의 그 밖의 유사한 조치도 모색하거나, 취하거나 또는 유지하지 아니한다(동조 1항 (b))"고 규정함으로써 수출입에 대한 수량제한의 일반적 철폐의무를 명시하고 있다. 수량제한은 이처럼 쿼터(quota)나 수출입허가 뿐만 아니라 '그 밖의 유사한 조치'의 형태로 나타나서도 아니 된다. 따라서 중요한 것은 조치의 법적 형식이 아니라 그것의 무역에 대한 효과이다.

수량제한금지의 원칙의 전형적인 예로서는 위에서 언급된 수입수량제한과 수출자율규제(voluntary export restraint: VERs), 그리고 시장질서유지협정(orderly marketing arrangements: OMAs)을 들 수 있는데, GATT체제 하에서 일명 '회색지대조치'(grey area measures)의 형태로 폭넓게 이용되었다. 하지만 특히 동 조치들은 WTO 세이프가드협정에 의하여 원칙적으로 금지된다. 동 협정은 원칙적으로 수출자율규제의 사용을 배척하고 있으며, 이에 따라 WTO협정 발효 시 실시 중이던 모든 수출자율규제조치는 이 협정에 일치시키든지 아니면 단계적으로 폐지시켜야 한다(WTO설립협정 제11.2조).

Ⅳ. 투명성원칙

투명성(transparency)원칙이란 무역과 관련한 법규, 사법적 결정 및 일반적으로 적용되는 행정규칙 등이 명료하게 공개되는 것을 말한다. 따라서 동 원칙은 명료성(clearness)과 공개성(publicity)이 그 주된 내용을 이룬다. 무역규칙의 공표 및 시행에 관해 규정하고 있는 1994년 GATT 제10조는, "체약국의 유효한 법규, 사법적 결정 및 일반적으로 적용되는 행정규칙 … 은 여타의 국가 및 무역업자가 알 수 있는 방법으로 신속히 공표되어야"하며(1994년 GATT 제10조 1항), 또한 "국제무역정책에 영향을 주는 협정으로서 일방 체약국정부 또는 정부기관과 다른 체약국정부 또는 정부기관 간에 효력을 가지는 것들도 공표하여야 한다"(동조 2항)고 규정하고 있다. 하지만 이 투명성원칙에는 일정한 예외가 인정되는데, 이를테면 공표가 체약국에 대하여 자국법의 시행을 저해하거나 공익을 해하거나 또는 기업의 정당한 상업상의 이익을 침해할 수 있는 비밀정보는 공표하지 않을 수 있다(동조 3항).

제 4 절 WTO규범의 내용

WTO협정은 크게 UR 최종의정서, WTO 설립협정 및 각료결정·선언의 세 부분으로 구성되어 있다.

UR 최종의정서는 UR의 결과 및 향후 절차에 대한 포괄적인 선언을 담고 있으며, WTO 설립협정은 WTO의 구조, 기능, 조직, 의결방법 등에 관한 본 협정과 각 분야별 협정문을 그 부속서로 두고 있다. 그리고 각료결정 및 선언은 WTO설립협정의 내용을 보완하는 동시에 UR 타결 전의 중요한 결정사항을 포함하고 있다.

<표-1> WTO 협정의 구성

<table>
<tr><td colspan="5">최종의정서</td></tr>
<tr><td rowspan="2">WTO 협정</td><td colspan="4">WTO 설립협정(본문)</td></tr>
<tr><td colspan="4">제1조 WTO의 설립
제2조 WTO의 범위
제3조 WTO의 기능
제4조 WTO의 구조
제5조 그 밖의 국제기구와의 관계
제6조 사무국
제7조 예산 및 분담금
제8조 WTO의 지위
제9조 의사결정
제10조 개정
제11조 원회원국
제12조 가입
제13조 특정회원국간의 다자간 무역협정의 비적용
제14조 수락, 발효 및 기탁
제15조 탈퇴
제16조 기타 조항</td></tr>
<tr><td rowspan="4">다자간무역협정</td><td>부속서 1A:
상품무역협정</td><td>부속서 1B:
서비스무역
일반협정
(GATS)</td><td>부속서 1C:
무역관련
지적재산권협정
(TRIPs)</td><td>부속서 4:
복수국간 무역협정</td></tr>
<tr><td>1. 1994년 GATT
2. 농업협정
3. 위생 및 검역조치협정
4. 섬유 및 의류협정
5. 기술장벽협정
6. 무역관련투자조치협정
7. 반덤핑협정
8. 관세평가협정
9. 선적전검사협정
10. 원산지협정
11. 수입허가절차협정
12. 보조금 및 상계조치 협정
13. 세이프가드협정</td><td></td><td></td><td>(a) 민간항공기협정
(b) 정부조달협정
(c) 국제낙농협정 (폐기)
(d) 우육협정(폐기)</td></tr>
<tr><td colspan="4">부속서 2: 분쟁해결양해(DSU)</td></tr>
<tr><td colspan="4">부속서 3: 무역정책검토제도(TPRM)</td></tr>
<tr><td colspan="5">각료결정 및 선언</td></tr>
</table>

이 가운데 WTO 설립협정과 관련하여 살펴보면, 동 협정은 WTO설립에 관한 본 협정과 4개의 부속서로 구성되어 있다. 부속서 1, 2 및 3에 포함된 협정 및 관련 법적 문서(이를 '다자간 무역협정'이라 한다)는 모든 회원국에 대해 구속력을 가진다(WTO 설립협정 제2.2조). 하지만 부속서 4에 포함된 협정 및 관련 문서(이를 '복수국간무역협정'이라 한다)는 이를 수락한 회원국에 대해서만 구속력을 가질 뿐 이를 수락하지 아니한 회원국에게는 어떠한 의무를 부과하거나 권리를 부여하지도 않는다(WTO 설립협정 제2.3조). 또한 부속서 1A에 명시된 1994년 GATT는 1947년 GATT와 법적으로 구별된다(WTO 설립협정 제2.4조). 이처럼 WTO는 GATT와는 달리 상품무역 중심의 다자간 무역규범의 체계에서 벗어나 무역과 관련된 서비스 및 지적재산권 분야에까지 적용되며, 보다 객관적이고 공정한 분쟁해결제도 및 무역정책검토제도를 도입하여 다자간 무역체제를 통한 세계경제의 활성화를 도모하고 있다.

본장에서는 모든 협정을 다루지는 않고, 그 가운데 중요한 의미를 가지는 공정무역규범과 GATs 및 TRIPs에 대해 살펴본 후 분쟁해결제도에 대해 검토하기로 한다.

Ⅰ. 공정무역규범

1. 긴급수입제한조치협정

긴급수입제한조치(safeguard measures)란 '예측할 수 없는 사태의 발생으로 말미암아 특정 물품의 수입급증으로 인하여 수입국의 국내 산업이 입는 피해를 일시적으로 구제하기 위한 수단'을 말한다(GATT 제19.1(a)조). 긴급수입제한조치는 수입되는 상품에 대하여 적용되어야 하므로 최혜국대우원칙의 범위 내에서 적용된다. 하지만 일정한 경우에는 이 원칙을 위반하여 선별적 긴급수입제한조치를 인정하고 있다(긴급수입제한조치협정 제5.2(a)조). 이와 같은 예외조치도 일반적 존속기간을 준수하여야 하므로 심각한 피해를 방지하거나 구제하고 조정을 촉진하는데 필요한 기간 동안, 즉 연장하지 않는 한 최장 4년을 초과하지 못한다(동 협정 제7.1조).

긴급수입제한조치는 특정 상품이 동종 또는 직접 경쟁적인 상품을 생산하는 수입국의 국내 산업에 심각한 피해를 초래하거나 초래할 우려가 있을 정도로 국내 생산에 비해 절대적 또는 상대적으로 증가된 물량과 조건 하에 수입국의 영토 내로 수입되고 있다고 판정한 경우에만 발동될 수 있다(동 협정 제2.1조). 또한 이에 부가하여 긴급수입제한조치를 발동하기 위해서는 수입증가와 피해간의 인과관계가 있고, 또 긴급의 필요성이 있어야 한다. 이와 같은 발동 요건이 충족되어야만 긴급수입제한조치가 부과될 수 있다. 긴급수입제한조치는 4년까지만 허용되나 심각한 피해를 방지하거나 구제하기 위하여 필요한 경우에는 4년을 연장할 수 있다(동 협정 제7.2조). 그러나 긴급수입제한조치의 총 적용기간은 잠정조치 적용기간, 최초 적용기간 및 그 연장을 포함하여 8년을 초과할 수 없다(동 협정 제7.3조). 개발도상국의 경우에는 추가기간을 포함하여 최장 10년까지 긴급수입제한조치를 적용할 수 있다(동 협정 제9.2조).

긴급수입제한조치의 대상이었던 상품에 대한 재발동은 긴급수입제한조치가 적용되었던 기간만큼 경과하여야 가능하며, 최소한 2년이 경과해야만 한다(동 협정 제7.5조). 180일 이내의 긴급수입제한조치의 경우에는 5년의 기간 내에 동일상품에 대하여 2번을 초과하여 긴급수입제한조치가 적용되지 않는 경우에는 1년 후에 재발동이 가능하다(동 협정 제7.5조).

개발도상회원국이 원산지인 상품이 수입회원국의 동 상품 수입에서 차지하는 점유율이 3%를 초과하지 않으며, 3%미만인 수입점유율을 가진 개발도상회원국이 차지하는 점유율의 합이 관련 상품의 총수입의 9%를 넘지 아니할 경우에 긴급수입제한조치는 개발도상회원국이 원산지인 상품에 대하여 적용되지 아니한다(동 협정 제9.1조).

〔EC v. Korea-유제품 세이프가드조치사건〕
(Korea-Definitive Safeguard Measure on Imports of Certain Dairy Products)
21 June 1999, WT/DS98/R

[사 실]

우리나라 무역위원회(KTC)는 1993년 3,200톤이던 혼합분유 수입량이 1995년 2만 8천톤으로 급증함에 따라 산업피해 여부를 조사했다. KTC의 조사에 의거하여 농림부는 1997년 3월 7일부터 혼합분유에 대한 긴급수입제한조치를 시행하여, 2001년 2월 28일까지 수량규제를 통한 국내시장 안정을 꾀하기로 했다. EC는 이 조치가 WTO협정상의 긴급수입제한조치 협정에 위반된다는 이유로 1997년 8월 WTO에 제소했다.

[결정 요지]

1. GATT 제19조에 관한 신청

EC는 한국이 수입량의 변화가 GATT 제19.1(a)조에 규정된 '예측할 수 없는 사태의 발생'(unforeseen development)의 결과로서 야기된 것인가의 여부를 심사하지 않았다는 이유로 GATT 제19조 위반이라고 주장했다.

패널은 '예측할 수 없는 사태의 발생'이라고 하는 문언이 「세이프가드협정」(Agreement on Safeguards: SG협정)에는 포함되어 있지 않은 점에 대해 다음과 같이 말하면서 EC의 주장을 인정하지 않았다. 즉, 패널은 '예측할 수 없는 사태의 발생'은 긴급수입제한조치가 필요한 이유를 설명한 것이고, 회원국에 대해 추가적인 부담을 지우는 것은 아니라고 보았다. 따라서 패널은 한국이 혼합분유의 수입 증가가 예측할 수 없는 사태의 발전의 결과인지 여부를 조사하지 않는 것은 GATT 제19.1(a)조를 위반했다는 EC의 주장을 기각하였다.

2. SG협정 제2.1조('under such conditions') 위반

EC는 한국이 어떠한 조건에 의하여 수입이 행해졌는가(under which conditions the imports occurred), 다시 말하여, 얼마의 가격으로 수입되었는가(the prices at which product was imported)에 대하여 고려하지 않았으므로 SG협정 제2.1조 및 GATT 제19.1조를 위반했다고 주장했다.

패널은 SG협정 제2.1조의 '~라고 하는 조건으로'(under such conditions)라는 문언은 수입시장에 대한 영향을 적절하게 평가해야 한다는 일반적인 의무를 정한 것일 따름이라는 이유로 EC의 주장을 인정하지 않았다.

3. SG협정 제4.2조에 관한 신청

(1) 국내산업에 대한 심각한 피해

EC는 한국이 국내산업의 상태와 관계가 있는 객관적이고도 수치화가 가능한 모든 요인을 고려하지 않았다는 이유로 SG협정 제4.2조를 위반했다고 주장했다.

패널은 SG협정 제4.2조에 대하여, US-Shirts and Blouses사건과 US-Salmon사건에 관한 양 패널의 결정을 인용하면서, 패널은 ① 한국이 입수한, 혹은 SG협정 제4.2조에 기하여 조사 시에 입수해야 할 모든 관련 사실을 심사했는가, 또한 ② 한국이 이 사실들이 어떻게 결정을 지지하고 있는가에 대하여 적절한 설명을 행했는가를 심사해야 한다고 했다.

패널은 한국의 심각한 피해의 결정에 관한 아래의 세 가지 점에 대하여 특히 문제가 있다고 지적했다. ① 한국 무역위원회의 OAI(Office of Administration and Investigation) 보고서는 SG협정 제4.2조에 열거된 일부 요인을 고려하지 않았다. ② 한국은 국내산업의 상태에 관한 일부 요인에 대하여, 산업의 일부에 관한 자료를 산업 전체의 자료라고 간주하였으며, 동시에 그것에 대한 설명을 하지도 않았다. ③ 한국이 고려한 요인에 대해서도 어떻게 당해 요인이 중대한 손해의 결정과 관련되어 있는가에 대하여 충분한 근거가 제시되어 있지 않다.

이상과 같은 이유에 의해, 한국의 심각한 피해의 인정은 SG협정 제4.2조의 요건을 충족하고 있다고 할 수 없다. 또 SG협정 제2.1조는 SG협정 제4.2조에 기하여 심각한 피해가 인정된 경우에만 세이프가드조치의 발동을 인정하고 있는 것이므로 한국은 SG협정 제4.2조 위반에 의해 당연히 SG협정 제2.1조에도 위반하고 있다고 생각된다. 다만, EC가 그 의견서 속에서 SG협정 제2.1조에 관한 주장을 하고 있지 않기 때문에 패널은 SG협정 제2.1조 위반은 인정하지 않았다.

(2) 수입의 증가와 심각한 피해와의 인과관계

패널은 이미 한국의 피해 평가에 대하여, SG협정 제4.2조 위반을 인정했으므로 한국의 인과관계에 관한 평가에 대해서는 심사할 필요가 없다고 판단했다. 그래서 인과관계 분석에 대하여 다음과 같이 일반적인 견해를 제시했다. ① 인과관계를 증명하기 위해서는, 한국은 탈지분유(skimmed milk powder preparations: SMPP)의 수입이 분유 및 미살균우유의 국내 산업에 대한 피해의 원인이라는 것을 입증하고, 또 수입의 증가 이외의 요인에 의한 피해를 수입증가에 의한 피해로 보지 않도록 해야 한다. ② 본건에서는 유제품의 수입의 증가는 국내수요의 급격한 확대에 의한 것이고, 또 국내생산의 감소는 치즈의 국내생산의 감소가 원인이었다고 생각되지만, 한국은 이 사정들을 적절하게 고려하지 않았다. ③ 뿐만 아니라, 위에 언급된 내용은 자료수집 및 관련 경제적 요인의 고려에 대하여 어떠한 적절한 방법이라도 채택할 수 있다고 하는 회원국의 자유를 제한하는 것은 아니다.

4. SG협정 제5.1조에 관한 신청

EC는 한국이 세이프가드조치의 필요성을 충분하게 설명하고 있지 않으므로 SG협정 제5.1조에 위반하고 있다고 주장했다.

패널은 우선 SG협정 제5.1조에 대하여 다음과 같이 의견을 피력했다. ① SG협정 제5.1조는 회원국의 세이프가드조치를 발동한다는 결정이나 세이프가드조치를 발동할 권리에 관한 것이 아니다. ② SG협정 제5.1조는 국내 산업에 발생하고 있는 심각한 피해를 회피. 혹은 구제하고, 국내산업의 구조조정을 촉진한다는 목적에 따라 세이프가드조치를 채택해야만 한다는 의무를 정하고 있다. ③ 즉, SG협정 제5.1조를 준수하기 위해서는 심각한 피해를 회피 혹은 구제하는데 필요한 한도에서 세이프가드조치를 발동하고, 동시에 패널이 회원국의 세이프가드조치 발동이 SG협정 제5.1조에 위반하고 있지 않는가 여부를 심사할 수 있도록 발동조치의 형태나 정도를 결정하기 위한 근거를 제시해야 한다.

다음, 패널은 본건에 관하여 다음과 같은 이유로 한국의 발동조치 결정은 SG협정 제5.1조의 요건을 충족하고 있지 않다는 결론을 내렸다. ① 한국은 발동조치의 선택가능성을 단순히 묘사하고 있을 뿐이다. ② 뿐만 아니라, 한국이 발동조치의 형태, 정도, 기간을 어떻게 결정했는가에 대하여 설명하고 있지 않다. ③ 위에서 검토한 SG협정 제5.1조(제1문)의 의무는 수량 할당량이 최근의 대표적 기간인 3년간 수입량의 평균 이상 여부를 묻지 않고, 모든 세이프가드조치에 적용된다.

2. 반덤핑협정

반덤핑협정(Anti-Dumping Agreement)상 반덤핑조치는 1994년 GATT 제6조에 규정된 상황 하에서 반덤핑협정의 규정에 따라 개시되고 수행된 조사에 따라서만 적용될 수 있다. 따라서 만일 반덤핑조사가 '반덤핑협정의 규정에 따라 개시되고 수행되지 않는다면' 이 조사는 반덤핑협정 제1조를 위반한 것이 되어 인정될 수 없게 된다.[5)]

덤핑을 판정하기 위해서는 정상가격 및 수출가격의 결정, 정상가격과 수출가격의 비교, 그리고 덤핑마진의 산정의 단계를 거쳐 판정한다. 정상가격을 산정하기 위한 구성가격은 원산지국에서의 생산비용에 합리적인 금액의 관리비, 판매비, 일반비용과 이윤을 합산한 가격으로 계산하거나, 제3국의 비교가능가격을 정상가격으로 본다. 덤핑판정 조사의 개시는 제소의사를 밝힌 국내 산업의 지지자의 국내생산량 합계가 반대자의 생산량 합계를 초과하여야 하며, 신청을 명시적으로 지지하는 국내생산자의 총생산이 국내 산업에 의해 생산된 동종상품의 총생산의 25%미만인 경우 조사가 개시되지 아니한다.

덤핑판정 조사는 관계당국이 사안의 진행을 정당화시킬 만큼 덤핑 또는 피해에 대한 충분한 증거가 존재하지 않는 경우에는 즉시 종결된다. 또한 덤핑마진이 최소허용수준[6)]이거나 또는 실제적 또는 잠재적인 덤핑수입량[7)]이나 피해가 무시할 만한 수준이라고 당국이 결정하는 경우에도 조사는 즉시 종결된다(반덤핑협정 제5.8조).

조사는 특별한 상황을 제외하고는 1년 이내에 종결되며 어떠한 경우에도 개시 후 18개월을 초과하여서는 아니 된다(동 협정 제5.10조).

반덤핑관세의 부과 여부와 세액의 결정은 수입당국이 자유로이 결정할 수 있고, 반덤핑관세의 금액은 덤핑마진을 초과할 수 없다(동 협정 제9.1조, 제9.3조). 반덤핑관세는 피해를 초래하는 덤핑을 상쇄하는데 필요한 기간 및 정도 내에서 그 효력이 지속된다. 하지만 모든 확정반덤핑관세는 부과일로부터 5년 이내에 종결되어야 한다(동 협정 제11.1조, 제11.3조). 이를 '자동소멸조항' 또는 '일몰조항'이라 한다.

---

5) Panel Report on United States-Anti-Dumping Act of 1916 Act (EC), WT/DS136/R, para.6.208, Corr. 1. Cf. Panel Report on United States-Anti-Dumping Act of 1916 Act (Japan), WT/DS162/R.

6) 수출가격 대비 백분율로 표시된 덤핑마진이 2%미만인 경우 이러한 덤핑마진은 최소허용수준인 것으로 간주된다.

7) 특정국으로부터의 덤핑수입물량이 수입 회원국내 동종상품 수입량의 3%미만을 점유한 것으로 판명되는 경우 개별적으로 수입회원국내 동종상품 수입의 3%미만을 점유하는 국가들이 총체적으로 수입회원국내 동종상품 수입물량의 7%를 초과 점유하지 아니하면 이러한 덤핑수입량은 일반적으로 무시할 만한 수준으로 간주된다.

〔Korea v. US - DRAMs사건〕
(Anti-Dumping Duty on Dynamic Random Access Memory Semiconductors (DRAMs) of One Megabit or above from Korea)
29 January 1999, WT/DS99/R

[사 실]

1993년, 미국은 한국에서 수입되는 DRAMs(Dynamic Random Memory Semiconductors)에 대해 반덤핑관세를 부과했다. 그 후 1994년 및 1995년에 연례재심에서 미국상무부는, LG(LG Semicon Co., Ltd.) 및 현대(Hyundai Electronics Industries, Inc.)는 재심 대상 기간인 1992년 10월 29일부터 1995년 4월 30일까지의 기간 동안에는 덤핑행위를 하지 않았다고 판정했다.

그리고 상무부는 1996년 6월 25일 제3차 연례재심을 개시함과 더불어 한국 생산자들의 신청을 받아들여 일몰재심(sunset review)을 개시했다. 1997년의 제3차 재심 최종결과에서는 한국생산자들이 재심 대상 기간인 1995년 5월 1일부터 1996년 4월 30일까지의 동안에 덤핑을 하지 않았다고 인정하면서도 반덤핑조치는 철회하지 않는다고 결정했다.

이처럼 재심에서 덤핑이 행해지지 않았다고 인정하면서도 미국은 반덤핑관세를 철회하지 않았으므로 한국은 WTO에 제소했다.

[결정 요지]

1.「현재의」 덤핑과 「장래의」 덤핑

본건의 최대 쟁점은 재심에서 현재 덤핑이 행해지고 있지 않다고 인정된다면, 반덤핑조치를 철회해야만 하는가라는 것이었다.

'반덤핑관세의 계속적 부과'(the continued imposition of the duty)의 필요성에 대해 검토가 필요하다는 명확한 정보를 제시할 것을 요구하고 있는 「반덤핑협정」 제11.2조 2문은 당국이 현재의 덤핑뿐만 아니라, 장래에 있어서 덤핑의 효과가 있을까 여부를 심사할 수 있다는 것을 의미하고 있다. 또 「반덤핑협정」 제13조에 대하여, 반덤핑관세의 철회가 덤핑의 계속 혹은 재발(recurrence)을 야기할 가능성이 있을까 여부에 대한 심사를 하는 것을 인정하고 있기 때문에 심사 당시에 덤핑이 행해지고 있지 않아도 반드시 반덤핑관세를 철회할 필요는 없다. 이처럼 「반덤핑협정」 제11.3조는 덤핑의 재발 가능성도 고려하여 반덤핑관세의 유무를 결정할 수 있다고 규정하고 있다. 그러나 덤핑의 재발 가능성을 긍정하는 경우에는 현재의 덤핑이 있는 경우보다 더욱 엄격한 테스트에 의해야 한다.

2. 가능성 테스트

한국은 외국시장가격 이하로 판매할 가능성이 없는(not likely) 경우에 조치의 철회를 인정한다고 규정하고 있는 미국 상무부규칙 제353.25(a)(2)조 (ii)는 '가능성이 있는가'(likely) 여부에 대한 테스트를 사용하고 있는 반덤핑협정 제11.2조와 합치하고 있지 않다고 주장했다.

패널은 우선, 「반덤핑협정」 제11.1조는 일반적인 필요성을 요건(general necessity requirement)으로 하고 있고, 필요성은 반덤핑조치가 요구되는 사정에 대한 적극적 증거에 기초하고 있을 필요가 있다고 해석했다. 다음, 「반덤핑협정」 제11.1조의 실시규정인 제11.2조에 의하면, 장래의 덤핑의 검토는 어느 정도 예측되지만, 현재의 덤핑과 마찬가지로 필요성 요건을 만족할 필요가 있다고 했다. 더욱이 'not likely' 여부의 테스는 'likely' 여부의 테스트와의 사이에 명확한 개념상의 차이가 있고, 'not likely' 여부의 테스트는 인정되지 않는다고 판단했다.

3. 반덤핑관세 평가 시 미소(*de minimis*) 기준

「반덤핑협정」 제5.8조는 덤핑마진이 미소(*de minimis*, 2% 이하)인 사안에 대해서는 조사(investigation)를 중단하고, 신청(application)을 각하해야 한다고 규정하고 있다.

한국은 이 규정이 「반덤핑협정」 제9.3조의 반덤핑관세의 평가 절차에도 적용되고, 반덤핑관세의 평가 절차에 관한 미소기준인 0.5%로 정하고 있는 상무부규칙(제351.106조 (c))은 이에 위반한다고 주장하고 있었다.

패널은 ① 문언 상 조사 및 신청은 명확하게 제5.8조의 대상이 되지만, 조사 및 신청 후에 행해지는 반덤핑관세의 평가를 포함한다면 제5.8조가 의미를 잃게 된다. ② 「반덤핑협정」 제11.3조 각주 22 ("반덤핑관세액이 소급적으로 사정되었을 경우 제9.3.1조에 따라 가장 최근의 산정 과정에서 관세가 부과되어서는 아니 된다는 조사 결과 그 자체가 당국에 대해 확정 반덤핑관세의 종료를 요구하지 아니 한다")에 의하면, 제9.3조 평가 절차에서 덤핑마진이 0(zero)으로 인정된 경우라 할지라도 이미 결정된 반덤핑관세를 철회해서는 안 된다고 해석할 수는 없다. ③ 제5.8조가 수출자가 반덤핑조치의 대상이 되는가 여부에 관한 규정임에 반해, 제9.3조는 수출자가 반덤핑관세를 납부해야만 하는가 여부에 관한 규정이고, 개별 규정에서의 미소기준의 의의는 다르다는 이유로 한국의 주장을 인정하지 않았다.

4. 소급효에 대하여

한국은 대상상품(product scope)에 관한 「반덤핑협정」 제2조 및 제3조에 대해서도 주장을 제기했다.

그러나 패널은 「반덤핑협정」 제18.3조("… 이 협정의 규정은 WTO협정의 회원국에 대해 발효한 날 또는 그 이후에 이루어진 신청에 따라 개시된 조사 및 기존조치의 검토(reviews of existing measures)에 적용된다")를 인용하면서, '기존조치의 검토'라고 하여 기존조치의 모든 측면이 협정 적용의 대상이 된다고 해석되어서는 아니 되며, 검토의 대상이 된 측면에 한하여 협정의 대상이 된다고 보았다. 그 결과, 협정이 적용되는 제3차 연례재심의 대상이 아닌 대상상품에 관한 결정에는 협정은 적용되지 않는다고 했다.

패널은 미국 상무부규칙 제353.25(a)(2)조 (ⅱ) 및 제3차 연례재심 최종결과는 「반덤핑협정」 제11.2조에 위반한다는 결론을 내렸다.

3. 보조금 및 상계조치협정

「보조금 및 상계조치협정」(Agreement on Subsidies and Countervailing Measures: 이하 SCM협정)은 보조금의 대상이 되는 모든 상품에 적용되며, 만일 수출국정부의 보조금지원을 받아 수입국내 수입된 상품이 수입국 국내 산업에 피해를 야기하며, 보조금과 피해 간에 인과관계가 입증되는 경우 상계관세가 부과된다. 제3국 정부에 의한 모든 지원책이 그대로 보조금협정의 규율대상이 되는 것은 아니다. 이 가운데는 상계조치의 대상이 되지 않는 보조금, 즉 허용보조금도 포함되어 있으며, 또한 상계조치의 대상이 되기 위해서는 보조금이 첫째, 정부에 의한 소득 혹은 가격지지를 위한 제조치가 취해졌거나 혹은 재정적인 기여행위가 있어야 하며, 둘째, 그로 인하여 특혜가 있어야 한다. 한편, 이러한 보조금 지급행위가 있었다고 할지라도 당연히 상계조치의 대상이 되는 것은 아니며, 보조금이 특정성을 가져야만 한다.

SCM협정은 보조금을 '교통 신호식 접근방식'(traffic light approach: red-yellow-green)을 채택하여 세 가지 유형의 보조금, 즉 빨간불에 해당하는 금지보조금, 노란불에 해당하는 조치가능보조금, 그리고 파란불에 해당하는 허용보조금[8]으로 분류한다.

보조금 조사 개시에 대한 신청자인 국내 산업은 지지자가 생산하는 동종상품의 국내 총생산량의 50% 이상을 차지하고 있어야 하며, 적어도 신청지지자의 생산량이 국내 총생산량의 25% 이상 되어야 신청 적격자로 간주된다. 따라서 신청을 명시적으로 지지하는 국내생산자의 총생산이 국내 산업에 의해 생산된 동종상품의 총생산의 25% 미만인 경우에는 조사가 개시되지 않는다(SCM협정 제11.4조). 보조금에 대한 제재적 상계조치는 보조금에 의한 심각한 손상이 있는 경우에 취해진다. 심각한 피해는 상품에 대한 종가기준 총 보조금 지급이 5%를 초과하는 경우, 반복적인 영업 손실을 보전하기 위한 보조금, 직접적인 채무 감면이나 채무상환을 위한 교부금의 경우에 발생한다(동 협정 제6.1조). 모든 확정상계관세는 부과일로부터 5년 이내에 종료된다(동 협정 제21.3조).

---

8) SCM협정 제31조에 의하여 허용보조금에 관한 동 협정 제8조는 WTO협정 발효일로부터 5년간 적용되며, 이 기간 종료 전 180일전까지 규정의 운영에 대한 검토가 이루어져야 한다. 이에 대한 검토가 WTO내에서 이루어지지 못하였으므로 SCM협정 제8조는 1999년 12월 31일부로 효력을 상실하였다.

〔Korea v. EC-상업용 선박사건〕
(European Communities-Measures Affecting Trade in Commercial Vessels)
22 April 2005, WT/DS301/R

[사 실]

본건은 EC의 선박에 대한 임시방어제도(Temporary Defensive Mechanism to Shipbuilding, 2004년 3월 11일 개정 EC 이사회규칙 1177/2002)에 관한 규칙(이하 TDM규칙이라 한다)과 관련된 EC 회원국의 조치를 대상으로 한 것이다.

1998년 6월, 이사회는 2000년 12월 31일까지 선박의 건조(조선 造船)에 관한 계약과 관련한 선박의 가격을 조성하는 것을 폐지하기로 결정했다. 그러나 TDM규칙은 한국이 造船 문제에 관한 합의를 실시하고 있지 않다는 것을 이유로 일부의 造船契約과 관련한 선박의 가격을 조성하는 것을 예외적으로 인정하고 있었다. 그 후 EC는 독일, 네덜란드, 덴마크, 프랑스, 스페인에 의해 통보된 TDM규칙 실시를 위한 국내제도를 승인하는 결정을 했다.

뿐만 아니라, EC는 2002년 10월 21일 선박 보조금에 대하여 한국에게 협의를 요청하고, "한국은 금지되고 있는 수출보조금을 교부하고 있으며, 이는 SCM협정 제3.1조 (a) 및 제3.2조에 위반된다"는 2005년 4월 11일 패널보고서가 채택되었다(DS 273). TDM규칙은 한국의 선박보조금에 대하여 EC가 WTO에 분쟁을 부탁한 날로부터 그 분쟁이 해결될 때까지 운용되는 것으로 하고 있었다.

[결정 요지]

1. 1994년 GATT 제3.4조에 의거한 주장

패널은 TDM규칙에서 규정된 국가원조는 1994년 GATT 제3.8조 (b)에서 규정하는 '국내생산자에 대한 보조금'에 해당하므로 EC는 1994년 GATT 제3.4조에 위반하고 있지 않다고 결론내렸다. ① TDM규칙에 의거한 보조금이 교부되는 것은 국내의 조선업자(造船業者)뿐이다. 따라서 1994년 GATT 제3.8조 (b)의 조치로 볼 수 있는 조건을 충족하고 있다. ② 이에 대하여 한국은, TDM규칙은 차별적 규칙으로써 보조금 그 자체만이 아니라 TDM규칙에 의거하여 교부되는 보조금은 일반적인 것은 아니며, 보조금의 궁극적인 수익자는 선주라는 반론을 제기하였다. 하지만 패널은 이 주장을 인정하지 않았다.

2. SCM협정 제32.1조에 의거한 주장

(1) SCM협정 제32.1조의 '구체적 조치'(specific action)에 해당하는가?

패널은 TDM규칙이 SCM협정 제32.1조의 '구체적 조치'에 해당한다고 인정했다. ① US-Offset Act(Byrd Amendment)사건 상소기구 보고서에 의하면, '구체적 조치'로 보기 위해서는 조치가 '덤핑 또는 보조금이라는 요소와 밀접하고도 불가분의 관계에 있든지 혹은 강한 상호관계를 가지고 있지' 않으면 안 된다. ② TDM규칙은 한국 정부가 교부한 보조금에 대해서 명시적으로는 언급하고 있지 않으면서도 '악영향'(adverse effects), '실질적 피해'(material injury), '심각한 피해'(serious prejudice)와 같이 표현함으로써 상계조치의 대상이 되는 보조금의 영향에 관한 SCM협정상의 용어를 사용하고 있다. 또한 TDM규칙은 한국의 보조금에 관한 무역장벽규칙(Trade Barriers Regulation: TBR) 조사에 의거하여 기초되었으며, TDM규칙의 대상이 한국의 보조금에 관한 증거를 우선적으로 취급하고 있는 점은 분명하다. ③ TDM규칙은 EC가 한국의 선박보조금에 대하여 WTO 분쟁해결제도에 부탁하고, 이후 그 분쟁이 해결될 때까지 운용되는 것으로 되어 있고, 그 점은 TDM규칙이 WTO 분쟁해결의 대상이 된 한국의 보조금에 대하여 취해진 조치라는 점은 분명하다. ④ 게다가 TDM규칙 제정의 배경에 있는 선박 문제에 관한 한국-EC간 합의는 한국의 보조금에 관한 약속을 포함하는 것이고, 또 만일 이 합의가 보조금과 관련이 없다고 해도 TDM규칙이 보조금과 관계없다고는 볼 수 없다. ⑤ TDM규칙이 보조금과 관련되어 있다고 해도 그 관계가 '밀접하고도 불가분의 관계에 있는지 혹은 강한 상호관계'를 가지고 있는가에 대하여, (ⅰ) TDM규칙의 대상은 한국의 조선소 가운데 보조금을 받고 있는 분야에 한정되어 있다, (ⅱ) TDM규칙은 WTO에 부탁된 분쟁이 해결되든가 혹은 한국이 선박문제에 관한 합의를 실시할 때까지 운용된다, (ⅲ) 본건은 US-1916 Act 및 US-Offset Act(Byrd Amendment)와 같은 사례와는 달리, 개별 사안마다 덤핑이나 보조금의 인정 여부가 행해지고 있지 않고 있으며, 그와 같은 개별 사안별 인정은 반드시 필요하지는 않다. 본건에서 EC는 사전에(*ex ante*) 보조금 유무에 대한 판단을 이미 했다고 볼 수 있다. 따라서 TDM규칙과 보조금은 강한 상호관계를 가지고, 또 밀접하게 관련되어 있다고 할 수 있다.

(2) TDM규칙은 SCM협정 제32.1조의 보조금에 '대한' 구체적 조치(specific action 'against' a subsidy)에 해당하는가?

패널은 TDM규칙은 SCM협정 제32.1조의 의미에서의 보조금에 '대한' 구체적 조치는 아니라고 인정했다. ① US-Offset Act(Byrd Amendment)사건 상소기구보고서에 의하면, 어떤 조치가 덤핑이나 보조금에 '대한'(against) 조치인가 여부를 판단할 때에는 조치의 형태나 구조가 덤핑이나 보조금을 중단시키는 효과를 가지는가, 또는 그러한 행위를 종료시키는 인센티브를 발생시키는가를 평가해야 한다. 또한 '형태나 구조'를 분석할 때에는 외국의 생산자·수출자와 그 수입국의 경쟁 상대와의 사이에 '자금의 이전'이 있는가에 대해서도 주의해야 한다. ② 상기와 같이 '대한'을 좁게 해석하는 접근은 SCM협정의 문맥, 취지 및 목적, 그리고 SCM협정 제32.1조의 ITO교섭부터 계속되어 온 역사적 전개에 비추어 보아도 지지되고 있다. ③ 이상에 의해, 다른 회원국의 보조금에 대하여(in response to) 교부되는 대항적인 보조금은 그 자체만으로는 보조금에 '대한'(against) 구체적 조치는 되지 않고, 보조금에 대한 구체적 조치로 보기 위해서는 어떤 추가적 요소가 인정되어야 한다. ④ 본건에서 한국은 (ⅰ) EC의 보조금은 한국의 조선소가 보조금에 의해 얻은 경쟁력을 약화시키는 것이다, (ⅱ) TDM규칙은 한국의 보조금 교부 정지의 인센티브를 강화시키는 것이다, (ⅲ) 유럽위원회의 당국자는 TDM규칙이 한국의 보조금에 '대한'(against) 것이라고 언급하고 있다는 등의 주장을 하고 있지만, 어느 것도 TDM규칙이 보조금에 '대한'(against) 조치라고 인정하기에는 불충분하다.

이상과 같은 이유에 의해, 패널은 TDM규칙 혹은 덴마크, 프랑스, 독일, 네덜란드, 스페인에서 TDM규칙에 기하여 채용된 선박가격조성제도 및 그것을 승인하는 유럽위원회의 결정은 SCM협정 제32.1조에 위반하지 않는다는 결론을 내렸다.

Ⅱ. 서비스무역에 관한 일반협정

「서비스무역에 관한 일반협정」(General Agreement on Trade in Services: GATS)은 서비스무역을 규율하는 최초의 다자간 무역협정이다. GATS는 특정의 서비스분야만을 대상으로 하는 것이 아니라 서비스무역 일반을 국제규범으로 규율하는 최초의 다자간 무역협정이라는 특징을 갖고 있다. GATS의 경우에는 GATT와 달리 광범위한 범위에서 최혜국대우의 예외를 인정하고 있다. 회원국은 제2조의 면제에 관한 부속서(Annex on Article Ⅱ Exemptions)에 열거되어 있고, 동 부속서상의 조건을 충족하는 경우에 한하여 최혜국대우를 이탈하는 조치를 취할 수 있다(GATS 제2.2조).

GATS는 서비스무역에 영향을 미치는 회원국의 모든 조치에 대해 적용된다(동 협정 제1.1조). 따라서 서비스산업을 규제하는 회원국의 조치라 하더라도 서비스무역에 전혀 영향을 미치지 않는 경우에는 GATS가 적용되지 않는다. 다만 정부의 권한을 행사함에 있어서 공급되는 서비스에는 적용되지 않는다(동 협정 제1.3조).

서비스무역에 영향을 미치는 조치는 법률, 규정, 규칙, 절차, 결정, 행정행위 및 형태의 여부에 관계없이 회원국에 의해 취해지는 모든 조치를 의미한다(동 협정 제28조 (a)). 회원국의 모든 조치에는 ① 서비스의 구매, 지불 또는 이용, ② 서비스의 공급과 관련하여, 일반적으로 공중에게 제공되도록 회원국이 요구하는 서비스에 대한 접근과 이용, ③ 다른 회원국의 영토 내에서 서비스를 공급하기 위한 상업적 주재를 포함한 회원국의 인(人)의 주재를 포함한다(동 협정 제28조 (c)).

GATS는 비회원국이나 본 협정이 적용되지 않는 회원국에서 제공된 서비스나 그러한 국가에 선적을 둔 선박에 의해 제공된 서비스 등에 대하여 본 협정상의 혜택을 거부하는 것을 허용하고 있다. 즉 회원국은 ① 거부하는 회원국이 관련 서비스가 비회원국 또는 자국이 WTO협정을 적용하지 아니하는 다른 회원국의 영토로부터 또는 영토 내에서 서비스가 공급된다는 것을 입증할 경우의 서비스 공급, ② 해상운송 서비스의 공급의 경우로서, 비회원국의 법률 또는 자국이 WTO협정을 적용하지 아니하는 다른 회원국의 법률에 따라 등록된 선박에 의해

서비스가 공급된다는 사실을 입증하는 경우, 그리고 비회원국의 인 또는 자국이 WTO협정을 적용하지 아니하는 다른 회원국의 인이 선박을 전부 또는 일부 운영 및/또는 사용하여 서비스를 공급한다는 사실을 입증하는 경우, ③ 법인인 특정 서비스 공급자가 다른 회원국의 서비스 공급자가 아니거나, 거부하고자 하는 회원국이 WTO협정을 적용하지 아니하는 다른 회원국의 서비스 공급자임을 거부하고자 하는 회원국이 입증할 경우 이러한 서비스 공급자 등에 대하여 GATS상의 혜택을 거부할 수 있다(동 협정 제27조).

Ⅲ. 무역관련 지적재산권에 관한 협정

「무역관련 지적재산권에 관한 협정」(Agreement on Trade-Related Aspects of Intellectual Property Rights: TRIPs Agreement)은 기존의 지적재산권협약들의 원칙과 규범들을 그 성립 및 운영의 전제로 하고 있다. 모든 회원국들에 대해 정당한 무역거래의 장애가 되지 않는 범위 내에서 지적재산권을 효과적으로 충분히 보호함으로써 국제무역질서의 왜곡이나 저해요인을 제거하도록 요청하고 있다(TRIPs협정 前文).

TRIPs협정은 저작권 및 저작인접권, 지리적 표시, 의장, 특허, 집적회로배치설계, 영업비밀 등을 지적재산권의 예로서 들고 있다(동 협정 제1.2조). 협정의 적용 범위는 「파리협약(1979)」, 「베른협약(1971)」, 「로마협약(1961)」, 「집적회로에 관한 지적재산권조약(1989)」의 보호적격요건을 충족시키는 자연인이나 법인이 포함된다(동 협정 제1.3조).

지적재산권은 재산권으로서의 성격을 가지고 있으므로 사회적인 권리로서 절대적인 권리가 될 수는 없다. 지적재산권 자체가 사회나 개인의 발전을 저해하거나 기술 및 교역에 저해가 되는 경우에는 지적재산권의 보호에 대한 예외를 허용하고 있다. 즉 공중보건 및 영향을 위한 제한, 공공이익을 증진하기 위한 제한, 지적재산권의 남용을 방지하기 위한 제한, 그리고 비합리적으로 교역을 저해하거나 국제적 기술이전에 악영향을 미치는 관행을 시정하기 위한 제한은 허용된다(동 협정 제8조).

TRIPs협정의 효력발생은 WTO설립협정의 발효일로부터 일반적으로 1년의 유예기간을 두고 협정 준수의무를 모든 회원국에 부과하고 있다(동 협정 제65.1조). 또한 개발도상회원국은 일반적인 유예기간 외에 추가로 4년의 유예기간을 갖는다(동 협정 제65.2조). 최빈개도회원국에 대해서는 일반적인 시행 유예기간 이외에 추가적으로 10년의 시행 유예기간을 인정하고 있다(동 협정 제66.1조).

선진회원국은 개발도상회원국과 최빈개도회원국을 위하여 기술 및 재정상의 협력을 제공한다. 이러한 협력은 지적재산권의 남용 방지뿐만 아니라 지적재산권의 보호와 시행에 관한 법과 규정의 준비에 있어서의 지원을 포함하며, 인력의 훈련을 포함하여 동 사안과 관련한 국내 기구 및 기관의 설립 또는 강화에 관한 지원을 포함한다(동 협정 제67조).

TRIPs협정 제9조와 제14조 6항에 의해 준용되는 베른협약 제18조는 소급보호를 원칙적으로 선언하고 있다.[9] 그러나 제70조에서 소급보호의 예외로서 행위책임 불소급(동 협정 제70조 1항), 공유대상물의 불소급(3항), 선의투자자의 보호(4항), 대여권 소급제한(5항), 특허 강제실시에 대한 소급효 제한(6항), 유보 중인 등록신청의 청구범위 확장 허용(7항), 메일박스시스템(8항), 독점판매권 등을 인정하고 있다.

제 5 절 분쟁해결 절차

Ⅰ. WTO 분쟁해결제도의 의의

WTO는 상품무역 중심의 전통적 규범만이 아니라 무역관련 서비스 및 지적재산권에 관한 실체적 규범을 토대로 운영되고 있으므로 흔히 '규범에 입각한 다자무역체제'(rule based multilateral trading system)라고 정의된다. 하지만 이와 같은 규범의 해석 및 그 적용에 있어 필연적으로 거래당사자들 간에 무역분쟁이 발생하게 되고, 이를 해결하기 위한 제도의 마련이 수반되어야 한다. 게다가 국제통상관계에 있어 분쟁은 일반적으로 '국가 대 국가'간의 분쟁의 형태로 야기되므로 다자무역체제의 안정성(stability)과 예측가능성(predictability)을 확보하기 위해서는 WTO 차원의 독자적인 분쟁해결제도가 필요한 것이다(DUS 제3.2조). 그리하여 WTO 「분쟁해결규칙 및 절차에 대한 양해」(Understanding on Rules and Procedures Governing the Settlement of Dispute: DSU)가 채택되었으며, '분쟁해결기구(Dispute Settlement Body: DSB)'에 의하여 회원국 간에 야기된 분쟁이 해결되게 되었다. WTO 분쟁해결제도

---

9) 「베른협약」 제18조 1항: "그 효력 발생 시에 저작물의 본국에서 보호기간의 만료에 의하여 이미 공유에 속하게 된 저작물 이외의 모든 저작물에 대하여 적용한다."

는 과거 GATT 체제 하의 제도가 안고 있던 문제점들, 즉 분쟁 당사국에 의한 고의적인 절차의 지연, 패널보고서 채택의 거부 및 동 보고서 불이행시 법적 구속력의 결여 등 여러 제도적 장치들을 보완하였다.

DSU는 분쟁의 신속한 해결이 WTO의 효과적인 기능수행과 회원국의 권리와 의무간의 적절한 균형의 유지에 필수적이며, 분쟁해결 제도의 목표는 분쟁에 대한 긍정적인 해결책을 확보하는 것이라는 인식에 근거하고 있다. 따라서 WTO 분쟁해결제도의 핵심은 첫째, DSB에 의한 당해 분쟁사안에 대한 판정에 있는 것이 아니라 분쟁당사국간 협의를 통한 분쟁의 해결에 있다고 보아야 한다. 둘째, 만일 DSB에 의하여 당해 통상규제조치가 대상협정(covered agreements)에 대한 위반 판정이 내려진 경우, 당해 조치의 철회를 확보하는 것이며, 셋째, 이러한 조치의 즉각적인 철회가 어려운 경우, 대상협정에 대한 위반조치가 철회될 때까지의 잠정적인 손해배상을 청구할 수 있다. 마지막으로, 분쟁해결절차에 제소한 회원국이 마지막으로 의지할 수 있는 구제수단은 다른 회원국에 대한 차별적인 대상협정상의 양허 또는 그 밖의 의무적용을 정지시키는 것이다. 하지만 이 경우, DSB의 승인이 있어야 한다.

Ⅱ. DSU의 적용범위

DSU는 WTO 설립협정, 다자간 상품무역협정, GATS, TRIPs 및 동 DSU에 적용되며(DSU 부록 1), 이를 대상협정(covered agreements)이라 한다. 하지만 개별협정에서 분쟁해결에 관한 특별 또는 추가적인 규칙 및 절차에 관한 규정이 있는 경우에는 DSU의 규정에 우선하여 적용된다(DSU 부록 2).

DSU는 무역정책검토제도(TPRM)에는 적용되지 않으며, 또한 민간항공기무역협정, 정부조달협정, 국제낙농협정 및 국제우육협정 등 복수국간 무역협정에 대해서는 자동적으로 적용되지는 않는다. 즉, 복수국간 무역협정에 대해서는 DSU 부록 2 '대상협정에 포함된 특별 또는 추가적인 규칙 및 절차'에 포함되는 모든 특별 또는 추가적인 규칙 또는 절차를 포함하여 DSU가 개별협정에 적용되기 위한 조건을 명시하는 각 협정 회원국의 결정으로서 DSB에 통지되는 결정의 채택을 조건으로 DSU가 적용된다(DSU 부록 1).

Ⅲ. WTO 분쟁해결절차의 내용

1. 분쟁해결담당기구

관련 대상협정이 달리 규정하지 않는 한 WTO 분쟁해결제도는 DSB에 의해 관장된다. 즉, DSB는 패널을 구성하고, 패널 및 상소보고서를 채택하며, 판정 및 권고안의 이행상태를 감독하고, DSU상의 양허 및 의무의 중지를 허가하는 권한을 가진다(DSU 제2.1조). DSB는 WTO의 관련 이사회 및 위원회에 각각의 소관 대상협정의 규정과 관련된 분쟁의 진전 상황을 통보해야 한다(동 양해 제2.2조). 또한 DSB는 DSU에 규정된 시한 내에 자신의 기능을 수행하기 위하여 필요할 때마다 회의를 개최할 수 있으며(동 양해 제2.2조), 의사결정은 컨센서스방식에 의한다(동 양해 제2.4조).

2. WTO분쟁해결절차

(1) 제소사유

회원국이 DSB에 제소를 하기 위해서는 일정한 요건이 충족되어야 한다. 1994년 GATT 제23.1조에 의하면, 체약국은 세 가지의 형식적 요건과 두 가지의 실질적 요건에 의거하여 제소를 할 수 있다. 즉, (i) 다른 체약당사자가 본 협정에 의거한 자신의 의무를 이행하지 못한 결과(위반제소 violation complaint), (ii) 다른 체약당사자가 본 협정조항과의 저촉여부를 불문하고 어떤 조치를 적용한 결과(비위반제소 non-violation complaint), 또는 (iii) 그 밖의 상황이 존재하는 결과(상황제소 situation complaint), 본 협정에 의하여 직접 또는 간접으로 자국에 부여된 '모든 이익이 무효화 또는 침해'되거나 '본 협정의 목적달성이 방해'받고 있다고 인정할 때에 분쟁해결절차를 이용할 수 있다. 형식적 요건과 실질적 요건이 결합하여 모두 여섯 가지의 분쟁유형이 조합될 수 있다. 후자의 요건의 경우, 대부분의 제소는 '자국의 모든 이익의 무효화 또는 침해'의 경우에 행해지며, '협정의 목적달성의 방해' 사유는 부차적이라고 할 수 있다.

<표-2> 1994년 GATT 제23조의 여섯 가지 분쟁유형

제소의 형식적 요건	결과	제소의 실질적 요건
1994년 GATT상 의무의 위반	⇒	1994년 GATT상 이익의 무효화 또는 침해
1994년 GATT에 위반하지 않은 조치의 적용		
어떤 다른 상황의 존재		1994년 GATT 목적 달성의 저해

출전: 박노형, WTO체제의 분쟁해결제도연구(박영사, 1995), p.27.

(2) 협의, 주선, 조정 및 중개절차

DSU는 패널절차에 들어가기에 앞서 협의(동 양해 제4조), 주선, 조정 및 중개(동 양해 제5조) 등 분쟁당사국간 분쟁의 평화적 해결을 위한 비사법적 분쟁해결방법을 도입하였다.

먼저, 협의와 관련하여, 협의를 요청한 일방 회원국(제소국)이 협의(consultation)를 요청하면, 그 요청을 접수한 타방 회원국(피제소국)은 원칙적으로 요청접수일로부터 10일 이내에 답변해야 하며, 요청접수일로부터 30일 이내의 기간 내에 상호 만족할만한 해결책에 도달하기 위하여 성실하게 협의에 응하여야 한다. 하지만 만일 이러한 협의의 요청이 거부되면 제소국은 직접 패널의 설치를 요구할 수 있는 데(동 양해 제4.3조), 통상 협의요청일로부터 60일 이내에 협의를 통한 분쟁해결에 실패하는 경우, 제소국은 패널의 설치를 요청할 수 있다(동 양해 제4.7조).

다음, 주선, 조정 및 중개는 분쟁당사자가 합의하는 경우 자발적으로 취해지는 절차(동 양해 제5.1조)로서 분쟁당사자는 언제든지 이 절차를 요청할 수 있다(동 양해 제5.3조). 주선, 조정 및 중개 절차가 종료되면 제소국은 패널의 설치를 요청할 수 있는 데(동 양해 제5.3조), 일반적으로 협의요청 접수일로부터 60일 기간을 허용한 후에 패널의 설치를 요구할 수 있다(동 양해 제5.4조).

(3) 패널절차

① 패널설치

패널은 제소국의 서면요청으로(동 양해 제6.2조) DSB에 의해 설치된다. 패널설치의 결정에 있어서는 그 설치에 대한 컨센서스가 요구되는 것이 아니라, 패널설치의 거부결정이 컨센서스로 요구된다.[10] 즉, 패널설치의 거부가 컨센서스에 의하여 결정됨으로써 패널은 제소국의 요청에 따라 사실상 자동적으로 설치되게 된다(동 양해 제6조 1항). 따라서 분쟁당사국 사이의 협의에 의하여 분쟁이 해결되지 않으면 사실상 자동적으로 패널절차로 진입하게 된다.

② 패널의 위임사항

패널은 분쟁사안을 검토하고 패널보고서를 제출함으로써 DSB의 분쟁해결을 보조하는 임무를 수행하게 된다. 패널은 자신이 수행해야 할 위임사항을 부여받게 되며, 이는 정형화된 표준위임사항과 분쟁당사국간 합의에 의해 결정되는 특별위임사항으로 나누어진다.

(ⅰ) 표준위임사항(standard terms of reference): 패널은 분쟁당사자가 패널설치로부터 20일 이내에 달리 합의하지 않는 한, 다음과 같은 위임사항을 부여받는다(동 양해 제7.1조).

"(분쟁당사자가 인용하는 대상협정명)의 관련 규정에 따라 (당사국 국명)이 문서번호 ……으로 DSB에 제기한 문제를 조사하고, DSB가 동 협정에 규정된 권고나 판정을 내리는데 도움이 되는 조사결과를 작성한다."

이는 분쟁은 제소국이 결정한 조건에 따라 패널에 부탁된다는 것, 즉 제소국이 일방적으로 분쟁의 내용을 결정할 수 있다는 것을 의미한다. 그리고 패널은 분쟁당사국이 인용하는 모든 대상협정의 관련 규정을 검토한다(동 양해 제7.2조).

(ⅱ) 특정위임사항: 패널의 설치 시에 DSB는 DSB의장이 표준위임사항에 관한 규정에 합치하여 분쟁당사국들과 협의 하에 패널의 위임사항을 작성하도록 허가할 수 있다. 이렇게 작성된 특정위임사항은 모든 회원국들에게 배포되어야 한다. 표준위임사항이 아닌 위임사항에 대한 합의가 이루어진 경우, 회원국은 DSB에서 이와 관련된 모든 문제를 제기할 수 있다(동 양해 제7.3조).

③ 패널의 구성

패널은 분쟁당사국이 패널설치로부터 10일 이내에 5인의 위원으로 패널을 구성하는데 합의하지 아니하는 한, 분쟁당사국 국민이 아닌 3명의 전문가들로 구성되는 것이 보통이다(동 양해 제8.4조). WTO 사무국은 패널위원(panelist)으로 임명될 수 있

10) 이를 '소극적 혹은 역총의'(inverted · negative consensus or reverse consensus)라고 한다. 이러한 소극적 혹은 역총의는 DSB가 패널설치절차, 패널보고서채택절차(제16.4조), 상소기관보고서 채택절차(제17.14조) 및 보복조치의 허가절차(제22.6조)상에서 결의할 때 요구된다.

는 인사들의 명부를 보관하는데, 패널위원이 되기 위해서는 다음과 같은 자격을 가지고 있어야 한다(동 양해 제8.1조).

(ⅰ) 패널에서 일한 경력이 있거나 패널에 자국의 입장을 개진한 경력이 있는 자
(ⅱ) WTO 회원국의 대표
(ⅲ) 1947년 GATT 체약당사자의 대표로 근무한 경력이 있는 자
(ⅳ) 대상협정이나 그 협정의 선행협정의 이사회나 위원회에서 대표로 근무한 경력이 있는 자
(ⅴ) 사무국에서 근무한 경력이 있는 자
(ⅵ) 국제무역법이나 국제무역정책에 대하여 가르치거나 저술한 경력이 있는 자
(ⅶ) 회원국의 고위급 무역정책 관리로서 근무한 경력이 있는 자

패널이 설치된 후 20일 내에 패널위원의 구성에 대한 합의가 이루어지지 않는 경우, WTO 사무총장이 그 구성을 결정한다(동 양해 제8.7조).

④ 패널절차의 진행

패널은 분쟁당사국과의 협의 후 달리 결정하지 아니하는 한 DSU 부록 3의 '작업절차'에 따른다(동 양해 제12.1조). 이 패널절차는 패널과정을 부당하게 지연시키지 않으면서 질이 높은 패널보고서를 보장할 수 있도록 충분한 융통성을 부여하여야 한다(동 양해 제12.2조). 따라서 분쟁당사국과의 협의 후, 패널위원은 현실적으로 가장 빠른 시일 내에, 그리고 가능한 언제나 패널의 구성 및 위임사항에 대하여 합의가 이루어진 후부터 일주일 이내에 패널과정에 관한 일정을 확정해야 한다(동 양해 제12.3조). 패널은 분쟁당사국이 서면입장(written submissions)을 제출하여야 하는 정확한 마감시한을 설정해야 하며, 분쟁당사자는 동 마감시한을 준수하여야 한다(동 양해 제12.5). 패널구성원과 위임사항이 합의된 날부터 패널의 최종보고서가 분쟁당사국들에게 제출된 날까지의 패널의 검토수행 기간은 원칙적으로 6개월을 초과할 수 없다(동 양해 제12.6). 패널의 구체적인 작업일정은 <표-3>과 같다.

<표-3> 패널의 작업 일정표

작 업 절 차		소요시일
당사자의 제1차 서면입장의 접수	제소국	3-6주
당사자의 제1차 서면입장의 접수	피소국	2-3주
당사자와의 최초의 실질 회의 일자, 시간 및 장소, 그리고 제3자를 위한 회의		1-2주
당사자의 서면반박서 접수		2-3주
당사자와의 제2차 실질회의 일자, 시간 및 장소		1-2주
보고서 서술부분의 당사자에 대한 제시		2-4주
보고서 서술부분에 대한 당사자의 논평 접수		2주
조사결과와 결론을 포함하는 잠정보고서의 당사자에 대한 제시		2-4주
보고서 일부에 대한 당사자의 재검토 요청 마감시한		1주
분쟁당사국들과의 추가적인 회의 가능성을 포함한 패널의 재검토기간		2주
분쟁당사국들에 대한 최종보고서 제시		2주
회원국에 대한 최종보고서의 배포		3주

⑤ 잠정검토단계

최종 패널보고서를 작성하기 전에 패널은 잠정검토단계를 거친다. 패널은 반박서면입장 및 구두주장을 심리한 후, 자신의 보고서 초안 중 서술적인 부분(사실 및 주장)을 분쟁당사자에게 제시하며, 분쟁당사자는 패널이 설정한 기간 내에 서면으로 논평을 제출한다(동 양해 제15조). 논평 제출 기간이 경과한 후 패널은 서술부분과 패널의 조사결과 및 결론을 모두 포함하는 잠정보고서의 특정 부분을 최종보고서가 회원국에게 배포되기 전에 잠정검토하여 줄 것을 서면으로 요청한다. 논평기간 내에 어떤 분쟁당사자도 논평을 제출하지 아니하는 경우, 잠정보고서는 최종 패널보고서로 간주되며 신속히 회원국에 배포된다(동 양해 제15.2조).

⑥ 패널보고서의 채택

분쟁당사국 일방이 공식적으로 DSB에 상소결정을 통보하지 않거나 DSB가 컨센서스로서 패널보고서를 채택하지 않기로 결정하지 않는 한, 패널보고서는 회원국들에게 회람된 후 60일 내에 DSB 회의에서 채택되어야 한다. 분쟁당사국 일방이 상소의 결정을 통고한 경우에 패널보고서는 상소절차가 완료될 때까지 DSB의 채택을 위한 논의의 대상이 되지 아니한다(동 양해 제16.4조). 하지만 회원국으로 하여금 패널보고서를 검토할 충분할 시간을 부여하기 위하여 DSB는 동 보고서가 회원국에게 배포된 날로부터 20일 이내에는 그를 채택하기 위하여 심의하지 않는다(동 양해 제16.1조). 만일 패널보고서에 이의가 있는 회원국은 동 보고서를 심의하기 위한 DSB 회의가 개최되기 10일 이전에 자국의 이의를 설명하는 이유를 서면으로 제출한다(동 양해 제16.2조).

패널보고서는 그 자체로서 법적 효력을 갖지 않고 반드시 DSB에 의하여 채택되어야 한다. DSB에서 채택되면 패널보고서의 평결은 WTO체제에서 법적 효력을 부여받게 된다. 패널보고서의 법적 효력이 인정됨으로써 분쟁당사국들은 패널보고서 평결에 따라 권리와 의무가 분명하게 확인된다.

(4) 상소절차

분쟁당사국 일방은 패널보고서가 채택되기 전에 패널보고서에 대하여 상설상소기구(Standing Appellate Body: AB)에 상소할 수 있다(동 양해 제17조 1항). 단, 상소는 패널보고서상의 법적인 문제와 패널의 법적 해석에 국한된다(동 양해 제17.6조). AB는 4년 임기의 7명의 위원으로 구성되며(동 양해 제17.2조), 이들 중 3인이 하나의 사건을 담당한다(동 양해 제17.1조).

AB의 작업절차는 회원국들이 알 수 있도록 통보된다(동 양해 제17.9조). 하지만 그 심의과정은 공개되지 아니하며, AB보고서는 제공된 정보 및 행하여진 진술 내용에 비추어 분쟁당사자의 참석 없이 작성된다(동 양해 제17.2조). AB는 패널의 법률적인 조사 결과와 결론을 확정, 변경 또는 파기할 수 있다(동 양해 제17.13조).

AB보고서는 회원국에게 배포된 후 30일 이내에 DSB가 컨센서스로 채택하지 않기로 결정하지 아니하는 한 DSB에 의해 채택되며, 분쟁당사자는 동 보고서를 무조건 수락하여야 한다. 하지만 이 채택절차는 회원국이 AB보고서에 대하여 자국의 견해를 표명할 수 있는 권리를 저해할 수는 없다(동 양해 제17.14조).

(5) 권고와 결정의 이행감독

패널 또는 AB는 조치가 대상협정에 일치하지 않는다고 결론짓는 경우, 관련 회원국에게 동 조치를 동 대상협정에 합치시키도록 권고하며, 그 이행방법을 제시할 수 있다(동 양해 제19.1조). 하지만 분쟁 해결의 효과적인 해결을 확보하기 위해서는 DSB의 권고 또는 판정이 신속히 이행되는 것이 필요하다. 따라서 패널 또는 상소보고서가 채택된 날로부터 30일 이내에 개최되는 DSB 회의에서 관련 회원국은 DSB의 권고 및 판정의 이행에 대한 자국의 입장을 DSB에 통보해야 한다. 만일 권고 및 판정의 즉각적인 준수가 실현불가능한 경우, 관련 회원국은 준수를 위하여 다음과 같이 합리적인 기간을 부여받는다(동 양해 제21.3조).

(i) DSB의 승인을 받는 것을 조건으로 관련 회원국이 제의하는 기간. 또는 이러한 승인이 없는 경우에는,

(ii) 권고 및 판정이 채택된 날로부터 45일 이내에 분쟁당사국이 상호 합의하는 기간. 또는 이러한 합의가 없는 경우에는,

(iii) 권고 및 판정이 채택된 날로부터 90일 이내에 기속적인 중재를 통하여 확정되는 기간.

패널 또는 상소기구가 보고서의 제출기간이 연장된 경우를 제외하고는 DSB가 패널을 설치한 날로부터 합리적인 기간 확정일까지의 기간은 분쟁당사자가 달리 합의하지 않는 한 15개월을 초과하지 못한다. 다만, 분쟁당사국이 예외적인 사정이 존재한다고 합의하지 않는 한 총 기간은 18개월을 초과해서는 아니 된다(동 양해 제21.4조).

(6) 판정 이후 절차

① 보상 및 양허의 정지(보복)

DSB의 권고와 결정이 합리적 기간 내에 이행되지 않으면 결국 보상 및 양허의 정지 문제가 제기된다. 이 양허 또는 의무의 정지는 일종의 보복조치로서 잠정적인 조치(temporary measures)이다(동 양해 제22.1조). 보상은 피소국이 제소국에 대하여 분쟁의 대상이 된 조치로 인하여 입게 된 손실을 상쇄할 수 있는 혜택을 제공하는 것으로써 이는 자율적으로 행해져야 하며, 대상협정과 일치하여야 한다(동 양해 제22.1조).

이러한 보상이 합리적 기간의 만료 후 20일 내에 합의되지 않으면, 제소국은 DSB에게 피소국에 대한 자신의 양허 또는 다른 의무를 정지할 수 있도록 허가를 요청할 수 있다(동 양해 제22.2조). DSB는 위 보고서의 이행에 관하여 합의된 합리적 기간이 만료된 후 30일 내에 컨센서스로써 양허정지의 허가요청을 거절할 수 있다(동 양해 제22.6조).

양허의 정지는 제소국이 피소국의 조치로 인하여 자국이 입게 되는 손실에 해당하는 만큼 피소국에 대하여 양허나 다른 의무를 정지하는 것이며, 제소국은 다음의 원칙과 절차를 적용한다(동 양해 제22조 2항).

(i) 제소국은 패널 또는 AB가 위반 또는 그 밖의 무효화 또는 침해가 있었다고 판정을 내린 분야와 동일한 분야에서의 양허 또는 그 밖의 의무의 정

지를 우선 추구하여야 한다.

(ii) 제소국이 동일 분야에서 양허 또는 그 밖의 의무를 정지하는 것이 비현실적 또는 비효과적이라고 간주하는 경우, 동일 협정상의 다른 분야에서의 양허 또는 그 밖의 의무의 정지를 추구할 수 있다.

(iii) 제소국이 동일 협정상의 다른 분야에서의 양허 또는 그 밖의 의무를 정지하는 것이 비현실적 또는 비효과적이며 상황이 충분히 심각하다고 간주하는 경우, 다른 대상협정상의 양허 또는 그 밖의 의무의 정지를 추구할 수 있다.

② 비위반제소

1994년 GATT의 경우, 제23조에 근거한 제소의 대부분의 사유는 다른 체약국의 의무위반에 따른 GATT상 이익의 무효화 또는 침해이다. 하지만 GATT에 저촉되지 않은 조치의 적용이나 어떤 다른 상황의 존재에 의하여도 이익이 무효화되거나 침해될 수 있는 데, 이 경우 행해지는 제소를 비위반제소(non-violation complaints)라 한다. 다시 말해서, 비위반제소란 피소국의 조치가 협정상의 의무위반은 아니지만 이 조치로 인해 제소국이 피해를 입게 되는 경우의 분쟁인데, 특히 관세양허의 이익이 침해되는 경우에 많이 제기된다.

비위반의 제소가 인정되는 이유는 다음과 같이 설명될 수 있다. 관세양허는 개선된 가격경쟁력을 통하여 보다 나은 시장접근을 보장한다. 따라서 관세양허를 협상하는 회원국은 관세양허의 이러한 가격효과가 조직적으로 침해되지 않을 것이라는 기대를 하게 된다. 이러한 기대가 존중되지 않고 그 기대의 훼손에 대한 구제가 마련되지 않는다면 관세양허는 무의미하게 될 것이다. 이러한 이유로 비위반제소가 인정되는 것이다.

DSU는 1994년 GATT 제23.1조 (b)와 (c)에 각각 규정된 형태의 비위반제소에 대하여 비교적 상세한 규정을 두고 있다(동 양해 제26조). 하지만 GATS 및 TRIPs는 비위반제소의 대상이 되지 않으며, 상품무역협정에 대해서만 적용된다.

제 16 장 국제환경법

제 1 절 국제환경법의 개념

Ⅰ. 환경오염

오늘날 환경오염의 문제는 국내적으로 뿐만 아니라 국제적 혹은 전지구적인 관심의 대상이 되고 있다. 그런데 국제적 관심의 대상이 되고 있는 환경오염(environmental pollution)[1]이란 무엇을 말하는가?

환경오염이라는 용어는 다음과 같은 두 가지 의미로 사용되고 있다. 광의의 의미에 있어서 환경오염은 '인간이 직·간접적으로 물질이나 에너지를 환경에 방출시켜 그러한 환경에 유해한 결과를 야기함으로써 사람의 건강에 위해를 가하거나 생물자원과 생태계를 훼손하거나 쾌적한 환경과 기타 적법한 환경의 사용을 손상하거나 방해하는 것'을 말한다.[2] 그리고 협의의 의미에 있어서 환경오염은 '직접·간접으로 사람의 작위 또는 부작위에 의해 야기되고, 국가의 국경을 초월하여 유해한 환경을 낳게 하는 환경의 배치와 성질에 있어서의 어떠한 물리적, 화학적 혹은 생물학적인 것'을 의미한다.[3]

그런데 환경오염이라고 하기 위해서는, 첫째, 실질적 피해가 발생할 수 있는 사정이 있어야 하고, 둘째, 발생한 피해가 어느 정도로 고도의 수준에 이르러야 한

1) pollution을 과거에는 주로 공해라고 하였으나, 현재는 공해라는 용어보다는 좀 더 넓은 의미를 가지는 환경오염이라는 용어를 선호하는 경향이 있다.

2) 1974년 OECD보고안(Doc. C(74)224. Title A). 1979년 광역월경대기오염에 관한 제네바협약, 1982년 ILA에 의해 채택된 월경오염에 적용될 수 있는 국제법에 관한 몬트리올규칙 등.

3) 1987년 Institut de Droit International의 월경대기오염에 관한 보고서(62 I Annuaire de l'Institut de Droit International, 1987, 266).

다. 그리고 셋째, 환경의 적법한 사용에 대한 방해를 환경오염에 포함시키기 위해서는 좀 더 많은 검토가 요망되고 특히 신중을 요한다고 말할 수 있다.[4] 따라서 환경오염의 개념은 협의의 의미로 파악함이 타당하다고 할 것이다. 특히 국제적 관심의 대상이 되고 있는 환경오염의 국제법적 규제를 전제로 하는 경우에는 더욱 그러하다 할 것이다.

Ⅱ. 환경오염의 국제적 성격

환경오염의 문제는 다음과 같은 두 가지 점에서 국제적 성격을 가진다.

첫째, 특정국가에서 유출되는 오염은 때때로 다른 국가들에 대하여 심각한 영향을 미치게 된다. 그 대표적인 예로서 산성비를 들 수 있다. 즉, 공장에서 나온 유해화학물질이 대기 속으로 떠올라 물과 햇빛과 반응하여 산을 만들고, 이렇게 만들어진 산이 바람을 타고 비가 되어 결국 지상으로 떨어지는 소위 산성비가 내리게 되는데, 이와 같은 산성비는 때때로 오염발생원으로부터 수천마일 떨어진 다른 국가에 피해를 주기도 한다. "해양, 대기 혹은 일반적인 환경은 어느 것도 국경이 없다"(1968년 The European Water Charter). 따라서 환경오염의 피해는 국경선 밖에까지 그 영향을 미칠 수 있는 것이다.

둘째, 오늘날 환경문제는 더 이상 당해국가에 의해서만 개별적으로 해결될 수 없다. 오염발생국과 오염피해국간의 협력이 필요하다. 특히 어떠한 환경오염이 어느 국가에서 배출된 것인지 판단하는 것이 불가능한 경우에는 더욱 더 개별국가에 의한 문제해결은 거의 불가능하게 되고, 국가 간의 협력을 필요로 하게 된다. 예를 들어, 오존층의 파괴가 바로 여기에 해당한다. 요컨대, 오염발생뿐만 아니라 그로 인한 피해의 측면에 있어서도 환경오염의 국제적 성격을 엿볼 수 있다.

이와 같은 환경오염의 국제적 성격에 기인하여 환경오염의 국제법적 규제가 요청되는 것이다. 과거에는 환경오염의 문제는 주로 각국의 국내법 차원에서 규제되어 왔으나, 1970년대 이후 환경오염의 규모가 급격히 증가하고 지구 전체에 영향을 미치게 됨에 따라 환경오염에 대한 국제법적 규제라는 인식이 공감대를 형성하여 가고 있다.

4) M. N. Shaw, International Law. 3rd. ed.(Cambridge: Grotius Publications Limited, 1991), p.532.

Ⅲ. 환경오염과 개발의 문제

국제사회에 있어서 환경보호와 경제개발의 양립가능성의 문제는 매우 어려운 과제이다. 오늘날 국제사회가 당면하고 있는 가장 시급한 문제는 바로 개발, 특히 개발도상국의 경제개발 내지 산업화의 문제이다. 그러나 이러한 산업화는 자칫하면 지구전체를 멸망시킬 수 있는 환경파괴를 야기하게 될지도 모른다.[5] 현재 산업화를 시도하고 있는 개발도상국들이 환경적으로 안전한 방법으로 산업화하기 위해서는 비싼 비용을 치러야 하며, 여기에 투자할 수 있는 자원은 매우 한정적이다.[6] 여기에서 우리는 환경보호와 개발의 문제에 관한 딜레마에 빠지게 되는 것이다. 이와 같은 딜레마에 처해 있는 것은 선진국의 경우도 마찬가지라고 할 수 있다.[7] 다만, 정도의 차이가 있을 뿐이다. 그래서 개발과 환경보호간의 올바른 균형, 즉 환경보호를 전제로 한 개발이 요청된다.

환경과 개발은 양립할 수 있는 것인가? 원래 환경과 개발은 이율배반적이고 양립불가능한 것으로 파악되었다(1972년 스톡홀름회의). 그러나 1980년대 이후에는 이러한 주장에 수정이 가해지기 시작하였다. 특히 1987년 환경과 개발에 관한 세계위원회의 보고서[8]를 계기로 환경과 개발은 상호의존적 관계에 있고, 장래의 지속적인 개발을 위해서는 환경보호가 전제되어야 하며, 또한 환경보호는 개발을 전제로 하여야만 비로소 가능하게 된다고 생각하게 되었다. 즉, 개발과 환경보호간의 균형이 비로소 가능하다고 생각하게 되었다. 다시 말하면, 개발과 환경보호간의 균형은 개발과 환경을 통합한 환경적으로 건전하고 지속가능한 개발(ESSD: environmentally sound and sustainable development)을 통하여 해결될 수 있다는 것이다. 이것은 현세대의 개발이 미래세대의 복지를 저해하지 않도록 하여야 하며, 경제성장은 기술과 사회조직의 향상에 의하여 뒷받침되어야 하고, 이를 위하여 각국

5) 빈곤과 외채에 압박을 받던 동남아와 중남미 국가들은 삼림을 벌채하고 환금작물(상품작물)을 재배하였으나 환금작물의 과잉생산으로 결국 생태계만 파괴시켰고, 아마존강 유역을 비롯한 열대우림이 급속히 사라져 감으로써 지구의 산소공급에 막대한 차질을 유발하고, 아프리카의 사막화와 기근은 수백만명을 죽음으로 내몰고 있다.

6) D'amato, "Do We Owe a Duty Future Generations to Preserve the Global Environment?," 84 AJIL(1990), p.190.

7) 선진국들은 오늘날의 지구환경위기에 대하여 과거 선진국들의 산업화 과정에서의 책임이 있음(산업혁명 이후의 탄산가스의 방출)을 인정하지만, 개발도상국의 빈곤과 생태계 파괴는 인구폭발과 국가관리의 실패에 보다 큰 원인이 있다고 주장하고 있다.

8) 1987년 환경과 개발에 관한 세계위원회(브룬트란드위원회)의 보고서, 「Our Common Future」.

은 개발담당자가 환경요소를 고려하는 예방적 조치를 취하여야 하고, 또한 국제협력이 필요하다는 것을 의미한다. 이러한 지속가능한 개발의 목표는 인구증가의 억제, 식량생산의 조화, 생태계의 보존, 화석에너지 사용의 억제, 청정기술의 개발 및 도시문제의 해결에 두고 있다. 그리고 그 수단은 환경적 목표의 설정과 오염자부담원칙과 같은 경제적 도구의 사용, 환경위험성의 사전평가, 기업에 의한 자발적 행동의 권장, 과학의 진흥과 국민의 정책결정참가권 및 법적 도구의 강화 등을 들 수 있다.

Ⅳ. 국제환경법이란 무엇인가

국제환경법을 한마디로 요약하면, 환경오염의 규제에 관한 국제법이라고 말할 수 있다. 국제환경법은 해양법이나 우주법 등과 마찬가지로 국제법의 범주에 포함된다. 그것은 생태계의 현재 혹은 장래의 기능에 위험을 초래할 수 있는 중대한 악화로부터 생태계의 보호를 목적으로 한다.[9]

국제환경법을 독립된 학문의 영역으로 인정하는 주장도 없지 않으나 아직까지 그 고유의 규제대상과 규제원칙에 대해서는 학자들 간에 공통된 인식이 성립되지 못하고 있다. 최근 국제환경법에 대한 접근방법으로는 크게 다음과 같은 두 가지를 들 수 있다.

첫째, 자연법론적 접근방법이다. 이는 국제인권법의 관점에서 환경보호를 인간 존재의 기초적인 전제사실로 하고, 모든 인간(현재 및 장래 세대를 포함하는 인류 전체)에 대한 환경권(Right to Environment)의 보장을 국가의 의무로 파악하며, 국제환경법의 내용과 기능을 체계화하고자 하는 입장이다(E.B. Weiss). 이러한 자연법론적 입장은 일정한 계몽적 내지 운동론적 역할의 면에서는 그 나름대로의 가치를 가지는 것으로 평가될 수 있으나, 그 논지의 대부분이 실정법적 기초를 결여하고 있다는 비난을 면치 못한다.

둘째, 법실증주의적 접근방법이다. 이는 국제환경법의 대상을 구체적인 경제활동의 전개로 인하여 발생하는 문제라고 하고, 국제환경법을 국제경제법(특히, 국제개발법)의 반대쪽 측면으로 파악하여, 국제경제법의 분석방법을 답습하여 그 이론적 체계화를 꾀하고자 하는 입장이다. 또한, 현대적인 환경오염의 주요한 원인은

9) Alexandre Kiss & Dinah Shelton, International Environmental Law(London: Graham & Trotman Limited, 1991), p.9.

기업활동의 대규모화 및 국제화에 있으며, 국제환경법의 국내적 이행이라는 면에 있어서 국제환경법과 국제경제법간에는 매우 유사한 점이 지적되고 있다. 국제환경법에 대하여 실증적인 접근을 필요로 하는 이상, 우리는 이러한 두 번째 접근방법에 의존하지 않을 수 없게 된다.

제 2 절 환경오염과 국제책임

I. 전통적 국제환경법과 국제책임

국제환경법은 원래 국가상호 간의 환경오염에 대한 국제책임에서 출발하였다. 환경오염문제가 국제법적으로 문제가 된 것은 1930년대부터라고 말할 수 있다. 이 무렵부터 1950년대까지 전통적 국제환경법에 있어 국제적 환경오염은 그 오염원이 특정되었고, 국경을 접하는 2국간의 분쟁이었으며, 그 분쟁의 대부분은 월경대기오염이나 국제하천의 이용을 둘러싸고 피해국과 가해국간의 관계, 즉 가해국은 피해국에 대하여 국제책임을 질 것인가 하는 문제였다. 즉, 자국영역 내에서의 경제활동, 자원개발 등 주권적 권리를 전제로 하면서, 그러한 활동이 타국의 권리(영토보전)를 해하지 아니하도록 하는 '영역사용의 관리책임'의 개념을 사용하여 일정한 범위 내에서 국제책임을 인정하고자 한 것이었다(1941년의 Trail 제련소사건). 여기서의 환경오염에 대한 국가의 의무는 어디까지나 국가 간의 '상호적인 의무'에 지나지 않는 것이다. 또한 국가는 오염방지를 위한 일정한 조치를 취할 것, 즉 '결과의 의무'만 부담하며, 실시조치의 방법과 수단은 각국의 재량에 맡겨져 있었다.

〔Trail 제련소사건〕
(Trail Smelter Case)
미국 v. 캐나다, 중재재판소, 중간 판결(1938년 4월 16일); 최종 판결(1941년 3월 11일), 3 RIAA 1905

[사 실]

1896년, 미국과의 국경 부근인 캐나다령 트레일에 제련소가 건설되었다. 동 제련소는 납 및 아연을 제련하고 있었는데, 그 과정에서 아황산가스가 발생하였다. 1906년부터 동 제련소를 운영하고 있던 캐나다의 민간회사는 생산량의 증대를 꾀하여 1925년과 1927년에 두 개의 높은 굴뚝을 세웠는데, 그것에 의해 아황산가스의 발생량도 증가했다. 그 결과, 미국 워싱턴주의 농작물과 삼림에 손해가 발생했다고 하여 미국은 캐나다에 정식으로 항의했다. 1909년의 미·영국경물(水)조약 제9조에 기하여 1928년, 사건은 국제합동위원회에 부탁되었다. 다음 해 1월 1일까지의 손해는 35만 달러로 산정하여 동 회사에 대하여 배상금의 지불과 아황산가스 감소 장치의 설치를 권고하는 보고서를 만장일치로 채택했다. 그러나 미국은 그것만으로는 불충분하다고 하면서 1933년 캐나다와 교섭을 개시했다. 결국, 1935년에 양국간에 특별합의가 성립하고, 「트레일 제련소의 조업으로부터 생기는 문제의 해결을 위한 협정」(이하, 협정이라 한다)이 체결되어 사건은 중재재판소에 의해 해결되기에 이르렀다. 협정 제3조에 기하여, 재판소는 다음 네 가지 점에 대해 결정을 구했다. ① 제련소가 워싱턴주에 야기한 손해는 1932년 1월 1일 이후도 발생했는가? 또 발생하고 있다면, 그것에 대하여 어떤 배상이 지불되어야 하는가? ② 전술한 손해가 발생하고 있는 경우, 제련소에게 장래에도 손해발생을 삼가도록 요구할 수 있는가? 또 요구할 수 있다면, 그것은 어느 정도인가? ③ ②의 회답에 비추어 볼 때, 제련소는 어떠한 조치를 취해야 하는가? ④ ②, ③에 따라 제련소가 내린 결정을 이유로 하여, 어떠한 배상 또는 보상이 지불되어야 하는가? 한편, 제4조에 의하면, 재판소는 국제법과 함께 동종의 문제를 처리할 때 미국에서 취하고 있는 법과 관행을 적용할 것, 또 모든 관련당사자에 있어서 정당한 해결에 도달한다는 양국의 희망을 고려할 것이라고 정하고 있었다. 당초는 1938년에 재판소는 모든 판단을 내릴 예정이었지만, 충분한 과학적 자료가 수집될 때까지 최종적 판단은 유보한다는 재판소의 의향을 양 당사국이 수용한 결과, 판결은 1938년과 1941년, 2회로 나누어 내리게 되었다. 재판소는 1938년의 중간판결에서 1932년부터 1937년까지의 사이에 손해가 발생했으므로 그에 대하여 7만 8,000 달러의 지불을 캐나다에 명함과 동시에 손해 방지를 위한 잠정적 조치를 결정했다. 또 1941년의 최종 판결에서는 월경 오염 손해를 방지하는 영역국의 의무가 관습국제법상 존재한다고 밝힘과 동시에 장래의 손해 방지를 위한 항구적 조치를 결정했지만, 1938년 이후는 손해의 발생은 없었다고 판단하여 그에 대한 배상의 지불은 인정하지 않았다.

[판결 요지]

(중간 판결) 1. 미국이 캐나다에 대하여 청구한 일곱 가지의 손해배상 가운데 배상이 인정된 것은 1932년 1월 1일 이후 1937년 10월 1일까지의 사이에 발생한 (a) 개간지(開墾地) 및 그곳에서의 개량공사, (b) 개간지 및 그곳에서의 개량공사에 대한 손해만이다. 손해액의 산정을 위하여, 재판소는 미국재판소가 동종의 사건에서 이용하고 있는 방법을 채용한다. 결론적으로 7만 8,000달러의 배상금이 캐나다로부터 미국에 지불되어야 한다. 또 그 배상금에는 판결일자로부터 실제 지불일까지 연 6푼의 이자가 부과될 수 있다. (c) 가축 및 상기업(商企業)에 대한 손해는 그 손해와 제련소로부터의 매연과의 인과관계가 명확하지 않다. (d) 노스포트市에서의 재산에 대한 손해에 대해서는 그 손해의 입증이 불충분하다. (e) 주권을 침해하여

미국에 대하여 행해진 위법행위에 관한 손해에 대해서는 그 항목 하에 청구된 미국의 조사비용은 협정 제3조의 '트레일 제련소에 의해 야기된 손해'에는 해당하지 않는다. (f) 35만 달러의 배상금에 대한 미지불된 이자에 관한 손해에 대해서도 배상 의무의 불이행은 없었기 때문에 그에 대한 배상은 인정되지 않는다. 본 판결은 이후 본 재판소에 의한 변경 또는 수정에 따르지 않는다.

2. 최종판결이 있을 때까지 제련소는 손해의 발생을 자제해야 한다.

3. 정보부족 때문에 제련소의 조업에 대한 항구적 레짐은 현시점에서는 결정될 수 없으므로 잠정적 레짐만을 정한다.

(최종 판결) 1. 미국은 1932년 1월 1일에서 1936년까지의 사이에 자국이 지출한 비용(상기 배상항목 (e))에 관한 재판소의 결정을 재고하도록 요청했지만, 이 점에 관하여 재판소가 최종적 회답을 주도록 의도한 것은 의문의 여지가 없다. 그래서 첫 번째 문제는 중간판결의 이 판단이 기판력을 가지는가 여부이다. 협정은 국제법을 배제하고 미국의 법과 관행을 적용하는 것은 요구하고 있지 않으므로 미국의 법과 관행은 '동종의 문제', 즉 생활방해(nuisance)에 관한 법에 대해서만 채용되는 것으로 되어 있다. 따라서 기판력 및 그 예외의 문제는 국제법에 의해 규율되게 된다. 기판력은 본질적인 동시에 확립된 국제법 규칙이다. 본건에서는 기판력 인정을 위한 전통적 3요소(당사자, 목적, 소인(訴因))가 동일하므로 기판력이 존재하는 것은 의문이 없다. 또 미국은 중간판결이 조사비용에 대하여 법의 실질적 오인을 범했다는 이유로 재심을 구하고 있기 때문에 본 재판소와 같이, 명시적으로 재심을 행하는 특별 권한이 부여되고 있지 않은 경우에 재심을 행할 수 있는가 여부가 두 번째의 문제가 된다. 이 문제에 관하여, 선례는 통일되어 있지 않지만, 중간판결은 모든 문제에 최종적인 회답을 한 것은 아니다. 따라서 아직 재판소는 그 임무를 완수한 것은 아니기 때문에 재심권(再審權)은 부정되지 않는다고 판단한다. 세 번째의 문제는 본건에서 재심이 허용되어야 하는가 여부로써, 미국이 주장하는 바와 같은 법의 단순한 오인은 국제법상 재심이유로는 되고 있지 않다. 중요한 것은 관련 조약의 간과 또는 종료한 조약에 대한 판결의 기초 등의 법의 '명백한'(manifest) 오인이 존재하고 있는가 여부이고, 미국이 주장하는 특별합의의 해석의 오류는 '명백한' 오인이라고는 할 수 없다. 이상의 이유로부터 미국의 신청은 기각되어야 한다.

2. 1937년 10월 1일 부터 1940년 10월 1일까지의 사이에 작물이나 수목 등에 야기된 손해는 입증되지 않았다. 한편, 이 기간 중의 미국의 조사비용에 대해 살펴보면, 협정 제13조에 의하여, 양국 정부는 본 소송에 관한 비용을 각자 지불한 것으로 되어 있고, 사건의 조사, 소송준비, 입건(立件)을 위하여 미국이 지출한 비용은 그것이 어떠한 성질을 가지고 있든지 간에 협정 발효 이후에는 이것을 소송제기비용으로 인정한다. 미국은, 조사비용은 작물이나 수목에 대한 손해와 동일한 손해를 입은 결과라고 주장했지만, 손해를 입은 결과를 개선하기 위한 비용과 손해의 존재, 원인, 범위를 확정하기 위한 비용과는 근본적으로 다르다. 게다가 국가가 자국민을 위하여 사적 청구를 했으므로 국제소송을 제기할 때 당해 국민이 국내재판에서 요구한 비용을 그 청구 속에 포함시키고 있지만, 정부 자신이 그 입건의 준비를

위하여 요구한 비용을 청구하고 있으나 그 청구가 인정된 예는 없다. 이상에 의해, 위의 기간 중에는 손해는 발생하지 않았고, 따라서 손해배상은 인정되지 않는다.

3. 제련소에게 장래의 손해 발생을 어느 정도 삼가도록 요구해야 하는가란 문제에 대한 회답이 미국법에 의거해야 할 것인가, 또는 국제법에 의거해야 할 것인가의 여부는 여기에서는 해결될 필요는 없다. 왜냐하면 대기오염의 문제에 있어 주(州)의 준주권적 권리를 다룰 때 미국이 준수해 온 법은 명확하고, 또 국제법의 일반적 제(諸)규칙에 합치하고 있기 때문이다. 이 문제 및 제련소가 어떠한 조치를 취해야 하는가의 문제에 관하여 결론을 내리는데 있어 재판소는 '모든 관계 당사자에 있어서 정당한 해결에 도달한다'는 양국의 요구를 고려했다. 대기오염이나 그것에 가장 유사한 물오염의 문제를 다룬 국제재판은 존재하지 않지만, 양자의 오염에 관하여 미국 연방대법원의 일정한 판결이 국제법상 이 분야에서의 지침으로서 정통한 것으로 볼 수 있다. 이렇게 본다면, 최고재판소가 연방의 주(州) 상호간의 분쟁 또는 주의 준주권적 권리에 관한 분쟁을 처리할 때 확립한 선례는 국제법상 그것에 반대하는 규칙이 우세한 것은 아니고, 동시에 그것을 배제할 이유가 미국헌법에 내재하는 주권에 대한 제한으로부터 드러나지 않는 경우에는 국제적인 사건에 있어서도 유추에 의해 그 선례에 따르는 것은 합리적이기 때문이다. 미국법의 제(諸)원칙과 마찬가지로 국제법의 제(諸)원칙 하에서는 사건이 중대한 결과를 초래하고, 그 손해가 명백한 동시에 설득력 있는 증거에 의해 입증되는 경우에는 어떠한 국가도 타국의 영역·재산·인신(人身)에 대하여 매연에 의한 손해를 야기하는 것과 같은 방법으로 자국 영역을 사용하고, 그 사용을 허락할 권리를 가지지 않는다. 사건의 제(諸) 사정에 비추어, 재판소는 캐나다 자치령은 제련소의 행위에 대하여 국제법상 책임이 있다고 생각한다. 따라서 협정에서의 약정은 제쳐두고, 본판결에서 결정된 바와 같은 캐나다 자치령의 국제법상의 의무에 대하여 제련소의 행위를 합치시킬 주의를 다하는 것은 캐나다 자치령의 의무이다. 콜롬비아강 협곡에서 현재의 상황이 계속되는 한 제련소는 어떠한 손해를 야기하는 것도 삼가야 한다. 이러한 손해의 배상은 협정 제11조에 따라 행동하는 양국 정부가 합의한 방법으로 확정되어야 한다.

4. 재판소는 오염 농도가 일정 수치를 넘어선다면 일정액이 지불되어야 한다는 미국의 제안을 주의 깊게 검토했지만, 이 제안을 수용할 수는 없다. 그와 같은 레짐은 제련소의 조업을 부당한 동시에 불필요하게 방해할 수 있고, '모든 관계 당사자에 의한 공정한 해결'로는 되지 않을 것이다. 그 대신에 아황산화물의 발생 방지를 위하여 제련소는 재판소가 정하는 이상의 레짐에 따라야 한다.

5. 재판소의 견해로는 위에서 말한 레짐은 현재의 논쟁의 원인을 제거할 수 있고, 장래 워싱턴주에서 발생하는 중대한 성질의 어떤 손해도 방지하는 결과가 될 것이다. 따라서 어떤 손해가 1940년 10월 1일 이후 발생하고 있든가, 또는 장래 발생하는 경우에는 여기에서 규정된 규칙에 제련소가 따르지 않았기 때문에 발생한 것인가, 그리고 그 레짐을 유지했음에도 불구하고 발생한 것인가에 관계없이 양국 정부가 협정 제11조의 규정에 따라 배상 청구 처리의 합의를 할 때에 한하여 이러한 손해에 대하여 배상이 지불된다.

Ⅱ. 현대적 국제환경법과 국제책임

산업화의 전지구화로 인하여 그로 인한 환경오염은 대규모 및 광역화되고, 또 피해가 단순히 인접국만이 아니라 매우 광범위한 지역에 영향을 미치게 되었다. 즉, 오늘날 국제적인 환경오염은 경제규모의 비약적 확대와 폭발적 인구증가를 배경으로 한 오존층의 파괴와 지구온난화 등에서 보는 것처럼 오염원의 다양성과 비특정성, 효과에 관한 과학적 불확실성 등의 특성을 가짐으로써 종래의 환경문제와는 그 성질에 있어 크게 다른 양상을 보이고 있다. 그리고 대기, 해양, 삼림, 생태계 등 지구환경의 보호와 보존은 인류의 공통관심사로 부각되었다. 이러한 새로운 형태의 지구환경보호를 위해서는 필요한 조치로서 총량규제적·간접적 수단에 의하지 않을 수 없게 되었고, 국가의 서약이나 의무의 성질 또는 그 이행 등 다양한 수단 확보에 있어서 근본적인 변화를 경험하지 않으면 안 되게 되었다.

따라서 새로운 환경오염의 현상에 적용되어야 할 국제환경법의 원칙에도 일정한 수정이 가해지게 되었다. 즉, 첫째, 유류 또는 방사능물질 등과 같은 고도의 위험활동으로부터 발생하는 피해에 대해서는 종래의 과실책임원칙을 탈피하여 조약상 무과실책임론 혹은 위험책임론이 도입되기에 이르렀다. 둘째, 산성비 등 광역대기오염의 방지나 해양환경의 보호와 보존에 대하여는 국가의 보편적 의무[10]가 인정되게 되었다(1979년 「장거리월경대기오염에 관한 조약」 제2조, 1982년 「UN해양법협약」 제192조·제194조 등).[11] 그리고, 대규모 광역환경오염은 이미 국가 상호간의 의무의 범위를 초월하는 문제라는 인식이 점차 정착되어 갔다. 이리하여 국가에게 부여된 의무의 성질도 '실시·방법의 의무' 내지 '특정사태 발생의 방지' 등과 같이 각국의 재량의 범위를 현저하게 좁히게 되었다.

---

10) 환경보존에 대한 국가의 보편적 의무가 인정되는가 하는 문제는 '타국을 대신하여' 혹은 '국제사회의 이익'을 위하여 소송의 제기가 가능한 것인지 여부의 문제를 제기한다. 일반적으로 이러한 보편적 의무의 규정이 바로 피해국이 아닌 국가에 대하여 국제재판에서의 민중소송적 원고적격을 부여하는 것은 아니라고 한다.

11) 「해양법협약」 제19조에 의하면, "국가는 해양환경을 보호하고 보존할 의무를 가진다"고 규정하고, 동조약 제194조에 의하면, "국가는 자국의 관할권과 관리 하의 활동이 다른 국가들과 그들의 환경에 대해 오염에 의한 피해를 가하지 아니하도록 행동할 것을 보장하기 위해 필요한 모든 조치를 다하여야 한다"고 규정하고 있다.

제 3 절 국제환경법의 형성과 발전

국제적인 환경보호활동 및 국제법적 규제는 20세기 초반으로 거슬러 올라가지만,[12] 환경문제가 범세계적 차원에서 본격적으로 논의되기 시작한 것은 1960년대 말부터이다. 국제환경법은 1972년 UN 인간환경회의에서 본격적으로 논의되어, 1982년 세계자연헌장, 1992년 UN 환경개발회의 등을 통하여 형성·발전되어 왔다.

Ⅰ. 「UN 인간환경회의」(1972년)

UN 총회는 1968년 「UN 인간환경회의」의 개최를 결의하였고, 위 결의에 따라 1972년 스톡홀름에서 UN 인간환경회의가 개최되었다.[13] 위 회의의 결과 인간환경선언과 인간환경행동계획을 채택하였으며, UN 환경계획(UNEP)이라는 국제환경기구의 설립을 결의하였다.

1. 인간환경선언

이는 「스톡홀름선언」이라고도 하는데, 비록 법적 구속력을 가지지 아니하는 선언에 불과하지만, 국제환경법의 기본이념과 원칙을 천명함으로써 국제환경법 성립의 기틀을 마련한 중요한 국제문서라 할 수 있다. 위 선언에 의하면, 현재와 미래세대를 위한 인간의 환경을 보호하고 개선하는 것은 인류의 지상목표이며(스톡홀름선언 前文 제6조), 인간은 현재 및 미래의 세대를 위한 환경을 보호하고 개선할 엄숙한 책임을 지고 있고(원칙 1), 각국은 UN헌장과 국제법원칙에 의거하여 각자의 환경정책에 따라 각자의 자원을 개발할 주권적 권리를 가지며, 또한 개발활동이 타

---

12) 환경을 보호하는 최초의 국제적 문서로는 농업에 유익한 조류의 보호를 위한 1950년 협약을 들 수 있다.

13) 스톡홀름회의의 규모는 당시 역사상 최대 규모의 국제회의라고 할 수 있다. 이 회의는 1972년 6월 5일부터 16일까지 개최되었는데, 113개국의 대표와 거의 대부분의 정부간 및 비정부간 국제기구들의 대표들을 포함하여 6,000여명이 회의에 참가하였다.

국이나 역외지역의 환경에 손상을 주지 않아야 할 책임이 있음(원칙 21)을 규정하고 있다. 그리고 각국은 인간의 환경이나 생물자원과 해양생물에게 유해한 물질로 인한 해양의 오염을 방지할 모든 가능한 조치를 취해야 하며(원칙 7), 야생동식물과 천연자원 등 재생불가능한 자원을 보호하고 유해물질을 배출하지 않을 것 등을 규정하고 있다(원칙 2,4,5,6). 한편, 환경문제의 등장이 개발도상국의 빈곤에 관한 선진국들의 관심의 희석을 우려하는 개발도상국들의 의사도 반영되었다. 즉, 동 선언에 의하면, 경제적·사회적 개발은 인간의 양호한 생활 및 근로환경과 생활의 질을 개선하는데 필수적이고(원칙 9), 모든 국가의 환경정책은 개발도상국의 현재 및 미래의 개발 가능성이나 양호한 생활조건의 달성을 저해해서는 아니 되며(원칙 11), 환경기준에 대해서는 선진국과 개발도상국간에 달리 적용할 수 있음(원칙 23)을 인정하고 있다.

2. 「인간환경행동계획」

이는 인간환경선언의 기본원칙을 바탕으로 하여 장래 국제사회가 환경보호를 위하여 행하여야 할 행동지침으로서 마련된 것이고, 그러한 행동계획에 대한 구체적인 실시조치는 UNEP가 담당하게 되었다. 이러한 인간환경계획도 어디까지나 권고 내지 지침(guideline)에 불과하고, 법적 구속력을 가지는 것이라고 말할 수는 없다. 인간환경계획은 5개 분야에 걸친 109개 항목으로 구성되어 있으나, 그 내용은, ① 지구환경평가계획, ② 환경관리활동, ③ 실시조치 등으로 나눌 수 있다. 지구환경평가계획은 '지구감시'(Earthwatch)라고 명명되었는데, 지구환경에 대한 평가와 검토, 조사, 감시 및 정보교환을 포함한다. 환경관리활동으로는 인간주거관리, 천연자원관리, 국제적 오염물질 등의 관리 등을 포함한다. 그리고 실시조치로는 환경문제 전문가의 양성, 환경문제를 담당할 국제기구의 설립, 환경과 개발을 위한 국제적 혹은 지역적 협력 등을 포함하고 있다.

3. 「UN 환경계획」

이것은 1972년 스톡홀름선언의 권고에 따라 그 해 UN 총회의 결의에 의하여, 인간환경의 보호와 개선을 위한 국제협력을 촉진할 목적을 가지고 설립되었다. 이 UNEP는, ⓐ 인간주거, 건강, 복지, ⓑ 토지, 물, 사막화 방지, ⓒ 무역, 경제, 기술, 기술이전, ⓓ 해양, ⓔ 자연, 야생동물, 유전인자보호, ⓕ 에너지, ⓖ 환경평가, ⓗ

환경관리, ⓘ 교육과 훈련원조, ⓙ 장래계획 등 10개 분야로 나누어 활동하여 오고 있다. 그리고 UNEP의 사업활동을 위한 추가자금을 제공하기 위하여 그 해 UN 총회 결의에 의해 환경기금(Environment Fund)이 설립되어, 1973년 1월 1일 발족되었다. 위 환경기금은 자발적 기부금으로 조성되는 임의기금으로서 UNEP의 관리이사회가 결정하는 환경정책지침에 의거하여 UN 조직 내외의 환경사업의 실시 및 조성활동을 위해 필요로 하는 경비의 전부 또는 일부를 부담한다.

Ⅱ. 「세계자연헌장」(1982년)

1972년 UN 인간환경회의 이후 지구환경이 더 이상 악화되는 것으로부터 지구를 보존해야 한다는 지구환경보존을 위한 국제적 제도와 국제환경법의 정립이 필요하다는 인식이 확산되어 갔다. 그 후 환경의 주요한 분야, 즉 해양, 내수, 대기, 우주 및 야생동식물 등 자연자원의 보호 등에서 국제적 규범의 출현에 힘입어 국제환경법은 실질적으로 점차 발전하여 갔다. 이러한 경향은 1982년 「세계자연헌장」(The World Charter of Nature)의 채택[14]으로 국제환경법의 역사에 있어서 새로운 전기를 마련하게 되었다.

세계자연헌장은 전문과 3개 분야에 걸친 24개의 조문으로 구성되어 있다. 이 헌장에 의하면, 인간은 자연의 일부이며, 문명은 자연에서 출발하고, 모든 영역의 생명은 오직 하나뿐이고 인간의 가치여부와 무관하게 존중되어야 한다고 규정하고 있다(세계자연헌장 前文). 그리고 자연자원의 보호에 관한 일련의 원칙들을 제시하고 있다. 물론 세계자연헌장은 법적 구속력을 가지는 국제문서가 아니다. 그러나 세계자연헌장은 국제환경법의 일반적 개념과 나아가야 할 방향을 제시하고 있는 중요한 국제문서이다.

Ⅲ. 「UN 환경개발회의」(1992년)

1972년 스톡홀름회의 이후 지구환경보호를 위한 노력은 계속되어 왔다. 그러나

14) 1975년 자이레의 Mobuto 대통령이 세계자연연합(IUCN : International Union for Conservation of Natural Resources) 총회에서 세계자연헌장의 채택을 제안한 이래, IUCN 자체의 계속적인 연구를 토대로 한 세계자연헌장안이 1982년 UN 총회에 회부되어 결의로써 채택되었다(G.A. Res. 37/7, 37 UN GAOR Supp.(No. 51), p.17, UN Doc. A/37/51(1982)).

환경보호보다 개발을 우선시하는 개발도상국의 입장과 환경보호의 필요성을 강조하는 선진국의 입장간의 의견차는 좁혀들지 아니하였다. 그 사이에 지구는 점점 병들어가고 있었다. 이에 1989년 UN 총회는 스톡홀름회의의 20주년이 되는 1992년 6월에 브라질의 리오 데 자네이루에서 「UN 환경개발회의」(UNCED)를 개최할 것을 결의하였고, 이 결의에 따라 역사상 최대 규모의 국제회의인 UNCED가 1992년 6월 3일부터 14일까지 178개국이 참가한 가운데 개최되었다.[15] 이 회의의 결과 「리우선언」, 「의제21」 및 「삼림원칙선언」이 채택되었고, 회의 기간 중 서명을 위해 개방된 UN 기후변화협약과 생물학적 다양성협약에 각각 155개국과 157개국이 서명하게 되었다.

1. 「리우선언」[16]

리우선언은 전문과 27개의 원칙으로 구성되어 있는데, 동 선언이 비록 법적 구속력을 가지지는 않으나, 환경과 개발의 균형, 즉 지속가능한 개발의 가능에 입각한 21세기의 지구환경보호를 위한 국제환경법의 장전이라고 할 수 있다.

리우선언은 지속가능한 개발을 공통이념으로 하고 있다. 즉, 지속가능한 개발을 달성하기 위하여 환경보호는 개발과정의 중요한 일부분을 구성하며, 개발과정과 환경보호는 불가분의 관계를 가진다는 것이다(원칙 4). 그리고 동 선언은 지속가능한 개발이라는 목표를 달성하기 위한 국가의 권리와 의무 및 책임을 규정하고 있다. 즉, ① 환경권과 개발의 권리(원칙 1,3), ② 개발도상국의 특수사정의 고려(원칙 5,6), ③ 선진국의 우선적 책임(원칙 7), ④ 환경보호를 위한 예방적 조치(원칙 15), ⑤ 오염자부담의 원칙(원칙 16), ⑥ 국내적 이행조치의 의무(원칙 8,10,11,12,13,17), ⑦ 월경환경피해방지의 의무(원칙 2,13), ⑧ 국제협력의 의무(원칙 9,12,14,18,19) 등이다.

2. 「의제21」

이는 리우선언의 시행을 위한 구체적인 행동지침을 담은 실천강령이다. 이는 전문과 4개부(39개 장, 500개 항)로 구성되어 있는데, 주로 자금문제와 기술이전문

---

15) UNCED에 참가한 178개국 중 110개국이 국가원수나 수상이 참석하였으므로 위 회의를 일명 「지구정상회담」(earth summit)이라고도 한다.

16) 정식 명칭은 「환경과 개발에 관한 리우선언」(Rio de Janeiro Declaration on Environment and Development)이다.

제를 다루고 있다. 의제 21은 구속력 있는 협약은 아니지만 토지자원, 삼림보호·생물다양성·대기환경·해양환경과 생물자원보호·오존층의 관리·담수자원의 보호·화학물질의 관리 등 각 분야의 환경과 개발에 관한 원칙과 이를 시행할 재정지원, 기술이전 및 국제기구[17]와 국제법 규칙에 관한 국제사회의 합의를 담고 있을 뿐만 아니라, 앞으로 개최될 개별협상의 지침이 될 것이다.

3. 「삼림원칙선언」[18]

삼림보호의 문제는 오늘날 열대우림의 파괴에서 보는 바와 같이 환경보호에 있어서 매우 중대한 문제이다. 그러나 열대우림은 개발도상국의 개발을 위한 주요한 자원이 되고 있으므로 지구환경보호를 위한 열대우림의 보호는 개발도상국의 희생을 일방적으로 강요하는 결과가 된다. 그 결과 삼림보호에 관해서는 선진국과 개발도상국의 의견이 첨예하게 대립되어 왔다. 미국을 비롯한 선진국들은 삼림보호를 위하여 각국에 대해 삼림보존의무를 강제하는 국제법규범의 설립을 주장한 것에 대하여, 개발도상국들은 자국의 삼림과 생물다양성의 주권적인 개발의 권리, 재정지원, 기술이전 등을 주장하고 삼림보존의무에 관한 규범설립에 강력히 반대하였다. 그 결과 삼림보호에 관한 조약교섭은 무산되고, 다만 의제 21과는 별도로 법적 구속력을 갖지 않는 삼림원칙을 선언하게 된 것이다.

제 4 절 환경오염의 국제법적 규제

오늘날 국제적 관심의 대상이 되고 있고, 국제법적 규제대상이 되고 있는 환경오염문제는 해양오염, 내수오염, 대기오염, 방사능물질과 기타 위험한 폐기물, 지구온난화, 오존층의 파괴, 야생동식물 등 자연환경에 대한 위협 등에 걸친 매우 광범위한 것이다. 그리고 국제적 환경오염의 문제를 다루고 있는 다자조약, 양자

---

17) 의제 21에 의하면, 그 이행상황을 검토, 감시하기 위한 국제기구로서 '지속가능한 개발위원회'(Commission on sustainable Development)의 설치를 규정하고 있다.

18) 이것의 정식명칭은 '모든 형태의 삼림의 관리, 보존 및 지속가능한 개발에 관한 세계적인 컨센서스를 위한 법적 구속력을 가지지는 않지만 권위 있는 원칙선언'이다.

조약, 국제기구의 결의 등 국제문서는 무수히 많이 존재하고 있다.[19]

I. 해양오염

(제9장 해양법 제7절 해양환경의 보호와 보존을 참조할 것)

〔남극환경사건〕

(Environmental Defense Fund, Inc. a Non-Profit Corporation v. Walter E. Massey, in his Official Capacity as Director, National Science Foundation, and National Science Foundation)

미국 콜롬비아 특별구 연방항소재판소, 1993년 1월 29일, 986 F. 2d 528.

[사 실]

미국의 국립과학재단은 남극에서 McMurdo기지 연구시설을 운영하고 있었고, Massey는 동 재단의 이사장(director)이다. 몇 년 사이에 동 재단은 식료폐기물(食料廢棄物)을 동 기지의 옥외 매립지에서 소각처분하고 있었다. 1991년 초 동 재단은 남극환경보호를 위하여 이 관행을 같은 해 10월까지 정지하기로 결정하고, 나아가 매립지에서 석면(asbestos)을 발견한 후에는 같은 해 2월부터 7월까지 폐기물을 동 기지에서 저장하고 있었다. 그러나 동 재단은 그 후 최신식 소각로가 동 기지에 배송될 때까지 '잠정적 소각로'에서 소각 재개를 결정했다. 이에 대하여, 비영리단체인 환경보호기금은 소각 재개에 의해 환경에 매우 유독·유해한 오염물질이 발생할 우려가 있으므로 국가환경정책법(이하 NEPA라고 한다)이 요구하는 환경영향평가가 당해 결정시에 충분히 행해지지 않았다고 주장했다. NEPA §102②(c)는 '인간환경의 질에 중대한 영향을 미치는 주요한 행동'에 대한 환경영향평가를 '모든 연방기관'에 요구하고 있다. NEPA에 따라 동 재단은 남극에서의 환경영향평가를 행하는 규칙을 공포하고 있었지만, 1979년에 행정명령 12114가 발령된 이후에는 당해 사항은 NEPA가 아니라 동 명령에 의해 규율된다고 동 재단은 주장하고 있다. 동 명령은 '인류공동의 자산'(global commons; 해양이나 남극 등)에 있어 NEPA와 마찬가지의 환경영향평가를 행하는 것을 연방기관에 요구하고 있지만, 동 명령의 준수를 구하는 어떠한 자에 대해서도 소권(訴權)은 부여되고 있지 않다. 이와 관련하여, 본건에서 문제가 된 것은 남극에서의 연방기관의 행동에는 NEPA는 적용되지 않고, 따라서 원고의 소권이 부정되는가하는 점이었다. 제1심(콜롬비아지구(地區)재판소, 1991년 8월 29일, 772F. Supp. 1296)은 1991년의 Aramco(499 US 244)사건에 대한 연방대법원 판결을 원용하고, "의회입법은 반대의 의도가 표명되지 않는

19) 현재 존재하고 있는 환경관련 국제문서로는 다자조약 약 300개, 양자조약 약 900개, 국제기구의 결의 약 200개 정도라고 한다.

한 미국의 영역적 관할권 내에서만 적용된다고 해석된다"고 하는 사고방식(역외적용 부정의 추정이라고 한다)에 의해 NEPA는 영역 외에 있는 남극에는 적용되지 않는다고 하여 원고의 청구를 각하했다.

[판결 요지]

1. 역외적용 부정의 추정은 본건에서는 적용되지 않는다. ① 연방대법원이 Aramco 사건에서 논한 바와 같이, 본 추정의 첫 번째 목적은 '국제적 불화를 발생시킬 수 있는 자국법과 외국법과의 의도하지 않은 저촉으로부터 보호한다'는 것에 있지만, 본 추정이 명백하게 적용되지 않는 경우가 적어도 세 가지가 있다. 첫째, 의회의 반대의 의도가 명확한 경우, 둘째, 악영향이 미국 내에서 발생할 수 있는 경우, 셋째, 규제되는 행동이 미국 내에서 행해지는 경우이다. 지구재판소는 첫째, 제정법의 규제대상이 미국 내에서의 행동인가, 또는 다른 주권국가 내에서의 행동인가, 둘째, NEPA가 '자국법과 외국법과의 저촉'의 잠재적 가능성을 발생시키는가 여부를 결정하고 있지 않다. ② 우선 첫 번째의 점에 대하여 말하면, NEPA는 미국 영역 내에서 행해지는 행동의 규제를 의도하고 있고, 해외에서의 행동을 관리하는 것이라고 해석될 수 있는 실체적 요건을 전혀 부과하고 있지 않다. ③ 다음, 두 번째 점에 대해서 말하면, 미국이 당해 지역에 대하여 어떠한 현실적인 입법적 통제 조치를 가지고 있는 경우에는 역외적용 부정의 추정은 상당히 약하다. 게다가 '자국법과 외국법과'의 저촉의 잠재적 가능성이 존재하고 있지 않는 경우에는 본 추정의 배후에 있는 목적은 제외되고, 본 추정의 적용력은 상당히 약화된다. 미국은 남극에서의 모든 공중수송을 통제하고, 남극에서의 모든 수색·원조 작업을 행하고 있다. 게다가 미국은 McMurdo기지 및 미국남극계획에 의해 남극에 설립된 다른 연구시설에 대하여 배타적인 입법적 통제를 하고 있다. 이 입법적 통제와 주권이 결여된 대륙으로서의 남극의 지위를 고려한다면, 본 추정은 본건 상황 하에서는 특히 부적절하다. ④ 이상의 관련 요인을 심사한 결과, 본건에서는 역외적용에 의해서도 다툼은 생기지 않는다.

2. 남극에 있어 환경영향평가를 행하는 것을 배제하는 이유가 본건에는 존재하지 않는다. ① 국립과학재단에 의하면, 환경영향평가의 요건은 타국과 협력하여 남극환경 문제를 해결하려고 하는 미국의 노력을 방해하는 것으로 되지만, 이 주장은 설득적이지 않다. 왜냐하면 미국의 대외정책상의 이익이 환경영향평가로부터 얻은 이익이 되는 경우에는 정부는 환경영향평가의 요건을 회피할 수 있기 때문이다. ② 또 국립과학재단에 의하면, NEPA §102②(c)의 명백한 문언은 동 재단의 남극활동에 관한 의사결정에 동조의 적용을 배제하는 것이 된다. 그러나 NEPA와 환경영향평가의 요건의 적용 범위가 대단히 넓은 것은 제정법 해석이나 판례로부터 명백하고, 이 주장은 받아들일 수 없다.

3. 결론적으로, 본 재판소는 지구재판소의 판결을 파기하고, 소각 재개 결정전에 국립과학재단이 행한 환경영향평가의 NEPA §102②(c)에 대한 적합성을 결정하기 위하여 사건을 환송할 것을 결정한다.

Ⅱ. 내수오염

내수(inland waters), 특히 담수(freshwater)에 대한 환경오염은 육지에 살고 있는 인간과 동식물의 생존에 치명적인 피해를 줄 수 있으므로 내수환경의 보호는 특히 중요하다. 그래서 내수오염에 관한 국제협약은 20세기 초까지 거슬러 올라간다. 1909년 미국과 캐나다 간에 체결된 「물의 경계에 관한 협약」(Convention concerning the Boundary of Water)이 바로 그것이다. 제1차 세계대전 이후 그러한 국제협약은 수없이 증가하여 왔다. 오늘날에는 국제하천이나 호수의 오염에 관한 국제협약이 주종을 이루나, 좀 더 넓은 의미로 내수오염에 관한 국제협약도 많이 있다. 그러나 그러한 국제협약이 대부분은 특정의 국제하천·국제수로·호수 기타 국경지역에 있는 내수를 그 대상으로 하고, 그 내용도 매우 다양하다. 따라서 내수오염에 관한 일반적 국제법 규칙[20]을 정립하는 것은 매우 곤란한 일이다.

그런데 일반적으로 대부분의 국제협약은 체약국에 대하여 내수를 오염시키지 아니하고 오염방지조치를 취할 경우, 내수의 생태계를 보호하고 보존할 의무와 오염방지를 위한 국가 간의 협력의무를 부과한다(예: 1990년 「국제수로의 비항해적 사용에 관한 협약초안」). 그리고 어떠한 경우에는 관련 국가들에게 오염을 야기할 수 있는 활동의 모든 계획에 대해 상호간에 자문을 하도록 요구한다(예: 1960년 「오염으로부터 콘스탄스호의 보호를 위한 협약」). 또한 어떤 경우에는 하천이나 호수의 연안국들 간의 환경보호의 국제협력을 달성하기 위한 목적으로 국제위원회를 구성하기도 한다(예: 1963년 라인강 보호를 위한 Berne협약에 의해 설치된 「오염으로부터 라인강의 보호를 위한 국제위원회」). 위 국제위원회는 오염의 성질, 내용 및 오염원을 확인하기 위하여 필요한 모든 조사를 행하고, 체약국 정부에 대하여 조약체결[21] 등을 포함한 오염방지를 위한 적절한 조치를 제안하기도 한다.

---

20) 내수오염에 관한 일반적 국제법규칙으로는 1968년 유럽평의회에 의하여 채택된 「유럽물헌장」(The European Water Charter)과 1990년 UN국제법위원회에 의하여 채택된 「국제적 수로의 비항해적 사용(non-navigational uses of international watercourses)에 관한 협약초안」 등이 있다.

21) 라인강 국제위원회의 제안에 따라, 1976년 「화학적 오염으로부터의 라인강의 보호를 위한 협약」, 그리고 「염화물에 의한 오염으로부터의 라인강의 보호를 위한 협약」이 채택되었다.

〔Rhine강 오염사건(1986)〕

[사건개요]

스위스 Basel에 소재하는 Sandoz공장에서 1986년 11월 1일 화재가 발생하였다. 당시 공장 내에는 1,250톤에 달하는 살충제, 제초제, 수은을 함유하는 살균제, 유기인산 혹은 유기염화 살충제, 염료와 용해제가 쌓여 있었다. 이 화재로 먼저 Basel 부근의 스위스, 프랑스 및 독일의 여러 도시에 수 시간 계속되는 대기오염을 유발하였다. 그러나 위 화재로 인한 심각한 피해는 라인강의 오염이었다. 위 화재를 진압하기 위하여 약 10,000 내지 15,000입방미터의 물을 뿌렸고, 그 물은 위의 유독한 화학물질 약 30톤과 함께 라인강으로 흘러들어감으로써 라인강을 오염시킨 것이었다. 오염된 라인강물은 사고가 발생한 1주일 후에 독일의 Cologne에 이르렀고, 다시 1주일 뒤에는 북해에 이르렀다. 이로 인하여 뱀장어·물새 등의 동물, 특히 무척추동물 등이 치명적인 피해를 입게 되었고, 라인강에서의 고기잡이가 수개월 동안이나 중단되었다. 라인강 주변의 지하수가 오염되어 화학물질이 검출되기도 하였다. 이 사고로 인하여 프랑스에서만 약 5천만달러의 손해를 입게 되었다고 주장되었다.

[사건의 해결]

프랑스정부(피해단체 포함)와 Sandoz사는 1987년 9월 29일 협정을 체결함으로써 위 회사가 피해자들에게 약 900만달러의 손해배상금을 지불하였고, 위 회사는 라인강의 생태계를 재생하고 라인강의 주변 거주자와 도시들에 대한 경보시스템을 갖춘 라인강감시기구를 설립하는 것에 동의하였다.

〔라누湖사건〕

(Affaire du lac Lanoux)

프랑스 v. 스페인, 중재재판소, 1957년 11월 16일, 12 RIAA 285; 24 ILR 101.

[사 실]

라누호는 스페인과의 국경 부근인 피레네산맥(Pyrénées) 남측 사면의 프랑스 영내(領內)에 위치하고 있다. 이 호수에는 프랑스 영내에 수원(水源)을 가지고 그 영내를 흐르는 하천만이 유입되어 그 호수의 물은 혼비베강으로부터만 유출되어 카롤강(la rivière du Carol)으로 흘러들고 있었다. 카롤강은 프랑스 영내를 통하여 스페인 영내로 흘러들고 있었고, 스페인 영내에서 세그르강(la rivière du Sègre)에서 합류하여 에브로강으로 이어지고 있었다. 프랑스와 스페인 사이의 국경은 1856년, 1862년, 1866년에 체결된 「바이욘조약」(Traité de Bayonne)에 의해 확정되었지만, 1866년에 체결된 동 조약 추가의정서에서는 양국 간의 물이용에 관한 규칙이 정해져 있었다.

프랑스가 라누호의 물을 자국영역 내에서 아리에쥬(Ariège)강으로 전류(轉流)하여 대서양으로 흐르게 하겠다는 계획은 1917년 이래 양국간에서 논의의 대상이 되어 왔다. 스페인은 같은 해, 동 계획에 관한 사전 통고와 합의의 필요성을 프랑스에 통고하였으며, 프랑스도 다음 해인 1918년에 사전통고하고, 또 1920년에는 합의에 의한 해결을 스페인에 약속했다. 그 후, 이 문제를 처리하기 위한 교섭은 제2차 세계대전에 의해 중단되었지만 1949년에 재개되어 같은 해, 양국 간에 합동기술자 위원회의 개최와 양국이 별도의 결정에 합의할 때까지의 현상 유지 등이 합의되었다. 동 위원회는 같은 해 8월에 개최되었지만, 아무런 성과도 도출하지 못했으며, 다음 해 1950년에 프랑스전력회사가 라누호의 물을 아리에쥬강으로 전류하여 증대하는 낙차를 이용하여 발전을 하려고 하는 계획을 세우고, 양국 산업자원부에 허가를 구했다. 동 계획에 의하면, 전류된 물은 아리에쥬강과 카롤강을 연결하는 터널에 의해 완전히 카롤강으로 방향이 바뀌게 되어 있었다. 그러나 스페인은 이 계획에 반대하고, 1953년에 위 위원회의 재개최를 프랑스에 요청했다. 이에 프랑스가 동의했으므로 동 위원회가 1955년 8월에 개최되었지만, 아무런 성과도 얻지 못했다. 따라서 특별혼합위원회가 같은 해 12월과 다음해 3월에 개최되었다. 그러나 이것도 성과를 얻을 수 없었고, 프랑스가 동 계획의 실시를 일방적으로 통고해왔으므로 스페인은 1929년 7월 10일의 중재재판조약에 기하여 중재재판을 프랑스에 요구했다. 그 결과, 1956년 11월 19일, 마드리드에서 부탁합의서가 조인되고, 제네바에 중재재판소가 설치되기에 이르렀다.

스페인은 부탁합의서 속에서 다음 두 가지 점을 주장했다. 첫째, 본 계획에 의해 카롤강으로의 물의 반환을 인간의 의사에 물리적으로 의존시키면서 라누호 유역의 자연상태의 변경이 행해진 결과, 일방 당사국만이 사실상 우위의 입장에 서게 되고, 그것은 「바이욘조약」과 「의정서」에서 규정하는 양 체약국의 평등에 반한다. 둘째, 본 계획은 그 성질상 일반이익에 영향을 미치기 때문에 의정서 제16조(정부간 협력)에 관한 사항이고, 따라서 그 실시를 위하여 양국의 사전 합의를 필요로 한다.

한편 프랑스는 본 계획은 물의 완전한 반환을 보증하기 때문에 스페인의 권리는 어떠한 침해도 없고, 또 의정서는 사전합의까지는 필요하지 않다고 반론했다.

[판결 요지]

1. 당해 사업과 그 영향의 대부분은 프랑스 영내에 있고, 의정서 제8조에 의해 동국의 영역주권에 맡겨져 있는 수역에 관계하고 있다. 동조는 '합의된 수정이 있는 경우'에는 영역주권에 따르지 않는다는 취지의 유보를 하고 있지만, 「바이욘조약」과 「의정서」의 규정은 당해 수정 가운데 가장 중요한 것을 포함하고 있다. 당해 수정은 주권의 손상이 되는가 여부에 대해 엄격하게 해석해야 한다는 주장은 인정되지 않는다. 영역주권은 추정의 역할을 한다. 영역주권은 그 기원이 어떠하든 모든 국제의무에 따르지 않으면 안 되고, 그와 같은 의무에만 복종한다. 따라서 문제는 본건에 있어서 프랑스가 부담하는 국제의무를 결정하는 것이다.

2. 부탁합의서에 의해 제기된 문제는 「바이욘조약」과 「의정서」에만 관계된다. 명확한 규정은 해석을 필요로 하지 않지만, 규정이 해석을 필요로 하는 경우에는 국제법에 따라 이를 행한다. 국제법은 절대적인 동시에 경직적인 해석방법을 인정하지 않기 때문에 피레네 제(諸)조약의 형성을 이끈 정신 및 관습국제법의 제(諸)규

칙을 고려할 수 있다. 재판소는 「바이욘조약」과 「의정서」가 명시적으로 다른 규칙에 대해 언급하고 있든지, 또는 당사국의 명확한 의도에 의해 수정되어 있는 경우에만 동조약과 의정서로부터 벗어날 수 있다.

3. 본건은 두 가지의 근본적 문제로 환원될 수 있다. ① 프랑스의 계획이 「바이욘조약」과 「의정서」상의 스페인의 권리를 침해하는가? ② 만약 침해하지 않는 경우에는 본 계획의 실시는 동조약과 의정서에 의해 사전의 합의에 따라야 함과 동시에 의정서 제11조(사전 통고)의 다른 제(諸)규칙이 준수되고 있지 않았으므로 동조약과 의정서의 위반이 되는가?

(1) 우선 ①에 관하여 검토한다. 본건의 경우, 제10조(통상적인 이용 후의 잉여수(剩餘水)의 배분)의 해결은 필요하지 않다. 실제로 프랑스에 의한 물의 완전한 반환 덕분에 어느 누구도 물의 향유에 있어 피해를 입지 않았다. 무엇보다 그 사업은 카롤강의 결정적인 오염을 초래했다든지, 반환된 물이 스페인의 제(諸)이익을 해할 수 있는 화합물, 온도, 기타 특성을 가진다는 반론도 있을 수 있고, 그 경우에는 스페인은 의정서에 위반하여 자국의 권리가 침해되었다고 주장할 수도 있다. 그러나 본건에서는 이와 같은 신청의 흔적은 전혀 없다. 또 프랑스의 계획은 측정기구나 환류(還流)장치의 흠결 때문에 라누호로부터 카롤강으로의 자연의 물 공급에 있어 수량의 환류를 실제상 확보할 수 없다고 주장되지도 않았다. 그러나 계획된 사업이 동종의 다른 사업과는 별도의 성격이나 위험을 가진다고 주장되지도 않았고, 상린관계(相隣關係) 또는 물이용에 있어서 예기치 못한 위험을 야기하는 것도 명확하게 긍정되지 않았다. 이미 본 바와 같이, 물의 반환을 위한 기술상의 보증은 가능한 만족시키고 있으므로 예방조치에도 불구하고 사고가 발생했다고 해도 제9조(국제수로의 적정 이용)의 위반을 구성하지 않는다.

다음으로 재판소는 스페인의 다른 논거를 검토한다. 이는, 첫째, 타방 당사국의 동의가 없는 경우에는 전류와 환류가 동등하다고 해도 2개 하천 사이에서의 물의 보충은 금지된다. 둘째, 타방 당사국의 동의가 없는 경우에는 사실상의 불평등에 의해 권리 침해를 물리적으로 가능한 것으로 하는 행위는 모두 금지된다고 하는 주장을 포함한다고 생각된다. 우선 첫 번째 사항으로, 확실히 자연지리학적 관점에서 본다면, 각 하천 유역은 '1개로 합쳐'지지만, 유역(流域)으로서의 합침은 법적 측면에서는 인간적 현실에 일치하는 한 확인되지 않는다. 물은 그 성질상 대체가능한 것이기 때문에 인간적 욕구라고 하는 관점에서는 성질불변의 반환대상물이 될 수 있다. 프랑스가 계획하는 환류를 수반하는 전류는 사회생활의 필요성에 따라 정비된 전반적 상황을 변경하지 않는 것이기 때문에 「바이욘조약」과 「의정서」에는 위반하지 않는다. 다음 두 번째 사항으로, 수립된 체제(regime)를 결코 손상하지 않는다고 프랑스는 서약하고 있고, 악의는 추정되지 않는다고 하는 일반적이고도 충분하게 확립된 법원칙도 존재한다. 게다가 「바이욘조약」은 사실상의 평등이 아니라 법적 평등밖에 인정하고 있지 않다. 어쨌든 동 조약과 「의정서」에서나 또 관습국제법에서나 자기의 정당한 이익을 지키기 위하여 행동하는 국가가 국제적 서약을 파기하고 실제상 인접국에 중대한 손해를 입히지 않도록 하는 상황에 자신을 두는 것을 금지하는 규칙을 발견할 수는 없다. 이상에 의해, 재판소는 ①의 문제에 부정적으로 회답한다.

(2) ②의 문제에 관하여, 스페인은, 첫째, 다른 이해관계국과 사전 합의에 도달할 의무, 둘째, 의정서 제11조에서 정한 다른 제(諸)규칙을 존중할 의무가 프랑스에게 있다고 주장한다. 일반적으로 어떤 분야에서 관할권의 행사를 양국 간의 합의라고 하는 조건을 부과하는 것은 일국의 주권에 대하여 본질적인 제약을 과하는 것으로 되기 때문에 명확하게 설득력 있는 증거가 존재하는 경우 외에는 인정되지 않는다. 그 때문에 국제관행에서는 예비교섭에 의해 합의조건을 탐색하는 것을 제(諸)국가에게 의무를 부과하기도 하는 만큼 극단적이지 않은 해결책이 선호되고 있다. 이는 소위 '합의교섭의무'라고 하는 바, 그 실재성은 의문의 여지가 없는 것이고, 이를테면, 회담의 부당한 결렬, 비정상적인 지연, 예정된 절차의 무시, 반대의 제안이나 이익을 고려하는 것의 철저한 거부, 신의성실의 제(諸)규칙의 위반의 경우에는 제재가 부과된다.

우선 첫 번째의 의무에 대하여 검토한다. 피레네의 전통적인 법에도, 관습국제법이나 법의 일반원칙에도 「바이욘조약」과 「의정서」는 사전의 합의를 요구하고 있다는 해석을 유리하게 도출하는 증거는 존재하지 않으므로 그것을 요구하는 규칙은 조약으로부터만 나온다. 여기에서 첫 번째로 문제가 되는 것은 「바이욘조약」과 「의정서」이다. 만약 체약국이 사전합의의 필요성의 제도화를 원하고 있었다면, 의정서 제11조에서 사전통고의무만의 언급에 머무르지 않았을 것이다. 통고의무는 통고를 받은 국가의 동의를 얻을 의무까지는 포함하지 않는다. 통고의 목적은 상대국의 거부권 행사를 인정하는 것은 아니고, 자국의 연안주민이 보상을 받을 권리와 자국의 일반이익과의 보호를 상대국에 가능하게 하는데 있다. 한편, 의정서 제15조(양국의 지방자치체간 협력)와 제16조의 규정은 사전의 합의까지는 요구하고 있지 않고, 물이용에 관하여 일반이익이 관계하는 경우에는 협의하고 양국이 각자의 행동을 조정할 의무를 정한 것에 지나지 않는다. 두 번째로 문제가 되는 것은 1949년의 합의이다. 본 합의에 의해, 프랑스는 현상유지를 약속했지만, 그것은 혼합기술자위원회가 어떤 현실적 활동을 행한다는 조건을 붙이는 것이었다. 동 위원회는 1955년 8월이 지나면서 조사·교섭의 수단으로서는 소멸하였고, 따라서 동 위원회의 존재와 결부하고 있던 서약도 소멸하였다.

다음으로 두 번째 의무에 대하여 검토한다. 「의정서」 제11조는 첫 번째로 사전통고의무, 두 번째로 보상청구처리·관련이익보호를 위한 기구 설립 의무를 부과한다. 우선 첫 번째의 의무에 관하여, 인접국이 행하는 사업의 영향을 받을 위험에 노출된 국가는 자국의 이익의 유일한 판정자이고, 그 인접국이 발의하지 않는다면, 계획 목적인 사업이나 허가에 관한 통보를 요구할 권리는 부정되지 않는다. 여하튼 프랑스가 통보의무를 준수한 것은 다투고 있지 않다. 다음으로 두 번째의 의무에 관하여, 여기에서의 첫 번째 문제는 무엇이 보호되어야 할 '이익'인가를 결정하는 것이다. 그 성질 여하를 불문하고, 행해지는 사업에 의해 영향을 입을 우려가 있는 모든 이익을 그것이 권리에 상당하지 않는다고 해도 고려에 넣을 필요가 있고, 그것만이 의정서 제16조의 문언, 피레네 제(諸)조약의 정신, 현재의 국제관행에서의 경향과 합치하는 해결법이다. 두 번째의 문제는 이들 이익이 보호될 수 있는 방법의 결정이다. 신의성실의 제(諸)규칙에 의하면, 상류국(上流國)은 관련하는 다양한 이익을 고려에 넣을 의무, 자국의 이익추구와 양립할 수 있는 모든 만족을 그들 이익에 부합하도록 노력할 의무, 자국이 다른 연안국의 이익과 자국 자신의 이익을 양립시키는 것에 진실한 관심을 기울이고 있다는 것을 보일 의무를 진다. 본건의 모든 사정에 비추어, 프랑스의 계획은 의정서 제11조의 제(諸)의무에 부합한다고 판단한다.

Ⅲ. 대기오염

화석연료의 사용은 이산화황과 이산화질소를 대기 중에 방출하게 되고, 그러한 가스가 공기 중에서 물과 햇빛과 반응하여 산을 만들어 내고, 그러한 산이 비가 되어 내리는 소위 산성비(acid rain)는 넓은 지역에 걸쳐 호수와 강 속의 생물 및 토양과 삼림에 엄청난 피해를 입히게 된다. 1960년대 이래 유럽대륙은 산성비와 같은 광역적 대기오염(long-range air pollution)에 의하여 커다란 환경적 피해를 입게 되었다. 이에 1970년대 중반부터 유럽제국들을 중심으로 하여 광역적 대기오염을 억제하기 위한 국제적 노력이 전개되었다. 이 노력의 결과로 1979년 「광역월경대기오염협약」이 채택되었다. 위 협약은 대기오염을 다룬 최초의 다자조약으로서, 체약국에 대하여 구체적인 의무를 부과하지는 않고 있으나, 대기오염과 관련된 과학·기술정보의 교환을 촉진하고 대기오염물질의 방출을 감소시키기 위한 기반을 마련한 것에 그 의의가 있다 할 것이다. 즉, 체약국은 대기오염으로부터 인간과 그 환경을 보호할 것을 결의하고, 광역월경오염을 포함한 모든 대기 오염을 제한·감소 및 방지할 것을 노력한다(광역월경대기오염협약 제2조). 또한, 대기오염물질의 방출을 방지하기 위한 정책과 전략을 수립하고(동 협약 제3조), 관련정책·과학적 활동 및 기술적 조치에 대한 정보교환 및 검토를 행하며(동 협약 제4조, 제8조), 오염초기에 피해당사국과 가해당사국간에 대기오염방지를 위해 협의를 행하여야 한다(동 협약 제5조). 또한 위 협약의 체약국들은 1977년 설치된 기존의 「유럽에서의 광역대기오염의 감시와 평가를 위한 협력계획」(EMEP)의 발전을 위해 노력할 것을 결의하고, 1984년 위 협력계획의 「장기재정지원을 위한 의정서」를 채택함으로써 위 협력계획에 대해 재정지원을 할 수 있게 되었다. 나아가 위 협약에 관한 다음과 같은 두 가지 의정서가 채택되었다. 즉, 1985년의 「헬싱키의정서」(이산화황의 방출 또는 월경이동을 최소 30% 감소시키기 위한 의정서)와 1988년의 「소피아의정서」(이산화질소의 방출 또는 월경이동을 규제하기 위한 의정서)가 그것이다. 전자에 의하면, 늦어도 1993년까지 이산화황의 연간방출량과 월경이동량을 최소한 30% 감소할 것을 규정하며, 후자는 늦어도 1994

년 말까지 이산화질소의 연간방출량과 월경이동량을 1987년 또는 그 이전의 특정 년도를 기준으로 하는 양을 초과하지 아니하도록 규정하고 있다. 또한 EU도 1988년 위원회의 규칙(88/606)으로 회원국들의 이산화황과 이산화질소의 방출을 1993년까지 15%, 1998년까지 30%의 수준으로 감소시킬 것을 규정하였다. 그리고 1986년에 채택된 「육지원(land-based source)과 해양오염의 방지를 위한 파리협약 의정서」에서도 위 파리협약을 오염의 대기로의 방출에 확장·적용하였다.

Ⅳ. 방사능물질과 유해폐기물

방사능물질(radioactivity) 및 유해폐기물(hazardous wastes) 등의 취급과 같이 극심한 환경파괴를 유발할 수 있는 국제적인 위험활동(ultra-hazardous activities)은 국제환경법의 대상에 포함되어야 하고, 그러한 활동에서 발생한 환경파괴에 대해서는 무과실책임 혹은 엄격책임의 원칙이 적용되어야 한다는 주장이 강력히 제기되어 왔다(UN 국제법위원회가 1977년 채택한 「국제법상 금지되지 않는 행위로부터 발생하는 손해결과에 대한 국제책임에 관한 협약」 초안). 그러한 위험활동이 구체적으로 무엇을 의미하는가에 대한 판단은 쉬운 일은 아니지만, 통상 그것은 극도의 초국경적 피해를 야기할 수 있는 중요하거나 예외적인 위험을 수반하는 국제적 활동이라고 해석된다. 따라서 방사능물질이나 유해폐기물이 여기에 해당한다는 것에 대해서는 이론이 없다. 그리고 이러한 위험활동에 있어서는 평균인의 주의의무를 전제로 하는 통상의 환경문제와는 달리 엄격책임이 수반되어야 한다는 것이다. 즉, 국가는 자국영역 내에서 그러한 위험활동을 하는 경우에는 과실여부를 불문하고 책임을 져야 한다는 것이다.

방사능물질, 특히 핵물질로 인한 환경파괴에 대한 국제입법이 이루어진 것은 1986년 소련의 체르노빌 원자력발전소에서 발생한 방사능 누출 사고가 계기가 되었다. 이 원전사고를 계기로 하여, 1986년 IAEA총회는 핵사고의 방지와 사고발생 시 피해를 최소화하기 위한 2개의 핵사고 관련 협약을 채택하게 되었다. 즉, 「핵사고의 조기통고에 관한 협약」과 「핵사고 또는 방사능 긴급사태시의 원조에 관한 협약」이 바로 그것이다. 전자는 핵사고의 방지와 발생 시 사고피해의 최소화를 위하여 핵사고의 조기통보를 실현하고 관련정보를 교환할 것을 내용으로 하고, 후자는 핵사고 또는 방사능누출과 같은 긴급사태의 발생 시 피해의 최소화와 생명·재산 및 환경의 보호를 위한 신속한 원조제공을 위한 제도를 창설하는 것을 내용으로 한다. 그리고 IAEA는 1990년 「핵폐기물의 국제적 월경이동에 관한 관행준칙」(Code of Practice on the International Transboundary Movement of Radioactive Waste)을 채택하였다. 동 준칙에 의하면, 모든 국가는 수출국, 수입국 및 통과국에 대한 그들 각 국내법규칙에 따른 사전통고와 동의가 있는 경우에만 핵폐기물의 국제적 월경이동의 활동을 할 수 있음을 보장하여야 한다고 규정하였다. 또한, 그러한 활동을 위해서는 핵폐기물에 대한 적절한 규제권한 및 국제안전기준에 합치하는 방법으로 핵 오존층을 관리하는데 필요한 행정적 및 기술적 능력이 요구된다.

최근 유해폐기물 및 유독성물질의 처리와 선진국들의 아프리카를 비롯한 제3세계에 대한 산업폐기물의 수출관행이 증가함에 따라 유해폐기물의 관리에 관한 국제적 관심이 높아져 왔다. 1972년의 「선박과 항공기에서의 투기에 의한 해양오염의 방지를 위한 오슬로협약」은 특정한 물질의 투기(dumping)를 금지하고, 기타 물질의 투기에 관한 관리를 규정하였다. 그리고 같은 해의 「폐기물 및 기타 물질의 투기에 의한 해양오염의 방지에 관한 런던협약」도 협약 자체에 규정한 것 이외의 폐기물의 투기를 금지하고, 이것을 엄격히 관리하고 있다. 그리고 1988년 아프리카연합기구(OAU)는 아프리카에서의 핵 및 산업폐기물의 투기행위는 아프리카와 그 인민에 대한 범죄(a crime against Africa and its people)로 규정하는 결의를 채택하였고, OECD는 유해폐기물의 월경이동과 수출에 관한 많은 결정과 권고를 행하였다. 1989년 OECD가 채택한 권고는 오염자부담원칙은 유해물질을 포함한 사고에 적용되어야 한다고 밝히고 있다.

유해폐기물의 관리에 관한 대표적인 다자조약으로는 1989년 UNEP의 주최로 스위스 바젤에서 개최된 국제회의에서 채택된 「유해폐기물의 월경이동과 그 처분의 관리에 관한 바젤협약」(Basel Convention on the Control of Transboundary Movements of Hazardous Wastes and Their Disposal)을 들 수 있다. 동 협약에 의하면, 체약국은 유독물질 기타 폐기물의 수입을 금지하는 경우 이를 타방 당사국에게 통보하여야 하며, 유해폐기물의 수입을 금지하고 있는 타방 체약국에 대하여 수출을 금지하여야 하고, 수입을 금지하지 않고 있는 국가에 대하여도 당해국이 서면으로 동의하지 않는 한 수출을 금지하여야 한다(바젤협약 제4조). 또한 유해오존층의 수출국이나 생산자 또는 수출자는 서면으로 관할관청을 통해 폐기물의 월경이동을 수입국의 관할관청에 통고하여야 한다(동 협약 제6조 1항). 수출국은 통고자가 수입국의 동의서를 수령했고 또한 통고자가 수입국으로부터 수출자와 기타 관련자간에 체결된 당해 폐기물건전관리계약의 존재에 대한 확인을 받았다는 확인서를 접수할 때까지는 생산자 또는 수출자가 월경이동을 개시하도록 허용해서는 아니 된다(동 협약 제6조).

V. 오존층 파괴와 지구온난화

1. 오존층 파괴

오존은 대부분 지상 10~80킬로미터의 공역(空域)인 성층권에 존재하는데, 특히 극지에서는 지상 8킬로미터, 열대지방에서는 지상 17~50킬로미터 사이에 존재한다. 이를 오존층(ozone layer)이라고 한다. 오존은 태양에서 방출되는 파괴적 자외선을 흡수·차단하는 역할을 하기 때문에 지구에 살고 있는 인간이나 동식물의 생존을 위해서는 적정수준의 오존층이 유지되어야 한다. 이와 같은 오존은 태양자외선과 산소의 작용으로 생성되며, 염화산화물이나 브롬산화물 등과의 화학작용으로 파괴된다. 그런데 1980년대 초부터 오존층이 매우 빠른 속도로 파괴되고 있다는 보고가 잇따라 발표되면서 국제적 관심을 끌게 되었다. 오존층파괴에 관한 과학적 연구의 결과 오존층파괴의 주범은 염화불화탄소(CFC : chlorofluorocarbons)와 할론(halons) 등의 물질로 밝혀졌다.[22)]

이와 같은 오존층파괴를 다루는 최초의 다자조약으로는 1985년 채택된 「오존층의 보호를 위한 비엔나협약」을 들 수 있다. 이 협약의 교섭과정에서 CFC 생산량의 감소에 대해 소극적으로 30% 감소를 주장한 EU 국가들과 적극적으로 95% 감소를 주장한 미국과 북유럽제국이 대립하여 수차례의 수정을 거쳐 UNEP 주최로 1985년 개최된 국제회의에서 채택되었다. 이 협약은 미국과 EU간의 첨예한 의견대립으로 인하여, 오존층파괴물질의 생산·소비에 관한 규제조치에는 합의하지 못하고, 오존층의 관측과 연구, 향후 국제협약 채택의 필요성에 대한 일반적인 원칙에만 합의하였다.

위 비엔나협약의 채택 후 CFC 등 오존층파괴물질의 생산과 소비의 규제에 관한 논의가 계속되었고, 결국 1987년 UNEP 주최로 몬트리올에서 개최된 국제회의에서 「오존층을 파괴하는 물질에 관한 몬트리올의정서」(Montreal Protocol Substances that Deplete the Ozone Layer)(「몬트리올의정서」)가 채택되었다. 그 후 이 의정서는 1990년 런던에서 개최된 제2차 체약국회의에서 전면적으로 다시 조정되어 개정되

22) CFC는 방출 후 10년 이내에 오존층에 도달하여 자외선에 의해 파괴되어 생성된 염소원자가 오존과 반응하여 오존을 파괴하면서 생성된 염화산소가 또 다시 오존을 파괴한다. 그리고 halons은 방출 후 오존층에서 분해되어 염소보다 더 강렬한 브롬원자를 방출하여 오존을 파괴한다.

었다(「런던 개정의정서」). 그 뒤에 다시 이 런던 개정의정서로는 오존층파괴를 효과적으로 규제하기 어렵다는 과학적 연구결과가 잇따라 발표되자, 이 의정서는 또 다시 1992년 코펜하겐에서 개최된 제4차 체약국회의에서 규제물질의 전면생산금지의 일정을 앞당기고, 규제물질을 추가하는 등 다시 개정되었다(「코펜하겐 개정의정서」). 이와 같은 오존층 보호를 위한 일련의 의정서(「몬트리올」, 「런던」, 「코펜하겐」)는 국제환경 보호를 위한 노력의 일환으로 모든 체약국에게 CFC 등 규제물질의 생산과 소비의 감소를 명령하고 있으며, 발효일 이후에 가입하는 국가에게도 당초 체약국에게 적용되는 1986년 기준수치에 의한 배출수준을 충족시킬 의무를 동일하게 부과하고 있다. 또한 체약국에 의한 비체약국과의 규제물질과 이를 포함 또는 이용하여 만든 제품에 대한 무역을 금지하고 있다. 또한 개발도상국에 대한 개발지원과 기술이전이 실효적으로 이행될 수 있도록 별도의 기금인 오존기금을 설치·운영하고 있고, 오존층의 파괴정도에 따라 규제조치를 협약국단의 결정으로 조정할 수 있도록 하고 있다.

2. 지구온난화

지구온난화(global warming)와 다가올 수십년 내의 지구기온상승은 통상적으로 화석연료의 소비와 삼림의 황폐화 때문이라고 한다. 이와 같은 지구온난화는 아직까지 과학적인 면에서 불확실한 측면이 있기는 하지만, 만일 불가역적 성질을 가지는 지구온난화 현상이 현실적으로 발생하는 경우에는 인류사회에 치명적인 영향을 미치게 되리라는 점에서 오늘날 국제적 관심의 대상이 되고 있는 것이다. 지구온난화의 과정은 통상적으로 소위 온실효과(greenhouse effect)[23]로 설명된다. 이와 같은 온실효과를 가지게 하는 대기 중의 기체를 온실효과가스(greenhouse gas)라고 하는데, 온실효과가스로 알려진 것은 이산화탄소가 대표적이고, 그 밖에 메탄·대기권 내에 존재하는 오존·CFC 등이 있다. 산업혁명 이후 인류는 화석연료(석탄과 석유)의 사용을 비롯한 공업생산과 농업활동을 통하여 대기 중에 온실효과가스의 배

23) 지구의 온도는 태양으로부터 지구로 방사되는 빛과 열에너지와 지구 자체가 우주로 내보내는 열에너지간의 균형에 의하여 정해진다. 태양에서 유입되는 빛에너지는 가시광선의 부분을 중심으로 하여 폭이 넓은 스펙트럼으로 구성되어 있으나, 지구에서 우주로 내보내는 열에너지는 거의 파장이 긴 적외선에 의한 열방사라는 형태를 가지고 있다. 그 때문에 적외선 부분의 파장의 에너지를 흡수하는 대기 중의 물질은 태양으로부터의 에너지를 통과시키지만, 지구로부터 우주로의 에너지 방사를 차단하게 됨으로써 결과적으로 지구의 온도를 높이는 효과를 발생시키는 것이다.

출을 증대시켜 왔다.[24] 이와 같이 대기 중의 온실효과가스의 농도가 상승함으로써 추가적인 지표면의 온도상승을 지구온난화라고 한다. 이와 같은 지구온난화는 그 결과로 발생한 해수면의 상승, 강우패턴의 변화, 이상기상의 빈발 등을 나타내는 기상변화(climate change)도 포함되는 의미로 사용된다.

지구온난화의 문제에 관한 국제적 관심은 1980년 무렵부터이다. 1979년 개최된 제1차 세계기후회의에서 기후변화의 가능성과 그 악영향 예방조치의 필요성이 역설되었고, 1988년 설립된 「기후변화에 관한 정부간위원회」(IPCC)가 작성·제출한 보고서에 기초하여 1992년 5월 9일 제5차 세계기후회의에서 「UN 기후변화협약」이 채택되었다. 위 협약은 그 다음 달에 개최된 리우회의에서 서명이 개방되어 155개국이 서명하였다. 그러나 이 협약은 화석연료 등 에너지 사용의 규제가 미치게 될 산업에 대한 엄청난 파급효과를 의식한 국가 간의 첨예한 이해관계의 대립으로 말미암아 이산화탄소의 배출규제방법 및 시기 등 핵심적인 사항을 규정하지 못하고, 다만 체약국들이 기후변화방지에 노력한다는 일반원칙을 규정하는데 그치고 말았다. 이 협약은 기후변화가 위험한 인위적 영향을 미치지 아니하는 일정수준까지 대기 중의 온실효과가스의 농도를 낮추어 안정시킬 것을 목적으로 하고 있다(기후변화협약 제2조). 그리고 이러한 목적을 실현하기 위하여, 모든 체약국에게 공통하는 의무로서 온실효과가스의 배출과 흡수의 계획을 작성·시행 및 공표하도록 하고(동 협약 제4조 1항), 선진국에 대해서는 그 이외에 '공통적이지만, 차별적인' 책임으로서 1990년 말까지는 온실효과가스의 배출량을 1990년의 수준으로 되돌릴 것을 목표로 하여 그에 대한 대응조치를 취할 것을 요구하고 있다(동 협약 제4조 2항). 또한 개발도상국의 협약상의 의무의 실현을 위하여 '신규의 추가적인' 재정지원과 기술 및 노하우(knowhow)를 이전한다(동 협약 제4조 3항). 재정문제에 대해서는 체약국회의의 지도하에 기능하는 재정메커니즘을 설립하되, 그 운영은 기존의 국제기구에 위탁하고 있다(동 협약 제11조).

Ⅵ. 자연환경보존

다양한 야생생물(wildlife)[25]이 이 지구상에 존재한다는 것은 지구환경이 건전하

---

24) 산업혁명 이전에는 대기 중에 이산화탄소의 농도가 280ppm이었으나, 1990년대에는 350ppm 정도까지 상승하였고, 또한 해마다 0.5% 비율로 상승을 계속하고 있다고 한다.

25) 야생생물이란 인간 이외의 모든 형태의 동식물을 의미한다.

다는 것을 의미한다. 그러나 최근 인간의 개발활동과 환경오염, 특히 지구온난화와 오존층의 파괴 등으로 인하여 이러한 야생생물의 생물학적 다양성(biological diversity)[26]이 커다란 위협을 받고 있다. 불과 지난 200년 동안 128종의 조류와 95종의 포유동물이 이 지구상에서 사라져갔다. 특히 열대우림(tropical rain forests)은 지구표면의 6%를 차지하며 전지구상에 존재하는 종(species)의 50%를 포함하고 있으나, 현재 개발로 인하여 열대우림이 급속히 사라져가고 있다.[27]

지금까지 특정의 동식물[28]의 보호를 목적으로 한 많은 국제조약이 성립하였다. 대표적인 세계적 다자조약으로는 1971년의 「국제적 중요성을 가지는 습지의 보호에 관한 협약」, 1973년의 「멸종위기에 처한 야생동식물의 국제적 거래에 관한 협약」(CITES),[29] 1979년의 「이동성 야생동물의 보존에 관한 Bonn협약」, 1983년의 「국제열대림협정」, 1982년의 「해양법협약 중 해양동식물의 보호에 관한 규정」 등이 있다. 열대우림의 보존에 관해서는 앞에서 기술한 것처럼 리우회의 결과 채택된 삼림원칙선언이 있으나, 그것은 선진국과 개발도상국의 이견을 끝까지 좁히지 못하여 국제조약으로 성립하지 못하고 법적 구속력을 가지지 아니하는 국제회의의 선언의 형태로 채택되었던 것이다. 이에 관한 국제입법이 시급히 요청되고 있는 실정이다.

그런데 야생동물 전체를 보호하고 생물학적 다양성의 보존을 직접 목적으로 한 최초의 조약으로는 1992년 5월 UNEP가 채택한 「생물학적 다양성에 관한 협약」을 들 수 있다. 이 협약은 그 다음 달에 열린 리우회의에서 서명을 위해 개방되어 157개국의 서명을 받게 되었다. 위 협약은 UNEP의 집행이사회가 1987년 설치한 협약제정실무위원회가 주축이 되어 작성하였는데, 그 교섭과정에서 개발도상국과 선진국 간에 첨예한 이해관계의 대립이 있었다. 즉, 개발도상국은 자국 내의 생물자원을 보존하기 위하여 개발에 차질을 가져오는 것을 우려하고, 생물자원을 포함한 모든 자원에 대한 주권적 권리를 주장하였다. 그리고 선진국이 개발도상국 내에서의 생물자원을 채취하고 의약품개발 등 이익을 받고 있음에 대하여, 개발도상국은 생물공학적 접근으로 인한 이익의 공정한 분배를 요구하였다. 이에

26) 생물학적 다양성이란 일반적으로 생태계의 다양성, 종의 다양 및 유전자의 다양성을 의미한다.

27) 예를 들어 아마존강 유역의 4평방마일에는 125종의 포유동물, 400종의 조류 및 100종의 도마뱀이 살고 있으나, 그 지역의 모든 식물의 15%가 머지않아 사라지게 될 것이라고 한다.

28) 동물로는 주로 고래, 물개, 조류, 라마(비큐나), 북극곰이 보호대상이고, 식물로는 열대목, 습지 등이 보호대상이었다.

29) 이 협약에서 규제대상이 되고 있는 멸종위기에 처한 야생동식물로는 코끼리, 코뿔소, 사향노루, 두루미, 철갑상어 등이 있다.

대하여, 선진국은 야생생물자원이 인류공동유산임을 주장하면서, 야생생물의 보고인 개발도상국에 대하여 서식지의 보호를 요구하고, 기술이전에 대해서는 지적소유권의 존중을 주장하였다. 생물학적 다양성의 보존을 위한 자금원조에 대해서도 남북간의 이견이 현저했다.

위 협약에 의하면, 원칙적으로 야생생물자원을 가지는 국가는 그러한 자원에 대해 주권적 권리를 가진다(생물다양성협약 제3조). 자국의 유전자자원을 선진국에게 일방적으로 이용하도록 하여 왔던 개발도상국은 생물공학적 접근, '특혜적이고 비상업적인 조건'에서의 기술이전, 새로이 독립하여 설립된 기금으로부터 '신규의 추가적인' 자금원조를 받게 되었다(동 협약 제15조, 제16조). 그리고 연구개발의 성과나 유전자자원의 상업적 이용으로부터 발생한 이익의 배분(동 협약 제16조, 제19조)에 대해서는 자원제공국과의 합의에 기초하여 공정하고 형평하게 행해져야 하나, 자원소재국은 주권적 권리가 인정되기 때문에 그러한 이익이 충분히 반영되는 결과가 될 것이다. 또한 개발도상국에 대한 기술이전에 대해서는 생명공학을 포함하여 공정하고 가장 유리한 조건하에서 필요한 경우에는 자금원조의 제도에 기하여 행해져야 하고, 다만 지적소유권은 충분하고 효과적으로 보호되어야 한다(동 협약 제16조). 자금원조문제에 대해서는 선진국이 '신규의 추가적인' 자금을 제공하고, 그 관리를 기존의 국제기구에 위탁할 것을 규정하였다(동 협약 제20조).

〔미국 다랑어(참치) 수입제한사건〕

(United States Restrictions on Imports of Tuna)

EEC, 네덜란드 v. 미국, GATT 패널, 1994년 5월 20일, 33 ILM 839

[사 실]

동부열대태평양에서는 황다랑어(yellowfin tuna)가 돌고래(dolphin) 아래를 회유하는 습성이 있기 때문에 건착망(巾着網)[30]으로 돌고래를 포위함으로써 황다랑어를 포획하는 방법이 전통적으로 행해지고, 다수의 돌고래가 포획되어 살상되어 왔다. 미국은 1972년의 해양포유동물보호법(MMPA)과 그 개정법에서 해양포유동물의 포획 및 수입을 원칙적으로 금지하고, ① 미국의 관할에 복종하는 사람 및 선박에 의한, 그리고 미국 관할 하의 수역에서의 해양동물의 혼획수(混獲數)의 상한을 설정하고, 어업을 허가제로 하며, ② 당국은 미국의 기준을 넘어 해양포유동물이 혼획되는 상업어업기술로 포획된 물고기 및 그 가공품의 수입을 금지했다. 그리고

30) 건착망이란 고기잡이 그물의 일종으로써, 띠 모양의 큰 그물로 고기를 둘러싸고 줄을 잡아 당기면 두루주머니를 졸라맨 것처럼 되어 고기가 빠져 나가지 못하게 된다. 고등어, 다랑어, 정어리 따위를 잡는 데 쓴다.

당국은 동부열대태평양에서 건착망에 의해 포획된 황다랑어와 그 가공품에 대해서는 미국에 수출하려고 하는 국가는 해양포유동물의 혼획에 대하여 미국과 동등한 규제계획을 채용하고 있을 것과 그 국가의 어선에 의한 혼획의 평균율이 미국어선의 평균율의 125%를 넘지 않을 것 등을 요구하고, 이들 기준을 충족하지 않은 국가(직접 수출국)로부터의 황다랑어와 그 가공품의 수입을 금지하고, 제3국으로부터의 그 수입에 대해서도 당해 제3국(중계국)이 미국에 의한 수입금지대상국으로부터의 황다랑어와 그 가공품의 수입을 금지하지 않는다면, 수입하지 못하도록 하였다. 이는 1992년에 과거 6개월간 수입금지 대상국으로부터 수입하지 못한다는 요건으로 완화되었다.

돌고래의 살상 수(殺傷 數)를 감소시켜야 한다는 국제적 합의와 기술의 발전에 의해 동 지역의 돌고래 살상 수는 1986년에 133,000마리이던 것이 1991년에는 27,000마리까지 감소하고, 그 수는 안정되었다. 동부열대태평양에서 다랑어의 포획과 관련된 대부분의 국가(미국, 멕시코, 베네수엘라를 포함한다)가 참가하는 全美다랑어委員會는 1986년에 감시원 계획을 도입하고, 참가국들은 1992년에는 1999년에 살상 수를 5,000마리 이하로 하는 협정을 체결했다.

1990년 8월에 미국 정부는 멕시코, 베네수엘라 등으로부터의 건착망에 의한 동부열대태평양산 황다랑어와 그 가공품의 수입을 금지하고, 그 후 금지조치는 한번은 철회되었지만, 후에 재판소의 명령에 의해 다시 멕시코로부터의 수입이 금지되었다. 게다가 그 수입금지조치 3개월 후에는 중계국으로부터의 수입도 금지되었다.

멕시코의 신청에 의해 GATT의 분쟁해결패널은 미국의 수입금지가 GATT에 위반한다는 보고서를 1991년 8월 16일에 당사국에 제출했지만, 미국의 반대로 채택되지 못했다(30 ILM 1594). 그래서 EEC 및 네덜란드령 안티리스를 위하여 네덜란드가 각각 1992년에 미국에 협의를 요청하고, 협의가 제대로 진행되지 않았으므로 체약국단에 분쟁해결패널의 설치를 요청하여 인정되었다. 이 패널은 다음과 같은 보고서를 1994년 5월 20일에 분쟁당사국에게 회람시켰다. 하지만 이것도 미국의 반대로 채택되지 않았다.

[보고 요지]

1. EEC 및 네덜란드(이하 兩國이라 한다)에는 직접수출국에 대한 규제조치는 적용되지 않는다. 미국은 자국의 무역이 영향을 받고 있지 않는 조치를 다툴 수 없다고 주장한다. 그러나 체약국이 관세 교섭에서 약속하는 것은 무역량이 아니라 경쟁조건이고, 또 법령이 실제로 적용되고 있는가 여부에 상관없이 당해 법령이 행정부에게 GATT 의무에 위반하도록 행동할 것을 의무적으로 부과하는 명령적 성질인 경우에는 당해 법령은 GATT에 위반된다는 것을 인정한 선례가 있으므로 양국은 이것을 다툴 수 있다.

2. 양국은 GATT 제3조의 내국민대우 규정에 의해 정당화되지 않는다고 주장한다. 즉, GATT 제3조의 내국민대우는 동종의 상품의 거래의 비교를 요구하는 것이고, 직접수출국 및 중계국에 대한 수입금지조치(이하 兩措置라 한다)는 상품 그 자체에는 영향을 미치지 않는 생산방식에 의한 거래의 차별이기 때문에 제3조는 적

용되지 않는다. (미국은 이 점을 멕시코와의 분쟁에서는 다투었지만 여기에서는 다투지 않았다.)

3. 미국의 수입금지는 제11조의 '금지 또는 제한'에 해당하기 때문에 제11조에 위반한다. 미국은 그 금지를 유한 천연자원 보존조치로서 GATT 제20조 (g)호에 의해 정당화될 수 있다고 주장한다. 제20조는 정당하다고 인정되지 않는 차별대우의 수단이 되는 것과 같은 방법으로, 또는 국제무역의 위장된 제한이 되는 것과 같은 방법으로 적용하지 않는다는 것을 조건으로 하여 예외조치를 인정하고 있다. (g)호에서는 "유한 천연자원 보존에 관한 조치 단, 이 조치가 국내의 생산 또는 소비에 대한 제한과 관련하여 실시되는 경우에 한한다"고 규정되어 있다. 제20조 (g)호는 문언 또는 기초과정으로부터도 보존되는 유한 천연자원이 존재하는 장소를 한정하는 것을 지지하는 것은 아니기 때문에 미국이 그 관할권 내에서 자국민 및 선박에게 동부열대 태평양의 돌고래에 대하여 보존정책을 취하는 것은 제20조 (g)호가 적용되는 정책의 범위 내에 있다. 이전의 분쟁해결 패널의 견해대로 (g)호의 '한한다'는 '주된 목적으로 한다'라는 의미로 해석해야 하고, '… 관련하여'란 '국내의 생산 또는 소비에 대하여 제한을 하는 것을 주된 목적으로 하여'라고 해석되어야 한다. 또 제20조는 예외규정이기 때문에 좁은 의미로 해석해야 한다. 미국에 의해 취해진 양조치는 수출국(중계국의 경우는 원수출국)이 정책을 변경하지 않는다면 목적을 달성할 수 없다. 체약국이 자국 관할권 내에서 취하는 정책을 변경시키기 위하여 다른 체약국이 무역조치를 취할 수 있도록 제20조를 해석한다면, 체약국간의 권리 의무의 균형을 현저하게 손상하고, GATT체제의 다국간 협력의 틀을 깨뜨리는 것과 같은 조치는 제20조 (g)호에 의해 정당화될 수 없다.

4. 미국은 당해 양조치를 GATT 제20조 (b)에 의해서도 정당화될 수 있다고 주장한다. (b)는 '사람, 동물 또는 식물의 생명 또는 건강의 보호를 위하여 필요한 조치'라고 규정한다. '필요한 조치'란 GATT의 규정에 적합 또는 부적합한 정도가 보다 낮은 기타 조치를 취하는 것이 합리적으로 기대될 수 없는 경우를 의미한다고 하는 이전의 해석을 지지한다. (g)호에서 말한 것과 동일한 이유로 미국의 양조치는 (b)호의 필요한 조치라고는 말할 수 없다.

5. 미국은 중계국에 대한 조치가 GATT 제20조 (d)호의 '이 협정의 규정에 반하지 않는 법령의 준수를 확보하기 위하여 필요한 조치'에 해당한다고 하지만, 원수출국에 대한 금지가 GATT 제11조에 위반하기 때문에 그 실시를 위한 조치는 (d)호에 의해 정당화되지 않는다.

따라서 미국의 양조치는 GATT에 위반하기 때문에 패널은 미국이 상기의 조치를 GATT의 의무에 적합하게 하도록 요청할 것을 체약국단에게 권고한다.

제 17 장 분쟁의 평화적 해결

제 1 절 분쟁의 평화적 해결의무와 방법

Ⅰ. 분쟁의 평화적 해결의무

과거의 역사가 보여주듯이 국제분쟁은 때로는 전쟁이나 무력행사의 형태로까지 발전할 가능성이 있으므로 국제평화의 유지를 위하여 평화적으로 해결되어야 한다. 다시 말해서, 분쟁을 전쟁이나 무력에 의하여 해결하지 않을 의무를 확립하는 것이 반드시 필요하다.

20세기에 들어와서 전쟁이나 무력행사가 국제법상 금지되었고, 이와 더불어 분쟁의 평화적 해결의무가 다수의 조약에서 규정되었다.

■ 국제연맹규약　　국교단절에 이를 우려가 있는 분쟁이 발생한 경우에는 당해 사건을 국제재판 또는 연맹이사회의 심사에 부탁하여야 한다(제12조).

■ 부전조약(不戰條約)　　체약국은 상호간에 일어날 수 있는 일체의 분쟁 또는 의견의 대립은 그 성질 또는 원인 여하를 불문하고, 평화적 수단에 의하지 않고는 이의 처리 또는 해결을 구하지 않을 것을 약속한다(제2조).

■ UN헌장　　모든 회원국은 그 국제분쟁을 평화적 수단에 의하여 국제평화와 안전 및 정의를 위태롭게 하지 않도록 해결하여야 한다(제2조 3항). 그리고 어떠한 분쟁일지라도 그 계속이 국제평화와 안전의 유지를 위태롭게 할 가능성이 있는 분쟁의 당사자는 우선 교섭, 주선, 중개, 조정, 중재재판, 사법적 해결, 지역적 기관 또는 지역적 협정에의 부탁 또는 기타 당사자가 선택한 평화적 수단에 의한 해결을 구하여야 한다(제33조 1항).

이와 같은 일반조약의 지침에 따라, 오늘날 개별국가 간의 조약 가운데에는 분쟁의 평화적 해결의무를 정한 것이 많다(「한·미상호방위조약」 제1조, 「NATO조약 제1조」, 「Warsaw 조약」 제1조 등 참조). 따라서 분쟁의 평화적 해결은 일반국제법상의 의무로서 확립되었다고 볼 수 있다.

Ⅱ. 분쟁의 평화적 해결의 방법

국제분쟁을 평화적으로 해결하는 방법으로서 가장 기본적인 것은 당사국간의 외교교섭이다. 그러나 당사국간의 교섭만으로 해결이 곤란한 경우에는 제3자의 개입이 필요하다. 그 주요한 형태로서 전통적으로 법률적 분쟁은 재판에, 비법률적 분쟁, 즉 정치적 분쟁은 조정에 부탁되는 경향이 있다. 헤이그평화회의를 통하여 성립된 국제분쟁처리조약을 비롯하여 기타 일련의 조약은 이러한 기본구조를 갖고 있다. 오늘날 국제분쟁의 평화적 처리방법은 이와 같이 일방에 있어서는 재판제도, 타방에 있어서는 재판 이외의 절차(광의의 조정제도)에 의한 해결이라는 두 가지 규범체계로 성립되고 있다.

그렇다면 무엇이 법적 분쟁이며, 무엇이 정치적 분쟁인가? 그 정의는 조약에 따라 다소 상이하고 또한 학설상으로도 논란이 있으나, 당사국이 국제법을 근거로 하여 다투는 것이 법적 분쟁이며, 국제법을 떠나서 다투는 것이 정치적 분쟁이라고 하는 것이 통설적 견해인 것 같다.

재판과 그 이외의 방법 사이에는 중요한 차이가 있다. 첫째, 재판에 있어서 판결은 당사국에 대하여 구속력을 가짐에 반하여, 그 이외의 방법에 있어서는 해결조건의 제시가 행해진다 할지라도 그것은 권고적 성질을 가지는 것에 불과하다. 둘째, 판단의 기준에 있어서도 재판에 있어서는 원칙적으로 실정법을 기준으로 하여 판단함에 반하여, 그 이외의 방법에 있어서는 오히려 구체적으로 공평하고 타당한 결과를 도출하는 것이 그 기능이며, 반드시 실정법을 기준으로 하는 것은 아니다. 그러나 이 차이는 반드시 결정적인 것은 아니다. 재판에 있어서도 법 이외의 기준, 즉 형평과 선이 기준이 되는 경우가 있으며, 재판 이외의 방법에 있어서도 국제법의 원칙을 지나치게 일탈하는 것은 부적당하기 때문이다.

Ⅲ. 분쟁해결의 특징

중앙집권화된 국내사회에 비하여 국제사회는 분권화된 권력주체가 병존하는 구조를 갖고 있다. 따라서 분쟁의 해결 면에 있어서도 서로 상이한 특징을 가진다. 국내사회에서는 당사자 간에 해결되지 않는 분쟁은 당사자 일방에 의하여 재판에 제소되고, 그 판결이 법적 구속력을 가질 뿐만 아니라 국가기관에 의하여 집행됨으로써 해결된다. 이에 비하여, 국제사회에서는 이러한 강제적 재판제도는 일반적으로 확립되어 있지 않고, 재판은 당사국의 합의를 기초로 하여 행해지는 것에 불과하다. 더구나 그 판결의 구속력을 물리적으로 담보하는 권력적 장치가 존재하지 아니하므로 판결의 실효성은 결국 당사국의 자발적 복종에 의존할 수밖에 없다.

이러한 점으로 보아 국제사회에 있어서의 분쟁해결은 당사국간의 교섭과 합의를 기초적 형태로 하지 않을 수 없다는 것을 알 수 있다. 이것이 국제사회의 특징이다. 그러나 전술한 바와 같이 당사국의 교섭에 의한 해결이 곤란한 경우에는 제3자의 개입이 불가피하지만, 당사자를 초월한 중앙집권적 권력이 존재하지 않는다는 것을 전제로 한다면, 가장 효과적인 방법은 제3국, 특히 정치적으로 유력한 제3국의 개입일 것이다. 주선이나 중개가 바로 그것인데, 이것을 발전시킨 형태로서 UN에 의한 분쟁의 평화적 해결을 들 수 있다. 이에 비하여 분쟁이 정치적으로 중요하지 않은, 즉 기술적 성질을 가지는 것에 불과한 경우에는, 개입하는 제3자는 정치적인 권력주체보다도 오히려 기술적 전문가로 구성되는 위원회(심사·조정)가 적당할 것이다. 그리고 분쟁이 법률적 성질을 가지는 경우에는 재판소야말로 가장 적당한 개입기관이다. 그러나 중대한 정치성을 띤 법적 분쟁에 관해서는 이러한 해결방법에 의지하기 어려울 것이다. 이러한 분쟁에 관하여 재판의무를 일반적으로 확립하는 것은 곤란하다. 설사, 재판의무가 확립된다 하더라도 판결의 실효성이 어느 정도 확보될 것인지 의문이기 때문이다. 중대한 분쟁이 재판에 의해 해결된 예도 있으나, 이러한 경우에 재판 그 자체보다도 재판부탁을 위한 합의과정이 분쟁해결에 중요한 계기가 되었다고 하지 않을 수 없다.

제 2 절 비사법적 분쟁해결방법

Ⅰ. 의 의

재판 이외의 분쟁의 평화적 해결방법으로서는 주선, 중개, 심사, 조정 및 UN에 의한 평화적 해결 등이 있다. 이들은 넓은 의미에서 조정이라고 불린다. 이러한 분쟁해결방법은 제3자의 의견이 분쟁당사국에 대하여 구속력을 갖지 않고, 단지 권고적 효력을 가진다는 점에서 공통의 성격을 가진다. 또한 이러한 성격이 재판과 근본적으로 다른 점이다.

외교교섭을 국제법상의 분쟁해결제도로서 취급하는데 있어서는 논란이 있다. 그러나 UN헌장(제33조)은 분쟁의 평화적 해결방법을 열거하고, 제일 먼저 외교교섭을 들고 있다. 또 「국제분쟁의 평화적 처리조약(제9조, 제38조)」이나 「국제분쟁의 평화적 처리에 관한 일반의정서(제1조)」는 분쟁을 조정 또는 재판에 부탁하는 경우에 그것이 외교교섭을 다하여도 해결되지 않는 경우라고 규정하고 있다. 이와 같이 조약에 규정이 있는 이상, 그 한도 내에서 국제법상의 제도로 보지 않을 수 없을 것이다.

조정 기타의 비재판절차는 그 자체로서 분쟁을 해결하는 것은 아니다. 분쟁을 평화적으로 해결하는 것은 분쟁당사국간의 합의이다. 조정 등 비재판절차는 이러한 합의의 성립을 측면에서 도와주는 역할을 한다. 이런 의미에서 분쟁해결의 평화적 보조적 수단이라고 일컬어진다.

Ⅱ. 외교교섭

외교교섭(negotiation)이란 분쟁당사국이 분쟁의 평화적 해결을 위해 제3자의 도움 없이 직접 접촉하는 것을 말한다. 많은 국가들은 상호 상주외교사절단의 설치를 통하여 외교교섭을 행하고 있으며, 또 특정목적을 위하여 임시로 사절을 파견하여 교섭을 행하는 경우도 있다. 최근 들어서는 국가원수의 수준에서 직접 외교교섭이 이루어지는 경우도 많이 발견된다.

외교교섭은 분쟁처리방법으로서는 가장 일반적·기본적인 형태이기는 하지만, 당사국간의 힘 관계가 직접 분쟁처리에 영향을 미치게 되므로 공평성이란 점에서 문제가 있다. 그럼에도 불구하고 외교교섭은 분쟁처리방법으로서 가장 자연적인 것이며, 이에 의하여 분쟁이 해결된다면 분쟁이 다른 국가들에게 파급되는 것도 방지할 수 있는 것이다. 따라서 분쟁이 발생한 경우에는 우선 당사국간의 외교교섭에 의하여 해결을 시도하는 것이 일반적 순서이다. 앞서 살펴 본 바와 같이, 분쟁처리방법에 관해 규정하는 조약 가운데에는 다른 분쟁처리방법이 취해지기 전에, 먼저 당사국간의 외교교섭이 행해지는 것을 전제조건으로 하는 예가 많다.

외교교섭에 의하여 분쟁이 항상 원만하게 해결된다고는 볼 수 없다. 문제는 외교교섭에 의하여 해결되지 않는 경우이다. 이러한 경우에는 제3자의 개입을 필요로 하게 된다. 이와 같이 제3자가 개입하는 분쟁처리방법으로는 주선·중개·국제심사·국제조정·UN에 의한 분쟁의 평화적 처리방법 등이 있다.

Ⅲ. 주선과 중개(거중조정 居中調停)

주선(good office)과 중개(mediation)는 제3자가 분쟁당사국 사이에 개입하여 당사국의 화해를 위하여 편의를 알선하는 경우이다. 양자의 구별기준은 개입정도의 차이에 있다.

주선은 제3자가 분쟁당사국의 외교교섭에 의한 해결을 권고한다거나 또는 교섭을 위한 편의를 제공하는 형태로서, 제3자로부터 화해를 위한 알선에만 그치는 경우이다. 1946년 라오스·캄보디아와 태국간의 국경분쟁과 관련하여, 미국은 프랑스(그 당시 라오스·캄보디아는 프랑스의 식민지였음)와 태국간의 분쟁을 주선하였다.

중개는 주선에 비하여 제3자의 개입 정도가 좀 더 강력하여, 분쟁당사국의 교섭내용에 직접 개입하여 양자의 의견의 조정을 시도하거나 또는 스스로 분쟁해결안을 제시하는 경우이다. 이 경우 제3자라고 해도 분쟁당사국에 대하여 완전히 중립적인 지위에 있는 것이 아니고, 분쟁당사국 또는 분쟁 그 자체에 대하여 밀접한 이해관계를 가지는 자, 특히 대국이 자국의 이해관계에 기하여 분쟁처리에 임하는 것이 보통이다. 따라서 객관적이고 공정한 해결이 반드시 이루어진다는 보장을 기대할 수는 없다. 그러나 가끔 곤란한 분쟁, 이른바 정치적 분쟁의 해결방법으로서는 어느 정도 실효성 있는 방법이라고 할 수 있다. 예컨대, 1904~1905년 러·일전쟁과 미국의 중개,[1] 또는 1978년 이스라엘·이집트의 Camp David협정 체결과정에서의 미국의 중개[2]를 들 수 있다.

주선과 중개는 국제분쟁의 해결방법으로서 종래부터 인정되어 왔으며, 1899년의 「국제분쟁평화처리조약」(1907년 개정)은 이를 명문화하였다.

■ 분쟁당사국의 의무　　체약국은 중대한 의견충돌 또는 분쟁이 발생한 경우에는 병력에 호소하기 전에 사정이 허락하는 한, 그 우호국 중 1국 또는 수개국에게 주선 또는 중개를 부탁하여야 한다(국제분쟁처리조약 제2조).

■ 제3국의 제공　　① 체약국은 위의 부탁에 관계없이 분쟁 외에 있는 1국 또는 수 개국이 사정이 허락하는 한, 자기의 발의로써 주선 또는 중개를 분쟁당사국에 제공하는 것이 유익하며, 또한 희망하는 것이라고 인정한다(동 조약 제3조 1항).

② 분쟁 외에 있는 국가는 교전중이라 할지라도 그 주선 또는 중개를 제공할 권리를 가진다(동 조약 제3조 2항).

③ 분쟁국은 위 권리의 행사를 우의(友誼)에 반하는 것이라고 간주할 수 없다(동 조약 제3항 3항).

물론 '사정이 허락하는 한'이라고 되어 있으므로 어디까지나 희망조항으로서 분쟁당사국이 주선이나 중개에 부탁하여야 할 의무가 인정되었다고 볼 수 없으며, 또한 제3국으로서도 이러한 방법을 제공할 의무가 부과되어 있는 것도 아니다.

■ 효 력　　주선 및 중개는 분쟁국의 부탁에 의하든, 제3국의 발의에 의하든 간에 권고적 성질을 가지는 것에 불과하며, 법적 구속력은 없다(동 조약 제6조).

---

1) 러·일전쟁이 발발하자 미국의 루즈벨트 대통령은 러·일 교섭과정에 개입하여 분쟁조정 역할을 수행하였다. 미국은 다음과 같은 배경 아래 러·일전쟁에 개입하여 중개하고자 의도하였다. 즉, ① 청·일전쟁 이후 계속하여 대륙진출을 시도하고 있는 일본의 억제 ② 영·일동맹의 강화를 방지하고 일본으로 하여금 친미적인 노선을 선택하게 함으로서 미국의 원만한 대극동정책의 유지 ③ 러·일전쟁의 패배로 곤란한 처지에 처한 러시아에게 친미, 대미 우호적인 입장의 부여 의도. 러·일전쟁의 강화교섭과정에서 루즈벨트 대통령은 러시아보다는 일본에 우호적인 태도를 보였다. 종합적으로 보건대, 미국은 우호적 중립을 역설하면서도 자국의 국익인 대극동정책의 원만한 수행전략 때문에 공공연하게 친일정책을 취했다고 판단된다.

2) 캠프 데이비드협정(Camp David Accords)은 교착 상태에 빠진 이집트와 이스라엘의 단독 평화협상을 해결하기 위하여 1978년 9월 미국 대통령 카터가 이집트 대통령 사다트와 이스라엘 수상 베긴을 캠프 데이비드 대통령 별장으로 초청하여 합의한 협정을 말한다. 이에 의거하여, 1979년 3월 이집트와 이스라엘 간 평화협정이 체결되었다.

Ⅳ. 국제심사

1899년 제1회 헤이그평화회의에서 러시아의 제안을 근거로 하여, 헤이그조약에서 처음으로 국제심사위원회(International Commission of Inquiry)에 의한 국제(사실)심사(international inquiry)라는 새로운 제도가 인정되었고, 이는 분쟁해결 분야에서 국제기구에 의한 국제분쟁처리방법이라고 하는 새로운 방식의 도입을 의미한다.

국제분쟁 가운데 '사실에 관한 견해의 차이에 유래하는 것'을 개인자격으로 선출된 위원으로 구성된 비정치적·중립적인 국제위원회에 부탁하게 하여, 그 위원회가 사실을 심사하여 명확히 함으로써 당사자 간의 화해를 촉진하려고 하는 것이 사실심사제도의 목적이다. 국제분쟁은 사실문제에 관한 당사국의 주장의 차이가 원인이 되어 발생하는 경우가 많다. 따라서 분쟁을 해결하기 위해서는 먼저 사실을 객관적인 입장에서 명백히 할 필요가 있다는 것이 이 방식을 인정하게 된 이유이다. 이 방식은 그 후 얼마 되지 않아 1904년에 발생한 Dogger Bank사건에 적용되어 분쟁해결에 매우 효과적이라는 것이 실증되었고, 1907년의 개정조약에서는 다음과 같이 상세하게 규정되었다.

첫째, 국제심사위원회는 조약당사국간에 분쟁이 발생할 때마다 분쟁당사국간의 특별조약(심사조약)에 의해서 설치된다(국제분쟁처리조약 제10조 1항). 위원회의 구성은 당사국간의 심사조약에서 정해지나, 특별한 규정이 없는 경우에는 상설중재재판소의 재판부에 관한 규정(동 조약 제45조, 제57조)에 따라 구성된다(동 조약 제12조). 따라서 상설중재재판소의 재판관명부 중에서 5명의 위원이 선출된다. 분쟁당사국은 위원회에 각각 특별대리인을 파견하여 자국의 입장을 대표하게 하고, 또 고문이나 변호인을 임명하여 자국의 입장을 개진·변호하게 할 수 있다(동 조약 제14조).

둘째, 분쟁부탁에 관해서는 헤이그조약은 이것을 체결국의 의무로 하지 않고, 단지 '사실에 관한 견해의 차이로부터 발생한 국제분쟁'으로서 외교교섭에 의해서 화해에 이르지 않는 것을 사정이 허락하는 한 국제심사위원회에 부탁하는 것이 유익하고 또한 희망적이라는 것을 인정한다. 그러나 이 경우에 있어서도 국가의 명예나 중대이익에 관한 분쟁은 제외된다(동 조약 제9조).

셋째, 심사절차는 당사국간에 특별한 규칙이 채용되지 않는 한 헤이그조약이 정한 제(諸)규칙에 따를 것을 종용한다(동 조약 제17조). 이에 의하면 심사는 대심(對審)으로 행해지며(동 조약 제19조), 위원회는 공개되지 않는다(동 조약 제31조). 심사가 종료된 후 위원회는 비밀리에 토의하고, 다수결로 보고를 결정한다(동 조약 제30조). 보고는 단지 사실의 인정에 그치고 판결의 성질을 갖지 않으며, 그 인정에 어느 정도의 효과를 부여할 것인가는 오로지 당사국의 자유이다(동 조약 제35조).

〔도거 뱅크사건〕
(L'incident de la mer du Nord(Dogger Bank Case))
영국 v. 러시아, 국제심사위원회, 1905년 2월 26일, A Scott 609(original French), 404(English), 2 AJ 931

[사 실]

러·일전쟁 때 극동으로 파견된 러시아 Baltic함대가 1904년 10월 21일 밤 북해의 Dogger Bank에서 조업 중이던 영국어선단을 일본의 수뢰정으로 오인하여 포격하고, 어선 1척을 침몰시켜 3명을 익사시키고, 다른 어선과 어부에게도 손해를 입히고, 조난자를 구조하지도 않고 그대로 항행을 계속하였다. 영국정부는 러시아정부에 대하여 충분한 진사, 피해자에 대한 배상, 책임자의 처벌, 재발방지를 요구하였다. 러시아함대 사령관의 보고서는 어디까지나 일본수뢰정에 대한 공격을 변명할 뿐이며, 러시아정부도 단지 그 보고서를 영국정부에 전달할 뿐, 영국의 요구에 대해서는 명확한 태도를 표시하지 않았다. 그리하여 영국해군은 지중해함대를 Gibraltar로 집결하고, 본국함대에 집합명령을 발하여 러시아함대와 대결할 태세를 갖추었다. 당시 러시아와 동맹관계에 있던 프랑스는 영·러전쟁으로 확대될 경우, 자국이 전쟁에 휩쓸리게 되는 것을 걱정하여 이 분쟁은 사실에 관한 견해의 차이에 기인한 것에 비추어 헤이그조약에서 규정된 국제심사위원회에 부탁할 것을 제안하였다.

영·러 양국정부는 프랑스의 제안에 기하여 11월 25일 「Saint Petersburg협정」을 체결하여 다음과 같이 약정하였다.

첫째, 국제심사위원회는 5명으로서 구성하고, 영국 및 러시아로부터 각각 1명의 해군고급장교를 임명하고, 프랑스 및 미국정부에 각각 1명의 해군고급장교의 임명을 요청한다. 다섯 번째의 위원은 위 4명의 위원의 합의에 의하여 임명한다. 만일 합의하지 못할 경우에는 오스트리아황제에게 그 선임을 의뢰한다(제1조).

둘째, 위원회는 북해사건에 관한 모든 상황 및 특히 책임의 소재, 그리고 책임이 입증된 경우에는 영·러 양국의 국민 또는 타국의 국민이 져야 할 책임의 정도에 관한 문제에 대하여 심사·보고한다(제2조).

셋째, 위원회는 파리(Paris)에서 개최한다(제5조).

넷째, 위원회의 결정은 모두 다수결로써 행한다(제7조).

이 협정에 기하여 영·러·프·미·오스트리아의 해군장교에 의해 구성된 심사위원회가 다음해 2월 26일 다음과 같은 보고서를 작성·공표하였다.

[보고 요지]

위원회는 포격의 사실관계를 명백히 한 후에 다음과 같이 진술하였다.

포격 및 그 결과에 대한 책임은 러시아함대 사령관에 귀속된다. 함대가 발포한 대상이 무엇이었는가를 결정하기 위한 충분하고도 명백한 증거는 없으나, 어선단이 적대행위를 행하지 않았던 것은 명백하다. 어선단 중에도, 또한 그 부근에도 수뢰정이 존재하지 않았으므로 사령관에 의한 발포명령은 정당하지 않았다. 사령관 개인에 대해서는 본 사건에서 처음부터 끝까지 어선에 대한 포격을 피하기 위하여 할 수 있는 모든 조치를 강구한 점이 인정된다. 다만 사령관이 도버해협 통항 중 국적불명의 어선이 구조를 필요로 한다는 취지를 연안제국(諸國)의 당국에 통보하지 않은 것은 유감이다.

이 보고서에 입각하여, 러시아정부는 3월 9일 영국에 대하여 피해어부에 대한 배상금으로서 65,000파운드를 지급하고, 사건은 원만히 해결되었다.

이상에서 본 바와 같이, 헤이그조약은 새로이 국제심사위원회에 의한 국제심사제도를 인정하였는데, 그 특징은 비정치적·중립적인 성격을 가지는 국제적 기구가 객관적인 입장에서 사실을 명확히 하고, 이에 의하여 당사국의 화해를 촉진하고, 분쟁의 처리를 꾀한 점이다. 그 후 이 제도를 좀 더 개선하기 위하여 시도된 것이 1911년 미국이 영국과 프랑스 간에 조인한 이른바 「Knox(녹스)조약」에서 예정된 복합심사위원회(Joint High Commission of Inquiry)와 1913년부터 1914년에 걸쳐 미국이 30개국과 체결한 양자조약인 이른바 「Bryan(브라이언) 조약」에 의하여 규정된 상설국제위원회(Permanent International Commission)이다.

「Knox조약」[3]은 중재재판을 함께 포함하고 있고, 중재재판의무를 널리 인정하였기 때문에 미국 상원의 반대로 비준되지 않았다. 「Bryan조약」[4]은 그 중 19개가 비준되었으나, 제1차 세계대전의 발발로 말미암아 조약에서 예정된 상설국제위원회는 대부분 설치되지 않았다. 그러나 이러한 조약에서 규정된 국제심사제도는 헤이그조약에 의한 국제사실심사제도를 일보 진전시켰다는 점에서 제1차 대전 후 국제조정제도 발전의 계기가 되었다.

---

3) 「Knox조약」에 의하면, 당사국간에 분쟁이 발생한 경우에는 그때마다 위원회가 설치된다. 특히, 당사국이 일방 위원회의 설치를 청구한 경우에는 타방은 반드시 이에 응하여야 한다. 위원회는 양당사국이 각각 3명씩 지명한 위원으로써 구성되고, 분쟁의 심사와 해결안을 제시할 수 있다.

4) 「Bryan조약」에 의하면, 5명의 상설위원회가 분쟁을 사실적 그리고 법률적 견지에서 심사하고, 그 결과를 보고해야 한다. 특히 중요한 것은 위원회가 상설적이라는 것, 일방의 부탁만으로써 위원회가 활동을 개시하는 것, 재판에 부탁될 분쟁 이외의 모든 분쟁을 위원회에 부탁하는 의무를 둔 것, 그리고 심사의 진행 중에는 무력행사가 금지된다는 것 등이다.

V. 국제조정

국제조정(international conciliation)이란 개인적 자격으로 선정된 위원으로 구성되는 국제위원회가 국제분쟁을 모든 관점(사실문제뿐만 아니라 법률문제까지도 포함)에서 심사하고, 이를 기초로 하여 당사국의 주장의 접근을 시도하고, 필요한 경우에는 적당하다고 인정되는 분쟁해결조건을 당사국에 권고하는 일련의 절차를 포함하는 국제분쟁의 평화적 처리방법이다.

전술한 바와 같이, Knox조약이나 Bryan조약에 의한 국제심사는 국제조정제도에 매우 유사한 것으로서, 말하자면 그 선구적 형태라고 할 수 있다. 그러나 국제조정제도 그 자체는 제1차 대전 후의 산물이다. 국제연맹에 의한 분쟁처리가 보편적인 기초 위에서 행해지고 또한 다분히 정치성을 띠고 있음에 반하여, 국제조정제도는 이와 대조적인 분쟁처리 방법으로서 인정되게 되었다. 1924년경부터 각국간에 조정조약이 체결되기 시작하여, 드디어 재판까지 포함하는 재판조정조약이 다수 체결되었다. 특히, 1928년에 중재재판 및 사법재판과 국제조정과의 유기적인 조화를 꾀하여 이것을 하나의 일반조약으로 통합하여 체결된 「국제분쟁 평화적 처리 일반의정서」는 조정에 관한 대표적인 조약이다. 1949년에 UN에서 「국제분쟁 평화적 처리 개정 일반의정서」가 채택되었으나, 전(前) 의정서와는 명칭변경(국제연맹을 UN으로, PCIJ를 ICJ로) 이외에는 변경된 것이 없다. 국제조정위원회의 구성의 관할범위, 조정절차 등은 각 개별조약에 따라 상이한 점을 보이고 있다. 일반의정서에 의하면 대개 다음과 같다.

1. 국제조정위원회의 구성

조정위원회는 원칙적으로 2개국 간에 설치되나, 예외적으로 수개국간에 공통된 위원회가 설치되는 경우도 있다(예: 1925년 Helshinki조약에서는 발틱연안 4개국으로 구성되어 있다). 상설조정위원회는 체약국이 다른 체약국에 대하여 그 설립을 청구하고, 이에 기하여 6개월 이내에 설립하도록 되어 있으나(국제분쟁 평화적 처리 개정 일반의정서 제3조), 분쟁이 발생한 경우 이러한 상설조정위원회가 존재하지 않는 경우에는 당사국의 일방이 타방 당사국의 일방에게 청구했을 때로부터 3개월 이내에 그 분쟁의 심사만을 위한 임시특별조정위원회를 설치하도록 되어 있다(동 의정서 제5조).

조정위원회의 구성은 당사국간에 별도의 협정이 없는 한, 5명의 위원으로 구성된다. 그 중 당사국이 각 1명을 선임하고, 나머지 3명은 양 당사국의 합의에 의하여 제3국의 국민 중에서 선임한다. 의장은 후자의 3명 중에서 양당사국의 합의에 의하여 선출한다(동 의정서 제4조). 당사국간의 합의에 의하여 선임되는 위원에 관하여 합의가 성립되지 않는 경우에는 그 위원의 선임을 당사국의 합의에 의하여 선정한 제3국에게, 또는 당사국의 청구가 있는 경우에는 UN 총회 의장(총회가 개회 중인 경우에는 전의장)에게 위촉한다. 그 어느 것에 관해서도 합의가 성립하지 않는 경우에는 당사국이 각각 다른 1국을 선정하고, 이와 같이 선정된 2국의 합의에 의해서 위원을 선임한다. 만일 3개월 이내에 이러한 2국의 합의도 성립하지 않는 경우에는 이러한 2국이 각각 선임될 위원의 수와 동수의 후보자를 추천하고, 그 중에서 추첨에 의하여 결정한다(동 의정서 제6조).

2. 국제조정위원회의 관리범위

국제조정에 부탁되는 분쟁의 범위는 미리 조약에 의해서 부탁의무가 한정되어 있는 경우를 제외하고는 당사국의 합의가 있으면 어떠한 분쟁도 위원회에 부탁하는 것이 가능하다.

일반의정서는 제1장 조정, 제2장 사법적 해결, 제3장 중재재판, 제4장 일반규정으로 구성되어 있다. 가입의 형식으로서는, 첫째, 전부에 대한 가입뿐만 아니라, 둘째, 단지 제1장, 제2장 및 제4장만 가입하거나, 셋째, 단지 제1장과 제4장에만 가입할 수도 있다(동 의정서 제38조). 다만, 제1장과 제4장에만 가입한 경우에는 외교절차에 의해서 해결하지 못한 분쟁은 모두 조정절차에 부탁된다(동 의정서 제1조). 둘째의 조정뿐만 아니라 사법적 해결의 장에도 가입한 경우에는 '당사국이 서로 권리를 다투는 분쟁', 즉 법률적 분쟁은 특히 당사국간의 합의에 의한 부탁이 없으면, 조정절차에 부탁하지 않고 ICJ에 부탁하여야 한다(동 의정서 제17조, 제20조). 첫째의 전부 가입의 경우에는 비법률적 분쟁으로서 조정에 의하여 해결되지 않는 것은 중재재판에 부탁하여야 한다(동 의정서 제21조).

3. 조정절차

일반의정서에 의하면, 사건의 부탁은 당사국의 합의나 또는 당사국 중 어느 일방이 의장에 대하여 행한 청구에 의하여 행해진다(동 의정서 제7조). 또 조정위원회의 임무는 분쟁을 심사하여 명백히 하고, 당사국의 화해를 시도하는 것에 있으나, 사건심사 후 적당하다고 인정되는 분쟁해결조건을 당사국에 제시하고, 또한 당사국이 의견을 표시하는 기한을 정할 수 있다고 규정하고 있다(동 의정서 제15조).

조정절차의 세목에 관해서는 당사국간의 특별한 협정이 없는 한 조정위원회가 스스로 정할 수 있다(동 의정서 제11조 1항). 그러나 다음과 같은 것을 규정하는 것이 보통이다. 첫째, 조정절차는 모든 경우에 대심(對審)으로 행해져야 한다. 이를 위해 분쟁당사국은 대리인을 임명하고, 위원회에 있어서 자국의 입장을 대표하게 한다(동 의정서 제11조 1·2항). 둘째, 조정위원회의 사무는 원칙적으로 공개되지 아니한다. 다만 당사국의 동의를 얻어 위원회가 그것을 공개할 수 있다(동 의정서 제10조). 셋째, 조정위원회의 결의는 분쟁당사국간에 별도의 합의가 없는 한, 다수결에 의한다. 다만, 분쟁의 실질에 관한 경우는 전위원의 출석으로써 결정한다(동 의정서 제12조).[5)]

4. 국제조정의 효력

국제조정위원회의 심사의 결과나 분쟁해결조건의 권고는 당사국을 법적으로 구속하는 효력을 가지지 아니한다. 이와 같이 국제조정은 국제재판과는 달리 당사국을 법적으로 구속하는 결정에 의해서 분쟁을 해결하는 것은 아니지만, 그것을 국제조정에 부탁함으로써 당사국이 일정한 법적 구속을 받도록 조약에서 인정하고 있는 경우도 있다. 예컨대 일반의정서에서는 분쟁을 조정위원회에 부탁한 후에는 조정위원회가 권고하는 협정에 유해한 영향을 미칠 우려가 있는 일체의 조치를 취하지 않을 것, 또는 일반적으로 분쟁을 중대화시키고 확대할 우려가 있는 행위를 그 성질의 여하를 불문하고 취하지 않을 의무가 부과되고 있다(동 의정서 제33조 3항). 따라서 분쟁부탁 후 조정이 종료하기 이전에 당사국의 일방이 타당사국에 대하여 무력공격을 행해서는 아니 된다.

국제조정의 성공사례로서는, 1945~1955년 프랑스·스위스조정위원회(제2차 대전 중 프랑스군에 소속된 폴란드군대가 스위스 영토 내에 억류되어 있던 때의 비용지불에 관한 분쟁과 국경지대에서의 프랑스세관원의 활동이 스위스 영토관할권을 침해하는가의 여부에 관한 분쟁), 1956년 이탈리아·스위스조정위원회(스위스국민에 대한 이탈리아 세금문제), 1957년 오스트리아·독일조정위원회(재산분쟁)의 활동으로 각각 현안문제를 해결한 것을 들 수 있다.

---

5) 정족수에 관하여, 당사국의 일방에 의하여 선임된 위원이 그 국가에 불리한 결의가 성립하는 것을 피하기 위하여 고의로 결석하는 것에 대비하여, 특정조약(일·네덜란드조약 제19조)에서는 양당사국의 공동선임위원 전부가 출석하면 충분하다고 규정하기도 한다.

〔얀 마이엔조정사건〕
(The Continental Shelf Area between Iceland and Jan Mayen)
아이슬란드 v. 노르웨이, 조정위원회, 보고 1981년 5월 19일(아이슬란드에 통지), 1981년 5월 20일(노르웨이에 통지), 20 ILM 797; 62 ILR 108

[사 실]

1980년 5월 28일, 아이슬란드와 노르웨이는 「어업과 대륙붕 문제에 관한 협정」을 체결했다. 동 협정에서 노르웨이는 아이슬란드의 200해리 경제수역의 주장을 인정했다. 아이슬란드는 얀 마이엔섬에 근접하는 구역에 있는 아이슬란드의 200해리수역을 넘어서는 대륙붕에 대한 권리도 주장했지만 이에 대해서는 합의되지 않았다. 얀 마이엔섬은 아이슬란드의 북동 약 290해리에 있는 인간이 거주하는 화산섬으로서 노르웨이령이다.

양국은 상기 협정 제9조에 의해, 아이슬란드와 얀 마이엔섬 사이의 대륙붕 경계획정의 문제를 계속 교섭하기로 하고, 조정위원회에 부탁하기로 했다. 위원회는 상기 문제에 관한 권고를 제출할 것을 임무로 하지만, 권고의 작성에 있어 이 해역에서의 아이슬란드의 막대한 경제적 이익, 지리상 및 지질상의 요소, 기타 특별한 사정을 고려하게 되었다. 또 위원회의 권고는 전원일치로 채택되고, 그것은 양국을 구속하는 것은 아니지만, 향후의 교섭에 있어 양국에 의해 합리적 고려를 하기로 했다. 위원회는 리처드슨(미국)을 위원장으로 하고, 안데르센(아이슬란드), 에벤센(노르웨이)의 3명에 의해 구성되었으며, 이들 모두 제3차 해양법회의에서 각국의 대표를 맡고 있었다.

[보고 요지]

1. 위원회는 재판소가 아니다. 그 임무는 전원일치의 의견에 의해, 부탁된 문제에 대하여 형평하게 수락가능한 해결을 도모하는 권고를 양국 정부에 대하여 하는 것이다. 그러나 위원회는 그러한 해결을 가능하게 하는 지침을 얻기 위하여, 다수의 국가 실행이나 판례를 검토했다.

2. 섬 제도(制度)에 대하여 규정하는 1980년 8월 27일의 「해양법협약」 초안 제121조는 국제법의 현상을 반영하고 있다고 생각되므로 얀 마이엔은 섬으로 보아야 한다. 따라서 그것은 영해, 경제수역 및 대륙붕에 대한 권리를 가진다.

3. 대륙붕의 경계획정에 대한 국가실행은 「해양법협약」 초안에서 볼 수 있는 바와 같이, 사실 상황에 의해 다양한 접근을 취하고 있다. 지질전문가의 보고서에 의하여 판단하면, 자연의 연장의 개념에 기한 접근은 얀 마이엔에 대하여 적절하다고 생각되지 않는다. 등거리방식, 비례성의 개념 및 타국의 경제수역에 위치하는 섬에 대한 위요방식(圍繞方式) 등의 접근은 모두 형평한 해결에 도달하는 시도를 반영하는 것이다. 본건에 있어서는 200해리 경제수역에 관한 아이슬란드와 노르웨이에 의한 협정이 이미 중간선을 넘어 상당한 구역을 아이슬란드에게 부여하고 있다는 사실 및 이 구역에서의 자원의 존재 가능성에 대하여 이미 상세한 조사와 탐사가 필

요하다는 사실을 고려한 접근이 취해져야 한다.

4. 대륙붕에 대하여 경제수역과는 다른 경계선을 제안하는 것보다도 위원회는 탄화수소를 생산할 현실적 전망이 있는 모든 구역(특정구역)을 실질적 대상으로 하고, 공동개발협정을 채용할 것을 권고한다. 공동개발의 대상이 되는 특정구역은 위도, 경도의 좌표에 의해 표시되고, 아이슬란드의 200해리 경제수역의 획정선을 노르웨이와의 경계선으로 하는 면적 약 45,475㎢로서 약 70%는 아이슬란드의 경제수역의 북쪽에 위치한다. 공동개발협정은 석유탐사의 자금과 경험에 있어 노르웨이가 우위에 있다는 사실 및 아이슬란드에 있어서의 탄화수소의 필요성을 고려해야 한다.

위원회는 초기 단계에서의 구역의 공동탐사, 그리고 그 결과로서의 탐사, 굴삭 및 개발활동이 필요하다고 판단된 경우에는 양 당사국과 석유회사 사이에서 공동사업협정을 수반하는 양허계약의 교섭을 행할 것을 권고한다. 아이슬란드의 경제수역의 경계선의 북쪽 구역에 있어서는 노르웨이법이 적용되고, 남쪽 구역에 있어서는 아이슬란드법이 적용되지만, 공동사업협정에 의해 양국은 각각 상대국 측 구역에서의 사업에 관하여 25%의 이익을 취득할 권리를 가지는 것으로 한다.

개발비용에 관하여, 위원회는 초기 단계에서의 탐사 비용은 노르웨이에 의해 부담되고, 개발 단계에서의 비용은 각각 국가 참가의 지분에 비례하여 양국에 의해 부담할 것을 권고한다.

Ⅵ. UN에 의한 분쟁해결

UN에 의한 국제분쟁의 처리는 개인적 자격으로 선임되는 비정치적 조정위원회에 의한 해결을 목적으로 한 국제조정제도와는 달리, 모두 국가대표로써 구성되는 기관에 의하여, 즉 정치적 영향력에 의하여 분쟁의 해결을 촉진한다는 점에 그 특징이 있다. 이러한 의미에 있어서는 종래의 주선이나 중개와 유사한 면이 있다고도 할 수 있다. 그러나 주선·중개와는 달리, 특정한 제3자(보통은 국가)에 의하는 것이 아니고, 보편적인 기초 위에 선 국제기관이 분쟁을 처리한다는 의미에 있어서 보다 합리적이고 객관적인 분쟁처리체제라고 할 수 있다.

UN헌장은 그 목적의 하나로서 분쟁의 평화적 해결에 대하여 언급하고 있으며(UN헌장 제1조 1항), 또 그 활동원칙의 하나로서 모든 회원국에 대해 분쟁을 평화적으로 해결할 의무를 지우고 있다(동 헌장 제2조 3항). ICJ와는 별도로 총회와 안정보장이사회는 분쟁의 평화적 해결을 목적으로 하는 UN의 가장 중요한 기관이다. 그런데 UN헌장에서는 안전보장이사회에 대하여 국제평화와 안전유지에 관한 주요한 책임을 지우고 있다(동 헌장 제24조 1항). UN의 분쟁처리절차에 관하여 상세한 규정을 두고 있는 UN헌장 제6장은 주로 안전보장이사회에 의한 분쟁처리절차에 관해서 규정하고 있다.

1. 안전보장이사회에 의한 분쟁처리

■ 분쟁의 제소 일정한 분쟁의 계속이 국제평화와 안전유지를 위태롭게 할 우려가 있는 분쟁이 발생한 경우에는 분쟁당사국은 먼저 그가 선택하는 평화적 수단, 즉 외교교섭, 심사, 중개, 조정, 중재재판, 사법적 해결, 지역적 기관 또는 지역적 협정의 이용 등의 방법에 의하여 해결을 구하여야 한다(동 헌장 제33조 1항). 이러한 수단에 의하여 분쟁을 해결하지 못한 경우에는 분쟁당사국은 그 분쟁을 안전보장이사회에 부탁하여야 한다(동 헌장 제37조 1항). 따라서 제37조 1항에 의하여 분쟁을 안전보장이사회에 제소하기 위해서는 제33조 1항이 규정한 평화적 수단에 의한 분쟁해결의 시도가 그 전제조건이라 할 수 있다. 그러나 안전보장이사회는 설령 당사국에 의한 부탁이 없더라도 이와 같은 분쟁 또는 분쟁을 야기할 우려가 있는 사태에 대하여 개입할 수 있다(동 헌장 제34조). 나아가서 UN 총회(동 헌장 제11조 3항), 사무총장(동 헌장 제99조), UN 회원국(동 헌장 제35조 1항), 그리고 헌장이 규정한 분쟁의 평화적 처리의 의무를 미리 수락할 것을 조건으로 하여, 비회원국인 당사국(동 헌장 제35조 2항)은 각각 안전보장이사회의 주의를 환기시킬 수 있다. 특히, UN헌장 제35조에 의한 제소(UN회원국이든 비회원국이든)는 제37조 1항의 제소와는 달리 제33조에 의한 분쟁의 평화적 처리방법을 시도해야 하는 전제조건 없이 행할 수 있으므로 어떤 면에서는 편리하다.

■ 부탁되는 분쟁의 범위 당사국이 안전보장이사회에 대하여 의무적으로 부탁하는 분쟁이든 안전보장이사회가 자발적으로 개입하는 것이 인정되는 분쟁이든 간에 그 계속이 국제평화와 안전유지를 위태롭게 할 우려가 있는 것에 한정되어 있다. 이와 같은 우려가 없는 분쟁에 대하여, 안전보장이사회의 개입이 인정되는 것은 오직 모든 분쟁당사국의 합의에 의한 요청이 있는 경우에 한한다(동 헌장 제38조). 따라서 안전보장이사회는 그 분쟁이나 사태가 국제평화와 안전유지를 위태롭게 할 우려가 있는가 없는가를 조사하여 결정할 수 있다. 이 단계에 있어서의 조사와 결정에 관한 안전보장이사회의 표결은 절차사항으로 취급되어, 이른바 강대국의 거부권은 적용되지 않는다. 따라서 심의와 토의는 9개 이사국의 찬성에 의하여 개시될 수 있다. 그러나 실제적 해결을 위한 심사와 권고를 행할 경우에

는 거부권이 적용된다. 물론 어느 경우에 있어서도 분쟁당사국은 투표를 기권하여야 한다(동 헌장 제27조). 안전보장이사회가 분쟁에 관하여 토의할 때 UN 회원국으로서 이사국이 아닌 국가도, 또한 UN 비회원국도 그 분쟁의 당사국인 경우에는 그 토의에 참가하도록 초청되어야 한다. 물론 표결권은 인정되지 않는다. 또 이사회에 부탁된 문제가 이사회 이외의 어느 UN 회원국의 이익에 특히 영향을 미친다고 이사회가 인정하는 경우에는 그 회원국은 이 문제의 토의에 표결권 없이 언제든지 참가할 수 있다(동 헌장 제31조).

■ 조 치 　안전보장이사회는 분쟁의 계속이 국제평화와 안전유지를 위태롭게 할 우려가 실제로 존재한다고 인정하는 경우에는 다음 중 어느 행동을 선택하여 결정해야 한다. 첫째, 당사자에 대하여 그 분쟁을 평화적 수단에 의하여 해결하도록 요청할 수 있다(동 헌장 제33조 2항). 둘째, 적당한 조정절차 또는 방법을 권고할 수 있다(동 헌장 제36조 1항). 이 때 안전보장이사회는 당사자가 이미 채용한 분쟁해결의 절차를 고려에 넣어야 한다(동 헌장 제36조 2항). 또 법률적 분쟁은 ICJ규정에 따라 당사자에 의하여 원칙적으로 ICJ에 제소하여야 한다는 것도 고려에 넣어야 한다(동 헌장 제37조 2항). 셋째, 적당하다고 인정되는 해결조건을 당사자에게 권고할 수 있다(동 헌장 제37조 2항). 다만 UN헌장 제34조에 의하여 안전보장이사회가 스스로 개입하는 분쟁 또는 사태에 관해서는 위의 첫째 또는 둘째의 조치를 취하는 것에 한하며, 셋째의 조치를 취할 권한은 인정되지 않는다.

위 세 가지 방법은 이론적으로는 구별되나, 실제에 있어서 반드시 명확하게 구별되는 것은 아니다. UN헌장 제33조 2항에 기한 이사회의 요청과 UN헌장 제36조 1항에 기한 이사회의 권고와의 구별은, 전자가 분쟁의 평화적 해결의무에 따르도록 일반적으로 요청하는 것임에 대하여, 후자는 적당하다고 인정하는 절차를 구체적으로 권고하는 것이다. 1947년 영국과 알바니아간의 Corfu해협사건에 관하여 안전보장이사회가 분쟁을 ICJ에 제소하도록 권고한 것은 UN헌장 제36조 1항에 기한 것이라고 할 수 있으나, 1948년 인도와 파키스탄간의 Kashmir분쟁에 대하여 이사회가 자유롭고 공정한 주민투표를 위한 적당한 상태를 조성하기 위한 조치를 권고한 것은 UN헌장 제37조 2항에 기한 것이라고 할 수 있다.

2. 총회에 의한 분쟁처리

■ 안전보장이사회와의 관계 　UN헌장 제6장은 안전보장이사회를 중심으로

분쟁처리절차에 관하여 규정하고 있으나, 총회도 이사회와 함께 분쟁처리에 관한 권한이 인정되고 있다. 이것은 헌장 제10조가 총회의 일반적 권한을 인정하고, 헌장의 범위 내에 속하는 일체의 문제에 관하여 총회가 토의하고 권고할 권한을 가진다고 규정하고 있는 점으로 보아 명백하다. 나아가 제11조 2항은 이 점을 더 구체적으로 규정하여, 총회는 UN 회원국, 안전보장이사회 또는 제35조 2항에 의하여, UN 비회원국이 총회에 부탁한 국제평화와 안전에 관련된 문제를 토의하고 권고할 수 있다고 규정하였다. 물론 UN에 있어서는 국제평화와 안전유지에 관하여 이사회에 주요 책임을 인정하고 있으므로(동 헌장 제24조 1항) 이사회와의 관계에 있어서는 총회의 권한은 두 가지 면에서 제약을 받고 있다. 하나는, 안전보장이사회가 어느 분쟁 또는 사태에 관하여 임무를 수행하고 있는 동안은 총회는 이사회가 요청하지 않는 한 이에 대하여 어떠한 권고도 할 수 없다(동 헌장 제12조 1항).[6)]

다른 하나는, UN의 행동(강제조치)을 필요로 하는 문제에 관해서는 토의 전 또는 후에 이사회에 부탁하여야 한다(동 헌장 제11조 2항 단서). 이러한 의미에 있어서 총회의 역할은 적어도 이론적으로는 제2차적이다.

그러나 총회의 분쟁해결권한은 분쟁발의 면에서 안전보장이사회보다 넓고, 또 개입의 정도 면에서 해결조건까지 권고할 수 있기 때문에 안전보장이사회보다 광범위하다.

■ 발 의　　총회에 의한 분쟁처리의 발의는 UN 회원국(동 헌장 제35조 1항), 비회원국(동 헌장 제2조) 및 안전보장이사회(동 헌장 제11조 2항, 제12조 1항)에 의해 행해진다. 나아가 총회에 대한 분쟁부탁이 없을지라도 그 분쟁이 국제평화와 안전을 위태롭게 할 우려가 있는 분쟁뿐만 아니라 포괄적으로 일반적 복지 또는 각국 간의 우호관계를 해칠 우려가 있다고 인정되는 모든 사태에 대해서도 자발적으로 발의할 수 있다(동 헌장 제14조).

■ 조 치　　총회의 활동은 안전보장이사회의 관계에 있어서 제한을 받고 있으나, 반대로 분쟁처리에 관해서 인정되고 있는 권한의 범위는 이사회에 비하여 넓다고 할 수 있다. 총회는 이사회와는 달리 당사국에 의한 부탁을 기다릴 것 없이 스스로 분쟁해결조건을 당사국에 권고할 수 있는 권한이 부여되고 있다. 전

---

6) UN헌장 제12조 1항에 의해서 제한되고 있는 것은 권고를 해서는 안 된다는 것이며, 이사회가 취급하고 있는 분쟁이나 사태에 관하여 총회가 토의하는 것은 가능하다. 또 권고에 이르지 않는 형태로써 총회가 결의를 행하는 것까지 제한되고 있는 것은 아니다. 예컨대 인도네시아 문제가 이사회에서 취급되고 있는 단계에서 총회가 이 문제에 관한 결의를 행한 바 있다.

술한 바와 같이, 이사회도 스스로의 토의에 의하여 분쟁해결에 개입하는 것이 인정되어 있으나, 그 범위는 분쟁의 성질결정을 위한 조사·분쟁조정을 위한 절차 또는 방법의 권고에 한정되어 있으며, 직접 분쟁의 해결조건을 권고하는 권한은 인정되고 있지 않다. 이에 반하여, 총회는 헌장 제14조에 의하여 제12조의 규정에 반하지 않는 한, 그 계속이 국제평화와 안전유지를 위태롭게 할 우려가 있는 분쟁에 한정되지 않고 원인 여하를 불문하고 일반적 복지 또는 각국 간의 우호관계를 해칠 우려가 있다고 인정되는 모든 사태에 관하여 평화적으로 조정하기 위한 조치를 권고할 수 있다. 이 조치 중에는 분쟁해결조건의 권고도 포함된다.[7] 따라서 분쟁처리를 위하여 스스로의 발의로써 행동할 수 있는 범위는 이사회에 비하여 총회가 보다 넓다고 할 수 있다.

3. 분쟁처리에 관한 공통규정

분쟁처리에 관한 안전보장이사회 및 총회의 기능에 공통적인 것으로서, 다음 세 가지 점에 주의할 필요가 있다.

첫째, 국내문제불간섭의 원칙(동 헌장 제2조 7항)에 의하여 국내사항에 기한 분쟁에 대하여 UN의 기관은 권고를 행할 수 없다는 것이다.

둘째, 지역적 협정이나 지역적 기관이 존재하고 있는 경우에는 회원국은 지역적 분쟁을 안전보장이사회에 부탁하기 전에, 먼저 그것에 의해 분쟁을 평화적으로 해결하도록 모든 노력을 다해야 한다는 것이다(동 헌장 제52조 2항).

셋째, 분쟁처리에 관하여 행해지는 안전보장이사회와 총회의 결정은 권고적이며, 법적 구속력이 없다는 것이다. 물론 안전보장이사회나 총회의 권고를 당사국이 이행하지 않는 결과 대립이 격화되고, 그로 인하여 평화가 위협될 경우에는 안전보장이사회가 헌장 제39조에 의하여 제7장에 규정된 일련의 강제조치를 발동할 수 있을 것이다. 따라서 정치적으로 유력한 기관의 권고이므로 분쟁이 쉽게 해결될 가능성이 크다. 그러나 이것은 분쟁의 평화적 처리라기보다는 오히려 안전보장문제이며, 위의 권고로부터 직접 도출되는 결과는 아니다.

---

7) 1979년 소련의 아프가니스탄 군사개입에 있어서 아프가니스탄으로부터의 모든 외국 군대의 무조건 철수를 요구하는 결의안이 안전보장이사회에 제출되었으나 소련의 거부권에 의하여 부결되었다. 안전보장이사회는 즉시 긴급특별총회의 개최를 요구하였다. 이 요청에 의해 개최된 UN 총회는 아프가니스탄으로부터의 외국 군대의 즉시, 무조건 및 완전한 철수를 요구하는 결의를 채택하였다(1980년). 이 결의 및 UN 사무총장의 노력이 주효하여 1988년 아프가니스탄으로부터의 외국 군대의 단계적 철수(9개월 이내)가 합의되었다.

제 3 절 국제재판

Ⅰ. 국제재판의 종류

국제재판에는 중재재판과 사법재판이 있다. 중재재판이란 당사국의 합의에 의하여 재판이 행해질 때마다 구성되는 재판소, 즉 중재재판소에 의하여 행해지는 재판을 말한다. 이에 대하여 사법재판이란 미리 상설적으로 설치된 재판소, 즉 사법재판소에 의해서 행해지는 재판을 말한다. 두 경우 모두 판결이 법적 구속력을 가진다는 점에서 분쟁해결의 다른 수단과 구별된다.

국제재판이 발달한 것은 19세기 이후의 일이다. 특히, 1872년에 영국과 미국 간의 Alabama호 사건이 재판에 부탁되어 해결된 후, 재판이 분쟁해결의 유력한 수단으로서 평가되게 되었다. 당시의 국제재판은 전적으로 개별적인 중재재판이었으며, 재판관이 그때마다 선임되어 구성되는 재판소에서 재판이 행해졌다.

1899년 제1회 헤이그평화회의에서 「국제분쟁의 평화적 처리조약」이 체결되고, 그것에 기하여 1901년에 상설중재재판소가 설립되었다. 이 재판소는 완전한 의미에 있어서의 상설재판소가 아니고, 단지 재판관명부의 상비와 사무국의 상설을 실현한 것에 불과하므로 여전히 중재재판소의 일종에 머물고 있었다.

진정한 의미의 상설재판소는 제1차 대전 후에 탄생한 상설국제사법재판소(PCIJ)가 최초의 것이며, 이것을 계승한 것이 현재의 국제사법재판소(ICJ)이다.

이와 같이 국제재판에는 중재재판과 사법재판이라고 하는 두 가지의 형태가 있으며, 역사적으로는 중재재판으로부터 시작하여 오늘날의 사법재판으로 발전하여 왔다. 그러나 오늘날에 있어서도 중재재판은 중재재판으로서의 가치가 인정되고 있으며, 중재재판에 의한 해결이 청구되는 경우가 없지는 않을 것이다. 왜냐하면 분쟁의 특수성으로 보아 미리 설치된 상설재판소보다도 사정을 잘 아는 재판관을 선출하여 재판하도록 하는 것이 적절하다고 판단되는 경우도 있고, 또 재판소규정에 미리 규정된 준칙과 다른 융통성이 있는 준칙에 의하여 분쟁의 해결을 꾀하는 것이 적당하다고 인정되는 경우도 있기 때문이다. 따라서 상설적인 재판소에 의한 사법적 해결이 일반화된 후에 있어서도 중재재판은 사법재판과 함께 그 존재이유가 인정될 것이다.

Ⅱ. 중재재판

1. 재판소의 구성

개별적 중재재판은 분쟁이 발생할 때마다 당사국의 합의에 의하여 선임되는 3인 또는 5인의 재판관으로 구성되는 재판소에 의해서 행해지는 재판이다.

상설중재재판은 「국제분쟁의 평화적 처리조약」에 입각하여 행해지는 재판으로서 조약당사국은 미리 4명 이내의 재판관을 6년의 임기로 임명한다. 임명된 자는 재판소 재판관명부에 기입된다. 재판이 행해지는 경우에는 그 명부에 기하여 분쟁을 판정하는 재판부를 구성하는 재판관이 선정된다. 재판부의 구성방법은 당사국의 합의에 의하여 결정되나, 합의가 이루어지지 않는 경우에는 다음 방법에 의한다.

당사국이 각각 2인의 중재재판관을 지정한다. 그 중 1인은 자국이 상설중재재판소 재판관으로 임명한 자 중에서 선정할 수 있다. 이들 재판관은 합동하여 1인의 상급재판관을 선정한다. 선정할 수 없는 경우에는 당사국이 협의하여 지정한 제3국에 선정을 위임한다. 이 지정조차 할 수 없는 경우에는 당사국은 각각 상이한 1국을 지정하고, 지정된 국가가 협의하여 상급재판관을 선정한다. 2개월 이내에 협의가 성립되지 않으면, 이 양국이 재판관명부 중에서 당사국이 지정한 자가 아니며, 또한 당사국 국민이 아닌 자를 각각 2명씩 선정하여 이 중에서 추첨으로 상급재판관을 선정한다(국제분쟁의 평화적 처리조약 제45조).

상설중재재판소는 재판소의 상설화 방향으로 일보 전진한 것이라고는 할 수 있으나, 구체적으로 재판하게 될 재판부가 그 때마다 구성된다는 점에서 그것은 진정한 의미의 상설재판소라고는 할 수 없다.

2. 중재계약

특정분쟁을 중재재판에 부탁하기 위한 당사국간의 합의를 중재계약이라고 한다. 사법재판에 부탁하는 합의를 의미하는 경우도 있으므로 재판계약·부탁합의 또는 중재합의(compromis d'arbitrage)라고도 한다. 「국제분쟁의 평화적 처리조약」에 의하면, 중재계약에는 분쟁의 대상, 중재재판관을 지정할 기간, 준비서면의 송달

방식, 순서 및 기간 그리고 각 당사국이 기탁할 예납금액에 관한 규정 등이 포함된다. 필요에 따라 재판관지정의 방법, 재판부의 특별기능, 개정지, 사용언어 등의 규정이 포함되는 수도 있다.

3. 재판의 기준

중재재판의 기준은 당사국의 합의, 즉 중재재판 계약에 의하여 정해지나, 합의가 없는 경우에는 재판소 자체가 결정한다. 「헤이그조약」은 중재재판의 목적을 '국가 간의 분쟁을 그 선정한 재판관으로 하여금 법의 존중을 기초로 하여 처리하게 하는 것'이라고 규정하고 있다(헤이그조약 제37조). 이 규정은 재판의 기준을 원칙적으로 법으로 하되, 반드시 엄격하게 법으로만 한정하는 것이 아니라는 인상을 주고 있다. 그러나 실제로는 법을 기준으로 한 예가 많고, 그 이외 형평과 선이나 정의를 기준으로 한 예는 극히 드물다. 1958년 국제법위원회(ILC)가 공표한 중재재판절차규칙 모형에 의하면, 당사국간에 별도의 합의가 없는 한, 중재재판의 기준은 ICJ의 재판기준과 같다고 규정하고 있다(중재재판절차규칙 제10조). 따라서 사법재판과 원칙적으로 차이가 없어져가고 있다.

Ⅱ. 사법재판

전술한 바와 같이, 일반적인 사법재판소가 국제사회에 등장한 것은 1922년의 상설국제사법재판소(PCIJ)가 최초이다. 그러나 제2차 대전이 발발하자 독일군이 헤이그에 침입한 후 그 기능은 정지상태에 빠지게 되었다. 전후 UN의 설립과 함께 그 주요한 사법기관으로서 ICJ가 설치되었다(UN헌장 제7조, 제92조 참조). ICJ는 PCIJ의 후신으로서 그 규정도 거의 같다. 1946년 2월에 최초의 재판관선거가 행해지고, 동년 5월에 활동을 개시하였다. 이하에서는 ICJ에 관하여 설명하기로 한다.

1. ICJ의 구성

ICJ는 15인의 재판관으로 구성되며, 덕망이 높고 또한 각자의 국가에서 최고의 법관에 임명됨에 필요한 자격을 가진 자 또는 국제법에 유능한 명성 있는 법률가 중에서 국적에 관계없이 선임된다. 다만 그 중 여하한 2인도 동일국적의 국민이어서는 안 된다(ICJ규정 제2·3조). 선임절차는 후보자명부의 작성과 선거의 2단계로 나누어진다.

먼저, 후보자명부가 작성된다. 후보자로 지명될 수 있는 자는 당사국이 각각 상설중재재판소의 재판관으로서 임명한 자, 즉 국별재판관단이다. 상설중재재판소에 대표되지 않는 당사국은 그 재판관의 임명과 동일한 조건으로 특히 지명을 위하여 재판관을 임명한다(동 규정 제4조). 지명은 4인을 초과해서는 안 되며, 그 중 자국의 국적을 가진 자가 2인을 초과해서는 안 된다. 어느 경우에도 지명은 보충해야 할 재판관의 자리 수의 2배를 넘어서는 안 된다(동 규정 제5조). 지명된 후보자에 관하여 UN 사무총장은 알파벳순으로 명부를 작성한다(동 규정 제7조).

다음으로, 이 명부에 기하여 선거가 행해진다. UN 총회와 안전보장이사회가 각각 별도로 투표를 행하고, 쌍방에서 절대다수의 득표를 한 후보자가 당선자로 피선된다(동 규정 제8조, 제10조). 각 선거에 있어 선거인은 재판관 전체 중에서 세계의 주요 문명형태 및 주요 법체계가 대표되도록 유의해야 한다(동 규정 제9조). 1차 투표에 의하여 필요한 당선자를 확보하지 못하면 2차 투표를 행하고, 또한 필요하면 3차 투표까지 행할 수 있다. 3차 투표에 의해서도 아직 공석이 있을 경우에는 총회 또는 안전보장이사회의 청구에 의하여 설치되는 합동협의회(총회와 이사회에서 각각 3명씩 협의회위원을 임명)가 후보자를 선정하고, 이 후보자가 총회 및 이사회의 쌍방에서 채택되면 당선한 것으로 한다. 합동협의회가 당선자를 확보할 수 없다고 인정한 경우에는 이미 당선된 재판관이 총회와 이사회의 어느 쪽에서 표를 얻은 후보자 중에서 선임한다(동 규정 제10조～제12조).

또 ICJ규정 제4조 3항은 규정당사국으로서 UN 회원국이 아닌 국가도 선거에 참가하는 것을 인정하고, 참가조건은 특별한 협정이 없는 한 안전보장이사회의 권고에 기하여 총회가 결정하도록 되어 있다. 1948년 10월 8일의 총회의 결의에 의하여, 비회원국은 총회에 한하여 UN 회원국과 동일한 조건으로 선거에 참가하는 것이 인정되었다. 이상과 같이 선임절차를 복잡하게 만든 것은 재판관의 선임과정에서 정치적 요소의 개입을 방지하고, 사법권의 독립을 유지하기 위한 것이다.

재판관의 임기는 9년이며, 3년마다 5명씩 개선된다. 다만 재선될 수 있다(동 규정 제13조). 재판관은 다른 재판관의 전원일치의 의견에 의하여 필요한 자격을 잃었다고 인정한 경우를 제외하고는 해임되지 아니하며(동 규정 제18조), 또 재판소의 사무에 종사하는 동안 외교관의 특권과 면제를 향유한다(동 규정 제19조).

재판부는 전원재판부, 특별재판부, 간이재판부로 나누어진다. 재판소는 원칙적으로 재판관 전원이 출석하는 전원재판부에서 개정된다. 다만 이 경우 재판부를 구성하는 재판관의 정족수는 9인이다(동 규정 제25조). 재판소는 노동사건, 통과 및 운송·통신에 관한 사건 등 특정사건을 처리하기 위하여 3인 이상의 재판관으로써 구성되는 특별재판부를 구성할 수 있다(동 규정 제26조). 또 당사국의 요청에 기하여 간이절차로 사건을 심리·재판하기 위하여 5인의 재판관으로 구성되는 간이재판부를 매년 설치한다(동 규정 제29조).

위의 어느 재판부에서도 사건당사국의 국적을 가진 재판관, 즉 이른바 국적재판관(national judge)이 없는 경우에는 그 당사국은 당해 사건에 한하여 임시로 재판관(자국국적 또는 제3국적을 가진 자)을 선임하여 재판에 참가하게 할 권리가 인정된다(동 규정 제31조). 이러한 재판관을 임시재판관(*ad hoc* judge)이라고 한다. 임시재판관제도는 원래 국제재판이 중재재판으로부터 발전하여 온 역사적 배경에서 유래한다. 재판의 공정성과 엄정성의 유지라는 견지에서 논란도 있으나, 그 반면에 임시재판관을 재판에 참가하게 함으로써 분쟁당사국의 재판부탁을 다소나마 촉진한다는 긍정적인 면도 부정할 수는 없을 것이다. 임시재판관은 본래의 재판관과 달리 당사국이 직접 선정하도록 되어 있다. 이 때 재판소규정은 본래의 재판관선임절차에 따라 국별재판관단에 의해 후보자로 지정된 자 중에서 선정하도록 하고 있으나(동 규정 제31조 2항), 이것은 의무적이 아니며 그 이외의 자를 선임해도 무방하다. 또한 임시재판관은 반드시 당해 국가의 국적을 가질 필요도 없다. 그러나 동일국적을 가진 재판관이 동시에 2인 이상 존재할 수도 있다. 이것은 규정 제3조 1항과의 관계에서 문제가 되지만, 동 조항은 본래 재판관에 관해 규정한 것이며, 임시재판관에 대해서는 적용되지 않는다고 보아야 할 것이다.

2. ICJ의 당사자관할

ICJ에 있어서 사건당사자가 될 수 있는 자는 국가에 한정된다(동 규정 제34조 1항). 개인이나 국제조직은 당사자가 될 수 없다. 소송의 당사자가 되기 위해서는 먼저 ICJ 규정의 당사국이어야 한다(UN헌장 제93조 1항). ICJ는 UN의 주요 기관의 하나이므로 UN 회원국은 당연히 ICJ규정의 당사국이 된다(동 헌장 제93조 2항). UN 비회원국도 안전보장이사회의 권고에 기하여 총회가 결정하는 조건에 따라 규정당사국이 될 수 있다(동 헌장 제93조 2항).[8] 이와 같이 ICJ의 소송당사자는 원칙적으로 ICJ규정의 당사국이지만, ICJ규정의 당사국이 아닌 국가도 안전보장이사회가 정하는 일정한 조건에

8) 예컨대, 1947년 스위스의 규정당사국 승인에 대한 조건으로서 (a) ICJ의 규정수락, (b) 헌장 제94조 하의 UN 회원국이 부담하는 일체의 의무수락, (c) 총회가 결정하는 재판소의 비용부담 등이었다.

따라 소송당사자가 될 수 있다(ICJ규정 第35조 2항).[9] 다만 ICJ규정의 비당사국에게는 ICJ규정 第36조 2항의 선택조항에 관한 규정은 적용되지 않는다.[10]

3. ICJ의 물적 관할

넓은 의미에서 ICJ의 물적 관할(부탁되는 분쟁)에는, 첫째, 일반원칙인 임의관할, 둘째, 특별한 경우에 인정되는 강제관할, 셋째, 엄격한 의미에서 재판관할은 아니지만, 재판소의 관할을 재판소의 기능이라고 넓게 해석할 때 인정되는 권고적 관할이 있다. 마지막 권고적 의견에 대해서는 후술하기로 하고, 여기서는 좁은 의미의 ICJ의 관할을 먼저 다루기로 한다.

(1) 임의관할

앞에서 본 바와 같이, 국제재판은 국내재판과 같이 강제적인 관할권을 가지지 않는다. 즉, 국가가 분쟁을 재판에 부탁한다든가 또는 다른 국가의 제소에 대하여 응소해야 하는 일반적 의무는 없다. 따라서 국제재판은 오히려 임의관할이 원칙이다(동 규정 第36조 1항 단서 참조). 원래 국제재판소는 창설할 때 강제관할권을 주장하는 제의가 없었던 것은 아니다. 1920년 PCIJ의 규정초안을 담당한 법률가위원회가 모든 법률적 분쟁을 관장하는 강제관할권을 제의하였으나 영국·프랑스·이탈리아 등 강대국이 반대하였다. 1945년 샌프란시스코회의에서도 또 다시 강제관할권이 제의되었으나 미국과 소련이 반대하였다.

(2) 강제관할

ICJ의 관할은 위에서 본 것처럼 원칙적으로 임의관할이지만, 당사국들이 미리 조약을 체결하거나 또는 규정 第36조 2항의 이른바 선택조항(optional clause)을 수락한 경우에는 재판소의 강제관할권 내지 의무적 관할이 성립한다.

당사국들이 조약규정에 의하여 ICJ의 강제관할권을 인정하는 방법에는 다시 두

---

9) 1946년 10월 15일 안전보장이사회가 정한 조건은 다음과 같다. 즉, 재판소의 결정을 성실히 수행하고, 헌장 第94조에 기한 회원국으로서의 일체의 의무를 수락하고, 또 특정의 사건에 관해서 또는 일반적으로 재판소의 권한을 수락하는 선언을 미리 ICJ 서기국(書記局)에 기탁하는 것이 그 주된 내용이다.

10) 1946년 10월 15일의 안전보장이사회의 결의는 이 점을 명백히 하였다. 즉, 규정비당사국도 선택조항을 수락할 수 있으나, 규정당사국에 대해서는 특히, 그 국가가 동의하지 않는 한, 그것에 의한 재판소의 의무적 관할을 주장할 수 없다는 것이다.

가지가 있다. 하나는 어떤 조약 내용 속에 특별조항(재판조항)을 삽입하는 것이고, 다른 하나는 ICJ의 강제관할권을 내용으로 하는 일반조약(재판조약)을 체결하는 것이다. 전자의 예로서 1969년의「조약법조약」제66조를 들 수 있다. 후자의 예로서는 1957년의「유럽조약」, 1967년의「Buenos Aires의정서」등을 들 수 있다. 그리고 ICJ규정 제37조에 의하면, ICJ가 설립되기 전에 PCIJ의 강제관할을 규정한 사항은 ICJ의 관할을 인정한 것으로 간주하고 있다.

(3) 선택조항에 의한 강제관할

ICJ규정 제36조 2항은 국가들이 임의적으로 ICJ의 강제관할을 선택할 수 있도록 하고 있다. 즉, ICJ규정의 당사국은 다음의 사항에 관한 모든 법률적 분쟁에 관하여 재판소의 관할권을 동일한 의무를 수락하는 모든 타국가와의 관계에 있어서 특별한 합의 없이 당연히 의무적이라고 인정하는 것을 언제든지 선언할 수 있다.

(a) 조약의 해석

(b) 국제법상의 문제

(c) 인정될 것 같으면 국제의무의 위반이 되는 사실의 존재

(d) 국제의무의 위반에 대한 배상의 성질 또는 범위

위의 제36조 2항의 수락여부는 국가의 자유의사에 달렸으므로 이를 선택조항 또는 임의조항이라고 한다. 이 조항은 국제재판소에 무조건 강제관할권을 부여하자는 주장과 이를 반대하는 주장과의 타협적 산물로서 탄생한 것이다. 즉, 각국의 임의에 의한 관할권의 수락을 전제하면서 가능한 한 넓은 범위에 걸쳐 재판소의 의무적 관할을 인정하여, ICJ로 하여금 세계법정으로서의 형태를 갖추도록 하는 것에 규정의 취지가 있다.

선택조항수락선언은 UN 사무총장에게 기탁하도록 되어 있다(ICJ규정 제36조 4항). 선언서의 사본은 기타 규정당사국과 재판소 서기에게 송부하도록 되어 있으나, 수락선언은 UN 사무총장이 수리했을 때에 효력을 발생하는 것이지, 타국가에 대한 통고에 의하여 효력이 발생하는 것은 아니다(인도령 통행권사건).

선택조항수락선언은 무조건으로 다수의 국가 또는 일정국가와의 상호조건으로, 또는 일정한 기간을 붙여서 행할 수 있다(동 규정 제36조 3항). 따라서 이것을 문자 그대로 해석한다면, 선택조항을 수락할 때에 기타의 다수국가 또는 특정국가가 선택조항을 수락하는 것을 조건[11]으로 행하거나, 일정한 기간에 한하여 행할 수 있

11) 예컨대, PCIJ시대에 브라질이 1921년에 수락선언을 함에 있어서, 연맹상임이사국의 적어도 2

으나 그 이외의 유보는 인정되지 않는 것으로 보인다. 그러나 실제로는 PCIJ당시부터 여러 가지 유보를 붙여 수락선언을 한 예가 많았으며, ICJ에 있어서도 마찬가지이다. 그런데 이러한 유보는 다양한 형태로 존재하며, 크게 나누어 분쟁 또는 분쟁의 원인이 되고 있는 사실의 시간적 관계에 의하는 것과 분쟁 그 자체의 실질적인 내용에 의하는 것으로 구별할 수 있다. 선언일 이후에 발생한 분쟁에 한정하고, 그 이전의 사태 또는 사실에 관한 분쟁을 제외한 것은 전자의 예이다. 후자의 예로서는 먼저 다른 평화적 해결방법에 부탁하도록 의무지워진 분쟁, 또는 국내관할사항에 관한 분쟁을 제외하는 것이 그것이다.

이와 같이 유보를 인정하는 것은 가능한 한 널리 선택조항을 수락하게 할 목적으로는 부득이한 것이라 할 수 있으나, 때로는 유보가 남용되어 재판소의 관할권을 실질적으로 부정할 우려가 있는 유보가 행해지는 경우가 있다. 그 현저한 예로는 미국이 1946년에 선택조항을 수락할 때에 행한 이른바 자동적 유보(automatic reservation)이다. 이것은 '미국이 본질적으로 미국의 국내관할권에 있다고 결정한 사항'(matters which are essentially within the domestic jurisdiction of the U.S.A. as determined by the U.S.A.)을 유보한다는 형태이다. 이것이 그대로 인정된다면 국가의 주관적인 판단에 의하여 언제든지 재판소에 대한 분쟁기탁을 부인할 우려가 있다. 이와 같이 국가의 주관적 판단에 의하여 재판소의 관할권의 유무를 좌우할 수 있는 것과 같은 유보를 붙이는 것은 ICJ규정 제36조 6항이 재판소의 관할권 유무를 재판소가 결정한다고 하는 것과 모순되는 것으로 생각되므로, 이것이 유보로서 과연 유효한지에 관해서는 논란이 있다.

유보에는 상호성의 원칙이 인정되고 있다. 즉, 분쟁당사국의 어느 일방이 일정한 사항을 유보하고 있는 경우에는 타방당사국은 설사 자국의 수락선언에는 그것을 유보하고 있지 않더라도 상대국에 대한 관계에 있어서는 그 유보를 원용할 수 있다. 따라서 자동적 유보는 소송의 상대국이 그것을 반대로 원용할 가능성이 있으며, 그로 인하여 오히려 자국에게 불리하게 작용하는 경우가 없다고는 할 수 없다(노르웨이 공채사건).

기한에 관하여 ICJ규정 제36조 3항에서 규정되어 있는 바와 같이 일정한 기간을 정하여 행하는 경우에는 문제가 없으나, 때로는 기한을 붙이지 않고 언제든지 일방적으로 폐기할 수 있다는 형태로 수락선언이 행해지는 경우가 있다(예: 영국 및 호주의 선언). 이와 같이 기한을 붙이지 않고 언제든지 폐기할 수 있게 된다면, 분쟁이 재

국이 함께 재판소의 관할권을 의무적인 것으로 인정하는 것을 조건으로 하였다.

판의무를 회피할 수 있게 되므로 선택조항제도의 취지로 보아 적절하다고 할 수 없다. 물론 이 경우에 있어서도 일단 상대국이 제소하고 분쟁이 재판소에 계류된 후에는 폐기통고가 행해졌다 하더라도 그 분쟁에 대한 재판은 가능하다(Nottebohm Rule). 마찬가지로 기한이 붙여진 경우에 있어서도 분쟁이 재판소에 계류된 후에는 그 후 기한이 도래하여도 그 분쟁에 관한 재판의 진행에는 영향을 미치지 않는다.

〔동부 카렐리아사건〕
(Le Statut de la Carélie orientale)
자문기관: 국제연맹 이사회, 상설국제사법재판소, 권고적 의견, 1923년 7월 23일, PCIJ Ser. B, No. 5

[사 실]

동부 카렐리아는 핀란드에 접속하는 소련 영토의 일부이다. 1920년 양국의 드루펫트평화조약은 핀란드가 점령한 동 지역의 두 개 마을로부터 철병할 것을 정함과 동시에 그 마을의 자치에 대하여 정하고(제10조, 제11조), 나아가 그 자치 내용을 명확하게 한 「동부 카렐리아의 자치에 관한 러시아대표의 선언」이 강화회의의 서명 의정서에 포함되었다. 그 후, 그 자치에 관한 소련의 의무 위반의 문제, 특히 동 선언의 구속력을 둘러싸고 양국 사이에 분쟁이 발생했다. 핀란드는 이를 국제연맹이사회에 호소했다. 이사회는 소련이 이에 반대하는 상황 하에서 동 평화조약의 제10조와 제11조 및 소련대표의 선언이 소련에 대하여 이행 의무를 지는가 여부에 대하여 1923년 4월, PCIJ에 권고적 의견을 구하기로 결정했다. 소련은 다시 이에 대해 반대했다. 본건은 소련의 국내문제이고, 또 연맹 회원국의 다수가 소련 정부를 승인하고 있지 않는 상황에서는 연맹과 재판소의 심리는 공평하지 않을 것이라고 주장했다.

[의견 요지]

1. 소련대표의 선언이 핀란드가 주장하는 바와 같이, 소련에 이행 의무를 지우는가 여부는 그와 같은 약정이 행해졌는가 여부와 관련되어 있으므로 그것은 사실의 문제이다. 본건은 양국의 현실의 분쟁에 관계하고 있다. 소련은 연맹의 회원국이 아니기 때문에 그 동의 없이 연맹규약이 정하는 분쟁해결절차(제12조~제16조)는 적용되지 않는다. 국제법상 어떤 국가도 그 동의 없이 분쟁해결절차를 강제당하지 않는다. 본건에 대하여 소련은 명확하게 동의를 거부하고 있으므로 재판소는 의견의 요청에 따를 수는 없다.

2. 권고적 의견의 부여를 곤란하게 만드는 또 한 가지 중요한 이유가 있다. 전술한 바와 같이, 소련의 선언의 성질의 문제는 사실의 문제이다. 이에 답변할 수 있기 위해서는 양국의 주장을 근거지우는 증거가 필요하다. 그러나 소련이 심리를 거부하는 상황에서 양국이 합의한 것이 무엇인가를 판단할 수 있는가가 문제된다.

3. 재판소는 분쟁의 해결이 아니라 의견의 자문을 요청받고 있다고 이해하고 있다. 그러나 이것이 위의 고려를 변경하는 것은 아니다. 자문을 요청받은 문제는 추상적인 법률문제가 아니고, 양국의 분쟁의 본질적 쟁점에 직접적으로 관계하고 있고, 그것은 본건의 기초가 되고 있는 사실의 심사를 통해서만 답변될 수 있는 것이다. 본 문제에 답변하는 것은 실질적으로 양국의 분쟁을 결정하는 것과 같은 것이다. 재판소는 의견의 부여에 있어서도 재판소의 활동을 규율하는 기본적 규칙을 일탈할 수는 없다.

〔평화조약의 해석사건〕
(Interprétation des traités de paix conclus avec la Bulgarie, la Hongrie et la Roumanie)

자문기관: UN 총회, 국제사법재판소, 권고적 의견, 의견 1(1950년 3월 30일), ICJ (1950) 65; 의견 2(1950년 7월 18일), ICJ (1950) 221

[사　실]

제2차 세계대전 후 일부 연합국(주로 영국과 미국)은 불가리아, 헝가리, 루마니아에서 평화조약에 위반하는 인권과 기본적 자유의 침해가 있다고 하면서, 동 조약에서 정하는 위원회의 해결절차에 부탁해야 한다고 요청했다. 이 조약위원회는 각 분쟁당사국이 임명하는 위원과 양국의 합의에 의해 임명되는 제3의 위원(합의가 없을 때는 UN 사무총장이 지명하는 위원) 3명에 의해 구성되는 것으로 규정하고 있었다. 그러나 상기 동유럽 3국은 영국과 미국이 말하는 인권 침해의 주장은 사실 무근이라고 하면서, 자국의 위원 임명을 거부했다.

이 문제를 취급한 UN 총회는 1949년, 다음과 같은 사항에 대하여 ICJ의 권고적 의견을 구하기로 결정했다. ① 상기 3국과 연합국과의 사이에 평화조약의 분쟁해결조항이 적용되는 분쟁은 존재하는가? ② 상기 ①의 회답이 긍정적일 때, 동유럽 3국은 조약위원회에 자국의 위원 임명을 포함하여 분쟁해결조항을 실시할 의무가 있는가? ③ ②의 회답이 긍정적일 때, 그 회답으로부터 30일 이내에 관계당사국이 자국의 위원을 임명하지 않을 경우, 사무총장은 기타 당사국의 요청에 의해 제3의 위원을 임명할 수 있는가? ④ ③이 긍정적일 때, 일방의 당사국이 임명하는 위원과 사무총장이 지명한 위원으로 구성되는 위원회는 조약에 규정된 구속력 있는 결정을 내릴 수 있는 위원회라고 할 수 있는가?

[의견 요지]

(1950년 3월 30일자 의견)　본 의견에서는 우선 위의 질문 가운데 ①과 ②를 다룬다. 그 전에 선결적 문제로서 두 가지 점에 대하여 이의가 제기되었다. 첫째, 본건은 동유럽 3국의 국내관할사항에 속한다고 하는 것이다. 그러나 재판소에 자문을 구한 것은 평화조약의 분쟁해결조항의 해석에 관한 문제로서 이 항변은 인정되지 않는다. 두 번째의 항변은 관계국의 동의 없이 재판소는 의견을 줄 수는 없다는 것이다. 이 항변은 소송사건과 권고적 의견을 혼동하고 있다. 전자에 있어서 분쟁당

사국의 동의는 관할권의 기초를 이루지만, 권고적 의견은 조언적인 것으로써 구속력을 가지지 않으므로 어떠한 국가도－UN 회원국인가의 여부를 불문하고－UN이 필요로 하는 의견의 부여를 방해할 수는 없다. 재판소의 의견은 국가에 대해서가 아니라 그것을 요청하는 기관에 부여된다. 따라서 UN의 일(一) 기관인 재판소는 의견의 부여를 통하여 UN의 활동에 참가하므로 원칙적으로 그것은 부정되어서는 안 된다.

또한 재판소의 의견 권한은 허용적인 것이므로 의견을 거부해야 할 사정의 유무를 검토해야 한다. 본건의 상황은 PCIJ의 동부 카렐리아사건과는 아주 다르다. 후자는 관계국의 실제 분쟁과 직접적으로 관계하고 있고, 또 사실문제의 해명의 곤란도 있었다. 그러나 본건의 자문은 관계국의 분쟁의 본안에 관계하는 것이 아니고, 단지 평화조약의 분쟁해결절차의 적용에 관련되는 것에 지나지 않는다.

자문의 ①은 분쟁의 존부이다. 이는 객관적으로 결정된다. 외교자료를 검토하면, 일부의 연합국과 동유럽 3국과의 사이에는 조약 의무의 이행문제를 둘러싸고 명확하게 대립하는 상황이 발생하고 있다. 그리하여 국제분쟁의 발생이 인정된다. 그리고 이 분쟁은 평화조약의 인권규정을 둘러싼 것이기 때문에 본 조약의 분쟁해결조항이 적용되는 것이다. 자문 ②는 이 분쟁조항의 실시의무의 문제이다. 본건에서는 일방당사자로부터 조약 규정에 기하여 조약위원회에 대한 분쟁이 부탁되었다. 이 경우, 만약 타방 당사국이 위원회의 설치에 대하여 협력 의무가 없다고 한다면, 조약이 정하는 해결방법은 완전히 무의미한 것으로 된다. 따라서 동유럽 3국은 자국 위원의 임명을 포함하여 조약 규정을 실시할 의무가 있다.

(1950년 7월 18일자 의견) 본 의견은 위의 1950년 3월 30일자 의견으로부터 30일 이내에 동유럽 3국에 의한 자국 위원이 임명되지 않은 점으로부터 나머지 자문사항에 답한 것이다. 자문 ③은 일방 당사국이 자국의 위원을 임명하지 않은 때에 사무총장은 제3의 위원을 지명할 수 있는가에 관한 것이다. 조약은 이러한 해석을 인정하고 있지 않다. 본 조약의 통상의 해석에 의하면, 각 당사국의 위원이 임명된 가운데 제3의 위원을 임명하는 것이 의도되어 있다. 이것이 중재재판의 통상의 임명방법으로써 그렇게 하지 않는다면, 2명으로 구성된 위원회를 인정하는 것으로 되지만, 이는 조약이 상정한 위원회는 아니다.

따라서 본건에서는 일방에 의한 임명 부정에 의해 조약위원회의 창설이 불가능하게 되지만, 이 점은 사무총장의 권한의 행사를 정당화하는 것은 아니다. 의무 위반으로부터 생기는 국제책임과 위원회의 불성립은 각각 다른 문제이다. 재판소의 역할은 조약을 해석하는 것으로써 그것을 개정하는 것은 아니다. 이 점과의 관계에서 조약 해석의 실효성의 원칙이 주장되었지만, 그러나 그것에 의해 조약의 문언과 정신에 반하는 의미를 가지는 것은 허용되지 않는다. 이상의 이유에 의해, 자문 ③에 대한 회답은 부정적이다. 따라서 ④에 대한 회답은 불필요하다.

〔노르웨이공채사건〕
(Affaire relative à certains emprunts norvégiens)
프랑스 v. 노르웨이, 국제사법재판소, 1957년 7월 6일, ICJ (1957) 9

[사 실]

노르웨이와 두 개의 은행은 1885년부터 1905년에 걸쳐 프랑스, 기타의 외국시장에서 수회에 걸쳐 공채를 모집하였다. 프랑스는 이러한 공채에 금약관이 포함되어 있다고 주장하고, 노르웨이는 이를 부정하였다. 노르웨이은행권의 태환은 제1차 대전 발발 후 몇 번 정지되었으며, 1931년 이후에는 회복되지 않고 있다. 1923년 12월의 노르웨이법은 금에 의한 지급을 약정한 금전채무로서 채권자가 명목상의 금가액의 노르웨이은행권에 의한 지급의 수취를 거부한 자에 대하여 채무자가 은행의 태환의무가 해제될 때까지 지급의 연기를 구하는 것을 허가하였다. 프랑스는 이러한 일방적 결정은 외국인채권자에게는 대항할 수 없다고 주장하고, 금약관의 효력에 관하여 국제재판에 부탁할 것을 제안하였다. 노르웨이는 채권소유자의 청구는 동국(同國) 재판소의 관할에 속하고, 전적으로 노르웨이법의 해석과 적용에 관계되는 것이라고 주장하고, 채권소유자는 먼저 노르웨이의 국내적 구제를 다해야 한다고 하여 프랑스의 제안을 거부하였다. 프랑스는 1955년 7월 사건을 ICJ에 제소하였다. 이에 대하여 노르웨이는 다음과 같은 네 가지 선결적 항변을 제출하였다. (1) 본건은 국내법상의 문제이다. 설사 이 점에 관하여 의문이 있다 하더라도 프랑스는 수락선언시 자기의 판단에 의하여 본질상 국내관할에 속하는 사항을 유보하고 있으므로 노르웨이는 이것을 원용한다. (2) 프랑스의 선언은 강제관할권의 수락을 선언의 비준 후의 사실 또는 상태에 관한 분쟁에 한하고 있으므로 본건은 이에 해당하지 않는다(이 항은 후에 철회). (3) 노르웨이의 두 개 은행의 공채에 관해서는 이러한 은행이 국가와 별개의 법인격을 가지므로 프랑스의 제소는 수리불능이다. (4) 프랑스의 채권소유자는 사전에 국내적 구제를 다하지 않고 있다. 노르웨이는 1946년 11월에, 프랑스는 1949년 3월에 각각 ICJ규정 제36조 2항의 선택조항을 수락하고 있으며, 프랑스의 제소는 이에 기하여 행해진 것이다. 프랑스는 이러한 선결적 항변을 본안과 병합할 것을 청구하였고, 노르웨이도 이에 반대하지 않았으므로 재판소는 이를 인정하였다.

[판결 요지]

노르웨이는 첫 번째 선결적 항변의 전반에서, 공채계약은 국내법에 의하여 규제되므로 강제관할에 복종하지 않는다고 하면서, 그 후반에서 설사 이 점에 관해서 의문이 있다면 제36조 3항과 수락선언에 포함된 상호주의의 원칙에 의하여 프랑스가 행한 것과 같은 유보, 즉 이 선언은 프랑스정부의 이해에 의하여, 본질적으로 국내관할에 속하는 사항에 관한 분쟁에 적용되지 않는다는 것을 원용할 권리를 주장한다. 재판소의 관할권은 당사국의 선언이 일치하는 범위 내에서만 존재한다. 본건의 경우, 재판소의 관할권의 기초인 당사국의 공통의 의사는 프랑스의 유보에 표시된 보다 좁은 한계 내에 있다. 노르웨이는 상호주의의 원칙에 의하여 프랑스와 같이 노르웨이의 이해에 의하여 본질상 그 국내관할권에 속하는 분쟁을 재판소의 관할로부터 제외할 권리를 가진다.

재판소는 프랑스의 유보가 법적 의무의 수락과 양립하고, 규정 제36조 6항과 양립하는지 않는지를 검토할 필요가 있다고는 생각하지 않는다. 양 당사자는 유보의 효력에 관해서는 다투지 아니하였으므로 재판소는 유보에 대하여 그대로, 그리고 당사국이 인정하는 대로 효과를 부여한다.

따라서 재판소는 12대 3으로 노르웨이는 상호주의의 조건에 의하여 프랑스의 유보를 원용할 권리를 가지며, 재판소는 본 분쟁을 심리할 관할권을 갖지 않으며, 또한 제1항변의 전반, 제3항변, 제4항변을 검토할 필요가 없다고 판시하였다.

〔Nottebohm사건〕
(Affaire Nottebohm)
리히텐슈타인 v. 과테말라, 국제사법재판소, 관할권(1953년 11월 18일), ICJ (1953) 111; 제2단계(1955년 4월 6일), ICJ (1955) 4

[사 실]

☞ 제11장 국가의 국제책임 해당 사례 참조

[관할권 판결]

과테말라는 1947년 1월 27일, 리히텐슈타인은 1950년 3월 29일, 각각 규정 제36조에 따라 재판소의 강제관할권을 수락하였다. 과테말라는 리히텐슈타인의 제소에 대하여 1952년 9월 9일자로 주로 다음 두 가지의 선결적 항변을 제출하였다. (1) 선택조항에 기한 과테말라의 수락선언에는 5년의 기한이 붙어 있으며, 1952년 1월 26일자(리히텐슈타인의 제소 후 약 30일)로 실효되었다. 본건에 관하여 재판소가 심리하고 판결하는 것은 위 선언실효 후 상당한 기간을 경과한 후의 일이며, 재판소는 이러한 경우에 강제관할권을 갖지 않는다. (2) 규정 제36조 6항은 재판소가 자신의 관할의 유무에 관하여 판결을 내릴 권한을 인정하고 있으나, 이 권한행사는 청구가 동조 2항에 제시되고 있는 네 가지 문제의 범주의 어느 것에 해당하는가의 판정이 필요한 경우에 한정되고, 수락선언의 실효와 같은 경우에 관해서도 재판소가 판단을 내릴 권한이 부여된 것은 아니다.

이에 대하여, 재판소는 전원일치로 다음 이유에 의하여 위 항변을 기각하였다. 리히텐슈타인이 본건을 제소한 시점에 양국의 선택조항수락선언은 효력을 갖고 있다. 재판소가 관할을 가지는 기간 내에 유효하게 제소가 행해진 이상, 수락선언의 유효기간 경과라고 하는 비본질적 사실에 의하여 일단 확립된 재판소의 관할권을 박탈할 수는 없다(이것을 Nottebohm Rule이라고 한다).

4. ICJ의 재판기준

ICJ는 재판소에 부탁되는 분쟁을 국제법에 따라 재판하는 것을 임무로 하며, 다음의 준칙을 적용한다.

(a) 일반 또는 특별국제조약으로서 분쟁국이 명백히 인정한 규칙을 확립하고 있는 것.

(b) 법으로서 인정된 일반관행의 증거로서의 국제관습.

(c) 문명국에 의하여 인정된 법의 일반원칙.

(d) 법칙결정의 보조수단으로서, 재판상의 판결 및 제국의 가장 우수한 국제법 학자의 학설. 단, 제59조의 규정에 따를 것을 조건으로 한다(동 규정 제38조 1항).

또한 ICJ는 당사국의 합의가 있는 경우에는 형평과 선(*ex aequo et bono*)에 의하여 재판을 행할 권한을 가진다(동 규정 제38조 2항).

제1항에 관해서는 이미 설명하였다(제2장 및 제3장). 제2항의 경우 형평과 선이 무엇을 의미하는가에 관해서는 논란이 있으나, 그것이 단지 재판관의 개인적인 주관에 의하여 옳다고 생각되는 것을 의미하는 것은 아니다. 즉 재판관의 자의적인 결정을 허용하는 것이 아님은 명백하다. 거기에는 당사국이 승인할 수 있도록 하는 객관적인 타당성이 있어야 한다. 그러나 그렇다고 해서 재판관의 판단을 초월하여 미리 추상적·일반적으로 타당한 정의의 원칙으로 보아서도 안 된다. 그것은 각각의 구체적인 사태에 있어서 정당화되는 것, 말하자면 구체적 정의를 의미하는 것이다.

또한 특히 문제가 되는 것은 그것이 실정법규가 존재하지 않는 경우에만 인정되는가, 즉 보완적 기능만을 가지는가, 그렇지 않으면 당사국의 합의가 있는 경우에는 가령 실정법규가 존재한다 할지라도 그것을 초월하여 행해지는 수정적 기능을 가지는가이다. 재판규약 중에는 형평과 선에 의한 재판을 명확히 전자의 경우에만 한정한 것도 있으나, ICJ의 경우에는 규정의 문언으로 보아 후자의 기능을 인정한 것이라고 보는 것이 옳을 것이다.

5. ICJ의 재판절차

(1) 제 소

재판소에 대한 사건의 제기는 경우에 따라 특별한 합의의 통고 또는 서면신청에 의하여 재판소서기 앞으로 행한다. 어느 경우에도 분쟁의 주제 및 당사국이 표시되어야 한다(동 규정 제40조).

당사국간에 재판의무가 인정되어 있는 경우에는 당사국 일방의 서면청구로써 제소가 인정된다. 그렇지 않은 경우에는 원칙적으로 특별한 합의의 통고에 의하여야 한다. 그러나 이 경우에 있어서도 당사국 일방만의 청구에 의한 제소가 행해지는 경우가 있다. 즉, 상호재판의무가 없는 분쟁당사국의 일방이 재판소의 관할권을 상대국가가 수락할 의사를 갖고 있는가 여부를 확인하지 않고 재판소에 청구를 제출하고, 그 후 소송진행과정에서 상대국이 당해분쟁에 관한 재판소의 관할권을 인정하는 취지를 명시적 또는 묵시적으로 표시함으로써 재판소에 당해 사건에 대한 관할권이 부여되고 소송이 정식으로 개시되는 경우이다. 이것을 확대관할권(forum prorogatum)이라고 한다. 확대관할권에 의하여 소송이 개시되는 것은 규정에는 명백히 규정되어 있지 않으나, PCIJ 당시부터 재판관습상 인정되어 왔으며, ICJ에 있어서도 그것이 인정된 예가 있다.

〔Corfu해협사건〕
(Corfu Channel Case)
영국 v. 알바니아, 국제사법재판소, 관할권(1948년 3월 25일), ICJ (1947-1948) 15; 본안(1949년 4월 9일), ICJ(1949) 4

[사 실]

☞ 제9장 해양법 해당 사례 참조

[관할권판결]

영국이 일방적으로 청구를 제출한 것에 대하여, 알바니아가 재판소 서기 앞으로 발송한 서한 중에서 영국이 일방적으로 제소한 것을 적당하지 않다고 하면서도, 국가 간의 우호적 협력과 분쟁의 평화적 해결의 제(諸)원칙에 대한 자국의 성의를 입증할 기회를 놓치지 않기 위하여 재판소에 출정할 용의가 있다는 취지를 전달한 것을 재판소의 관할을 수락한 것으로 간주하였다.

(2) 선결적 항변

피고국이 본안심리에 들어가기 전에 당해사건에 대한 ICJ의 관할권을 부정하기 위하여 이른바 선결적 항변(preliminary objection)을 행하는 경우가 있다. 선결적 항변에 대하여 ICJ규정에는 규정되어 있지 않으나, ICJ규칙 제79조가 이를 인정하고 있다. 그러나 ICJ규칙은 구체적으로 어떠한 문제들이 선결적 항변의 대상이 되는가에 관해서는 언급이 없다. 그러므로 이 문제는 ICJ의 관행에 의하여 해결되고 있다.

선결적 항변이 행해지는 경우는 다음과 같다. 첫째, 사건의 수리가능성에 관하여 의문이 있는 경우, 예컨대 소송을 제기하기 위한 서면의 유효성이 의심될 경우가 이에 해당된다. 둘째, 사건에 대한 재판소의 관할권의 유무에 관하여 의심이 있는 경우이다. 셋째, 사건의 허용성에 관하여 의심되는 경우이다. 예컨대, 국내적 구제를 다하지 않은 경우가 이에 해당한다.

ICJ규칙에 의하면, 선결적 항변은 답변서의 제출기간 내에 서면으로 제출해야 한다(동 규정 제79조 1항). 선결적 항변을 재판소 서기가 수령함과 동시에 본안심리는 정지된다(동 규정 제79조 3항). 선결적 항변을 본안과 병합하는 것은 원칙적으로 인정되지 않으나, 당사자 간의 합의가 있으면 재판소는 이에 따라야 하므로(동 규정 제82조) 이 경우에는 본안에 병합된다.

(3) 가보전조치

재판소는 사정에 의하여 필요하다고 인정할 때는 각 당사국의 권리를 보전하기 위하여 취하여야 할 잠정조치를 지시할 권능을 가진다(동 규정 제41조).

가보전조치(interim measures of protection)는 당사국의 어느 일방의 요청에 의하는 경우(예: Anglo-Iranian Oil Co. 사건에서 영국이 동 회사의 조업계속에 관한 가보전조치를 요청한 경우) 외에도 재판소 자신이 자발적으로 사건의 사정으로 보아 당해 조치의 필요성 여부를 검토할 수도 있다(동 규정 제75조 1항). 가보전조치의 지시의 요청은 다른 모든 사건에 우선한다(동 규정 제74조 1항). 따라서 관할권 유무에 관한 선결적 항변이 있는 경우일지라도 가보전조치의 요청이 있으면 후자가 우선하여 결정되게 된다. 그러나 관할권이 없다는 것이 확인되면 가보전조치는 철회되어야 한다. 가보전조치의 지시는 본안에 관한 관할권의 확인을 전제로 하는 것은 아니지만, 관할권이 없다는 것이 선험적으로 명백한 경우에는 가보전조치의 지시는 거부되어야 할 것이다.

〔로커비사건〕

(Cases concerning Question of Interpretation and Application of the 1971 Montreal Convention arising from the Aerial Incident at Lockerbie)

리비아 v. 영국, 국제사법재판소, 가보전조치명령(1992년 4월 14일), ICJ (1992) 3, 113; 선결적 항변 판결(1998년 2월 27일), ICJ (1998) 9, 115

[사 실]

1988년 12월 21일, 영국·스코틀랜드의 로커비 상공에서 팬 아메리칸항공 103편이 폭파되어 승무원과 승객 259명(미국 국민 189명)이 사망하고, 주민 11명도 사망했다. 이 사건의 범인인 리비아인 2인이 리비아에서 잠복하고 있다는 것을 알고, 영국 및 미국은 1991년 11월에 공소절차를 취했고, 양국은 피의자의 인도 등을 리비아에 요구했다. 리비아는 「민간항공의 안전에 대한 불법적인 행위의 방지에 관한 몬트리올협약」을 근거로 양국으로의 인도를 거부했다. 그래서 영국 및 미국은 안전보장이사회를 움직여 1992년 1월 21일에 결의 731을 채택하도록 했다. 안전보장이사회는 결의 731에서 리비아가 양국의 요구에 따르지 않는 것에 유감을 표시하고, 요구에 따르도록 강하게 요구했다.

리비아는 1992년 3월 3일, 영국 및 미국을 상대로 ICJ에 소송을 제기했다. ① 리비아가 「몬트리올협약」상의 의무에 완전하게 따르고 있다는 선언, ② 피고가 몬트리올협약에 위반하고 있다는 선언, ③ 피고에 의한 의무위반의 중지, 리비아에 대한 위협의 중지 및 리비아의 주권, 영토보전 및 정치적 독립에 대한 침해의 중지 선언을 재판소에 구했다. 관할권의 기초로서 원용한 것은 「몬트리올협약」 제14조 1항이다. 리비아는 가보전조치 지시의 요청도 했다. ① 피의자의 인도를 리비아에게 요구하는 행위를 하지 않을 것, ② 리비아의 청구의 주제가 되는 절차상의 권리를 훼손하는 조치가 취해지지 않도록 확보할 것을 요구했다. 그 후, 안전보장이사회는 3월 31일에 결의 748, 그리고 1993년 11월 11일에 결의 883을 채택했다. 결의 748에서는 리비아가 양국의 '요구에 따르고 있지 않다는 것이 국제평화와 안전에 대한 위협을 구성한다'는 것을 확인하고, 안전보장이사회는 헌장 제7장하에서 행동하고, 리비아에 대한 제재조치를 발동했다. 피고는 선결적 항변을 제출했다. ① 관할권의 기초가 되는 「몬트리올협약」 제14조에서 규정하는 '중재의 요청일로부터 6개월 이내에 중재에 대하여 합의에 이르지 못한 경우'라고 하는 조건을 만족하고 있지 않다고 하는 주장, ② 리비아의 소송은 안전보장이사회 결의에 의해 '취소되었다'고 하는 주장, ③ 리비아의 소송은 안전보장이사회 결의에 의해 '목적이 없게' 되었고, 따라서 '의미가 없게 되었다'고 주장했다.

[명령·판결 요지]

(가보전조치 명령) 가보전조치의 요청 후에 안전보장이사회 결의 748이 채택되었다. 이는 본건에서 어느 정도로 영향을 받은 것일까? 재판소와 안전보장이사회는 각각 독자적 권한을 행사하고 있으므로 양자 간에 법적으로 경합관계도, 또 계층관

계도 존재하고 있지 않다는 것을 이유로 리비아는 지시가능하다고 주장했다. 그러나 원고와 피고 양 당사자는 UN헌장 제25조의 규정에 따라 안전보장이사회의 결정을 수락하는 동시에 이행할 의무를 가지고 있다. 재판소가 일응(*prima facie*) 판단하는 한, 제25조의 의무는 결의 748 속의 결정에 대해서도 포함되어 있는 것이다. 이 의무는 헌장 제103조의 규정에 따라 다른 어떠한 국제협정에 기한 의무보다도 우선한다. 「몬트리올협약」에 기한 의무도 마찬가지이다. 본건 정황으로부터 볼 때, 가보전조치를 지시할 필요는 없다. 다만, 이 단계에서 결의 748의 법적 효과에 대하여 최종적인 결정을 행하도록 요구되고 있는 것은 아니다.

(선결적 항변 판결) 항변 ①에 관하여, 1992년 1월 18일, 리비아는 중재재판의 제안을 미국에 대해 행했지만, 미국은 회답하지 않았고, 1월 21일에 안전보장이사회 결의 731을 지지함으로써 중재재판의 제안을 거부하는 뜻을 표시했다. 따라서 몬트리올협약 제14조에서 규정하고 있는 6개월은 경과하고 있고, ICJ에 대한 부탁의 조건을 만족하고 있다. 항변 ②에 관하여, 청구의 수리가능성을 결정하는 판단기준일은 청구가 부탁된 날이고, 결의 748 및 결의 883은 부탁일 이후에 채택된 것이므로 검토의 대상이 되지 않는 것이고, 결의 731은 부탁일 이전에 안전보장이사회가 채택한 것이지만 권고되지 않았으므로 소송은 수리가능하다고 리비아는 주장했다. 이 주장대로 재판소는 청구의 부탁일을 수리가능성의 판단기준일로 한다. 항변 ③에 관하여, 우선, 재판소 규정 제79조에 반하지 않는가 여부의 검토가 필요하다. 동조에 의하면, 관할권이나 수리가능성 이외의 기타의 항변도 허용되지만, '전적으로 선결적'인 것이어야 한다. 피고는 항변을 '전적으로 선결적'이라고 주장하지만, 안전보장이사회 결의에 의해 분쟁 목적의 상실을 주장하고 있기 때문에 안전보장이사회 결의에 기한 의무가 리비아의 권리보다도 우월하다고 하는 결정을 실제상 피고는 구하고 있다. 따라서 재판소가 본안 단계로 나아가지 않는다는 결정을 내린다면, 리비아가 구하는 본안상의 권리에 영향을 미칠 수 있게 된다. 게다가 리비아가 구하는 본안상의 권리가 이러한 결정의 주제를 구성한다. 이 항변은 본안과 '밀접하게 부합하고 있다'(바르셀로나 트랙션사건 판결). 피고의 항변은 '전적으로 선결적인 성질을 가진다'고는 말할 수 없다. 이상의 이유에서 피고의 항변은 각하한다.

〔제노사이드협약 적용사건〕

(Case concerning Application of the Convention on the Prevention and Punishment of the crime of Genocide; Affaire relative à l'application de la convention pour la prévention et la représentation du crime de génocide)

보스니아 헤르체고비나 v. 유고슬라비아, 국제사법재판소, 제1차 가보전조치명령 (1992년 4월 8일), ICJ (1993) 3; 제2차 가보전조치명령(1993년 9월 13일), ICJ (1993) 325; 선결적 항변 판결(1996년 7월 11일), ICJ (1996) 595

[사 실]

1989년 냉전체제의 붕괴가 시작되고, 1990년 이후, 구유고슬라비아연방에서 민족주의가 대두하고, 보스니아 헤르체고비나에서도 무슬림과 크로아티아인이 독립을 주장했다. 1992년 2월에 독립파가 국민투표를 실시하고, 3월에 독립을 선언했다. 한편, 세르비아인은 연방에 잔류할 것을 주장하고, 보스니아 헤르체고비나 속에 세르비아인공화국을 일방적으로 수립하였으므로 양자 간에 4월부터 내전이 발발했다. 유고슬라비아연방은 세르비아인 측에 대하여 원조를 했다. 내전에서는 각 민족이 지배영역의 확대를 꾀하면서 민족정화정책을 채용하여, 대량 살인과 조직적인 강간이 행해졌다. 그래서 1993년 3월 20일, 보스니아 헤르체코비나가 유고슬라비아를 상대로 ICJ에 소송을 제기했다. 원고는 제노사이드협약, 국제인도법, UN헌장 및 관습법 등을 근거로 피고에 의한 세르비아인 살해, 무력행사, 국내문제 간섭행위 등에 대하여 국제법 위반의 확인과 손해배상을 구했다. 원고는 관할권의 기초로서 주로 「제노사이드협약」을 들었다. 피고는 1992년 4월 27일, 독립선언과 동시에 구 유고의 조약을 승계하는 통고를 UN 사무총장에게 행하고, 원고는 1992년 3월 6일 이후 「제노사이드협약」을 승계한다는 취지를 1992년 12월 29일 UN 사무총장에게 통고했다. 원고는 가보전조치의 지시도 재판소에 요청했다. 게다가 제노사이드행위의 중지, 군사활동 및 준군사활동의 중지 등을 구했다. 피고는 선결적 항변을 제출하고, ① 내전은 국제분쟁이 아니다, ② 이제트 베고비치는 본건 부탁 시 원고 국가의 대통령자격을 결여하고 있었다, ③ 원고는 독립 시에 인민의 권리 및 자결을 침해하고 있고, 「제노사이드협약」의 당사국이 아니다, ④ 원고는 국가로서 합법적으로 성립하고 있지 않다, ⑤ 본건은 피고가 관할권을 미치고 있지 않은 지역에서의 내전이다, ⑥ 승계 통고에 의해 90일을 경과한 1993년 3월 29일 이후 유효하고, 그 이전의 신청에 대해서는 재판소는 관할권을 행사할 수 없다, ⑦ 승계가 있었다고 해도 통고 이전에 관하여 재판소는 관할권을 행사할 수 없다고 하는 선결적 항변을 제출하고, 덧붙여 구두변론 시에 항변 ④를 철회하고, 그에 더하여 새로이 ⑧ 양당사자가 서로 국가승인을 행하고 있지 않은 1995년 12월 14일 이전에는 제노사이드협약은 유효하지 않다고 주장했다.

[명령·판결 요지]

(제1차 가보전조치 명령) 본건의 관할권의 기초는 「제노사이드협약」 제9조로서 본안에서의 주장과 다를 수 있는 것은 동 협약상의 권리뿐이다. 가보전조치의 대상이 되는 것도 동 협약상의 권리뿐이다. 현재 분쟁을 확대 격화하는 행위가 행해지고 있으므로 「제노사이드협약」 제1조의 방지 의무로부터 피고는 제노사이드가 행해지지 않도록 방지할 것, 양 당사자가 분쟁이 확대 격화하지 않도록 확보할 것을 명한다.

(제2차 가보전조치 명령) 원고는 1993년 7월 27일, 제2차 가보전조치 지시를 요청했다. 피고는 요청 각하를 구했으며, 8월 10일, 피고 측도 원고에 대하여 제노사이드방지를 구하는 가보전조치 지시 요청을 했다. 관할권의 기초는 「제노사이드협약」 제9조뿐이라는 점에서 동 협약의 범위 외의 원고의 요청은 각하한다. 피고의 요청에 대해서도 새로운 가보전조치의 지시는 필요하지 않다. 재판소는 제1차 가보전조치를 확인하고, 실효적으로 이행하도록 명령한다.

(선결적 항변 판결) 우선 인적 관할권을 검토한다. 항변 ③에 관하여, 원고는 1992년 5월 22일 안전보장이사회 결의에 의해 UN 회원국이 되었고, 동시에 「제노사이드협약」은 UN 회원국에게 개방되어 있으므로 독립시의 상황은 영향이 없다. 항변 ⑥에 관하여, 국가승계를 통하여 원고는 「제노사이드협약」의 당사국이 되었다고 인정되고 있으므로 제13조의 문제는 생기지 않는다. 이를테면, 가입이 되어 있고, 상조(尙早)의 제소가 있다고 해도 90일을 경과한 시점에서 하자는 치유되었다. 항변 ⑧에 관하여 1995년 12월 14일에 발효한 「데이튼합의」 제10조에 상호간 국가로 인정한다는 취지가 규정되고 있다. 그때까지 「제노사이드협약」은 양당사자 간에 상호적인 효력을 가지고 있지 않고, 제소일에 관할권의 하자가 있었다고 해도 원고가 현재의 단계에서 새로이 소송을 제기하면 되므로 관할권은 확인해도 좋다. 다음, 사항적 관할권을 검토한다. 항변 ⑤에 관하여 「제노사이드협약」상의 의무는 대세적인 의무이고, 자국 영역 내에 한정되는 것만은 아니다. 또 「제노사이드협약」 제9조에 있는 체약국의 책임은 방지 및 처벌 의무의 위반뿐이고, 체약국이 행한 제노사이드에 대해서는 협약의 범위 외에 있다고 피고는 주장하지만, 제4조에 '통치자'나 '공무원'에 관한 규정이 있고, 국가 자신에 의한 제노사이드에 대해서도 협약의 대상이다. 시간적 관할권에 대하여, 항변 ⑥ 및 ⑦에 있어서 불소급이 주장되었지만, 「제노사이드협약」 제9조에는 일체의 시간적 제약은 명시되어 있지 않고, 유보도 붙어있지 않기 때문에 내전 개시 이후 발생한 사항에 대하여 관할권을 가진다. 원고는 관할권의 추가적 기초로서 응소관할을 주장하지만, 피고에 의한 가보전조치 지시 요청의 성질 및 피고가 관할권을 명료하게 부정해 온 점으로부터 피고가 '자발적으로 다툴 수 없다'는 동의를 주었다고 하는 분쟁, 결국 국제분쟁이 존재하는 것이 인정된다. 마지막으로 수리가능성에 대해 검토한다. 항변 ①에 관하여, 「제노사이드협약」 제9조에서 규정되고 있는 분쟁, 결국 국제분쟁이 존재하는 것이 인정된다. 항변 ②에 관하여, 이제트 베고비치는 UN에 의해 국가원수로서 인정되고 있다. 국제법상 국가원수라면, 국가를 대표할 자격이 있고, 피고의 항변은 인용될 수 없다. 모든 항변을 각하한다.

〔브리아드(Breard)사건〕

(Case concerning the Vienna Convention on Consular Relations)

파라과이 v. 미국, 국제사법재판소, 1998년 4월 9일, ICJ (1998) 248

[사 실]

브리아드(Breard)는 파라과이의 국적을 가지고 있다. 1992년 미국 버지니아주에서 살인죄로 체포·기소되어 1993년에 주(州)법원에서 사형 판결을 받았다. 그리하여 1998년 4월 14일이 집행일로 결정되었다. 「영사관계에 관한 비엔나협약」 제36조 1항 (b)에 의하면, 파견국의 국민이 체포, 유치, 구류된 경우, 접수국은 파견국 영사기관에 통보하도록 되어 있지만, 이것은 행해지지 않았다. 1996년 파라과이는 브리아드의 구금을 독자적으로 인지하고, 원조를 개시했다. 브리아드는 연방법원에 대하여 인신보호영장을 구하는 소송을 제기했지만, 1심 및 항소심은 '절차적 태만'

의 원칙, 즉 연방법원에서 인신보호를 주장하기 위해서는 그 근거가 되는 주장(본건에서는 「영사관계에 관한 비엔나협약」에 기한 주장)을 주법원에서도 행해야만 한다는 원칙에 의해 소송을 인정하지 않았다. 브리아드는 가능한 절차를 모두 거쳤기 때문에 연방대법원에 대하여 연방 하급심의 판결을 바로잡는 이송명령을 구하고, 형의 집행정지를 구하는 소송을 제기했다. 또 파라과이는 연방법원에 대하여 브리아드재판의 취소를 구하여 소송을 제기했지만, 주에 대하여 부여된 '주권면제'의 원칙에 의해, 1심 및 항소심은 재판권이 없다고 판시했다. 파라과이는 이에 대하여 연방최고재판소에 이송명령을 구하여 소송을 제기하고, 계속 중이다. 파라과이에 의하면, 영사에 대한 통보가 없었기 때문에 브리아드는 영사의 원조를 받을 수가 없고, 통역 없이 재판이 행해졌을 뿐만 아니라 브리아드는 자국과 미국에서의 재판제도의 차이를 알지 못했으므로 죄상을 인정했다면 감형한다고 하는 소송절차에도 부합하지 않고, 사형판결을 받게 되었다. 파라과이는 1998년 4월 3일(집행예정 11일전), 「영사관계에 관한 비엔나협약」에 부속하는 의무적 분쟁 해결에 관한 선택의정서 제1조를 근거로 원상회복을 구하여 ICJ에 일방적으로 부탁했다. 아울러 사형의 집행정지를 명하는 가보전조치를 재판소에 구했다.

[명령 요지]

미국에 의하면, 브리아드재판은 충분히 입증된 것이라는 점, 또 브리아드는 영어를 잘 이해했을 뿐만 아니라 영사의 원조가 있더라도 결과는 동일했다. 형의 집행을 정지할 수 있는 자는 주지사 혹은 연방대법원 뿐이라는 점, 통보를 행하지 않은 점에 대해서는 진사(陳謝)가 유일한 구제수단이라는 점, 나아가 본건이 인정된다면, 동종의 소송이 빈발하고, 「영사관계에 관한 비엔나협약」 당사국의 국내 형사소송에 대한 저해 요인이 된다는 점이 주장되었다. 이 점에서 미국은 「영사관계에 관한 비엔나협약」의 해석·적용에 관한 분쟁은 아니라고 주장했다. 그러나 파라과이가 요구하는 원상회복이 「영사관계에 관한 비엔나협약」상 가능한 구제인가 여부에 대하여 분쟁이 존재하고 있고, 일응 관할권이 존재한다. 가보전조치는 '회복불가능한' 침해가 요건이지만, 브리아드가 처형된다면, 파라과이가 구하는 구제를 명령할 수 없게 되고, 파라과이가 주장하는 권리에 대한 회복불가능한 침해가 발생하게 된다. 본건은 사형문제에 관한 것만이 아니고, 또 본 재판소가 국내 형사소송에 대한 상소심이 되는 것도 아니다. 본건의 정황으로부터 볼 때, 본 재판소가 최종적인 판결을 내릴 때까지 형의 집행이 행해지지 않도록 미국은 모든 조치를 취해야 한다.

〔라 그랑사건〕
(LaGrand Case)
독일 v. 미국, 국제사법재판소, 1999년 3월 3일, ICJ (1999) 9

[사 실]

독일인인 칼 라 그랑과 발터 라 그랑은 영사관계에 관한 비엔나협약 제36조 1항 (b)가 규정하는 영사에 대한 통보가 행해지지 않은 채 1982년 미국 애리조나주에서 체포되어 사형 판결을 받았다. 영사의 원조를 받을 수 없게 되었기 때문에 연방법원에 인신보호영장을 구하는 소송을 제기했지만, '절차적 태만'의 원칙에 의해 기각되었다. 최후의 수단인 항소법원에서도 마찬가지였다. 칼은 1999년 2월 24일 사형이 집행되었다. 발터는 3월 3일 집행될 예정이었다. 그래서 3월 2일(집행 1일 전)에 독일이 미국을 상대로 하여 칼의 사형집행에 대한 손해배상 및 발터의 원상회복을 요구하면서 ICJ에 소송을 일방적으로 제기했다. 관할권의 기초는「영사관계에 관한 비엔나협약 선택의정서」제1조이다. 독일은 부탁과 동시에 발터에 대한 사형의 집행정지를 구하는 가보전조치를 요청했다. 3월 3일 집행당일, 독일은 사태의 중대성과 초긴급성을 이유로 구두절차를 취하지 않고 재판소가 직권으로 가보전조치를 명령하도록 요구했다.

[명령 요지]

적정한 사법절차라면, 가보전조치 지시 요청은 충분한 여유를 가지고 행해져야만 한다. 독일은 1999년 2월 24일까지 사건에 대해 알지 못했다고 한다. 직권에 의한 가보전조치의 지시는 당사자로부터의 요청 유무에 관계없이 행할 수 있다. 또 긴급사태시에는 구두절차 없이 행할 수도 있다. 라 그랑이 처형된다면, 독일이 구하는 구제를 명령할 수 없게 되고, 따라서 독일이 주장하는 권리에 대한 회복불가능한 침해가 발생하게 된다. 본건은 사형문제에 관한 것만은 아니다. 또 본 재판소가 국내 형사소송에 대한 상소심이 되는 것도 아니다. 본건의 정황에 비추어 볼 때, 본 재판소가 최종적인 판결을 내릴 때까지 형의 집행이 행해지지 않도록 미국은 모든 조치를 취해야 한다. 이 조치는 애리조나주지사의 권한에 속하는 것이고, 미국정부는 명령을 동 주지사에게 통지해야 한다. 애리조나주지사는 미국이 지고 있는 국제의무에 위반하지 않는 행동을 취할 의무가 있다.

(4) 심리절차

심리절차 중에서 중요한 것은 다음과 같다. 첫째, 공용어는 프랑스어와 영어이다. 당사국의 합의에 의하여 프랑스어와 영어 중 어느 것이든 선택할 수 있다. 당사국의 합의에 의하여 선택이 이루어지지 않는 경우에는 각 당사국은 자신이 선택하는 언어를 변론에서 사용할 수 있다. 이 경우에 재판소의 판결은 프랑스어와 영어로써 행하고, 양 본문 중의 어느 것을 정본으로 할 것인가를 아울러 결정한다. 또 어떤 당사국이 프랑스어·영어 이외의 용어 사용을 요청할 경우에는 재판소는 이를 허가해야 한다(ICJ규정 제39조).

둘째, 심리는 서면절차와 구두절차의 2부분으로 이루어진다. 서면절차로서는 각 대리인으로부터의 진술서, 답변서, 필요한 경우에는 항변서를 재판소와 상대국에 송달한다. 구두절차는 재판소가 증인, 감정인, 대리인, 보좌인 및 변호인의 구두의 진술을 취하는 것이다(동 규정 제43조).

셋째, 변론은 원칙적으로 공개된다. 다만, 재판소가 별도로 결정하는 경우 또는 당사국이 비공개를 요구하는 경우에는 그렇지 아니하다(동 규정 제46조).

(5) 제3국의 소송참가

■ 제3국의 참가　　사건에 대한 판결에 의하여 영향을 받을 수 있는 법적 성질의 이해관계가 있다고 인정되는 국가는 참가의 허가요청을 재판소에 제출하여 재판소의 허가를 받아 소송에 참가할 수 있다(동 규정 제62조).

■ 제3국이 가입한 협정의 해석　　사건에 관계되는 국가 이외의 국가가 당사국인 조약의 해석이 문제되는 경우에는 재판소 서기는 즉시 이들 모든 국가에 통고하고, 이 통고를 받은 각국은 절차에 참가할 권리를 가진다. 다만 국가가 이 권리를 행사한 경우에는 판결에 의하여 부여된 해석은 그 국가도 아울러 구속한다(동 규정 제63조). 제62조에 의한 소송참가는 재판소의 허가를 필요로 하는 반면에, 제63조에 의한 소송참가는 권리로서 인정된다.

(6) 판결

ICJ의 판결은 출석한 재판관의 과반수로 결정하고, 가부동수인 경우에는 재판소장 또는 그를 대리하는 재판관이 결정투표권을 가진다(동 규정 제55조). 판결에는 그 기초가 된 이유를 기재하고, 판결에 참여한 재판관의 성명을 기재한다(동 규정 제56조). 판결이 전부 또는 부분적으로 재판관의 전원일치의 의견을 표명하고 있지 않은 경우에는 어떠한 재판관도 개별적 의견을 표명할 권리를 가진다(동 규정 제57조). 여기에서 개별적 의견(separate opinion)이라는 것은 판결 그 자체에 반대하는 의견(dissenting opinion)뿐만 아니라, 판결의 주문 또는 결론에는 찬성하나 그 이유개진에 있어서 상이한 의견, 즉 개별의견(individual opinion)을 포함한다. 이러한 재판관의 개별적인 의견은 판결에 부가되어 동시에 공표된다.

〔화폐용 금사건〕
(Affaire de l'or monétaire pris à Rome en 1943)
이탈리아 v. 프랑스, 영국, 미국, 국제사법재판소, 1954년 6월 15일, ICJ (1954) 19

[사 실]

제2차 세계대전 중에 독일이 로마의 알바니아국립은행의 화폐용 금을 인출한 것에 대하여, 전후, 알바니아, 이탈리아 및 영국이 그 반환 내지 인도를 요구했다. 이탈리아는 알바니아의 동국에 대한 위법행위의 배상금으로써 이것을 요구하고, 영국은 1949년의 터키해협사건의 배상 판결의 이행으로써 요구했다. 1946년의 「파리협정」에 의해 이 금의 처리를 위탁받은 영국·미국·프랑스 3국은 1951년의 「워싱턴협정」에서 본 문제를 우선 중재재판에 부탁하기로 했다. 동 협정의 부속 성명에 의하면, 만약 중재판결이 이 금의 알바니아로의 귀속을 결정했을 때는 그것은 영국에 인도하는 것으로 함과 동시에, 한편, 알바니아와 이탈리아가 이것에 이의가 있을 때는 양국은 ICJ에 소송을 제기할 수 있는 것으로 했다. 그 때, 상기 3국은 피고로서 이 재판에 따를 의사가 있다는 것을 명확하게 했다.

1953년의 중재 판결은 문제된 금의 알바니아로의 귀속을 결정했다. 이에 수반하여 이탈리아는 위의 성명에 기하여, 이 금의 이탈리아로의 인도와 영국의 청구에 대한 우선성을 확인하는 소송을 ICJ에 제기했다(알바니아는 소송을 제기하지 않았다). 제소 후, 이탈리아는 '선결적 문제'라는 제목의 항변을 제출했다. 즉, 본건의 소송은 사실은 알바니아의 국가책임의 문제와 직접적으로 관계되어 있으므로, 동국(同國)의 동의 없이 재판소는 관할권을 행사할 수 없다고 하였다. 영국은 본 항변의 유효성을 다투었다. 본건 판결은 이 항변을 취급한 것이다.

[판결 요지]

소송을 제기한 국가가 선결적 항변을 제기하는 것은 통상적인 것은 아니지만, 그것이 허용되지 않는 것은 아니다. 또한 이는 소송의 취하와도 다르다. 이탈리아의 첫 번째 청구는 알바니아에 대한 것이다. 이것을 결정하기 위해서는 알바니아의 이탈리아에 대한 위법행위의 유무와 그 배상 의무를 결정해야만 한다. 또한 그것은 양국의 분쟁을 결정하는 것뿐만 아니라, 재판소는 알바니아의 동의 없이 이것을 행할 수는 없다. 알바니아는 이에 대하여 동의를 한 것은 아니고, 또 소송의 참가를 신청하지도 않았다. 알바니아의 법익은 본 재판에 의해 단순히 영향을 받은 것은 아니고, 확실히 재판의 주제가 되는 것이다. 재판소는 동국(同國)이 부재인 상태로 재판을 진행할 수는 없다.

〔나우루 인광석 광산지구사건〕
(Affaire de certaines terres à phosphates à Nauru)
나우루 v. 오스트레일리아, 국제사법재판소, 1992년 6월 26일, ICJ (1992) 240

[사 실]

전후, 오스트레일리아, 뉴질랜드, 영국 3국을 공동시정국(共同施政國)으로 하는 UN의 신탁통치 하에 있던 나우루는 1968년 독립을 달성했다. 전전(戰前), 국제연맹의 위임통치 하에 있을 당시에 동국(同國)의 인광석(燐鑛石)의 개발은 상기 3국의 '영국 인광업감독관'(commissioner)에 의해 진행되어 왔다. 독립하기 전년도(1967년)의 시정국과의 협정에 의해, 동 감독관의 개발 업무는 종료하는 것으로 하였다. 그와 함께 나우루는 그때까지 개발된 인광석 광산에 대하여 3국에게 복구를 요구했다. 그러나 구시정국이 이를 거부했으므로 1989년, 나우루는 주된 시정국이었던 오스트레일리아에 대하여 동국(同國)의 업무위반(신탁통치협정의 위반을 포함한다)을 호소하는 소송을 ICJ에 제기했다(관할권은 양국의 선택조항 수락선언에 의한다).

이에 대하여, 오스트레일리아는 선결적 항변을 제출하였는 바, 바꾸어 말하면, 나우루가 주장하는 의무 위반은 신탁통치의 시정에 관한 것으로써 이 문제는 신탁통치의 종료와 함께 사법심사의 대상이 되지 않는다는 것, 또 신탁통치의 공동시정국인 뉴질랜드와 영국이 본건의 당사국으로 되어 있지 않은 이상, 재판소는 관할권을 행사할 수 없다는 것 등을 주장했다.

[판결 요지]

오스트레일리아의 상기 첫 번째 항변은 UN 총회가 신탁통치의 종료를 결정한 때는 시정국의 책임의 문제는 명시적인 유보가 없는 이상은 그 통치가 종료되어 확정적으로 처리되어 면제된다고 하는 것이다. 확실히 총회의 종료 결정은 '결정적인 법적 효과'(북부 카메룬사건판결, ICJ (1963) 15)를 가진다. 그러나 본건의 경우에는 나우루의 신탁통치가 종료한 때의 '특별한 상황'에 유의해야만 한다. 총회는 나우루의 독립에 앞서, 이 섬의 수복에 대하여 시정국이 신속한 조치를 취하도록 권고했다. 또 신탁통치이사회도 이에 대하여 양당사자 간에 '만족할 만한 해결'이 되어야 한다고 요청했다. 이 사실이 시사 하는 바와 같이, 나우루의 독립 시에 인광석 광산의 복구에 대하여 의견의 차이가 있다는 점은 의문의 여지가 없다. 확실히 총회는 나우루의 권리를 명시적으로 유보하지는 않았지만, 이 문제에 대하여 시정국의 임무를 종료시켰다고 볼 수는 없다. 결국 복구 문제는 그대로 남아 있게 된 것이다. 게다가 이 항변은 각하되어야 한다.

오스트레일리아의 두 번째 항변은 동국(同國)의 신탁통치협정의 위반은 필연적으로 다른 공동협정국(뉴질랜드와 영국)의 책임을 결정하는 것으로 되기 때문에 이들 양국의 동의 없이 재판을 행할 수는 없으므로 이는 1954년의 화폐용 금 사건의 선례에 의거하는 것이다. 그러나 본건에서는 다른 2개 시정국의 권익이 재판의 주제가 되는 것은 아니기 때문에 위의 선례와는 사안을 달리한다. 즉, 화폐용 금 사건에서는 제3국인 알바니아의 책임의 결정이 이탈리아의 청구의 판단을 위한 전제조건이었지만, 본건에서는 그와 같은 전제관계는 아니다. 이 점에서, 오스트레일리아는 본건에서는 이와 같은 전제관계는 아니라고 해도 나우루의 청구를 결정하는 것은 동시에 다른 2국의 책임을 결정하는 것으로 되기 때문에 재판권의 행사는 배제되게 된다. 재판소는 이를 수용할 수는 없다. 앞의 사례에서는 알바니아의 책임문제와 금의 배분 문제는 단순히 시간적인 전후관계를 구성하는 것만이 아니고, 논리적인 연결이 있는 것이다. 확실히 본건에서의 오스트레일리아의 책임문제의 결정은 다른 2국에 영향을 줄지도 모르지만, 본건에서는 그 2국의 법적 문제를 결정하는 것이 필요한 상황은 아니다.

〔동티모르사건〕
(Case concerning East Timor)
포르투갈 v. 오스트레일리아, 국제사법재판소, 1995년 6월 30일, ICJ (1995) 90

[사　실]

1975년, 포르투갈의 시정(施政) 하에 있던 동티모르에서의 내분 발생을 계기로 인도네시아는 동지역을 군사점령했다. 다음 해인 1976년에는 인도네시아는 동 지역을 자국에 편입하는 조치를 취했다. UN 총회와 안전보장이사회는 동티모르인민의 자결권을 확인함과 동시에 인도네시아군의 철수를 요구했지만, 사태의 개선은 이뤄지지 않았다. 오스트레일리아는 인도네시아의 군사적 점거를 위법이라고 하면서도 동지역이 인도네시아의 일부가 된 현실은 인정하지 않을 수 없다는 태도 하에 1989년, 동티모르와 오스트레일리아간의 소위 'Timor Gap'이라 불리는 해협의 대륙붕의 개발협정을 인도네시아와의 사이에 체결하고, 1991년 이를 실시하기 위한 국내법을 시행했다. 한편, 포르투갈은 이러한 오스트레일리아의 행동은 시정국으로서의 포르투갈의 권한을 침해하고, 또 동티모르인민의 자결권이나 자원에 대한 그 영구주권 등을 침해하는 행위라고 하여 양국의 선택조항 수락선언에 기하여 소송을 제기했다. 이에 대하여, 오스트레일리아는 본건에 대하여 재판소는 관할권을 가지지 않고, 또한 포르투갈의 청구는 수리될 수 없다는 항변을 제출했다.

[판결 요지]

오스트레일리아는 우선 처음에 본건의 피고는 인도네시아이고, 또 포르투갈과의 사이에는 1989년조약을 둘러싸고 다툼이 없었기 때문에 재판의 전제가 되는 '분쟁'이 존재하지 않는다고 주장했다. 그러나 양국 사이에는 1989년조약이 오스트레일리아의 의무위반을 구성하는가 여부와 관련하여 법과 사실에 대한 불일치가 있다는 것은 명백하므로 이 항변은 각하되어야 한다.

다음, 오스트레일리아는 포르투갈의 본건 청구는 불가피하게 제3국인 인도네시아의 행위의 합법성, 즉 동티모르로의 군사적 점거 및 1989년조약 체결의 합법성에 관한 문제의 해결을 구한 것이기 때문에 화폐용 금 사건의 선례에 비추어 당해 제3국의 동의 없이 재판소는 관할권을 행사할 수 없다고 한다. 이에 대하여 포르투갈은 동국(同國)의 청구는 오스트레일리아의 1989년조약의 체결이라고 하는 객관적 행위의 합법성을 묻는 것으로써 이는 인도네시아의 행위의 문제와는 관계가 없는 것이라고 한다. 재판소의 견해로는 오스트레일리아의 행위를 평가하기 위해서는 우선 처음에 인도네시아가 1989년조약을 합법적으로 체결하였는가 여부의 문제를 판단해야 한다. 즉, 본건 재판의 주제는 인도네시아의 동티모르로의 진입과 잔류에 비추어 동국(同國)이 동티모르를 위하여 대륙붕 자원에 관한 조약의 체결권을 획득하였는가 여부이기 때문에 재판소는 인도네시아의 동의 없이 그와 같은 결정을 내릴 수는 없다.

이 점에서 포르투갈은 본건에서는 화폐용 금 사건의 원칙이 적용되지 않는다는 다른 주장을 다음의 두 가지 점에서 제기했다. 첫째, 오스트레일리아가 침해한 권리는 인민의 자결권이라고 하는 '대세적 권리'(right *erga omnes*)이므로 제3국(인도네시아)의 의무 위반의 문제와는 관계없이 판단되어야 한다고 한다. 확실히 자결권이 대세적 성격을 가지는 것은 부정할 수 없지만, 규범의 대세적 성격과 관할권의 동의 원칙과는 서로 다른 문제로서 재판소는 이 주장을 수용할 수 없다. 둘째, 포르투갈은 동티모르가 비자치지역이고, 포르투갈이 그 시정국인 지위를 가지는 것은 UN 총회와 안전보장이사회의 결의로 결정되고 있고, 게다가 그것은 '주어진 것'(givens)이므로 재판소는 새로운 인도네시아의 군사적 진입의 합법성 등을 결정할 필요는 없다고 한다. 확실히 UN의 결의 속에는 포르투갈을 '시정국'으로 언급한 것이 있다. 그러나 이 점은 동티모르에 대해서는 동국(同國)만이 권한을 가지고, 인도네시아에게는 일체의 권한이 없다고 UN이 인정한 것으로 추론할 수는 없다. 이상의 이유에 의해, 포르투갈의 본건 청구를 결정하는 것은 그 전제로서 인도네시아의 행위의 합법성을 필연적으로 결정하지 않으면 안 되는 것으로서 재판소는 선택조항에 의해 부여된 관할권을 행사할 수 없다.

6. ICJ의 판결의 효력과 집행

(1) 판결의 효력

■ 판결의 구속력 재판소의 판결은 당사국간 및 그 특정사건에 관해서만 구속력을 가진다(동 규정 제59조). 따라서 판결은 기술한 바와 같이, 선례로서 당연히 재판소를 법적으로 구속하는 효력은 없으나, 실제로는 판결 중에 설시된 법해석은 권위 있는 선례를 이루는 것으로서 존중되는 것이 보통이며, 그것이 집적되어 국제법상의 법원칙을 형성하는 계기가 되는 경우가 많다.

■ 판결의 종결과 해석 판결은 종국적인 것이며, 상소할 수 없다. 판결의 의의 또는 범위에 관하여 분쟁이 있는 경우에는 재판소는 어느 당사국의 요청에

의하여 이것을 해석한다(동 규정 제60조). 이와 같이 상소제도는 인정되지 않으나 새로운 사실이 발견된 것을 이유로 하는 재심(revision)은 인정된다.

■ 재 심　첫째, 판결의 재심청구는 판결 시에 재판소 및 재심청구의 당사국이 알지 못하였던 결정적 요소가 되는 성질을 가지는 사실의 발견을 이유로 하는 경우에 한하여 행할 수 있다. 다만 재심청구의 결정적 요소를 알지 못한 것이 과실에 의한 것이 아니어야 한다(동 규정 제61조 1항).

둘째, 재심청구는 새로운 사실의 발견 시부터 늦어도 6개월 이내에 행하여야 한다(동 규정 제61조 2항). 판결일로부터 10년이 경과한 후에는 어떠한 재심청구도 인정되지 아니한다(동 규정 제61조 3항).

(2) 판결의 집행

국제재판의 판결은 앞서 본 바와 같이 당사국을 법적으로 구속하고, 당사국은 이를 행할 법적 의무를 진다. 실제로 판결의 이행이 거부된 예는 극히 드물다. ICJ에 특정문제를 부탁하기로 동의한 국가는 보통은 그 판결을 잘 준수하기 때문이다. 그러나 특히 제2차 대전 후에는 불이행의 예가 나타나기 시작하였다. 예컨대 Corfu해협사건에 있어서 알바니아는 ICJ가 결정한 배상금을 지급하지 않았으며, 또 비호권사건에서 Haya de la Torre에게 부여한 비호를 위법이라고 판결하였음에도 불구하고 콜롬비아 대사관이 그 후 5년간이나 비호를 계속한 것을 들 수 있다. 이러한 경우 판결을 이행하도록 하기 위하여 어떠한 조치를 취할 수 있는가?

■ 소송국에 의한 집행　먼저 일반적으로 인정되는 것은 승소국에 의한 자조(自助), 즉 그 국가가 스스로 판결의 이행을 구하기 위하여 필요한 조치, 예컨대 경제적 복구조치를 취하거나 또는 승소국 영역이나 제3국의 영역에 있는 패소국의 자산을 압류하는 것이다. 이 경우에 문제가 되는 것은 판결의 이행을 강제하기 위하여 무력에 의한 위협 또는 행사를 할 수 있는가이다. 이것은 후술하는 전쟁의 위법성 문제와 관련되나(제19장), UN헌장 하에서는 UN의 목적에 관한 제1조 1항이나 분쟁의 평화적 해결에 관해 규정한 제2조 3항, 그리고 무력불사용을 규정한 제2조 4항의 취지로 보아 허용되지 않는다고 보는 것이 옳을 것이다.

■ 국제조직에 의한 집행　승소국에 의한 자조조치가 충분한 실효성이 없는 경우에는 결국 국제조직에 의하여 판결의 이행을 보장하는 방식을 생각할 수 밖에 없다.

(가) 안전보장이사회에 의한 집행 ① UN 회원국은 자국이 당사자로 되어 있는 분쟁에 관하여 ICJ의 판결에 따를 것을 약속한다. 그러므로 만일 어느 분쟁당사자가 ICJ가 내린 판결에 의하여 그에게 부과되는 의무를 이행하지 않을 때에는 타방당사자는 안전보장이사회에 제소할 수 있다. 이사회는 필요하다고 인정할 때에는 판결을 집행하기 위하여 권고를 하거나 취하여야 할 조치를 결정할 수 있다(UN헌장 제94조).

판결을 집행하기 위하여 어떠한 조치가 취해지는가는 그 사정에 따라 안전보장이사회가 결정할 것이나, 이사회가 판결을 집행하기 위하여 필요하다고 인정한다면, 그 결정 속에 헌장 제7장에 규정되어 있는 강제조치도 포함된다고 보아야 할 것이다. 그러나 이사회가 단지 판결을 집행하기 위한 이유만으로 평화에 대한 위협이나 평화의 파괴가 없는 경우에 제42조의 무력에 의한 강제조치를 결정할 수 있는가는 의문이다.

(나) 총회에 의한 집행 ICJ규정이나 UN헌장은 총회가 판결을 집행하는 것과 관련하여 직접적으로 규정하지 않는다. 다만, 안전보장이사회가 판결의 이행조치를 취하지 않는 경우에, UN 총회는 헌장 제10조의 일반적 권한 및 제11조에 규정된 국제분쟁의 평화적 해결에 관한 권한에 입각하여 승소국으로부터 부탁이 있는 경우에는 패소국의 판결 불이행 문제를 토의할 수 있고, 불이행국에 대하여 권고를 하거나 회원국에게 그 국가에 대하여 일정한 조치를 취하도록 권고할 수 있을 것이다.

(다) 전문기구에 의한 집행 예컨대, 「ILO헌장」은 당사국이 ICJ의 판결에 포함되어 있는 권고를 지정된 기일 내에 이행하지 않을 때 ILO 이사회가 권고의 이행을 확보하기 위하여 적절한 조치를 ILO 총회에 권고할 수 있다고 규정하고 있다(ILO헌장 제33조). 또한 「국제민간항공협약」(International Civil Aviation Organization: ICAO)도 ICJ의 판결을 이행하지 않는 당사국에 대하여 투표권을 정지할 수 있다(국제민간항공협약 제88조)고 규정하고 있다.

7. 권고적 의견

ICJ는 재판을 본래의 기능으로 하고 있으나, 그 외에 권고적 의견을 부여하는 것이 인정되어 있다.

UN 총회 또는 안전보장이사회는 어떠한 법률문제에 관해서도 권고적 의견을 부여하도록 ICJ에 요청할 수 있다. 또 UN의 기타 기관 및 전문기구는 총회로부터 권고적 의견을 요청할 수 있음을 허락받은 경우에는 언제나 그 활동의 범위 내에서 발생하는 법률적 문제에 대하여 재판소의 권고적 의견을 요청할 수 있다(UN헌장 제96조).

ICJ의 권고적 의견을 구할 수 있는 것은 국제기관에 한하며, 국가나 개인은 ICJ에 권고적 의견을 구할 수 없다. 총회와 안전보장이사회 이외의 UN 기관이나 전문기구가 권고적 의견을 요청할 경우에는 총회의 허가를 받아야 하나, 이러한 허가는 반드시 각각의 경우에 행해질 필요는 없으며, 미리 일반적으로 부여할 수 있다. 경제사회이사회는 1946년에, 신탁통치이사회는 1947년에 각각 총회의 결의로써 '그 활동의 범위 내에서 발생하는 법률문제'에 관하여 ICJ에 권고적 의견을 구하는 것이 인정되었다. 전문기구의 경우에는 UN과 전문기구와의 협정 중에 해당전문기구와 UN 및 기타 전문기구와의 관계를 제외하고, '그 활동의 범위 내에서 발생하는 법률문제'에 관하여 일반적으로 권고적 의견을 구할 수 있도록 규정되어 있다.

총회가 권고적 의견을 요청하는 경우에 총회의 표결방식에 관해서 규정한 헌장 제18조 2항에는 3분의 2의 다수결을 요하는 중요사항 중에는 권고적 의견의 요청은 열거되어 있지 않다. 따라서 과반수의 결의로써 족하다고 할 수 있다. 그러나 실제로 지금까지 UN 총회에서 권고적 의견을 요청하는 결의는 모두 출석하고, 투표한 국가의 3분의 2 이상의 찬성에 의해서 행해졌다. 안전보장이사회의 경우 그것이 상임이사국의 거부권이 인정되는 실질사항인가 또는 단순한 절차사항인가에 관해서도 명확하지 않다. 1970년의 Namibia문제에 관한 결의는 찬성 12, 기권 3(영국, 소련, 폴란드)으로 결정된 바 있다.

ICJ가 권고적 의견을 결정하는 절차는 판결 절차와 거의 같다. 또한 권고적 의견은 법률문제에 관해서 요청되는 것으로 되어 있으므로 ICJ는 법률문제에 관해서 권고적 의견을 부여할 수 있다(ICJ규정 제65조 1항). 따라서 ICJ가 법률문제가 아니라고 판단하는 경우에는 권고적 의견의 부여를 거부하여야 한다. 그렇다면 법률문제라면 당연히 권고적 의견을 부여하여야 하는가? ICJ규정 제65조 1항은 '부여할 수 있다'(may)는 형식으로 규정되어 있으므로 당연히 부여하여야 할 의무는 없다고 보인다. 그러나 ICJ는 UN의 주요 기관의 하나인 사법기관으로서 UN의 기타 기관이나 전문기구가 권고적 의견을 구한 경우, 부득이한 경우(예컨대, 피소국의 협력불능)가 아닌 한 거부해서는 안 될 것이다.

권고적 의견은 판결과 달리, 권고를 구한 국제조직이나 관련국가를 법적으로 구속하는 효력은 없다. 그러나 국제조직이나 국가가 그것을 구속적인 것으로 인정할 것을 미리 동의하는 경우가 있다. 이 경우에는 권고적 의견도 법적 구속력을 가지게 된다. 예컨대, 「UN의 특권 면제에 관한 조약」과 「전문기구의 특권과 면제에 관한 조약」은 각각 UN과 회원국 또는 전문기구와 회원국 간에 분쟁이 발생한 경우에는 ICJ의 권고적 의견을 요청해야 함과 동시에 재판소의 의견을 당사자가 결정적인 것으로 수락해야 한다고 규정하고 있다. 또 UN과 미국 간의 「UN 본부협정」에서는 협정의 해석 또는 적용에 관한 분쟁은 중재재판에 부탁하여 해결하도록 되어 있으나, 그 심리과정에서 발생하는 어떠한 법률문제에 관해서도 UN 사무총장 또는 미국은 UN에 대하여 ICJ의 권고적 의견을 요청할 수 있음과 동시에, 재판소의 권고적 의견이 부여되는 경우에는 중재재판소는 그것을 고려하여 최종판결을 내려야 한다고 규정하고 있다.

Ⅳ. 국제재판의 역할과 장래

국제법사회의 이상적인 발전단계는 역시 모든 법률적 국제분쟁이 일반적으로 재판에 의하여 종국적으로 해결되는 것이다. 이렇게 되기 위해서는 분쟁처리의 문제뿐만 아니라, 법의 정립·적용·집행의 전부를 포함하는 국제법사회 전체의 구조적·질적 발전이 필수적 조건이다.

비록 국제분쟁의 평화적 해결기구로서의 재판소의 활동이 괄목할 만한 성질의 것은 아니지만 많은 사건에서 제국(諸國)간의 긴장의 완화에 공헌하여 왔음은 부인할 수는 없을 것이다. 분쟁당사국은 가끔 국내여론을 고려하여 협상이나 타협을 통한 해결안의 채택을 주저하는 경우가 있다. 이런 경우 국가가 전쟁을 원하지 않는 한, 사건을 재판소의 권위에 부탁함으로써 국가 간의 긴장을 완화하고, 그 이상의 악화를 방지하는 기회를 갖게 된다. 예컨대, 영국과 알바니아 사이의 Corfu해협사건에서, 재판소는 적어도 소련블록(bloc)과 서방블록 사이의 균열을 나타내는 하나의 표적을 제거하는 것에 봉사하였다. 거부권이 동 재판소의 판결을 봉쇄할 수는 없었다. 또한 전체적으로 알바니아에 불리한 재판소의 판결은 공산주의 선전대상이나 또는 제국주의(帝國主義)의 약소국가에 대한 억압이라는 비난의 대상이 되지도 않았다. 이와 같이 재판소는 강제관할권을 갖지는 않으나 분쟁해결을 위한 적당한 기회를 제공하고 있다.

다음으로 국제재판소의 평화유지에 대한 또 하나의 역할은 분쟁의 평화적 해결을 위한 준칙으로서의 국제법 발달을 촉진하는 것이다. 국가가 재판소의 관할권을 조건 없이 승인하지 않는 이유로써 국제법의 불확실성이 지적되고 있고, 확실히 국제법의 명확성과 일반적 승인의 정도에 있어서 한계가 있으며, 전체적으로 불완전한 체계라고 할 수 있다. 따라서 재판에 의한 판례법의 성립으로써 국제법의 발전을 촉진시킬 수 있다. 물론 영미법체계처럼 판례의 구속력은 없다 하더라도 확립된 선례는 충분히 존중될 것이다. 더구나 국제법은 주권국가 간의 사회에서 발달해 온 것이며, 국가 간의 정책이나 이익의 충돌을 명시적인 법의 정립 또는 구속력 있는 결정에 의하여 해결할 권위 있는 기관은 존재하지 않는다.

다행히 최근 들어 기존의 관습법의 선언이든, 새로운 법의 제정이든 간에 다변적 입법조약이 많이 체결되고 있다. 따라서 국제법의 불확실성을 이유로 국제재판소에 제소하기를 꺼린다는 논의는 정당한 이유라기보다 오히려 재판소에 대한 심각한 불신에서 오는 것 같다. 국제재판소가 각국으로부터 신임을 얻어 관할권을 행사하여, 기존의 국제법 규칙의 결함의 지적과 새로운 규칙의 발견(창설)을 통하여 국제법을 발전시키지 않으면 안 된다.

이와 같이 국제재판소가 일반 국내재판소와 동일한 사회적 기반 위에 서 있는 사법기관은 아니라 할지라도 국제사회에 있어서 법의 지배가 실현되는 희망을 간과할 수는 없다. 국제사회에 있어서 법의 지배의 실현에 가장 큰 변수는 국가의 이해관계이다. 어느 국가도 정복에 의하여 사건을 궁극적 승리로 이끌어 내지는 못하였다. 국제사회에 있어서 문제의 해결은 법의 승리, 하부로부터의 통합 및 협조의 원칙으로부터 이루어져야 한다. 이러한 발전에의 길은 각 주권국가로 하여금 국제재판소가 국제법에 관한 정적·보수적 개념에 얽매이지 않고, 동적·진보적 방법을 택하여 진정한 사회정의의 구현자라는 신념을 획득하게 하는 것이다.

이리하여 각 주권국가들이 자진하여 국제재판소를 최대한으로 이용하기 위해서는 다음과 같은 점을 고려함이 바람직할 것이다. 첫째, ICJ의 재판관석은 전 세계적 문명형태를 균등하게 대표하도록 분배되어야 한다. 현 배석은 유럽적이다. 전 세계를 유럽, 미주, 아프리카 및 아시아지역으로 나누어 일정 정도 대륙별 국가 수에 비례하도록 하는 것이 좋을 것이다. 둘째, 상기 지역에 지방재판소를 설치하여 동 지역의 재판관으로써 구성하되, 이러한 지방적 분쟁을 처리하게 하고, ICJ에 상소할 수 있도록 하는 것이 좋을 것이다. UN헌장은 ICJ를 UN의 '주요한'(principal) 사법기관으로 규정하고 있으나(UN헌장 제92조), UN 산하에 보조적 사법기관인 지방재판소의 설립을 금하는 것은 아니다.

여하튼 국제재판소가 최대한 활용된다면 국제사회에 있어서의 법의 지배의 실현은 희망적일 것이다. 결론적으로 오늘날의 국제재판소는 한편으로는 한가한 업무, 다른 한편으로는 불신의 분위기의 악순환에 빠져 있다. 사법판결에 의한 분쟁해결이 희박하다는 사실은 사법적 방법에 의한 해결의 가능성에 대한 인식을 저해하고, 이러한 현상은 또한 광범위한 각도에서 재판소의 업무를 평가하는 것을 저해한다. 따라서 각 국가의 국제재판소에 대한 불신과 무관심을 극복하기 위해서는 광범위한 각도에서 재판소의 역할을 볼 수 있도록 조건이 조성되어야 하며, 그리고 그 조건은 오직 재판소의 업무증가(재판사건 외에 현재 증가일로에 있는 권고적 의견 청구사건을 포함하여)에 의하여 성취될 수 있을 것이다.

제 18 장 안전보장

제 1 절 안전보장의 의의

국제분쟁이 발생한 경우, 그것이 무력투쟁으로까지 발전하는 것을 방지하기 위해서는, 앞에서 본 바와 같이, 일련의 평화적 해결방법을 마련하는 것이 필요하다. 그러나 국제사회에 있어서는 현재까지도 국제분쟁을 계기로 하여 무력이 행사될 가능성이 존재한다. 따라서 국제사회의 평화를 확보하기 위해서는 단지 분쟁의 평화적 해결방법을 마련하는 것뿐만 아니라 분쟁을 처리하기 위하여 무력이 행사되는 것을 금지함과 동시에 실제로 무력이 행사되는 것을 현실적으로 방지하고, 또 진압하는 체제를 확립하는 것이 필요하다.

이와 같이 국가의 안전이 다른 국가의 무력에 의하여 위협받지 않도록 보장하는 것을 일반적으로 안전보장(security)이라고 한다. 안전보장의 방식으로서는 종래에는 개별적 안전보장(세력균형)에 의지하였으나, 국제사회 전반의 입장에서 집단적 안전보장 방식을 취하게 된 것은 제1차 대전 후의 현상이다. 안전보장의 문제는 국제분쟁의 평화적 처리와 함께 제1차 대전 후의 국제법에 있어서 가장 중요한 문제가 되었다. 그런데 이러한 집단적 안전보장체제가 충분히 확립되기 위해서는 두 가지 문제가 해결되어야 한다. 하나는 국제분쟁해결을 위한 무력행사 또는 침략을 위한 무력행사를 위법화 하는 문제이며, 또 다른 하나는 이러한 위법화 체제를 전제로 하여 위법한 무력행사가 현실적으로 발동되는 것을 사실상 방지하고 진압하는 문제이다. 아울러 전쟁의 기회를 감소시키고, 전쟁의 방지 및 진압을 위한 강제조치의 실시를 용이하게 하기 위하여 군비제한도 중요한 과제이다.

제 2 절 전쟁의 위법화

I. 전쟁위법화의 계보

1. 정전론

전쟁관념에 관하여 역사적으로 가장 먼저 대두된 것은 이른바 정전론(theory of *bellum justum*)이다. 전쟁을 정전(正戰)과 부정전(不正戰)으로 구별하는 사고는 유럽에 있어서는 매우 오랜 전통을 갖고 있다. 그러나 전쟁의 구별이 이론적으로 중요한 문제로서 논의되게 된 것은 중세의 기독교 신학자들에 의해서라고 알려져 있다. 원래 기독교의 교리는 전쟁을 부인하였다. 그러나 기독교가 로마의 국교가 됨에 따라 기독교도가 병사가 되는 것을 차츰 시인하게 되었고, 나아가 로마제국이 북방게르만의 침입으로 인하여 위협을 받게 되자, 언제까지나 전쟁부정의 입장만을 고수할 수는 없게 되었다. 따라서 기독교의 교리에 반하지 않는 범위 내에서 일정한 조건 하에서 전쟁을 정당화할 필요가 생기게 되었으며, 아우구스티누스(Augustinus)에 의하여 처음으로 정전론이 전개된 것은 이러한 사정에 의한 것이다. 그는 다른 수단이 없고 특별한 필요성이 존재하는 경우, 그리고 정당한 원인이 있는 경우에 전쟁은 허용된다고 주장하면서, 그러한 정당한 원인으로서 ① 악행을 행한 신하의 처벌을 태만히 한 도시 또는 단체를 응징하는 경우, ② 부정하게 탈취된 것을 회복하는 경우를 들고 있다. 그 후 정전론은 토마스 아퀴나스(Thomas Aquinas)의 「신학대전(神學大全)」(Summa Theologica) 속에 상세하게 논해지는 등 중세 신학자들의 중요한 논제가 되었다.

근세 초기 근대 국제법에 관한 사색이 시작될 당시 국제법학자들이 정전론을 전개한 것은 이러한 중세의 정전론의 영향을 받은 것이다. 예컨대, 그로티우스는 전쟁의 정당원인으로서 자기방위, 재산의 회복, 처벌의 세 가지 경우를 들고 기타의 부정한 전쟁과 구별하였다. 그러나 근세 초기의 정전론과 중세의 정전론간에는 약간의 차이가 있다. 즉, 중세 신학자의 정전론이 기독교적 정의의 옹호라는 면에서 전쟁의 정당성을 주장한 것임에 비하여, 근세 초기의 국제법학자들의 정전론에서는 정전의 사고방식이 보다 법률적으로 되어, 국제법상의 권리의 유지와 방위를 위한 전쟁을 정전으로 생각하였다. 그런데 특히 중요한 변화는 정전론의 현실적용이 극히 곤란함을 새로이 인식하게 되었다는 것이다. 중세의 신학자들의 정전론에 있어서는 그것이 인간의 양심문제로서 취급되는 경향이 있었는데, 그것은 로마법왕이나 신성로마황제라는 보편적 권위가 전제되어 있던 관계로 정전론의 현실적 적용과정에 나타난 곤란은 거의 의식되지 않고 있었다. 즉 정전론의 적용 결과, 교전당사국 일방이 정(正)이라면 타방은 당연히 부정(不正)이라고 하는 것과 같이 매우 기계적으로 이해되고 있었다. 그러나 근세의 정치현상은 그와 같은 상위의 보편적 권위자를 전제하지 않는 평등한 주권국가 상호간의 관계로서 성립되는 것이므로, 전쟁의 구별을 주장한다 하더라도 단지 그것을 기계적으로 적용한다는 것은 거의 불가능하게 되었다. 이러한 상황 속에서 정전론의 현실적 적용 과정에 있어서의 중요한 문제로서 새로 논의되게 된 것이 이른바, '극복할 수 없는 무지'(*ignarantia invincibilis*)의 이론이다. 이 이론은 전쟁의 원인이 정당하지 못할지라도 법률 또는 사실의 무지로 인하여 스스로 정당하다고 믿는 경우에는 정당원인이 있는 경우와 같이 취급된다는 것이다.

2. 무차별전쟁관

근세에 이르러 한편으로는 정전론을 주장하면서, 다른 한편으로는 '극복할 수 없는 무지'에 의한 경우에는 설사 부정당한 원인에 의할지라도 정당성을 인정하는 경우가 발생하게 되었다. 이러한 경우에는 교전당사국의 어느 측도 정당한 것으로 인정되게 되므로 정전론의 엄격한 적용은 차츰 현실적 정치정세와의 타협에 의하여 완화하게 되었다. 그러나 이 경우에 있어서도 국가를 초월한 판정자를 인정하지 않는 주권국가 상호간의 관계에 있어서는 전쟁이 과연 '극복할 수 없는 무지'에 의하는 것인가 여부를 결정하는 것은 매우 곤란하다. 따라서 전쟁당사국의 쌍방이 정당성을 주장하는 경우에는 그 정당성을 인정하지 않을 수 없게 되어, 정전론은 차츰 본래의 의미에서의 정당원인의 문제를 떠나 누가 어떠한 형태로서 전쟁을 개시하는가 하는 형식적인 합법성 문제로 대체되고, 주권국가가 국제법이 요구하는 절차에 따라 전쟁을 수행하는 한 합법적이라고 하는 무차별전쟁관이 주장되게 되었다. 이 관념이 제1차 대전에 이르기까지의 국제법의 지배적 견해였다. 이와 같은 상황을 반영하여 제1차 대전 전에는 실정국제법상에 있어서도 전쟁원인의 정당성

문제는 거의 취급되지 않고, 주로 전쟁개시의 절차나 전쟁수행과정에 있어서의 교전법규(*jus in bello*)의 규제에 역점을 두었다.

3. 전쟁의 위법화

제1차 대전 전의 국제법 하에서 전쟁은 자조의 수단으로서, 그리고 또 국제분쟁을 해결하기 위한 최후의 수단으로서 일반적으로 합법성이 인정되어 있었다. 그러나 이와 같이 국제분쟁을 해결하기 위한 최후의 수단으로서 전쟁의 합법성을 인정하게 되면, 결국 각 국가가 자기의 정당성을 주장할 것이므로 판정자가 존재하지 않는 국제사회의 현실에 있어서는 사실상 모든 전쟁의 합법성을 인정하는 결과가 되지 않을 수 없다. 따라서 전쟁을 규제하기 위해서는 국가가 국제분쟁을 해결하기 위한 수단으로서 전쟁에 호소하는 것 그 자체를 제한할 필요가 있다. 이러한 방향으로 발전한 것이 제1차 대전 후 등장한 국제연맹이었다. 이를 계기로 전쟁의 위법화가 국제법상 중요한 문제로서 취급되게 되었으며, 자조나 국제분쟁 해결을 위한 전쟁에의 호소는 점점 금지되게 되었다. 그리하여 대전 전의 무차별전쟁관을 대체하여 재차 차별전쟁관이 새로운 옷을 입고 등장하게 되었다.

이와 같이 제1차 대전은 국제법에 있어서의 전쟁의 지위에 중대한 변화를 가져온 하나의 전기가 되었으나, 그 이전에 있어서도 20세기에 들면서 그 맹아적 현상은 있었다. 실정국제법상 처음으로 전쟁을 제한한 것은 1907년의 제2회 헤이그평화회의에서 채택된 「계약상의 채무회수를 위한 병력사용 제한에 관한 조약」이었다. 이 조약은 유럽제국이 자국민의 채권을 회수할 목적으로 병력을 사용하여 무력의 위협 하에서 채무의 이행을 강제하는 사례가 많았으므로 채무국인 남미제국이 사인과의 채무불이행을 이유로 하는 그 본국의 무력개입을 배제하려고 제창했던 것이다. 그 내용은 일국의 국민에 대하여 타국가가 계약상의 채무를 부담하고 있는 경우, 그 채권을 회수하기 위하여 채권자인 국민이 속하는 국가가 병력을 사용해서는 안 된다는 것이다. 다만 채무국이 중재재판에 부탁할 것을 거부하거나 또는 중재재판에 부탁할 것을 수락하면서도 부탁합의의 작성을 불가능하게 한다든가, 혹은 중재재판의 판결에 따르지 않는 경우에는 병력의 사용이 인정되고 있었다.

이 조약은 국제분쟁을 해결하기 위하여 무력에 호소하는 것을 직접 제한하려는 최초의 조약으로서 중요한 의의를 가지고 있으나, 자국민의 채권회수를 위한 병력제한에 불과한 것이므로 금지의 범위가 극히 제한적이다. 그러므로 전쟁의 제한 또는 금지로의 방향을 크게 전진시켜서 전쟁위법화 문제를 일반화한 것은 국제연맹규약 및 그 후의 일련의 조약이라고 할 수 있다.

Ⅱ. 「국제연맹규약」과 전쟁의 위법화

연맹규약에서 직접 전쟁을 제한하고 있는 것은 다음 세 가지 형태로 분류된다.

첫째, 연맹국은 연맹국간에 국교단절의 우려가 있는 분쟁이 발생하는 경우에는 그 사건을 중재재판 또는 사법적 해결 또는 연맹이사회의 심의에 부탁하여야 한다. 또한 중재재판의 판결 혹은 사법재판의 판결 후 또는 연맹이사회의 보고 후 3개월을 경과할 때까지 어떠한 경우에 있어서도 전쟁에 호소하여서는 안 된다(국제연맹규약 제12조 1항).

둘째, 연맹국은 일체의 판결을 성실히 이행하여야 하며, 또한 판결에 복종하는 당사국에 대하여 전쟁에 호소하여서는 안 된다(동 규약 제12조 4항).

셋째, 연맹이사회의 보고서가 분쟁당사국의 대표자를 제외한 타연맹당사국 전부의 동의를 얻은 경우에는 연맹국은 그 보고서의 권고에 응하는 분쟁당사국에 대하여 전쟁에 호소해서는 안 된다(동 규약 제15조 6항). 분쟁사건이 이사회로부터 총회로 이관되었을 때, 총회에서 분쟁당사국을 제외하고 이사국 전부가 타연맹국의 과반수의 동의를 얻어서 권고를 채택한 경우, 이 권고를 따르는 당사국에 대하여 타방당사국은 전쟁에 호소하여서는 안 된다(동 규약 제10항).

이상과 같이, 연맹규약은 몇 가지의 형태로써 전쟁을 제한하려고 시도하였으나 철저하지 못했다. 즉, 위의 판결이나 이사회·총회의 보고 후 3개월이 지나면, 이에 복종하지 않는 국가에 대하여는 전쟁이 허용되었다. 또 위의 보고서는 이사회에 있어서는 분쟁당사국 이외의 이사회 전부 또는 총회에 있어서는 당사국을 제외한 이사회 전부 및 타회원국의 과반수로써 채택되지 않으면, 회원국은 "정의를 유지하기 위하여 필요하다고 인정되는 조치를 취할 권리를 유보하고 있다"(동 규약 제15조 7항). 이와 같이 규약에서는 일정한 범위로 전쟁을 금지하였고, 그 범위도 그다지 넓지 않았다. 그 결과 금지된 전쟁과 허용되는 전쟁이란 기묘한 구별을 낳았다. 또 1923년의 Corfu島사건을 계기로 하여 전쟁에 이르지 않는 무력행사에 관해서는 규약에는 규정되지 않고 있는 것으로 인식되었다.

〔Corfu島사건〕

1923년 8월 그리스와 알바니아의 국경을 획정하고 있었던 위원의 한 사람인 이탈리아 장교가 그리스 변경에서 누군가에 의해서 암살되었다. 이탈리아가 제시한 요구의 전부를 그리스가 받아들이기를 주저하고 있을 때에 이탈리아는 그리스령의 Corfu島를 폭격하여 점령하였다. 그리스는 연맹에 제소하였다. 이탈리아는 국경획정이 전후처리문제로서 연맹의 소관이 아니라고 주장하였다. 연맹이사회의 요청으로 법률가위원회가 설치되어 전쟁이 아닌 무력행사와 규약과의 관계를 토의하였다. 그 석상에서 이탈리아 대표는 이탈리아의 행위가 전쟁이 아니라는 것, 위법행위에 대한 반작용이라고도 할 수 있는 행위(즉 복구)에 관하여 규약이 금지하고 있지 않다는 것, 최근 세계사에 등장한 이탈리아가 선진국이 행하고 있었던 복구를 행한 것에 불과하다는 것을 주장하였다. 결국, 위원회의 회답은 이탈리아의 행위가 규약상 위법이라고는 하지 않았다.

Ⅲ. 「부전조약」과 전쟁의 금지

연맹규약의 결함을 시정하고, 연맹 밖에서 이를 보강하려고 한 것이 1928년의 「전쟁포기에 관한 조약」, 이른바 부전조약이다. 조약유지의 주역자인 프랑스 외무부장관 Bryan과 미국무장관 Kellog의 이름을 따서 Kellog-Bryan조약이라고도 약칭된다. 이 조약은 불과 3개조로 되어 있는데, 그 중 비준·가입에 관한 제3조를 제외하면 본문은 2개조뿐이다. 그 내용은 다음과 같다.

첫째, 체약국은 국제분쟁 해결을 위하여 전쟁에 호소함을 불법으로 하며, 또한 상호관계에 있어서 국가정책의 수단으로서의 전쟁을 포기함을 그 각자의 인민의 이름으로써 엄숙히 선언한다(Kellog-Bryan조약 제1조).

둘째, 체약국은 상호간에 야기될 수 있는 일체의 분쟁 또는 충돌은 그 성질 또는 원인의 여하를 불문하고, 평화적 수단에 의하는 것 외에 이의 처리 또는 해결을 구하지 않을 것을 약정한다(동 조약 제2조).

이 조약에서 국제분쟁을 해결하기 위한 전쟁은 일반적으로 금지되었다고 할 수 있다. '국가정책의 수단으로서'(as an instrument of national policy)의 전쟁이란 국제적인 입장에서 행해지는 전쟁과 구별하는 의미로 사용된 것이며, 국가가 자국의 개별적인 이해관계에 기하여 행하는 전쟁을 의미하고 있다. 따라서 국제법 위반에 대한 자조로써 행해지는 전쟁도 이에 해당하는 것으로 이해된다.

이와 같이 부전조약은 국제분쟁을 해결하기 위하여 또는 국가정책의 수단으로써 무력을 행사하는 것을 일반적으로 금지하였으나, 모든 무력행사가 위법이라는 것은 아니며, 다음과 같은 경우에는 합법적인 것으로 인정된다고 각 회원국은 양해하고 있었다. 첫째, 연맹의 제재로서의 군사적 조치, 둘째, 자위를 위한 전쟁, 셋째, 부전조약 자체의 위반국에 대한 전쟁 등이 그것이다.

이상에서 본 바와 같이, 부전조약은 일정한 범주의 전쟁 그 자체를 금지하고, 위법한 전쟁과 합법적인 전쟁을 구별하는 새로운 의미에서의 차별전쟁관을 명백히 하였다고 할 수 있다. 이러한 의미에서 연맹규약의 전쟁위법화 문제는 부전조약에 의해서 크게 진전되었다고 할 수 있으며, 그 후 부전조약은 국가관행에 있어서도 가끔씩 채용되어 그 영향력을 무시할 수 없는 중요한 문서라고 할 수 있다. 그러나 부전조약에 대해서도 다음과 같은 비판이 있다.

첫째, 제2조가 분쟁을 평화적 수단 이외의 방법으로 해결하는 것을 금지하고 있는데 이것이 모든 무력행사, 즉 전의표시(戰意表示)를 요하는 기술적 의미의 전쟁에 이르지 않는 무력행사까지도 금지하는지에 관해서 논란이 있다. 적극설에 의하면, 동조는 분쟁해결을 '평화적 수단에 의하는 외에' 구하여서는 안 된다고 되어 있으므로 분쟁해결수단으로서의 무력행사는 모두 위법화 된다는 것이다.[1] 그러나 소극설에 따르면, '평화적 수단'을 평시·전시의 개념으로 파악하고, 전쟁에 미달되는 무력행사는 평시수단의 범주에 속한다는 것이다. 따라서 전쟁에 미달되는 무력행사에 의한 분쟁처리를 반드시 배제하는 것이 아니라는 것이다.

둘째, 전쟁금지를 규정하였을 뿐 전쟁금지의 전제가 되는 분쟁의 평화적 처리의무에 관하여 전혀 규정하고 있지 않다는 것이다. 제2조는 분쟁의 해결을 '평화적 수단' 이외에 구해서는 안 된다고 규정하고 있을 뿐 분쟁을 평화적 수단에 의하여 해결해야 한다는 의무를 과한 것은 아니다. 분쟁을 해결하기 위하여 무력에 호소하지 않도록 하기 위해서는 당연히 그 전제로서 분쟁을 평화적으로 해결할 것을 의무지움과 동시에 평화적으로 해결하기 위한 절차를 마련하는 것이 요망되나, 부전조약은 이 점에 관하여 전혀 언급하고 있지 않다.

셋째, 위반에 대한 조직적인 제재를 결하고 있다는 것이다. 물론 1932년 만주사변 시 미국이 중국과 일본에 대하여 "부전조약의 약속과 의무에 반하는 방법에 의하여 야기되는 어떠한 사태, 조약 또는 협정도 승인할 의향이 없다"는 것을 통

---

1) 부전조약을 체결한 당사자의 의향이나 부전조약 그 자체의 전체 구조 또는 그 후의 국가 실행 등으로 보아 부전조약의 취지를 이렇게 해석하는 것이 적당할 것 같다.

고하였다. 나아가 그 해 연맹총회가 위와 같은 내용의 결의를 행하는 등 이른바, 불승인주의(Stimson Doctrine)[2)]가 주장되었다. 이것이 각국의 협력에 의하여 일반적으로 실시된다면, 부전조약위반에 대한 일종의 제재로서의 효과를 가지는 것은 부정할 수 없으나, 실제로는 각국의 정치적 이해관계에 의하여 그것이 좌우되지 않을 수 없기 때문에 충분한 효과를 거두지는 못했다.

Ⅳ. 「UN헌장」과 무력행사의 금지

UN헌장에서는 무력행사의 금지에 관해 다음과 같이 규정하였다. 즉, ① 모든 회원국은 국제분쟁을 평화적 수단에 의하여 국제평화와 안전과 정의를 위태롭게 하지 않도록 해결하여야 한다(UN헌장 제2조 3항).

② 모든 회원국은 국제관계에 있어서 무력에 의한 위협 또는 무력의 행사를 어떠한 국가의 영토보전이나 또는 정치적 독립에 대하여서도 국제연합의 목적과 양립하지 않는 다른 어떤 방법에 의한 것이라도 이를 삼가야 한다(동 헌장 제2조 4항).

헌장규정에서 먼저 주목되는 것은 연맹규약이나 부전조약에 있었던 전쟁이란 용어를 사용하지 않고, '무력에 의한 위협 또는 무력의 행사'라고 표현하고 있다는 것이다. 이것은 앞서 본 바와 같이, 연맹규약이나 부전조약에서 전쟁이란 용어가 사용된 결과 기술적인 의미에서의 전쟁만이 금지되고, 전쟁에 미달하는 무력행사는 금지에서 제외되는가에 관한 논란이 있었으므로 이러한 혼란을 피하려는 취지에 의한 것이라고 할 수 있다. 더 주목되는 것은 단지 무력행사만이 아니라 무력에 의한 위협까지도 금지하고 있다는 것이다. 이러한 점에서 부전조약보다도 금지의 범위는 넓다고 할 수 있다. 물론 제2조 4항이 타국의 '영토적 안전 또는 정치적 독립에 대하여'(against the territorial integrity or political independence)라고 규정하고 있어, 마치 타국영토를 침범하거나 또는 정치적 독립을 위태롭게 할 우려가 없는 경우, 예컨대 공해에 있어서 외국의 선박을 무력 공격하는 경우 등은 금지의 대상에 들어가지 않는 것으로 보일 가능성이 없는 것은 아니다. 그러나 위의

2) 스팀슨 독트린이란 「파리평화조약」(1919)에 위배되는 방법에 의해 조인된 일체의 사태나 조약·협정도 승인하지 않겠다는 미국 국무장관 H. L. 스팀슨의 주장을 말하는데, 미국의 불승인주의로 채용되었다. 미국은 극동의 평화와 현상유지에 관하여 파리평화조약에 기초를 두고 있었는데, 1932년 일본이 만주를 침공하여 만주국을 건국하자 스팀슨은 침략에 의한 영토 확장을 인정할 수 없음을 미국의 외교정책으로 주장하였다. 이것은 국제연맹 총회의 결의(1932), 「라틴아메리카 부전조약」(1933), 「보고타헌장」(1948) 등에 채용되었다.

문언은 그와 같이 무력행사의 금지의 범위를 제한하는 취지를 포함하는 것이 아니고, 오히려 무력행사로부터 영토보전이나 정치적 독립을 수호할 것을 강조한 것으로서 위와 같이 한정적으로 해석하는 것은 적절하지 않다.

헌장도 무력행사 그 자체를 전면적으로 금지한 것은 아니다. 일정한 범위 내에서 무력이 합법적으로 행사되는 것이 인정되고 있다. 첫째, 헌장 제7장에 의해서 인정되고 있는 집단조치로서 행해지는 무력행사, 둘째, 헌장 제51조에 의해서 인정된 개별적 또는 집단적 자위권에 기하여 행해지는 무력행사, 셋째, 제53조의 지역적 협정 또는 기관에 의해서 행해지는 강제조치 등이 그것이다.

제 3 절 무력행사의 방지 및 진압(집단안전보장)

I. 집단안전보장의 의의

기술한 바와 같이, 무력행사가 위법화되는 것만으로는 안전보장체제는 불충분하다. 나아가 그것을 실제로 방지하고 진압하는 조치가 필요하다. 이 점이 안전보장의 핵심이라고 할 수 있다. 안전보장의 문제가 널리 국제사회 전체의 입장에서 취급된 것은 제1차 대전 후의 국제연맹이 채용한 방식인, 이른바 집단안전보장(collective security)이다. 이것은 역사적으로는, 이른바 세력균형(balance of power)을 대체하는 평화유지의 방식으로서 등장하였다. 세력균형이 상호 대립하는 국가 또는 국가군 사이의 힘의 균형에 의하여 어느 국가도 상대를 공격할 수 없는 상황을 만들어 안전을 보장하려는 방식임에 비하여, 집단안전보장은 대립관계에 있는 국가를 포함하여 다수국가가 상호 무력행사를 삼갈 것을 약속함과 동시에, 어느 국가가 그 약속을 위반하여 평화를 파괴하는 경우에는 관계제국(諸國)이 공동하여 집단의 힘으로 평화를 유지하려는 방식이다.

Ⅱ. 국제연맹의 집단안전보장체제

연맹규약 중에서 집단안전보장조치에 관하여 규정한 것으로서 중요한 것은 제11조와 제16조이다.

제11조는 다음과 같다. 전쟁 또는 전쟁의 위협은 연맹국의 어떠한 국가에게 직접적인 영향 유무를 불문하고, 연맹전체의 이해관계사항임을 확인한다. 따라서 연맹은 국제평화를 옹호하기 위한 적당하고, 동시에 유효하다고 인정되는 조치를 취할 수 있다. 이러한 종류의 사태가 발생한 경우에는 사무총장은 어느 연맹국의 요청에 기하여 즉시 연맹이사회를 소집한다.

이 규정은 전쟁이 발발하려고 할 때 또는 이미 발발했을 때에 그것을 방지 또는 정지하도록 하기 위하여 국제연맹이 긴급조치를 발동하는 것을 예정한 것이다. 이 경우 연맹으로서 국제평화를 옹호하기 위하여 어떠한 조치를 취할 것인가에 관해서는 어떠한 규정도 두고 있지 않다. 모두 이사회의 결정에 위임되어 있다고 볼 수 있으나, 1927년 이사회가 그 적용에 관한 지침을 채택하였다. 그것은 다음과 같다. (a) 연맹이사회는 분쟁의 확대방지 및 현황의 불변경을 위한 조치를 권고하며, 경우에 따라서는 당사국 쌍방 간에 중립지대를 설치할 것도 권고한다. (b) 이러한 조치의 실시 상황과 분쟁의 경과를 확인하기 위하여 이사회는 현지에 대표를 파견할 수 있다. (c) 분쟁당사국이 이사회의 권고조치를 실시하지 않을 경우, 이사회는 비난의 의사를 공식적으로 밝히거나 또는 연맹국에 외교사절을 철수할 것을 권고할 수 있다. (d) 분쟁당사국이 여전히 적대행위를 계속할 때에는 군대에 의한 시위 등의 경고조치를 취할 수 있다.

그런데 이사회의 결의에는 원칙적으로 전원일치가 요구되고 있으며(연맹규약 제5조 1항), 또 이사국이 아니더라도 이해관계가 있는 연맹국은 이사국과 같은 자격으로 이사회의 표결에 참가할 수 있다(동 규약 제4조 5항). 따라서 엄격하게 말하면, 이사회는 당사국의 의향에 반하는 조치는 취할 수 없게 된다. 그러나 실제문제로서 이사회에 있어서 압도적 다수의 국가가 지지하는 조치를 당사국이 무시한다는 것은 사실상 곤란하다고 하지 않을 수 없을 것이다. 연맹시대에 있어서는 후술하는 바와 같이, 제16조에 의한 제재가 1934~1936년의 이탈리아와 이디오피아전쟁을 제외하고 거의 발동되지 않았던 반면에, 많이 채택된 것이 제11조에 의한 제재였다. 특히, 1925년의 그리스·불가리아사건에서 연맹의 신속한 활동으로 전쟁의 발발을 미연에 방지한 것이 계기가 되어 전쟁방지의 면에서 이 조항이 부각되었다.

〔그리스·불가리아 사건〕

1925년 10월 19일 그리스와 불가리아 국경의 한 지점(데미카프)에서 양국의 국경 경비대 사이에 전투가 벌어진 사건이다. 처음 불가리아군의 총탄에 맞아 살해된 그리스군 보초의 시체가 불가리아 영역 내에서 발견되었고, 뒤이어 양쪽 국경경비대 사이에는 전투가 벌어져 점차 대규모적인 사태로 번져갔다. 10월 22일 불가리아는 전보(電報)의 수단으로 연맹규약 제10조와 제11조에 입각하여 국제연맹에 제소하였다.

이사회 의장은 26일에 긴급이사회를 개최하기로 결정하고, 23일에 쌍방에 대하여 정전과 철수를 요청하였다. 쌍방은 원칙적으로 여기에 응한다는 뜻을 밝히고 연맹에 회답을 보냈다. 긴급이사회는 10월 26일부터 30일까지 개최되었는데, 26일에 우선 다음과 같은 결의를 채택하였다.

"① 양국 정부는 군대에 명령을 내려 국경 안으로 철수시킨다. 24시간 이내에 이와 같은 명령이 내려졌는지의 여부를 이사회에 통보한다. ② 모든 군대가 국경 안으로 철수하고, 모든 적대행위가 끝났으며, 적대행위를 재개한 자는 엄중한 처벌을 받게 된다는 뜻을 전군(全軍)에 포고(布告)하였음을 60시간 이내에 이사회에 통보한다. ③ 영국·프랑스·이탈리아의 사관(士官)은 분쟁지대로 가서 위의 ①, ②에서 언급한 기한이 지난 후 직접 이사회 앞으로 보고한다."

양국 정부는 이 결의를 수락하였다. 10월 28일 오전 11시의 제3회 회합에서 이사회는 양국 정부가 자기 나라 군대에게 국경 안으로 철수하라는 지령이 내려졌다는 사실을 확인하였다. 이어 10월 30일 오후 5시 이사회 제5회 회합은 현지에 파견한 두 나라의 사관으로부터 보내온 29일자 전보에 의하여 그리스 군대가 불가리아령(領)으로부터 28일 밤에 철수하였고, 철수 중에 아무런 사건도 일어나지 않았다는 사실을 확인하였다.

그런데 이사회는 이보다 앞서 제1회 회합에서 결의를 채택하고 난 후, 제2회 회합부터 분쟁의 진상에 관한 심의로 들어갔었다. 이사회는 두 나라 정부대표의 진술을 들은 후 10월 29일의 결의에 의하여 위원회를 설치하고 이 사건의 해결과 장차 이와 같은 사건을 방지하기 위한 방책에 대해서 보고서를 제출하게 하였다. 이들 보고는 1925년 12월 14일 제12회 이사회에서 채택되고, 이것을 두 나라 정부가 수락함으로써 분쟁은 해결되었다. 이 사건은 국제연맹이 신속한 행동을 개시하여 무력분쟁을 성공적으로 해결한 예로서 뿐만 아니라, 동시에 연맹의 무력분쟁에 대한 해결능력의 한계를 보여주는 것으로서 주목된다. (출전: http://www.encyber.com 검색어: "그리스-불가리아사건")

제16조는, ① 제12조(분쟁의 평화적 해결), 제13조(재판) 또는 제15조(분쟁해결절차)에 의한 약속을 무시하여, 전쟁에 호소한 연맹국은 당연히 다른 모든 연맹국에 대하여 전쟁행위를 행한 것으로 간주한다. 다른 모든 연맹국은 이에 대하여 즉시

일체의 통상 또는 금융상의 관계를 단절하며, 자국민과 위약국 국민과의 일체의 교통을 금지하며, 또한 연맹국이든 아니든 간에 이를 불문하고 다른 모든 국가의 국민과 위약국 국민간의 일체의 금융상, 통상상 또는 개인적 교통을 금지할 것을 약속한다. 또한 ② 연맹이사회는 전항의 경우에 있어서 연맹의 약속옹호를 위하여 사용될 병력에 대한 연맹각국의 육·해·공군의 분담 정도를 관계 각국 정부에 제안할 의무가 있는 것으로 한다고 규정하고 있다.

이 규정은 이미 발생한 전쟁에 대하여 연맹의 제재를 발동하여 전쟁을 진압하는 것을 목적으로 한 것이다. 이 규정을 문자 그대로 해석한다면, 연맹국이 규약에 위반하여 전쟁을 행하면 당연히 다른 모든 국가에 대한 전쟁상태가 발생한 것이 되고, 다른 모든 국가는 이에 대하여 제16조에 규정된 조치를 취해야 하는 것으로 보인다. 이와 같은 엄격한 제재조치가 예정된 것은 대전(大戰) 종료 직후의 전쟁 부정의 분위기를 반영한 것이라고 할 수 있을 것이다.

그러나 실제 면에서 이 조항의 내용은 1921년 총회에서 채택된 적용지침에 의하여 상당한 범위에 걸쳐서 완화되었다. 첫째, 위법한 전쟁을 행하였는가의 여부를 누가 결정하는가의 문제인데, 이 지침은 규약위반이 있는가 여부는 연맹국이 각각 결정하는 것으로 하였다. 둘째, 제16조가 “당연히 다른 모든 연맹국에 대하여 전쟁행위를 행한 것으로 간주한다”고 규정한 점에 관하여, 규약에 반하여 전쟁이 행해졌다고 해서 즉시 다른 모든 연맹국 사이에 전쟁상태가 발생하는 것이 아니라, 연맹국이 위약국에 대하여 전쟁행위를 행하거나 또는 전쟁상태를 선언할 권능을 연맹국에 부여하는 것에 불과한 것이라고 하였다.

이와 같이 1921년의 총회결의에 의해서 규약 제16조는 상당히 완화되어 적용되게 되었다. 이디오피아 전쟁 때 제16조의 적용에 있어서 명확히 된 연맹의 집단안전보장체제의 특징으로서 특히 주목되는 것은 제재가 연맹의 기관의 결정에 의해서가 아니고, 연맹국이 각각의 결정에 의해서 발동된다는 것이다. 총회나 이사회가 제재에 관여한다고 하더라도 그것은 연맹국에 판단의 자료를 제공하거나 또는 연맹국의 행동을 조정하는 기능에 불과하며, 연맹의 결정에 의하여 제재가 발동되는 것은 아니었다. 또 다른 하나는 강제조치에 있어서도 경제봉쇄 기타의 비군사적 조치에 중점을 두었으며, 군사조치에 대해서는 거의 준비가 되어 있지 않았다. 군사적 조치를 다만 경제적 조치의 보조수단으로서 규정하였을 뿐만 아니라 연맹이사회의 병력분담 정도의 제안도 권고적 효력을 갖는 것에 지나지 않았다.

Ⅲ. UN의 집단안전보장체제

UN의 집단안전보장체제는 연맹의 그것에 비하여 다음과 같은 특색을 가지고 있다. 첫째, 기술한 바와 같이 연맹에서는 각 연맹국의 자주적 결정에 의한 협력이란 형태로 강제조치가 발동되는 것에 비하여, UN에서는 안전보장이사회의 권한을 강화하고 안전보장이사회의 결의에 의하여 각 회원국이 협력하는 체제가 취해지고 있다.

둘째, 연맹의 경우에 비하여 UN의 강제조치가 발동되는 범위가 넓다는 것이다. 연맹에서는 강제조치의 발동에 관해 규정한 제16조가 특히 제12조, 제13조 및 제15조에 의한 의무에 위반하여 행해진 전쟁에 대한 조치에 한정하고 있으나, 헌장 제7장이 예정하고 있는 강제조치에는 이러한 제한이 없다. 일반적으로 '평화에 대한 위협, 평화의 파괴 또는 침략행위'에 대하여 인정하고 있다. 따라서 연맹의 경우와는 달리 위법전쟁에 대한 제재라고 하는 성격에만 국한하지 않고, 그 적용범위도 더욱 확대되고 있다고 할 수 있다.

셋째, 연맹의 경우는 군사적 강제조치는 오히려 보조적인 것임에 비하여, UN에 있어서는 매우 중시되고 있어 무력에 의한 강제조치가 세밀하게 규정되고 있다는 것이다.

1. 안전보장이사회에 의한 조치

국제연합은 연맹에 비하여 집단적 안전보장체제를 한층 강화하고, 이에 관한 권한을 주로 안전보장이사회에 부여하고 있다. 그 주요 내용은 다음과 같다.

(1) 평화의 위협, 평화의 파괴, 침략행위의 인정

안전보장이사회는 평화에 대한 위협, 평화의 파괴 또는 침략행위의 존재를 결정하고, 아울러 국제평화와 안전을 유지하고, 또 회복하기 위하여 권고를 하고, 또는 제41조 및 제42조에 따라 어떠한 조치를 취할 것인가를 결정한다(UN헌장 제39조).

헌장은 '평화에 대한 위협'이라고만 규정하고, 그것이 무엇에 의하여 야기되는가에 관해서는 명시하고 있지 않다. 따라서 국가가 타국에 대하여 무력을 행사할 우려가 있는 경우에 한정되는 것은 아니다. 예컨대, 내전에 있어서도 그것이 국제적으로 파급되어 국제평화를 위태롭게 할 우려가 있는 경우에는 안전보장이사회가 평화에 대한 위협으로 결정할 수 있다. 이것은 제39조가 '평화에 대한 어떠한 위협'(any threat to the peace)이라고 규정한 것과 또한 제2조 7항이 제7장에 기한 강제조치의 적용에 관해서는 국내문제불간섭의 원칙의 예외를 인정하고 있는 것으로부터 명백하다.[3)]

'평화에 대한 파괴'란 무력의 행사를 뜻하는 것이지만, 그 밖에도 국제법 특히 UN헌장이 회원국에게 부담시킨 의무의 중대한 위반행위도 포함될 수 있을 것이다.

헌장은 '침략행위'에 관해서 아무런 구체적인 규정을 하지 않았다. 샌프란시스코회의에서 이 점에 관하여 토의가 있었으며, 침략의 정의를 헌장에 두어야 한다는 의견도 제출되었으나, 침략의 정의가 곤란하다는 점, 구체적인 경우를 들어도 충분히 망라적인 것이 될 수 없으며, 오히려 그것으로 인하여 실제로 침략으로 볼 수 있는 경우를 놓칠 우려가 있다는 것을 이유로 침략의 정의를 내리지 않고, 구체적인 경우에 이사회가 인정하도록 하였다.[4)]

안전보장이사회는 위의 결정을 행한 후 국제평화와 안전을 유지 또는 회복하기 위하여 때로는 권고하고, 또는 후술하는 제41조 및 제42조에 따라 취해야 할 수단에 관하여 결정해야 한다. 권고에는 어떠한 조치가 포함되는가? 헌장규정의 형식으로는 평화의 위협 또는 평화가 파괴된 사태를 평화적으로 조정하기 위한 조치의 권고를 의미하는 것으로 보아야 한다.[5)] 그러나 일반적으로 국제평화와 안전의 유지 또는 회복을 위한 권고라고 되어 있으므로, 제41조의 비군사적 강제조치나 제42조의 군사적 강제조치를 권고하는 것도 헌장에 반하는 것은 아니라고 양해되고 있다.[6)]

---

3) 1948년 이사회는 팔레스타인문제에 관하여 아랍과 이스라엘 양 세력 간의 무력투쟁이 '헌장 제39조의 의미에 있어서의 평화에 대한 위협을 구성한다'에 해당한다고 하였다.

4) 제29차 UN총회가 채택한 「침략의 정의 결의」에 의하면, 침략은 1국에 의한 타국의 주권, 영토보전 또는 정치적 독립에 대한 무력행사 또는 UN헌장과 모순되는 방법에 의한 무력행사라고 정의하고 있다(제1조). 또한 1국에 의한 UN헌장에 반하는 무력의 선제행사는 침략행위의 일차적 증거를 구성한다고 규정하고 있다(제2조). 나아가 그 구체적 주요 사례를 다음과 같이 들고 있다. 즉, ① 무력에 의한 타국영토로의 침입 또는 공격, 그 결과로서의 군사적 점령 또는 무력행사에 의한 타국영역의 병합, ② 무력에 의한 타국영역의 폭격과 그 밖의 무기 사용, ③ 무력에 의한 타국의 육·해·공군에 대한 공격, ④ 합의에 의해 타국에 주둔하는 병력의 주둔조건에 반하는 사용 또는 주둔기간의 경과, ⑤ 제3국에 대한 침략행위를 위하여 자국영역의 사용허가, ⑥ 위의 경우에 해당하는 무력행사를 실행할 무장집단, 비정규군 또는 용병의 파견이나 그러한 행위에 실질적으로 관여하는 것 등을 들고 있다(제3조).

5) 권고 중에는 분쟁의 평화적 처리를 위한 방법이나 조건 등의 권고도 포함되지만, 제6장에 의한 경우와는 달리 분쟁당사국인 이사국은 표결에서 제외되지 않는다.

(2) 잠정조치

사태의 악화를 방지하기 위하여 제39조의 규정에 의하여 권고하거나 또는 조치를 결정하기 전에 안전보장이사회는 필요한 또는 희망하는 잠정조치에 따르도록 관계당사국에 요청할 수 있다. 이 잠정조치는 관계당사자의 권리, 청구권 또는 지위를 해하는 것이 아니다. 안전보장이사회는 관계당사자가 이 잠정조치에 따르지 않을 경우에는 이에 타당한 고려를 해야 한다(UN헌장 제40조).

잠정조치란, 예컨대 동원의 해제, 일정한 위치로의 병력의 철수 또는 비무장지대의 설정 등이 이에 해당한다. 이러한 잠정조치는 제39조 다음에 규정되어 있는 관계로 먼저 제39조에 의한 결정이 선행되지 않으면 발동되지 못하는 것으로 보이기도 한다. 그러나 반드시 그와 같이 엄격하게 해석되지 않으며, 제39조에 의한 결정과 잠정조치의 요청이 동시에 행해지거나 또는 전자의 결정을 미리 행함이 없이 잠정조치의 요청이 행해지는 경우도 있다.[7] 또한 잠정조치는 전적으로 사태의 악화를 방지하기 위한 것이며, 당사국의 법적 관계를 조정하려는 취지는 아니다. 따라서 잠정조치의 요청에 대하여 당사국이 당연히 따라야 할 법적 의무는 없으나, 여기에서 말하는 요청은 단순한 권고보다도 강한 의미를 가지고 있다. 안전보장이사회로서는 당사국이 요청에 따르지 않을 경우에는 적당한 고려를 하도록 되어 있으므로 그 후 강제조치의 결정을 행하는 경우에는 그것이 영향을 미치는 것은 부정할 수 없을 것이다.

(3) 강제조치

■ 비군사적 조치 　안전보장이사회는 그 결정을 실시하기 위하여 무력행사를 포함하지 않는 어떠한 조치를 취할 것인가를 결정할 수 있고, 또 이 조치를 적용하도록 UN 회원국에 요청할 수 있다. 이 조치는 경제관계와 철도, 항해, 항공, 우편, 전신, 무선통신 및 기타의 운송·통신수단의 전부 또는 일부의 중단과

---

6) 한국전쟁이 발발한 직후인 1950년 6월 27일의 안전보장이사회 결의에서 "회원국에 대하여 무력공격을 격퇴하고, 이 지역에 있어서의 국제평화와 안전을 회복하기 위하여 필요한 원조를 한국에 부여하는 것을 권고 한다"고 한 것을 예로 들 수 있다.

7) 예컨대, 1950년 6월 25일에 안전보장이사회는 북한의 대한민국에 대한 무력공격에 관하여 중대한 관심을 표명하고, 북한의 무력공격이 평화의 파괴를 구성하는 것이라고 결정함과 동시에 즉시 정전과 북한의 38도선 이북으로의 철수를 요청하고, 나아가 모든 회원국에 대하여 결의의 실시를 위한 일체의 원조를 부여하고, 북한당국에 원조를 삼가야 한다는 것을 요청하는 결의를 채택하였다.

외교관계의 단절을 포함할 수 있다(동 헌장 제41조).

■ **군사적 조치** 안전보장이사회는 제41조에 정한 조치로서는 불충분하다고 인정하거나 또는 불충분한 것이 판명된 경우에는 국제평화와 안전의 유지 또는 회복에 필요한 공군, 해군 또는 육군에 의한 행동을 취할 수 있다. 이 행동에는 UN 회원국의 공군, 해군 또는 육군에 의한 시위, 봉쇄, 기타의 행동을 포함할 수 있다(동 헌장 제42조).

위 2개 조치 중 어느 조치를 취할 것인가는 사태의 성질에 따라 이사회가 자유로이 결정할 수 있으며, 비군사적 조치(동 헌장 제41조)가 선행되어야 하는 것은 아니다. 비군사적 조치로서 어떠한 조치를 구체적으로 취하는가는 모두 안전보장이사회가 결정한다. 제41조에 열거한 수단은 단지 예시에 불과하며, 이 이외의 조치도 취할 수 있다. 안전보장이사회가 결정한 조치를 이행함에 있어서 UN 회원국은 상호원조를 부여하여야 한다(동 헌장 제49조). 그러나 안전보장이사회가 어떤 국가에 강제조치를 취하는 경우 타국에서 이 조치의 이행으로부터 발생하는 경제문제에 자국이 타격을 받는다고 인정하는 국가는 UN 회원국이든 아니든 간에 이 문제의 해결에 관하여 안전보장이사회와 협의할 권한을 갖는다(동 헌장 제50조). 이에 대하여 어떠한 구제조치가 강구되는가에 관하여 헌장상으로 명확하지는 않으나, 예컨대 안전보장이사회가 회원국에 대하여 손해를 받은 국가에게 어떠한 구제조치를 강구하도록 요청하는 등의 조치가 고려될 수 있다.

비군사적 조치가 부적당하다고 판명된 경우 또는 처음부터 부적당하다고 생각되는 경우에는 안전보장이사회는 군사적 강제조치를 결정할 수 있다. 군사적 조치의 경우에도 비군사적 조치의 경우와 같이 안전보장이사회의 결의는 법적 구속력을 가지므로 회원국은 이에 따를 의무가 있다. 그러나 군사적 조치의 경우에는 제43조에 의하여 미리 특별협정을 체결하여 병력이나 군사적 편의, 원조제공의 의무를 분담하고 있지 않는 한, 회원국으로서는 당연히 안전보장이사회의 결정에 응하여 병력이나 군사적 편의, 원조를 제공해야 할 관계에 있지는 않다. 그러나 이러한 특별협정은 아직까지 체결된 적이 없다. 따라서 안전보장이사회가 군사적 강제조치를 발동한다 하더라도 실제로는 그것은 1950년 한국전쟁 때 보여준 바와 같이 권고 이상으로 나아가는 것은 곤란할 것이다.

1990년의 동서화해무드 속에 미·소 등 강대국이 일치하여 UN 안전보장이사회의 기능을 활성화하여 UN 결의를 집행하기 위해 미국이 주도하는 다국적군(정식 명칭은 쿠웨이트에 협력하는 국가가 파견하는 군대)을 창설하고 UN의 이름으로 비군사적 및 군사적 강제조치를 발동하여 쿠웨이트를 침략한 이라크를 효과적으로 응징하였다. 이른바 걸프전쟁의 법적 성격에 대해서는 UN의 강제조치로 보는 견해와 집단적 자위권의 행사로 보는 견해가 대립되고 있다.

2. 총회에 의한 조치

위에서 본 것처럼, 헌장 제7장의 집단안전보장체제는 모두 안전보장이사회를 중심으로 규정되고 있다. 그런데 안전보장이사회에 있어서는 상임이사국에게 거부권이 인정되어 있으므로 상임이사국이나 그 지지를 받는 국가에 대하여 이사회에 의한 강제조치가 발동될 가능성은 거의 없었다. 1950년 한국전쟁을 배경으로 제5차 총회에서 채택된 이른바, 「평화를 위한 단합(Uniting for Peace) 결의」는 이러한 안전보장이사회에 의한 안전보장체제의 기능적 한계를 타파하려는 취지에 의한 것이었다.

그 내용은 여러 가지가 있으나, 가장 중요한 내용은 다음과 같다.

평화에 대한 위협, 평화의 파괴 또는 침략행위가 있다고 인정되는 경우에 안전보장이사회가 상임이사국의 전원일치를 이루지 못하여 국제평화와 안전유지에 관한 그 주요한 책임을 수행하지 못할 경우에는 총회는 국제평화와 안전을 유지하고 또는 회복하기 위한 집단적 조치에 관하여 회원국에 대하여 적당한 권고를 하기 위하여 즉시 그 사항을 심의해야 한다. 그리고 총회가 회기 중이 아닐 경우에는 긴급특별총회를 소집할 수 있다. 긴급특별총회는 안전보장이사회의 단순 9개 이사국의 투표에 의한 요청, 또는 UN 회원국의 과반수의 요청이 있을 때 24시간 이내에 소집된다.

한편, 「평화를 위한 단합 결의」의 합헌성에 관하여 논란이 많았다. 부정론의 근거는 다음과 같다. 헌장 제11조 2항의 규정에 의하면, 총회는 국제평화와 안전유지에 관한 모든 문제를 토의하고 회원국이나 안전보장이사회에 대하여 권고할 수 있도록 되어 있으나, '행동'을 필요로 하는 경우에는 토의 전 또는 토의 후에 안전보장이사회에 부탁하여야 한다. 문제는 여기서 말하는 '행동'의 의미인데, 이것을 제2조 5항의 경우와 같이 UN의 강제행동으로 해석하는 것이 보통이다. 만일 그렇게 해석한다면 평화유지에 관한 문제라 할지라도 UN의 강제조치를 필요로 하는 문제에 관해서는 총회는 토의할 수는 있으나, 더 이상 나아가 권고할 수는 없다. 또한 헌장의 여러 규정을 보아도 제5조, 제50조, 제51조, 제99조 등은 모두 강제조치를 발동하는 기관이 안전보장이사회라고 하는 전제하에 있다. 따라서 안전보장이사회가 충분히 그 기능을 수행하지 못하는 경우에 총회로 이관하여 총회가 강제조치를 발동하는 것을 인정하는 것은 문제가 있다는 것이다.

이에 반하여 긍정론의 견해는 다음과 같다. 총회의 일반적 권한을 규정한 제10조는 제12조에 의한 제한을 제외하고, 총회는 헌장의 범위 내에 있는 일체의 문제 또는 사항을 토의하고, 이에 관하여 회원국이나 안전보장이사회에 대하여 권고할 수 있다고 규정하고 있다. 이 권고 중에는 강제조치도 포함되는 것으로 인정되므로 총회도 강제조치를 권고할 권한을 갖고 있다고 해야 할 것이다. 또한 제11조 4항에 있어서 "본조에 규정된 총회의 권한은 제10조의 일반적 권한을 제한하는 것은 아니다"라고 되어 있다. 따라서 헌장 제10조의 총회의 일반적 권한과 제11조 4항에서 제10조 우선 적용을 규정한 것 등으로 보아 총회도 강제조치를 발동할 수 있는 권한이 있다고 인정된다는 것이다.

그러나 이 경우에 있어서도 헌장규정상 안전보장이사회가 국제평화와 안전유지에 관하여 주요한 책임을 부담하고 있으므로 안전보장이사회가 그 책임을 수행하지 못할 경우에 한정된다. 또 총회는 안전보장이사회와는 달리 권고할 수 있을 뿐이며, 법적 구속력이 있는 결정을 행할 수 없다.

3. 집단안전보장의 한계와 UN평화유지활동

(1) 집단안전보장의 한계

이상에서 본 것처럼, 「평화를 위한 단합 결의」에 의하여 안전보장이사회가 상임이사국의 의견불일치로 그 기능을 수행하지 못할 경우에는 총회에 심의를 이관하고, 총회가 강제조치를 권고할 수 있는 것이 명확하게 되었다. 총회는 3분의 2의 다수결에 의하므로 상임이사국인 대국이 설사 반대하더라도 결의는 성립한다. 동 결의가 노린 것도 바로 여기에 있었다. 그러나 실제문제로서 안전보장이사회가 대국의 의견불일치로 인해 그 기능을 수행하지 못할 경우에 총회라면 용이하게 강제조치를 발동할 수 있는가 하는 것은 UN의 집단안전보장체제 그 자체의 본질로 보아 매우 의문시된다. UN의 집단안전보장이란, 전술한 바와 같이 UN 자신이 강제력을 가지는 것이 아니라, 회원국의 힘을 기초로 하여 이것들을 결집해 평화파괴에 대처하는 것인데, 무력에 의한 강제조치가 발동되는 경우에는 UN의 강제조치라고 해도 실질적으로는 국가 간에 무력투쟁의 형태를 취하지 않을 수 없다.

따라서 대국이나 대국의 지지를 받는 국가가 대상이 되어 있는 경우에는 세계대전으로 발전할 위험성이 있으므로 선뜻 많은 국가들이 참가할지는 의문이다. 비군사적 강제조치의 경우에도 대국을 직접 또는 간접으로 대상으로 하는 경우에는 이로 인하여 UN 내의 대립을 격화하고 국제긴장을 고조시킬 우려가 있다. 이와 같이 대상이 대국이거나 또는 그 영향 하에 있는 국가일 경우에는 UN 집단안전보장이라 해도 현실적으로는 큰 효과를 기대하기는 어렵다.

(2) 평화유지활동

UN 집단안전보장체제의 현실적인 한계에 자극되어 UN의 새로운 평화유지방식으로서, 이른바 '평화유지활동'(Peace-Keeping Operation: PKO)이 등장하게 된다. 이 방식은 고(故)하마슐드(Dag Hammarskjöld) 사무총장이 제창한 방지외교(preventive diplomacy)에서 연유하는 것이다. 방지외교란 대립하는 주요한 군사블록(bloc)간에 발생하는 힘의 진공상태를 UN이 메움으로써 어느 편에서도 공격할 수 없게 하여 긴장을 완화하려는 것을 말한다. 그 구체적인 방법은 국제적 긴장이 고조된 위험지구에 UN의 권위를 상징하는 기관을 파견하여 현지에 주둔하게 함으로써, 즉 UN의 주재(駐在 UN Presence)를 통하여 긴장의 완화와 사태의 평온을 기하는 한편, 당사국으로 하여금 분쟁의 평화적 해결을 도모하게 하는 것이다. 이러한 평화유지를 위한 새로운 방식이 평화를 유지하는데 매우 중요한 기능임을 실증한 것은 1956년의 수에즈사태 때 파견된 UN 긴급군(United Nations Emergency Force: UNEF)이었다.

UNEF에 부여된 임무는 먼저 적대행위의 정지를 확보하고, 정전을 감시하는 것 그리고 영·프 및 이스라엘군대의 질서 있는 철수를 보장하는 것이었다. 그 후 한 걸음 더 나아가 이집트와 이스라엘의 경계선을 순찰하고, 이집트와 이스라엘 사이의 휴전협정이 파괴되지 않도록 감시하는 역할도 수행하였다. 1967년 6월 낫세르(Nassel) 대통령의 강력한 요청에 의하여 철수하였으나, 그때까지 약 11년간 중동지역에 주류(駐留)하여 그 지역의 안전에 기여하였다. UNEF가 철수하자마자 중동사태는 급전하여 이른바 6일전쟁이 발발하게 되었다는 것은 UNEF의 개재(介在)가 이 지역의 평화를 유지하는 데 중요한 존재였다는 것, 즉 평화유지활동의 실효성을 새삼 증명하는 결과가 되었던 것이었다. 그 후 1960년에 콩고(Congo)에 파견된 UN군(ONUC), 1964년에 사이프러스(Cyprus)에 파견된 UN군(UNFICYP) 등은 기본적으로는 UNEF의 예에 따랐던 것이며, 평화유지활동이 UN의 새로운 평화유지의 방식으로서 차츰 UN 내에 정착되어 가고 있다. 그 후 1974년 시리아, 이스라엘 사이의 휴전협정을 감시하기 위한 UNDOF(UN Disengagement Observer Force, 안전보장이사회 결의 제50호), 1978년 레바논 임시군 UNIFIL(UN Interim Force in Lebanon, 안전보장이사회 결의 제425호), 1988년 이란, 이라크 군사감시단 UNIIMOG(UN Iran-Iraq Military Observer Group, 안전보장이사회 결의 제598호), 1991년 이라크, 쿠웨이트 평화유지감시단 UNIKOM(UN Iraq-Kuwait Observation, Mission, 안전보장이사회 결의 제687호), 1991년 캄보디아 평화유지감시단 UNAMIC(UN Advance Mission in Cambodia, 안전보장이사회 결의 제710호), 1992년 유고파견보호군사단 UNPROFOR(UN Protection Force, 안전보장이사회 결의 제743호) 등의 평화유지활동이 있었다.

1990년대 이후 평화유지활동은 더욱 다양화되었는데, 특히 활동파견 수가 크게 증대되었다. UN의 평화유지활동이 시작된 1948년 이래, 1988년까지의 40년간 13건의 PKO가 파견되었다. 이와 비교하여 냉전 이후인 1988년부터 1997년까지 10년간 31건, 1998년 이후 2005년까지 16건, 전체 47건이 파견되었다. 이처럼 파견 수의 증대는 필연적으로 파견 규모의 다양화와 임무의 다양화를 가져왔다. 1988년의 UN 아프가니스탄·파키스탄중개미션(UNGOMAP)은 약 50명 정도의 인원이 파견되었을 뿐이지만, 유고슬라비아연방이 해체하는 과정에서 야기된 유고내전에 파견된 UN 보호군(UNPROFOR)은 정전감시와 안전지대의 확보 등의 임무에 종사하는 군인과 인도원조를 위한 인원을 포함하여 45,000명(최대시)이 파견되어 PKO 사상 최대의 규모였다.

UN의 평화유지활동은 평화유지의 방식으로서 다음과 같은 특징을 가진다. 첫째, 비강제적 성격이다. 헌장 제7장에서 예정된 UN군은 평화의 파괴에 대응하여 이를 방지 또는 진압하기 위한 강제조치로서의 성격을 지니고 있으나(예: 한국전쟁 때의 UN군), 평화유지활동의 경우에는 소규모의 군사조직의 개재에 의하여 사태를 진정시키고, 평화가 파괴되는 것을 미연에 방지하는 것이 그 목적이다. 이와 같이 평화유지활동은 헌장 제7장에 규정된 강제조치가 아니므로 평화유지활동에 참가하는 UN군을 편성하는 데 있어서 각국의 협력을 필요로 할 뿐만 아니라, 이를 발동하기 위해서는 분쟁당사국과 UN군이 파견되는 현지국가의 동의가 필요하다.

둘째, 그 중립적 성격이다. 평화유지활동은 분쟁당사국 사이에 개재하여 사태를 진정하는 것이 그 목적이므로 어느 쪽에도 가담하지 않는 중립성을 유지할 필요가 있다. 그 중립성을 유지하기 위하여 UNEF의 경우에는 5대 상임이사국의 군대의 참가가 배제되고, 분쟁에 직접 이해관계를 가지지 않는 중소제국(中小諸國)이 제공하는 부대로써 편성되었다. 또 군대의 지휘권이 UN에게 있으며, 한국전쟁 때

의 경우처럼 어느 일국, 특히 대립한 일방의 대국에 위임되지 않는다.[8)]

평화유지활동은 헌장 제7장에서 예정하고 있는 강제조치에 해당하지 않을 뿐 아니라, 또 제6장에서 예정한 분쟁의 평화적 해결을 직접목표로 한 것도 아니다. 이와 같이 평화유지활동은 헌장제정 당시 예정하지 않았던 새로운 평화유지 방식이며, 헌장 상 직접 이에 관해서 규정한 조문은 없다. 그러나 헌장에 하등의 근거도 없는 헌장위반의 조치라고도 할 수 없다. 총회에 의한 경우, 총회는 제10조 및 제11조에 의하여 평화와 안전유지에 관한 권한이 인정되어 있고, 이 권한에 기하여 제22조에서 말하는 보조기관으로서 평화유지활동을 위한 기관을 설정하는 것은 가능하다.

또 안전보장이사회에 관해서도 제24조 및 제29조에 의하여 총회의 경우와 마찬가지로 보조기관을 설치할 수 있다. 양자의 권한관계에 관해서는 당연히 제12조의 적용을 인정하여야 한다. 그러나 제11조 2항에 관해서는 거기에서 말하는 행동은 강제조치를 의미하는 것임에 대하여, 평화유지활동은 강제행동이 아니므로 제12조의 규정에 의한 제한은 받지 않는 것으로 해석된다.

지금까지 평화유지활동을 발동함에 있어서 일치된 절차가 취해진 것은 아니다. 이것을 원활하게 발동하기 위해서는 그 절차 등 정비해야 할 과제는 남아 있다.

〔국제연합의 어떤 종류의 경비사건〕

(Certain Expenses of the United Nations (Article 17, Paragraph 2, of the Charter))
자문기관: UN총회, 국제사법재판소, 권고적 의견,
1962년 7월 20일, ICJ (1962) 151

[사 실]

이집트에 의한 수에즈운하의 국유화에 대하여, 이스라엘, 영국, 프랑스의 군대가

8) 유엔군 소말리아 파병: 1992년 12월 4일 안전보장이사회는 국제평화를 위해 병력을 사용할 수 있다는 UN헌장 제7장에 의거하여 '소말리아내 구호활동을 보호하기 위한 환경이 조성되도록 가능한 한 빨리 필요한 모든 수단을 동원한다'는 내용의 대소말리아 군사개입 결의(제794호)를 채택하였다. 이 파병은 미국 등 강대국 중심의 다국적군으로 구성하고 UN이 이 군사작전에 합법성을 부여하였다. 그런데 이 결의는 분쟁당사국의 요청이나 동의 없이 인도주의적 목적만으로 UN의 군사개입이 결정된 선례가 없는 최초의 일이다. 또한 이 결의는 작전통제권 등에 대한 UN의 권한을 강화하고 있다. 이는 걸프전쟁 때처럼 결의안의 통과 후 UN의 참여가 배제되었던 상황이 되풀이 되지 않도록 하기 위한 의도인 것이다. 나아가 이 결의에 따른 다국적군 작전은 경찰활동에 국한되었던 종전의 평화유지활동과는 달리 선제공격 등 사태수습을 위한 모든 종류의 무력사용을 허가받은 군사활동이다. 1992년 12월 현재 미국주도 하에 구성된 다국적군의 규모는 약 4만 명이고, 미국을 비롯한 프랑스, 이탈리아, 캐나다, 벨기에 등 강대국을 포함한 11개국이며, 한국도 1993년 7월에 약 200여명의 공병부대를 파견하였다.

이집트 영내에 침공한 1956년의 수에즈사태(제2차 중동전쟁)에 있어서, UN 총회(긴급특별총회)는 우선, 즉시 정전결의를 채택하고, 정전이 실현된 후에는 UN 긴급군(UNEF)을 파견하여 병력의 철수나 휴전라인의 감시를 맡기기로 했다. 소위 평화유지활동(PKO)이다. 독립 직후인 콩고에서 폭동이 발생하고, 자국민 보호를 이유로 벨기에군이 개입한 1960년의 콩고분쟁에서도 안전보장이사회가 콩고정부에 필요한 군사원조를 할 권한을 UN 사무총장에게 부여하고, 이 수권에 기하여 사무총장이 벨기에군의 철수 촉진이나 콩고의 치안유지 등을 임무로 한 UN군(ONUC)을 설치·파견했다.

이 평화유지활동의 경비는 헌장 제17조 2항에 기하여 매년 총회 결의에서 각 회원국에게 할당되고 있었지만, 평화유지활동은 UN헌장이 전적으로 예정하고 있지 않은 활동으로써 그 성격이나 권한·책임의 소재가 불명확했으므로 그 중에는 UNEF나 ONUC의 헌장에의 합치성에 의문을 제기하고, 그 경비를 분담할 의무의 존재를 부정하는 국가도 적지 않았다. 그 회원국들에 의한 분담금 지불거부로 인하여 UN은 1961년 말에 심각한 재정 위기에 직면하게 되었다. 그래서 같은 해 개최된 UN 총회는 결의 1731(XVI)를 채택하여 '콩고 및 중동에서의 UN 평화유지활동의 재정에 관하여, 회원국이 UN헌장 하에서 부담하는 의무에 대해 권위 있는 법적 지침을 얻기'위하여, UNEF 및 UNUC의 경비가 헌장 제17조 2항에서 말하는 '이 기구의 경비'에 해당하는가 여부에 대하여 ICJ에 권고적 의견을 구하기로 결정했다. 뿐만 아니라, 동 결의의 채택에 즈음하여 프랑스는 평화유지활동에 관한 경비의 지출이 '헌장의 제(諸)규정에 따라 결정'되었는가 여부에 대해서도 의견을 구하는 수정안을 제출했지만 부결되었다.

[의견 요지]

1. 본건 자문사항은 정치문제와 결부되어 있기 때문에 재판소는 의견을 제시해야 하는 것은 아니라는 주장이 있었지만, UN헌장의 해석은 법률문제이다. 재판소가 권고적 의견을 제시하는 것을 거부할 수 있는 것은 사법재판소로서 '부득이한 이유'가 있는 경우뿐이지만, 본건에서는 그와 같은 이유는 존재하지 않는다. 또 프랑스 수정안이 부결되었으므로 재판소는 UNEF 및 ONUC의 경비의 지출을 인정한 결의의 합헌성 문제에 개입해서는 안 된다는 견해가 있지만, '자문된 문제에 대한 의견을 결집함에 있어 재판소는 이용할 수 있는 일체의 관련 자료를 심사할 완전한 자유를 가져야 한다.'

2. 자문사항에 관하여, 재판소는 첫째, 헌장 제17조 2항에서 말하는 '이 기구의 경비'의 범위를 검토하고, 이어서 UNEF 및 ONUC의 경비가 거기에서 말하는 '경비'에 해당하는가 여부를 검토한다. 우선 첫 번째의 문제에 대해서는 동조 2항에서 말하는 '이 기구의 경비'를 1항의 '예산'과 동일시하면서 그것은 UN의 통상의 예산 내지 행정적 예산을 가리키는 소위 활동예산(Operational budgets)을 포함하고 있지는 않다는 주장이 있었다. 그러나 제17조 3항에서 '행정적 예산'이라는 용어를 사용하고 있는 점을 볼 때, 헌장 기초자는 행정적 예산과 활동예산의 구별을 알고 있었고, 만약 1항의 '예산'을 행정적 예산에 한정할 의도였다면, 당연히 그와 같은 한정적 문구가 부가되어 있었을 것이다. 또 총회는 제1회기에서 채택된 UN 피난민기관헌장에서는

행정적 예산과 활동예산을 구별하고 있지 않기 때문에 1950년에 채택한 UN의 재정규칙에서는 이러한 구별을 도입하지 않았고, UN의 예산에는 당초부터 기술원조나 경제개발, 사회활동의 경비 등 행정예산으로는 분류되지 않는 경비가 포함되어 있다. 따라서 제17조 1항에서 말하는 '예산'을 한정적으로 해석할 근거는 없고, 2항에서 말하는 '경비'도 UN의 모든 경비를 포함하는 것이라고 해석된다.

3. 제17조 2항에서 말하는 '이 기구의 경비'가 UN의 행정경비에 한한다는 견해는 총회와 안전보장이사회와의 권한관계를 근거로도 주장된다. 즉, 국제평화 및 안전유지를 위한 활동으로부터 발생한 경비는 전적으로 안전보장이사회에 의해서, 특히 헌장 제43조에 따라 교섭되는 특별협정을 통하여 처리되게 되고, 총회가 회원국에게 할당하는 '이 기구의 경비'에는 포함되지 않는다고 논의되었다. 또 총회의 권한은 토의, 심의, 연구, 권고에 한정되어 있기 때문에 총회는 그 권고의 실시로부터 발생하는 경비를 지불해야 할 의무를 부담할 수는 없다는 점도 논의되었다. 따라서 재판소는 국제평화와 안전유지에 관한 총회와 안전보장이사회의 임무를 검토한다.

(1) 헌장 제24조에 의해, 안전보장이사회는 국제평화와 안전유지에 관하여 '주요한' 책임을 지고 있지만, 그것은 '배타적인' 책임은 아니다. 또 총회도 국제평화와 안전유지에 관하여 일정한 권한을 가지고 있고, 그 속에는 어떤 종류의 행동을 권고할 권한도 포함된다.

(2) 헌장 제11조 2항 마지막 부분은 '행동을 필요로 하는' 문제는 안전보장이사회에 부탁해야 한다고 규정하고 있지만, 거기에서 말하는 '행동'은 헌장 제7장에 기한 강제조치를 의미하고 있고, 강제행동 이외의 행동이 있다면, 총회가 권고하는 것도 가능하다.

(3) UNEF 및 ONÚC의 활동은 강제행동이 아니기 때문에 제43조의 적용은 아니지만, 가령 적용이 있다고 해도 경비의 일부를 UN의 부담으로 하는 취지를 정하는 것은 가능하고, 그 경우에는 UN의 부담으로 된 경비는 '이 기관의 경비'의 일부를 구성하고, 제17조 2항에 의해 총회가 회원국에게 할당할 수 있다.

이상의 이유에 의해, 국제평화와 안전유지에 관해서는 총회의 예산 권한이 제한되어 있다고 하는 견해는 지지될 수 없다.

4. UNEF 및 ONUC의 경비가 '이 기구의 경비'에 해당하는가 여부는 그것이 UN의 목적을 실현하기 위하여 행해지는가 여부에 의해 결정된다. 다만, UN이 UN의 목적의 하나를 달성하기 위하여 적당하다고 생각하는 행동을 취한 경우에는 일응 그것은 UN의 권한 내의 행동이라고 추정되어야 하고, 또 그것이 내부적으로는 권한이 없는 UN 기관에 의해 취해진 행동이라고 해도 그것이 그 행동에 '이 기구의 경비'가 아닌 것은 아니다. 그리하여 UN에는 UN 기관의 행위의 유효성을 결정하는 절차가 없고, 적어도 제1차적으로는 각 기관이 자신의 관할권을 결정해야 하기 때문에, 이를테면, 안전보장이사회가 국제평화와 안전을 유지하기 위하여 어떤 결의를 채택하고, 그 위임 또는 수권에 기하여 사무총장이 재정상의 지출을 행하는 경우에는 그 지출은 '이 기구의 경비'라고 추정해야 한다.

5. (1) UNEF에 대해서만 본다면, 동 활동은 관계국의 동의하에 행해지고, 동시에

강제로 임무를 수행하고 있지 않으므로 제7장에 기한 강제행동은 아니다. 한편, 이 활동은 사태의 평화적 해결을 촉진·유지한다고 하는 UN의 주요한 목적을 달성하기 위한 활동이라는 것은 명백하기 때문에 그 경비는 제17조 2항에서 말하는 '이 기구의 경비'라고 보지 않으면 안 되고, 실제로 매년 총회에서도 그와 같이 취급되어 왔다.

(2) 또한 ONUC도 특정국에 대한 방지행동 또는 강제행동을 수반하는 것은 아니고, 따라서 제11조 2항에서 말하는 '행동'에는 해당하지 않지만, 분명하게 국제평화 및 안전을 유지하기 위한 행동이다. ONUC에 참가하는 국가를 안전보장이사회에서가 아니라 사무총장이 결정한 것이 헌장에 위반한다는 의견이 있지만 사무총장의 행동은 안전보장이사회 및 총회의 그 후의 결의에서 반복하여 승인되고 있다. 총회 결의 1619(XV)는 ONUC의 경비가 "일반예산에 열거된 기구의 경비와는 본질적으로 다른 성질을 가진다"고 하고 있지만, 그것은 일반예산과는 다른 분담비율이 필요하다는 점을 지적하고 있고, 회원국에게 할당되어야 할 '이 기구의 경비'라는 점을 부정한 것은 아니다.

이상의 이유에 의해, 재판소는 9 대 5의 다수로 UNEF 및 ONUC의 경비를 헌장 제17조 2항에서 말하는 '이 기구의 경비'에 해당한다고 결론 내린다.

Ⅳ. 지역적 안전보장

1. 지역적 협정 및 기관

UN헌장은 제8장에서 지역적 협정을 규정하여 UN의 목적과 원칙에 일치하는 것을 조건으로 국제평화와 안전에 관한 사항으로서 지역적 행동에 관한 사항을 처리하기 위한 지역적 협정 또는 기관을 인정하고 있다(UN헌장 제52조 1항). 지역의 특수성, 지역에 특유한 사정은 지역의 제국(諸國)이 잘 알고 있기 때문에 이상적으로, 그리고 실효적으로 처리될 수 있다는 것에 연유한다.

나아가 UN헌장은 지역적 안전보장제도를 적극적으로 이용하도록 하고 있다. 첫째로, 지역적 협정의 당사자인 회원국은 분쟁의 평화적 처리에 관하여 지방적 분쟁을 안전보장이사회에 부탁하기 전에 지역적 협정에 의하여 평화적으로 해결하기 위하여 노력할 의무를 정하고 있다(동 헌장 제52조 2항). 또 국제평화와 안전유지에 관하여 주요한 책임을 지는 안전보장이사회가 관계국의 발의에 기하든, 자기가 스스로 부탁한 것이든 간에 지역적 협정 또는 기관에 의한 지방적 분쟁의 평화적 해결의 발달을 장려해야 한다(동 헌장 제52조 3항). 둘째로, 침략에 대한 강제행동에 관해서는 안전보장이사회는 적당한 경우에는 그 강제행동을 위하여 지역적 협정 또는 기관을 이용한다. 그와 동시에 이러한 협정 또는 기관이 강제행동을 취하기 위해서는 안전보장이사회의 허가를 얻어야 한다(동 헌장 제53조 1항).

위의 어느 경우에 있어서나 지역적 협정 또는 기관에 의한 행동은 일반적 안전보장기구와 관련되며, 특히 강제행동에 있어서는 일반적 안전보장기구의 엄중한 통제를 받는다. 이것은 UN이 일반적 안전보장의 체제를 강화하고, 그 기능을 안전보장이사회에 집중하여 그 권위 하에 지역주의를 인정하고 있다는 것을 의미한다.

2. 집단적 자위권

위에서 본 것처럼, 지역적 협정 또는 기관이 강제행동을 취하려고 할 때 그것이 자국의 발의에 의하든, 안전보장이사회를 이용하든 간에 안전보장이사회의 허가를 필요로 한다. 그런데 이 허가에는 상임이사국의 거부권이 적용되므로 이사국의 반대에 의하여 강제행동을 취할 수 없는 사태가 일어난다. 즉, 어느 상임이사국이 직접 또는 간접으로 관계한 무력공격이 발생한 경우에는 강제행동은 취해질 수 없게 된다. 이러한 경우를 우려하여 샌프란시스코의 헌장제정회의에 참가한 국가들 중 라틴아메리카제국과 아랍연맹제국이 이에 대한 수정을 요구하고, 이것을 받아들인 형태로서 집단적 자위권이 설정되었다. 즉, 미주제국은 샌프란시스코회의 직전의 1945년 3월 3일에 멕시코에서 회합하여 「Chapultepec협정」[9]을 체결하고 있었는데, 이 협정에서는 전후에도 전쟁 중의 협력관계를 유지하기 위하여 미주의 어떤 일국에 대한 공격이 행해진 경우에는 체약국 전부에 대한 공격으로 간주하고, 공동방위조치를 취할 수 있도록 새로운 조약을 다시 체결할 것을 규정하였다. 또한 이집트를 중심으로 한 아랍제국 간에도 침략격퇴를 위하여 필

---

9) 「채풀테펙협정」(Act of Chapultepec)이란 1945년 3월 2일 멕시코의 멕시코시티에서 개최된 「전쟁과 평화의 제(諸)문제에 관한 미주회의」에서 미주제국(美洲諸國)간에 채택된 선언 형식에 의한 국제협정을 말한다. 전문(前文) 외에 선언과 권고를 포함한 3부로 되어 있다. 전문에서는 미주 제국민(美洲 諸國民)의 국제관계에 관한 제(諸)원칙, 특히 미주제국(美洲諸國)이 지금까지 채택한 국제법상의 제(諸)원칙을 확인하고, 평화와 전쟁의 문제에 관한 미주대륙의 연대성과 안전보장의 원칙을 천명하고 있다. 제1부의 선언은 아메리카제국(諸國)에 대한 공격에 관한 연대성 및 공동으로 취할 제(諸)수단 등을 규정한다. 제2부에서는 전쟁 종료 후 침략에 대항할 공동수단을 규정하는 조약의 체결을 권고하고 있다. 제3부는 이 선언과 권고가 국제평화와 안전에 관한 지역적 협정으로서 일반국제기구의 목적과 원칙에 적합해야 할 것을 규정한다. 이 채풀테펙협정과 관련하여 국제연합헌장에는 집단적 자위권의 규정이 있고, 또 이 협정의 권고가 전미상호원조조건으로서 실현되었다.
http://www.lawtimes.co.kr/LawInfo/InfoDics/InfoDictionary.aspx?m=idcs&serial=50803

요한 조치를 결정하는 취지의 「아랍연맹규약」이 같은 해 3월 22일에 조인되어 전자와 같은 사정에 있었다. 따라서 지역적 협정에 의한 강제조치를 발동하는 경우에 안전보장이사회의 허가를 요한다고 규정한 헌장 제53조 1항의 적용에서 제외되는 특수한 예외적인 경우로서 새로운 규정을 두는 것을 구상하였던 것이다. 즉 직접 공격을 받은 국가가 자국의 법익을 수호하기 위하여 부득이 취하는 반공조치(反攻措置)인 종래의 자위권(개별적) 외에, 자국이 직접 공격을 받지 아니하여도 타국이 공격을 받는 경우에 이것을 자국이 공격을 받는 것으로 간주하고 반격할 수 있게 하기 위하여, 즉, 위의 상호원조조약의 의무를 이행할 수 있게 하기 위하여 새로운 개념인 집단적 자위권을 헌장 제51조에 포함시키게 된 것이다.

(1) 집단적 자위권에 근거를 둔 지역적 협정의 전개

UN헌장이 성립한 이후 집단적 자위권에 근거를 둔 국가의 개별적 안전보장조직이 법적으로 가능하게 되었다. 이상적인 UN의 집단안보체제가 그 기능이 마비될 조짐에 비추어 헌장 제51조에 근거를 둔 지역적 협정이 체결되었다. 1947년의 「미주상호원조조약」, 1949년의 「북대서양조약」, 1955년의 「Warsaw조약」 등 다수국간 조약과 1955년의 한미상호방위조약과 같은 많은 양자조약들이 전세계적으로 거미줄처럼 얽혀 상호의존관계에 있는 국가들 간에 각각 그들의 안전보장을 꾀하고 있는 실정이다.

그런데 이들 조약들의 활동근거는 조약에 명시적으로 규정되거나(예: NATO 제5조 1항, OAS 제3조 1항, Warsaw 조약기구 제4조 1항) 또는 묵시적으로 규정되거나(한·미 조약 제2조) 제51조의 집단적 자위권이 그 근거가 되고 있다. UN 비회원국도 이 권리를 향유하는가에 대해서는 학설상 이견이 있으나 대체로 인정된다는 것이 지배적인 견해이다. 집단적 자위권은 이러한 조약과 결부하여 상호원조가 의무화 되고 있다. 그리고 그 원조의무는 조약에 따라 강도의 차이가 있다.

(2) 집단적 자위권의 본질

집단적 자위권이란 타국에 무력공격이 가해질 경우에 이로 인하여 자국의 평화와 안전에 대한 위해를 인정하는 피공격국과 밀접한 관계에 있는 국가가 타국을 원조하여 그 무력공격을 배제하기 위하여 반격할 수 있는 권리라고 할 수 있다. 물론 집단적 자위가 자기방위의 본질을 가진다고 해도 그것이 피공격국을 원조한다는 점에서, 형식상으로는 자위(自衛)가 아니라 타위(他衛)라고 할 수 있는 것은 사실이다. 그러나 자기의 안전과 평화를 방위하는 것이 목적이므로 실질적으로는 자위인 것이다. 그러므로 집단적 자위권을 행사하는 국가는 피공격국과 상호의 안전보장을 불가분으로 하는 밀접한 관계가 있어야 한다. 자국에 대하여 배제되어야 할 자국의 안전과 평화에 대한 위협도 존재하지 않는다면, 법리상 자위를 할 수 있는 전제조건을 결한다고 할 수 있다.

이미 앞에서 말한 바와 같이, 오늘날 집단적 자위를 준비하고, 나아가서 조직하기 위하여 다수국 또는 2국간의 안전보장조약 또는 상호원조조약이 많이 체결되고 있다. 그리고 제국(諸國)의 방위체제는 헌장상 집단적 자위권의 법적 기초에서 협정상 연대보장의 의무를 개재시키기 위하여, 공공방위를 위한 조직적 기반을 구성하고 있다. 물론, 법리상으로는 조약을 체결했다는 것만으로써 그들의 상호원조가 자위로 되는 것은 아니다. 왜냐하면 집단적 자위권의 존재 및 행사를 객관적으로 규율하고 있는 것은 UN헌장이지 안보조약 등이 아니기 때문이다. 그러므로 안보조약 또는 상호원조조약의 설정은 상호의존관계의 실재성에 대한 체약국간의 법적 확신을 일반적으로 표명한 것이라고 해석된다. 원조의무의 선언은 한 국가에 대한 무력공격의 발생을 계기로 피공격국과 밀접한 관계를 가지는 타체약국의 안보와 평화에 대한 위협으로 간주되므로 헌장과 저촉되지 않는 협력의무를 부과한것에 지나지 않는다고 보아야 한다. 그런데 이러한 조약체결의 전제가 된 상호의존관계는 지리적 근접성이 가장 중요하고 또한 원칙이겠으나, 반드시 그에 국한하는 것이 아니라 정치적 및 경제적 결합도 있을 수 있으므로 그러한 유대가 성립할 수 있는 범위는 대단히 넓다. 따라서 집단적 자위권에 근거를 둔 지역적 협정이 체결되었다는 것은 장래 긴급한 사태에 대처하기 위해 공통된 이해관계를 가지는 밀접한 유대가 있다는 것으로 추정된다. 그리고 지역적 협정에서 밀접한 관계의 강도에 따라 공동방위에 있어서의 원조의무에 강약의 차이가 나타난다. 따라서 집단자위가 그 본질에 있어 자기방위임을 실증한 것이라고 하겠다.

〔Nicaragua사건〕
(Case concerning Military and Paramilitary Activities in and against Nicaragua)
니카라과 v. 미국, 국제사법재판소, 관할권・수리가능성(1984년 11월 26일), ICJ (1984) 392; 본안(1986년 6월 27일), ICJ (1986) 13

[사 실]

1979년 7월에 니카라과에서 반정부조직인 산디니스타 국민해방전선이 소모사 대통령 일가(一家)의 43년에 걸친 독재체제를 전복시키고 좌익혁명정권을 발족시켰다. 주변의 엘살바도르와 온두라스, 그리고 코스타리카 등에서도 반정부 게릴라 활동이 활발하게 되었다.

미국정부는 당초 니카라과의 신정부를 지원했지만, 1981년 1월에 발족한 레이건 정권은 니카라과정부에 의한 상기의 제국(諸國), 특히 엘살바도르의 반정부 세력에 대한 군사적 지원 등을 이유로 하여, 같은 해 12월 이후 니카라과의 반정부조직 '콘트라'를 적극적으로 지원하게 되었다. 콘트라는 소모사정권의 지지자나 신정부의 이반자(離反者)를 중심으로 1981년과 그 이듬해에 결성된 군사조직으로 온두라스와 코스타리카의 국경 부근에서 활동하고 있었다. 미국은 1983년 9월부터 다음 해 4월에 걸쳐 콘트라에 대한 군사적 지원도 강화하고, 중앙정보국(CIA)의 지령과 지원을 받은 조직이 니카라과의 코린트항 등에 설치한 기뢰로 인하여 여러 명의 니카라과인이 죽거나 다치고, 제3국의 선박에게도 피해가 발생했다. 또 동국(同國)의 항만이나 석유 저장시설이 공격받았으며, 정찰 비행에 의한 영공 침범도 행해졌다.

니카라과정부는 1984년 3월에 자국에 대한 침략행위가 격화하고 있다고 하여 UN 안전보장이사회에 문제의 심의를 요청했다. 4월 4일의 이사회에서 니카라과수역에서의 기뢰부설을 국제법 위반이라고 하여 비난하는 내용의 결의안이 표결에 부쳐졌지만, 미국의 거부권 행사에 의해 부결되었다. 4월 9일에 니카라과정부는 자국에 대한 미국의 군사적·준군사적 활동의 책임을 묻기 위하여 재판소에 소송을 제기하고, 다음과 같은 청구를 했다.

① 미국은 콘트라의 모집이나 훈련, 장비, 재정원조 및 군사적·준군사적 활동을 했으며, UN헌장과 조약상·관습국제법상의 의무에 위반했다. ② 미국은 무력행사를 금지한 UN헌장 제2조 4항 등에 위반하고 있다. ③ 일반·관습국제법에 위반하여 자국의 주권을 침해하고 있다. ④ 자국에 대하여 무력에 의한 위협과 무력의 행사를 하고 있다. ⑤ 자국 내정에 간섭하고 있다. ⑥ 공해의 자유를 침해하고 있다. ⑦ 평화적인 해상 통상(通商)을 방해하고 있다. ⑧ 자국민을 살상하고, 유괴하고 있다. ⑨ 미국은 이와 같은 행위들을 즉각 중지할 의무와 손해배상을 할 의무가 있다.

니카라과는 청구 시 미국에게 행동의 즉시 중지를 명령하는 가보전조치의 지시도 요청했다. 재판소는 니카라과의 요청을 받아들여 1984년 5월 10일에 가보전조치를 지시하고, 미국에게는 항행을 방해, 특히 기뢰부설의 즉시 중지를 명령하는 한편, 양국에게 분쟁을 악화시키며, 상호간 권리를 해하는 행동을 취하지 말도록 명령했다(ICJ (1984) 169). 같은 해 10월 4일의 명령에서는 엘살바도로가 제출한 소송참가의 요청을 관할권의 존재를 확인해야 할 국면에서는 수리할 수 없다는 이유로 각하했다(ICJ (1984) 215).

[판결요지]

(관할권·수리가능성) 1. 니카라과는 재판소의 관할권의 기초로서 당사자의 재판소규정 제36조 2항에 기한 강제관할권의 수락선언에 의거했다. 동국(同國)은 PCIJ규정 제36조 2항에 기하여 자국의 수락선언과 동 규정에 기하여 내려진 효력을 가지는 선언의 계속성을 인정하는 현행 규정 제36조 5항을 원용했다. 신청서에서는 동국(同國)간의 1956년의 우호통상항해조약을 독립된 관할권의 기초로서 원용했다.

니카라과는 1929년에 PCIJ규정의 서명의정서에 서명하고, 무기한의 수락선언을 행했지만, 연맹사무국에는 동 의정서의 비준서를 기탁한 기록은 없었다. 다만, 동국(同國)은 1945년 9월에 UN헌장을 비준하여 UN의 원회원국이 되었고, 같은 해 10월 24일에는 헌장 및 헌장과 일체를 이루는 ICJ규정이 발효했다. 1946년의 미국의 수락선언은 다수국간 조약에 관한 분쟁 등을 유보하고 있었지만 5년간 유효하며, 그 후는 6개월의 예고로 폐기될 때까지 효력을 가지고 있었다. 그러나 동국(同國)은 1984년 4월 6일 서한에서 UN 사무총장에게 자국의 선언이 중남미의 분쟁에는 적용되지 않고, 이는 직접 실시되며, 2년간 효력을 가진다고 통고했다.

재판소는 현행 규정의 발효 시에 니카라과의 선언이 유효했다는 점에 주목한다. 동국(同國)은 상설재판소규정의 서명의정서의 비준서를 기탁하고 있지 않고, 그 수락선언에는 구속력이 없었다. 그러나 신규정의 발효까지 구규정의 서명의정서의 비준서를 기탁한다면, 구속력이 발생하고, 동국(同國)의 선언은 무조건이었기 때문에 무기한의 잠재적 효력을 가지고 있었다.

현행 재판소규정의 기초자의 주된 관심은 현행 재판소와 선행 재판소의 최대한의 계속성을 확보하는 것이었다. 구재판소로부터 신재판소에 권한을 위양하는 구조는 규정 제36조 5항에서 일찍이 구속력이 없던 선언을 포함하는 해석을 지지한다. 니카라과는 재판소의 연보 등에서 강제관할권의 수락국으로서 취급되고 있지만, 동국(同國)의 침묵은 이를 수용했다고 해석할 수 있다. 1929년의 선언에 의한 구속을 인정하는 니카라과의 계속적인 묵인은 규정 제36조 2항에 기한 재판소의 강제관할권을 인정하는 유효한 방법을 구성하고, 동국(同國)이 미국과의 관계에서 '동일 의무를 수락하는 국가'라는 결론을 내리는 것이 정당하다.

2. 1984년의 미국의 통고의 효과에 관한 가장 중요한 문제는 동국(同國)이 1946년의 선언에 첨부한 6개월의 통고 조항을 무시할 자유가 있는가 여부이다. 미국은 자국의 선언을 수정하기도 하고, 종료시킬 권리를 가지고 있었지만, 어떠한 변경도 통고일로부터 6개월 후에 효과를 가지는 것이고, 선택조항을 수락하는 타국에 대하여 면제될 수 없는 의무를 진 것이다. 게다가 1984년의 통고는 본건에 있어서 동일한 의무를 수락하는 국가인 니카라과와의 관계에서 미국의 재판소의 강제관할권에 따라야 할 의무를 무효로 할 수는 없다.

3. 미국은 자국의 선언의 다수국간 조약에 관한 유보에도 불구하고, 니카라과가 UN헌장이나 미주기구헌장 등의 네 가지의 다수국간 조약을 원용했다고 지적한다. 그러나 니카라과는 그 주장을 다수국간 조약의 위반에만 한정하지 않고, 오히려 미국이 위반했다고 하는 복수의 관습국제법의 원칙을 원용하고 있고, 단순히 이들 원칙이 원용된 조건에 포함되고 있다는 이유로 니카라과의 청구를 각하할 수는 없다.

4. 니카라과는 미국에 의한 1956년의 우호통상항해조약의 위반도 지적하고 있다. 동국(同國)이 제소한 사정이나 주장하는 사실로부터 양국 간에 동 조약의 해석 또는 적용에 관한 분쟁이 존재하고, 동국(同國)은 새로운 소송을 제기할 수 있다. 따라서 재판소는 동국(同國)의 청구가 조약의 해석 또는 적용에 관한 분쟁을 구성하는 범위에서 청구를 수리할 관할권을 가진다고 판단한다.

5. 미국은 답변서에서 다섯 가지의 근거로부터 니카라과의 청구는 수리할 수 없다고 주장했다. 본건의 분쟁은 UN 안전보장이사회의 권한에 속하는 무력행사에 관계하고, UN 체제에서의 그 지위로부터 재판소는 헌장 제51조에 기한 자위권 행사의 문제를 수리할 수 없고, 진행 중인 무력 분쟁을 취급해야 하는 것은 아니다. 그러나 재판소는 분쟁이 안전보장이사회에 계류되어 있다는 이유에서 취급하는 것을 방해할 수는 없다. 두 가지의 절차는 병행하여 진행될 수 있고, 니카라과의 청구는 분쟁의 평화적 해결을 꾀하는 것이고, 적절하게 기구의 주요한 사법기관에 부탁되어 있다.

6. 이상의 이유에 의해, 재판소는 ① (a) 규정 제36조 2항 및 5항에 기하여, 니카라과의 청구를 심리할 관할권을 가진다고 인정한다(11 대 5). (b) 1956년의 양국 간의 우호통상항해조약 제24조에 기하여, 동 조약의 해석 또는 적용에 관한 분쟁에 대한 청구를 심리할 관할권을 가진다고 인정한다(14 대 2). (c) 본건을 심리할 관할권을 가진다고 인정한다(15 대 1). ② 니카라과의 청구가 수리가능하다고 인정한다(전원일치).

(본 안) 1. 미국은 관할권과 수리가능성에 관한 판결 후인 1985년 1월 8일, 재판소에 대하여 동 판결이 사실과 법의 양면에서 명백하게 오류가 있고, 재판소가 본건에 관한 관할권을 가지지 않으며, 이후의 절차에 참가하지 않는다고 통고했다. 미국이 취한 태도에는 당사자의 불출정(不出廷)에 관한 규정 제53조가 적용되지만, 당사자의 불출정은 판결의 효력에 영향을 미치지 않는다. 그러나 제53조가 적용되는 경우, 재판소는 관할권만이 아니라 청구가 사실상 및 법률상 충분한 근거를 가지는 것을 확인해야 한다.

2. 미국은 본건의 소송 제기 후에 선택조항의 수락선언과 당사자 간의 우호통상항해조약을 폐기했지만, '노테봄규칙'(Nottebohm Rule)에 의해 재판소의 관할권에는 영향이 없다. 미국의 다수국간조약의 유보의 효과에 대해서는 동국(同國)이 UN헌장과 미주기구헌장에 위반했다고 주장하는 니카라과의 청구에 대한 재판소의 판결에서 양 조약의 당사국인 엘살바도르가 영향을 받는다고 판단된다. 재판소는 이 조약들에 기한 청구를 수리할 수 없다. 그러나 미국의 유보의 효과는 다수국간 조약인 UN헌장과 미주기구헌장의 적용을 방해하는 데 그치고 있고, 규정 제38조가 재판소에서 적용을 구하는 국제법의 기타 법원(法源)에는 영향을 미치지 않는다.

3. (1) 재판소는 니카라과의 신청에서 미국에게 직접 책임을 발생시키는 사실 가운데 다음의 내용이 입증되었다고 인정한다. 1983년 말부터 다음 해 초에 미국대통령이 정부 기관(CIA)에게 니카라과항만에서의 기뢰 부설을 허가하고, 동 기관에 고용되어 지령을 받은 자가 항만에 기뢰를 부설했다는 점, 미국이 부설한 기뢰의 존재나 위치에 대하여 경고하지 않고 기뢰 폭발에 의한 인적·물적 손해가 발생하여 보험금액을 인상시켰다는 점이다. 미국에게 귀속하는 것은 푸에르토 산디노의 해저 송유관의 폭파와 코린트항의 공격, 포토시해군기지의 공격, 엘부르프항, 코린트항에서의 기뢰부설, 정찰비행에 의한 영공 침범 등이다.

(2) 미국 정부가 콘트라의 군사적·준군사적 활동에 재정지원을 한 것은 완전하

게 입증된 사실이고, 동 당국이 콘트라에 대한 대규모의 자금 공여나 훈련, 장비, 무장 및 조직을 했다는 점은 입증되었다고 인정한다. 미국은 콘트라의 행위에 책임은 없지만, 니카라과에 대한 미국 자신의 행위에 책임이 있다. 미국 CIA는 1983년에 니카라과 시민에 대한 발포, 살인 등에 관한 「게릴라전에서의 심리전」 등의 안내서를 작성하고, 콘트라에게도 제공했다. 미국대통령은 1985년 5월에 '국가긴급사태'에 관한 행정 명령에서 니카라과와의 수출입과 동국(同國) 선박의 미국으로의 기항 금지, 동국(同國) 항공기의 미국으로부터의 발착(發着) 금지 등의 전면적인 금수(禁輸)를 선언했다.

4. (1) 미국은 답변서에서 그 행동은 개별적 및 집단적 자위권의 행사이고, 엘살바도르 등의 원조의 요청에 따른 것이라고 주장했다. 재판소는 1979년 7월부터 1981년 초까지 니카라과의 영토를 경유하여 엘살바도르의 반정부 무장세력에 대한 계속적인 무기의 유입이 있었다는 것을 인정한다. 한편, 이 시간 이후의 지원의 계속이나 어느 시기에 있어서의 무기의 유입에 대하여 니카라과정부의 책임을 인정하기 위해서는 증거가 불충분하다. 1982년부터 1984년까지의 온두라스와 코스타리카에 대한 월경 침입에 대해서도 니카라과에게 책임을 지울 수 있지만, 증거가 불충분하고, 무력 공격인가의 여부에 대한 결정은 곤란하다.

(2) 재판소는 미국의 주장을 고려하여 자위권, 특히 집단적 자위권에 대하여 견해를 표명해야 한다. 관습국제법상 자신을 무력 공격의 희생국이라고 본 국가의 요청이 없는 경우에 집단적 자위권의 행사를 용인하는 규칙은 없다. 희생국의 요청이라는 요건은 공격받았다고 스스로 선언해야 하는 요건이 추가된다. 엘살바도르는 무력공격의 희생국이라고 선언했지만, 미국이 행동을 개시한 후이고, 온두라스와 코스타리카는 무력공격이나 집단적 자위권에 대해 언급하고 있지 않다. 본건에서는 집단적 자위권 행사를 위한 불가결한 요건이 충족되고 있지 않으므로 미국의 활동이 필요성과 균형성의 요건을 충족하고 있다고 해도 합법적으로 되지는 않고, 그 행동은 필요성과 균형성의 요건에도 합치하지 않는다.

5. 엘살바도르의 반정부세력에 대한 니카라과의 무기 공여는 무력공격과 동일시될 수 없다. 이 활동은 무력불행사원칙의 위반을 구성하는 위법한 내정간섭이지만, 무력공격만큼 중대한 것은 아니다. 무력공격은 집단적 자위권을 발생시키지만, 그것만큼 중대하지 않은 무력행사는 무력행사를 포함한 집단적인 대항조치를 취할 권리를 창설하지 않는다. 니카라과의 행위가 입증된 경우에 엘살바도르 등의 희생국의 균형 잡힌 대항조치를 정당화하는 것에 지나지 않고, 제3국인 미국의 대항조치, 특히 무력행사를 포함하는 간섭을 정당화하지 않는다.

6. 국제법상 일국이 타국을 강제하기 위하여 타국 정부를 전복할 목적을 가지는 동국(同國)의 무장집단을 지지하고 원조하는 경우, 이러한 지지나 지원을 제공하는 국가의 정치 목적의 여하를 묻지 않고 타국에 대한 간섭이 된다. 따라서 미국이 자금 공여나 훈련, 무기의 보급, 정보·병참 지원에 의해 콘트라의 군사적·준군사적 활동에 제공된 지원은 불간섭원칙의 명백한 위반을 구성한다. 콘트라에 대한 지원은 니카라과의 항만이나 석유시설 등에 대한 직접 공격과 마찬가지로 위법한 무력행사가 될 뿐만 아니라 동국(同國)의 영역주권의 침해도 구성한다.

7. 미국은 니카라과의 항만에 부설한 기뢰의 존재에 대하여 경고나 통고를 하지 않았지만, 1907년의 자동촉발기뢰의 부설에 관한 조약은 전시에도 기뢰의 부설을 통고할 의무를 규정하고 있다. 평시에 타국의 영수(領水)에 기뢰를 부설하는 것은 물론 위법하다. 외국선박이 입항권이나 통항권을 가지는 수역에 기뢰를 부설하여 경고나 통고를 하지 않는다면, 1907년의 제8조약의 기초가 되는 인도법원칙의 위반이 된다. 미국은 「게릴라전에서의 심리전」의 안내서를 작성하고, 배포했지만, 일반 시민들에게는 위험하지 않다는 주장은 제네바조약 공통 제3조에 위반한다. 안내서의 간행과 배포도 국제인도법의 일반원칙의 위반을 장려한 것이다.

8. 니카라과는 미국이 1956년의 우호통상항해조약의 취지나 목적을 파기하고 내용이 없게 되어 버렸다고 주장하지만, 미국의 행동이 제21조의 '본질적인 안전보장상의 이익을 지키기 위하여 필요한 조치'인가 아닌가를 결정해야만 한다. 재판소는 미국의 모든 행위가 조약의 취지나 목적을 파기하는 것이라고는 보지 않지만, 항만이나 석유시설에 대한 공격, 기뢰의 부설 등의 일부 활동은 2국간 협정의 정신을 왜곡한 것이라고 생각한다. 1985년 5월의 전면적 금수와 같은 통상관계의 갑작스런 파기는 조약의 취지나 목적을 무효로 하지 않을 의무에 위반한다. 미국의 기뢰 부설은 조약 제19조에서 보장하는 항행이나 통상의 자유와 모순하고, 니카라과의 손해의 주장을 정당화한다. 기뢰부설이나 항만의 공격 등은 '필요한' 것으로써 정당화될 수 없다.

9. 니카라과는 자국에 대한 배상 지불과 다음 절차에서의 배상액의 결정, 직접적인 손해로서 잠정적으로 3억 7,020만달러의 지불을 인정하는 판결을 구하고 있다. 그러나 동국(同國)의 요청을 절차의 다음 단계에서 결정하는 것이 적당하다고 생각한다. 동국(同國)의 요청은 잠정적인 것이지만, 재판소에 중간판결을 할 권한이 있다고 해도 당사자 간의 교섭에 의한 해결을 방해하는 행동을 삼가야만 한다. 재판소는 이미 검토한 금지적인 제(諸)원칙을 보충하는 분쟁의 평화적 해결에 관한 원칙을 상기하고, 본건의 양 당사자에게 중미에서의 분쟁을 확정적으로 영구적인 평화를 구하는 것에 대하여 콘타도라 프로세스(Contadora Process)협정에 협력할 필요성을 환기한다.

10. 이상의 이유에 의해, 재판소는 ① 본건의 심리에서 미국의 수락선언의 '다수국간 조약 유보'의 적용이 필요하다고 결정한다(11 대 4). ② 미국의 니카라과에 대한 군사적·준군사적 활동에 관한 집단적 자위권 행사의 항변을 각하한다(12 대 3). ③ 미국이 자금 공여나 훈련, 무기, 정보제공, 격려 등에 의해, 콘트라의 군사적·준군사적 활동을 지원하여 관습국제법의 불간섭원칙에 명백하게 위반했다고 결정한다(12 대 3). ④ 미국이 푸에르토 산디노나 코린트, 포트시해군기지 등의 니카라과 영토에 대한 공격 및 ③의 간섭행위에 의해 UN헌장 제2조 4항에도 포함되어 있는 무력행사금지의 관습국제법의 원칙에 위반했다고 결정한다(12 대 3). ⑤ 미국이 니카라과의 영공 비행의 지시 또는 허가 및 ④의 행위에 의해 타국의 영역주권을 존중해야 할 관습국제법의 원칙에 위반했다고 결정한다(12 대 3). ⑥ 미국이 니카라과의 영수(領水)에 대한 기뢰의 부설에 의해 무력불행사원칙과 불간섭원칙 및 외국선박의 항만의 이용권을 침해하고, 교통·해상 통상의 자유원칙에 위반했다고 결정한다(12 대3). ⑦ 미국이 ⑥의 행위에 의해, 1956년의 우호통상항해조약 제19조의

의무에 위반했다고 결정한다(14 대 1). ⑧ 미국이 ⑥에서 말하는 기뢰의 존재와 위치를 고지하지 않았고, 이것에 관한 관습법원칙에 위반했다고 결정한다(14 대 1). ⑨ 미국이 「게릴라전에서의 심리전」의 안내서를 작성·배포하여 콘트라에 의한 국제인도법의 일반원칙을 조장했다고 인정한다(14 대 1). ⑩ 미국이 ④의 니카라과의 영토에 대한 공격이나 동국(同國)과의 전면적인 금수선언에 의해, 우호통상항해조약의 취지나 목적을 박탈할 것을 꾀하는 행위를 했다고 결정한다(12 대 1). ⑪ 미국이 ④의 니카라과영토에 대한 공격과 동국(同國)과의 전면적인 금수선언에 의해, 우호통상항해조약 제19조의 의무에 위반했다고 결정한다(12 대 3). ⑫ 미국이 상기의 법적 의무에 위반하는 모든 행위를 직접 중지하고, 유보할 의무를 진다고 결정한다(12 대 3). ⑬ 미국이 관습국제법에 기한 의무의 위반에 의해 니카라과에게 입힌 모든 손해에 대해 배상할 의무를 진다고 결정한다(12 대 3). ⑭ 미국이 우호통상항해조약의 위반에 의해 니카라과에 입힌 손해에 대해 배상할 의무를 진다고 결정한다(14 대 1). ⑮ 손해배상의 성질과 총액은 당사자 간에 합의하지 않은 경우, 재판소가 다음 단계에서 결정하고, 이를 위한 이후의 절차를 유보할 것을 결정한다(14 대 1). ⑯ 양당사자에 대하여 국제법에 따라 평화적 수단에 의한 분쟁의 해결을 구할 의무를 상기시킨다(전원일치).

제 4 절 군비제한

I. UN과 군비제한

군비제한(disarmament)이란 국가의 군비를 감소 내지 철폐하는 것이다. 전쟁을 방지하기 위한 가장 효과적인 수단은 역시 개별 국가가 보유하고 있는 군비를 제한하는 것이다.

국제연맹에서는 각 회원국에게 군비에 관한 일반적 의무규정을 두어 군축의 이행이 그의 중요한 과제임을 승인하였다. 이러한 강한 의지에 입각하여 주요 해군국(海軍國) 사이에 워싱턴(1921~1922), 런던(1930)의 2군축조약이 성립하였다. 그 성공은 전자에 대해서는 전후의 평화적 분위기에, 후자에 대해서는 세계를 휩쓴 불황에 기인하는 바가 컸다. 그러나 이러한 군비제한이 효율적으로 추진되려면 군비를 제한하더라도 외부로부터 위협을 받지 않고 국가를 유지할 수 있다는 자국의 안전이 보장되어야 한다. 이러한 척도로서 이해되는 한 군비제한의 성공은 기대하기 어렵다. 결과적으로 대공황이 지나간 후 국가위기가 조성됨에 따라 연맹회원국들은 군비제한의 약속을 전혀 이행하지 않았다.

UN에 있어서는 연맹의 경우와 같이 군축에 그다지 중요성을 두지 않았다. 다만 군비제한을 총회나 안전보장이사회의 임무의 하나로서 간단하게 규정하고 있는데 불과하다(UN헌장 제11조 1항, 제26조). 그러나 1945년 6월에 UN헌장이 채택된 후 처음으로 세계에 알려진 원자폭탄은 군비제한에 관한 UN의 태도를 돌변시켰다.

1946년 1월 제1회 UN 총회의 결의에 의하여 안전보장이사회 산하에 원자력위원회가 설치되었다. 이 위원회는 핵병기를 포함하여 대량파괴병기의 제거, 위반행위의 감시, 원자력의 평화적 이용을 위한 관리, 이를 위한 기본적 정보의 교환에 관하여 토의·연구·권고하는 것을 임무로 하였다. 1947년에 총회 산하에 통상군비규제위원회가 설립되었다. 1952년 위의 두 위원회는 UN 군축위원회로 통합되었다. 그 사이에 수폭실험, 대륙간탄도핵실험, 인공위성의 발사 등이 성공하자, 핵무기의 위협은 우주공간에까지 확산되기 시작하였다. 따라서 UN은 실제로는 핵의 존재를 인식하면서 핵규제를 중심으로 하는 핵병기체계의 제한에 역점을 두게 되었다.

Ⅱ. 핵병기체계의 규제

1. 핵실험의 부분적 금지에 관한 조약

이 조약의 정식명칭은 「대기권내, 우주공간 및 수중에 있어서의 핵병기실험을 금지하는 조약」(1963. 8. 5)으로 미·소·영 3개국 간에 조인되고 100여개 국가가 가입하고 있다. 그러나 이 조약은 두 가지 난점을 지니고 있다. 즉, 지하핵실험이 금지의 대상이 되어 있지 않다는 것과 조약의 성질상 실험금지가 당연히 비체약국을 저지할 수 없다는 것이다. 미국과 소련은 이 조약을 보충하고 지하핵실험을 제한하는 2개의 조약을 1974년과 1976년에 각각 체결하였다.[10)]

2. 핵확산금지조약

핵확산금지조약(1968. 7. 1)의 주요 내용은 다음과 같다. 국가를 핵병기보유국과

---

10) 1974년의 지하핵실험 제한조약은 150kg미만의 핵무기실험 및 평화적 목적을 위한 핵실험을 제외하고, 지하에서의 핵무기의 실험을 금지하고 있다.

비보유국으로 구분하여, 보유국이 비보유국에 대하여 핵무기나 핵폭발장치를 전해 주지 않도록 규정한다. 비보유국에 대해서는 이러한 핵무기나 핵폭발장치의 보유를 포기하고, 국제원자력기구(IAEA)의 보장조치를 수락하는 대신, 비보유국은 원자력의 평화적 이용에 관한 혜택을 받을 수 있도록 장비·지식·기술을 쉽게 제공받도록 규정하고 있다. 요컨대, 이 조약은 핵병기국을 현재의 5대국(미·소·영·프·중)에 한정하고, 새로운 핵병기국의 증가를 방지함으로써 핵전쟁이 일어날 가능성을 저지하고자 하는 것이 그 목적이다.

이 조약은 핵병기국의 핵보유 제한에는 전혀 손을 대지 않고, 비핵보유국의 의무만을 규정하고 있다는 점에서 비판의 대상이 되고 있다. 그러나 이 조약의 본래의 목적이 핵병기의 비확산에 있다는 점과 핵병기국을 포함한 체약국이 핵군비경쟁의 조기정지 및 핵군비의 축소에 관한 효과적인 조치에 관하여, 그리고 엄중하고도 효과적인 국제관리 하에 있어서의 전면적이고 완전한 군비제한에 관한 조약에 관하여 성실하게 교섭을 행한다(핵확산금지조약 제6조)고 약속되어 있는 바를 고려해야 할 것이다. 이 조약이 미·소간의 핵감축협상의 토대가 되었다.

〔핵실험사건〕
(Nuclear Test Cases)
오스트레일리아 v. 프랑스, 뉴질랜드 v. 프랑스, 국제사법재판소, 가보전조치 명령, ICJ (1973) 99, 135; 판결, ICJ (1974) 253, 457

[사 실]

프랑스는 남태평양 프랑스령 폴리네시아에 핵실험장(그 중심은 무르로아환초(環礁))을 설치하고, 1966년부터 대기권내 핵실험을 실시했다. 이에 대하여 오스트레일리아, 뉴질랜드 등의 남태평양제국(諸國)은 항의했지만, 실험은 거의 매년 계속되었다. 대기권 핵실험에 의한 방사능 오염에 대한 우려가 높아지는 가운데 비핵강령(非核綱領)을 주창한 노동당정권이 오스트레일리아와 뉴질랜드에서 탄생했다. 그 직후인 1973년 1월 3일, 오스트레일리아는 프랑스가 행하는 대기권 핵실험이 법적 규범에 위반된다고 하는 내용의 항의문서를 송부했다. 같은 해 5월 9일, 오스트레일리아는 ICJ규정 제36조 1항과 제37조, 1928년의 「국제분쟁의 평화적 처리에 관한 일반의정서」 제17조, 그리고 ICJ규정 제36조 2항을 관할권의 근거로 하여 아래의 두 가지 사항을 구하는 소송을 제기했다. 즉, ① 남태평양에서의 대기권 핵실험의 실시는 적용되는 국제법의 제(諸)규칙에 위반한다고 판단하고, 선언할 것, ② 프랑스가 그와 같은 실험을 행하지 않도록 명령할 것을 청구했다. 오스트레일리아는 동시에 실험의 정지를 구하는 가보전조치(假保全措置)도 요청했다. 이에 대하여, 프랑스는 재판소 서기 앞으로 보낸 5월 16일자 서한에서 1928년 일반의정서는 유효하지 않다는 것, 그리고 '국방'에 관한 사항은 프랑스의 1966년의 수락선언으로부터 제외되고 있다는 것을 들어 재판소는 본건을 심리할 권한을 명백하게 결여하고 있으며, 관할권을 가지지 않는다고 주장했다. 프랑스는 심리의 전 과정에 참가하지 않았다.

뿐만 아니라, 뉴질랜드도 같은 해 거의 동일한 내용의 소송 및 가보전조치를 재판소에 구했지만 재판소는 거의 동일한 명령·판결을 내렸다. 나아가 뉴질랜드는 1995년에 프랑스가 지하핵실험을 재개하려고 한 것에 대하여, 본건 판결의 기초가 영향을 받았으므로 사태의 재검토를 구하는 소송을 제기했다. 재판소는 1995년 9월 22일의 명령에서 판결은 대기권 핵실험을 대상으로 하고 있어 청구를 각하했다. 또 피지(Fiji)가 규정 제62조에 의거하여 소송참가를 신청했으나, 본건 판결에 의해 본건의 소송 자체가 존재하지 않는다는 이유로 각하했다.

[명령 요지]

1. 재판소는 가보전조치의 요청에 대해서는 그것을 지시하기 전에 사건의 본안에 관한 관할권을 가진다는 것을 최종적으로 확인할 필요는 없지만, 이 단계에서의 심리에서 원고가 원용한 제(諸)규정이 일응(*prima facie*) 재판소의 관할권이 인정될 것이라는 기초를 제공하고 있다고 생각한다. 재판소는 원고의 가보전조치의 요청을 규정 제41조와의 관계에서 검토한다.

2. 재판소가 가보전조치를 지시하는 데에는 원고가 주장하는 권리가 일응 재판소의 관할권 내에 있을 것을 필요로 한다. 원고는 첫째, 대기권 핵실험으로 인한 자유로운 원고의 권리의 침해, 둘째, 방사성 강하물이 원고 영역에 집적되고, 그 영공으로 비산됨으로써 원고의 영역주권의 침해와 자국 내에서의 행위를 독자적으로 결정할 권리의 저해, 그리고 셋째, 공해 자유의 권리의 침해를 주장한다. 이 주장들이 재판소의 관할권의 범위를 완전히 일탈하고 있고, 혹은 이 주장들에 관하여 원고가 그 법적 이익을 입증할 수 없다는 것은 선험적으로는 가정할 수 없다. 1966년 이래의 실험 형식이나 최근의 프랑스의 언동으로부터 프랑스에 의해 행해진 대기권 핵실험이 최근 실시될 가능성이 있다고 하는 원고의 주장에는 근거가 있다. 더욱이 원고는 대기권 핵실험은 그 영역에 방사성 물질을 강하시키고, 그 집적은 원고 국민에 대하여 잠재적인 위험을 야기하고 있고, 그것에 의해 생기는 손해는 회복불능이라고 주장한다. 이들에 대하여 프랑스는 오스트레일리아 국립방사선자문위원회의 보고서를 언급하고, 프랑스의 핵실험은 원고 국민의 건강에 대하여 어떠한 위험도 미치고 있지 않고 있으며, 프랑스의 핵실험에 기인하는 실증된 손해가 없는 이상 실험은 국제법에 위반하지 않는다고 주장한다. 재판소는 UN 원자방사선영향과학위원회의 보고 등으로부터 대기권 핵실험에 기인하는 방사성물질의 집적이 원고에 대하여 손해를 야기하고, 그것이 회복불능인 점이 입증될 수 있는 가능성이 있다는 것을 지적한다면 충분하다고 생각한다. 따라서 재판소는 원고가 주장한 권리 가운데 방사성물질의 원고 영역에서의 집적에 관하여 주장된 것을 보전하기 위하여 아래의 조치를 지시한다. '프랑스정부는 오스트레일리아 영역에 방사성 강하물의 집적을 야기하는 것과 같은 핵실험을 피해야 한다'(8 대 6). 나아가 재판소는 재판소

의 관할권과 청구의 수리가능성에 관한 서면 심리를 행할 것을 결정한다.

[판결 요지]

1. 심리의 현 단계에서 검토되어야 할 것은 관할권과 수리가능성이지만 재판소는 관할권 혹은 수리가능성의 문제로서는 반드시 엄격하게 분류할 수는 없지만, 그보다도 우선하여 검토를 요하는 성질의 다른 제(諸)문제를 고찰할 권한을 가지고, 또 경우에 따라서는 그것을 고찰하도록 요구받기도 한다. 재판소는 '그 사법 기능의 행사에 대한 고유의 한계'(북부 카메룬사건 판결, ICJ (1963) 29)를 준수하는데 필요한 행동을 취할 고유의 관할권을 가진다. 따라서 재판소는 본질적으로 선결적인 문제, 즉 분쟁의 존재에 대하여 검토한다.

2. 재판소는 청구의 진실한 취지 및 목적을 명확하게 해야 한다. 재판소가 당사국의 신청을 해석할 권한을 가지는 것은 그 사법 기능의 하나로서 인정되고 있다. 청구에 사용된 언어의 통상의 의미만이 아니라 청구의 전체, 재판소에서의 원고의 논의, 재판소가 알고 있는 외교문서, 그리고 원고가 행한 공적 성명을 고려한다면, 본건에서의 원고의 청구의 최종적인 목적은 남태평양에서 프랑스가 행하고 있던 대기권 핵실험의 종료였고, 현재에도 그러하다. 원고의 청구의 목적은 프랑스 정부가 '이 이상의 대기권 핵실험을 행하지 않는다는 것은 확고하고, 명확하며, 그리고 구속력 있는 약속'을 하고 있다면, 달성되고 있었을 것이다. 재판소는 선언적 판결의 의의를 인식하고 있지만 본건에서는 선언적 판결이 요구되고 있다고는 생각할 수 없다.

3. 여기에서 재판소는 피고의 행동에 관한 모든 전개를 고려하지 않을 수 없고, 원고도 1974년 6월 8일의 프랑스의 공식 성명(코뮈니케 Communiqué)에서 언급한 바와 같이, 소송 제기 후의 사실이 관련될 수 있다는 것을 묵시적으로 인정하고 있다. 확실히 구두절차 후의 전개에 대해서는 당사국에게 그에 대한 견해를 피력할 기회를 부여할 수 있지만 본건에 있어서는 재판소가 검토하는 자료의 본질적인 것은 이미 원고에 의해 그 심의의 대상이 되어 있고, 원고의 견해도 제출되어 있었다. "상대방의 말을 들어라"(*audi alteram partem*)는 격언도 있지만, 이 원칙은 이미 논의되고 있는 자료를 보충하고 보강하는 것에 지나지 않는 것을 재판소가 고려하는 것을 금지하는 것은 아니다.

4. 재판소는 "이번의 일련의 대기권 핵실험이 마지막이 될 것이다"라고 하는 기자회견에서의 프랑스 대통령의 발언이나 "1975년에는 대기권 핵실험은 행해지지 않을 것이다"라고 하는 TV 인터뷰에서의 프랑스 국방부장관의 발언 등을 검토한 결과, 프랑스는 1974년의 일련의 실험이 종결된다면, 대기권 핵실험의 실시를 그만둘 것이라고 하는 의도는 공식적인 것이라고 판단한다. 일방적 행위가 된 법적 혹은 사실적 상황에 관한 선언이 법적 의무를 창설하는 효과를 낳을 수 있다는 것이 인정되고 있다. 선언국의 의도가 그 문언에 따라 구속되는 것인 경우에는 그 의도는 당해 선언에 법적 약속으로서의 성질을 부여하고, 선언국은 그 선언에 합치한 행동을 취하도록 법적으로 요구된다. 이러한 종류의 약속은 만약 공식적으로 구속되는 의도를 가진다면, 타국의 수락이나 반응이 없어도 구속적이다. 구속되는 의도

는 당해 행위의 해석에 의해 명확하게 되지만, 국가의 자유를 제한하는 성명의 경우에는 엄격한 해석이 요구된다. 법적 의무의 창설과 그 이행을 규율하는 기본적 원칙의 하나는 그 연원이 어떠하든 신의성실의 원칙이다. 신용과 신뢰는 국가 간의 협력에 불가결한 것이다. 따라서 관계 이해국이 일방적 선언을 인지하고, 그것을 신뢰한다면, 그 국가는 거기에서 창설된 의무가 지켜지도록 요구할 권리를 가진다. 위의 프랑스 고위관리의 일방적 성명은 공적인 것으로서 대세적(對世的)이며, 대기권 핵실험을 종료한다고 하는 의도를 전 세계에 대하여 전달했다. 따라서 재판소는 이들의 일방적 성명이 법적 효과를 가지는 약속을 구성한다고 결론을 내린다.

5. 재판소는 현존하는 국가 간의 분쟁을 해결한다. 따라서 분쟁의 존재는 그 사법 기능을 행사하기 위한 첫 번째 조건이다. 일방의 당사국이 분쟁이 존재한다고 주장하더라도 충분하지 않다. 핵실험을 종료한다고 하는 프랑스의 선언은 본건 분쟁을 소멸시켰다. 무엇보다 이 판결의 기초가 영향을 받았다면, 원고는 재판소규정에 따라 사태의 재검토를 요청할 수 있다. 따라서 재판소는 원고의 청구는 이미 그 목적을 상실했으며, 그에 대한 판결을 내릴 필요는 없다고 결론짓는다(9 대 6).

3. 전략핵병기체계의 규제

미국과 소련은 핵확산금지조약체제가 확립된 후 수년간의 교섭 끝에 제1차 전략병기제한협상(Strategic Arms Limitation Talks : SALT I)에서의 「SALT Ⅰ협정」(1972. 5. 26)과 제2차 협상에서의 「SALT Ⅱ협정」(1979. 6. 18)으로 총칭되는 일련의 조약을 체결하여 전략핵병기의 규제를 시도하였다.

(1) SALT Ⅰ 협정

이것은 「대탄도미사일의 제한에 관한 협약」(ABM조약)과 「전략공격병기의 제한에 관한 일정한 조치에 관한 SALT잠정협정」으로 이루어진다. ABM조약은 적의 미사일을 요격에 의하여 파괴하기 위한 미사일, 즉 일종의 방어병기를 제한하자는 것이다. SALT잠정협정은 전략공격병기에 대한 제한으로서 이에 대한 합의는 ABM의 경우보다 곤란하므로 잠정성을 갖고 체결된 것이다. 미·소 양국의 힘의 관계는 핵폭탄의 수가 아니라 목표에 빨리 정확하게 명중시킬 수 있는 운반수단의 수에 의존한다. 그런데 미국은 장거리전략폭격기나 잠수함발사탄도미사일(SLBM)의 분야에서 우위를 점하고 있고, 소련은 대륙간유도미사일(ICBM) 분야에서 우세하다. 따라서 양측의 균형을 유지하기가 곤란하므로 잠정적으로 상한선을 정하여 제한하는데 그 취지가 있다.

(2) SALT Ⅱ 협정

1972년 11월부터 개시된 제2단계(SALT Ⅱ)교섭에서는 전략공격무기제한에 관한 조약과 그에 관련된 부속문서 등이 채택되었다. 일명 「SALT Ⅱ 협정」이라고도 불리는 이 조약은 1979년 6월 빈(Wien)에서 조인되었다. 그 내용은 미·소 양측이 보유할 수 있는 ICBM, SLBM, ASBM(공대지탄도미사일) 및 중폭격기의 총수를 2,250기로 한다는 것과 이 가운데 MIRV(Multiple independently targeted re-entry vehicle 다탄두 각개목표 재돌입 미사일)화할 수 있는 운반수단은 1,320기를 초과할 수 없다는 것, ICBM, SLBM은 1,200기를 넘지 못한다는 것, 이 중에서 MIRV화할 수 있는 ICBM은 820기를 초과하지 못한다는 것으로 되어 있다. 그러나 실제로 미·소는 각각 일방적 성명의 형식으로 규제하고 있다. 이 조약의 유효기간은 1985년 12월 31일까지이나 아직 발효하지 않고 있다.

이러한 상황 속에서 새로이 전략병기소멸교섭(Strategic Arms Reduction Talks : START)이 1982년 6월부터 제네바에서 시작되었다.

(3) START-Ⅰ 조약

1991년 7월 미·소 양국은 10여년의 제1단계 전략병기감축회의 끝에 「제1단계 전략병기제한감축조약」(Treaty in Reduction & Limitation of Strategic Offensive Arms-Ⅰ)을 체결하였다. 이 조약에 따라 소련은 보유전략병기 중 36% 이상을 감축하여 현재 11,000개의 핵탄두를 7,000여개로 줄이게 되고, 미국은 보유핵탄두 12,000개를 약 25% 감축하여 9,000개 수준으로 낮추게 된다. 이 조약은 발효 후 7년간 3단계에 걸쳐 실현되며 유효기간은 15년이다.[11)]

(4) START-Ⅱ 조약

1993년 1월 미국과 러시아 양국은 「제2단계 전략병기제한감축조약」, 즉 START-Ⅱ조약을 체결하였다. 이 조약은 양국의 전략핵병기보유 수준을 궁극적으로는 현재의 3분의 1로 감축하여 양국의 핵전력을 30년 이전 수준으로 대폭 축소하게 되

---

11) START-I은 구소련이 붕괴되기 전에 미국과 구소련에 의해 서명되었는데, 그 후 구소련이 해체되자 미국은 CIS 국가 가운데 핵무기를 보유하고 있는 러시아연방, 벨로루시, 카자흐스탄, 우크라이나 등 4개국에 대해 위 협정을 승계하는 의정서에 서명할 것을 요구하여, 위 4개국이 1992년 5월 위 의정서에 서명함으로써 위 조약을 승계하였다.

며, 또한 대량살상무기인 지상발사 다탄두핵미사일을 완전 폐기하고 기타 핵병기도 단계적으로 폐기 또는 감축하게 된다.

4. 전역(戰域)·전술핵병기의 규제

(1) 전역핵병기

SALT의 대상은 미·소가 서로 자국으로부터 상대영역을 직접 공격 또는 방어할 수 있는 전략핵병기에 한정하고, 그 이외의 핵병기체계의 규제는 오늘날까지 실현되지 않았다. 이와 같이 미·소를 성역(聖域)으로 하는 한정핵전쟁의 위험이 높아짐에 따라 그 피해를 입을 수 있는 국가들의 여론을 중심으로 이러한 병기의 규제가 강하게 요구되고 있다. 전역핵병기(INF)는 일반적으로 미·소가 전략공격에 사용되는 전략핵병기(SALT, START의 대상이 되는 5,000km 이상의 사정거리를 가지는 미사일)와 전장에서 전술적으로 사용되는 전술핵병기의 중간에 위치하는 것으로서 전략적 및 전술적으로도 사용되는 회색영역에 속한다고 알려져 있다. 그 대표적인 것이 소련의 SS-20과 미국의 Pershing Ⅱ형 중거리핵미사일이다. 전역핵미사일(유럽과 극동에 배치된)의 규제에 관한 미·소간의 협상이 크게 진전되어 1987년 「미·소간에 중거리핵전력전폐조약」(중거리핵군축조약, INF Treaty)이 체결되었다. 이것은 지상발사의 중거리핵병기에 한정된 것에 불과하지만, 기존의 병기를 실제로 폐기할 것을 규정하고 있어 진정한 군축조약이라는 점에서 중요한 의미를 가진다.

(2) 전술핵병기

전략핵병기와 전역핵병기(INF)의 규제에 관한 교섭의 대상이 되어온 것은 주로 미사일이나 발사기인 운반수단이었으며, 핵병기 그 자체의 규제에 관해서는 손을 대지 못했다. 그 이유는 현재의 핵확산금지조약체제 하에서 기존의 핵병기보유국을 대상으로 하는 핵병기의 규제는 검증하기가 곤란하다는 것과, 또 핵병기도 그 운반수단이 없으면 병기로서 소용이 없으며, 급속히 발달하는 운반수단의 규제가 선결문제라고 보았기 때문이다. 그러나 전술핵 그 자체를 방치한다는 것은 핵군축이라는 궁극적 목적의 달성을 위해서 바람직하지 못하므로 그 규제가 필요하게 된다. 최근 가장 문제시되고 있는 것은 새로이 개발된 전술핵중성자폭탄(enhanced radiation-reduced blast weapon)이다. 이것은 통상의 핵폭탄의 가장 직접적인 파괴효과인 열과 폭풍효과를 최소화하고, 주로 초기방사선에 의하여 살상하는 것을 목적으로 하는 무기이다.

앞으로 냉전의 종식과 막대한 국방예산 등 여러 가지 요인으로 미국과 러시아의 핵군축을 중심으로 군축문제는 상당한 성과가 있을 것으로 예상된다.

그 외에 남극대륙에서의 모든 핵실험, 군사 활동을 금지한 1959년의 「남극조약」과, 대량파괴병기를 대기권 외의 궤도에 발사하는 것을 금지하고, 달 또는 기타의 천체 상에 있어서의 군사시설의 설치를 금지하는 1967년의 「우주조약」이 있다.

결론적으로, 이러한 시도는 국제적 안전보장의 길이 군비확장이 아니고 군비축소에 있다는 것을 재인식한 것이라고 할 수 있다.

〔핵무기사용의 합법성 사건〕

(Legality of the Threat of Nuclear Weapons)

자문기관: UN총회, 국제사법재판소, 1996년 7월 8일, ICJ (1996) 226

[사 실]

핵무기사용의 국제법상의 평가에 대하여, ICJ에 권고적 의견을 요청하게 된 계기의 발단은 1989년 뉴욕의 핵정책법률가위원회가 설립한 '반핵무기 국제법률가협회'(IALANA)가 1992년에 핵전쟁방지국제의사회 등의 NGO와 함께 '세계법정프로젝트'를 구성한 것이다. 이 프로젝트의 목표는 세계보건기구(WHO)와 UN 회원국에게 호소하여 핵무기의 합법성에 대하여 ICJ에 권고적 의견을 구하는 것에 있었다. 1993년 5월, WHO는 그 총회 결의에서 '건강 및 환경상의 영향의 관점에서 전쟁에서의 국가의 핵무기 사용은 WHO헌장을 포함하는 국제법상의 의무에 위반하는가?'에 대하여 ICJ에 권고적 의견을 요청했다. 다음해인 1994년 12월, UN 총회는 결의 49/75K에서 '어떠한 사정 하에서 핵무기의 위협 또는 사용은 국제법상 허용되는가?'에 대하여 마찬가지로 ICJ에 권고적 의견을 구했다.

WHO가 부탁한 사건에 대하여, 35개국이 진술서를 제출하고, 9개국이 타국의 진술서에 대한 의견을 제출했다. 또 UN 총회가 부탁한 문제에 대해서는 28개국이 진술서를 제출하고, 3개국이 타국의 진술서에 대한 의견을 제출했다(그 가운데 1개국은 그 의견을 철회했다). 1995년 10월 30일~11월 5일에 걸쳐 22개국 및 WHO가 ICJ의 법정에서 구두진술을 했다. 이번만큼 다수의 국가가 진술서를 제출하고, 또 구두진술을 한 것은 ICJ 개설 이래 처음이었다. 1996년 7월 8일, ICJ는 WHO의 청구를 WHO의 활동 범위 내의 문제가 아니라고 하여 11 대 3으로 각하했다. 그러나 같은 날, ICJ는 UN 총회의 요청에 대해서는 권고적 의견을 발표했다. 뿐만 아니라, 이 권고적 의견에 대해서는 14명의 재판관 전원이 선언 내지 개별 또는 반대의견을 표명했다.

[의견 요지]

1. 권고적 의견을 구하는 총회의 요청에 대하여 재판소가 관할권을 가지는가 여부에 대하여, 총회는 ICJ규정 제65조 1항에서 말하는 UN헌장에 의해 요청이 허가

된 단체이고, 동시에 요청사항(질문)은 동 규정 및 헌장의 의미에서의 '법률문제'이다. 또 재판소가 그 재량권을 사용하여 요청을 중단시켜야 할 '결정적 이유'도 없다. 게다가 질문을 문제대로 해석한다면 단순한 부정적 답변이 되지 않을 수 없다고 주장했지만, 질문의 진정한 목적은 명확하기 때문에 '핵무기의 위협 또는 사용의 합법성 또는 위법성을 결정하는 것'이다.

2. 질문에 답하기 위해서는 관련 적용법규를 결정해야만 한다. 우선, 「국제인권규약(자유권규약)」 제6조의 '생명에 대한 권리'는 적대행위에 대해서도 적용되지만, 생명의 자의적 박탈인가 여부는 무력 분쟁에 적용되는 법에 의해 결정되고, 자유권규약 자체로부터 도출되는 것은 아니다. 「제노사이드협약」 중의 제노사이드금지는 관습법규칙이지만, 핵무기에 의지하는 것이 「제노사이드협약」 제2조에서 말하는 집단 그 자체에 대한 의도의 요소를 포함하는 경우에만 적합한 규칙이고, 각 사례의 특수 사정을 고려한 후에만 이러한 결론에 도달할 수 있다. 또 환경의 보전 및 보호에 관한 규범(1977년 「추가의정서」 제35조 3항, 1977년 「환경변경기술의 군사적 사용금지조약」 등)도 이 문제에 직접 적용되는 법규는 아니다.

따라서 재판소는 이 문제를 규율하기 위하여 가장 직접적으로 관련된 적용법규는 UN헌장에 구현된 무력행사에 관한 법 및 적대행위를 규제하는 무력분쟁에 적용되는 법(재판소가 관련 있다고 결정하는 핵무기에 관한 특수조약도 포함한다)이라고 판단한다.

이 법을 본건에 적용함에 있어서, 재판소는 핵무기의 일부 성격, 즉 다른 무기보다도 아주 강력한 열과 에너지의 방출 및 핵무기 특유의 방사선을 고려해야 한다. 이 특징들은 핵무기를 사용하게 되면 잠재적으로 파멸적이 되고, 그 파괴력은 시공간적으로 한정되지 않고 모든 문명과 지구의 생태계를 파괴할 잠재력을 가진다.

3. 다음, 무력의 위협 또는 행사에 관한 UN헌장 규정에 관한 것이다. 헌장 제2조 4항에 의한 무력행사의 금지는 다른 관련 규정(제51조, 제42조)에 비추어 검토되어야 하지만, 이 규정들은 특정 무기에 대해 언급하고 있지 않고, 사용되는 무기의 여하를 묻지 않고 모든 무력행사에 적용된다. 조약 또는 관습상 이미 그 자체 위법한 무기는 그것이 헌장상의 정당한 목적을 위하여 사용되어도 합법적인 것으로 되지는 않는다.

제51조의 자위권에는 필요성과 균형성조건이라는 관습국제법 규칙이 적용된다. 균형성원칙은 모든 사정에서의 자위에 의한 핵무기사용 그 자체로서는 배제되지 않을 지도 모른다. 그러나 동시에 자위권 하에서 균형성 있는 무력행사가 합법적이기 위해서는 특히 인도법원칙 및 규칙을 포함하는 무력분쟁에 적용되는 법의 요구를 만족시켜야 한다.

제2조 4항에서의 무력의 '위협'과 '행사'의 개념은 일정한 경우에 있어서 무력의 행사가 위법이라면, 이러한 무력을 행사한다는 위협도 위법이라는 의미에서 일체화되어 있다. 억지정책이 효과적이기 위해서는 핵무기사용의 의도가 확실해야만 한다. 이것이 제2조 4항에 위반하는 '위협'인가 여부는 특정한 무력행사가 국가의 영토보전 또는 정치적 독립, 혹은 UN의 목적을 지향하고 있는가, 또는 그것이 방위의 수단으로서 의도된 경우, 필요성 및 균형성원칙에 필연적으로 위반하는가에 의존한다.

4. 무력행사에 적용되는 법에 관하여, 재판소는 우선 핵무기사용 그 자체를 규제하는 국제법의 특정 규칙이 있는가 여부, 다음, 무력분쟁에 적용되는 고유의 법, 즉 인도법원칙 및 규칙, 그리고 중립법에 비추어 이 문제를 검토한다.

전자에 대하여, 관습법 및 조약법은 일반적 또는 어떤 사정 하에서, 특히 정당한 자위의 행사의 경우에 핵무기 또는 다른 무기의 위협 또는 사용을 허가하는 특정 개념을 포함하고 있지 않고, 어떤 무기사용의 위법성은 금지의 형태로 정식화된다. 핵무기 사용을 금지하는 조약 규정이 있는가 여부에 대해서는 1899년 제2헤이그선언(독가스금지선언), 1907년 제4헤이그조약에 부속된 헤이그육전규칙 제23조 a('독을 포함한 무기'), 1925년 독가스의정서의 규정의 해석은 다양하고, 이 조약들의 당사국은 이들이 핵무기에 반드시 부합하는 것으로 취급하지는 않았다. 1972년 생물·독소무기금지조약(生物·毒素武器禁止條約) 및 1993년 화학무기금지조약에서도 핵무기 사용의 금지는 보이지 않는다.

지난 20년 이래, 핵무기에 관하여 여러 번의 교섭이 있었고, 다수의 조약이 체결되었다. 비핵지대조약 속에서도 「틀라텔롤코조약」(Tratodo de Tlatelolco)[12] 제1조, 동 부속의정서 Ⅱ 제3조 및 「라로통가조약」(Rarotonga Treaty)[13]의 의정서 2 제1조는 직접적으로, 그리고 「핵비확산조약」은 무기한 연장과 관련하여 핵무기의 사용을 취급하고 있다. 그러나 핵무기의 취득, 생산, 보유, 배치 및 실험을 취급하는 조약은 그 자체 핵무기사용의 금지를 구성하는 것은 아니다.

5. 관습국제법을 검토해보면, 핵무기의 사용을 위법하다고 보는 제국(諸國)이 1945년 이래의 핵무기 불사용(不使用)의 항시적 실행을 핵무기보유국의 법적 확신(*opinio juris*)의 표현이라고 본 것에 대하여, 특정 사태에 있어서의 핵무기의 위협 및 사용의 합법성을 주장하는 제국(諸國)은 그를 위하여 억지이론과 실행을 원용하고, 1945년 이래의 핵무기의 불사용은 단순히 그 사용을 정당화하는 사태가 다행히 발생하지 않았기 때문이라고 주장한다. 재판소는 '억지정책(抑止政策)'의 실행에 대하여 판단할 의도는 없지만, 일정 수의 제국(諸國)이 냉전의 대부분 동안 그 실행에 의존하는 동시에 그에 계속하여 의거하고 있다는 것은 사실이라는 점에 유의하고, 과거 50년에 걸쳐 핵무기에 의지하지 않은 것이 법적 신념의 표현을 구성하는가의 문제에 대해서는 국제사회의 구성원의 의견이 크게 나누어져 있으므로 이러한 법적 신념의 존재를 도출할 수는 없다고 생각한다.

결의 1653(XVI) 등 핵무기의 위법성을 확인하고 있는 일련의 총회 결의가 핵무기사용금지에 대한 국제관습법규칙의 존재를 나타내고 있는가 여부에 대해서는 일부 결의의 내용 및 그 채택의 조건을 검토해 볼 필요가 있으므로 여기에서 문제가 되고 있는 제(諸)결의는 상당한 수의 반대표 및 기권표를 수반하여 채택되었으므로 핵무기 문제에 관한 심각한 우려가 분명하게 나타난 것이지만, 거기에서 핵무기사용의 위법성에 관한 법적 신념의 존재를 확인할 수는 없다. 게다가 총회 결의

12) 1967년 2월 라틴아메리카 14개국이 틀라텔롤코의 멕시코 외무부에서 조인한 지역적 핵무기 금지 조약이다.

13) 남태평양 지역에서 핵(核)실험과 핵폐기물의 투기를 금지한 조약이다. 1985년 8월 쿡 제도 라로통가에서 열린 제16회 남태평양 제국회의에서 채택되어, 1986년 12월 11일 발효하였다.

1653(XVI)에 나타나 있는 관습법의 일반규칙의 핵무기라는 특정 사례에 대한 적용은 핵무기사용을 금지하는 관습법규칙의 특정 규칙이 아니라는 것을 시사하고 있다. 이들이 매년 총회에서 다수결에 의해 채택되는 것은 핵무기사용의 특정적이고 명시적 금지에 의해 완전한 핵군축을 지향하는 중요한 일보를 내디딘 것이라고 하는 국제사회의 광범위한 부분의 희망을 드러내고 있지만, 핵무기사용을 특정하여 금지하는 관습규칙의 제안법(提案法 *lex lata*)으로서의 출현은 한편에서 생성되고 있는 법적 신념과 다른 한편에서 억지의 실행에 대한 강한 의지와의 사이의 뗄 수 없는 긴장에 의해 방해받고 있다.

6. 마지막으로 재판소는 국제인도법 및 중립법의 원칙·규칙에 비추어 검토한다. 인도법 제(諸)문서에 포함된 기본적 제(諸)원칙으로서는 일반 주민·민간 사용 시설의 보호를 목적으로 하는 전투원과 비전투원의 구별에 관한 제1원칙 및 전투원에게 불필요한 고통을 가하는 것을 금지한 제2원칙이 있고, 이 제2원칙의 적용에 있어 국가는 그 사용하는 무기에 대하여 수단선택의 무제한적인 자유를 가지는 것은 아니다. 인도법의 기본원칙은 국제관습법을 해할 수는 없다는 제(諸)원칙을 구성한다. 관습법인 인도법의 부분은 1949년「제네바 제(諸)협정」등에 구현된 무력분쟁에 적용되는 법이다. 광범한 다수의 제국 및 학자의 견해로는 인도법의 핵무기에 대한 적용가능성은 의문이 있을 수 없다. 재판소는 이 견해를 따른다. 핵무기는 인도법의 원칙 및 규칙의 대부분이 이미 존재한 이후에 발명되었다. 1949년(제네바 제(諸)협정) 및 1974~77년(추가의정서)의 제(諸)회의는 핵무기에 대해서는 다루지 않았지만, 이 점에서 인도법이 확립한 원칙 및 규칙이 핵무기에 적용되지 않는다는 결론은 도출되지 않는다.

이와 같은 이유들에 의해, 재판소는 총회의 자문에 다음과 같이 답한다.

A. 핵무기사용의 특별한 허가는 관습국제법 및 조약국제법상으로도 존재하지 않는다(전원일치).

B. 핵무기 자체의 위협 또는 사용의 포괄적 또는 보편적 금지는 관습국제법 및 조약국제법상으로도 존재하지 않는다(11 대 3).

C. UN헌장 제2조 4항에 위반하고, 제51조의 모든 요청을 충족 하지 않는 핵무기에 의한 무력의 위협 또는 사용은 위법하다(전원일치).

D. 핵무기의 위협 또는 사용은 무력분쟁에 적용되는 국제법, 특히 국제인도법의 원칙 및 규칙의 요청, 나아가 핵무기를 명시적으로 취급하는 조약 및 기타 약속의 특별한 의무와 양립하지 않으면 안 된다(전원일치).

E. 위에서 언급한 요청으로부터 핵무기의 위협 또는 사용은 무력분쟁에 적용되는 국제법의 제(諸)규칙, 특히 인도법의 원칙 및 규칙에 일반적으로는 위반할 것이다. 그러나 국제법의 현상 및 재판소에서 이용 가능한 사실의 제(諸)요소를 신중하게 검토해보건대, 재판소는 핵무기의 위협 또는 사용이 국가의 존망과 관련된 자위의 극단적인 사정 하에서 합법인가 또는 위법인가를 분명하게 결론내릴 수는 없다(7 대 7. 재판소장의 결정투표에 의한다).

F. 엄격하고도 효과적인 국제관리 하에서 모든 측면에서의 핵군축으로 이끄는 교섭을 성실하게 행하는 동시에 완결시킬 의무가 존재한다(전원일치).

제 19 장 전쟁과 중립

제 1 절 전쟁법의 법원과 적용

I. 전쟁법의 법원

앞장에서 본 것처럼, 현대국제법은 전쟁을 위법화하고 전쟁의 발생을 방지·진압하기 위한 집단안전보장제도를 마련하고 있다. 그러나 실제로는 지금도 전쟁발생의 가능성이 완전히 배제된 상태에 있지는 않다.

전쟁은 일반적으로 상대방을 타도하기 위하여 모든 해적수단(害敵手段)을 총괄적으로 행사하여 행해지는 무력투쟁이므로, 그것을 그대로 방치한다면 인명을 잔학하게 해치고 또 다른 여러 국가들의 이익을 현저하게 해할 위험성이 있다. 따라서 전쟁으로 인한 피해를 가능한 한 줄이기 위해 이것을 법적으로 규율할 필요가 있다. 그 필요에 부응하여 국제법으로 형성된 것이 전쟁법규이다.

전쟁은 중세에 있어서는 일반적으로 잔악한 방법으로 행해져 왔으나, 중세 말기에는 기독교나 기사도정신의 영향에 의하여, 그리고 서서히 발전하여 온 국제무역에 대한 고려 등으로 차츰 완화되어, 오늘날의 전쟁법의 원칙이라고 볼 수 있는 여러 가지 전쟁법규가 형성되게 되었다. 19세기에 접어들어 프랑스혁명의 경험에 의하여 국민개병제도(國民皆兵制度)가 채용되었기 때문에 전쟁수행방식에 대한 인도상의 관심이 높아지고, 또 산업혁명의 영향에 의하여 자본주의경제가 현저하게 진전하여 국제무역이 비약적으로 발전함에 따라 사람이나 물자의 국제적 교류가 빈번하게 되었기 때문에, 전쟁의 파괴로부터 될 수 있는 한 사적 이익을 보호하고 국제무역의 원활한 운영을 저해하지 않을 요구가 강해졌으므로 차츰 일반적인 조약의 형태를 갖춘 수많은 전쟁법규가 채택되었다.

전쟁법규를 내용으로 하는 주요한 조약을 연대순으로 열거하면 다음과 같다.

(1) 제1차 대전 이전의 조약

• 1856년 해상포획법에 관한 파리선언
• 1864년 전지에 있어서의 군대상병자의 상태개선에 관한 제네바조약(제1회 적십자조약)
• 1868년 400그램 이하의 작렬탄 및 소이탄(incendiary bomb)[1]의 금지에 관한 세인트 피터스버그선언
• 1899년 제1회 헤이그평화회의의 제(諸)조약으로서,
  ① 육전의 법규·관례에 관한 조약
  ② 제네바조약의 제(諸)원칙을 해전에 적용하는 조약
  ③ 공중으로부터 폭탄투하를 금지하는 조약
  ④ 독가스의 금지선언
  ⑤ 덤덤탄(Dumdum bullet)[2]의 금지선언
• 1906년 전지에 있어서의 군대상병자의 상태개선에 관한 제네바조약(제2회 적십자조약)
• 1907년 제2회 헤이그평화회의의 제(諸)조약으로서,
  ① 적대행위 개시에 관한 조약
  ② 육전의 법규·관례에 관한 조약(1899년 조약의 개정)

---

1) 소이탄이란 사람이나 시가지·밀림·군사시설 등을 불태우기 위한 탄환류를 말한다. 폭탄·총포탄·로켓탄·수류탄 등의 탄환류 속에 소이제(燒夷劑)를 넣은 것이다. 사용되는 소이제에 따라 황린(黃燐) 소이탄, 터마이트(termite) 소이탄, 유지(油脂) 소이탄으로 분류된다. 터마이트는 마그네슘·알루미늄에 산화철(酸化鐵)을 혼합한 것으로 3,000℃의 고열을 낸다. 유지 소이탄의 일종인 네이팜탄은 금속비누와 알킬가솔린(alkylgasoline)의 젤리 모양으로 된 화합물에 등유와 중유물을 섞은 것이며, 발화제로 황린을 사용한 것이다. 소이탄의 크기는 여러 가지 있으나, 보통 쓰이는 150~400갈론들이의 것을 투하하면 2,000℃의 고열을 내므로, 한 발로 2,500㎡를 태울 수 있다. 제2차 세계대전 중 필리핀 작전에 미군이 처음 사용했고, 일본 본토의 공습, 6·25전쟁과 베트남전쟁에서 큰 효과를 거두었다. 출전: http://100.naver.com 검색어: 소이탄

2) 덤덤탄이란 인체나 동물의 몸에 명중하면 보통탄보다 상처가 크게 나도록 만들어진 특수 소총탄을 말한다. 19세기 영국이 식민지 인도의 내란 진압용으로 인도의 공업도시 덤덤에 있는 무기공장에서 만들었기 때문에 이와 같은 이름이 붙었다. 탄두 끝에 구멍을 뚫고, 탄알의 외피에 홈을 길게 파서 쉽게 찢어지도록 만들었다. 성능은 약간 떨어지나, 탄알이 명중하면 보통탄처럼 관통하지 않고 탄체(彈體) 내의 부드러운 납이 흘러나와 인체 내에 퍼지므로 상처부위를 복잡하게 만들어 골절시키거나 근육 또는 내장에 손상을 주어 사망률을 높이며 회복을 지연시킨다. 비인도적이라는 이유로 1907년 만국평화회의에서 사용이 금지되었으나, 미국과 영국은 이를 비준하지 않았다. 보어 전쟁에서 영국군이, 러·일전쟁에서 러시아군이 사용하였다고 하나 오늘날 사용하는 나라는 없다. 출전: http://100.naver.com 검색어: 덤덤탄

③ 육전에 있어서의 중립국 및 중립인의 권리의무에 관한 조약
④ 개전시의 적상선의 취급에 관한 조약
⑤ 상선을 군함으로 변경하는 일에 관한 조약
⑥ 자동촉발수뢰의 부설에 관한 조약
⑦ 전시 해군력에 의한 포격에 관한 조약
⑧ 제네바조약의 원칙을 해전에 적용하는 조약(개정)
⑨ 해전에 있어서의 포획권행사의 제한에 관한 조약
⑩ 해전에 있어서의 중립국의 권리·의무에 관한 조약

• 1909년 해전법규에 관한 런던선언(불성립)

(2) 제1차 대전 이후의 조약

• 1922년 잠수함 및 독가스의 사용제한에 관한 워싱턴조약(불성립)
• 1923년 헤이그법률가위원회에 의하여 채택된 조약초안으로서,
① 전시에 있어서의 무전의 취급에 관한 규칙
② 공전법규(空戰法規)
• 1925년 화학전 및 세균전 금지에 관한 제네바의정서
• 1929년 전지에 있어서의 군대상병자의 상태개선에 관한 제네바조약(제3회 적십자조약)
• 1936년 상선에 대한 잠수함의 사용제한에 관한 런던의정서

(3) 제2차 대전 이후의 조약

• 1949년 제네바 4조약으로서,
① 전지에 있어서의 군대상병자의 상태개선에 관한 조약(제1협약)
② 해상에 있어서의 군대상병자의 상태개선에 관한 조약(제2협약)
③ 포로대우에 관한 조약(제3협약)
④ 전시 민간인의 보호에 관한 조약(제4협약)
• 1954년 무력분쟁의 경우 문화재보호에 관한 조약
• 1977년 ① 국제적 무력분쟁의 희생자의 보호에 관하여, 1949년 8월 12일의 제네바 제(諸)조약에 추가되는 의정서(제1의정서)
② 비국제적 무력분쟁의 희생자의 보호에 관하여, 1949년 8월 12일의 제네바 제(諸)조약에 추가되는 의정서(제2의정서)

③ 환경변경기술의 군사적 이용금지조약

- 1980년 ① 특정재래식무기사용의 규제에 관한 협약
  ② 동 협약에 대한 「탐지불능쇄편(探知不能碎片)에 관한 제1의정서」
  ③ 동 협약에 대한 「지뢰·위장성무기 및 기타 장치물에 관한 제2의정서」
  ④ 동 협약에 대한 「소이성무기에 관한 제3의정서」

Ⅱ. 전쟁법의 적용

이상과 같이, 전쟁에 관한 수많은 조약이 체결되어 있고, 또 그 외에 관습법규인 전쟁법규도 있어 오늘날 전쟁법규는 매우 풍부한 내용을 가지고 있다. 그런데 이러한 전쟁법규의 적용에 있어서는 다음 몇 가지 점에 유의해야 한다.

1. 총가입조항

제1차 대전 이전의 조약은 일반적으로 총가입조항(general participation clause)을 붙이는 것이 보통이었다. 즉, 다수국가가 참가한 전쟁에 있어서는 교전국 중 일국이라도 조약에 가입하고 있지 않는 경우에는 설사 교전국 중에 체약국이 있다 할지라도 그 전쟁의 교전국 전부에 대하여 조약이 적용되지 않는다. 따라서 조약의 적용은 매우 제한된다. 예컨대 제1차 대전에서는 참전한 이탈리아, 터키, 발칸제국 등이 비준하지 않았기 때문에 제2회 헤이그평화회의의 제(諸)조약은 적용되지 않았다. 물론 총가입조항이 붙여져 있더라도 조약의 내용이 관습법을 성문화한 것에 불과한 경우, 또는 조약의 내용이 그 후 체약국뿐만 아니라 다른 국가에 의하여 일반적으로 행해져 관습법의 성질을 띠게 된 경우에는 그것이 국제관습법으로서 적용되게 될 것이다. 예컨대, 1946대에 Nüremberg국제군사재판소는 육전의 법규·관례에 관한 조약이 모든 문명국에 의하여 전쟁의 법규·관례를 선언한 것으로 간주될 수 있다는 이유에서 체코슬로바키아가 조약에 가입하고 있지 않았음에도 불구하고 그 적용을 인정하였다.

여하튼 총가입조항은 조약의 적용을 매우 제한하거나 또는 불가능하게 하므로 제1차 대전 이후의 조약에는 이 조항을 삭제하는 경향이 있다. 특히 1949년의 「제네바 4조약」은 총가입조항을 두지 않을 뿐만 아니라, 비체약국이 조약규정을 수락하고 적용하는 경우에는 그 국가와의 관계에 있어서도 체약국은 그 조약에 의하여

구속을 받도록 규정하여(1949년 제네바 제(諸)조약 공통 제2조 3항) 조약의 적용범위의 확대를 꾀하고 있다.

2. 전쟁에 미달되는 무력행사와 전쟁법

국제법상의 전쟁이 발생하는 경우에는, 후술하는 바와 같이, 제3국은 당연히 중립국으로서의 의무를 지게 되므로, 이 점에 있어서는 오늘날에 있어서도 역시 국제법상의 전쟁인가 아닌가는 중요한 의미를 가진다고 할 수 있다. 그러나 국가 간의 전쟁법규는 일반적으로 무력행사를 규율하는 것을 목적으로 하고 있으므로, 그 적용에 있어서 전의표명을 전제로 하고, 국제법상의 기술적 의미에 있어서의 전쟁인가 아닌가를 구별하는 근거는 희박하다고 할 수 있다. 이에 관하여 1949년의 제네바 제(諸) 조약의 공통규정인 제2조 1항은, "이 조약은 이상의 체약국간에 발생하는 모든 선언된 전쟁 또는 기타의 무력행사의 경우에 있어서 당해 체약국의 하나가 전쟁상태를 승인하든 않든 간에 적용한다"고 규정하고 있다. 따라서 전쟁법규는 분쟁당사국의 어느 일방의 전의표명을 전제로 하는 국제법상의 전쟁에 대해서 뿐만 아니라 전쟁에 미달하는 무력행사에 대해서도 적용된다고 할 수 있다.

3. 내전과 전쟁법

내전, 즉 비국제적 무력분쟁의 경우에 있어서도 교전단체 승인이 행해지는 경우에는 전쟁법규의 적용이 일반적으로 인정되고 있다. 그러나 이와 같은 교전단체 승인이 행해지는 경우에 내전의 당사자가 자발적으로 인정하는 경우가 아니라면 국제법상의 전쟁법규가 당연히 적용되는 것은 아니라는 것이 종래의 일반적인 견해이다.

그러나 내전도 국제적인 무력분쟁에 못지않게 비참한 상황을 초래하므로 전투의 잔악성을 완화하고 일반주민에 미치는 영향을 감소시키기 위하여 일정한 규제를 인정할 필요가 있다. 이 점을 고려하여 체결한 것이 1949년의 제네바 제(諸)조약의 공통 제3조이다. 그 내용은 다음과 같다.

첫째, 체약국 중의 1국의 영역 내에서 발생하는 국제적 성질을 갖지 않는 무력분쟁의 경우에는 각 분쟁당사자는 적어도 다음과 같이 취급하여야 한다.

(a) 적대행위에 직접 참가하지 않는 자(무기를 방기한 군대구성원 및 질병부상, 억류, 기타의 사유로 인하여 전투 외에 두어진 자를 포함함)는 모든 경우에 있어서 인종·

피부·색·종교·신앙·문벌·빈부·기타 이와 비슷한 기준에 의한 불리한 차별을 받음이 없이 인도적으로 대우해야 한다. 그러므로 다음의 제(諸)행위, 즉 (i) 생명 및 신체에 대한 폭행, 특히 모든 종류의 살인·상해·노역 및 고문, (ii) 인질, (iii) 개인의 존엄에 대한 침해, 특히 모욕적이며 체면을 손상시키는 대우, (iv) 정식으로 구성된 법원에서 문명국민이 불가결하다고 인정하는 모든 재판상의 보장을 부여하는 재판에 의하지 않는 판결의 선고 및 형의 집행은 위의 자에 대하여는 어떠한 경우 어떠한 장소에서도 금지된다(1949년 제네바 제(諸)조약 공통 제3조 1a항).

(b) 부상자 및 병자는 수용하여 간호하여야 한다(동 조약 공통 제3조 1b항).

둘째, 국제적십자위원회와 같은 공평한 인도적 기관은 그 역무를 분쟁 당사자에게 제공할 수 있다(동 조약 공통 제3조 2항).

셋째, 분쟁당사자는 또한 특별협정에 의하여 본 조약의 기타 규정의 전부 또는 일부를 실시함에 노력하여야 한다(동 조약 공통 제3조 3항).

넷째, 위 규정의 적용은 분쟁당사자의 법적 지위에 영향을 미치는 것은 아니다(동 조약 공통 제3조 4항).

이와 같이 제네바 제(諸)조약 공통 제3조는 내전의 경우에도 일정한 인도적인 국제법규의 적용을 조약상 처음으로 인정하였다는 점에서 주목된다. 그러나 검토되어야 할 문제가 몇 가지 있다. 그 가운데 중요한 것은 다음과 같다. 첫째, 공통 제3조는 적대행위에 직접 참가하지 않는 자 및 상병자에 대한 인도적 특혜를 규정한 것에 불과하며, 극히 한정된 일반적인 내용의 규정이다. 따라서 내전에 있어서 일반주민의 보호를 충분히 보장하기 위해서는 제네바조약의 규정만으로는 불충분하다. 둘째, 내전에 있어서의 전쟁법규의 적용과 관련해서 특히 문제가 되는 것은 민족자결권에 기하여 식민지지배에 저항하여 민족의 해방과 자유를 위해 싸우는, 이른바 ‘자유의 전사’(freedom fighters)들의 취급이다. 공통 제3조 4항의 규정으로 본다면 자유의 전사도 정부에 적대하는 것으로써 반역자로서 형법상 처벌되게 되며, 포로로서의 대우를 받지 못하게 된다. 그러나 UN헌장의 제1조 및 제55조에서는 인민의 자결원칙을 규정하고 있으며, 또한 식민지로부터 독립한 국가가 대량으로 UN에 가입함에 따라 자결원칙을 국제법상의 기본원칙으로 인정하려는 경향이 강해져 가고 있다. 이러한 상황 속에서 자유의 전사를 공통 제3조의 테두리 안에서만 처리해도 좋은가에 관하여 특히 개발도상국들이 문제를 제기하여 왔다.

이러한 문제점에 대하여, 국제적십자위원회(ICRC)에서의 검토를 기초로 1974년부터 개최된 「무력분쟁에 있어서 적용될 국제인도법의 재인식과 발전에 관한 외교회의」에서 4년에 걸쳐 심의한 끝에 「1949년의 제네바 제(諸)조약 추가의정서」(「국제적 무력분쟁의 희생자의 보호에 관한 제1의정서」 및 「비국제적 무력분쟁의 희생자의 보호에 관한 제2의정서」)가 1977년 6월 8일에 채택되었다.

첫 번째 문제점에 관하여, 제2의정서에서는 1949년의 제네바 제(諸)조약 공통 제3조를 발전·보완한 상당히 상세한 규정이 설정되었다. 28개조 중 내전에 있어서의 희생자의 보호를 위해 설정된 것은, 제2편 '인도적 대우', 제3편 '부상자, 병자 및 난선자(難船者)', 제4편 '일반주민'의 제4조에서 제18조까지의 법규인데, 공통 제3조에 비하면 상당히 구체적으로 되어 있다. 예컨대, 일반주민 전체 및 개개의 민간인을 공격의 대상으로 해서는 안 된다는 규정(제2의정서 제13조), 민간인을 아사(餓死)시키는 것을 전투방법으로서 사용해서는 안 된다는 규정(동 의정서 제14조), 위험한 위력을 가지는 공작물 및 시설을 공격의 대상으로 해서는 안 된다는 규정(동 의정서 제15조), 일반주민의 이동을 무력분쟁과 관계된다는 이유로 명령하는 것은 원칙적으로 허용될 수 없다는 규정(동 의정서 제17조) 등이 그것이다.

두 번째 문제점에 관하여, 제1의정서는 자결권을 행사하여 인민이 식민지지배 및 외국에 의한 점령에 저항하여, 또 인종차별체제에 저항하여 싸우고 있는 무력분쟁을 제네바 제(諸)조약 공통 제2조에서 말하는 국제적 무력분쟁으로 간주한다고 규정하였다(동 의정서· 제1조 4항). 물론 이러한 무력분쟁에 대하여 제네바 제(諸)조약이나 제1의정서가 기타 국제적 무력분쟁의 경우와 같이 당연히 적용되는 것은 아니다. 제96조 3항은 체약국에 대하여 제1조 4항에서 말하는 형태의 무력분쟁에 종사하고 있는 인민을 대표하는 당국은 기탁국, 즉 스위스에 대하여 일방적 선언의 방법에 의하여, 그 분쟁에 제네바 제(諸)조약 및 제1의정서의 적용을 약속할 수 있도록 하고 있다. 또한 이 선언을 기탁국이 수령한 경우에는, (a) 제(諸)조약 및 이 의정서는 분쟁당사자로서의 당해당국에 대하여 즉시 효력을 발생한다, (b) 당해당국은 제(諸)조약 및 이 의정서의 체약국이 가지는 것과 동일한 권리 및 의무를 가진다, (c) 제(諸)조약 및 이 의정서는 모든 분쟁당사국을 동등하게 구속한다고 규정하였다.

이와 같이 일정한 절차 하에서 민족자결권에 기한 투쟁이 국제적 무력분쟁의 범주에 들어가게 되고, 이 범위 내에서 이제까지 국내적 무력분쟁으로 되어 있던 것에도 국제적 무력분쟁과 동일한 전쟁법규(제(諸)조약과 제1의정서)의 적용이 인정되게 되었다.

4. 위법한 전쟁과 전쟁법의 적용

무력행사 일반이 위법화된 체제 하에서 위법한 전쟁을 행하는 국가에 대하여 전쟁법을 적용함은 타당한가? 전쟁법규는 교전국의 전쟁수행방식을 제한함과 동시에 그 제한의 범위 내에서 행해지는 전투행위를 합법적인 것으로 하고 있다. 따라서 만일 전쟁법규를 지금까지의 전쟁의 경우와 마찬가지로 교전국 쌍방에 대하여 평등하게 적용한다고 한다면, 위법한 전쟁을 하는 국가의 전투행위도 합법화된다는 모순된 결과를 초래하게 된다. 이는 '불법한 행위로부터 권리는 발생하지 않는다'(*ex injuria jus non oritur*)는 원칙에 반하므로 이론상으로는 위법한 전쟁을 행하는 교전국에는 전쟁법규의 적용은 부당하다고 할 수 있다.

그러나 국제사회의 현 단계에서는 위법한 전쟁을 행하는 국가에 대하여 전쟁법규의 적용을 부정한다는 것은 실제로는 매우 곤란하다. 첫째, 전쟁이 발발한 경우, 현재에 있어서도 역시 교전국은 쌍방 모두 자국의 입장의 정당성을 주장할 여지가 있으며(예컨대, 자위권의 채용), 또 이러한 경우에 유권적으로 교전국의 어느 일방을 正, 타방을 不正으로 결정할 수 있는 국제기구는 완전하게 존재한다고 할 수 없다. 따라서 전쟁이 계속되는 과정에 있어서는 전쟁의 적법여부의 판정은 실제로는 매우 곤란하다는 것이다. 둘째, 설사 교전국 일방이 위법한 전쟁을 행하였다고 판정된다 하더라도 그것을 이유로 그 국가에 대한 전쟁법규의 적용을 부정한다면 실제로는 오히려 부당한 결과를 초래할 수 있기 때문이다. 예컨대, 불법한 전시점령을 국제법상의 점령이 아니라고 한다면 주민의 저항운동을 합법화하는 것은 가능하나, 반대로 점령군은 전쟁법규에 대하여 하등의 구속을 받지 않게 될 것이므로 주민을 함부로 취급할 수 있게 되어 오히려 비인도적인 결과를 초래할 것이다. 따라서 전쟁법은 전쟁의 적법여부와는 별개로 생각하여 모든 교전당사자에게 평등하게 적용되어야 한다.

제 2 절 전쟁의 개시와 효과

I. 전쟁개시의 절차(방법)

전쟁은 전쟁개시의 명시적 의사표시인 전쟁선언이나 조건부 선언을 수반한 최후통첩에 의하여, 또는 단순히 무력행사를 수반하는 적대행위에 의하여 개시된다.

Grotius 이래 많은 학자들은 전쟁에 있어서 적대행위를 개시하기 전에 전쟁선언이 필요하다고 주장하여 왔지만 국가관행은 이러한 주장과는 크게 어긋나고 있다. 즉, 1899년의 미국·스페인전쟁,[3] 1904년의 러·일전쟁, 그리고 베트남전쟁 및

---

3) 미국·스페인 전쟁(영어: Spanish·American War, 스페인어: Guerra Hispano·estadounidense)은 쿠바 문제를 둘러싸고 미국과 스페인 간에 쿠바와 필리핀에서 벌어진 전쟁이다. 노예문제로 촉발된 내분으로 남북전쟁을 겪은 후 내부 정비와 북미 대륙 개척에 몰두하던 미국이 그 힘을 바탕으로 본격적으로 제국주의 정책을 추진하기 시작한 상징적 사건이다(한국에서는 흔히 '미서전쟁(美西戰爭)'이라고 부른다). 그 전쟁 배경 및 경과를 살펴보면 다음과 같다.
이미 1853년에 미국은 마드리드 주재 미국 공사를 통해 1억 5,000만달러에 쿠바 매입 의사를 타진했으나 스페인의 강한 반발만 불러일으켰다. 루이지애나를 프랑스로부터 매입했듯이 쿠바도 그렇게 하고자 했던 것이다(나중에 알래스카를 러시아로부터 사들이기도 했다).
1895년, 쿠바인들이 독립전쟁을 일으켰고, 스페인은 본국에서 진압군을 파견하였다. 미국의 일반 여론은 쿠바가 독립하기를 희망했다. 또 다른 입장으로는 미국은 쿠바에 약 5000만 달러에 달하는 투자와 연간 1억 달러를 넘는 무역관계를 맺고 있었으며, 또 쿠바는 남아메리카와 중앙아메리카 운하지역으로 가는 통로를 장악하는 카리브해의 요충지로서 전략적으로 중요하였다. 일반 여론과 달리 매킨리 대통령을 포함한 미국 지도부는 쿠바의 독립은 관심사가 아니었다. 매킨리 대통령은 의회에서 이 전쟁이 미국의 이익을 위한 것이라고 공개적으로 밝혔다.
독립군과 스페인군 간에 전투가 계속되던 1898년 2월 5일, 쿠바에 거주하는 자국민을 보호한다는 명분으로 아바나항에 정박 중이던 미국 전함 메인호가 원인 모를 폭발을 일으켜 침몰함으로써 266명의 미 해군이 사망하였다. 미국 정부는 이를 쿠바 주둔 스페인군이 일으킨 것으로 간주하고, 이를 문제 삼아 스페인에 결국 선전포고를 하게 된다. 당시 미국 내 언론들은 사건의 진상을 밝히기보다는 스페인 비방기사를 보도하여 미국과 스페인간의 대립을 부채질하였다. 하지만 1971년 메인호 폭발사건은 보일러실에서 일어난 사고이지 스페인 군의 소행이 아님이 밝혀졌다. 전쟁은 쿠바에서만 이루어진 것은 아니었다. 죠지 듀이 제독이 이끄는 미국 아시아함대가 필리핀을 공격하였다. 이때 아기날도 휘하의 필리핀 독립군이 함께 스페인군 공격에 가담하였고, 쿠바에서도 마찬가지였다. 당시 스페인은 미국이 전쟁을 일으킬 것이라는 사실을 예상하지 못하여, 전쟁에 패할 수밖에 없었다. 결국 필리핀과 쿠바 두 섬에서 미군에 밀려 패퇴를 거듭한 스페인은 결국 미국과 강화를 추진하였고, 미국과 스페인 사이에서 맺어진 강화조약은 스페인이 쿠바를 포기하고 필리핀·괌·푸에르토리코를 미국에 할양, 미국은 스페인에 2000만 달러를 지불키로 하였다. 출전: http://ko.wikipedia.org 검색어: 미국·스페인전쟁

한국전쟁은 선전포고절차를 거치지 않고 적대행위에 의하여 개전되었다.

1. 개전선언

■ 개전선언 체약국은 이유를 붙인 개전선언 또는 조건부 개전선언을 포함한 최후통첩의 형식을 가진, 명료하고 또한 사전의 통고 없이 그 상호간에 전쟁을 개시하여서는 안 된다(개전조약 제1조).

■ 중립국에 대한 전쟁상태의 통고 전쟁상태를 지체 없이 중립국에 통고하여야 하며, 통고·수령 후가 아니면 그 국가에 대하여 그 효력을 발생하지 않는 것으로 한다. 통고는 전보로써 행할 수 있다. 다만 중립국이 실제로 전쟁상태를 인지한 것이 확실할 때에는 당해 중립국은 통고의 흠결을 주장할 수 없다(동 조약 제2조).

개전조약(1907.10.18)에서 몇 가지 주목되는 점은 다음과 같다. 첫째, 개전절차의 하나는 '이유를 붙인 전쟁선언'(reasoned declaration of war)이며, 다른 하나는 '조건부 전쟁선언'(conditional declaration of war)이다. 전자는 전쟁개시의 명시적 의사표시이며, 이는 전쟁개시의 가장 일반적인 방법이다. 그 법적 성격은 일방적 법률행위이므로 상대방에게 수령됨을 요하나 수락됨을 요하지는 않는다. 상대국에 대한 통고의 시기는 실질적인 적대행위의 개시에 앞서야 한다는 명문규정이 없으므로 선전포고와 동시에 적대행위를 하는 것도 가능하다.[4] 또 전쟁선언은 전쟁상태의 존재의 증거가 된다. 이유를 붙이도록 요구하는 것은 정당한 이유 없는 전쟁의 개시를 방지하려는 것이지만, 그 정당성여부를 판정하는 객관적 기구가 존재하지 아니하므로 실제상의 의의는 크지 않다. '조건부 전쟁선언'은 일정한 요구를 제시하고 그 요구가 일정기간 내에 수락되지 않는 때에 전쟁에 호소할 것을 명시한 최후통첩(ultimatum)을 포함한 선전포고이다. 최후통첩의 내용이 수락되지 않으면 전쟁은 자연적으로 개시되며 다시 새로운 절차를 요하지 않는다. 수락을 요하는 기간에 관해서는 조약상 규정이 없으나 극히 짧은 수 시간의 기간이다. 수락은 명확한 답변으로 해야 하며, 답변이 없는 것은 요구의 거절로 간주된다.

둘째, 통고의 형식인데, 전자나 후자가 서면화 되어야 하는지 혹은 구두라도 가능한 지에 대해서는 제1조의 문맥상 불명확하다. 다만 필수적인 요건은 상대방에

4) 1941년 12월 7일, 일본이 대미개전통고 전에 진주만을 기습공격한 것은 개전조약(미·일 가입)에 위반한 행위이며, 이 때문에 일본의 무력행사가 침략전쟁이라는 판단의 하나의 근거가 되었고, 극동국제군사법원은 이러한 무력행사를 한 정치적·군사적 지도자에 대하여 전쟁범죄인으로서 유죄 판결을 선고하였다.

게 분명한 표현으로 개전의사를 밝히는 내용이 내포되어야 한다는 것이다.

셋째, 제3국에 대한 통고의무이다. 선전포고는 중립국에 통고한 후가 아니면 그 효력이 발생하지 않는다. 이와 같이 중립국에 대한 통고는 중립국에 대한 대항요건이지 전쟁개시의 성립요건은 아니다.

넷째, 개전조약은 이른바 총가입조항이 붙어 있으므로 교전국 중의 1국이라도 동 조약에 가입하지 않은 경우 체약국 상호간에 동 조약은 적용되지 아니한다.

종래의 전쟁이 국제법상 허용되던 시대에는 개전선언이나 최후통첩에 의하여 전쟁을 적법하게 개시할 수 있었으나, 현대전에 있어서는 전술한 기습공격이 효과적이므로 사실상 사전통고를 기대하기 어려운 실정이며, 또한 오늘날 국제법상 전쟁의 개시 자체가 금지되어 있으므로 이러한 전쟁방식은 무의미한 일이라 할 것이다.

2. 적대행위

적대행위(hostile acts)란 전의를 가진 무력행사에 의하여 전쟁을 개시하는 묵시적인 방법이다. 이는 1907년의 개전조약에 의하면, 위법한 개전방법이다. 그러나 관습법은 이를 개전방법으로 인정하고 있으며, 적대행위에 의한 불선언전쟁(undeclared war)도 국제법상 전쟁으로 인정되어 있다.

적대행위에 의한 개전방법상 문제되는 것은 개전의 시점이다. 적대행위와 더불어 전의가 있다고 추정될 만한 사실이 발생하였을 때 전쟁의 개시를 인정할 수 있다. 단순한 복구나 야전사령관의 독단적인 무력행사 또는 외교사절의 철수, 선박억류(embargo)는 전쟁개시의 표시가 되지 않는다.

적대행위가 있은 후 그에 뒤따르는 선전포고가 있는 경우에 개전의 시기는 적대행위까지 소급한다. 중립국에 대한 통고의무는 선전포고의 경우와 같다.

〔Bennion v. N.Y. Life Insurance Co. Case(1946)〕

[사 실]

뉴욕생명보험회사는 Bennion대위에게 다음과 같은 내용의 보험증권을 발행하였다. 즉, 우발적인 사망은 두 배의 보험금을 지급하고, 전쟁 또는 그로 인한 사고로 당한 사망은 추가적인 보험금 지급에서 제외된다는 것이었다.

1941년 12월 7일 아침, 일본이 진주만을 공격했을 때 Bennion은 진주만에 정박중인 전함 West Virginia호에서 임무수행 중 일본기의 폭격으로 사망하였다. 보험회사는 통상의 보험금을 지급하고 보험증권상의 전쟁 또는 그로 인한 사고로 당한 사망이라는 이유로 두 배의 보험금지급을 거절하였다. 이에 피보험자측이 회사를 상대로 제소하였다. 1심이 원고의 주장을 인정하자 회사 측이 항소한 사건이다.

이 사건에서 문제가 된 것은 선전포고 없이 시작된 일본의 진주만공격이 보험증권상의 전쟁에 포함되는가 하는 것이었다.

[판결 요지]

공식보고에 따르면, 250대 내지 300대의 폭격기가 진주만공격에 가담하였고, 이 폭격으로 3,435명의 미국인이 사망하고 많은 전함에 막대한 피해를 입혔다. 공격개시 1시간 후 일본은 외교관계를 단절한다는 각서를 전달하였고, 1시간 후 정식선전포고를 하였으며, 8시간 후에야 이 사실이 정식 접수되었다. 공식선전포고권을 갖고 있는 미국의회는 12월 7일 오후 미국과 일본 간에 전쟁상태가 존재한다는 공식선언을 하였고, 이것은 1941년 12월 8일 대통령의 동의로 발효하였다.

법원은 무력행사와 전쟁상태를 구별하여 일본의 진주만공격은 무력행사로 보아야 하고 그것이 반드시 전쟁상태를 의미하지 않는다고 하여 보험계약에서 의미가 분명하지 않거나, 여러 가지 해석이 가능한 경우 피보험자에게 유리하게 해석해야 한다는 원칙에 따라 피보험인의 주장을 인정해야 한다는 견해를 받아들이지 않았다. 대신 법원은 전쟁을 각각 그 정부의 통치 하에 있는 두 국가 간의 무력에 의한 투쟁이라고 보았던 Vandebilt v. Travelers Ins. Co. 사건과 전쟁은 공식선언에 의해서 존재하는 것이 아니라 그 정부의 통제 하에 있는 두 국가 간에 무력에 의한 충돌이라고 보았던 Stankus v. N.Y. Life Inc. Co. 사건의 판결을 받아들여 한 주권국가가 전쟁을 하려는 의도로 타국을 공격하고, 공격받는 국가가 모든 가능한 수단을 동원하여 이에 맞서는 경우 현실적으로 전쟁 상태에 있다는 것을 부정할 수 없다고 보았다. 또한 법원은 만약 의회의 선언으로 전쟁상태가 있는 것이라면 의회가 30일간 회합하지 못하는 경우 실질적으로 국군통수권자인 대통령에 의하여 전쟁행위가 수행되고 있더라도 전쟁상태가 아니라는 모순을 지적하였다.

결론적으로 이 사건에서 법원은 Bennion의 사망이 보험증권상의 전쟁상태에서 일어난 사망으로 보고 두 배의 보험금을 지급받을 수 없다고 판결하였다(김정건, 국제법, 1993, pp.711∼712).

Ⅱ. 개전효과

전쟁개시에 의하여 교전국 상호간에는 평시관계가 끝나고 새로이 전시관계가 시작된다. 중립국은 교전국과의 관계에 있어서 전시중립의 의무와 권리관계에 선다.

1. 외교관계

개전과 동시에 통상적으로 외교관계는 단절된다. 따라서 외교사절(및 그 수행원)은 각각 적국으로부터 퇴거하게 되며, 퇴거에 필요한 기간 동안은 외교관의 특권과 면제를 향유한다. 영사도 전시에는 그 직무를 수행할 수 없으므로 퇴거하게 되며, 퇴거에 필요한 시간적 여유와 편의를 영사에게도 부여하여야 한다(영사관계조약 제26조). 대·공사관 및 문서, 그리고 적국 내의 자국민에 대한 보호 등은 어느 특정 중립국에 의뢰하는 것이 보통이다. 이때의 중립국을 이익대표국이라고 한다.

2. 조 약

조약당사국간의 전쟁개시가 조약소멸의 하나의 사유가 되는 것은 확실하지만, 그것이 어떠한 조약에 어떠한 효과를 미치는가에 관하여는 국제법상 확립된 규칙이 없다.

일반적으로 전쟁법에 관한 조약은 전쟁을 대상으로 하는 것이므로 당연히 적용된다. 그 외의 조약으로서 평시관계에 관한 것은 조약의 성질에 따라서 효력이 종료하는 것과 일시 정지되는 것으로 구분된다. 대체로 상호방위조약, 통상항해조약 등과 같은 정치적 또는 우호관계조약은 전자에 속하고, 기술적·행정적 성질의 조약은 후자에 속한다. 교전국 외에 제3국을 포함하는 다수국간 조약은 교전국간에서만 효력이 정지될 뿐이고 조약 자체는 존속한다.

최근에는 전쟁법을 제외한 모든 조약은 개전과 동시에 효력이 정지되며, 전쟁종료 후 평화조약에서 그 효력의 부활여부를 정하는 것이 보통이다.

3. 적국민

교전국은 관행상 자국 내의 적국민에게 상당한 기간 내에 퇴거(귀국)하는 것을 허용한다. 다만 적의 병력에 속한 자 또는 적국의 전력에 이바지할 수 있는 중요인물, 예컨대 과학기술자 또는 징병적령기에 있는 청년 등은 억류할 수 있다. 억류된 적국민과 상당한 기간 내에 퇴거하지 않은 적국민에 대해서는 군사적 필요 또는 치안유지상 거주구역을 지정하거나 일정한 구역에 수용하는 등 특별한 조치를 취할 수 있다.

1949년의 「전시 민간인 보호에 관한 제네바조약」에 의하면, 적국민의 퇴거의 권리를 명백히 인정하고 있다. 즉 모든 피보호자는 퇴거가 당해국 간의 국가적 이익에 반하지 않는 한 그 영역을 떠날 권리를 가지며, 그들의 퇴거신청에 대하여 분쟁당사국은 정식절차에 따라 되도록 속히 이를 결정하여야 한다(전시 민간인 보호에 관한 제네바조약 제35조 1항). 이 조약은 나아가서 퇴거하지 않고 교전국 영역 내에 체재하는 피보호자의 보호에 관해서도 상세한 규정을 두고 있다. 명예·신체의 존중(동 조약 제27조), 군사상의 이용금지(동 조약 제28조), 잔학행위의 금지(동 조약 제32조) 등이 그것이다.

특히 주목되는 것은 피보호자정보국과 중앙피보호자정보국의 설치에 관한 규정이다(동 조약 제136~제141조). 전자는 교전국이 각각 설치해야 할 의무를 지며, 자국의 권력 하에 있는 모든 피보호자에 관한 정보의 수령과 전달을 임무로 한다. 후자는 중립국에 설치하며, 공적·사적 경로를 통하여 입수되는 모든 정보를 수집하고 관계자의 본국 또는 주소지국에 신속하게 전달하는 것을 임무로 한다.

4. 통 상

각국은 필요에 따라 적국과의 통상을 금할 수 있다. 영미주의에 의하면, 전쟁개시와 더불어 당연히 대적통상(對敵通商)은 금지된다. 대륙주의는 국가의 특별조치에 의하여 금지된다.

영미주의의 적성표준(敵性標準)은 주소지주의이므로 적국영역에 있는 적국인은 물론이고, 중립국인 또는 자국인이라 할지라도 적국 영역에 거주하는 자와의 통상은 금지된다. 이에 반하여 적국인이라 할지라도 중립국 영역 내에 거주하는 경우에는 그 적국인과의 통상은 금지되지 않았다. 대륙주의의 적성표준은 국적주의이므로 중립국 영역 내에 거주하는 적국인과의 통상도 금지된다. 그런데 영미주의에 있어서도 제1차 대전 이래 중립국 내의 적국인의 상사(商社)가 적국을 이롭게 하는 면이 많은 것을 알았기 때문에 주소지의 기준을 다소 수정하여 중립국에 거주하는 일정한 적국민과의 통상도 금지하고 있으므로, 지금은 대륙주의와 큰 차이가 없는 것이 되고 말았다. 즉 영국은 1915년과 1939년에 각각 대적통상법(對敵通商法 Trading with Enemy Act)을 제정하여, 이른바 블랙리스트(black list)에 기재된 적국 상사 및 적국민에 대하여는 그들이 중립국 내에 주소를 두는 경우에도 통상을 금지하였다. 미국도 1917년과 1941년 영국과 동일한 방침을 답습하였다.

5. 적 산

(1) 일반재산

교전국의 영역 내에 있는 적산(敵産) 중 사유재산은 몰수하지 않는 것을 원칙으로 한다. 그러나 채권의 지급을 정지할 수 있으며, 직접 군사상의 목적에 이용할 수 있는 것은 압류·관리·행사할 수 있다. 적국의 국유재산은 동산과 부동산에 따라 취급을 달리하는데, 부동산은 역시 몰수할 수 없고 다만 수익·사용할 수 있을 뿐이다. 동산은 직접·간접으로 전쟁의 용도에 제공될 수 있는 경우에는 몰수할 수 있다.

제1차 대전시에는 쌍방 교전국은 적산을 관리하는데 그치지 않고 전시비상조치로서 이를 처분까지 하였으나, 평화조약에서는 보상조치가 강구되었다. 제2차 대전시에는 평화조약에서 전승국은 그 영역 내의 적산을 압류, 유치, 청산 또는 기타의 방법으로 처분하고, 패전국은 그 영역 내의 적산을 반환 또는 보상하기로 하였다(대이탈리아평화조약 제79조, 대일평화조약 제14조).

(2) 상 선

전쟁이 개시될 때에 교전국의 항내에 있는 상선(商船)은 일반적으로 해상의 적선이 포획·몰수된다는 원칙의 예외를 구성한다. 즉, 국제해운의 안전을 도모하기 위하여 일반원칙을 완화한 것으로, 개전 시 자국항 내에 있는 적상선은 이것을 몰수 또는 압류하지 않고, 일정한 은혜기간(days of grace)을 주어 출항을 허용하는 것이 크리미아(Crimea)전쟁 이래의 관행이다.

1907년의 「개전 시 적상선의 취급에 관한 조약」은 위의 관행을 기초로 하여 성립되었다. 동 조약에 의하면, 체약국은 개전 시 자국 영수 내에 있는 적상선에 대하여 즉각 또는 상당한 은혜기간을 부여하여 출항하게 하거나, 또는 통항권을 부여하여 그 목적지 또는 지정항에 직행하도록 조치할 것을 희망한다(개전 시 적상선의 취급에 관한 조약 제1조 1항, 제2조). 출항을 허용하지 않는 경우 또는 불가항력으로 출항불능인 경우에도 적상선을 몰수하지 못한다. 이러한 경우 적상선을 억류하거나 징발하는 것은 가능하나, 전후에 반환 또는 배상하여야 한다(동 조약 제2조). 개전 전에 최종기항지를 출발하여 개전의 사실을 모르고 적항에 입항하는 상선에 대하여서도 위와 동일하게 취급한다(동 조약 제1조 2항, 제4조 1항). 또한 개전 전에 최종기항지를 출발하여 해상에서 적국상선을 만났을 때, 전쟁의 발발을 알지 못한 상선도 포획·몰수하지 못한다. 다만 전후에 반환 또는 배상할 것을 조건으로 하여 억류할 수 있으며, 인원의 안전과 선박서류의 보관을 조건으로 하여 징발·파괴할 수 있다(동 조약 제3조).

개전 시 교전국의 영역 내에 있는 적의 민간항공기의 취급에 관해서는 상선의 경우와는 달리 조약이나 관행이 성립되어 있지 않다. 그러나 국제민간항공의 안전과 발전을 도모한다는 입장에서 볼 때 상선의 경우와 동일하게 취급하는 것이 바람직하다.

제 3 절 교전행위의 규제

국제법상의 전쟁에 있어서 교전국은 국제법이 특히 금지하고 있지 않는 한 모든 종류의 해적수단(害敵手段)을 사용할 수 있다. 그러나 해적수단을 행사함에 있어서는 그것을 제한하는 전쟁법규에 따라야 한다. 또 직접 그것을 제한하는 전쟁법규가 없는 경우에 있어서도 전쟁법에 관한 기본원칙에 입각하여 일정한 제한이 인정되는 경우가 있다. 예컨대, 제2차 대전 전에는 공습에 관하여 직접 규정한 조약은 존재하지 않았다. 그러나 공습은 그 공격의 형태에 있어서 육군이나 해군에 의한 포격과 유사하기 때문에 이러한 포격에 관하여 정해진 조약규정으로부터 유추해석하여, 후술하는 바와 같이, 방수지역(防守地域)에 대해서는 무차별폭격이 인정되나, 무방수지역(無防守地域)에 대해서는 군사목표에 대해서만 허용된다고 하는 군사목표주의가 일반적으로 인정되게 되었다.

이하에서는 교전행위의 규제로서 해적수단의 제한과 그 행사방법의 규제로 구분하여 설명하기로 한다.

Ⅰ. 해적수단의 제한

국제법은 해적수단의 종류에 관하여 일정한 제한을 설정하고 있다. 1907년의 「육전의 법규·관례에 관한 조약」의 부속서인 「육전의 법규·관례에 관한 법규」의 제22조에서 '교전자는 해적수단의 선택에 관하여 무제한의 권리를 가지는 것은 아니다'라고 규정하고 있다. 해적수단에 관하여 국제법상 제한이 설정된 이유가 반드시 명확하지는 않으나, 군사적 고려와 인도적 고려에 입각하여 규제법규가 인정되는 것이 일반적이다. 오늘날 일반적으로 인정되고 있는 제한에는 다음과 같은 것이 있다.

1. 400그램 이하의 작렬탄·소이탄의 금지

이것은 1868년 「Saint-Petersburg선언」에서 규정되었는데, 이를 금지한 이유는 400그램 이하의 탄환은 소총탄인데, 그것은 1인을 살상하는 효과 밖에 없으므로 보통의 탄환으로서도 충분하며 굳이 비용이 많이 소요되는 작렬탄이나 소이탄을 사용할 필요가 없다는 실리적 고려에 기인한 것이었다. 그러나 공중전과 같이 통상의 소총탄으로서는 목적을 달성할 수 없는 경우에는 이 제한을 적용하는 것이 곤란하므로 1923년의 「공전법규안」은 항공기에 의하여 또는 항공기에 대해서는 예외를 인정하고 있다(공전법규안 제18조).

2. 덤덤탄의 금지

이것은 1899년 헤이그조약에서 규정된 바, 덤덤탄은 니켈로써 덮은 연탄(鉛彈)인 바, 외포가 중심의 전부를 싸지 않거나 외포에 금이 새겨져 있어, 인체 내에서 용이하게 전개되고, 또는 편평하기 때문에 불필요한 고통을 주는 탄환이다. 그 사용금지 이유는 인도적 고려와 총기를 손상하기 쉽다는 실리적 고려에 기인한다.

3. 자동촉발수뢰(自動觸發水雷)의 규제

수뢰(submarine mines)란 폭약과 자동촉발장치를 이용하여 제조하고, 수중에 설치하여 함정과 접촉시 폭발하는 무기이다.[5] 수뢰에 대해서는 1907년의 「헤이그 제8협약」(자동촉발수뢰의 부설에 관한 조약)에서 규정되었는데, 그 주요 내용은 다음과 같다.

■ 금지되는 수뢰　(a) 부설자의 관리를 떠나서 1시간 이내 무해하게 되지 않는 무계류(無繫留) 자동촉발수뢰(Unanchored Automatic Contact Mines, 부유수뢰), (b) 계류를 떠났을 때 즉시 무해하게 되지 않는 계류 자동촉발수뢰(Anchored Automatic

5) 조기성, 국제법(서울: 이화여자대학교출판부, 2001), p.571.

Contact Mines) 및 (c) 명중하지 않는 경우 무해로 되지 않는 어형수뢰(魚形水雷 Torpedos)를 사용하는 것은 금지된다(헤이그 제8협약 제1조).

■ 부설장소 적국해안 및 항구의 전면에 부설하는데, 단지 상업상의 항해를 차단할 목적만으로써 자동촉발수뢰를 부설함을 금한다(동 협약 제2조).

■ 안전조치 격류자동촉발수뢰를 부설할 때에는 평화적 항해의 안전을 도모하기 위하여 모든 가능한 예방수단을 취하여야 하며, 교전자는 가능한 한 위 수뢰로 하여금 일정한 기간의 경과 후는 무해하게 하는 장치를 부설할 것과 그리고 위 수뢰가 감시되지 않게 되었을 때는 군사상의 지장이 없는 한 조속히 항해자에게 위험구역을 고시하여야 한다. 이 고시는 외교상의 절차에 의하여 각국 정부에 통보하여야 한다(동 협약 제3조).

■ 수뢰의 인양 체약국은 전쟁이 종료할 때에는 각각 그 부설한 수뢰를 인양하기 위하여 취할 수 있는 모든 조치를 취하여야 한다. 교전국의 일방이 기타 교전국의 연안에 부설한 국가는 그 부설면을 타국에 통고하고, 각국은 최단기간 내에 자국수역 중에 있는 부설수뢰를 인양하는 조치를 취하여야 한다(동 협약 제5조).

4. 독물 및 불필요한 고통을 주는 무기의 사용금지

독물을 음식물에 혼입하거나 독물을 가공한 무기의 사용을 금지하고, 또한 불필요한 고통을 주는 무기, 발사물 및 기타의 물질을 사용하는 것을 금지한다.

여기서 '불필요한 고통을 주는 무기'란 그 개념이 극히 막연하므로 이것은 결국 개개의 무기를 개별적·구체적으로 판단함을 요한다. 예컨대 위의 덤덤탄이나 400그램 이하의 작렬탄이나 소이탄이 이에 해당하는 것은 물론이나, 현재까지 조약상 금지되지 않는 무기나 또는 새로이 개발되는 신무기도 그 성질 여하에 따라서 이 규정에 저촉될 수 있다.

5. 화학·생물학병기의 금지

양자는 일괄해서 가끔 BC병기라고도 일컬어진다. B병기, 즉 생물학병기(세균학병기라고도 한다)란 그 성질이나 그것이 만들어내는 감염성물질이 사람이나 동식물의 체내에서 증식하고 그 효과에 의해서 질병을 발생시키는 것을 말한다. C병기, 즉 화학병기란 화학작용에 의하여 사람이나 동식물에 해를 미치는 것을 말한다.

BC병기의 금지에 관한 성문규정으로서 현재 그 중요성이 인정되고 있는 것은 1925년의 「화학전 및 세균전의 금지에 관한 제네바의정서」이다. 의정서는 질식성 가스, 독가스 또는 이와 유사한 가스 및 세균학적 해적수단의 사용을 금지하였다.

이와 같이 1925년 의정서는 독가스뿐만 아니라, 세균학적 병기를 포함하여 금지한 점에 의의가 있다. 그러나 국제법상 금지되었다고 해서 그것만으로 실전에 사용되지 않는다는 보장은 충분하지 않다. 그러므로 BC병기의 제조나 저장까지도 금지하는 방향으로 진전시킬 필요가 있다. 제2차 대전 후 UN을 중심으로 하여 1925년의 의정서에 의한 금지를 더 발전시키기 위한 심의가 행해지고, 그 결과 우선 세균학병기에 관하여 「세균학적 병기 및 독소병기의 개발, 생산 및 저장의 금지, 그리고 이러한 병기의 폐기에 관한 조약」이 1972년에 체결되어 1975년에 발효하였다. 그러나 화학병기의 경우에는 그 원료의 거의 모두가 평화산업에서 보통 사용되는 것이므로 동종의 조약을 만드는 것은 곤란할 것이다.

6. 환경파괴병기의 규제

자연환경이나 생태계를 변경하고 또는 파괴함으로써 상대방에게 타격을 주는 환경파괴병기가 주목을 띠게 된 것은 최근의 현상으로서, 그 발단은 베트남전쟁에서 미군이 행한 고엽작전이었다. 이 문제는 1972년의 UN 인간환경회의에서 취급되었고, 그 후 제네바군축위원회에서 토의되고, 그 토의를 기초로 하여 1976년 1월 20일 「환경변경기술의 군사적 또는 기타의 적대적 이용의 금지에 관한 조약」이 UN총회에서 채택되고, 1978년 10월 5일에 20개국이 비준함으로써 발효하였다.

이 조약에 의하면, 각 체약국은 다른 체약국에 대하여 파손, 손해 또는 손상을 주는 수단으로써 광범위하고, 장기 또는 중대한 효과를 가지는 환경변경기술의 어떠한 군사적 또는 기타의 적대적 행위를 해서는 안 된다고 규정하고 있다(환경변경기술의 군사적 또는 기타의 적대적 이용의 금지에 관한 조약 제1조). '환경변경기술'이란 자연과정에 대하여 인위적 조작에 의하여 생물계(生物系)·지각(地殼)·수권(水圈)·대기권(大氣圈)을 포함한 지구 또는 우주공간의 운동·조성·구조에 변경을 가하는 기술을 말한다(동 조약 제2조). '광범위, 장기 또는 중대'가 과연 어느 정도를 의미하는가는 명확하지 않지만, 이에 관하여 제네바군축위원회의 보고서는 '광범위'란 수백 ㎢의 규모의 지역을 포함하는 것, '장기'란 수개월 또는 약 1계절의 기간 지속하는 것, '중대'란 인간의 생명, 자연 및 천연자원 또는 기타 자산에 대한 중대하거나 현저한 파괴 또는 손해를 가져오는 것으로 해석된다고 양해하고 있다.

7. 배신행위의 금지

배신행위는 전시위계의 일종으로서 명시적 또는 묵시적으로 전투상의 신뢰를 배반하는 행위를 말한다. 헤이그육전규칙은 '적국 또는 적군에 속하는 자를 배신의 행위로써 살상하는 것'과 '군사기, 국기 기타의 군용표장, 적의 제복 또는 제네바조약의 특수휘장을 부당하게 사용하는 것'을 금지하고 있다(육전규칙 제23조 b, f호). 다만 단순한 기계(奇計)는 금지되지 않는다(동 규칙 제24조)(예컨대, 복병이나 위장한 공격 또는 후퇴, 허위정보의 유포 등이 이에 속한다). 1977년의 제1의정서도 배신행위의 금지를 규정하고, 그 예로서, (a) 휴전기 또는 항복기를 게양하고 교섭의 의도를 위장하는 것, (b) 부상 또는 질병에 의한 행동불능을 위장하는 것, (c) 민간인, 비전투원의 지위를 위장하는 것, (d) UN, 중립국 또는 기타 비분쟁당사국의 기장, 표장 또는 제복을 사용하여 보호되고 있는 지위를 위장하는 것을 들고 있다(1977년 제1의정서 제37조).

8. 투항병, 상병자에 대한 공격의 금지

투항병을 살상해서는 안 된다는 것은 관습법상 일반적으로 인정되어 왔으나, 육전규칙은 이를 다음과 같이 명문화하였다. 즉 무기를 버리고 또는 자위수단이 전부 소진되어 투항을 요청하는 자를 살상하는 것과 구명하지 아니할 것임을 미리 선언하는 것을 금지하였다. 또 저항능력을 상실한 상병자에 대하여 공격을 가해서는 안 된다는 것도 관습법상 일반적으로 인정되어 있다.

1977년의 제1의정서는 전투 외에 있다고 인정되는 자 또는 상황에 따라 전투 외에 있다고 인정되어야 할 자는 공격의 대상이 되어서는 안 된다고 하면서, 공격의 대상이 되지 않는 자로 다음의 경우를 들고 있다. (a) 그 자가 적의 권력 내에 있는 경우, (b) 그 자가 투항의 의도를 명시적으로 표명한 경우, 또는 (c) 그 자가 이미 의식불명이 되어 있거나 또는 부상 내지 질병으로 인하여 행동불능으로 되어 있어 자기를 방위할 수 없는 경우 등이다.

Ⅱ. 해적수단 행사방법의 규제

육군, 해군 및 공군에 의한 해적수단의 행사방법을 규율하는 기본원칙으로서 일반적으로 인정되어 있는 것은 이른바 군사목표주의이다. 공격대상을 군사목표와 비군사목표로 구별하고, 부득이한 경우를 제외하고는 원칙적으로 군사목표에 한해서만 공격할 수 있다.

1. 육군에 의한 공격

헤이그육전규칙은 방수(防守)되어 있지 않은 도시, 촌락, 주택 또는 건물은 어떠한 수단에 의해서도 공격 또는 포격할 수 없다고 규정하고 있다(육전규칙 제25조). 여기서 방수지역이란 지상군이 특정 지역을 점령하려는 것에 대하여 상대방 군대가 집결하여 저항하고 있는 지역을 말하며, 무방수지역이란 이러한 현실적 저항이 행해져 있지 않은 지역을 말한다. 그 지역에 요새, 기타의 군사시설의 존재여부와는 관계가 없다.

제네바협약 제1추가의정서에 의하면, 무방수의 요건으로서, ① 모든 전투원뿐만 아니라 이동무기 및 이동군사장비는 철수될 것, ② 고정군사시설 또는 설비는 적대목적에 사용되지 아니할 것, ③ 당국 또는 주민에 의한 적대행위가 행해지지 아니할 것, ④ 군사작전을 지원하는 어떠한 활동도 행해지지 아니할 것을 규정하고 있다.

육전규칙은 무방수지역에 대한 공격을 일반적으로 금지하였으나, 그것은 방수지역에 대한 경우와 같이 무차별공격이나 포격을 허용하지 않는다는 취지이며, 거기에 요새·기타 군사목표가 존재하는 경우, 예컨대 원거리포격에 의하여 파괴하는 것까지도 금지하는 것은 아니다.

방수지역에 대해서는 전투원·비전투원의 구별 없이, 또한 군사목표·비군사목표의 구별 없이 공격할 수 있다. 그러나 이 경우에 있어서도 "종교·예술·학술용에 제공되는 건물, 역사상의 기념건조물, 병원, 상병자의 수용소에 대해서는 그것이 동시에 군사상의 목적에 사용되고 있지 않는 한, 가능한 한 손해를 주지 않도록 필요한 모든 수단을 다하여야 한다. 이 경우 공격받는 측은 이러한 건물 또는 수용소를 식별할 수 있는 특별한 기장으로써 표시하고, 이것을 미리 공격자에게 통고하지 않으면 안 된다"고 규정하였다(동 규칙 제27조).

2. 해군에 의한 공격

방수지역에 대한 포격, 즉 지상군의 점령기도 또는 상륙작전을 엄호하여 함포

사격을 행하는 경우에는 무차별포격이 인정된다. 다만 이 경우에 있어서도, 전술한 바와 같이, 특수건물 또는 수용소는 보호되나, 육전의 경우와 다른 점은 그 표지는 대형의 견고한 방형판(方形板)에 대각선으로서 흑색(상부)과 백색(하부)의 양 삼각형으로 구획되어야 한다는 것이다(전시해군에 의한 포격에 관한 조약 제5조).

무방수지역에 대한 포격은 금지된다. 그 앞에 자동촉발해저수뢰가 부설되어 있다는 것만으로는 방수지역이 되지 않으며, 역시 포격은 금지된다(동 조약 제1조). 이와 같이 무방수지역에 대해서는 포격이 금지되어 있으나, 그것은 육군포격의 경우와 같이 무차별 포격을 금지한다는 취지이며, 무방수지역에 있는 군사목표에 대한 포격까지도 금지하는 것은 아니다. 조약에 의하면, 무방수지역에 대한 포격의 금지 중에는 군사상의 공작물, 군건설물, 병기 또는 군용재료의 저장소, 적의 함대 또는 군용에 제공될 공장 및 시설 그리고 항내에 있는 군함은 포함되지 않는다(동 조약 제2조 1항).

3. 공군에 의한 공격

이에 관하여는 1922년 워싱턴회의에 입각하여 개최된 헤이그법률가위원회가 1923년에 공전법규안을 채택하였다. 이 법규안은 조약화 되지는 않았으나, 공습에 관한 원칙을 나타내는 것으로서 일반적으로 인정되고 있다.

방수지역에 대해서는 다음과 같이 규정하고 있다. 육상군대의 작전행동의 근접지역에 있어서는 도시, 촌락, 주택 또는 건물의 폭격은 병력의 집중이 중대함으로 폭격에 의하여 일반주민에게 주는 위험을 고려하여도 폭격을 충분히 정당하다고 추정할 이유가 있는 경우에 한하여 적법한 것으로 한다(공전법규안 제24조 4항). 물론 이 경우에도 일정한 건조물은 보호된다(동 법규안 제25조 1항). 이와 관련하여 공전법규안은 역사상의 기념건조물이 공습에 의하여 많이 손괴된 제1차 대전의 경험에 비추어 이러한 건조물의 보호를 한층 유효화하기 위하여 보호지대에 관한 특별규칙을 두어, 기념건조물 또는 그 집단이 현재 차지하고 있는 지역 외에 그 주변지역(폭 500m 이내)을 보호지대로 하고, 그 지역일대를 폭격해서는 아니 된다고 하였다. 그리고 이를 위해 보호지대는 평시에 미리 외교수단에 의하여 타국에 통고함과 동시에 그것이 군사상의 목적에 이용되지 않도록 하기 위하여 중립국대표로 구성되는 감시위원회를 구성하도록 규정하고 있다(동 법규안 제26조).

무방수지역에 대한 무차별폭격은 금지되나 군사목표에 대한 공격은 인정된다. 군사목표, 즉 파괴 또는 훼손이 명백히 군사적 이익을 교전자에게 부여하는 것과 같은 목표에 대하여 행해지는 경우에 한하여 적법한 것으로 된다(동 법규안 제24조 1

항). 여기에서 폭격은 전적으로 군대, 군사공작물, 군사시설물 또는 군사저장소, 병기·탄약 또는 명백히 군수품의 제조에 종사하는 공장으로서 중요한 것, 군사상의 목적에 사용되는 교통선 또는 운수선에 대하여 행해진 경우에 한하여 적법한 것으로 한다(동 법규안 제24조 2항). 따라서 군사목표 이외를 목표로 하는 폭격, 예컨대 민가를 목표로 하는 폭격 등은 허용되지 않는다(동 법규안 제22조).

4. 군사목표주의의 새로운 전개

이상과 같이, 일반적으로 군사목표주의가 인정되고 있으며, 무방수지역에 있어서는 군사목표에 대해서만 공격할 수 있다고 하는 규칙은 제2차 대전 이전에 이미 실정법상의 원칙으로서 확립하였다고 할 수 있다. 그러나 제2차 대전에 있어서의 제국의 실행에서 이 원칙이 엄격하게 지켜지지는 않는다. 비교적 좁은 지역에 군수공장이 밀집하고 있는 곳에서는 개개의 군사목표를 확인함이 없이 지역 전체를 목표로 하는 폭격, 이른바 '목표구역폭격'(target-area bombing)이 행하여졌다. 이러한 구역에 있어서는 공습에 대한 방어체제가 매우 강력하고, 또 군사목표가 교묘하게 은폐되어 있으므로 개개의 군사목표를 식별하는 것이 사실상 곤란하기 때문이다.

그러나 이것은 군사목표주의가 오늘날 불필요하게 되었다거나 또는 타당하지 않게 되었다는 것을 의미하는 것은 아니다. 오히려 제2차 대전의 경험으로부터 일반주민을 보호하기 위하여 군사목표주의를 보다 철저하게 할 필요가 인정되었다. 1977년의 제1의정서는 군사목표주의를 확실히 함과 동시에, 일반주민보호의 입장에서 무차별공격의 금지에 관하여 다음과 같이 규정하였다.

■ 기본원칙(1977년 제1의정서 제48조) 민간주민과 민간물자의 존중 및 보호를 보장하기 위하여 충돌당사국은 항시 민간주민과 전투원 사이 및 민간물자와 군사목표물 사이에 구별을 하여, 그들의 작전을 오직 군사목표물에 지향하게 한다.

■ 민간주민의 보호(동 의정서 제51조) ① 민간주민 및 민간개인은 군사작전에 기인하는 위험에 대한 일반적 보호를 향유한다. 이러한 보호를 유효하게 하기 위해서는 기타 적용가능한 국제법규에 추가되는 다음의 규칙이 모든 상황에 있어서 준수되어야 한다(동 의정서 제51조).

② 민간주민은 물론 민간개인은 공격의 대상이 되지 아니한다. 민간주민 사이에서 공포를 조성하는 것을 주목적으로 하는 폭력행위 또는 그 위협은 금지된다.

③ 민간인들은 그들이 적대행위에 직접 가담하지 아니하는 한, 그리고 그러한

기간 동안 본조에 의하여 부여되는 보호를 향유한다.

④ 무차별공격은 금지된다. 무차별공격이라 함은, (a) 특정한 군사목표물을 표적으로 하지 아니하는 공격, (b) 특정한 군사목표물을 표적으로 할 수 없는 전투의 방법 또는 수단을 사용하는 공격 또는 (c) 그 결과가 본 의정서가 요구하는 바와 같이 제한될 수 없는 전투의 방법 및 수단을 사용하는 공격으로서, 개개의 경우에 있어 군사목표물 및 민간인 또는 민간물자를 무차별하게 타격하는 성질을 가지는 공격을 말한다.

⑤ 특히 다음 유형의 공격은 무차별적인 것으로 간주되어야 한다. (a) 도시·읍·촌락 또는 민간인이나 민간물자가 유사하게 집결되어 있는 기타 지역 내에 위치한 다수의 명확하게 분산되고 구별되는 군사목표물을 하나의 단일 군사목표물로서 취급하는 모든 방법 또는 수단에 의한 폭격 및 (b) 우발적인 민간인 생명의 손실, 민간인에 대한 상해, 민간물자에 대한 손상 또는 그것들의 결합을 야기할 우려가 있는 공격으로서 소기(所期)의 구체적이고 직접적인 군사적 이익에 비추어 과도한 공격

■ 민간물자의 일반적 보호(동 의정서 제52조) ① 민간물자는 공격 또는 보복의 대상이 되지 아니한다. 민간물자라 함은 제2항에 규정된 군사목표물이 아닌 모든 물건을 말한다.

② 공격은 군사목적물에 대하여 엄격히 제한된다. 물건에 관한 한 군사목표물은 그것들의 성질, 위치, 목적 또는 사용에 의하여 군사행동에 유효한 기여를 하고, 그 당시의 지배적 상황에 있어 그것들의 전부 또는 일부의 파괴, 포획 또는 무용화가 명백한 군사적 이익을 제공하는 군사목표물에 한정된다.

③ 예배의 장소, 가옥이나 기타 주거 또는 학교와 같이 통상적으로 민간 목적에 전용되는 물건이 군사행동에 대하여 효율적으로 기여하기 위하여 사용되고 있는지의 여부가 의심되는 경우에는 그렇게 사용되지 아니하는 것으로 추정된다.

이와 같이 의정서는 군사목표주의를 기본적인 원칙으로서 관철하는 방식을 명확히 하고 있다. 그러나 이 경우에 있어서도 육상부대가 일정한 지역을 점령하기 위해 근접하고, 거기에서 공격전이 전개되고, 일반주민이 이미 대피하고 있다고 믿어지는 상황에 있는 지역에 대해서는 공격이 허용된다고 보아야 할 것이다. 그러나 이 경우에 있어서도 일반주민에 영향을 미치는 공격에 관해서는 사정이 허락하는 한 유효한 사전경고를 하여야 한다(동 의정서 제57조).

Ⅲ. 전시점령

1. 전시점령의 개념

전시점령(belligerent occupation)이란 전시에 있어서 일방 교전국이 적국의 영토 내에 침입하여 적국의 권력을 배제하고 영토의 일부 또는 전부를 사실상 군의 권력 하에 두는 것을 말한다. 점령의 형태로는 전시점령 외에 평시에 조약의 이행을 보장하기 위하여 또는 복구 및 간섭의 수단으로서 행하는 평시점령(pacific occupation)과 휴전 후 국제법상의 전쟁이 종료하기 이전의 단계에서 당사국 간의 합의에 의거하여 행하는 복합점령(Mischbesetzung)과 같은 특수한 형태의 점령도 있다. 평시점령과 복합점령은 점령군의 권력이 그 점령의 성질상 일반적으로 전시점령의 경우에 비하여 강력하지 못하다. 이에 반하여, 전시점령은 그 자체가 전쟁수행의 하나의 수단이므로 점령군은 전쟁법에서 금지되지 않는 한 군사적 이용을 포함한 일반적 지배권을 갖는다.

전시점령의 법적 성질로서는, 첫째, 점령은 적국의 영토를 현실적으로 점령군의 권력 하에 두는 것, 즉 적국의 권력이 배제되고 점령군에 의하여 점령지역의 질서가 유지되는 상태를 말하므로 침입(invasion)과 다르다.

둘째, 점령은 영역취득의 효과를 수반하지 아니하므로 정복의 경우와는 달리 점령국이 점령지역을 자국에 병합하거나 타국에 양도하거나 또는 독립시키거나 하지 못한다. 점령지의 최종적 귀속은 평화조약에 의하여 결정된다.

점령은 적의 영토를 현실적으로 군의 권력 하에 두는 것이므로 점령의 범위도 군의 권력을 현실적으로 행사하는 지역에 한정한다(육전규칙 제42조). 반드시 그 장소에 군대가 주둔할 필요는 없으나 필요에 따라 점령군이 출동하여 권력을 행사할 수 있는 지역이라면 점령지라고 볼 수 있다. 이와 같이 점령은 사실상의 지배에 따르는 잠정적인 현상이므로 사실상의 지배가 소멸하는 경우에는 점령도 소멸하는 것이다.

2. 점령군의 권력에 대한 제한

점령에 관한 국제법규는 1907년의 육전규칙(제42조~제56조)과 제2차 대전의 경험에서 발견된 미비한 점을 보완한 1949년의 「전시 민간인의 보호에 관한 제네바조약」

및 이를 더욱 보완한 제1의정서가 있다. 이러한 규정들은 점령지에 대한 점령군의 권한(군정)을 인정하는 동시에 주로 점령지주민의 이익을 고려하여 점령군의 권한에 일정한 제한을 인정한 것이다. 이를 분설하면 다음과 같다.

(1) 점령지의 법령과 사법제도의 존중

점령군은 점령지역의 질서와 군사상의 필요에 절대적인 지장이 없는 한 점령기간 중 점령지역의 현행법령을 존중하여야 한다(육전규칙 제43조). 또한 「전시민간인보호조약」도 형벌법령은 그것이 점령군의 안전을 위협하거나 또는 본 협약의 적용에 장애가 되는 경우에 점령국이 이를 폐지 또는 정지시키는 경우를 제외하고는 계속해서 효력을 가진다고 규정하고 있다(전시민간인보호조약 제64조). 점령지주민들에게 이미 매우 친숙한 피점령국의 국내법을 이용하도록 하는 것이 점령지를 통치하는 데 편리할 것이기 때문에 잘 준수될 것으로 생각된다.

그러나 점령지역의 질서유지와 군사적 필요에 절대적으로 지장이 있는 경우에는 물론 현행법을 개폐하고 또는 신법령을 제정할 수 있다. 다만 가혹한 형벌법령의 제정을 방지하기 위하여 연좌제를 금지하고 있다(육전규칙 제50조). 현행법령의 효력을 즉시 정지시킬 수 있는 법령의 예로는, 징병법, 무기소지의 권리, 선거권, 언론 및 집회의 자유에 관한 법령 등이다. 점령군이 제정하는 신형벌규칙은 주민이 사용하는 언어로써 공포하고, 주민에게 주지시킨 후가 아니면 효력을 발생하지 않으며, 또 그 효력은 소급하지 않는다(전시민간인보호조약 제65조). 점령국을 해칠 의사를 가지고 행한 범죄행위라 할지라도 실제적인 위해나 중대한 손해를 초래하지 않는 경우에는 압류나 구금을 유일한 형벌로 하여야 하며, 그 기간은 범죄행위에 상응한 것이어야 한다(동 조약 제68조). 피보호자가 행한 간첩행위, 점령국의 군사시설에 대한 중대한 태업, 1인 이상을 사망하게 한 고의적 범죄행위로 인하여 유죄로 확정된 경우에 한하여 사형을 과할 수 있다. 다만 범죄행위 시에 18세 미만의 자에 대해서는 사형을 선고하지 못한다(동 조약 제68조 후단).

점령지의 법원은 점령되기 이전과 마찬가지로 동일한 법령에 의거하여 동일한 직원과 관할권을 가지고 그 업무를 계속하는 것이 보통이다. 점령당국은 법관을 파면할 권리가 있으며, 이에 대응하여 법관 역시 근무를 원치 않는 경우에는 사임할 권리가 있다. 「전시민간인보호조약」 제54조에 의하면, 점령당국은 일반공무원을 포함한 법관을 해임시킬 수도 있고, 또한 임명권을 갖는 것으로 해석되나, 법관 등이 양심에 따라 자기의 직무수행을 기피할 경우라도 그들의 지위를 변경시키거나 또는 어떠한 방법으로 그들에게 보복적 제재 또는 차별대우를 해서는 안 된다고 규정하고 있다. 다만 요구에 불응한 자에게는 점령지 외로 추방할 수 있을 뿐 처벌하지는 못한다.

점령국은 점령지 내에서 여러 유형의 목적을 위한 그들 자신의 특별법원을 설치할 수 있다. 점령지 주민의 점령군에 대한 범죄는 특별한 군사재판소에서 재판하는 것이 보통이다.

(2) 점령지 주민의 취급

점령지 주민은 점령군의 계엄령 하에 있게 되고, 점령군에게 복종할 의무가 있다. 그러나 주민에 대한 점령군의 권한은 국제법상 다음과 같이 제한된다.

육전규칙에 의하면, ① 점령군은 주민의 가문의 명예와 권리, 개인의 생명, 사유재산 및 종교의 자유를 보장해야 한다(육전규칙 제46조). ② 점령지의 주민에게 본국군의 상황이나 방어수단에 관한 정보의 제공을 강제하여서는 안 된다(동 규칙 제44조). ③ 점령군은 주민에게 역무의 제공을 요구할 수 있으나 그 역무는 점령군의 수요나 점령지의 행정을 위한 것이고, 본국에 대한 작전행동에 참가할 의무를 부과시키는 성질의 것이어서는 안 된다(동 규칙 제52조).

「전시민간인보호조약」은 육전규칙에 비하여 한층 주민의 인권과 기본적 자유를 상세하게 규정하고 있다. 예컨대, ① 명예·신체의 존중(전시민간인보호조약 제27조), 정보의 강제금지(동 조약 제31조), 잔학행위의 금지(동 조약 제32조), 협박·공갈·약탈의 금지(동 조약 제33조), 인질의 금지(동 조약 제34조) 등을 규정하고 있다. ② 이유 여하를 불문하고 점령지역으로부터 점령국 또는 타국 영역에 주민을 개별적 또는 집단적으로 강제이송시키거나 추방해서는 안 된다. 다만 주민의 안전상 또는 군사상의 이유로서 꼭 필요한 경우에 한하여 일정한 지역으로부터의 이송을 실행할 수 있으나, 이 경우에도 가급적 피이송자를 위한 적절한 시설, 안전 및 급양 등의 만족스러운 상태를 확보하여야 하고, 또한 동일가족이 이산되지 않도록 유의하여야 한다(동 조약 제49조). ③ 노동문제에 관해서는 세심한 배려를 하고 있다. 첫째, 점령군은 주민을 점령군부대에 근무할 것을 강요하여서는 안 되며, 또한 자발적 자원을 시킬 목적으로 행하는 일체의 압력 또는 선전을 금한다. 둘째, 18세 이상의 주민이 아니면 노동을 강요할 수 없다. 셋째, 근무자에 대하여는 공정한 임금을 지급하여야 하고, 노동은 당해 노동자의 육체적·지적 능력에 상응하여야 하며, 또한 노동조건에 관해서는 피점령국의 법령을 적용하고, 나아가 이익보호국의 개입을 요청하기 위한 노동자의 권리를 보장하여야 한다(동 조약 제51조, 제52조).

(3) 점령지 재산의 취급

점령지 재산의 취급에 관해서는 국유재산과 사유재산, 동산과 부동산 및 재산의 성질에 따라서 취급을 달리한다. 일반적으로 재산권의 존중의무와 군사적 필요성의 두 가지 원칙에 의하여 규율된다고 할 수 있다.

■ 국유재산 국유부동산 중에서 순전히 군사적 성질의 것(예: 요새, 병기저장소, 병영 등)은 군사상 필요에 의하여 파괴 또는 손상시키더라도 관계없다. 이에 반하여 군사적 성질을 갖지 않는 것(예: 공공건물, 토지, 삼림, 농장 등)은 공익권자 및 관리자의 입장에서 사용·수익·관리할 수는 있으나 처분할 수는 없다(육전규칙 제55조). 다만 국유재산이라 할지라도 종교·자선·교육·기예 및 학술의 용도에 제공되는 건조물은 사유재산과 같이 취급되어야 한다(동 규칙 제56조).

국유동산에 관해서는 작전행동에 제공할 수 있는 것은 압수할 수 있으나 기타의 것은 압수할 수 없다.

■ 사유재산 사유재산은 부동산이나 동산을 불문하고 몰수하지 못한다(동 규칙 제46조). 그러나 사유부동산은 전쟁 상의 필요에 의하여 일시적으로 이용할 수는 있다. 즉, 예컨대 사유의 건물을 병사(兵舍) 또는 병원으로 사용할 수는 있다.

사유의 동산은 군용에 제공될 수 있는 것(예컨대 보도의 전달이나 수송기관, 저장무기 기타 군수품)은 몰수할 수 있으나 평화회복 후에 이것을 반환하고 손실에 대한 보상을 하여야 한다(동 규칙 제53조 2항). 군용에 제공될 수 있는 것 이외의 것에 대해서는 사유재산 비몰수의 원칙(동 규칙 제46조 2항)과 약탈금지의 원칙(동 규칙 제47조)이 적용된다.

제53조 2항의 '군수품'(munitions)의 개념은 교전국이 수행하는 전쟁 전체에 공헌하는 성질의 것을 말하는 것이 아니고, 보다 좁은 작전활동(operation of war) 또는 전투(battle)에 관계되는 물자를 말한다. 교전국의 전쟁계획 전반에 대하여 아무리 유용한 것이라 할지라도 실제의 작전활동이나 전투에 소용없는 것은 군수품이라 할 수 없고, 교전국은 그것을 몰수하지 못한다.

1956년 싱가포르 상소법원은 제2차 대전 중 일본군이 몰수한 스카트라석유에 관한 사건(N.Y. De Bataafsche Petroleum Maatschappli & Ors v. The War Damage Commission)에서 땅 속의 원유는 정교한 시설과 전문기술자에 의하여 채굴되고, 나아가 정유소에서의 복잡한 정유과정을 경과함으로써 비로소 사용가능한 것이 된다는 이유로

땅 속의 원유가 몰수된 경우 그 원유가 제33조의 군수품의 개념에 포함될 수 있을 만큼 '직접적 군사이용'이라는 개념과 밀접한 관련을 가지고 있지 않다고 하여, 원유는 군수품이 아니라고 판결한 사례가 있다.

(4) 징수와 징발

점령군은 조세를 징수할 수 있으며(동 규칙 제48조), 또한 점령지역의 행정 또는 점령군의 수요를 위하여 조세 이외의 징수금을 과할 수 있다(동 규칙 제49조). 징수금을 과할 경우에는 총지휘관의 명령서에 의하여 그 책임 하에서 시행되어야 하며, 가급적 현행의 조세부과규칙에 따라서 징수하여야 한다. 또한 징수금의 납부자에게 영수증을 교부하여야 한다(동 규칙 제51조).

점령군은 또한 주민으로부터 현품을 징발할 수 있다. 현품 징발은, 첫째, 점령군의 수요를 위한 것이어야 하고, 둘째, 그 지역의 자력에 상응하여야 하고, 셋째, 점령지 군지휘관의 허가에 의하여야 하며, 넷째, 현품 징발시에는 가급적 즉시 현금을 지급하여야 하며, 즉시 지급이 불가능할 경우에는 영수증을 교부하되 조속한 시일 내에 그 대금을 지급하여야 한다(동 규칙 제52조).

「전시민간인보호조약」은 재산취급에 관하여 사유재산의 파괴금지(전시민간인보호조약 제53조)를 규정한 외에 특별한 새로운 규정을 두지 않았다. 그러나 점령군은 주민의 식량 및 의약품의 공급을 확보할 의무를 지며, 특히 이들 필수품의 자원이 부족한 경우에는 수입조치를 취하여야 한다고 규정하였다(동 조약 제55조 1항). 이 점에서 징수와 징발에 의한 점령군의 급양을 취지로 하여 온 육전규칙을 상당히 제한하고, 반대로 점령군이 점령지 주민을 급양하여야 한다는 새로운 방향을 제시하고 있는 것은 주목할 만하다.

Ⅳ. 해상포획

1. 해상포획의 의의

적국의 해상재산을 소탕하고 적국과 외국과의 교통을 차단하는 해상포획은 육군에 의한 적국영토의 점령과 함께 해군에 의한 중요한 전쟁수단이다. 근대전이 경제전의 양상을 띠게 됨에 따라 해상에서 교전국에 대한 보급로를 차단하는 것이 중요시되었다. 그러나 해상포획은 중립국의 이익에 중대한 영향을 미치므로 과거 교전국과 중립국간의 분쟁원인이 되는 경우가 많았다. 이러한 분쟁으로부터 교전국의 전쟁수행의 필요와 중립국의 통상자유의 주장과의 타협으로 해상포획에 관한 다음과 같은 법규가 성립하였다. 즉, 교전국이 갖는 권리로서, ① 적선(敵船) 및 적화(敵貨)를 포획하는 권리, ② 전시금제품을 해상에서 저지하는 권리, ③ 봉쇄선을 설정하여 그것을 침범하는 선박을 처벌할 수 있는 권리 및 ④ 군사적 방조(비중립역무)를 억압할 수 있는 권리 등이다.

그런데 사유재산 비몰수의 원칙은 육전에서는 확립되었으나 해전에서는 오히려 사유재산 몰수의 원칙이 적용된다. 이것은 육상의 사유재산몰수가 도리어 점령지의 행정을 곤란하게 하는 사정이 있음에 비하여, 해상사유재산의 경우에는 이러한 사정은 전혀 존재하지 않는다는 군사적 고려에 의한 것이다.

2. 적선·적화의 포획

적선·적화는 해상에서 포획·몰수할 수 있다. 적의 함선과 기타의 공선(公船)은 파괴하거나 나포할 수 있다. 나포된 함선과 기타의 공선은 전리품(booty)으로서 곧 나포한 국가의 소유에 귀속된다. 그러나 사유의 적선·적화는 나포될지라도 그것이 당연히 나포한 국가에 귀속되는 것이 아니고 일정한 포획절차를 경유한 후에 포획물(prize)로서 교전국이 몰수할 수 있다.

포획절차는 정선·임검·수색·나포·송치의 과정을 거쳐 교전국의 포획심판소(prize court)에 의한 검정에 회부된다. 이 검정 결과에 따라 포획물로서 확정된 경우에 교전국의 소유가 된다. 이 점에서 포획물은 전리품과 다르다.

(1) 적선의 적성기준

적선의 적성기준(敵性基準)은 원칙적으로 선박의 국적에 의하여 결정된다(런던선언 제57조. 그러나 영국의 실행에 의하면, 선적 이외에 소유자가 적국인인 선박도 적선으로 본다). 국적이 명확하지 않는 선박은 적선으로 추정된다.

그러나 국적상 중립선이라도, ① 직접 전투에 참가하는 선박, ② 적국정부에 의하여 파견된 대리인의 명령 또는 감독을 받는 선박, ③ 적국정부에 고용된 선박, ④ 적국을 위한 군사적 방조에 종사하는 선박(동 선언 제4조, 제6조), ⑤ 교전국군함에 의한 임검·수색권의 정당한 행사에 대하여 실력으로써 저항하는 선박 또는 적군함에 의하여 호송되는 선박, ⑥ 개전 후 포획을 면하기 위하여 국적을 적국으로부터 중립국으로 이전한 선박, ⑦ 평시에 외국 선박에게 허용되지 않은 연안무역을 전시에 적국으로부터 허용 받아 이에 종사하는 선박은 적선으로 취급된다.

반면에, 적선이면서도 다음 선박, 즉, ① 카텔선(교전국간의 교통에 쓰이는 포로교환선, 외교관 교환선)과 학술·종교·박애의 임무를 띠고 항해하는 선박(공선이든 사선이든 불문), ② 「개전 시 적의 상선취급에 관한 조약」의 적용을 받는 선박, ③ 연안무역에 종사하는 선박 등은 포획이 면제된다.

(2) 화물의 적성기준

적화의 기준은 그 소유자의 적성에 의하여 결정된다(동 선언 제58조). 소유자의 적성은 소유자의 주소를 기준으로 하는 영국주의와 국적을 기준으로 하는 프랑스주의가 대립되고 있다. 영국주의의 주소개념은 민법상의 그것에 비하여 넓은 것으로서 기업 상의 주소도 포함된다. 따라서 영국주의에 의하면, 중립국에 거주하는 사람이 적국 내에 기업체를 가지고 있는 경우나 또는 적국 내에 거주하는 사람이 중립국 내에 기업체를 가지는 경우, 그 사람이 소유하는 화물은 모두 적화로 인정된다.

법인의 적성을 결정하는 기준은 관행상 통일되어 있지 않으나 많은 국가들은 법인의 설립지, 영업지, 본점소재지, 경영자 또는 주주의 국적 등을 적성의 기준으로 하고 있다.

3. 전시금제품

전시금제품(戰時禁制品 contraband of war)이란 일방 교전국에 군용으로 공급되는 것으로 타방 교전국이 해상에서 그 수송을 방지할 수 있는 물품을 말한다. 포획·몰수는 적선과 적선 내의 적화에 한정하는 것이 아니라, 적선 내의 중립화(中立貨)나 또는 중립선 내의 적화·중립화라 할지라도 전시금제품인 경우에는 포획을 면할 수 없다. 따라서 몰수의 대상이 되는 전시금제품이 되기 위해서는, ① 군용에 제공될 수 있는 것, ② 적성목적지(enemy destination)를 가질 것, 이 두 가지 요소가 필요하다.

(1) 전시금제품이 되는 물자

첫째, 전시금제품이 되기 위해서는 군용에 제공되는 물자임을 요한다. 런던선언은 전적으로 전쟁의 용도에 제공되는 물자(예: 무기, 탄약 등), 즉 절대적 금제품(absolute contraband)과 전시·평시 양용(兩用)으로 사용되는 물자(예: 석탄, 의류 등), 즉 상대적 금제품(conditional contraband) 및 전시금제품으로 인정될 수 없는 물자(예: 양모, 고무 등), 즉 자유품으로 구별하였다(동 선언 제22조, 제24조, 제27조). 그러나 전쟁이 총력전의 양상을 띠게 됨에 따라 제1차 대전 후부터는 각국의 금제품목록이 현저하게 확대되었다. 제2차 대전에서는 금제품의 품목을 낱낱이 열거하지 않고, '육상·해상·공중의 무장에 직접 사용되는 모든 품목과 재료' 또는 '군사목적과 평시목적의 쌍방에 사용되는 모든 품목과 재료'와 같이 금제품을 일반적으로 규정하는 것이 각국 공통의 현상이었다. 따라서 전시금제품의 범위가 크게 확대되었으며, 또한 절대적 금제품과 상대적 금제품의 구별도 의미가 없어지게 되었다.

(2) 적성목적지

둘째, 전시금제품이 되기 위해서는 적성목적지로 수송되는 것임을 요한다. 런던선언에 의하면, 절대적 금제품의 경우에는 적국의 영역(점령지 포함)으로 수송되고 있는 것만 입증할 수 있으면 포획할 수 있으나, 상대적 금제품의 경우에는 적국의 군이나 행정청에 수송되고 있는 것을 입증할 수 없으면 포획할 수 없다(동 선언 제30조, 제33조).

또 런던선언은 절대적 금제품에는 이른바 연속항해주의(the doctrine of continuous voyage)를 적용하고(동 선언 제30조 후문), 상대적 금제품에는 이를 적용하지 않았다. 연속항해주의란 화물의 표면상의 목적지가 직접 적국이 아니고 중립항이라 할지라도 중립항에서 타선박에 전재(轉載)되거나 또는 육로를 경유하여 적국영역으로 향한다는 것이 입증될 경우에는 중립항을 목적지로 하는 제1의 항해와 중립항으로부터 다시 적국으로 향하는 제2의 항해(또는 육로운송)를 연속한 하나의 항해로 보는 주의이다. 그러므로 런던선언에 있어서 절대적 금제품은 중립항을 목적지로 할지라도 적국영역으로 수송된다는 증거가 있으면 그것을 포획할 수 있는 반면에, 상대적 금제품은 중립항에 양륙되지 않고 직접 적국을 향하여 항행하는 선박에 의하여 수송되는 경우에만 포획할 수 있게 된다(동 선언 제35조 1항). 금제품을 두 가지로 구별하는 실익도 여기에 있었으나 제1차 대전시 연속항해주의를 상대적 금제품에도 적용하는 경향이 생겼고, 제2차 대전에서는 이러한 현상이 더욱 강화되었다. 따라서 실질적으로는 양자의 구별이 필요 없게 되었다.

(3) 전시금제품 및 그 운송선의 포획

위의 두 가지 요건에 해당하는 전시금제품은 적화이든 중립화이든 또는 그것이 적선 안에 있든 중립선 안에 있든 간에 포획심판소의 결정에 따라 모두 몰수된다(동 선언 제39조).

전시금제품을 수송하는 중립선은 적재하고 있는 금제품이 가격상, 중량상, 용적상 또는 운임상 적재화물의 반을 초과하는 경우에 몰수할 수 있다(동 선언 제40조). 그러나 금제품운송의 선박을 포획할 수 있는 경우는 현행 중에 한정되며(동 선언 제38조), 과거에 전시금제품을 수송하였다는 이유로 포획될 수는 없다.

4. 봉 쇄

봉쇄(blockade)는 교전국이 실력(주로 해군력)으로써 적국과 외계와의 해상교통을 차단하는 것을 말한다. 이것은 적국의 해안을 봉쇄하여 그 보급로를 차단함으로써 적의 전력증강을 방지하는 방법이며, 이로 인하여 중립국과 교전국과의 통상은 크게 위협을 받고 중립국은 그것을 용인할 의무를 진다. 전시봉쇄는 평시봉쇄와는 달리 중립국 선박의 출입까지 저지하는 효과를 가지므로 봉쇄의 성립에는 엄격한 요건이 요구된다.

(1) 봉쇄의 성립요건

봉쇄가 유효하게 성립하기 위해서는 봉쇄가 실효적이어야 한다. 즉, 적의 해안에 도달하는 것을 실제로 방지함에 있어서 충분한 병력으로써 그것이 유지되어야 한다(동 선언 제4조). 봉쇄를 실효적으로 하는 방법에 관해서 프랑스주의는 봉쇄항 또는 봉쇄연안의 전면에 함대가 연속적으로 정박하여 그 사이를 침범하는 선박에게 명백한 위협을 줄만한 정도가 되어야 한다(정박봉쇄(碇泊封鎖))고 주장하는데 대하여, 영미주의는 봉쇄항 또는 봉쇄연안에 출입하는 선박을 대체로 포착(捕捉)할 수 있는 정도의 병력에 의하여 감시될 수 있으면 족하다(순항봉쇄(巡航封鎖))고 주장하였다. 그러나 병기의 발달(특히 항공기)로 인하여 정박봉쇄의 주장은 오늘날 무의미하게 되었다.

(2) 봉쇄침범

봉쇄침범의 성립요건은, 첫째, 선박이 봉쇄의 사실을 알고 있어야 한다(동 선언 제14조). 어떤 경우에 봉쇄의 사실을 알고 있다고 간주되는가에 관해서는 일반고지주의(영국주의)와 개별적 고지주의(프랑스주의)가 대립되고 있었으나, 오늘날에는 영국주의에 따라 봉쇄가 일반적으로 고지되었거나 또는 현저하게 드러난 경우에 봉쇄의 사실을 알고 있는 것으로 추정된다(반증은 선박 측에 있음).

둘째, 선박이 봉쇄선의 통과를 시도하여야 한다. 어떠한 경우에 봉쇄선의 통과를 시도한 것으로 보는가에 대해서는 각국의 관행은 일치하지 않는다. 프랑스주의가 위력(威力)이나 기계(奇計)를 사용하여 통과를 시도하는 것이 필요하다는 방침을 취하는데 비하여, 영국주의는 봉쇄선의 근방에서 봉쇄구역의 방향으로 항행하는 경우, 또는 연속항해주의를 적용하여 중립항이나 비봉쇄항을 향하는 선박일지라도 그곳을 경유하여 봉쇄항으로 향할 의사를 가지는 경우까지도 모두 봉쇄선의 통과로 본다. 런던선언은 봉쇄에 대한 연속항해주의의 적용을 금지하고 있다. 그러나 제1·2차 대전에서 영국·프랑스·미국 등이 행한 장거리봉쇄는 이 연속항해주의를 극단적으로 적용한 것이다.

(3) 봉쇄침범의 처벌

봉쇄침범을 행한 선박은 적선·중립선을 불문하고 선박 내의 화물(적화·중립화)과 함께 몰수된다. 다만 화물에 관해서는 예외로 선의의 하적인(荷積人)을 보호하기 위하여 하적인이 적화시(積貨時)에 봉쇄침범을 알지 못했거나 또는 알 수 없었던 것을 입증한 경우에는 몰수를 면한다(동 선언 제21조). 일반적으로 중립국선박의 선원은 석방되나 적선의 선원은 대체로 포로가 된다.

(4) 장거리봉쇄

제1·2차 대전 중 영국과 프랑스는 독일잠수함의 무경고격침에 대한 복구조치로써 이른바 장거리봉쇄(long distance blockade)를 실시하였다. 즉, ① 독일항에서 출항하는 선박(적선·중립선)의 화물(적화·중립화)과 ② 독일 이외의 항으로부터 출항하는 선박의 적소유의 화물 일체를 영국과 프랑스의 항구에 내리게 하고, 이 화물에 대하여 포획·몰수는 하지 않으나, 보관이나 강제매입을 실시하였고, 최종처리는 원칙적으로 전후 평화조약에서 행하기로 하였다.

이 장거리봉쇄는 위에서 본 봉쇄의 요건을 모두 갖추지 못한 것이므로 봉쇄로 보기 어렵고, 또 상대국뿐만 아니라 제3국에도 희생을 강요한다는 점에서 복구로 인정되기도 어렵다. 그러므로 이의 합법성 여하에 관해서는 이론이 많다.

그러나 양차의 대전을 통하여 다른 연합국들이 모두 이 조치에 동조하였거나 또는 묵인하였다는 사실로 미루어 보아서 장거리봉쇄를 새로운 국제관행으로 보는 견해도 있다.

5. 군사적 방조

군사적 방조 또는 비중립역무(unneutral service)라 함은 중립국 선박이 교전국에게 군사적 이익이 되는 임무에 직접 종사하는 행위를 말한다. 전시금제품이나 봉쇄와 같이 적국에 대한 화물의 보급·거래가 문제되는 것이 아니고, 적국군대의 수송·적국에 대한 정보의 전달과 같이 직접적인 이적행위가 문제되는 것이다.

런던선언은 군사적 방조를 경방조(輕幇助)와 중방조(重幇助)로 구별하고 있다. 경방조는 ① 중립선이 적국군대에 편입된 자를 수송할 목적으로 또는 적국을 위한 정보의 전달을 목적으로 특별히 항해하는 경우, ② 선박소유자, 선박을 전체로 고용한 자 또는 선장이 사정을 알면서 적군대 또는 적의 작전을 원조할 자를 수송하는 경우이다(동 선언 제45조).

이에 대하여 중방조는 ① 중립선박이 직접 전투에 참가하는 경우, ② 적군정부가 파견한 대리인의 명령 또는 감독 하에 놓인 경우, ③ 전체로서 적국정부에 고용된 경우, ④ 현재 또는 전적으로 적국을 위한 군대의 수송이나 정보의 전달에 종사하는 경우이다(동 선언 제46조).

경방조의 경우에는 선박은 몰수되고 화물은 선박소유자에게 속한 것을 제외하고는 일체 몰수를 면하며 승무원도 포로가 되지 않는다. 그리고 중방조의 경우에는 선박 및 선박소유자에 속한 화물이 몰수되는 것은 전자와 같으나, 적화 및 금제품인 중립화가 몰수되며 승무원은 포로가 된다.

제 4 절 포로와 상병자

I. 포로자격

교전당사국의 군대구성원이 적의 권력 하에 들어간 경우에 과거에는 살해되거나 노예가 되는 것이 일반적이었으나, 근세에 들어서면서부터 그러한 처리방법은 점차 완화되었고, 오늘날에 있어서는 일정한 예외[6]를 제외하고는 일반적으로 포

6) 제1의정서는 간첩(제46조), 용병(제47조)은 포로로서의 권리를 가질 수 없다고 규정하고 있다.

로로서의 인도적인 대우를 부여하고 있다. 이것은 국제관습법상 확립된 원칙이나, 그 후 일반조약이 체결되어 상세한 규정을 두고 있다.

1907년의 「헤이그육전규칙」은 포로자격(육전규칙 제1조~제3조)과 포로의 대우(동 규칙 제4조~제20조)에 관하여 규정하고 있다. 그 후 제1차 대전의 경험을 기초로 하여 1929년에 「포로의 상태개선에 관한 제네바조약」이 체결되고, 1949년에는 제2차 대전의 경험을 살려 「포로의 대우에 관한 제네바협약」(제네바 제3협약)이 체결되었다. 1977년의 제1의정서는 전후 여러 곳에서 전개되고 있는 민족해방전쟁 등의 새로운 투쟁형태를 고려에 넣어 포로자격에 관한 새로운 규정을 설정하고 있다.

제네바조약은 포로자격에 관하여 다음과 같이 규정하였다. 즉, 포로로 되는 자는 다음과 같다.

① 충돌당사국의 군대의 구성원[7] 및 그러한 군대의 일부를 구성하는 민병대 또는 의용대의 구성원(포로의 대우에 관한 제네바협약 제4조 1항).

② 충돌당사국에 속하며, 그들 자신의 영토(동 영토가 점령되어 있는지를 불문하고) 내외에서 활동하는 기타의 민병대 및 의용병의 구성원으로서 다음 요건을 갖춘 자, 즉 (a) 그 부하에 대하여 책임을 지는 자에 의하여 지휘될 것, (b) 멀리서 인식할 수 있는 고정된 식별표지를 가질 것, (c) 공공연하게 무기를 휴대할 것, (d) 전쟁법규 및 관행에 따라 그들의 작전을 행할 것을 갖춘 자(동 협약 제4조 2항).

③ 억류국이 승인하지 아니하는 정부 또는 당국에 속하는 정규군의 구성원(동 협약 제4조 3항).

④ 실제로 군대의 구성원은 아니나 군의 허가를 얻어 종사하는 자, 즉 군용기의 민간인 승무원, 종군기자, 납품업자, 노무원 또는 군대의 복지를 담당하는 부대의 구성원(동 협약 제4조 4항).

⑤ 충돌당사국의 선박 및 민간항공기의 승무원(동 협약 제4조 5항).

⑥ 점령되어 있지 아니하는 영토의 주민으로서 적이 접근하여 올 때 정규군에 편입할 시간이 없이 침입하는 군대에 대항하기 위해 자발적으로 무기를 든 자(동 협약 제4조 6항).

⑦ 피점령국의 군대에 소속한 자 또는 그 군대에 소속하였던 자로서 특히 전투에 종사하고 있는 소속군에 복귀하려다가 실패한 경우, 또는 압류를 목적으로 행한 소환에 응하지 않은 경우에, 그 부대의 소속을 이유로 하여 점령군이 억류를 필요로 하는 자(동 협약 제4조 7항).

---

7) 전투원과 비전투원으로 구분되는데, 비전투원 중 위생과 종교의 임무에 종사하는 자는 포로로서 취급되지 아니하고 특별한 보호를 받는다(제33조 참조).

⑧ 상기 중 ①~⑦의 하나에 속한 자로서 중립국 또는 비교전국이 자국의 영역 내에 수용하고 있으며 또한 그 국가가 국제법상 억류를 요하는 자(동 협약 제4조 8항).

그런데 제2차 대전 후의 민족해방투쟁 등의 무력분쟁에 있어서 게릴라전이 큰 비중을 차지하게 되었는데, 게릴라병의 경우에는, 위에서 본 바와 같이, 비정규병에 관하여 종래 인정되어 온 포로자격을 위한 요건을 그대로 적용하는 것은 곤란하게 되었다. 따라서 제1의정서는 종래에 인정되어 왔던 정규병·비정규병의 이원적인 구성을 지양하고 포로자격을 일원화하였다.

우선 제43조는 그 제1항에서 "충돌당사국의 군대는 부하의 행동에 관하여 그 국가에 책임을 지는 지휘관의 예하에 있는 조직화된 모든 무장한 병력, 집단 및 단체로서 구성된다"고 하여 군대의 정의를 내리고, 정규군·비정규군임에도 불구하고 위와 같은 성격을 가지는 단체는 모두 충돌당사국의 군대라고 함과 동시에, 제2항에서 "충돌당사국의 군대 구성원은 전투원이고, 즉 그들은 적대행위에 직접 참가할 권리가 있다"고 하고, 이것을 전제로 하여 포로자격을 다음과 같이 규정하였다.

① 제43조에 규정된 바와 같은 모든 전투원으로서 적대국의 권력 내에 들어간 자는 포로가 된다(제1의정서 제44조 1항).
② 모든 전투원은 무력분쟁에 적용되는 국제법규를 준수할 의무를 지나 이러한 규칙의 위반은 전투원으로서의 그의 권리를 박탈당하지 아니하며, 또 적국의 권력 내에 들어간 경우에는 포로가 되는 권리를 박탈당하는 것은 아니다(동 의정서 제44조 2항).
③ 적대행위의 영향으로부터의 일반주민의 보호를 촉진하기 위하여 전투원은 공격 또는 공격의 준비를 위한 군사작전에 가담하는 동안 자기를 일반주민으로부터 구별해야 할 의무를 진다. 그러나 적대행위의 성격으로 일반주민으로부터 구별해야 할 의무를 진다. 그러나 적대행위의 성격으로 인하여 무장전투원이 그와 같이 구별할 수 없는 상황이 무력충돌 중에 존재하는 것이 인정된다. 따라서 이러한 상황에 있어서 그 자는, (a) 각각의 교전에 종사하고 있는 동안과 (b) 가담하려고 하는 공격의 개시에 앞선 군사적 전개에 종사할 때 적에게 보이게 되는 기간 중에 무기를 공연히 휴대하고 있다면, 전투원으로서의 지위를 보유한다. 이러한 요건에 부합하는 행위는 제37조 1항에서 의미하는 배신행위로 간주되지 아니한다(동 의정서 제44조 3항).

위 규정내용 중 '공격의 개시에 앞선 군사적 전개'란 구체적으로 어떠한 군사행동을 가리키는가 여부는 명확하지 않기 때문에 해석상 새로운 혼란을 가져오는 요인이 되고 있다. 1977년 영국이 추가의정서에 서명할 때 제43조 3항의 용어 중에 '공격개시 전의 군사전개'를 '공격을 개시하려는 위치로 향하는 전투원의 모든 이동'으로 해석한다는 유보를 붙였다.

상기 이외에 국가원수, 장관 및 외교사절과 같이 정치상의 중요한 지위에 있는 자에 관해서는 조약상의 규정은 없으나 관습에 의하여 포로의 대우를 받는다. 포로는 적의 권력 내에 들어간 자이다. 따라서 자기 소속부대를 이탈하여 적에게 귀순한 자는 권력 내에 자발적으로 들어간 것이며 체포된 것이 아니므로 '적의 권력 내에 들어간 자'라고 할 수 없다. 이러한 자를 귀순병이라 하여 포로와 구별한다.

Ⅱ. 포로의 대우

포로의 대우에 관하여서는 1949년의 「포로의 대우에 관한 제네바 협약」(제네바 제3협약)에서 상세하게 규정하고 있다.

1. 일반적 보호

첫째, 포로는 이를 사로잡은 개인이나 단체의 권력 하에 있는 것이 아니고, 억류국의 권력 하에 있는 것이다. 따라서 포로취급의 책임은 억류국 정부에 있는 것이다(포로의 대우에 관한 제네바 협약 제12조).

이것은 포로대우의 최종적 책임이 억류국에 있음을 의미한다. 제2차 대전 후 동경극동군사재판에서는 일본수상과 외상은 포로에 대한 범죄가 행해지고 있는 것을 알면서 그것을 방지하기 위한 조치를 취하지 않았거나 또는 그러한 사실을 알지 못하는 것에 과실이 있다고 하여 책임이 추궁되었다.

둘째, 포로는 언제나 인도적으로 대우되어야 하며, 복구(復仇)의 대상이 되어서는 안 되며(동 협약 제13조), 계급·성·건강상태·연령·특기 등의 이유로써 유리한 대우를 받을 수 있으나, 인종·국적·종교 또는 정치적 의견 등에 의하여 불리한 차별대우를 받지 않는다(동 협약 제16조).

셋째, 포로는 그 신체 및 명예의 존중을 받으며, 사법상의 행위능력을 보유한다(동 협약 제14조). 또 정보를 얻기 위하여 포로를 고문하지 못한다(동 협약 제17조).

2. 억 류

억류국은 포로를 일정한 수용소에 유치할 수 있다. 유치는 징벌이 목적이 아니고, 도주나 반역을 방지하고 안전을 유지하기 위한 것이므로, 수용소는 포로의 건강과 명예를 보장할 수 있는 장소이어야 하고, 적당한 보온·방습·조명시설이 있어야 한다. 그리고 수용에 있어서는 국적·언어·습관 등을 달리하는 포로들을 동일 장소에 수용하는 것은 피하여야 한다. 전지에서 포로를 사로잡으면 억류국은 이를 위험지역으로부터 격리하기 위하여 될 수 있는 대로 속히 전투구역으로부터 충분히 떨어진 곳으로 후송하여 이를 수용하여야 한다(동 협약 제21조~제24조).

3. 급양과 의료

억류국은 포로를 급양할 의무가 있다. 피복·침구·식량은 억류국의 보충부대에 대한 것과 동등한 것이어야 한다. 그리고 포로는 그가 필요로 하는 치료를 받을 수 있어야 한다(동 협약 제25조~제32조).

4. 노 역

억류국은 포로를 노무자로서 노역에 종사하게 할 수 있다. 그러나 그 노동은 계급·기능·체력에 적합한 것이어야 하고, 과도·위험·불건강한 것이 아니어야 하며, 군사행동과 관계없는 것이어야 한다. 장교에 대해서는 본인이 원하지 않는 한 노동을 과할 수 없으며, 부사관에 대해서는 본인이 원하지 않는 한 감독노동 이외의 노동을 과할 수 없다. 노동시간은 그 지방에 있어서의 동일한 노동에 종사하는 민간노동자의 노동시간을 초과할 수 없고, 또 매주 연속 24시간의 휴양을 될 수 있는 한 일요일에 주어야 한다. 노동에 대해서는 보수가 지급되며, 그 세목은 교전국간의 협정에 의한다(동 협약 제49조~제57조).

5. 포로와 외부 및 억류당국과의 관계

억류국은 포로를 확인한 즉시 또는 수용소에 도착 후 1주일 이내에 그 사실을 포로의 본국, 가족 및 중앙포로정보국에 통지하도록 한다. 또한 포로는 서신을 송부 또는 수령할 수 있으며, 식량·피복·의료품 및 기타 포로의 필요를 충족시킬 종교, 교육 또는 오락용 물품으로서 개인 앞으로나 집단 앞으로 송부된 것과 그 외의 구호품을 수령할 수 있다.

포로는 억류조건에 관하여 억류국 군당국에 요청할 권리를 가지며, 또한 포로대표를 통하여 이익대표국의 대표에게 호소할 권리를 가진다. 포로는 수용되고 있는 모든 장소에서(단, 장교수용소는 제외) 억류국 군당국, 이익대표국, 국제적십자위원회 및 기타 원조단체에 대하여 자기들을 대표할 포로대표를 비밀투표에 의하여 선출할 수 있다(동 협약 제69조~제79조).

6. 기율(紀律)과 제재

포로는 억류국의 군법 및 포로관리를 위한 규칙명령에 복종하여야 하며, 이에 위반할 때는 일정한 제재를 받는다. 그러나 포로에 대한 제재는 동일한 사실에 관하여 억류국의 군인과 다른 것이어서는 안 되며, 또 개인의 행위에 대하여 연좌벌을 과하여서는 안 된다. 도주를 기도하다가 체포된 포로는 징벌을 받는다. 그러나 도주에 성공한 포로는 후에 체포되더라도 도주행위에 대한 처벌은 받지 않는다(동 협약 제82조~제92조).

7. 포로정보국과 포로구제단체

포로정보국은 포로에 관한 정보를 수집하고 모든 문의에 응답하는 기관이며, 교전국은 전쟁개시 직후에 이를 설치하여야 한다. 포로정보국은 포로의 유치·이동·석방·송환·도주·입원 및 사망에 관한 정보와 또 사망한 포로의 유류품을 각 관계국에 송부함을 그 임무로 한다.

포로구제단체는 포로를 위한 자선행위의 중개적 역할을 하는 사적 단체이다. 이 단체는 그 본국의 법령에 의하여 정식으로 조직된 것인 경우에는 그 자선적 사업의 유효한 수행을 위하여 교전국으로부터 군사적 필요에 의한 제한 내에서 모든 편의를 제공하며, 포로수용소 또는 송환 도중의 장소에서 구제품을 분배할 수가 있다. 특히 이러한 사업에 있어서 국제적십자위원회의 특별한 지위는 항상 존중된다(동 협약 제122조~제125조).

Ⅲ. 포로의 해방

포로가 전시 중 교전국간에 체결되는 포로교환협정에 의하여, 또는 본국이나 동맹국을 위하여 군대에 종사하지 않겠다는 것을 선서함으로써 해방되는 것은 지금까지 일반적으로 인정되어 왔다(육전규칙 제10조~제12조).

제네바협약은 불치의 상병자로서 정신적 또는 육체적 기능이 현저하게 감퇴하였다고 인정되는 포로는 억류국이 송환할 수 있을 정도로 치료한 후에 본국으로 송환하여야 한다고 규정하고 있다. 다만 적대행위의 기간 중에는 본인의 의사에 반하는 송환은 허용되지 않는다(포로의 대우에 관한 제네바협약 제109조~제111조). 또 새로운 규정은 포로는 실제의 적대행위가 종료한 후 지체 없이 해방되고, 또한 송환하여야 한다고 규정하였다(동 협약 제118조). 이 규정은 제2차 대전의 경험에 비추어 설정된 것인데, 제2차 대전 때에 전투종료 후 오랫동안 포로가 해방되지 못했던 점으로 보아 장래 이러한 일이 재발하지 않도록 하기 위한 것이라고 할 수 있다.

Ⅳ. 상병자의 보호

전지의 상병자보호에 관한 일반조약으로서 처음 성립한 것은 1864년의 적십자조약이다. 이 조약은 1906년과 1929년에 개정되고 다시 1949년에 개정된 것이 「전지에 있어서의 군대상병자의 상태개선에 관한 협약」(제네바 제1협약)이다. 한편 해상(해전)의 경우에도 제1협약의 적용이 배제되는 것은 아니나, 해전의 특수성으로 인하여 별도로 「해상에 있어서의 군대상병자의 상태개선에 관한 협약」(제네바 제2협약)이 체결되었다. 이들 양 협약은 모두 1977년의 제1추가의정서에 의하여 그 보호대상이 확대되고, 그 내용도 보완되었다.

1. 상병자의 범위

제1협약상의 보호대상인 상병자의 범위는 자국군대에 속하는 자뿐만 아니라 적군에 속한다고 할지라도 제2협약상의 포로자격을 갖는 자는 모두 포함된다(제네바 제1협약 제13조). 그러므로 교전국의 상병자가 적의 권력 하에 들어가게 될 경우 그 자는 제1협약의 적용과 동시에 제3협약의 적용을 받는다. 제2협약의 보호대상은 제1협약의 그것과 동일하다. 다만 그 자가 해상에 있는 상병자 또는 난선자일 따름이다. 여기에서 난선(難船)이란 함은 그 원인 여하를 불문하고 모든 난파선(조난선)을 말하며, 또한 항공기에 의한 또는 항공기로부터의 해상 불시착도 포함한다(동 협약 제12조, 제13조).

제1추가의정서에서는 육상과 해상과의 장소적 구별을 하지 아니하고 일괄해서 그 보호대상을 민간인으로까지 확대하였다. 즉, 여기에서 상병자라 함은 전투원과 민간인을 불문하고, 외상·질병 또는 기타 신체적·정신적 무능력이나 장애로 인하여 치료를 요하고, 또한 적대행위를 중지한 자를 말한다(제1추가의정서 제8조 a). 난선자는 전투원과 민간인을 불문하고 그들 자신 또는 그들을 운반하는 선박 또는 항공기가 조난한 결과 해상 기타의 수상(水上)에서 위난에 직면하고 또한 적대행위를 중지한 자를 말한다(동 의정서 제8조 b).

2. 상병자의 일반적 보호

제1협약에 의하면 상병자는 성별·인종·국적·종교 및 정치적 의견 또는 기타 유사한 기준에 의한 차별 없이 인도적으로 대우하고 간호하여야 한다. 또한 상병자의 생명·신체에 대한 폭행은 엄중히 금지되며, 특히 상병자를 살해 또는 고문하거나 생물학적 실험에 이용하여서는 안 된다. 또 그들을 치료나 간호를 하지 아니하고 고의적으로 방치해서는 안 되며, 전염 또는 감염의 위험에 방치해서도 안 된다(제네바 제1협약 제12조). 교전국은 교전 후에 사상자를 수색·수용하고 약탈과 학대를 받지 않도록 보호하여야 한다(동 협약 제15조). 수용한 적군의 사망자 및 상병자에 관하여는 그들을 식별할 수 있는 기록과 사망증명서, 소지품 등을 포로정보국을 통하여 상호 전달하여야 한다(동 협약 제16조).

제1추가의정서에 의하면, 첫째, 상병자의 차별 없는 보호·가료의 기본원칙을 재확인함과 동시에(제1추가의정서 제9조, 제10조), 특히 피보호자의 건강 및 신체의 보호를 위하여 억류국에 의한 부당한 행위나 의료처치의 남용(예: 신체절단, 의학 또는 과학실험, 이식을 위한 조직 또는 장기의 제거)을 방지하기 위한 상세한 규정을 두고 있다(동 의정서 제11조).

둘째, 실종자 및 사자(死者)에 관하여 모든 충돌당사국은 상황이 허락하는 즉시, 그리고 아무리 늦어도 실제의 적대행위의 종료 때부터 적대국에서 실종된 것으로 보도된 자를 수색하여야 하고, 당해 적대국은 그러한 수색을 촉진시키기 위하여 실종자에 관한 모든 유익한 정보를 전달하여야 한다. 또한 충돌당사국은 전투지역에서의 사망자의 수색·식별 및 수용을 위한 조사단협정에 합의하도록 노력해야 한다(동 의정서 제33조).

3. 의료기관과 의료요원

제1협약에 의하면, 충돌당사국은 어떠한 경우에도 의무기관의 고정시설 및 이동부대를 공격해서는 안 되며, 상호 보호·존중하여야 한다(제네바 제1협약 제19조). 다만, 의무기관이 해적행위를 위하여 사용되는 경우에는 보호받지 못한다(동 협약 제21조).

의무용 항공기는 일정한 조건 하에 중립국 상공의 비행이 인정된다(동 협약 제37조).

의무요원이란 함은 전적으로 상병자의 수색·수용·수송·치료 등에 종사하는 자와 의무기관의 사무에 종사하는 직원, 각국의 적십자사 및 공인되는 구호단체의 요원으로서 위의 임무에 종사하는 자를 말하며, 이들은 군대에 수반하는 종교요원과 함께 어떤 경우에도 존중을 받으며 보호된다(동 협약 제24조, 제26조). 이들은 적의 권력 하에 있을 때에도 포로가 되지 않으며(제네바 제3협약 제33조), 포로의 치료 또는 종교상의 이유로써 꼭 필요한 한도 내에서 억류되나(제네바 제1협약 제28조) 그렇지 않은 경우에는 본국으로 송환된다(동 협약 제30조).

4. 특수기장(特殊記章)

앞에서 말한 보호를 받는 의료기관, 기구 및 인원은 그 표식으로서 적십자기장을 사용할 권리가 있다.[8] 군에 직속되지 않는 독지협회(篤志協會 예: 대한적십자사)도 본국정부의 허가를 얻어 종군할 수 있으며, 그 명단을 미리 적국에 통고한 경우에는 전기(前記)의 기장을 사용하며 보호 받을 권리를 갖는다. 일반적으로 조약상의 보호를 받을 의무기관·기구 및 인원을 표시하기 위한 목적 이외에는 상기 기장을 사용해서는 안 되며, 그 남용을 방지하기 위하여 조약 당사국은 필요한 조치를 취하여야 한다(동 협약 제53조, 제54조). 특히 이 기장을 해적수단으로 사용했을 경우에는 전시범죄를 구성한다.

제 5 절 전쟁범죄

전쟁법은 무력분쟁이라는 특수한 상황 하에 적용되는 것이기 때문에 분쟁당사국에 의한 자의적인 해석·적용이 행해질 여지가 크고, 또한 위법행위도 행해지기 쉽다. 따라서 전쟁법의 준수를 확보하기 위하여 여러 가지 수단(예: 이익보호국제도, 전시복구 등)이 강구되고 있다. 여기에서는 전쟁법 준수를 위한 수단 가운데 전쟁범죄 및 그에 대한 제재에 관하여 살펴본다.

---

8) 기독교를 기피하는 일부 국가, 예컨대 터키는 백지적색신월장(白地赤色新月章), 이란은 백지적색사자(白地赤色獅子), 이스라엘은 적색대비드순(赤色대비드楯)의 사용을 유보하였다.

전통적으로 인정되어 오던 전시범죄와 제2차 대전을 계기로 새로이 등장한 평화 및 인도에 대한 죄를 포함하여 전쟁범죄(war crime)라고 부르고 있다.

Ⅰ. 전시범죄

1. 의 의

전시범죄(conventional war crime)란 전쟁법규를 위반하는 행위로서 그것을 행한 자 또는 명령한 자를 타방 교전당사국이 처벌할 수 있는 군인이나 민간인의 적대행위 또는 기타 행위이다. 따라서 이는 전쟁 그 자체의 개시·수행에 관한 범죄가 아니라 일단 개시된 전쟁의 수행에 관한 절차적 성격을 갖는 전쟁법규를 위반하는 행위이다.

전시범죄의 전형적인 행위로는, ① 교전국의 군대 구성원에 의한 전쟁법규의 위반, ② 민간인에 의한 적대행위, ③ 일방 교전국의 권력 내에서 적국민·중립국민·무장군인이 적을 이롭게 할 목적으로 행하는 행위(전시반역), ④ 교전국의 지배권 내에서 적에게 통보할 의사로 은밀히 정보수집을 하는 행위(간첩), ⑤ 전장에서 전리품을 약탈·절도하는 행위(노략행위) 등이 있다.

이 중에서 전시반역과 간첩은 그 자체가 전쟁법에 의해 금지되는 것이 아니고 그 행위자를 체포한 국가가 자국법에 의해 처벌하며, 상대국은 이를 국제법상 용인해야 한다. 또한 약탈행위는 본래의 적대행위는 아니라도 교전당사국 군대의 안전에 유해한 행위이므로 처벌된다.

2. 제 재

교전당사국은 타방의 전쟁법규 위반자를 체포한 경우 이를 처벌할 수 있다. 또 전쟁법규 및 제네바조약은 국가에게 그의 관할권에 있는 전쟁범죄인을 처벌할 의무를 지우는 경우가 있다(예컨대, 육전법규 제41조, 제네바 제3협약 제146·147조). 또한 경우에 따라서는 교전당사국이 타방 교전당사국의 전쟁법규 위반에 대해 자국도 같은 전쟁법규 위반으로 대응하는 전시복구를 행할 수 있다. 다만 인도법에 관해서는 인정되지 않는다. 특히 포로에 대한 복구는 금지된다(제네바 제3협약 제13·14조). 또한 전쟁법규위반으로 인하여 손해가 발생한 경우에는 손해배상 청구도 가능하다.

Ⅱ. 평화, 인도에 대한 죄

1. 평화에 대한 죄(crimes against peace)

평화에 대한 죄는 침략전쟁을 행한 죄를 말하며, 침략전쟁 또는 국제조약·협정·서약에 위반한 전쟁을 계획·준비·개시·실행하거나, 그리고 이러한 행위를 달성하기 위한 공동의 계획이나 모의에 가담한 행위 등이 여기에 해당한다(극동국제군사법원 조례 제5조 2항 (a)호).

2. 인도에 대한 죄(crimes against humanity)

인도에 대한 죄는 전쟁 또는 전쟁 중에 민간인에 대해 행해진 살해·절멸(絕滅)·노예적 혹사·추방 기타의 비인도적 행위 또는 이와 관련된 정치적, 인도적 또는 종교적 이유로 인한 박해행위 등을 말한다(동 조례 제5조 2항 (c)호).

3. 제 재

평화에 대한 죄 및 인도에 대한 죄를 범한 개인은 국제법에 의해 형사적으로 처벌된다. 예컨대, 제2차 대전에 의해 전범자들은 뉘른베르크 및 극동군사법원에 의해 처벌되었다. 또한 피해국은 범죄자가 소속하고 있는 국가에 대한 배상청구 문제가 발생한다.

제6절 중 립

Ⅰ. 중립의 의의

국제법상의 중립이란 국제법상 전쟁상태가 발생한 경우에 그 전쟁에 가담하지 않는 제3자의 입장을 취하는 국가가 교전국에 대해서 가지는 지위, 즉 권리와 의무의 상태를 말한다. 영세중립국이란 타국이 전쟁상태에 돌입하더라도 중립의 입장을 취하는 것을 평시에, 즉 평시·전시의 구별 없이 항상 약속하고 있는 국가를 말하며, 여기서도 그 초점이 전쟁상태로부터의 중립이라는 점에는 변함이 없다.

이와 같이 전쟁상태가 발생했을 때 비로소 제3국과의 사이에 중립법상의 관계가 발생한다. 국제법상의 전쟁상태란 당사국이 전쟁의 의사를 표명했을 때 성립한다고 보는 것이 일반적 견해이다(1970년 개전조약 제1조). 그러나 이러한 전쟁에 이르지 않는 사실상의 무력행사도 외교관계의 단절을 수반하는 경우에는 묵시의 전의표명이 있는 것으로서 법적인 전쟁과 같이 취급해야 한다는 견해가 유력하다. 명문상의 국제법 위반을 면할 목적으로 명시적 전의표시를 회피한 제2차 대전 직전의 상황에 주목한다면, 이러한 견해는 타당하다고 할 수 있다.

전쟁상태가 발생한 경우에는 단지 교전당사국 사이뿐만 아니라 전쟁에 가담하지 않는 제3국과의 사이에 있어서도 평시상태와는 다른 법적 관계가 설정된다. 즉 교전국의 의무로서 중립국의 영토는 불가침이다(육전, 해전의 경우에 있어서의 중립국 및 중립인의 권리·의무에 관한 조약 제1조). 중립국이 이와 같은 영토의 불가침을 주장하기 위해서는 다음과 같은 의무를 부담하여야 한다.

Ⅱ. 중립의무

1. 묵인의무

묵인의무(黙認義務 duty of acquiescence)란 교전국이 전쟁수행을 위하여 행한 행위로 인하여 자국 국민이 받는 불이익을 전쟁법이 인정하는 한도에서 중립국이 묵인해야 하는 의무이다. 예컨대, 전시에 있어서는 교전국 쌍방은 해상포획을 할 수 있고, 중립화(中立貨)도 전시 금제품일 경우에는 포획대상이 되어 몰수된다. 또 봉쇄가 설정된 경우에는 이를 침범하면 중립선(中立船)이나 중립화도 포획된다. 그 외에 전쟁수행과정에 있어서는 중립국 국민의 이익이 여러 가지 형태로 침해되는 것은 불가피하다. 이러한 경우에 평시의 경우에는 당연히 가해국에 대하여 손해배상을 요구할 수 있으나, 전시의 경우에는 교전국이 전쟁법에 따르고 있는 한 중립국은 이를 묵인하여 감수하여야 한다.

중립국의 묵인의무와 관계가 있는 것으로서 교전국의 비상징용권(非常徵用權 jus

angarise)이 있다. 비상징용권은 교전국이 자국 영역 내 또는 점령지 내에 있는 중립국 국민소유의 철도·차량·선박 기타의 수송재료를 긴급한 필요가 있는 경우에 한하여 징용할 수 있는 권리이다(육전중립조약 제19조 참조). 비상징용권을 행사함에 있어서는 적절한 보상을 지급하여야 하며, 사용 후에는 조속히 반환하여야 한다. 또한 징용된 수송기관의 승무원을 개별적으로 노역시켜서는 안 된다. 중립국은 교전국의 이와 같은 행위를 묵인할 의무가 있다.

2. 회피의무

회피의무(duty of abstention)란 중립국이 교전국의 일방에 대하여, 전쟁수행에 관계되는 직접적 또는 간접적인 원조를 부여하지 않을 의무이다. 중립국은 교전국의 일방에게 군대를 제공한다거나, 군함·기타 군용에 공용되는 선박·항공기·병기·탄약·기타 모든 군용재료를 제공하거나 또는 군자금으로서 금전을 증여하거나 대여해서는 안 된다. 그 외에 예컨대, 교전국의 공채모집에 응하거나 그 공채의 보증을 하거나 또는 교전국의 일방에 대하여 전쟁수행에 사용되는 정보를 제공하는 것도 금지된다. 해전중립조약 제6조가 "중립국은 어떠한 명목이든 간에 교전국에 대하여 직접 또는 간접으로 군함·탄약 또는 모든 군용재료를 교부할 수 없다"고 규정하고 있는 것은 위와 같은 관습법상 인정되어 있는 원칙을 명문화한 것이라고 할 수 있다.

그런데 이와 같은 회피의무는 중립국이 국가로서의 입장에서 교전국의 일방을 원조해서는 안 된다는 것이므로 중립국의 국민이 사인의 입장에서 교전국의 일방을 원조하는 것까지 금지시켜야 한다는 취지는 아니다(육전중립조약 제7조, 해전중립조약 제7조). 따라서 국내 민간회사가 교전국을 위해 무기·탄약을 제조하고, 그것을 교전국에 수출하는 것을 저지하지 않았다 하더라도 중립의무에 위반한다고는 할 수 없다. 또 중립국의 국민이 사인으로서 교전국의 공채모집에 응하거나 또는 교전국 군대에 지원하는 것을 중립국이 방임하더라도 그것만으로는 반드시 회피의무의 위반이 되는 것은 아니다. 그러나 이 경우에도 다음에서 말하는 방지의무와 관련하여 중립의무의 위반이 될 수 있다.

3. 방지의무

방지의무(duty of prevention)란 그 영역이 교전국의 전쟁목적을 위해 이용되는 것을 중립국으로서 방지해야 할 의무이다. 원래 국가의 영역은 불가침이므로 외국이 그 영역을 침범하는 것을 중립국은 방지할 권리를 갖고 있다. 그러나 전시에 있어서는 단지 영역침범을 방지하는 권리가 있을 뿐만 아니라 중립국은 교전에 대한 방지의무에 기하여 교전국의 일방이 자국 영역을 군사적으로 이용하는 것을 방지하기 위하여 필요한 조치를 강구해야 할 의무를 부담한다. 이 경우에 교전국에 대하여 병력을 사용해도 교전국에 대한 적대행위로 간주되지 않는다. 만일 중립국의 방지능력이 부족하여 사실상 방지의무를 이행하지 못했을 경우에는 중립국은 의무위반에 대한 책임을 지지 않는다. 이 경우에 교전국이 책임을 지게 되며, 중립국 및 중립국민에게 발생한 손해를 배상하여야 한다.

방지의무의 구체적 내용에 관해서는 육전중립조약과 해전중립조약에서 상세하게 규정하고 있는데, 양자 사이에는 그 의무의 내용에 있어서 전자는 엄격하고, 후자는 완화되어 있다.

(1) 육전중립조약

중립국은 교전국의 병력·탄약 및 군수품 등의 수송부대의 통과를 방지하여야 한다(육전중립조약 제2조). 중립국은 자국 영역 내에서 교전국이 전투부대를 편성하거나, 모병사무소를 개설하는 것을 금지하여야 한다(동 조약 제4조). 교전국의 군대가 영역 내에 들어왔을 때는 전지로부터 격리한 일정한 장소에 유치하여 감시하여야 한다(동 조약 제11조).

(2) 해전중립조약

교전국 군함이 중립국의 영수 내에서 임검·수색·포획 또는 기타 모든 적대행위를 행하는 것을 허용하여서는 안 된다(해전중립조약 제2조). 교전국은 중립국의 항구나 영수를 작전의 근거지로 사용할 수 없으며, 또한 무선전신국이나 교전국 병력과의 통신용으로 사용되는 기계를 설치할 수 없다(동 조약 제5조). 중립국은 교전국에 대한 순찰 또는 적대행위에 참가하리라는 믿을 만한 상당한 이유가 있는 선박이 자국 영수 내에서 위장 또는 무장하는 것을 방지하기 위하여 가능한 모든 조치를 취하여야 한다(동 조약 제8조). 교전국 군함은 중립국의 항에서 항해의 안전에 필요한 정도 이상으로 파손을 수리할 수 없으며, 또한 어떠한 방법에 의하든 간에 그 전투력의 증강은 허용되지 않는다(동 조약 제17조). 교전국 군함은 군수품이나 무장을 갱신 또는 증가하기 위하여, 그리고 승무원을 보충하기 위하여 중립국의 항구를 이용할 수 없다(동 조약 제18조).

상술한 바와 같이, 영수의 경우는 육지의 경우보다도 방지의무의 내용이 약간 완화되어 있다. 중립국은 반드시 교전국의 군함이나 군용항공기의 통과나 정박을 금지할 의무는 없다.

〔Alabama호사건〕
(The Alabama Claim Arbitration)
영국 v. 미국, 중재재판소, 1872년 9월 14일, 1 Moore 653

[사 실]

미국의 남북전쟁 때에 남군은 그의 영역에서 군함을 건조하기가 곤란하였다. 북군에 의해서 항구가 봉쇄되었을 뿐만 아니라 물자나 숙련공도 부족했기 때문이다. 그래서 남군은 군함의 건조를 영국의 민간조선소에 발주하였는데, Alabama호가 그 중의 한 척이다. 당시 영국은 양군을 교전단체로 승인하고 있었으므로 남북전쟁에 대한 관계에서는 중립의 입장에 있었다. 그런데 1862년에 건조된 Alabama호는 1864년에 격침될 때까지 북군에 속하는 상선의 포획에 종사하고 북군에게 많은 손해를 주었다.

이에 대하여 미국(북군)은 이미 Alabama호의 건조 중에 영국의 주의를 환기하고, Alabama호의 활동의 결과로 초래된 보험료의 증가액, 미국상선의 외국인에의 매각으로 인한 손해, 전쟁연장으로 인하여 사용된 비용 등의 총액을 요구하였다. 영국은 이를 거절하였으므로 전후 영·미간에 분쟁이 계속되어 오다가 1871년에 워싱턴조약이 체결되어 사건을 중재재판소에 부탁할 것이 합의되었고, 조약 중에 재판소가 적용해야 할 규칙이 규정되었다. 동 조약 제6조에서 중재재판관은 다음의 세 가지 규칙 및 이와 모순되지 않는 범위에서 국제법의 원칙을 적용해야 한다고 규정하였다. 그 세 가지 규칙이란 ① 중립정부는 그와 평화관계를 가지는 국가에 대하여 전쟁행위를 행할 의도를 가진다고 믿을 만한 상당한 이유가 있는 모든 선박이 그 관할권 내에서 무장 또는 장비되는 것을 방지하기 위하여 상당한 주의를 기울여야 한다. 중립국정부는 또 그러한 선박이 관할 외로 출항하는 것을 방지하기 위하여 같은 주의를 기울여야 한다. ② 중립국정부는 그 항구 또는 영수를 교전국의 어느 일방이 타방에 대하여 해군작전근거지로서 또는 무기 또는 군수품의 보충 및 확대 또는 징병을 위해 이용되는 것을 허가하고 또는 용인해서는 안 된다. ③ 중립국정부는 앞의 의무위반을 방지하기 위하여 그 항구 또는 영수에 있어서 그리고 그 관할 내에 있는 사람에 대하여 상당한 주의를 하여야 한다. 이것이 유명한 「워싱턴 3원칙」이라고 불리는 규칙이다.

[판결 요지]

1. 재판소는 워싱턴 3원칙 및 이와 양립하는 한도에서 국제법의 원칙에 의하여 구속된다. 그런데 워싱턴 3원칙의 ①과 ③에 게시된 '상당한 주의'는 중립국의 의무

위반에 의해서 발생하는 교전국의 위험정도에 정확하게 비례하여 요구되어야 한다. 또 선박의 건조 및 무장에 의하여 행해진 중립국의무의 위반은 후에 교전국이 그 선박에 어떠한 임무를 부여하든 간에 그에 의해서 해제되는 것은 아니다.

2. 본건에 관한 모든 사실은 영국정부가 중립국의무의 이행을 위하여 상당한 주의를 기울이지 않았음을 나타내고 있다. 특히 영국은 동 선박의 건조 중에 미국의 외교사절의 경고와 항의를 받았음에도 불구하고 상당기간 내에 실효적인 방지조치를 취하는 것을 게을리 하였다. 출항금지의 명령은 발해졌으나 너무 늦어 실제로는 소용이 없었다. 동 선박이 도주한 후에도 그 추적과 나포를 위해 취해진 조치는 불완전하였고, 하등의 성과를 얻지 못하였다. 뿐만 아니라 동 선박은 영국의 식민지의 항구에 가끔 자유로이 입항이 인정되었다. 이것으로 보아도 영국정부는 법적 강제수단이 불충분하였다는 이유로서 상당한 주의를 다하였다는 것을 정당화할 수는 없다.

3. 이러한 이유로서 재판소는 영국이 워싱턴 3원칙의 ①과 ③에 정해진 의무에 위반하였다고 판정한다. 그러나 재판소는 미국 측의 배상액의 요구에 관해서는 배상범위의 결정을 위한 법적 기초가 되지 않는다고 판정하였다. 결국 1,550만 달러의 배상을 지급할 것을 결정하였다.

이상과 같은 중립의무의 내용으로 보아서 국제법상의 중립의 관념은 두 가지 요소로 이루어진다고 할 수 있다. 하나는 전쟁에 대하여 관여하지 않는다는 것이며, 다른 하나는 교전국 쌍방에 대하여 공평한 입장을 취한다는 것이다. 이것은 가능한 한 전쟁에 말려들지 않기 위해서는 교전국의 어느 일방에게 특별한 원조를 부여하지 않고, 쌍방에 공평한 입장을 취하는 것이 필요하다고 하는 생각이 그 배후에 있다는 것을 알 수 있다.

Ⅲ. UN과 중립

UN헌장 제2조는 회원국이 행동해야 할 원칙을 정하고 있는데, 그 제5항에서는 회원국은 UN이 취하는 행동에 대하여 모든 원조를 제공할 것, UN의 행동의 대상이 되고 있는 국가에 대하여는 원조를 부여하는 것을 삼가야 한다고 규정하고 있다. 즉, UN 회원국은 UN이 행동을 취하는 경우에는 완전히 UN측에 서야 하고, 행동의 대상국가와의 관계에 있어서는 제3자적 입장에 설 수 없게 되므로 원칙적으로 중립은 성립할 수 없다고 보아야 한다.

그러나 오늘날 UN의 실행은 다음의 두 가지 문제로 분류하여 검토되고 있다.

첫째, UN의 강제조치는 안전보장이사회에 의하여 결정되며, 이 결정은 모든 회원국에 대하여 법적 구속력을 갖는다. 그런데 군사적 강제조치는 군대의 제공에 관한 특별협정을 그 전제로 하고 있으므로 특별협정이 체결되지 않는 한, 회원국은 당연히 안전보장이사회의 결정에 따라 군대를 제공해야 할 의무는 없다. 그렇다면 군사적 강제조치와의 관계에 있어서는 회원국은 중립의 입장에 설 수 있다.

둘째, 비군사적 조치의 경우에는 특별협정 없이 당연히 안전보장이사회의 결의에 따라야 한다. 안전보장이사회는 무력행사에 이르지 않는 어떠한 조치도 결정할 수 있다. 예컨대, 공격을 받은 국가에 대하여 물질적인 원조를 부여하도록 회원국에 요청할 수 있다. 이 경우에는 회피의무와의 관계에서 회원국으로서는 중립국으로서의 입장을 유지하기는 곤란할 것이다. 물론 UN의 강제조치가 발동되는 경우에 있어서도 반드시 모든 회원국의 참가가 요구되는 것은 아니다. 예컨대, 안전보장이사회가 강제조치의 발동을 결정하는 경우에 회원국의 특수한 사정을 고려하여 그 국가의 참가를 제외하는 것도 가능하다(UN헌장 제48조 1항 참조). 오스트리아가 회원국이면서도 영세중립국의 입장이 인정된 것도 그 증거이다.

Ⅳ. 비교전상태

비교전상태(non-belligerency)라는 개념의 출발은 제2차 대전 초기였다. 이탈리아가 전쟁에 참가하기 직전인 1940년 6월에 독일을 원조하기 위하여 자국을 비교전국(non-belligerent)이라고 칭하였다. 또한, 미국은 1940년 9월에 대서양에 있는 영국령 내에 있는 해군기지의 설치를 조건으로 구축함 50척을 영국에 양도하고, 1941년 3월 무기대여법(Lend Lease Act)을 제정하여 연합국에 무기·탄약 등을 공급하였다. 이 때 미국 학자들은 미국이 비교전상태에 있다고 주장하였다. 그 후 이들 국가들은 전쟁에 참가하였다. 즉, 교전국이 되었다.

문제는 비교전국과 중립과의 차이는 무엇이며, 또한 국제법상 중립의 개념과는 별도로 비교전상태의 지위를 인정할 수 있는가이다.

이에 관하여, 비교전상태를 중립도 아니고 교전상태도 아닌 그 중간의 상태라고 보고, 스스로 중립에 따른 권리와 이익을 포기하는 반면에, 중립의무에 대한 부담을 면하는 비교전상태는 중립과는 다른 독자적인 법제도로서 그 타당성을 인정하는 견해도 있으나, 다른 한편으로는 국제법은 중립의 단계를 인정하지 않고, 또한 비교전국임을 일방적으로 선언하거나 주장함으로써 타국에 대한 차별대우를 합법화시킬 수 없다고 하여 부정하는 견해가 있다.

비교전상태에 대한 조약상의 표현은 1949년 제네바 제3협약(포로대우협약) 제4조 B

항 제2호에서 발견되는데, 동 조항은 그 문언상 중립국과 비교전국을 구별하고 있으나 그 실질적 내용인 의무는 동일하다. 즉, 중립국이나 비교전국(제2차 대전 때의 특수한 현상)에 들어 온 교전자격자도 포로로서의 대우를 부여하여야 한다. 이것은 인도적 고려에 입각한 것이지 비교전상태를 국제법상 제도로서 인정하였다는 근거로 보기는 어렵다고 생각된다.

결론적으로, 비교전상태는 일시적으로 일어나는 현상이며, 어차피 교전상태로 되거나 아니면 중립국으로 되는 과도기적 현상으로서 국제법상 중립제도의 범주에서 확립되었다고 보기는 어렵다고 생각된다.

제 7 절 전쟁의 종료·평화조약

I. 전쟁의 종료

전쟁은 일방행위(선전 또는 적대행위)에 의해서 개시되나, 전쟁의 종료는 교전국간의 합의를 필요로 한다. 이 합의는 명시적인 경우도 있고 묵시적인 경우도 있다. 명시적 합의에 의한 전쟁종료의 전형적인 것은 평화조약(또는 강화조약)의 체결에 의한 전쟁의 종료이다. 그러나 이 명시적 합의는 반드시 평화조약의 체결이라고 하는 형식을 취할 필요는 없다.

묵시적 합의에 의한 전쟁의 종료는 교전국이 실제로 적대행위를 정지하는 경우, 예컨대 점령군을 철수하고 평시관계에 돌입하는 경우이다. 이와 같이 단순한 적대행위의 종료에 의하여 전쟁이 종료되는 경우에는 현상승인(現狀承認 *uti possidetis*)의 법리가 행해진다. 즉, 전쟁상태 종료 시에 압수한 적국재산은 현재 점유하고 있는 교전국의 소유에 귀속하고, 전쟁상태 종료 때에 점령된 영토는 현재 점유하고 있는 교전국의 영토로 된다. 물론 후에 이르러 새로 조약을 체결하여 변경할 수는 있다. 최근에는 이러한 방식의 전쟁 종료는 행해지지 않고 있다.

Ⅱ. 평화조약

평화조약은 전쟁상태의 종결을 목적으로 하는 조약이다. 평화조약의 효력발생과 더불어 전쟁상태는 전면적·확정적으로 종결되는 것이 원칙이다. 교전국간에는 평시의 권리·의무관계가 회복되고 제3국의 중립의무는 당연히 해제된다. 그러나 여기에는 두 가지 예외가 있다. 첫째, 다수 국가가 참가한 평화조약에 있어서는 일정국가의 비준에 의하여 평화조약의 효력발생이 인정되는 경우(예: 대일평화조약)가 있는데, 이 경우에는 평화조약이 발효할지라도 그 조약을 비준하지 않고 있는 국가와의 관계에 있어서는 전쟁상태가 여전히 계속된다. 둘째, 일국에 두 개의 정부가 대립하고 있는 경우, 그 일방과 평화조약을 체결할지라도 타방과의 관계에서는 전쟁상태가 계속하는 것이다(예: 일본과 중화민국과의 평화조약).

전쟁상태를 정식으로 종료하는 평화조약이 체결되기 이전에 휴전이 행해지는 것이 보통이다. 휴전이란 교전자가 쌍방의 합의에 의하여 적대행위를 정지시키는 행위이다(육전규칙 제36조). 그 행위에 의하여 발생한 적대행위의 정지 상태를 의미한다고 할 수 있다. 이와 같이, 휴전은 적대행위의 정지에 불과하고 전쟁의 종료가 아닌 것을 원칙으로 한다.

그러나 복잡한 양상을 지닌 근대전(近代戰)에 있어서는 적대행위의 종료와 평화조약의 체결까지 그 시간적 거리가 점점 멀어지는 경향이 있다. 휴전기간이 단기로 끝나는 경우에는 그 기간을 전시로 보는 것도 무방하나, 그 기간이 장기화하는 경우에는 국민생활과 국가 활동에 막대한 지장을 초래한다. 그러므로 현행법으로부터 결과하는 중대한 불합리를 피하기 위하여 전쟁과 평화 사이에 중간적인 새로운 법제도를 설정할 필요가 있다는 의견은 충분한 근거를 가진다고 할 수 있다. 이러한 면에서 일반적 휴전(general armistice)인 한 일종의 '전쟁의 사실상의 종료'(*de facto* termination of war)를 의미하는 것이라 볼 수 있고, 그러한 실례로서 「베르사이유 평화조약」 체결 전의 연합국과 독일간의 휴전을 들 수 있다. 1953년 7월 27일의 한국휴전도 그 휴전협정의 전문에는 이 조건 및 규정의 의도가 순군사적(純軍事的 purely military) 성질에 속하는 것이라고 규정하고 있으나, 그것이 전면적인 일반휴전인 까닭에 전쟁의 「사실상의 종료」에 해당하는 것으로 생각된다.

제 20 장 국제형사재판소

제 1 절 국제형사재판소의 의의

20세기는 인권침해와 인도법에 대한 위반이 난무한 세기였으며, 역설적으로 이에 대응한 인권법 분야의 발전과 인도법 위반의 방지를 위한 국제사회의 노력이 괄목할 만한 성과를 이룬 세기이기도 하였다. 2차 대전 당시의 일본의 생체실험과 나치독일의 유대인 학살 등 대규모 인권침해와 비인도적 만행에 대하여, 인류는 뉘른베르크군사재판소, 극동군사재판소 등을 통하여 제한적으로나마 그 처벌을 이루어 낼 수 있었다. 그러나 양 전범재판소에서의 전쟁범죄자에 대한 처벌은 '승자의 재판'과 '사후처벌'이라는 비판에서 자유로울 수 없었다. 이러한 비판에도 불구하고 양 재판소의 전범처벌은 국제법을 위반한 개인에 대한 형사책임을 확립하는 계기가 되었고, 그 후 UN을 통한 상설 국제형사재판소 설립을 위한 계기를 마련하였다는 점에서 역사적 의의를 가진다. 뉘른베르크군사재판소와 극동군사재판소 이후 UN은 1946년 12월 11일 총회결의 95(Ⅰ)에서 뉘른베르크 재판소조례와 판결에 의해 인정된 이른바 뉘른베르크원칙을 확인하였고, 1947년 11월 21일 총회결의 177(Ⅱ)에서 ILC에 상설국제형사재판소의 설립 초안의 작성을 위임하였다. 한편으로는 1948년 채택된 「집단살해죄의 방지와 처벌에 관한 협약」(Convention on the Prevention and Punishment of the Crime of Genocide) 제6조에서 집단살해죄의 처벌에 대한 관할권을 국제형사재판소에 부여함으로써, 상설국제형사재판소의 설립을 예정하는 성과를 이루어내기도 하였다.

그러나 이러한 노력들은 냉전의 지속으로 인해 큰 성과를 거두지 못하다가, 1992년 UN총회결의 47/33호를[1] 통하여 ILC에 ICC(International Criminal Court: 이하

1) UN Doc. A/Res/47/33(1992)

ICC 또는 재판소라 한다) 또는 기타 국제재판장치를 설립하는 문제를 다시 위임하고, 1993년 안보리결의 808호[2]에 의거하여 구유고전범재판소(International Criminal Tribunal for the former Yugoslovia: ICTY)를 설립하고, 1994년 안보리결의 935호[3]를 근거로 르완다전범재판소(International Criminal Tribunal for Rwanda: ICTR)를 설립한 것을 계기로, 본격적으로 상설국제형사재판소의 설립에 대한 논의가 이루어지게 되었다. UN은 총회결의 50/46호[4]에 의하여 1998년 로마에서 개최될 국제회의에서 논의할 규정초안의 작성을 위한 준비위원회(Preparatory Committee)를 1995년 12월 11일 설치하였고, 준비위원회에서 작성한 최종통합초안을 바탕으로 1998년 6월 15일에서 7월 17일까지 이탈리아 로마의 UN 식량농업기구(Food and Agriculture Organization of the United Nations: FAO)에서 '국제형사재판소설립에 관한 전권외교회의'(United Nations Diplomatic Conference of Plenipotentiaries on the Establishment of an International Criminal Court)가 개최되었다. 전권외교회의에는 160여개국이 참가하였고, 31개 기구와 130여개의 비정부기구(NGO)가 옵저버(observer)로 참여하였다. 1998년 7월 17일 외교회의는 찬성 120, 반대 7, 기권 21로 「국제형사재판소에 관한 로마규정」(Rome Statute of International Criminal Court: 이하 ICC규정이라 한다)을 채택하였다.

ICC규정은 1998년 7월 17일 로마의 FAO본부에서 모든 국가에 대하여 서명을 위해 개방되었고(ICC규정 제125조), 60번째의 비준서, 수락서, 승인서 또는 가입서가 국제연합 사무총장에게 기탁되는 날로부터 60일이 경과한 다음 달의 첫째 날에 발효한다(동 규정 제126조)고 규정하고 있다. ICC규정은 제126조에 의거하여 2002년 7월 1일 발효하였고, 2010년 8월 현재 112개국이 ICC규정의 당사국으로 되어 있다.[5]

세계의 평화와 안전 및 복지를 위협하는 국제공동체 전체의 관심사인 가장 중대한 범죄를 처벌하고자 하는 국제사회의 의지와 노력의 결과, 20세기 마지막 국제기구인 ICC가 설립되었다. ICC의 설립으로 인류는 역사상 최초로 상설적이고 국제적인 형사재판소를 가지게 된 것이다. 또한 국제공동체는 보다 안정적이고 지속적이며 독립성을 갖는 ICC를 통하여 인류와 문명을 위협하는 극악한 범죄를

---

2) UN Doc. S/Res/808(1993)

3) UN Doc. S/Res/935(1994)

4) UN Doc. A/RES/50/46(1995)

5) 대한민국은 2000년 8월 3일 동 규정에 대하여 서명하고, 2002년 11월 8일 국회의 비준동의를 거쳐 2002년 11월 13일 UN 사무국에 비준서를 기탁하였다. 2003년 2월 1일 (조약 제1619호) 동 규정이 대한민국에 대하여 발효하였고, 2007년 12월 21일 법률 제8719호로 ICC규정에 따른 ICC의 관할범죄를 처벌하고 ICC와의 협력에 관한 절차를 정하는 것을 목적으로 하는 '국제형사재판소 관할범죄의 처벌 등에 관한 법률'을 제정하여, 국내이행절차를 완료하였다.

범한 범죄자를 처벌할 수 있게 되었으며, 이를 통하여 국제평화와 협력이라는 새로운 질서의 확립에 보다 기여할 수 있는 하나의 계기를 마련하게 되었다.

제 2 절 국제형사재판소의 특징

현재까지 국제사회에서 특정분쟁에 있어서 무엇이 법인가를 판단하는 상설적인 재판기관은 국제사법재판소(ICJ), 국제해양법재판소(ITLOS) 및 국제형사재판소(ICC) 밖에 없다. 여기에서는 이들 재판소들 중 UN 해양법협약의 해석 또는 적용과 관련된 국제해양분쟁을 해결하는 기능을 담당하는 국제해양법재판소를 제외하고 ICJ와 ICC의 비교를 통하여 ICC의 특징을 구체적으로 살펴보고자 한다.

ICC와 ICJ는 양자 모두 법인격을 갖는다는 점에서는 동일하다. 한편 준거준칙으로서 ICJ는 ICJ규정 제38조를 두고 있고, ICC는 ICC규정 제21조를 둠으로써, 재판상 적용하여야할 준칙을 명문화하고 있다. 또한 재판소의 관할에 관하여 부탁되어지거나 제소된 사건에 대하여만 재판을 한다는 점, 재판규범과 일정한 재판절차를 가진다는 점, 재판소규정의 당사국이 국가에 제한된다는 점과 판결의 결과에 대한 구속력을 가진다는 점에서 동일하다.

그러나 ICC와 ICJ는 재판소의 성격 면에서 중대한 차이점을 보인다. 즉 ICC는 형사적 성격의 재판소로서의 성격을 가지는 반면, ICJ는 민사적 성격의 재판소로서의 성격을 가진다. 관할권의 문제에 있어서도, ICJ는 임의적 관할권을 가지는 반면 ICC는 보충적 관할권에 의존한다. 또한 재판소의 소송주체와 객체의 문제에 있어서, ICJ는 오직 국가만이 그 당사자가 되나, ICC는 국가가 아닌 개인, 특히 자연인을 그 당사자로 하고 있다. 그 밖에 재판소 구성에 있어서도 몇 가지 상이한 점을 보이는데, ICJ는 15명의 재판관으로 구성되고 ICC는 18명의 재판관으로 구성된다. ICJ에는 임시재판관(*ad hoc* Judge)제도를 두고 있으나, ICC는 임시재판관제도를 두고 있지 않고, 소추부의 권한의 남용과 견제를 위한 예비재판부를 두고 있다. 또한 국제사법재판소가 사실상 한 번의 재판으로 사건이 종결되는 단심제를 채택한 반면에 ICC는 상소재판부를 두고 있다.

한편 국제연합의 관계와 관련하여 나타나는 특성으로는 ICJ는 UN의 주요한 사법기관이기 때문에 당사국총회가 존재하지 않음에 반해, ICC는 UN과의 관련을 예정하고는 있으나, UN의 주요기관이 아니므로 당사국총회에 관한 별도의 규정을 두고 있다(동 규정 제11장).

재판절차에 관한 특이점으로는 ICJ가 궐석재판을 인정하는 반면 ICC는 피고인의 재판 중 출석을 명문화하고 있다(동 규정 제63조 1항).

제 3 절 국제형사재판소의 지위와 조직

Ⅰ. 재판소의 법적 지위와 권한

재판소는 국제적 관심사인 가장 중대한 범죄를 범한 자에 대하여 관할권을 행사할 권한을 가지며, 국가의 형사관할권을 보충한다(ICC규정 전문 및 제1조). 이 권한을 수행하기 위하여 재판소는 국제적 법인격을 갖는 상설적인 국제기구(a permanent institution)로서의 지위를 가진다(동 규정 제4조 1항). 재판소는 그 기능의 행사와 목적 달성을 위하여 필요한 법적 능력을 가지며, 이를 위하여 당사국의 영역에서는 ICC규정이 규정하는 바에 의하여 그리고 당사국이 아닌 국가의 영역에서는 특별협정에 의하여 그 기능과 권한을 행사할 수 있다(동 규정 제4조 2항).

재판소는 ICC규정의 당사국총회가 승인하고 그 후 재판소를 대표하여 재판소장이 체결하는 협정을 통하여 UN과 관계를 맺는다(동 규정 제2조). 따라서 재판소는 UN과의 관계를 예정하고 있으나, ICJ와 같은 UN의 기관이 아니며, 독립된 국제기구이다.

Ⅱ. 재판소의 소재지

재판소는 네덜란드 헤이그에 설치된다(동 규정 제3조 1항). 당사국총회의 승인 하에 재판소를 대표하는 재판소장이 소재지국과 본부협정을 체결한다(동 규정 제3조 2항). 재판소는 ICC규정에 정한 바에 따라 재판소가 바람직하다고 인정하는 때에는 다른 장소에서 개정할 수 있다(동 규정 제3조 3항).

Ⅲ. 재판관

재판소는 임기 9년의 18인의 재판관으로 구성된다(동 규정 제36조 1항 및 9항). 다만, 재판소를 대표하여 행동하는 소장단(Presidency)이 증원의 필요성을 적시하여 재판관의 증원을 제안할 수 있다(동 규정 제36조 2항). 재판관은 재판관 선거를 위하여 소집되는 당사국총회에서 비밀투표로 선출되며, 동일국가에서 2인의 재판관이 선출되어서는 아니 된다(동 규정 제36조 6항 및 7항). 또한 재판관은 원칙적으로 재선될 수 없고, 다만 1심부(Trial Chamber) 또는 상소심부(Appeals Chamber)에 배정된 재판관은 그 재판부에서 이미 심리가 개시된 1심 또는 상소심이 종결될 때까지 재직하여야 한다(동 규정 제36조 9항 및 10항).

재판관이 되기 위해서는 각국에서 최고 사법직에 임명되기 위해 필요한 자격을 갖추고, 높은 도덕성과 공정성 및 성실성을 가진 자라야 하며, 형법과 형사절차에서의 인정된 능력과 판사, 검사, 변호사 또는 이와 유사한 다른 자격으로서 형사소송에서의 필요한 관련 경력 또는 국제인도법 및 인권법과 같은 국제법 관련분야에서의 인정된 능력과 재판소의 사법업무와 관련되는 전문적인 법률 직위에서의 풍부한 경험을 가져야 한다(동 규정 제36조 3항). 또한 재판소의 실무언어 중 최소한 하나의 언어에 탁월한 지식을 갖고 이를 유창하게 구사할 능력이 요구된다(동 규정 제36조 3항).

재판관을 선출함에 있어 각 당사국은 세계의 주요 법체계의 대표성, 공평한 지역적 대표성 및 여성과 남성 재판관의 공정한 대표성을 고려하여야 하며, 여성이나 아동에 대한 폭력을 포함하는 특수한 문제에 대한 법률전문지식을 가진 재판관을 포함시킬 필요성도 고려하여야 한다(동 규정 제36조 8항).

Ⅳ. 재판소의 기관

재판소는 소장단, 상소심부(Appeals Division)와 1심부(Trial Division) 및 전심부(Pre-Trial Division)로 이루어진 재판부(Chambers), 소추부(Office of the Prosecutor), 사무국(Registry)으로 구성된다(동 규정 제34조).

1. 소장단

소장단은 재판소장(President)과 제1부소장(First Vice-President) 및 제2부소장(Second Vice-President)으로 구성되며, 소장단의 구성원은 재판관들의 절대다수결에 의해 선출된다. 소장단의 구성원은 각각 3년의 임기 또는 구성원 각자의 재판관으로서의 임기의 종료 중 먼저 만료 되는 때까지 재직하며, 오직 한 번 재선될 수 있다(동 규정 제38조 1항). 제1부소장은 재판소장이 직무를 수행할 수 없거나 자격을 상실한 경우 재판소장의 임무를 대리하며, 제2부소장은 재판소장 및 제1부소장 모두 직무를 수행할 수 없거나 자격을 상실한 경우에 재판소장의 직무를 대리한다(동 규정 제38조 2항). 소장단의 구성원은 소추부를 제외한 재판소의 적절한 운영 및 ICC규정에 따라 소장단에 부여된 다른 기능에 대하여 책임을 진다(동 규정 제38조 3항).

2. 재판부(Chambers)

재판소의 핵심기능인 사법적 기능을 수행하는 재판부는 그 구성에 있어서 각 부에 따라 상이한 모습을 보이고 있다. 상소심부는 재판소장과 4인의 재판관으로 구성되며, 1심부와 전심부는 6인 이상의 재판관으로 구성된다. 특히 1심부와 전심부는 형사소송의 경력이 있는 재판관을 위주로 구성된다(동 규정 제39조 1항). 재판을 수행함에 있어서는 상소심부는 상소심부에 속하는 모든 재판관으로 기능을 수행하며, 1심재판부의 기능은 1심부의 3인의 재판관에 의하여 수행된다. 전심재판부의 기능은 전심부의 3인의 재판관 또는 ICC규정과 절차 및 증거규칙(Rules of Procedure and Evidence)에 따라 전심부의 단독 재판관에 의하여 수행된다(동 규정 제39조 2항). 1심부와 전심부에 배정된 재판관은 당해 부에서 3년간 복무하며, 다만 해당 부에서 이미 심리가 개시된 사건에 대하여는 당해 사건 종결 시까지 복무한다. 상소심부에 배정된 재판관은 자신의 전체 임기동안 상소심부에서 복무한다(동 규정 제39조 3항).

3. 소추부(Office of the Prosecutor)

재판소에 회부되는 관할범죄와 그 범죄에 관한 구체적 정보를 접수하여 이를 조사하고 재판소에 기소하는 기능을 담당하는 소추부는 재판소의 별개기관(a separate organ of the Court)으로서 독립적으로 활동한다(동 규정 제42조 1항). 당사국 총회에서 회원국의 비밀투표에 의해 절대다수결로 선출되는 임기 9년의 소추관(Prosecutor)은 소추부의 장으로서, 직원·시설 및 다른 자원을 포함하여 소추부의 관리 및 행정에 전권을 행사한다. 소추관은 1인 이상의 부소추관(Deputy Prosecutor)의 조력을 받으며, 소추관과 부소추관은 다른 국적을 가져야 한다(동 규정 제42조 2항). 소추관과 부소추관은 자신의 소추기능에 방해가 될 수 있거나 자신의 독립성에 대한 신뢰에 영향을 미칠 수 있는 어떠한 활동에도 종사할 수 없고, 다른 영리적 성격의 직업에도 종사할 수 없다(동 규정 제42조 5항). 이처럼 재판소의 별개기관으로서 강한 독립성을 보장받는 소추부에 대해서는 그 기능의 수행에 있어서 독단의 방지를 위하여 보완장치를 마련하고 있다. 즉, 소장단은 소추관 또는 부소추관의 요청에 따라 특정사건을 다루는 것을 회피하도록 허가할 수 있고(동 규정 제42조 6항), 소추관과 부소추관은 어떠한 사유에서든 자신의 공정성이 합리적으로 의심받을 수 있는 사건에 대해서는 참여할 수 없다. 특히 과거에 어떠한 자격으로든 재판소에 제기된 사건에 관여하였거나 현재 수사 중이거나 기소 중인 자가 연루된 국내 형사사건에 관여한 경우에는 그 사건으로부터 상소심재판부의 결정에 의해 제척된다(동 규정 제42조 7항 및 8항).

4. 사무국(the Registry)

사무국은 소추관의 직무와 권한을 침해함이 없이 재판소의 행정과 사무의 비사법적 측면에 대하여 책임을 진다(동 규정 제43조 1항). 사무국은 당사국총회의 추천을 고려하여 재판관들의 비밀투표에 의한 절대다수결로 선출되는 사무국장(Registrar)이 이끌며, 사무국장은 재판소장의 권위 하에 자신의 직무를 수행한다(동 규정 제43조 2항 및 4항). 사무국장의 임기는 5년이며, 한번 재선될 수 있다. 사무차장(Deputy Registrar)의 근무가 필요하다고 요구되는 경우 재판관들은 사무국장의 추천에 따라 사무국장의 선출과 동일한 방식으로 사무차장을 선출한다(동 규정 제43조 4항 및 5항). 사무국장은 사무국 내에 증인, 재판소에 출석한 피해자 및 증인이 행한 증언으로 위험에 처한 다른 자들의 보호조치와 안전조치, 상담 및 기타 적절한 지원을 제공하기 위한 피해자·증인 담당부를 설치한다(동 규정 제43조 6항). 소추관과 사무국장은 각각의 업무에 필요한 자격을 가진 직원(Staff)을 임명하고, 소추관의 경우에는 수사관(Investigator)의 임명을 포함한다(동 규정 제44조 1항).

V. 당사국총회

ICC규정 제112조에 의해 설치되는 당사국총회(Assembly of States Parties)는 준비위원회의 권고를 심의하고 채택하며, 재판소의 행정에 관하여 소장단 및 사무국장의 운영을 감독한다. 또한 재판소 예산을 심의하여 결정하는 권한과 재판관의 수 변경여부 결정과 협력불응과 관련된 모든 문제의 심의 및 ICC규정 또는 절차 및 증거규칙과 부합하는 다른 모든 기능을 수행한다(동 규정 제112조 2항). 그 밖에 ICC규정 2조에 의하여 재판소가 국제연합과 관계를 맺는 협정을 승인하는 권한을 갖는다.

ICC규정의 당사국은 총회에서 교체대표와 자문을 동반할 수 있는 1인의 대표를 가지며, ICC규정 또는 최종의정서에 서명한 기타의 국가는 총회에서 옵저버(observer) 자격을 가질 수 있다. 총회는 재판소 소재지 또는 UN본부에서 1년에 1회 소집되며, 필요한 경우에는 이사회의 발의나 당사국 3분의 1의 요청에 의해 특별회기를 갖는다(동 규정 제112조 6항). 총회에서 각 당사국은 1표의 투표권을 가지며, 재판소 비용에 대한 재정적 분담금 지불을 연체한 당사국은 그 연체금액이 2년 동안의 분담금액을 초과하고, 그 연체가 당사국이 통제할 수 없는 사정에 기인한다고 판단되지 않는 경우 투표권을 가지지 못한다(동 규정 제112조 7항 및 8항).

총회에는 총회가 책임을 이행하는데 조력하는 기능을 담당하는 이사회(Bureau)를 둔다. 이사회는 3년 임기로 선출된 1인의 의장, 2인의 부의장 및 18인의 위원으로 구성되며, 특히 공평한 지역적 배분과 세계의 주요한 법체계의 적절한 대표성을 고려하는 대의적 성격을 갖는다(동 규정 제112조 3항).

총회에서의 의사결정은 원칙적으로 컨센서스(consensus)방식에 의하며, 컨센서스에 도달할 수 없는 경우 실질문제에 대한 결정은 당사국의 절대과반수를 투표정족수로 하여, 출석하여 투표한 당사국의 3분의 2의 다수결에 의하며, 절차문제에 관한 결정은 출석하여 투표한 당사국들의 단순다수결에 의한다(동 규정 제112조 7항).

제 4 절 관할권

Ⅰ. 보충성의 원칙

ICC규정은 전문에서 '이 규정에 따라 설립되는 ICC는 국가의 형사관할권을 보충하는 것임을 강조하며'라고 선언하여, ICC의 보충적 성격을 천명하고 있다. 또한, 제1조에서는 '재판소는 상설적 기구이며 이 규정에 정한 바와 같이 국제적 관심사인 가장 중대한 범죄를 범한 자에 대하여 관할권을 행사하는 권한을 가지며, 국가의 형사관할권을 보충한다'고 규정하여 보충성의 원칙에 관해 보다 상세히 규정하고 있다.

보충성의 원칙(Principle of Complementarity)에 관한 문제는 ICC와 국내법원의 관할권의 배분의 문제이다. 즉, 이 원칙은 ICC는 국내법원을 보충하는 것일 뿐 이를 대체하는 것이 아니므로 국제법상 중대한 범죄를 행한 자를 재판할 제1차적 책임은 국내법원이 부담하며, 다만 ICC는 국내법원이 이러한 기능을 제대로 수행하지 못할 때 보충적으로 관할권을 행사할 수 있을 뿐이라는 것을 의미한다.

ICC규정 제정 당시 대부분의 국가는 ICC와 국내법원간 권한배분에 관하여 적절한 균형을 맞추는 것이 중요하다는 점에 공감하였으나, 그럼에도 국내법원과 비교하여 ICC에게 어느 정도, 어떠한 경우에, 어떻게 필요한 권한을 부여할 것인가 대하여 논란이 있었다. 보충성의 원칙의 내용 및 도입방식과 정도에 관한 각국의 관심은 자국의 형사주권에 어느 정도의 제약을 초래할 것인가에 대한 염려와 그로 인하여 국내사법체계의 기능상 역효과를 받을 수 있다는 우려, 정치적 색채가 강한 범죄를 ICC가 처벌함으로써 초래될지도 모르는 정치적 위기에 대한 불안감에 기인한다.

국내관할권의 우위를 주장한 국가들은 국내의 절차진행의 감독 또는 통제의 권한을 ICC가 행사해서는 안 되며, ICC의 개입조건 및 상황을 구체적으로 규정할 것과 그에 대한 판단도 개별 국가가 해야한다는 의견을 제시하였다. 반면 ICC의 우위성을 주장하는 국가들의 정치적 결정에 ICC의 관할권 행사여부가 결정되어서는 안 되며, 이는 결국 ICC의 기능을 마비시키는 결과를 초래할 것이라고 주장하였다. 이러한 견해의 절충적 견해로서, 일반적으로 ICC의 보충성을 인정하면서 핵심범죄에 대해서는 보충성의 예외를 인정하자는 견해도 등장하였으나, ICC의 관할대상범죄가 핵심범죄에 국한됨으로써 이러한 주장은 의미를 상실하게 되었다. 결국, 토의를 거친 결과 다른 방식의 절충적인 시도를 하였는데, 이는 국내관할권의 지나친 우위는 ICC의 기능을 저해하여, ICC를 유명무실화시킬 것이고, 반면 ICC의 지나친 우위의 주장 역시 국내법원이 적절히 관할권을 행사하는 경우에 있어서는 불필요한 간섭이 될 수 있다는 비판 때문이다.

이러한 보충성의 원칙은 ICC의 관할권 행사를 저해할 수 있는 요인임에는 분명한 듯하다. 그러나 한편으로는 보충성의 원칙이 ICC의 존립을 위해서 필요한 존재일 수도 있다. 왜냐하면 만일 보충성의 원칙의 수용이 없었다면 각국은 주권의 제약을 두려워 한 나머지 아마도 ICC규정의 채택에 비협조적이었을 것이기 때문이다. 이와 함께 보충성의 원칙은 국가들의 관점에서 국가의 형사관할권에 대한 일반적 양도를 회피하는 수단이 되기도 한다.

그러나 보충성의 원칙을 채택함으로서 발생할 수 있는 관할권 행사의 공백에 대해서는 별도의 조치가 필요하고 이를 위해 ICC규정은 보충성의 적용기준을 마련하여 이를 극복하려 하고 있다. 보충성의 원칙을 적용하는 기준으로서 ICC규정은 처벌의사부재(unwillingness)와 처벌능력부재(inability)를 들고 있다. 이와 같은 기준은 보충성의 원칙의 도입과정에서 제기되었던 보충성의 원칙에 관한 의미의 혼란을 불식시키기 위해 제시된 것이다. 처벌의사부재를 결정하기 위해서는 ICC는 국제법상 승인된 적법절차원칙을 고려하면서 다음의 3가지 요소 중 하나 이상의 요소가 존재하는가를 심의하여야 한다. 즉 ① ICC의 관할대상범죄에 대한 형사책임으로부터 관련자를 보호할 목적으로 국내소송절차가 진행되었거나, 진행 중이거나 또는 국내판결이 내려지지는 않았는가 ② 관련자를 재판에 회부할 의도가 있었다고 볼 수 없을 정도로 소송절차에 부당한 지연이 있지는 않는가 ③ 소송절차가 독립적으로 또는 공정하게 진행되지 않았거나 않고 있으며, 그러한 상황이라면 관련자를 재판에 회부할 의도가 있다고 볼 수 없는 방식으로 소송절차가 진행되었거나 진행되고 있지는 않는가의 여부이다(동 규정 제17조 2항). 처벌능력부재를 결정하기 위하여 ICC는 그 국가의 국내적 사법제도의 전반적인 또는 실질적인 붕괴나 이용불가능으로 인하여, 그 국가가 피고인이나 필요한 증거 및 증언을 확보할 수 없는지 또는 그 소송절차를 수행할 수 없는지를 심의하여야 한다(동 규정 제17조 3항).

Ⅱ. 관할권행사의 전제조건

ICC규정 제12조는 ICC가 관할권을 행사하기 위하여 필요한 관할권 행사의 전제조건(Preconditions to the exercise of jurisdiction)에 대하여 규정한다. 우선 ICC규정 제12조 1항은 '이 규정의 당사국이 된 국가는 이에 의하여 제5조에서 규정된 범죄에 대하여 재판소의 관할권을 수락한다'고 규정하여 ICC규정의 당사국은 자동적으로 ICC의 관할권을 수락한다는 자동관할권에 대해 규정하고 있다. 자동관할권을 채택하지 않는 ICJ의 경우 ICJ규정의 당사국이 되는 것과 ICJ의 관할권을 수락하는 것은 별개의 행위로 되나, ICC의 경우에는 ICC규정의 당사국이 되는 것을 비준한 국가는 ICC규정 제12조 1항에 의하여 당연히 ICC의 관할대상범죄에 대해 ICC의 관할권을 수락하는 것으로 된다.

한편 ICC규정 제12조 2항은 규정의 비당사국의 국민의 경우에도 ICC의 관할권에 복종해야하는 조건을 규정하고 있다. 즉, ICC의 관할 대상범죄에 대하여 규정 당사국에 의해 사태가 소추관에게 회부되거나 소추관이 독자적으로 수사를 개시한 경우에 범죄행위가 발생한 영역국(범죄가 선박이나 항공기에서 범하여진 경우에는 그 선박이나 항공기의 등록국), 즉 범죄발생지국이나 혹은 피고인 국적국의 하나 또는 그 이상이 규정의 당사국이거나 또는 법원의 관할권을 수락한 경우에 관할권을 행사할 수 있다고 규정한다. 이 규정에 의하면, 비록 피고인의 국적국이 ICC규정의 당사국이 아닐지라도, 범죄발생지국이 규정의 당사국이거나 관할권을 수락한 경우 피고인에 대하여 관할권을 행사할 수 있게 되어 비규정 당사국의 국민에 대한 처벌이 가능하게 된다. 비당사국 국민에 대하여 관할권을 행사하도록 한 것은 '조약은 조약에 동의한 국가에만 적용된다'는 조약법의 기본원칙에 반하는 것이 아닌가라는 의문이 있으나, ICC는 국가를 처벌하기 위한 것이 아니라, 개인을 처벌하기 위한 것이고, ICC의 관할대상범죄가 보편적 관할권에 의해 어느 국가든 처벌할 수 있는 범죄이므로 그 처벌을 위하여 반드시 피고인 국적국의 동의가 필요하다는 견해는 바람직하다고 볼 수는 없다. 침략범죄를 제외하고 ICC가 실질적으로 관할권을 행사하게 되는 3개의 핵심범죄는 국가간에 있어서는 보편적 관할권에 의해 어느 국가든 처벌할 수 있고, 이에 근거하여 ICC가 비당사국의 국민을 처벌하더라도 이것이 곧 비당사국의 주권을 침해하는 것으로는 보기 힘들다. 한편으로 ICC규정의 채택과정에서 관할권 행사요건으로서 구금국, 범죄발생지국, 피고인 국적국, 피해자 국적국 등의 이해관계국의 포함여부가 논란이 되었으나, 구금국과 피해자국적국을 제외함으로써 그 관할권 행사에 있어 상당한 제약을 가하고 있다. 특히 유고와 르완다 사태에서 보듯이 상당수 범죄인이 제3국으로 도피하는 사례가 많다는 점을 고려하면 구금국을 제외한 것은 중대한 결함이라 할 것이다.

Ⅲ. 물적 관할권

ICC가 관할권을 행사할 수 있는 관할대상범죄는 '국제공동체 전체의 관심사인 가장 중대한 범죄'로서, 집단살해, 인도에 반하는 죄, 전쟁범죄, 침략범죄에 한정된다(동 규정 제5조 1항). 그러나 침략범죄의 경우 정의(definition)규정을 두고 있지 않아 당분간 현실적으로 관할권 행사를 유보하고 있다(동 규정 제5조). ICC 규정의 제정 당시 논란이 되었던 테러리즘과 마약범죄 등 조약상 범죄에 대해서는 추후 재검토회의에서 다룰 것을 명기하고 있다.[6] 다만, UN안전요원에 대한 범죄는 전쟁범죄의 한 유형으로 포함되어 있다(동 규정 제8조 2항 나호(3) 및 마호 (3)). 침략범죄에 대해서는 규정 발효 후 7년이 경과한 후 개최되는 당사국회의나 재검토회의에서 이 범죄의 정의와 이 범죄에 대한 ICC의 관할권행사방법을 규정한 조항이 3분의 2의 다수결로 채택되었을 때 ICC가 관할권을 행사할 수 있다(동 규정 121조).

1. 집단살해죄(Genocide)

ICC규정 제6조는 집단살해죄에 관하여 다음과 같이 규정한다.

이 규정의 목적상 '집단살해죄'라 함은 국민적, 민족적, 인종적 또는 종교적 집단의 전부 또는 일부를 그 자체로서 파괴할 의도를 가지고 범하여진 다음의 행위를 말한다.

가. 집단 구성원의 살해
나. 집단 구성원에 대한 중대한 신체적 또는 정신적 위해의 야기
다. 전부 또는 부분적인 육체적 파괴를 초래할 목적으로 계산된 생활조건을 집단에게 고의적으로 부과
라. 집단 내의 출생을 방지하기 위하여 의도된 조치의 부과

---

6) Final Act of the United Nations Diplomatic Conference of Plenipotentiaries on the Establishment of an International Criminal Court Annex E; Recommends that a Review Conference pursuant to article 111 of the Statute of the International Criminal Court consider the crimes of terrorism and drug crimes with a view to arriving at an acceptable definition and their inclusion in the list of crimes within the jurisdiction of the Court, UN. Doc. A/CONF.183/10(17 July 1998)

마. 집단의 아동을 타집단으로 강제 이주

집단살해에 관해서는 전권외교회의 당시에 대다수 국가들이 법원의 관할권에 해당되어야 한다는 점에 동의하였다. 다만 보호대상이 되는 집단의 범위에 국민적·민족적, 인종적 또는 종교적 집단 외에 정치적·사회적 또는 문화적 집단을 포함할 것인가에 대해 논란이 있었으나, 규정의 채택지연과 서로 다른 집단살해죄의 개념정의로 인한 혼란을 방지하기 위하여, 그리고 정치적·사회적 집단에 대한 범죄는 고의에 의한 증명이 덜 요구되는 인도에 반하는 죄로 규제가 가능하다는 것을 이유로 확대에 반대하는 견해가 우세하여 보호대상에서 제외되었다. 결국, ICC규정 제6조의 집단살해에 관한 부분은 '집단살해죄의 방지와 처벌에 관한 협약' 제2조의 규정과 동일하게 규정되게 되었다.

집단살해죄의 구성요건은 2가지로 나누어 살펴볼 수 있다. 첫째는 반드시 의도(intent)[7]가 있어야 하며, 둘째는 금지된 행위를 하는 것이다. 집단살해죄의 첫 번째 구성요건으로서의 의도는 ① 특정 집단을 파괴시키려는 것이어야 하며, 특정집단 구성원 개인을 파괴시키려는 의도를 의미하는 것은 아니다. ② 또한 그 의도는 집단의 전부 또는 일부를 파괴하는 것이어야 한다. 따라서 적어도 집단의 상당부분을 파괴시킬 의도가 있어야 한다. ③ 그러한 의도는 특정유형의 집단에 대한 것이어야 한다.

두 번째 구성요건으로서의 금지된 행위는 ① 집단의 구성원들의 살해 ② 집단의 구성원들에게 중대한 신체적 또는 정신적 위해를 가하는 행위 ③ 전부 또는 부분적으로 물리적 파괴를 초래할 목적으로 의도된 생활조건을 고의로 가하는 행위 ④ 집단 내에서의 출생을 방지하기 위한 의도된 조치를 과하는 행위 ⑤ 집단의 아동을 강제적으로 타집단에 강제이주 시키는 행위이다(ICC규정 제6조). 두 번째의 중대한 신체적 또는 정신적 위해는 집단의 전부 또는 일부의 파멸을 위협할 정도의 중대한 성격을 가진 것이어야 하며, 다섯 번째의 강제이동행위에는 성인은 포함되지 아니한다. 성인에 대한 강제이동행위는 ICC규정 제7조 1항 라호의 인도에 반하는 죄에 해당한다.

2. 인도에 반하는 죄(Crimes against humanity)

인도에 반하는 죄에 대하여 ICC규정 제7조 1항은 다음과 같이 규정한다.

---

7) ICC규정 제6조의 전단은 '집단살해란 국가적, 민족적, 인종적 또는 종교적 집단의 전부 또는 일부를 파괴할 의도로서 행해지는 범죄'라고 하여 의도를 구성요건으로 한다.

1. 이 규정의 목적상 '인도에 반한 죄'라 함은 민간인 주민에 대한 광범위하거나 체계적인 공격의 일부로서 그 공격에 대한 인식을 가지고 범하여진 다음의 행위를 말한다.
   가. 살해(murder)
   나. 절멸(extermination)
   다. 노예화(enslavement)
   라. 주민의 추방 또는 강제이주(deportation or forcible transfer of population)
   마. 국제법의 근본원칙을 위반한 구금 또는 신체적 자유의 다른 심각한 박탈 (imprisonment or other severe deprivation of physical liberty)
   바. 고문(torture)
   사. 강간(rape), 성적 노예화(sexual slavery), 강제매춘(enforced prostitution), 강제임신(forced pregnancy), 강제불임(enforced sterilization), 또는 이에 상당하는 기타 중대한 성폭력
   아. 이 항에 규정된 어떠한 행위나 재판소 관할범죄와 관련하여, 정치적·인종적·국민적·민족적·문화적 및 종교적 사유, 제3항에 정의된 성별 또는 국제법상 허용되지 않는 것으로 보편적으로 인정되는 다른 사유에 근거하여 어떠한 동일시될 수 있는 집단이나 집합체에 대한 박해(persecution)
   자. 사람들의 강제실종(enforced disappearance of persons)
   차. 인종차별범죄(apartheid)
   카. 신체 또는 정신적·육체적 건강에 대하여 중대한 고통이나 심각한 피해를 고의적으로 야기하는 유사한 성격의 다른 비인도적 행위

인도에 반하는 죄가 성립하기 위해서는 객관적 요건과 주관적 요건을 충족하여야 한다. 객관적 요건으로서 우선 해당 범죄행위는 '광범위하거나 체계적인 공격의 일부'(as part of a widespread or systematic attack)로서 행해진 것이어야 한다. 체계적이라는 것은 비인도적 행위가 사전에 의도된 계획이나 정책에 따르는 것으로서, 국가차원의 정책과는 관련성을 필요로 하지는 않으나, '고립되거나 산발적인'(isolated or sporadic)인 공격이어서는 아니된다는 것을 의미한다. 따라서 개별적인 독립된 개인의 행위는 인도에 반하는 죄를 구성하지 않는다.

객관적 요건의 두 번째 요건은 민간주민을 직접 목표로 하는 공격이어야 한다는 것이다. 민간주민에 대한 공격의 개념에 관하여 ICC규정 제7조 2항 가호는 '민간인 주민에 대한 공격이라 함은 그러한 공격을 행하려는 국가나 조직의 정책에 따르거나 이를 조장하기 위하여 민간인 주민에 대하여 제1항에 규정된 행위를 다수 범하는 것에 관련된 일련의 행위를 말한다'고 규정하고 있다. 주의할 것은 인도에 반하는 죄가 국가의 정책에 의해 수행되는 것 뿐 아니라, 조직(organization)의 정책에 의하거나 조직의 정책을 조장하기 위해 이루어진 민간인에 대한 공격

을 포함한다는 점이다. 인도에 반하는 죄의 행위주체에 조직이 포함됨으로써 테러조직이나 반란집단의 정책수행을 위해 행하여진 민간인에 대한 살해 등의 행위는 그것이 광범위하거나 체계적인 경우에는 인도에 반하는 죄를 구성할 수 있다.

인도에 반하는 죄를 구성하기 위한 주관적 요건은 그 공격사실에 대한 인식을 의미한다. 여기서 인식이라는 것은 집단살해죄의 주관적 구성요건으로서의 의도까지는 필요하지 않고, 자신의 비인도적 행위가 민간 주민에 대한 체계적이거나 또는 광범위한 공격의 일환이라는 것을 아는 것으로 충분하다.

3. 전쟁범죄(War crimes)

전쟁범죄는 전쟁에 있어서 적용되는 법과 관습의 위반을 의미하는 것으로 두 차례의 세계대전을 겪으면서 그 개념이 확장되어 왔다. 즉, 전쟁범죄란 1899년 및 1907년 헤이그 협약과 그 규칙, 관습법 뿐 아니라 1949년 제네바 협약 및 1977년 제네바협약 제1추가의정서에 규정된 무력충돌관련 규칙을 위반한 범죄를 말한다. ICC규정 제8조는 전쟁범죄를 국제적 성격의 무력충돌 시 적용되는 법과 국제적 성격이 아닌(non-international) 무력충돌 시 적용되는 법으로 이원화하여 이를 열거하고 있다. 이처럼 전쟁범죄에 관하여 상세하고 세부적으로 망라하고 있는 것은 죄형법정주의에 충실하려는 의도이다.

전쟁범죄와 관련하여 ICC규정의 성립과정에서 가장 논란이 되었던 것은 국제적 성격이 아닌 무력충돌의 포함 여부였다. 중국, 인도네시아, 알제리 등이 국내적 무력충돌의 개념을 더욱 상세히 정의하여 그 범위를 축소할 것을 주장하였다. 그리하여 전쟁범죄에 관한 규정은 국제적 성격을 띠지 않는 무력충돌에 적용하되 폭동, 산발적인 폭력행위나 이와 유사한 성격의 행위 등 국내적 요소 및 긴장상황에는 적용되지 않는다(동 규정 제8조 2항 바호)고 규정하고, 이러한 무력충돌은 정부당국과 조직화된 무장집단간 또는 이러한 무장집단간의 장기간의 무력충돌로서 그 국가의 영역 내에서 발생해야 하며(동 규정 제8조 2항 바호), 1949년 제네바 협약 공통 제3조 위반의 행위가 '적대행위에 적극적으로 가담하지 않은 자(이는 무기를 버린 전투원 및 질병, 부상, 억류 기타의 사유로 전투력을 상실한자를 포함하여 적대행위에 능동적으로 참가하지 아니하는 자를 말한다)'에 대해 발생한 경우에만 적용된다(동 규정 제8조 2항 다호)고 하여, 내전에 대한 적용은 인정하되 범위를 축소하는 타협을 시도하고 있다.

그 밖에 전쟁범죄와 관련된 논점은 금지무기목록 중 핵무기의 포함여부, 성범죄 중 강제임신의 포함여부 및 15세 이하 아동의 징집문제 등 이었다. 금지무기에 관하여는 핵무기 포함을 주장하는 국가가 다수였지만, 이 경우 핵무기 보유국인 안전보장이사회 상임이사국들이 ICC규정을 지지하지 않는 결과를 가져온다는 현실적 우려에서 결국 일반적 규정으로 대체함으로써 핵무기에 관한 언급을 피하고 있다(동 규정 제8조 2항 나호 (20)). 그 대신 추후 개최될 당사국총회 또는 재검토회의에서 논의하도록 하고 있다.

강제임신(enforced pregnancy)의 포함문제에 관해 중동권 국가들은 적극적이었던 반면에, 바티칸과 낙태를 헌법상 금지하고 있는 아일랜드 등 가톨릭국가들은 강제임신은 이미 강간(rape)의 개념에 포함되어 있으며, 이러한 용어는 국내법에 의한 낙태를 전제하고 있다는 이유로 반대하였다. 이에 대해 호주가 낙태법의 집행이라는 뉘앙스를 제거할 수 있는 'forced pregnancy'로 고치고, 이에 관한 정의규정을 제7조(인도에 반하는 죄)에 두자는 수정안을 제시하여 전쟁범죄에 포함하게 되었다.

15세 이하 아동의 징집금지와 관련하여, 현실적으로 15세 이하의 징집이 공공연히 이루어지는 아랍권 국가들의 반대가 심하였으나, 결국 15세 이하인 아동을 '국가군대'(national armed forces)로 모집하거나 적대행위에 적극적으로 참여하도록 하는 것을 전쟁범죄로 한다고 하여 국제적 성격의 무력충돌 시에(동 규정 제8조 2항 나호 (26)) 한하여 전쟁범죄의 구성행위에 'national'이라는 표현을 추가하였다.

ICC규정은 전쟁범죄와 관련하여 매우 중대한 결점을 내포하고 있는데, 그것은 외국의 군대 파견이 많은 미국 등의 국가들이 자국 군대의 피소가능성을 두려워한 나머지, 전쟁범죄에 대해서는 이 규정 발효 후 7년 동안 전쟁범죄에 대한 ICC의 관할권을 수락하지 않을 수 있다고 규정하고 있는 것이다(동 규정 제124조).

ICC의 관할대상인 전쟁범죄가 성립하기 위해서는 그러한 범죄가 특히(in particular) 계획 또는 정책(plan or policy)의 일환으로 행해지거나 또는 그러한 범죄의 대규모적 범죄의 일부로서 행해져야 한다(동 규정 제8조 1항). 계획 또는 정책에 의한다는 것은 전쟁범죄가 체계적으로 행하여진다는 것이다. 이는 규정 제7조의 인도에 반하는 죄의 구성요건과 그 취지가 다르지 않다. 또한 전쟁범죄는 대규모적으로 발생하여야 한다. '대규모성'에 대한 개념에 대해서는 「인류의 평화와 안전에 반한 범죄에 관한 조약초안」 제20조가 해석의 근거가 될 수 있다. 초안 제20조는 '일련의 공격행위의 결과로서 다수의 희생자를 직접 목표로 했을 때, 대규모적으로 범죄가 발생한 것으로 본다'라고 하고 있다.

타지치사건
(The Prosecutor v. Duško Tadić a/k/a/ "Dule")
구유고국제형사재판소, (ICTY Case No. IT-94-1-T)
제1심 재판부 중간판결 1995년 8월 10일, 16 HRLJ 426
상소심중간판결 1995년 10월 2일, 35 ILM 32; 16 HRLJ 437
제1심재판부판결 1997년 5월 7일, 36 ILM 908

[사 실]

유고슬라비아 사회주의연방공화국(이하 구유고라 한다)은 민족, 종교, 언어 등이 다양한 주민이 복잡하게 분포하는 다민족국가였으나, 1980년대 후반의 경제적 침체와 냉전종결에 의한 사회주의진영 및 사회주의국가의 해체의 흐름 속에서 민족간 긴장이 높아졌고, 1991년부터 1992년에 걸쳐 슬로베니아, 크로아티아, 마케도니아, 보스니아·헤르체고비나(이하 보스니아라 한다)의 각 공화국이 차례로 독립을 선언하였다. 이러한 연방구성공화국의 독립은 각 공화국에서 다수파민족과 소수민족으로 구성된 주민간의 대립을 증폭시켰고, 또한 그들 간에 소수파민족이 다수를 점하고 있는 다른 공화국 간에 무력분쟁을 일으키게 되었다. 바꾸어 말하면, 보스니아에서는 무슬림인(이슬람교도, 인구의 40%) 주체의 정부에 대하여, 세르비아인(세르비아정교, 32%)과 크로아티아인(가톨릭, 18%)이 각각 유고슬라비아연방공화국(1992년 4월에 세르비아공화국과 몬테네그로공화국에 의해 결성되었다. 이하 신유고라 한다)과 크로아티아공화국의 지원을 받아 이 세 민족간 3파전을 전개하여, 각각의 지배지역으로부터 다른 민족주민을 배제하기 위하여, '민족정화'로 불리는 대규모의 계획적이고 조직적인 살인, 억류, 고문, 강간, 추방 등이 행해졌다.

이와 같은 사태에 대하여 안전보장이사회는 EC(현재의 EU)와 협력하여 평화의 실현에 노력함과 동시에 국제인도법위반행위의 즉시 정지를 거듭 요구하여, 위반자는 개인으로서 책임을 묻는다는 취지의 경고를 하였고, 결국 1993년 5월 23 결의 827호에서 UN헌장 제7장에 근거한 조치로서 임시 재판소를 설립할 것을 결정하였다. 동 결의에서 채택된 재판소규정에 의하면, 이 재판소(구유고 ICC라 한다)는 1991년 1월 1일 이후 구유고슬라비아 영역 내에서 행해진 ① 1949년 런던 제조약에 대한 중대한 위반행위 ② 전쟁법규 또는 관례에 대한 위반 ③ 집단살해죄(Genocide) ④ 인도에 대한 죄의 4가지 범죄에 대하여, 책임 있는 개인을 소추하는 권한을 갖는다. 재판소에는 제1심재판부와 상소재판부가 설치되고, 피고인은 무죄의 추정 및 변호인을 의뢰할 권리, 자기에게 불리한 증인을 심문하고, 자기를 위한 증인의 출석을 요구할 권리 등 방어를 위한 충분한 권리가 보장된다. 위의 범죄행위에 관하여, 이 국제재판소는 국내재판소에 대하여 우월한 지위를 가지고, 각국의 국내재판소에 대해서는 절차의 어느 단계에 있어서도 국제재판소의 권한에 복종할 것을 정식으로 요청할 수 있다. 형벌은 구금형에 한정되고, 사형은 부과되지 않는다.

본건의 피고인인 Duško Tadić는 보스니아의 Prijedor지구 Omarska수용소의 간수병이었으나, 1992년 5월 23일부터 1992년 말에 걸쳐서 수용소 내외에서 무슬림인 및 크로아티아인에 대하여 행한 공격, 구금, 살인, 학대가 위의 ①, ②, ④의 범죄행위에 해당한다고 하여, 1995년 2월 13일에 기소되었다. 본 재판소는 궐석재판을 인정하고 있지 않지만, Duško Tadić는 우연히 독일에서 신병이 구속되어 본 재판소에 신병이 인도되었기 때문에 본 재판소에서 공판절차가 이루어진 최초의 사건이 되었던 것이다.

본건에 있어서 최대의 쟁점은 본 재판소에 피고인의 행위를 재판할 권한, 즉 관할권이 있는가하는 것으로, 피고인·변호인측은 우선 이에 관한 항변을 제출하였으나, 제1심재판부에 의해 각하되었기 때문에 이 점에 관하여 중간항소를 제기하였다. 그러나 상소재판부도 1995년 10월 2일의 중간판결에서 피고인측의 주장을 거절하고, 재판소의 관할권을 확인하였기 때문에 제1심재판부는 심리를 재개하여, 1997년 5월 7일에 유죄의 판결을 내렸다.

[판결 요지]

1. 변호인측이 재판소의 관할권을 부정하는 근거로서 주장하였던 것은 아래의 3가지 점이다. (1) 이와 같은 재판소는 조약 또는 국제연합헌장의 개정에 의해 설립될 수 있고, 안보리결의로 설립하는 것은 위법이다. (2) 국제재판소가 국내재판소에 우월한 것은 주권의 침해이고, 피고인에게는 자국의 재판소에서 자국법에 의해 재판받을 권리(소환거부권)가 있다. (3) 피고가 소추되고 있는 사실기재의 ①, ②, ④의 범죄유형은 모두 국제적 무력분쟁에 있어서의 범죄이고, 피고의 행위는 설령 입증되었다고 할지라도 국내적 무력분쟁에 있어서의 행위이기 때문에 재판소에는 관할권이 없다.

2. 변호인 측의 주장 (1)에 대하여

(제1심 중간판결) 재판소에는 재판소의 설립자체의 합법과 위법을 판단할 권한이 없으므로 변호인의 주장을 기각한다.

(상소심 중간판결) 안보리는 헌장 제41조에 의해 재판소의 설립이라는 사법적 조치를 취하는 것도 가능하다. 또한 변호인측은 자유권규약 제14조 1항을 근거로 재판소는 '법률로서 설치되는' 것이 아니면 안 된다고 주장하나, 동조의 취지는 재판소가 권한 있는 기관에 의해 적정하게 설치되고, 공정한 재판절차가 보장되는 것을 확보하는 것에 있고, 본 재판소는 이들 요건을 충족시키고 있기 때문에 동 조항에 위반하는 것은 아니다.

3. 변호인측의 주장 (2)에 대하여

(제1심 중간판결) 사인인 피고인에게는 주권침해를 주장할 적법성이 없으므로 각하한다.

(상소심 중간판결) 본 재판소에 의한 관할권 행사는 헌장 제7장에 근거한 강제조치이기 때문에 헌장 제2조 7항(국내관할권사항에 대한 불간섭)은 적용되지 않고, 또한 관계당사국인 보스니아와 독일이 본 재판소를 지지하여 협력하고 있기 때문에 주권침해는 없다. 더욱이 범죄의 성질이 보편적·국제적인 것인 경우에는 국내에서 통상범죄로서 다루어지기도 하고, 국제적인 형사책임으로부터 피고인을 보호

하기 위하여 소추될 우려가 있기 때문에, 성실한 소추를 확보하기 위해서는 국제재판소에 우월권이 부여될 수 있다. 소환거부권은 공정한 재판의 보장되지 않는 특별법정이 설치되는 것을 저지하는 것을 목적으로 하는 원칙이지만, 본 재판소는 공정한 재판의 보장이 완전하게 부여되고 있기 때문에, 본 재판소에 우월적 재판권을 인정할지라도 이 원칙에 위반되지 않는다.

4. 변호인측의 주장 (3)에 대하여

(제1심 중간판결) 위의 ①의 범죄는 국제적 무력분쟁의 존재를 요건으로 하고 있지 않고, 또한 ②, ④의 범죄는 국제적 무력분쟁과 국내적 무력분쟁 모두에 적용되기 때문에, 결국 재판소는 구유고분쟁이 국제적 무력분쟁인가 국내적 무력분쟁인가에 관계없이 관할권을 갖는다.

(상소심 중간판결) ①의 범죄에 대하여, 제네바 제(諸)조약의 '중대한 위반행위' 조항은 국제적 무력분쟁을 대상으로 한 것이기 때문에 국제적 무력분쟁에서 행해진 행위에만 적용된다. 한편 ②에 대해서는 1930년대 이후, 국제적 무력분쟁과 국내적 무력분쟁의 구별이 애매하고, 전쟁법규·관례(현대의 용어법으로는 국제인도법)의 기본원칙은 국내적 무력분쟁에도 적용되는 것으로 생각된다는 점, 그리고 이와 같은 기본원칙의 위반은 개인의 형사책임을 수반한다고 생각된다는 점에 의해 무력분쟁의 성질이 국제적인가 국내적인가에 관계없이 적용된다. ④에 대해서는 재판소규정 자체가 '(무력분쟁이) 국제적 성질의 것인가 아닌가를 묻지 않는다'고 명기하고 있다. 관습국제법상으로는 무력분쟁의 존재조차 요건으로 되어 있지 않기 때문에 이것은 오히려 구성요건을 한층 좁게 정의한 것이기 때문에 죄형법정주의에 반하지 않는 것이 명백하다.

5. **(제1심 재판부판결)** ①의 범죄는 위와 같이 국제적 무력분쟁에 있어서의 행위에 대해서만 적용되고, 민간인에 대한 살해나 고문, 학대는 피해자가 '분쟁당사국 또는 점령국의 권력 내에 있는 자로 그 분쟁당사국 또는 점령국의 국민이 아닌 자'인 경우에만 제네바 제4조(민간인조약)의 중대한 위반행위가 된다. 그러나 1992년 5월 19일 이후 보스니아의 세르비아인세력은 그 자금이나 인원, 장비, 보급 등을 신유고에 강하게 의존하고 있으나, 개개의 작전행위가 신유고의 '실효적 지배(effective control)' 하에서 행해졌다고까지는 할 수 없고 따라서 본건 피해자들은 다른 국가의 권력 내에 있었다고는 말할 수 없기 때문에 제네바 제4조약에서 '보호되는 자'에는 해당하지 않는다. 따라서 ①에 근거한 소인에 대해서는 모두 무죄이다.

한편, ② 및 ④에 관해서는 '분쟁당사국 또는 점령국의 국민이 아닌 자'라는 요건이 필요하지 않고, '무력분쟁에 있어서', '적대행위에 직접 참가하지 않은 자에 대하여' 또는 '민간인에 대하여 직접 행해진' 등의 요건이 모두 충족되고 있기 때문에 유죄이다(다만 약간의 소인에 대해서는 증거불충분에 의해 무죄이다).

그 후 7월 14일에 제1심재판부는 징역 20년의 형량을 선고하였으나, 피고인과 검찰측 모두가 상소재판부에 항소하였다.

4. 침략범죄(Crime of aggression)

ICC규정은 제5조 1항 라호에서 침략범죄를 재판소의 관할대상범죄로 규정하고 있으나, 이 범죄에 대한 정의 및 관할권 행사의 조건에 대하여는 추후에 논의하도록 유보하고 있다. 침략행위의 정의 자체 및 침략행위의 존재의 결정에 관한 안전보장이사회의 역할에 대해서는 전권외교회의 당시 논란이 되었던 부분이다. 안전보장이사회 상임이사국들은 UN헌장 제39조에 따라 침략행위의 존재를 결정하는 권한을 안전보장이사회가 가진다는 점이 인정되어야만 침략범죄를 ICC의 관할대상으로 하는데 동의 할 수 있다고 하였고, 그 외의 대다수의 국가들은 이에 반대하였다. 이러한 두 입장이 대립한 가운데 침략범죄를 ICC의 관할대상범죄로 하되, 관할권행사를 위한 침략범죄에 대한 정의와 관할권 행사조건을 추후 개최되는 당사국회의나 재검토회의에서 정하도록 이를 유보하는 선에서 타협을 보았다. 이는 결국 ICC는 최소한 규정발효 후 7년간 침략범죄에 대해서는 관할권을 행사 할 수 없다는 것을 의미한다. 이처럼 침략범죄의 정의에 대하여 규정하지 않음으로써 관할권을 유보한 이유는 '침략'(aggression)의 정의가 아직까지 명확하게 확립되어 있지 못하기 때문이다. 전통적으로 침략행위의 인정에 대해서 국제사회는 상당히 신중한 입장을 나타내고 있다. 전쟁이 국제관습법과 조약에 의하여 불법화되고, 집단안전보장개념이 탄생한 이래 침략이 무엇을 의미하는가에 대한 상당한 논란이 있었다. 한국전쟁 당시 총회가 중국의 행위를 침략에 해당한다고 결의한 것을 제외하면 안전보장이사회에 의한 침략행위의 인정사례는 보이지 않는다.

그러나 침략행위에 관한 문제는 집단적 안전보장조치를 취하는 것과 함께 침략행위를 한 국가 또는 국가의 지도자에 대해 침략에 대한 책임을 지우기 위해서도 그 개념 정의는 반드시 필요한 것이다. UN에서도 침략의 정의에 대해서 일찍부터 논의가 있었다. UN총회는 1954년 12월 4일 결의 897호를 통하여 국제법위원회(ILC)에서 작성한 「인류의 평화와 안전에 반한 범죄에 관한 조약초안」(Draft Code of Offences against the Peace and Security of Mankind)[8]이 침략의 정의와 밀접하게 관련 있다는 것을 고려하여 특별위원회에 침략의 정의에 대한 초안 작성을 지시하였다. 이에 따라 특별위원회가 만든 안을 바탕으로 1974년 12월 4일 UN총회는 「침략의 정의에 관한 결의」[9]를 채택하였다. 동 결의에 의하면 침략이란 타국의 주권,

8) Draft Code of Offences against the Peace and Security of Mankind, UN. Doc. A/RES/897(IX)(4 Dec. 1954)

영토보전 및 정치적 독립에 대한 무력행사 또는 UN헌장과 양립하지 않는 그 밖의 무력행사이며(침략의 정의에 관한 결의 부속서 제1조), 무력에 의한 위협을 포함하지 않는다. 또한 무력의 선제사용은 침략행위의 일단의 증거가 되긴 하지만, 안전보장이사회는 관련 상황을 고려하여 별도로 결정할 수 있다(동 결의 부속서 제2조). 나아가 침략행위의 구체적 예시로서 타국영토에의 무력침입과 공격, 또 그에 수반하는 군사점령, 무력행사에 의한 영토의 병합, 타국의 항구 및 연안의 무력봉쇄, 타국의 육해공군에 대한 공격, 체류협정에 위반한 기지사용 및 잔류, 중대한 무력행위를 행하는 무장부대와 비정규병의 파견 등이 열거되고 있다(동 결의 부속서 제3조). 이 결의는 이 밖에 안전보장이사회에 기타행위에 대한 침략행위의 인정권한을 주고 있다. 이처럼 이 결의는 침략의 인정에 관하여 상세한 규정을 제시하는 한편 안전보장이사회의 재량권도 인정하고 있다. UN헌장 제39조와 이 결의에 의할 경우 침략을 규정하는 기관이 안전보장이사회가 되기 때문에 정치적 고려가 적용될 가능성이 크다. 침략의 정의에 관한 정치적 고려의 적용가능성 때문에 ICC규정 채택 당시에 많은 국가들이 침략의 정의를 안전보장이사회에 주는 것에 대해 반대하였던 것이다.

Ⅳ. 인적 관할권

전통 국제법은 국가주권론에 기초하여 국가 간의 관계를 규율하는 법으로서 국제법의 주체는 오직 국가이며, 개인 또는 국가 이외의 실체의 국제법 주체성을 부인하는 태도를 취하고 있었다. 그 결과 국제법은 일반적으로 개인에게 직접 권리와 의무를 부여하지 못하며, 개인이 국제법상의 권리를 부여받기 위해서는 국제법의 국내법으로의 일정한 변형을 거쳐야만 비로소 가능한 것으로 간주되었다. 따라서 전통 국제법에 따르면, 개인의 국제법위반에 대한 국제형사책임은 일반적으로 부인되게 된다. 그러나 개인의 국제법 주체성에 관한 전통 국제법이론은 Danzig법원의 재판관할권에 관한 PCIJ의 권고적 의견을 계기로 중대한 변화를 가져왔다. 동 재판소는 이 사건에 관한 권고적 의견에서 '국제법이 개인에게 직접적으로 권리와 의무를 창설하지 못함은 사실이지만, 조약 당사국의 합의에 의하여 개인에게 특정한 권리의무를 부여할 수 있다'고 판시하였다. 이 판시의 요지는 개인을 국제법 주체로 취급하는 것이 당사국의 의사로 인한 것인 한 이를 부인할 수 없다는

9) Definition of Aggression, UN. Doc. A/RES/3314(XXIX)(14 Dec. 1974)

것이다. 그러나 비록 개인에게 국제법상의 권리·의무가 부여된다고 할지라도 그것이 곧바로 국가와 동일한 수준의 국제법상의 법인격을 향유한다는 것을 의미하는 것은 아니다. 또한 조약이 개인에게 어떤 권리의무를 부여하는 경우에 그 권리의무가 국제법에 직접 근거하는 것인지 아니면 조약당사자인 국가가 국내적 차원에서 권리·의무를 부여하여야하는 것인지에 유의하여야 한다. 어쨌든 개인의 국제형사책임과 관련하여 국제법 주체성에 관한 논의가 갖는 의미는 바로 국제법이 국가와 마찬가지로 개인에 대해서도 의무와 책임을 지우고 있다는 사실이다.

인류역사상 최초로 전범재판을 행한 뉘른베르크국제군사재판소헌장 제6조는 '평화에 반하는 죄', '전쟁범죄', '인도에 반하는 죄'를 동 재판소의 관할권에 속하는 범죄로 구성하고, 그에 따른 개인의 형사책임을 규정하고 있다. 이 규정과 관련하여 전범 측은 '국제법은 주권국가의 제(諸)행위에 관계가 있는 것이며, 따라서 개인에 대한 처벌은 규정하고 있지 않다. 또한 문제의 행위가 국가행위인 경우에는 그것을 실행하는 자는 개인적으로 책임을 지지 않으며 국가주권이론에 의하여 보호받는다'는 의견을 제출하였다. 전범 측의 이러한 주장은 전쟁행위는 곧 국가의 행위(act of states)를 구성하는 것으로 간주하던 19세기와 20세기 초의 국제법이론의 입장이다. 이에 대하여 재판소는 '국제군사재판소규정의 본질은 바로 개인은 개별국가에 의하여 부과되는 국가적 복종의 의무를 초월하는 국제적 의무를 부담한다는 점이다. 전쟁법규를 위반한 자는 국가가 그러한 행동을 허가함에 있어서 국제법 하의 권한을 일탈한 경우 비록 그가 국가의 권위에 좇아 행동하더라도 면제를 획득할 수 없다'는 이유로 그러한 주장을 배척하였다. 뉘른베르크국제군사재판소헌장과 판결을 통해 성립한 이른바 '뉘른베크르원칙'은 1946년 12월 11일 UN 총회 결의 95(1)로 국제법상의 원칙으로 승인되었다. 이로써 국제법상 개인에게 국제형사책임이 귀속된다는 사실은 의문의 여지가 없다고 할 수 있다. 이러한 개인의 형사책임에 관한 이론의 발전에 따라 ICC규정 역시 개인의 형사책임을 인정하게 된 것이다.

ICC규정 전문은 '국제범죄에 책임이 있는 자들에 대하여 형사관할권을 행사함이 모든 국가의 의무임을 상기하며'라고 규정하고, 동 규정 제1조는 '국제적 관심사인 가장 중대한 범죄를 범한 자에 대하여 관할권을 행사하는 권한을 가지며'라고 규정하고 있다. 이것은 ICC가 그 관할에 속하는 범죄행위를 행한 개인에 대하여 ICC규정에 근거하여 형사책임을 부과할 수 있다는 것을 명백하게 선언하고 있는 것이다. 이들 규정에서 말하는 자들(those 또는 persons)에 대하여 ICC규정 제

25조 1항은 '재판소는 이 규정에 따라 자연인에 대하여 관할권을 갖는다'라고 하여 ICC의 관할권은 자연인인 개인에 대한 것임을 분명하게 하고 있다. 이 규정을 둠으로써 이제 개인은 자신의 행위에 관하여 국가에 대하여 책임을 전가할 수 없게 되는 것이다.

〔제2차 세계대전과 국제군사재판〕
뉘른베르크재판

(War Crimes Trials at Neremberg-In re Goering and others)

피고인: Goering 외 23명, 극동국제군사재판소, 1946년 10월 1일, 13 AD 203

극동군사재판(동경재판)

(War Crimes Trial at Tokyo-In re Hirota and others)

피고인: 히로타(廣田) 외 27명, 극동국제군사재판소, 1948년 11월 12일, 15 AD 356

[사 실]

(뉘른베르크재판) 제2차 세계대전에 있어서 전체 연합국의 이익을 대표하는 영국, 미국, 프랑스, 러시아 4개국 정부는 1945년 8월 8일 런던에서 「유럽추축국의 주요 전쟁범죄인의 소추 및 처벌에 관한 협정」을 체결하였다. 동 협정은 특정지역에 한정되지 않고 범죄를 행한 주요한 전쟁범죄인을 재판하기 위한 국제군사재판소의 설치를 규정하였다. 그리고 동 협정에 부속한 국제군사재판소조례는 동 재판소의 조직, 관할권 및 재판절차 등을 규정하였다.

동 조례 제6조는 재판소의 관할에 속하는 범죄로서 3종류의 범죄를 열거하고 있다. 그것은 '평화에 대한 죄, 즉 침략전쟁 또는 국제조약, 협정 또는 서약에 위반하는 전쟁의 계획, 준비, 개시 또는 수행, 또는 그들 각 행위 가운데 하나를 달성하기 위한 공동의 계획 또는 모의에 대한 관여', '전쟁범죄, 즉 전쟁의 법규 또는 관례의 위반. 이 위반은 점령지에 속하거나 점령지 내에 있는 민간인인 주민의 살해, 학대 또는 노예노동 또는 다른 목적을 위한 이송, 포로 또는 해상에 있는 자의 살해 또는 학대, 인질의 살해, 공유사유재산의 약탈, 도시와 촌락의 자의적 파괴, 또는 군사적 필요에 의해 정당화 되지 않는 황폐화를 포함한다. 단 이들에 한정되지 않는다.' 그리고 '인도에 대한 죄, 즉 범죄가 행해진 국가의 국내법에 위반여부를 묻지 않고, 본 재판소의 관할권에 속하는 어느 하나의 범죄의 수행으로서, 또는 이들에 관련하여 행해지고, 전쟁 전 또는 전쟁 중의 모든 민간인인 주민에 대한 살해, 절멸, 노예화, 이송 및 다른 비인도적 행위 또는 정치적, 인종적 또는 종교적 이유에 기한 박해행위'이다.

1945년 10월 18일에 제출된 기소장에는 다음의 4종류의 소인(訴因)이 열거되어 있다. 즉 소인 ① 상기 3종류의 죄를 범한 공동의 계획 또는 모의의 입안 또는 실행에 대한 관여, 소인 ② 평화에 대한 죄, 소인 ③ 전쟁범죄, 소인 ④ 인도에 대한 죄이다. 피고인들은 독일정부, 군부의 지휘자, 외교관, 또는 나치당의 당수나 간부 등이었다. 판결에서는 19명이 유죄(교수형 12명, 종신금고 3명, 금고 20년 2명, 금고 15년 1명, 금고 10년 1명), 3명이 무죄판결을 받았다. 나머지 피고 중 1명은 자살하였고, 또한 1명은 질병으로 인해 심리에서 제외되었다.

(극동군사재판)　　1946년 1월 19일 연합국 최고사령관은「극동국제군사재판소설치에 관한 특별선언」을 발표하고, 동시에 일반명령 제1호에 의해「극동국제군사재판소조례」를 제정하였다(동년 4월 26일 일반명령 제20호에 의해 동 조례는 개정되었다). 동 조례 제5조는 재판소는 평화에 대한 죄를 포함하는 범죄에 대하여 소추된 극동전쟁범죄인을 심리하여 처벌할 권한을 가짐을 규정하고, 재판소의 관할에 속하는 범죄로서 평화에 대한 죄, 통례의 전쟁범죄 및 인도에 대한 죄를 열거하였다. 이들 범죄의 정의는「뉘른베르크국제군사재판소조례」제6조의 정의와 비교하여 본질적으로 차이가 있는 것은 아니지만, 다음과 같은 점에서 약간의 변화가 있다. 우선 평화에 대한 죄에 대해서는「뉘른베르크국제군사재판소조례」에서 '침략전쟁 또는 국제조약'이라는 부분이「극동국제군사재판소조례」에서는 '선언된 또는 선언되지 않는 침략전쟁, 또는 국제법, 조약'으로 변화하였다. 다음으로 전쟁범죄는「극동군사재판소조례」에는 '통례의 전쟁범죄, 즉 전쟁법규 또는 관례의 위반'으로만 규정되어 있고,「뉘른베르크국제군사재판소조례」와 같은 상세한 예시는 없다. 인도에 대한 죄에 대해서는 종교적 이유에 기한 박해행위가 삭제되어 있는 것을 제외하면,「뉘른베르크국제군사재판소조례」의 정의와 완전히 동일하다.

1946년 4월 29일의 기소장은 55개에 달하는 소인을 열거하고 있었다. 이들 소인은 3종류로 나누어지고, 제1유형은 평화에 대한 죄에 관한 것(소인 1-36), 제2유형은 살인에 관한 것(소인 37-52), 제3유형은 통례의 전쟁범죄 및 인도에 대한 죄에 관한 것(53-55)이었다. 피고들은 4명의 총리를 포함하는 각료, 군부의 지휘자, 외교관 등이었다. 피고 28명 가운데, 2명은 결심 전에 병으로 사망하고, 1명은 정신병을 이유로 면소되었고, 나머지 25명 전원에 대해서는 유죄(교수형 7명, 종신금고 16명, 금고 20년 1명, 금고 7년 1명) 판결이 내려졌다.

[판결요지]

(뉘른베르크재판)　　1. 조례는 결정적이고, 본 재판소를 구속한다. 조례의 제정은 독일의 무조건 항복에 따른 제국(諸國)에 의한 주권적 입법권의 행사였다. 그리고 이들 국가가 점령지역에 대하여 입법을 행할 의심 없는 권리는 문명세계에 의해 인정되고 있었다. 조례는 전승국의 자의적인 권력행사가 아니고, 그 제정 당시에 존재한 국제법의 표현이며, 그 한도에서는 그 자체 국제법에 기여한 것이었다.

2. 평화에 대한 죄에 대하여, 변호인 측은 죄형법정주의에 기하여 항변하였다. 그러나 '법 없으면 범죄 없다'라는 법격언은 주권을 제한하는 것은 아니고, 일반적인 정의의 원칙이다. 조약이나 서약을 무시하여 이웃 국가를 경고 없이 공격한 자들을 처벌하는 것이 정의에 위배된다고 주장하는 것은 분명히 부당한 것이다. 왜냐하면 그와 같은 정황에서 공격자는 스스로가 위법행위를 행하고 있다는 것을 알고 있을 것이고, 그를 처벌하는 것은 올바르지 않기는 커녕, 만약 그의 위법행위가 처벌되지 않고 끝난다면, 그것이야말로 부정한 것이다. 부전조약에 서명 또는 가입한

국가는 정책수단으로서 전쟁에 호소하는 것을 무조건적으로는 아니지만, 명시적으로 그것을 포기하였다. 국가의 정책수단으로서의 전쟁을 엄격하게 포기하는 것은 이와 같은 전쟁이 국제법상 위법이며, 더욱이 이와 같은 전쟁을 계획하여 실행하는 자가 범죄를 행하고 있다는 명제를 필연적으로 포함하고 있다.

3. 조례 제6조에서 말하는 전쟁범죄는 이미 국제법상 전쟁범죄로서 인정되고 있는 것이며, 1907년 헤이그육전조약부속규칙 또는 1929년 제네바 포로조약의 제(諸)규정에 위반된다. 이들 조약에 대한 위반이 범죄를 구성하고, 그것을 유죄로 하여 개인을 처벌하는 것은 충분히 확립되어 있고, 논란의 여지가 없다. 1907년 헤이그육전조약은 총가입조항으로 인해 본건에 적용이 없다는 이의가 제기된다. 그러나 1939년까지 동 조약 부속의 육전규칙은 모든 문명제국(文明諸國)에 의해 승인되고 있고, 조례 제6조에서 말하는 전쟁의 법규·관례를 선언한 것으로 보인다.

4. 1939년의 전쟁개시 이전, 독일에서는 정부에 적대할 우려가 있는 민간인에 대한 박해, 억압 및 살해정책이 가차 없이 실시되었다. 동일한 시기에 유대인 박해가 행해졌던 것 또한 의심의 여지가 없다. 인도에 대한 죄를 구성하기 위해서는 전쟁의 발발 이전의 당해행위가 재판소의 관할에 속하는 어느 하나의 범죄의 수행으로서, 또한 그와 관련하여 행해졌던 것이어야 한다. 그 행위의 대다수는 참혹하고 무서운 것이었지만, 위의 어느 하나의 범죄의 수행으로서, 또는 그것과 관련하여 행해진 것이었다는 것은 충분히 증명되지 않았다. 그런 까닭으로 1939년 이전의 행위가 조례의 의미에서 인도에 대한 죄였다고 일반적으로 선언할 수 없으나, 1939년의 전쟁 개시 이후에는 전쟁범죄가 대규모로 행해지고, 그것들은 동시에 인도에 대한 죄가 되었다. 그리고 기소장에 열거되었던 비인도적 행위로서 전쟁 개시 이후에 행해졌던 것이 전쟁범죄에 해당하는 것은 아니지만 이것들은 모두 침략전쟁의 수행으로서, 또한 이와 관련하여 행해진 것이고, 그런 까닭으로 인도에 대한 죄를 이루는 것이다.

5. 국제법상의 개인책임을 부정하고, 국가행위를 행하는 자는 국가주권의 이론에 의해 보호된다는 이의는 각하되어야 한다. 국제법에 대한 범죄는 사람에 의해 행해진 것이고, 추상적 단체에 의해 행해진 것이 아니다. 그와 같은 범죄를 행한 개인을 처벌하는 것에 의해서만 국제법규정은 집행될 수 있다. 일정한 정황 하에서 국가대표자를 보호하는 국제법원칙은 국제법에 의해 범죄로서 비난되고 있는 행위에는 적용되지 않는다. 그 행위를 행한 자는 적절한 재판에 의한 처벌을 면하기 때문에 공직의 그늘에 숨을 수 없다. 조례의 핵심은 개인이 개별국가가 부과하는 국내적 충실의무를 넘어 국제적 의무를 부담한다는 것이다. 전쟁법에 위반한 자가 국가권력에 복종하여 행위한 경우일지라도 그 국가의 수권행위가 국제법상 인정되는 권한을 일탈하였다면, 전쟁법을 위반한 자는 처벌을 면제 받을 수는 없다.

6. 조례는 침략전쟁의 행위를 행할 공동모의는 별도로 규정하고, 그 외 어떠한 공동모의도 별개의 범죄로서 규정하고 있지는 않다. 따라서 소인 ① 가운데 전쟁범죄 및 인도에 대한 죄의 공동모의에 관한 기소는 무시하고, 침략전쟁의 준비, 개시 및 수행을 위한 공동의 계획만을 검토한다.

조례에는 공동모의의 정의가 없다. 그러나 재판소의 의견에 따르면, 공동모의는 그 범죄목적이 명확하게 표현되어야 한다. 그것은 범죄의 결단과 실행의 시기로부터 지나치게 떨어진 것이어서는 아니 된다. 피고인들간의 단일의 주된 공동모의가 있었던 것이 증거에 의해 입증여부를 결정하는 것은 필요하지 않다. 증거에 의해 확실하게 입증된 것은 오히려 별개의 많은 계획의 존재이고, 그것들을 전부 포함하는 단일의 공동모의란 없다. 침략전쟁을 목적으로 하여 계속적인 계획이 행해졌다는 것은 의심 없이 입증되었다.

(극동군사재판) 1. [판결은 위의 판결요지 (뉘른베르크재판)의 항목 1(다만 독일에 대한 주권적 입법권에 관한 부분을 제외), 2 및 5의 주요부분 등을 인용한 후에 다음과 같이 서술하고 있다.]

뉘른베르크재판소의 이상의 의견 및 그 의견에 도달한 추론에 본 재판소는 전적으로 동의한다.

2. 변호인 측은 항복문서와 포츠담선언 하에서 재판이 예정되어 있는 범죄는 포츠담선언이 행해진 당시에 국제법에 의해 인정되고 있던 전쟁범죄 뿐이기 때문에, 그것은 조례 제5조에서 말하는 통례의 전쟁범죄뿐이라는 것을 이유로 재판소의 관할권을 다툰다. 침략전쟁은 포츠담선언 훨씬 이전부터 국제법상의 범죄였고, 변호인 측이 시도하는 조례의 제한적 해석은 근거 없다.

3. 침략전쟁 또는 위법한 전쟁을 수행하는 공동모의는 이 범죄를 행하려고 하는 합의에 2인 또는 그 이상의 자가 참가한 때에 이루어진다. 그 후 이 공동모의를 진척시키기 위하여 전쟁의 계획과 준비가 계속하여 행해진다. 이 단계에 참가한 자는 최초의 공동모의자거나 또는 후에 가담한 자이다. 만약 후자가 공동모의의 목적을 채용하여 그 달성을 위한 계획과 준비를 하였다면, 그들은 공동모의자가 된다. 통례의 전쟁범죄와 인도에 대한 죄를 범할 공동모의는 조례에서는 범죄로 되어 있지 않다. 평화에 대한 죄 이외에는 어느 하나의 죄를 범할 공동모의에 대해서도 조례는 관할권을 부여하고 있지 않다.

이미 1928년 이전부터 일본은 무력행사로 나아가지 않으면 안 된다는 공동모의가 존재하였다. 침략전쟁을 수행하기 위한 광범한 계획, 그리고 침략전쟁을 위한 장기에 걸친 복잡한 준비와 전쟁의 수행은 한사람에 의해 주도된 것은 아니다. 오히려 그것은 공동의 목적을 달성하기 위해, 또 공동의 계획을 수행하려고 행동한 다수의 정치적 지도자에 의해 주도된 것이었다. 그 공동의 목적은 침략전쟁을 준비하여 수행함으로써 일본의 지배를 확보할 수 있다고 하는 것이라고 할 수 있는데, 그것은 바로 범죄적인 목적이었다. 실제로 침략전쟁을 수행할 공동모의 또는 침략전쟁을 수행하는 것 이상의 중대한 범죄를 상상할 수 없다. 왜냐하면, 그 공동모의는 세계 인민의 안전을 위협하고, 그 수행은 세계 인민의 안전을 붕괴시키기 위한 것이기 때문이다. 그와 같은 공동모의로부터 발생할 수 있는 결과, 그리고 그 수행으로부터 반드시 발생하는 결과는 무수히 많은 인간의 사망과 고통이 초래된다고 하는 것이다.

V. 시간적 관할권

ICC규정은 그 시간적 적용범위에 관하여 제11조 1항에서 '재판소는 이 규정의 발효 후에 범하여진 범죄에 대하여만 관할권을 가진다'고 규정하고, 동조 2항은 '어느 국가가 이 규정의 발효 후에 규정의 당사국이 되는 경우, 그 국가가 제12조 3항에 따른 선언을 하지 않는 한, 재판소는 이 규정이 당해 국가에 대하여 발효된 이후에 범하여진 범죄에 대해서만 관할권을 행사할 수 있다'고 규정하여 그 시간적 관할권에 대해 규정하고 있다.

이와 더불어 제24조 1항에서는 '어느 누구도 이 규정이 발효하기 전의 행위에 대하여 이 규정에 의하여 형사책임을 지지 아니한다'라고 규정하여 소급효금지 원칙에 관하여 규정한다. 소급효금지의 원칙은 형사법에 있어서 죄형법정주의의 내용의 하나로서 인정되고 있음은 의심의 여지가 없다. 그러나 이러한 ICC규정상의 소급효금지의 원칙은 실제적으로 ICC의 관할대상범죄가 과거는 물론 현재에도 계속 되고 있는 상황에서, 규정이 발효한 후에 발생한 범죄에 대하여만 그 적용대상으로 한다는 것은 이미 발생한 범죄에 대하여 그 범죄의 중대성에 비추어 처벌의 포기를 의미한다고 할 수 있다.

그리고 제11조 2항에서 규정 발효 후에 당사국이 된 국가에 대해서는 해당국가에 대하여 규정이 발효한 이후에 발생한 범죄에만 관할권을 행사할 수 있도록 하는 것은 현실적으로도 국가들의 조약 비준을 꺼리는 이유가 될 수 있을 것이다. 이는 다분히 ICC규정의 실효성을 떨어뜨리는 원인이 되는 것이다. 국제법은 국제범죄에 대하여는 시효가 적용되지 않는 것으로 하여, 과거의 모든 범죄에 대하여 모든 나라가 관할권을 행사할 수 있도록 하고 있었으나, ICC규정에서는 재판소의 설립 후의 범죄에만 적용되도록 하고 있다. 조약 설립을 위한 준비회의의 과정에서도 대다수의 국가는 ICC규정 발효일 등 일정한 기일 이전에 발생한 범죄에 대해 소급 적용하는 것을 반대하였던 것은 사실이다. 하지만, 국제사회가 중요하다고 취급하는 범죄에 관하여 ICC에 관할권을 부여하면서 그 시간적 적용범위를 제한하여, 규정 발효 이전의 범죄에 대해 침묵하는 것은 ICC의 처벌범위를 지나치게 제한하는 것이고, ICC의 설립취지를 반감시키는 것이다. 비록 규정 발효 후 과거의 경우처럼 안전보장이사회 결의나 특별한 조약에 의하여 중요한 국제범죄를 처벌하는 방안도 있을 수 있으나, 이는 과거의 임시적 성격의 국제재판소에 대하여 가해진 승자의

정의 문제라는 비판이나 안전보장이사회 결의의 근거 문제 등에 관한 논란 등에 대한 이론적 악순환을 반복하게 될 것이다. 또한 규정 제29조의 관할대상범죄에 관한 시효의 비적용 조항과 관련하여서도 그 형평성의 문제가 제기 될 수 있다.

제 5 절 재판절차 및 형의 집행

Ⅰ. 수사의 개시 및 신병 확보

소추관은 자신이 이용가능한 정보를 평가 한 후 ICC규정에 따른 절차를 진행할 합리적 근거가 없다고 판단하지 않는 한 수사를 개시하여야 한다(ICC규정 제53조 1항). 이 규정에 의해 소추관은 수사를 위한 합리적 근거가 있는가와 기소를 위한 충분한 근거가 있는가에 대해 결정하는 재량권을 부여받고 있다. 다만, ICC규정은 소추관에 상당한 재량권을 부여하면서 소추관이 기소할 충분한 근거가 없다고 결정하는 경우, 소추관으로 하여금 전심재판부 및 제14조(당사국에 의한 사태의 회부)에 따라 회부한 국가 또는 제13조 (나)호에 따른 사건(안전보장이사회에 의하여 소추관에게 회부된 경우)의 경우 안전보장이사회에 자신의 결정과 그 이유를 통지할 의무를 부과하고, 회부국과 안전보장이사회의 요청에 의해 전심재판부는 소추관의 절차종결 결정을 재검토하거나 소추관에게 그 결정을 재고할 것을 요청할 수 있도록 하여, 전심재판부의 사법심사에 의한 통제를 규정하고 있다(동 규정 제53조 2항 및 3항). 위 규정과 더불어 ICC규정 제13조 및 제14조에 의하면, ICC에 제소할 수 있는 주체는 규정당사국, 안전보장이사회 및 소추관이다.

수사목적상 필요한 체포영장 또는 증인소환장은 소추관의 요청에 의해 전심재판부가 발급하고, 재판소는 이를 근거로 당사국에 범죄혐의자의 긴급인도구속 또는 체포 및 인도를 청구할 수 있다(동 규정 제58조 5항). 긴급인도구속 또는 체포 및 인도 요청을 접수한 당사국은 즉시 자국법 및 제9부(국제적 협력과 사법공조)에 따라 당해인을 체포하기 위한 조치를 취한다(동 규정 제59조 1항). 체포된 자는 신속하게 구금국의 권한 있는 사법당국에 인취되며, 당해 사법당국은 자국법에 따라 영장이 당해인에 적용되는지 여부와 당해인이 적절한 절차에 따라 체포되었는지 여부 및 당해인의 권리가 존중되었는지 여부를 결정한다(동 규정 제59조 2항). 체포된 자는 구금국의 인도명령에 의해 가능한 한 신속히 재판소로 인도되어야 한다(동 규정 제59조 7항).

Ⅱ. 재 판

1. 재판의 장소 및 피고인 출석

재판소가 달리 결정하지 않는 한 재판은 재판소의 소재지인 네덜란드의 헤이그에서 개정된다(동 규정 제62조). 한편 ICC규정은 피고인의 권리보호를 위해 궐석재판을 인정하지 않는다. 즉 피고인은 재판하는 동안 출석하여야 한다고 하여 궐석재판을 금지하고 있으며, 다만 재판소에 출석한 피고인이 계속하여 재판을 방해하는 경우 1심재판부는 그를 퇴정시킬 수 있을 뿐이다. 피고인을 퇴정시킨 경우에도 재판소는 필요하다면 통신기술을 이용하여 피고인이 재판정 밖에서 재판을 관찰하고 변호인에게 지시할 수 있도록 피고인을 위한 조치를 취하여야 한다. 이러한 조치는 다른 합리적인 대안이 부적절하다고 확인된 후 오로지 예외적인 상황에서 엄격히 필요한 기간 동안만 취해져야 한다(동 규정 제 63조 1항 및 2항).

2. 재판절차

(1) 재판소에서의 최초절차(Initial Proceedings)

당해인(Surrender)이 재판소로 인도되거나 또는 자발적으로 소환에 응하여 재판소에 출석한 경우, 전심재판부는 피고인이 협의를 받고 있는 범죄에 관하여 통지를 받았는지 또한 재판계속 중 임시석방을 신청할 권리 등 ICC규정에 따른 피고인의 권리에 관하여 통지를 받았는지를 확인한다(동 규정 제60조 1항).

(2) 재판 전 공소사실의 확인(Confirmation of the charges before trial)

전심재판부는 당해인의 인도 또는 자발적인 출석 후 합리적인 기간 내에 소추관과 피의자 및 피의자 변호인의 출석 하에 소추관이 재판을 구하고자 하는 공소사실을 확인하기 위한 심리를 행한다. 다만 당해인이 출석할 권리를 포기하거나 당해인이 도주하여 소재를 확인할 수 없고, 그의 출석을 확보하고 공소사실 및 공소사실을 확인하기 위한 심리의 개시를 통지하기 위해 합리적 조치를 취한 경우에 전심재판부는 소추관의 요청 또는 직권으로 피의자가 출석하지 않은 상태에서 공소사실을 확인하기 위한 심리를 할 수 있다(동 규정 제61조 1항 및 2항). 심리가 시작되기 전 소추관은 수사를 계속할 수 있으며 공소사실을 수정 또는 철회할 수 있다(동 규정 제61조 4항). 심리시 소추관은 당해인이 기소대상 범죄를 범하였다고 믿을 만한 상당한 근거를 형성하는 충분한 증거로써 각 공소사실을 증빙하여야 하며, 당해인은 공소사실을 부인할 수 있고, 소추관이 제출한 증거에 대하여 이의를 제기할 수 있으며, 자신을 위한 증거를 제출할 수 있다(동 규정 제61조 5항 및 6항). 전심재판부는 심리를 근거로 당해인이 기소대상범죄를 범하였다고 믿을 만한 상당한 근거를 형성하는 충분한 증거가 있다고 결정하여 공소사실을 확인하고, 확인된 공소사실에 대한 재판을 위하여 당해인을 1심재판부에 회부하고, 소장단은 1심재판부를 구성한다(동 규정 제61조 7항 및 11항). 증거가 불충분하다고 결정한 공소사실에 대해서는 확인을 거절한다(동 규정 제61조 7항). 재판부에 의하여 확인되지 아니한 공소사실이나 소추관이 철회한 공소사실에 대하여 이전에 발부된 영장은 효력을 상실한다(동 규정 제61조 10항).

(3) 재판절차

재판은 원칙적으로 공개로 진행된다. 다만 1심재판부는 피해자 및 증인의 보호를 위하여 또는 증거로 제출될 비밀정보나 민감한 정보를 보호하기 위한 특수상황으로 인하여 특정절차를 비공개로 진행할 것이 요구된다는 비공개결정을 할 수 있다(동 규정 제64조 7항). 1심재판부는 재판이 공정하고 신속하게 그리고 피고인의 권리를 충분히 존중하고 피해자와 증인의 보호에 적절히 유의하여 진행되도록 보장한다(동 규정 제64조 2항). 재판이 시작되면 1심재판부는 전심재판부가 확인한 공소사실을 피고인에게 낭독한다. 1심재판부는 피고인이 공소사실의 성격을 이해하고 있음을 확인하며, 재판부는 피고인에게 ICC규정 제65조(유죄인정에 관한 절차)에 따라 유죄를 인정하거나 무죄를 주장할 기회를 부여한다(동 규정 제64조 8항). 피고인이 유죄를 인정하는 경우 1심재판부는 ① 피고인이 유죄인정의 성격 및 결과를 이해하고 있는지 여부, ② 피고인이 변호인과 충분한 협의를 거쳐 자발적으로 유죄를 인정한 것인지 여부, ③ 유죄의 인정이 소추관이 제기하고 피고인이 인정한 공소사실, 소추관이 제출하여 공소사실을 보충하고 피고인이 인정한 자료 및 소추관 또는 피고인이 제출한 기타 증거 등에 포함된 사건의 사실관계에 의하여 뒷받침되고 있는지 여부를 결정한다(동 규정 제65조 1항). 이러한 세 가지 사항이 모두 충족된다고 인정되는 경우, 1심재판부는 피고인의 유죄인정이 추가제출증거와 함께 당해 범죄를 입증하는데 요구되는 필수적인 모든 사실을 형성하는 것으로 간주하고 피고인에게 유죄판결을 내릴 수 있다. 반대로 이 세 가지 사항이 갖추어졌다고 인정되지 않는 경우, 1심재판부는 유죄인정이 이루어지지지 아니한 것으로 간주하여 일반적인 재판절차에 따라 계속되도록 명령한다(동 규정 제65조 2항 및 3항).

1심재판부의 모든 재판관은 재판의 각 단계 및 심의의 전 과정에 출석한다. 1심재판부의 판결은 증거 및 전체 절차에 대한 평가에 근거하여야 하며, 판결은 공소사실 및 변경된 공소사실에 기재된 사실과 정황을 초과하여서는 아니 된다. 재판관들은 판결에 있어서 전원합의에 이르도록 노력하며, 전원합의에 이르지 못한 경우 판결은 재판관의 과반수에 의한다. 1심재판부의 심의는 비밀로 유지된다. 판결은 서면으로 작성되며, 1심재판부의 증거에 대한 판단과 결론에 관한 충분하고도 이유 있는 서술을 포함한다. 1심재판부는 하나의 판결을 내리며, 전원합의를 이루지 못한 경우, 1심재판부의 판결은 다수의견과 소수의견을 포함한다. 판결 또는 그 요지는 공개된 법정에서 선고된다(동 규정 제74조).

재판소는 원상회복, 보상 및 사회복귀를 포함하여 피해자에 대한 또는 피해자에 관한 배상(reparations to, or in respect of victims)의 원칙을 수립하며, 이를 근거로 그 판결에서 피해자에 대한 또는 피해자에 관한 손해·손실 및 피해의 범위와 정도를 신청 또는 직권으로 결정할 수 있으며, 원상회복, 보상 및 사회복귀들을 포함하여 피해자에 대한 또는 피해자에 관한 적절한 배상을 명시하는 명령을 유죄판결을 받은 자에게 직접 내릴 수 있다(동 규정 제75조 1항 및 2항).

Ⅲ. 무죄의 추정 및 피고인의 권리

모든 사람은 적용법규에 따라 재판소에서 유죄가 입증되기 전까지는 무죄로 추정된다(동 규정 제66조 1항). 피고인의 유죄를 입증할 책임은 소추관에게 있다(동 규정 제66조 2항). 피고인에게 유죄판결을 내리기 위해서는 재판소가 피고인의 유죄를 합리적인 의심의 여지없이 확신하여야 한다(동 규정 제66조 3항).

공소사실의 확인에 있어서 피고인은 공개심리를 받을 권리와 공평하게 진행되는 공정한 심리를 받을 권리를 갖는다. 피고인은 공소사실의 성격, 근거 및 내용에 대하여 피고인이 완전하게 이해하는 언어로 통지받을 권리를 가지며, 방어준비를 위하여 적절한 시간과 편의를 제공받으며, 피고인이 선택한 변호인과의 비공개의 접견교통권을 가진다. 또한 신속한 재판을 받을 권리와 변호인의 조력을 받을 권리를 보장받는다. 피고인의 재판절차 참여권과 관련하여 자신에게 불리한 증인을 신문하거나 신문받게 하고, 자신에게 불리한 증인과 동등한 조건 하에 자신에게 유리한 증인의 출석 및 신문을 확보하며, 증언하거나 또는 유죄를 시인하도록 강요받지 아니하며, 침묵이 유죄 또는 무죄의 결정에 참작됨이 없이 진술을 거부할 수 있다. 그 외에 피고인은 입증책임의 전환이나 반증책임을 부과 받지 않는다(동 규정 제67조). 이처럼 ICC규정은 국제인권법과 각국의 형법원칙에 충실하게 피고인의 권리를 보장하고 있다.

Ⅳ. 형벌 및 형의 집행

ICC규정 제77조는 재판소가 선고 할 수 있는 형벌로 주형(主刑)과 부가형(附加刑)을 구별하여 규정하고 있다. 재판소는 최고 30년을 초과하지 아니하는 유기징역과 범죄의 중요성과 유죄판결을 받은 자의 개별적 정황에 의하여 정당화될 경우 무기징역을 주형으로 선고할 수 있다(동 규정 제77조 1항). 한편 재판소는 주형에 추가하여 절차 및 증거규칙에 규정된 기준에 의한 벌금형과 범죄로부터의 직접적 또는 간접적으로 발생한 수익이나 재산 및 자산에 대한 몰수형을 선고할 수 있다(동 규정 제77조 2항). 벌금 또는 몰수를 통하여 징수한 현금 기타 재산은 재판소의 명령에 따라 관할대상범죄의 피해자와 그 가족을 위한 신탁기금에 귀속될 수 있다(동 규정 제79조).

징역형의 집행은 재판소에 대하여 수형자 인수의사를 표시한 국가 가운데 재판소가 지정하는 국가에서 집행한다. 재판소가 인수국가를 지정할 때에는 형평한 분배의 원칙에 따라 당사국들이 징역형의 집행책임을 부담한다는 원칙, 수형자의 처우에 관한 광범위하게 수락된 국제조약상의 기준, 수형자의 의견 및 국적, 기타 범죄 및 수형자의 정황 또는 형의 효율적 집행에 관한 적절한 기타 요소 등을 고려한다. 특정 사건에서 지정된 국가는 재판소의 지정을 수락하는지 여부를 신속히 재판소에 통지하며, 지정된 국가가 없는 경우에는 본부협정에 규정된 조건에 따라 네덜란드가 제공하는 수형시설에서 재판소의 비용에 의하여 집행한다(동 규정 제103조).

V. 상소 및 재심

1심재판부의 판결에 대하여 소추관은 절차상의 하자, 사실의 오인, 법령위반을 이유로 상소할 수 있으며, 유죄판결을 받은 자 또는 그 자를 대신한 소추관은 절차상의 하자, 사실의 오인, 법령위반 및 절차 또는 판결의 공정성 또는 신뢰성에 영향을 주는 기타의 근거를 이유로 상소할 수 있다. 또한 소추관 또는 유죄판결을 받은 자는 범죄와 양형 사이의 불균형을 이유로 상소할 수 있다(동 규정 제81조). 한편 어느 당사자도 ① 관할권 또는 재판적격성에 관한 결정, ② 수사 중이거나 기소 중인 자의 석방을 허가 또는 거부하는 결정, ③ 제56조 3항에 따른 전심재판부의 직권에 의한 결정, ④ 절차의 공정하고 신속한 진행 또는 재판의 결과에 중대한 영향을 미치게 될 문제와 관련되며, 상소심재판부의 신속한 결정이 절차를 현저히 촉진시킬 수 있다고 전심재판부 또는 1심재판부가 판단하는 결정에 대하여 상소할 수 있다(동 규정 제82조). 상소심재판부는 상소에 대한 모든 권한을 가지며, 상소된 절차가 판결 또는 양형의 신뢰성에 영향을 주는 방식으로 불공정하였다고 판단하는 경우 또는 상소된 판결 또는 양형의 사실의 오인, 법령 위반 또는 절차상의 하자에 의하여 실질적으로 영향을 받았다고 판단하는 경우에는 판결 또는 양형의 파기 또는 변경, 다른 1심재판부에서의 새로운 재판을 명령할 수 있다. 유죄판결을 받은 자 또는 그를 대신하여 소추관이 판결 또는 양형에 대하여 상소한 경우에는 유죄판결을 받은 자에게 불리하게 변경될 수 없다. 양형에 대한 상소에서 형이 범죄에 비례하지 않는다고 판단하는 경우에는 형을 변경할 수 있다. 상소심재판부의 판결은 재판관 과반수로 결정되며 공개된 법정에서 선고된다. 판결에는 판결의 이유를 명시한다(동 규정 제83조).

유죄판결을 받은 자 또는 그 자의 사망 후에는 배우자·자녀·부모 또는 피고인의 사망 당시의 생존자로 피고인으로부터 청구를 제기하도록 명시적인 서면위임을 받은 자 또는 피고인을 대신하는 소추관은 ① 재판 당시에는 입수할 수 없었던 증거로서 그 입수불가능에 대하여 전적으로든 부분적으로든 신청당사자에게 귀책사유가 없었고, 재판 당시 입증되었다면 다른 판결을 가져 왔을 충분한 새로운 증거가 발견된 경우 ② 재판에서 고려되었고 유죄판결의 근거가 된 결정적 증거가 허위, 위조 또는 변조되었음이 새로이 판명된 경우 ③ 유죄판결 또는 공소사실의 확인에 참여하였던 1인 이상의 재판관이 당해 사건에서 ICC규정 제46조에 따라 그들의 직의 상실을 정당화할 정도로 충분히 중대한 부정행위 또는 심각한 의무 위반을 범한 경우에 상소심재판부에 재심을 청구할 수 있다. 상소심재판부는 신청이 근거가 없다고 판단하는 경우 이를 기각하거나, 신청이 이유 있다고 판단되는 경우에는 원래의 1심재판부의 소집, 새로운 1심재판부의 구성 또는 그 사건에 대한 관할권의 유지 가운데 적절한 하나의 조치를 취할 수 있다(동 규정 제84조).

제 21 장 유럽연합법

제 1 절 EU의 성립과 연혁

Ⅰ. 유럽통합의 역사적 배경

'유럽통합의 역사적 배경과 그 의미는 무엇인가?'

비록 일상사 속에서 '유럽연합'(EU) 혹은 '유럽'에 대해 말하고 듣고 있으며, 수많은 연구 논문과 저술이 행해지고 있지만, 위의 질문에 자신 있게 대답하는 것은 상당히 어려운 일이다.

혹자는 유럽의 역사는 기독교문화를 근간으로 하는 유럽의 지배를 위한 각 민족 및 국가의 이해관계에 따른 이합집산의 연속이라고 한다. 그 과정에서 유럽인들은 국가목표에 의하여 또는 공동이익을 위하여 그들의 문화유산과 국가재산을 보호하기 위하여 상이한 민족·국가 간에 단합하여야 할 필요성을 자주 경험하게 된 것이다. 이 관점에서 바라보면, 유럽통합의 관념은 세계평화 혹은 인류공영에 바탕을 두고 있기 보다는 유럽의 이익에 의거하여 배태되었음을 알 수 있다. 다시 말하여 유럽통합이란 유럽의 이익 보호를 위한 정치적 결단에 의한 공동체의 결성이 선결적으로 이루어 진 후에야 그것을 바탕으로 기타 국가와 지역 내지는 국제기구와의 협력 관계를 모색하는 절차를 밟고 있다고 볼 수 있는 것이다.

역외국의 입장에서 유럽통합을 어떻게 바라보든 20세기 초반에 야기된 양차대전을 거치면서 유럽인들은 정치·경제·사회·문화 등 제반 영역에 걸쳐 심각한 피해와 위기감을 느꼈으며, 특히 냉전체제 하에서의 구소련을 중심으로 한 동구권 국가들과의 대립 및 견제와 더불어 미국과 일본 등 서방국가들과의 협력과 공존이 필요함을 인식하였다. 그러나 이와 같은 현실적 위기감의 이면에는 '유럽의 영광'의 상실에 대한 두려움이 자리하고 있었으며, 그를 회복하기 위한 보호막으로서의 일종의 공동체적 통합체가 필요했다고도 볼 수 있다.

1951년, 유럽석탄철강공동체(European Coal and Steel Community: ECSC)와 1957년, 유럽경제공동체(European Economic Community: EEC) 및 유럽원자력공동체(European Atomic Energy Community: EAEC 혹은 Euratom)가 발족한 이래 유럽은 역내외의 수많은 장벽들을 극복하며 꾸준한 발전을 거듭해 왔다. 1993년 11월 1일자로 마스트리히트조약이 발효함으로써 EU 체제가 발족하였다. 그리고 아래에서 살펴보는 바와 같이, 2004년 5월 1일과 2007년 1월 1일자로 중동부 유럽의 10개국과 루마니아와 불가리아 2개국이 새로이 EU에 편입됨으로써 EU는 27개 회원국을 가진 거대 통합체로 거듭나게 되었다.

이와 같은 유럽의 통합 과정을 어떻게 바라보고 이해해야 할 것인가란 문제는 이제 유럽 시민들만이 아니라 역외국에 있는 우리들의 과제이기도 하다. 그러나 역외국의 시민으로서 ECSC의 발족을 기준으로 하더라도 이미 50년 이상의 연륜을 거쳐 형성된 유럽 통합과 그 법체계를 이해한다는 것은 생각처럼 쉬운 일이 아니다. 따라서 유럽 통합의 과정을 역사적 발전 단계별로 고찰하면서 주요 관련 내용의 배경을 고찰할 필요가 있다고 본다. 그 역사적 배경을 이해하지 않고는 EU의 제도와 법체계를 이해하기에는 많은 어려움이 따르기 때문이다.

Ⅱ. EU의 형성과 발전

1. 유럽통합운동의 태동기(1915-1945)

정책결정자들이 유럽통합을 구상하기 시작한 것은 1차 대전 이후부터로, 1923년 오스트리아의 쿠덴호브-칼레르기(R. Coudenhove-Kalergi)가 미국식 유럽합중국 창설을 주장하면서 민간차원의 범유럽 통합기구(Pan European Union)를 설치했다. 그의 사상은 체코슬로바키아 외무장관 벤(Eduard Benes), 프랑스 외무장관 브리앙(Aristide Brian), 영국의 헤리오(Edouard Herriot) 등 몇몇 저명한 정치가에게 영향을 미쳤고, 후에 이들도 범유럽연합에 참가하게 되었다.

이러한 범유럽운동에 호응을 얻어 유럽관세경제동맹(1926)과 유럽화합연맹(Fédération pour l'Entente européenne, 1927) 등의 설립이 제안되었다. 또한 1927년 프랑스의 루쇠르(L. Loucheur)장관은 석탄, 철강 및 곡물부문에서 카르텔을 형성하자고 주장함으로써 20여년 후 슈망(1950년)의 제안을 미리 예고하였다.

그 이후에도 많은 지도자들이 연방주의적 접근의 통합을 시도하였는데, 이를테면 1930년에 프랑스의 유럽관세동맹(Union douanière européenne)과 유럽의회동맹(European Parliament Union)안, 1933년 스위스 바슬(Basle)에서 개최된 유럽동맹운동(Europa-Union Movement), 그리고 1938년 영국의 연방제동맹(Federal Union)안 등이 그 대표적인 예이다. 그러나 이러한 시도들은 독일의 무력침공으로 무산되고 말았다.

2. 유럽통합을 위한 협력과 발전기(1946-1993. 10. 31)

제2차 세계대전의 폐허 속에서 유럽 사람들은 처음으로 평화적인 기반 위에 통합 작업을 추진할 수 있었다. 1943년부터 유럽건설의 아버지 장 모네(Jean Monnet)는 "만약 국가주권의 기반 위에 국가를 재건설한다면 이 땅에 평화는 영원히 없을 것이다... 유럽 국가들은 자국 국민의 번영과 발전만을 보장하기에는 지리적으로 너무 인접해 있다. 따라서 유럽의 국가들은 공동경제를 중심으로 한 단일통합체를 건설해야만 한다"라고 호소하였다. 모네의 이와 같은 호소는 로베르 슈망 및 유럽통합론자들에게 직접적인 영향을 미쳤으며, 결국 이는 유럽공동체의 성립으로 나타나게 되었다.

(1) 유럽석탄철강공동체의 설립

유럽공동체 건설의 시발점이 된 것은 프랑스의 외무장관인 로베르 슈망(Robert Schuman)이 모든 유럽의 국가들이 초국가적인 기구인 고등관청(High Authority)에 의하여 관리되는 석탄철강공동체의 설립을 제안한 1950년 5월 9일이었다. 슈망선언은 유럽 국가들 사이의 사실상의 단결을 점진적으로 이끌어 낼 수 있는 조심성 있는, 그러나 확고한 성과들을 통하여 유럽은 조금씩 건설되어야 한다는 장 모네(Jean Monnet)의 구상으로 발전하였다. 이러한 장 모네의 구상은 1951년, ECSC를 설립하는 파리조약에 프랑스, 이탈리아, 독일, 그리고 1948년에 관세동맹을 설립한 벨기에, 룩셈부르크, 그리고 네덜란드의 베네룩스 3국 등 6개국의 서명을 이끌어 냈다. 그 결과 1953년 5월, 석탄과 철강 분야의 공동시장이 설립되었다.

(2) 유럽방위공동체의 실패

유럽석탄철강공동체의 6개 회원국은 그들 국가의 군대를 1947년 이래의 냉전으로부터 유럽의 안전을 보장할 수 있는 유럽의 군대로 통합하려는 유럽방위공동체 설립 계획을 세웠다. 하지만 유럽대륙의 공동방위를 위해 설립하고자 했던 유럽방위공동체(European Defence Community)의 설립은 프랑스 의회의 비준 거부로 인하여 실패하고 말았다. 이러한 실패는 새롭게 창군된 서독 군대의 북대서양조약기구(North Atlantic Treaty Organization: NATO)에 편입시키는 한편, 군사협력을 위한 서유럽연맹(the Western European Union: WEU)의 설립을 가져왔다. 또한 이는 결국 유럽방위공동체가 서명된 후의 계획인 유럽정치공동체(European Political Community)계획을 실패시키는 결과를 초래하였다.

(3) 유럽경제공동체 및 유럽원자력공동체의 설립

ECSC의 운영에 자신감을 갖게 된 6개국은 경제 분야를 통한 새로운 유럽을 건설하고자 의도하였다. 그리하여 1957년, EEC와 Euratom을 설립하는 두 로마조약이 체결되었으며, 이 두 조약은 1958년 1월에 발효되었다. 특히 EEC는 노동, 상품, 서비스, 그리고 자본의 자유로운 이동이 허용되는 공동시장의 창설을 그 목표로 하였다.

1958-68년 사이에 회원국 간의 모든 관세장벽이 철폐되었으며, 공동시장의 출범과 병행하여 회원국들은 공동정책을 구상하였고, 1961년 처음으로 공동농업정책(Common Agricultural Policy: CAP)이 실시되었다.

10년에 걸친 열정적인 유럽건설의 노력에 이어, 1968년부터 공동농업정책의 재정문제로 기인한 회원국 간의 알력, EC 확대를 위한 협상지연, 경제위기 등으로 인해 유럽공동체의 기능은 사실상 마비상태에 빠지고 말았다. 그러나 이러한 일시적 위기는 회원국 간의 협력으로 금방 종결되었고, EC 회원국은 6개국에서 12개국으로 확대되었다. 또한 1979년부터 유럽통화제도(European Monetary System: EMS)가 도입되어 회원국 화폐간의 변동을 조정 가능하도록 하였으며, 같은 해 유럽의회 선거가 최초로 직접국민투표에 의해 실시되었다.

(4) 유럽공동체의 확대

최초 6개 회원국이던 EC는 오랜 교섭과정을 거쳐 결국 1972년 1월 22일 영국, 아일랜드 및 덴마크를 신입회원국으로 영입하였다. 이들 국가의 가입조약이 1973년 1월 1일부터 발효함으로써 EC는 그 회원국의 수가 6개국에서 9개국으로 늘어나게 되었다(제1차 확대).

제2차 및 제3차 확대는 상당 기간 독재체제하에 놓여 있다가 민주주의로 회귀한 지중해의 3국을 대상으로 하여 행해졌다. 즉, 1981년 1월 1일 그리스가 EC에 가입하였으며(제2차 확대), 곧이어 1986년 1월 1일에는 포르투갈과 스페인이 가입하였다(제3차 확대).

그리고 1990년 독일의 통일로 말미암아 EC는 다시 한번 성장의 계기를 맞이하였다. 동독의 붕괴와 USSR의 정치적 및 경제적 쇠퇴에 따라, EC는 독일 통일의 과정에 활발하게 개입하였으며, 이는 독일 통일의 속도를 배가시켰다. 1989년 11월 9일에 베를린 장벽이 붕괴하고, 1990년 7월 1일 경제·사회·통화 통합이 달성되었으며, 1990년 10월 3일 정치적 통합이 이루어 졌다. 이로써 5개의 독일의 주가 새로이 관세동맹의 일부를 형성하게 되었다.

(5) 단일유럽협정의 채택

프랑스 출신 쟈끄 들로르(Jacques Delors)가 유럽위원회 의장에 취임한 뒤부터 유럽통합은 새로운 활력을 되찾게 되었으며, 국경 없는 유럽의 구상이 현실화되기 시작하였다. 1985년 12월 4일, 회원국들은 「단일유럽협정」(Single European Act: SEA)를 채택하여 로마조약의 개정을 결정함에 따라 통합작업을 적극 지원하고 1993년 단일시장 출범목표를 달성할 수 있었다.

1985년 이탈리아 밀라노에서 열린 유럽이사회에서 각국 정상들은 들로르의 단일시장 완성안에 대해 유럽이사회 사상 처음으로 표결을 통해 이를 추진하기로 결정하였다. 이에 따라 1957년 체결된 로마조약을 개정하고 공동시장 완성을 위한 회원국 간의 정치적 협력을 체계화할 SEA의 제정을 위해서 정부간 회의(Intergovernmental Conference)를 개최하기로 결정하였다. SEA는 이후 여러 차례의 정부간 회의를 거쳐 1985년 룩셈부르크 유럽이사회에서 채택되었고 다음해 네덜란드 헤이그에서 정식 조인되었으며, 각국의 의회 및 국민투표를 통한 비준 절차를 거쳐 1987년 7월 1일자로 발효되었다.

SEA는 유럽에서 사람, 상품, 자본, 서비스가 자유롭게 이동할 수 있도록 하기 위한 국경 없는 공동체의 창설을 목표로 삼고 있다. 즉, EC를 명실상부한 단일시장으로 완성하기 위해, 국가간 협력강화를 규정하고 각국이 설정해 놓은 각종 장벽과 규제의 철폐를 요구하고 있다. 인력의 이동은 단순한 제한의 철폐를 넘어 거주 이전 및 자유로운 취업의 자유를 포함하고 있으며, EC 회원국의 국민이라면 국적을 이유로 상이한 대우를 받지 않도록 규정하였다. SEA에서 합의된 사항들 가운데 중요한 점은 자본과 인력의 이동을 제외한 사항에 대해서는 각료이사회에서 만장일치가 아닌 가중 다수결 제도를 도입하기로 한 점이며, 또한 입법과정에서 협력절차를 도입하여 유럽의회의 영향력을 다소 높이도록 한 점이다. SEA는 유럽단일시장의 완성을 1992년 말까지 달성하겠다는 점을 조약에 규정하였는데, 이는 단일시장 완성에 대한 회원국들의 정치적 의지 표현으로 이해할 수 있을 것이다. SEA는 국경 개방에 따른 테러나 난민 유입 등 국내외적 정치 상황과 관련된 문제에도 불구하고 비교적 신속하고 순조롭게 자리 잡아 갔으며, 통합의 수준을 한 단계 심화시키고 경제통화동맹으로 가는 토대를 마련했다고 평가할 수 있다.

(6) EU의 성립

한편, 1990년 7월 1일부터 역내 자본이동이 자유화되었으며, 유럽 경제통화동맹의 완성을 위한 제2단계 사업이 시작되었다. 1991년 12월 9일-10일 양일간 네덜란드의 마스트리히트에서 개최된 EC 정상회담에서 경제통화동맹, 정치동맹에 관한 조약을 마련하여 유럽공동체를 대체할 EU을 구상하였는데, 이 조약이 바로 「마스트리히트조약」(Treaty of Maastricht)이다. 동 조약이 마련됨으로써 당시까지 진행되어 왔던 부문별 통합에서 한 걸음 나아가 유럽의 정치 및 경제통합 추진에 새로운 장을 열게 되었다.

「마스트리히트조약」(일명 「EU조약」이라 한다)이 1993년 11월 1일자로 발효됨으로써 유럽연합(European Union: EU)이 성립하였다. EU조약은 제A조에서 동 조약은 '유럽인들 사이에 가장 가까운 연합을 창설하는 과정에서 새로운 단계를 기록하는 것이며', 이러한 연합은 '회원국들의 국가별 정체성을 존중한다'고 명문으로 규정하고 있다.

EU조약은 다음과 같은 몇 가지 내용을 새로이 도입하였다.

첫째, 동 조약은 공동체의 거주자들이 그들이 살고 있는 공동체 회원국에서 지역 선거 또는 공동체 선거에 투표할 수 있는 권리와 유럽의회에 청원하거나, 공동체 기구와 분쟁이 발생한 경우에 옴부즈만(Ombudsman)에게 의뢰하거나, 다른 회원국의 외교적 그리고 영사상의 보호를 요청할 수 있는 권리를 가진 유럽시민권(European Citizenship)제도를 도입하고 있다.

둘째, 동 조약은 공동체 기구들의 민주적 성격을 강화하며, 새로운 보충성의 원칙(principle of subsidiarity)을 도입하고 있다.

셋째, 유럽공동체의 필수 불가결한 부분인 경제·통화연맹(Economic and Monetary Union: EMU)은 동 조약에 설정된 절차와 일정에 따라 세 단계에 걸쳐 달성될 것이다. 그 결과, 1999년 1월 1일 수렴조건을 충족한 회원국간 단일통화인 EURO가 정부간 대체결제통화로 통용되기 시작하였으며, 2002년 1월 1일부로 12개 유로존 국가[1]에서 전면적으로 유통되게 되었다.

이 외에도 EU조약은 공동 외교 및 안보정책(Common Foreign and Security Policy: CFSP)과 망명정책, EU 국경선상의 통제, 이민정책, 마약 및 반국제밀수정책, 그리고 사법·경찰·세관협조와 같은 공동 관심사에 관한 공통된 입장과 조치를 취할 수 있는 사법 및 내부협력에 관한 규정을 두고 있다. 또한 EU조약은 환경, 사회정책, 연구 및 개발, 유럽횡단 방송망, 통신, 보건, 문화 그리고 소비자보호와 같은 분야까지 공동체의 역할 확대를 규정하고 있다.

3. EU의 새로운 확대(1993.11.1-현재)

(1) EU의 제4차 확대

제3차 확대 이후에 여러 지중해 연안국들이 유럽공동체의 회원자격을 얻기 위하여 공식적으로 신청하였다. 즉, 터키와 모로코가 1987년에, 사이프러스와 몰타가 1990년에 EU에 가입을 신청하였다. 이러한 지중해 연안국들은 준회원협정(association agreement)에 의하여 EU와 밀접한 관계를 유지하고 있었다. 하지만 회원자격을 획득하기 위한 그들의 신청은 EU에 의해 거부되거나(유럽국가가 아닌 모로코의 경우) 또는 연기되었다.

또한 EU는 주변 유럽국가들에 대해 강한 영향력을 미치고 있었다. 이는 1994년 1월 1일 이래로 유럽경제지대(European Economic Area: EEA)의 회원국이 된 오스트리아, 핀란드, 노르웨이, 그리고 스웨덴 등이 EU에 가입신청을 했다는 사실만 보아도 잘 알 수 있다. 1994년 3월, 이들 국가에 대한 가입협상이 완료되어 1995년 6월 24일 가입조약이 서명되었다. 그리하여 1995년 1월 1일자로 오스트리아, 핀란드, 스웨덴이 정식으로 EU 회원국이 되었다(제4차 확대). 하지만 노르웨이는 국민투표에 의하여 EU에의 가입이 부결되었다.

(2) 「암스테르담조약」의 채택

1997년 10월 2일자로 EU의 정치지도자들(국가원수 및 정부수반)에 의해 서명된 「암스테르담조약」(Treaty of Amsterdam)이 1999년 5월 1일자로 발효됨으로써 EU는 보다 심도 깊은 유럽통합을 위한 큰 걸음을 내디뎠다.

암스테르담조약 체제의 출범은 EU조약 제N조에 이미 규정되어 있었다. 즉 동

1) 2008년 12월 현재 유로존에 가입한 EU 회원국은 모두 15개국이다. 오스트리아, 벨기에, 핀란드, 프랑스, 독일, 아일랜드, 이탈리아, 룩셈부르크, 네덜란드, 포르투갈 및 스페인(이상 1999년 가입), 그리스(2001년 가입), 슬로베니아(2007년 가입), 사이프러스·몰타(2008년 가입).

조 1항 제1문은 “회원국 정부 혹은 위원회는 EU조약의 개정에 관한 시안을 이사회에 제출할 수 있다”고 하면서 동조 2항에서는 “이 개정 시안이 (EU)조약의 공동규정인 제A조 및 제B조에 열거된 제 목적 및 규정에 일치하는지 여부를 심사하기 위하여 회원국 정부의 대표자회의가 1996년에 소집될 것이다”고 규정하고 있다. 동 규정에 의거하여 1996~97년 2년 동안의 정부간회의를 통하여 EU조약의 개정에 관한 논의를 진행하였으며, 결국 암스테르담조약이 채택되었다.

암스테르담조약은 다음과 같은 네 분야, 즉 자유, 안전 및 사법, EU 및 유럽시민, 유효하고도 응집력 있는 대외정책 및 EU의 기구에 대해 상세히 규정함으로써 유럽의 새로운 확대에 대비한 법적 기초를 마련하는데 중점을 두고 있다.

(3) 「니스조약」의 채택

2000년 12월 7일~11일, 닷새 동안 개최된 니스 이사회는 EU의 확대에 대비한 기구개혁을 중심으로 하는 새로운 조약 채택을 위한 정부간 회의 절차를 마무리하였다. 그 결과, 2001년 2월 26일 EU조약, 「유럽공동체들을 설립하는 조약들 그리고 일정 관련 행위들을 개정하는 니스조약」(Treaty of Nice amending the Treaty on European Union, the Treaties establishing the European Communities and certain related Acts, 이하 ‘니스조약’)이라는 공식 명칭으로 다시금 니스에서 확정적인 형태로 정식 서명되었다. 2월의 정부간 회의에서는 니스조약 이외에도 4개 의정서와 24개의 선언을 채택하였으며, 일부 회원국들에 의해 제시된 3개 선언에도 주목하였다.

니스조약은 암스테르담조약에서 해결하지 못했던 대부분의 기구개편 문제를 해결하였다. 특히 위원회의 크기와 구성원 임명방식, 이사회 투표가중치의 변경, 가중다수결 방식의 확대적용, ‘더욱 긴밀한 협력’ 장치로부터 ‘고양된 협력’ 장치로의 확대수정, 유럽사법재판소와 유럽의회의 기구개편 그리고 기타 보조기관들의 기구개편 등 EU 기구의 광범위한 영역에 걸쳐 수정이 가해졌다. 그리고 신 회원국들에게 부여될 각 기관 내에서의 의석 수 내지는 지위에 관해서는 EU차원의 공동지침을 마련하였다. 그러나 EU의 제1기둥을 구성하는 ECSC가 2002년 7월 24일을 기해 소멸한다는 것을 제외하면 EU의 三柱體制(three-pillar system)는 그대로 지속된다. 이것은 EU 자체의 법인격 문제가 아직도 명시적으로 혹은 정면으로 다루어지지 못하고 있음을 의미하는 것이기도 하다.

니스조약은 EU의 모든 회원국의 국내비준절차를 거친 뒤 그 비준서는 이탈리아정부에 기탁되어야 하는데, 마지막 비준서가 기탁된 후 두 번째 달의 첫째 날에 발효한다. 이에 의거하여, EU 15개 회원국이 헌법상의 절차에 따라 비준을 2002년까지 마쳤고, 2003년 2월 1일자로 발효하였다. 그리고 니스조약은 무기한으로(for an unlimited period) 체결된다.

(4) EU의 제5차 확대

구소련의 실질적 영향 하에 있던 중·동부 유럽국가들과 EU의 관계가 빠른 속도로 복원되기 시작한 것은 1980년대 말 사회주의 정권의 붕괴로 인한 동구권의 변혁이 가속화되면서부터이다. 이에 부응하여 EU는 1988년 중·동부의 6개국(폴란드, 헝가리, 구체코슬로바키아, 루마니아, 불가리아, 유고슬라비아)과 무역협정을 체결함으로써 경제교류를 위한 초석을 마련하였다. 1990년 EU는 이들 6개국을 일반특혜관세제도(GSP)의 수혜대상국에 포함시켰으며, 1991년 12월부터는 폴란드, 헝가리, 체코슬로바키아 3개국을 시발로 하여 이후 거의 모든 중·동부 유럽국가들과 「연합협정」(Association Agreement: 일명 유럽협정 European Agreement)을 체결하였다.

중·동부 유럽국가들의 EU 가입 문제에 대한 EU측의 공식입장이 처음으로 표명된 것은 1993년 코펜하겐에서 개최된 유럽이사회(European Council)에서 였다. 코펜하겐 정상회담은 EU와 연합협정을 맺은 중·동부 유럽국가들을 '잠재적 회원국'(potential members)이라 지칭하며, 이들의 정식가입을 추진할 것을 결의하였다. 그리하여 1994년부터 위의 중·동부 6개국들 및 발트3국(에스토니아, 라트비아, 리투아니아) 등이 EU에 가입을 신청하였다.

1997년 말에 개최된 마드리드 정상회담에서는 유럽위원회가 제출한 의견서를 기초로 하여 중·동부 유럽국가의 EU 가입과정 및 일정을 확정하였다. 즉, 이 의견서에 의하면, "EU조약의 개정에 관한 정부간 회의가 종결된 후 6개월 이내에 가입신청을 한 중·동부 유럽국가들과 가입협상을 시작한다"고 정하고 있었다. 그리하여 사이프러스, 체코공화국, 에스토니아, 헝가리, 라트비아, 리투아니아, 몰타, 폴란드, 슬로바키아공화국 및 슬로베니아 등 10개국은 2004년 5월 1일자로 EU에 가입하였으며, 연이어 불가리아와 루마니아가 2007년 1월 1일자로 가입하여 현재 27개 회원국에 이르고 있다. 그러나 터키와는 현실적인 협상이 이루어지지 않고 있는 상태이다.

한편, EU에 가입하기 위해서는 가입후보국들은 일명 '코펜하겐기준'(Copenhagen criteria)으로 알려진 다음과 같은 경제적 및 정치적 조건들을 충족시켜야 한다. 즉, 후보국들은 첫째, 민주주의를 정착시키고, 인권과 법치주의를 존중하며, 또한 소수자를 보호해야 하며, 둘째, 시장경제체제를 채택해야 하고, 셋째, EU법을 형성하는데 기여한 공동규칙, 기준 및 제(諸)정책을 채택해야 한다. 이에 대해 EU는 EU법을 그들의 국내법으로 수용할 수 있도록 지원하고, 또한 그들이 시장경제체제로 이행하는데 필요한 재정적 지원을 제공해야 한다.

(5) 유럽미래회의와 유럽헌법의 채택

2002년 2월 28일, '하나의 유럽(단일유럽)'의 청사진을 그려낼 「유럽미래회의」(Convention on the Future of Europe: 일명 유럽회의 European Convention)가 15개월 기간을 예정으로 브뤼셀에서 개막되었다. 유럽회의의 개최는 2001년 12월의 Laeken 유럽이사회에서 의결되었으며, 인터넷 웹사이트를 통하여 유럽시민들에게 그 논의 현황을 공개하고 포럼을 통해 공개토론 등 참여를 유도하기로 결정하였다.

이 회의의 목적은 세계 상황의 변화, 유럽시민의 요구 및 EU의 미래에 부합하는 EU의 새로운 틀과 구조를 제안하는 것이다. 이를 위하여 유럽회의는 EU 역사상 처음으로 각 회원국 정부의 국내의회, 유럽의회 및 가입후보국 대표 등이 한자리에 모여 유럽의 미래에 대해 논의하였다. 이는 사실상 '유럽헌법'을 제정하려는 목적을 가지고 있으므로 제헌회의의 성격을 가지고 있다. 이러한 이유에서 유럽회의를 '유럽헌법회의'라고 지칭하기도 한다.

유럽 확대와 통합의 과정에서 EU는 당면한 수많은 과제들을 안고 있으며, 이들은 유럽회의에서 논의되었다. 이 가운데 해결이 쉽지 않은 난제들을 몇 가지 예로 들면, 가중다수결 표결방식의 확대, 유럽위원회 위원장의 직접선거, 유럽헌법의 제정 및 EU(연방주의)의 형태 등이라고 할 수 있다. 그러나 이러한 문제점들은 결국 '유럽헌법'의 제정을 통하여 해결을 시도하였고, 결국 유럽회의의 본질적 성격은 유럽헌법의 제정에 있다고 보아야 할 것이다.

유럽헌법의 제정 과정에서 여러 기구 및 단체들이 역할을 나누어 담당하였으나 그 중에서도 유럽법이 당면한 주요 현안별로 구성된 11개 실무단이 작성·제출한 최종보고서는 유럽헌법초안의 기본틀을 구성하였다.

유럽회의는 유럽의 현안에 대한 각계각층의 다양한 의견을 수렴하고, 공개적 및 민주적으로 운영함으로써 유럽의 미래를 설계하려는 의도를 가지고 있었다. 하지만 동 회의는 영국, 프랑스 및 독일 등 일부 대국 회원국들에 의해 주도되는 경향을 보이고 있으며, 이와 같은 회의 운영 방식에 대해 대다수 소국 회원국들은 이의를 제기하였다. 또한 대부분의 주요 의제에 관한 논의는 총회가 아니라 최고상임회의에서 행해지고 있다는 점도 운영상 문제점으로 나타났다. 그러나 동 회의의 가장 본질적 문제점 혹은 한계는 유럽회의는 최종 의사결정 권한을 가지고 있지 않다는 점이었다.

유럽회의는 유럽헌법의 제정에 관한 15개월여의 논의 결과를 2003년 유럽이사회에 제안서의 형태로 제출하였고, 그 이듬해인 2004년에 동 제안서를 바탕으로 정부간 회의에서 최종적으로 유럽헌법의 제정 여부에 대해 논의·결정하였다. 그리하여 2004년 6월 17~18일에 열린 브뤼셀 유럽이사회가 「유럽헌법조약」을 채택하였고, 같은 해 10월 29일 로마 유럽이사회는 동 조약에 공식적으로 서명하였다.

(6) 「리스본조약」의 채택

유럽헌법은 개별 회원국별로 헌법상 정해진 비준절차를 거친 후 2006년 11월부터 발효할 예정이었다. 하지만 2005년 5월 29일과 6월 1일, 프랑스와 네덜란드에서의 국민투표 결과 비준이 부결됨으로써 유럽헌법은 교착상태에 빠지고 말았다. 교착상태에 빠진 유럽헌법 논의는 2007년 5월 프랑스의 대통령 선거 과정에서 사르코지 신임대통령이 '미니조약'(mini treaty) 형태의 유럽헌법제안을 제안함으로써 새로운 전기를 마련하였다. 이 제안을 중심으로 논의한 결과 같은 해 6월 21일~22일 개최된 브뤼셀 유럽이사회는 기존 설립조약을 개정하여 '단순화된 조약'(simplified treaty)의 형태로 유럽헌법을 채택하기로 합의하였다. 그 논의의 결과, 2007년 12월 13일, EU의 정상들은 포르투갈의 수도 리스본에서 '리스본조약'(Treaty of Lisbon)에 공식 서명했다. 이 조약의 공식명칭은 「EU조약 및 EC설립조약을 개정하는 리스본조약」(Treaty of Lisbon amending the Treaty on European Union and the Treaty establishing the European Community)(2007/C306/01)이다. 조약의 명칭에서 보는 바와 같이, 「리스본조약」은 기존의 EU 기본조약들을 수정하는 조약이다. 그리하여 기존의 EU조약과 EC조약을 개정한 새로운 유럽연합조약(Treaty on European Union: TEU)과 유럽연합의 운영에 관한 조약(Treaty on the Functioning of the European Union: TFEU)이 제정되었다. 「리스본조약」은 2009년 1월 1일에 발효할 예정이었으나 그 비준에 어려움을 겪기도 했다.[2] 그러나 비준의 걸림돌이었던 아일랜드에서 실시된 제2차 국민투표의 결과, 리스본조약이 통과됨으로써 2009년 12월 1일자로 발효하였다.

---

2) 리스본조약이 발효하기 위해서는 27개 모든 회원국의 비준을 거쳐야 하는데, 2008년 6월 12일 실시된 국민투표에서 아일랜드는 동 조약을 부결시켰다. 이로써 EU는 유럽헌법조약과 마찬가지로 리스본조약의 발효 역시 좌초될 위기에 직면하였다. 그러나 2009년 10월 2일 아일랜드에서 실시된 제2차 국민투표에서 찬성 67.12% 대 반대 32.87%로 리스본조약이 통과되었다.

제2절 기구론

Ⅰ. 기 구

1952년에 발효한 ECSC는 네 개의 주요 기관, 즉 이사회, 고등관청, 의회 및 재판소를 가지고 있었으며, 또한 EEC, 그리고 Euratom도 각각 위원회, 이사회, 의회 및 재판소를 설립하였다. 이처럼 공동체 초기에는 각각의 공동체설립조약은 개별 기관을 설립·운영하고 있었는데, 개별 공동체별로 위원회 및 이사회가 별도로 존재하는 것은 현실적으로 많은 어려움을 초래하였다. 그리하여 1967년 7월 1일자로 발효한 「유럽공동체의 단일 이사회와 단일 위원회를 설립하는 조약」, 일명 「통합조약」(Merger Treaty)은 고등관청(High Authority)과 두 위원회를 하나의 위원회로, 그리고 세 이사회를 하나의 이사회로 통합하였다. 그리하여 EU의 기구는 위원회, 이사회, 유럽의회 및 유럽사법재판소 등의 기관(institution)과 기타 기구 체제로 개편되었다. 그 후 마스트리히트조약에 의해 감사원도 기관에 편입되어 5개 기관 체제로 전환되었다. 이에 2009년 12월 1일자로 발효한 리스본조약에 의해 이사회를 유럽이사회와 이사회로 구분하였으며, 유럽중앙은행이 기관에 편입되어 현재 7개의 기관이 활동 중이다.

1. 유럽위원회(European Commission)

위원회의 가장 주된 역할과 책임은 EU의 주요 정책을 제안하고, 또 그 제안에 대해 각료이사회와 유럽의회의 승인을 얻어 이행하는 것이다. 즉 위원회는 행정기관이자 입법보조기관으로서, 한 국가의 행정부 기능을 갖고 있다고 볼 수 있다.

위원회는 리스본조약 발효 일자와 2014년 10월 31일과의 사이에 임명된 위원장 및 위원회의 부위원장의 1인이기도 한 외교안보정책고위대표를 포함하여 27명의 위원들로 구성된다. 그러나 2014년 11월 1일부터는 회원국간 균등한 윤번제에 따라 위원장 및 외교안보정책고위대표를 포함하여 회원국 수의 3분의 2에 상당하는 수의 위원으로 구성된다. 그리고 위원회 위원장은 유럽이사회(European Council)가 가중다수결로 위원회 위원장 후보자 한명을 제안하고, 유럽의회에 의해 재적의원의 과반수로 선출된다. 또한 위원회 부위원장 중 1인이기도 한 외교안보정책고위대표는 위원회 위원장의 동의를 얻어 유럽이사회에 의해 가중다수결로 임명된다. 또한 외교안보정책고위대표를 해임하는 경우에도 동일한 절차에 의한다.

위원회는 i) 입법 제안, ii) 조약 수호 및 iii) EU의 다양한 정책들과 무역관계의 관리·유지 등의 주요 임무를 수행한다. 위원회는 각 회원국의 이익이 아닌 EU의 공동이익을 추구하는 기관이다. 현재 위원회에는 26개의 총국(總局 Directorate-Generals: DG)이 있다. 위원회는 위에서 언급한 업무들을 이행함에 있어 총국들이 서로 다른 입장을 갖고 있다면 이런 상이한 입장의 조정을 통하여 정책 실현의 합의를 이끌어 내고 있다.

2. 유럽이사회(European Council)

유럽이사회는 EU의 정책적인 결정을 하는 회원국의 국가원수 또는 정부 수반과 유럽이사회 의장 및 위원회 위원장으로 구성된다. 그리고 외교안보정책고위대표도 참가한다. 유럽이사회는 연4회 소집되며, 연합에 대하여 발전에 필요한 자극을 주고, 일반적인 정책 목표 및 우선순위를 결정한다. 그러나 유럽이사회는 입법기능을 행사할 수 없다.

유럽이사회는 가중다수결로 2년 6개월 임기의 의장을 선출하며, 한 번의 연임이 가능하다. 유럽이사회 의장은 그 수준 및 그 능력 내에서 외교안보정책고위대표의 권한을 침해하지 않는 범위 내에서 공동외교안보정책과 관련한 문제에 관한 EU의 대외적 대표성을 가진다.

3. 이사회(Council)

이사회는 EU의 주된 의사결정기관으로서 회원국 정부의 장관들이 이 기구의 구성원이다. 이사회는 위원회에서 어떤 제안을 제출하면, 이 제안을 심의하여 이 제안의 통과 여부를 최종 결정하는 EU의 입법기관으로서의 역할을 수행하고 있다. 이사회는 다루는 문제의 분야에 따라 그 모임이 다양하며, 30여개의 이사회가 운영되고 있다. 이들 중 대표적인 이사회로는 정치문제를 다루는 각 회원국의 외무장관들의 모임인 외무이사회(Foreign Affairs Council), 경제문제를 다루는 재무장관이사회(Ecofin) 등이 있다.

이사회의 하부기관으로 주로 이사회의 업무준비를 보조하는 상주대표위원회(Committee of Permanent Representatives: COREPER)가 있다. 이 위원회는 EU에 파견된 회원국들의 대사들과 자문위원들로 구성되어 있다.

이사회에서의 의사 결정 방법은 그 사항의 중요도에 따라 가중다수결방식(Qualified Majority Voting System)과 전원일치제(Unanimity Voting System)가 사용된다.

4. 유럽의회(European Parliament)

유럽의회 의원들은 회원국의 국민들이 직접선거(Direct Universal Suffrage)를 통하여 선출하고 있다. 의원 수는 유럽의회 의장을 포함하여 751명을 넘지 못한다. 유럽의회 의원선출에 있어 몇 가지 특이한 사항들이 있다. 첫째, 유럽의회 의원의 수는 각 회원국들의 인구규모, 경제규모, 그리고 EU의 예산형성에 대한 기여도 등을 고려하여 정해진다. 둘째, 선출된 유럽의회 의원들은 그 출신 국가별로 분류되는 것이 아니라 정치적 이념에 따라 정당별로 구분된다.

유럽의회의 지위는 암스테르담조약에 의하여 크게 강화되었으며, 리스본조약에 의해 기존의 공동결정절차(Co-decision Procedure)를 대체한 보통입법절차(ordinary legislative procedure: OLP)를 통해 이사회와 연대하여 법률을 제정함으로써 입법제정에서의 참가권이 보다 확대되었다. 더욱이 리스본조약에 의해 유럽의회에게도 TEU와 TFEU가 규정하고 있는 경우에는 제한적인 발의권이 인정되고 있다.

또한 유럽의회는 위원회 불신임권과 예산의결권 등 종래에 가지고 있던 주요 권한 이외에도 정치적 감독 임무를 수행하고, 그 심의 기능을 행사한다. 또한 유럽의회는 신규 가입국에 대한 비준권을 가지고 있다.

5. 유럽연합 사법재판소(Court of Justice of the European Union)

유럽연합 사법재판소는 사법재판소, 보통재판소 및 전문재판소를 포함한다. 사법재판소는 각 회원국에 의해서 임명되는 판사 27명과 8명의 법무관(advocates general)으로 구성되어 있다. 이들의 임기는 각각 6년이며 한 번의 연임이 가능하다.

사법재판소는 하급기관으로 보통재판소(General Court)를 두고 있다. 1989년 9월 1일자로 설립된 제1심 재판소(Court of First Instance: CFI)는 리스본조약에 의해 보통재판소로 그 명칭이 변경되었다. 보통재판소에도 6년 임기의 총 27명의 판사가 3

명 또는 4명씩 나뉘어서 4개의 부서(Chamber)에 각각 소속하여 근무하고 있으나, 사법재판소와는 달리 이 재판소에는 법무관은 없다. 다만 EU 사법재판소규정에서 보통재판소가 법무관의 보좌를 받는 것을 정할 수 있다. 그리고 니스조약에 의해 '사법패널'(judicial panel)의 하나로 설치된 'EU 공무재판소'(European Union Civil Service Tribunal: CST)(OJ L 333 of 9.11.2004, p.7)는 리스본조약에서는 전문재판소의 하나로 그 성격이 변경되어 계속 임무를 수행하게 된다. CST는 보통재판소에 부속되며, EU와 그 공무원들간 분쟁에서 일심관할권을 행사하게 된다. CST에는 6년 임기의 판사 7명이 근무하고 있고, 사법재판소의 요청이 있으면, 가중다수결로 행동하는 이사회가 재판관의 수를 늘릴 수 있다.

6. 유럽중앙은행(European Central Bank)

유럽중앙은행제도의 우선 목표는 물가의 안정성을 확보하는 것이다. 유럽중앙은행은 법인격을 가지며, 유럽중앙은행만이 유로의 발행을 허가할 권한이 있다. 또한 유럽중앙은행은 독립적으로 권한을 행사하고, 자금을 관리한다.

유럽중앙은행 집행위원은 위원장, 부위원장 및 4명의 위원으로 구성되며, 임기는 8년이며 연임할 수 없다. 집행위원은 회원국 국민만이 위원이 될 수 있다.

7. 회계감사원(Court of Auditors)

회계감사원의 주된 기능은 연합과 기타 연합에 의해 수립된 기구의 모든 세입 및 세출의 회계를 감사하는 것이다.

TFEU 제286조에 의하면, 회계감사원의 위원은 유럽의회와 협의 후 이사회가 각 회원국의 제안에 따라 작성된 위원 명부 채택으로 임명된 27명의 위원들로 구성되어 있다. 이들 위원들이 그들 중에 1명을 연임이 가능한 임기 3년의 위원장을 선출한다.

감사위원은 그 직무수행에 있어 완전한 독립성을 향유하며, 정부 또는 기타 단체로부터 지시를 구하거나 받아서는 안 된다. 물론 다른 직업에 종사할 수도 없다. 감사위원은 감사원의 요청에 따라 사법재판소의 판결에 의해 강제로 퇴직당할 수 있다.

Ⅱ. 입법절차

EU의 의사결정과정에 있어서 일부 예외의 경우가 있기는 하지만, 대부분의 입법과정은 위원회, 이사회, 그리고 유럽의회 3자간의 상호관계에 의해 결정된다.

1957년에 체결된 로마조약에 의하면, 입법의 제안과 그에 대한 입법권을 행사하는 위원회와 이사회에 비해 유럽의회의 역할은 자문적인 수준에 머물러 있었다. 그러나 그 후 1986년의 SEA와 1992년의 마스트리히트조약 등을 통하여, 유럽의회의 역할이 점차적으로 강화되어, 아래에서 검토하는 바와 같이, 현재에는 상당한 범위에 걸쳐 이사회와 연대하여 법률을 제정하고 있다.

EU의 입법 채택을 위한 의사결정절차는 TFEU 제289조에서 보통입법절차(ordinary legislative procedure)와 특별입법절차(special legislative procedure)의 두 가지로 유형화되어 있다.

1. 보통입법절차

보통입법절차는 유럽위원회의 제안에 기초하여 유럽의회 및 이사회가 규칙, 지침 및 결정을 공동으로 채택하는 결정방식이다. 보통입법절차의 구체적인 절차과정은 TFEU 제294조에서 규정하고 있다. 보통입법절차는 EC조약에서 규정하고 있던 기존의 공동결정절차의 일부 내용을 수정하여 적용하고 있다. 공동결정절차와 비교하여 그 수정된 내용은 다음과 같다.

첫째, 종래의 공동결정절차는 유럽위원회에게 법안의 독점적 발의권을 부여하고 있었다. 하지만 보통입법절차에서는 유럽위원회만이 아니라 다음의 경우에는 기타 주체에 의한 입법 발의가 가능하다. 즉 공동안보방위정책에 대한 결정에 관한 회원국의 발의(TEU 제42조), 유럽중앙은행제도에 관한 유럽중앙은행의 권고(TFEU 제129조 3항) 및 보통재판소에 부속된 전문재판소의 설치에 관한 사법재판소의 요청(TFEU 제257조)에 의거한 발의도 인정하고 있다. 또한 시민에 의한 발의도 가능하다(TEU 제11조 4항).

둘째, 보통입법절차는 제1독회, 제2독회, 조정위원회 및 제3독회를 단계별로 각각 명확히 나누고 있고, 각각의 단계에서 유럽의회와 이사회의 대등한 관계를 명확히 규정하고 있다.

셋째, 유럽의회의 제3독회에서 공동문안의 승인 시 유럽의회 의원의 절대다수결에서 투표자의 과반수로 완화되었다. 이 요건의 완화는 조정위원회에 의해 합의된 공동문안의 형태에서 법안의 성립 가능성이 높아지게 되었다.

2. 특별입법절차

특별입법절차는 TFEU 제289조 2항에 의해, 이사회의 참가와 함께 유럽의회에 의해, 또는 유럽의회의 참가와 함께 이사회에 의해 규칙, 지침 또는 결정을 채택한다고 규정하고 있다. 협의절차[3], 동의절차[4] 등 종래로부터 존재하고 있던 공동결정절차 이외의 입법절차와 유럽의회가 발의권을 갖는 특정 분야의 입법절차 등을 특별절차라고 한다.

유럽의회에 특별히 발의권을 인정한 특별절차로서는 유럽의회 의원선거를 위한 규정 제정(TFEU 제223조 1항), 유럽의회 의원의 직무 수행에 관한 규정 및 일반적 조건의 제정(TFEU 제223조 2항), 유럽의회의 조사권 행사를 규율하는 세칙의 제정(TFEU 제226조), 옴부즈만의 임무 수행을 위한 규칙 및 일반적 조건의 제정(TFEU 제228조 4항) 등이 있다.

3. 입법절차의 변경

TEU 제48조 7항에서는 이사회가 특별입법절차에 따라 채택하는 입법행위에 대해 유럽이사회가 전원일치로 보통입법절차로 변경하는 것이 가능하다. 다만, 특별

---

3) 협의절차는 위원회가 제출한 법안을 채택하기 전에 각료이사회가 반드시 유럽의회, 그러나 경우에 따라서 경제사회이사회(Economic and Social Committee)나 지역위원회(Committee of the Regions)의 의견을 듣는 절차이다. 이들 기관으로부터 제출된 의견을 들은 후에 각료이사회는 만장일치방식 또는 가중다수결방식으로 그 법안의 채택 여부를 최종 결정한다.

4) SEA에 의해서 처음으로 도입된 절차이다. 동의절차는 일부 형태의 결정을 하는데 있어서 반드시 유럽의회의 승인을 얻도록 되어 있다. 이런 절차를 '동의 절차'라고 한다. 유럽의회는 단순다수결 또는 절대다수결방식으로 승인을 할 것인지 아닌지를 결정하지만, 승인을 요청한 결정사항의 내용을 수정할 수는 없다. 유럽의회의 동의절차가 절대다수결방식이 아닌 단순다수결방식으로 하도록 한 이유는 절대다수결방식을 사용해서 어떤 사항을 승인하는 것이 현실적으로 매우 어렵다는 측면을 고려하였기 때문이다. 실제로 EU조약은 새로운 회원국 가입에 대한 경우를 제외한 모든 사항을 결정할 때, 동의 절차가 유럽의회의 절대다수결이 아닌 단순다수결로 이루어지는 것으로 정하고 있다. 또한 EU조약에 의해 동의절차의 적용범위가 확대되었다. 유럽시민의 거주 및 이전의 권리행사에 대한 결정, 구조조정기금(Structural Funds)의 운영에 관한 결정사항, 몇몇 주요 국제협의 체결에 관한 결정, 결속기금(Cohesion Fund)의 창설문제에 관련된 사항 등을 동의절차에 의하여 결정하게 된다.

입법절차를 보통입법절차로 변경하기 위해서는 회원국 국내의회 및 유럽의회의 동의가 필요하다. 또한, 강화된 협력의 범위 내에서 이사회가 특별입법절차에 따라 결정해야 하지만 이사회는 유럽의회와 협의 후 보통입법절차로 변경하는 것을 전원일치로 채택할 수 있다(TFEU 제333조 2항). 다만, 입법절차의 변경에 관한 규정은 군사 및 방위정책과 관련한 결정에는 적용되지 않는다(TFEU 제333조 3항).

제3절 EU법의 기본원칙

Ⅰ. 개 설

EU법은 유럽사법재판소의 판례에 의하여 확립된 원칙·이론에 따라 규율된다. 그 중에서도 'EU법의 회원국법에 대한 우위'와 'EU법의 직접효과'는 EU법의 특징을 잘 보여주는 2대원칙이다. 양자는 상호 영향을 미치며 회원국에 있어서 EU법의 집행을 강화하는 것에 공헌하였으며, 더욱이 '지침의 간접효과'와 'EU법의 유효성' 등의 제이론을 확립하여 왔다. 이러한 'EU법의 직접효과'에 따른 원칙과 이론은 어느 것이나 회원국 국민인 개인이 국내법원의 소송 중에 EU법을 자신의 이익에 원용하는 것을 가능하게 하고, 개인의 권리실현을 통하여 'EU법의 회원국에 대한 우위'의 관철에 기여한다는 의의를 가지고 있다.

Ⅱ. 독립적 법질서

각공동체의 대상영역에는 공동체를 구성하는 회원국으로부터 공동체로 회원국 주권이 부분적으로 이양된 것을 기초로 하는 공동체 독자의 법질서가 성립하고 있는 데, 이것이 바로 EU법이다. EU법은 주권국가간의 관계를 규율하는 국제법과도, 또한 주권국가의 법인 회원국법과도 구별된다. 그것은 하나의 독립된 법질서이며, 또한 회원국과 회원국 국민 모두를 구속한다.

유럽사법재판소는 1963년 van Gend en Loos사건 판결에서, '공동체는 국제법의 새로운 법질서로서 회원국은 한정된 영역에 관한 것만 언급할 수 있으며 공동체를 위해서 주권을 제한하므로 공동체의 대상은 회원국과 그 국민의 쌍방에 의해 성립한다'고 판시하여, EU법질서의 이와 같은 성격을 명확히 하였다(Case 26/62 van Gend en Loos v. Nederlandse Administratie der Belastingen [1963] ECR 1, at 12). '공동체는 국제법의 새로운 법질서이다'라고 하는 표현에는 판결이 EU법을 국제법의 일부인 것으로 이해하고 있다는 해석이 가능하다. 그러나 그 후의 판결에서는 이 '국제법의'라고 하는 부분은 언급되지 않음으로써 EC 법제도의 독자성에 그 중점이 옮겨지게 되었으며, EEC조약은 통상의 국제조약과는 달리 독자적인 법제도(its own legal system, its own system of law)를 창출한 것으로 본다는 취지의 판결례가 나왔다(Case 6/64 Costa v. ENEL [1964] ECR 585, at 593; Case 14/68 Wilhelm v. Bundeskartellant [1969] ECR1, at 14).

EU가 회원국 사이에서 체결된 국제조약에 의해 설립된 이상 EU법에 국제법적 요소가 포함되어 있는 것은 당연하다. 그러나 EU법은 다른 한편으로는 EU 독자의 기관에 의한 입법·EU법의 회원국법에 대한 우위·ECJ에 의한 EU 기관 및 회원국의 행위에 대한 사법심사 등의 연방법적 요소를 포함하고 있다.

EU법의 지금까지 발전의 경위에 비추어 보면, 국제법의 개념을 사용하여 성립해 나가면서 그 실질적 내용의 발전과 더불어 원래의 국제법의 개념을 독자적으로 변용시켜 전체적으로 연방법의 방향으로 그 성격을 점점 변화시키고 있는 것이 EU법이라고 말할 수 있을 것이다. 그러나 아직까지는 연방법의 영역에까지 도달하고 있지는 못하다.

〔Van Gend en Loos사건〕
(Case 26/62, Van Gend en Loos v. Nederlandse Administratie der Belastingen 〔1963〕 ECR 1)

☞ 제4장 국제법과 국내법 해당 사례 참고

하지만 독립된 하나의 법질서인 EU법은 다른 많은 법체계가 그러하듯이 헌법적 규범을 정점으로 하는 계층구조를 이루고 있다.

1. 1차적 법원

EU법의 제1차적 법원의 중심은 각 공동체 설립을 정하는 조약 등 회원국 간에 체결된 조약이다. 이들 조약은 EU법의 헌법적 문서이고, 3개 공동체설립조약 외에도 각 공동체의 위원회와 이사회의 통합을 정한 기관통합조약(Merger Treaty)·예산조약(Budgetary Treaties)·EEC조약의 수정을 주된 내용으로 한 SEA·마스트리히트조약·암스테르담조약·니스조약 및 리스본조약 등이 있다. 공동체와 공동체 설립 후에 가입한 국가와의 사이에 체결된 가입조약(Accession Treaties)도 여기에 포함할 수 있다.

제1차적 법원에는 위에서 언급한 성문법원을 포함하여 불문법으로서 '법의 일반원칙'(general principles of law)이 포함된다. 회원국법에 공통한 '법의 일반원칙'은 TEU 및 TFEU 중에는 공동체의 비계약책임과 유럽중앙은행 및 그 직원의 직무상 손해배상책임과 관련하여 언급되고 있을 뿐이다(TFEU 제340조). 그 일반적인 법원성과 무엇이 '법의 일반원칙'을 구성하는가라는 내용은 유럽사법재판소의 판례에 의하여 명확하게 되었다. 예를 들면, 기본적 인권의 보호는 '법의 일반원칙'의 중핵이며(Case 29/69 Stauder v. Ulm [1969] ECR 419, at 425), 그 외, 당사자의 적법한 기대를 손상시켜서는 안 된다는 것을 의미하는 '법적 안정성의 원칙'(예를 들면, 소급효의 금지가 이 원칙으로부터 도입되었다)(Case 43/75 Defrenne v. Sabena [1976] ECR 455, at 481)·공동체기관 내지 회원국의 행위에 대해서 목적과 수단의 균형이 고려되지 않으면 안 된다고 하는 '균형성의 원칙'(Case 5/73 Balkan-Import-Export v. Hauptzollampt Berlin- Packhof [1973] ECR 1091, at 1110) 등도 법의 일반원칙의 내용을 구성하는 것으로 인정되고 있다.

2. 2차적 법원

제2차적 법원은 공동체 설립조약을 근거로 하여 제정된 2차입법인데, TFEU 제288조가 그 형태와 성질을 규정하고 있다. 법적 구속력을 가진 것은 규칙(regulation), 지침(directive), 결정(decision)의 3종류가 있고, 어느 것이나 제정 후 EU 관보에 게재된다(TFEU 제288조).

규칙은 일반적인 적용성과 전체로서 구속력을 가지며, 모든 회원국에 있어서 직접적으로 적용된다. 이와 같은 규칙은 그 발효에 의하여 자동적으로 회원국법의 일부로 되어 그 성질은 연방법에 가깝다.

지침은 달성되어야만 하는 결과에 대해서 수범자(受範者)인 회원국을 구속하지만, 결과달성의 형식·방법의 선택에 대해서는 회원국에게 재량의 여지를 인정하는 입법형식이며, 그 내용을 국내법으로 바꾸기 위한 실시조치가 회원국에 의해 취해져야만 한다. 회원국에게 재량의 여지가 인정되기 때문에 지침의 실시에 임하여 지침의 규정이 실시조치로서 제정되는 국내법에 그대로 이체(移替)되어야 하는 것은 아니다(Case 247/85 Commission v. Belgium [1987] ECR 3029, at 3060). 특히, 지침의 실시가 반드시 국내법의 개폐 혹은 제정을 필요로 하는 것은 아니다(Case 29/84 Commission v. Germany [1985] ECR 1661, at 1673). 다만, 행정청의 의사로 자유롭게 변경할 수 있는 단순한 행정실무의 변경을 실시라고 볼 수는 없다(Case 102/79 Commission v. Belgium [1980] ECR 1473, at 1486). 또한 지침은 일반적으로 그 국내적 실시에 기한을 정하고 있다.

결정은 회원국과 개인인 특정의 수범자에 대하여 발하고, 그 수범자를 전면적로 구속하는 효과를 발생한다. 결정은 원칙적으로, 대상을 한정하여 발하는 개별적 입법으로서 그 의미에서 일반적 입법인 규칙, 지침과는 구별된다.

이들 2차입법은 그 정한 특정의 날로부터 발효하며, 발행일이 정하여 있지 않는 경우에는 관보에 게재된 날로부터 20일 후에 발효한다(TFEU 제297조).

조약이 규정하는 공동체의 목적을 달성하기 위해서는 각 분야에서 막대한 수의 2차입법이 제정되어 EU법의 실질적 내용을 구성하게 된다.

3. 기타 법원

TFEU 제288조에 규정된 권고(recommendation)·의견(opinion)에는 원칙적으로 법적 구속력은 인정되지 않는다. 그러나 그것이 다른 EU법의 해석에 기준을 제공하는 범위에서는 그들에게도 법원성을 승인할 수가 있다. 권고·의견에 기하여 그 후 법적 구속력이 있는 2차 입법이 채택된 경우도 있다.

그 외, 공동체가 역외의 제3국과의 사이에 체결한 국제조약도 EU법의 법원이다. 국제조약에는 공동체 설립 전에 회원국이 체결했던 조약으로 주권이양에 따라 공동체가 회원국으로부터 당사자로서의 지위를 계승한 것(예를 들면, GATT·WTO협정)이 포함된다. 국제조약은 EU법의 계층구조 중에서는 공동체 설립조약과 2차입법의 중간에 위치하고 있다. 국제조약에 위반하는 공동체의 행위는 무효이므로 그것은 2차입법보다는 상위에 있다(Joined Cases 21 to 24/72 International Fruit Company v. Produktschap voor Groenten en Fruit [1972] ECR 1219, at 1227). 그러나 그 체결권한은 설립조약에 의해 부여되므로 설립조약보다는 하위에 위치한다.

Ⅲ. EU법의 회원국 법질서로의 침투

이들 EU법은 회원국법과 별개로 또한 그것과 무관하게 존재하는 법질서가 아니라 양자는 밀접하게 관련·융합하고 있다. 1964년의 Costa v. ENEL 사건 판결은, EU법은 '(EC)조약 발효 시부터 회원국의 법제도의 불가결한 일부가 되며, 회원국재판소는 그것을 적용할 의무를 진다'라고 판시하여, EU법이 회원국법의 불가결한 일부를 구성하여 회원국의 국내재판소에 의해 적용되는 것을 명확히 하고 있다(Case 6/64 Costa v. ENEL [1964] ECR 585, at 593).

각 회원국의 국내재판소가 EU법을 적용하면 국가마다 EU법의 해석이 다르게 되고 역내에서 한 가지 모습이 아닌 상황이 발생할 가능성이 있다. 이와 같은 사태에 대처하고 EU법의 전회원국에 있어서 통일적인 적용을 담보하는 것이 유럽사법재판소와 회원국재판소의 협력관계에 근거를 둔 '선결적 부탁'(preliminary rulings) 절차(TFEU 제267조)이다. 선결적 부탁제도는 국내재판소가 EU법을 적용하는 것을 전제로 하는 제도이고, 국내재판소는 판결을 내리기 위해 EU법의 해석이 필요한 경우, 당해 사안을 유럽사법재판소에 송부하여 EU법의 해석에 대한 판단을 요구한다. 그리고 유럽사법재판소의 판단은 국내재판소를 구속하며, 국내재판소는 유럽사법재판소에 의해 주어진 해석에 따라 당해 사안의 사실에 EU법을 적용하여 자신의 결론을 도출하는 것이다.

이와 같이, 국내재판소가 EU법을 적용한 결과, 회원국법과 EU법 쌍방의 내용이 모순하면 법의 저촉이 발생하게 된다. 이 양자의 저촉을 해결하는 것이 EU법 우위의 원칙이다.

〔Costa v. ENEL사건〕
(Case 6/64, Costa v. ENEL 〔1964〕 ECR 585)

☞ 제4장 국제법과 국내법 해당 사례 참고

Ⅳ. EU법의 회원국법에 대한 우위

EU법과 회원국법의 저촉은 EU법이 회원국법에 우선하는 것을 인정한 'EU법 우위의 원칙'에 의하여 해결된다. EU법의 회원국법에 대한 우위란 EU법이 그것이 발효한 시점에서 존재하는 모순된 내용을 가진 회원국법의 적용을 자동적으로 배제할 뿐만 아니라, 그 후에 EU법과 모순되는 회원국법이 유효하게 제정되는 것도 불가능하게 하는 것을 의미한다. 이 때문에 회원국 재판소는 EU법과 모순되는 내용을 가진 국내법을 그 제정 시기를 불문하고 적용할 수가 없다(Case 106/77 Aministrazione delle Finanze Dello Stato v. Simmenthal [1978] ECR 629, at 644).

회원국법에 우위하는 EU법은 조약 등의 제1차적 법원에 한정되지 않고, 규칙·지침 등의 2차입법도 포함한 EU법 전체이다. 또한 회원국법의 국내법상의 지위는 EU법의 우위에 영향을 미치지 않으며, EU법은 회원국 헌법에도 우위 한다(Case 11/70 Internationale Handelsgesellschaft v. Einfuhr-Und Vorratsstelle Getreide [1970] ECR 1125, at 1134).

〔Simmenthal사건〕
(Case 106/77, Amministrazione delle Fianaze delle Stato v. Simmenthal 〔1978〕 ECR 629)

[사 실]

원고 Simmenthal社는 프랑스로부터 이탈리아로 육류를 수입했다. 피고 이탈리아 정부는 1970년의 이탈리아법률(1970년법)에 의거하여 수입 시에 육류의 위생검사비용을 원고에게 부과했다. 이 비용부과는 EC조약 제30조에 위반한 것이라고 유럽사법재판소는 판단했다(Case 35/76, Simmenthal [1976] ECR 1871). 그래서 원고는 이탈리아의 지방재판소에서 피고에게 비용의 반환을 청구했다. 하지만 피고는 항변했다. 즉, 이탈리아의 재판제도에서는 헌법재판소 이외의 일반재판소에서는 법률을 무효라고 할 권한이 없다. 게다가 이탈리아헌법은 국제조약은 헌법보다 하위에 있고, 법률과 동등하다. 동등한 법 사이의 저촉은 '신법은 구법에 우선한다'는 원칙에 따른다. 1970년법은 비용부과를 금지하는 EC조약(1958년 발효)보다도 신법이다. 더욱이 1970년법이 헌법재판소에서 위헌무효가 되지 않는 한 그 부과처분이 EC조약 위반이라고 해도 이탈리아법상은 반환되지 않는다. 이에 대해 원고는 EC조약 제30조(현 제28조) 등 EC법이 개인에게 직접 발생시키는 권리는 회원국의 법에 우위하기 때문에 국내의 위헌판단이 없어도 그 권리 침해에 대한 실효적 구제로서 위법하게 부과된 비용의 반환을 구할 수 있다고 주장했다. 이탈리아의 지방재판소는 원고의 주장과 같은 실효적 구제의 확보 의무가 있는가? 또 그 의무가 헌법재판소의 위헌 판단을 구함이 없이 직접 각국의 재판소에 부과되는 것인가에 대해 유럽사법재판소에 선결적 판단을 구하였다.

뿐만 아니라 유럽사법재판소에서의 심리 중에 이탈리아의 헌법재판소가 1970년 법의 위헌판결을 내렸다. 그 때문에 본건의 선결적 판단의 이익이 없어졌다고 보았지만 유럽사법재판소는 EC법의 해석에 대한 일반적인 訴의 이익이 있으므로 원 부탁의 재판소도 사안을 취하하지 않았다는 이유로 절차를 계속 진행하여 다음과 같이 판단했다.

[선결적 판단 요지]

[13] 첫 번째 질문의 주목적은 공동체법의 규정의 직접적용성(direct applicability)으로부터 EC조약보다 늦게 제정된 회원국의 입법규정과 저촉이 발생하는 경우 어떠한 효과가 발생하는가를 확인하는 것이다.

[14] 그 경우의 직접적용성이란 공동체법규가 모든 회원국에서 완전하게 통일적으로 발효일로부터 효력이 계속 되는 한 적용되어야만 한다는 것이다.

[15] 따라서 그와 같은 (공동체법규의) 규정은 회원국 혹은 개인에 대해 공동체법 하에서 법적 관계의 당사자가 되고, 그 규정에 의해 영향을 받는 모든 자의 권리의무의 직접적인 법원이 된다.

[16] 또한 이 점은 회원국의 기관으로서 국내재판소도 그 관할에 있는 사건에 대해 공동체법이 개인에게 부여하는 권리를 보호할 의무를 진다는 것을 의미한다.

[17] 더욱이 일방의 공동체설립조약 및 공동체 기관의 직접적용가능한 조치와 타방의 회원국의 국내법과의 관계에 있어서는 공동체법의 우위성의 원칙에 의해 당해 조약 및 조치는 저촉하는 모든 현행 국내법을 자동적으로 적용시키지 않게 된다. 그리하여 저촉하는 국내입법조치를 새롭게 유효하게 채택하는 것도 배제한다.

[18] 공동체의 권한 행사가 인정된 입법 분야를 침해하는 듯한 국내입법조치나 기타 공동체법의 규정과 일치하지 않는 국내입법조치의 법적 효력을 인정하는 것은 회원국이 설립조약에 따라 부담한 무조건인 동시에 취소불가능한 의무의 실효성을 부정하는 것이 되기 때문에 공동체의 기초를 흔들게 된다.

[19] 동일한 결론은 EC조약 제177조의 구조로부터도 도출된다. 동조는 회원국의 모든 재판소나 심판소가 공동체법의 해석 혹은 효력에 관한 문제에 대한 선결적 판단이 판결을 내리기 위해 필요하다고 간주될 때 유럽사법재판소에 선결적 판단을 청구할 수 있다고 규정하고 있다.

[20] 만약 국내재판소가 유럽사법재판소의 판결 또는 판례법에 따라 공동체법을 적용할 수 없다면 동조의 실효성은 침해될 것이다.

[21] 이상으로부터 모든 국내재판소는 그 관할 내의 사건에서 공동체법을 완전하게 적용하고, 공동체법이 개인에게 부여하는 권리를 보호할 의무를 진다. 그를 위하여 공동체법에 저촉할 수 있는 국내법의 모든 규정은 공동체법규보다 앞에 제정되었든 혹은 뒤에 제정되었든(신법이든 구법이든) 적용되어서는 아니된다.

[22] 따라서 국내법의 적용을 관할하는 국내재판소가 공동체법을 적용함에 있어 국내의 법제도의 모든 규정, 입법, 행정 또는 사법실무가 있으므로 공동체법의 완전한 효력과 효과를 방해할 수 있는 국내입법규정의 배제에 필요한 모든 조치를 취하지 않을 때는 그와 같은 국내의 법제도 및 실무는 공동체법의 실효성을 해하는 것으로써 공동체법의 본질적인 요청에 반하는 것이다.

[23] 이 점은 공동체법의 규정과 그보다 후에 제정된 국내법의 저촉의 해결이 공동체법의 적용을 요청받은 재판소 이외의 독자적인 재량권을 가지는 기관에게 위임되는 경우에 있어서도 이를테면 공동체법의 완전한 실효성의 저해가 일시적이어도 마찬가지이다.

[24] 따라서 첫 번째 질문에 대한 대답은 다음과 같다. 공동체법규정의 적용을 요청받은 회원국의 재판소는 그 관할의 범위 내에서 당해 규정에 완전한 효력을 부여할 의무가 있고, 필요하다면 스스로의 결정에 의해 저촉하는 국내입법의 규정의 적용을, 이를테면 그 국내법규정이 공동체법보다도 후에 제정되어도 거부할 의무가 있다. 또 당해 국내재판소는 입법적 또는 그 외의 헌법이 정하는 방법에 의한 당해 국내법규정의 선행적 파기를 청구 내지 대기할 필요는 없다.

[25] 두 번째 질문의 핵심은－공동체법의 규정과 저촉하는 회원국의 입법규정이 회원국의 관할 기관에 의해 실제로 배제될 때까지 공동체법의 규정이 부여할 권리의 보호가 정지될 수 있다는 전제로 되어 있지만－그와 같은 배제는 쟁점이 된 공동체법상의 권리에 어떤 불리함도 발생하지 않도록 하기 위하여 모든 사태에서 무제한적으로 소급적 효과를 낳아야 하는 것일까 여부이다.

[26] 첫 번째 질문에 대한 대답에서 도출된 바와 같이, 회원국의 재판소는 공동체법질서의 규정이 부여한 권리를 보호해야만 하고, 이를 위하여 회원국의 재판소는 공동체법규의 직접적이고도 즉시적인 적용을 저해할 수 있는 모든 회원국의 조치를 파기할 권한을 가진 회원국의 기관이 실제로 파기할 것을 청구 또는 대기할 필요는 없다.

V. EU법의 직접효과

이론적으로는 EU법의 우위성에 종속해 나가면서도, 실제로는 그것과 동시에 발전·생성된 것이 EU법이 개인에게 직접적으로 권리를 부여하는 것을 인정한 '직접효과'(direct effect)의 이론이다. EU법의 직접효과에 대하여 EC조약은 아무런 규정도 하고 있지 않다. EU법의 직접효과는 공동시장의 창설이라고 하는 공동체의 목적에 중점을 두었던 목적론적 해석을 이용하여, EU법 개개의 규정마다 그 유무를 판단한 유럽사법재판소의 판결의 집적에 따라 형성된 판례이론이고 국제법과는 다른 EU법의 성질을 나타내는 것이다.

'직접효과'란 자연인 및 법인(이 양자를 '개인'(individuals)으로 총칭한다)이 EU법을 국내재판소에서 원용할 수 있는가라는 문제이다. 여기서는 '직접효과'란 EU법이 회원국법에 상관없이 그 자체로서 개인에게 국내재판소 앞에서 주장하여 실현할 수 있는 권리를 부여하는 것을 의미한다. 따라서 EU법이 직접효과를 발생하는 경우에는, 개인은 국내재판소에서의 소송 중 EU법을 근거로 하여 자신의 권리 실현 및 상대방의 권리주장에 대해 반박하는 것이 가능하다. 직접적용의 경우와는 달리, 직접효과의 유무는 EU법의 형태에 따라서가 아니라 개개의 규정마다 그 내용이 일정한 조건을 만족시키는가의 유무에 의하여 판단된다. 그리고 직접효과를 발생하게 하는 것은 당해 규정이 국내법 질서의 일부가 되었다는 것으로 반드시 동일시할 수 없다.

찾 아 보 기

〈한 글 편〉

≪ ㄱ ≫

≪ ㅊ ≫

≪ ㅋ ≫

≪ ㅌ ≫

≪ ㅍ ≫

≪ ㅎ ≫

〈영 문 편〉

≪ U ≫

≪ V ≫

≪ **W** ≫

≪ **Y** ≫

≪ **Z** ≫

판 례 색 인

〈한 글 편〉

〈영 문 편〉

[저자 약력]

蔡 炯 福

계명대학교 법학과(법학사)
계명대학교 대학원(법학석사)
프랑스 Université d'Aix-Marseille III(D.E.A. 'Droit communautaire')
프랑스 Université d'Aix-Marseille III(법학박사 Docteur en Droit)
경북대학교 박사후 연수(Post-Doc.) 연구원
아주대학교 국제학부 조교수 대우
영남대학교 법과대학 조교수

현재 경북대학교 법학전문대학원 부교수
외교통상부 정책자문위원

■ 主要 著書

EU 통상법, 지산, 2001
EU 관세법, 영남대 출판부, 2004
국제경제법(공저), 영남대 출판부, 2005
유럽헌법조약(번역), 높이깊이, 2006
유럽헌법론, 높이깊이, 2006
국제인권법, 높이깊이, 2009
EU 반덤핑법, 개정판, 높이깊이, 2009
유럽연합법, 개정판, 한국학술정보, 2009
(영한 대역) 리스본조약, 국제환경규제 기업지원센터, 2010
리스본조약(번역), 국제환경규제 기업지원센터, 2010
외 다수

[감수자 약력]

金 泰 川

경북대학교 법학과(법학사)
경북대학교 대학원(법학석사)
경북대학교 대학원(법학박사, 국제법)
제24회 사법시험합격
변호사
경북대학교 법과대학 교수
대구지방법원 판사
대구고등법원 판사
대구지방법원 상주지원장
대구지방법원 포항지원장

현재 대구지방법원 부장판사

■ 主要 著書

현대사회와 법, 법문사, 1997
국제법, 법문사, 1994

〈제2판〉 國 際 法

2009년 3월 15일 초 판발행
2010년 8월 30일 제2판발행

저 자 채 형 복
발 행 인 고 준 영
발 행 처 **법 영 사**

135-835 서울시 강남구 대치동 611
전화 (501)8898(대) Fax (501)8895
등록 1987. 5. 11. 제3-125호(윤)
Homepage : www.bubyoungsa.co.kr
E-mail : bypuco@chol.com

※ 파본은 교환해 드립니다. 정가 **36,000원**

ISBN 978-89-7032-269-8